Portable Japanese - Malay - English Dictionary

日マレー英
マレー日英
辞典

川村よし子 総監修
野元裕樹 監修
三修社編集部 編

三修社

まえがき

人と人が顔をあわせてことばを交わすこと、それは世界がボーダレスにつながるようになった現代においても、コミュニケーションにとって何よりも大切なものです。

ことばを交わすためには、ネットに頼っているわけにはいきません。単語一つでもいいので、お互いに相手の言葉を理解しようとすること、相手の言語であいさつを声に出してみること、そんな小さな歩み寄りがコミュニケーションのきっかけを作ってくれるはずです。出会った相手が片言であっても、自らの母語を話してくれた時のうれしさや安心感、それは何物にもかえがたいものです。旅行やビジネスで訪れた異国の地で、自ら進んでコミュニケーションをとりたいと思った時に役立つ辞書を、そんな思いで作られたのが、この『ポータブル』辞書シリーズです。

このシリーズの基本理念は、1999年にWeb上で公開を始めた、日本語学習者向けの読解支援システム『リーディング・チュウ太』にあります。このシステムはWeb上の学習支援ツールとして先駆的な役割を果たしてきました。さらに2003年には世界各国の学習者からの「母語で書かれた辞書が欲しい」という強い要望を受け、多言語版日本語辞書の開発に着手しました。各国の協力者によって作成された辞書は、『チュウ太のWeb辞書』として公開しています。ただ、いずれも日本語の文章を読むためのもので、それぞれの言語から日本語を引くことはできませんでした。また、持ち歩けるハンディな辞書が欲しいという声も寄せられていました。こうした期待に応えるためにできあがったのがこのシリーズです。

この辞書の作成には、チュウ太の多言語辞書の編集に協力してくれた世界各国のプロジェクトメンバーの支援が不可欠でした。いろいろな形でチュウ太を支えてくださっている皆様にこの場を借りて感謝の意を表します。また、それぞれの言語版の辞書は、各国語の監修者、編集協力者、さらに三修社編集部とのコラボレーションによって完成したものです。この辞書を手に、一人でも多くの方が、日本語と現地語を媒介にして、人と人とのコミュニケーションの楽しさを味わっていただけることを願っています。

2016年11月

総監修　川村よし子

本辞典の使い方

本辞典は「日本語・マレー語・英語」「マレー語・日本語・英語」から構成されている。英語は、マレーシアで標準的に用いられる語を掲載した。日本の英語教育で一般的なアメリカ英語とは綴り字や語の選択が異なる場合がある。

日マレー英

日本語見出し語約13,600語を収録。五十音順に配列し、すべての漢字にふりがなを付けた。外来語、外国の地名などはカタカナ書きとした。マレー語にはカタカナで発音を示した。訳語が複数ある場合は、「/」で区切り、列挙した。右欄に対応する英語を添えた。マレー語の[　]は、直前の1語がその中の語句と交換可能であること、(　)は、その中の語句の使用が任意であることをそれぞれ表している。

マレー日英

マレー語約13,000語を収録。[　]にカタカナで発音を示した。(　)に対応する英語を示し、次に日本語訳を掲載した。訳語が複数ある場合は、「/」で区切り、列挙した。語幹だけでなく、それに接辞が付くなどしてできた派生語も独立した見出しとして扱い、ローマ字アルファベット順に配列した。接辞部分は黒、語幹部分は色で示した。色分けだけでは正しい語幹が示せない場合は、見出し語の後に《　》に入れて示した。

付録

1　マレー語とその使用地域
2　文字と発音
3　語順
4　語の構成
5　数字
6　日付
7　疑問詞
・　よく使う日常会話集／よく使う単語集（巻末）

1　マレー語とその使用地域

マレー語

マレー語は、かつては東南アジア島嶼部における交易・外交の公用語（リンガ･フランカ）で、現在の英語やフランス語のような存在でした。そのため、現在の使用地域も広範に渡ります。マレーシア、シンガポール、ブルネイ（すべて旧英国植民地）ではマレー語が国語です。また、インドネシア（旧オランダ植民地）では独立期にマレー語をもとに「インドネシア語」を作り、国語としています。使用地域が広く、億単位の話者がいるため、マレー語には多くの地域的・社会的方言が存在します。この辞書は、マレーシアのマレー語を対象とします。シンガポールのマレー語は、マレーシアのマレー語と同じと考えて差し支えありません。ブルネイでは、日常の話しことばはマレーシア・シンガポールと大きく異なります。しかし、公共の場面で用いる標準語は、原則としてマレーシアのマレー語を採用しています。インドネシア語は、マレーシアのマレー語とはかなり異なります。ですが、同じ言語の方言ですので、多くの面で共通しているのも事実です。

マレーシアの基本情報

国土：西側の半島マレーシアと東側のサバ州･サラワク州（ボルネオ島）の 2 つの部分から成る。面積は約 33 万平方キロメートル（日本の約 9 分の 1）。

時差：日本より 1 時間遅い。

主な都市：クアラルンプール（首都）、プトラジャヤ（行政の中心）、ジョホールバル（シンガポール対岸）、ジョージタウン（ペナン島、世界遺産）、マラッカ（半島西海岸、世界遺産）、コタキナバル（ボルネオ島）

人口：約 3050 万人（2015 年）

民族：ブミプトラ（マレー人とその他の先住諸民族、7 割）、中華系（2 割）、インド系（1 割）を主要民族とする多民族国家。その他、国内にはインドネシア、バングラデシュ、ネパール、ミャンマーなどからの合法・違法の外国人労働者が多数いる。

宗教：イスラーム教が国教だが、仏教やキリスト教など他の宗教を信仰する自由も憲法で保証されている。マレーシアのイスラーム教は、世界的にも厳格で保守的であると言える。それを背景に、近年では、ハラール産業やイスラーム金融の世界的ハブとなっている。

言語：マレー語が国語·公用語で、マレーシア全体で通じる唯一の言語。大都市や観光・商業といった一部の地域・生活局面では英語も広く用いられている。その他、民族内コミュニケーションには、福建語、広東語、北京語（華人）やタミル語（インド系）など各民族の言語も用いられる。

通貨：リンギット（1 リンギットは 20 円台後半から 30 円台前半で推移）。リンギットの下にセンという単位がある（1 リンギット＝ 100 セン）。

政治：立憲君主制。国王は任期 5 年で、9 州の州王の互選により選出される。独立以来、統一マレー国民組織（UMNO）を中心とする与党連合、国民戦線（BN）が強い権力を固持してきた。反政府的な報道や政治活動がしばしば取り締まりの対象となる。

対日関係：日本は、中国、シンガポールに次ぐ、主要輸出・輸入相手国である。歴史的には、1941 年から 1945 年まで日本の占領下に置かれた経験を持つ。しかし、現在の対日感情は非常によい。人的交流では、マハティール元首相が 1981 年に始めたルック・イースト政策により、多くのマレーシア人が日本の勤労精神や規律、科学技術を学びに来日した。

2　文字と発音

文字はローマ字を用います。他に、アラビア文字をベースにしたジャウィ文字も存在します。

母音

マレー語には 6 つの母音があり、a、e、i、o、u の 5 つの文字で書き表されます。a、i、o は日本語の「ア」、「イ」、「オ」と同じように発音します。e と u の文字には注意が必要です。e の文字は 2 種類の母音を表します。

文字	音	説明
e	ウ [ə]	曖昧母音。日本語の「う」より少し口を縦に開いて発音します。e の文字は通常、この音です。
e	エ [e]	日本語の「え」と同じように発音します。この辞書では é と表記し、曖昧母音の e と区別します。
u	ウゥ [u]	口笛を吹くように、口をすぼめて発音します。日本語の「う」とは違う音です。

この他に、ai、au、oi という 3 つの二重母音があります。

子音

p、b、k、g、j、h、m、n、r、w、y は、日本語のローマ字表記と同じように発音すれば問題ありません。その他の文字には注意が必要です。

文字	音 (_a)	説明
f	ファ [f]	英語の f と同じ音です。上の歯を下唇にあてて発音します。
v	ヴァ [v]	英語の v と同じ音です。上の歯を下唇にあてて発音します。
t	タ [t]	日本語のタ行と同じように発音します。ただし、ti は「ティ」、tu は「トゥゥ」です。
d	ダ [d]	日本語のダ行と同じように発音します。ただし、di は「ディ」、du は「ドゥゥ」です。
c	チャ [tʃ]	日本語のチャ行と同じように発音します。ci は「チ」です。
s	サ [s]	日本語のサ行と同じように発音します。si は「スィ」です。
z	ザ [z]	日本語のザ行と同じように発音します。zi は「ズィ」です。
l	ラ [l]	英語の l と同じ音です。舌の先を上の歯の裏にしっかりと付けて発音します。

一部の子音は 2 文字で表記されます。その場合にも、音としては 1 つであるという点に注意してください。

文字	音 (_a)	説明
sy	シャ [ʃ]	日本語のシャ行と同じように発音します。syi は「シ」です。
ny	ニャ [ɲ]	舌の先を下の歯の裏にしっかりと付けて発音します。日本語のニャ行とは違う音です。
ng	ンァ [ŋ]	いわゆ鼻濁音です。「あんがい（案外）」と言うときの「ん」の音です。
kh	ハハァ [x]	寒いときに手を温めるために出す「はぁ」という息の音です。k や h の音で置き換えられることも多いです。
gh	(ァ)ガァ [ɣ]	ガ行の音をぞんざいに発音するとこの音になります。うがいをするときの音のように聞こえます。g の音で置き換えられることも多いです。

音節の最後の p/b、t/d、k/g

これらの子音は音節の最後では、口の構えだけとります。訓練していない日本人には聞こえませんが、息が出ていないだけで、発音はしっかりされています。この音は日本語では「っ」で表記されます。

マレー語	カナ表記	日本語	説明
ip	イ (プ)	いっ (ぱい)	唇を閉じたままにし、息を出しません。
yab	ヤ (ブ)	やっ (ば〜)	
it	イ (ト)	いっ (たい)	舌の先を上の歯の裏にしっかり付けたまま、息を出しません。
bed	ベ (ド)	ベッ (ド)	
ak	アッ	あっ (!)	口を開けたまま、重いものを持ち上げようとするときのように息を止めます。
eg	エ (グ)	エッ (グ)	g の口の形を作り、舌の奥の方を口の中の天井に押し付けて、息をせき止めます。

語中の ng

語の途中に現れる ng + 母音は、同じ音節に属し、いわゆる鼻濁音となります。この辞書では「ン」の後に母音を小さな文字で入れて表記しています。ガ行の音が入らないように注意しましょう。ガ行の音が出てくるのは、間に g が入った ngg + 母音のときです。

tan**gan** (= ta + **ngan**)　タンァㇴ　(×タンガㇴ)　「手」
cf. tan**gga** (= tang + **ga**)　タンガ　「階段」
wan**gi** (= wa + **ngi**)　ワンィ　(×ワンギ)　「良い香りの」
cf. tin**ggi** (= ting + **gi**)　ティンギ　「高い」
un**gu** (= u + **ngu**)　ウゥンゥゥ　(×ウゥングゥ)　「紫」
cf. tun**ggu** (= tung + **gu**)　トゥゥングゥ　「待つ」

語末の m、n、ng

日本語では区別されることのない、音節末の「ん」は、マレー語では区別され、意味の違いにつながります。語末の m と n は特に注意が必要です。m は唇をしっかり閉じます。n は舌の先を上の歯の裏に付けて保持します。この辞書では、m は小さい「ム」、n は小さい「ヌ」、ng は「ン」で表記して、区別しています。

mala**m**　マラㇺ　(×マラン)　「夜」
cf. mala**ng**　マラン　「不運な」
pingga**n**　ピンガㇴ　(×ピンガン)　「皿」
cf. pingga**ng**　ピンガン　「腰」

アクセント

マレー語の単語には、単語ごとに決まったアクセントがありません。音韻フレーズの最後から２番目の音節が高く発音されます。

o rang + hu tan = o rang hu tan
オ ラン フゥ タヌ オ ラン フゥ タヌ
「人」 「森」 「オランウータン（＝森の人）」

イントネーション

単語が文の中に入ったときの高低のパターンは、音韻フレーズごとに、それが文の中で果たす役割に応じて決まっています。述語（の最終フレーズ）は、フレーズの最後から２番目が高くなる「低高低」パターンです。その他は、フレーズの最後の音節が高くなる「低高」パターンです。ただし、述語が前に出た倒置文では、すべて低い「低」パターンになります。

Hari i ni panas be tul.
ハリ イ ニ パナス ブ トル
（主語） （述語）
「今日は 本当に暑いです。」

Panas be tul hari ini.
パナス ブ トル ハリ イニ
（述語） （主語）
「本当に暑いなぁ、 今日は。」

3 語順

名詞句

《数量》名詞《修飾語》

nama saya（名前　私）「私の名前」

kamus kecil ini（辞書　小さい　これ）「この小さい辞書」

semua orang di sini（すべての　人　に　ここ）「ここにいる全員」

前置詞句

前置詞　名詞句

di / ke / dari Tokyo（で / へ / から　東京）「東京で / へ / から」

pada / kepada / daripada Encik Ali
（所に / へ / から　さん　アリ）「アリさんの所に / へ / から」

dalam bahasa Jepun（で　言語　日本）「日本語で」

pada pukul 3.00（に　～時　3:00）「3 時に」

形容詞句

《程度》形容詞

terlalu / sangat / sedikit mahal
（～すぎる / 非常に / 少し　高価な）「高すぎる / 非常に高い / 少し高い」

形容詞《程度》

pedas betul / sangat / sikit
（辛い　本当に / かなり / ちょっと）「本当に / かなり / ちょっと辛い」

動詞句

動詞《目的語》

動詞句はそのまま命令文として用いることもできます。

naik teksi
（乗る　タクシー）「タクシーに乗る／タクシーに乗りなさい」

beri saya borang
（与える　私　書類）「私に書類を与える／私に書類を下さい」

nak makan mi
（～したい　食べる　麺）「麺が食べたい」

肯定文

主語　述語

[Nama saya] [Kei].（名前　私　圭）「私の名前は圭です。」

[Saya] [dari Tokyo].（私　から　東京）「私は東京から来ました。」

[Saya] [nak naik teksi].
（私　～したい　乗る　タクシー）「私はタクシーに乗りたいです。」

否定文

主語　bukan　述語（名詞句・前置詞句）

[Saya] bukan [orang Cina].
（私　ではない　人　中華）「私は華人ではありません。」

[Hotel saya] bukan [di sini].
（ホテル　私　ではない　で　ここ）「私のホテルはここではありません。」

主語　tidak　述語（形容詞句・動詞句）

口語体では tidak の代わりに tak がよく用いられます。

[Barang ini] tidak [baik].
（品物　これ　～ない　よい）「この商品はよくありません。」

[Saya] tak [ada duit].
（私　～ない　ある　金）「私はお金がありません。」

Yes-No 疑問文

口語体では文末を上昇調で読むか、文末に ke（または kah）を付けます。

Ada orang?（いる　人）「誰かいる？」

Buah ini sedap ke?
（果物　これ　おいしい　か）「この果物はおいしいですか？」

フォーマルな文体では文頭に adakah を付けます。

Adakah orang itu presiden syarikat ABC?
（か　人　あれ　社長　会社　ABC）「あの人は ABC 社の社長ですか？」

疑問詞疑問文

口語体では、日本語と同じように尋ねたい部分を疑問詞に変えるだけです。

Ini berapa?（これ　いくら）「これはいくらですか？」

Nama awak siapa?（名前　君　誰）「君の名前は何ですか？」

フォーマルな文体では、疑問詞を前に出します。疑問詞には kah が付くことが多いです。

Apakah nama syarikat encik?
（何か　名前　会社　あなた）「御社のお名前は何でしょうか？」

4　語の構成

マレー語では、英語の３人称単数現在形や過去形のような動詞の形の変化はありません。しかし、以下のような語形変化があり、非常によく用いられます。

重複
マレー語の名詞は、日本語と同じように、そのままの形で単数も複数も指します。しかし、名詞を繰り返すことで、複数を指すことを明示することもできます。重複形では、間にハイフンが書かれます。この辞書では重複された語全体を色で示しています。

kawan「友人」（単数・複数）　kawan-kawan「友人たち」（複数）
buku「本」（単数・複数）　buku-buku「本」（複数）

単語の一部となる小さい要素
マレー語には、いつも直前･直後の語幹にくっつく形式が多くあります。この辞書ではこれらの要素が付いた後の派生語の形を見出し語としていますが、下の表の★印のものが付く派生語はほとんど載せていません。これらの語の意味は、辞書の見出しとこれら自身の意味を組み合わせることで得られます。なお、国内外で販売されている通常のマレー語辞書では、★印のものだけでなく、ここにあるすべての要素を外した語幹形が見出し語となっています。ですので、マレー語の辞書を引くには、これらの要素をすべて外して（複数個付く場合もあります！）、正しい語幹を割り出すという下作業が必要になります。下の表ではハイフン（-）を用いて表記していますが、実際の使用ではハイフンは書かれません。

前に付くもの（接頭辞、前接語）：● - 語幹

形	変化形	派生形の品詞	主な機能など
ber-	be-（r で始まる語幹、kerja） bel-（ajar）	動詞	自動詞が中心；「～を持っている、身に付けている、備えている」
		数詞	「全部で～」
di-		動詞	受動態
★ diper-	dipe-（r で始まる語幹） dipel-（ajar）	動詞	memper- 動詞の受動態（= di- + per-）
★ kau-		動詞	受動態；engkau「お前」の接語形
★ ke-		数詞	・序数「～番目」 ・「～つすべて」（数詞の重複形とともに）
★ ku-		動詞	受動態;aku「僕、俺、あたし」（くだけた一人称代名詞）の接語形
memper-		動詞	能動態（= meN- + per-） ・「～にする、させる」 ・「より～にする」
meN-	「N の変化」（xv ページ）	動詞	能動態
pe-	pel-（ajar）	名詞	「～する人・物」
peN-	「N の変化」（xv ページ）	名詞	「～する人・物」
★ se-		形容詞・副詞	「同じくらい～」（同等比較）
		名詞	satu「1、同じ、全～、～じゅう」の接語形
ter-	te-（r で始まる語幹）	動詞	・「～してしまう」（非意図的行為） ・「自然に～する」（自発） ・「～している／てある」（結果状態）
		形容詞	「最も～」（最上級）

後に付くもの（接尾辞、後接語、小辞）：語幹 - ●

形	派生形の品詞	主な機能など
-an	名詞	「～（される／された）物」
	形容詞	「毎～の、～ごとの」
	数詞	・「何～もの」 ・「～代」
-i	動詞	他動詞；行為や感情が向けられる方向・場所が目的語になる
★ -kah		疑問の焦点化
-kan	動詞	他動詞 ・「～にする」（使役） ・「～してあげる／くれる」（便宜供与）
★ -ku		aku「僕、俺、あたし」（くだけた一人称代名詞）の接語形
★ -mu		kamu「君」の接語形
★ -lah		・肯定の焦点化 ・「～（です）よ」
★ -nya		dia「彼（女）」、ia「それ」の接語形
	形容詞・副詞	「～だなぁ」（感嘆文）
	副詞	さまざまな副詞
	名詞	「～が…すること」

前後を挟むように付くもの（周接辞）：● - 語幹 - ●

形	変化形	派生形の品詞	主な機能など
ber-…-an	be-…-an （r で始まる語幹）	動詞	・関係を表す動詞 ・「～し合う」（相互行為） ・繰り返し・継続を表す動詞
ber-…-kan	be-…-kan （r で始まる語幹）	動詞	「《目的語》を《語幹》とする」
ke-…-an		名詞	・「何～もの」 ・「～代」
		形容詞	「～がかった、～のような」
		動詞	・自然に起こるできごと ・困ったできごと
pe-…-an		名詞	数はわずか
peN-…-an	「N の変化」（xv ページ）	名詞	「～すること」
per-…-an	pe-…-an（r で始まる語幹、kerja） pel-…-an（ajar）	名詞	「～すること」
se-…-nya		副詞	さまざまな副詞

N の変化

meN-、peN-、peN-...-an に共通する N の部分の変化を、meN- を例にとってまとめると次のようになります。

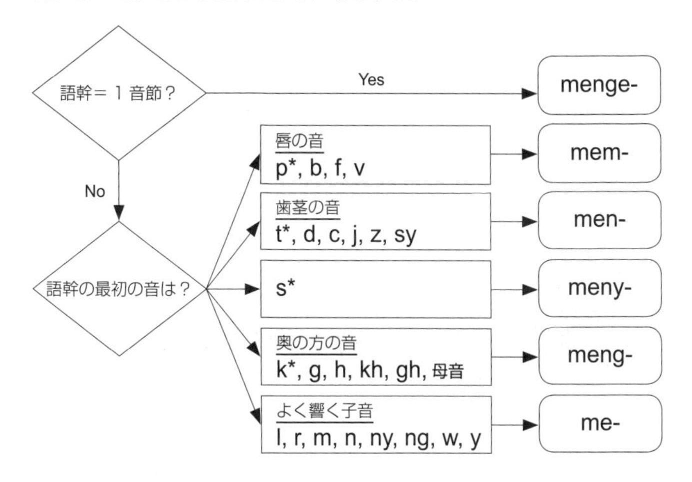

***ptsk 脱落規則**

語幹が2音節以上で最初の音が p、t、s、k の場合、meN- の付加に伴い、p、t、s、k が消えます。ptsk 脱落規則は、語幹が外来語とみなされる場合には適用されません。その他、主な例外として以下の語があります。

meN- + fikir → memikir「考える」(f なのに脱落)
meN- + punyai → mempunyai「持つ」(p なのに脱落しない)
meN- + percayai → mempercayai「信じる」
(p なのに脱落しない)
meN- + terjemahkan → menterjemahkan「翻訳する」
(t なのに脱落しない)
meN- + kaji → mengkaji「研究する」(k なのに脱落しない)

5　数字

		1□	□0	□00	□,000	□,000,000
0	kosong コソン					
1	satu サトゥウ	sebelas スブラス	sepuluh スプゥロ（ホ）	seratus スラトス	seribu スリブゥ	sejuta スジュゥタ
2	dua ドゥウワ	単独形 + belas ブラス	単独形 + puluh プゥロ（ホ）	単独形 + ratus ラトス	単独形 + ribu リブゥ	単独形 + juta ジュゥタ
3	tiga ティガ					
4	empat ウムパ（ト）					
5	lima リマ					
6	enam ウナム					
7	tujuh トゥウジョ（ホ）					
8	lapan ラパヌ					
9	sembilan スムビラヌ					

巻末「よく使う単語集」も参照

6 日付

「日－月－年」の順で書きます。「日」の後に hb. (hari bulan [ハリブゥラヌ]「日（にち）」の略）を入れることもあります。読むときは、「年」の前に tahun [タホヌ]「年」を入れます。

「2016年1月3日」

表記：	3	(hb.)	Januari		2016
	3	/	1	/	2016
読み：	tiga ティガ	hari bulan ハリ ブゥラヌ	Januari ジャヌゥワリ	tahun タホヌ	dua ribu enam belas ドゥウワ リブゥ ウナム ブラス

巻末「よく使う単語集」も参照

7 疑問詞

何	apa [アパ]
誰	siapa [スィヤパ]
いくつ、いくら	berapa [ブラパ]
なぜ	mengapa [ムンァパ]
	【口語】kenapa [クナパ]
どこ、どれ	mana [マナ]
どちら	yang mana [ヤン マナ]
どのように	bagaimana [バガィマナ]
	【口語】macam mana [マチャム マナ]
いつ	bila [ビラ]

ポータブル
日マレー英

日	マレー	英

▼ あ，ア

あ

日	マレー	英
アーチ	gerbang グーバン	arch
アーモンド	(kacang [buah]) badam （カチャン［ブゥワ(ハ)］）バダム	almond
あい 愛	cinta / kasih (sayang) チヌタ / カセ(ヘ)（サヤン）	love
あい か 相変わらず	seperti dahulu [dulu] スプーティ ダフゥルゥ［ドゥウルゥ］	as usual
アイコン	ikon アイコヌ	icon
あいさつ 挨拶	ucapan ウゥチャパヌ	greeting
あいさつ 挨拶する	tegur / menegur トゥゴー / ムヌゴー	to greet
あいしょう 相性	keserasian / kesesuaian クスラスイヤヌ / クススゥワイヤヌ	affinity
あいしょう 愛称	nama timangan [panggilan] ナマ ティマンアヌ［パンギラヌ］	nickname
あいじょう 愛情	kasih (sayang) / rasa cinta カセ(ヘ)（サヤン）/ ラサ チヌタ	affection
あいじん 愛人	perempuan [lelaki] simpanan プルムプゥワヌ［ルラキ］スイムパナヌ	lover
あい ず 合図	isyarat イシャラ(ト)	sign
あい ず 合図する	beri [memberi] isyarat ブリ［ムムブリ］イシャラ(ト)	to sign
アイスクリーム	aiskrim アエスクレム	ice cream
あい 愛する	cinta / cintai / mencintai チヌタ / チヌタイ / ムンチヌタイ	to love
あいせき 相席する	kongsi [berkongsi] méja コンスィ［ブーコンスィ］メジャ	to share a table
あい そ 愛想	keramahan クラマハヌ	amiableness
あい そ 愛想がよい	ramah / peramah ラマ(ハ) / プラマ(ハ)	amiable
あ 空いた	kosong / luang コソン / ルゥワン	empty

日	マレー	英
あいだ 間（場所、時間）	antara アヌタラ	between
あいだ 間（期間）	semasa / selama / sewaktu スマサ / スラマ / スワッ(ク)トゥウ	period
あいだ 間（集団）	kalangan カランアヌ	amongst
あいだがら 間柄	hubungan フゥブゥンアヌ	relationship
あいつ 相次ぐ	berulang / berulang-ulang ブーウゥラン / ブーウゥラン ウゥラン	to repeat
あいて 相手	pasangan パサンアヌ	partner
あいて 相手（試合の）	(pihak) lawan （ペハッ）ラワヌ	opponent
アイデア	idéa / buah fikiran / gagasan アィデヤ / ブゥワ(ハ) フィキラヌ / ガガサヌ	idea
アイディー ID	ID / pengenalan アィディ / プンゥナラヌ	identification
アイティー きぎょう IT 企業	syarikat IT シャリカ(ト) アィティ	IT company
あ 開いている	terbuka トゥーブゥカ	open
アイドル	idola / pujaan イドラ / プゥジャアヌ	idol
あいにく 生憎	sayangnya / malangnya サヤンニャ / マランニャ	unfortunately
あいべや 相部屋	bilik kongsi [berkongsi] ビレッ コンスィ [ブーコンスィ]	shared room
あいべや 相部屋になる	kongsi [berkongsi] bilik コンスィ [ブーコンスィ] ビレッ	to share a room
あいま 合間	sementara スムヌタラ	while
あいまい 曖昧	kekaburan / ketaksaan クカブゥラヌ / クタッ(ク)サアヌ	vagueness
あいまい 曖昧な	kabur / taksa / tidak jelas カボー / タッ(ク)サ / ティダッ ジュラス	vague
アイロン	seterika ストゥリカ	iron
あ 会う	jumpa / berjumpa / bertemu ジュウムパ / ブージュウムパ / ブートゥムウ	to meet

あ

日	マレー	英
合う（一致する）	sama / serupa サマ / スルゥパ	to resemble
合う（調和する）	padan / sesuai / kena / cocok パダヌ / ススゥワィ / クナ / チョチョッ	to match
合う（フィットする）	muat ムゥワ(ト)	to fit
遭う	jumpa / terjumpa ジュゥムパ / トゥージュゥムパ	to come across
アウト	gagal / tersingkir ガガル / トゥースインケー	out
喘ぐ	tercungap-cungap トゥーチュゥンァ(プ) チュゥンァ(プ)	to gasp
敢えて	berani ブラニ	dare to
青	(warna) biru （ワーナ）ビルゥ	blue
青い	(berwarna) biru （ブーワーナ）ビルゥ	blue
青い（未熟な）	hijau ヒジャゥ	immature
仰ぐ	dongak / mendongak ドンァッ / ムヌドンァッ	to look up
扇ぐ	mengipas ムンィパス	to fan
青ざめた	pucat プゥチャ(ト)	pale
青白い	pucat プゥチャ(ト)	pale
青っぽい	kebiruan / kebiru-biruan クビルゥワヌ / クビルゥ ビルゥワヌ	bluish
青二才の	setahun jagung スタホヌ ジャゴン	green
仰向け	telentang トゥルヌタン	on one's back
垢	daki ダキ	dirt
赤	(warna) mérah （ワーナ）メラ(ハ)	red
赤い	(berwarna) mérah （ブーワーナ）メラ(ハ)	red

日	マレー	英
あかし 証し	bukti ブクティ	proof
あかじ 赤字	rugi / kerugian ルゥギ / クルゥギヤヌ	in the red
あか 明かす (はっきりさせる)	dedahkan / mendedahkan ドゥダ(ハ)カヌ / ムヌドゥダ(ハ)カヌ	to disclose
あか 明かす (夜を)	bermalam ブーマラム	to pass the night
あか 赤ちゃん	bayi バイイ	baby
あか 赤っぽい	kemérahan / kemérah-mérahan クメラハヌ / クメラ(ハ) メラハヌ	reddish
あか 赤らむ	menjadi mérah ムンジャディ メラ(ハ)	to turn red
あか 明かり (光)	cahaya チャハヤ	light
あか 明かり (灯)	lampu ラムプゥ	lamp
あ 上がり	peningkatan プニンカタヌ	rise
あ 上がる (上に移動)	naik ナエッ	to go up
あ 上がる (数値が)	naik / meningkat ナエッ / ムニンカ(ト)	to rise
あ 上がる (家、部屋に)	masuk マソッ	to enter the house [room]
あ 上がる (仕事、ゲームが)	habis / selesai ハベス / スルサィ	to finish [complete] the work [game]
あか 明るい	terang トゥラン	bright
あか 明るい (性格)	ceria チュリヤ	cheerful
あか 明るい (よく知っている)	arif アレフ	familiar
あ 空き	kekosongan / keluangan クコソンアヌ / クルゥワンアヌ	emptiness
あ 空きの	kosong / luang コソン / ルゥワン	empty
あき 秋	musim luruh [gugur] ムゥセム ルゥロ(ホ) [グゥゴー]	autumn

あ

日	マレー	英
あ かん 空き缶	tin kosong ティヌ コソン	empty can
あ じかん 空き時間	masa terluang [luang] マサ トゥールゥワン ［ルゥワン］	free time
あき 明らかな	jelas ジュラス	clear
あきら 諦め	putus asa プゥトゥス アサ	abandonment
あきら 諦める	berputus asa ブープゥトゥス アサ	to give up
あ 飽きる	bosan / muak ボサヌ / ムゥワッ	to get tired of
あき 呆れる	meluat ムルゥワ(ト)	to be disgusted
あく 悪	kejahatan クジャハタヌ	evil
あ 開く	buka ブゥカ	to open
あ 空く (空になる)	sudah kosong スゥダ(ハ) コソン	to become available
あ 空く (穴が)	jadi / menjadi ジャディ / ムンジャディ	to get (a hole)
あくえいきょう 悪影響	kesan [pengaruh] buruk クサヌ ［プンァロ(ホ)］ ブゥロッ	bad influence [effects]
あくしゅ 握手	jabat tangan ジャバ(ト) タンァヌ	handshake
あくしゅ 握手する	berjabat tangan ブージャバ(ト) タンァヌ	to shake hands
あくしゅう 悪臭	bau busuk バゥ ブゥソッ	offensive odour
あくせい 悪性	malignansi マリ(グ)ナヌスィ	malignancy
あくせい 悪性の	malignan マリ(グ)ナヌ	malignant
アクセサリー	aksésori エクセソリ	accessory
アクセル	pédal pemecut ペダル プムチョ(ト)	accelerator pedal
アクセント	intonasi bunyi イヌトナスィ ブゥニィ	accent

日	マレー	英
あくどい	melampau / melampaui batas ムラムパゥ / ムラムパゥイ バタス	vicious
欠伸(あくび)する	kuap / menguap クゥワ(プ) / ムンゥゥワ(プ)	to yawn
悪魔(あくま)	syaitan / roh jahat シャイタヌ / ロ(ホ) ジャハ(ト)	devil
あくまでも	tetap トゥタ(プ)	consistently
明(あ)け方(がた)	fajar ファジャー	dawn
挙(あ)げ句(く)	sesudah / setelah ススゥダ(ハ) / ストゥラ(ハ)	in the end
揚(あ)げた	goréng ゴレン	fried
明(あ)ける（夜が）	menjelang (pagi) ムンジュラン（パギ）	to break (of the day)
明(あ)ける（過ぎ去る）	berlalu ブーラルゥ	to have passed
開(あ)ける	buka / membuka ブゥカ / ムムブゥカ	to open
上(あ)げる	naikkan / menaikkan ナエッカヌ / ムナエッカヌ	to lift [raise]
上(あ)げる（人を家、部屋に）	masukkan / memasukkan マソッカヌ / ムマソッカヌ	to let *sb* enter the house [room]
上(あ)げる（仕事、ゲームを）	habis / selesai ハベス / スルサイ	to finish [complete] the work [game]
揚(あ)げる	goréng / menggoréng ゴレン / ムンゴレン	to deep-fry
あげる	beri / memberi / bagi ブリ / ムムブリ / バギ	to give
顎(あご)	dagu ダグゥ	chin
憧(あこが)れ	pujaan / impian プゥジャアヌ / イムピヤヌ	adoration
憧(あこが)れる	memuja / mengimpikan ムムゥジャ / ムンイムピカヌ	to adore
朝(あさ)	pagi パギ	morning
麻(あさ)	rami / rami-rami ラミ / ラミ ラミ	hemp

あ

日	マレー	英
痣（あざ）	lebam ルバム	bruise
浅い（あさい）	cétèk チェテッ	shallow
浅い（あさい）(時間、期間が)	péndék ペヌデッ	short
朝市（あさいち）	pasar pagi パサー パギ	morning market
嘲り（あざけり）	perli プーリ	tease
嘲る（あざける）	perli / memerli プーリ / ムムーリ	to tease
朝ごはん（あさごはん）	sarapan (pagi) / makan pagi サラパヌ (パギ) / マカヌ パギ	breakfast
明後日（あさって）	lusa ルゥサ	the day after tomorrow
朝寝坊する（あさねぼうする）	bangun lambat [léwat] バンゥヌ ラムバ(ト) [レワ(ト)]	to oversleep
浅はかな（あさはかな）	cétèk チェテッ	shallow
あさましい	keji / mengejikan クジ / ムンゥジカヌ	shameful
欺く（あざむく）	memperdaya ムムプーダヤ	to deceive
鮮やか（あざやか）	kecerahan クチュラハヌ	brightness
鮮やかな（あざやかな）	cerah チュラ(ハ)	bright / clear
アザラシ	anjing laut アンジェン ラォ(ト)	seal
アサリ	(kerang) asari (クラン) アサリ	Japanese littleneck
嘲笑う（あざわらう）	mempersendakan ムムプースヌダカヌ	to make fun of
足（あし）	kaki カキ	foot / leg
足（あし）(移動手段)	pengangkutan / kenderaan プンァンクゥタヌ / クヌドゥラアヌ	transport
味（あじ）	rasa ラサ	taste

日	マレー	英
アジア	Asia エスィヤ	Asia
アジア人(じん)	orang Asia オラン エスィヤ	Asian (people)
足跡(あしあと)	kesan [bekas] tapak kaki クサヌ [ブカス] タパッ カキ	footprint
あしからず	jangan ambil hati ジャンアヌ アムベル ハティ	please do not feel bad
足首(あしくび)	buku lali ブウクゥ ラリ	ankle
アシスタント	penolong / pembantu プノロン / プムバヌトゥウ	assistant
明日(あした)	ésok / bésok エソッ / ベソッ	tomorrow
味見(あじみ)	percubaan rasa プーチュゥバアヌ ラサ	tasting
味見(あじみ)する	cuba rasa [merasa] チュゥバ ラサ [ムラサ]	to taste
足元(あしもと)	kaki カキ	foot
味(あじ)わい	rasa / nikmat ラサ / ニクマ(ト)	flavour
味(あじ)わう	rasa / merasa / nikmati / menikmati ラサ / ムラサ / ニクマティ / ムニクマティ	to taste
預(あず)かる	simpan / menyimpan / jaga / menjaga スイムパヌ / ムニィムパヌ / ジャガ / ムンジャガ	to keep
預(あず)ける	tinggalkan / meninggalkan ティンガルカヌ / ムニンガルカヌ	to leave
アスパラガス	asparagus アスパラゴス	asparagus
汗(あせ)	peluh プロ(ホ)	sweat
ASEAN(アセアン)	ASÉAN アセアヌ	ASEAN (Association of Southeast Asian Nations)
焦(あせ)る	terburu-buru / tergesa-gesa トゥーブゥルゥ ブウルゥ / トゥーグサ グサ	to be in a hurry
褪(あ)せる	pudar / memudar プゥダー / ムムゥダー	to fade
あそこ	sana サナ	there

あ

日	マレー	英
あそ 遊び	permainan / mainan プーマイナヌ / マイナヌ	play
あそ 遊ぶ	main / bermain マエヌ / ブーマエヌ	to play
あそ 遊ぶ (働いていない)	duduk-duduk sahaja [saja] ドゥウドッ ドゥウドッ サハジャ [サジャ]	idle
あそ 遊ぶ (活用していない)	tidak diguna ティダッ ディグゥナ	idle
あたい 値（価格、価値）	nilai ニラィ	value
あたい 値（数値）	bacaan / nilai バチャアヌ / ニラィ	numerical value
あたい 値する	bernilai ブーニラィ	to have value
あた 与える	beri / memberi ブリ / ムムブリ	to give
あたた 暖かい	panas パナス	warm
あたた 温かい	panas / hangat パナス / ハンァ(ト)	warm
あたた 温かい (思いやりのある)	mesra ムスラ	considerate
あたた 暖まる	menjadi panas ムンジャディ パナス	to warm up
あたた 温まる	menjadi panas [hangat] ムンジャディ パナス [ハンァ(ト)]	to warm up
あたた 暖める	panaskan / memanaskan パナスカヌ / ムマナスカヌ	to warm
あたた 温める	panaskan / memanaskan パナスカヌ / ムマナスカヌ	to heat
な あだ名	nama julukan ナマ ジュウルゥカヌ	nickname
あたま 頭（頭部）	kepala クパラ	head
あたま 頭（頭脳）	otak オタッ	brain
あたまきん 頭金	wang pendahuluan ワン プヌダフゥルゥワヌ	down payment
あたら 新しい	baru / baharu バルゥ / バハルゥ	new

日	マレー	英
当(あた)り（正解）	betul / tepat ブトル / トゥパ(ト)	correct
辺(あた)り	sekeliling / sekitar スクリレン / スキター	surroundings
当(あた)り前(まえ)	kebiasaan / kelumrahan クビヤサアヌ / クルゥムラハヌ	a matter of course
当(あた)り前(まえ)な	biasa / lumrah / lazim ビヤサ / ルゥムラ(ハ) / ラゼム	ordinary
当(あ)たる（ぶつかる、命中する）	kena クナ	to hit
当(あ)たる（一致する）	tepat トゥパ(ト)	to turn out to be true
あたる（食べ物に）	kena keracunan makanan クナ クラチュゥナヌ マカナヌ	to get food poisoning
あちこち	sana sini サナ スィニ	everywhere
あちら（場所）	sana サナ	there
あちら（人、物）	itu イトゥウ	that
厚(あつ)い	tebal トゥバル	thick
あつい（暑い、熱い）	panas パナス	hot
熱(あつ)い（思いが強い）	penuh semangat プノ(ホ) スマンア(ト)	passionate
悪化(あっか)する	semakin buruk [teruk] スマケヌ ブゥロッ [トゥロッ]	to deteriorate
扱(あつか)い	perlakuan / penanganan プーラクゥワヌ / プナンアナヌ	treatment
扱(あつか)う	memperlakukan / menangani ムムプーラクゥカヌ / ムナンアニ	to treat
厚(あつ)かましい	lancang ランチャン	shameless
あっけない	begitu sahaja ブギトゥウ サハジャ	too easy
あっさり（簡単に）	dengan mudah [ringkas] ドゥンアヌ ムウダ(ハ) [リンカス]	easily
あっさりする	jadi [menjadi] ringan ジャディ [ムンジャディ] リンアヌ	to be light

日	マレー	英
あっさりした(味)	kurang perasa クラン プラサ	lightly-seasoned
あっしゅく 圧縮	pemampatan プマムパタヌ	compression
あっしゅく 圧縮する	mampatkan / memampatkan マムパ(ト)カヌ / ムマムパ(ト)カヌ	to compress
あっせん 斡旋	perantaraan / pengantaraan プラヌタラアヌ / プンァヌタラアヌ	mediation
あっせん 斡旋する	mengantara ムンァヌタラ	to mediate
ま あっという間	serta-merta / begitu cepat スータ ムータ / ブギトゥウ チュパ(ト)	instant
あっとう 圧倒する	atasi / mengatasi アタスィ / ムンァタスィ	to overwhelm
あっぱく 圧迫	tekanan / penindasan トゥカナヌ / プニヌダサヌ	pressure
あっぱく 圧迫する	tekan / menekan トゥカヌ / ムヌカヌ	to press
アップする (数値、レベル)	naik / meningkat ナェッ / ムニンカ(ト)	to rise
アップする (アップロード)	muat [memuat] naik ムウワ(ト) [ムムウワ(ト)] ナェッ	to upload
あつ 集まり	kumpulan / perhimpunan クウムプウラヌ / プーヒムプウナヌ	gathering
あつ 集まる	berkumpul / berhimpun ブークウムポル / ブーヒムポヌ	to get together
あつ 集める	kumpulkan / mengumpulkan クウムポルカヌ / ムンウウムポルカヌ	to collect
あつら 誂える	tempah / menempah トゥムパ(ハ) / ムヌムパ(ハ)	to order (a dress)
あつりょく 圧力	tekanan トゥカナヌ	pressure
あてさき 宛先	alamat (penerima) アラマ(ト) (プヌリマ)	(recipient's) address
あ じ 当て字	huruf gantian フウロフ ガヌティヤヌ	substitute character
あて な 宛名	nama penerima ナマ プヌリマ	recipient's name
あてはまる	benar ブナー	true

日	マレー	英
荒い（あら）	garang ガラン	fierce / strong
粗い（あら）	kasar カサー	rough
洗う（あら）	cuci / mencuci / basuh / membasuh チュウチ / ムンチュウチ / バソ(ホ) / ムムバソ(ホ)	to wash
予め（あらかじ）	terlebih dahulu トゥールベ(ヘ) ダフウルゥ	in advance
嵐（あらし）	ribut リボ(ト)	storm
荒らす（あ）	jarah / menjarah ジャラ(ハ) / ムンジャラ(ハ)	to ravage
あらすじ	jalan cerita ジャラヌ チュリタ	plot
争い（あらそ）	pertikaian / pertelingkahan プーティカイヤヌ / プートゥリンカハヌ	battle
争う（あらそ）	bertikai / bertelingkah ブーティカイ / ブートゥリンカ(ハ)	to dispute
新た（あら）	kebaharuan クバハルゥワヌ	newness
新たな（あら）	baru / baharu バルゥ / バハルゥ	new
改まる（あらた）	diperbaharui / dibaharui ディプーバハルゥイ / ディバハルゥイ	to change
改めて（あらた）	sekali lagi / semula スカリ ラギ / スムゥラ	over again
改める（あらた）	perbaharui / memperbaharui プーバハルゥイ / ムムプーバハルゥイ	to renew
荒っぽい（あら）	kasar カサー	rough
アラビア語（ご）	bahasa Arab バハサ アラ(ブ)	Arabic (language)
アラブ	Arab アラ(ブ)	Arab
アラブ人（じん）	orang Arab オラン アラ(ブ)	Arabian (people)
あらゆる	segala / semua スガラ / スムゥワ	every
霰（あられ）	hujan batu フゥジャヌ バトゥウ	hail

あ

日	マレー	英
表(あらわ)す	tunjukkan / menunjukkan トゥンジョッカヌ / ムヌゥンジョッカヌ	to indicate
現(あらわ)す	nampakkan / menampakkan ナムパッカヌ / ムナムパッカヌ	to show
著(あらわ)す	tulis / menulis トゥウレス / ムヌゥレス	to write
現(あらわ)れ	petanda / petunjuk プタヌダ / プトゥンジョッ	indication
現(あらわ)れる	muncul ムゥンチョル	to appear
ありえない	mustahil / tidak mungkin ムスタヘル / ティダッ ムゥンケヌ	impossible
ありがたい	hargai / menghargai ハルガイ / ムンハルガイ	to appreciate
ありがとう	terima kasih トゥリマ カセ(へ)	thank you
有(あ)り様(さま)	keadaan クアダアヌ	condition
ありのまま	seadanya スアダニャ	the way one is
ありふれた	lumrah / biasa ルゥムラ(ハ) / ビヤサ	common
或(あ)る	suatu スゥワトゥウ	some
ある	ada アダ	to exist
あるいは	atau / ataupun / mahupun アタゥ / アタゥポヌ / マフゥポヌ	or
アルカリ	alkali アルカリ	alkali
アルカリ性(せい)の	beralkali ブーアルカリ	alkaline
歩(ある)く	berjalan [jalan] kaki ブージャラヌ [ジャラヌ] カキ	to walk
アルコール	alkohol アルコホル	alcohol
アルコール飲料(いんりょう)	minuman beralkohol ミヌゥマヌ ブラルコホル	alcoholic drink
アルバイト	kerja sambilan クージャ サムビラヌ	part-time job

日	マレー	英
アルバイトする	bekerja sambilan ブクージャ サムビラヌ	to work part-time
アルバム	album アルブゥム	album
アルファベット	abjad ア(ブ)ジャ(ド)	alphabet
アルミニウム	aluminium アルゥミニオム	aluminium
アルミホイル	kerajang aluminium クラジャン アルゥミニオム	aluminium foil
あれ	itu イトゥウ	that
あれ（例のもの）	anu アヌゥ	what-do-you-call-it
あれこれ	itu ini イトゥウ イニ	this and that
あれっ（驚きや不審を示す）	aik / éh アェッ / エ(ヘ)	eh
あれら	(semua) itu （スムゥワ）イトゥウ	those
荒(あ)れた	garang ガラン	fierce / strong
荒(あ)れる	menggarang ムンガラン	to become firece
アレルギー	alahan アラハヌ	allergy
泡(あわ)	buih ブゥエ(ヘ)	bubble
合(あ)わせる（混ぜる）	campur / campurkan / mencampurkan チャムポー / チャムポーカヌ / ムンチャムポーカヌ	to mix
合(あ)わせる（適合させる）	sesuaikan / menyesuaikan ススゥワイカヌ / ムニュスゥワイカヌ	to adjust
慌(あわ)ただしい	sibuk セボッ	busy
慌(あわ)てる	cemas / panik チュマス / ペネッ	to panic
アワビ	abalon アバロヌ	abalone
哀(あわ)れ	kasihan カスイハヌ	pity

日	マレー	英
案（あん）	idéa アイデヤ	idea
安易（あんい）	kemeluluan クムルゥルゥワヌ	thoughtlessness
安易な（あんい）	melulu ムルゥルゥ	thoughtless
案外（あんがい）	tidak seperti jangkaan ティダッ スプーティ ジャンカアヌ	contrary to expectation
暗記（あんき）	penghafalan / penghafazan プンハファラヌ / プンハファザヌ	memorizing
暗記する（あんき）	hafal / menghafal ハファル / ムンハファル	to memorize
アンケート	soal selidik ソワル スリデッ	questionnaire
アンコール	lagi / ulang ラギ / ウゥラン	encore
アンコールする	minta [meminta] ulang ミヌタ [ムミヌタ] ウゥラン	to call for an encore
暗殺（あんさつ）	pembunuhan プムブゥノハヌ	assassination
暗殺する（あんさつ）	bunuh / membunuh ブゥノ(ホ) / ムムブゥノ(ホ)	to assassinate
暗算（あんざん）	congak チョンアッ	mental arithmetic
暗算する（あんざん）	congak / mencongak チョンアッ / ムンチョンアッ	to calculate mentally
暗示（あんじ）	implikasi イムプリカスィ	implication
暗示する（あんじ）	bayangkan / membayangkan バヤンカヌ / ムムバヤンカヌ	to imply
暗証番号（あんしょうばんごう）	nombor PIN ノムボー ピヌ	PIN number
案じる（あん）	bimbangi / membimbangi ビムバンィ / ムムビムバンィ	to worry about
安心（あんしん）	rasa selamat ラサ スラマ(ト)	security
安心する（あんしん）	lega (dada [hati]) ルガ (ダダ [ハティ])	to be relieved
安心な（あんしん）	selamat スラマ(ト)	secure

日	マレー	英
あんせい 安静	réhat レハ(ト)	rest
あんせい 安静にする	réhatkan [meréhatkan] diri / beréhat レハ(ト)カヌ［ムレハ(ト)カヌ］ディリ / ブレハ(ト)	to take a rest
あんぜん 安全	keselamatan クスラマタヌ	safety
あんぜん 安全な	selamat スラマ(ト)	safe
あんぜんほしょう 安全保障	(jaminan) keselamatan (ジャミナヌ) クスラマタヌ	security (guarantee)
あんてい 安定	kestabilan クスタビラヌ	stability
あんてい 安定した	stabil スタベル	stable
アンテナ	anténa アヌテナ	antenna
あんな	seperti [macam] itu / begitu スプーティ［マチャム］イトゥウ / ブギトゥウ	like that
あんない 案内	panduan / petunjuk パヌドゥウワヌ / プトゥンジョッ	guide
あんない 案内（人）	pemandu プマヌドゥウ	guide
あんない 案内する	bawa / membawa バワ / ムムバワ	to guide
あんなに	seperti [macam] itu / begitu スプーティ［マチャム］イトゥウ / ブギトゥウ	so much
あんじょう 案の定	seperti yang dijangka スプーティ ヤン ディジャンカ	as expected
あんまりな	tidak baik ティダッ バエッ	too bad

▼い，イ

日	マレー	英
い ～位	tempat ke-~ トゥムパ(ト) ク	~-th place
い 意	niat ニヤ(ト)	intention
い 胃	perut プロ(ト)	stomach
いい	baik / bést バエッ / ベス	good

日	マレー	英
言(い)い争(あらそ)う	bertikai / bertelingkah ブーティカイ / ブートゥリンカ(ハ)	to quarrel
いいえ	tidak ティダッ	no
言(い)いがかり	tohmah ト(ホ)マ(ハ)	false charge [accusation]
いい加減(かげん)	kecuaian クチュゥワイヤヌ	carelessness
いい加減(かげん)な	cuai チュゥワイ	careless
イースト	yis イイス	yeast
言(い)い出(だ)す	berkata dahulu ブーカタ ダフゥルゥ	to say first
言(い)いつける	beritahu / memberitahu ブリタフゥ / ムムブリタフゥ	to report
E(イー) メール	e-mél イ メル	e-mail
言(い)い訳(わけ)	alasan アラサヌ	excuse
言(い)い訳(わけ)する	beri [memberi] alasan ブリ [ムムブリ] アラサヌ	to excuse
委員(いいん)	ahli jawatankuasa ア(ハ)リ ジャワタヌクゥワサ	committee member
医院(いいん)	klinik クリネッ	clinic
言(い)う	cakap / kata / berkata チャカ(プ) / カタ / ブーカタ	to say
家(いえ)	rumah ルゥマ(ハ)	home
家出(いえで)する	lari dari rumah ラリ ダリ ルゥマ(ハ)	to run away
以下(いか)	(dan) ke bawah / kurang daripada (ダヌ) ク バワ(ハ) / クゥラン ダリパダ	below
イカ	sotong ソトン	squid
以外(いがい)	selain daripada / kecuali スラエヌ ダリパダ / クチュゥワリ	other than / except (for)
意外(いがい)な	di luar jangkaan ディ ルゥワー ジャンカアヌ	unexpected

い

日	マレー	英
いかが	bagaimana バガィマナ	how
医学（いがく）	perubatan プルゥバタヌ	medicine
生かす（いかす）	manfaatkan / memanfaatkan マヌファア(ト)カヌ / ムマヌファア(ト)カヌ	to make the most of
いかに	bagaimana / bagaimanakah バガィマナ / バガィマナカ(ハ)	how
いかにも	mémang メマン	indeed
怒り（いかり）	kemarahan クマラハヌ	anger
遺憾な（いかんな）	kesal クサル	regrettable
～行き（いき）	(menuju) ke ~ （ムヌゥジュゥ）ク	(bound) for ~
粋（いき）	keségakan / gaya クセガカヌ / ガヤ	stylishness
粋な（いきな）	ségak / bergaya セガッ / ブーガヤ	stylish
息（いき）	nafas ナファス	breath
息をする（いきをする）	bernafas ブーナファス	to breathe
意義（いぎ）	makna マッ(ク)ナ	meaning
異議（いぎ）	bantahan バヌタハヌ	disagreement
生き生き（いきいき）	cergas / ceria チューガス / チュリヤ	full of life
勢い（いきおい）	kuasa / kekuatan クゥワサ / ククゥワタヌ	force
生きがい（いきがい）	tujuan hidup トゥウジュゥワヌ ヒド(プ)	reason for living
生き返る（いきかえる）	hidup semula [kembali] ヒド(プ) スムゥラ [クムバリ]	to revive
生き返らせる（いきかえらせる）	hidupkan [menghidupkan] semula ヒド(プ)カヌ [ムンヒド(プ)カヌ] スムゥラ	to revive
息苦しい（いきぐるしい）	sesak nafas [bernafas] スサッ ナファス [ブーナファス]	hard to breathe

い

日	マレー	英
息苦しさ (いきぐる)	kesesakan nafas クスサカㇴ ナファㇲ	difficulty in breathing
意気込む (いきご)	bersemangat ブースマンァ(ㇳ)	to be enthusiastic about
行き先 (い さき)	déstinasi デㇲティナスィ	destination
生きたまま (い)	hidup-hidup ヒド(ㇷ゚) ヒド(ㇷ゚)	alive
行き違い (い ちが)	selisih [salah] faham スリセ(ㇸ) [サラ(ㇵ)] ファハㇺ	misunderstanding
行き詰る (い づま)	buntu ブゥㇴトゥウ	to reach a stalemate
いきなり	tiba-tiba / secara mengejut ティバ ティバ / スチャラ ムンゥジョ(ㇳ)	suddenly
生き物 (い もの)	benda hidup / makhluk ブㇴダ ヒド(ㇷ゚) / マ(ㇵ)ロッ	living thing
イギリス	Britain / UK ブリトゥㇴ / ユゥケ	Britain / UK
イギリス人 (じん)	orang British [UK] オラン ブリティシュ [ユゥケ]	British (people)
生きる (い)	hidup ヒド(ㇷ゚)	to live
生きる (役立つ) (い)	berguna ブーグゥナ	to be useful
行く (い)	pergi プーギ	to go
育児 (いくじ)	asuhan anak アソハㇴ アナッ	child-raising
育児する (いくじ)	asuh [mengasuh] anak アソ(ㇹ) [ムンァソ(ㇹ)] アナッ	to raise a child
育児休暇 (いくじきゅうか)	cuti bersalin チュゥティ ブーサレㇴ	maternity [paternity] leave
意気地なし (いくじ)	pengecut / bacul プンゥチョ(ㇳ) / バチョㇽ	coward
育成 (いくせい)	pelatihan プラテハㇴ	training
育成する (いくせい)	melatih ムラテ(ㇸ)	to train
いくつ	berapa ブラパ	how many

日	マレー	英
いくら	berapa ブラパ	how much
いけ 池	kolam コラム	pond
い ばな 生け花	gubahan bunga Jepun グゥバハヌ ブゥンア ジュポヌ	Japanese flower arrangement
(〜しては) いけません	jangan [dilarang / tidak boléh] ~ ジャンアヌ［ディララン / ティダッ ボレ(へ)］	must not ~
(花を) い 生ける	gubah / menggubah (bunga) グゥバ(ハ) / ムングゥバ(ハ) (ブゥンア)	to arrange flowers
い けん 意見	pendapat プヌダパ(ト)	opinion
い けん 異見	pandangan berbéza [lain] パヌダンアヌ ブーベザ［ラエヌ］	different view
い けんこうかん 意見交換	pertukaran pendapat プートゥウカラヌ プヌダパ(ト)	exchange of opinions
い けんこうかん 意見交換する	tukar [bertukar-tukar] pendapat トゥウカー［ブートゥウカー トゥウカー］プヌダパ(ト)	to exchange opinions
い ご 以後	selepas ini / dari sekarang スルパス イニ / ダリ スカラン	after this
い こう 以降	sejak / semenjak / selepas スジャッ / スムンジャッ / スルパス	since
い こう 意向	niat ニヤ(ト)	intention
い こう 移行	peralihan / anjakan プーアレハヌ / アンジャカヌ	shift
い こう 移行する	beralih / anjak / beranjak ブーアレ(へ) / アンジャッ / ブランジャッ	to shift
イコール	sama dengan / bersamaan サマ ドゥンアヌ / ブーサマアヌ	equal
いざ	sekarang スカラン	now then
い ざか や 居酒屋	bar (ala) Jepun バー (アラ) ジュポヌ	Japanese-style bar
いさ 勇ましい	perkasa / gagah / berani プーカサ / ガガ(ハ) / ブラニ	brave
い さん 遺産	warisan ワリサヌ	inheritance
い し 意思	niat / fikiran ニヤ(ト) / フィキラヌ	mind

日	マレー	英
意志（いし）	hasrat / kehendak / kemahuan ハスラ(ト) / クフヌダッ / クマフウワヌ	will / intention
医師（いし）	doktor (perubatan) ドクトー（プルゥバタヌ）	(medical) doctor
石（いし）	batu バトゥウ	stone
意地（いじ）	kedegilan クドゥギラヌ	stubbornness
維持（いじ）	pengekalan / penjagaan プンウカラヌ / プンジャガアヌ	maintenance
維持する（いじする）	kekalkan / mengekalkan クカルカヌ / ムンウカルカヌ	to keep
意識（いしき）	kesedaran クスダラヌ	awareness
意識する（いしきする）	sedar スダー	to be aware of
遺失物保管所（いしつぶつほかんじょ）	kaunter barang hilang カォヌトゥー バラン ヒラン	lost and found counter
意地になる（いじになる）	degil / berdegil / berkeras ドゥゲル / ブードゥゲル / ブークラス	to insist
いじめる	buli / membuli ブゥリ / ムムブゥリ	to bully
医者（いしゃ）	doktor (perubatan) ドクトー（プルゥバタヌ）	(medical) doctor
移住（いじゅう）	penghijrahan プンヒジラハヌ	migration
移住する（いじゅうする）	hijrah / berhijrah ヒジラ(ハ) / ブーヒジラ(ハ)	to migrate
衣装（いしょう）	pakaian パカイヤヌ	clothes
以上（いじょう）	lebih daripada / (dan) ke atas ルベ(ヘ) ダリパダ / (ダヌ) ク アタス	more than
以上（いじょう）（文章の締めくくり）	sekian スキヤヌ	that's all
異常（いじょう）	keabnormalan クア(ブ)ノーマラヌ	abnormality
異常な（いじょうな）	abnormal ア(ブ)ノーマル	abnormal
移植（いしょく）	pemindahan プミヌダハヌ	transplantation

日	マレー	英
移植する（いしょく）	pindahkan / memindahkan ピヌダ(ハ)カヌ / ムミヌダ(ハ)カヌ	to transplant
衣食住（いしょくじゅう）	makanan, pakaian dan tempat tinggal マカナヌ パカイヤヌ ダヌ トゥムパ(ト) ティンガル	food, clothing and shelter
いじる	sentuh / menyentuh スヌト(ホ) / ムニュヌト(ホ)	to touch
意地悪（いじわる）	kejahatan クジャハタヌ	nastiness
意地悪な（いじわる）	jahat ジャハ(ト)	nasty
椅子（いす）	kerusi クルゥスィ	chair
椅子（いす）（スツール、ベンチ）	bangku バンクゥ	stool / bench
泉（いずみ）	mata air マタ アエー	fountain
イスラーム教（きょう）	agama Islam アガマ イスラム	Islam
イスラーム教徒（きょうと）	Muslim / orang Islam ムゥスレム / オラン イスラム	Muslim
イスラーム教徒（きょうと）（女性）	Muslimah ムゥスリマ(ハ)	female Muslim
イスラエル	Israél イスラエル	Israel
いずれ（近々）	tidak lama lagi ティダッ ラマ ラギ	sooner or later
いずれにしても	apa-apa pun アパ アパ ポヌ	in any case
いずれも	kedua-duanya / semuanya クドゥゥワ ドゥゥワニャ / スムゥワニャ	both
異性（いせい）	jantina lain [berlainan] ジャヌティナ ラエヌ [ブーライナヌ]	opposite sex
異性の（いせい）	yang berlainan jantina ヤン ブーライナヌ ジャヌティナ	of opposite sex
遺跡（いせき）	tinggalan / peninggalan ティンガラヌ / プニンガラヌ	remains
以前（いぜん）	dulu / dahulu ドゥウルゥ / ダフウルゥ	before

日	マレー	英
依然（いぜん）	masih / tidak berubah マセ(ヘ) / ティダッ ブルゥバ(ハ)	still
忙しい（いそがしい）	sibuk セボッ	busy
急ぐ（いそぐ）	tergesa-gesa / terburu-buru トゥーグサ グサ / トゥーブルゥ ブゥルゥ	to hurry
依存（いぞん）	kebergantungan クブーガヌトゥンアヌ	dependence
依存する（いぞんする）	bergantung kepada [pada] ブーガヌトゥン クパダ [パダ]	to depend on
板（いた）	papan パパヌ	board
痛い（いたい）	sakit サケ(ト)	painful
遺体（いたい）	mayat マヤ(ト)	corpse
遺体（いたい）（イスラーム教徒）	jenazah ジュナザ(ハ)	corpse
偉大（いだい）	keagungan クアグゥンアヌ	greatness
偉大な（いだいな）	agung アゴン	great
委託（いたく）	amanah / penyerahan アマナ(ハ) / プニュラハヌ	trust
委託する（いたくする）	amanahkan / mengamanahkan アマナ(ハ)カヌ / ムンァマナ(ハ)カヌ	to entrust
抱く（いだく）	punyai / mempunyai プゥニャイ / ムムプゥニャイ	to hold
致す（いたす）	lakukan / melakukan ラクゥカヌ / ムラクゥカヌ	to do
いたずら	perbuatan nakal プーブゥワタヌ ナカル	mischief
いたずらする	berbuat nakal ブーブゥワ(ト) ナカル	to make mischief
いたずら好き（す）な	nakal ナカル	mischievous
頂（いただき）（山の）	puncak プゥンチャッ	summit
いただく	terima / menerima トゥリマ / ムヌリマ	to receive

日	マレー	英
いただく(飲食する)	makan / minum マカヌ / ミノム	to have
至って(いたって)	sangat / amat サンァ(ト) / アマ(ト)	extremely
痛み(いたみ)	kesakitan / rasa sakit クサキタヌ / ラサ サケ(ト)	pain
痛み止め(いたみどめ)	ubat penahan sakit ウゥバ(ト) プナハヌ サケ(ト)	painkiller
痛む(いたむ)	sakit サケ(ト)	to hurt
炒めた(いためた)	goréng ゴレン	stir-fried
炒める(いためる)	goréng / menggoréng / tumis ゴレン / ムンゴレン / トゥウメス	to stir-fry
傷める(いためる)	cedera / tercedera チュドゥラ / トゥーチュドゥラ	to injure
(~の) 至り(いたり)	~ yang tidak terhingga ヤン ティダッ トゥーヒンガ	utmost ~
イタリア	Itali イタリ	Italy
イタリア語(ご)	bahasa Itali バハサ イタリ	Italian (language)
イタリア人(じん)	orang Itali オラン イタリ	Italian (people)
イタリック	italik イタレッ	italic
至る(いたる)	sampai / capai / mencapai サムパイ / チャパイ / ムンチャパイ	to reach
労る(いたわる)	jaga / menjaga ジャガ / ムンジャガ	to take care of
位置(いち)	kedudukan / tempat クドゥウドゥウカヌ / トゥムパ(ト)	position
位置する(いちする)	terletak トゥールタッ	to be located [positioned]
1	satu / se- サトゥウ / ス	one
市(いち)	pasar パサー	market
一々(いちいち)	setiap kali / satu per satu スティヤ(プ) カリ / サトゥウ プー サトゥウ	every time / one by one

い

い

日	マレー	英
いちおう 一応	sekadar スカダー	just
いちがい 一概に	tanpa syarat タムパ シャラ(ト)	unconditionally
いちがつ 一月	(bulan) Januari (ブウラヌ) ジャヌゥワリ	January
イチゴ	strawbéri ストロベリ	strawberry
いちじ 一時（一旦）	sementara スムヌタラ	temporarily
いちじ 一時（時刻）	pukul [jam] satu プウコル［ジャム］サトゥウ	one o'clock
いちじていし 一時停止	perhentian sementara プーフヌティヤヌ スムヌタラ	temporary halt
いちじていし 一時停止する	berhenti sementara ブーフヌティ スムヌタラ	to halt temporarily
いちじてき 一時的な	sementara スムヌタラ	temporary
いちじる 著しい	ketara クタラ	considerable
いちだん 一段と	lebih ルベ(へ)	even more
いちど 一度	sekali / satu kali スカリ / サトゥウ カリ	once
いちど 一度に	pada masa yang sama パダ マサ ヤン サマ	at the same time
いちどう 一同	semua orang スムゥワ オラン	all the people
いちにち 一日（期間）	satu hari / sehari サトゥウ ハリ / スハリ	a [one] day
いちにちけん 一日券	tikét sehari ティケ(ト) スハリ	one day ticket
いちば 市場	pasar パサー	market
いちばん 一番（番号 1）	nombor satu ノムボー サトゥウ	number one
いちばん 一番（最も）	paling パレン	most
いちぶ 一部	sebahagian スバハギヤヌ	part

日	マレー	英
一部の（いちぶ）	sesetengah ススト゚ンァ(ハ)	some
一面（一局面）（いちめん）	satu aspék サトゥウ アスペッ	one aspect
一面（表紙）（いちめん）	muka [halaman] depan ムゥカ [ハラマヌ] ドゥパヌ	front page
～一面（いちめん）	seluruh ~ スルゥロ(ホ)	all over ~
～一面に（いちめん）	di [ke] seluruh ~ ディ [ク] スルゥロ(ホ)	at [to] all over ~
一様な（いちよう）	seragam スラガム	unanimous
一様に（いちよう）	secara [dengan] seragam スチャラ [ドゥンァヌ] スラガム	unanimously
胃腸薬（いちょうやく）	ubat gastrik ウゥバ(ト) ゲストレッ	digestive medicine
一律（いちりつ）	(secara) menyeluruh （スチャラ）ムニュルゥロ(ホ)	across-the-board
一流（いちりゅう）	kelas pertama クラス プータマ	first class
一輪車（一輪自転車）（いちりんしゃ）	ékasikal エカスイカル	unicycle
一輪車（荷物運搬用）（いちりんしゃ）	keréta sorong クレタ ソロン	wheelbarrow
一連（いちれん）	satu siri サトゥウ スイリ	series
いつ	bila ビラ	when
胃痛（いつう）	sakit gastrik サケ(ト) ゲストレッ	gastric pain
一家（いっか）	satu keluarga / sekeluarga サトゥウ クルゥワーガ / スクルゥワーガ	whole family
いつか	suatu masa (nanti) スゥワトゥウ マサ （ナヌティ）	sometime
五日（日付）（いつか）	lima hari bulan リマ ハリ ブゥラヌ	the fifth (day)
五日（期間）（いつか）	lima hari リマ ハリ	five days
一家心中（いっかしんじゅう）	bunuh diri sekeluarga ブゥノ(ホ) ディリ スクルゥワーガ	family suicide

日	マレー	英
いっかつ 一括	longgokan ロンゴカヌ	one lump sum
いっかつ 一括する	longgokkan / melonggokkan ロンゴッカヌ / ムロンゴッカヌ	to lump together
いっかつ 一括で	sekali gus スカリ ゴス	in a lump
いっき 一気に	sekali gus スカリ ゴス	at once
いっけん 一見	pada pandangan pertama パダ パヌダンアヌ プータマ	at first glance
いっけんや 一軒家	rumah banglo ルゥマ(ハ) バンロ	bungalow
いっさい 一切	semua / langsung / sama sekali スムゥワ / ランソン / サマ スカリ	everything
いっさくじつ 一昨日	kelmarin / dua hari lepas クルマレヌ / ドゥウワ ハリ ルパス	the day before yesterday
いっさくねん 一昨年	dua tahun lepas [lalu] ドゥウワ タホヌ ルパス [ラルゥ]	the year before last
いっしゅ 一種	sejenis スジュネス	a kind
いっしゅうかん 一週間	seminggu / satu minggu スミングゥ / サトゥウ ミングゥ	a week
いっしゅん 一瞬	sekelip mata スクレ(プ) マタ	in the blink of an eye
いっしょう 一生	seumur hidup スウゥモー ヒド(プ)	lifetime
いっしょうけんめい 一生懸命	bersungguh-sungguh ブースゥンゴ(ホ) スゥンゴ(ホ)	doing one's best
いっしょ 一緒に	sama-sama / bersama / sekali サマ サマ / ブーサマ / スカリ	together
いっしん 一心	sepenuh hati スプノ(ホ) ハティ	intently
いっせい 一斉に	serentak スルヌタッ	simultaneously
いっそ	lebih baik / sebaik-baiknya ルベ(へ) バエッ / スバエッ バエッ(ク)ニャ	rather
いっそう 一層	lebih ルベ(へ)	much more
いったい 一体	agaknya アガッ(ク)ニャ	on earth / at all

日	マレー	英
一体となる (いったい)	bersatu padu ブーサトゥウ パドゥウ	to unite
一帯 (いったい)	keseluruhan kawasan クスルウルウハヌ カワサヌ	whole area
一旦 (いったん)	sekali / pada masa ini スカリ / パダ マサ イニ	once
一致 (いっち)	keselarasan クスララサヌ	accordance
一致する (いっち)	selaras スララス	to match with
5つ	lima buah [biji] リマ ブウワ(ハ) [ビジ]	five
一定 (いってい)	keadaan tetap クアダアヌ トゥタ(プ)	fixedness
一定する (いってい)	jadi [menjadi] tetap ジャディ [ムンジャディ] トゥタ(プ)	to be fixed
一定の (いってい)	tetap トゥタ(プ)	fixed
いってきます	saya pergi サヤ プーギ	I'm going (and coming back)
いつでも	bila-bila saja ビラ ビラ サジャ	anytime
いってらっしゃい	selamat pergi スラマ(ト) プーギ	have a safe journey
いつの間にか (ま)	tanpa disedari タムパ ディスダリ	unnoticed
一杯 (いっぱい)	secawan / segelas スチャワヌ / スグラス	a cup [glass] of
いっぱい (満たされた)	penuh プノ(ホ)	full
いっぱい (たくさん)	banyak バニャッ	lots of
一泊 (いっぱく)	satu malam サトゥウ マラム	one-night stay
一泊する (いっぱく)	bermalam satu malam ブーマラム サトゥウ マラム	to stay one night
一般（的）に (いっぱん)	secara umum [am] スチャラ ウゥモム [アム]	generally
一歩一歩 (いっぽいっぽ)	langkah demi langkah ランカ(ハ) ドゥミ ランカ(ハ)	step by step

日	マレー	英
いっぽう 一方（片側）	satu pihak サトゥウ ペハッ	one party
いっぽう 一方（それに対し）	pula / manakala プゥラ / マナカラ	on the other hand
いっぽうつうこう 一方通行	jalan sehala ジャラヌ スハラ	one way
いっぽうてき 一方的	berat sebelah / satu pihak ブラ(ト) スブラ(ハ) / サトゥウ ペハッ	one-sided
いつまでも	selama-lamanya スラマ ラマニャ	forever
いつも	selalu / sentiasa スラルゥ / スヌティヤサ	always
イディオム	idiom イディヨム	idiom
いてん 移転	perpindahan プーピヌダハヌ	moving
いてん 移転する	berpindah ブーピヌダ(ハ)	to move
いでん 遺伝	keturunan / baka クトゥウルゥナヌ / バカ	heredity
いでん 遺伝する	turun / menurun トゥウロヌ / ムヌウロヌ	to be inherited
いと 意図	niat / maksud / tujuan ニヤ(ト) / マクスゥ(ド) / トゥウジュウワヌ	intention
いと 意図する	berniat / bermaksud ブーニヤ(ト) / ブーマクスゥ(ド)	to intend
いと 糸	benang ブナン	thread
いど 緯度	latitud / garisan lintang ラティトゥウ(ド) / ガリサヌ リヌタン	latitude
いど 井戸	perigi / telaga プリギ / トゥラガ	water well
いどう 異動	pertukaran kakitangan プートゥウカラヌ カキタンアヌ	personnel change
いどう 異動する	bertukar ブートゥウカー	to be transferred
いどう 移動	perpindahan / pergerakan プーピヌダハヌ / プーグラカヌ	movement
いどう 移動する	pindah / berpindah / gerak / bergerak ピヌダ(ハ) / ブーピヌダ(ハ) / グラッ / ブーグラッ	to move

日	マレー	英
糸車（いとぐるま）	roda pintal ロダ ピヌタル	spinning wheel
いとこ	sepupu スプゥプゥ	cousin
営む（いとなむ）	menjalankan ムンジャラヌカヌ	to carry out
挑む（いどむ）	cabar / mencabar / menentang チャバー / ムンチャバー / ムヌヌタン	to challenge to
～以内（いない）	dalam ~ ダラム	within ~
田舎（いなか）（地方）	kampung / désa カムポン / デサ	country
田舎（いなか）（故郷）	kampung カムポン	hometown
稲作（いなさく）	penanaman padi プナナマヌ パディ	rice cultivation
稲光（いなびかり）	(cahaya) kilat （チャハヤ） キラ(ト)	flash of lightning
犬（いぬ）	anjing アンジェン	dog
稲（いね）	padi パディ	rice
居眠り（いねむり）	tidur ayam ティドー アヤム	doze
居眠りする（いねむりする）	terlelap トゥールラ(プ)	to doze
命（いのち）	nyawa ニャワ	life
イノベーション	inovasi イノヴァスィ	innovation
祈り（いのり）（願い）	doa ドンア	prayer / wish
祈る（いのる）（願う）	berdoa ブードンア	to pray / to wish
祈り（いのり）（礼拝）	sembahyang / solat スムバ(ハ)ヤン / ソラ(ト)	prayer
祈る（いのる）（礼拝を行う）	bersembahyang / bersolat ブースムバ(ハ)ヤン / ブーソラ(ト)	to perform a prayer
いばる	berlagak / bermegah ブーラガッ / ブームガ(ハ)	to boast

日	マレー	英
違反（いはん）	pelanggaran プランガラヌ	breach
違反する（いはん）	langgar / melanggar ランガー / ムランガー	to breach
いびき	dengkur ドゥンコー	snore
いびきをかく	berdengkur ブードゥンコー	to snore
衣服（いふく）	pakaian パカイヤヌ	clothes
イベント	acara アチャラ	event
疣（いぼ）	ketuat クトゥウワ(ト)	wart
居間（いま）	ruang tamu ルゥワン タムゥ	living room
今（いま）	sekarang スカラン	now
忌々しい（いまいま）	menjijikkan / mengejikan ムンジジェッカヌ / ムンゥジカヌ	disgusting
今頃（いまごろ）	sekarang スカラン	now
今さら（いま）	baru sekarang バルゥ スカラン	at this late date
未だ（いま）	masih マセ(ヘ)	still
今に（いま）	tidak lama lagi ティダッ ラマ ラギ	soon
今にも（いま）	nyaris-nyaris ニャレス ニャレス	on the verge of
今まで（いま）	sebelum ini スブロム イニ	until now
意味（いみ）	makna / maksud / erti マッ(ク)ナ / マクスゥ(ド) / ウルティ	meaning
意味する（いみ）	bermakna / bermaksud ブーマッ(ク)ナ / ブーマクスゥ(ド)	to mean
移民（いみん）（移民すること）	penghijrahan / migrasi プンヒジラハヌ / ミグラスイ	migration
移民（いみん）（外国への）	penghijrahan / émigrasi プンヒジラハヌ / エミグラスイ	emigration

日	マレー	英
移民（外国からの）	penghijrahan / imigrasi プンヒジラハヌ / イミグラスィ	immigration
移民（移民する人）	pendatang / penghijrah プヌダタン / プンヒジラ(ハ)	immigrant
移民（外国への移民者）	penghijrah プンヒジラ(ハ)	emigrant
移民（外国からの移民者）	pendatang プヌダタン	immigrant
移民する	berhijrah ブーヒジラ(ハ)	to migrate
イメージ	iméj イメジ	image
イメージする	bayangkan / membayangkan バヤンカヌ / ムムバヤンカヌ	to imagine
妹	adik perempuan アデッ プルムプウワヌ	younger sister
嫌	tidak suka [mahu] ティダッ スゥカ ［マフゥ］	unpleasant
嫌な	tidak sedap ティダッ スダ(プ)	unpleasant
いや	tak / tidak / bukan タッ / ティダッ / ブゥカヌ	no
嫌々	enggan ウンガヌ	unwillingly
嫌がる	tidak mahu / enggan ティダッ マフゥ / ウンガヌ	to hate
医薬品	ubat-ubatan ウゥバ(ト) ウゥバタヌ	medicine
卑しい	hina ヒナ	mean
いやに	sungguh スゥンゴ(ホ)	terribly
いやらしい	tidak senonoh / lucah ティダッ スノノ(ホ) / ルゥチャ(ハ)	obscene
イヤリング	anting-anting / subang アヌテン アヌテン / スゥバン	earring
いよいよ	akhirnya アヘーニャ	finally
意欲	semangat / keinginan スマンァ(ト) / クインイナヌ	eagerness

い

日	マレー	英
以来（いらい）	sejak [selepas] itu スジャッ [スルパス] イトゥウ	since (then)
依頼（いらい）	permintaan プーミヌタアヌ	request
依頼（いらい）する	minta / meminta ミヌタ / ムミヌタ	to ask
いらいら	kegemasan / kejéngkélan クグマサヌ / クジェンケラヌ	irritation
いらいらする	gemas / jéngkél グマス / ジェンケル	to be irritated
イラスト	ilustrasi / gambar イルゥストラスイ / ガムバー	illustration
いらっしゃいませ	selamat datang スラマ(ト) ダタン	welcome
いらっしゃる(来る)	datang ダタン	to come
いらっしゃる(いる)	ada / berada アダ / ブラダ	to be present
入口（いりぐち）	pintu masuk ピヌトゥウ マソッ	entrance
衣料（いりょう）	pakaian パカイヤヌ	clothing
医療（いりょう）	rawatan perubatan ラワタヌ プルゥバタヌ	medical care
威力（いりょく）	kuasa クゥワサ	power
いる	ada アダ	to be / to have
煎（い）る	goréng [menggoréng] tanpa minyak ゴレン [ムンゴレン] タムパ ミニャッ	to roast
要（い）る	perlu / perlukan / memerlukan プールゥ / プールゥカヌ / ムムールゥカヌ	to need
衣類（いるい）	pakaian パカイヤヌ	clothing
入（い）れ墨（ずみ）	tatu / cacah タトゥウ / チャチャ(ハ)	tattoo
入（い）れ歯（ば）	gigi palsu ギギ パルスゥ	dentures
入（い）れ物（もの）	bekas ブカス	case

日	マレー	英
入(い)れる	masukkan / memasukkan マソッカヌ / ムマソッカヌ	to put *sth* into
入(い)れる(電源などを)	buka / membuka ブゥカ / ムムブゥカ	to turn on
色(いろ)	warna ワーナ	colour
色々(いろいろ)	kepelbagaian クプルバガイヤヌ	variety
色々(いろいろ)な	pelbagai / bermacam-macam プルバガイ / ブーマチャム マチャム	various
異論(いろん)	bantahan / pandangan berbéza バヌタハヌ / パヌダンアヌ ブーベザ	objection
岩(いわ)	batu besar バトゥウ ブサー	rock
祝(いわ)い	sambutan / keraian / perayaan サムブゥタヌ / クライヤヌ / プラヤアヌ	celebration
祝(いわ)う	sambut / menyambut サムボ(ト) / ムニャムボ(ト)	to celebrate
鰯(いわし)	ikan sardin イカヌ サーデヌ	sardine
言(い)わば	boléh dikatakan ボレ(へ) ディカタカヌ	so to speak
いわゆる	yang dikenali sebagai ヤン ディクナリ スバガイ	what is called
印鑑(いんかん)	cop / cap チョ(プ) / チャ(プ)	signature stamp
陰気(いんき)	kemurungan / kesuraman クムゥルゥンアヌ / クスゥラマヌ	gloom
陰気(いんき)な	murung / suram ムゥロン / スゥラム	gloomy
隠居(いんきょ)	persaraan プーサラアヌ	retirement
隠居(いんきょ)（している人）	pesara プサラ	retiree
隠居(いんきょ)する	bersara ブーサラ	to retire
インク	dakwat ダッ(ク)ワ(ト)	ink
インゲン豆(まめ)	kacang buncis カチャン ブゥンチェス	common bean

日	マレー	英
印刷（いんさつ）	pencétakan プンチェタカヌ	print
印刷する（いんさつ）	cétak / mencétak チェタッ / ムンチェタッ	to print
印刷物（いんさつぶつ）	cétakan チェタカヌ	printed matter
印紙（いんし）	setém (cukai) ステム（チュウカイ）	stamp
印象（いんしょう）	tanggapan / kesan タンガパヌ / クサヌ	impression
インスタント	segera スグラ	instant
インスタントラーメン	mi segera ミ スグラ	instant ramen noodles
インストール	pemasangan プマサンアヌ	installation
インストールする	pasang / memasang パサン / ムマサン	to install
インストラクター	jurulatih ジュウルゥラテ(ヘ)	instructor
引率する（いんそつ）	mengetuai ムンゥトゥウワイ	to lead
インターチェンジ	persimpangan プースイムパンアヌ	interchange
インターナショナル	antarabangsa アヌタラバンサ	international
インターネット	internét イヌトゥネ(ト)	Internet
インターネットカフェ	kafé siber ケフェ サイブー	Internet café
インターホン	interkom イヌトゥーコム	intercom
引退（いんたい）	persaraan プーサラアヌ	retirement
引退する（いんたい）	bersara ブーサラ	to retire
インタビュー	wawancara / temu bual ワワンチャラ / トゥムゥ ブゥワル	interview
インタビューする	wawancara / mewawancara ワワンチャラ / ムワワンチャラ	to interview

日	マレー	英
インテリ	cendekiawan チュヌドゥキヤワヌ	intellectual
インテリア	dalaman ダラマヌ	interior
インド	India イヌディヤ	India
はんとう インドシナ半島	Semenanjung Indo-China スムナンジョン イヌド チナ	the Indochina Peninsula
じん インド人	orang India オラン イヌディヤ	Indian (people)
インドネシア	Indonésia イヌドネスイヤ	Indonesia
ご インドネシア語	bahasa Indonésia バハサ イヌドネスイヤ	Indonesian (language)
じん インドネシア人	orang Indonésia オラン イヌドネスイヤ	Indonesian (people)
よう インド洋	Lautan Hindi ラオタヌ ヒヌディ	the Indian Ocean
いんねん 因縁（縁、ゆかり）	perkaitan プーカイタヌ	connection
いんねん 因縁（言いがかり）	tuduhan tanpa bukti トゥウドゥウハヌ タムパ ブクティ	false accusation
インフォーマルな	tidak formal ティダッ フォマル	informal
インフォメーション	informasi / maklumat イヌフォーマスイ / マッ(ク)ルウマ(ト)	information
インフルエンザ	influénza イヌフルウエヌザ	influenza / flu
インフレーション	inflasi イヌフラスイ	inflation
いんぼう 陰謀	komplot / pakatan jahat コムプロ(ト) / パカタヌ ジャハ(ト)	plot
いんよう 引用	kutipan / petikan クゥティパヌ / プティカヌ	quotation
いんよう 引用する	kutip / mengutip クゥテ(プ) / ムンゥウテ(プ)	to quote
いんりょうすい 飲料水	air minuman アエー ミヌウマヌ	drinking water
いんりょく 引力	graviti / daya tarikan グラヴィティ / ダヤ タリカヌ	gravitation

日	マレー	英

▼う，ウ

日	マレー	英
ウィスキー	wiski ウィスキ	whisky
ウイルス	virus ヴィロス	virus
ウィンカー	lampu signal ラムプゥ スィ(グ)ナル	signal lamp
ウィンタースポーツ	sukan musim sejuk スゥカヌ ムゥセム スジョッ	winter sports
ウール	wul / bulu biri-biri ウウゥル / ブゥルゥ ビリ ビリ	wool
上（うえ）	atas アタス	top
上（うえ）（より大きい、多い）	lebih besar [banyak] ルベ(ヘ) ブサー ［バニャッ］	larger [more] than
上（うえ）（優れている）	lebih baik ルベ(ヘ) バェッ	superior
飢（う）え	kelaparan / kebuluran クラパラヌ / クブゥルゥラヌ	starvation
ウェイター	pelayan プラヤヌ	waiter
ウェイトレス	pelayan (perempuan) プラヤヌ (プルムプゥワヌ)	waitress
植木（うえき）	tanaman pokok タナマヌ ポコッ	plant
ウェブサイト	laman wéb [sesawang] ラマヌ ウェ(ブ) ［スサワン］	website
植（う）える	tanam / menanam タナム / ムナナム	to plant
飢（う）える	kelaparan / kebuluran クラパラヌ / クブゥルゥラヌ	to starve
迂回（うかい）	léncongan レンチョンアヌ	detour
迂回（うかい）する	léncong / meléncong レンチョン / ムレンチョン	to take a detour
うがい	kumur クゥモー	gargle
うがいする	berkumur ブークゥモー	to gargle

日	マレー	英
ぐすり うがい薬	ubat kumur ウゥバ(ト) クゥモー	mouthwash
うかいろ 迂回路	léncongan レンチョンアヌ	detour
うかが 伺う（尋ねる）	tanya / bertanya タニャ / ブータニャ	to ask
うかが 伺う（行く）	datang ダタン	to come
うかが 窺う（様子を）	téngok / menéngok-néngok テンォッ / ムネンォッ ネンォッ	to keep an eye on
うかが 窺う（推察する）	téngok / menéngok テンォッ / ムネンォッ	to see
うか 浮ぶ	terapung / terapung-apung トゥラポン / トゥラポン アポン	to float
う 受かる	lulus ルゥロス	to pass
うき 雨季	musim hujan ムゥセム フゥジャヌ	rainy season
う わ 浮き輪	pelampung プラムポン	swim ring
う 浮く （水面に、空中に）	terapung / terapung-apung トゥラポン / トゥラポン アポン	to float
う 浮く （費用、時間などが）	jimat ジマ(ト)	to save
う い 受け入れ	penerimaan プヌリマアヌ	acceptance
う い 受け入れる	terima / menerima トゥリマ / ムヌリマ	to accept
う つ 受け継ぐ	ambil [mengambil] alih アムベル ［ムンアムベル］ アレ(ヘ)	to take over
うけつけ 受付（係）	penyambut tetamu プニャムボ(ト) トゥタムゥ	receptionist
うけつけ 受付（手続き）	pendaftaran プヌダフタラヌ	registration
う つ 受け付ける	terima / menerima トゥリマ / ムヌリマ	to receive
う と 受け止める	terima / menerima トゥリマ / ムヌリマ	to accept
う と 受け取り	penerimaan プヌリマアヌ	receipt

う

日	マレー	英
うけとりにん 受取人	penerima プヌリマ	recipient
う　と 受け取る	terima / menerima トゥリマ / ムヌリマ	to receive
う　み 受け身の	pasif パセフ	passive
う　も 受け持ち	tanggungjawab / jagaan タンゴンジャワ(ブ) / ジャガアヌ	charge
う　も 受け持つ	bertanggungjawab / jaga / menjaga ブータンゴンジャワ(ブ) / ジャガ / ムンジャガ	to take charge of
う 受ける	terima / menerima トゥリマ / ムヌリマ	to receive
う 受ける（試験を）	ambil / mengambil アムベル / ムンアムベル	to take
うご 動かす	gerakkan / menggerakkan グラッカヌ / ムングラッカヌ	to move
うご 動き	pergerakan / gerak / gerakan プーグラカヌ / グラッ / グラカヌ	movement
うご 動く（移動する）	gerak / bergerak グラッ / ブーグラッ	to transfer
うご 動く（機械が機能する）	berfungsi ブーフウンスイ	to function
うさぎ 兎	arnab アルナ(ブ)	rabbit
う さんくさ 胡散臭い	mencurigakan ムンチュウリガカヌ	suspicious
うし 牛	lembu ルムブゥ	cow
うしな 失う	hilang / kehilangan ヒラン / クヒランアヌ	to lose
うし 後ろ	belakang ブラカン	back
うず 渦	lingkaran / pusaran リンカラヌ / プゥサラヌ	whirlpool
うす 薄い（厚みがない）	nipis ニペス	thin
うす 薄い（色、光）	muda ムウダ	light
うす 薄い（味）	kurang rasa クウラン ラサ	light

日	マレー	英
うす 薄い（毛）	nipis ニペス	thin
うすぐら 薄暗い	malap / remang-remang マラ(プ) / ルマン ルマン	dim
うす 薄める	mencairkan / melemahkan ムンチャエーカヌ / ムルマ(ハ)カヌ	to dilute
うず 埋める	tanam / menanam タナム / ムナナム	to bury
うそ 嘘	bohong / tipu / dusta ボホン / ティプゥ / ドゥウスタ	lie
うそ 嘘つき	pembohong / penipu / pendusta プムボホン / プニプゥ / プヌドゥウスタ	liar
うた 歌	lagu ラグゥ	song
うた 歌う	nyanyi / menyanyi ニャニィ / ムニャニィ	to sing
うたが 疑う	ragu / ragui / meragui ラグゥ / ラグゥイ / ムラグゥイ	to doubt
うたたね	tidur sekejap ティドー スクジャ(プ)	nap
うち 家	rumah ルゥマ(ハ)	house
うち 内	dalam ダラム	inside
うち （一定時間、数量の）	dalam ダラム	within
う　あ 打ち明ける	luahkan / meluahkan ルゥワ(ハ)カヌ / ムルゥワ(ハ)カヌ	to pour out
う　あ 打ち合わせ	perbincangan awal プービンチャンアヌ アワル	preliminary meeting
う　あ 打ち合わせる	berbincang terlebih dahulu ブービンチャン トゥールベ(ヘ) ダフゥルゥ	to arrange beforehand
うちがわ 内側	bahagian dalam バハギヤヌ ダラム	inside
うちき 内気	sifat kurang yakin pada diri sendiri スィファ(ト) クゥラン ヤケヌ パダ ディリ スヌディリ	diffidence
うちき 内気な	kurang yakin pada diri sendiri クゥラン ヤケヌ パダ ディリ スヌディリ	diffident
う　き 打ち切る	tamatkan / menamatkan タマ(ト)カヌ / ムナマ(ト)カヌ	to terminate

う

日	マレー	英
内金（うちきん）	déposit / wang muka デポスイ(ト) / ワン ムゥカ	deposit
打ち消し（うちけし）	penafian プナフィヤヌ	denial
打ち消す（うちけす）	nafi / nafikan / menafikan ナフィ / ナフィカヌ / ムナフィカヌ	to deny
打ち込む（うちこむ）	asyik アシエッ	to dedicate oneself to
宇宙（うちゅう）	angkasa lepas / cakerawala アンカサ ルパス / チャクラワラ	universe
うちわ	kipas キパス	fan
内訳（うちわけ）	butir-butir / pecahan ブゥテー ブゥテー / プチャハヌ	details
打つ（う）（強く叩く）	pukul / memukul プゥコル / ムムゥコル	to hit
打つ（う）（太鼓などを）	palu / memalu / pukul / memukul パルゥ / ムマルゥ / プゥコル / ムムゥコル	to beat
打つ（う）（釘などを）	tukul / menukul トゥウコル / ムヌゥコル	to hammer
打つ（う）（タイプする）	taip / menaip タエ(プ) / ムナエ(プ)	to type
討つ（う）	gempur / menggempur グムポー / ムングムポー	to defeat
撃つ（う）	témbak / menémbak テムバッ / ムネムバッ	to shoot
鬱（うつ）（病）	(penyakit) kemurungan （プニャケ(ト)）クムゥルゥンアヌ	depression
うっかり	cuai / lalai チュゥワイ / ラライ	carelessly
美しい（うつくしい）	cantik / lawa / indah チャヌテッ / ラワ / イヌダ(ハ)	beautiful
写し（うつし）	salinan サリナヌ	copy
移す（うつす）（移動させる）	pindahkan / memindahkan ピヌダ(ハ)カヌ / ムミヌダ(ハ)カヌ	to move
移す（うつす）（病気などを）	jangkitkan / menjangkitkan ジャンケ(ト)カヌ / ムンジャンケ(ト)カヌ	to transmit
遷す（うつす）	pindahkan / memindahkan ピヌダ(ハ)カヌ / ムミヌダ(ハ)カヌ	to move

日	マレー	英
うつ 写す	salin / menyalin サレヌ / ムニャレヌ	to make a copy
うつ 映す	papar / paparkan / memaparkan パパー / パパーカヌ / ムマパーカヌ	to display
うった 訴え（訴訟）	dakwaan ダッ(ク)ワアヌ	accusation
うった 訴え（訴えかけ）	rayuan ラユゥワヌ	appeal
うった 訴える（訴訟）	dakwa / mendakwa ダッ(ク)ワ / ムヌダッ(ク)ワ	to sue
うった 訴える（訴えかけ）	rayu / merayu ラユゥ / ムラユゥ	to appeal
うっとうしい	mengganggu ムンガングゥ	annoying
うつびょう 鬱病	(penyakit) kemurungan （プニャケ(ト)）クムゥルゥンアヌ	depression
ぶ うつ伏せ	telangkup / tertiarap トゥランコ(プ) / トゥーティヤラ(プ)	on one's stomach
うつむく	tunduk kepala トゥゥヌドッ クパラ	to look down
うつ 移る（移動する）	pindah / berpindah ピヌダ(ハ) / ブーピヌダ(ハ)	to move
うつ 移る（病気などが）	jangkit / berjangkit ジャンケ(ト) / ブージャンケ(ト)	to be transmitted
うつ 写る	masuk / muncul マソッ / ムゥンチョル	to be in
うつ 映る	dipaparkan ディパパーカヌ	to be displayed
うつ 空ろ（からっぽ）	lompong / geronggang ロムポン / グロンガン	hollow
うつ 虚ろな	kosong コソン	blank
うつわ 器	bekas ブカス	container
うで 腕	lengan ルンアヌ	arm
うで 腕（腕力）	kekuatan badan ククゥワタヌ バダヌ	physical [arm] strength
うで 腕（手腕）	kebolêhan / kemahiran クボレハヌ / クマヒラヌ	competence

う

日	マレー	英
うでどけい 腕時計	jam tangan ジャム タンアヌ	watch
うでまえ 腕前	kemahiran クマヒラヌ	skill
うてん 雨天	cuaca hujan チュゥワチャ フゥジャヌ	rain
うどん	(mi) udon (ミ) ウゥドヌ	udon
うなが 促す	galakkan / menggalakkan ガラッカヌ / ムンガラッカヌ	to encourage
うなぎ 鰻	belut ブロ(ト)	eel
うなず 頷く	angguk / mengangguk アンゴッ / ムンァンゴッ	to nod
うな 唸る	erang / mengerang ウラン / ムンゥラン	to howl
ウニ	landak laut ラヌダッ ラォ(ト)	sea urchin
うぬぼ 自惚れ	rasa [sifat] megah diri ラサ [スイファ(ト)] ムガ(ハ) ディリ	vanity
うぬぼ 自惚れた	megah diri ムガ(ハ) ディリ	vain
うば 奪う	rampas / merampas ラムパス / ムラムパス	to snatch
うま 馬	kuda クゥダ	horse
うま 美味い	sedap スダ(プ)	tasty
うま 上手い	pandai / mahir パヌダイ / マヘー	skilful
う 埋まっている	tertanam トゥータナム	to have been buried
う 埋まる	ditanam ディタナム	to be buried
う 生まれ	kelahiran クラヒラヌ	birth
う 生まれつき	sejak lahir [dilahirkan] スジャッ ラヘー [ディラヘーカヌ]	one's nature
う 生まれる	lahir / dilahirkan ラヘー / ディラヘーカヌ	to be born

日	マレー	英
うみ 海	laut ラォ(ト)	sea
うみ 膿	nanah ナナ(ハ)	pus
うみがめ 海亀	penyu プニュウ	turtle
うみ べ 海辺	tepi laut トゥピ ラォ(ト)	seaside
う 産む	lahirkan / melahirkan ラヘーカヌ / ムラヘーカヌ	to give birth to
う む 有無	ada atau tidak アダ アタゥ ティダッ	presence or absence
うめ 梅	umé / aprikot Jepun ウゥメ / エプリコ(ト) ジュポヌ	Japanese apricot
う こ 埋め込む	tanam / menanam タナム / ムナナム	to implant
うめ ぼ 梅干し	uméboshi / jeruk buah aprikot Jepun ウゥメボシ / ジュロッ ブゥワ(ハ) エプリコ(ト) ジュポヌ	pickled ume (plum)
う 埋める	tanam / menanam タナム / ムナナム	to bury
うやま 敬う	hormat / hormati / menghormati ホーマ(ト) / ホーマティ / ムンホーマティ	to respect
う よく 右翼	sayap [puak / pihak] kanan サヤ(プ) [プゥワッ / ペハッ] カナヌ	right wing
うら 裏	belakang ブラカン	back
うら 裏（内情）	maklumat dalam マッ(ク)ルゥマ(ト) ダラム	inside information
うら 裏（証拠）	bukti ブゥクティ	evidence
うらがえ 裏返し	terbalik トゥーバレッ	inside out
うらがえ 裏返す	terbalikkan / menterbalikkan トゥーバレッカヌ / ムヌトゥーバレッカヌ	to turn over
うら ぎ 裏切る	khianati / mengkhianati ヒアナティ / ムンヒアナティ	to betray
うらぐち 裏口	pintu belakang ピヌトゥウ ブラカン	back door
うらな 占い	penilikan プニリカヌ	fortune-telling

日	マレー	英
うらな し 占い師	tukang tilik / pawang トゥウカン ティレッ / パワン	fortune-teller
うらな 占う	tilik / menilik ティレッ / ムニレッ	to tell *sb's* fortune
うらにわ 裏庭	laman belakang ラマヌ ブラカン	backyard
うら 恨み	kedendaman クドゥヌダマヌ	grudge
うら 恨む	dendam / berdendam ドゥヌダム / ブードゥヌダム	to have a grudge against
うらめん 裏面	muka surat belakang ムゥカ スゥラ(ト) ブラカン	back
うらや 羨ましい	iri hati / cemburu イリ ハティ / チュムブゥルゥ	envious
うらや 羨む	iri hati / beriri hati イリ ハティ / ブーイリ ハティ	to envy
う あ 売り上げ	jumlah jualan ジュウムラ(ハ) ジュウワラヌ	sales
うりあげぜい 売上税	cukai jualan チュウカイ ジュウワラヌ	sales tax
う き 売り切れ	kehabisan stok クハビサヌ ストッ	being sold out
う き 売り切れる	habis dijual ハベス ディジュウワル	to be sold out
う だ 売り出し	jualan murah ジュウワラヌ ムウラ(ハ)	bargain sale
う だ 売り出す	(mula) jual / menjual (ムゥラ) ジュウワル / ムンジュウワル	to put *sth* on the market
う て 売り手	penjual / pedagang プンジュウワル / プダガン	seller
う ば 売り場	bahagian バハギヤヌ	department
うりふた 瓜二つの	bagai pinang belah dua バガィ ピナン ブラ(ハ) ドゥウワ	alike as two peas in a pod
う もの 売り物	barang jualan バラン ジュウワラヌ	merchandise
う 売る	jual / menjual ジュウワル / ムンジュウワル	to sell
うるお 潤う	jadi [menjadi] lembap ジャディ [ムンジャディ] ルムバ(プ)	to be moistened

日	マレー	英
潤った	lembap ルムバ(プ)	moist
うるさい	bising ビセン	noisy
うるさい(不快だ)	mengganggu ムンガングゥ	annoying
嬉しい	gembira グムビラ	glad
売れ行き	hasil jualan ハセル ジュゥワラヌ	sales
売れる	laku / laris ラクゥ / ラレス	to be in demand
うろうろする	berkeliaran ブークリヤラヌ	to wander
うろ覚えの	ingat-ingat lupa インア(ト) インア(ト) ルゥパ	to vaguely remember
浮気	kecurangan クチュゥランアヌ	(love) affair
浮気する	curang チュゥラン	to have an affair
上着	kot / jakét コ(ト) / ジェケ(ト)	coat / jacket
噂	khabar angin カバー アンエヌ	rumour
噂する	bergosip ブーゴセ(プ)	to gossip
上回る	lebihi / melebihi ルビヒ / ムルビヒ	to surpass
植わる	tertanam トゥータナム	planted
運	nasib ナセ(ブ)	fortune
運営	pengurusan プンゥウルゥサヌ	management
運営する	urus / mengurus ウゥロス / ムンウゥロス	to manage
運河	terusan トゥルゥサヌ	canal
うんざりする	muak / bosan / jemu ムゥワッ / ボサヌ / ジュムゥ	to be tired of

う

日	マレー	英
うんそう 運送	pengangkutan / penghantaran プンァンクゥタヌ / プンハヌタラヌ	transport
うんそう 運送する	mengangkut / menghantar ムンァンコ(ト) / ムンハヌター	to transport
うんそうがいしゃ 運送会社	syarikat pengangkutan [penghantaran] シャリカ(ト) プンァンクゥタヌ [プンハヌタラヌ]	transport company
うんち	tahi タヒ	poop
うんちん 運賃	tambang タムバン	fare
うんてん 運転	pemanduan プマヌドゥウワヌ	driving
うんてん 運転する	pandu / memandu パヌドゥウ / ムマヌドゥウ	to drive
うんてんしゅ 運転手	pemandu プマヌドゥウ	driver
うんてんそう さ 運転操作	(cara) memandu (チャラ) ムマヌドゥウ	driving (operation)
うんてんめんきょしょう 運転免許証	lésén memandu レセヌ ムマヌドゥウ	driver's license
うんどう 運動	senaman スナマヌ	exercise
うんどう 運動（社会的活動）	kémpén / pergerakan ケムペヌ / プーグラカヌ	campaign
うんどう 運動する	bersenam ブースナム	to do exercise
うんどう 運動する(社会的に)	berkémpén / melakukan pergerakan ブーケムペヌ / ムラクゥカヌ プーグラカヌ	to campaign
うんどう ぶ 運動部	kelab sukan クラ(ブ) スゥカヌ	sports club
うんぬん 云々	dan lain-lain ダヌ ラエヌ ラエヌ	et cetera
うんぬん 云々する	ulas / mengulas ウゥラス / ムンゥウラス	to say something about
うんぱん 運搬	pengangkutan プンァンクゥタヌ	transport
うんぱん 運搬する	angkut / mengangkut アンコ(ト) / ムンァンコ(ト)	to transport
うんめい 運命	nasib / takdir ナセ(ブ) / タッ(ク)ディー	destiny

日	マレー	英
運輸(うんゆ)	pengangkutan プンァンクゥタヌ	transport
運用(うんよう)	operasi オプラスィ	operation
運用する(うんよう)	jalankan / menjalankan ジャラヌカヌ / ムンジャラヌカヌ	to operate

え

▼え，エ

日	マレー	英
絵(え)	gambar / lukisan ガムバー / ルゥキサヌ	picture
エアコン	penghawa dingin プンハワ ディンェヌ	aircon(d) / air conditioner
エアメール	mél udara メル ウゥダラ	airmail
エイ	ikan pari イカヌ パリ	ray
永遠に(えいえん)	selama-lamanya スラマ ラマニャ	forever
映画(えいが)	filem / wayang (gambar) フィルム / ワヤン (ガムバー)	film / movie
映画館(えいがかん)	pawagam / panggung wayang パワガム / パンゴン ワヤン	cinema
鋭角(えいかく)	sudut tirus スゥド(ト) ティロス	acute angle
永久(えいきゅう)	kekekalan / keabadian ククカラヌ / クアバディヤヌ	eternity
永久の(えいきゅう)	kekal / abadi クカル / アバディ	eternal
影響(えいきょう)	pengaruh / kesan プンァロ(ホ) / クサヌ	influence
影響する(えいきょう)	pengaruhi / mempengaruhi プンァロヒ / ムムプンァロヒ	to influence
営業(えいぎょう)	perniagaan / operasi プーニヤガアヌ / オプラスィ	business
営業する(えいぎょう)	berniaga / beroperasi ブーニヤガ / ブーオプラスィ	to run business
営業時間(えいぎょうじかん)	waktu perniagaan ワッ(ク)トゥウ プーニヤガアヌ	business hours
営業中(えいぎょうちゅう)	buka / sedang beroperasi ブゥカ / スダン ブーオプラスィ	open

日	マレー	英
営業日 (えいぎょうび)	hari perniagaan ハリ プーニヤガアヌ	business [work] day
英語 (えいご)	bahasa Inggeris バハサ イングレス	English
英字新聞 (えいじしんぶん)	surat khabar bahasa Inggeris スウラ(ト) カバー バハサ イングレス	English paper
映写 (えいしゃ)	pemaparan プマパラヌ	projection
映写する (えいしゃ)	papar / paparkan / memaparkan パパー / パパーカヌ / ムマパーカヌ	to project
エイズ	AIDS エズ	AIDS
衛生 (えいせい)	sanitasi サニタスィ	sanitation
衛星 (えいせい)	satelit サトゥリ(ト)	satellite
衛星放送 (えいせいほうそう)	siaran satelit スィヤラヌ サトゥリ(ト)	satellite broadcasting
映像 (えいぞう)	iméj / gambar イメジ / ガムバー	image
英雄 (えいゆう)	wira / kesateria ウィラ / クサトゥリヤ	hero
栄養 (えいよう)	khasiat / zat ハスィヤ(ト) / ザ(ト)	nutrition
栄養失調 (えいようしっちょう)	kekurangan zat makanan ククゥランアヌ ザ(ト) マカナヌ	malnutrition
笑顔 (えがお)	senyuman / muka tersenyum スニュウマヌ / ムゥカ トゥースニョム	smile
描く (えが)	lukis / melukis ルゥケス / ムルゥケス	to draw
液 (えき)	air / cecair アエー / チュチャエー	liquid
駅 (えき)	stésén ステセヌ	station
益 (えき)	manfaat / faédah マヌファア(ト) / ファエダ(ハ)	profit
駅員 (えきいん)	pekerja stésén プクージャ ステセヌ	station staff
エキス	pati パティ	extract

日	マレー	英
エキストラベッド	katil tambahan カテル タムバハヌ	extra bed
液体（えきたい）	cecair チュチャエー	fluid
エゴイスト	égois エゴイス	egoist
エコノミークラス	kelas ékonomi クラス エコノミ	economy class
エコロジー	ékologi エコロジ	ecology
餌（えさ）	makanan binatang マカナヌ ビナタン	feed
エジプト	Mesir ムセー	Egypt
エスカルゴ	siput スイポ(ト)	escargot
エスカレーター	éskalator エスカレトゥー	escalator
エステサロン	salon kecantikan サロヌ クチャヌティカヌ	beauty salon
エステティシャン	pakar térapi kecantikan パカー テラピ クチャヌティカヌ	beauty therapist
エスプレッソ	kopi éspréso コピ エスプレソ	espresso
枝（えだ）	dahan / ranting ダハヌ / ラヌテン	branch
枝道（えだみち）	persiaran プースィヤラヌ	branch road
エチケット	étikét エティケ(ト)	etiquette
閲覧（えつらん）	pembacaan プムバチャアヌ	reading
閲覧（えつらん）する	baca / membaca / lihat / melihat バチャ / ムムバチャ / リハ(ト) / ムリハ(ト)	to read
エネルギー	tenaga トゥナガ	energy
絵の具（えのぐ）	cat チャ(ト)	paint
絵（え）はがき	poskad bergambar ポスカ(ド) ブーガムバー	picture postcard

日	マレー	英
海老(えび)	udang ウゥダン	shrimp / prawn
エプロン	apron エプロヌ	apron
絵本(えほん)	buku bergambar [gambar] ブゥクゥ ブーガムバー［ガムバー］	picture book
獲物(えもの)	buruan / tangkapan / mangsa ブゥルゥワヌ / タンカパヌ / マンサ	prey
鰓(えら)	insang イヌサン	gills
偉い(えらい)	besar / hébat / bagus / baik ブサー / ヘバ(ト) / バゴス / バエッ	great
選ぶ(えらぶ)	pilih / memilih ピレ(ヘ) / ムミレ(ヘ)	to select
襟(えり)	kolar コラー	collar
エリート	élit エリ(ト)	the elite
得る(える)	dapat / mendapat ダパ(ト) / ムヌダパ(ト)	to gain
エレガント	keanggunan クアングゥナヌ	elegance
エレガントな	anggun アンゴヌ	elegant
エレベーター	lif リフ	lift
円(えん)（丸）	bulat ブゥラ(ト)	round
円(えん)（日本円）	yén イエヌ	yen
縁(えん)（関係）	pertalian プータリヤヌ	relationship
縁(えん)（めぐり合わせ）	peluang プルゥワン	chance
宴会(えんかい)	kenduri / jamuan クヌドゥウリ / ジャムゥワヌ	party
遠隔教育(えんかくきょういく)	pendidikan jarak jauh プヌディディカヌ ジャラッ ジャォ(ホ)	distance education
円滑(えんかつ)	kelancaran クランチャラヌ	smoothness

日	マレー	英
えんかつ 円滑な	lancar ランチャー	smooth
えんがわ 縁側	anjung アンジョン	porch
えんがん 沿岸	persisiran pantai プースイスイラヌ パヌタイ	shore
えんき 延期	penangguhan プナングゥハヌ	postponement
えんき 延期する	tangguhkan / menangguhkan タンゴ(ホ)カヌ / ムナンゴ(ホ)カヌ	to postpone
えんぎ 演技	lakonan ラコナヌ	performance
えんぎ 演技する	berlakon ブーラコヌ	to perform
えんきょく 婉曲な	belat-belit ブラ(ト) ブレ(ト)	euphemistic
えんげい 園芸	seni taman / perkebunan スニ タマヌ / プークブゥナヌ	gardening
えんげき 演劇	(persembahan) drama (プースムバハヌ) ドラマ	drama (performance)
えんし 遠視	rabun jauh ラボヌ ジャオ(ホ)	farsightedness
エンジニア	jurutera ジュウルゥトゥラ	engineer
えんしゅう 円周	lilitan リリタヌ	circumference
えんしゅう 演習	latihan ラテハヌ	exercise
えんしゅう 演習する	lakukan [melakukan] latihan ラクゥカヌ [ムラクゥカヌ] ラテハヌ	to conduct an exercise
えんしゅつ 演出	pengurusan pentas プンゥウルゥサヌ プヌタス	stage direction
えんしゅつ 演出する	arahkan / mengarahkan アラ(ハ)カヌ / ムンアラ(ハ)カヌ	to direct
えんじょ 援助	bantuan / sokongan バヌトゥウワヌ / ソコンアヌ	support
えんじょ 援助する	bantu / membantu バヌトゥウ / ムムバヌトゥウ	to support
えんしょう 炎症	radang ラダン	inflammation

日	マレー	英
演じる(えん)	berlakon ブーラコヌ	to act
エンジン	énjin エンジェヌ	engine
演説(えんぜつ)	ucapan ウゥチャパヌ	address
演説する(えんぜつ)	beri [memberi] ucapan ブリ [ムムブリ] ウゥチャパヌ	to give a speech
沿線(えんせん)	sepanjang landasan keréta api スパンジャン ラヌダサヌ クレタ ピ	along a railway
演奏(えんそう)	persembahan プースムバハヌ	performance
演奏する(えんそう)	persembahkan / mempersembahkan プースムバ(ハ)カヌ / ムムプースムバ(ハ)カヌ	to perform
遠足(えんそく)	persiaran / lawatan lapangan プースィヤラヌ / ラワタヌ ラパンアヌ	field trip
縁談(えんだん)	cadangan perkahwinan チャダンアヌ プーカウィナヌ	marriage proposal
延長(えんちょう)（拡張）	pemanjangan プマンジャンアヌ	extension
延長(えんちょう)（継続）	penyambungan / pelanjutan プニャムブゥンアヌ / プランジュゥタヌ	continuation
延長する(えんちょう)（拡張）	panjangkan / memanjangkan パンジャンカヌ / ムマンジャンカヌ	to extend
延長する(えんちょう)（継続）	sambung / menyambung サムボン / ムニャムボン	to continue
延長コード(えんちょう)	(wayar) exténsion （ワヤー）エクステンシュヌ	extension cord
エンドウ豆(まめ)	kacang pis (hijau) カチャン ピス（ヒジャゥ）	(green) pea
煙突(えんとつ)	cerobong チュロボン	chimney
鉛筆(えんぴつ)	pénsél ペヌセル	pencil
鉛筆削り(えんぴつけず)	pengasah pénsél プンアサ(ハ) ペヌセル	pencil sharpener
遠方(えんぽう)	tempat jauh トゥムパ(ト) ジャオ(ホ)	distance
円満(えんまん)	keharmonian クハルモニヤヌ	harmony

日	マレー	英
円満な	harmoni ハルモニ	harmonious
煙霧	jerebu ジュルブゥ	haze
遠慮する	tahan [menahan] diri タハヌ [ムナハヌ] ディリ	to refrain from

▼ お，オ

日	マレー	英
尾	ékor エコー	tail
甥	anak saudara lelaki アナッ サゥダラ ルラキ	nephew
追い掛ける	kejar / mengejar クジャー / ムンゥジャー	to pursue
追い越す(車などが)	potong / memotong ポトン / ムモトン	to overtake
追い越す（勝る）	atasi / mengatasi アタスィ / ムンァタスィ	to surpass
追い込む	kepung / mengepung クポン / ムンゥポン	to corner
おいしい	sedap / lazat / énak スダ(プ) / ラザ(ト) / エナッ	delicious
追い出す	usir / mengusir ウゥセー / ムンゥウセー	to expel
追いつく	capai / mencapai チャパイ / ムンチャパイ	to catch up with
追い抜く(車などが)	potong / memotong ポトン / ムモトン	to overtake
追い抜く（勝る）	atasi / mengatasi アタスィ / ムンァタスィ	to surpass
オイル	minyak ミニャッ	oil
老いる	jadi [menjadi] tua ジャディ [ムンジャディ] トゥウワ	to grow old
お祝い	sambutan / keraian / perayaan サムブゥタヌ / クライヤヌ / プラヤアヌ	celebration
お祝いする	sambut / menyambut サムボ(ト) / ムニャムボ(ト)	to celebrate
王	raja ラジャ	king

日	マレー	英
お 追う	kejar / mengejar クジャー / ムンゥジャー	to chase
お 負う	tanggung / menanggung タンゴン / ムナンゴン	to bear
おうえん 応援	sokongan ソコンアヌ	support
おうえん 応援する	sokong / menyokong ソコン / ムニョコン	to support
おうきゅう 応急	kecemasan クチュマサヌ	emergency
おうきゅう 王宮	istana イスタナ	royal palace
おうきゅう て あて 応急手当	rawatan kecemasan ラワタヌ クチュマサヌ	first aid
おうごん 黄金	emas ウマス	gold
おうさつ 応札	bida / tawaran ビダ / タワラヌ	bid
おうさつ 応札する	membida / buat [membuat] tawaran ムムビダ / ブゥワ(ト) [ムムブゥワ(ト)] タワラヌ	to bid
おう じ 王子	putera プゥトゥラ	prince
おうじょ 王女	puteri プゥトゥリ	princess
おう 応じる	balas / membalas バラス / ムムバラス	to respond
おうしん 往診	lawatan ke rumah ラワタヌ ク ルゥマ(ハ)	home visit
おうしん 往診する	buat [membuat] lawatan ke rumah ブゥワ(ト) [ムムブゥワ(ト)] ラワタヌ ク ルゥマ(ハ)	to make a home visit
おうせつ 応接	pelayanan tetamu プラヤナヌ トゥタムゥ	reception
おうせつ 応接する	layan [melayan] tetamu ラヤヌ [ムラヤヌ] トゥタムゥ	to receive
おうたい 応対	pelayanan / penyambutan プラヤナヌ / プニャムブゥタヌ	reception
おうたい 応対する	layan / melayan ラヤヌ / ムラヤヌ	to receive
おうだん 横断	penyeberangan プニュブランアヌ	crossing

日	マレー	英
おうだん 横断する	seberang / menyeberang スブラン / ムニュブラン	to cross
おうだんほどう 横断歩道	lintasan pejalan kaki リヌタサヌ プジャラヌ カキ	zebra crossing
おうふく 往復	pergi balik プーギ バレッ	round trip
おうふく 往復する	pergi dan balik プーギ ダヌ バレッ	to go and return
おうふくきっぷ 往復切符	tikét pergi balik ティケ(ト) プーギ バレッ	round-trip ticket
おうへい 横柄な	angkuh / takbur アンコ(ホ) / タクボー	arrogant
おうべい 欧米	Éropah dan Amérika エロパ(ハ) ダヌ エメリカ	Europe and America
おうぼ 応募	permohonan プーモホナヌ	application
おうぼ 応募する	mohon / memohon モホヌ / ムモホヌ	to apply for
おうよう 応用	penerapan / aplikasi プヌラパヌ / アプリカスイ	application
おうよう 応用する	terapkan / menerapkan トゥラ(プ)カヌ / ムヌラ(プ)カヌ	to apply
お 終える	selesaikan / menyelesaikan スルサイカヌ / ムニュルサイカヌ	to finish
おお 多い	banyak バニャッ	a lot
おお 多い (人が)	ramai ラマィ	many
おお 多い (頻度が)	selalu / kerap スラルゥ / クラ(プ)	often
おお 大いに	sungguh / amat / sangat スゥンゴ(ホ) / アマ(ト) / サンァ(ト)	greatly
おお 覆う	liputi / meliputi / tutup / menutup リプゥティ / ムリプゥティ / トゥウト(プ) / ムヌゥト(プ)	to cover
おおかた 大方	sebahagian besar スバハギヤヌ ブサー	majority
おおがら 大柄な	berbadan besar ブーバダヌ ブサー	large
おお 大きい	besar ブサー	big

日	マレー	英
大(おお)きさ	saiz サエズ	size
大(おお)げさな	dibesar-besarkan ディブサー ブサーカヌ	exaggerated
オーケストラ	orkéstra オーケストラ	orchestra
大匙(おおさじ)	sudu besar スゥドゥゥ ブサー	tablespoon
大雑把(おおざっぱ)な	kasar / lebih kurang カサー / ルベ(ヘ) クゥラン	rough
大筋(おおすじ)	garis kasar ガレス カサー	rough outline
オーストラリア	Australia オストレリヤ	Australia
オーストラリア人(じん)	orang Australia オラン オストレリヤ	Australian (people)
大勢(おおぜい)	ramai ラマィ	many people
大空(おおぞら)	langit ランエ(ト)	sky
オーダー	pesanan プサナヌ	order
大通(おおどお)り	jalan raya [utama] ジャラヌ ラヤ [ウゥタマ]	main street
オートバイ	motosikal モトスィカル	motorcycle
オートマチック	automatik オトメテッ	automatic
オートマチック式(しき)	jenis automatik ジュネス オトメテッ	automatic type
オートメーション	automasi オトマスィ	automation
オートロック	kunci automatik クゥンチ オトメテッ	self-locking
オーナー	pemilik / tuan punya プミレッ / トゥゥワヌ プゥニャ	owner
オーバー (コート)	kot luar コ(ト) ルゥワー	overcoat
オーバーする	melebihi ムルビヒ	to go over

日	マレー	英
オーバーな	berlebih-lebih ブールベ(ヘ) ルベ(ヘ)	exaggerated
オーバーヒートする	jadi [menjadi] terlampau panas ジャディ [ムンジャディ] トゥーラムパゥ パナス	to overheat
おおはば 大幅な	secara besar-besaran スチャラ ブサー ブサラヌ	substantial
オープニング	perasmian / pembukaan プラスミヤヌ / プムブゥカアヌ	opening
オープンする (開業する)	buka / membuka ブゥカ / ムムブゥカ	to open
オープンな	(hati) terbuka (ハティ) トゥーブゥカ	frank
おお 大まかな	kasar / lebih kurang カサー / ルベ(ヘ) クゥラン	rough
おおもじ 大文字	huruf besar フゥロフ ブサー	capital letter
おおや 大家	tuan rumah トゥウワヌ ルゥマ(ハ)	landlord
おおやけ 公 (正式)	rasmi ラスミ	official
おおやけ 公 (公衆)	awam アワム	public
おおよそ 大凡	lebih kurang / kira-kira ルベ(ヘ) クゥラン / キラ キラ	roughly
おか 丘	bukit ブゥケ(ト)	hill
おかえりなさい	selamat pulang スラマ(ト) プゥラン	welcome back
かげ お陰	hasil perbuatan ハセル プーブゥワタヌ	thanks to
かげさま お陰様で	alhamdulillah アルハムドゥウリッラー	thank God
かし お菓子	kuih / kuih-muih クゥエ(ヘ) / クゥエ(ヘ) ムゥエ(ヘ)	sweets
おかしい(面白い)	lucu / geli hati ルゥチュウ / グリ ハティ	funny
おかしい (普通でない)	ganjil / pelik ガンジェル / プレッ	unusual
おかしい (矛盾している)	tidak masuk akal ティダッ マソッ アカル	to make no sense

お

日	マレー	英
侵す（おか）	ceroboh / menceroboh チュロボ(ホ) / ムンチュロボ(ホ)	to invade
犯す（おか）	lakukan [melakukan] (jenayah) ラクウカヌ [ムラクウカヌ] (ジュナヤ(ハ))	to commit (a crime)
おかず	lauk ラォッ	side dish
お金（かね）	wang / duit ワン / ドゥウエ(ト)	money
お構いなく（かま）	jangan susah-susah ジャンアヌ スゥサ(ハ) スゥサ(ハ)	don't bother
拝む（おが）	sembah / menyembah スムバ(ハ) / ムニュムバ(ハ)	to worship
お代わり（か）	tambah タムバ(ハ)	refill
沖（おき）	luar pesisir [pantai] ルゥワー プスイセー [パヌタイ]	offshore
～置き（お）	setiap スティヤ(プ)	every ~ time [day]
補う（おぎな）	tambahkan / menambahkan タムバ(ハ)カヌ / ムナムバ(ハ)カヌ	to supplement
置物（おきもの）	barang perhiasan バラン プーヒヤサヌ	ornament
起きる（お）（起床する）	bangun (tidur) バンォヌ (ティドー)	to get up
起きる（お）（発生する）	berlaku / terjadi ブーラクゥ / トゥージャディ	to occur
奥（おく）	pedalaman プダラマヌ	interior
億（おく）	ratus juta ラトス ジュウタ	hundred million
置く（お）	letak / meletak / taruh / menaruh ルタッ / ムルタッ / タロ(ホ) / ムナロ(ホ)	to put
屋外（おくがい）	luar bangunan ルゥワー バンゥウナヌ	outdoors
奥様（おくさま）	isteri イストゥリ	wife
屋上（おくじょう）	atas bumbung アタス ブゥムボン	rooftop
奥歯（おくば）	gigi geraham ギギ グラハム	back tooth

日	マレー	英
臆病（おくびょう）	sikap pengecut スイカ(プ) プンゥチョ(ト)	cowardice
送り先（おくりさき）	penerima プヌリマ	recipient
贈り物（おくりもの）	hadiah ハディヤ(ハ)	gift
送る（おくる）	kirim / mengirim / hantar / menghantar キレム / ムンイレム / ハヌター / ムンハヌター	to send
送る（おくる）(人を)	hantar / menghantar ハヌター / ムンハヌター	to see *sb* off
送る（おくる）(ある期間を過ごす)	habiskan / menghabiskan ハベスカヌ / ムンハベスカヌ	to spend time
贈る（おくる）	hadiahkan / menghadiahkan ハディヤ(ハ)カヌ / ムンハディヤ(ハ)カヌ	to give
遅れ（おくれ）	kelèwatan クレワタヌ	delay
遅れる（おくれる）	lambat / terlambat ラムバ(ト) / トゥーラムバ(ト)	to be late
起こす（おこす）(引き起こす)	menyebabkan / menimbulkan ムニュバ(プ)カヌ / ムニムボルカヌ	to cause
起こす（おこす）(目を覚まさせる)	bangunkan / membangunkan バンォヌカヌ / ムムバンォヌカヌ	to awaken
厳か（おごそか）	kesériusan クセリウゥサヌ	dignity
厳かな（おごそかな）	sérius セリウゥス	dignified
怠る（おこたる）	abai / abaikan / mengabaikan アバイ / アバイカヌ / ムンァバイカヌ	to neglect
怒った（おこった）	marah / bérang マラ(ハ) / ベラン	angry
行い（おこない）	perbuatan / tindakan プーブゥワタヌ / ティヌダカヌ	action
行う（おこなう）	lakukan / melakukan ラクゥカヌ / ムラクゥカヌ	to conduct
起こる（おこる）	berlaku / terjadi ブーラクゥ / トゥージャディ	to occur
怒る（おこる）	marah マラ(ハ)	to be angry
奢る（おごる）(人にごちそうする)	belanja ブランジャ	to treat

日	マレー	英
おご 奢る （過度に贅沢をする）	berméwah / berméwah-méwah ブーメワ(ハ) / ブーメワ(ハ) メワ(ハ)	to live in luxury
お 押さえる	pegang / memegang プガン / ムムガン	to hold *sth* down
おさ 抑える	tahan / menahan タハヌ / ムナハヌ	to restrict
おさな 幼い	kecil クチェル	very young
おさ 収まる（終わる）	selesai スルサィ	to end
おさ 収まる（収納できる）	muat ムゥワ(ト)	to fit
おさ 収まる（弱くなる）	reda / mereda ルダ / ムルダ	to subside
おさ 収める	simpan / menyimpan スィムパヌ / ムニィムパヌ	to store
おさ 治める	tadbir / mentadbir タ(ド)ベー / ムヌタ(ド)ベー	to rule
さん お産する	bersalin ブーサレヌ	to have a baby
おじ	bapa saudara バパ サゥダラ	uncle
お 惜しい （もったいない）	sayang サヤン	pitiful
お 惜しい（近い）	hampir ハムペー	close
じい お爺さん	datuk ダトッ	grandfather / old man
お　い 押し入る	pecah [memecah] masuk プチャ(ハ) ［ムムチャ(ハ)］ マソッ	to break into
おし い 押入れ	almari (pasang siap) アルマリ（パサン スィヤ(プ)）	closet
おし 教え	ajaran アジャラヌ	teaching
おし 教える（教授する）	ajar / mengajar アジャー / ムンァジャー	to teach
おし 教える（伝える）	beritahu / memberitahu ブリタフゥ / ムムブリタフゥ	to tell
じ　ぎ お辞儀	tunduk hormat トゥヌドッ ホーマ(ト)	bow

日	マレー	英
押(お)し切(き)る	tolak / menolak トラッ / ムノラッ	to override
押(お)し込(こ)む	tolak [menolak] masuk トラッ [ムノラッ] マソッ	to thrust
おじさん (年配の男性)	pak cik パッ チェッ	uncle
おしっこ	(air) kencing (アェー) クンチェン	pee
おしっこする	kencing / berkencing クンチェン / ブークンチェン	to pee
惜(お)しむ	sayang / sayangi / menyayangi サヤン / サヤンィ / ムニャヤンィ	to feel pity
おしゃぶり	puting (getah) プゥテン (グタ(ハ))	dummy
おしゃべりな	banyak mulut [cakap] バニャッ ムゥロ(ト) [チャカ(プ)]	talkative
おしゃべりする	sémbang / bersémbang セムバン / ブーセムバン	to chat
おしゃれ	gaya ガヤ	style
おしゃれな	bergaya ブーガヤ	stylish
汚職(おしょく)	korupsi コルゥプスイ	corruption
押(お)し寄(よ)せる	luru [meluru] (masuk) ルゥルゥ [ムルゥルゥ] (マソッ)	to rush into
押(お)す (重みを加える)	tekan / menekan トゥカヌ / ムヌカヌ	to press
押(お)す (動かす)	tolak / menolak トラッ / ムノラッ	to push
雄(おす)	jantan ジャヌタヌ	male animal
推(お)す (推薦する)	syorkan / mengesyorkan ショーカヌ / ムンゥショーカヌ	to recommend
お世辞(せじ)	bodék ボデッ	flattery
お世辞(せじ)を言(い)う	ampu / mengampu アムプゥ / ムンアムプゥ	to flatter
お節介(せっかい)をする	menyibuk / masuk campur ムニィボッ / マソッ チャムポー	to meddle

お

日	マレー	英
お世話（せわ）	penjagaan プンジャガアヌ	care
お世話（せわ）する	jaga / menjaga ジャガ / ムンジャガ	to care
汚染（おせん）	pencemaran プンチュマラヌ	pollution
汚染（おせん）する	cemari / mencemari チュマリ / ムンチュマリ	to pollute
遅（おそ）い	léwat レワ(ト)	late
襲（おそ）う	serang / menyerang スラン / ムニュラン	to attack
遅（おそ）かれ早（はや）かれ	lambat-laun ラムバ(ト) ラオヌ	sooner or later
遅（おそ）くとも	seléwat-léwatnya スレワ(ト) レワ(ト)ニャ	at the latest
おそらく	mungkin / barangkali ムゥンケヌ / バランカリ	probably
恐（おそ）れ	ketakutan クタクゥタヌ	fear
(~する) 恐（おそ）れがある	berkemungkinan ~ ブークムゥンキナヌ	there is a risk of ~
恐（おそ）れ入（い）る	meminta [menghargai] dengan rendah hati ムミヌタ [ムンハルガイ] ドゥンアヌ ルヌダ(ハ) ハティ	to request [thank] humbly
恐（おそ）れる	takut / bimbang タコ(ト) / ビムバン	to fear
恐（おそ）ろしい	menakutkan / mengerikan ムナコ(ト)カヌ / ムンゥリカヌ	scary
恐（おそ）ろしい(甚だしい)	terlampau トゥーラムパゥ	extreme
恐（おそ）ろしい (深刻)	sérius セリウゥス	severe
教（おそ）わる	diajar / belajar ディアジャー / ブラジャー	to learn
お大事（だいじ）に	semoga cepat sembuh スモガ チュパ(ト) スムボ(ホ)	take care of yourself
お互（たが）い (相互)	satu sama lain サトゥゥ サマ ラエヌ	each other

日	マレー	英
お互(たが)い(どちらも)	sama-sama サマ サマ	both
お互(たが)いに	saling / antara satu sama lain サレン / アヌタラ サトゥウ サマ ラエヌ	each other / mutually
お宅(たく)	rumah ルゥマ(ハ)	house
おだてる	ampu / mengampu アムプゥ / ムンアムプゥ	to flatter
穏(おだ)やか	ketenangan クトゥナンアヌ	calmness
穏(おだ)やかな	tenang トゥナン	calm
落(お)ち込(こ)む	murung / bermurung ムゥロン / ブームゥロン	to feel down
落(お)ち着(つ)き	ketenangan クトゥナンアヌ	calmness
落(お)ち着(つ)く	bertenang ブートゥナン	to calm down
落葉(おちば)	daun luruh ダォヌ ルゥロ(ホ)	fallen leaves
お茶(ちゃ)	téh テ(ヘ)	tea
落(お)ちる	jatuh ジャト(ホ)	to fall
落(お)ちる(数値などが)	jatuh / turun ジャト(ホ) / トゥウロヌ	to go down
落(お)ちる(電源などが)	mati マティ	to die
落(お)ちる(不合格になる)	gagal ガガル	to fail
落(お)ちる(汚れなどが)	hilang ヒラン	to come off
お使(つか)い	kerja suruhan クージャ スゥルゥハヌ	errand
夫(おっと)	suami スゥワミ	husband
乙(おつ)な(気の利いた)	bergaya ブーガヤ	stylish
おっぱい(乳房)	téték / buah dada テテッ / ブワ(ハ) ダダ	breast

日	マレー	英
おっぱい（母乳）	susu (ibu [badan]) スゥスゥ（イブゥ［バダヌ］）	breast
おつり	baki / wang kembali バキ / ワン クムバリ	change
てあ お手上げ	kekalahan クカラハヌ	defeat
てあ お手上げする	kalah / putus [berputus] asa カラ(ハ) / プゥトス［ブープゥトス］アサ	to give up
てあら お手洗い	tandas タヌダス	restroom
おと 音	bunyi ブゥニィ	sound
おとうと 弟	adik lelaki アデッ ルラキ	younger brother
おどおど	takut-takut / malu-malu タコ(ト) タコ(ト) / マルゥ マルゥ	timid
おどかす	takutkan / menakutkan タコ(ト)カヌ / ムナコ(ト)カヌ	to scare
お とぎばなし 御伽話	cerita dongéng チュリタ ドンエン	fairy tale
おとこ 男	lelaki ルラキ	male
おとこ こ 男の子	budak lelaki ブゥダッ ルラキ	boy
おとこ ひと 男の人	orang lelaki オラン ルラキ	man
お もの 落とし物	barang tercicir [hilang] バラン トゥーチチェー［ヒラン］	lost property
とし よ お年寄り	warga emas [tua] ワーガ ウマス［トゥウワ］	the elderly
お 落とす	jatuhkan / menjatuhkan ジャト(ホ)カヌ / ムンジャト(ホ)カヌ	to drop
お 落とす（なくす）	tercicir / hilang トゥーチチェー / ヒラン	to lose
お 落とす（不合格にする）	gagalkan / menggagalkan ガガルカヌ / ムンガガルカヌ	to fail
お 落とす（汚れなどを）	hilangkan / menghilangkan ヒランカヌ / ムンヒランカヌ	to remove
おど 脅す	ancam / mengancam アンチャム / ムンアンチャム	to threaten

日	マレー	英
訪れる (おとずれる)	lawat / melawat ラワ(ト) / ムラワ(ト)	to visit
一昨日 (おととい)	kelmarin / dua hari lepas クルマレヌ / ドゥウワ ハリ ルパス	the day before yesterday
一昨年 (おととし)	dua tahun lepas [lalu] ドゥウワ タホヌ ルパス [ラルゥ]	the year before last
大人 (おとな)	(orang) déwasa (オラン) デワサ	adult
おとなしい	tenang / jinak トゥナン / ジナッ	quiet
乙女 (おとめ)	gadis / anak dara ガデス / アナッ ダラ	maiden
お供 (おとも)	pengiring / peneman プンイレン / プヌマヌ	companion
踊り (おどり)	tarian タリヤヌ	dance
劣る (おとる)	kurang baik クゥラン バエッ	to be inferior
踊る (おどる)	tari / menari タリ / ムナリ	to dance
衰える (おとろえる)	berkurang ブークゥラン	to weaken
驚かす (おどろかす)	kejutkan / mengejutkan クジョ(ト)カヌ / ムンゥジョ(ト)カヌ	to surprise
驚き (おどろき)	kekejutan / keterkejutan ククジュウタヌ / クトゥークジュウタヌ	surprise
驚く (おどろく)	terkejut / terperanjat トゥークジョ(ト) / トゥープランジャ(ト)	to be surprised
同い年 (おないどし)	sebaya スバヤ	same age
お腹 (おなか)	perut プロ(ト)	stomach
同じ (おなじ)	sama サマ	same
おなら	kentut クヌト(ト)	fart
鬼 (おに)	syaitan / iblis シャイタヌ / イ(ブ)レス	demon
お願い (おねがい)	permintaan プーミヌタアヌ	favour to ask

お

お

日	マレー	英
斧(おの)	kapak カパッ	axe
各々(おのおの)	masing-masing マセン マセン	each of those
自ずから(おの)	(dengan) sendiri (ドゥンアヌ) スヌディリ	oneself
おば	ibu saudara イブゥ サゥダラ	aunt
お婆さん(ばあ)	nénék ネネッ	grandmother / old lady
おばさん (年配の女性)	mak cik マッ チェッ	auntie
おはよう	selamat pagi スラマ(ト) パギ	good morning
帯(おび)	obi / tali pinggang kimono オビ / タリ ピンガン キモノ	obi
怯える(おび)	ketakutan / takut クタクゥタヌ / タコ(ト)	to become frightened
おびただしい	banyak [ramai] sekali バニャッ [ラマイ] スカリ	a great many
お人好し(ひと よ)	orang yang sentiasa baik hati オラン ヤン スヌティヤサ バエッ ハティ	good-natured person
おびやかす	ancam / mengancam アンチャム / ムンアンチャム	to threaten
帯びる(お)	terdapat トゥーダパ(ト)	to take on
オフィス	pejabat プジャバ(ト)	office
オプショナルツアー	lawatan pilihan ラワタヌ ピリハヌ	optional tour
オペレーション	operasi オプラスィ	operation
オペレーター	operator オプラトー	operator
覚え(おぼ)	ingatan インアタヌ	recollection
覚えている(おぼ)	ingat インア(ト)	to remember
覚える(おぼ)	hafal / menghafal ハファル / ムンハファル	to memorize

日	マレー	英
溺(おぼ)れる	lemas ルマス	to drown
お参(まい)り	lawatan ラワタヌ	visit
お参(まい)りする	lawat / melawat (kuil) ラワ(ト) / ムラワ(ト) (クゥエル)	to visit (a temple)
おまえ	engkau / kau ウンカゥ / カウ	you / your
(~に) お任(まか)せの	terserah kepada ~ トゥースラ(ハ) クパダ	up to ~
おまけ	hadiah (percuma) ハディヤ(ハ) (プーチュゥマ)	(free) gift
おまけする	beri [memberi] diskaun ブリ [ムムブリ] ディスカォヌ	to give a discount
お待(ま)ちどおさま	terima kasih kerana menunggu トゥリマ カセ(ヘ) クラナ ムヌゥングゥ	thank you for waiting
お祭(まつ)り	pésta / perayaan ペスタ / プラヤアヌ	festival
お守(まも)り	azimat / tangkal アズィマ(ト) / タンカル	talisman
おまる	bésén najis ベセヌ ナジェス	potty
お見舞(みま)い	ziarah orang sakit ズィヤラ(ハ) オラン サケ(ト)	visiting a sick person
おむつ	lampin ラムペヌ	nappy
オムレツ	telur dadar トゥロー ダダー	omelette
おめでとう	tahniah タ(ハ)ニヤ(ハ)	congratulations
重(おも)い	berat ブラ(ト)	heavy
重(おも)い (病気、怪我)	berat / sérius / parah ブラ(ト) / セリウゥス / パラ(ハ)	serious
重(おも)い (動きが遅い)	lembap ルムバ(プ)	slow
重(おも)い (気が乗らない)	berat ブラ(ト)	reluctant
思(おも)い掛(が)けない	tidak disangka-sangka ティダッ ディサンカ サンカ	accidental

日	マレー	英
思い切り(思う存分)	sepenuh hati スプノ(ホ) ハティ	thoroughly
思い込む	beranggapan ブランガパヌ	to presume
思い出す(ふと)	ingat / teringat インア(ト) / トゥリンア(ト)	to remember
思い出す(努力して)	ingat / mengingat インア(ト) / ムンインア(ト)	to recall
思いつき	idéa / fikiran アイデヤ / フィキラヌ	idea
思いつく	terfikir / terlintas di fikiran トゥーフィケー / トゥーリヌタス ディ フィキラヌ	to come to mind
思い出	kenangan / mémori クナンアヌ / メモリ	memory
思いやり	timbang rasa ティムバン ラサ	consideration
思う	rasa / fikir / berfikir ラサ / フィケー / ブーフィケー	to think
面白い(滑稽な)	kelakar / lucu クラカー / ルゥチュゥ	funny
面白い(興味深い)	menarik ムナレッ	interesting
玩具	mainan マイナヌ	toy
表	depan / hadapan ドゥパヌ / ハダパヌ	front
表(うわべ、外見)	permukaan プームゥカアヌ	surface
主な	utama ウゥタマ	chief
主に	kebanyakannya クバニャカヌニャ	mainly
趣き	keanggunan クアングゥナヌ	aesthetic
赴く	tuju / menuju / pergi ke トゥウジュゥ / ムヌゥジュゥ / プーギ ク	to proceed
思わず	tanpa disedari タムパ ディスダリ	instinctively
重んじる	pentingkan / mementingkan プヌテンカヌ / ムムヌテンカヌ	to consider *sth* important

日	マレー	英
おや 親	ibu bapa イブゥ バパ	parent
おやこうこう 親孝行	bakti kepada ibu bapa バクティ クパダ イブゥ バパ	filial devotion to one's parents
おや し 親知らず	gigi bongsu ギギ ボンスゥ	wisdom tooth
おやすみなさい	selamat malam [tidur] スラマ(ト) マラム［ティドー］	good night
おやつ	kudapan クゥダパヌ	snack
おや ふ こう 親不孝	derhaka kepada ibu bapa ドゥーハカ クパダ イブゥ バパ	being unfilial
おやゆび 親指	ibu jari イブゥ ジャリ	thumb
およ 泳ぎ	renang ルナン	swimming
およ 泳ぐ	berenang ブルナン	to swim
およそ	kira-kira / lebih kurang キラ キラ / ルベ(ヘ) クゥラン	approximately
および	serta / dan (juga) スータ / ダヌ (ジュゥガ)	as well as
およ 及ぼす	datangkan / mendatangkan ダタンカヌ / ムヌダタンカヌ	to bring about
オランアスリ (先住民)	orang asli オラン アスリ	aborigine / native
オランウータン	orang hutan オラン フゥタヌ	orangutan
おり 檻	kurungan クゥルゥンアヌ	cage
オリーブ	zaitun ザイトヌ	olive
オリーブオイル	minyak zaitun ミニャッ ザイトヌ	olive oil
オリエンテーション	oriéntasi オリエヌタスィ	orientation
お かえ 折り返す	lipat / melipat リパ(ト) / ムリパ(ト)	to fold back
オリジナル	asli アスリ	original

お

日	マレー	英
折(お)りたたみ	lipatan リパタヌ	fold
折(お)りたたみ傘(かさ)	payung lipat パヨン リパ(ト)	folding umbrella
織物(おりもの)	tenunan / tékstil トゥヌウナヌ / テクステル	textile
下(お)りる	turun トゥウロヌ	to go down
降(お)りる（乗り物から）	turun トゥウロヌ	to get off [out]
降(お)りる（高い地位、役割から）	turun / letak [meletak] jawatan トゥウロヌ / ルタッ［ムルタッ］ジャワタヌ	to step down
オリンピック	Sukan Olimpik スゥカヌ オリムペッ	the Olympics
織(お)る	tenun / bertenun / menenun トゥノヌ / ブートゥノヌ / ムヌノヌ	to weave
折(お)る（曲げる）	lipat / melipat リパ(ト) / ムリパ(ト)	to fold
折(お)る（切断する）	patahkan / mematahkan パタ(ハ)カヌ / ムマタ(ハ)カヌ	to break
オルガン	organ オーガヌ	organ
俺(おれ)	aku / gua アクゥ / グゥワ	I / my / me
お礼(れい)	penghargaan プンハルガアヌ	acknowledgement
お礼(れい)する	berterima kasih ブートゥリマ カセ(ヘ)	to express one's gratitude
折(お)れる	patah / terpatah パタ(ハ) / トゥーパタ(ハ)	to break
オレンジ	orén オレヌ	orange
オレンジ色(いろ)	warna orén ワーナ オレヌ	orange colour
オレンジジュース	jus orén ジュス オレヌ	orange juice
愚(おろ)か	bodoh ボド(ホ)	stupid
卸(おろ)す	borongkan / memborongkan ボロンカヌ / ムムボロンカヌ	to wholesale

日	マレー	英
お 下ろす	turunkan / menurunkan トゥウロヌカヌ / ムヌゥロヌカヌ	to take down
お 下ろす（定着する）	akar / mengakar アカー / ムンァカー	to be rooted
お 下ろす （お金を引き出す）	keluarkan / mengeluarkan クルゥワーカヌ / ムンゥルゥワーカヌ	to withdraw
お 降ろす （乗り物から）	turunkan / menurunkan トゥウロヌカヌ / ムヌゥロヌカヌ	to drop
お 降ろす （高い地位、役割から）	singkirkan / menyingkirkan スィンケーカヌ / ムニインケーカヌ	to expel
おろそ 疎かな	lalai / cuai ラライ / チュゥワイ	negligent
お 終わらせる	tamatkan / menamatkan タマ(ト)カヌ / ムナマ(ト)カヌ	to finish
お 終わり	akhir / kesudahan アヘー / クスゥダハヌ	ending
お 終わりの	akhir アヘー	final
お 終わる	habis / tamat / selesai ハベス / タマ(ト) / スルサイ	to end
おん 恩	hutang budi フウタン ブゥディ	indebtedness
おんあんぽうようぐ 温罨法用具	tuam トゥウワム	hot compress
おんがく 音楽	muzik ムゥゼッ	music
おんけい 恩恵	berkat / keberkatan ブーカ(ト) / クブーカタヌ	benefit
おんしつ 温室	rumah hijau ルゥマ(ハ) ヒジャゥ	greenhouse
おんじん 恩人	penyumbang プニュウムバン	benefactor
おんせん 温泉	kolam air panas コラム アエー パナス	hot spring
おんたい 温帯	kawasan (iklim) sederhana カワサヌ（イクレム）スドゥーハナ	temperate zone
おんだん 温暖な	panas (sedikit) パナス（スディケ(ト)）	warm
おんど 温度	suhu スゥフゥ	temperature

日	マレー	英
おんな 女	perempuan プルムプウワヌ	female
おんな こ 女の子	budak perempuan ブウダッ プルムプウワヌ	girl
おんぶする	géndong / menggéndong ゲヌドン / ムンゲヌドン	to carry *sb* on one's back
おんぼろの	usang / buruk ウゥサン / ブウロッ	shabby
オンライン	online / dalam talian オヌライヌ / ダラム タリヤヌ	online
おん わ 穏和	ketenangan / kemesraan クトゥナンアヌ / クムスラアヌ	gentleness
おん わ 穏和な	lemah lembut / tenang / mesra ルマ(ハ) ルムボ(ト) / トゥナン / ムスラ	gentle
おん わ 温和な	sederhana スドゥーハナ	mild

▼か，カ

日	マレー	英
か 可	lulus ルゥロス	pass
か 課	bahagian バハギヤヌ	department
か 蚊	nyamuk ニャモッ	mosquito
ガーゼ	kain kasa / pembalut kasa カエヌ カサ / プムバロ(ト) カサ	gauze
カーソル	kursor / penanda-kini クゥーソー / プナヌダ キニ	cursor
カーテン	langsir ランセー	curtain
カード	kad カ(ド)	card
カードキー	kad kunci カ(ド) クゥンチ	card key
ガードマン	pengawal keselamatan プンアワル クスラマタヌ	security guard
カーブ	lengkung / keluk ルンコン / クロッ	curve
カーブする	melengkung ムルンコン	to curve

か

日	マレー	英
カーペット	karpét / permaidani カペ(ト) / プーマイダニ	carpet
ガールスカウト	pengakap perempuan プンァカ(プ) プルムプゥワヌ	girl scout
かい 回	kali カリ	time
かい 階	tingkat ティンカ(ト)	floor
かい 貝	siput / kerang スイポ(ト) / クラン	shellfish
がい 害	mudarat ムゥダラ(ト)	harm
かいあく 改悪	perubahan négatif プルゥバハヌ ネガテフ	negative change
かいあく 改悪する	rosakkan / merosakkan ロサッカヌ / ムロサッカヌ	to deteriorate
かいいん 会員	ahli ア(ハ)リ	member
かいいんしょう 会員証	kad ahli カ(ド) ア(ハ)リ	membership card
かいうん 海運	pengangkutan laut プンァンクゥタヌ ラォ(ト)	maritime [sea] transport
かいが 絵画	lukisan ルゥキサヌ	painting
がいか 外貨	wang asing ワン アセン	foreign currency
かいかい 開会	perasmian (majlis) プラスミヤヌ（マジレス）	opening (of a party)
かいかい 開会する	rasmikan [merasmikan] ラスミカヌ［ムラスミカヌ］	to open (a party)
かいがい 海外	luar negeri ルゥワー ヌグリ	abroad
かいがかん 絵画館	galeri lukisan ゲルリ ルゥキサヌ	art gallery
かいかく 改革	réformasi レフォーマスイ	reformation
かいかく 改革する	réformasikan / meréformasikan レフォーマスイカヌ / ムレフォーマスイカヌ	to reform
かいがら 貝殻	kulit siput クゥレ(ト) スイポ(ト)	shell

か

日	マレー	英
会館 (かいかん)	déwan デワヌ	hall
海岸 (かいがん)	pantai / tepi laut パヌタイ / トゥピ ラォ(ト)	seashore
外観 (がいかん)	rupa luaran ルゥパ ルゥワラヌ	outward
開館時間 (かいかんじかん)	waktu dibuka ワッ(ク)トゥウ ディブゥカ	opening hours
会議 (かいぎ)	mesyuarat / miting ムシュゥワラ(ト) / ミティン	meeting
会議する (かいぎ)	bermesyuarat ブームシュゥワラ(ト)	to hold a meeting
会議室 (かいぎしつ)	bilik mesyuarat ビレッ ムシュゥワラ(ト)	meeting room
会議費 (かいぎひ)	kos [yuran] mesyuarat コス [ユゥラヌ] ムシュゥワラ(ト)	meeting cost
階級 (かいきゅう)	kelas / pangkat / taraf クラス / パンカ(ト) / タラフ	class
海峡 (かいきょう)	selat スラ(ト)	channel
会計 (かいけい)	perakaunan プラカウナヌ	accounting
会計年度 (かいけいねんど)	tahun kewangan [fiskal] タホヌ クワンァヌ [フィスカル]	financial [fiscal] year
解決 (かいけつ)	penyelesaian プニュルサイヤヌ	solution
解決する (かいけつ)	selesaikan / menyelesaikan スルサイカヌ / ムニュルサイカヌ	to solve
解決策 (かいけつさく)	cara penyelesaian チャラ プニュルサイヤヌ	solution
会見 (かいけん)	wawancara ワワンチャラ	interview
会見する (かいけん)	berwawancara ブーワワンチャラ	to hold an interview
外見 (がいけん)	rupa / luaran / wajah ルゥパ / ルゥワラヌ / ワジャ(ハ)	appearance
解雇 (かいこ)	pemecatan プムチャタヌ	dismissal
解雇する (かいこ)	pecat / memecat プチャ(ト) / ムムチャ(ト)	to dismiss

日	マレー	英
かいご 介護	penjagaan プンジャガアヌ	care
かいご 介護する	jaga / menjaga ジャガ / ムンジャガ	to care
かいごう 会合	perhimpunan プーヒムプウナヌ	assembly
かいごう 会合する	adakan [mengadakan] perhimpunan アダカヌ［ムンァダカヌ］プーヒムプウナヌ	to assemble
がいこう 外交	diplomasi ディプロマスィ	diplomacy
がいこうかん 外交官	diplomat ディプロマ(ト)	diplomat
がいこうとっけん 外交特権	kekebalan diplomatik ククバラヌ ディプロマテッ	diplomatic immunity
がいこく 外国	luar negeri / negara asing ルゥワー ヌグリ / ヌガラ アセン	overseas / foreign country
がいこくかわせ 外国為替	pertukaran (wang) asing プートゥウカラヌ（ワン）アセン	foreign exchange
がいこくご 外国語	bahasa asing バハサ アセン	foreign language
がいこくじん 外国人	orang asing オラン アセン	foreigner
かいさい 開催	pengadaan プンァダアヌ	holding (of an event)
かいさい 開催する	adakan / mengadakan アダカヌ / ムンァダカヌ	to hold (an event)
かいさつ 改札	pemeriksaan tikét プムリクサアヌ ティケ(ト)	ticket examination
かいさつぐち 改札口	pintu masuk ピヌトゥウ マソッ	ticket gate
かいさつ 改札する	periksa [memeriksa] tikét プリクサ［ムムリクサ］ティケ(ト)	to examine tickets
かいさん 解散	persuraian プースゥライヤヌ	dispersal
かいさん 解散する	surai / bersurai スゥライ / ブースゥライ	to disperse
かいし 開始（始まる）	permulaan プームゥラアヌ	beginning
かいし 開始（始める）	pembukaan プムブゥカアヌ	opening

か

か

日	マレー	英
かいし 開始する（始まる）	mula / bermula ムゥラ / ブームゥラ	to begin
かいし 開始する（始める）	mulakan / memulakan ムゥラカヌ / ムムゥラカヌ	to start
かいしゃ 会社	syarikat シャリカ(ト)	company
かいしゃいん 会社員	kakitangan syarikat カキタンアヌ シャリカ(ト)	office worker
かいしゃく 解釈	tafsiran タフスイラヌ	interpretation
かいしゃく 解釈する	tafsirkan / mentafsirkan タフセーカヌ / ムヌタフセーカヌ	to interpret
かいしゅう 回収	pengambilan semula プンアムビラヌ スムゥラ	collecting
かいしゅう 回収する	ambil [mengambil] (semula) アムベル ［ムンアムベル］（スムゥラ）	to collect
かいしゅう 回収する(製品を)	panggil [memanggil] balik パンゲル ［ムマンゲル］ バレッ	to recall
かいしゅう 改修	pengubahsuaian / pembaikan プンゥウバ(ハ)スウワイヤヌ / プムバイカヌ	repair
かいしゅう 改修する	baiki / membaiki バイキ / ムムバイキ	to repair
かいじゅう 怪獣	raksasa ラクササ	monster
がいしゅつ 外出する	keluar クルゥワー	to go out
がいしゅつきんしれい 外出禁止令	perintah berkurung プリヌタ(ハ) ブークゥロン	curfew
がいしゅつちゅう 外出中	sedang berada di luar スダン ブラダ ディ ルゥワー	being out now
かいじょ 解除	penamatan / penarikbalikan プナマタヌ / プナレッ(ク)バリカヌ	cancellation
かいじょ 解除する	tamatkan / menamatkan タマ(ト)カヌ / ムナマ(ト)カヌ	to cancel
かいじょう 会場	tempat トゥムパ(ト)	venue
かいじょう 海上	laut / marin ラオ(ト) / マレヌ	marine
がいしょう 外相	menteri (hal éhwal) luar ムヌトゥリ（ハル エ(ヘ)ワル） ルゥワー	minister of foreign affairs

日	マレー	英
がいしょく 外食	makan luar マカヌ ルゥワー	eating out
がいしょく 外食する	makan di luar マカヌ ディ ルゥワー	to eat out
かいすい 海水	air laut アェー ラォ(ト)	sea water
かいすいよく 海水浴	mandi laut マヌディ ラォ(ト)	sea bathing
かいすう 回数	jumlah kali ジュゥムラ(ハ) カリ	number of times
かいすうけん 回数券	satu sét tikét サトゥウ セ(ト) ティケ(ト)	coupon ticket
がい 害する	rosakkan / merosakkan ロサッカヌ / ムロサッカヌ	to hurt
かいせい 快晴	cuaca cerah [baik] チュゥワチャ チュラ(ハ) [バェッ]	fine weather
かいせい 改正	pindaan ピヌダアヌ	amendment
かいせい 改正する	pinda / meminda ピヌダ / ムミヌダ	to amend
かいせつ 解説	ulasan ウゥラサヌ	commentary
かいせつ 解説する	ulas / mengulas ウゥラス / ムンウゥラス	to make a commentary on
がいせつ 概説	penerangan ringkas プヌランアヌ リンカス	outline
がいせつ 概説する	terangkan [menerangkan] secara ringkas トゥランカヌ [ムヌランカヌ] スチャラ リンカス	to give an outline
かいせん 回線	talian タリヤヌ	line
かいぜん 改善	perubahan positif プルゥバハヌ ポズィティフ	improvement
かいぜん 改善する	memperbaiki / memperbaik ムムプーバイキ / ムムプーバェッ	to improve
かいそう 回送	tamat perkhidmatan タマ(ト) プーヒ(ド)マタヌ	not in service
かいそう 回送する	memanjangkan / memajukan ムマンジャンカヌ / ムマジュゥカヌ	to forward

日	マレー	英
かいそう 階層	hiérarki / tatatingkat ヒエラーキ / タタティンカ(ト)	hierarchy
かいそう 海草	rumpai laut ルゥムパイ ラォ(ト)	seaweed
かいそう 改装	pengubahsuaian プンウゥバ(ハ)スゥワイヤヌ	renovation
かいそう 改装する	ubahsuai / mengubahsuai ウゥバ(ハ)スゥワイ / ムンウゥバ(ハ)スゥワイ	to renovate
かいぞう 改造	penukaran プヌゥカラヌ	conversion
かいぞう 改造する	tukarkan / menukarkan トゥウカーカヌ / ムヌゥカーカヌ	to convert
かいそう 回想する	kenangkan / mengenangkan クナンカヌ / ムンゥナンカヌ	to reminisce
かいぞく 海賊	lanun ラノヌ	pirate
かいたい 解体	perobohan / peruntuhan プロボハヌ / プルゥヌトハヌ	demolition
かいたい 解体する	robohkan / merobohkan ロボ(ホ)カヌ / ムロボ(ホ)カヌ	to demolish
かいたく 開拓	penerokaan プヌロカアヌ	exploration
かいたく 開拓する	teroka / meneroka トゥロカ / ムヌロカ	to explore
かいだん 会談	perundingan プルゥヌディンアヌ	talk
かいだん 会談する	berunding ブルゥヌデン	to talk
かいだん 階段	tangga タンガ	stairs
かいちく 改築	pembinaan semula プムベナアヌ スムゥラ	rebuilding
かいちく 改築する	bina [membina] semula ベナ［ムムベナ］スムゥラ	to rebuild
がいちゅう 害虫	serangga perosak スランガ プロサッ	insect pest
かいちゅうでんとう 懐中電灯	lampu suluh ラムプゥ スゥロ(ホ)	flashlight
かいちょう 快調	kelancaran クランチャラヌ	smoothness

日	マレー	英
かいちょう 快調な	lancar ランチャー	smooth
かいつう 開通	pembukaan プムブゥカアヌ	opening
かいつう 開通する	mula beroperasi ムゥラ ブーオプラスィ	to be opened to traffic
かいてい 改定	sémakan semula セマカヌ スムゥラ	revision
かいてい 改定する	sémak [menyémak] semula セマッ［ムニェマッ］スムゥラ	to revise
かいてい 改訂	sémakan セマカヌ	revision
かいてい 改訂する	sémak [menyémak] セマッ［ムニェマッ］	to revise
かいてい 海底	dasar laut ダサー ラォ(ト)	seabed
かいてき 快適	keselésaan クスレサアヌ	comfort
かいてき 快適な	selésa スレサ	comfortable
かいてん 回転	putaran / pusingan プゥタラヌ / プゥスインアヌ	rotation
かいてん 回転する	berputar / berpusing ブープゥター / ブープゥセン	to rotate
かいてん 開店	pembukaan kedai プムブゥカアヌ クダィ	opening of a store
かいてん 開店する	buka [membuka] kedai ブゥカ［ムムブゥカ］クダィ	to open a store
ガイド	pemandu (pelancongan) プマヌドゥ（プランチョンアヌ）	guide
ガイドする	bawa [membawa] / memandu バワ［ムムバワ］/ ムマヌドゥ	to guide
かいとう 解答	jawapan / kunci ジャワパヌ / クゥンチ	answer / key
かいとう 解答する	jawab / menjawab ジャワ(ブ) / ムンジャワ(ブ)	to answer
かいとう 回答	balasan / maklum balas バラサヌ / マッ(ク)ロム バラス	response
かいとう 回答する	balas / membalas バラス / ムムバラス	to respond

か

日	マレー	英
街道（かいどう）	jalan utama [raya] ジャラヌ ウゥタマ ［ラヤ］	main road
街頭（がいとう）	jalanan / jalan ジャラナヌ / ジャラヌ	street
該当（がいとう）	yang berkenaan ヤン ブークナアヌ	where applicable
該当する（がいとう）	berkenaan ブークナアヌ	to be applicable
街灯（がいとう）	lampu jalan ラムプゥ ジャラヌ	street light [lamp]
ガイドブック	buku panduan ブゥクゥ パヌドゥウワヌ	guidebook
ガイドライン	garis panduan ガレス パヌドゥウワヌ	guideline
介入（かいにゅう）	campur tangan チャムポー タンアヌ	intervention
介入する（かいにゅう）	campur [bercampur] tangan チャムポー ［ブーチャムポー］ タンアヌ	to intervene
概念（がいねん）	konsép / idéa / gagasan コヌセ(プ) / アイデヤ / ガガサヌ	concept
開発（かいはつ）	pembangunan プムバンゥウナヌ	development
開発する（かいはつ）	bangunkan / membangunkan バンオヌカヌ / ムムバンオヌカヌ	to develop
海抜（かいばつ）	di atas aras laut ディ アタス アラス ラオ(ト)	above sea level
会費（かいひ）	yuran keahlian ユゥラヌ クア(ハ)リヤヌ	membership fee
外部（がいぶ）	luaran / bahagian luar ルゥワラヌ / バハギヤヌ ルゥワー	exterior
回復（かいふく）	pemulihan / sembuh プムゥリハヌ / スムボ(ホ)	recovery
回復する（かいふく）	pulih / sembuh プゥレ(ヘ) / スムボ(ホ)	to recover
介抱（かいほう）	rawatan / jagaan ラワタヌ / ジャガアヌ	nursing
介抱する（かいほう）	rawat / merawat / jaga / menjaga ラワ(ト) / ムラワ(ト) / ジャガ / ムンジャガ	to nurse
解放（かいほう）	pelepasan / pembébasan プルパサヌ / プムベバサヌ	release

日	マレー	英
かいほう 解放する	melepaskan / membébaskan ムルパスカヌ / ムムベバスカヌ	to release
かいほう 開放	pembukaan プムブゥカアヌ	opening
かいほう 開放する	buka / membuka ブゥカ / ムムブゥカ	to leave open
かいぼう 解剖	bedah siasat ブダ(ハ) スイヤサ(ト)	dissection
かいぼう 解剖する	bedah [membedah] siasat ブダ(ハ) [ムムブダ(ハ)] スイヤサ(ト)	to dissect
がいむしょう 外務省	Kementerian Luar Negeri クムヌトゥリヤヌ ルゥワー ヌグリ	Ministry of Foreign Affairs
かいめい 解明	penyelesaian / penjelasan プニュルサイヤヌ / プンジュラサヌ	resolution
かいめい 解明する	jelaskan / menjelaskan ジュラスカヌ / ムンジュラスカヌ	to resolve
かいもの 買物(する)	membeli-belah ムムブリ ブラ(ハ)	(to do) shopping
かいものかご 買物籠	bakul membeli-belah バコル ムムブリ ブラ(ハ)	shopping basket
かいやく 解約	penamatan [pembatalan] プナマタヌ [プムバタラヌ]	cancellation
かいやく 解約する	menamatkan / membatalkan ムナマ(ト)カヌ / ムムバタルカヌ	to cancel
かいよう 海洋	lautan ラォタヌ	ocean
かいよう 潰瘍	ulser ウゥルスー	ulcer
がいよう 概要	ringkasan / garis kasar リンカサヌ / ガレス カサー	outline
がいらい 外来(病院)	pesakit luar プサケ(ト) ルゥワー	outpatient
がいらい 外来の (外国、外部からの)	yang datang dari luar ヤン ダタン ダリ ルゥワー	foreign
がいらいご 外来語	perkataan [kata] pinjaman プーカタアヌ [カタ] ピヌジャマヌ	foreign word
かいらん 回覧	édaran エダラヌ	circulation
かいらん 回覧する	édarkan / mengédarkan エダーカヌ / ムンエダーカヌ	to circulate

か

日	マレー	英
戒律（かいりつ）	ajaran agama アジャラヌ アガマ	religious precepts
概略（がいりゃく）	ringkasan / garis kasar リンカサヌ / ガレス カサー	summary
海流（かいりゅう）	arus lautan アロス ラオタヌ	ocean current
改良（かいりょう）	pembaikan プムバイカヌ	improvement
改良する（かいりょう）	memperbaiki / memperbaik ムムプーバイキ / ムムプーバェッ	to improve
回路（かいろ）	litar リター	circuit
海路（かいろ）	laluan laut [kapal] ラルゥワヌ ラォ(ト) [カパル]	sea route
概論（がいろん）	pengenalan / pendahuluan プンゥナラヌ / プヌダフウルゥワヌ	introduction
会話（かいわ）	perbualan / percakapan プーブゥワラヌ / プーチャカパヌ	conversation
会話する（かいわ）	berbual ブーブゥワル	to converse with
飼う（か）	bela / membela ブラ / ムムブラ	to breed
買う（か）	beli / membeli ブリ / ムムブリ	to buy
カウンター	kaunter カォヌトゥー	counter
返す（かえ）	pulangkan / memulangkan プゥランカヌ / ムムゥランカヌ	to return
却って（かえ）	sebaliknya スバレッ(ク)ニャ	on the contrary
楓（かえで）	(pokok) mapel (ポコッ) マプル	maple (tree)
帰り（かえ）	balik / pulang バレッ / プゥラン	returning
顧みる（かえり）	ingat [mengingat] kembali インア(ト) [ムンインア(ト)] クムバリ	to look back
帰る（かえ）	balik / pulang / kembali バレッ / プゥラン / クムバリ	to return
変える（か）(変化)	ubah / mengubah ウゥバ(ハ) / ムンウゥバ(ハ)	to change

日	マレー	英
変(か)える（変更）	tukar / menukar トゥウカー / ムヌウカー	to alter
返(かえ)る	kembali クムバリ	to return
蛙(かえる)	katak カタッ	frog
顔(かお)	muka ムゥカ	face
顔(かお)（表情）	wajah ワジャ(ハ)	face
顔色(かおいろ)	air muka アェー ムゥカ	complexion
家屋(かおく)	rumah ルゥマ(ハ)	house
顔(かお)つき	wajah / rupa ワジャ(ハ) / ルゥパ	face
香(かおり)	haruman / wangian ハルゥマヌ / ワンイヤヌ	fragrance
画家(がか)	pelukis プルゥケス	painter
課外(かがい)	luar kurikulum ルゥワー クゥリクゥロム	extracurricular
加害者(かがいしゃ)	pesalah / pelaku / penyerang プサラ(ハ) / プラクゥ / プニュラン	perpetrator
抱(かか)える	dakap / mendakap ダカ(プ) / ムヌダカ(プ)	to hold *sth* in one's arms
価格(かかく)	harga ハルガ	price
化学(かがく)	kimia キミヤ	chemistry
科学(かがく)	(ilmu) sains （エルムゥ）サインス	science
掲(かか)げる	angkat / mengangkat アンカ(ト) / ムンァンカ(ト)	to put up
掛(か)かっている（フックなどに）	tergantung トゥーガヌトン	hanging
踵(かかと)	tumit (kaki) トゥウメ(ト)（カキ）	heel
鏡(かがみ)	cermin チューメヌ	mirror

か

か

日	マレー	英
かがむ	bongkok / membongkok ボンコッ / ムムボンコッ	to bend down
かがや 輝く	bersinar / bercahaya ブースイナー / ブーチャハヤ	to shine
かかり 係	petugas / pegawai bertugas プトゥウガス / プガワイ ブートゥウガス	person in charge
か 掛かる （フックなどに）	gantung ガヌトン	to hang on
か 掛かる （心に留まる）	tersemat (di hati) トゥースマ(ト)（ディ ハティ）	to be on one's mind
か 掛かる （費用、時間などが）	ambil / mengambil アムベル / ムンアムベル	to cost / to take
かか 罹る	hidapi / menghidapi ヒダピ / ムンヒダピ	to suffer from
かか 懸る（命、懸賞金、生活などが）	bergantung pada [kepada] ブーガヌトン パダ［クパダ］	to hinge on
か 架かる（橋、虹が）	terbentang トゥーブヌタン	to bridge
かか 係わる	terlibat / terbabit トゥーリバ(ト) / トゥーバベ(ト)	to be involved
か き 牡蠣	tiram ティラム	oyster
かき 柿	pisang kaki / kesmak ピサン カキ / クスマッ	persimmon
かぎ 鍵	kunci クゥンチ	key
かきとめゆうびん 書留郵便	surat berdaftar スゥラ(ト) ブーダフター	registered mail [letter]
か と 書き留める	catat / mencatat チャタ(ト) / ムンチャタ(ト)	to write down
か と 書き取り	pencatatan プンチャタタヌ	note-taking
かき ね 垣根	(tumbuhan) pemisah kawasan （トゥウムブゥハヌ） プミサ(ハ) カワサヌ	barrier
か まわ 掻き回す	kacau / mengacau カチャゥ / ムンアチャゥ	to throw into confusion
かぎ 限り	had / takat ハ(ド) / タカ(ト)	limit
かぎ 限る	hadkan / mengehadkan ハ(ド)カヌ / ムンウハ(ド)カヌ	to limit

日	マレー	英
かく 各～	setiap [tiap-tiap] ~ スティヤ(プ) [ティヤ(プ) ティヤ(プ)]	each ~
かく 格（地位、等級）	status / kelas / gréd スタトゥス / クラス / グレ(ド)	status
かく 格（文法）	kasus カスゥス	case
かく 核（中心）	teras トゥラス	core
かく 核（原子核）	nukléus ニュウクレオス	nucleus
かく 角	sudut スゥドゥ(ト)	angle
か 欠く	tiada / tidak ada / kekurangan ティヤダ / ティダッ アダ / ククゥランアヌ	to lack
か 書く	tulis / menulis トゥウレス / ムヌウレス	to write
か 掻く	garu / menggaru ガルゥ / ムンガルゥ	to scratch
か 描く	lukis / melukis ルウケス / ムルウケス	to draw
かぐ 家具	perabot (rumah) プラボ(ト) (ルゥマ(ハ))	furniture
か 嗅ぐ	hidu / menghidu ヒドゥウ / ムンヒドゥウ	to smell
がく 額（金銭の）	jumlah ジュウムラ(ハ)	sum
がく 額（額縁）	bingkai ビンカイ	frame
がくい 学位	ijazah イジャザ(ハ)	degree
かくう 架空	rékaan / khayalan レカアヌ / ハヤラヌ	imaginary
がくげい 学芸	ilmu dan seni エルムゥ ダヌ スニ	liberal arts
かくげん 格言	peribahasa / pepatah プリバハサ / プパタ(ハ)	proverb
かくご 覚悟	kesediaan / kesanggupan クスディヤアヌ / クサングゥパヌ	preparedness
かくご 覚悟する	bersiap sedia ブースイヤ(プ) スディヤ	to make up one's mind

か

日	マレー	英
かくさ 格差	jurang (perbézaan) ジュウラン (プーベザアヌ)	gap
かくさん 拡散	penyébaran プニェバラヌ	spreading
かくさん 拡散する	sébar / tersébar / bersébar セバー / トゥーセバー / ブーセバー	to spread
かくじ 各自	masing-masing マセン マセン	each one
がくし 学士	sarjana muda サージャナ ムゥダ	bachelor
かくじつ 確実	kepastian クパスティヤヌ	certainty
かくじつ 確実な	pasti パスティ	certain
がくしゃ 学者	sarjana / ahli akadémik サージャナ / ア(ハ)リ アカデメッ	scholar
かくしゅ 各種	pelbagai [berbagai] jenis プルバガィ [ブーバガィ] ジュネス	various
かくしゅう 隔週	setiap dua minggu スティヤ(プ) ドゥウワ ミングゥ	every two weeks
かくじゅう 拡充	pengembangan / peluasan プンウムバンアヌ / プルゥワサヌ	amplification
かくじゅう 拡充する	kembangkan / mengembangkan クムバンカヌ / ムンウムバンカヌ	to amplify
がくしゅう 学習	pelajaran / pembelajaran プラジャラヌ / プムブラジャラヌ	learning
がくしゅう 学習する	belajar ブラジャー	to learn
がくじゅつ 学術	ilmu pengetahuan エルムゥ プンウタフゥワヌ	advanced learning
かくしん 確信	keyakinan クヤキナヌ	conviction
かくしん 確信する	yakini / meyakini ヤキニ / ムヤキニ	to be convinced
かくしん 革新	pembaharuan / inovasi プムバハルゥワヌ / イノヴァスィ	innovation
かくしん 革新する	memperbaharui ムムプーバハルゥイ	to innovate
かくしん 核心	asas / teras / intisari / pokok アサス / トゥラス / イヌティサリ / ポコッ	core

日	マレー	英
かく 隠す	sembunyikan / menyembunyikan スムブゥニイカヌ / ムニュムブゥニイカヌ	to hide
がくせい 学生	pelajar プラジャー	student
がくせいしょう 学生証	kad pelajar / kad matrik カ(ド) プラジャー / カ(ド) メトレッ	student ID card / matriculation card
がくせいしょくどう 学生食堂	kantin sekolah カヌテヌ スコラ(ハ)	school cafeteria
がくせいりょう 学生寮	asrama pelajar アスラマ プラジャー	student dormitory
がくせつ 学説	doktrin / téori ドクトレヌ / テオリ	doctrine
かくだい 拡大	pembesaran / peluasan プムブサラヌ / プルゥワサヌ	enlargement
かくだい 拡大する	perbesarkan / memperbesarkan プーブサーカヌ / ムムプーブサーカヌ	to enlarge
かくち 各地	pelbagai tempat [kawasan] プルバガィ トゥムパ(ト) [カワサヌ]	various places
かくちょう 拡張	penambahan / pembesaran プナムバハヌ / プムブサラヌ	extension
かくちょう 拡張する	perbesarkan / memperbesarkan プーブサーカヌ / ムムプーブサーカヌ	to extend
かくてい 確定	penetapan / pemuktamadan プヌタパヌ / プムゥクタマダヌ	determination
かくてい 確定する	tetapkan / menetapkan トゥタ(プ)カヌ / ムヌタ(プ)カヌ	to fix
カクテル	koktél コクテル	cocktail
かくど 角度	sudut スゥド(ト)	angle
かくとう 格闘する	bergelut ブーグロ(ト)	to struggle
かくとく 獲得	pemeroléhan / peroléhan プムーオレハヌ / プーオレハヌ	acquisition
かくとく 獲得する	dapatkan / mendapatkan ダパ(ト)カヌ / ムヌダパ(ト)カヌ	to obtain
かくにん 確認（チェック）	penyémakan プニェマカヌ	check
かくにん 確認（承認、認定）	pengesahan プンゥサハヌ	confirmation

か

日	マレー	英
かくにん 確認する(チェック)	sémak / menyémak セマッ / ムニェマッ	to check
かくにん 確認する (承認、認定)	sahkan / mengesahkan サ(ハ)カヌ / ムンゥサ(ハ)カヌ	to confirm
がくねん 学年（小学校）	tahun / darjah タホヌ / ダージャ(ハ)	(school) year
がくねん 学年（中高等学校）	tingkatan ティンカタヌ	form
がくねん 学年（大学）	tahun (pengajian) タホヌ（プンァジヤヌ）	(study) year
がくねんど 学年度	tahun akadémik タホヌ アカデメッ	academic year
がくひ 学費	belanja sekolah ブランジャ スコラ(ハ)	school expenses
がくふ 楽譜	skor (muzik) スコー（ムゥゼッ）	(musical) score
がくぶ 学部	fakulti ファコルティ	faculty
かくべつ 格別	keistiméwaan クイスティメワアヌ	speciality
かくべつ 格別の	istiméwa イスティメワ	special
かくほ 確保	jaminan ジャミナヌ	guarantee
かくほ 確保する	jamin / menjamin ジャメヌ / ムンジャメヌ	to guarantee
かくめい 革命	révolusi レヴォルゥスイ	revolution
がくめい 学名	nama saintifik ナマ サェヌティフェッ	scientific name
がくもん 学問	pengajian / kajian プンァジヤヌ / カジヤヌ	academic learning
がくもん 学問する	kaji / mengkaji カジ / ムンカジ	to learn academically
かくやす 格安	harga murah / kos rendah ハルガ ムゥラ(ハ) / コス ルヌダ(ハ)	low-price
かくり 隔離	pengasingan / pemisahan プンァスインァヌ / プミサハヌ	isolation
かくり 隔離する	asingkan / mengasingkan アセンカヌ / ムンァセンカヌ	to isolate

日	マレー	英
かくりつ 確率	kebarangkalian クバランカリヤヌ	probability
かくりつ 確立	pemantapan プマヌタパヌ	establishment
かくりつ 確立する	mantapkan / memantapkan マヌタ(プ)カヌ / ムマヌタ(プ)カヌ	to establish
がくりょく 学力	kebolého han akadémik クボレハヌ アカデメッ	scholastic ability
がくれき 学歴	latar belakang pendidikan ラター ブラカン プヌディディカヌ	educational background
かく 隠れる	sembunyi / bersembunyi スムブゥニィ / ブースムブゥニィ	to hide
がくわり 学割	diskaun pelajar ディスカォヌ プラジャー	student discount
がくわりりょうきん 学割料金	harga pelajar ハルガ プラジャー	student rate
か 賭け	pertaruhan / perjudian プータルゥハヌ / プージュゥディヤヌ	bet
か 掛け（掛け売り、掛け買いの略）	krédit クレディ(ト)	credit
か ～掛け（途中）	sedang [tengah] ~ スダン［トゥンア(ハ)］	in the process of ~
か ～掛け（掛けておく道具）	penyangkut ~ プニャンコ(ト)	~ hanger
が ～掛け（値引きの割合）	~ kali ganda カリ ガヌダ	~fold
かげ 陰	tempat teduh トゥムパ(ト) トゥド(ホ)	shade
かげ 影	bayang-bayang / bayangan バヤン バヤン / バヤンアヌ	shadow
がけ 崖	cenuram / curam チュヌゥラム / チュゥラム	cliff
か あし 駆け足	larian ラリヤヌ	run
か あし 駆け足で	cepat-cepat チュパ(ト) チュパ(ト)	quickly
か けい 家計	kewangan keluarga クワンアヌ クルゥワーガ	family budget
か げき 過激	keékstréman クエクストレマヌ	extremeness

日	マレー	英
過激（かげき）な	melampau / ékstrém ムランパゥ / エクストレム	extreme
陰口（かげぐち）	umpat / umpatan ウゥムパ(ト) / ウゥムパタヌ	gossip
陰口（かげぐち）を言（い）う	mengumpat ムンウゥムパ(ト)	to gossip
賭（か）け事（ごと）	perjudian プージュゥディヤヌ	gambling
掛（か）け算（ざん）	pendaraban / operasi darab プヌダラバヌ / オプラスィ ダラ(ブ)	multiplication
掛（か）け算（ざん）する	darab / darabkan / mendarabkan ダラ(ブ) / ダラ(ブ)カヌ / ムヌダラ(ブ)カヌ	to multiply
可決（かけつ）	kelulusan クルゥルゥサヌ	passage
可決（かけつ）する	luluskan / meluluskan ルゥロスカヌ / ムルゥロスカヌ	to pass
～か月（げつ）	~ bulan ブゥラヌ	~ month(s)
掛（か）け布団（ぶとん）	selimut スリモ(ト)	comforter
掛（か）ける（フックなどに）	gantung / menggantungkan ガヌトン / ムンガヌトンカヌ	to hang
掛（か）ける（心に留める）	pedulikan / mempedulikan プドゥウリカヌ / ムムプドゥウリカヌ	to care about
掛（か）ける（費用、時間などを）	habiskan / menghabiskan ハベスカヌ / ムンハベスカヌ	to spend
掛（か）ける（掛け算する）	ganda / gandakan / menggandakan ガヌダ / ガヌダカヌ / ムンガヌダカヌ	to multiply
掛（か）ける（×）	kali / darab カリ / ダラ(ブ)	times
駆（か）ける	lari / berlari ラリ / ブーラリ	to run
欠（か）ける	tidak ada / kekurangan ティダッ アダ / ククゥランアヌ	to be missing
賭（か）ける	judi / berjudi ジュゥディ / ブージュゥディ	to bet
架（か）ける（橋を）	bina / membina ベナ / ムムベナ	to build
かける（眼鏡を）	pakai / memakai パカイ / ムマカイ	to wear

日	マレー	英
加減（かげん）	pelarasan プララサヌ	adjustment
加減する（かげん）	laraskan / melaraskan ララスカヌ / ムララスカヌ	to adjust
過去（かこ）	masa lalu [silam] マサ ラルゥ［スイラム］	past
籠（かご）	bakul バコル	basket
籠（かご）（鳥などを飼う）	sangkar サンカー	cage
華語（かご）（中華系の言語）	bahasa Cina バハサ チナ	Chinese (language)
囲い（かこ）	kandang カヌダン	pen
下降（かこう）	penurunan プヌゥルゥナヌ	fall
下降する（かこう）	turun / menurun / merendah トゥウロヌ / ムヌゥロヌ / ムルヌダ(ハ)	to go down
加工（かこう）	pemprosésan プムプロセサヌ	processing
加工する（かこう）	olah / mengolah オラ(ハ) / ムンォラ(ハ)	to process
火口（かこう）	kawah カワ(ハ)	crater
化合（かごう）	gabungan (kimia) ガブゥンアヌ（キミヤ）	(chemical) combination
化合する（かごう）	bergabung (secara kimia) ブーガボン（スチャラ キミヤ）	to combine (chemically)
過去時制（かこじせい）	kala lampau カラ ラムパゥ	past tense
囲む（かこ）	kelilingi / mengelilingi クリリンィ / ムンゥリリンィ	to surround
傘（かさ）	payung パヨン	umbrella
火災（かさい）	kebakaran クバカラヌ	fire
重なる（かさ）	tindih / bertindih / berlapis ティヌデ(ヘ) / ブーティヌデ(ヘ) / ブーラペス	to overlap
重ねる（かさ）	susun [menyusun] bertindih スゥスゥヌ［ムニュウスゥヌ］ブーティヌデ(ヘ)	to put *sth* on top of

か

日	マレー	英
かさばる	agak besar / penuhi [memenuhi] ruang アガッ ブサー / プヌゥㇶ [ムムヌゥㇶ] ルゥワン	to bulk
かさむ	bertimbun ブーティㇺボㇴ	to pile up
かざむ 風向き	arah (tiupan) angin アラ(ハ) (ティウゥパㇴ) アンエㇴ	direction of the wind
かざ 飾り	hiasan / perhiasan ヒヤサㇴ / プーヒヤサㇴ	decoration
かざ 飾る	hias / menghias ヒヤㇲ / ムンヒヤㇲ	to decorate
かさ さ 傘を差す	berpayung ブーパヨン	to use an umbrella
か ざん 火山	gunung berapi グゥノン ブラピ	volcano
か し 菓子	kuih / kuih-muih クゥエ(ヘ) / クゥエ(ヘ) ムゥエ(ヘ)	sweets
か し 歌詞	lirik リレッ	lyrics
か 貸し	pinjaman loan ピンジャマㇴ ロㇴ	loan
か 貸し～	~ séwa セワ	rental ~
か じ 家事	kerja rumah クージャ ルゥマ(ハ)	housework
か じ 火事	kebakaran クバカラㇴ	fire
かじ 舵	kemudi クムゥディ	helm
か じ 鍛冶	kerja tukang besi クージャ トゥウカン ブスィ	smithery
かしこ 賢い	bijak / cerdik / pandai ビジャッ / チューデッ / パㇴダィ	wise
かしこまりました	baiklah バエッ(ク)ラ(ハ)	certainly
かしこまる	beradat-adat / berasmi-rasmi ブラダ(ト) アダ(ト) / ブラㇲミ ラㇲミ	to stand on ceremony
か だ 貸し出し	pemberian pinjaman プムブリヤㇴ ピンジャマㇴ	lending
か しつ 過失	kesilapan / kesalahan クスィラパㇴ / クサラハㇴ	fault

日	マレー	英
果実（かじつ）	buah ブゥワ(ハ)	fruit
貸付（かしつけ）	pemberian pinjam プムブリヤヌ ピンジャム	loan
貸し付ける（かしつける）	pinjamkan / meminjamkan ピンジャムカヌ / ムミンジャムカヌ	to loan
カジノ	kasino カスィノ	casino
貸間（かしま）	bilik untuk diséwa ビレッ ウゥヌトッ ディセワ	room for rent
カシミア	kashmir カシメー	cashmere
貸家（かしや）	rumah untuk diséwa ルゥマ(ハ) ウゥヌトッ ディセワ	house for rent
鍛冶屋（かじや）	tukang [pandai] besi トゥウカン [パヌダイ] ブスィ	blacksmith
歌手（かしゅ）	penyanyi プニャニィ	singer
カシューナッツ	(kacang) gajus (カチャン) ガジョス	cashew nut
箇所（かしょ）	bahagian / tempat バハギヤヌ / トゥムパ(ト)	part
過剰（かじょう）	lebihan ルビハヌ	surplus
過剰な（かじょうな）	terlebih / berlebihan トゥールベ(ヘ) / ブールビハヌ	excessive
箇条書き（かじょうがき）	penyenaraian プニュナライヤヌ	itemization
かじる	gigit / menggigit ギゲ(ト) / ムンギゲ(ト)	to bite
華人（かじん）（中華系の人）	orang Cina オラン チナ	(ethnic) Chinese (people)
貸す（かす）	pinjamkan / meminjamkan ピンジャムカヌ / ムミンジャムカヌ	to lend
数（かず）	bilangan / jumlah ビランアヌ / ジュウムラ(ハ)	number
ガス	gas ゲス	gas
微か（かすか）	ketidakjelasan クティダッ(ク)ジュラサヌ	subtlety

か

日	マレー	英
微(かす)かな	sedikit / tidak jelas スディケ(ㇳ) / ティダッ ジュラㇲ	subtle
ガス欠(けつ)	kehabisan gas クハビサㇴ ゲㇲ	out of gas
ガスボンベ	tong gas トン ゲㇲ	gas cylinder
霞(かす)む	jadi [menjadi] kabur ジャディ [ムンジャディ] カボー	to become blurred
擦(かす)る	bergésél / tergésél ブーゲセㇽ / トゥーゲセㇽ	to scrape
風(かぜ)	angin アンェㇴ	wind
風邪(かぜ)	selesema スㇽスマ	cold
火星(かせい)	Marikh マレ(ㇰ)	Mars
課税(かぜい)	percukaian プーチュゥカイヤㇴ	taxation
課税(かぜい)する	kenakan [mengenakan] cukai クナカㇴ [ムンゥナカㇴ] チュゥカイ	to tax
化石(かせき)	fosil フォセㇽ	fossil
稼(かせ)ぐ	dapat [mendapat] (wang) ダパ(ㇳ) [ムㇴダパ(ㇳ)] (ワン)	to earn (money)
風邪薬(かぜぐすり)	ubat selesema ウゥバ(ㇳ) スㇽスマ	cold medicine
カセットテープ	pita kasét ピタ カセ(ㇳ)	cassette tape
下線(かせん)	garis bawah ガレㇲ バワ(ㇵ)	underline
化繊(かせん)	serat [gentian] sintétik スラ(ㇳ) [グㇴティヤㇴ] スィㇴテティッ	synthetic fibre
河川(かせん)	sungai スゥンアイ	river
過疎(かそ)	pengurangan penduduk プンゥウランアㇴ プㇴドゥドッ	depopulation
画像(がぞう)	gambar / iméj ガㇺバー / イメジ	picture
数(かぞ)える	kira / mengira キラ / ムンィラ	to count

日	マレー	英
加速(かそく)	pencepatan / pecutan プンチュパタヌ / プチュウタヌ	acceleration
加速する(かそくする)	percepatkan / mempercepatkan プーチュパ(ト)カヌ / ムムプーチュパ(ト)カヌ	to accelerate
家族(かぞく)	keluarga クルゥワーガ	family
加速度(かそくど)	kadar pecutan カダー プチュウタヌ	acceleration rate
ガソリン	(minyak) pétrol (ミニャッ) ペトロル	petrol
ガソリンスタンド	stésén minyak ステセヌ ミニャッ	petrol station
型(かた)	acuan / modél アチュウワヌ / モデル	mould / model
肩(かた)	bahu バフゥ	shoulder
片(かた)～	salah satu [se-] ~ サラ(ハ) サトゥウ [ス]	one of ~
～方(かた)	orang ~ オラン	~ person
固い(かたい)	keras クラス	hard
固い(かたい)(守りが、結束が)	kukuh クゥコ(ホ)	firm
固い(かたい)(ドアが、蓋が)	ketat クタ(ト)	tight
硬い(かたい)(体が)	keras クラス	stiff
堅い(かたい)(確実)	pasti パスティ	certain
堅い(かたい)(振舞いが)	kaku カクゥ	stiff
課題(かだい)	tugasan トゥウガサヌ	assignment
～難い(がたい)	sukar [susah] (nak) ~ スゥカー [スゥサ(ハ)] (ナッ)	difficult to ~
片想い(かたおもい)	cinta tidak berbalas チヌタ ティダッ ブーバラス	one-side love
片仮名(かたかな)	(huruf) katakana (フゥロッ) カタカナ	katakana

日	マレー	英
片栗粉(かたくりこ)	tepung kanji トゥポン カンジ	starch
片言(かたこと)	bahasa yang tidak tepat バハサ ヤン ティダッ トゥパ(ト)	broken language
形(かたち)	bentuk ブヌトッ	shape / form
片(かた)づく(整う)	jadi [menjadi] kemas ジャディ [ムンジャディ] クマス	to become tidy
片(かた)づく(終わる)	selesai スルサィ	to be settled
片(かた)づけ	pengemasan プンゥマサヌ	tidying
片(かた)づける(整える)	kemas / mengemas / berkemas クマス / ムンゥマス / ブークマス	to tidy up
片(かた)づける(終える)	selesaikan / menyelesaikan スルサイカヌ / ムニュルサイカヌ	to settle
カタツムリ	siput babi スイポ(ト) バビ	snail
刀(かたな)	pedang プダン	sword
塊(かたまり)	ketulan / gumpalan クトゥウラヌ / グゥムパラヌ	lump
固(かた)まる	jadi [menjadi] keras ジャディ [ムンジャディ] クラス	to harden
形見(かたみ)	tanda kenangan タヌダ クナンアヌ	keepsake
片道(かたみち)	sehala スハラ	one way
片道切符(かたみちきっぷ)	tikét sehala ティケ(ト) スハラ	one-way ticket
傾(かたむ)いた	condong / miring / séngét チョヌドン / ミレン / センェ(ト)	inclining
傾(かたむ)く	condong / mencondong チョヌドン / ムンチョヌドン	to incline
傾(かたむ)ける	condongkan / mencondongkan チョヌドンカヌ / ムンチョヌドンカヌ	to incline
固(かた)める	keraskan / mengeraskan クラスカヌ / ムンゥラスカヌ	to harden
固(かた)める(強く確かなものにする)	kukuhkan / mengukuhkan クゥコ(ホ)カヌ / ムンゥウコ(ホ)カヌ	to strengthen

日	マレー	英
偏る(かたよる)	berat sebelah ブラ(ト) スブラ(ハ)	to be biased
語る(かたる)	bercerita / ceritakan / menceritakan ブーチュリタ / チュリタカヌ / ムンチュリタカヌ	to tell
カタログ	katalog カタロ(グ)	catalogue
傍ら(かたわら)	sisi / samping / sebelah スイスイ / サムペン / スブラ(ハ)	side
花壇(かだん)	batas bunga バタス ブゥンァ	flowerbed
価値(かち)	nilai ニライ	value
勝ち(かち)	kemenangan クムナンアヌ	victory
～がち	cenderung ~ チュヌドゥロン	tend to ~
価値観(かちかん)	(sistem) nilai (スイストゥム) ニライ	sense of value
家畜(かちく)	haiwan ternakan ハイワヌ トゥーナカヌ	domestic animal
価値(かち)のある(価値が高い)	bernilai / berharga ブーニライ / ブーハルガ	valuable
価値(かち)のある(するだけの)	berbaloi ブーバロイ	worth
価値(かち)のない	tidak bernilai [berharga] ティダッ ブーニライ [ブーハルガ]	worthless
課長(かちょう)	ketua bahagian クトゥウワ バハギヤヌ	section head
ガチョウ	angsa アンサ	goose
且つ(かつ)	dan / serta ダヌ / スータ	as well as
勝つ(かつ)	menang ムナン	to win
鰹(かつお)	ikan tongkol イカヌ トンコル	bonito
学科(がっか)	jabatan ジャバタヌ	department
学会(がっかい)(集会)	séminar [persidangan] セミナー [プースイダンアヌ]	(academic) conference

か

日	マレー	英
がっかい 学会（組織）	persatuan (akadémik) プーサトゥゥワヌ（アカデメッ）	(academic) society
がっかりする	kecéwa / hampa クチェワ / ハムパ	to be disappointed
かっき 活気	semangat / tenaga スマンァ(ト) / トゥナガ	energy
がっき 学期	séméster / penggal セメストゥー / プンガル	semester
がっき 楽器	alat muzik アラ(ト) ムゥゼッ	musical instrument
かっきてき 画期的	keperintisan / kebaharuan クプリヌティサヌ / クバハルゥワヌ	breakthrough
かっきてき 画期的な	menempa sejarah / betul-betul baru ムヌムパ スジャラ(ハ) / ブトゥル ブトゥル バルゥ	epoch-making
がっきゅう 学級	kelas (sekolah) クラス（スコラ(ハ)）	(school) class
かつ 担ぐ	galas / menggalas / pikul / memikul ガラス / ムンガラス / ピコル / ムミコル	to carry *sth* on one's shoulder
かっこ 括弧	kurungan / tanda kurung クゥルゥンァヌ / タヌダ クゥロン	parentheses
かっこいい	bergaya / ségak / hébat ブーガヤ / セガッ / ヘバ(ト)	cool
かっこいい(男性が)	kacak / tampan / hénsem カチャッ / タムパヌ / ヘヌスム	handsome
かっこう 格好	penampilan / rupa / gaya プナムピラヌ / ルゥパ / ガヤ	appearance
がっこう 学校	sekolah スコラ(ハ)	school
かっこつける	buat-buat bergaya ブゥワ(ト) ブゥワ(ト) ブーガヤ	to posture
かっこ悪い（わる）	tidak bergaya [ségak] ティダッ ブーガヤ［セガッ］	uncool
かつじ 活字	cétakan チェタカヌ	print
がっしょう 合唱	nyanyian berkumpulan ニャニイヤヌ ブークゥムプゥラヌ	chorus
がっしょう 合唱する	nyanyi [menyanyi] berkumpulan ニャニィ［ムニャニィ］ブークゥムプゥラヌ	to chorus
がっしょうだん 合唱団	koir コェー	choir

日	マレー	英
かっそうろ 滑走路	landasan (kapal terbang) ラヌダサヌ（カパル トゥーバン）	runway
カッター	pemotong プモトン	cutter
がっち 合致	kesamaan クサマアヌ	match
がっち 合致する	sama / menyamai サマ / ムニャマイ	to match
かつて	suatu masa dulu [dahulu] スゥワトゥ マサ ドゥウルゥ［ダフウルゥ］	once
かって 勝手な	yang mementingkan diri ヤン ムムヌテンカヌ ディリ	self-seeking
カット	pemotongan / potongan プモトンアヌ / ポトンアヌ	cut
カットする	potong / memotong ポトン / ムモトン	to cut
かつどう 活動	kegiatan / aktiviti クギヤタヌ / エクティヴィティ	activity
かつどう 活動する	bergiat ブーギヤ(ト)	to be active
かっぱつ 活発	keaktifan / kecergasan クエクティファヌ / クチューガサヌ	activeness
かっぱつ 活発な	giat / aktif / cergas ギヤ(ト) / エクティフ / チューガス	active
カップ	cawan / cangkir / piala チャワヌ / チャンケー / ピヤラ	cup
カップラーメン	mi segera dalam mangkuk ミ スグラ ダラム マンコッ	cup noodles
がっぺい 合併	penggabungan / penyatuan プンガブゥンアヌ / プニャトゥウワヌ	merger
がっぺい 合併する (一つにする)	gabungkan / menggabungkan ガボンカヌ / ムンガボンカヌ	to merge
がっぺい 合併する (一つになる)	bergabung ブーガボン	to merge
かつやく 活躍	keaktifan / kecergasan クエクティファヌ / クチューガサヌ	activeness
かつやく 活躍する	aktif / cergas エクティフ / チューガス	to play an active role
かつよう 活用	pemanfaatan プマヌファアタヌ	practical use

日	マレー	英
かつよう 活用する	manfaatkan / memanfaatkan マヌファア(ト)カヌ / ムマヌファア(ト)カヌ	to use *sth* practically
かつら 鬘	rambut palsu ラムボ(ト) パルスゥ	wig
かつりょく 活力	tenaga / semangat トゥナガ / スマンァ(ト)	energy
かてい 仮定	andaian / anggapan アヌダイヤヌ / アンガパヌ	assumption
かてい 仮定する	andaikan / mengandaikan アヌダイカヌ / ムンァヌダイカヌ	to suppose
かてい 家庭（家）	rumah ルゥマ(ハ)	home
かてい 家庭（単位）	rumah tangga / keluarga ルゥマ(ハ) タンガ / クルゥワーガ	household
かてい 課程	kursus クゥルスゥス	course
かてい 過程	prosés プロセス	process
かていほうかい 家庭崩壊	keruntuhan keluarga クルゥヌトハヌ クルゥワーガ	family breakdown
かていようひん 家庭用品	barang keperluan rumah バラン クプールゥワヌ ルゥマ(ハ)	household items
カテゴリー	kategori カトゥゴリ	category
かど 角（机などの）	penjuru / segi / sudut プンジュゥルゥ / スギ / スゥド(ト)	edge
かど 角（道の）	selékoh スレコ(ホ)	corner
かどう 稼働	operasi オプラスィ	operation
かどう 稼働する	beroperasi ブーオプラスィ	to operate
かな 仮名	(huruf) kana （フゥロフ）カナ	kana
かな 叶う	tercapai / terkabul トゥーチャパイ / トゥーカボル	to come true
かな 敵う	setanding / sebanding スタヌデン / スバヌデン	to compare with
かな 適う	tepati / menepati / sesuai トゥパティ / ムヌパティ /ススゥワイ	to suit

日	マレー	英
叶える (かな)	tunaikan / menunaikan トゥウナイカヌ / ムヌゥナイカヌ	to grant
悲しい (かな)	sedih スデ(ヘ)	sad
悲しむ (かな)	bersedih / berdukacita ブースデ(ヘ) / ブードゥゥカチタ	to grow sad
金槌 (かなづち)	tukul [penukul] besi トゥウコル [プヌゥコル] ブスィ	hammer
必ず (かなら)	semestinya / mesti スムスティニャ / ムスティ	necessarily
必ずしも (かなら)	(tidak) semestinya (ティダッ) スムスティニャ	(not) necessarily
かなり	sangat / betul-betul サンァ(ト) / ブトル ブトル	considerably
敵わない (かな)	tidak setanding ティダッ スタヌデン	cannot match
蟹 (かに)	ketam クタム	crab
加入 (かにゅう)	penyertaan / kemasukan プニュータアヌ / クマソカヌ	participation
加入する (かにゅう)	sertai / menyertai スータィ / ムニュータイ	to join
金 (かね)	duit / wang ドゥウエ(ト) / ワン	money
鐘 (かね)	locéng ロチェン	bell
加熱 (かねつ)	pemanasan プマナサヌ	heating
加熱する (かねつ)	panaskan / memanaskan パナスカヌ / ムマナスカヌ	to heat
かねて	sejak dulu [dahulu] スジャッ ドゥウルゥ [ダフゥルゥ]	since long ago
金持ち (かねも)	orang kaya オラン カヤ	rich person
金持ちの (かねも)	kaya カヤ	rich
兼ねる (か)	juga merupakan [menjadi] ジュゥガ ムルゥパカヌ [ムンジャディ]	to double as
化膿 (かのう)	penanahan プナナハヌ	suppuration

か

日	マレー	英
かのう 可能	kemungkinan クムゥンキナヌ	possibility
かのう 可能な	mungkin ムゥンケヌ	possible
かのうせい 可能性	kemungkinan クムゥンキナヌ	possibility
かのじょ 彼女（代名詞）	dia ディヤ	she / her
かのじょ 彼女（恋人）	teman wanita / makwe トゥマヌ ワニタ / マッ(ク)ウウ	girlfriend
かのじょ 彼女ら	meréka / dia orang ムレカ / ディヤ オラン	they / their / them
カバー	penutup プヌゥト(プ)	cover
カバーする	tutup / menutup トゥト(プ) / ムヌゥト(プ)	to cover
かば 庇う	lindungi / melindungi リヌドゥウンイ / ムリヌドゥウンイ	to protect
かばん 鞄	bég ベ(グ)	bag
かはんすう 過半数	majoriti マジョリティ	majority
かび 黴	kulapuk クゥラポッ	mould
がびょう 画鋲	paku tekan パクゥ トゥカヌ	thumbtack
かびん 花瓶	pasu bunga パスゥ ブゥンァ	flower vase
かぶ 株（株式、株券）	saham サハム	stock
かぶ 株（切り株）	tunggul トゥウンゴル	stump
かぶ 蕪	turnip / lobak putih トゥウニ(プ) / ロバッ プゥテ(ヘ)	turnip
カフェ	kafé ケフェ	café
かぶしき 株式	saham サハム	stock
かぶしきがいしゃ 株式会社	syarikat berhad シャリカ(ト) ブーハ(ド)	limited company

日	マレー	英
株式市場（かぶしきしじょう）	pasaran saham パサラヌ サハム	stock market
被せる（かぶせる）	selubungkan / menyelubungkan スルゥボンカヌ / ムニュゥルボンカヌ	to put *sth* over
カプセル	kapsul カ(プ)スウル	capsule
カブトムシ	kumbang badak [tanduk] クゥムバン バダッ [タヌドッ]	rhinoceros beetle
株主（かぶぬし）	pemegang [pemilik] saham プムガン [プミレッ] サハム	shareholder
被る（かぶる）	pakai / memakai パカイ / ムマカイ	to put *sth* on the head
かぶれる	meruam / timbul ruam ムルゥワム / ティムボル ルゥワム	to get a rash
花粉（かふん）	debunga ドゥブゥンア	pollen
壁（かべ）	dinding ディヌデン	wall
壁（かべ）（石造りの）	témbok テムボッ	wall
壁（かべ）（障害）	rintangan リヌタンアヌ	obstacle
貨幣（かへい）	wang / duit ワン / ドゥウエ(ト)	money
壁紙（かべがみ）	kertas (hias) dinding クータス（ヒヤス）ディヌデン	wallpaper
カボチャ	labu ラブゥ	pumpkin
釜（かま）	periuk プリオッ	pot
鎌（かま）	sabit サベ(ト)	sickle
構う（かまう）	peduli / pedulikan / mempedulikan プドゥウリ / プドゥウリカヌ / ムムプドゥウリカヌ	to care about
構え（かまえ）	postur ポストー	posture
構える（かまえる）	sedia / bersedia スディヤ / ブースディヤ	to be poised
カマキリ	mentadak / cengkadak ムヌタダッ / チュンカダッ	(praying) mantis

か

日	マレー	英
我慢（がまん）	kesabaran クサバラヌ	endurance
我慢する（がまんする）	sabar / tahan サバー / タハヌ	to tolerate
加味（かみ）	penambahan プナムバハヌ	addition
加味する（かみする）	tambah / menambah タムバ(ハ) / ムナムバ(ハ)	to add
紙（かみ）	kertas クータス	paper
神（かみ）	tuhan / déwa トゥウハヌ / デワ	god
髪（かみ）	rambut ラムボ(ト)	hair
噛み切る（かみきる）	gigit [menggigit] sehingga putus ギゲ(ト) [ムンギゲ(ト)] スヒンガ プゥトゥス	to bite off
紙屑（かみくず）	kertas buangan クータス ブゥワンアヌ	wastepaper
剃刀（かみそり）	pisau cukur ピサゥ チュゥコー	razor
過密（かみつ）	kesesakan クスサカヌ	overcrowding
過密な（かみつな）	penuh sesak プノ(ホ) スサッ	overcrowded
雷（かみなり）	guruh グゥロ(ホ)	thunder
髪の毛（かみのけ）	rambut ラムボ(ト)	hair
噛む（かむ）	kunyah / mengunyah クゥニャ(ハ) / ムンゥウニャ(ハ)	to chew
咬む（かむ）	gigit / menggigit ギゲ(ト) / ムンギゲ(ト)	to bite
上半期（かみはんき）	separuh [penggal] pertama スパロ(ホ) [プンガル] プータマ	first half
紙袋（かみぶくろ）	bég kertas ベ(グ) クータス	paper bag
仮眠（する）（かみん）	tidur sekejap ティドー スクジャ(プ)	(to take a) nap
ガム	gula-gula getah グゥラ グゥラ グタ(ハ)	gum

日	マレー	英
カムバック	kemunculan semula クムゥンチュゥラヌ スムゥラ	comeback
カムバックする	muncul semula / kembali ムゥンチョル スムゥラ / クムバリ	to make a comeback
亀（かめ）	kura-kura クゥラ クゥラ	tortoise
仮名（かめい）	nama samaran ナマ サマラヌ	assumed name
カメラ	kaméra ケメラ	camera
カメラマン	jurugambar / tukang gambar ジュゥルゥガムバー / トゥウカン ガムバー	photographer
画面（がめん）	skrin / paparan スクレヌ / パパラヌ	screen
鴨（かも）	(burung) itik （ブゥロン）イテッ	duck
科目（かもく）	mata pelajaran / subjék マタ プラジャラヌ / スゥ(ブ)ジェッ	subject
～かもしれない	mungkin [boléh jadi] ~ ムゥンケヌ ［ボレ(へ) ジャディ］	might ~
貨物（かもつ）	angkutan アンクゥタヌ	freight
鷗（かもめ）	(burung) camar （ブゥロン）チャマー	seagull
火薬（かやく）	serbuk letupan スーボッ ルトゥウパヌ	gunpowder
粥（かゆ）	bubur (nasi) ブゥボー（ナスィ）	rice porridge
痒い（かゆい）	gatal / gatal-gatal ガタル / ガタル ガタル	itchy
痒み（かゆみ）	kegatalan / rasa gatal クガタラヌ / ラサ ガタル	itch
歌謡（かよう）	nyanyian / lagu ニャニィヤヌ / ラグゥ	song
通う（かよう）（定期的に行き来する）	pergi プーギ	to go
通う（かよう）（血、電気などが）	alir / mengalir アレー / ムンアレー	to flow
通う（かよう）（気持ちが通じる）	dapat [boléh] difahami ダパ(ト) ［ボレ(へ)］ ディファハミ	to be understood

日	マレー	英
画用紙（がようし）	kertas lukisan クータス ルゥキサヌ	drawing paper
火曜日（かようび）	(hari) Selasa (ハリ) スラサ	Tuesday
殻（から）	kulit / cangkerang クゥレ(ト) / チャンクラン	shell
空（から）	kekosongan クコソンアヌ	emptiness
空の（からの）	kosong コソン	empty
～から（人、抽象物など）	daripada ~ ダリパダ	from ~
～から（場所、時間）	dari ~ ダリ	from ~
柄（がら）（模様）	corak チョラッ	pattern
柄（がら）（品位、性質）	sifat スィファ(ト)	character
カラー	warna ワーナ	colour
辛い（からい）	pedas プダス	spicy
辛い（からい）（塩味が強い）	masin マセヌ	salty
辛い（からい）（酒、ワインなど）	tajam タジャム	dry
辛い（からい）（評価が厳しい）	tegas トゥガス	strict
カラオケ	karaoké カラオケ	karaoke
からかう	usik / mengusik ウゥセッ / ムンウゥセッ	to tease
辛口（からくち）	rasa pedas ラサ プダス	spicy flavour
カラス	(burung) gagak (ブゥロン) ガガッ	crow
ガラス	kaca / gelas カチャ / グラス	glass
体（からだ）	badan / tubuh バダヌ / トゥウボ(ホ)	body

日	マレー	英
からだ 体つき	bentuk badan [tubuh] ブヌトッ バダヌ [トゥウボ(ホ)]	one's build
から 空っぽ	kosong コソン	empty
から 絡む	terlibat / terbabit トゥーリバ(ト) / トゥーバベ(ト)	to get involved
か 借り	hutang フウタン	debt
か 狩り	pemburuan プムブウルゥワヌ	hunting
カリキュラム	kurikulum クゥリクゥロム	curriculum
かり 仮に	sekiranya / seandainya スキラニャ / スアヌダイニャ	if
かり 仮の	sementara / seketika スムヌタラ / スクティカ	temporary
かりばら 仮払い	bayaran sementara バヤラヌ スムヌタラ	temporary payment
かりばら 仮払いする	buat [membuat] bayaran sementara ブゥワ(ト) [ムムブゥワ(ト)] バヤラヌ スムヌタラ	to make a temporary payment
カリフラワー	kubis bunga クゥベス ブウンア	cauliflower
か りょくはつでんしょ 火力発電所	stésén janakuasa haba ステセヌ ジャナクゥワサ ハバ	thermal power station [plant]
か 借りる（無料で）	pinjam / meminjam ピンジャム / ムミンジャム	to borrow
か 借りる（金を払って）	séwa / menyéwa セワ / ムニェワ	to rent
か 刈る	tebas / menebas トゥバス / ムヌバス	to cut
かる 軽い	ringan リンアヌ	light / minor / insignificant
かる 軽い（軽薄な）	céték チェテッ	superficial
カルシウム	kalsium カルスイヨム	calcium
カルタ	(permainan) kad (Jepun) （プーマイナヌ） カ(ド) （ジュポヌ）	(playing) (Japanese) cards
カルテ	nota klinikal [perubatan] ノタ クリニカル [プルゥバタヌ]	medical record

か

か

日	マレー	英
かれ 彼（代名詞）	dia ディヤ	he / his / him
かれ 彼（恋人）	teman lelaki / pakwe トゥマヌ ルラキ / パッ(ク)ウウ	boyfriend
カレイ	ikan sebelah イカヌ スブラ(ハ)	flatfish
か れい 華麗	keanggunan クアングゥナヌ	elegance
か れい 華麗な	anggun アンゴヌ	elegant
カレー	kari カリ	curry
ガレージ	garaj ガラジ	garage
かれ し 彼氏	teman lelaki / pakwe トゥマヌ ルラキ / パッ(ク)ウウ	boyfriend
かれ 彼ら	meréka / dia orang ムレカ / ディヤ オラン	they / their / them
か 枯れる	layu / melayu ラユゥ / ムラユゥ	to wither
か 涸れる	jadi [menjadi] kering ジャディ［ムンジャディ］クレン	to dry out
カレンダー	kaléndar カレヌダー	calendar
か ろう 過労	kerja berlebihan クージャ ブールビハヌ	overwork
が ろう 画廊	galeri lukisan ゲルリ ルゥキサヌ	art gallery
かろ 辛うじて	hampir tidak / cukup-cukup ハムペー ティダッ / チュコ(プ) チュコ(プ)	barely
カロリー	kalori カロリ	calorie
かわ 川	sungai スゥンアイ	river
かわ 皮	kulit クゥレ(ト)	skin
かわ 革	kulit クゥレ(ト)	leather
がわ 側（位置）	sebelah スブラ(ハ)	side

日	マレー	英
がわ 側（サイド）	pihak ペハッ	side
かわいい	comél チョメル	charming
かわいがる	sayangi / menyayangi サヤンィ / ムニャヤンィ	to cherish
かわいそうな	kesian / kasihan クスイヤヌ / カスイハヌ	poor
かわ 渇いた	dahaga / haus ダハガ / ハオス	thirsty
かわ 乾いた	kering クレン	dry
かわいらしい	comél チョメル	cute
かわ 乾かす	keringkan / mengeringkan クレンカヌ / ムンゥレンカヌ	to dry
かわぎし 川岸	tebing sungai トゥベン スウンアイ	riverbank
かわ き 皮切り	permulaan プームゥラアヌ	beginning
かわ 乾く	jadi [menjadi] kering ジャディ［ムンジャディ］クレン	to dry up
かわ 渇く	jadi [menjadi] dahaga ジャディ［ムンジャディ］ダハガ	to be thirsty
かわ 交す	bertukaran ブートゥウカラヌ	to exchange
かわせ 為替	pertukaran プートゥウカラヌ	exchange
かわせてがた 為替手形	bil pertukaran ビル プートゥウカラヌ	bill (of exchange)
かわせ 為替レート	kadar pertukaran カダー プートゥウカラヌ	exchange rate
か 変わった	anéh / pelik / ganjil アネ(へ) / プレッ / ガンジェル	strange
かわら 瓦	jubin ジュウベヌ	tile
か 代わり	pengganti / ganti プンガヌティ / ガヌティ	substitute
か 変わる（変化）	ubah / berubah ウゥバ(ハ) / ブルゥバ(ハ)	to change

日	マレー	英
変わる（変更）	tukar / bertukar トゥウカー / ブートゥウカー	to alter
代わる	ganti / mengganti ガヌティ / ムンガヌティ	to replace
代わる代わる	silih berganti スイレ(ヘ) ブーガヌティ	in turn
勘	gerak [bisikan] hati グラッ［ビスイカヌ］ハティ	intuition
～巻	jilid ~ ジレ(ド)	volume ~
管	paip / tiub / salur パエ(プ) / ティウゥ(ブ) / サロー	pipe
缶	tin / kanister ティヌ / カニストゥー	tin / can / canister
～観	pandangan ~ パヌダンアヌ	~ view
癌	barah バラ(ハ)	cancer
簡易の	mudah / ringkas ムゥダ(ハ) / リンカス	easy
肝炎	hépatitis ヘパティテス	hepatitis
眼科	oftalmologi オフタルモロギ	ophthalmology
灌漑	pengairan / penyaluran air プンアイラヌ / プニャルゥラヌ アエー	irrigation
眼科医	pakar oftalmologi パカー オフタルモロギ	ophthalmologist
考え	(buah) fikiran （ブウワ(ハ)） フィキラヌ	thought
考え方	cara berfikir / pemikiran チャラ ブーフィケー / プミキラヌ	way of thinking
考える	fikir / berfikir フィケー / ブーフィケー	to think
感覚	deria rasa / rasa / perasaan ドゥリヤ ラサ / ラサ / プラサアヌ	sensation
間隔	selang スラン	interval
管轄	tadbir / tadbiran タ(ド)ベー / タ(ド)ビラヌ	control

日	マレー	英
換気（かんき）	pengudaraan / véntilasi プンウゥダラアヌ / ヴェヌティラスイ	ventilation
換気する（かんき）	alirkan [mengalirkan] udara アレーカヌ［ムンァレーカヌ］ウゥダラ	to ventilate
乾季（かんき）	musim kemarau ムゥセム クマラウ	dry season
観客（かんきゃく）	penonton / pendengar プノヌトヌ / プヌドゥンアー	audience
眼球（がんきゅう）	biji [bola] mata ビジ［ボラ］マタ	eyeball
環境（かんきょう）	alam sekitar [semulajadi] アラム スキター［スムゥラジャディ］	environment
環境保護（かんきょうほご）	perlindungan alam sekitar プーリヌドゥウンアヌ アラム スキター	environmental protection
缶切り（かんき）	pembuka tin プムブゥカ ティヌ	can opener
元金（がんきん）	modal / wang pokok モダル / ワン ポコッ	capital
玩具（がんぐ）	(barang) mainan （バラン）マイナヌ	toy
関係（かんけい）	hubungan / perkaitan フウブウンアヌ / プーカイタヌ	relationship
関係する（かんけい）	berkaitan / berhubungan ブーカイタヌ / ブーフウブウンアヌ	to be related
歓迎（かんげい）	sambutan サムブゥタヌ	welcome
歓迎する（かんげい）	menyambut / mengalu-alukan ムニャムボ(ト) / ムンァルゥ アルゥカヌ	to welcome
感激（かんげき）	keterharuan / kekaguman クトゥーハルゥワヌ / クカグゥマヌ	deep emotion
感激する（かんげき）	terharu / kagum トゥーハルゥ / カゴム	to be deeply moved [impressed / touched]
簡潔（かんけつ）	keringkasan クリンカサヌ	brevity
簡潔な（かんけつ）	ringkas リンカス	brief
還元（かんげん）	pengembalian / pemulangan プンウムバリヤヌ / プムゥランアヌ	giving back
還元する（かんげん）	kembalikan / mengembalikan クムバリカヌ / ムンウムバリカヌ	to give back

か

か

日	マレー	英
かんご 漢語	kata pinjaman bahasa Cina カタ ピンジャマヌ バハサ チナ	words of Chinese origin
かんご 看護	perawatan / penjagaan プラワタヌ / プンジャガアヌ	nursing
かんご 看護する	merawat ムラワ(ト)	to nurse
がんこ 頑固	kedegilan クドゥギラヌ	stubborness
がんこ 頑固な	degil / keras kepala [hati] ドゥゲル / クラス クパラ [ハティ]	stubborn
かんこう 刊行	penerbitan プヌービタヌ	publication
かんこう 刊行する	terbitkan / menerbitkan トゥーベ(ト)カヌ / ムヌーベ(ト)カヌ	to publish
かんこう 慣行	kebiasaan / kelaziman クビヤサアヌ / クラズィマヌ	custom
かんこう 観光	pelancongan / persiaran プランチョンアヌ / プースィヤラヌ	sightseeing
かんこう 観光する	melancong / makan angin ムランチョン / マカヌ アンエヌ	to go sightseeing
かんこうあんないじょ 観光案内所	pusat maklumat pelancong プゥサ(ト) マッ(ク)ルゥマ(ト) プランチョン	tourist information centre
かんこうきゃく 観光客	pelancong / pelawat プランチョン / プラワ(ト)	tourist
かんこうきょく 観光局	lembaga penggalakan pelancongan ルムバガ プンガラカヌ プランチョンアヌ	tourism board
かんこう 観光バス	bas persiaran [pelancong] バス プースィヤラヌ [プランチョン]	sightseeing bus
かんこく 勧告	peringatan プリンアタヌ	recommendation
かんこく 勧告する	beri [memberi] peringatan ブリ [ムムブリ] プリンアタヌ	to recommend
かんこく 韓国	Koréa Selatan コレア スラタヌ	South Korea
かんこくご 韓国語	bahasa Koréa バハサ コレア	Korean (language)
かんこくじん 韓国人	orang Koréa (Selatan) オラン コレア (スラタヌ)	Korean (people)
かんごし 看護師	jururawat ジュゥルゥラワ(ト)	nurse

日	マレー	英
かんさい 関西	(wilayah) Kansai （ウィラヤ(ハ)）カヌサイ	the Kansai region
かんさつ 観察	pemerhatian プムーハティヤヌ	observation
かんさつ 観察する	perhati / memerhati プーハティ / ムムーハティ	to observe
かんさん 換算	pertukaran / penukaran プートゥウカラヌ / プヌウカラヌ	conversion
かんさん 換算する	tukarkan / menukarkan トゥウカーカヌ / ムヌウカーカヌ	to convert
かんし 監視	pengawasan プンァワサヌ	surveillance
かんし 監視する	awasi / mengawasi アワスィ / ムンァワスィ	to monitor
かん 感じ	perasaan / sénsasi プラサアヌ / セヌサスィ	feeling
かんじ 漢字	huruf Cina フゥロフ チナ	Chinese character
かんじ 幹事	penganjur / pengurus プンァンジョー / プンウゥロス	organizer
がんじつ 元日	Hari Tahun Baru ハリ タホヌ バルゥ	New Year's Day
かんしゃ 感謝	penghargaan プンハルガアヌ	gratitude
かんしゃ 感謝する	berterima kasih ブートゥリマ カセ(ヘ)	to thank
かんじゃ 患者	pesakit プサケ(ト)	patient
かんしゅ 看守	pengawas / penjaga / pengawal プンァワス / プンジャガ / プンァワル	guard
かんしゅう 慣習	adat resam / kebiasaan アダ(ト) ルサム / クビヤサアヌ	custom
かんしゅう 観衆	hadirin / penonton ハディレヌ / プノヌトヌ	audience
かんじゅせい 感受性	kepékaan / kesénsitifan クペカアヌ / クセヌスィティファヌ	sensitivity
がんしょ 願書	borang [surat] permohonan ボラン［スゥラ(ト)］プーモホナヌ	application form
かんしょう 干渉	campur tangan / gangguan チャムポー タンァヌ / ガングゥワヌ	interference

か

か

日	マレー	英
干渉(かんしょう)する	campur [bercampur] tangan チャㇺポー [ブーチャㇺポー] タンアヌ	to interfere
鑑賞(かんしょう)	penikmatan プニㇰマタヌ	appreciation
鑑賞(かんしょう)する	nikmati / menikmati ニㇰマティ / ムニㇰマティ	to appreciate
勘定(かんじょう)	pengiraan / penghitungan プンィラアヌ / プンヒトゥウンアヌ	count
勘定(かんじょう)する	kira / mengira キラ / ムンィラ	to count
感情(かんじょう)	perasaan / sénsasi プラサアヌ / セヌサスィ	emotion
感情的(かんじょうてき)	keémosian クエモスィヤヌ	emotionality
感情的(かんじょうてき)な	émosional / penuh émosi エモスィヨナル / プノ(ホ) エモスィ	emotional
頑丈(がんじょう)な	kukuh / tegap クゥコ(ホ) / トゥガ(プ)	solid
感触(かんしょく)	rasa sentuhan ラサ スヌトハヌ	touch
感(かん)じる	rasa / berasa ラサ / ブラサ	to feel
感心(かんしん)	kekaguman クカグゥマヌ	admiration
感心(かんしん)する	kagum カゴㇺ	to admire
関心(かんしん)	minat ミナ(ト)	interest
肝心(かんじん)	apa yang penting [utama] アパ ヤン プヌテン [ウゥタマ]	essence
肝心(かんじん)な	penting / utama プヌテン / ウゥタマ	essential
(〜に) 関(かん)する	mengenai [berkenaan] ~ ムンゥナィ [ブークナアヌ]	regarding ~
(〜の) 完成(かんせい)	siapnya [selesainya] ~ スィヤ(プ)ニャ [スルサィニャ]	completion of ~
完成(かんせい)する	siap / selesai スィヤ(プ) / スルサィ	to complete
歓声(かんせい)	sorak / sorakan ソラッ / ソラカヌ	cheer

日	マレー	英
かんぜい 関税	duti [cukai] kastam ドゥウティ［チュゥカイ］カスタム	custom duty
かんせいとう 管制塔	menara kawalan ムナラ カワラヌ	control tower
がんせき 岩石	batu / batuan バトウゥ / バトウゥワヌ	stones and rocks
かんせつ 間接	ketidaklangsungan クティダッ(ク)ランソンアヌ	indirectness
かんせつ 関節	sendi / sambungan スヌディ / サムブウンアヌ	joint
かんせつてき 間接的な	tidak langsung ティダッ ランソン	indirect
かんせん 幹線	jalan [laluan] utama ジャラヌ［ラルゥワヌ］ウゥタマ	arterial (road [line])
かんせん 感染	jangkitan ジャンキタヌ	infection
かんせん 感染する（病気に）	dijangkiti ディジャンキティ	to be infected with
かんせん 感染する（病気が）	berjangkit ブージャンケ(ト)	to infect
かんせん 観戦	penontonan プノヌトナヌ	watching
かんせん 観戦する	tonton / menonton トヌトヌ / ムノヌトヌ	to watch
かんぜん 完全	kesempurnaan クスムプウルナアヌ	perfection
かんぜん 完全な	sempurna / lengkap スムプウルナ / ルンカ(プ)	perfect
かんぜんしゅぎ 完全主義	keinginsempurnaan / perféksionisme クインエヌスムプウルナアヌ / プーフェクスイヨニスマ	perfectionism
かんそ 簡素	kesederhanaan クスドゥーハナアヌ	simplicity
かんそ 簡素な	sederhana スドゥーハナ	simple
かんそう 乾燥	kekeringan / kekontangan ククリンアヌ / クコヌタンアヌ	dryness
かんそう 乾燥した	kering / kekeringan クレン / ククリンアヌ	dry / dried
かんそう 乾燥する	keringkan / mengeringkan クレンカヌ / ムンゥレンカヌ	to dry

か

日	マレー	英
かんそう 感想	maklum balas / réaksi マッ(ク)ロム バラス / レヤクスイ	feedback
かんぞう 肝臓	hati ハティ	liver
かんそうはだ 乾燥肌	kulit kering クゥレ(ト) クレン	dry skin
かんそく 観測	pengamatan / pemerhatian プンァマタヌ / プムーハティヤヌ	observation
かんそく 観測する	amati / mengamati アマティ / ムンァマティ	to observe
かんそくじょ 観測所	balai cerap バライ チュラ(プ)	observatory
かんたい 寒帯	kawasan (iklim) sejuk カワサヌ (イクレム) スジョッ	cold zone
かんだい 寛大	toleransi トルラヌスイ	tolerance
かんだい 寛大な	bertoleransi ブートルラヌスイ	tolerant
かんたん 簡単	mudahnya / kemudahan ムゥダ(ハ)ニャ / クムゥダハヌ	simplicity
かんたん 簡単な	mudah / senang ムゥダ(ハ) / スナン	simple
かんたんふ 感嘆符	tanda seru [seruan] タヌダ スルゥ [スルゥワヌ]	exclamation mark
かんちが 勘違い(する)	salah faham サラ(ハ) ファハム	misunderstanding / to misunderstand
かんちょう 官庁	pejabat kerajaan プジャバ(ト) クラジャアヌ	government office
かんちょう 干潮	air surut アエー スゥロ(ト)	low tide
かんづめ 缶詰	tin ティヌ	tin
かんづめ 缶詰(閉じ込める)	pengurungan プンゥウルゥンアヌ	confinement
かんづめ 缶詰になる	berkurung ブークゥロン	to confine oneself
かんてい 鑑定	taksiran / penaksiran タクスイラヌ / プナクスイラヌ	appraisal
かんてい 鑑定する	taksir / menaksir タクセー / ムナクセー	to appraise

日	マレー	英
かんてん 観点	segi / sudut pandangan スギ / スウド(ト) パヌダンアヌ	point of view
かんでん 感電	renjatan éléktrik ルンジャタヌ エレクトレッ	electric shock
かんでん 感電する	kena renjatan éléktrik クナ ルンジャタヌ エレクトレッ	to get an electric shock
かんでんち 乾電池	bateri sél kering バトゥリ セル クレン	dry cell battery
かんど 感度	kepékaan クペカアヌ	sensitivity
かんとう 関東	(wilayah) Kanto （ウィラヤ(ハ)） カヌト	the Kanto region
かんどう 感動	keterharuan / kekaguman クトゥーハルゥワヌ / クカグゥマヌ	impression
かんどう 感動する	terharu / kagum トゥーハルゥ / カゴム	to be impressed
かんとく 監督（映画の）	pengarah / diréktor プンアラ(ハ) / ディレクトー	director
かんとく 監督（スポーツの）	jurulatih ジュゥルゥラテ(ヘ)	coach
かんとく 監督する	selia / menyelia スリヤ / ムニュリヤ	to supervise
かんとく 監督する（映画を）	arah / mengarah アラ(ハ) / ムンアラ(ハ)	to direct
かんとんご 広東語	bahasa Kantonis バハサ カヌトネス	Cantonese (language)
かんとんじん 広東人	orang Kantonis オラン カヌトネス	Cantonese (people)
かんな 鉋	ketam クタム	plane
かんないあんないず 館内案内図	pelan lantai [aras] プラヌ ラヌタイ ［アラス］	floor map
カンニング	peniruan プニルゥワヌ	cheating
カンニングする	tiru [meniru] ティルゥ ［ムニルゥ］	to cheat
かんぬき 閂	selak スラッ	bolt
かんねん 観念	idéa / konsép アイデヤ / コヌセ(プ)	idea

日	マレー	英
かんねん 観念する	berputus asa ブープゥトス アサ	to give up
がんねん 元年	tahun pertama タホヌ プータマ	first year
かんぱ 寒波	gelombang sejuk グロムバン スジョッ	cold wave
かんぱい 乾杯	minum ucap selamat ミノム ウウチャ(プ) スラマ(ト)	toast
かんぱい 乾杯する	mengajukan minum ucap selamat ムンァジュウカヌ ミノム ウウチャ(プ) スラマ(ト)	to make a toast
がんば 頑張る	bersungguh-sungguh ブースゥンゴ(ホ) スゥンゴ(ホ)	to work hard
かんばん 看板	papan iklan パパヌ イクラヌ	signboard
かんぱん 甲板	dék / geladak デッ / グラダッ	deck
かんびょう 看病	perawatan / penjagaan プラワタヌ / プンジャガアヌ	nursing
かんびょう 看病する	rawat / merawat / jaga / menjaga ラワ(ト) / ムラワ(ト) / ジャガ / ムンジャガ	to nurse
かんぶ 幹部	éksékutif エクセクウテフ	executive
かんぶ 患部	bahagian yang sakit バハギヤヌ ヤン サケ(ト)	affected part
かんぺき 完璧	kesempurnaan クスムプゥルナアヌ	perfection
かんぺき 完璧な	sempurna スムプゥルナ	perfect
かんべん 勘弁する	maafkan / memaafkan マアフカヌ / ムマアフカヌ	to forgive
がんぼう 願望	harapan / kemahuan ハラパヌ / クマフゥワヌ	wish
かんぽうやく 漢方薬	ubat tradisional Cina ウゥバ(ト) トラディスイヨナル チナ	Chinese traditional medicine
カンボジア	Kemboja クムボジャ	Cambodia
カンボジア人(じん)	orang Kemboja オラン クムボジャ	Cambodian (people)
かんむり 冠	mahkota マ(ハ)コタ	crown

日	マレー	英
かんむりょう 感無量な	sangat terharu サンァ(ト) トゥーハルゥ	deeply touched
かんめい 感銘	kekaguman クカグゥマヌ	impression
かんゆう 勧誘	ajakan / pujukan / dorongan アジャカヌ / プゥジュウカヌ / ドロンアヌ	invitation
かんゆう 勧誘する	ajak / mengajak アジャッ / ムンァジャッ	to invite
かんよ 関与	penglibatan プンリバタヌ	involvement
かんよ 関与する	terlibat トゥーリバ(ト)	to be involved
かんよう 寛容	toleransi トルラヌスィ	tolerance
かんよう 寛容な	bertoleransi ブートルラヌスィ	tolerant
かんよう 慣用	kelaziman / kebiasaan クラズィマヌ / クビヤサアヌ	common use
かんよう 慣用する	selalu guna [mengguna] スラルゥ グゥナ ［ムングゥナ］	to use commonly
かんようく 慣用句	simpulan bahasa / idiom スィムプゥラヌ バハサ / イディヨム	idiom
がんらい 元来	(pada) asalnya （パダ） アサルニャ	originally
かんらん 観覧	penontonan プノヌトナヌ	watching
かんらん 観覧する	tonton / menonton トヌトヌ / ムノヌトヌ	to watch
かんり 管理	pengurusan プンゥウルゥサヌ	management
かんり 管理する	urus / mengurus ウゥロス / ムンゥウロス	to manage
かんりにん 管理人	penjaga / pengurus プンジャガ / プンゥウロス	caretaker
かんりょう 完了	penyiapan プニィヤパヌ	completion
かんりょう 完了する(終える)	siapkan / menyiapkan スィヤ(プ)カヌ / ムニイヤ(プ)カヌ	to complete
かんりょう 完了する(終わる)	siap / selesai スィヤ(プ) / スルサイ	to become complete

か

日	マレー	英
かんりょう 官僚	pegawai kerajaan プガワィ クラジャアヌ	bureaucrat
かんれい 慣例	kebiasaan / kelaziman クビヤサアヌ / クラズィマヌ	convention
かんれき 還暦	hari jadi ke-enam puluh tahun ハリ ジャディ ク ウナム プゥロ(ホ) タホヌ	one's sixtieth birthday
かんれん 関連	kaitan / hubungan / sangkutan カイタヌ / フゥブゥンアヌ / サンクゥタヌ	association
かんれん 関連する	berkaitan / berhubungan ブーカイタヌ / ブーフゥブゥンアヌ	to be associated
かんれんがいしゃ 関連会社	syarikat bersekutu シャリカ(ト) ブースクゥトゥ	associated [affiliated] company
かんろく 貫禄	kemartabatan クマータバタヌ	air of importance
かん わ 緩和	pengenduran プンゥヌドゥウラヌ	relaxation
かん わ 緩和する	kendurkan / mengendurkan クヌドーカヌ / ムンゥヌドーカヌ	to relax

▼き，キ

日	マレー	英
き 気（気分）	hati / perasaan ハティ / プラサアヌ	feeling
き 気（気質）	sifat / perangai スイファ(ト) / プランァイ	character
き 気（意識）	kesedaran クスダラヌ	consciousness
き 気（空気）	udara ウゥダラ	air
き 木	pokok / pohon ポコッ / ポホヌ	tree
き あつ 気圧	tekanan udara [atmosféra] トゥカナヌ ウゥダラ［ア(ト)モスフェラ］	atmospheric pressure
ぎ あん 議案	usul / cadangan ウゥスゥル / チャダンアヌ	proposal
キーボード(楽器)	papan nada パパヌ ナダ	keyboard
キーボード（コンピューター）	papan kekunci パパヌ ククゥンチ	(computer) keyboard
キーホルダー	rantai [gelang] kunci ラヌタィ［グラン］クゥンチ	key chain

日	マレー	英
きいろ 黄色	(warna) kuning (ワーナ) クゥネン	yellow
きいろ 黄色い	(berwarna) kuning (ブーワーナ) クゥネン	yellow
ぎいん 議員	ahli parlimen ア(ハ)リ パーリムヌ	parliament member
キウイフルーツ	buah kiwi ブゥワ(ハ) キウィ	kiwi fruit
き 消える (消失する)	hilang ヒラン	to disappear
き 消える (途絶える)	mati / padam マティ / パダム	to go off
ぎえんきん 義援金	wang ihsan / derma ワン エ(ヘ)サヌ / ドゥルマ	donation
きおく 記憶	ingatan / mémori / kenangan インアタヌ / メモリ / クナンアヌ	remembrance
きおく 記憶する	hafal / menghafal ハファル / ムンハファル	to memorize
きおくりょく 記憶力	daya ingatan ダヤ インアタヌ	memory
きおん 気温	suhu スゥフゥ	temperature
きかい 機会	peluang / kesempatan プルゥワン / クスムパタヌ	opportunity
きかい 機械	mésin / jentera メセヌ / ジュヌトゥラ	machine
きかい 器械	peralatan / mésin プーアラタヌ / メセヌ	apparatus
きがい 危害	kemudaratan クムゥダラタヌ	harm
ぎかい 議会	parlimen / diét / kongrés パリムヌ / ダイエ(ト) / コングレス	parliament
きが 着替え	persalinan pakaian プーサリナヌ パカイヤヌ	change of clothes
きが 着替える	salin [bersalin] pakaian サレヌ [ブーサレヌ] パカイヤヌ	to change clothes
きか 気が変わる	berubah fikiran ブルゥバ(ハ) フィキラヌ	to change one's mind
きかく 企画	perancangan プランチャンアヌ	planning

日	マレー	英
企画する (きかく)	rancang / merancang ランチャン / ムランチャン	to plan
規格 (きかく)	piawaian / standard ピヤワィヤヌ / スタヌダ(ド)	standard
着飾る (きかざ)	melawa / melaram ムラワ / ムララム	to dress up
気がつく (き)	sedar / sedari / menyedari スダー / スダリ / ムニュダリ	to notice
気兼ね (きが)	sikap teragak-agak スイカ(プ) トゥーアガッ アガッ	hesitation
気兼ねする (きが)	teragak-agak トゥーアガッ アガッ	to hesitate
気軽な (きがる)	kasual ケジュワル	casual
器官 (きかん)	organ オーガヌ	organ
期間 (きかん)	témpoh / masa / waktu テムポ(ホ) / マサ / ワッ(ク)トゥウ	term
機関 (きかん)	institusi イヌスティトゥウスイ	institution
季刊 (きかん)	terbitan suku tahunan トゥービタヌ スウクゥ タフゥナヌ	quarterly publication
気管 (きかん)	salur udara / trakéa サロー ウゥダラ / トラケア	windpipe / trachea
気管支炎 (きかんしえん)	bronkitis ブロヌキテス	bronchitis
機関車 (きかんしゃ)	lokomotif ロコモテフ	locomotive
危機 (きき)	krisis / kegawatan クリセス / クガワタヌ	crisis
聞き取り (きと)	pendengaran プヌドゥンアラヌ	hearing
効き目 (きめ)	keberkesanan / kemujaraban クブークサナヌ / クムゥジャラバヌ	effect
気球 (ききゅう)	bélon udara (panas) ベロヌ ウゥダラ (パナス)	balloon
帰京 (ききょう)	kepulangan ke Tokyo クプゥランアヌ ク トキヨ	returning to Tokyo
帰京する (ききょう)	pulang [kembali] ke Tokyo プゥラン [クムバリ] ク トキヨ	to return to Tokyo

日	マレー	英
企業（きぎょう）	syarikat シャリカ(ト)	company
戯曲（ぎきょく）	drama ドラマ	play
基金（ききん）	yayasan / tabung / dana ヤヤサヌ / タボン / ダナ	foundation
飢饉（ききん）	kebuluran クブゥルゥラヌ	famine
貴金属（ききんぞく）	logam berharga ロガム ブーハルガ	precious metal
効く（き）	berkesan / mujarab ブークサヌ / ムゥジャラ(ブ)	to be effective
聞く（き）	dengar / mendengar ドゥンアー / ムヌドゥンアー	to listen
聞く（き）（聞いて従う）	dengar / mendengar ドゥンアー / ムヌドゥンアー	to listen to *sb's* advice
聞く（き）（質問する）	tanya / bertanya タニャ / ブータニャ	to ask
器具（きぐ）	perkakas / peralatan プーカカス / プーアラタヌ	instrument
喜劇（きげき）	drama komédi [lawak] ドラマ コメディ [ラワッ]	comedy
議決（ぎけつ）	résolusi / ketetapan レソルゥスイ / クトゥタパヌ	resolution
議決する（ぎけつ）	buat [membuat] résolusi ブゥワ(ト) [ムムブゥワ(ト)] レソルゥスイ	to resolve
危険（きけん）	bahaya バハヤ	danger
危険な（きけん）	bahaya / berbahaya バハヤ / ブーバハヤ	dangerous
棄権（きけん）（スポーツ）	penarikan diri プナリカヌ ディリ	default
棄権（きけん）（投票）	tidak mengundi ティダッ ムンゥウヌディ	abstention
棄権する（きけん）（スポーツ）	tarik [menarik] diri タレッ [ムナレッ] ディリ	to default
棄権する（きけん）（投票）	tidak mengundi ティダッ ムンゥウヌディ	to abstain
期限（きげん）	had [batas] masa [waktu] ハ(ド) [バタス] マサ [ワッ(ク)トゥウ]	time limit

き

日	マレー	英
機嫌(きげん)	angin アンエヌ	mood
起源(きげん)	asal usul / asal-muasal アサル ウゥスゥル / アサル ムゥワサル	origin
期限切れ(きげんぎれ)	tamat témpoh タマ(ト) テムポ(ホ)	expiration
機構(きこう)	badan バダヌ	organization
気候(きこう)	iklim イクレム	climate
記号(きごう)	lambang / simbol / tanda ラムバン / スイムボル / タヌダ	symbol
寄航地(きこうち)	pelabuhan persinggahan プラブゥハヌ プースインガハヌ	port of call
聞(き)こえる	kedengaran / boléh dengar クドゥンアラヌ / ボレ(ヘ) ドゥンアー	to sound
帰国(きこく)	kepulangan ke tanah air クプゥランアヌ ク タナ(ハ) アエー	return to one's country
帰国(きこく)する	pulang ke tanah air プゥラン ク タナ(ハ) アエー	to return to one's country
生地(きじ)（布）	kain カエヌ	cloth
生地(きじ)（パンなどの）	doh ド(ホ)	dough
ぎこちない	kékok / canggung ケコッ / チャンゴン	awkward
ぎこちなさ	kekékokan / kecanggungan クケコカヌ / クチャングゥンアヌ	awkwardness
既婚(きこん)	sudah [telah] berkahwin スゥダ(ハ) [トゥラ(ハ)] ブーカウエヌ	married
気障(きざ)な	yang buat-buat bergaya ヤン ブゥワ(ト) ブゥワ(ト) ブーガヤ	posturing
記載(きさい)	kenyataan / keterangan クニャタアヌ / クトゥランアヌ	statement
記載(きさい)する	nyatakan / menyatakan ニャタカヌ / ムニャタカヌ	to state
ぎざぎざ	gerigi グリギ	serration
ぎざぎざの	bergerigi ブーグリギ	serrated

日	マレー	英
き 気さく	keterusterangan クトゥロストゥランアヌ	frankness
き 気さくな	terus terang トゥロス トゥラン	frank
きざ 兆し	tanda / alamat / gejala タヌダ / アラマ(ト) / グジャラ	sign
きざ 刻む	cincang / mencincang チンチャン / ムンチンチャン	to chop
きし 岸	tebing / pesisir トゥベン / プスィセー	shore
き じ 記事	artikel / rencana アーティクル / ルンチャナ	article
きじ 雉	burung pegar ブゥロン プガー	pheasant
ぎ し 技師	juruteknik ジュゥルゥテクネッ	technician
ぎ しき 儀式	upacara / istiadat ウゥパチャラ / イスティアダ(ト)	ceremony
き しつ 気質	méntaliti / sifat メヌタリティ / スィファ(ト)	mentality
き じつ 期日	tarikh akhir タレッ アヘー	due date
ぎ じ どう 議事堂	bangunan parlimen バンウゥナヌ パーリムヌ	parliament building
きし 軋む	berkeriut ブークリオ(ト)	to creak
き しゃ 汽車	keréta api クレタ ピ	train
き しゃ 記者	wartawan / pemberita ワータワヌ / プムブリタ	journalist
き しゃかいけん 記者会見	sidang média [akhbar] スイダン メディヤ [ア(ハ)バー]	press conference
き しゅ 機種	modél モデル	model
ぎ しゅ 義手	tangan [lengan] palsu タンアヌ [ルンアヌ] パルスゥ	artificial arm
き じゅつ 記述	pemerian / déskripsi プムリヤヌ / デスクリプスィ	description
き じゅつ 記述する	perikan / memerikan プリカヌ / ムムリカヌ	to describe

き

日	マレー	英
ぎじゅつ 技術	téknologi / téknik テクノロジ / テクネッ	technology
ぎじゅつしゃ 技術者	jurutéknik ジュウルゥテクネッ	technician
きじゅん 基準	dasar / asas / kayu ukur ダサー / アサㇲ / カユゥ ウゥコー	basis
きしょう 気象	cuaca チュゥワチャ	weather
きしょう 気性	pembawaan / sifat / perangai プㇺバワアㇴ / スイファ(ト) / プランァイ	temperament
きしょう 起床する	bangun (tidur) バンォㇴ (ティドー)	to get up
ぎじろく 議事録	minit ミネ(ト)	minutes
キス	ciuman / kucupan チオマㇴ / クゥチョパㇴ	kiss
キスする	cium / mencium / kucup / mengucup チオㇺ / ムンチオㇺ / クゥチョ(プ) / ムンゥウチョ(プ)	to kiss
きず 傷	luka / kelukaan ルゥカ / クルゥカアㇴ	injury
きすう 奇数	nombor ganjil ノㇺボー ガンジェル	odd number
きず 築く	bina / membina ベナ / ムㇺベナ	to build
きず 傷つく	luka / dilukai / sakit hati ルゥカ / ディルゥカイ / サケ(ト) ハティ	to be hurt
きず 傷つける	lukai / melukai ルゥカイ / ムルゥカイ	to hurt
きせい 規制	kawalan カワラㇴ	regulation
きせい 規制する	kawal / mengawal カワル / ムンァワル	to regulate
ぎせい 犠牲	korban / pengorbanan コーバㇴ / プンォーバナㇴ	sacrifice
ぎせいしゃ 犠牲者	mangsa / korban マンサ / コーバㇴ	victim
きせいちゅう 寄生虫	parasit パラセ(ト)	parasite
きせき 奇跡	keajaiban / kejadian ajaib クアジャイバㇴ / クジャディヤㇴ アジャエ(プ)	miracle

日	マレー	英
季節（きせつ）	musim ムゥセム	season
気絶（きぜつ）	péngsan ペンサヌ	faint
気絶する（きぜつする）	(jatuh) péngsan （ジャト(ホ)）ペンサヌ	to faint
着せる（きせる）	pakaikan / memakaikan パカイカヌ / ムマカイカヌ	to dress *sb*
汽船（きせん）	kapal api [stim] カパル アピ［スティム］	steamship
偽善（ぎぜん）	kemunafikan / hipokrasi クムゥナフィカヌ / ヒポクラスィ	hypocrisy
偽善者（ぎぜんしゃ）	munafik / hipokrit ムゥナフェッ / ヒポクレ(ト)	hypocrite
基礎（きそ）	asas / dasar アサス / ダサー	base
起訴（きそ）	pendakwaan / dakwaan プヌダッ(ク)ワアヌ / ダッ(ク)ワアヌ	indictment
起訴する（きそする）	dakwa / mendakwa ダッ(ク)ワ / ムヌダッ(ク)ワ	to indict
競う（きそう）	bersaing / berlumba ブーサエン / ブールゥムバ	to compete
寄贈（きぞう）	hadiah / derma ハディヤ(ハ) / ドゥルマ	donation
寄贈する（きぞうする）	hadiahkan / menghadiahkan ハディヤ(ハ)カヌ / ムンハディヤ(ハ)カヌ	to donate
偽造（ぎぞう）	pemalsuan / pelancungan プマルスゥワヌ / プランチュゥンアヌ	counterfeiting
偽造する（ぎぞうする）	palsukan / memalsukan パルスゥカヌ / ムマルスゥカヌ	to counterfeit
偽造の（ぎぞうの）	tiruan / palsu / lancung ティルゥワヌ / パルスゥ / ランチョン	counterfeit
規則（きそく）	peraturan プラトゥウラヌ	rule
貴族（きぞく）	bangsawan / golongan mulia バンサワヌ / ゴロンアヌ ムゥリヤ	nobility
義足（ぎそく）	kaki palsu カキ パルスゥ	artificial leg
北（きた）	utara ウゥタラ	north

日	マレー	英
ギター	gitar ギター	guitar
きた 北アメリカ	Amérika Utara エメリカ ウゥタラ	North America
き たい 期待	harapan ハラパヌ	expectation
き たい 期待する	menaruh harapan ムナロ(ホ) ハラパヌ	to hold hope
き たい 気体	gas ゲス	gas
ぎ だい 議題	agénda / topik perbincangan アジェヌダ / トピッ プービンチャンアヌ	agenda
きた 鍛える	latih / melatih ラテ(へ) / ムラテ(へ)	to train
き たく 帰宅	pulang ke rumah プゥラン ク ルゥマ(ハ)	returning home
き たく 帰宅する	balik [pulang] (ke) rumah バレッ [プゥラン] (ク) ルゥマ(ハ)	to return home
きたちょうせん 北朝鮮	Koréa Utara コレア ウゥタラ	North Korea
きたな 汚い	kotor コトー	dirty
きた 来る	akan datang アカヌ ダタン	upcoming
き ち 基地	pangkalan パンカラヌ	base
き ちょう 貴重	keberhargaan / kebernilaian クブーハルガアヌ / クブーニラィヤヌ	preciousness
き ちょう 貴重な	berharga / bernilai ブーハルガ / ブーニラィ	precious
ぎ ちょう 議長	pengerusi プンゥルゥスイ	chairperson
き ちょうひん 貴重品	barang berharga バラン ブーハルガ	valuables
き ちょうめん 几帳面	ketelitian / kecermatan クトゥリティヤヌ / クチューマタヌ	thoroughness
き ちょうめん 几帳面な	teliti / cermat トゥリティ / チューマ(ト)	thorough
きちんと	dengan teratur [kemas] ドゥンアヌ トゥラトー [クマス]	orderly

日	マレー	英
きつい（余裕がない）	ketat クタ(ト)	tight
きつい（性格が）	keras クラス	harsh
きつい（程度が強い）	kuat クゥワ(ト)	strong
喫煙（きつえん）	penghisapan rokok プンヒサパヌ ロコッ	smoking
喫煙（きつえん）する	hisap [menghisap] rokok / merokok ヒサ(プ) ［ムンヒサ(プ)］ ロコッ / ムロコッ	to smoke
気遣（きづか）い	keprihatinan クプリハティナヌ	concern
気遣（きづか）う	prihatin プリハテヌ	to be concerned
きっかけ	punca / permulaan / asalnya プゥンチャ / プームゥラアヌ / アサルニャ	trigger
きっかり	(dengan) tepat (ドゥンアヌ) トゥパ(ト)	precisely
気（き）づく	sedar / sedari / menyedari スダー / スダリ / ムニュダリ	to notice
ぎっくり腰（ごし）	sakit belakang akut サケ(ト) ブラカン アコ(ト)	acute low back pain
喫茶店（きっさてん）	kedai téh / kedai kopi クダィ テ(へ) / クダィ コピ	teahouse
ぎっしり	dengan padat ドゥンアヌ パダ(ト)	densely
ぎっしりの	padat パダ(ト)	packed
キッチン	dapur ダポー	kitchen
切手（きって）	setém ステム	stamp
きっと	pasti パスティ	surely
狐（きつね）	rubah ルゥバ(ハ)	fox
きっぱり	dengan tegas ドゥンアヌ トゥガス	decisively
切符（きっぷ）	tikét ティケ(ト)	ticket

き

日	マレー	英
きっぷうば 切符売り場	kaunter (jualan) tikét カォヌトゥー（ジュゥワラヌ）ティケ(ト)	ticket office
きてい 規定	peraturan プラトゥウラヌ	rules
きてい 規定する	tetapkan / menetapkan トゥタ(プ)カヌ / ムヌタ(プ)カヌ	to specify
きてん 起点	titik permulaan [mula] ティテッ プームゥラアヌ［ムゥラ］	starting point
きてん 機転	ketajaman akal クタジャマヌ アカル	quick-wittedness
きどう 軌道	(laluan) orbit (ラルゥワヌ) オーベ(ト)	orbit
きどく 既読	sudah baca [dibaca] スゥダ(ハ) バチャ［ディバチャ］	read
きどや 気取り屋	pelaram プララム	braggart
きい 気に入らない	tidak suka [berkenan] ティダッ スゥカ［ブークナヌ］	to not like
きい 気に入る	suka / berkenan スゥカ / ブークナヌ	to like
き 気にする	(ambil [mengambil]) kisah (アムベル［ムンァムベル)］ケサ(ハ)	to care
きにゅう 記入	pengisian プンィスイヤヌ	filling in
きにゅう 記入する	isi [mengisi] イスイ［ムンィスイ］	to fill in
きぬ 絹	sutera スゥトゥラ	silk
きねん 記念	peringatan / kenangan プリンァタヌ / クナンァヌ	commemoration
きねん 記念する	peringati / memperingati プリンァティ / ムムプーインァティ	to commemorate
きねんひ 記念碑	batu peringatan バトゥウ プリンァタヌ	memorial tablet
きねんひん 記念品	hadiah kenang-kenangan ハディヤ(ハ) クナン クナンァヌ	memorial
きのう 昨日	semalam / kelmarin スマラム / クルマレヌ	yesterday
きのう 機能	fungsi フゥウンスイ	function

日	マレー	英
機能(きのう)する	fungsi / berfungsi フゥウンスイ / ブーフゥウンスイ	to function
技能(ぎのう)	kemahiran / kebolèhan クマヒラヌ / クボレハヌ	skill
キノコ	cendawan チュヌダワヌ	mushroom
気(き)の毒(どく)な	kesian / kasihan クスイヤヌ / カスイハヌ	pitiful
牙(きば)	taring タレン	fang
気迫(きはく)	semangat スマンァ(ト)	spirit
規範(きはん)	norma ノーマ	norm
基盤(きばん)	asas / dasar アサス / ダサー	foundation
厳(きび)しい	tegas / ketat / keras トゥガス / クタ(ト) / クラス	strict
気品(きひん)	keanggunan クアングゥナヌ	elegance
寄付(きふ)	derma ドゥルマ	donation
寄付(きふ)する	derma / menderma ドゥルマ / ムヌドゥルマ	to donate
気風(きふう)	watak / sifat / pembawaan ワタッ / スイファ(ト) / プムバワアヌ	character
起伏(きふく)	naik turun ナェッ トゥウロヌ	rise and fall
起伏(きふく)する	naik (dan) turun ナェッ (ダヌ) トゥウロヌ	to rise and fall
ギプス(足の)	simén kaki スイメヌ カキ	leg in a cast
ギプス(腕の)	simén lengan スイメヌ ルンアヌ	arm in a cast
ギプス(手の)	simén tangan スイメヌ タンアヌ	hand in a cast
ギプスをした	bersimén / berplaster ブースイメヌ / ブープラストゥー	in plaster
気分(きぶん)	perasaan / angin プラサアヌ / アンエヌ	mood

き

き

日	マレー	英
規模（きぼ）	skala / saiz スカラ / サエズ	scale
希望（きぼう）	harapan ハラパヌ	hope
希望する（きぼうする）	harap / berharap ハラ(プ) / ブーハラ(プ)	to hope
基本（きほん）	asas / dasar アサス / ダサー	basics
気紛れな（きまぐれな）	(mudah) berubah-ubah (ムゥダ(ハ)) ブルゥバ(ハ) ウゥバ(ハ)	fickle
生真面目（きまじめ）	kesériusan クセリウゥサヌ	earnestness
生真面目な（きまじめな）	sangat sérius サンァ(ト) セリウゥス	earnest
期末（きまつ）	akhir [hujung] penggal アヘー [フゥジョン] プンガル	end of a term
決まり（きまり）	ketetapan / ketentuan クトゥタパヌ / クトゥヌトゥゥワヌ	rule
きまり悪い	kékok / canggung ケコッ / チャンゴン	embarrassed
決まる（きまる）	telah [sudah] ditentukan トゥラ(ハ) [スゥダ(ハ)] ディトゥヌトゥゥカヌ	to be decided
君（きみ）	kamu / awak / engkau カムゥ / アワッ / ウンカゥ	you / your
黄身（きみ）	kuning telur クゥネン トゥロー	yolk
～気味（ぎみ）	cenderung [seperti] ~ チュヌドゥロン [スプーティ]	slightly tending to ~
君達（きみたち）	kamu [awak / engkau] semua カムゥ [アワッ / ウンカゥ] スムゥワ	you all
機密（きみつ）	rahsia ラ(ハ)スイヤ	secret
気味の悪い（きみのわるい）	mengerikan / menyeramkan ムンゥリカヌ / ムニュラムカヌ	gruesome
奇妙（きみょう）	keanéhan / keganjilan クアネハヌ / クガンジラヌ	strangeness
奇妙な（きみょうな）	anéh / ganjil / pelik アネ(へ) / ガンジェル / プレッ	strange
義務（ぎむ）	kewajipan クワジパヌ	obligation

日	マレー	英
ぎむ 義務（宗教上の）	fardu ファードゥウ	religious obligation
きむずか 気難しい	sukar スゥカー	difficult
きめい 記名	penulisan nama プヌゥリサヌ ナマ	putting one's name down
きめい 記名する	tulis [menulis] nama トゥウレス ［ムヌゥレス］ ナマ	to put one's name down
ぎめい 偽名	nama palsu ナマ パルスゥ	false [fictitious / assumed] name
き 決める	tentukan / menentukan トゥヌトゥウカヌ / ムヌヌトゥウカヌ	to decide
きも 気持ち	rasa / perasaan ラサ / プラサアヌ	feeling
きも 気持ちのよい	sedap / selésa / nyaman スダ(プ) / スレサ / ニャマヌ	comfortable
きもの 着物	kimono / baju tradisional Jepun キモノ / バジュゥ トラディスイヨナル ジュポヌ	kimono
ぎもん 疑問	keraguan / persoalan クラグゥワヌ / プーソワラヌ	doubt
きゃく 客（来訪者）	tetamu トゥタムゥ	customer
きゃく 客（招待客）	tetamu トゥタムゥ	visitor
きゃく 客（顧客）	pelanggan / klien プランガヌ / クラエヌ	client
きやく 規約	terma dan syarat トゥーマ ダヌ シャラ(ト)	terms and conditions
ぎゃく 逆（反対）	keterbalikan クトゥーバリカヌ	opposite
きゃくしつがかり 客室係	pengemas bilik プンゥマス ビレッ	housekeeping staff
ぎゃくしゅう 逆襲	serangan balas スランアヌ バラス	counterattack
ぎゃくしゅう 逆襲する	serang [menyerang] balas スラン ［ムニュラン］ バラス	to counterattack
きゃくしょく 脚色	penokoktambahan プノコッ(ク)タムバハヌ	embroidery
きゃくしょく 脚色する	tokok [menokok] tambah トコッ ［ムノコッ］ タムバ(ハ)	to embroider

日	マレー	英
客席（きゃくせき）	tempat duduk penonton トゥムパ(ト) ドゥウドゥッ プノヌトヌ	audience seats
逆説（ぎゃくせつ）	paradoks パラドクス	paradox
虐待（ぎゃくたい）	penderaan プヌドゥラアヌ	abuse
虐待（ぎゃくたい）する	dera / mendera ドゥラ / ムヌドゥラ	to abuse
逆転（ぎゃくてん）	keterbalikan クトゥーバリカヌ	reversal
逆転（ぎゃくてん）する	jadi [menjadi] terbalik ジャディ [ムンジャディ] トゥーバレッ	to reverse
逆（ぎゃく）に	sebaliknya スバレッ(ク)ニャ	conversely
逆（ぎゃく）の	terbalik トゥーバレッ	opposite
脚本（きゃくほん）	(buku) skrip (ブゥクゥ) スクレ(プ)	script
客間（きゃくま）	ruang tamu ルゥワン タムゥ	guest room
華奢（きゃしゃ）	langsing / ramping ランセン / ラムペン	slender
客観（きゃっかん）	keobjéktifan クオ(ブ)ジェクティファヌ	objectivity
客観視（きゃっかんし）する	lihat [melihat] secara objéktif リハ(ト) [ムリハ(ト)] スチャラ オ(ブ)ジェクティフ	to objectify
客観性（きゃっかんせい）	keobjéktifan / objéktiviti クオ(ブ)ジェクティファヌ / オ(ブ)ジェクティヴィティ	objectivity
客観的（きゃっかんてき）な	objéktif オ(ブ)ジェクティフ	objective
キャッシュカード	kad tunai カ(ド) トゥウナイ	cash card
キャッチ	penangkapan プナンカパヌ	catching
キャッチする	tangkap / menangkap タンカ(プ) / ムナンカ(プ)	to catch
キャビン アテンダント（男）	pramugara プラムゥガラ	(male) cabin attendant
キャビン アテンダント（女）	pramugari プラムゥガリ	(female) cabin attendant

日	マレー	英
キャプテン	kapten カ(プ)トゥヌ	captain
キャベツ	kubis クゥベス	cabbage
ギャラ	bayaran persembahan バヤラヌ プースムバハヌ	performance fee
キャリア	kerjaya / karier クージャヤ / カリウー	career
ギャング	géng ゲン	gang
キャンセル	pembatalan プムバタラヌ	cancellation
キャンセルする	batalkan / membatalkan バタルカヌ / ムムバタルカヌ	to cancel
キャンセル料(りょう)	yuran pembatalan ユゥラヌ プムバタラヌ	cancellation fee
キャンパス	kampus カムポス	campus
キャンピングカー	karavan カラヴァヌ	caravan
キャンプ	khémah / perkhémahan ケマ(ハ) / プーケマハヌ	camp
キャンプする	berkhémah ブーケマ(ハ)	to camp
ギャンブル	judi / perjudian ジュゥディ / プージュゥディヤヌ	gambling
ギャンブルする	berjudi ブージュゥディ	to gamble
急(きゅう)な(突然の)	tiba-tiba ティバ ティバ	sudden
急(きゅう)な(傾斜が)	curam チュウラム	steep
球(きゅう)	sféra / bola スフェラ / ボラ	sphere
級(きゅう)	kelas / gréd クラス / グレ(ド)	class
旧(きゅう)～	bekas ~ ブカス	former ~
9	sembilan スムビラヌ	nine

き

日	マレー	英
きゅうえん 救援	bantuan / pertolongan バヌトゥウワヌ / プートロンアヌ	aid
きゅうえん 救援する	beri [memberi] bantuan ブリ [ムムブリ] バヌトゥウワヌ	to give aid
きゅうか 休暇	cuti / percutian チュウティ / プーチュウティヤヌ	holiday
きゅうかく 嗅覚	deria bau ドゥリヤ バウ	sense of smell
きゅうがく 休学する	tidak hadir ke sekolah dengan alasan ティダッ ハデー ク スコラ(ハ) ドゥンアヌ アラサヌ	to be absent from school temporarily
ぎゅうかわ 牛革	kulit lembu クウレ(ト) ルムブウ	cowhide
きゅうかん 急患	pesakit kecemasan プサケ(ト) クチュマサヌ	emergency patient
きゅうぎ 球技	permainan bola プーマイナヌ ボラ	ball game
きゅうきゅうしゃ 救急車	ambulans アムブウラヌス	ambulance
きゅうきゅうしょち 救急処置	pertolongan kecemasan プートロンアヌ クチュマサヌ	first aid
きゅうぎょう 休業する	tutup / tidak beroperasi トゥウト(プ) / ティダッ ブーオプラスィ	to be closed for business
きゅうきょく 究極の	amat sangat / paling アマ(ト) サンア(ト) / パレン	ultimate
きゅうくつ 窮屈	kesempitan クスムピタヌ	crampedness
きゅうくつ 窮屈な	sempit スムペ(ト)	cramped
きゅうけい 休憩	réhat レハ(ト)	rest
きゅうけい 休憩する	réhat / beréhat レハ(ト) / ブレハ(ト)	to rest
きゅうげき 急激な	mendadak ムヌダダッ	abrupt
きゅうこう 休講	pembatalan kelas [kuliah] プムバタラヌ クラス [クウリヤ(ハ)]	class cancellation
きゅうこう 休講する	batalkan [membatalkan] kelas バタルカヌ [ムムバタルカヌ] クラス	to cancel a class
きゅうこう 休講になる	kelas dibatalkan [batal] クラス ディバタルカヌ [バタル]	to have a class cancelled

日	マレー	英
きゅうこう 急行	[keréta api] éksprés [クレタ ピ] エクスプレス	express (train)
きゅうこう 急行する	bergegas ブーグガス	to hurry
きゅうこうれっしゃ 急行列車	keréta api éksprés クレタ ピ エクスプレス	express train
きゅうこん 求婚	pinangan / peminangan ピナンアヌ / プミナンアヌ	proposal of marriage
きゅうこん 求婚する	pinang / meminang ピナン / ムミナン	to propose marriage
きゅうこん 球根	bebawang ブバワン	bulb
きゅうさい 救済	pertolongan / bantuan プートロンアヌ / バヌトゥウワヌ	relief
きゅうさい 救済する	beri [memberi] pertolongan ブリ [ムムブリ] プートロンアヌ	to relieve
きゅうし 休止する	berhenti sekejap ブーフヌティ スクジャ(プ)	to make a pause
きゅうじ 給仕	pelayanan プラヤナヌ	service at table
きゅうじ 給仕する	layan / melayan ラヤヌ / ムラヤヌ	to serve
きゅうじつ 休日	(hari) cuti (ハリ) チュウティ	holiday
きゅうしゅう 吸収	penyerapan プニュラパヌ	absorption
きゅうしゅう 吸収する	serap / menyerap スラ(プ) / ムニュラ(プ)	to absorb
90	sembilan puluh スムビラヌ プゥロ(ホ)	ninety
きゅうしゅうがっぺい 吸収合併	penggabungan dan pemeroléhan プンガブゥンアヌ ダヌ プムーオレハヌ	mergers and acquisitions
きゅうしゅつ 救出	penyelamatan プニュラマタヌ	rescue
きゅうしゅつ 救出する	selamatkan / menyelamatkan スラマ(ト)カヌ / ムニュラマ(ト)カヌ	to rescue
きゅうしょ 急所	bahagian penting バハギヤヌ プヌテン	critical part
きゅうじょ 救助	usaha menyelamat ウゥサハ ムニュラマ(ト)	rescue

き

き

日	マレー	英
救助する (きゅうじょ)	selamatkan / menyelamatkan スラマ(ト)カヌ / ムニュラマ(ト)カヌ	to rescue
急上昇する (きゅうじょうしょう)	lambung [melambung] naik ラムボン [ムラムボン] ナエッ	to surge
給食 (きゅうしょく)	makan tengah hari (di sekolah) マカヌ トゥンア(ハ) ハリ (ディ スコラ(ハ))	school lunch
給食する (きゅうしょく)	bekalkan [membekalkan] makanan ブカルカヌ [ムムブカルカヌ] マカナヌ	to provide meals
求人 (きゅうじん)	tawaran kerja [pekerjaan] タワラヌ クージャ [プクージャアヌ]	recruitment
求人する (きゅうじん)	tawarkan [menawarkan] pekerjaan タワーカヌ [ムナワーカヌ] プクージャアヌ	to recruit
休戦する (きゅうせん)	berhenti berperang ブーフヌティ ブープラン	to cease fighting
休息 (きゅうそく)	réhat レハ(ト)	rest
休息する (きゅうそく)	beréhat ブレハ(ト)	to take a rest
急速 (きゅうそく)	kepesatan クプサタヌ	rapidity
急速な (きゅうそく)	pesat プサ(ト)	rapid
旧知 (きゅうち)	kenalan lama クナラヌ ラマ	old friend
宮殿 (きゅうでん)	istana イスタナ	palace
牛肉 (ぎゅうにく)	daging lembu ダゲン ルムブゥ	beef
牛乳 (ぎゅうにゅう)	susu (lembu) スゥスゥ (ルムブゥ)	(cow) milk
急病 (きゅうびょう)	sakit (secara) tiba-tiba サケ(ト) (スチャラ) ティバ ティバ	sudden illness [sickness]
急ブレーキ (きゅう)	brék mengejut ブレッ ムンゥジョ(ト)	sudden braking
窮乏 (きゅうぼう)	kepapaan クパパアヌ	poverty
窮乏する (きゅうぼう)	papa (kedana) パパ (クダナ)	to be poor
救命胴衣 (きゅうめいどうい)	jakét keselamatan ジャケ(ト) クスラマタヌ	life jacket

日	マレー	英
給油(きゅうゆ)	pengisian minyak プンイスイヤヌ ミニャッ	fueling
給油する(きゅうゆ)	isi [mengisi] minyak イスイ [ムンイスイ] ミニャッ	to fuel
旧友(きゅうゆう)	kawan lama カワヌ ラマ	old friend
給与(きゅうよ)	gaji / upah ガジ / ウゥパ(ハ)	salary
給与する(きゅうよ)	beri / memberi ブリ / ムムブリ	to provide
休養(きゅうよう)	réhat レハ(ト)	rest
休養する(きゅうよう)	beréhat ブレハ(ト)	to rest
急用(きゅうよう)	urusan kecemasan ウゥルゥサヌ クチュマサヌ	urgent business
給与明細書(きゅうよめいさいしょ)	slip gaji スレ(プ) ガジ	pay slip
胡瓜(きゅうり)	timun ティモヌ	cucumber
丘陵(きゅうりょう)	bukit ブゥケ(ト)	hill
給料(きゅうりょう)	gaji ガジ	salary
給料日(きゅうりょうび)	hari (pembayaran) gaji ハリ (プムバヤラヌ) ガジ	payday
寄与(きよ)	sumbangan スゥムバンアヌ	contribution
寄与する(きよ)	sumbang / menyumbang スゥムバン / ムニュウムバン	to contribute
清い(きよ)	jernih / bersih ジューネ(ヘ) / ブーセ(ヘ)	clean
今日(きょう)	hari ini ハリ イニ	today
器用(きよう)	kepandaian / kemahiran クパヌダイヤヌ / クマヒラヌ	skilfulness
器用な(きよう)	pandai / mahir パヌダイ / マヘー	skilful
行(ぎょう)	garis ガレス	line

き

日	マレー	英
きょうい 驚異	ketakjuban / kekaguman クタゥジョバヌ / クカグゥマヌ	astonishment
きょういく 教育	pendidikan プヌディディカヌ	education
きょういく 教育する	didik / mendidik ディデッ / ムヌディデッ	to educate
きょういん 教員	guru / pengajar グゥルゥ / プンァジャー	teacher
きょうか 強化	pengukuhan プンゥウクゥハヌ	strengthening
きょうか 強化する	kukuhkan / mengukuhkan クゥコ(ホ)カヌ / ムンゥウコ(ホ)カヌ	to strengthen
きょうか 教科	mata pelajaran / subjék マタ プラジャラヌ / スゥ(ブ)ジェッ	subject
きょうかい 協会	persatuan プーサトゥウワヌ	association
きょうかい 境界	sempadan / batas / batasan スムパダヌ / バタス / バタサヌ	border
きょうかい 教会	geréja グレジャ	church
きょうがく 共学	pendidikan campuran プヌディディカヌ チャムプゥラヌ	coeducation
きょうかしょ 教科書	buku téks ブゥクゥ テクス	textbook
きょうかん 共感	simpati スイムパティ	sympathy
きょうかん 共感する	bersimpati ブースイムパティ	to sympathize with
きょうき 凶器	senjata (maut) スンジャタ（マォ(ト)）	(deadly) weapon
きょうき 狂気	kegilaan クギラアヌ	madness
きょうぎ 競技 （スポーツの分野）	olahraga オラ(ハ)ラガ	athletics
きょうぎ 競技（競争）	perlawanan / pertandingan プーラワナヌ / プータヌディンアヌ	game
きょうぎ 競技する	bermain ブーマエヌ	to play
きょうぎ 協議	perundingan プルゥヌディンアヌ	negotiation

日	マレー	英
きょうぎ 協議する	berunding ブルゥヌデン	to negotiate
ぎょうぎ 行儀	tingkah laku / kelakuan ティンカ(ハ) ラクゥ / クラクゥワヌ	behaviour
ぎょうぎ わる 行儀が悪い	berkelakuan buruk ブークラクゥワヌ ブゥロッ	to behave badly
きょうぎ 競技スポーツ	sukan olahraga スゥカヌ オラ(ハ)ラガ	competitive sport
きょうきゅう 供給	bekalan / pembekalan ブカラヌ / プムブカラヌ	supply
きょうきゅう 供給する	bekalkan / membekalkan ブカルカヌ / ムムブカルカヌ	to supply
きょうぎゅうびょう 狂牛病	penyakit lembu gila プニャケ(ト) ルムブゥ ギラ	mad cow disease
きょうぐう 境遇	keadaan クアダアヌ	circumstances
きょうくん 教訓	ajaran アジャラヌ	teaching
きょうくん 教訓する	beri [memberi] ajaran ブリ [ムムブリ] アジャラヌ	to teach a lesson
きょうけんびょう 狂犬病	penyakit anjing gila プニャケ(ト) アンジン ギラ	rabies
きょうこう 恐慌	kegawatan クガワタヌ	panic
きょうこう 強硬	keteguhan クトゥグゥハヌ	firmness
きょうこう 強硬な	teguh トゥゴ(ホ)	firm
きょうこう 強行する	lakukan [melakukan] ~ secara paksa ラクゥカヌ [ムラクゥカヌ] スチャラ パクサ	to force through
きょうざい 教材	bahan pengajaran バハヌ プンァジャラヌ	teaching materials
きょうさく 凶作	hasil tuaian sedikit ハセル トゥウワイヤヌ スディケ(ト)	poor harvest
きょうさんしゅぎ 共産主義	komunisme / fahaman komunis コムゥニスマ / ファハマヌ コムゥネス	communism
きょうさんしゅぎしゃ 共産主義者	komunis コムゥネス	communist
きょうし 教師	guru / pengajar グゥルゥ / プンァジャー	teacher

き

き

日	マレー	英
ぎょうじ 行事	acara アチャラ	event
きょうしつ 教室	bilik darjah [kuliah] ビレッ ダージャ(ハ) [クゥリヤ(ハ)]	classroom
ぎょうしゃ 業者	pembekal プムブカル	supplier
きょうじゅ 享受	penikmatan プニクマタヌ	enjoyment
きょうじゅ 享受する	nikmati / menikmati ニクマティ / ムニクマティ	to enjoy
きょうじゅ 教授	profésor プロフェスー	professor
きょうしゅう 教習	kursus latihan クゥルスゥス ラテハヌ	training course
きょうしゅう 教習する	ajar [mengajar] kursus latihan アジャー [ムンァジャー] クゥルスゥス ラテハヌ	to teach a training course
きょうしゅう 郷愁	nostalgia ノスタルギア	nostalgia
きょうしゅく 恐縮する	terhutang budi トゥーフゥタン ブゥディ	to feel obliged
きょうしゅく 恐縮な	membuatkan ~ terhutang budi ムムブゥワ(ト)カヌ トゥーフゥタン ブゥディ	to make *sb* feel obliged
きょうしょく 教職	profésion perguruan プロフェスイヨヌ プーグゥルゥワヌ	teaching profession
きょう 興じる	berseronok / bersuka ria ブースロノッ / ブースゥカ リヤ	to have fun
きょうせい 強制	pemaksaan プマクサアヌ	compulsion
きょうせい 強制する	paksa / memaksa パクサ / ムマクサ	to force
きょうせい 共生	kehidupan harmoni クヒドゥウパヌ ハルモニ	living together harmoniously
きょうせい 共生する	hidup secara harmoni ヒド(プ) スチャラ ハルモニ	to live together harmoniously
ぎょうせい 行政	pemerintahan / pentadbiran プムリヌタハヌ / プヌタ(ド)ビラヌ	government
ぎょうせき 業績	pencapaian プンチャパイヤヌ	accomplishment
きょうそう 競争	persaingan / perlumbaan プーサインァヌ / プールゥムバアヌ	competition

日	マレー	英
きょうそう 競争する	bersaing / berlumba ブーサェン / ブールゥムバ	to compete
きょうそうりょく 競争力	daya saing ダヤ サェン	competitive edge
きょうぞん 共存	kehidupan bersama クヒドゥゥパヌ ブーサマ	coexistence
きょうぞん 共存する	hidup [wujud] bersama ヒド(プ) [ウウゥジョ(ド)] ブーサマ	to coexist
きょうだい (兄弟姉妹)	adik-beradik アデッ ブラデッ	sibling / brother / sister
きょうち 境地	keadaan クアダアヌ	state
きょうちょう 協調	kerjasama / usaha sama クージャサマ / ウウサハ サマ	cooperation
きょうちょう 協調する	bekerjasama ブクージャサマ	to cooperate
きょうちょう 強調	penekanan / penegasan プヌカナヌ / プヌガサヌ	emphasis
きょうちょう 強調する	tekankan / menekankan トゥカヌカヌ / ムヌカヌカヌ	to emphasize
きょうつう 共通	persamaan プーサマアヌ	commonness
きょうつう 共通する	sama / umum サマ / ウウモム	to be common
きょうてい 協定	perjanjian / persetujuan プージャンジヤヌ / プーストゥゥジュウワヌ	agreement
きょうてい 協定する	jalin [menjalin] perjanjian ジャレヌ [ムンジャレヌ] プージャンジヤヌ	to make an agreement
きょうど 郷土	kampung halaman カムポン ハラマヌ	hometown
きょうどう 共同	usaha sama ウウサハ サマ	collaboration
きょうどう 共同する	berusaha sama ブルゥサハ サマ	to collaborate
きょうどりょうり 郷土料理	masakan tempatan マサカヌ トゥムパタヌ	local [country] dish
きょうはく 脅迫	ugutan ウウグゥタヌ	threat
きょうはく 脅迫する	ugut / mengugut ウウゴ(ト) / ムンウウゴ(ト)	to threaten

日	マレー	英
共犯（きょうはん）	subahat スゥバハ(ト)	accomplice
恐怖（きょうふ）	ketakutan / rasa takut クタクゥタヌ / ラサ タコ(ト)	fear
恐怖する（きょうふ）	takut / takuti / menakuti タコ(ト) / タクゥティ / ムナクゥティ	to fear
興味（きょうみ）	minat ミナ(ト)	interest
業務（ぎょうむ）	operasi / perniagaan / tugas オプラスィ / プーニヤガアヌ / トゥウガス	operation
共鳴（きょうめい）	gema グマ	resonance
共鳴する（きょうめい）	bergema ブーグマ	to resonate
教養（きょうよう）	pendidikan プヌディディカヌ	culture
郷里（きょうり）	kampung halaman カムポン ハラマヌ	hometown
恐竜（きょうりゅう）	dinosaur ディノソー	dinosaur
協力（きょうりょく）	kerjasama クージャサマ	cooperation
協力する（きょうりょく）	bekerjasama ブクージャサマ	to cooperate
強力（きょうりょく）	kekuatan ククゥワタヌ	strength
強力な（きょうりょく）	kuat クゥワ(ト)	strong
強烈（きょうれつ）	kedahsyatan クダ(ハ)シャタヌ	intensity
強烈な（きょうれつ）	dahsyat ダ(ハ)シャ(ト)	intense
行列（ぎょうれつ）	barisan / dérétan / perarakan バリサヌ / デレタヌ / プーアラカヌ	line
行列する（ぎょうれつ）	berbaris ブーバレス	to form a line
虚栄心（きょえいしん）	rasa megah diri ラサ ムガ(ハ) ディリ	vanity
許可（きょか）	kebenaran / izin / keizinan クブナラヌ / イゼヌ / クイズィナヌ	permission

日	マレー	英
きょか 許可する	benarkan / membenarkan ブナーカヌ / ムムブナーカヌ	to permit
ぎょぎょう 漁業	(industri) perikanan （イヌドゥストリ）プリカナヌ	fishery
きょく 曲	lagu ラグゥ	tune
きょくげん 局限	pembatasan プムバタサヌ	limitation
きょくげん 局限する	batasi / membatasi バタスィ / ムムバタスィ	to limit
きょくげん 極限	batas バタス	utmost limit
きょくせん 曲線	(garis) lengkung （ガレス）ルンコン	curved line
きょくたん 極端	kemelampauan / keterlampauan クムラムパウワヌ / クトゥーラムパウワヌ	extremeness
きょくたん 極端な	melampau / terlampau ムラムパウ / トゥーラムパウ	extreme
きょくど 局留め	pos renti / kiriman biasa ポス ルヌティ / キリマヌ ビヤサ	poste restante
きょじゅう 居住	permukiman プームゥキマヌ	residency
きょじゅう 居住する	menetap / bermukim ムヌタ(プ) / ブームゥケム	to reside
きょしょくしょう 拒食症	anoréksia / kehilangan seléra makan アノレクスイヤ / クヒランァヌ スレラ マカヌ	anorexia
きょじん 巨人	gergasi グーガスィ	giant
きょぜつ 拒絶	penolakan / penyingkiran プノラカヌ / プニィンキラヌ	refusal
きょぜつ 拒絶する	tolak / menolak トラッ / ムノラッ	to refuse
ぎょせん 漁船	kapal nelayan カパル ヌラヤヌ	fishing boat
ぎょそん 漁村	kampung nelayan カムポン ヌラヤヌ	fishing village
きょだい 巨大な	sangat [sungguh] besar サンァ(ト) [スゥンゴ(ホ)] ブサー	very large
きょてん 拠点	pusat / pangkal プゥサ(ト) / パンカル	base

き

日	マレー	英
去年（きょねん）	tahun lepas タホヌ ルパス	last year
拒否（きょひ）	penolakan プノラカヌ	refusal
拒否する（きょひする）	tolak / menolak トラッ / ムノラッ	to refuse
許容（きょよう）	kebenaran / yang dibenarkan クブナラヌ / ヤン ディブナーカヌ	permission
許容する（きょようする）	benarkan / membenarkan ブナーカヌ / ムムブナーカヌ	to permit
清らか（きよらか）	kejernihan クジューニハヌ	purity
清らかな（きよらかな）	jernih / bersih ジューネ(ヘ) / ブーセ(ヘ)	pure
距離（きょり）	jarak ジャラッ	distance
嫌い（きらい）	tidak suka ティダッ スゥカ	dislike
嫌いな（きらいな）	yang tidak suka [disukai] ヤン ティダッ スゥカ [ディスゥカイ]	disliked
(〜する) きらいがある	berkecenderungan ~ ブークチュヌドゥルゥンアヌ	to be prone to ~
嫌う（きらう）	tidak suka ティダッ スゥカ	to dislike
気楽（きらく）	kelapangan hati [dada] クラパンアヌ ハティ [ダダ]	carefreeness
気楽な（きらくな）	lapang hati [dada] ラパン ハティ [ダダ]	carefree
きらびやか	kegemerlapan クグムーラパヌ	coruscation
きらびやかな	bergemerlapan / gemerlap ブーグムーラパヌ / グムーラ(プ)	coruscating
きらめき	gemerlapan / gemerlap グムーラパヌ / グムーラ(プ)	glitter
きらめく	bergemerlapan / berkelipan ブーグムーラパヌ / ブークリパヌ	to glitter
霧（きり）	kabut / kabus カボ(ト) / カボス	fog
義理（ぎり）	hutang budi フゥタン ブゥディ	debt of gratitude

日	マレー	英
義理(ぎり)の	ipar イパー	in-law
切(き)り換(か)える	tukar / menukar トゥウカー / ムヌゥカー	to switch
切(き)り株(かぶ)	tunggul トゥウンゴル	stump
切(き)り傷(きず)	luka hirisan [belahan] ルゥカ ヒリサヌ [ブラハヌ]	cut
ギリシャ	Greece グリス	Greece
ギリシャ語(ご)	bahasa Greek [Yunani] バハサ グリッ [ユゥナニ]	Greek (language)
ギリシャ人(じん)	orang Greek [Yunani] オラン グリッ [ユゥナニ]	Greek (people)
キリスト	Nabi Isa / Jesus ナビ イサ / ジェスゥス	Christ
キリスト教(きょう)	agama Kristian アガマ クリスティヤヌ	Christianity
キリスト教徒(きょうと)	penganut (agama) Kristian プンァノ(ト) (アガマ) クリスティヤヌ	Christian
規律(きりつ)	disiplin ディスイプリヌ	discipline
切(き)り札(ふだ)	ikhtiar terakhir エ(ヘ)ティヤー トゥラヘー	trump
気流(きりゅう)	arus udara アロス ウゥダラ	air current
技量(ぎりょう)	kemahiran / keupayaan クマヒラヌ / クウゥパヤアヌ	ability
キリン	zirafah ズィラファ(ハ)	giraffe
切(き)る(切断する)	potong / memotong ポトン / ムモトン	to break off
切(き)る(刃物などで傷つける)	tetak / menetak トゥタッ / ムヌタッ	to cut
切(き)る(電話を)	tamatkan [menamatkan] panggilan タマ(ト)カヌ [ムナマ(ト)カヌ] パンギラヌ	to hang up
切(き)る(不要部分を捨てる)	buang / membuang ブウワン / ムムブウワン	to discard
切(き)る(はさみで)	gunting / menggunting グゥヌテン / ムングゥヌテン	to cut

日	マレー	英
切る（電源などを）	matikan / mematikan / tutup / menutup マティカヌ / ムマティカヌ / トゥット(プ) / ムヌゥト(プ)	to turn off
着る	pakai / memakai パカイ / ムマカイ	to wear
～切れ	~ potong [cebis] ポトン ［チュベス］	~ piece(s)
切れ（刃物、頭脳の鋭さ）	ketajaman クタジャマヌ	sharpness
きれいな（美しい）	cantik / lawa / indah チャヌテッ / ラワ / イヌダ(ハ)	beautiful
きれいな（清潔）	bersih ブーセ(ヘ)	clean
きれいに（すっかり）	segalanya / sepenuhnya スガラニャ / スプノ(ホ)ニャ	completely
切れ目	tanda yang telah tergunting タヌダ ヤン トゥラ(ハ) トゥーグゥヌテン	cut line
切れる	putus / terputus プゥトス / トゥープゥトス	to be cut off
帰路	perjalanan pulang [balik] プージャラナヌ プゥラン ［バレッ］	return journey
記録	rékod / catatan レコ(ド) / チャタタヌ	record
記録する	rakamkan / merakamkan ラカムカヌ / ムラカムカヌ	to record
キログラム	kilogram キログラム	kilogram
キロメートル	kilométer キロメトゥー	kilometre
議論	perbincangan / perdébatan プービンチャンアヌ / プーデバタヌ	discussion
議論する	berbincang / berdébat ブービンチャン / ブーデバ(ト)	to discuss
疑惑	kecurigaan / keraguan クチュゥリガアヌ / クラグゥワヌ	suspicion
～極まる	tersangat ~ トゥーサンア(ト)	extremely ~
極み	puncak プゥンチャッ	height
極めて	tersangat / terlalu トゥーサンア(ト) / トゥーラルゥ	extremely

日	マレー	英
極める（きわ）	kuasai [menguasai] sepenuhya クゥワサイ［ムンゥゥワサイ］スプノ(ホ)ヤ	to master
気をつける（き）	berhati-hati / waspada ブーハティ ハティ / ワスパダ	to be careful
金（きん）	emas ウマス	gold
金（曜日）（きん）	Jumaat ジュゥマア(ト)	Friday
菌（きん）	kulat / fungus クゥラ(ト) / フゥンオス	fungus
銀（ぎん）	pérak ペラッ	silver
均一な（きんいつ）	sekata スカタ	even
金色（きんいろ）	warna emas ワーナ ウマス	gold (colour)
銀色（ぎんいろ）	warna pérak ワーナ ペラッ	silver (colour)
禁煙（きんえん）	dilarang merokok ディララン ムロコッ	non-smoking
禁煙する（きんえん）	berhenti merokok ブーフヌティ ムロコッ	to stop smoking
金貨（きんか）	syiling emas シレン ウマス	gold coin
銀貨（ぎんか）	syiling pérak シレン ペラッ	silver coin
銀河（ぎんが）	galaksi ゲレクスィ	galaxy
金額（きんがく）	jumlah wang [duit] ジュゥムラ(ハ) ワン［ドゥウエ(ト)］	amount of money
近眼（きんがん）	rabun jauh ラボヌ ジャォ(ホ)	near-sightedness
禁忌（きんき）	kontraindikasi コヌトライヌディカスィ	contraindication
緊急（きんきゅう）	kecemasan / darurat クチュマサヌ / ダルゥラ(ト)	emergency
緊急な（きんきゅう）	segera スグラ	urgent
金魚（きんぎょ）	ikan emas イカヌ ウマス	goldfish

き

日	マレー	英
きんこ 金庫	peti keselamatan [besi] プティ クスラマタヌ [ブスィ]	safety box
きんこう 均衡	keseimbangan クスイムバンアヌ	balance
きんこう 均衡する	seimbang / berseimbangan スイムバン / ブースイムバンアヌ	to be balanced
きんこう 近郊	kawasan sekeliling カワサヌ スクリレン	neighbouring area
ぎんこう 銀行	bank ベン	bank
ぎんこういん 銀行員	pegawai bank プガワィ ベン	bank clerk
ぎんこうかわせてがた 銀行為替手形	draf bank ドラフ ベン	bank draft
ぎんこうこうざ 銀行口座	akaun bank アカォヌ ベン	bank account
ぎんこうふりこみ 銀行振込	pindahan bank ピヌダハヌ ベン	bank transfer
きんし 近視	rabun jauh ラボヌ ジャオ(ホ)	near-sightedness
きんし 禁止	larangan / tegahan ラランアヌ / トゥガハヌ	prohibition
きんし 禁止する	larang / melarang ララン / ムララン	to prohibit
きんし 禁止された	dilarang / ditegah ディララン / ディトゥガ(ハ)	forbidden
きんしゅ 禁酒する	berhenti minum arak ブーフヌティ ミノム アラッ	to stop drinking (alcohol)
きんじょ 近所	jiran / tetangga ジラヌ / トゥタンガ	neighbourhood
きん 禁じる	larang / melarang ララン / ムララン	to forbid
きんせいひん 禁制品	barang larangan バラン ラランアヌ	prohibited goods
きんせん 金銭	wang / duit ワン / ドゥウエ(ト)	money
きんぞく 金属	logam ロガム	metal
きんだい 近代	zaman moden ザマヌ モドゥヌ	modern times

日	マレー	英
きんちょう 緊張（心が）	perasaan cemas プラサアヌ チュマス	nervousness
きんちょう 緊張（関係が）	ketegangan クトゥガンアヌ	tension
きんちょう 緊張した（心が）	cemas / gemuruh チュマス / グムゥロ(ホ)	nervous
きんちょう 緊張した（関係が）	tegang トゥガン	tense
きんちょう 緊張する（心が）	jadi [menjadi] cemas ジャディ［ムンジャディ］チュマス	to get nervous
きんちょう 緊張する（関係が）	jadi [menjadi] tegang ジャディ［ムンジャディ］トゥガン	to get tense
きんにく 筋肉	otot オト(ト)	muscle
きんべん 勤勉	kerajinan / ketekunan クラジナヌ / クトゥクゥナヌ	diligence
きんべん 勤勉な	rajin / tekun ラジェヌ / トゥコヌ	hardworking
ぎんみ 吟味	penelitian プヌリティヤヌ	scrutiny
ぎんみ 吟味する	teliti / meneliti トゥリティ / ムヌリティ	to scrutinise
きんむ 勤務	tugas トゥウガス	duty
きんむ 勤務する	bertugas ブートゥウガス	to be on duty
きんもつ 禁物	perkara (yang) ditegah プーカラ（ヤン）ディトゥガ(ハ)	big no-no
きんゆう 金融	kewangan クワンアヌ	finance
きんようび 金曜日	(hari) Jumaat (ハリ) ジュゥマア(ト)	Friday
きんり 金利	faédah / bunga ファエダ(ハ) / ブゥンア	interest
きんりん 近隣	kejiranan クジラナヌ	neighbourhood
きんろう 勤労	kerja クージャ	labour
きんろう 勤労する	bekerja ブクージャ	to labour

日	マレー	英

▼く，ク

日	マレー	英
区(く)	daérah / séksyen ダエラ(ハ) / セクシュヌ	district
～苦(く)	kesusahan [derita] ~ クスゥサハヌ [ドゥリタ]	difficulty in ~
具合(ぐあい)（調子、状態）	keadaan クアダアヌ	condition
具合(ぐあい)（都合）	kesesuaian クススゥワィヤヌ	convenience
具合(ぐあい)（方法）	cara チャラ	means
クアラルンプール	Kuala Lumpur クゥワラ ルゥムポー	Kuala Lumpur
区域(くいき)	kawasan カワサヌ	area
クイズ	kuiz クゥエズ	quiz
食い違う(くいちがう)	bercanggah / bertentangan ブーチャンガ(ハ) / ブートゥヌタンアヌ	to contradict
空間(くうかん)	ruang ルゥワン	space
空気(くうき)	udara ウゥダラ	air
空気圧(くうきあつ)	tekanan udara トゥカナヌ ウゥダラ	air pressure
空気入れ(くうきいれ)	pam パム	pump
空気清浄器(くうきせいじょうき)	penapis [pembersih] udara プナペス [プムブーセ(へ)] ウゥダラ	air purifier
空港(くうこう)	lapangan terbang ラパンアヌ トゥーバン	airport
空車(くうしゃ)	téksi kosong テクスィ コソン	empty taxi
偶数(ぐうすう)	nombor genap ノムボー グナ(プ)	even number
空席(くうせき)	tempat duduk kosong トゥムパ(ト) ドゥウドッ コソン	vacant seat
偶然(ぐうぜん)	secara tidak sengaja スチャラ ティダッ スンァジャ	accidentally

日	マレー	英
空想（くうそう）	angan-angan / khayalan アンアヌ アンアヌ / ハヤラヌ	fantasy
空想する（くうそう）	berangan-angan / berkhayal ブランアヌ アンアヌ / ブーハヤル	to fancy
偶像（ぐうぞう）	berhala / patung déwa ブーハラ / パトン デワ	idol
空中（くうちゅう）	udara / angkasa ウゥダラ / アンカサ	mid-air
クーデター	kudéta / rampasan kuasa クゥデタ / ラムパサヌ クゥワサ	coup d’état
空洞（くうどう）	rongga ロンガ	hollow
空腹（くうふく）	kelaparan クラパラヌ	hunger
空腹な（くうふく）	lapar ラパー	hungry
クーポン	kupon / baucar クゥポヌ / バウチャー	coupon
クーラー	penghawa dingin プンハワ ディンエヌ	air-conditioner / cooler
クール	kedinginan / kesejukan クディンイナヌ / クスジュウカヌ	coolness
クールな	dingin / sejuk / tenang ディンエヌ / スジョッ / トゥナン	cool
空路（くうろ）	udara ウゥダラ	air
空路で（くうろ）	dengan kapal terbang ドゥンアヌ カパル トゥーバン	by air
クオリティー	kualiti クゥワリティ	quality
区画（くかく）	séksyen / bahagian セクシュヌ / バハギヤヌ	division
九月（くがつ）	(bulan) Séptémber （ブゥラヌ） セ(プ)テムブー	September
区間（くかん）	zon ゾヌ	zone
茎（くき）	batang / tangkai バタン / タンカイ	stem
釘（くぎ）	paku パクゥ	nail

く

日	マレー	英
くぎ ぬ 釘抜き	pencabut paku プンチャボ(ト) パクゥ	nail puller
く きょう 苦境	keadaan sukar / kesukaran クアダアヌ スゥカー / クスゥカラヌ	plight
く ぎ 区切り	pemisahan プミサハヌ	separation
く ぎ 区切る	pisahkan / memisahkan ピサ(ハ)カヌ / ムミサ(ハ)カヌ	to separate
くぐる	lalu (bawah) ラルゥ（バワ(ハ)）	to pass through (under)
くさ 草	rumput ルゥムポ(ト)	grass
くさ 臭い	busuk ブゥソッ	smelly
くさ ち 草地	padang rumput パダン ルゥムポ(ト)	meadow
くさ 腐った	busuk / reput / basi ブゥソッ / ルポ(ト) / バスイ	rotten
くさり 鎖	rantai ラヌタイ	chain
くさ 腐る	busuk / reput / basi ブゥソッ / ルポ(ト) / バスイ	to rot
くし 櫛	sikat / sisir スイカ(ト) / スイセー	comb
くじ 籤	undi ウヌディ	lot
くじ び 籤引き	pencabutan undi プンチャブゥタヌ ウヌディ	drawing a lot
くじ び 籤引きする	cabut [mencabut] undi チャボ(ト)［ムンチャボ(ト)］ウヌディ	to draw a lot
くし や 串焼き	saté (daging dan sayuran) サテ（ダゲン ダヌ サヨラヌ）	grilled meat and vegetables on skewers
く じゃく 孔雀	merak ムラッ	peacock
くしゃくしゃな	renyuk / ronyok ルニョッ / ロニョッ	crumpled
くしゃくしゃにする	renyukkan / merenyukkan ルニョッカヌ / ムルニョッカヌ	to crumple
くしゃみする	bersin / terbersin ブーセヌ / トゥーブーセヌ	to sneeze

日	マレー	英
苦情（くじょう）	aduan アドゥウワヌ	complaint
苦情を言う（くじょうをいう）	adu / mengadu アドゥウ / ムンァドゥウ	to complain
鯨（くじら）	ikan paus イカヌ パオス	whale
苦心（くしん）	usaha ウゥサハ	effort
苦心する（くしんする）	bersusah payah ブースゥサ(ハ) パヤ(ハ)	to make every effort
屑（くず）	sampah サムパ(ハ)	junk
くすぐったい	geli グリ	to tickle
崩す（くずす）	robohkan / merobohkan ロボ(ホ)カヌ / ムロボ(ホ)カヌ	to destroy
薬（くすり）	ubat ウゥバ(ト)	medicine
薬指（くすりゆび）	jari manis ジャリ マネス	ring finger
崩れる（くずれる）	runtuh / roboh ルゥヌト(ホ) / ロボ(ホ)	to collapse
癖（くせ）	tabiat / kebiasaan タビヤ(ト) / クビヤサアヌ	habit
糞（くそ）	bérak ベラッ	shit
管（くだ）	paip / tiub / saluran パエ(プ) / ティヨ(プ) / サルゥラヌ	pipe
具体的な（ぐたいてきな）	konkrit コヌクレ(ト)	concrete
砕く（くだく）	hancurkan / menghancurkan ハンチョーカヌ / ムンハンチョーカヌ	to break *sth* into pieces
砕ける（くだける）	hancur / terhancur ハンチョー / トゥーハンチョー	to break into pieces
果物（くだもの）	buah / buah-buahan ブゥワ(ハ) / ブゥワ(ハ) ブゥワハヌ	fruit
下らない（くだらない）	réméh-téméh レメ(ヘ) テメ(ヘ)	trifling
下り（くだり）	perjalanan turun プージャラナヌ トゥウロヌ	way down

く

日	マレー	英
くだ 下る	turun トゥウロヌ	to travel down
くち 口	mulut ムゥロ(ト)	mouth
くち 口（出入りする）	pintu ピヌトゥウ	gate
ぐち 愚痴	rungutan ルゥンウゥタヌ	grumble
くちぐせ 口癖	perkataan kegemaran プーカタアヌ クグマラヌ	favourite [pet] phrase
くちげんか 口喧嘩	pertengkaran プートゥンカラヌ	quarrel
くちげんか 口喧嘩する	bertengkar ブートゥンカー	to quarrel
くち 口ずさむ	bersenandung ブースナヌドン	to croon
くち 口にチャックをする	kunci [mengunci] mulut クゥンチ［ムンゥウンチ］ムゥロ(ト)	to zip one's mouth
口をつぐむ	tutup [menutup] mulut トゥウト(プ)［ムヌゥト(プ)］ムゥロ(ト)	to shut one's mouth
くちばし	paruh パロ(ホ)	bill
くちびる 唇	bibir ビベー	lip
くちぶえ 口笛	siul / siulan スイヨル / スイヨラヌ	whistle
くちべに 口紅	gincu / lipstik ギンチュウ / リ(プ)ステッ	lipstick
く ちょう 口調	nada (suara) ナダ（スゥワラ）	tone
く 朽ちる	jadi [menjadi] reput ジャディ［ムンジャディ］ルポ(ト)	to decay
くつ 靴	kasut カソ(ト)	shoes
く つう 苦痛	derita / kesakitan ドゥリタ / クサキタヌ	suffering
くつがえ 覆す	mengubah / menggulingkan ムンゥウバ(ハ) / ムングゥレンカヌ	to overturn
クッキー	biskut ビスコ(ト)	biscuit

日	マレー	英
くっきり	(dengan) jelas (ドゥンアヌ) ジュラス	clearly
くつした 靴下	sarung kaki / stoking サロン カキ / ストケン	socks
ぐっすり	(dengan) nyenyak (ドゥンアヌ) ニュニャッ	soundly
くっせつ 屈折	pembiasan / lenturan プムビヤサヌ / ルヌトゥウラヌ	refraction
くっせつ 屈折する	bias / membias ビヤス / ムムビヤス	to deflect
くっつく	lekat / melekat / merapat ルカ(ト) / ムルカ(ト) / ムラパ(ト)	to stick
くっつける	melekatkan / merapatkan ムルカ(ト)カヌ / ムラパ(ト)カヌ	to stick
くっぷく 屈服	perserahan プースラハヌ	surrender
くっぷく 屈服する	berserah / serah [menyerah] kalah ブースラ(ハ) / スラ(ハ) [ムニュラ(ハ)] カラ(ハ)	to surrender
くつ 靴べら	pengiah kasut プンイヤ(ハ) カソ(ト)	shoehorn
くつみが 靴磨き	penggilap kasut プンギラ(プ) カソ(ト)	shoe polisher
くつろぐ	santai / bersantai サヌタイ / ブーサヌタイ	to relax
くどい (うるさい)	diulang-ulang ディウゥラン ウゥラン	repetitious
くどい (味が)	kuat クウワ(ト)	strong
くとうてん 句読点	tanda baca タヌダ バチャ	punctuation mark
くど 口説く	mengurat ムンウゥラ(ト)	to make advances
くに 国	negara ヌガラ	country
くに 国 (中央政府)	kerajaan クラジャアヌ	central government
くに 国 (故郷)	kampung カムポン	hometown
くのう 苦悩	derita / penderitaan ドゥリタ / プヌドゥリタアヌ	agony

日	マレー	英
苦悩(くのう)する	derita / menderita ドゥリタ / ムヌドゥリタ	to agonize
配(くば)る	édar / mengédarkan エダー / ムンェダーカヌ	to distribute
首(くび)（頸部）	léhér レヘー	neck
首(くび)（解雇）	pembuangan kerja プムブゥワンアヌ クージャ	dismissal
首飾(くびかざ)り	kalung / rantai léhér カロン / ラヌタイ レヘー	necklace
首(くび)になる	dibuang kerja ディブゥワン クージャ	to get fired
首輪(くびわ)	kolar / relang léhér コラー / ルラン レヘー	collar
工夫(くふう)	daya cipta ダヤ チ(プ)タ	device
工夫(くふう)する	réka / meréka / cipta / mencipta レカ / ムレカ / チ(プ)タ / ムンチ(プ)タ	to devise
区分(くぶん)	bahagian / pengkelasan バハギヤヌ / プンクラサヌ	division
区分(くぶん)する	bahagikan / membahagikan バハギカヌ / ムムバハギカヌ	to divide
区別(くべつ)	pembézaan プムベザアヌ	differentiation
区別(くべつ)する	bézakan / membézakan ベザカヌ / ムムベザカヌ	to differentiate
窪(くぼ)んだ	cengkung チュンコン	sunken
熊(くま)	beruang ブルゥワン	bear
組(くみ)（学級）	kelas クラス	class
組(くみ)（対）	pasangan / pasang パサンアヌ / パサン	pair
組合(くみあい)	persatuan プーサトゥウワヌ	association
組(く)み合(あ)わせ	gabungan / penggabungan ガブゥンアヌ / プンガブゥンアヌ	combination
組(く)み合(あ)わせる	gabungkan / menggabungkan ガボンカヌ / ムンガボンカヌ	to combine

日	マレー	英
組み込む	rangkumi / merangkumi ランクゥミ / ムランクゥミ	to incorporate
組み立てる	pasang / memasang パサン / ムマサン	to assemble
汲む	timba / menimba ティムバ / ムニムバ	to draw
酌む	tuang / menuang トゥウワン / ムヌゥワン	to pour
組む	berpasangan ブーパサンアヌ	to partner
クメール語	bahasa Khmér バハサ クメー	Khmer (language)
雲	awan アワヌ	cloud
蜘蛛	labah-labah ラバ(ハ) ラバ(ハ)	spider
曇った（天候）	mendung ムヌドン	cloudy
曇った（不透明）	kabur カボー	obscure
曇り（天候）	mendung ムヌドン	cloudiness
曇り（不透明）	kekaburan クカブゥラヌ	obscurity
曇る（天候）	jadi [menjadi] mendung ジャディ［ムンジャディ］ムヌドン	to become cloudy
曇る（不透明になる）	jadi [menjadi] kabur ジャディ［ムンジャディ］カボー	to become obscure
悔しい	(berasa) kesal （ブラサ）クサル	chagrined
悔む	sesal / menyesal スサル / ムニュサル	to regret
蔵	gudang グゥダン	warehouse
暗い	gelap グラ(プ)	dark
暗い（色）	tua トゥウワ	dark
暗い（性格）	murung ムゥロン	gloomy

日	マレー	英
暗(くら)い(よく知らない)	kurang [tidak] arif クゥラン［ティダッ］アレフ	unfamiliar
位(くらい)	pangkat パンカ(ト)	rank
～ぐらい	kira-kira [lebih kurang] ~ キラ キラ［ルベ(ヘ) クゥラン］	about ~
クライアント	klien / pelanggan クラェヌ / プランガヌ	client
グラウンド	padang パダン	field
クラクション	hon ホヌ	horn
暮(く)らし	kehidupan / hidup クヒドゥウパヌ / ヒド(プ)	life
クラシック	klasik クラセッ	classic
クラシック音楽(おんがく)	muzik klasik [klasikal] ムウゼッ クラセッ［クラスイカル］	classical music
クラス(学級、階級)	kelas クラス	class
暮(く)らす	hidup ヒド(プ)	to live
グラス	gelas グラス	glass
クラッチ	klac / cekam クラチ / チュカム	clutch
クラブ	kelab / persatuan クラ(ブ) / プーサトゥウワヌ	club
グラフ	graf グラフ	graph
比(くら)べる	bandingkan / membandingkan バヌデンカヌ / ムムバヌデンカヌ	to compare
グラム	gram グラム	gram
栗(くり)	buah berangan ブウワ(ハ) ブランアヌ	chestnut
クリーニング	pembersihan / pencucian プムブースイハヌ / プンチュウチヤヌ	cleaning
クリーニングする	bersihkan / membersihkan ブーセ(ヘ)カヌ / ムムブーセ(ヘ)カヌ	to clean

日	マレー	英
クリーム	krim クレム	cream
グリーンカレー	kari hijau カリ ヒジャウ	green curry
繰り返す	ulang / mengulang ウゥラン / ムンゥウラン	to repeat
繰り越す	bawa [membawa] ke depan バワ [ムムバワ] クドゥパヌ	to carry forward [over]
クリスマス	Krismas クリスマス	Christmas
クリップ	klip (kertas) クレ(プ) (クータス)	(paper) clip
グリル	gril グレル	grill
グリンピース	kacang pis (hijau) カチャン ピス (ヒジャウ)	green pea
来る	datang ダタン	to come
来る(季節、順番などが)	datang / tiba ダタン / ティバ	to arrive
狂う	jadi [menjadi] gila ジャディ [ムンジャディ] ギラ	to go insane [crazy]
狂う(機能などが)	rosak ロサッ	to get out of order
グループ	kumpulan クゥムプゥラヌ	group
苦しい	susah スゥサ(ハ)	painful
苦しむ	derita / menderita / bersakit ドゥリタ / ムヌドゥリタ / ブーサケ(ト)	to suffer
苦しめる	deritakan / menderitakan ドゥリタカヌ / ムヌドゥリタカヌ	to cause *sb* pain
狂った	gila ギラ	mad
車	keréta クレタ	car
車(車輪)	roda ロダ	wheel
車椅子	kerusi roda クルゥスイ ロダ	wheelchair

日	マレー	英
胡桃(くるみ)	kacang walnut カチャン ワルノ(ト)	walnut
くるむ	balut / membalut バロ(ト) / ムムバロ(ト)	to wrap
暮(く)れ	hujung (tahun) フゥジョン (タホヌ)	(year-)end
グレー	(warna) kelabu (ワーナ) クラブゥ	grey
グレープフルーツ	limau gedang リマゥ グダン	grapefruit
クレーン	krén クレヌ	crane
くれぐれも	jangan tidak ジャンアヌ ティダッ	please be sure to
クレジット	krédit クレディ(ト)	credit
クレジットカード	kad krédit カ(ド) クレディ(ト)	credit card
くれる	bagi / kasi / beri / memberi バギ / カスィ / ブリ / ムムブリ	to give
暮(く)れる	habis ハベス	to be over
黒(くろ)	(warna) hitam (ワーナ) ヒタム	black
黒(くろ)い	(berwarna) hitam (ブーワーナ) ヒタム	black
黒(くろ)い(肌の色)	gelap グラ(プ)	dark
黒(くろ)い(悪、不正)	gelap グラ(プ)	dark
苦労(くろう)	kesusahan / kepayahan クスゥサハヌ / クパヤハヌ	trouble
苦労(くろう)する	bersusah payah ブースゥサ(ハ) パヤ(ハ)	to undergo trouble
玄人(くろうと)	profésional プロフェスイョナル	professional
クローク	ruang untuk menggantung kot ルゥワン ウゥヌトッ ムンガヌトン コ(ト)	cloakroom
グローバルスタンダード	standard global スタヌダ(ド) グロバル	global standard

日	マレー	英
くろじ 黒字	untung / keuntungan ウゥヌトン / クウゥヌトンアヌ	in the black
クロスワード	silang kata スィラン カタ	crossword
くろまく 黒幕	dalang ダラン	mastermind
くろめ 黒目	anak mata アナッ マタ	pupil
くわえる	gonggong / menggonggong ゴンゴン / ムンゴンゴン	to hold *sth* in one's mouth
くわ 加える	tambah / menambah タムバ(ハ) / ムナムバ(ハ)	to add
くわ 詳しい（詳細な）	terperinci トゥープリンチ	detailed
くわ 詳しい （精通している）	tahu banyak タフゥ バニャッ	to know well
くわ 加わる（参加する）	sertai / menyertai スータィ / ムニュータイ	to join
くわ 加わる（増える）	ditambah ディタムバ(ハ)	to be added
くん ～君	Saudara [Adik] ~ サゥダラ [アデッ]	Mr. ~
ぐん ～群	kumpulan [kelompok] ~ クゥムプゥラヌ [クロムポッ]	~ group
ぐん 軍	tentera トゥヌトゥラ	army
ぐん 郡	daérah ダエラ(ハ)	district
ぐんかん 軍艦	kapal perang [tentera] カパル プラン [トゥヌトゥラ]	warship
ぐんじ 軍事	(hal éhwal) ketenteraan (ハル エ(ヘ)ワル) クトゥヌトゥラアヌ	military affairs
くんしゅ 君主	raja ラジャ	monarch
ぐんしゅう 群集	kerumunan クルゥムゥナヌ	crowd
ぐんじりょく 軍事力	kekuatan tentera ククゥワタヌ トゥヌトゥラ	military power
ぐんたい 軍隊	pasukan tentera パソカヌ トゥヌトゥラ	military

日	マレー	英
ぐんび 軍備	persenjataan プースンジャタアㇴ	armaments
ぐんぷく 軍服	pakaian (seragam) tentera パカイヤㇴ (スラガㇺ) トゥㇴトゥラ	military uniform
くんれん 訓練	latihan ラテハㇴ	training
くんれん 訓練する	latih / melatih ラテ(ㇸ) / ムラテ(ㇸ)	to train

▼け，ケ

日	マレー	英
け 毛（髪の毛）	rambut ラムボ(ㇳ)	hair
け 毛（人･動物の体毛）	bulu ブゥルゥ	hair
けい 刑	hukuman フウクゥマㇴ	punishment
けい ～系	kaum [keturunan] ~ カオㇺ [クトゥウルゥナㇴ]	~ group
げい 芸	kepandaian クパㇴダイヤㇴ	trick
ゲイ	gay / lelaki homoséksual ゲー / ルラキ ホモセㇰスゥワル	gay
けいい 敬意	hormat / penghormatan ホーマ(ㇳ) / プンホーマタㇴ	regard
けいい 経緯	latar belakang ラター ブラカン	background
けいえい 経営	pengurusan / pentadbiran プンゥウルゥサㇴ / プㇴタ(ㇳ)ビラㇴ	management
けいえい 経営する	urus / mengurus ウウロㇲ / ムンゥウロㇲ	to manage
けいえいしゃ 経営者	pengurus プンゥウロㇲ	manager
けいか 経過	kemajuan クマジュウワㇴ	progress
けいか 経過する	berlalu ブーラルゥ	to pass
けいかい 警戒	sikap berawas-awas スイカ(ㇷ゚) ブラワㇲ アワㇲ	caution
けいかい 警戒する	berawas-awas / berjaga-jaga ブラワㇲ アワㇲ / ブージャガ ジャガ	to caution

日	マレー	英
けいかい 軽快な	ringan リンアヌ	light
けいかく 計画	rancangan / program ランチャンアヌ / プログラム	plan
けいかく 計画する	rancang / merancang ランチャン / ムランチャン	to plan
けいかん 警官	anggota [pegawai] polis アンゴタ [プガワイ] ポレス	police officer
けいき 契機	kesempatan / peluang クスムパタヌ / プルゥワン	opportunity
けいき 景気	ékonomi エコノミ	business
けいき 計器	peralatan mengukur / méter プーアラタヌ ムンウゥコー / メトゥー	gauge
けいけん 経験	pengalaman プンァラマヌ	experience
けいけん 経験する	alami / mengalami アラミ / ムンァラミ	to experience
けいげん 軽減	peringanan / pengurangan プリンァナヌ / プンゥウランアヌ	reduction
けいげん 軽減する	ringankan / meringankan リンァヌカヌ / ムリンァヌカヌ	to reduce
けいこ 稽古	latihan ラテハヌ	practice
けいこ 稽古する	latih / melatih ラテ(ヘ) / ムラテ(ヘ)	to practise
けいご 敬語	bahasa halus [hormat] バハサ ハロス [ホーマ(ト)]	honorific
けいご 警護	kawalan カワラヌ	guard
けいご 警護する	kawal / mengawal カワル / ムンァワル	to guard
けいこう 傾向	kecenderungan / kecondongan クチュヌドゥルゥンアヌ / クチョヌドンアヌ	tendency
けいこう 蛍光	pendarfluor プヌダーフルゥオー	fluorescence
けいこうとう 蛍光灯	lampu kalimantang ラムプゥ カリマヌタン	fluorescent light
けいこう 蛍光ペン	pén penyerlah ペヌ プニューラ(ハ)	highlighter

け

日	マレー	英
けいこく 警告	amaran アマラヌ	warning
けいこく 警告する	beri [memberi] amaran ブリ [ムムブリ] アマラヌ	to warn
けいさい 掲載	penerbitan プヌービタヌ	publication
けいさい 掲載する	terbitkan / menerbitkan トゥーベ(ト)カヌ / ムヌーベ(ト)カヌ	to publish
けいざい 経済	ékonomi エコノミ	economy
けいざいせいちょうりつ 経済成長率	kadar pertumbuhan ékonomi カダー プートゥウムブゥハヌ エコノミ	economic growth rate
けいさつ 警察	polis ポレス	police
けいさつかん 警察官	pegawai polis プガワイ ポレス	police officer
けいさつしょ 警察署	balai polis バライ ポレス	police station
けいさん 計算	kiraan / pengiraan キラアヌ / プンイラアヌ	calculation
けいさん 計算する	kira / mengira キラ / ムンイラ	to calculate
けいじ 刑事	(pegawai) penyiasat (プガワイ) プニィヤサ(ト)	detective
けいじ 掲示	notis / pengumuman ノテス / プンウゥムゥマヌ	notice
けいじ 掲示する	paparkan [memaparkan] notis パパーカヌ [ムマパーカヌ] ノテス	to put up a notice
けいしき 形式	bentuk / format ブヌトッ / フォーマ(ト)	form / format
けいじばん 掲示板	papan notis [pengumuman] パパヌ ノテス [プンウゥムゥマヌ]	notice board
けいしゃ 傾斜	cerun チュロヌ	slope
けいしゃ 傾斜する	bercerun ブーチュロヌ	to slope
げいじゅつ 芸術	seni スニ	art
げいじゅつか 芸術家	seniman スニマヌ	artist

け

日	マレー	英
けいしょく 軽食	makanan ringan マカナヌ リンアヌ	light meal
けいせい 形勢	arus / keadaan アロス / クアダアヌ	tide
けいせい 形成	pembentukan プムブヌトゥウカヌ	formation
けいせい 形成する	bentuk / membentuk ブヌトッ / ムムブヌトッ	to form
けいせん 罫線	garisan / garis ガリサヌ / ガレス	ruled line
けいぞく 継続	penerusan / sambungan プヌルゥサヌ / サムブゥンアヌ	continuation
けいぞく 継続する	teruskan / meneruskan トゥロスカヌ / ムヌロスカヌ	to continue
けいそつ 軽率	kemeluluan クムルゥルゥワヌ	thoughtlessness
けいそつ 軽率な	melulu ムルゥルゥ	thoughtless
けいたい 形態	bentuk ブヌトッ	form
けいたい 携帯する	bawa / membawa バワ / ムムバワ	to carry
けいたいでんわ 携帯電話	téléfon bimbit テレフォヌ ビムビ(ト)	mobile phone
けいと 毛糸	benang kait ブナン カエ(ト)	knitting yarn
けいど 経度	longitud / garisan bujur ロンジトゥウ(ド) / ガリサヌ ブゥジョー	longitude
けいとう 系統	sistem スイストゥム	system
げいにん 芸人	penghibur / pelawak プンヒボー / プラワッ	entertainer
げいのう 芸能	hiburan ヒブゥラヌ	entertainment
けいば 競馬	lumba kuda ルゥムバ クゥダ	horse racing
けいはく 軽薄	kesemberonoan クスムブロノワヌ	frivolity
けいはく 軽薄な	semberono スムブロノ	frivolous

日	マレー	英
刑罰（けいばつ）	hukuman / denda フウクゥマヌ / ドゥヌダ	penalty
経費（けいひ）	belanja / perbelanjaan ブランジャ / プーブランジャアヌ	expenses
警備（けいび）	kawalan カワラヌ	guard
警備する（けいび）	kawal / mengawal カワル / ムンァワル	to guard
景品（けいひん）	hadiah percuma ハディヤ(ハ) プーチュウマ	free gift
警部（けいぶ）	inspéktor polis イヌスペクトー ポレス	inspector
軽蔑（けいべつ）	penghinaan / pelécéhan プンヒナアヌ / プレチェハヌ	contempt
軽蔑する（けいべつ）	hina / menghina ヒナ / ムンヒナ	to disdain
警報（けいほう）	amaran アマラヌ	alarm
刑務所（けいむしょ）	penjara プンジャラ	prison
契約（けいやく）	kontrak コヌトラッ	contract
契約する（けいやく）	ikat [mengikat] kontrak イカ(ト) [ムンイカ(ト)] コヌトラッ	to enter into a contract
契約延長（けいやくえんちょう）	penyambungan kontrak プニャムブゥンアヌ コヌトラッ	contract extension
契約書（けいやくしょ）	dokumen [surat] kontrak ドクゥムヌ [スウラ(ト)] コヌトラッ	contract document
～経由（けいゆ）	melalui ~ ムラルゥイ	via ~
経由する（けいゆ）	melalui ムラルゥイ	to go by way of
軽油（けいゆ）	minyak diesél ミニャッ ディセル	diesel oil
形容詞（けいようし）	kata adjéktif [sifat] カタ ア(ド)ジェクティフ [スイファ(ト)]	adjective
形容動詞（けいようどうし）	kata adjéktif [sifat] *na* カタ ア(ド)ジェクティフ [スイファ(ト)] ナ	*na* adjective
経理（けいり）	perakaunan プラカゥナヌ	accounting

日	マレー	英
経歴（けいれき）	latar belakang ラター ブラカン	background
系列（けいれつ）	kumpulan perniagaan クゥムプゥラヌ プーニヤガアヌ	affiliate
痙攣（けいれん）	kekejangan ククジャンアヌ	twitch
痙攣する（けいれん）	jadi [menjadi] kejang ジャディ [ムンジャディ] クジャン	to twitch
経路（けいろ）	laluan ラルゥワヌ	course
ケーキ	kék ケッ	cake
ゲート	pintu ピヌトゥウ	gate
ケーブル	kabel ケブル	cable
ケーブルテレビ	télévisyen kabel テレヴィシュヌ ケブル	cable TV
ゲーム	permainan プーマイナヌ	game
怪我（けが）	luka / cedera ルゥカ / チュドゥラ	injury
怪我する（けが）	luka / cedera / tercedera ルゥカ / チュドゥラ / トゥーチュドゥラ	to injure
外科（げか）	surgeri / pembedahan スゥージュリ / プムブダハヌ	surgery
外科医（げかい）	pakar [doktor / ahli] bedah パカー [ドクトー / ア(ハ)リ] ブダ(ハ)	surgeon
けがらわしい	cabul チャボル	filthy
毛皮（けがわ）	bulu ブゥルゥ	fur
劇（げき）	drama ドラマ	play
劇場（げきじょう）	téater / panggung テアトゥー / パンゴン	theatre
激増（げきぞう）	pertambahan mendadak プータムバハヌ ムヌダダッ	sudden increase
激増する（げきぞう）	bertambah secara mendadak ブータムバ(ハ) スチャラ ムヌダダッ	to increase suddenly

け

日	マレー	英
げきだん 劇団	kumpulan téater クゥムプゥラヌ テアトゥー	theatrical company
げきど 激怒	kebérangan クベランアヌ	rage
げきど 激怒する	bérang ベラン	to be furious
げきれい 激励	penggalakan プンガラカヌ	encouragement
げきれい 激励する	galakkan / menggalakkan ガラッカヌ / ムンガラッカヌ	to encourage
けさ 今朝	pagi tadi [ini] パギ タディ [イニ]	this morning
げざい 下剤	julap ジュゥラ(プ)	laxative
けしいん 消印	cap pos チャ(プ) ポス	postmark
けしき 景色	pemandangan プマヌダンアヌ	scenery
け 消しゴム	getah pemadam グタ(ハ) プマダム	eraser
げしゃ 下車する	turun トゥウロヌ	to get off
げしゅく 下宿	rumah tumpang ルゥマ(ハ) トゥウムパン	lodging
げしゅく 下宿する	tumpang [menumpang] rumah トゥウムパン [ムヌウムパン] ルゥマ(ハ)	to lodge
げじゅん 下旬	akhir bulan アヘー ブウラヌ	end of a month
けしょう 化粧	solék / solékan / persolékan ソレッ / ソレカヌ / プーソレカヌ	makeup
けしょう 化粧する	bersolék ブーソレッ	to put on makeup
けしょうすい 化粧水	losyen / losén ロシュヌ / ロセヌ	lotion
けしょうひん 化粧品	alat solék [kosmétik] アラ(ト) ソレッ [コスメテッ]	cosmetics
けしょう 化粧ポーチ	bég alat solék ベ(グ) アラ(ト) ソレッ	makeup bag
け 消す (火を)	padam / padamkan / memadamkan パダム / パダムカヌ / ムマダムカヌ	to extinguish

け

日	マレー	英
消(け)す (電源を)	padam / memadamkan / tutup パダム / ムマダムカヌ / トゥトゥ(プ)	to turn off
消(け)す(見えなくする)	padam / padamkan / memadamkan パダム / パダムカヌ / ムマダムカヌ	to erase
下水(げすい)	(air) kumbahan (アエー) クゥムバハヌ	sewage
下水道(げすいどう)	sistem (air) kumbahan スイストゥム (アエー) クゥムバハヌ	sewerage
ゲスト	tetamu トゥタムゥ	guest
削(けず)る (そぎ取る)	ketam / mengetam クタム / ムンゥタム	to shave
削(けず)る (減らす)	kurangkan / mengurangkan クゥランカヌ / ムンゥゥランカヌ	to reduce
桁(けた)	angka アンカ	figure
下駄(げた)	géta / selipar kayu Jepun ゲタ / スリパー カユゥ ジュポヌ	geta / Japanese wooden sandal
けち	kekedekutan クケドゥクゥタヌ	stinginess
けちな	kedekut クドゥコ(ト)	stingy
ケチャップ	sos tomato ソス トマト	ketchup
血圧(けつあつ)	tekanan darah トゥカナヌ ダラ(ハ)	blood pressure
決意(けつい)	azam / keazaman アザム / クアザマヌ	determination
決意(けつい)する	berazam ブラザム	to resolve
血液(けつえき)	darah ダラ(ハ)	blood
血液型(けつえきがた)	jenis darah ジュネス ダラ(ハ)	blood type
血液検査(けつえきけんさ)	pemeriksaan darah プムリクサアヌ ダラ(ハ)	blood test
結果(けっか)	keputusan / akibat / hasil クプゥトゥゥサヌ / アキバ(ト) / ハセル	result
結核(けっかく)	batuk kering バトッ クレン	tuberculosis

日	マレー	英
けっかん 欠陥	kecacatan クチャチャタヌ	defect
けっかん 血管	saluran [salur] darah サルゥラヌ［サロー］ダラ(ハ)	blood vessel
けつぎ 決議	ketetapan / résolusi クトゥタパヌ / レソルゥスィ	resolution
けつぎ 決議する	ambil [mengambil] ketetapan アムベル［ムンアムベル］クトゥタパヌ	to resolve
げっきゅう 月給	gaji bulanan ガジ ブゥラナヌ	monthly salary
けっきょく 結局	akhirnya アヘーニャ	after all
けっきん 欠勤	ketidakhadiran di tempat kerja クティダ(ク)ハディラヌ ディ トゥムパ(ト) クージャ	absence from work
けっきん 欠勤する	tidak datang bekerja ティダッ ダタン ブクージャ	to be absent from work
げっけい 月経	haid / datang bulan ハエ(ド) / ダタン ブゥラヌ	menstruation
けっこう 決行	pelaksanaan tegas プラクサナアヌ トゥガス	decisive action
けっこう 決行する	teruskan [meneruskan] juga トゥロスカヌ［ムヌロスカヌ］ジュウガ	to take decisive action
けっこう 結構 (予想以上に良い)	cukup チュウコ(プ)	better than one's expectation
けっこう 結構（十分だ）	cukup チュウコ(プ)	enough
けっこう 結構（ある程度）	agak アガッ	to some extent
けっこう 結構な	memuaskan ムムゥワスカヌ	satisfactory
けっこう 血行	aliran darah アリラヌ ダラ(ハ)	blood circulation
けっこう 欠航	pembatalan penerbangan [pelayaran] プムバタラヌ プヌーバンアヌ［プラヤラヌ］	flight [ferry / cruise] cancellation
けっこう 欠航する	membatalkan penerbangan [pelayaran] ムムバタルカヌ プヌーバンアヌ［プラヤラヌ］	to cancel a flight [ferry / cruise]
けつごう 結合	penggabungan / gabungan プンガブゥンアヌ / ガブゥンアヌ	combination
けつごう 結合する	gabungkan / menggabungkan ガボンカヌ / ムンガボンカヌ	to combine

日	マレー	英
けっこん 結婚	perkahwinan プーカウィナヌ	marriage
けっこん 結婚する	kahwin / berkahwin カウェヌ / ブーカウェヌ	to get married
けっこんしき 結婚式	majlis perkahwinan マジレス プーカウィナヌ	wedding ceremony
けっさい 決済	penjelasan / pembayaran プンジュラサヌ / プムバヤラヌ	settlement
けっさい 決済する	jelaskan / menjelaskan ジュラスカヌ / ムンジュラスカヌ	to settle
けっさく 傑作	karya agung / hasil terbaik カーヤ アゴン / ハセル トゥーバェッ	masterpiece
けっさん 決算	penyelesaian akaun プニュルサイヤヌ アカォヌ	account settlement
けっさん 決算する	selesaikan [menyelesaikan] akaun スルサイカヌ [ムニュルサイカヌ] アカォヌ	to settle accounts
けっ 決して	tentu / pasti トゥヌトゥウ / パスティ	definitely
げっしゃ 月謝	yuran bulanan ユゥラヌ ブゥラナヌ	monthly fee
けつじょ 欠如	kekurangan / ketiadaan ククゥランアヌ / クティヤダアヌ	lack
けつじょ 欠如する	kekurangan / tiada ククゥランアヌ / ティヤダ	to lack
けっしょう 決勝	akhir アヘー	final
けっしょう 結晶	hablur / penghabluran ハ(ブ)ロー / プンハ(ブ)ルゥラヌ	crystal
けっしょう 結晶する	hablur / menghablur ハ(ブ)ロー / ムンハ(ブ)ロー	to crystallize
けっしん 決心	ketetapan hati クトゥタパヌ ハティ	determination
けっしん 決心する	tetapkan [menetapkan] hati トゥタ(プ)カヌ [ムヌタ(プ)カヌ] ハティ	to be determined
けっ 決する	tentukan / menentukan トゥヌトゥウカヌ / ムヌヌトゥウカヌ	to decide
けっせい 結成	pembentukan プムブヌトカヌ	formation
けっせい 結成する	bentuk / membentuk ブヌトッ / ムムブヌトッ	to form

け

日	マレー	英
けっせき 欠席	ketidakhadiran クティダッ(ク)ハディラヌ	absence
けっせき 欠席する	tidak hadir ティダッ ハデー	to be absent from
けっせき 結石	batu karang バトゥウ カラン	calculus
けっそく 結束	ikatan イカタヌ	unity
けっそく 結束する	berikat ブリカ(ト)	to unite
げっそり	kurus kering クゥロス クレン	drawn and haggard
けつだん 決断	keputusan クプゥトゥウサヌ	decision
けつだん 決断する	buat [membuat] keputusan ブゥワ(ト) ［ムムブゥワ(ト)］ クプゥトゥウサヌ	to make a decision
けっちゃく 決着	penyelesaian プニュルサイヤヌ	settlement
けっちゃく 決着する	selesai スルサィ	to be settled
けってい 決定	keputusan / kesimpulan クプゥトゥウサヌ / クスイムプゥラヌ	decision
けってい 決定する	putuskan / memutuskan プゥトスカヌ / ムムゥトスカヌ	to decide
けってん 欠点	kelemahan クルマハヌ	fault
けっとう 決闘	pertarungan プータロンアヌ	duel
けっとう 血統	baka / keturunan バカ / クトゥウルゥナヌ	pedigree
けっぱく 潔白	ketakbersalahan クタッ(ク)ブーサラハヌ	innocence
けっぱく 潔白の	tidak bersalah ティダッ ブーサラ(ハ)	innocent
げっぷ 月賦	ansuran bulanan アヌスゥラヌ ブゥラナヌ	monthly payment
けつぼう 欠乏する	kekurangan ククゥランアヌ	to lack
けつまつ 結末	kesudahan クスゥダハヌ	ending

日	マレー	英
げつまつ 月末	akhir [hujung] bulan アヘー［フゥジョン］ブゥラヌ	end of the month
げつようび 月曜日	(hari) Isnin (ハリ) イスネヌ	Monday
けつろん 結論	kesimpulan / keputusan クスィムプゥラヌ / クプゥトゥウサヌ	conclusion
けつろん 結論する	buat [membuat] kesimpulan ブゥワ(ト)［ムムブゥワ(ト)］クスィムプゥラヌ	to conclude
げどくざい 解毒剤	penawar プナワー	antidote
けと 蹴飛ばす	menyépak / menendang ムニェパッ / ムヌヌダン	to kick off
けな 貶す	jelikkan / menjelikkan ジュレッカヌ / ムンジュレッカヌ	to speak ill of
けぬ 毛抜き	penyepit kecil プニュペ(ト) クチェル	tweezers
げねつざい 解熱剤	ubat demam ウゥバ(ト) ドゥマム	antifebrile
けねん 懸念	kerisauan / kebimbangan クリサゥワヌ / クビムバンアヌ	concern
けねん 懸念する	risau / bimbang リサゥ / ビムバン	to concern
けはい 気配	tanda / suasana タヌダ / スゥワサナ	sign
けびょう 仮病	pura-pura sakit プゥラ プゥラ サケ(ト)	pretended [feigned] illness
げひん 下品	kelucahan / ketidaksenonohan クルゥチャハヌ / クティダッ(ク)スノノハヌ	indecency
げひん 下品な	lucah / tidak senonoh / kasar ルゥチャ(ハ) / ティダッ スノノ(ホ) / カサー	indecent
けむ 煙い	berasap ブーアサ(プ)	smoky
けむし 毛虫	ulat bulu [beluncas] ウゥラ(ト) ブゥルゥ［ブルゥンチャス］	hairy caterpillar
けむり 煙	asap アサ(プ)	smoke
けむ 煙る	berasap / kabur ブーアサ(プ) / カボー	to be smoky
けもの 獣	binatang ビナタン	beast

け

日	マレー	英
けらい 家来	pengikut プンイコ(ト)	retainer
げり 下痢（する）	cirit-birit チレ(ト) ビレ(ト)	(to have) diarrhoea
げりどめやく 下痢止め薬	ubat cirit-birit ウゥバ(ト) チレ(ト) ビレ(ト)	antidiarrheal medicine
ゲリラ	gerila グリラ	guerrilla
け 蹴る	tendang / menendang トゥㇴダン / ムヌㇴダン	to kick
けれども	bagaimanapun / namun / tetapi バガィマナポㇴ / ナモㇴ / トゥタピ	but
けわ 険しい	curam チュウラㇺ	steep
けん 件	perkara / hal プーカラ / ハㇽ	case
けん 券	tikét / kupon ティケ(ト) / クゥポㇴ	ticket
けん 県	wilayah / préféktur ウィラヤ(ハ) / プレフェクトー	prefecture
けん 剣	pedang プダン	sword
げん 現～	~ sekarang [kini / semasa] スカラン［キニ / スマサ］	existing ~
げん 弦	tali タリ	string
けんい 権威	kewibawaan / kekuasaan クウィバワアㇴ / ククゥワサアㇴ	authority
けんいん 牽引	tarikan / penarikan タリカㇴ / プナリカㇴ	traction
げんいん 原因	punca / sebab プゥンチャ / スバ(プ)	cause
けんえき 検疫	kuarantin クゥワラㇴテㇴ	quarantine
けんえき 検疫する	kuarantin / mengkuarantin クゥワラㇴテㇴ / ムンクゥワラㇴテㇴ	to quarantine
けんえききかん 検疫期間	témpoh kuarantin テムポ(ホ) クゥワラㇴテㇴ	quarantine period
けんえつ 検閲	penapisan / tapisan プナピサㇴ / タピサㇴ	censorship

日	マレー	英
けんえつ 検閲する	tapis / menapis タペス / ムナペス	to censor
けん お 嫌悪	kebencian クブンチヤヌ	hatred
けん お 嫌悪する	benci / membenci ブンチ / ムムブンチ	to hate
けん か 喧嘩	pergaduhan / perkelahian プーガドハヌ / プークラヒヤヌ	fight
けん か 喧嘩する	gaduh / bergaduh / berkelahi ガド(ホ) / ブーガド(ホ) / ブークラヒ	to fight
げん か 原価	harga kos ハルガ コス	cost price
けんかい 見解	pandangan / pendapat パヌダンアヌ / プヌダパ(ト)	view
げんかい 限界	had / batas / pembatasan ハ(ド) / バタス / プムバタサヌ	limit
けんがく 見学	lawatan sambil belajar ラワタヌ サムベル ブラジャー	study tour
けんがく 見学する	melawat sambil belajar ムラワ(ト) サムベル ブラジャー	to take a study tour
げんかく 幻覚	halusinasi ハルゥスィナスィ	hallucination
げんかく 厳格	ketegasan クトゥガサヌ	strictness
げんかく 厳格な	tegas トゥガス	strict
げんかん 玄関	pintu masuk rumah ピヌトゥウ マソッ ルゥマ(ハ)	entrance
げん き 元気	kesihatan クスィハタヌ	health
げん き 元気な（快活な）	ceria チュリヤ	cheerful
げん き 元気な（健康な）	sihat セハ(ト)	healthy
けんきゅう 研究	kajian / penyelidikan カジヤヌ / プニュリディカヌ	research
けんきゅうしつ 研究室	makmal マッ(ク)マル	laboratory
けんきゅう 研究する	kaji / mengkaji カジ / ムンカジ	to research

日	マレー	英
けんきょ 謙虚	kerendahan hati [diri] クルヌダハヌ ハティ ［ディリ］	humility
けんきょ 謙虚な	merendahkan hati [diri] ムルヌダ(ハ)カヌ ハティ ［ディリ］	humble
けんぎょう 兼業	perniagaan sampingan プーニヤガアヌ サムピンアヌ	side business
けんぎょう 兼業する	menjalankan perniagaan sampingan ムンジャラヌカヌ プーニヤガアヌ サムピンアヌ	to engage in a side business
けんきん 献金	derma wang ドゥルマ ワン	contribution
けんきん 献金する	dermakan [mendermakan] wang ドゥルマカヌ ［ムヌドゥルマカヌ］ ワン	to contribute
げんきん 現金	wang tunai ワン トゥウナイ	cash
げんけい 原型	bentuk asal ブヌトッ アサル	original form
けんけつ 献血	derma darah ドゥルマ ダラ(ハ)	blood donation
けんけつ 献血する	derma [menderma] darah ドゥルマ ［ムヌドゥルマ］ ダラ(ハ)	to donate blood
けんげん 権限	hak / kuasa ハッ / クゥワサ	power and authority
げんご 言語	bahasa バハサ	language
けんこう 健康	kesihatan クスイハタヌ	health
けんこう 健康な	sihat セハ(ト)	healthy
げんこう 原稿	manuskrip / naskhah マヌスクレ(プ) / ナスカ(ハ)	manuscript
げんこう 現行	perkara yang dilakukan sekarang プーカラ ヤン ディラクゥカヌ スカラン	things that are currently done
げんこう 現行の	(yang dilakukan) sekarang （ヤン ディラクゥカヌ） スカラン	current
けんこうほけん 健康保険	insurans kesihatan イヌスゥラヌス クスイハタヌ	health insurance
けんさ 検査	pemeriksaan プムリクサアヌ	inspection
けんさ 検査する	periksa / memeriksa プリクサ / ムムリクサ	to inspect

日	マレー	英
けんざい 健在な	hidup sihat ヒド(プ) セハ(ト)	alive and well
げんざい 現在	kini / sekarang キニ / スカラン	present time
げんざいじせい 現在時制	kala kini カラ キニ	present tense
げんざいりょう 原材料	bahan mentah バハヌ ムヌタ(ハ)	raw material
けんさく 検索	pencarian / carian プンチャリヤヌ / チャリヤヌ	search
けんさく 検索する	cari / mencari チャリ / ムンチャリ	to search
けんさくご 検索語	perkataan carian プーカタアヌ チャリヤヌ	search word
けんさしつ 検査室	bilik pemeriksaan ビレッ プムリクサアヌ	examination room
げんさく 原作	tulisan asal トゥウリサヌ アサル	original
げんさん 原産	asal アサル	origin
げんさんち 原産地	tempat asal トゥムパ(ト) アサル	place of origin
けんじ 検事	pendakwa raya プヌダッ(ク)ワ ラヤ	public prosecutor
げんし 原始	primitif プリミテフ	primitive
げんし 原子	atom アトム	atom
げんじつ 現実	réaliti / kenyataan / hakikat レヤリティ / クニャタアヌ / ハキカ(ト)	reality
げんじつてき 現実的な	réalistik レヤリステッ	realistic
げんしゅ 元首	ketua negara クトゥウワ ヌガラ	chief of state
けんしゅう 研修	latihan ラテハヌ	training
けんしゅう 研修する	beri [memberi] latihan ブリ [ムムブリ] ラテハヌ	to conduct a training
げんじゅう 厳重	keketatan ククタタヌ	strictness

日	マレー	英
げんじゅう 厳重な	ketat クタ(ト)	strict
けんしゅう 研修プログラム	program latihan プログラム ラテハヌ	training programme
げんしょ 原書	tulisan asal トゥウリサヌ アサル	original
けんしょう 懸賞	hadiah ハディヤ(ハ)	prize
けんしょう 検証	pengesahan プンゥサハヌ	verification
けんしょう 検証する	sahkan / mengesahkan サ(ハ)カヌ / ムンゥサ(ハ)カヌ	to verify
げんしょう 減少	pengurangan プンゥウランアヌ	decrease
げんしょう 減少する	berkurangan / berkurang ブークゥランアヌ / ブークゥラン	to decrease
げんしょう 現象	fénoména フェノメナ	phenomenon
げんじょう 現状	keadaan sekarang クアダアヌ スカラン	present condition
げんしりょく 原子力	tenaga nukléar トゥナガ ニュウクレアー	nuclear power
げんしりょくはつでんしょ 原子力発電所	loji nukléar ロジ ニュウクレアー	nuclear (power) plant [station]
けんしん 献身	kesetiaan / kasih sayang クスティヤアヌ / カセ(ヘ) サヤン	devotion
けんしんてき 献身的	setia スティヤ	devoted
げんぜい 減税	pengurangan cukai プンゥウランアヌ チュウカイ	tax cut [reduction]
げんぜい 減税する	kurangkan [mengurangkan] cukai クゥランカヌ [ムンゥウランカヌ] チュウカイ	to cut [reduce] tax
けんせつ 建設	pembinaan プムベナアヌ	construction
けんせつ 建設する	bina / membina ベナ / ムムベナ	to construct
けんぜん 健全	kesihatan クスィハタヌ	soundness
けんぜん 健全な	sihat セハ(ト)	sound

日	マレー	英
げんそ 元素	unsur / élémen ウゥヌソー / エレムヌ	element
けんぞう 建造	pembinaan プムベナアヌ	construction
げんそう 幻想	khayalan / fantasi ハヤラヌ / ファヌタスィ	fantasy
げんぞう 現像	pencucian (filem) プンチュウチヤヌ（フィルム）	developing (film)
げんぞう 現像する	cuci [mencuci] (filem) チュウチ［ムンチュウチ］（フィルム）	to develop (film)
げんそく 原則	prinsip プリヌセ(プ)	principle
げんそく 減速	pengurangan kelajuan プンウゥランアヌ クラジュウワヌ	slowdown
げんそく 減速する	semakin perlahan [lembap] スマケヌ プーラハヌ［ルムバ(プ)］	to slow down
けんそん 謙遜	kerendahan diri [hati] クルヌダハヌ ディリ［ハティ］	modesty
けんそん 謙遜する	rendahkan [merendahkan] diri ルヌダ(ハ)カヌ［ムルヌダ(ハ)カヌ］ディリ	to be modest
げんだい 現代	zaman moden ザマヌ モドゥヌ	modern times
げんだい 現代の	moden モドゥヌ	modern
けんち 見地	sudut pandangan スウド(ト) パヌダンアヌ	viewpoint
げんち 現地	tempat (kejadian) トゥムパ(ト)（クジャディヤヌ）	scene
げんち 現地の	tempatan トゥムパタヌ	local
けんちく 建築	seni bina スニ ベナ	architecture
けんちく 建築する	bina / membina ベナ / ムムベナ	to construct
げんちじかん 現地時間	waktu tempatan ワッ(ク)トゥウ トゥムパタヌ	local time
げんちちょうたつ 現地調達	bekalan tempatan ブカラヌ トゥムパタヌ	local procurement
げんちほうじん 現地法人	anak syarikat tempatan アナッ シャリカ(ト) トゥムパタヌ	local subsidiary

け

日	マレー	英
県庁（けんちょう）	pejabat pentadbiran wilayah プジャバ(ト) プヌタ(ド)ビラヌ ウィラヤ(ハ)	prefectural office
限定（げんてい）	had / pengehadan ハ(ド) / プンゥハダヌ	restriction
限定する（げんてい）	hadkan / mengehadkan ハ(ド)カヌ / ムンゥハ(ド)カヌ	to restrict
限定品（げんていひん）	barangan éksklusif バランアヌ エクスクルウセフ	exclusive item
原典（げんてん）	téks asal テクス アサル	original text
原点（げんてん）	titik permulaan ティテッ プームゥラアヌ	starting point
減点（げんてん）	pemotongan markah プモトンアヌ マルカ(ハ)	deduction
減点する（げんてん）	potong [memotong] markah ポトン［ムモトン］マルカ(ハ)	to deduct points
限度（げんど）	batas / had バタス / ハ(ド)	limit
検討（けんとう）	pertimbangan プーティムバンアヌ	consideration
検討する（けんとう）	pertimbangkan / mempertimbangkan プーティムバンカヌ / ムムプーティムバンカヌ	to consider
見当（けんとう）	tekaan / dugaan トゥカアヌ / ドゥウガアヌ	guess
現に（げん）	sesungguhnya / sebenarnya ススゥンゴ(ホ)ニャ / スブナーニャ	actually
現場（げんば）	tempat kejadian [berlaku] トゥムパ(ト) クジャディヤヌ［ブーラクゥ］	scene
現場監督（げんばかんとく）	pengurus tapak プンゥウロス タパッ	site supervisor
原爆（げんばく）	bom atom ボム アトム	atomic bomb
顕微鏡（けんびきょう）	mikroskop メクロスコ(プ)	microscope
見物（けんぶつ）	pelancongan プランチョンアヌ	sightseeing
見物する（けんぶつ）	lancong / melancong ランチョン / ムランチョン	to sightsee
原文（げんぶん）	téks asal テクス アサル	original text

日	マレー	英
けんぽう 憲法	perlembagaan プールムバガアヌ	constitution
げんみつ 厳密	ketepatan クトゥパタヌ	preciseness
げんみつ 厳密な	tepat トゥパ(ト)	precise
けんめい 懸命	kesungguhan クスゥングゥハヌ	wholeheartedness
けんめい 懸命な	bersungguh-sungguh ブースゥンゴ(ホ) スゥンゴ(ホ)	wholehearted
けんめい 賢明	kebijakan / kebijaksanaan クビジャカヌ / クビジャクサナアヌ	wiseness
けんめい 賢明な	bijak / bijaksana ビジャッ / ビジャクサナ	wise
げんめつ 幻滅	kekecéwaan ククチェワアヌ	disillusionment
げんめつ 幻滅する	kecéwa クチェワ	to be disillusioned
けんもん 検問	pemeriksaan jalan (raya) プムリクサアヌ ジャラヌ (ラヤ)	inspection
けんもん 検問する	periksa / memeriksa プリクサ / ムムリクサ	to inspect
けんやく 倹約	kehématan クヘマタヌ	frugality
けんやく 倹約する	berhémat ブーヘマ(ト)	to be frugal
げんゆ 原油	minyak mentah ミニャッ ムヌタ(ハ)	crude oil
けんよう 兼用する	digunakan juga sebagai ディグゥナカヌ ジュウガ スバガィ	to double as
けんり 権利	hak ハッ	right
げんり 原理	prinsip プリヌセ(プ)	principle
げんりょう 原料	ramuan / bahan mentah ラムゥワヌ / バハヌ ムヌタ(ハ)	ingredient
けんりょく 権力	kuasa / pengaruh クゥワサ / プンァロ(ホ)	authority
げんろん 言論	suara / pendapat スゥワラ / プヌダパ(ト)	speech

日	マレー	英

▼こ，コ

日	マレー	英
～個(こ)（助数詞）	buah / biji ブゥワ(ハ) / ビジ	–
個(こ)	individu イヌディヴィドゥウ	individual
故(こ)～ （イスラーム教徒）	arwah ~ アルワ(ハ)	the late ~
故(こ)～ （非イスラーム教徒）	mendiang ~ ムヌディヤン	the late ~
子(こ)	anak / budak アナッ / ブゥダッ	child
5	lima リマ	five
碁(ご)	go ゴ	the game of go
語(ご)	perkataan / kata プーカタアヌ / カタ	word
濃(こ)い（色）	tua トゥウワ	deep
濃(こ)い（気体の濃度）	tebal トゥバル	dense
濃(こ)い（味、匂い）	kuat クゥワ(ト)	strong
濃(こ)い（充実している）	penuh プノ(ホ)	full
濃(こ)い（液体の濃度）	pekat / kental プカ(ト) / クヌタル	thick
恋(こい)	cinta / asmara チヌタ / アスマラ	love
鯉(こい)	ikan koi [kap] イカヌ コイ［カ(プ)］	carp
語彙(ごい)	kosa kata コサ カタ	vocabulary
恋(こい)しい	rindu / rindukan / merindukan リヌドゥウ / リヌドゥウカヌ / ムリヌドゥウカヌ	to miss
恋(こい)する	bercinta / jatuh cinta ブーチヌタ / ジャト(ホ) チヌタ	to fall in love
恋人(こいびと)	kekasih クカセ(ヘ)	lover

日	マレー	英
コイン	duit syiling ドゥウエ(ト) シレン	coin
コインロッカー	lokar yang dikenakan bayaran ロカー ヤン ディクナカヌ バヤラヌ	coin-operated locker
こう 甲（一番目）	pihak pertama ペハッ プータマ	the first
こう 甲（亀や蟹の甲羅）	kulit クゥレ(ト)	shell
こう 甲（手の）	belakang ブラカン	back
こう 甲（足の）	kekura ククゥラ	instep
ごう ～号	keluaran [bilangan] ~ クルゥワラヌ［ビランアヌ］	number ~
こう い 好意	kebaikan hati クバイカヌ ハティ	goodwill
こう い 行為	perbuatan / perlakuan プーブゥワタヌ / プーラクゥワヌ	action
ごう い 合意	persetujuan プーストゥウジュゥワヌ	agreement
ごう い 合意する	bersetuju ブーストゥウジュゥ	to agree
こう い しつ 更衣室	bilik persalinan [salin baju] ビレッ プーサリナヌ［サレヌ バジュゥ］	changing room
こう い てき 好意的な	baik バエッ	favourable
こういん 工員	pekerja プクージャ	worker
ごういん 強引	paksaan パクサアヌ	forcibleness
ごういん 強引な	berkeras ブークラス	forcible
ごういん 強引に	secara paksa スチャラ パクサ	forcibly
ごう う 豪雨	hujan lebat フゥジャヌ ルバ(ト)	heavy rain
こううん 幸運	nasib baik / tuah ナセ(ブ) バエッ / トゥウワ(ハ)	good fortune
こううん 幸運な	bernasib baik / bertuah ブーナセ(ブ) バエッ / ブートゥウワ(ハ)	fortunate

こ

日	マレー	英
こうえい 光栄な	berbesar hati ブーブサー ハティ	pleased
こうえき 交易	perdagangan / perniagaan プーダガンァヌ / プーニヤガアヌ	trade
こうえき 交易する	berdagang ブーダガン	to trade
こうえん 公園	taman (awam) タマヌ（アワム）	park
こうえん 公演	persembahan umum プースムバハヌ ウゥモム	public performance
こうえん 公演する	buat [membuat] persembahan umum ブゥワ(ト)［ムムブゥワ(ト)］プースムバハヌ ウゥモム	to perform publicly
こうえん 講演	ceramah チュラマ(ハ)	lecture
こうえん 講演する	berceramah ブーチュラマ(ハ)	to give a lecture
こうおん 高音	nada tinggi ナダ ティンギ	high tone
こうおん 高温	suhu tinggi スゥフゥ ティンギ	high temperature
こうか 効果	kesan クサヌ	effect
こうか 硬貨	duit syiling ドゥウエ(ト) シレン	coin
こうか 高価	harga mahal ハルガ マハル	high price
こうか 高価な	mahal マハル	expensive
こうか 降下	penurunan / kejatuhan プヌゥルゥナヌ / クジャトハヌ	fall
こうか 降下する	turun / jatuh トゥウロヌ / ジャト(ホ)	to fall
ごうか 豪華	kemḗwahan クメワハヌ	luxury
ごうか 豪華な	mḗwah メワ(ハ)	luxurious
こうかい 後悔	penyesalan / sesalan プニュサラヌ / スサラヌ	regret
こうかい 後悔する	sesal / menyesal スサル / ムニュサル	to regret

日	マレー	英
こうかい 公開	pembukaan kepada umum プムブゥカアヌ クパダ ウゥモム	opening to the public
こうかい 公開している	terbuka kepada umum トゥーブゥカ クパダ ウゥモム	open to the public
こうかい 公開する	buka [membuka] kepada umum ブゥカ [ムムブゥカ] クパダ ウゥモム	to open to the public
こうかい 航海	pelayaran プラヤラヌ	voyage
こうかい 航海する	belayar / layari / melayari ブラヤー / ラヤリ / ムラヤリ	to sail
こうがい 公害	pencemaran プンチュマラヌ	pollution
こうがい 郊外	luar [pinggir] bandar ルゥワー [ピンゲー] バヌダー	suburb
こうがく 工学	kejuruteraan クジュゥルゥトゥラアヌ	engineering
こうがく 光学	optik オ(プ)テッ	optics
ごうかく 合格	kelulusan クルゥルゥサヌ	pass
ごうかく 合格する	lulus ルゥロス	to pass
こうがくしん 向学心	keinginan belajar クインイナヌ ブラジャー	desire to learn
こうかん 交換	pertukaran プートゥウカラヌ	exchange
こうかん 交換する	tukar / bertukar トゥウカー / ブートゥウカー	to exchange
こうき 後期	peringkat kedua プリンカ(ト) クドゥウワ	second stage
こうき 高貴さ	kemuliaan クムゥリヤアヌ	nobility
こうき 高貴な	mulia ムゥリヤ	noble
こうぎ 抗議	bantahan バヌタハヌ	protest
こうぎ 抗議する	bantah / membantah バヌタ(ハ) / ムムバヌタ(ハ)	to protest
こうぎ 講義	kuliah クゥリヤ(ハ)	lecture

日	マレー	英
講義（こうぎ）する	berkuliah ブークゥリヤ(ハ)	to give a lecture
合議（こうぎ）	rundingan / perbincangan ルウヌディンアヌ / プービンチャンアヌ	discussion
合議（こうぎ）する	berunding / berbincang ブルウヌディン / ブービンチャン	to discuss
高気圧（こうきあつ）	tekanan tinggi トゥカナヌ ティンギ	high (atmospheric) pressure
好奇心（こうきしん）	rasa ingin tahu ラサ インエヌ タフゥ	curiosity
高級（こうきゅう）	taraf tinggi タラフ ティンギ	high class
高級（こうきゅう）な	bertaraf tinggi ブータラフ ティンギ	high-class
皇居（こうきょ）	Istana Maharaja イスタナ マハラジャ	Imperial Palace
好況（こうきょう）	keadaan ékonomi baik クアダアヌ エコノミ バエッ	boom
公共（こうきょう）の	awam / umum アワム / ウゥモム	public
興業（こうぎょう）	promosi industri プロモスィ イヌドゥストリ	promotion of industry
工業（こうぎょう）	perusahaan / industri プルゥサハアヌ / イヌドゥウストリ	industry
鉱業（こうぎょう）	industri perlombongan イヌドゥストリ プーロムボンアヌ	mining industry
興行（こうぎょう）	persembahan プースムバハヌ	performance
工業地帯（こうぎょうちたい）	kawasan perindustrian カワサヌ プリヌドゥストリヤヌ	industrial zone
合金（ごうきん）	aloi / pancalogam アロイ / パンチャロガム	alloy
工具（こうぐ）	peralatan mésin プーアラタヌ メセヌ	machine tool
航空（こうくう）	penerbangan プヌーバンアヌ	aviation
航空会社（こうくうがいしゃ）	syarikat penerbangan シャリカ(ト) プヌーバンアヌ	airline company
航空券（こうくうけん）	tikét penerbangan ティケ(ト) プヌーバンアヌ	air ticket

日	マレー	英
こうくうびん 航空便	melalui udara ムラルゥイ ウゥダラ	by air
こうけい 光景	adegan アドゥガヌ	sight
こうげい 工芸	kraf クラフ	craft
ごうけい 合計	jumlah (keseluruhan) ジュウムラ(ハ) (クスルゥルゥハヌ)	total
ごうけい 合計する	jumlahkan / menjumlahkan ジュウムラ(ハ)カヌ / ムンジュウムラ(ハ)カヌ	to total
ごうけいがく 合計額	jumlah amaun ジュウムラ(ハ) アマォヌ	total amount
こうけいき 好景気	keadaan ékonomi baik クアダアヌ エコノミ バエッ	boom
こうけいしゃ 後継者	pelapis プラペス	successor
こうげき 攻撃	serangan スランアヌ	attack
こうげき 攻撃する	serang / menyerang スラン / ムニュラン	to attack
こうけつあつ 高血圧	tekanan darah tinggi トゥカナヌ ダラ(ハ) ティンギ	high blood pressure
こうけん 貢献	sumbangan スゥムバンアヌ	contribution
こうけん 貢献する	sumbang / menyumbang スゥムバン / ムニュウムバン	to contribute
こうげん 高原	dataran tinggi / penara ダタラヌ ティンギ / プナラ	plateau
こうけんにん 後見人	wali / penjaga ワリ / プンジャガ	guardian
こうご 交互	pergiliran プーギリラヌ	alternation
こうご 交互に	bergilir-gilir ブーギレー ギレー	alternately
こうご 口語	bahasa lisan [pertuturan] バハサ リサヌ [プートゥウトゥウラヌ]	spoken [colloquial] language
こうこう 孝行	ketaatan kepada ibu bapa クタアタヌ クパダ イブゥ バパ	filial devotion
こうこう 孝行する	taat kepada ibu bapa タア(ト) クパダ イブゥ バパ	to be dutiful to one's parents

こ

日	マレー	英
こうこう 高校	sekolah tinggi [menengah atas] スコラ(ハ) ティンギ [ムヌンァ(ハ) アタス]	high [upper secondary] school
こうこうせい 高校生	pelajar sekolah tinggi プラジャー スコラ(ハ) ティンギ	high school student
こうこう 煌々と	dengan terangnya ドゥンァヌ トゥランニャ	brightly
こうこがく 考古学	arkéologi / kaji purba アーケオロギ / カジ プゥルバ	archaeology
こうこく 広告	iklan イクラヌ	advertisement
こうこく 広告する	iklankan / mengiklankan イクラヌカヌ / ムンイクラヌカヌ	to advertise
こうさ 交差	persilangan / silang プースィランアヌ / スイラン	intersection
こうさ 交差する	bersilang ブースィラン	to cross
こうざ 口座	akaun アカォヌ	account
こうざ 講座	kursus / kuliah / kelas クゥルスゥス / クゥリヤ(ハ) / クラス	course
こうさい 交際	pergaulan / persahabatan プーガォラヌ / プーサハバタヌ	relationship
こうさい 交際する	bergaul ブーガォル	to have a relationship with
こうさく 工作	kraf tangan クラフ タンアヌ	handicraft
こうさく 工作する	buat / membuat ブゥワ(ト) / ムムブゥワ(ト)	to make
こうさく 耕作	penanaman プナナマヌ	cultivation
こうさく 耕作する	bercucuk tanam ブーチュゥチョッ タナム	to cultivate
こうさつ 考察	penyelidikan プニュリディカヌ	examination
こうさつ 考察する	selidik / menyelidik スリデッ / ムニュリデッ	to examine
こうさてん 交差点	simpang (jalan) スイムパン (ジャラヌ)	intersection
こうさん 降参	penyerahan (diri) プニュラハヌ (ディリ)	surrender

日	マレー	英
降参(こうさん)する	berserah / serah [menyerah] kalah ブースラ(ハ) / スラ(ハ) [ムニュラ(ハ)] カラ(ハ)	to surrender
鉱山(こうざん)	lombong ロムボン	mine
講師(こうし)	pensyarah プヌシャラ(ハ)	lecturer
工事(こうじ)	kerja pembinaan クージャ プムベナアヌ	construction work
工事(こうじ)する	jalankan [menjalankan] kerja pembinaan ジャラヌカヌ [ムンジャラヌカヌ] クージャ プムベナアヌ	to perform construction work
公式(こうしき)（正式）	kerasmian クラスミヤヌ	formality
公式(こうしき)（法則）	formula フォームウラ	formula
公式(こうしき)な	rasmi ラスミ	formal
口実(こうじつ)	hélah / dalih / alasan ヘラ(ハ) / ダレ(ヘ) / アラサヌ	excuse
こうして	beginilah / dengan begini ブギニラ(ハ) / ドゥンアヌ ブギニ	in this way
仔牛肉(こうしにく)	daging anak lembu ダゲン アナッ ルムブゥ	veal
後者(こうしゃ)	yang [pihak] kedua ヤン [ペハッ] クドゥウワ	the latter
校舎(こうしゃ)	bangunan sekolah バンゥウナヌ スコラ(ハ)	school building
公衆(こうしゅう)	orang [khalayak] ramai オラン [ハラヤッ] ラマィ	the public
講習(こうしゅう)	kursus クウルスウス	course
講習(こうしゅう)する	beri [memberi] kursus ブリ [ムムブリ] クウルスウス	to give a short course
公衆電話(こうしゅうでんわ)	téléfon awam テレフォヌ アワム	public telephone
公衆(こうしゅう)トイレ	tandas awam タヌダス アワム	public toilet
口述(こうじゅつ)	kenyataan secara lisan クニャタアヌ スチャラ リサヌ	oral statement
口述(こうじゅつ)する	nyatakan [menyatakan] secara lisan ニャタカヌ [ムニャタカヌ] スチャラ リサヌ	to state orally

日	マレー	英
こうじゅつ 口述の	lisan リサヌ	oral
こうじゅん 降順	tertib menurun トゥーテ(ブ) ムヌウロヌ	descending order
こうじょ 控除	potongan / penolakan ポトンアヌ / プノラカヌ	deduction
こうじょ 控除する	potong / memotong ポトン / ムモトン	to deduct
こうしょう 交渉	rundingan / perbincangan ルウヌディンアヌ / プービンチャンアヌ	negotiation
こうしょう 交渉する	berunding ブルウヌデン	to negotiate
こうしょう 高尚	sofistikasi ソフィスティカスィ	sophistication
こうしょう 高尚な	sofistikatéd ソフィスティケテ(ド)	sophisticated
こうじょう 向上	kemajuan / peningkatan クマジュウワヌ / プニンカタヌ	improvement
こうじょう 向上する	bertambah baik ブータムバ(ハ) バエッ	to improve
こうじょう 工場	kilang ケラン	factory
ごうじょう 強情	kedegilan / kekerasan hati クドゥギラヌ / ククラサヌ ハティ	stubbornness
ごうじょう 強情な	degil / keras hati ドゥゲル / クラス ハティ	stubborn
こうしょきょうふしょう 高所恐怖症	kegayatan / akrofobia クガヤタヌ / アクロフォビヤ	acrophobia
こうしょきょうふしょう 高所恐怖症の	gayat / gamang ガヤ(ト) / ガマン	acrophobic
こうしん 行進	perarakan プーアラカヌ	march
こうしん 行進する	berarak ブーアラッ	to march
こうしん 更新	pembaharuan / pengemaskinian プムバハルウワヌ / プンウマスキニヤヌ	renewal
こうしん 更新する	memperbaharui / mengemaskinikan ムムプーバハルウイ / ムンウマスキニカヌ	to renew
こうしんりょう 香辛料	rempah ルムパ(ハ)	spices

日	マレー	英
こうすい 降水	hujan フゥジャヌ	rainfall
こうすい 香水	minyak wangi ミニャッ ワンィ	perfume
こうずい 洪水	banjir バンジェー	flood
こうすいかくりつ 降水確率	kebarangkalian hujan クバランカリヤヌ フゥジャヌ	chance of rain
こうすいりょう 降水量	jumlah hujan ジュゥムラ(ハ) フゥジャヌ	rainfall amount
こうせい 公正	keadilan クアディラヌ	justice
こうせい 公正な	adil アデル	fair
こうせい 構成	komposisi コムポズィスィ	composition
こうせい 構成する	bentuk / membentuk ブヌトッ / ムムブヌトッ	to compose
ごうせい 合成	sintésis / campuran スィヌテスィス / チャムプゥラヌ	synthesis
ごうせい 合成する	sintésiskan / mensintésiskan スィヌテスィスカヌ / ムヌスィヌテスィスカヌ	to synthesize
こうせいのう 高性能	préstasi tinggi プレスタスィ ティンギ	high performance
こうせいのう 高性能な	canggih チャンゲ(へ)	sophisticated
こうせいぶっしつ 抗生物質	antibiotik アヌティビオテッ	antibiotic
こうせき 功績	jasa / bakti ジャサ / バクティ	contribution
こうせん 光線	sinar スィナー	ray
こうぜん 公然	keterbukaan クトゥーブゥカアヌ	openness
こうぜん 公然と	secara terbuka スチャラ トゥーブゥカ	openly
こうぜん 公然の	terbuka トゥーブゥカ	open
こうそ 酵素	énzim エヌズィム	enzyme

こ

日	マレー	英
こうそう 抗争	persengkétaan プースンケタアヌ	strife
こうそう 抗争する	bersengkéta / berselisih ブースンケタ / ブースリセ(へ)	to feud
こうそう 構想	idéa / konsép / rancangan アイデヤ / コヌセ(プ) / ランチャンアヌ	idea
こうそう 構想する	dapat [mendapat] idéa ダパ(ト) [ムヌダパ(ト)] アイデヤ	to come up with an idea
こうそう 高層	tingkat tinggi ティンカ(ト) ティンギ	upper floor
こうそう 高層の	bertingkat tinggi ブーティンカ(ト) ティンギ	high-rise
こうぞう 構造	struktur ストルウクトー	structure
こうそく 拘束	penahanan プナハナヌ	restraint
こうそく 拘束する	tahan / menahan タハヌ / ムナハヌ	to restrain
こうそく 高速	kelajuan tinggi クラジュウワヌ ティンギ	high speed
こうそく 校則	peraturan sekolah プラトゥウラヌ スコラ(ハ)	school rules [regulations]
こうそくどうろ 高速道路	lebuh raya ルボ(ホ) ラヤ	expressway
こうたい 後退	pengunduran / pemunduran プンウヌドゥウラヌ / プムウヌドゥウラヌ	regression
こうたい 後退する	undur / berundur / mengundur ウウヌドー / ブーウウヌドー / ムンウウヌドー	to retreat
こうたい 交代	pertukaran プートゥウカラヌ	change
こうたい 交代する	tukar / bertukar トゥウカー / ブートゥウカー	to change
こうたい 交代で	bergilir-gilir ブーギレー ギレー	in turn
こうたく 光沢	kilauan キラウワヌ	gloss
こうち 耕地	tanah pertanian タナ(ハ) プータニヤヌ	arable land
こうち 高地	tanah tinggi タナ(ハ) ティンギ	highland

日	マレー	英
こうちゃ 紅茶	téh テ(ヘ)	tea
こうちょう 好調	keadaan baik クアダアヌ バエッ	good condition
こうちょう 好調な	dalam keadaan baik ダラム クアダアヌ バエッ	in good condition
こうちょう 校長（小学校）	guru besar グゥルゥ ブサー	(primary school) headmaster
こうちょう 校長（中高等学校）	pengetua sekolah プンゥトゥゥワ スコラ(ハ)	(secondary school) headmaster
こうつう 交通	lalu lintas ラルゥ リヌタス	traffic
こうつうきかん 交通機関	kemudahan pengangkutan クムゥダハヌ プンァンクゥタヌ	transportation facilities
こうつうじこ 交通事故	kemalangan jalan raya クマランァヌ ジャラヌ ラヤ	traffic accident
こうつうひ 交通費	kos pengangkutan コス プンァンクゥタヌ	transportation expenses
こうつうひょうしき 交通標識	papan tanda lalu lintas パパヌ タヌダ ラルゥ リヌタス	traffic sign
こうてい 校庭	padang sekolah パダン スコラ(ハ)	schoolyard
こうてい 肯定	pengakuan プンァクゥワヌ	affirmation
こうてい 肯定する	aku / mengaku / akui / mengakui アクゥ / ムンァクゥ / アクゥイ / ムンァクゥイ	to affirm
こうていてき 肯定的な	positif ポズィティフ	positive
こうてい 行程	jadual perjalanan ジャドゥゥワル プージャラナヌ	itinerary
こうていひょう 工程表	carta gantt チャータ ガヌ	Gantt chart
こうど 高度	altitud / ketinggian アルティテュゥ(ド) / クティンギヤヌ	altitude
こうど 高度な	bertaraf tinggi / maju ブータラフ ティンギ / マジュゥ	advanced
こうとう 口頭	lisan リサヌ	oral
こうとう 高等	peringkat tinggi [atas] プリンカ(ト) ティンギ［アタス］	high grade

こ

日	マレー	英
こうとう 高等な	berperingkat tinggi ブープリンカ(ト) ティンギ	high-grade
こうどう 行動	tindakan / perbuatan ティヌダカヌ / プーブウワタヌ	action
こうどう 行動する	bertindak ブーティヌダッ	to act
こうどう 講堂	déwan kuliah デワヌ クウリヤ(ハ)	lecture hall
ごうとう 強盗（強盗行為）	rompakan ロムパカヌ	robbery
ごうとう 強盗（強盗犯）	perompak プロムパッ	robber
ごうどう 合同	kerja sama / gabungan クージャ サマ / ガブゥンアヌ	joint work
ごうどう 合同する	bekerja sama ブクージャ サマ	to work jointly
ごうどう 合同の	bersama / sama ブーサマ / サマ	joint
こうとうがっこう 高等学校	sekolah tinggi [menengah atas] スコラ(ハ) ティンギ [ムヌンァ(ハ) アタス]	high [upper secondary] school
こうどく 購読	langganan ランガナヌ	subscription
こうどく 購読する	langgan / melanggan ランガヌ / ムランガヌ	to subscribe
こうないえん 口内炎	stomatitis / radang mulut ストマティテス / ラダン ムゥロ(ト)	stomatitis
こうにゅう 購入	pembelian プムブリヤヌ	purchase
こうにゅう 購入する	beli / membeli ブリ / ムムブリ	to purchase
こうにん 公認	pengiktirafan rasmi プンイクティラファヌ ラスミ	official recognition
こうにん 公認する	iktiraf [mengiktiraf] secara rasmi イクティラフ [ムンイクティラフ] スチャラ ラスミ	to officially recognize
こうにん 後任	pengganti プンガヌティ	successor
こうねつ ひ 光熱費	bil éléktrik dan bahan api ビル エレクトレッ ダヌ バハヌ アピ	lighting and heating expenses
こう ば 工場	béngkél ベンケル	workshop

こ

日	マレー	英
こうはい 後輩	junior ジュゥニオー	junior
こうはい 荒廃	kebinasaan / ketandusan クビナサアヌ / クタヌドゥウサヌ	devastation
こうはい 荒廃した	binasa / tandus / terbiar ビナサ / タヌドス / トゥービヤー	devastated
こうはい 荒廃する	dibinasakan / dibiarkan ディビナサカヌ / ディビヤーカヌ	to become devastated
こうばい 購買	pembelian プムブリヤヌ	purchase
こうばい 購買する	beli / membeli ブリ / ムムブリ	to purchase
こうはん 後半	separuh kedua スパロ(ホ) クドゥウワ	second half
こうばん 交番	pondok polis ポヌドッ ポレス	police box
こうひょう 公表	pengumuman プンウゥムゥマヌ	public announcement
こうひょう 公表する	umumkan / mengumumkan ウゥモムカヌ / ムンウゥモムカヌ	to announce to the public
こうひょう 好評	sambutan memuaskan サムブゥタヌ ムムゥワスカヌ	favourable reception
こうふ 交付	pengeluaran プンウルゥワラヌ	issuing
こうふ 交付する	keluarkan / mengeluarkan クルゥワーカヌ / ムンウルゥワーカヌ	to issue
こうふく 幸福	kebahagiaan クバハギヤアヌ	happiness
こうふく 幸福な	bahagia バハギヤ	happy
こうふく 降伏	penyerahan (diri) プニュラハヌ (ディリ)	surrender
こうふく 降伏する	serah [menyerah] kalah スラ(ハ) [ムニュラ(ハ)] カラ(ハ)	to surrender
こうぶつ 鉱物	galian / mineral ガリヤヌ / ミヌラル	mineral
こうぶつ 好物	makanan kegemaran マカナヌ クグマラヌ	favourite food [dish]
こうふん 興奮	keterujaan / keterangsangan クトゥルゥジャアヌ / クトゥランサンアヌ	excitement

日	マレー	英
こうふん 興奮する	teruja / terangsang トゥルゥジャ / トゥランサン	to get excited
こうへい 公平	kesaksamaan / keadilan クサッ(ク)サマアヌ / クアディラヌ	fairness
こうへい 公平な	saksama / adil サッ(ク)サマ / アデル	fair
こう ほ 候補	calon / pencalonan チャロヌ / プンチャロナヌ	candidate
こう ぼ 公募	tawaran permohonan タワラヌ プーモホナヌ	call for applications
こう ぼ 公募する	pelawa [mempelawa] permohonan プラワ [ムムプラワ] プーモホナヌ	to invite applications
こう ぼ 酵母	ragi ラギ	yeast
こうほう 後方	arah belakang アラ(ハ) ブラカン	rear
こうぼう 工房	studio ストゥウディイヨ	studio
こう ほ しゃ 候補者	calon チャロヌ	candidate
こうみょう 巧妙	kepandaian クパヌダイヤヌ	cleverness
こうみょう 巧妙な	pandai パヌダイ	clever
こう む 公務	tugas kerajaan トゥウガス クラジャアヌ	official duty
こう む いん 公務員	kakitangan kerajaan カキタンアヌ クラジャアヌ	government employee
こうもく 項目	perkara / hal / butir プーカラ / ハル / ブゥテー	item
コウモリ	kelawar クラワー	bat
こうもん 肛門	dubur ドゥウボー	anus
ごうもん 拷問	penyéksaan プニェクサアヌ	torture
ごうもん 拷問する	séksa / menyéksa セクサ / ムニェクサ	to torture
こうよう 公用	penggunaan rasmi プングゥナアヌ ラスミ	official use

日	マレー	英
公用の（こうよう）	rasmi ラスミ	official
紅葉（こうよう）	daun-daun pada musim luruh ダォヌ ダォヌ パダ ムゥセム ルゥロ(ホ)	autumn leaves
紅葉する（こうよう）	daun bertukar warna kemérah-mérahan ダォヌ ブートゥウカー ワーナ クメラ(ハ) メラハヌ	to turn red [yellow]
甲羅（こうら）	karapas カラパス	carapace
小売り（こうり）	peruncitan / jualan runcit プルゥンチタヌ / ジュゥワラヌ ルゥンチェ(ト)	retailing
小売りする（こうり）	jual [menjual] secara runcit ジュゥワル [ムンジュゥワル] スチャラ ルゥンチェ(ト)	to retail
合理化（ごうりか）	rasionalisasi ラスィヨナリサスイ	rationalization
小売業（こうりぎょう）	perniagaan runcit プーニヤガアヌ ルゥンチェ(ト)	retail business
合理主義（ごうりしゅぎ）	rasionalisme ラスィヨナリスマ	rationalism
合理性（ごうりせい）	kerasionalan クラスィヨナラヌ	rationality
公立（こうりつ）	awam / kerajaan アワム / クラジャアヌ	public
効率（こうりつ）	kecekapan / keéfisienan クチュカパヌ / クエフィスィウナヌ	efficiency
効率化（こうりつか）	peningkatan kecekapan プニンカタヌ クチュカパヌ	increasing efficiency
合理的な（ごうりてき）	rasional ラスィヨナル	rational
交流（こうりゅう）	interaksi / pertukaran イヌトゥラクスイ / プートゥウカラヌ	interaction
交流する（こうりゅう）	berinteraksi ブリヌトゥラクスイ	to interact
合流（ごうりゅう）	penyertaan / pergabungan プニュータアヌ / プーガブゥンアヌ	joining
合流する（ごうりゅう）	sertai / menyertai スータイ / ムニュータイ	to join
考慮（こうりょ）	pertimbangan プーティムバンアヌ	consideration
考慮する（こうりょ）	pertimbangkan / mempertimbangkan プーティムバンカヌ / ムムプーティムバンカヌ	to consider

日	マレー	英
こうりょう 香料	pewangi プワンィ	fragrance
こうりょく 効力	kesan / kuasa クサヌ / クゥワサ	effect
こうれいしゃ 高齢者	warga tua [emas] ワーガ トゥゥワ [ウマス]	the elderly
こうろ 香炉	pedupaan プドゥゥパアヌ	incense burner
こうろ 航路	laluan ラルゥワヌ	course
こえ 声	suara スゥワラ	voice
ごえい 護衛（守りの人）	pengawal プンァワル	guard
ごえい 護衛（守ること）	pengawalan プンァワラヌ	guarding
ごえい 護衛する	kawal / mengawal カワル / ムンァワル	to guard
こ 越える	lintasi / melintasi / léwati / meléwati リヌタスィ / ムリヌタスィ / レワティ / ムレワティ	to pass
こ 超える	lebihi / melebihi ルビヒ / ムルビヒ	to exceed
コース（課程）	kursus クゥルスゥス	course
コース（経路）	laluan ラルゥワヌ	course
コーチ	jurulatih ジュゥルゥラテ(ヘ)	coach
コーチする	latih / melatih ラテ(ヘ) / ムラテ(ヘ)	to coach
コート（外套）	kot コ(ト)	coat
コート（競技場）	gelanggang グランガン	court
コード	wayar / kabel ワヤー / ケブル	cord
コーナー	sudut スゥド(ト)	corner
コーヒー	kopi コピ	coffee

日	マレー	英
コーラ	(air) coca-cola [coke] （アエー）コカ コラ［コ(ク)］	cola
コーラス	korus コルゥス	chorus
こお 凍らせる	bekukan / membekukan ブクゥカヌ / ムムブクゥカヌ	to freeze
コーラン	al-Quran アルクゥラヌ	the Quran
こおり 氷	air batu / ais アエー バトゥウ / アエス	ice
こお 凍る	beku / membeku ブクゥ / ムムブクゥ	to freeze
ゴール（目標）	matlamat マ(ト)ラマ(ト)	goal
ゴール （得点すること）	gol / jaringan ゴル / ジャリンアヌ	goal
ゴール （得点できる場所）	gol / gawang ゴル / ガワン	goal
コオロギ	cengkerik チュンクレッ	cricket
ご かい 誤解	salah faham サラ(ハ) ファハム	misunderstanding
ご かい 誤解する	salah faham サラ(ハ) ファハム	to misunderstand
こ がいしゃ 子会社	anak syarikat アナッ シャリカ(ト)	subsidiary
ご か き 五脚基（軒下の５フィート通路）	kaki lima カキ リマ	five foot way
ご がく 語学	pelajaran bahasa プラジャラヌ バハサ	language learning
こ 焦がす	hangitkan / menghangitkan ハンエ(ト)カヌ / ムンハンエ(ト)カヌ	to burn
ご がつ 五月	(bulan) Méi （ブゥラヌ）メイ	May
こ がら 小柄な	bertubuh [berbadan] kecil ブートゥウボ(ホ)［ブーバダヌ］クチェル	small
こ ぎっ て 小切手	cék チェッ	cheque
ゴキブリ	lipas リパス	cockroach

日	マレー	英
顧客（こきゃく）	pelanggan / klien プランガヌ / クラエヌ	client
呼吸（こきゅう）	pernafasan / nafas プーナファサヌ / ナファス	breath
呼吸する（こきゅうする）	nafas / bernafas ナファス / ブーナファス	to breathe
故郷（こきょう）	kampung halaman カムポン ハラマヌ	hometown
こく	rasa pekat ラサ プカ(ト)	rich flavour
漕ぐ（こぐ）	kayuh / mengayuh カヨ(ホ) / ムンアヨ(ホ)	to row / to ride
語句（ごく）	perkataan dan ungkapan プーカタアヌ ダヌ ウゥンカパヌ	words and phrases
国営（こくえい）	milik kerajaan ミレッ クラジャアヌ	government-owned
国王（こくおう）	raja ラジャ	king
国王（こくおう）(マレーシアの)	Yang di-Pertuan Agong ヤン ディ プートゥウワヌ アゴン	the King of Malaysia
国語（こくご）	bahasa kebangsaan バハサ クバンサアヌ	national language
国際（こくさい）	antarabangsa アヌタラバンサ	international
国債（こくさい）	bon kerajaan ボヌ クラジャアヌ	government bonds
国際線（こくさいせん）	penerbangan antarabangsa プヌーバンアヌ アヌタラバンサ	international flight
国際的な（こくさいてきな）	antarabangsa アヌタラバンサ	international
国際電話（こくさいでんわ）	panggilan antarabangsa パンギラヌ アヌタラバンサ	international call
国際免許証（こくさいめんきょしょう）	lésén memandu antarabangsa レセヌ ムマヌドゥウ アヌタラバンサ	international driver's license
国産（こくさん）	buatan [keluaran] negara ブゥワタヌ [クルゥワラヌ] ヌガラ	domestic products
黒人（こくじん）	orang kulit hitam オラン クゥレ(ト) ヒタム	black
国籍（こくせき）	kewarganegaraan クワーガヌガラアヌ	nationality

日	マレー	英
こくち 告知	pemberitahuan / pengumuman プムブリタフウワヌ / プンウゥムゥマヌ	notice
こくち 告知する	beritahu / memberitahu ブリタフゥ / ムムブリタフゥ	to notify
こくど 国土	tanah negara タナ(ハ) ヌガラ	national land
こくどう 国道	jalan milik negara ジャラヌ ミレッ ヌガラ	national road
こくないせん 国内線	penerbangan doméstik プヌーバンァヌ ドメステッ	domestic flight
こくない 国内の	doméstik / dalam negara ドメステッ / ダラム ヌガラ	domestic
こくはく 告白	pendedahan / luahan プヌドゥダハヌ / ルゥワハヌ	profession
こくはく 告白する	luahkan / meluahkan ルゥワ(ハ)カヌ / ムルゥワ(ハ)カヌ	to profess
こくばん 黒板	papan hitam パパヌ ヒタム	blackboard
こくふく 克服	pengatasan プンァタサヌ	overcoming
こくふく 克服する	atasi / mengatasi アタスィ / ムンァタスィ	to overcome
こくぼう 国防	pertahanan negara プータハナヌ ヌガラ	national defence
こくみん 国民	rakyat ラッ(ク)ヤ(ト)	citizen
こくもつ 穀物	biji-bijian / bijirin ビジ ビジヤヌ / ビジレヌ	grain
こくゆう 国有の	milik kerajaan [negara] ミレッ クラジャアヌ [ヌガラ]	government-owned
ごくらく 極楽	syurga シューガ	paradise
こくりつ 国立の	kebangsaan / negara クバンサアヌ / ヌガラ	national
こくりつこうえん 国立公園	taman negara タマヌ ヌガラ	national park
こくれん 国連	Bangsa-Bangsa Bersatu バンサ バンサ ブーサトゥウ	the United Nations
こ　ちゃいろ 焦げ茶色	(warna) coklat tua （ワーナ） チョクラ(ト) トゥウワ	dark brown

こ

日	マレー	英
焦(こ)げる	hangit / terbakar / hangus ハンェ(ト) / トゥーバカー / ハンオス	to burn
語源(ごげん)	asal perkataan アサル プーカタアヌ	word origin
ここ	sini スィニ	here
個々(ここ)	setiap [tiap-tiap] satu スティヤ(プ) [ティヤ(プ) ティヤ(プ)] サトゥウ	each
午後(ごご)	petang プタン	afternoon
午後(ごご)（～時、正午から2時）	tengah hari トゥンア(ハ) ハリ	p.m.
午後(ごご)（～時、2時から7時）	petang プタン	p.m.
午後(ごご)（～時、7時から12時）	malam マラム	p.m.
ココア	koko ココ	cocoa
凍(こご)える	kesejukan / berasa amat sejuk クスジュゥカヌ / ブラサ アマ(ト) スジョッ	to freeze
心地(ここち)	rasa / perasaan hati ラサ / プラサアヌ ハティ	feeling
心地(ここち)よい	selésa / nyaman スレサ / ニャマヌ	comfortable
九日(ここのか)（日付）	sembilan hari bulan スムビラヌ ハリ ブゥラヌ	ninth
九日(ここのか)（期間）	sembilan hari スムビラヌ ハリ	nine days
9つ	sembilan buah [biji] スムビラヌ ブゥワ(ハ) [ビジ]	nine
心(こころ)	hati / perasaan ハティ / プラサアヌ	heart
心(こころ)（本質）	apa yang penting [utama] アパ ヤン プヌテン [ウゥタマ]	essence
心当(こころあた)り	pengetahuan / perkenalan プンゥタフゥワヌ / プークナラヌ	acquaintance
心得(こころえ)	pengetahuan / pemahaman プンゥタフゥワヌ / プマハマヌ	knowledge
心得(こころえ)る	tahu / faham / fahami / memahami タフゥ / ファハム / ファハミ / ムマハミ	to understand

日	マレー	英
心掛け (こころ が)	sikap / perhatian スィカ(プ) / プーハティヤヌ	attitude
心掛ける (こころ が)	pastikan / memastikan パスティカヌ / ムマスティカヌ	to make sure
志 (こころざし)	cita-cita / aspirasi / azam チタ チタ / アスピラスィ / アザム	aspiration
志す (こころざ)	cita-citakan / mencita-citakan チタ チタカヌ / ムンチタ チタカヌ	to aspire
心遣い (こころづか)	keprihatinan / perhatian クプリハティナヌ / プーハティヤヌ	concern
心強い (こころづよ)	menggalakkan ムンガラッカヌ	encouraging
心細い (こころぼそ)	tidak suka keseorangan ティダッ スゥカ クスオランアヌ	to feel lonely and insecure
試み (こころ)	percubaan プーチュゥバアヌ	attempt
試みる (こころ)	cuba / mencuba チュゥバ / ムンチュゥバ	to attempt
快い (こころよ)	menyegarkan / menyenangkan ムニュガーカヌ / ムニュナンカヌ	pleasant
誤差 (ご さ)	ralat ララ(ト)	error
誤作動 (ご さ どう)	pincang tugas ピンチャン トゥウガス	malfunction
誤作動する (ご さ どう)	tidak berfungsi dengan betul ティダッ ブーフゥウンスィ ドゥンアヌ ブトル	to not work properly
腰 (こし)	pinggang ピンガン	waist
孤児 (こ じ)	anak yatim アナッ ヤテム	orphaned child
腰掛ける (こし か)	duduk ドゥウドッ	to sit down
個室 (こ しつ)	bilik perseorangan ビレッ プースオランアヌ	private room
50	lima puluh リマ プゥロ(ホ)	fifty
五十音 (ご じゅうおん)	lima puluh suku kata Jepun リマ プゥロ(ホ) スゥクゥ カタ ジュポヌ	Japanese syllabary
語順 (ご じゅん)	urutan kata ウゥルゥタヌ カタ	word order

日	マレー	英
こしょう 胡椒	lada ラダ	pepper
こしょう 故障	kerosakan クロサカㇴ	breakdown
こしょう 故障した	rosak ロサッ	out of order
こしょう 故障する	rosak ロサッ	to break down
こしょうちゅう 故障中（の）	rosak ロサッ	out of order
こしら 拵える	sediakan / menyediakan スディヤカㇴ / ムニュディヤカㇴ	to prepare
こじれる	jadi [menjadi] rumit ジャディ [ムンジャディ] ルウメ(ト)	to get complicated
こじん 個人	individu / perseorangan イㇴディヴィドゥウ / プースオランアㇴ	individual
こじん 故人 （イスラーム教徒）	arwah アルワ(ハ)	the deceased
こじん 故人 （非イスラーム教徒）	mendiang ムㇴディヤン	the deceased
こじんじょうほう 個人情報	maklumat peribadi マッ(ク)ルウマ(ト) プリバディ	personal information [data]
こ 越す（通りすぎて向こう側へ）	lintasi / melintasi リㇴタスィ / ムリㇴタスィ	to pass
こ 越す（引っ越す）	pindah [berpindah] (rumah) ピㇴダ(ハ) [ブーピㇴダ(ハ)] (ルウマ(ハ))	to move
こ 超す（ある数値、時間などを）	lebihi / melebihi ルビヒ / ムルビヒ	to exceed
こ 濾す	tapis / menapis タペス / ムナペス	to filter
こずえ 梢	puncak pokok プゥンチャッ ポコッ	treetop
コスト	kos コス	cost
コストパフォーマンス	keberkesanan kos クブークサナㇴ コス	cost-effectiveness
こす 擦る	gosok / menggosok ゴソッ / ムンゴソッ	to rub
こす 擦れる（車体などが）	bergésél / bergésér ブーゲセル / ブーゲセー	to brush

日	マレー	英
こせい 個性	keperibadian クプリバディヤヌ	personality
こせいてき 個性的	unik ユウネッ	unique
こせき 戸籍	daftar keluarga ダフタ― クルゥワーガ	family register
こぜに 小銭	duit [wang] kecil ドゥウエ(ト) [ワン] クチェル	small change
ごぜん 午前	pagi パギ	morning / a.m.
ぞん ご存じ	maklum / tahu マッ(ク)ロム / タフゥ	as you know
こたい 固体	pepejal ププジャル	solid
こだい 古代	zaman purba ザマヌ プゥルバ	ancient times
こたえ 答	jawapan ジャワパヌ	answer
こた 答える(返事をする)	balas / membalas バラス / ムムバラス	to reply
こた 答える(質問に)	jawab / menjawab ジャワ(ブ) / ムンジャワ(ブ)	to answer
こた 応える	penuhi / memenuhi プヌゥヒ / ムムヌゥヒ	to respond
こだわる	kisah [peduli] sangat ケサ(ハ) [プドゥゥリ] サンァ(ト)	to be fussy
ごちそう	hidangan istiméwa ヒダンァヌ イスティメワ	feast
ごちそうする	belanja makan ブランジャ マカヌ	to treat
ごちそうさま	terima kasih atas makanan yang sedap トゥリマ カセ(ヘ) アタス マカナヌ ヤン スダ(プ)	thank you for a wonderful meal
こちょう 誇張	tokok tambah トコッ タムバ(ハ)	exaggeration
こちょう 誇張する	besar-besarkan / membesar-besarkan ブサー ブサーカヌ / ムムブサー ブサーカヌ	to exaggerate
こちら(場所)	sini スイニ	here
こちら(人、物)	ini イニ	this

こ

日	マレー	英
こつ	téknik / cara (khas) テクネッ / チャラ（ハス）	trick
国家（こっか）	negara ヌガラ	nation
国歌（こっか）	lagu kebangsaan ラグゥ クバンサアヌ	national anthem
国会（こっかい）	parlimen パリムヌ	parliament
小遣い（こづかい）	wang saku ワン サクゥ	pocket money
国会議事堂（こっかいぎじどう）	Bangunan Diét Kebangsaan バンゥウナヌ ダイイ(ト) クバンサアヌ	the National Diet Building
骨格（こっかく）	rangka ランカ	skeleton
国旗（こっき）	bendéra negara ブヌデラ ヌガラ	national flag
国境（こっきょう）	sempadan negara スムパダヌ ヌガラ	national border
コック	tukang masak トゥウカン マサッ	cook
滑稽（こっけい）	kelucuan / jenaka クルゥチユゥワヌ / ジュナカ	humour
滑稽な（こっけいな）	lucu ルウチユウ	humorous
国交（こっこう）	hubungan diplomatik フウブゥンアヌ ディプロマテッ	diplomatic relations
骨折（こっせつ）	kepatahan tulang クパタハヌ トゥウラン	breaking a bone
骨折する（こっせつする）	tulang patah トゥウラン パタ(ハ)	to break a bone
こっそり	diam-diam / senyap-senyap ディヤム ディヤム / スニャ(プ) スニャ(プ)	quietly
凝った（こった）	kejang クジャン	stiff
小包（こづつみ）	bungkusan (kecil [pos]) ブゥンクゥサヌ（クチェル［ポス］）	package
骨董品（こっとうひん）	barang antik バラン アヌテッ	antique
コップ	gelas グラス	glass

こ

日	マレー	英
固定（こてい）	penetapan プヌタパヌ	fixing
固定する（こていする）	tetapkan / menetapkan トゥタ(プ)カヌ / ムヌタ(プ)カヌ	to fix
固定する（こていする）（物を挟んで）	sendal / menyendal スヌダル / ムニュヌダル	to fasten
固定資産税（こていしさんぜい）	cukai harta チュウカイ ハルタ	property tax
古典（こてん）	karya klasik カルヤ クラセッ	classic
琴（こと）	(alat muzik) koto （アラト ムゥゼッ）コト	koto / Japanese harp
事（こと）（できごと）	perkara / hal / perihal プーカラ / ハル / プリハル	thing
事（こと）（経過）	keadaan / situasi クアダアヌ / スイトゥウワスイ	situation
～毎（ごと）	setiap [selang] ~ スティヤ(プ) [スラン]	every ~
鼓動（こどう）	denyutan jantung ドゥニュウタヌ ジャヌトン	heartbeat
事柄（ことがら）	perkara / hal プーカラ / ハル	matter
孤独（こどく）	keseorangan / kesendirian クスオランアヌ / クスヌディリヤヌ	loneliness
孤独な（こどくな）	sepi / sunyi スピ / スゥニィ	lonely
ごとく	ibarat イバラ(ト)	like
ことごとく	sepenuhnya / sama sekali スプノ(ホ)ニャ / サマ スカリ	completely
今年（ことし）	tahun ini タホヌ イニ	this year
言付ける（ことづける）	tinggalkan [meninggalkan] pesanan ティンガルカヌ [ムニンガルカヌ] プサナヌ	to leave a message
異なる（ことなる）	berbéza / tidak sama ブーベザ / ティダッ サマ	to differ
殊に（ことに）	terutamanya / khususnya トゥルゥタマニャ / フウスウスニャ	especially
事によると（ことによると）	boléh jadi / barangkali ボレ(ヘ) ジャディ / バランカリ	possibly

こ

日	マレー	英
ことば 言葉（言語）	bahasa バハサ	language
ことば 言葉（語、表現）	perkataan / kata / ungkapan プーカタアヌ / カタ / ウゥンカパヌ	word / expression / phrase
ことばづか 言葉遣い	bahasa / cara bertutur バハサ / チャラ ブートゥウトー	language
こども 子供（娘、息子）	anak アナッ	(own) child
こども 子供（未成年）	budak / kanak-kanak ブゥダッ / カナッ カナッ	child
こども 子供っぽい	kebudak-budakan / kebudakan クブゥダッ ブゥダカヌ / クブゥダカヌ	childish
こどもふく 子供服	pakaian kanak-kanak パカイヤヌ カナッ カナッ	children's clothing
こどもりょうきん 子供料金	harga kanak-kanak ハルガ カナッ カナッ	children's fare
ことり 小鳥	burung kecil ブゥロン クチェル	little bird
ことわざ 諺	peribahasa プリバハサ	proverb
ことわ 断る	tolak / menolak トラッ / ムノラッ	to refuse
こな 粉	serbuk / tepung スルボッ / トゥポン	powder
こなごな 粉々な	berkecai-kecai ブークチャイ クチャイ	shattered
こな 粉ミルク	susu tepung スゥスゥ トゥポン	milk powder
コネ	kenalan クナラヌ	connections
この	ini イニ	this
ごろ この頃	baru-baru ini バルゥ バルゥ イニ	these days
まえ この前	hari itu / témpoh hari ハリ イトゥウ / テムポ(ホ) ハリ	the other day
この 好ましい	positif / baik / diinginkan ポズィティフ / バエッ / ディインエヌカヌ	positive
この 好み	kegemaran / kesukaan クグマラヌ / クスゥカアヌ	liking

日	マレー	英
好む（この）	suka / sukai / menyukai スゥカ / スゥカイ / ムニュゥカイ	to like
琥珀（こはく）	ambar アムバー	amber
ごはん	nasi ナスィ	rice
碁盤（ごばん）	papan permainan go パパヌ プーマイナヌ ゴ	go board
コピー	salinan サリナヌ	copy
コピーする	fotostat / memfotostat フォトスタ(ト) / ムムフォトスタ(ト)	to copy
コピー機（き）	mésin fotostat メセヌ フォトスタ(ト)	photocopier
コピー商品（しょうひん）	produk tiruan プロドゥウッ ティルゥワヌ	fake [counterfeit] product
コピーライト	hak cipta ハッ チ(プ)タ	copyright
瘤（こぶ）	bonggol / bénjol ボンゴル / ベンジョル	lump
御無沙汰（ごぶさた）する	lama tidak mendengar khabar ラマ ティダッ ムヌドゥンアー カバー	to keep silent for a long time
小舟（こぶね）	perahu / sampan プラフゥ / サムパヌ	boat
個別（こべつ）	keindividualan クイヌディヴィドゥウワラヌ	individuality
個別（こべつ）に	secara individu スチャラ イヌディヴィドゥウ	individually
個別（こべつ）の	individual イヌディヴィドゥウワル	individual
ゴボウ	akar gobo [burdok] アカー ゴボ [ブードッ]	burdock
こぼす	tumpahkan / menumpahkan トゥウムパ(ハ)カヌ / ムヌウムパ(ハ)カヌ	to spill
こぼれる	tumpah / tertumpah トゥウムパ(ハ) / トゥートゥウムパ(ハ)	to spill
胡麻（ごま）	bijan ビジャヌ	sesame
コマーシャル	iklan komersial イクラヌ コムスイヤル	commercial

こ

日	マレー	英
細(こま)かい	kecil / halus クチェル / ハロス	small / fine
ごまかす	tipu / menipu ティプゥ / ムニプゥ	to cheat
鼓膜(こまく)	gegendang telinga ググヌダン トゥリンァ	eardrum
困(こま)っている	ada masalah アダ マサラ(ハ)	to have trouble [difficulty]
細(こま)やか	ketelitian クトゥリティヤヌ	attentiveness
細(こま)やかな(詳細な)	teliti / penuh perhatian トゥリティ / プノ(ホ) プーハティヤヌ	detailed
細(こま)やかな(繊細な)	halus ハロス	delicate
困(こま)る	susah スゥサ(ハ)	to have a hard time
ごみ	sampah サムパ(ハ)	trash
ごみ収集車(しゅうしゅうしゃ)	lori sampah ロリ サムパ(ハ)	garbage truck
コミックス	komik コメッ	comics
ごみ箱(ばこ)	tong sampah トン サムパ(ハ)	dustbin
ごみ袋(ぶくろ)	bég sampah ベ(グ) サムパ(ハ)	dust bag
コミュニケーション	komunikasi コムゥニカスイ	communication
混(こ)む	jadi [menjadi] sesak ジャディ [ムンジャディ] スサッ	to become crowded
ゴム	getah グタ(ハ)	rubber
小麦(こむぎ)	gandum ガヌドム	wheat
小麦粉(こむぎこ)	tepung gandum トゥポン ガヌドム	flour
米(こめ)	beras ブラス	rice
コメディ	komédi コメディ	comedy

こ

日	マレー	英
コメディアン	pelawak プラワッ	comedian
込(こ)める	masukkan / memasukkan マソッカヌ / ムマソッカヌ	to put *sth* into
コメント	komén コメヌ	comment
コメントする	beri [memberi] komén ブリ [ムムブリ] コメヌ	to comment
ごめんなさい	minta maaf / maafkan saya ミヌタ マアフ / マアフカヌ サヤ	sorry
小文字(こもじ)	huruf kecil フウロフ クチェル	small letter
子守(こもり)	penjagaan anak プンジャガアヌ アナッ	baby-sitting
子守(こもり)する	jaga [menjaga] anak ジャガ [ムンジャガ] アナッ	to baby-sit
子守唄(こもりうた)	lagu dodoi ラグゥ ドドィ	lullaby
籠(こ)もる	berkurung ブークゥロン	to confine oneself
顧問(こもん)	penasihat プナスィハ(ト)	advisor
小屋(こや)	pondok / teratak ポヌドッ / トゥラタッ	hut
固有(こゆう)	ketersendirian / keunikan クトゥースヌディリヤヌ / クユゥニカヌ	peculiarity
固有(こゆう)の	tersendiri / unik トゥースヌディリ / ユゥネッ	inherent
小指(こゆび)	jari keléngkéng ジャリ クレンケン	little finger
雇用(こよう)	penggajian / pengambilan untuk bekerja プンガジヤヌ / プンアムビラヌ ウゥヌトッ ブクージャ	employment
雇用(こよう)する	gaji / menggaji ガジ / ムンガジ	to employ
暦(こよみ)	kaléndar / takwim カレヌダー / タッ(ク)ウエム	calendar
娯楽(ごらく)	hiburan ヒブゥラヌ	entertainment
凝(こ)らす	pakukan / memakukan パクゥカヌ / ムマクゥカヌ	to fix

こ

日	マレー	英
凝(こ)り	kekejangan ククジャンアヌ	stiffness
孤立(こりつ)	keterasingan クトゥラスインアヌ	isolation
孤立(こりつ)する	terasing / terpencil トゥラセン / トゥープンチェル	to be isolated
ゴリラ	gorila ゴリラ	gorilla
懲(こ)りる	sudah cukup menderita スゥダ(ハ) チュコ(プ) ムヌドゥリタ	to learn from hard experience
凝(こ)る	jadi [menjadi] kejang ジャディ [ムンジャディ] クジャン	to get stiff
コルク	gabus ガボス	cork
ゴルフ	golf ゴルフ	golf
ゴルフ場(じょう)	padang golf パダン ゴルフ	golf course
これ	ini イニ	this
これから	dari [mulai] sekarang ダリ [ムゥライ] スカラン	from now on
コレクション	koléksi コレクスイ	collection
コレステロール	kolésterol コレストゥロル	cholesterol
これら	(semua) ini (スムゥワ) イニ	these
頃(ころ)(時)	semasa / masa / ketika スマサ / マサ / クティカ	time
頃(ころ)(だいたい)	lebih kurang / kira-kira ルビ(ヒ) クゥラン / キラ キラ	around
転(ころ)がす	golékkan / menggolékkan ゴレッカヌ / ムンゴレッカヌ	to roll
転(ころ)がる	bergolék / berguling ブーゴレッ / ブーグゥレン	to roll
殺(ころ)す	bunuh / membunuh ブゥノ(ホ) / ムムブゥノ(ホ)	to kill
転(ころ)ぶ	jatuh / terjatuh / tersungkur ジャト(ホ) / トゥージャト(ホ) / トゥースゥンコー	to fall down

日	マレー	英
こわ 怖い（恐く感じる）	takut / ngeri / gerun タコ(ト) / ンゥリ / グロㇴ	frightened
こわ 怖い（恐くさせる）	menakutkan / mengerikan ムナコ(ト)カㇴ / ムンゥリカㇴ	frightening
こわ 壊す	rosakkan / merosakkan ロサッカㇴ / ムロサッカㇴ	to break
こわ　ものちゅう い 壊れ物注意	mudah pecah ムゥダ(ハ) プチャ(ハ)	fragile
こわ 壊れやすい	mudah rosak [pecah] ムゥダ(ハ) ロサッ [プチャ(ハ)]	fragile
こわ 壊れる	rosak / musnah ロサッ / ムゥスナ(ハ)	to break
こんいろ 紺色	(warna) biru tua (ワーナ) ビルゥ トゥゥワ	dark [deep] blue
こんかい 今回	kali ini カリ イニ	this time
こん き 根気	ketabahan (hati) クタバハㇴ (ハティ)	perseverance
こんきょ 根拠	asas / dasar / alasan アサㇲ / ダサー / アラサㇴ	basis
コンクール	pertandingan / peraduan プータㇴディンアㇴ / プラドゥゥワㇴ	competition
コンクリート	konkrit コㇴクレ(ト)	concrete
こんけつ 混血	peranakan / darah campuran プラナカㇴ / ダラ(ハ) チャムプゥラㇴ	mixed parentage
こんげつ 今月	bulan ini ブゥラㇴ イニ	this month
こん ご 今後	pada masa akan datang パダ マサ アカㇴ ダタン	in the future
こんごう 混合	campuran チャムポラㇴ	mixture
こんごう 混合する	campurkan / mencampurkan チャムポーカㇴ / ムンチャムポーカㇴ	to mix
コンサート	konsert コㇴスー(ト)	concert
コンサートホール	déwan konsert デワㇴ コㇴスー(ト)	concert hall
こんざつ 混雑	kesesakan / kesibukan クスサカㇴ / クセボカㇴ	crowding

こ

日	マレー	英
混雑（こんざつ）した	sesak / sibuk スサッ / セボッ	crowded
混雑（こんざつ）する	jadi [menjadi] sesak ジャディ [ムンジャディ] スサッ	to become crowded
コンサルタント	perunding プルゥヌディン	consultant
今週（こんしゅう）	minggu ini ミングゥ イニ	this week
コンセント	sokét ソケ(ト)	socket
コンソメ	sup jernih スゥ(プ) ジューネ(ヘ)	consommé
混（こ）んだ	(penuh) sesak （プノ(ホ)） スサッ	crowded
コンタクト	kontak / hubungan コヌテッ / フゥブゥンアヌ	contact
コンタクトレンズ	kanta sentuh カヌタ スヌト(ホ)	contact lens
献立（こんだて）	ménu メヌゥ	menu
昆虫（こんちゅう）	serangga スランガ	insect
根底（こんてい）	dasar / asas ダサー / アサス	root
コンディショナー	perapi (rambut) プラピ（ラムボ(ト)）	(hair) conditioner
コンテスト	pertandingan / peraduan プータヌディンアヌ / プラドゥゥワヌ	contest
コンデンスミルク	susu pekat スゥスゥ プカ(ト)	condensed milk
今度（こんど）（今から）	kali ini カリ イニ	this time
今度（こんど）（またの機会）	lain kali ラエヌ カリ	next time
混同（こんどう）	kekeliruan ククリルゥワヌ	mix-up
混同（こんどう）する	terkeliru antara トゥークリルゥ アヌタラ	to mix up
コンドーム	kondom コヌドム	condom

日	マレー	英
コンドミニアム	kondominium コヌドミニオム	condominium
コントラスト	kontras / perbézaan コヌトラス / プーベザアヌ	contrast
コントロール	kawalan / penguasaan カワラヌ / プンゥウワサアヌ	control
コントロールする	kawal / mengawal カワル / ムンァワル	to control
こんな(に)	seperti [macam] ini / begini スプーティ［マチャム］イニ / ブギニ	like this
困難（こんなん）	kesukaran / kesusahan クスゥカラヌ / クスゥサハヌ	difficulty
困難な（こんなん）	sukar / susah / payah スゥカー / スゥサ(ハ) / パヤ(ハ)	difficult
今日（こんにち）	kini / hari ini キニ / ハリ イニ	today
こんにちは (正午から午後2時)	selamat tengah hari / hélo スラマ(ト) トゥンァ(ハ) ハリ / ヘロ	good afternoon / hello
こんにちは (午後2時から日没)	selamat petang / hélo スラマ(ト) プタン / ヘロ	good afternoon / hello
コンパス	jangka lukis ジャンカ ルゥケス	compass
今晩（こんばん）	malam ini マラム イニ	tonight
こんばんは	selamat malam スラマ(ト) マラム	good evening
コンビニ	kedai serbanéka クダイ スーバネカ	convenience store
コンピューター	komputer コムピュウトゥー	computer
コンプレックス	kompléks コムプレクス	complex
根本（こんぽん）	asas / dasar アサス / ダサー	root
今夜（こんや）	malam ini マラム イニ	tonight
婚約（こんやく）	pertunangan プートゥウナンアヌ	engagement
婚約する（こんやく）	bertunang ブートゥウナン	to become engaged

日	マレー	英
こんやくしゃ 婚約者	tunang / tunangan トゥウナン / トゥウナンアヌ	fiancé / fiancée
こんらん 混乱（頭が）	kekeliruan ククリルゥワヌ	confusion
こんらん 混乱（事態が）	kekacauan / huru-hara クカチャゥワヌ / フウルゥ ハラ	disturbance
こんらん 混乱した（頭が）	keliru クリルゥ	confused
こんらん 混乱した（事態が）	kacau / kacau-bilau カチャゥ / カチャゥ ビラゥ	chaotic
こんらん 混乱する（頭が）	jadi [menjadi] keliru ジャディ［ムンジャディ］クリルゥ	to become confused
こんらん 混乱する（事態が）	jadi [menjadi] kacau ジャディ［ムンジャディ］カチャゥ	to become chaotic
こんわく 困惑	kekeliruan ククリルゥワヌ	confusion
こんわく 困惑する	terkeliru トゥークリルゥ	to be confused

▼さ，サ

日	マレー	英
さ 差	béza / perbézaan ベザ / プーベザアヌ	difference
さあ（促すとき）	baiklah バェッ(ク)ラ(ハ)	come on
さあ（困ったとき）	entahlah ウヌタ(ハ)ラ(ハ)	I don't know
サークル	kelab クラ(ブ)	club
サービス	perkhidmatan / layanan プーヒ(ド)マタヌ / ラヤナヌ	service
サービスする	beri [memberi] perkhidmatan ブリ［ムムブリ］プーヒ(ド)マタヌ	to provide service
サーフィン	luncur air ルゥンチョー アエー	surfing
さい 再～	~ semula [lagi] スムゥラ［ラギ］	re-~
さい 歳	tahun タホヌ	years old
ざい 財	harta ハルタ	wealth

日	マレー	英
さいあい 最愛の	tercinta トゥーチヌタ	dearest
さいかい 再会	pertemuan semula プートゥムゥワヌ スムゥラ	meeting again
さいかい 再会する	bertemu semula ブートゥムゥ スムゥラ	to meet again
さいがい 災害	bencana / malapetaka ブンチャナ / マラプタカ	disaster
ざいがく 在学	status pelajar [murid] スタトス プラジャー ［ムゥレ(ド)］	student status
ざいがく 在学する	berstatus pelajar [murid] ブースタトス プラジャー ［ムゥレ(ド)］	to be enrolled as a student
さいきん 最近	akhir-akhir ini アヘー アヘー イニ	recently
さいきん 細菌	baktéria / kuman バクテリヤ / クウマヌ	bacteria
さいく 細工（工芸）	(hasil) kerja halus （ハセル）クージャ ハロス	workmanship
さいく 細工（変更）	manipulasi マニピュウラスィ	manipulation
さいくつ 採掘	perlombongan プーロムボンアヌ	mining
さいくつ 採掘する	lombong / melombong ロムボン / ムロムボン	to mine
サイクリング（する）	berbasikal ブーバスィカル	(to go) cycling
サイクル	kitaran / pusingan キタラヌ / プゥスインアヌ	cycle
さいけつ 採決	pengambilan keputusan プンアムビラヌ クプゥトゥウサヌ	decision
さいけつ 採決する	ambil [mengambil] keputusan アムベル ［ムンアムベル］ クプゥトゥウサヌ	to decide
さいけん 再建	pembinaan semula プムベナアヌ スムゥラ	reconstruction
さいけん 再建する	bina [membina] semula ベナ ［ムムベナ］ スムゥラ	to reconstruct
さいげん 再現	penghasilan semula プンハスィラヌ スムゥラ	reproduction
さいげん 再現する	hasilkan [menghasilkan] semula ハセルカヌ ［ムンハセルカヌ］ スムゥラ	to reproduce

さ

日	マレー	英
財源（ざいげん）	sumber pendapatan スゥムブー プヌダパタヌ	revenue source
最後（さいご）の	terakhir トゥラヘー	last
在庫（ざいこ）	stok / persediaan ストッ / プースディヤアヌ	stock
最高（さいこう）の	tertinggi / paling tinggi トゥーティンギ / パリン ティンギ	highest
最古（さいこ）の	tertua トゥートゥウワ	oldest
さいころ	dadu ダドゥウ	dice
再婚（さいこん）	perkahwinan semula プーカウィナヌ スムゥラ	remarriage
再婚（さいこん）する	kahwin [berkahwin] semula カウェヌ [ブーカウェヌ] スムゥラ	to remarry
再三（さいさん）	lagi dan lagi ラギ ダヌ ラギ	again and again
採算（さいさん）	pengiraan keuntungan プンイラアヌ クウゥヌトゥウンアヌ	profit calculation
財産（ざいさん）	harta / asét ハータ / アセ(ト)	property
祭日（さいじつ）	cuti am [umum] チュウティ アム [ウゥモム]	holiday
採集（さいしゅう）	pengutipan / kutipan プンゥウティパヌ / クゥティパヌ	collection
採集（さいしゅう）する	kutip / mengutip クゥテ(プ) / ムンゥウテ(プ)	to collect
最終（さいしゅう）の	terakhir トゥラヘー	last
最終目的地（さいしゅうもくてきち）	déstinasi terakhir デスティナスィ トゥラヘー	final destination
最初（さいしょ）	pertama / permulaan プータマ / プームゥラアヌ	first
最小（さいしょう）の	terkecil / minimum トゥークチェル / ミニモム	smallest
最上（さいじょう）の	terbaik / teratas トゥーバエッ / トゥラタス	best
最小限（さいしょうげん）	minimum ミニモム	minimum

日	マレー	英
菜食主義者（さいしょくしゅぎしゃ）	végétarian ヴェジェタリヤヌ	vegetarian
最新の（さいしん）	terbaharu / terkini トゥーバハルゥ / トゥーキニ	latest
サイズ	saiz / ukuran サエズ / ウゥクゥラヌ	size
再スタート（さい）	permulaan semula プームゥラアヌ スムゥラ	restart
再生する（さいせい）（音楽などを）	pasang / memasang / main パサン / ムマサン / マエヌ	to play
再生する（さいせい）（復活させる）	hidupkan [menghidupkan] semula ヒド(プ)カヌ [ムンヒド(プ)カヌ] スムゥラ	to regenerate
財政（ざいせい）	kewangan クワンアヌ	finance
再生紙（さいせいし）	kertas kitar semula クータス キター スムゥラ	recycled paper
最前線（さいぜんせん）	barisan depan [hadapan] バリサヌ ドゥパヌ [ハダパヌ]	forefront
最先端の（さいせんたん）	termaju トゥーマジュゥ	cutting-edge
最善の（さいぜん）	terbaik / paling baik トゥーバエッ / パレン バエッ	best
再送（さいそう）	penghantaran semula プンハヌタラヌ スムゥラ	resending
再送する（さいそう）	hantar [menghantar] semula ハヌター [ムンハヌター] スムゥラ	to resend
催促（さいそく）	desakan ドゥサカヌ	demand
催促する（さいそく）	desak / mendesak ドゥサッ / ムヌドゥサッ	to demand
サイダー	soda ソダ	soda
最大限（さいだいげん）	maksimum マクスイモム	maximum
最大の（さいだい）	terbesar / maksimum トゥーブサー / マクスイモム	biggest
採択（さいたく）	pengambilan / pemilihan プンアムビラヌ / プミリハヌ	adoption
採択する（さいたく）	ambil / mengambil / pilih / memilih アムベル / ムンアムベル / ピレ(へ) / ムミレ(へ)	to adopt

さ

日	マレー	英
ざいだん 財団	yayasan ヤヤサヌ	foundation
さいちゅう 最中	sedang / tengah スダン / トゥンア(ハ)	in the midst
さいてい 最低の	terendah / paling rendah トゥルヌダ(ハ) / パレン ルヌダ(ハ)	lowest
さいてい 裁定	keputusan クプゥトゥウサヌ	ruling
さいてい 裁定する	putuskan / memutuskan プゥトスカヌ / ムムゥトスカヌ	to rule
さいていきおん 最低気温	suhu terendah スゥフゥ トゥルヌダ(ハ)	lowest temperature
さいてん 採点	penandaan / pemarkahan プナヌダアヌ / プマーカハヌ	marking
さいてん 採点する	tanda / menanda タヌダ / ムナヌダ	to mark
サイドブレーキ	brék kecemasan ブレッ クチュマサヌ	emergency brake
さいなん 災難	kecelakaan / musibah / nahas クチュラカアヌ / ムゥスイバ(ハ) / ナハス	calamity
さいねん 再燃する	bangkit semula バンケ(ト) スムゥラ	to recur
さいのう 才能	bakat / kebolèhan バカ(ト) / クボレハヌ	talent
さいばい 栽培	pengusahaan tanaman プンウゥサハアヌ タナマヌ	cultivation
さいばい 栽培する	usahakan [mengusahakan] tanaman ウゥサハカヌ [ムンウゥサハカヌ] タナマヌ	to cultivate
さいはつ 再発	perulangan プーウゥランアヌ	recurrence
さいはつ 再発する	berulang / berulang-ulang ブーウゥラン / ブーウゥラン ウゥラン	to recur
さいはっこう 再発行	pengeluaran semula プンウルゥワラヌ スムゥラ	reissue
さいはっこう 再発行する	keluarkan [mengeluarkan] semula クルゥワーカヌ [ムンウルゥワーカヌ] スムゥラ	to reissue
さいばん 裁判	pengadilan プンアディラヌ	trial
さいふ 財布	dompét ドムペ(ト)	wallet

日	マレー	英
さいぶ 細部	perincian プリンチヤヌ	details
さいほう 裁縫	penjahitan プンジャヒタヌ	sewing
さいほう 裁縫する	jahit / menjahit ジャヘ(ト) / ムンジャヘ(ト)	to sew
さいぼう 細胞	sél セル	cell
さいむ 債務	liabiliti / hutang リヤビリティ / フゥタン	liabilities
ざいもく 材木	kayu カユゥ	timber
さいよう 採用	pengambilan / penerimaan プンアムビラヌ / プヌリマアヌ	adoption
さいよう 採用する	ambil / mengambil / terima / menerima アムベル / ムンアムベル / トゥリマ / ムヌリマ	to adopt
さいりょう 裁量	budi bicara ブゥディ ビチャラ	discretion
さいりよう 再利用	penggunaan semula プングゥナアヌ スムゥラ	reuse
さいりよう 再利用する	gunakan [menggunakan] semula グゥナカヌ [ムングゥナカヌ] スムゥラ	to reuse
ざいりょう 材料	bahan / ramuan バハヌ / ラムゥワヌ	ingredient
サイレン	sirén / semboyan サイレヌ / スムボヤヌ	siren
さいわ 幸い	kemujuran / nasib baik クムゥジュゥラヌ / ナセ(ブ) バエッ	good luck [fortune]
さいわ 幸いな	mujur / bernasib baik ムゥジョー / ブーナセ(ブ) バエッ	fortunate
サイン	tandatangan タヌダタンアヌ	signature
サインする	tandatangan / menandatangani タヌダタンアヌ / ムナヌダタンアニ	to sign
サインペン	pén [péna] bermata félt ペヌ [ペナ] ブーマタ フェル	felt-tip pen
サウジアラビア	Arab Saudi アラ(ブ) サゥディ	Saudi Arabia
サウナ	sauna サゥナ	sauna

さ

日	マレー	英
さえぎ 遮る	halang / menghalang ハラン / ムンハラン	to block
さえず 囀る	berkicau ブーキチャゥ	to twitter
さ 冴える（澄んだ）	jernih / terang ジューネ(へ) / トゥラン	to be clear [bright]
さ 冴える（頭脳が）	bijak ビジャッ	to be bright
さお 竿	galah / (batang) rod ガラ(ハ) / (バタン) ロ(ド)	pole
さか 坂	cerun / léréng チュロヌ / レレン	slope
さかい 境	sempadan / batas / perbatasan スムパダヌ / バタス / プーバタサヌ	border
さか 栄える	makmur マッ(ク)モー	to prosper
さ がく 差額	wang béza / perbézaan ワン ベザ / プーベザアヌ	difference
さか 逆さま	keterbalikan / kesongsangan クトゥーバリカヌ / クソンサンアヌ	inversion
さか 逆さまな	terbalik / songsang トゥーバレッ / ソンサン	inverse
さがす	cari / mencari チャリ / ムンチャリ	to search [look] for
さかずき 杯	cangkir / cawan / gelas チャンケー / チャワヌ / グラス	cup
さか だ 逆立ち	dirian tangan ディリヤヌ タンアヌ	handstand
さかな 魚	ikan イカヌ	fish
さかなりょう り 魚料理	masakan ikan マサカヌ イカヌ	fish dishes
さかのぼ 遡る	kesan [mengesan] kembali クサヌ［ムンゥサヌ］クムバリ	to trace back
さか ば 酒場	bar バー	bar
さか 逆らう	lawan / melawan ラワヌ / ムラワヌ	to resist
さか 盛り	puncak / kemuncak プゥンチャッ / クムゥンチャッ	peak

日	マレー	英
下(さ)がる	turun / menurun トゥウロヌ / ムヌウロヌ	to go down / to fall
下(さ)がる（後退する）	undur / berundur ウゥヌドー / ブルゥヌドー	to step down
盛(さか)ん	keghairahan クガイラハヌ	vigour
盛(さか)んな	ghairah / giat / bersemangat ガイラ(ハ) / ギヤ(ト) / ブースマンァ(ト)	vigorous
先(さき)（尖った先端）	hujung フゥジョン	tip
先(さき)（前方）	depan / hadapan ドゥパヌ / ハダパヌ	ahead
先(さき)（前もって）	dulu / dahulu ドゥウルゥ / ダフウルゥ	in advance
先(さき)（近い過去）	baru-baru ini バルゥ バルゥ イニ	recent
詐欺(さぎ)	penipuan / tipu hélah プニプゥワヌ / ティプゥ ヘラ(ハ)	fraud
先(さき)に（お先に）	dulu / dahulu ドゥウルゥ / ダフウルゥ	first
先(さき)に（前方に）	di [ke] depan [hadapan] ディ ［ク］ ドゥパヌ ［ハダパヌ］	at [to] the front
先(さき)に（先端に）	di [ke] hujung ディ ［ク］ フゥジョン	at [to] the tip
先払(さきばら)い	bayaran dahulu [dulu] バヤラヌ ダフウルゥ ［ドゥウルゥ］	advance payment
先払(さきばら)いする	bayar [membayar] dulu バヤー ［ムムバヤー］ ドゥウルゥ	to pay in advance
先程(さきほど)	(sebentar) tadi （スブヌター） タディ	a little while ago
作業(さぎょう)	kerja / prosés / operasi クージャ / プロセス / オプラスィ	work
作業(さぎょう)する	bekerja ブクージャ	to work
作業台(さぎょうだい)	méja pertukangan メジャ プートゥウカンアヌ	work bench
咲(さ)く	mekar / memekar / berkembang ムカー / ムムカー / ブークムバン	to bloom
昨(さく)〜	~ lalu [lepas] ラルゥ ［ルパス］	last ~

さ

日	マレー	英
さく 柵	pagar パガー	fence
さく 策	rancangan / kaédah / langkah ランチャンアヌ / カエダ(ハ) / ランカ(ハ)	plan
さ 裂く	membelah / memisahkan ムムブラ(ハ) / ムミサ(ハ)カヌ	to split up
さくいん 索引	indéks イヌデクス	index
さくげん 削減	pengurangan / pemotongan プンゥウランアヌ / プモトンアヌ	reduction
さくげん 削減する	kurangkan / mengurangkan クウランカヌ / ムンゥウランカヌ	to reduce
さくご 錯誤	kesilapan クスイラパヌ	mistake
さくご 錯誤する	tersilap トゥースイラ(プ)	to make a mistake
さくしゃ 作者	pencipta / pengarang プンチ(プ)タ / プンアラン	author
さくしゅ 搾取	éksploitasi エクスプロイタスイ	exploitation
さくしゅ 搾取する	éksploitasi / mengéksploitasi エクスプロイタスイ / ムンエクスプロイタスイ	to exploit
さくじょ 削除	pemadaman プマダマヌ	deletion
さくじょ 削除する	padam / memadam パダム / ムマダム	to delete
さくせい 作成	pembuatan プムブゥワタヌ	creation
さくせい 作成する	buat / membuat ブゥワ(ト) / ムムブゥワ(ト)	to create
さくせん 作戦	stratégi / taktik / operasi ストラテジ / タクテッ / オプラスイ	strategy
さくねん 昨年	tahun lalu [lepas] タホヌ ラルゥ [ルパス]	last year
さくばん 昨晩	malam tadi / semalam マラム タディ / スマラム	last night
さくひん 作品	karya / hasil kerja カルヤ / ハセル クージャ	works
さくぶん 作文	karangan カランアヌ	composition

日	マレー	英
さくぶん 作文する	karang / mengarang カラン / ムンァラン	to compose
さくもつ 作物	tanaman タナマヌ	crop
さくら 桜	sakura サクゥラ	cherry blossoms
さくらん 錯乱	ketidaksiuman クティダッ(ク)スイウゥマヌ	derangement
さくらん 錯乱した	tidak siuman ティダッ スイウゥマヌ	deranged
さくらん 錯乱する	jadi [menjadi] tidak siuman ジャディ［ムンジャディ］ティダッ スイウゥマヌ	to become deranged
サクランボ	buah céri ブゥワ(ハ) チェリ	cherry
さくりゃく 策略	hélah / muslihat ヘラ(ハ) / ムウスリハ(ト)	plot
さぐ 探る	risik / merisik / memata-matai リセッ / ムリセッ / ムマタ マタイ	to spy
さけ 酒	saké サケ	sake
さけ 酒 （アルコール飲料全般）	arak / minuman keras アラッ / ミヌゥマヌ クラス	alcoholic drinks
さけ 鮭	ikan salmon イカヌ サモヌ	salmon
さけ 叫び	jeritan / teriakan ジュリタヌ / トゥリヤカヌ	scream
さけ 叫ぶ	jerit / menjerit ジュレ(ト) / ムンジュレ(ト)	to scream
さ 避ける	élak / mengélak エラッ / ムンェラッ	to avoid
さ 裂ける	terbelah トゥーブラ(ハ)	to split
さ 下げる	turunkan / menurunkan トゥゥロヌカヌ / ムヌゥロヌカヌ	to lower
さこつ 鎖骨	tulang selangka / klavikel トゥゥラン スランカ / クラヴィクル	clavicle
ささ 支える	sokong / menyokong ソコン / ムニョコン	to support
ささ 捧げる	sumbangkan / menyumbangkan スゥムバンカヌ / ムニュゥムバンカヌ	to devote

日	マレー	英
ささや 囁き	bisikan ビスィカヌ	whisper
ささや 囁く	bisik / berbisik ビセッ / ブービセッ	to whisper
さ 刺さる	tercucuk / tertusuk トゥーチュウチョッ / トゥートゥウソッ	to stick
さじ 匙	sudu スゥドゥウ	spoon
さ か 差し掛かる	hampiri / menghampiri ハムピリ / ムンハムピリ	to come near to
ざしき 座敷	bilik tetamu Jepun ビレッ トゥタムゥ ジュポヌ	Japanese-style room
さ こ 差し込む	masukkan / memasukkan マソッカヌ / ムマソッカヌ	to insert
さし ず 指図	perintah / arahan プリヌタ(ハ) / アラハヌ	order
さし ず 指図する	perintah / memerintah プリヌタ(ハ) / ムムリヌタ(ハ)	to order
さしだしにん 差出人	pengirim プンィレム	sender
さ だ 差し出す	hulurkan / menghulurkan フゥローカヌ / ムンフゥローカヌ	to hold out
さ つか 差し支え	halangan / penghalang ハランアヌ / プンハラン	hindrance
さ つか 差し支える	terhalang トゥーハラン	to hinder
さ ひ 差し引き	baki バキ	balance
さ ひ 差し引く	potong / memotong / tolak / menolak ポトン / ムモトン / トラッ / ムノラッ	to deduct
さ 刺す	cucuk / mencucuk チュウチョッ / ムンチュウチョッ	to prick
さ 指す	tunjuk / menunjuk トゥンジョッ / ムヌゥンジョッ	to point
さ 射す	bersinar (masuk) ブースィナー (マソッ)	to shine
さ 挿す	masukkan / memasukkan マソッカヌ / ムマソッカヌ	to insert
さすが 流石な	seperti dijangka スプーティ ディジャンカ	as expected

日	マレー	英
さず 授ける	anugerahkan / menganugerahkan アヌゥグラ(ハ)カヌ / ムンァヌゥグラ(ハ)カヌ	to award
さす 擦る	raba / meraba ラバ / ムラバ	to rub
ざ せき 座席	tempat duduk トゥムパ(ト) ドゥウドッ	seat
ざ せきばんごう 座席番号	nombor tempat duduk ノムボー トゥムパ(ト) ドゥウドッ	seat number
ざ せつ 挫折する	patah [berpatah] hati パタ(ハ) [ブーパタ(ハ)] ハティ	to suffer a setback
～させる	membuatkan [menyebabkan] ~ ムムブゥワ(ト)カヌ [ムニュバ(ブ)カヌ]	to make [cause] ~
さそ 誘う	ajak / mengajak アジャッ / ムンァジャッ	to invite
さだ 定まる	ditetapkan ディトゥタ(プ)カヌ	to be fixed
さだ 定める	tetapkan / menetapkan トゥタ(プ)カヌ / ムヌタ(プ)カヌ	to fix
ざ だんかい 座談会	majlis sémbang (santai) マジレス セムバン (サヌタイ)	discussion meeting
さつ ～冊	~ buah [naskhah] ブゥワ(ハ) [ナスカ(ハ)]	~ volume(s)
さつ 札	wang kertas ワン クータス	banknote
ざつ 雑	cincai / cuai チンチャイ / チュウワイ	sloppy
さつえい 撮影	pengambilan プンァムビラヌ	taking
さつえい 撮影する	ambil / mengambil アムベル / ムンァムベル	to take
さつえいきん し 撮影禁止	dilarang mengambil gambar [vidéo] ディララン ムンァムベル ガムバー [ヴィディヨ]	no photography [videos]
ざつおん 雑音	bunyi bising ブゥニィ ビセン	noise
さっ か 作家	pengarang / penulis プンァラン / プヌゥレス	writer
ざっ か 雑貨	barang-barang runcit バラン バラン ルゥンチェ(ト)	sundries
サッカー	bola sépak ボラ セパッ	football

さ

日	マレー	英
さっかく 錯覚	ilusi イルゥスイ	illusion
さっかく 錯覚する	tersilap sangka トゥースイラ(プ) サンカ	to be under an illusion
さっき	tadi / sebentar tadi タディ / スブヌター タディ	just now
さっきゅう 早急な	segera / cepat スグラ / チュパ(ト)	immediate
さっきゅう 早急に	dengan segera [cepat] ドゥンアヌ スグラ [チュパ(ト)]	immediately
さっきょく 作曲	gubahan (muzik) グゥバハヌ (ムゥゼッ)	(musical) composition
さっきょく 作曲する	gubah / menggubah (muzik) グゥバ(ハ) / ムングゥバ(ハ) (ムゥゼッ)	to compose (music)
さっきん 殺菌	pensterilan / pembasmian kuman プヌストゥリラヌ / プムバスミヤヌ クゥマヌ	sterilization
さっきん 殺菌する	mensterilkan / membasmi kuman ムヌストゥレルカヌ / ムムバスミ クゥマヌ	to sterilize
さっさと	cepat-cepat / tergesa-gesa チュパ(ト) チュパ(ト) / トゥーグサ グサ	quickly
ざっし 雑誌	majalah マジャラ(ハ)	magazine
ざっしゅ 雑種	kacukan / campuran baka カチュウカヌ / チャムプウラヌ バカ	hybrid
さつじん 殺人	pembunuhan プムブゥノハヌ	murder
さっ 察する	duga / menduga ドゥウガ / ムヌドゥウガ	to guess
ざっそう 雑草	rumput-rampai ルゥムポ(ト) ラムパイ	weed
さっそく 早速	(dengan) segera [cepat] (ドゥンアヌ) スグラ [チュパ(ト)]	immediately
ざつだん 雑談	sémbang / bual kosong セムバン / ブゥワル コソン	chat
ざつだん 雑談する	bersémbang ブーセムバン	to chat
さっちゅうざい 殺虫剤	racun serangga [perosak] ラチョヌ スランガ [プロサッ]	insecticide
さっちゅう 殺虫スプレー	penyembur racun serangga プニュムボー ラチョヌ スランガ	insecticidal spray

日	マレー	英
さっと	dengan cepat ドゥンアヌ チュパ(ト)	quickly
ざっと	lebih kurang / kira-kira ルベ(ヘ) クゥラン / キラ キラ	roughly
さっぱりした(味)	tidak guna terlalu banyak perasa ティダッ グゥナ トゥーラルゥ バニャッ プラサ	light
さっぱりした(性格)	terus terang トゥロス トゥラン	frank
さっぱりする	rasa [berasa] segar ラサ ［ブラサ］ スガー	to feel refreshed
殺到(さっとう)	serbuan スーブゥワヌ	rush
殺到(さっとう)する	serbu / menyerbu スーブゥ / ムニューブゥ	to rush
雑踏(ざっとう)	(kesesakan) orang ramai (クスサカヌ) オラン ラマイ	crowd
さて	baiklah / sekarang バエッ(ク)ラ(ハ) / スカラン	well
査定(さてい)	penilaian プニライヤヌ	assessment
査定(さてい)する	nilai / menilai ニライ / ムニライ	to assess
砂糖(さとう)	gula グゥラ	sugar
作動(さどう)	operasi オプラスィ	operation
作動(さどう)する	beroperasi ブーオプラスィ	to operate
悟(さと)る	sedari / menyedari / perasan スダリ / ムニュダリ / プラサヌ	to realize
砂漠(さばく)	padang pasir / gurun パダン パセー / グゥロヌ	desert
裁(さば)く	hakimi / menghakimi / adili / mengadili ハキミ / ムンハキミ / アディリ / ムンァディリ	to judge
錆(さび)	karat カラ(ト)	rust
錆(さび)る	berkarat ブーカラ(ト)	to get rusty
寂(さび)しい	sunyi / sepi スゥニィ / スピ	lonely

日	マレー	英
ざひょう 座標	koordinat コオーディナ(ト)	coordinate
ざぶとん 座布団	kusyen duduk クゥシュヌ ドゥウドッ	floor cushion
サプライヤー	pembekal / pengédar プムブカル / プンエダー	supplier
さべつ 差別	diskriminasi ディスクリミナスイ	discrimination
さべつ 差別する	diskriminasikan / mendiskriminasikan ディスクリミナスイカヌ / ムヌディスクリミナスイカヌ	to discriminate
さほう 作法	adab sopan [tertib] アダ(ブ) ソパヌ [トゥーテ(ブ)]	manners
さほど	(tidak) begitu [berapa] (ティダッ) ブギトゥウ [ブラパ]	(not) so
サボる	ponténg ポヌテン	to play truant
さまざま 様々	kepelbagaian クプルバガイヤヌ	variety
さまざま 様々な	pelbagai / berbagai-bagai プルバガイ / ブーバガイ バガイ	various
さ 覚ます	bangunkan / membangunkan バンォヌカヌ / ムムバンォヌカヌ	to awaken
さ 冷ます	sejukkan / menyejukkan スジョッカヌ / ムニュジョッカヌ	to cool *sth* down
さ 醒ます（酔いを）	hilangkan [menghilangkan] mabuk ヒランカヌ [ムンヒランカヌ] マボッ	to sober up
さまた 妨げる	ganggu / mengganggu ガングゥ / ムンガングゥ	to disturb
さまよ 彷徨う	berkeliaran ブークリヤラヌ	to rove
さむ 寒い	sejuk / dingin スジョッ / ディンエヌ	cold
さむけ 寒気	rasa sejuk [dingin] ラサ スジョッ [ディンエヌ]	chill
さむ 寒さ	kesejukan / kedinginan クスジュゥカヌ / クディンイナヌ	coldness
さむらい 侍	samurai サムゥライ	samurai
さめ 鮫	ikan jerung [yu] イカヌ ジュロン [ユゥ]	shark

日	マレー	英
覚(さ)める	terjaga / bangun トゥージャガ / バンォヌ	to be awakened
冷(さ)める	jadi [menjadi] sejuk ジャディ [ムンジャディ] スジョッ	to get cold
さも	seakan-akan / seolah-olah スアカヌ アカヌ / スオラ(ハ) オラ(ハ)	as if
さもないと	kalau [jika] tidak カラウ [ジカ] ティダッ	otherwise
座薬(ざやく)	supositori / ubat dubur スウポスイトリ / ウウバ(ト) ドゥウボー	suppository
左右(さゆう)	kiri kanan キリ カナヌ	right and left
左右(さゆう)する	pengaruhi / mempengaruhi プンアルウヒ / ムムプンアルウヒ	to have influence over
作用(さよう)	kesan / tindak balas クサヌ / ティヌダッ バラス	effect
作用(さよう)する	berkesan ブークサヌ	to affect
さようなら	selamat jalan [tinggal] スラマ(ト) ジャラヌ [ティンガル]	goodbye
左翼(さよく)	sayap [puak / pihak] kiri サヤ(プ) [プウワッ / ペハッ] キリ	left wing
皿(さら)	pinggan / piring ピンガヌ / ピレン	dish
再来月(さらいげつ)	dua bulan akan datang ドゥウワ ブウラヌ アカヌ ダタン	the month after next
再来週(さらいしゅう)	minggu lagi satu ミングゥ ラギ サトゥウ	the week after next
再来年(さらいねん)	dua tahun akan datang ドゥウワ タホヌ アカヌ ダタン	the year after next
攫(さら)う（連れ去る）	culik / menculik チュウレッ / ムンチュウレッ	to kidnap
浚(さら)う（川などの土砂を）	korék / mengorék コレッ / ムンォレッ	to dredge
復習(さら)う	ulang [mengulang] kaji ウウラン [ムンウウラン] カジ	to revise
ざらざらした	kesat / kasar クサ(ト) / カサー	scabrous
サラダ	salad サラ(ド)	salad

日	マレー	英
更に(さら)	lagi / tambahan pula ラギ / タムバハヌ プゥラ	further
サラリーマン	kerja makan gaji クージャ マカヌ ガジ	salaried employee
ザリガニ	udang krai ウゥダン クライ	crayfish
猿(さる)	monyét モニェ(ト)	monkey
去る(さ)	pergi プーギ	to go away
ざる	ayak / pengayak アヤッ / プンァヤッ	sieve
騒(さわ)がしい	riuh / bising / gempar リオ(ホ) / ビセン / グムパー	noisy
騒(さわ)ぎ	kegemparan クグムパラヌ	commotion
騒(さわ)ぐ	buat [membuat] bising ブゥワ(ト) [ムムブゥワ(ト)] ビセン	to make noise
爽(さわ)やか	kesegaran クスガラヌ	freshness
爽(さわ)やかな	segar スガー	fresh
障(さわ)る	ganggu / mengganggu ガングゥ / ムンガングゥ	to hinder
触(さわ)る	sentuh / menyentuh スヌト(ホ) / ムニュヌト(ホ)	to touch
～さん（男性）	Encik ~ ウンチェッ	Mr. ~
～さん（既婚女性）	Puan ~ プゥワヌ	Mrs. ~
～さん（未婚女性）	Cik ~ チェッ	Miss ~
3	tiga ティガ	three
～産(さん)	buatan [keluaran] ~ ブゥワタヌ [クルゥワラヌ]	product of ~
酸(さん)	asid アセ(ド)	acid
サンオイル	krim pelindung matahari クレム プリヌドン マタハリ	suntan lotion

日	マレー	英
さんか 参加	penyertaan プニューダアヌ	participation
さんか 参加する	sertai / menyertai スータイ / ムニュータイ	to participate
さんか 酸化	pengoksidaan プンォクスイダアヌ	oxidation
さんか 酸化する	mengoksida ムンォクスイダ	to oxidize
ざんがい 残骸	puing プゥエン	ruins
さんかく 三角	segi tiga / tiga persegi スギ ティガ / ティガ プースギ	triangle
さんがく 山岳	pergunungan プーグゥヌゥンアヌ	mountainous area
ざんがく 残額	baki wang バキ ワン	balance
さんかくじょうぎ 三角定規	sesiku (segi tiga) ススイクゥ（スギ ティガ）	set square
さんがつ 三月	(bulan) Mac （ブゥラヌ） マチ	March
さんぎいん 参議院	Déwan Kaunselor デワヌ カォヌスロー	the House of Councillors
さんきゅう 産休	cuti bersalin チュウティ ブーサレヌ	maternity leave
さんぎょう 産業	industri / perindustrian イヌドゥストリ / プリヌドゥストリヤヌ	industry
ざんぎょう 残業	kerja lebih masa クージャ ルベ(へ) マサ	overtime work
ざんぎょう 残業する	bekerja lebih masa ブクージャ ルベ(へ) マサ	to work overtime
ざんぎょうじかん 残業時間	masa kerja lebih masa マサ クージャ ルベ(へ) マサ	overtime hours
ざんきん 残金	baki [lebihan] wang バキ［ルビハヌ］ワン	balance
サングラス	kaca mata hitam カチャ マタ ヒタム	sunglasses
さんご 産後	selepas bersalin スルパス ブーサレヌ	after childbirth
さんご 珊瑚	batu karang バトゥゥ カラン	coral

さ

日	マレー	英
さんこう 参考	rujukan / makluman ルゥジュウカヌ / マッ(ク)ルゥマヌ	reference
さんこうしょ 参考書	buku rujukan ブゥクゥ ルゥジュウカヌ	reference book
ざんこく 残酷	kekejaman / kezaliman ククジャマヌ / クザリマヌ	cruelty
ざんこく 残酷な	kejam / zalim クジャム / ザレム	cruel
30	tiga puluh ティガ プゥロ(ホ)	thirty
さんしゅつ 産出	pengeluaran / penghasilan プンゥルゥワラヌ / プンハスイラヌ	production
さんしゅつ 産出する	mengeluarkan / menghasilkan ムンゥルゥワーカヌ / ムンハセルカヌ	to produce
さんしょう 参照	rujukan ルゥジュウカヌ	reference
さんしょう 参照する	rujuk / merujuk ルゥジョッ / ムルゥジョッ	to refer to
さんじょう 参上する	lawat / melawat ラワ(ト) / ムラワ(ト)	to visit
さんすう 算数	aritmétik / ilmu kira-kira アリ(ト)メテッ / エルムゥ キラ キラ	arithmetic
さんせい 賛成	persetujuan プーストゥウジュウワヌ	agreement
さんせい 賛成する	setuju / bersetuju ストゥウジュウ / ブーストゥウジュウ	to agree
さんせい 酸性	keasidan クアスイダヌ	acidity
さんせい 酸性の	berasid / asid ブーアセ(ド) / アセ(ド)	acid
さんそ 酸素	oksigen オクスイジュヌ	oxygen
ざんだか 残高	baki バキ	balance
ざんだか ふ そく 残高不足	kekurangan baki ククゥランアヌ バキ	insufficient balance [funds]
サンタクロース	Santa Klaus サヌタ クロス	Santa Claus
サンダル	sandal サヌダル	sandals

日	マレー	英
さんち 産地	tempat pengeluaran トゥムパ(ト) プンゥルゥワラヌ	place of production
さんちょう 山頂	puncak gunung プゥンチャッ グゥノン	mountaintop
サンドイッチ	sandwic サヌドウエチ	sandwich
ざんねん 残念	kekesalan ククサラヌ	regret
ざんねん 残念な	sayang / mengesalkan サヤン / ムンゥサルカヌ	regrettable
ざんねん おも 残念に思う	kesal / kesali / mengesali クサル / クサリ / ムンゥサリ	to regret
さんばし 桟橋	jéti / dermaga ジェティ / ドゥーマガ	pier
さん び 賛美	pujian / puji-pujian プゥジヤヌ / プゥジ プゥジヤヌ	praise
さん び 賛美する	puji / memuji プゥジ / ムムゥジ	to praise
さんぷく 山腹	léréng gunung [bukit] レレン グゥノン [ブゥケ(ト)]	mountainside
さん ふ じん か 産婦人科	jabatan perbidanan dan sakit puan ジャバタヌ プービダナヌ ダヌ サケ(ト) プゥワヌ	obstetrics and gynaecology department
さん ふ じん か い 産婦人科医	doktor perbidanan dan sakit puan ドクトー プービダナヌ ダヌ サケ(ト) プゥワヌ	obstetrician and gynaecologist
さんぶつ 産物	produk プロドゥウッ	product
サンプリング	persampelan / pensampelan プーサムプラヌ / プヌサムプラヌ	sampling
サンプル	sampel / contoh サムプル / チョヌト(ホ)	sample
さん ぽ 散歩する	berjalan-jalan ブージャラヌ ジャラヌ	to walk
さん み 酸味	rasa masam / keasidan ラサ マサム / クアスィダヌ	sourness
さんみゃく 山脈	banjaran gunung バンジャラヌ グゥノン	mountain range
さんらん 散乱している	bertaburan / berterabur ブータブゥラヌ / ブートゥラボー	to be scattered
さんりん 山林	gunung dan hutan グゥノン ダヌ フゥタヌ	mountains and forests

日	マレー	英

▼ し，シ

日	マレー	英
4	empat ウムパ(ト)	four
市（し）	bandar バヌダー	city
師（し）	guru / pengajar グゥルゥ / プンァジャー	master
死（し）	kematian クマティヤヌ	death
～氏（し）（男性）	Tuan [Encik] ~ トゥウワヌ ［ウンチェッ］	Mr. ~
～氏（し）（既婚女性）	Puan ~ プゥワヌ	Mrs. ~
～氏（し）（未婚女性）	Cik ~ チェッ	Miss ~
詩（し）	puisi プゥイスィ	poem
字（じ）	huruf フゥロフ	letter / character
～時（じ）	pukul [jam] ~ プゥコル ［ジャム］	~ o'clock
痔（じ）	buasir ブゥワセー	piles
試合（しあい）	perlawanan / pertandingan プーラワナヌ / プータヌディンアヌ	game / match
試合（しあい）する	adakan [mengadakan] perlawanan アダカヌ ［ムンァダカヌ］ プーラワナヌ	to play a game
仕上（しあ）がり	hasil ハセル	result
仕上（しあ）がる	siap スィヤ(プ)	to be finished
仕上（しあ）げ	kerja akhir / kemasan クージャ アヘー / クマサヌ	finish
仕上（しあ）げる	siapkan / menyiapkan スィヤ(プ)カヌ / ムニィヤ(プ)カヌ	to finish
明々後日（しあさって）	tulat トゥウラ(ト)	two days after tomorrow
幸（しあわ）せ	kebahagiaan クバハギヤアヌ	happiness

日	マレー	英
幸せな（しあわ）	bahagia バハギヤ	happy
飼育（しいく）	pemeliharaan プムリハラアヌ	rearing
飼育する（しいく）	pelihara / memelihara プリハラ / ムムリハラ	to rear
シーズン	musim ムゥセム	season
シーツ	cadar チャダー	sheet
強いて（し）	susah-susah / susah payah スゥサ(ハ) スゥサ(ハ) / スゥサ(ハ) パヤ(ハ)	dare
シート（紙、覆い）	helaian / lembaran フライヤヌ / ルムバラヌ	sheet
シート（座席）	tempat duduk トゥムパ(ト) ドゥウドッ	seat
シートベルト	tali (pinggang) kelédar タリ（ピンガン）クレダー	seat belt
ジーパン	seluar jéan スルゥワー ジェヌ	jeans
GPS（ジーピーエス）	GPS ジピエス	GPS
強いる（し）	paksa / memaksa パクサ / ムマクサ	to force
シール	pelekat プルカ(ト)	sticker
仕入れ（しい）	pembelian プムブリヤヌ	purchase
仕入れる（しい）	beli / membeli ブリ / ムムブリ	to buy in
試飲（しいん）	percubaan rasa (minuman) プーチュゥバアヌ ラサ（ミヌゥマヌ）	tasting
試飲する（しいん）	cuba [mencuba] rasa (minuman) チュゥバ［ムンチュゥバ］ラサ（ミヌゥマヌ）	to try
子音（しいん）	konsonan コヌソナヌ	consonant
寺院（じいん）	kuil クウエル	temple
ジーンズ	jéan ジェヌ	jeans

し

日	マレー	英
シーンと	senyap スニャ(プ)	all quiet
シェアウェア	perisian kongsi プリスイヤヌ コンスイ	shareware
自衛（じえい）	pertahanan diri プータハナヌ ディリ	self-defence
自衛（じえい）する	pertahankan [mempertahankan] diri プータハヌカヌ ［ムムプータハヌカヌ］ ディリ	to defend oneself
自営業（じえいぎょう）	kerja sendiri クージャ スヌディリ	self employment
シェービングクリーム	krim pencukur [cukur] クレム プンチュウコー ［チュウコー］	shaving cream
ジェット機（き）	pesawat jét プサワ(ト) ジェ(ト)	jet airplane
シェフ	ketua tukang masak クトゥウワ トゥウカン マサッ	chef
支援（しえん）	sokongan ソコンアヌ	support
支援（しえん）する	sokong / menyokong ソコン / ムニョコン	to support
潮（しお）	arus / air pasang アロス / アエー パサン	tide
塩（しお）	garam ガラム	salt
塩辛（しおから）い	masin マセヌ	salty
仕送（しおく）り	kiriman wang (untuk keluarga) キリマヌ ワン （ウウヌトッ クルゥワーガ）	remittance
仕送（しおく）りする	mengirim wang (untuk keluarga) ムンイレム ワン （ウウヌトッ クルゥワーガ）	to remit
栞（しおり）	penanda buku プナヌダ ブウクゥ	bookmark
歯科（しか）	pergigian プーギギヤヌ	dentistry
鹿（しか）	rusa ルゥサ	deer
自我（じが）	keperibadian / égo クプリバディヤヌ / エゴ	ego
司会（しかい）	pengacara プンアチャラ	chair

日	マレー	英
司会する（しかい）	acarakan / mengacarakan アチャラカヌ / ムンァチャラカヌ	to take the chair
歯科医（しかい）	doktor gigi ドクトー ギギ	dentist
視界（しかい）	pandangan パヌダンアヌ	sight
市街（しがい）	(kawasan) bandar （カワサヌ）バヌダー	city
次回（じかい）	kali seterusnya / lain kali カリ ストゥロスニャ / ラエヌ カリ	next time
紫外線（しがいせん）	sinar ultraungu スィナー オルトラウンウウ	ultraviolet rays
市街地（しがいち）	kawasan bandar カワサヌ バヌダー	urban area
市外通話（しがいつうわ）	panggilan (jarak) jauh パンギラヌ（ジャラッ）ジャォ(ホ)	long-distance call
仕返し（しかえ）	pembalasan dendam プムバラサヌ ドゥヌダム	retaliation
仕返しする（しかえ）	balas [membalas] dendam バラス［ムムバラス］ドゥヌダム	to retaliate
四角（しかく）	segi empat / empat segi スギ ウムパ(ト) / ウムパ(ト) スギ	square
視覚（しかく）	penglihatan プンリハタヌ	visual perception
資格（しかく）	kelayakan クラヤカヌ	qualification
自覚（じかく）	kesedaran diri クスダラヌ ディリ	self-awareness
自覚する（じかく）	sedar sendiri スダー スヌディリ	to be conscious of
四角い（しかく）	bersegi empat ブースギ ウムパ(ト)	square
四角形（しかくけい）	segi empat スギ ウムパ(ト)	square
仕掛け（しか）	alat アラ(ト)	contrivance
～しかける	hampir [hampir-hampir] ~ ハムペー［ハムペー ハムペー］	almost ~
しかし	tetapi トゥタピ	but

し

日	マレー	英
しかた 仕方	cara / kaédah チャラ / カエダ(ハ)	method
しかた 仕方がない	terpaksa / tiada pilihan トゥーパクサ / ティヤダ ピリハヌ	cannot help
しがつ 四月	(bulan) April (ブゥラヌ) エプレル	April
じかに	terus / secara langsung トゥロス / スチャラ ランソン	directly
しかも	lagipun / dan juga ラギポヌ / ダヌ ジュゥガ	furthermore
しか 叱る	marah / memarahi マラ(ハ) / ムマラヒ	to scold
しがん 志願	permohonan / kesukarélaan プーモホナヌ / クスゥカレラアヌ	application
しがん 志願する	mohon / memohon モホヌ / ムモホヌ	to apply
じかん 時間（期間）	masa マサ	time
じかん 時間（時点、時刻）	waktu ワッ(ク)トゥウ	time
じかん ～時間	~ jam ジャム	~ hour(s)
じかんめ ～時間目	masa ke-~ マサ ク	~-th period
じかんわり 時間割	jadual waktu kelas ジャドゥウワル ワッ(ク)トゥウ クラス	timetable
しき 四季	empat musim ウムパ(ト) ムゥセム	four seasons
しき 指揮	pimpinan / pengarahan / arahan ピムピナヌ / プンアラハヌ / アラハヌ	conducting
しき 指揮する	pimpin / memimpin ピムピヌ / ムミムピヌ	to conduct
しき 式（式典）	upacara ウゥパチャラ	ceremony
しき 式（数式、化学式）	formula フォームゥラ	formula
しき ～式（様式、方式）	gaya ~ ガヤ	~ style
じき 時期	masa マサ	time

日	マレー	英
磁器(じき)	porselin ポースレヌ	porcelain
磁気(じき)	kemagnétan / magnétisme クマ(グ)ネタヌ / マ(グ)ヌティスマ	magnetism
直(じき)	sekejap [tidak lama] lagi スクジャ(プ) [ティダッ ラマ] ラギ	immediately
敷金(しききん)	déposit kerosakan デポスィ(ト) クロサカヌ	damage deposit
色彩(しきさい)	warna / pewarnaan ワーナ / プワーナアヌ	colour
指揮者(しきしゃ)	pemimpin プミムピヌ	conductor
式場(しきじょう)	déwan majlis デワヌ マジレス	ceremonial hall
しきたり	adat / istiadat アダ(ト) / イスティアダ(ト)	tradition
敷地(しきち)	tapak / tempat / prémis タパッ / トゥムパ(ト) / プレメス	site
じきに	sekejap [sebentar] lagi スクジャ(プ) [スブヌター] ラギ	soon
識別(しきべつ)	pembézaan / pengecaman プムベザアヌ / プンゥチャマヌ	distinction
識別(しきべつ)する	bézakan / membézakan ベザカヌ / ムムベザカヌ	to distinguish
色盲(しきもう)の	buta warna ブゥタ ワーナ	colour blind
支給(しきゅう)	tawaran / pemberian / bekalan タワラヌ / プムブリヤヌ / ブカラヌ	provide
支給(しきゅう)する	tawarkan / menawarkan タワーカヌ / ムナワーカヌ	to provide
至急(しきゅう)	secepat mungkin スチュパ(ト) ムゥンケヌ	as soon as possible
子宮(しきゅう)	rahim ラヒム	womb
時給(じきゅう)	gaji [bayaran / upah] sejam ガジ [バヤラヌ / ウゥパ(ハ)] スジャム	hourly wage [pay]
自給率(じきゅうりつ)	kadar sara [mampu] diri カダー サラ [マムプゥ] ディリ	self-sufficiency ratio
持久力(じきゅうりょく)	stamina / kegigihan スタミナ / クギギハヌ	stamina

し

日	マレー	英
しきょ 死去	kematian クマティヤヌ	death
しきょ 死去する	mati マティ	to die
しぎょう 始業	permulaan プームゥラアヌ	start
じぎょう 事業	projék / perusahaan プロジェッ / プルゥサハアヌ	project
しぎょうじかん 始業時間	waktu permulaan ワッ(ク)トゥウ プームゥラアヌ	start time
しきりに	(dengan) kerap / selalu (ドゥンアヌ) クラ(プ) / スラルゥ	frequently
し き 仕切る（区切る）	pisahkan / memisahkan ピサ(ハ)カヌ / ムミサ(ハ)カヌ	to divide
しきん 資金	dana / modal / wang ダナ / モダル / ワン	fund
し 敷く	alaskan / mengalaskan アラスカヌ / ムンアラスカヌ	to lay
じく 軸	paksi パクスイ	axis
しくじる	gagal / tersilap ガガル / トゥースイラ(プ)	to fail
し く 仕組み	mékanisme メカニスマ	mechanism
しけい 死刑	hukuman mati フゥクゥマヌ マティ	death penalty
しげき 刺激	rangsangan ランサンアヌ	stimulus
しげき 刺激する	rangsang / merangsang ランサン / ムランサン	to stimulate
しげきぶつ 刺激物	perangsang プランサン	stimulant
し け 湿気る	masuk angin マソッ アンエヌ	to get damp
しげ 茂る	rimbun / merimbun リムボヌ / ムリムボヌ	to grow thick
しけん 試験	peperiksaan ププリクサアヌ	examination
しけん 試験する	periksa / memeriksa プリクサ / ムムリクサ	to examine

日	マレー	英
資源（しげん）	sumber スゥムブー	resource
事件（じけん）	kejadian / kés クジャディヤヌ / ケス	case
次元（じげん）	diménsi ディメヌスイ	dimension
事故（じこ）	kemalangan クマランアヌ	accident
自己（じこ）	diri sendiri ディリ スヌディリ	oneself
志向（しこう）	oriéntasi / haluan オリエヌタスイ / ハルゥワヌ	orientation
志向（しこう）する	beroriéntasikan ブーオリエヌタスイカヌ	to be oriented
思考（しこう）	pemikiran プミキラヌ	thinking
思考（しこう）する	fikir / memikir / berfikir フィケー / ムミケー / ブーフィケー	to think
施行（しこう）	penguatkuasaan プンゥゥワ(ト)クゥワサアヌ	enforcement
施行（しこう）する	kuatkuasakan / menguatkuasakan クゥワ(ト)クゥワサカヌ / ムンゥゥワ(ト)クゥワサカヌ	to enforce
試行（しこう）	percubaan プーチュゥバアヌ	trial
試行（しこう）する	cuba / mencuba チュゥバ / ムンチュゥバ	to try
嗜好（しこう）	kesukaan クスゥカアヌ	preference
嗜好（しこう）する	suka / sukai / menyukai スゥカ / スゥカイ / ムニュゥカイ	to prefer
事項（じこう）	hal / perkara / fakta ハル / プーカラ / ファクタ	matter
時刻（じこく）	waktu / jam ワッ(ク)トゥウ / ジャム	time
地獄（じごく）	neraka ヌラカ	hell
時刻表（じこくひょう）	jadual waktu ジャドゥウワル ワッ(ク)トゥウ	timetable
自己紹介（じこしょうかい）	perkenalan diri プークナラヌ ディリ	self-introduction

し

日	マレー	英
じこしょうかい 自己紹介する	perkenalkan [memperkenalkan] diri プークナルカヌ［ムムプークナルカヌ］ディリ	to introduce oneself
じこしょうめいしょ 事故証明書	sijil kemalangan スイジェル クマランアヌ	accident certificate
しごと 仕事（職業）	pekerjaan プクージャアヌ	occupation
しごと 仕事（するべきこと）	kerja クージャ	duty
しごと 仕事する	bekerja ブクージャ	to work
じさ 時差	perbézaan waktu プーベザアヌ ワッ(ク)トゥウ	time difference
じざい 自在な	seperti dikehendaki / bébas スプーティ ディクフヌダキ / ベバス	at will
しさくひん 試作品	produk percubaan プロドゥウッ プーチュウバアヌ	trial product
しさつ 視察	tinjauan / peninjauan ティンジャウワヌ / プニンジャウワヌ	inspection
しさつ 視察する	tinjau / meninjau ティンジャウ / ムニンジャウ	to inspect
じさつ 自殺	bunuh [pembunuhan] diri ブウノ(ホ)［プムブウノハヌ］ディリ	suicide
じさつ 自殺する	bunuh [membunuh] diri ブウノ(ホ)［ムムブウノ(ホ)］ディリ	to commit suicide
じさ 時差ぼけ	gangguan ritma harian ガングゥワヌ リ(ト)マ ハリヤヌ	jet lag
しさん 資産	harta / kekayaan ハータ / クカヤアヌ	property
じさん 持参	pembawaan プムバワアヌ	bringing
じさん 持参する	bawa / membawa バワ / ムムバワ	to bring
しじ 指示	arahan / perintah アラハヌ / プリヌタ(ハ)	order
しじ 指示する	arah / mengarah アラ(ハ) / ムンアラ(ハ)	to order
しじ 支持	sokongan ソコンアヌ	support
しじ 支持する	sokong / menyokong ソコン / ムニョコン	to support

日	マレー	英
事実（じじつ）	hakikat / kenyataan / réaliti ハキカ(ト) / クニャタアヌ / レヤリティ	fact
支社（ししゃ）	pejabat cawangan プジャバ(ト) チャワンアヌ	branch office
死者（ししゃ）	orang mati オラン マティ	the dead
磁石（じしゃく）	magnét メグネ(ト)	magnet
四捨五入（ししゃごにゅう）	pembundaran プムブゥヌダラヌ	rounding off
四捨五入する（ししゃごにゅうする）	bundarkan / membundarkan ブゥヌダーカヌ / ムムブゥヌダーカヌ	to round off
自主（じしゅ）	otonomi / kebébasan オトノミ / クベバサヌ	autonomy
自首（じしゅ）	penyerahan diri プニュラハヌ ディリ	surrendering oneself
自首する（じしゅする）	serahkan [menyerahkan] diri スラ(ハ)カヌ [ムニュラ(ハ)カヌ] ディリ	to surrender oneself
刺繍（ししゅう）	sulaman スゥラマヌ	embroidery
刺繍する（ししゅうする）	sulam / menyulam スゥラム / ムニュゥラム	to embroider
始終（しじゅう）	dari awal hingga akhir ダリ アワル ヒンガ アヘー	always
自習（じしゅう）	pembelajaran sendiri プムブラジャラヌ スヌディリ	study by oneself
自習する（じしゅうする）	belajar sendiri ブラジャー スヌディリ	to study by oneself
支出（ししゅつ）	perbelanjaan プーブランジャアヌ	expenditure
支出する（ししゅつする）	belanjakan / membelanjakan ブランジャカヌ / ムムブランジャカヌ	to spend
自主的な（じしゅてきな）	sukaréla / sendiri スゥカレラ / スヌディリ	voluntary
自主的に（じしゅてきに）	secara sukaréla スチャラ スゥカレラ	voluntarily
辞書（じしょ）	kamus カモス	dictionary
市場（しじょう）	pasaran / pasar パサラヌ / パサー	market

し

日	マレー	英
じじょう 事情	keadaan / situasi クアダアヌ / スイトゥウワスイ	conditions
ししょく 試食	percubaan rasa (makanan) プーチュゥバアヌ ラサ（マカナヌ）	tasting
ししょく 試食する	cuba [mencuba] rasa (makanan) チュゥバ［ムンチュゥバ］ラサ（マカナヌ）	to taste
じしょく 辞職	peletakan jawatan プルタカヌ ジャワタヌ	resignation
じしょく 辞職する	letak [meletak] jawatan ルタッ［ムルタッ］ジャワタヌ	to resign
ししょばこ 私書箱	peti surat persendirian プティ スゥラ(ト) プースヌディリヤヌ	post-office box
しじん 詩人	penyair プニャエー	poet
じしん 自信	keyakinan diri クヤキナヌ ディリ	self-confidence
じしん 自身	diri sendiri ディリ スヌディリ	oneself
じしん 地震	gempa bumi グムパ ブゥミ	earthquake
じすい 自炊（する）	masak sendiri マサッ スヌディリ	self-cooking / to cook one's own food
しすう 指数	indéks / bacaan イヌデクス / バチャアヌ	index
しず 静かな	sunyi / senyap スゥニィ / スニャ(プ)	silent
しず 静かな （感情、態度が）	tenang トゥナン	calm
しずく	titisan ティティサヌ	drop
システム	sistem スイストゥム	system
しず 静まる	jadi [menjadi] sunyi ジャディ［ムンジャディ］スゥニィ	to become quiet
しず 沈む	tenggelam / terbenam トゥングラム / トゥーブナム	to sink
しず 沈む（気分が）	muram ムゥラム	to feel down
しず 沈める	tenggelamkan / menenggelamkan トゥングラムカヌ / ムヌングラムカヌ	to sink

日	マレー	英
しせい 姿勢（体勢）	postur / posisi badan ポストゥウー / ポズィスィ バダヌ	posture
しせい 姿勢（態度）	sikap スィカ(プ)	attitude
じせい 時制	kala カラ	tense
じせい 自生する	tumbuh liar トゥウムボ(ホ) リヤー	to grow wild
じせだい 次世代	génerasi seterusnya ジェヌラスィ ストゥロスニャ	next generation
しせつ 施設	kemudahan / kelengkapan クムゥダハヌ / クルンカパヌ	facilities
しせつ 施設する	melengkapkan (kemudahan) ムルンカ(プ)カヌ （クムゥダハヌ）	to equip
しせん 視線	pandangan (mata) パヌダンアヌ （マタ）	eye
しぜん 自然	alam semula jadi アラム スムゥラ ジャディ	nature
しぜん 自然な	semula jadi スムゥラ ジャディ	natural
じぜん 事前	terlebih dahulu トゥールベ(ヘ) ダフゥルゥ	beforehand
しぜんかがく 自然科学	sains semula jadi サインス スムゥラ ジャディ	natural science
じぜんしんさ 事前審査	pemeriksaan awal プムリクサアヌ アワル	preliminary review
しそう 思想	pemikiran / fikiran プミキラヌ / フィキラヌ	thought
しそく 子息	anak lelaki アナッ ルラキ	son
じそく 時速	kelajuan sejam クラジュウワヌ スジャム	speed per hour
じぞく 持続	pengekalan プンゥカラヌ	maintenance
じぞく 持続する	kekalkan / mengekalkan クカルカヌ / ムンゥカルカヌ	to maintain
しそん 子孫	zuriat / keturunan ズゥリヤ(ト) / クトゥウルゥナヌ	descendant
じそんしん 自尊心	maruah [kehormatan] diri マルゥワ(ハ) ［クホーマタヌ］ ディリ	self-respect

し

日	マレー	英
下（した）	bawah バワ(ハ)	bottom
下の（した）	di bawah ディ バワ(ハ)	below
舌（した）	lidah リダ(ハ)	tongue
シダ	paku pakis パクゥ パケス	fern
死体（したい）	mayat マヤ(ト)	dead body
次第（しだい）	atur cara アトー チャラ	programme
～次第（しだい）	bergantung kepada ~ ブーガヌトン クパダ	depending on ~
事態（じたい）	keadaan / situasi クアダアヌ / スイトゥウワスイ	state of affairs
字体（じたい）	gaya huruf ガヤ フゥロフ	typeface
辞退（じたい）	penarikan diri / penolakan プナリカヌ ディリ / プノラカヌ	declination
辞退する（じたい）	tarik [menarik] diri タレッ ［ムナレッ］ ディリ	to decline
時代（じだい）	zaman / masa / éra ザマヌ / マサ / エラ	era
次第に（しだい）	beransur-ansur / semakin ブラヌソー アヌソー / スマケヌ	gradually
慕う（した）	sayangi / menyayangi / puja / memuja サヤンィ / ムニャヤンィ / プゥジャ / ムムゥジャ	to adore
下請会社（したうけがいしゃ）	syarikat subkontraktor シャリカ(ト) スゥ(ブ)コヌトラクトー	subcontract company
下請業者（したうけぎょうしゃ）	subkontraktor スゥ(ブ)コヌトラクトー	subcontractor
従う（したが）	ikuti / mengikuti イクゥティ / ムンィクゥティ	to obey
下書き（したが）	draf ドラフ	draft
下書きする（したが）	draf / mendraf ドラフ / ムヌドラフ	to draft
したがって	maka / oléh yang demikian マカ / オレ(ヘ) ヤン ドゥミキヤヌ	consequently

日	マレー	英
したぎ 下着	pakaian [baju] dalam パカイヤヌ [バジュゥ] ダラム	underwear
したく 支度	persiapan / persediaan プースイヤパヌ / プースディヤアヌ	preparation
じたく 自宅	rumah sendiri ルゥマ(ハ) スヌディリ	own home
したごころ 下心	niat terselindung ニヤ(ト) トゥースリヌドン	ulterior motive
したじ 下地	asas / dasar アサス / ダサー	foundation
した 親しい	mesra / rapat ムスラ / ラパ(ト)	intimate
した 親しみ	kemesraan / kerapatan クムスラアヌ / クラパタヌ	intimacy
した 親しむ	berjinak-jinak ブージナッ ジナッ	to become intimate
したしら 下調べ	penyelidikan awal プニュリディカヌ アワル	homework
したしら 下調べする	buat [membuat] penyelidikan awal ブゥワ(ト) [ムムブゥワ(ト)] プニュリディカヌ アワル	to do one’s homework
した 仕立てる	jahit / menjahit / menyediakan ジャヘ(ト) / ムンジャヘ(ト) / ムニュディヤカヌ	to tailor
したど 下取り	tukar beli トゥウカー ブリ	trade-in
したど 下取りする	tukar [menukar] beli トゥウカー [ムヌゥカー] ブリ	to take a trade-in
したび 下火	keadaan semakin lenyap クアダアヌ スマケヌ ルニャ(プ)	dying down
したび 下火になる	semakin lenyap [senyap] スマケヌ ルニャ(プ) [スニャ(プ)]	to die down
したびらめ 舌平目	ikan sisa nabi イカヌ スイサ ナビ	sole
したまち 下町	pusat bandar lama プゥサ(ト) バヌダー ラマ	old city centre
したみ 下見する	lihat [melihat] dulu リハ(ト) [ムリハ(ト)] ドゥウルゥ	to preview
7	tujuh トゥウジョ(ホ)	seven
じち 自治	pemerintahan sendiri プムリヌタハヌ スヌディリ	self-government

し

日	マレー	英
七月（しちがつ）	(bulan) Julai (ブゥラヌ) ジュゥライ	July
質に入れる（しち）	gadaikan / menggadaikan ガダィカヌ / ムンガダィカヌ	to pawn
質屋（しちや）	pajak gadai パジャッ ガダィ	pawn shop
試着（しちゃく）	percubaan (pakaian) プーチュゥバアヌ (パカイヤヌ)	fitting
試着する（しちゃく）	cuba [mencuba] (pakaian) チュゥバ [ムンチュゥバ] (パカイヤヌ)	to try on
試着室（しちゃくしつ）	bilik acu ビレッ アチュゥ	fitting room
シチュー	stew / rendidih ストゥウ / ルヌディデ(へ)	stew
市長（しちょう）	datuk bandar ダトッ バヌダー	mayor
質（しつ）	mutu ムゥトゥウ	quality
歯痛（しつう）	sakit gigi サケ(ト) ギギ	toothache
実家（じっか）	rumah ibu bapa ルゥマ(ハ) イブゥ バパ	parents' house
失格（しっかく）	pembatalan penyertaan プムバタラヌ プニュータアヌ	disqualification
失格になる（しっかく）	dibatalkan penyertaan ディバタルカヌ プニュータアヌ	to be disqualified
しっかり	dengan kuat [kemas] ドゥンアヌ クゥワ(ト) [クマス]	firmly
しっかり (堅実)	dengan betul [baik] ドゥンアヌ ブトル [バエッ]	steadily
しっかり (十分に)	dengan cukup [secukupnya] ドゥンアヌ チュコ(プ) [スチュコ(プ)ニャ]	sufficiently
実感（じっかん）	perasaan sebenar プラサアヌ スブナー	real feeling
実感する（じっかん）	benar-benar rasai [merasai] ブナー ブナー ラサイ [ムラサイ]	to actually feel
質疑（しつぎ）	soalan / pertanyaan ソワラヌ / プータニャアヌ	question
質疑する（しつぎ）	soal / menyoal ソワル / ムニョワル	to ask a question

日	マレー	英
しつぎおうとう 質疑応答	soal jawab ソワル ジャワ(ブ)	question and answer (Q & A)
しっきゃく 失脚	kejatuhan クジャトハヌ	downfall
しっきゃく 失脚する	jatuh / hilang kedudukan ジャト(ホ) / ヒラン クドゥウドゥウカヌ	to fall from power
しつぎょう 失業	kehilangan pekerjaan / pengangguran クヒランアヌ プクージャアヌ / プンァングゥラヌ	unemployment
しつぎょう 失業する	hilang pekerjaan / menganggur ヒラン プクージャアヌ / ムンァンゴー	to become unemployed
じつぎょうか 実業家	pengusaha / usahawan プンゥウサハ / ウウサハワヌ	business person
しつぎょうしゃ 失業者	penganggur プンァンゴー	unemployed person
しつぎょうりつ 失業率	kadar pengangguran カダー プンァングゥラヌ	unemployment [jobless] rate
シック	gaya / keségakan ガヤ / クセガカヌ	chicness
シックな	bergaya / ségak ブーガヤ / セガッ	chic
しっくい 漆喰	turap トゥウラ(プ)	plaster
しっくい ぬ 漆喰を塗る	turap / menurap トゥウラ(プ) / ムヌウラ(プ)	to plaster
しっくりする	ngam / padan ンァム / パダヌ	to fit perfectly
しっけ 湿気	kelembapan クルムバパヌ	humidity
しつけ 躾	pendisiplinan プヌディスイプリナヌ	disciplining
しつ 躾ける	disiplinkan / mendisiplinkan ディスイプリヌカヌ / ムヌディスイプリヌカヌ	to discipline
じっけん 実験	uji kaji / ékspérimen ウウジ カジ / エクスペリムヌ	experiment
じっけん 実験する	uji [menguji] kaji ウウジ [ムンゥウジ] カジ	to experiment
じつげん 実現	réalisasi レヤリサスィ	realization
じつげん 実現する	jadi [menjadi] kenyataan ジャディ [ムンジャディ] クニャタアヌ	to realize

日	マレー	英
しつこい	tidak hilang-hilang ティダッ ヒラン ヒラン	persistent
じっこう 実行	pelaksanaan プラクサナアヌ	execution
じっこう 実行する	laksanakan / melaksanakan ラクサナカヌ / ムラクサナカヌ	to execute
じっさい 実際	kenyataan / kebenaran クニャタアヌ / クブナラヌ	reality
じっさい 実際の	sebenar スブナー	real
じっし 実施	pelaksanaan プラクサナアヌ	implementation
じっし 実施する	jalankan / menjalankan ジャラヌカヌ / ムンジャラヌカヌ	to carry out
じっしつ 実質	kebenaran / yang sebenarnya クブナラヌ / ヤン スブナーニャ	substance
じっしゅう 実習	latihan ラテハヌ	practice
じっしゅう 実習する	berlatih ブーラテ(ヘ)	to practise
じつじょう 実情	keadaan sebenar クアダアヌ スブナー	actual circumstances
しっしん 湿疹	ruam ルゥワム	rash
しっしん 失神する	péngsan ペンサヌ	to faint
じっせき 実績	(rékod) pencapaian （レコ(ド)）プンチャパイヤヌ	achievement
じっせん 実践	pengamalan プンァマラヌ	practice
じっせん 実践する	amalkan / mengamalkan アマルカヌ / ムンァマルカヌ	to practise
しっそ 質素	kesederhanaan / keringkasan クスドゥーハナアヌ / クリンカサヌ	simplicity
しっそ 質素な	sederhana / ringkas スドゥーハナ / リンカス	simple
しっそう 失踪	penghilangan diri プンヒランァヌ ディリ	disappearance
しっそう 失踪する	hilangkan [menghilangkan] diri ヒランカヌ ［ムンヒランカヌ］ ディリ	to disappear

日	マレー	英
あてはめる	terapkan / menerapkan トゥラ(プ)カヌ / ムヌラ(プ)カヌ	to apply
当(あ)てる（ぶつける）	langgar / melanggar ランガー / ムランガー	to hit
当(あ)てる（推測する）	teka / meneka トゥカ / ムヌカ	to guess
後(あと)（後方）	belakang ブラカン	backward
後(あと)（残り）	yang tinggal [selebihnya] ヤン ティンガル [スルベ(ヘ)ニャ]	remaining
後(あと)（終了後）	selepas / setelah スルパス / ストゥラ(ハ)	after
あと〜	lagi ラギ	in
後(あと)で	nanti ナヌティ	later
跡(あと)	jejak / kesan / bekas ジュジャッ / クサヌ / ブカス	track
跡継(あとつ)ぎ	waris / pelapis ワレス / プラペス	successor
アドバイス	nasihat ナスィハ(ト)	advice
アドバイスする	nasihati / menasihati ナスィハティ / ムナスィハティ	to advise
後払(あとばら)い	bayaran tertunda バヤラヌ トゥートゥウヌダ	deferred payment
後払(あとばら)いする	bayar [membayar] kemudian バヤー [ムムバヤー] クムゥディヤヌ	to pay later
後回(あとまわ)し	penangguhan プナングゥハヌ	postponement
アドレス	alamat アラマ(ト)	address
穴(あな)	lubang ルゥバン	hole
アナウンサー	juruhébah ジュゥルゥヘバ(ハ)	announcer
あなた	awak / kamu / anda アワッ / カムゥ / アヌダ	you / your
あなた方(がた)	awak [kamu / anda] semua アワッ [カムゥ / アヌダ] スムゥワ	you / your

あ

あ

日	マレー	英
兄(あに)	abang アバン	brother
アニメ	animasi アニマスィ	animation
姉(あね)	kakak カカッ	sister
あの	itu イトゥウ	that
あの方(かた)	beliau ブリヤゥ	he / she
アパート	rumah pangsa / pangsapuri ルゥマ(ハ) パンサ / パンサプゥリ	apartment
暴(あば)れる	berlaku ganas / mengamuk ブーラクゥ ガナス / ムンァモッ	to act violently
浴(あ)びる	mandi マヌディ	to bathe
アフターサービス	perkhidmatan selepas jualan プーヒ(ド)マタヌ スルパス ジュゥワラヌ	after-sales service
危(あぶ)ない	bahaya / berbahaya バハヤ / ブーバハヤ	dangerous
脂(あぶら)	lemak ルマッ	fat
油(あぶら)	minyak ミニャッ	oil
油絵(あぶらえ)	lukisan minyak ルゥキサヌ ミニャッ	oil painting
油(あぶら)っこい	berminyak ブーミニャッ	greasy
脂身(あぶらみ)	bahagian berlemak バハギヤヌ ブールマッ	fatty meat
アプリ	app エ(プ)	app
アフリカ	Afrika エフリカ	Africa
アフリカ人(じん)	orang Afrika オラン エフリカ	African (people)
アプリケーション	aplikasi アプリカスィ	application
炙(あぶ)る	panggang / memanggang パンガン / ムマンガン	to grill

日	マレー	英
あふれる	melimpah ムリムパ(ハ)	to overflow
アプローチ	pendekatan プヌドゥカタヌ	approach
アプローチする	dekati / mendekati ドゥカティ / ムヌドゥカティ	to approach
あべこべな	karut-marut カロ(ト) マロ(ト)	jumbly / muddly
アポイントメント	temu janji / janji temu トゥムゥ ジャンジ / ジャンジ トゥムゥ	appointment
甘い (あま)	manis マネス	sweet
甘い (あま)（厳格でない）	lembut / berlembut ルムボ(ト) / ブールムボ(ト)	lenient
甘い (あま)（不十分）	tidak cukup ティダッ チュコ(プ)	insufficient
甘える (あま)	manja / bermanja マンジャ / ブーマンジャ	to behave affectionately
雨具 (あまぐ)	baju [pakaian] hujan バジュゥ ［パカイヤヌ］ フゥジャヌ	rain wear
甘口 (あまくち)	rasa manis ラサ マネス	sweet flavour
アマチュア	amatur アマテュウー	amateur
雨戸 (あまど)	pintu pelindung hujan ピヌトゥウ プリヌドン フゥジャヌ	rain shutter
甘やかす (あま)	manjakan / memanjakan マンジャカヌ / ムマンジャカヌ	to pamper
余り (あま)（残ったもの）	sisa / lebihan スィサ / ルビハヌ	remainder
あまり（それほど～ない）	(tidak) begitu [berapa] ~ （ティダッ） ブギトゥウ ［ブラパ］	(not) so ~
余る (あま)	berlebihan ブールビハヌ	to remain
甘んじる (あま)	berpuas hati ブープゥワス ハティ	to content oneself with
網 (あみ)	jaring ジャレン	net
編む (あ)（セーターなど）	kait / mengait カエ(ト) / ムンアエ(ト)	to knit

あ

日	マレー	英
編(あ)む（文章など）	karang / mengarang カラン / ムンァラン	to compose
編(あ)む（かごなど）	anyam / menganyam アニャム / ムンァニャム	to weave
飴(あめ)	gula-gula グゥラ グゥラ	candy
雨(あめ)	hujan フゥジャヌ	rain
アメリカ	Amérika / US エメリカ / ユゥエス	America
アメリカ人(じん)	orang Amérika / US オラン エメリカ / ユゥエス	American (people)
危(あや)うい	tidak tentu ティダッ トゥヌトゥウ	precarious
怪(あや)しい	mencurigakan ムンチュゥリガカヌ	suspicious
操(あやつ)る	kendali / mengendali クヌダリ / ムンゥヌダリ	to control
危(あや)ぶむ	ragu / ragui / meragui ラグゥ / ラグゥイ / ムラグゥイ	to be afraid of
あやふや	kesamaran クサマラヌ	vagueness
あやふやな	samar-samar サマー サマー	vague
過(あやま)ち	kesilapan / kesalahan クスイラパヌ / クサラハヌ	mistake
誤(あやま)り	kesalahan / kesilapan クサラハヌ / クスイラパヌ	mistake
誤(あやま)る	buat [membuat] salah ブゥワ(ト) [ムムブゥワ(ト)] サラ(ハ)	to make a mistake
謝(あやま)る	minta [meminta] maaf ミヌタ [ムミヌタ] マアフ	to apologize
歩(あゆ)み	langkah ランカ(ハ)	step
歩(あゆ)み寄(よ)る（歩いて寄る）	menghampiri ムンハムピリ	to walk closer to
歩(あゆ)み寄(よ)る（妥協する）	bertolak ansur ブートラッ アヌソー	to compromise
歩(あゆ)む	berjalan (kaki) ブージャラヌ (カキ)	to walk

日	マレー	英
じったい 実態	keadaan sebenar クアダアヌ スブナー	actual condition
しっち 湿地	paya パヤ	swamp
しっちょう 失調	malfungsi マルフゥンスイ	malfunction
しっと 嫉妬	kecemburuan / iri hati クチュムブゥルゥワヌ / イリ ハティ	jealousy
しっと 嫉妬する	cemburu / iri hati チュムブゥルゥ / イリ ハティ	to be jealous
しつど 湿度	kadar kelembapan カダー クルムババヌ	humidity
じっと	tetap トゥタ(プ)	fixedly
しっとぶか 嫉妬深い	kuat cemburu クゥワ(ト) チュムブゥルゥ	jealous
じつ 実に	sesungguhnya / semémangnya ススゥンゴ(ホ)ニャ / スメマンニャ	truly
じつ 実は	sebenarnya スブナーニャ	actually
しっぱい 失敗	kegagalan / kesilapan クガガラヌ / クスイラパヌ	failure
しっぱい 失敗する	gagal / silap ガガル / スイラ(プ)	to fail
じっぴ 実費	kos sebenar コス スブナー	actual expense
しっぴつ 執筆	penulisan プヌゥリサヌ	writing
しっぴつ 執筆する	tulis / menulis トゥウレス / ムヌゥレス	to write
しっぷ 湿布	koyok コヨッ	poultice
しっぷ 湿布する	tampal [menampal] koyok タムパル [ムナムパル] コヨッ	to apply a poultice
じつぶつ 実物	barang sebenar バラン スブナー	real thing
しっぽ 尻尾	ékor エコー	tail
しつぼう 失望	kekecéwaan ククチェワアヌ	disappointment

し

日	マレー	英
しつぼう 失望する	kecéwa クチェワ	to be disappointed
しつもん 質問	soalan / pertanyaan ソワラヌ / プータニャアヌ	question
しつもん 質問する	tanya / bertanya タニャ / ブータニャ	to ask
じつよう 実用	penggunaan sebenar プングゥナアヌ スブナー	practical use
じつようてき 実用的な	praktikal / praktik / praktis プラクティカル / プラクテッ / プラクテス	practical
しつりょう 質量	jisim ジセム	mass
しつりょう 室料	(kadar) harga bilik (カダー) ハルガ ビレッ	room rate
じつりょく 実力	kemampuan / kebolehan クマムプゥワヌ / クボレハヌ	ability
しつれい 失礼	kebiadaban クビヤダバヌ	rudeness
しつれい 失礼する（謝る）	minta [meminta] maaf ミヌタ［ムミヌタ］マアフ	to be sorry
しつれい 失礼する（去る）	minta [meminta] diri ミヌタ［ムミヌタ］ディリ	to excuse oneself
しつれい 失礼な	kurang sopan / biadab クゥラン ソパヌ / ビヤダ(ブ)	rude
じつれい 実例	contoh sebenar チョヌト(ホ) スブナー	real example
しつれん 失恋する	putus cinta プゥトス チヌタ	to be broken-hearted
してい 指定	penetapan プヌタパヌ	designation
してい 指定する	tetapkan / menetapkan トゥタ(プ)カヌ / ムヌタ(プ)カヌ	to designate
していせき 指定席	tempat duduk khas トゥムパ(ト) ドゥウドッ ハス	reserved seat
してき 指摘	teguran / komén トゥグゥラヌ / コメヌ	remark
してき 指摘する	tunjukkan / menunjukkan トゥンジョッカヌ / ムヌゥンジョッカヌ	to point out
～してください	sila ~ スィラ	please ~

日	マレー	英
私鉄（してつ）	syarikat keréta api swasta シャリカ(ト) クレタ ピ スワスタ	private railway company
～してはならない	dilarang [jangan] ~ ディララン [ジャンアヌ]	must not ~
～してもらう	minta [meminta] ~ buat [membuat] ミヌタ [ムミヌタ] ブウワ(ト) [ムムブウワ(ト)]	to have *sb* do
支店（してん）	cawangan チャワンアヌ	branch office
視点（してん）	sudut pandangan スウド(ト) パヌダンアヌ	point of view
自転（じてん）	putaran / pusingan プウタラヌ / プウスインアヌ	rotation
自転する（じてんする）	berputar ブープウター	to rotate
辞典（じてん）	kamus カモス	dictionary
自転車（じてんしゃ）	basikal バスイカル	bicycle
指導（しどう）	bimbingan / tunjuk ajar ビムビンアヌ / トゥンジョッ アジャー	guidance
指導する（しどうする）	bimbing / membimbing ビムベン / ムムビムベン	to guide
児童（じどう）	murid / kanak-kanak ムウレ(ド) / カナッ カナッ	pupil / child
自動で（じどうで）	secara automatik スチャラ オトメテッ	automatically
自動の（じどうの）	automatik オトメテッ	automatic
自動更新（じどうこうしん）	pembaharuan automatik プムバハルゥワヌ オトメテッ	automatic renewal
自動更新する（じどうこうしんする）	memperbaharui secara automatik ムムプーバハルゥイ スチャラ オトメテッ	to automatically renew
自動詞（じどうし）	kata kerja tak transitif カタ クージャ タッ トラヌスイテフ	intransitive verb
自動車（じどうしゃ）	keréta クレタ	car
自動販売機（じどうはんばいき）	mésin layan diri メセヌ ラヤヌ ディリ	vending machine
自動引き落し（じどうひきおとし）	potongan automatik ポトンアヌ オトメテッ	automatic withdrawal

し

日	マレー	英
しとやかな	lemah lembut ルマ(ハ) ルムボ(ト)	graceful
しないつうわ 市内通話	panggilan tempatan パンギラヌ トゥムパタヌ	local call
しなぎ 品切れ	kehabisan stok クハビサヌ ストッ	out of stock
～しなくちゃいけない	kena ~ クナ	have to ~
～しなければならない	mesti ~ ムスティ	must ~
しな 萎びる	layu ラユゥ	to wither
しなもの 品物	barangan / barang / produk バランァヌ / バラン / プロドゥウッ	goods
シナモン	kulit kayu manis クゥレ(ト) カユゥ マネス	cinnamon
しなやか	fléksibiliti / kemudahlenturan フレクスイビリティ / クムゥダ(ハ)ルヌトゥウラヌ	flexibility
しなやかな	fléksibel / mudah lentur フレクスイブル / ムゥダ(ハ) ルヌトー	flexible
シナリオ	sénario セネリオ	scenario
しにく 歯肉	gusi グゥスィ	gums
しにくえん 歯肉炎	gingivitis / radang gusi ジンジヴィトゥス / ラダン グゥスィ	gingivitis
にょう し尿	kumuhan クゥムゥハヌ	human waste
じにん 辞任	perletakan jawatan プールタカヌ ジャワタヌ	resignation
じにん 辞任する	letak [meletak] jawatan ルタッ [ムルタッ] ジャワタヌ	to resign
し 死ぬ	mati マティ	to die
じぬし 地主	tuan tanah トゥウワヌ タナ(ハ)	landowner
しの 凌ぐ	tahan / menahan タハヌ / ムナハヌ	to survive
しば 芝	rumput laman [halaman] ルゥムポ(ト) ラマヌ [ハラマヌ]	lawn grass

日	マレー	英
支配（しはい）	pemerintahan / penguasaan プムリヌタハヌ / プンウゥワサアヌ	rule
支配する（しはい）	memerintah / menguasai ムムリヌタ(ハ) / ムンウゥワサイ	to rule
芝居（しばい）	sandiwara / lakonan サヌディワラ / ラコナヌ	play
支配人（しはいにん）	pengurus プンウゥロス	manager
自白（じはく）	pengakuan プンアクゥワヌ	confession
自白する（じはく）	akui / mengakui アクゥイ / ムンアクゥイ	to confess
しばしば	kerap kali / selalu クラ(プ) カリ / スラルゥ	often
始発（しはつ）	trén pertama トレヌ プータマ	first train
芝生（しばふ）	rumput laman [halaman] ルゥムポ(ト) ラマヌ [ハラマヌ]	grass lawn
支払い（しはら）	pembayaran / bayaran プムバヤラヌ / バヤラヌ	payment
支払金（しはらいきん）	wang bayaran ワン バヤラヌ	pay-out
支払伝票（しはらいでんぴょう）	slip [resit] bayaran スリ(プ) [ルスイ(ト)] バヤラヌ	payment slip
支払方法（しはらいほうほう）	cara pembayaran [bayaran] チャラ プムバヤラヌ [バヤラヌ]	payment method
支払う（しはら）	bayar / membayar バヤー / ムムバヤー	to pay
しばらく	sebentar / seketika / sekejap スブヌター / スクティカ / スクジャ(プ)	for a short while
しばらくお待ち（ま）ください	sila tunggu sebentar スイラ トゥウングゥ スブヌター	please wait a moment
縛る（しば）	ikat / mengikat イカ(ト) / ムンイカ(ト)	to tie
地盤（じばん）	asas tanah アサス タナ(ハ)	ground
四半期（しはんき）	suku (penggal) スゥクゥ（プンガル）	quarter
耳鼻咽喉科（じびいんこうか）	otolaringologi オトラリンゴロジ	otolaryngology

日	マレー	英
耳鼻科（じびか）	klinik ENT クリネッ イネヌティ	ENT clinic
持病（じびょう）	penyakit kronik プニャケ(ト) クロネッ	chronic illness [disease]
痺れ（しび）	kekebasan ククバサヌ	numbness
痺れた（しび）	kebas クバス	numb
痺れる（しび）	jadi [menjadi] kebas ジャディ [ムンジャディ] クバス	to get numb
渋い（しぶ）	pahit / getir パヘ(ト) / グテー	astringent
至福（しふく）	kebahagiaan mutlak クバハギヤアヌ ムゥ(ト)ラッ	bliss
私物（しぶつ）	kepunyaan peribadi クプゥニャアヌ プリバディ	personal belongings
しぶとい	nékad / degil ネカ(ド) / ドゥゲル	obstinate
渋味（しぶみ）	kepahitan / kegetiran クパヒタヌ / クグティラヌ	astringency
自分（じぶん）	sendiri スヌディリ	oneself
紙幣（しへい）	wang kertas ワン クータス	paper money
自閉症（じへいしょう）	autisme オティスマ	autism
司法（しほう）	(badan) kehakiman (バダヌ) クハキマヌ	judiciary
志望（しぼう）	keinginan / kemahuan クインィナヌ / クマフゥワヌ	desire
志望する（しぼう）	ingini / mengingini インィニ / ムンインィニ	to desire
死亡（しぼう）	kematian クマティヤヌ	death
死亡する（しぼう）	mati マティ	to die
脂肪（しぼう）	lemak ルマッ	fat
しぼむ（植物が）	jadi [menjadi] layu ジャディ [ムンジャディ] ラユゥ	to wither

し

日	マレー	英
しぼむ （タイヤ、風船が）	kempis クムペス	to deflate
絞(しぼ)る	perah / memerah プラ(ハ) / ムムラ(ハ)	to squeeze
資本(しほん)	modal モダル	capital
縞(しま)	belang ブラン	stripe
島(しま)	pulau プゥラウ	island
姉妹(しまい)	adik-beradik perempuan アデッ ブラデッ プルムプゥワヌ	sisters
終(しま)い	pengakhiran プンァヒラヌ	end
終(しま)いに	di [pada] pengakhirannya ディ ［パダ］ プンァヒラヌニャ	at the end
（～して）しまう （完了）	habis ~ ハベス	to finish ~
（～して）しまう （非意図）	ter-~ トゥー	to ~ unintentionally
シマウマ	kuda belang クウダ ブラン	zebra
字幕(じまく)	sari kata サリ カタ	subtitles
縞々(しましま)の	berjalur-jalur ブージャロー ジャロー	striped
始末(しまつ)	pembuangan プムブゥワンァヌ	disposal
始末(しまつ)する	buang / membuang ブゥワン / ムムブゥワン	to dispose of
しまった	alamak (tersilap) アラマッ（トゥースィラ(プ)）	oops
閉(し)まっている	tertutup トゥートゥウト(プ)	closed
閉(し)まる	tutup / tertutup トゥウト(プ) / トゥートゥウト(プ)	to close
自慢(じまん)する	cakap [bercakap] besar チャカ(プ) ［ブーチャカ(プ)］ ブサー	to boast
しみ	kesan (kotoran) クサヌ（コトラヌ）	stain

し

日	マレー	英
地味(じみ)な	ringkas / sederhana リンカス / スドゥーハナ	plain
しみじみ	benar-benar / betul-betul ブナー ブナー / ブトル ブトル	deeply
シミュレーション	simulasi スイムゥラスイ	simulation
シミュレーションする	simulasikan / mensimulasikan スイムゥラスイカヌ / ムヌスイムゥラスイカヌ	to simulate
市民(しみん)	rakyat / orang awam ラッ(ク)ヤ(ト) / オラン アワム	citizen
ジム	gim ジム	gym
事務(じむ)	pentadbiran プヌタ(ド)ビラヌ	administration
事務員(じむいん)	kerani クラニ	clerk
SIM(シム)カード	kad SIM カ(ド) スイム	SIM card
事務所(じむしょ)	pejabat / ofis プジャバ(ト) / オフェス	office
使命(しめい)	misi ミスイ	mission
指名(しめい)	penamaan / pencalonan プナマアヌ / プンチャロナヌ	designation
指名(しめい)する	calonkan / mencalonkan チャロヌカヌ / ムンチャロヌカヌ	to designate
締(し)め切(き)り	tarikh tutup [akhir] タレッ トゥウト(プ) [アヘー]	deadline
締(し)め切(き)る	tutup / menutup トゥウト(プ) / ムヌウト(プ)	to close
示(しめ)す	tunjukkan / menunjukkan トゥウンジョッカヌ / ムヌウンジョッカヌ	to display
しめた	syukurlah シュウコーラ(ハ)	thank god
湿(しめ)る	jadi [menjadi] lembap ジャディ [ムンジャディ] ルムバ(プ)	to become moist
占(し)める(占有する)	penuhi / memenuhi プヌウヒ / ムムヌウヒ	to occupy
占(し)める(割合を持つ)	rangkumi / merangkumi ランクウミ / ムランクウミ	to account for

日	マレー	英
締(し)める（きつくする）	ketatkan / mengetatkan クタ(ト)カヌ / ムンウタ(ト)カヌ	to tighten
締(し)める（倹約する）	jimatkan / menjimatkan ジマ(ト)カヌ / ムンジマ(ト)カヌ	to economize
締(し)める（ベルト、ネクタイを）	pakai / memakai パカイ / ムマカイ	to wear
閉(し)める	tutup / menutup トゥウト(プ) / ムヌゥト(プ)	to close
地面(じめん)	permukaan tanah プームゥカアヌ タナ(ハ)	ground surface
霜(しも)	embun beku ウムボヌ ブクゥ	frost
地元(じもと)	tempat asal / kampung トゥムパ(ト) アサル / カムポン	hometown
地元(じもと)の	tempatan / setempat トゥムパタヌ / ストゥムパ(ト)	local
下半期(しもはんき)	separuh (penggal) kedua スパロ(ホ) (プンガル) クドゥウワ	second half
指紋(しもん)	cap jari チャ(プ) ジャリ	fingerprint
視野(しや)	pandangan パヌダンアヌ	sight
ジャーナリスト	wartawan ワータワヌ	journalist
シャープペンシル	pénsél mékanikal ペヌセル メケニカル	mechanical pencil
シャーベット	syerbét シュベ(ト)	sherbet
社員(しゃいん)	pekerja プクージャ	employee
社員寮(しゃいんりょう)	asrama pekerja アスラマ プクージャ	workers' dormitory
遮音(しゃおん)	penebatan bunyi プヌバタヌ ブウニイ	sound insulation
釈迦(しゃか)	Buddha ブダ	Buddha
社会(しゃかい)	masyarakat マシャラカ(ト)	society
社会科学(しゃかいかがく)	sains sosial サインス ソスイヤル	social science

し

日	マレー	英
ジャガイモ	ubi kentang ウゥビ クヌタン	potato
しゃがむ	cangkung / bercangkung チャンコン / ブーチャンコン	to squat
ジャカルタ	Jakarta ジャカルタ	Jakarta
弱～（じゃく）	sedikit ~ スディケ(ト)	weak ~
～弱（じゃく）	kurang sedikit daripada ~ クゥラン スディケ(ト) ダリパダ	a little less than ~
蛇口（じゃぐち）	paip [pili] air パェ(プ) [ピリ] アェー	water tap
弱点（じゃくてん）	kelemahan クルマハヌ	weakness
尺度（しゃくど）	kayu ukur カユゥ ウゥコー	yardstick
借家（しゃくや）	rumah séwa ルゥマ(ハ) セワ	rented house
射撃（しゃげき）	penémbakan / bidikan プネムバカヌ / ビディカヌ	shooting
車庫（しゃこ）	garaj keréta ガラジ クレタ	garage
社交（しゃこう）	pergaulan プーガォラヌ	socializing
遮光の（しゃこう）	kedap cahaya クダ(プ) チャハヤ	lightproof
謝罪（しゃざい）	pemohonan maaf プモホナヌ マアフ	apology
謝罪する（しゃざい）	mohon [memohon] maaf モホヌ [ムモホヌ] マアフ	to apologize
車掌（しゃしょう）	konduktor コヌドゥウクトー	conductor
写真（しゃしん）	gambar / foto ガムバー / フォト	photograph
ジャズ	jaz ジェズ	jazz
ジャスミンティー	téh jasmin テ(ヘ) ジャスメヌ	jasmine tea
写生（しゃせい）	lakaran ラカラヌ	sketching

日	マレー	英
写生(しゃせい)する	lakar / melakar ラカー / ムラカー	to sketch
社説(しゃせつ)	lidah [rencana] pengarang リダ(ハ) [ルンチャナ] プンァラン	editorial
謝絶(しゃぜつ)	penolakan プノラカヌ	refusal
謝絶(しゃぜつ)する	tolak / menolak トラッ / ムノラッ	to refuse
車線(しゃせん)	lorong ロロン	traffic lane
斜体(しゃたい)	huruf condong [miring] フウロフ チョヌドン [ミレン]	italicized letter
社宅(しゃたく)	rumah pekerja ルウマ(ハ) プクージャ	company housing
社長(しゃちょう)	présidén (syarikat) プレスイデヌ (シャリカ(ト))	president
シャツ	keméja クメジャ	shirt
若干(じゃっかん)	sedikit スディケ(ト)	a few
借金(しゃっきん)	hutang / pinjaman フウタン / ピンジャマヌ	debt
借金(しゃっきん)する	berhutang ブーフウタン	to go into debt
ジャックフルーツ	nangka ナンカ	jackfruit
しゃっくり	sedu スドウウ	hiccup
しゃっくりする	tersedu トゥースドウウ	to hiccup
シャッター	penutup / bidai プヌウト(プ) / ビダイ	shutter
シャッター(カメラの)	pengatup プンァト(プ)	shutter
車道(しゃどう)	laluan keréta ラルウワヌ クレタ	roadway
しゃぶる	hisap / menghisap ヒサ(プ) / ムンヒサ(プ)	to suck
喋(しゃべ)る(会話する)	bual / berbual ブウワル / ブーブウワル	to chat

し

し

日	マレー	英
しゃべ 喋る(話す)	cakap / bercakap チャカ(プ) / ブーチャカ(プ)	to speak [say]
じゃ ま 邪魔	gangguan / penggangguan ガングゥワヌ / プンガングゥワヌ	disturbance
じゃ ま 邪魔する	ganggu / mengganggu ガングゥ / ムンガングゥ	to disturb
しゃ み せん 三味線	shamisén / samisén シャミセヌ / サミセヌ	shamisen
ジャム	jém ジェム	jam
しゃめん 斜面	léréng / cerun レレン / チュロヌ	slope
じゃ り 砂利	batu kerikil バトゥウ クリケル	gravel
しゃりょう 車両	keréta / kenderaan / motokar クレタ / クヌドゥラアヌ / モトカー	car
しゃりん 車輪	roda ロダ	wheel
しゃ れ 洒落	gurau senda / gurauan グゥラウ スヌダ / グゥラゥワヌ	joke
しゃれい 謝礼	sagu hati サグゥ ハティ	remuneration
シャワー	(air) pancuran (アェー) パンチュウラヌ	shower
シャワー付(つ)き	dilengkapi pancuran ディルンカピ パンチュウラヌ	with shower
シャワーを浴(あ)びる	mandi マヌディ	to take a shower
ジャングル	(hutan) rimba (フウタヌ) リムバ	jungle
じゃんけん	batu-gunting-kertas バトゥウ グゥヌテン クータス	rock-paper-scissors
ジャンパー	jakét ジャケ(ト)	jacket
ジャンプ	lompatan ロムパタヌ	jump
ジャンプする	lompat / melompat ロムパ(ト) / ムロムパ(ト)	to jump
シャンプー	syampu (pencuci) シャムプゥ (プンチュウチ)	shampoo

日	マレー	英
シャンプーする	syampu / bersyampu シャムプゥ / ブーシャムプゥ	to shampoo
ジャンル	génre ジェヌル	genre
しゅう 州	negeri ヌグリ	state
しゅう 衆	para パラ	folks
しゅう 週	minggu ミングゥ	week
しゆう 私有	milik persendirian ミレッ プースヌディリヤヌ	private ownership
しゆう 私有する	miliki [memiliki] secara peribadi ミリキ［ムミリキ］スチャラ プリバディ	to own *sth* privately
じゅう 住	tinggal ティンガル	living
10	sepuluh スプゥロ(ホ)	ten
じゅう 銃	senapang / pistol スナパン / ピストル	gun
じゆう 自由	kebébasan クベバサヌ	freedom
じゆう 自由な	bébas ベバス	free
じゅうあつ 重圧	tekanan kuat トゥカナヌ クゥワ(ト)	pressure
しゅうい 周囲	sekeliling スクリレン	surrounding
11	sebelas スブラス	eleven
じゅういちがつ 十一月	(bulan) Novémber (ブゥラヌ) ノヴェムブー	November
しゅうえき 収益	keuntungan / pendapatan クウゥヌトンアヌ / プヌダパタヌ	profit
しゅうえきせい 収益性	tahap keuntungan タハ(プ) クウゥヌトンアヌ	profitability
しゅうかい 集会	perhimpunan プーヒムプゥナヌ	gathering
しゅうかい 集会する	berhimpun ブーヒムポヌ	to gather

し

日	マレー	英
しゅうかく 収穫	penuaian プヌゥワイヤヌ	harvest
しゅうかく 収穫する	tuai / menuai トゥウワイ / ムヌゥワイ	to harvest
しゅうがく 修学する	bersekolah ブースコラ(ハ)	to go to school
じゅうがつ 十月	(bulan) Oktober (ブゥラヌ) オクトブー	October
しゅうかん 習慣	tabiat / kebiasaan タビヤ(ト) / クビヤサアヌ	habit
しゅうかん 週間	minggu ミングゥ	week
しゅうき 周期	kitaran / pusingan / témpoh キタラヌ / プゥスインアヌ / テムポ(ホ)	cycle
しゅうぎいん 衆議院	Déwan Perwakilan デワヌ プーワキラヌ	the House of Representatives
しゅうきゅう 週給	gaji mingguan ガジ ミングゥワヌ	weekly wage [pay]
じゅうきょ 住居	kediaman / tempat tinggal クディヤマヌ / トゥムパ(ト) ティンガル	residence
しゅうきょう 宗教	agama アガマ	religion
しゅうぎょう 終業	tamat / habis タマ(ト) / ハベス	finish
しゅうぎょう 就業する	bekerja ブクージャ	to work
じゅうぎょういん 従業員	kakitangan カキタンアヌ	employee
しゅうぎょうじかん 終業時間	waktu tamat [habis] ワッ(ク)トゥウ タマ(ト) [ハベス]	finish time
しゅうきん 集金	kutipan bayaran クゥティパヌ バヤラヌ	bill collection
しゅうきん 集金する	kutip [mengutip] bayaran クゥテ(プ) [ムンウゥテ(プ)] バヤラヌ	to collect money [bill]
19	sembilan belas スムビラヌ ブラス	nineteen
しゅうけい 集計	penjumlahan プンジュウムラハヌ	totalization
しゅうけい 集計する	jumlahkan / menjumlahkan ジュウムラ(ハ)カヌ / ムンジュウムラ(ハ)カヌ	to total up

日	マレー	英
しゅうげき 襲撃	serbuan / serangan スーブゥワヌ / スランアヌ	raid
しゅうげき 襲撃する	serbu / menyerbu スーブゥ / ムニゥーブゥ	to raid
15	lima belas リマ ブラス	fifteen
しゅうごう 集合する	berkumpul / berhimpun ブークゥムポル / ブーヒムポヌ	to gather
しゅうごう ばしょ 集合場所	tempat berkumpul トゥムパ(ト) ブークゥムポル	meeting place
しゅうさい 秀才	orang bijaksana [cerdik] オラン ビジャクサナ [チューデッ]	brilliant person
しゅうさい 秀才の	bijaksana / cerdik / pintar ビジャクサナ / チューデッ / ピヌター	brilliant
13	tiga belas ティガ ブラス	thirteen
しゅうし 収支	pendapatan dan perbelanjaan プヌダパタヌ ダヌ プーブランジャアヌ	income and expenses
しゅうし 修士	sarjana サージャナ	master's degree
しゅうし 終始	dari mula sehingga habis ダリ ムゥラ スヒンガ ハベス	from first to last
しゅうじ 習字	kaligrafi カリグラフィ	calligraphy
じゅうし 重視	pertimbangan sérius プーティムバンアヌ セリウウス	serious consideration
じゅうし 重視する	mementingkan ムムヌテンカヌ	to make much account of
じゅうじ 従事	penglibatan プンリバタヌ	engagement
じゅうじ 従事する	terlibat トゥーリバ(ト)	to engage in
じゅうじか 十字架	salib サレ(ブ)	cross
しゅうじつ 終日	sehari suntuk スハリ スゥヌトッ	all day
じゅうじつ 充実した	penuh (makna) / bermakna プノ(ホ) (マッ(ク)ナ) / ブーマッ(ク)ナ	full
しゅうしゅう 収集	pengumpulan プンゥムプゥラヌ	collection

し

し

日	マレー	英
しゅうしゅう 収集する	kumpul / mengumpul クゥムポル / ムンゥウムポル	to collect
じゆうしゅぎ 自由主義	liberalisme リブラリスマ	liberalism
じゆうしゅぎ 自由主義の	liberal リブラル	liberal
じゅうしょ 住所	alamat アラマ(ト)	address
しゅうしょく 就職する	dapat [mendapat] pekerjaan ダパ(ト) [ムヌダパ(ト)] プクージャアヌ	to find employment
しゅうしょく 修飾	penerangan プヌランアヌ	modification
しゅうしょく 修飾する	terangkan / menerangkan トゥランカヌ / ムヌランカヌ	to modify
じゅうじろ 十字路	simpang empat スイムパン ウムパ(ト)	crossroads
しゅうじん 囚人	banduan バヌドゥウワヌ	prisoner
じゅうしん 重心	pusat graviti プゥサ(ト) グラヴィティ	centre of gravity
ジュース	jus ジュウス	juice
しゅうせい 修正	pembetulan プムブトラヌ	correction
しゅうせい 修正する	betulkan / membetulkan ブトルカヌ / ムムブトルカヌ	to correct
じゆうせき 自由席	tempat duduk bébas トゥムパ(ト) ドゥウドッ ベバス	non-reserved seat
しゅうぜん 修繕	pembaikan プムバイカヌ	repair
しゅうぜん 修繕する	baiki / membaiki バイキ / ムムバイキ	to repair
じゅうたい 渋滞	kesesakan lalu lintas クスサカヌ ラルゥ リヌタス	traffic jam
じゅうたい 渋滞する	sesak スサッ	to get jammed
じゅうたい 重体の	parah / kritikal パラ(ハ) / クリティカル	serious
じゅうだい 重大な	sangat penting / sérius サンア(ト) プヌテン / セリウゥス	significant

日	マレー	英
じゅうだい 十代の	belasan tahun ブラサヌ タホヌ	teenage
じゅうたく 住宅	rumah / kediaman ルゥマ(ハ) / クディヤマヌ	house
じゅうたくがい 住宅街	taman perumahan タマヌ プルゥマハヌ	residential area
じゅうたくちたい 住宅地帯	kawasan perumahan カワサヌ プルゥマハヌ	residential zone
しゅうだん 集団	kumpulan クゥムプゥラヌ	group
じゅうたん 絨毯	permaidani / karpét プーマイダニ / カペ(ト)	carpet
しゅうちじ 州知事（スルタンがいる州の）	menteri besar ムヌトゥリ ブサー	chief minister
しゅうちじ 州知事（スルタンがいない州の）	ketua menteri クトゥウワ ムヌトゥリ	chief minister
しゅうちしん 羞恥心	rasa [perasaan] malu ラサ［プラサアヌ］マルゥ	sense of shame
しゅうちゃく 執着	obsési オブセスィ	obsession
しゅうちゃく 執着する	terlalu fikirkan [memikirkan] トゥーラルゥ フィケーカヌ［ムミケーカヌ］	to be obsessed
しゅうちゅう 集中	penumpuan プヌゥムプゥワヌ	concentration
しゅうちゅう 集中する	tumpukan [menumpukan] (perhatian) トゥウムプゥカヌ［ムヌゥムプゥカヌ］（プーハティヤヌ）	to concentrate
しゅうちゅうちりょうしつ 集中治療室	unit rawatan rapi / ICU ユネ(ト) ラワタヌ ラピ / アイスイユゥ	intensive care unit (ICU)
しゅうてん 終点	stésén terakhir / terminal ステセヌ トゥラヘー / トゥミナル	terminal
しゅうでん 終電	trén terakhir トレヌ トゥラヘー	last train
じゅうてん 重点	perkara penting プーカラ プヌテン	important point
じゅうでん 充電	pengecasan プンゥチャサヌ	charging
じゅうでん 充電する	cas / mengecas チャス / ムンゥチャス	to charge
じゅうでんき 充電器	pengecas bateri プンゥチャス バトゥリ	battery charger

し

日	マレー	英
柔道（じゅうどう）	judo ジュゥド	judo
修道士（しゅうどうし）	rahib ラヘ(ブ)	monk
修道女（しゅうどうじょ）	rahib ラヘ(ブ)	nun
拾得物（しゅうとくぶつ）	barang jumpa バラン ジュウムパ	found item
17	tujuh belas トゥウジョ(ホ) ブラス	seventeen
柔軟（じゅうなん）	fléksibiliti / kefléksibelan フレクスイビリティ / クフレクスイブラヌ	flexibility
柔軟な（じゅうなん）	fléksibel / anjal / luwes フレクスイブル / アンジャル / ルウウス	flexible
12	dua belas ドゥワ ブラス	twelve
十二月（じゅうにがつ）	(bulan) Disémber （ブゥラヌ）ディゼムブー	December
収入（しゅうにゅう）	pendapatan プヌダパタヌ	income
収入源（しゅうにゅうげん）	punca pendapatan プゥンチャ プヌダパタヌ	income source
就任（しゅうにん）	penjawatan (jawatan) プンジャワタヌ（ジャワタヌ）	assumption (of a post)
就任する（しゅうにん）	jawat [menjawat] (jawatan) ジャワ(ト) ［ムンジャワ(ト)］（ジャワタヌ）	to assume (a post)
住人（じゅうにん）	penghuni / penduduk プンフゥニ / プヌドゥウドッ	resident
十年（じゅうねん）	sepuluh tahun スプゥロ(ホ) タホヌ	ten years
十年（じゅうねん）（期間）	dékad デカ(ド)	decade
集配人（しゅうはいにん）	posmén ポスメヌ	postman
18	lapan belas ラパヌ ブラス	eighteen
重病（じゅうびょう）	penyakit sérius プニャケ(ト) セリウゥス	serious [critical] illness
修復（しゅうふく）	pemulihan / pembaikpulihan プムゥリハヌ / プムバエッ(ク)プゥリハヌ	restoration

日	マレー	英
修復(しゅうふく)する	pulihkan / memulihkan プゥレ(ヘ)カヌ / ムムゥレ(ヘ)カヌ	to restore
重複(じゅうふく)	pertindihan / pertindanan プーティヌディハヌ / プーティヌダナヌ	overlapping
重複(じゅうふく)する	bertindih / bertindan ブーティヌデ(ヘ) / ブーティヌダヌ	to overlap
充分(じゅうぶん)	cukup チュゥコ(プ)	sufficiency
充分(じゅうぶん)な	cukup チュゥコ(プ)	sufficient
十分条件(じゅうぶんじょうけん)	syarat cukup シャラ(ト) チュゥコ(プ)	sufficient condition
週末(しゅうまつ)	hujung minggu フゥジョン ミングゥ	weekend
住民(じゅうみん)	penduduk プヌドゥウドッ	inhabitants
重役(じゅうやく)	éksékutif / ahli lembaga pengarah エクセクゥテフ / ア(ハ)リ ルムバガ プンアラ(ハ)	executive
周遊(しゅうゆう)	pelancongan プランチョンアヌ	tour
収容(しゅうよう)する	muat / muatkan / memuatkan ムゥワ(ト) / ムゥワ(ト)カヌ / ムムゥワ(ト)カヌ	to accommodate
重要(じゅうよう)な	penting プゥテン	important
14	empat belas ウムパ(ト) ブラス	fourteen
従来(じゅうらい)	sebelum ini スブロム イニ	in the past
修理(しゅうり)	pembaikpulihan プムバエッ(ク)プゥリハヌ	repair
修理(しゅうり)する	baik [membaik] pulih バエッ [ムムバエッ] プゥレ(ヘ)	to repair
修理工場(しゅうりこうじょう)	béngkél baik pulih ベンケル バエッ プゥレ(ヘ)	repair shop
修了(しゅうりょう)	penamatan プナマタヌ	completion
修了(しゅうりょう)する	tamat / selesai タマ(ト) / スルサィ	to complete
終了(しゅうりょう)	pengakhiran / penyudahan プンアヒラヌ / プニュゥダハヌ	end

し

日	マレー	英
しゅうりょう 終了する	berakhir / selesai / habis ブラヘー / スルサイ / ハベス	to end
じゅうりょう 重量	berat ブラ(ト)	weight
じゅうりょく 重力	graviti グラヴィティ	gravity
16	enam belas ウナム ブラス	sixteen
しゅえい 守衛	pengawal keselamatan プンァワル クスラマタヌ	security guard
しゅえん 主演	pelakon utama プラコヌ ウゥタマ	leading actor [actress]
しゅえん 主演する	jadi [menjadi] pelakon utama ジャディ [ムンジャディ] プラコヌ ウゥタマ	to play the lead role
しゅかん 主観	subjéktiviti / kesubjéktifan スゥ(ブ)ジェクティヴィティ / クスゥ(ブ)ジェクティファヌ	subjectivity
しゅかんてき 主観的な	subjéktif スゥ(ブ)ジェクティフ	subjective
しゅぎ 主義	prinsip プリヌセ(プ)	principle
しゅぎょう 修行	latihan ラテハヌ	training
しゅぎょう 修行する	berlatih ブーラテ(へ)	to train
じゅぎょう 授業	kelas クラス	class
じゅぎょう 授業する	ajar [mengajar] kelas アジャー [ムンァジャー] クラス	to teach a class
じゅぎょうりょう 授業料	yuran sekolah ユゥラヌ スコラ(ハ)	tuition fee
じゅぎょうりょう 授業料（大学）	yuran pengajian ユゥラヌ プンァジヤヌ	tuition fee
じゅく 塾	pusat tuisyen プゥサ(ト) トゥウイシュヌ	tuition centre
しゅくが 祝賀	keraian / sambutan クライヤヌ / サムブゥタヌ	celebration
しゅくが 祝賀する	raikan / meraikan ライカヌ / ムライカヌ	to celebrate
じゅくご 熟語	simpulan bahasa / idiom スイムプゥラヌ バハサ / イディヨム	idiom

し

日	マレー	英
じゅく 熟した	masak / matang マサッ / マタン	ripe
しゅくじつ 祝日	cuti umum チュウティ ウゥモム	holiday
しゅくしょう 縮小	pengecilan / pengurangan プンゥチラヌ / プンゥウランアヌ	reduction
しゅくしょう 縮小する	kecilkan / mengecilkan クチェルカヌ / ムンゥチェルカヌ	to reduce
じゅくすい 熟睡	kelénaan / kenyenyakan クレナアヌ / クニュニャカヌ	sound [deep] sleep
じゅくすい 熟睡する	tidur léna [nyenyak] ティドー レナ [ニュニャッ]	to sleep soundly
しゅくだい 宿題	kerja rumah クージャ ルゥマ(ハ)	homework
しゅくてん 祝典	majlis sambutan [keraian] マジレス サムブゥタヌ [クライヤヌ]	celebration
しゅくはく 宿泊	penginapan プンィナパヌ	accommodation
しゅくはく 宿泊する	inap / menginap / tinggal イナ(プ) / ムンィナ(プ) / ティンガル	to stay
しゅくはくきゃく 宿泊客	tetamu トゥタムゥ	guest
しゅくふく 祝福	tahniah / keraian タ(ハ)ニヤ(ハ) / クライヤヌ	congratulation
しゅくふく 祝福する	ucapkan [mengucapkan] tahniah ウゥチャ(プ)カヌ [ムンゥウチャ(プ)カヌ] タ(ハ)ニヤ(ハ)	to congratulate
しゅくめい 宿命	takdir タッ(ク)デー	destiny
じゅくりょ 熟慮	pertimbangan sewajarnya プーティムバンアヌ スワジャーニャ	deliberation
じゅくりょ 熟慮する	fikir masak-masak フィケー マサッ マサッ	to deliberate
じゅくれん 熟練	kemahiran クマヒラヌ	skill
じゅくれん 熟練した	mahir マヘー	skilful
じゅくれん 熟練する	jadi [menjadi] mahir ジャディ [ムンジャディ] マヘー	to become skilful
しゅげい 手芸	kerajinan [kraf] tangan クラジナヌ [クラフ] タンアヌ	handicraft

日	マレー	英
しゅげいひん 手芸品	produk kerajinan tangan プロドゥウッ クラジナヌ タンアヌ	handicrafts
しゅけん 主権	kedaulatan クダウラタヌ	sovereignty
じゅけん 受験	pengambilan peperiksaan プンアムビラヌ ププリクサアヌ	taking an exam
じゅけん 受験する	duduki [menduduki] peperiksaan ドゥウドゥウキ [ムヌドゥウドゥウキ] ププリクサアヌ	to take an exam
しゅ ご 主語	subjék スウ(ブ)ジェッ	subject
しゅこうげい 手工芸	kraf tangan クラフ タンアヌ	handicraft
しゅさい 主催	anjuran / tajaan アンジュウラヌ / タジャアヌ	sponsorship
しゅさい 主催する	anjurkan / menganjurkan アンジョーカヌ / ムンアンジョーカヌ	to sponsor
しゅざい 取材	pengumpulan berita プンウムプウラヌ ブリタ	news gathering
しゅざい 取材する	kumpul [mengumpul] berita クウムポル [ムンウムポル] ブリタ	to gather news
しゅ し 趣旨	maksud / niat マクスウ(ド) / ニヤ(ト)	intended meaning
しゅじゅ 種々	pelbagai [banyak] jenis プルバガイ [バニャッ] ジュネス	various
しゅじゅつ 手術	pembedahan プムブダハヌ	operation
しゅじゅつ 手術する	bedah / membedah ブダ(ハ) / ムムブダ(ハ)	to operate
しゅしょう 首相	perdana menteri プーダナ ムヌトゥリ	prime minister
しゅしょく 主食	makanan utama [ruji] マカナヌ ウウタマ [ルウジ]	staple diet
しゅじん 主人（夫）	suami スウワミ	husband
しゅじん 主人 （旅館や店などの）	tuan punya トゥウワヌ プウニャ	landlord
じゅしん 受信	penerimaan プヌリマアヌ	reception
じゅしん 受信する	terima / menerima トゥリマ / ムヌリマ	to receive

日	マレー	英
じゅしん 受診	perjumpaan dengan doktor プージュムパアヌ ドゥンアヌ ドクトー	consultation
じゅしん 受診する	jumpa [berjumpa] doktor ジュムパ [プージュムパ] ドクトー	to consult a doctor
しゅじんこう 主人公	watak utama ワタッ ウゥタマ	main character
しゅたい 主体	pusat プゥサ(ト)	centre
しゅたい ～主体の	berpusatkan ~ ブープゥサ(ト)カヌ	~-centred
しゅだい 主題	téma / tajuk テマ / タジョッ	theme
しゅだん 手段	cara / kaédah チャラ / カエダ(ハ)	way
しゅちょう 主張	dakwaan / pandangan ダッ(ク)ワアヌ / パヌダンアヌ	claim
しゅちょう 主張する	dakwa / mendakwa ダッ(ク)ワ / ムヌダッ(ク)ワ	to claim
しゅつえん 出演	kemunculan クムゥンチュウラヌ	appearance
しゅつえん 出演する	muncul / masuk ムゥンチョル / マソッ	to appear
しゅっきん 出勤	kehadiran ke tempat kerja クハディラヌ ク トゥムパ(ト) クージャ	going to work
しゅっきん 出勤する	hadir ke tempat kerja ハデー ク トゥムパ(ト) クージャ	to go to work
しゅっけつ 出血	pendarahan プヌダラハヌ	bleeding
しゅっけつ 出血する	berdarah ブーダラ(ハ)	to bleed
しゅつげん 出現	kemunculan / ketimbulan クムゥンチュウラヌ / クティムボラヌ	appearance
しゅつげん 出現する	muncul / timbul ムゥンチョル / ティムボル	to appear
じゅつご 述語	prédikat プレディカ(ト)	predicate
しゅっこく 出国	perlepasan プールパサヌ	departure
しゅっこく 出国する	keluar negara / berlepas クルゥワー ヌガラ / ブールパス	to leave a country

日	マレー	英
しゅっさん 出産する	bersalin ブーサレヌ	to give birth to
しゅっしゃ 出社	kehadiran ke tempat kerja クハディラヌ ク トゥムパ(ト) クージャ	going to work
しゅっしゃ 出社する	hadir ke tempat kerja ハデー ク トゥムパ(ト) クージャ	to go to work
しゅっせい 出生	kelahiran クラヒラヌ	birth
しゅっせい 出生する	lahir / dilahirkan ラヘー / ディラヘーカヌ	to be born
しゅつじょう 出場	penyertaan プニュータアヌ	participation
しゅつじょう 出場する	sertai / menyertai スータイ / ムニュータイ	to participate in
しゅっしん 出身	asal アサル	origin
しゅっせ 出世	promosi / kenaikan pangkat プロモスイ / クナイカヌ パンカ(ト)	promotion
しゅっせ 出世する	dinaikkan pangkat ディナエッカヌ パンカ(ト)	to be promoted
しゅっせき 出席	kehadiran クハディラヌ	attendance
しゅっせき 出席する	hadir / hadiri / menghadiri ハデー / ハディリ / ムンハディリ	to attend
しゅつだい 出題	penyediaan soalan peperiksaan プニュディヤアヌ ソワラヌ ププリクサアヌ	preparation of exam questions
しゅつだい 出題する	menyediakan soalan peperiksaan ムニュディヤカヌ ソワラヌ ププリクサアヌ	to prepare exam questions
しゅっちょう 出張	kerja luar / lawatan kerja クージャ ルウワー / ラワタヌ クージャ	outstation
しゅっちょう 出張する	buat [membuat] kerja luar ブウワ(ト) [ムムブウワ(ト)] クージャ ルウワー	to go outstation
しゅっちょうてあて 出張手当	élaun kerja luar エラォヌ クージャ ルウワー	outstation allowance
しゅっちょうひ 出張費	kos perjalanan コス プージャラナヌ	travel expenses [costs]
しゅつどう 出動する	dihantar ディハヌター	to be sent
しゅっぱつ 出発	perlepasan プールパサヌ	departure

日	マレー	英
しゅっぱつ 出発する	berlepas / bertolak ブールパㇲ / ブートラッ	to depart
しゅっぱつじかん 出発時間	waktu berlepas [bertolak] ワッ(ㇰ)トゥウ ブールパㇲ [ブートラッ]	departure time
しゅっぱつ 出発ロビー	balai [ruang] berlepas バラィ [ルゥワン] ブールパㇲ	departure hall
しゅっぱん 出版	penerbitan プヌービタヌ	publishing
しゅっぱん 出版する	terbitkan / menerbitkan トゥーベ(ㇳ)カヌ / ムヌーベ(ㇳ)カヌ	to publish
しゅっぱんしゃ 出版社	penerbit プヌーベ(ㇳ)	publishing company [house]
しゅっぴ 出費	kos perbelanjaan コㇲ プーブランジャアヌ	expenses
しゅっぴ 出費する	berbelanja ブーブランジャ	to expend
しゅっぴん 出品する	pamérkan / mempamérkan パメーカヌ / ムムパメーカヌ	to exhibit
しゅと 首都	ibu negara イブゥ ヌガラ	capital city
しゅどう 主導	penerajuan / pemimpinan プヌラジュゥワヌ / プミムピナヌ	taking the initiative
しゅどう 主導する	terajui / menerajui トゥラジュゥイ / ムヌラジュゥイ	to take the initiative
しゅとく 取得	pemeroléhan プムーオレハヌ	acquisition
しゅとく 取得する	peroléh / memperoléh プーオレ(ㇸ) / ムムプーオレ(ㇸ)	to acquire
しゅにん 主任	ketua クトゥウワ	chief
しゅのう 首脳	pemimpin / ketua プミムピヌ / クトゥウワ	leader
しゅび 守備	pertahanan / perlindungan プータハナヌ / プーリヌドゥウンアヌ	defence
しゅび 守備する	pertahankan / mempertahankan プータハヌカヌ / ムムプータハヌカヌ	to defend
しゅふ 主婦	suri rumah スゥリ ルゥマ(ㇵ)	housewife
しゅほう 手法	téknik / kaédah テクネッ / カエダ(ㇵ)	technique

し

日	マレー	英
趣味（しゅみ）	hobi ホビ	hobby
趣味（しゅみ）（好み、傾向）	kegemaran クグマラヌ	liking
寿命（じゅみょう）	hayat ハヤ(ト)	life
種目（しゅもく）	acara アチャラ	event
樹木（じゅもく）	pohon / pokok ポホヌ / ポコッ	tree
主役（しゅやく）	watak utama / bintang ワタッ ウゥタマ / ビヌタン	leading role
腫瘍（しゅよう）	tumor / ketumbuhan トゥウモー / クトゥムブゥハヌ	tumour
主要な（しゅような）	utama ウゥタマ	principal
需要（じゅよう）	permintaan / tuntutan プーミヌタアヌ / トゥウヌトゥウタヌ	demand
樹立（じゅりつ）	penubuhan プヌゥブゥハヌ	establishment
樹立する（じゅりつする）	tubuhkan / menubuhkan トゥウボ(ホ)カヌ / ムヌゥボ(ホ)カヌ	to establish
狩猟（しゅりょう）	pemburuan プムブゥルゥワヌ	hunting
狩猟する（しゅりょうする）	buru / memburu ブゥルゥ / ムムブゥルゥ	to hunt
受領（じゅりょう）	penerimaan プヌリマアヌ	receipt
受領する（じゅりょうする）	terima / menerima トゥリマ / ムヌリマ	to receive
種類（しゅるい）	jenis ジュネス	kind
シュレッダー	mésin pencincang メセヌ プンチンチャン	shredder
手話（しゅわ）	bahasa isyarat バハサ イシャラ(ト)	sign language
受話器（じゅわき）	gagang téléfon ガガン テレフォヌ	telephone receiver
受話器を置く（じゅわきをおく）	letakkan [meletakkan] gagang téléfon ルタッカヌ [ムルタッカヌ] ガガン テレフォヌ	to put down the receiver

日	マレー	英
旬（しゅん）	musim ムゥセム	season
順位（じゅんい）	kedudukan クドゥウドゥウカヌ	ranking
瞬間（しゅんかん）	saat / detik / ketika サア(ト) / ドゥテッ / クティカ	moment
循環（じゅんかん）	perédaran / kitaran プーエダラヌ / キタラヌ	circulation
循環する（じゅんかんする）	berédar ブレダー	to circulate
準急（じゅんきゅう）	trén separuh éksprés トレヌ スパロ(ホ) エクスプレス	local express (train)
准教授（じゅんきょうじゅ）	profésor madya プロフェスー マ(ド)ヤ	associate professor
純金（じゅんきん）	emas tulén ウマス トゥウレヌ	pure gold
巡査（じゅんさ）	konstabel polis コヌスタブル ポレス	police constable
順々に（じゅんじゅんに）	bergilir-gilir ブーギレー ギレー	in turn
順序（じゅんじょ）	susunan / turutan / urutan スゥスゥナヌ / トゥウルゥタヌ / ウゥルゥタヌ	order
純情（じゅんじょう）	hati murni [suci] ハティ ムゥルニ [スゥチ]	pure heart
純情な（じゅんじょうな）	berhati murni [suci] ブーハティ ムゥルニ [スゥチ]	pure in heart
準じる（じゅんじる）	ikuti / mengikuti イクゥティ / ムンイクゥティ	to conform to
純粋（じゅんすい）	kemurnian / keaslian クムゥルニヤヌ / クアスリヤヌ	purity
純粋な（じゅんすいな）	murni / asli / tulén ムゥルニ / アスリ / トゥウレヌ	pure
順調（じゅんちょう）	kelancaran クランチャラヌ	smoothness
順調な（じゅんちょうな）	lancar ランチャー	smooth
順応（じゅんのう）	penyesuaian diri プニュスゥワイヤヌ ディリ	adaptation
順応する（じゅんのうする）	sesuaikan [menyesuaikan] diri ススゥワイカヌ [ムニュスゥワイカヌ] ディリ	to adapt

日	マレー	英
じゅんばん 順番	giliran / susunan ギリラヌ / スゥスゥナヌ	order
じゅんび 準備	persediaan / persiapan プースディヤアヌ / プースィヤパヌ	preparation
じゅんび 準備する	sediakan / menyediakan スディヤカヌ / ムニュディヤカヌ	to prepare
じゅんれい 巡礼	haji / umrah ハジ / ウゥムラ(ハ)	pilgrimage
じゅんれい 巡礼する	kerjakan [mengerjakan / naik] haji クージャカヌ [ムンウージャカヌ / ナエッ] ハジ	to make a pilgrimage
じゅんれいだん 巡礼団	jemaah haji [umrah] ジュマア(ハ) ハジ [ウゥムラ(ハ)]	pilgrims
じゅんろ 順路	laluan ラルゥワヌ	route
しよう 仕様（構成）	spésifikasi / ciri-ciri スペスィフィカスィ / チリ チリ	specifications
しよう 仕様（方法）	cara / kaédah チャラ / カエダ(ハ)	way
しよう 私用（個人的使用）	kegunaan peribadi クグゥナアヌ プリバディ	private use
しよう 私用（私的用事）	hal [urusan] peribadi ハル [ウゥルゥサヌ] プリバディ	personal matter
しょう 章	bab バ(ブ)	chapter
しょう 賞	anugerah / hadiah アヌゥグラ(ハ) / ハディヤ(ハ)	prize
しよう 使用	penggunaan / kegunaan プングゥナアヌ / クグゥナアヌ	use
しよう 使用する	gunakan / menggunakan グゥナカヌ / ムングゥナカヌ	to use
しよう 私用する	menggunakan untuk kegunaan peribadi ムングゥナカヌ ウゥヌトゥッ クグゥナアヌ プリバディ	to use privately
しよう 試用	percubaan プーチュゥバアヌ	trial
しよう 試用する	cuba / mencuba チュゥバ / ムンチュゥバ	to try out
じょう 情	perasaan / émosi プラサアヌ / エモスィ	feeling

日	マレー	英
じょう 錠（鍵）	kunci クゥンチ	lock
じょうい 上位	kedudukan tertinggi クドゥウドゥウカヌ トゥーティンギ	higher rank
じょうえん 上演	persembahan / pertunjukan プースムバハヌ / プートゥウンジュウカヌ	performance
じょうえん 上演する	persembahkan / mempersembahkan プースムバ(ハ)カヌ / ムムプースムバ(ハ)カヌ	to perform
しょうか 消化	pencernaan プンチュルナアヌ	digestion
しょうか 消化する	cernakan / mencernakan チュルナカヌ / ムンチュルナカヌ	to digest
じょうか 城下	di bawah istana ディ バワ(ハ) イスタナ	under the castle
しょうかい 紹介	perkenalan プークナラヌ	introduction
しょうかい 紹介する	perkenalkan / memperkenalkan プークナルカヌ / ムムプークナルカヌ	to introduce
しょうがい 障害	rintangan / halangan リヌタンアヌ / ハランアヌ	obstacle
しょうがい 生涯	hayat / hidup / kehidupan ハヤ(ト) / ヒド(プ) / クヒドゥウパヌ	life
しょうがいしゃ 障害者	orang kurang upaya オラン クゥラン ウゥパヤ	disabled [handicapped] person
しょうかき 消火器	alat pemadam api アラ(ト) プマダム アピ	fire extinguisher
しょうがくきん 奨学金	biasiswa ビヤスイスワ	scholarship
しょうがくせい 小学生	murid sekolah rendah ムウレ(ド) スコラ(ハ) ルヌダ(ハ)	primary school student
しょうかせん 消火栓	pili bomba ピリ ボムバ	fire hydrant
しょうがつ 正月	Tahun Baru [Baharu] タホヌ バルゥ [バハルゥ]	the New Year
しょうがっこう 小学校	sekolah rendah スコラ(ハ) ルヌダ(ハ)	primary school
しょうかふりょう 消化不良	ketidakhadaman クティダッ(ク)ハダマヌ	indigestion
しょうかふりょう 消化不良の	tidak hadam [cerna] ティダッ ハダム [チュルナ]	not digested

し

日	マレー	英
しょうぎ 将棋	(permainan) shogi (プーマイナヌ) ショギ	shogi
じょうき 蒸気	wap (air) / stim ワ(プ) (アエー) / ステイム	steam
じょうぎ 定規	pembaris プムバレス	ruler
じょうきゃく 乗客	penumpang プヌウムパン	passenger
しょうきゅう 昇給	kenaikan gaji クナイカヌ ガジ	pay increase
しょうきゅう 昇給する	dinaikkan gaji ディナエッカヌ ガジ	to get a rise in one's salary
じょうきゅう 上級	tahap lanjutan [tinggi] タハ(プ) ランジュウタヌ [ティンギ]	advanced level
じょうきゅうこうし 上級講師	pensyarah kanan プヌシャラ(ハ) カナヌ	senior lecturer
しょうきょ 消去	pemadaman プマダマヌ	deletion
しょうきょ 消去する	padam / memadam パダム / ムマダム	to delete
しょうぎょう 商業	perniagaan / perdagangan プーニヤガアヌ / プーダガンアヌ	commerce
じょうきょう 上京	kedatangan ke ibu negara クダタンアヌ ク イブゥ ヌガラ	coming to the capital
じょうきょう 上京する	datang [pergi] ke ibu negara ダタン [プーギ] ク イブゥ ヌガラ	to come [go up] to the capital
じょうきょう 状況	keadaan / situasi クアダアヌ / スイトゥウワスイ	condition
しょうきょくせい 消極性	kepasifan クペスイファヌ	passiveness
しょうきょくてき 消極的な	(bersifat) pasif (ブースイファ(ト)) ペスイフ	passive
しょうきん 賞金	hadiah wang ハディヤ(ハ) ワン	reward
じょうくう 上空	ruang udara ルゥワン ウゥダラ	up in the sky
じょうげ 上下	atas dan bawah アタス ダヌ バワ(ハ)	top and bottom
じょうげ 上下する	naik (dan) turun ナエッ (ダヌ) トゥウロヌ	to move up and down

日	マレー	英
しょうげき 衝撃（物理的）	hentaman フヌタマヌ	crushing
しょうげき 衝撃（大きな影響）	impak / kesan / kejutan イムペッ / クサヌ / クジュウタヌ	impact
しょうけん 証券	saham サハム	a small number
しょうげん 証言	téstimoni テスティモニ	testimony
しょうげん 証言する	beri [memberi] keterangan ブリ ［ムムブリ］ クトゥランアヌ	to testify
じょうけん 条件	syarat シャラ(ト)	condition / terms
しょうけんがいしゃ 証券会社	syarikat saham シャリカ(ト) サハム	brokerage firm
しょうけんとりひきじょ 証券取引所	bursa saham ブゥウルサ サハム	stock exchange
しょうこ 証拠	bukti ブゥクティ	evidence
しょうご 正午	tengah hari トゥンア(ハ) ハリ	noon
しょうごう 照合	pengesahan プンゥサハヌ	verification
しょうごう 照合する	sahkan / mengesahkan サ(ハ)カヌ / ムンゥサ(ハ)カヌ	to verify
しょうさい 詳細	maklumat lanjut / perincian マッ(ク)ルウマ(ト) ランジョ(ト) / プリンチヤヌ	details
しょうさい 詳細な	terperinci トゥープリンチ	detailed
じょうざい 錠剤	(ubat) pil [tablét] （ウゥバ(ト)） ピル ［タ(ブ)レ(ト)］	pill
しょうさん 称賛	pujian プゥジヤヌ	praise
しょうさん 称賛する	puji / memuji プゥジ / ムムゥジ	to give praise
しょうじ 障子	shoji ショジ	shoji (screen)
じょうし 上司	pegawai atasan プガワィ アタサヌ	boss
しょうじき 正直	kejujuran クジュゥジュウラヌ	honesty

し

し

日	マレー	英
しょうじき 正直な	jujur ジュゥジョー	honest
じょうしき 常識（知識）	pengetahuan am プンゥタフゥワヌ アム	common knowledge
じょうしき 常識（判断力）	akal アカル	common sense
じょうしつ 上質	mutu [kualiti] tinggi ムゥトゥウ ［クゥワリティ］ ティンギ	high-quality [grade]
しょうしゃ 商社	syarikat perdagangan シャリカ(ト) プーダガンァヌ	trading company
しょうしゃ 勝者	pemenang プムナン	winner
じょうしゃ 乗車する	naiki / menaiki ナイキ / ムナイキ	to board
じょうしゃけん 乗車券	tikét ティケ(ト)	ticket
しょうじゅん 昇順	tertib menaik トゥーテ(ブ) ムナェッ	ascending order
じょうじゅん 上旬	awal bulan アワル ブゥラヌ	beginning of a month
しようしょ 仕様書	spésifikasi / perincian スペスィフィカスィ / プリンチヤヌ	specifications
しょうじょ 少女	budak perempuan ブゥダッ プルムプゥワヌ	little girl
しょうしょう 少々	sedikit (sahaja) スディケ(ト) （サハジャ）	just a little bit
しょうじょう 症状	simptom / gejala / tanda スイムプトム / グジャラ / タヌダ	symptom
じょうしょう 上昇	kenaikan クナイカヌ	rising
じょうしょう 上昇する	naik / menaik / meningkat ナェッ / ムナェッ / ムニンカ(ト)	to rise
しょう 生じる	timbul ティムボル	to arise
しょうしん 昇進	promosi / kenaikan pangkat プロモスィ / クナイカヌ パンカ(ト)	promotion
しょうしん 昇進する	dinaikkan pangkat ディナエッカヌ パンカ(ト)	to be promoted
じょうず 上手な	pandai / mahir パヌダイ / マヘー	proficient

日	マレー	英
しょうすう 小数	perpuluhan プープゥルゥハヌ	decimal
しょうすう 少数	bilangan kecil ビランアヌ クチェル	a small number
しょうすう 少数の	segelintir スグリヌテー	a small number of
しょう 称する	bergelar / digelar ブーグラー / ディグラー	to be known as
じょうせい 情勢	keadaan クアダアヌ	state of affairs
しょうせつ 小説	novel ノヴル	novel
しょうそく 消息	khabar (berita) / maklumat カバー（ブリタ） / マッ(ク)ルゥマ(ト)	news
しょうたい 招待	jemputan / undangan ジュムプゥタヌ / ウゥヌダンアヌ	invitation
しょうたい 招待する	jemput / menjemput ジュムポ(ト) / ムンジュムポ(ト)	to invite
しょうたい 正体	rupa sebenar / idéntiti ルゥパ スブナー / イデヌティティ	true character
じょうたい 状態	keadaan クアダアヌ	condition
しょうだく 承諾	persetujuan プーストゥウジュウワヌ	consent
しょうだく 承諾する	bersetuju ブーストゥウジュウ	to consent
じょうたつ 上達	kemajuan クマジュウワヌ	improvement
じょうたつ 上達する	bertambah baik ブータムバ(ハ) バエッ	to improve
じょうだん 冗談	gurauan / main-main グゥラウワヌ / マエヌ マエヌ	joke
じょうだん い 冗談を言う	gurau / bergurau グゥラゥ / ブーグゥラゥ	to joke
しょうだん 商談	rundingan perniagaan ルゥヌディンアヌ プーニヤガアヌ	business talk
しょうだん 商談する	mengadakan rundingan perniagaan ムンアダカヌ ルゥヌディンアヌ プーニヤガアヌ	to have a business talk
しょうち 承知	pengetahuan / persetujuan プンゥタフゥワヌ / プーストゥウジュウワヌ	knowledge

し

日	マレー	英
しょうち 承知する	maklum / tahu / bersetuju マッ(ク)ロム / タフゥ / ブーストゥウジュゥ	to know
しようちゅう 使用中	sedang digunakan スダン ディグゥナカヌ	in use
じょうちょ 情緒	émosi / perasaan エモスィ / プラサアヌ	emotion
しょうちょう 象徴	lambang / simbol ラムバン / スィムボル	symbol
しょうちょう 象徴する	lambangkan / melambangkan ラムバンカヌ / ムラムバンカヌ	to symbolize
しょうちょう 小腸	usus kecil ウウスウス クチエル	small intestine
しょうてん 商店	kedai クダイ	store
しょうてん 焦点	fokus / titik tumpuan フォコス / ティテッ トゥウムプゥワヌ	focus
しょうどう 衝動	desakan [dorongan] hati ドゥサカヌ [ドロンアヌ] ハティ	impulse
じょうとう 上等	kebagusan / kebaikan クバグゥサヌ / クバイカヌ	good
じょうとう 上等な	bagus / baik バゴス / バエッ	good
しょうどく 消毒	disinféksi / penyahjangkitan ディスイヌフェクスイ / プニャ(ハ)ジャンキタヌ	disinfection
しょうどく 消毒する	nyahjangkit / menyahjangkit ニャ(ハ)ジャンケ(ト) / ムニャ(ハ)ジャンケ(ト)	to disinfect
しょうどくえき 消毒液	cecair antiséptik チュチャエー アヌティセ(プ)テッ	antiseptic solution
しょうどくやく 消毒薬	antiséptik / penyahjangkit アヌティセ(プ)テッ / プニャ(ハ)ジャンケ(ト)	antiseptic
しょうとつ 衝突	kelanggaran / pertembungan クランガラヌ / プートゥムブゥンアヌ	crash
しょうとつ 衝突する	langgar / terlanggar / melanggar ランガー / トゥーランガー / ムランガー	to crash
しょうにか 小児科	klinik kanak-kanak クリネッ カナッ カナッ	paediatric clinic
しょうにかい 小児科医	doktor pakar kanak-kanak ドクトー パカー カナッ カナッ	paediatrician
しょうにん 商人	peniaga / pedagang プニヤガ / プダガン	merchant

日	マレー	英
しょうにん 承認	kelulusan クルゥルゥサヌ	approval
しょうにん 承認する	luluskan / meluluskan ルゥロスカヌ / ムルゥロスカヌ	to approve
しょうにん 証人	saksi サッ(ク)スイ	witness
しようにん 使用人	orang gaji / pesuruh オラン ガジ / プスゥロ(ホ)	employee
じょうねつ 情熱	semangat / keghairahan スマンァ(ト) / クガィラハヌ	passion
じょうねつてき 情熱的な	bersemangat / penuh émosi ブースマンァ(ト) / プノ(ホ) エモスィ	passionate
しょうねん 少年	budak lelaki ブゥダッ ルラキ	boy
じょうば 乗馬	penunggangan kuda プヌゥンガンァヌ クゥダ	horse riding
じょうば 乗馬する	menunggang kuda ムヌゥンガン クゥダ	to ride a horse
しょうはい 勝敗	menang kalah ムナン カラ(ハ)	win and loss
しょうばい 商売	perniagaan / jual beli プーニヤガァヌ / ジュゥワル ブリ	trade
しょうばい 商売する	berniaga ブーニヤガ	to trade
じょうはつ 蒸発	pengewapan プンゥワパヌ	evaporation
じょうはつ 蒸発する	wap / mengewap ワ(プ) / ムンゥワ(プ)	to evaporate
しょうひ 消費	penggunaan プングゥナァヌ	consumption
しょうひ 消費する	guna / mengguna グゥナ / ムングゥナ	to consume
しょうひしゃ 消費者	pengguna / pembeli プングゥナ / プムブリ	consumer
しょうひぜい 消費税	cukai barangan dan perkhidmatan / GST チュゥカィ バランァヌ ダヌ プーヒ(ド)マタヌ / ジエスティ	goods and services tax / GST
しょうひょう 商標	tanda [cap] dagang タヌダ［チャ(プ)］ダガン	trademark

日	マレー	英
しょうひん 商品	produk プロドゥウッ	product
しょうひん 賞品	hadiah ハディヤ(ハ)	prize
じょうひん 上品	kehalusan / kesopanan クハルゥサヌ / クソパナヌ	elegance
じょうひん 上品な	halus / lemah lembut / sopan ハロス / ルマ(ハ) ルムボ(ト) / ソパヌ	elegant
しょうひんけん 商品券	baucar [sijil] hadiah バウチャー [スイジェル] ハディヤ(ハ)	gift voucher [certificate]
しょうぶ 勝負	pertarungan / perlawanan プータロンアヌ / プーラワナヌ	match [game]
しょうぶ 勝負する	bertarung / berlawan ブータロン / ブーラワヌ	to compete in a match [game]
じょうぶ 丈夫	ketegapan / kekuatan クトゥガパヌ / ククゥワタヌ	sturdiness
じょうぶ 丈夫な（健康な）	tegap トゥガ(プ)	sturdy
じょうぶ 丈夫な （耐久性がある）	kuat / (tahan) lasak クゥワ(ト) / (タハヌ) ラサッ	sturdy
しょうべん 小便	air [najis] kecil アエー [ナジェス] クチェル	urine
しょうべん 小便する	buang [membuang] air kecil ブゥワン [ムムブゥワン] アエー クチェル	to urinate
じょうほ 譲歩	konsési / kompromi コヌセスィ / コムプロミ	concession
じょうほ 譲歩する	buat [membuat] konsési ブゥワ(ト) [ムムブゥワ(ト)] コヌセスィ	to concede
しようほう 使用法	cara penggunaan [guna] チャラ プングゥナアヌ [グゥナ]	usage
しょうぼう 消防	kebombaan クボムバアヌ	fire fighting
じょうほう 情報	maklumat / informasi マッ(ク)ルゥマ(ト) / イヌフォーマスィ	information
しょうぼうし 消防士	ahli bomba ア(ハ)リ ボムバ	firefighter
しょうぼうしゃ 消防車	keréta bomba クレタ ボムバ	fire engine
しょうぼうしょ 消防署	balai bomba バライ ボムバ	fire station

日	マレー	英
しょうぼうたい 消防隊	(pasukan) bomba (パソカヌ) ボムバ	fire brigade
しょうみ 正味	bersih ブーセ(ヘ)	nett
じょうみゃく 静脈	véna / urat (darah) ヴェナ / ウウラ(ト) (ダラ(ハ))	vein
じょうみゃくちゅうしゃ 静脈注射	suntikan intravéna [IV] スウヌティカヌ イヌトラヴェナ [アイヴィ]	intravenous [IV] injection
じょうみゃくないゆえき 静脈内輸液	cecair intravéna [IV] チュチャエー イヌトラヴェナ [アイヴィ]	intravenous [IV] fluid
じょうむいん 乗務員	anak kapal アナッ カパル	crew member
しょうめい 照明	pencahayaan / lampu プンチャハヤアヌ / ラムプゥ	lighting
しょうめい 照明する	terangi / menerangi トゥランイ / ムヌランイ	to light
しょうめい 証明	bukti / pengesahan ブゥクティ / プンゥサハヌ	proof
しょうめい 証明する	buktikan / membuktikan ブゥクティカヌ / ムムブゥクティカヌ	to prove
しょうめいしょ 証明書	sijil / surat akuan スイジェル / スウラ(ト) アクウワヌ	certificate
しょうめん 正面	hadapan / depan ハダパヌ / ドゥパヌ	front
しょうもう 消耗	penggunaan プングゥナアヌ	consumption
しょうもう 消耗する	makan / memakan マカヌ / ムマカヌ	to consume
じょうやく 条約	perjanjian プージャンジヤヌ	treaty
しょうゆ 醤油	kicap キチャ(プ)	soy sauce
しょうよう 商用	kegunaan komersil クグゥナアヌ コムスイル	commercial use
しょうよう 商用で	atas [untuk] urusan kerja アタス [ウゥヌトッ] ウゥルゥサヌ クージャ	on business
しょうよう 商用の	komersil / komersial コムスイル / コムスイヤル	commercial
しょうらい 将来	masa depan [hadapan] マサ ドゥパヌ [ハダパヌ]	future

し

日	マレー	英
しょうり 勝利	kemenangan クムナンアヌ	victory
しょうり 勝利する	menang ムナン	to win
じょうりく 上陸	pendaratan プヌダラタヌ	landing
じょうりく 上陸する	darat / mendarat ダラ(ト) / ムヌダラ(ト)	to land
しょうりゃく 省略（割愛）	pengabaian / pengguguran プンァバイヤヌ / プングゥグゥラヌ	omission
しょうりゃく 省略（短縮）	singkatan / peméndékan スインカタヌ / プメヌデカヌ	abbreviation
しょうりゃく 省略する（省く）	tidak masukkan [memasukkan] ティダッ マソッカヌ［ムマソッカヌ］	to omit
しょうりゃく 省略する（略す）	singkatkan / menyingkatkan スインカ(ト)カヌ / ムニインカ(ト)カヌ	to abbreviate
じょうりゅう 蒸留	penyulingan プニュゥレンアヌ	distillation
じょうりゅう 蒸留した	suling スゥレン	distilled
じょうりゅう 蒸留する	sulingkan / menyulingkan スゥレンカヌ / ムニュゥレンカヌ	to distill
じょうりゅうしゅ 蒸留酒	arak / minuman keras アラッ / ミヌゥマヌ クラス	spirits
しょうりょう 少量	jumlah kecil [sedikit] ジュゥムラ(ハ) クチェル［スディケ(ト)］	a small amount [quantity]
しょうれい 奨励	galakan / promosi ガラカヌ / プロモスイ	encouragement
しょうれい 奨励する	galakkan / menggalakkan ガラッカヌ / ムンガラッカヌ	to encourage
じょうれい 条例	ordinan / peraturan オディナヌ / プラトゥウラヌ	ordinance
じょうろ	penyiram プニイラム	watering can
ショー	persembahan / pertunjukan プースムバハヌ / プートゥウンジョカヌ	show
じょおう 女王	permaisuri プーマイスゥリ	queen
ジョーク	jenaka / gurauan ジュナカ / グゥラゥワヌ	joke

日	マレー	英
ショーツ	seluar dalam wanita / spénder スルゥワー ダラㇺ ワニタ / スペㇴドゥー	panties
ショール	seléndang スレㇴダン	shawl
ショールーム	bilik [pusat] paméran ビレッ［プゥサ(ト)］パメラㇴ	showroom
じょがい 除外	pengecualian プンゥチュゥワリヤㇴ	exclusion
じょがい 除外する	kecualikan / mengecualikan クチュゥワリカㇴ / ムンゥチュゥワリカㇴ	to exclude
しょき 初期	peringkat awal プリンカ(ト) アワㇽ	beginning
しょきゅう 初級	tahap asas タハ(プ) アサㇲ	basic level
じょきょう 助教	penolong pensyarah プノロン プㇴシャラ(ハ)	assistant lecturer
じょきょうじゅ 助教授	profésor madya プロフェスー マドヤ	associate professor
じょきん 除菌	pembasmian kuman プㇺバスミヤㇴ クゥマㇴ	bacteria elimination
じょきん 除菌する	basmi [membasmi] kuman バスミ［ムㇺバスミ］クゥマㇴ	to eliminate bacteria
しょく 食あたり	keracunan makanan クラチュゥナㇴ マカナㇴ	food poisoning
しょくいん 職員	pekerja / kakitangan プクージャ / カキタンァㇴ	staff
しょくえん 食塩	garam ガラㇺ	salt
しょくぎょう 職業	pekerjaan プクージャァㇴ	occupation
しょくご 食後	selepas [setelah] makan スルパㇲ［ストゥラ(ハ)］マカㇴ	after eating
しょくじ 食事	makan / hidangan マカㇴ / ヒダンァㇴ	meal
しょくじ 食事する	makan マカㇴ	to have a meal
しょくぜん 食前	sebelum makan スブロㇺ マカㇴ	before eating
しょくぜんしゅ 食前酒	apéritif アペリテㇷ	aperitif

し

日	マレー	英
しょくたく 食卓	méja makan メジャ マカヌ	dining table
しょくちゅうどく 食中毒	keracunan makanan クラチュウナヌ マカナヌ	food poisoning
しょくどう 食堂	kantin / déwan makan カヌティヌ / デワヌ マカヌ	canteen / dining hall
しょくどう 食道	ésofagus エソファゴス	oesophagus
しょくどうしゃ 食堂車	gerabak makan (minum) グラバッ マカヌ (ミノム)	dining car
しょくにん 職人	tukang / artisan トゥウカン / アーティサヌ	artisan
しょくば 職場	tempat kerja トゥムパ(ト) クージャ	workplace
しょくひん 食品	produk makanan プロドゥウッ マカナヌ	food products
しょくぶつ 植物	tumbuh-tumbuhan トゥウムボ(ホ) トゥウムボハヌ	plant
しょくぶつえん 植物園	taman botani タマヌ ボタニ	botanical garden
しょくみんち 植民地	tanah jajahan タナ(ハ) ジャジャハヌ	colony
しょくむ 職務	tugas トゥウガス	duty
しょくもつ 食物	makanan マカナヌ	food
しょくよう 食用	kegunaan makanan クグゥナアヌ マカナヌ	use as food
しょくよう 食用の	makan / makanan マカヌ / マカナヌ	edible
しょくよく 食欲	seléra makan スレラ マカヌ	appetite
しょくりょう 食料	bahan makanan バハヌ マカナヌ	food
しょくりょうざっかてん 食料雑貨店	kedai runcit クダイ ルゥンチェ(ト)	grocery store
しょくりょうひん 食料品	produk makanan プロドゥウッ マカナヌ	foodstuff
じょげん 助言	nasihat / cadangan ナスイハ(ト) / チャダンアヌ	advice

日	マレー	英
じょげん 助言する	nasihati / menasihati ナスィハティ / ムナスィハティ	to advise
じょこう 徐行	pergerakan perlahan-lahan プーグラカヌ プーラハヌ ラハヌ	crawl
じょこう 徐行する	berjalan perlahan-lahan ブージャラヌ プーラハヌ ラハヌ	to go slowly
しょさい 書斎	bilik membaca ビレッ ムムバチャ	study (room)
しょざい 所在	letaknya / tempat ルタッ(ク)ニャ / トゥムパ(ト)	location
しょじ 所持	pemilikan プミリカヌ	possession
しょじ 所持する	miliki / memiliki ミリキ / ムミリキ	to possess
じょし 助詞	kata bantu カタ バヌトゥウ	auxiliary / particle
じょし 女史	Datuk / Dato' / Puan / Cik ダトッ / ダトッ / プゥワヌ / チェッ	Miss / Madame
じょし 女子	perempuan プルムプゥワヌ	female
しょしき 書式	format フォーマ(ト)	format
じょしつ 除湿	penyahlembapan プニャ(ハ)ルムババヌ	dehumidification
じょしつ 除湿する	nyahlembap / menyahlembap ニャ(ハ)ルムバ(プ) / ムニャ(ハ)ルムバ(プ)	to dehumidify
じょしつき 除湿器	déhumidifier / penyahlembap デヒュゥミディファユー / プニャ(ハ)ルムバ(プ)	dehumidifier
じょしゅ 助手	penolong / pembantu プノロン / プムバヌトゥウ	assistant
しょじゅん 初旬	awal bulan アワル ブゥラヌ	beginning of a month
じょじょ 徐々に	beransur-ansur / makin ブラヌソー アヌソー / マケヌ	gradually
しょしんしゃ 初心者	orang (yang) baru (belajar) オラン (ヤン) バルゥ (ブラジャー)	beginner
じょせい 女性	wanita ワニタ	woman
しょせき 書籍	buku ブゥクゥ	book

し

日	マレー	英
しょぞく 所属	penganggotaan / afiliasi プンァンゴタアヌ / アフィリヤスイ	belonging
しょぞく 所属する	anggotai / menganggotai アンゴタイ / ムンァンゴタイ	to belong to
じょたい 除隊する	berhenti dari tentera ブーフヌティ ダリ トゥヌトゥラ	to be discharged
しょち 処置（手当て）	rawatan ラワタヌ	treatment
しょち 処置（対処）	langkah / tindakan ランカ(ハ) / ティヌダカヌ	action
しょち 処置する（手当てする）	rawat / merawat ラワ(ト) / ムラワ(ト)	to treat
しょち 処置する（対処する）	ambil [mengambil] langkah アムベル［ムンァムベル］ランカ(ハ)	to take action
しょちしつ 処置室	bilik rawatan ビレッ ラワタヌ	treatment room
しょちょう 所長	pengarah [ketua] institut プンァラ(ハ)［クトゥウワ］イヌスティテュウ(ト)	director
しょっかん 触感	rasa sentuhan ラサ スヌトハヌ	tactile impression [sensation]
しょっかん 食感	tékstur テクストゥウー	texture
しょっき 食器	pinggan mangkuk ピンガヌ マンコッ	tableware
ジョッキ	kolé コレ	mug
ショッキングな	mengejutkan / memeranjatkan ムンゥジョ(ト)カヌ / ムムランジャ(ト)カヌ	shocking
ショック	kejutan クジュウタヌ	shock
ショックな	terkejut / terperanjat トゥークジョ(ト) / トゥープランジャ(ト)	shocked
ショッピング	membeli-belah ムムブリ ブラ(ハ)	shopping
ショッピングする	beli-belah / membeli-belah ブリ ブラ(ハ) / ムムブリ ブラ(ハ)	to shop
ショッピングエリア	kawasan beli-belah カワサヌ ブリ ブラ(ハ)	shopping area
ショッピングカート	troli membeli-belah トロリ ムムブリ ブラ(ハ)	shopping trolley

日	マレー	英
ショッピングセンター	pusat membeli-belah プゥサ(ト) ムムブリ ブラ(ハ)	shopping centre
ショッピングモール	pusat membeli-belah プゥサ(ト) ムムブリ ブラ(ハ)	shopping mall
ショップ	kedai クダィ	shop
しょてい 所定	ketetapan クトゥタパヌ	designation
しょてい 所定の	yang ditetapkan ヤン ディトゥタ(プ)カヌ	designated
しょてん 書店	kedai buku クダィ ブウクゥ	bookstore
しょとう 諸島	kepulauan / gugusan pulau クプゥラウワヌ / グゥグゥサヌ プウラウ	islands
しょどう 書道	kaligrafi カリグラフィ	calligraphy
じょどうし 助動詞	kata kerja bantu カタ クージャ バヌトゥウ	auxiliary verb
しょとく 所得	pendapatan プヌダパタヌ	income
しょとくぜい 所得税	cukai pendapatan チュウカイ プヌダパタヌ	income tax
しょばつ 処罰	hukuman フウクウマヌ	punishment
しょばつ 処罰する	hukum / menghukum フウコム / ムンフウコム	to punish
しょはん 初版	édisi pertama エディスイ プータマ	first edition
しょひょう 書評	résénsi buku レセヌスイ ブウクウ	book review
しょぶん 処分（捨てる）	pembuangan / pelupusan プムブウワンアヌ / プルウプウサヌ	disposal
しょぶん 処分（処罰）	pendendaan / penghukuman プヌドゥヌダアヌ / プンフウクウマヌ	punishment
しょぶん 処分する（捨てる）	buang / membuang ブウワン / ムムブウワン	to dispose of
しょぶん 処分する（処罰する）	denda / mendenda ドゥヌダ / ムヌドゥヌダ	to punish
しょほ 初歩	asas アサス	basic

し

日	マレー	英
しょほうせん 処方箋	préskripsi プレスクリプスイ	prescription
しょみん 庶民	orang kebanyakan [biasa] オラン クバニャカヌ [ビヤサ]	common people
しょむ 庶務	pentadbiran am プヌタ(ド)ビラヌ アム	general affairs
しょめい 署名	tandatangan タヌダタンアヌ	signature
しょめい 署名する	tandatangani / menandatangani タヌダタンァニ / ムナヌダタンァニ	to sign
しょめん 書面	surat / dokumen スウラ(ト) / ドクゥムヌ	document
しょめん 書面で	(secara) bertulis (スチャラ) ブートゥウレス	in writing
しょゆう 所有	kepunyaan / pemilikan クプゥニャアヌ / プミリカヌ	possession
しょゆう 所有する	miliki / memiliki ミリキ / ムミリキ	to possess
じょゆう 女優	pelakon wanita プラコヌ ワニタ	actress
しょゆうしゃ 所有者	pemilik / tuan punya プミレッ / トゥウワヌ プゥニャ	owner
しょゆうぶつ 所有物	barang kepunyaan バラン クプゥニャアヌ	possession
しょようじかん 所要時間	masa yang diperlukan マサ ヤン ディプールゥカヌ	required time
しょり 処理	penanganan / pengendalian プナンァナヌ / プンゥヌダリヤヌ	handling
しょり 処理する	tangani / menangani タンァニ / ムナンァニ	to handle
しょるい 書類	dokumen ドクゥムヌ	document
じらい 地雷	periuk api プリヨッ アピ	land mine
しらが 白髪	uban ウゥバヌ	grey hair
し 知らせ	khabar / berita カバー / ブリタ	news
し 知らせる	beritahu / memberitahu ブリタフゥ / ムムブリタフゥ	to let *sb* know

日	マレー	英
しらふ 素面の	tidak mabuk ティダッ マボッ	sober
しら 調べる	periksa / memeriksa プリクサ / ムムリクサ	to investigate
しり 尻	punggung / pinggul プゥンゴン / ピンゴル	buttocks
し あ 知り合い	kenalan クナラヌ	acquaintance
シリアル	bijirin ビジレヌ	cereals
シリーズ	siri スィリ	series
しりつ 私立の	swasta スワスタ	private
じりつ 自立	keberdikarian / kemandirian クブーディカリヤヌ / クマヌディリヤヌ	independence
じりつ 自立する	berdikari ブーディカリ	to be independent
しりょう 資料	bahan (rujukan) / data バハヌ（ルゥジュウカヌ）/ ダタ	material
しりょく 視力	(daya) penglihatan （ダヤ）プンリハタヌ	eyesight
しる 汁（液体）	jus / air / perahan ジュウス / アエー / プラハヌ	juice
しる 汁（汁物、椀物）	sup スゥ(プ)	soup
しる 汁（おかずの）	kuah クゥワ(ハ)	gravy
し 知る	tahu / mengetahui / kenal タフゥ / ムンゥタフウイ / クナル	to know
しるし 印	tanda タヌダ	mark
しる 記す	catat / mencatat チャタ(ト) / ムンチャタ(ト)	to write down
しれい 指令	arahan アラハヌ	order
しれい 指令する	arah / mengarah アラ(ハ) / ムンアラ(ハ)	to order
しろ 城	istana / istanakota イスタナ / イスタナコタ	castle

し

日	マレー	英
しろ 白	(warna) putih (ワーナ) プウテ(ヘ)	white
しろ 白い	(berwarna) putih (ブーワーナ) プウテ(ヘ)	white
しろうと 素人	amatur アマトゥウー	amateur
シロップ	sirap スイラ(プ)	syrup
しろ 白っぽい	keputihan / keputih-putihan クプウテハヌ / クプウテ(ヘ) プウテハヌ	whitish
しわ 皺	kedut クド(ト)	wrinkle
しん 芯（鉛筆の）	mata pénsél マタ ペヌセル	lead
しん 芯（果物の）	empulur / teras ウムプウロー / トゥラス	core
しんか 進化	évolusi / perkembangan エヴォルウスイ / プークムバンアヌ	evolution
しんか 進化する	berévolusi / berkembang ブーエヴォルウスイ / ブークムバン	to evolve
しんがい 侵害	pencerobohan プンチュロボハヌ	invasion
しんがい 侵害する	ceroboh / menceroboh チュロボ(ホ) / ムンチュロボ(ホ)	to invade
しんがく 進学	pelanjutan pelajaran プランジュウタヌ プラジャラヌ	going on to a higher school
しんがく 進学する	lanjutkan [melanjutkan] pelajaran ランジョ(ト)カヌ [ムランジョ(ト)カヌ] プラジャラヌ	to go on to a higher school
じんかく 人格	sifat individu スイファ(ト) イヌディヴィドゥウ	character
シンガポール	Singapura スインアプウラ	Singapore
しんかんせん 新幹線	keréta api laju / Shinkansén クレタ ピ ラジュウ / シンカヌセヌ	Shinkansen
しんぎ 審議	perbincangan プービンチャンアヌ	deliberation
しんぎ 審議する	bincangkan / membincangkan ビンチャンカヌ / ムムビンチャンカヌ	to deliberate
しんきろく 新記録	rékod baru [baharu] レコ(ド) バルウ [バハルウ]	new record

日	マレー	英
しんきんこうそく 心筋梗塞	infarksi miokardium イムファークスイ ミオカディヨム	myocardial infarction
しんくう 真空	vakum / hampagas ヴァクウム / ハムパゲス	vacuum
シングルルーム	bilik bujang ビレッ ブゥジャン	single room
しんけい 神経	saraf サラフ	nerve
しんけいつう 神経痛	néuralgia / penyakit saraf ニュウラルジヤ / プニャケ(ト) サラフ	neuralgia
しんけん 真剣	kesériusan クセリウゥサヌ	seriousness
しんけん 真剣な	sérius セリウゥス	serious
じんけん 人権	hak (asasi) manusia ハッ (アサスィ) マヌゥスイヤ	human rights
じんけん ひ 人件費	kos tenaga kerja [buruh] コス トゥナガ クージャ [ブゥロ(ホ)]	personnel expenses
しんこう 信仰	kepercayaan / anutan クプーチャヤアヌ / アヌゥタヌ	faith
しんこう 信仰する	anut / menganut アノ(ト) / ムンアノ(ト)	to have faith in
しんこう 振興	pemajuan / promosi プマジュウワヌ / プロモスイ	promotion
しんこう 振興する	promosikan / mempromosikan プロモスイカヌ / ムムプロモスイカヌ	to promote
しんこう 新興	kemunculan baru [baharu] クムゥンチュウラヌ バルゥ [バハルゥ]	emergence
しんこう 新興の	baru muncul バルゥ ムゥンチョル	emergent
しんこう 進行	perkembangan / kemajuan プークムバンアヌ / クマジュウワヌ	progress
しんこう 進行する	berkembang / maju ブークムバン / マジュウ	to proceed
しんごう 信号	lampu isyarat ラムプゥ イシャラ(ト)	traffic light
じんこう 人口	populasi / jumlah penduduk ポプゥラスイ / ジュウムラ(ハ) プヌドゥウドッ	population
じんこう 人工	buatan manusia / tiruan ブゥワタヌ マヌゥスイヤ / ティルゥワヌ	artificial

し

日	マレー	英
新興国（しんこうこく）	negara membangun ヌガラ ムムバンォヌ	emerging nation
新興市場（しんこうしじょう）	pasaran yang sedang berkembang パサラヌ ヤン スダン ブークムバン	emerging market
人工島（じんこうとう）	pulau buatan プゥラゥ ブゥワタヌ	artificial island
人口密度（じんこうみつど）	kepadatan populasi クパダタヌ ポプゥラスィ	population density
深刻（しんこく）	kesériusan クセリウゥサヌ	seriousness
深刻な（しんこく）	sérius セリウゥス	serious
申告（しんこく）	pengisytiharan / déklarasi プンィシティハラヌ / デクララスィ	declaration
申告する（しんこく）	isytiharkan / mengisytiharkan イシティハーカヌ / ムンィシティハーカヌ	to declare
申告額（しんこくがく）	jumlah yang diisytiharkan ジュゥムラ(ハ) ヤン ディイシティハーカヌ	amount declared
新婚の（しんこん）	baru berkahwin [kahwin] バルゥ ブーカウェヌ [カウェヌ]	just married
新婚旅行（しんこんりょこう）	bulan madu ブゥラヌ マドゥゥ	honeymoon
審査（しんさ）	penilaian / pemeriksaan プニライヤヌ / プムリクサアヌ	judgement
審査する（しんさ）	nilai / menilai ニライ / ムニライ	to judge
人材（じんざい）	sumber manusia スゥムブー マヌゥスイヤ	human resource
診察（しんさつ）	pemeriksaan (kesihatan) プムリクサアヌ (クスィハタヌ)	(medical) examination
診察する（しんさつ）	periksa / memeriksa プリクサ / ムムリクサ	to examine
診察室（しんさつしつ）	bilik konsultasi ビレッ コヌスゥルタスィ	consultation room
紳士（しんし）	lelaki budiman / tuan ルラキ ブゥディマヌ / トゥゥワヌ	gentleman
人事（じんじ）	hal éhwal sumber manusia ハル エ(ヘ)ワル スゥムブー マヌゥスイヤ	personnel affairs
寝室（しんしつ）	bilik tidur ビレッ ティドー	bedroom

日	マレー	英
しんじつ 真実	kebenaran / hakikat クブナラヌ / ハキカ(ト)	truth
しんじゃ 信者	pengikut プンイコ(ト)	believer
じんじゃ 神社	kuil Shinto クウエル シヌト	Shinto shrine
しんじゅ 真珠	mutiara ムゥティヤラ	pearl
じんしゅ 人種	kaum カオム	race
しんじゅう 心中	bunuh diri bersama ブゥノ(ホ) ディリ ブーサマ	double suicide
しんじゅう 心中する	bunuh [membunuh] diri bersama ブゥノ(ホ) [ムムブゥノ(ホ)] ディリ ブーサマ	to commit double suicide
しんしゅつ 進出	kemaraan / langkah クマラアヌ / ランカ(ハ)	advancement
しんしゅつ 進出する	mara / langkah / melangkah マラ / ランカ(ハ) / ムランカ(ハ)	to advance
しんじょう 心情	perasaan プラサアヌ	feelings
しんじょう 信条	kepercayaan / akidah クプーチャヤアヌ / アキダ(ハ)	belief
しんしょく 侵食	hakisan ハキサヌ	erosion
しんしょく 侵食する	terhakis トゥーハケス	to erode
しん 信じる	percaya / percayai / mempercayai プーチャヤ / プーチャヤイ / ムムプーチャヤイ	to believe
しんしん 心身	rohani dan jasmani ロハニ ダヌ ジャスマニ	body and soul
しんじん 新人	orang baru [baharu] オラン バルゥ [バハルゥ]	newcomer
しんせい 申請	permohonan プーモホナヌ	application
しんせい 申請する	mohon / memohon モホヌ / ムモホヌ	to apply for
しんせい 神聖	kesucian クスゥチヤヌ	sacredness
しんせい 神聖な	suci スゥチ	sacred

日	マレー	英
じんせい 人生	hidup / kehidupan ヒド(プ) / クヒドゥウパヌ	life
しんせいじ 新生児	bayi mérah バイイ メラ(ハ)	neonate
しんせいひん 新製品	produk baru [baharu] プロドゥウッ バルゥ [バハルゥ]	new product
しんせき 親戚	saudara-mara サウダラ マラ	relative
しんせつ 親切	kebaikan hati / budi クバイカヌ ハティ / ブゥディ	kindness
しんせつ 親切な	baik hati / berbudi バエッ ハティ / ブーブゥディ	kind
しんせん 新鮮	kesegaran クスガラヌ	freshness
しんせん 新鮮な	segar スガー	fresh
しんぜん 親善	persahabatan プーサハバタヌ	friendship
しんそう 真相	hakikat / kebenaran ハキカ(ト) / クブナラヌ	truth
しんぞう 心臓	jantung ジャヌトン	heart
じんぞう 人造	buatan manusia ブゥワタヌ マヌゥスイヤ	man-made
じんぞう 腎臓	buah pinggang ブゥワ(ハ) ピンガン	kidney
しんぞうほっさ 心臓発作	serangan jantung スランアヌ ジャヌトン	heart attack
じんそく 迅速	kepantasan クパヌタサヌ	quickness
じんそく 迅速な	pantas パヌタス	quick
しんたい 身体	tubuh badan トゥウボ(ホ) バダヌ	body
しんだい 寝台	katil カテル	bed
じんたい 人体	tubuh manusia トゥウボ(ホ) マヌゥスイヤ	human body
しんだいしゃ 寝台車	gerabak tempat tidur グラバッ トゥムパ(ト) ティドー	sleeper

日	マレー	英
しんだん 診断	diagnosis ディヤグノセス	diagnosis
しんだん 診断する	diagnosis / mendiagnosis ディヤグノセス / ムヌディヤグノセス	to diagnose
しんだんしょ 診断書	sijil perubatan スイジェル プルゥバタヌ	medical certificate
しんちく 新築	binaan baru [baharu] ベナアヌ バルゥ [バハルゥ]	new construction
しんちく 新築する	bina [membina] baru ベナ [ムムベナ] バルゥ	to construct a new building
しんちょう 身長	tinggi (badan) ティンギ (バダヌ)	height
しんちょう 慎重な	berhati-hati ブーハティ ハティ	careful
しんちょくじょうきょう 進捗状況	kemajuan クマジュウワヌ	progress
しんちんたいしゃ 新陳代謝	métabolisme メタボリスマ	metabolism
しんてい 進呈	penghadiahan プンハディヤハヌ	presentation
しんてい 進呈する	hadiahkan / menghadiahkan ハディヤ(ハ)カヌ / ムンハディヤ(ハ)カヌ	to present
しんてん 進展	perkembangan プークムバンアヌ	progress
しんてん 進展する	berkembang ブークムバン	to progress
しんでん 神殿	kuil クウエル	temple
しんでんず 心電図	éléktrokardiogram / ECG / EKG エレクトロカーディヨグラム / イスィジ / イケジ	electrocardiogram
しんとする	jadi [menjadi] sunyi senyap ジャディ [ムンジャディ] スウニイ スニャ(プ)	to become quiet
しんど 進度	kadar perkembangan カダー プークムバンアヌ	progress rate
しんど 震度	kekuatan gegaran ククゥワタヌ グガラヌ	seismic intensity
しんどう 振動	gegaran / getaran グガラヌ / グタラヌ	vibration
しんどう 振動する	bergegar / bergetar ブーグガー / ブーグター	to vibrate

し

し

日	マレー	英
しんにゅう 侵入	pencerobohan プンチュロボハヌ	invasion
しんにゅう 侵入する	ceroboh / menceroboh チュロボ(ホ) / ムンチュロボ(ホ)	to invade
しんにゅう 進入	kemasukan クマソカヌ	entry
しんにゅう 進入する	masuk / masuki / memasuki マソッ / マソキ / ムマソキ	to enter
しんにゅうきんし 進入禁止	dilarang masuk ディララン マソッ	no entry
しんにゅうせい 新入生	pelajar [murid] baru プラジャー [ムゥレ(ド)] バルゥ	freshman
しんにん 信任	kepercayaan クプーチャヤアヌ	confidence
しんにん 信任する	percayai / mempercayai プーチャヤイ / ムムプーチャヤイ	to trust
しんねん 信念	kepercayaan クプーチャヤアヌ	belief
しんぱい 心配	kebimbangan / kerisauan クビムバンアヌ / クリサゥワヌ	worry
しんぱい 心配する	bimbangkan / membimbangkan ビムバンカヌ / ムムビムバンカヌ	to worry
しんぱい 心配な	bimbang / risau / khuatir ビムバン / リサゥ / フゥワテー	worried
しんぱん 審判	pengadil プンアデル	referee
しんぱん 審判する	adil / mengadil アデル / ムンアデル	to judge
しんぴ 神秘	misteri / keajaiban ミストゥリ / クアジャイバヌ	mystery
しんぴてき 神秘的な	ajaib アジャエ(ブ)	mysterious
しんぴん 新品	barang baru [baharu] バラン バルゥ [バハルゥ]	brand-new item
しんぴん 新品の	baru / baharu バルゥ / バハルゥ	brand-new
しんぷ 新婦	pengantin perempuan プンアヌテヌ プルムプゥワヌ	bride
じんぶつ 人物	orang / individu オラン / イヌディヴィドゥゥ	individual

日	マレー	英
しんぶん 新聞	surat khabar スゥラ(ト) カバー	newspaper
じんぶんかがく 人文科学	kemanusiaan クマヌゥスィヤアヌ	humanities
しんぶんしゃ 新聞社	syarikat akhbar [surat khabar] シャリカ(ト) ア(ハ)バー [スゥラ(ト) カバー]	newspaper company
しんぽ 進歩	kemajuan クマジュゥワヌ	progress
しんぽ 進歩する	maju マジュゥ	to progress
しんぼう 辛抱	kesabaran / ketabahan クサバラヌ / クタバハヌ	patience
しんぼう 辛抱する	bersabar / tahan ブーサバー / タハヌ	to persevere
しんぼうづよ 辛抱強い	sabar / penyabar サバー / プニャバー	patient
シンボル	simbol / lambang スィムボル / ラムバン	symbol
しんみつ 親密な	intim / rapat イヌテム / ラパ(ト)	intimate
じんみゃく 人脈	kenalan クナラヌ	connection
じんみん 人民	rakyat / penduduk ラッ(ク)ヤ(ト) / プヌドゥウドッ	people
じんめい 人命	nyawa manusia ニャワ マヌゥスィヤ	human life
じんめい 人名	nama orang ナマ オラン	person's name
しんや 深夜	malam-malam / larut malam マラム マラム / ラロ(ト) マラム	late night
しんゆう 親友	sahabat karib サハバ(ト) カレ(ブ)	best friend
しんよう 信用	kepercayaan クプーチャヤアヌ	trust
しんよう 信用する	percayai / mempercayai プーチャヤイ / ムムプーチャヤイ	to trust
しんようじょう 信用状	surat krédit スゥラ(ト) クレディ(ト)	letter of credit
しんらい 信頼	harapan / pergantungan ハラパヌ / プーガヌトゥウンアヌ	reliance

し

日	マレー	英
しんらい 信頼する	harapkan / mengharapkan ハラ(プ)カヌ / ムンハラ(プ)カヌ	to rely on
しんらい 信頼できる	boléh diharap ボレ(ヘ) ディハラ(プ)	reliable
しんり 心理	minda ミヌダ	mind
しんり 真理	kebenaran クブナラヌ	truth
しんりがく 心理学	psikologi プスイコロギ	psychology
しんりゃく 侵略	pencerobohan / serangan プンチェロボハヌ / スランアヌ	invasion
しんりゃく 侵略する	ceroboh / menceroboh チェロボ(ホ) / ムンチェロボ(ホ)	to invade
しんりょう 診療	rawatan perubatan ラワタヌ プルゥバタヌ	medical treatment
しんりょう 診療する	rawat / merawat ラワ(ト) / ムラワ(ト)	to treat
しんりょうじょ 診療所	klinik クリネッ	clinic
しんりん 森林	hutan フゥタヌ	forest
しんりんかさい 森林火災	kebakaran hutan クバカラヌ フゥタヌ	forest fire
しんるい 親類	saudara-mara サゥダラ マラ	relative
じんるい 人類	umat manusia ウゥマ(ト) マヌゥスイヤ	human beings
じんるいがく 人類学	antropologi アヌトロポロギ	anthropology
しんろ 進路	laluan / arah tujuan ラルゥワヌ / アラ(ハ) トゥウジュウワヌ	(future) course
しんろ 針路	laluan (kapal) ラルゥワヌ (カパル)	course
しんろう 新郎	pengantin lelaki プンアヌテヌ ルラキ	bridegroom
しんろうしんぷ 新郎新婦	(pasangan) pengantin baru (パサンアヌ) プンアヌテヌ バルゥ	bridal couple
しんわ 神話	mitos ミトス	myth

日	マレー	英

▼ す，ス

日	マレー	英
す 酢	cuka チュウカ	vinegar
す 巣	sarang サラン	nest
ず ～図	gambar rajah [diagram] ~ ガムバー ラジャ(ハ) [ディヤグラム]	~ diagram
すいあつ 水圧	tekanan air トゥカナヌ アエー	water pressure
すい い 水位	paras air パラス アエー	water level
すい い 推移	perubahan / peralihan プルゥバハヌ / プラリハヌ	change
すい い 推移する	berubah ブルゥバ(ハ)	to change
スイートルーム	bilik suite [suit] ビレッ スゥウイ(ト) [スゥウイ(ト)]	suite
すいえい 水泳	berenang ブルナン	swimming
スイカ	tembikai トゥムビカイ	watermelon
すいがい 水害	kerosakan banjir クロサカヌ バンジェー	flood damage
すいぎん 水銀	merkuri ムクゥリ	mercury
すいげん 水源	sumber [punca] air スゥムブー [プゥンチャ] アエー	water source
すいさい え ぐ 水彩絵の具	cat air チャ(ト) アエー	watercolour
すいさい が 水彩画	lukisan cat air ルゥキサヌ チャ(ト) アエー	watercolour painting
すいさん 水産	perikanan プリカナヌ	fishery
すいさんぎょう 水産業	industri perikanan イヌドゥストリ プリカナヌ	fishing industry
すいさんぶつ 水産物	hasil laut ハセル ラオ(ト)	marine products
すい じ 炊事	kerja dapur クージャ ダポー	kitchen work

す

日	マレー	英
すいじ 炊事する	buat [membuat] kerja dapur ブゥワ(ト) [ムムブゥワ(ト)] クージャ ダポー	to do kitchen work
すいしつ 水質	mutu [kualiti] air ムゥトゥゥ [クゥワリティ] アェー	water quality
すいじゅん 水準	taraf タラフ	level
すいじょうき 水蒸気	stim / wap air スティム / ワ(プ) アェー	steam
すいしん 推進	dorongan ドロンァヌ	promotion
すいしん 推進する	dorong / mendorong ドロン / ムヌドロン	to promote
すいせん 推薦	perakuan / rékoméndasi プラクゥワヌ / レコメヌダスィ	recommendation
すいせん 推薦する	mengesyorkan / mencadangkan ムンゥショーカヌ / ムンチャダンカヌ	to recommend
すいせん 水洗	pengepaman プンゥパマヌ	flushing
すいせん 水洗する	pam [mengepam] (air) パム [ムンゥパム] (アェー)	to flush
すいせんじょう 推薦状	surat sokongan [perakuan] スゥラ(ト) ソコンァヌ [プラクゥワヌ]	letter of reference
すいせん 水洗トイレ	tandas curah [pam] タヌダス チュゥラ(ハ) [パム]	flush toilet
すいそ 水素	hidrogen ヒドロジュヌ	hydrogen
すいそう 水槽	akuarium アクゥワリヨム	aquarium
すいそう 吹奏する	tiup / meniup ティヨ(プ) / ムニヨ(プ)	to blow
すいぞう 膵臓	pankréas パヌクレアス	pancreas
すいそうがくだん 吹奏楽団	pancaragam パンチャラガム	brass band
すいそうがっき 吹奏楽器	alat (muzik) tiup アラ(ト) (ムゥゼッ) ティヨ(プ)	wind instrument
すいそく 推測	sangkaan / jangkaan サンカアヌ / ジャンカアヌ	supposition
すいそく 推測する	sangka / menyangka サンカ / ムニャンカ	to suppose

日	マレー	英
すいぞくかん 水族館	akuarium アクゥワリヨム	aquarium
すいたい 衰退	kemerosotan クムロソタヌ	decline
すいたい 衰退する	merosot ムロソ(ト)	to decline
すいちょく 垂直	ketegakan / keserenjangan クトゥガカヌ / クスルンジャンアヌ	verticality
すいちょく 垂直な	tegak / menegak / serenjang トゥガッ / ムヌガッ / スルンジャン	vertical
すいちょくせん 垂直線	garisan [garis] menegak ガリサヌ [ガレス] ムヌガッ	vertical line
スイッチ	suis スゥウェス	switch
すいてい 推定	anggaran アンガラヌ	estimation
すいてい 推定する	anggarkan / menganggarkan アンガーカヌ / ムンァンガーカヌ	to estimate
すいてき 水滴	titisan [titik] air ティティサヌ [ティテッ] アエー	water drop
すいでん 水田	sawah padi サワ(ハ) パディ	paddy field
すいとう 水筒	botol air ボトル アエー	water bottle
すいどう 水道	bekalan air paip ブカラヌ アエー パェ(プ)	water supply
すいどうかん 水道管	paip air パェ(プ) アエー	water pipe
すいどうこうねつ ひ 水道光熱費	bil [kos] utiliti ビル [コス] ユゥティリティ	utility bill
すいどうすい 水道水	air paip [pili] アエー パェ(プ) [ピリ]	tap water
すいはん き 炊飯器	periuk nasi プリヨッ ナスイ	rice cooker
ずいひつ 随筆	éséi エセ	essay
すいぶん 水分	air / kelembapan アエー / クルムバパヌ	water
ずいぶん 随分	agak / sangat アガッ / サンァ(ト)	considerably

す

日	マレー	英
すいへい 水平な	melintang / mendatar ムリヌタン / ムヌダター	horizontal
すいへいせん 水平線（地平線）	ufuk / kaki langit ウウフォッ / カキ ランェ(ト)	horizon
すいへいせん 水平線（水平な線）	garisan [garis] melintang ガリサヌ［ガレス］ムリヌタン	horizontal line
すいみん 睡眠する	tidur ティドー	to sleep
すいみんぶそく 睡眠不足	kekurangan tidur ククゥランアヌ ティドー	lack of sleep
すいみんやく 睡眠薬	ubat tidur ウゥバ(ト) ティドー	sleeping pill
すいめん 水面	permukaan air プームゥカアヌ アェー	water surface
すいようび 水曜日	(hari) Rabu （ハリ）ラブゥ	Wednesday
すいり 推理	taksiran / pentaksiran タクスイラヌ / プヌタクスイラヌ	reasoning
すいり 推理する	taksir / mentaksir タクセー / ムヌタクセー	to reason
すいりょく 水力	kuasa air クゥワサ アェー	water power
すいりょくはつでんしょ 水力発電所	stésén janakuasa hidroéléktrik ステセヌ ジャナクゥワサ ヒドロエレクトレッ	hydroelectric power station [plant]
す 吸う	menyedut / hisap / menghisap ムニュド(ト) / ヒサ(プ) / ムンヒサ(プ)	to inhale
すうがく 数学	matematik マトゥマテッ	mathematics
すうこう 崇高さ	kemuliaan クムゥリヤアヌ	nobility
すうこう 崇高な	mulia ムゥリヤ	noble
すうし 数詞	kata bilangan カタ ビランアヌ	numeral
すうじ 数字	angka / nombor アンカ / ノムボー	number
ずうずうしい	muka tebal ムゥカ トゥバル	presumptuous
すうち 数値	angka / nombor アンカ / ノムボー	numerical value

日	マレー	英
スーツ	(baju) sut (バジュウ) スウ(ト)	suit
スーツケース	bég pakaian ベ(グ) パカイヤヌ	suitcase
スーパーマーケット	pasar raya / supermarkét パサー ラヤ / スゥプマケ(ト)	supermarket
すうはい 崇拝	penyembahan プニュムバハヌ	worship
すうはい 崇拝する	sembah / menyembah スムバ(ハ) / ムニュムバ(ハ)	to worship
スープ	sup スゥ(プ)	soup
すうりょう 数量	kuantiti / bilangan クゥワヌティティ / ビランアヌ	quantity
すえ 末	hujung / akhir フゥジョン / アへー	end
スエード	suede スゥウェ(ド)	suede
す　つ 据え付ける	pasang / memasang パサン / ムマサン	to equip
すえ　こ 末っ子	anak bongsu アナッ ボンスゥ	youngest child
す 据える	tempatkan / menempatkan トゥムパ(ト)カヌ / ムヌムパ(ト)カヌ	to place
スカート	skirt スク(ト)	skirt
スカーフ	skarf スカフ	scarf
ず かい 図解	penerangan bergambar プヌランアヌ ブーガムバー	graphic illustration
ず かい 図解する	menerangkan dengan gambar ムヌランカヌ ドゥンアヌ ガムバー	to illustrate graphically
ず がいこつ 頭蓋骨	tengkorak トゥンコラッ	skull
スカウト (人材発掘)	pencarian bakat プンチャリヤヌ バカ(ト)	scouting
スカウト (青少年団体)	pengakap / kepanduan プンアカ(プ) / クパヌドゥウワヌ	scout
スカウトする	cari [mencari] bakat チャリ [ムンチャリ] バカ(ト)	to scout

す

日	マレー	英
素顔(すがお)	rupa sebenar ルゥパ スブナー	real face
清々しい(すがすが)	segar dan nyaman スガー ダヌ ニャマヌ	refreshing
姿(すがた)	rupa ルゥパ	appearance
姿形(すがたかたち)	rupa bentuk ルゥパ ブヌトゥッ	shape and figure
図鑑(ずかん)	buku rujukan bergambar ブゥクゥ ルゥジュゥカヌ ブーガムバー	illustrated reference book
隙(すき)	celah / ruang / kelapangan チュラ(ハ) / ルゥワン / クラパンアヌ	opening
好き(す)	suka スゥカ	to like
好きな(す)	kegemaran クグマラヌ	favourite
～過ぎ(す)	~ lebih ルベ(へ)	past ~
杉(すぎ)	pokok sédar ポコッ スィダー	cedar
スキー	ski スキ	skiing
スキー場(じょう)	kawasan ski カワサヌ スキ	ski area
スキー用具(ようぐ)	peralatan ski プーアラタヌ スキ	ski equipment
好き嫌い(す きら)	suka dan tidak suka スゥカ ダヌ ティダッ スゥカ	likes and dislikes
好き好き(す ず)	cita rasa masing-masing チタ ラサ マセン マセン	matter of taste
透き通った(す とお)	lut sinar / jernih ルゥ(ト) スィナー / ジューネ(へ)	clear
隙間(すき ま)	celah チュラ(ハ)	chink
すき焼き(や)	sukiyaki スゥキヤキ	sukiyaki
スキャナー	pengimbas プンイムバス	scanner
スキャン	imbasan イムバサヌ	scan

日	マレー	英
スキャンする	imbas / mengimbas イムバス / ムンイムバス	to scan
過(す)ぎる (通り過ぎる)	lalu / lalui / melalui ラルゥ / ラルゥイ / ムラルゥイ	to pass through
過(す)ぎる (経過する)	berlalu ブーラルゥ	to pass
過(す)ぎる (度を越している)	melampau / terlampau ムラムパゥ / トゥーラムパゥ	to be excessive
～過(す)ぎる	terlalu ~ トゥラルゥ	too ~
頭巾(ずきん)	tudung (kepala) トゥゥドン (クパラ)	hijab / veil
空(す)く	semakin kosong スマケヌ コソン	to get emptier
すぐ (他のことをせず)	terus トゥロス	immediately
すぐ (急いで)	(dengan) segera [cepat] (ドゥンアヌ) スグラ [チュパ(ト)]	quickly
救(すく)い	pertolongan / bantuan プートロンアヌ / バヌトゥゥワヌ	help
掬(すく)う	cédok / mencédok チェドッ / ムンチェドッ	to scoop
救(すく)う	selamatkan / menyelamatkan スラマ(ト)カヌ / ムニュラマ(ト)カヌ	to save
スクール	sekolah スコラ(ハ)	school
少(すく)ない	sedikit スディケ(ト)	few / little
少(すく)なくとも	sekurang-kurangnya スクゥラン クゥランニャ	at least
すぐに	(dengan) segera [cepat] (ドゥンアヌ) スグラ [チュパ(ト)]	immediately
～ずくめ	serba [semuanya] ~ スルバ [スムゥワニャ]	all ~
スクリーン	skrin スクレヌ	screen
優(すぐ)れた	cemerlang / unggul チュムーラン / ウゥンゴル	excellent
図形(ずけい)	bentuk ブヌトッ	figure

日	マレー	英
スケート	luncur ais ルゥンチョー アエス	ice skating
スケジュール	jadual ジャドゥウワル	schedule
すごい	hébat / mengagumkan ヘバ(ト) / ムンァゴムカヌ	marvellous
少し（すこ）	sedikit スディケ(ト)	a few
少しずつ（すこ）	sedikit demi sedikit スディケ(ト) ドゥミ スディケ(ト)	little by little
少しも（すこ）	sedikit pun スディケ(ト) ポヌ	not at all
過ごす（す）	habiskan [menghabiskan] (masa) ハベスカヌ［ムンハベスカヌ］（マサ）	to spend
スコップ	penyodok / pencédok プニョドッ / プンチェドッ	shovel
健やか（すこ）	kesihatan クスィハタヌ	healthiness
健やかな（すこ）	sihat セハ(ト)	healthy
杜撰（ずさん）	kecincaian クチンチャイヤヌ	sloppiness
杜撰な（ずさん）	sambil léwa / cincai サムベル レワ / チンチャイ	sloppy
寿司（すし）	sushi スゥシ	sushi
筋（すじ）（筋肉・繊維）	urat ウゥラ(ト)	muscle / fibre
筋（すじ）（道理）	akal アカル	logic
筋（すじ）（小説などの）	garis [jalan] cerita ガレス［ジャラヌ］チュリタ	(story) line
素性（すじょう）	asal / idéntiti アサル / イデヌティティ	origin
鈴（すず）	locéng ロチェン	bell
濯ぐ（すす）	bilas / membilas ビラス / ムムビラス	to rinse
涼しい（すず）	sejuk スジョッ	cool

日	マレー	英
すす 進み	kemajuan / pergerakan クマジュゥワヌ / プーグラカヌ	advance
すす 進む(位置·レベルが)	maju マジュゥ	to advance
すす 進む（時計が）	cepat チュパ(ト)	to gain
すす 進む（はかどる）	berjalan ブージャラヌ	to go on
すす 進む（病状が）	semakin teruk スマケヌ トゥロッ	to worsen
すず 涼む	hirup [menghirup] udara nyaman ヒロ(プ)［ムンヒロ(プ)］ウゥダラ ニャマヌ	to keep oneself cool
すす 勧め	cadangan / rékoméndasi チャダンアヌ / レコメヌダスイ	suggestion
すずめ 雀	(burung) pipit （ブゥロン）ピペ(ト)	sparrow
スズメバチ	tebuan トゥブゥワヌ	hornet
すす 勧める	cadangkan / mencadangkan チャダンカヌ / ムンチャダンカヌ	to suggest
すす 進める （進行させる）	jalankan / menjalankan ジャラヌカヌ / ムンジャラヌカヌ	to go ahead with
すす 進める （前進、進歩させる）	majukan / memajukan マジュゥカヌ / ムマジュゥカヌ	to advance
すそ 裾	kaki / tepi bawah カキ / トゥピ バワ(ハ)	hem
スター	bintang ビヌタン	star
スターター	pemula プムゥラ	starter
スタート	mula / permulaan ムゥラ / プームゥラアヌ	start
スタートする	mula / bermula ムゥラ / ブームゥラ	to start
スタイル	gaya ガヤ	style
スタジアム	stadium スタディヨム	stadium
スタジオ	studio ストゥウディヨ	studio

す

日	マレー	英
スタッフ	staf / kakitangan スタフ / カキタンアヌ	staff
簾(すだれ)	bidai ビダイ	blind
廃(すた)れる	ketinggalan zaman クティンガラヌ ザマヌ	to be outdated
スタンド（店）	gerai グライ	stand
スタンド（観客席）	tempat duduk penonton トゥムパ(ト) ドゥウドッ プノヌトヌ	stand
スタンド（ガソリンスタンド）	stésén minyak ステセヌ ミニャッ	petrol station
スタンド（電気スタンド）	lampu ラムプゥ	lamp
スタントマン	pelagak ngeri プラガッ ンゥリ	stunt man
～ずつ	~ pada satu masa パダ サトゥ マサ	~ at a time
頭痛(ずつう)	sakit kepala サケ(ト) クパラ	headache
すっかり	betul-betul / sama sekali ブトル ブトル / サマ スカリ	completely
すっきりした（味）	menyegarkan ムニュガーカヌ	refreshing
すっきりした（心配事がない）	segar スガー	refreshed
すっきりした（余分なものがない）	kemas / bersih クマス / ブーセ(へ)	neat
すっと（瞬時に）	(dengan) tiba-tiba (ドゥンアヌ) ティバ ティバ	abruptly
ずっと	terus / sentiasa / selalu トゥロス / スヌティヤサ / スラルゥ	all the time
ずっと（まっすぐ）	lurus / tegak ルゥロス / トゥガッ	straight
酸(す)っぱい	masam マサム	sour
ステーキ	stik ステッ	steak
ステージ	pentas プヌタス	stage

日	マレー	英
すてき 素敵	kecantikan クチャヌティカヌ	loveliness
すてき 素敵な	cantik / sangat menarik チャヌテッ / サンァ(ト) ムナレッ	lovely
すでに	sudah (pun) スゥダ(ハ) (ポヌ)	already
す 捨てる	buang / membuang ブゥワン / ムムブゥワン	to throw away
ステレオ	stéréo ステレオ	stereo
ステンレス	keluli [besi] tahan karat クルゥリ [ブスイ] タハヌ カラ(ト)	stainless steel
ストーカー	penghendap プンフヌダ(プ)	stalker
ストーブ	(alat) pemanas (アラ(ト)) プマナス	heater
ストッキング	stoking ストケン	stockings
ストップ	penghentian / hentian プンフヌティヤヌ / フヌティヤヌ	stop
ストップする (止まる)	henti / berhenti フヌティ / ブーフヌティ	to stop
ストップする (止める)	hentikan / menghentikan フヌティカヌ / ムンフヌティカヌ	to stop
ストライキ	mogok モゴッ	strike
ストライプ	jalur ジャロー	stripe
ストライプの	berjalur / berjalur-jalur ブージャロー / ブージャロー ジャロー	striped
ストレス	tekanan / ténsion トゥカナヌ / テヌショヌ	stress
ストロー	straw ストロ	straw
ストロボ	stroboskop ストロボスコ(プ)	stroboscope
すな 砂	pasir パセー	sand
すなお 素直	ketulusan hati / kejujuran クトゥウルゥサヌ ハティ / クジュウジュウラヌ	obedience

す

日	マレー	英
素直(すなお)な	tulus hati / jujur / ikhlas トゥウロス ハティ / ジュウジョー / イ(フ)ラス	obedient
スナック(菓子)	snék スネッ	snack
スナック(バー)	bar バー	snack bar
すなわち	iaitu / yakni イヤイトゥウ / ヤッ(ク)ニ	that is
脛(すね)	tulang kering トゥウラン クレン	shin
頭脳(ずのう)	otak オタッ	brains
スノータイヤ	tayar salji タヤー サルジ	snow tire
スパイ	perisik プリセッ	spy
スパイス	rempah ルムパ(ハ)	spice
すばしこい	lincah / cepat / tangkas リンチャ(ハ) / チュパ(ト) / タンカス	nimble
スパムメール	e-mél spam イ メル スパム	spam mail
すばやい	pantas / cepat / tangkas パヌタス / チュパ(ト) / タンカス	quick
すばらしい	hébat / cemerlang ヘバ(ト) / チュムーラン	wonderful
スピーカー	pembesar suara プムブサー スウワラ	speaker
スピーチ	ucapan / pidato ウウチャパヌ / ピダト	speech
スピード	kelajuan クラジュウワヌ	speed
図表(ずひょう)	carta チャータ	chart
スプーン	sudu スウドゥウ	spoon
ずぶ濡(ぬ)れの	basah kuyup バサ(ハ) クウヨ(プ)	thoroughly soaked
スプリング	musim bunga ムウセム ブウンァ	spring

日	マレー	英
スプレー	semburan / penyembur スムブゥラヌ / プニュムボー	spray
スプレーする	semburkan / menyemburkan スムボーカヌ / ムニュムボーカヌ	to spray
スペア	ganti ガヌティ	spare
スペイン	Sepanyol スパニョル	Spain
スペイン語(ご)	bahasa Sepanyol バハサ スパニョル	Spanish (language)
スペイン人(じん)	orang Sepanyol オラン スパニョル	Spanish (people)
スペース	ruang ルゥワン	space
スペースシャトル	bolak-balik angkasa lepas ボラッ バレッ アンカサ ルパス	space shuttle
スペシャリスト	pakar パカー	specialist
スペック	spésifikasi / ciri-ciri スペスィフィカスィ / チリ チリ	specification
すべて	semua / segalanya スムゥワ / スガラニャ	all
滑(すべ)る	luncur / meluncur ルゥンチョー / ムルゥンチョー	to slide
スポーツ	sukan スゥカヌ	sports
スポーツカー	keréta sport [sukan] クレタ スポ(ト) [スゥカヌ]	sports car
スポーツクラブ	gim ジム	gym
スポットライト	lampu sorot ラムプゥ ソロ(ト)	spotlight
ズボン	seluar スルゥワー	trousers
スポンジ	span スパヌ	sponge
須萬(すま) (カツオに似た魚)	ikan tongkol [aya] イカヌ トンコル [アヤ]	mackerel tuna
スマート	kerampingan / kelampaian クラムピンアヌ / クラムパイヤヌ	slimness

日	マレー	英
スマートな	ramping / lampai ラムペン / ラムパイ	slim
スマートフォン	téléfon pintar テレフォヌ ピヌター	smartphone
住(す)まい	tempat tinggal / kediaman トゥムパ(ト) ティンガル / クディヤマヌ	residence
澄(す)ました	selamba スラムバ	impassive
澄(す)ます(透明にする)	jernihkan / menjernihkan ジューネ(ヘ)カヌ / ムンジューネ(ヘ)カヌ	to make *sth* transparent
澄(す)ます(平気な顔、気取った顔をする)	berlagak selamba ブーラガッ スラムバ	to pretend
澄(す)ます(耳を)	dengarkan / mendengarkan ドゥンアーカヌ / ムヌドゥンアーカヌ	to listen carefully
済(す)ませる	selesaikan / menyelesaikan スルサイカヌ / ムニュルサイカヌ	to finish
隅(すみ)	sudut スウド(ト)	corner
墨(すみ)	dakwat Cina ダッ(ク)ワ(ト) チナ	Chinese ink
炭(すみ)	arang アラン	charcoal
～済(ず)み	sudah [habis / selesai] ~ スウダ(ハ) [ハベス / スルサイ]	already ~
炭火焼(すみびや)き	bakar atas arang バカー アタス アラン	charcoal grilling
すみません(質問するとき)	tumpang tanya トゥウムパン タニャ	excuse me
すみません(お詫び)	minta maaf / maafkan saya ミヌタ マアフ / マアフカヌ サヤ	I'm sorry
速(すみ)やかな	lekas / cepat / segera ルカス / チュパ(ト) / スグラ	speedy
済(す)む	selesai / habis スルサイ / ハベス	to end
住(す)む	tinggal / duduk ティンガル / ドゥウドッ	to live
澄(す)む	jadi [menjadi] jernih ジャディ [ムンジャディ] ジューネ(ヘ)	to become clear
スムーズ	kelancaran クランチャラヌ	smoothness

日	マレー	英
スムーズな	lancar ランチャー	smooth
相撲(すもう)	sumo スゥモ	sumo wrestling
スモークサーモン	ikan salmon salai イカヌ サモヌ サライ	smoked salmon
スモッグ	asbut アスボ(ト)	smog
スライド(映像資料)	slaid スラエ(ド)	slide
スライドする	berkuak / terkuak ブークゥワッ / トゥークゥワッ	to slide
ずらす	anjak / menganjak アンジャッ / ムンアンジャッ	to shift
スラックス	seluar スルゥワー	slacks
スラム	setinggan スティンガヌ	slum
ずらり(と)	sepanjang dérétan スパンジャン デレタヌ	in a row
すり	penyeluk saku / pencopét プニュロッ サクゥ / プンチョペ(ト)	pickpocket
スリッパ	selipar スリパー	slippers
スリップ(車などが雨で)	kegelinciran クグリンチラヌ	slip
スリップ(下着)	simis スイメス	slip
スリップする	gelincir / tergelincir グリンチー / トゥーグリンチー	to skid
スリムな	langsing ランセン	slim
スリランカ	Sri Lanka スリ ランカ	Sri Lanka
する	buat / membuat / melakukan ブゥワ(ト) / ムムブゥワ(ト) / ムラクゥカヌ	to do
する(変える、育てる)	menjadikan / membuatkan ムンジャディカヌ / ムムブゥワ(ト)カヌ	to make
刷る(す)	cétak / mencétak チェタッ / ムンチェタッ	to print

日	マレー	英
擦(す)る（すりつぶす）	giling / menggiling ギレン / ムンギレン	to grind
擦(す)る（マッチを）	gorés / menggorés ゴレス / ムンゴレス	to strike
ずるい	licik / curang / tak adil リチェッ / チュウラン / タッ アデル	sly
スルタン	sultan スウルタヌ	sultan
～するつもりだ	akan [nak / hendak] ~ アカヌ［ナッ / フヌダッ］	be going to ~
鋭(するど)い	tajam / tirus タジャム / ティロス	sharp
ずれ	jurang / perbézaan ジュウラン / プーベザアヌ	gap
すれ違(ちが)い	perselisihan プースリスイハヌ	passing each other
すれ違(ちが)う	berselisih ブースリセ(ヘ)	to pass each other
擦(す)れる	tergésél トゥーゲセル	to be rubbed
ずれる	anjak / teranjak アンジャッ / トゥランジャッ	to move over
座(すわ)る	duduk ドゥドッ	to sit down
澄(す)んだ	jernih ジューネ(ヘ)	clear
すんなり	terus / tanpa masalah トゥロス / タムパ マサラ(ハ)	without trouble
寸法(すんぽう)	ukuran / saiz ウウクウラヌ / サエズ	size

▼ せ，セ

日	マレー	英
背(せ)	belakang ブラカン	back
背(せ)（背丈）	tinggi (badan) ティンギ（バダヌ）	height
(～の) せい	akibat [kerana / sebab] ~ アキバ(ト)［クラナ / スバ(ブ)］	because (of) ~
姓(せい)	nama keluarga ナマ クルゥワーガ	family name

日	マレー	英
せい 性	séks / jantina セクス / ジャヌティナ	sex
ぜい 税	cukai チュゥカイ	tax
せい い 誠意	keikhlasan / kejujuran クイ(フ)ラサヌ / クジュゥジュゥラヌ	sincerity
せいいく 生育	penumbuhan プヌゥムブゥハヌ	growing
せいいく 生育する（育つ）	membesar / tumbuh ムムブサー / トゥウムボ(ホ)	to grow
せいいく 生育する（育てる）	tumbuhkan / menumbuhkan トゥウムボ(ホ)カヌ / ムヌゥムボ(ホ)カヌ	to grow
せい か 成果	hasil ハセル	result
せい か 生家	rumah kelahiran ルゥマ(ハ) クラヒラヌ	birthplace
せいかい 正解	jawapan betul ジャワパヌ ブトル	correct answer
せいかい 正解する	jawab [menjawab] dengan betul ジャワ(ブ) [ムンジャワ(ブ)] ドゥンアヌ ブトル	to answer correctly
せいかく 性格	keperibadian クプリバディヤヌ	personality
せいかく 正確	ketepatan / kejituan クトゥパタヌ / クジトゥウワヌ	accuracy
せいかく 正確な	tepat / jitu トゥパ(ト) / ジトゥウ	accurate
せいかつ 生活	kehidupan / hidup クヒドゥウパヌ / ヒド(プ)	life
せいかつ 生活する	hidup ヒド(プ)	to live
せいかつ ひ 生活費	kos hidup コス ヒド(プ)	living expenses
ぜいかん 税関	kastam カスタム	customs
ぜいかんけん さ 税関検査	pemeriksaan kastam プムリクサアヌ カスタム	customs inspection
ぜいかんしんこくしょ 税関申告書	borang pengisytiharan kastam ボラン プンイシティハラヌ カスタム	customs declaration form
せい き 世紀	abad アバ(ド)	century

せ

日	マレー	英
正規（せいき）の	sah / tetap サ(ハ) / トゥタ(プ)	regular
正義（せいぎ）	keadilan クアディラヌ	justice
請求（せいきゅう）	tuntutan トゥウヌトタヌ	demand
請求（せいきゅう）する	tuntut / menuntut トゥウヌト(ト) / ムヌウヌト(ト)	to demand
請求金額（せいきゅうきんがく）	jumlah tuntutan ジュウムラ(ハ) トゥウヌトタヌ	amount claimed [requested]
請求書（せいきゅうしょ）	bil / invois ビル / イヌヴォエス	bill
税金（ぜいきん）	cukai チュウカイ	tax
税金還付（ぜいきんかんぷ）	bayaran balik cukai バヤラヌ バレッ チュウカイ	tax refund
税金免除（ぜいきんめんじょ）	pengecualian cukai プンゥチュウワリヤヌ チュウカイ	tax exemption
生計（せいけい）	mata pencarian / nafkah マタ プンチャリヤヌ / ナフカ(ハ)	livelihood
整形外科（せいけいげか）	ortopédik オトペデッ	orthopaedics
整形外科医（せいけいげかい）	doktor [pakar] ortopédik ドクトー [パカー] オトペデッ	orthopaedist
整形手術（せいけいしゅじゅつ）	pembedahan plastik プムブダハヌ プラステッ	plastic [cosmetic] surgery
清潔（せいけつ）	kebersihan クブースイハヌ	cleanliness
清潔（せいけつ）な	bersih ブーセ(ヘ)	clean
政権（せいけん）	kerajaan / pemerintah クラジャアヌ / プムリヌタ(ハ)	government
制限（せいげん）	batas / pembatasan / batasan バタス / プムバタサヌ / バタサヌ	limit
制限（せいげん）する	batasi / membatasi バタスィ / ムムバタスィ	to limit
成功（せいこう）	kejayaan クジャヤアヌ	success
成功（せいこう）する	berjaya ブージャヤ	to succeed

日	マレー	英
せいこう 精巧	kehalusan クハルゥサヌ	elaborateness
せいこう 精巧な	halus ハロㇲ	elaborate
せいこう 性交	persetubuhan プーストゥウブゥハヌ	lovemaking
せいこう 性交する	bersetubuh ブーストゥウボ(ㇹ)	to make love
せいざ 星座	buruj / gugusan bintang ブゥルゥジ / グゥグゥサヌ ビヌタン	constellation
せいさい 制裁	hukuman フゥクゥマヌ	punishment
せいさく 政策	dasar politik / polisi ダサー ポリテッ / ポリスィ	policy
せいさく 製作	pembuatan プムブゥワタヌ	manufacture
せいさく 製作する	buat / membuat ブゥワ(ト) / ムムブゥワ(ト)	to manufacture
せいさん 生産	pengeluaran プンゥルゥワラヌ	production
せいさん 生産する	keluarkan / mengeluarkan クルゥワーカヌ / ムンゥルゥワーカヌ	to produce
せいさん 精算	pelarasan プララサヌ	adjustment
せいさん 精算する	laraskan / melaraskan ララスカヌ / ムララスカヌ	to adjust
せいさんしゃ 生産者	pengeluar / pembuat プンゥルゥワー / プムブゥワ(ト)	producer
せいさんのうりょく 生産能力	keupayaan pengeluaran クウゥパヤアヌ プンゥルゥワラヌ	production capacity
せいし 生死	hidup (dan) mati ヒド(プ) (ダヌ) マティ	life and death
せいし 静止	kepegunan クプグゥナヌ	stationariness
せいし 静止する	pegun プゴヌ	to be stationary
せいじ 政治	politik ポリテッ	politics
せいしき 正式	kerasmian クラスミヤヌ	formality

日	マレー	英
せいしき 正式な	rasmi ラスミ	official
せいしつ 性質	sifat / ciri-ciri スイファ(ト) / チリ チリ	nature
せいじつ 誠実	keikhlasan / kejujuran クイ(フ)ラサヌ / クジュゥジュゥラヌ	sincerity
せいじつ 誠実な	ikhlas / jujur イ(フ)ラス / ジュゥジョー	sincere
せいしゃいん 正社員	pekerja tetap プクージャ トゥタ(プ)	regular employee
せいじゅく 成熟	kematangan / kemasakan クマタンアヌ / クマサカヌ	maturity
せいじゅく 成熟した	matang / masak / ranum マタン / マサッ / ラノム	mature
せいじゅく 成熟する	jadi [menjadi] matang ジャディ [ムンジャディ] マタン	to mature
せいしゅん 青春	keremajaan クルマジャアヌ	adolescence
せいじゅん 清純	kesucian クスゥチヤヌ	purity
せいじゅん 清純な	suci スゥチ	pure
せいしょ 清書	salinan bersih サリナヌ ブーセ(へ)	fair copy
せいしょ 清書する	sediakan [menyediakan] salinan bersih スディヤカヌ [ムニュディヤカヌ] サリナヌ ブーセ(へ)	to make a fair copy
せいしょ 聖書	Kitab Injil キタ(プ) インジェル	Bible
せいじょう 正常	kenormalan クノーマラヌ	normality
せいじょう 正常な	normal ノーマル	normal
せいしょうねん 青少年	remaja dan belia ルマジャ ダヌ ブリヤ	juveniles
せいしん 精神	semangat / jiwa スマンァ(ト) / ジワ	spirit
せいじん 成人	déwasa デワサ	adult
せいじん 成人する	déwasa / mendéwasa デワサ / ムヌデワサ	to become an adult

日	マレー	英
せいしんあんていざい 精神安定剤	ubat penenang ウゥバ(ト) プヌナン	tranquilizer
せいしんかい 精神科医	pakar psikiatri [sakit jiwa] パカー プスイキヤトリ [サケ(ト) ジワ]	psychiatrist
せいすう 整数	intéger / nombor bulat イヌテグー / ノムボー ブゥラ(ト)	integer
せい 制する	kuasai / menguasai クゥワサイ / ムンゥゥワサイ	to take hold of
せいぜい 精々〜	paling ~ pun パレン ポヌ	at most ~
せいせき 成績	pencapaian akadémik プンチャパイヤヌ アカデメッ	academic achievement
せいせきしょうめいしょ 成績証明書	transkrip トラヌスクレ(プ)	transcript
せいぜん 整然と	dengan teratur [rapi] ドゥンアヌ トゥラトー [ラピ]	in order
せいぜん 整然とした	teratur / rapi トゥラトー / ラピ	orderly
せいそう 清掃	pembersihan プムブースイハヌ	cleaning
せいそう 清掃する	bersihkan / membersihkan ブーセ(へ)カヌ / ムムブーセ(へ)カヌ	to clean
せいそう 盛装	pakaian yang élok パカイヤヌ ヤン エロッ	dress clothes
せいそう 盛装する	berpakaian élok ブーパカイヤヌ エロッ	to dress up
せいそう 正装	pakaian rasmi [kebesaran] パカイヤヌ ラスミ [クブサラヌ]	formal dress
せいぞう 製造	pembuatan / penghasilan プムブゥワタヌ / プンハスイラヌ	manufacture
せいぞう 製造する	membuat / menghasilkan ムムブゥワ(ト) / ムンハセルカヌ	to manufacture
せいぞうぎょう 製造業	industri pembuatan イヌドゥストリ プムブゥワタヌ	manufacturing industry
せいぞん 生存する	hidup / terselamat ヒド(プ) / トゥースラマ(ト)	to survive
せいぞんしゃ 生存者	orang yang terselamat [masih hidup] オラン ヤン トゥースラマ(ト) [マセ(へ) ヒド(プ)]	survivor
せいだい 盛大	kemegahan クムガハヌ	magnificence

せ

日	マレー	英
せいだい 盛大な	besar-besaran / megah ブサー ブサラヌ / ムガ(ハ)	magnificent
せいたいけい 生態系	ékosistem エコスイストゥム	ecosystem
ぜいたく 贅沢	kemémewahan クメワハヌ	luxury
ぜいたく 贅沢な	méwah メワ(ハ)	luxurious
せいちょう 声調	ton / nada suara トヌ / ナダ スゥワラ	tone
せいちょう 成長	pembesaran / pertumbuhan プムブサラヌ / プートゥウムブゥハヌ	growth
せいちょう 成長する	membesar / tumbuh ムムブサー / トゥウムボ(ホ)	to grow
せいちょうりつ 成長率	kadar pertumbuhan カダー プートゥウムブゥハヌ	growth rate
せいてい 制定	penggubalan / énakmen プングゥバラヌ / エナクムヌ	enactment
せいてい 制定する	gubal / menggubal グゥバル / ムングゥバル	to enact
せいてき 静的	kestatikan クスタティカヌ	staticness
せいてき 静的な	statik スタテッ	static
せいてき 性的な	séksual セクスゥワル	sexual
せいてつ 製鉄	pembuatan besi プムブゥワタヌ ブスィ	iron manufacture
せいてつ 製鉄する	buat [membuat] besi ブゥワ(ト) [ムムブゥワ(ト)] ブスィ	to manufacture iron
せいてん 晴天	cuaca cerah チュゥワチャ チュラ(ハ)	clear sky
せいでんき 静電気	éléktrik statik エレクトレッ スタテッ	static electricity
せいと 生徒	pelajar プラジャー	student
せいど 制度	sistem スイストゥム	system
せいど 精度	kadar [darjah] ketepatan カダー [ダージャ(ハ)] クトゥパタヌ	degree of accuracy

日	マレー	英
せいとう 政党	parti politik パーティ ポリテッ	political party
せいとう 正当さ	kemunasabahan / keadilan クムゥナサバハヌ / クアディラヌ	rightness
せいとう 正当な	munasabah / adil ムゥナサバ(ハ) / アデル	right
せいとん 整頓	penyusunan プニュゥスゥナヌ	arrangement
せいとん 整頓する	susun / menyusun スゥスゥヌ / ムニュゥスゥヌ	to arrange
せいねん 成年	déwasa デワサ	adult
せいねん 青年	belia / pemuda ブリヤ / プムゥダ	youth
せいねん 青年（男性）	teruna トゥルゥナ	young man
せいねん 青年（女性）	pemudi プムゥディ	young woman
せいねんがっぴ 生年月日	tarikh lahir タレッ ラヘー	date of birth
せいのう 性能	kecekapan / kemampuan クチュカパヌ / クマムプゥワヌ	capability
せいび 整備	penyelenggaraan プニュルンガラアヌ	maintenance
せいび 整備する	selenggara / menyelenggara スルンガラ / ムニュルンガラ	to maintain
せいびょう 性病	penyakit kelamin プニャケ(ト) クラメヌ	sexually transmitted disease
せいひん 製品	produk / barangan プロドゥウッ / バランアヌ	product
せいふ 政府	kerajaan / pemerintah クラジャアヌ / プムリヌタ(ハ)	government
せいふく 制服	pakaian seragam パカイヤヌ スラガム	uniform
せいふく 征服	penaklukan プナッ(ク)ルゥカヌ	conquest
せいふく 征服する	takluki / menakluki タッ(ク)ルゥキ / ムナッ(ク)ルゥキ	to conquer
せいぶつ 生物	benda hidup / makhluk ブヌダ ヒド(プ) / マ(ハ)ロッ	living thing

せ

日	マレー	英
せいぶつがく 生物学	biologi ビオロジ	biology
せいぶん 成分	ramuan / bahan ラムゥワヌ / バハヌ	ingredient
せいべつ 性別	jantina ジャヌティナ	gender
せいほう 製法	prosés [kaédah] pembuatan プロセス［カエダ(ハ)］プムブゥワタヌ	manufacturing process
せいほうけい 正方形	segi empat sama スギ ウムパ(ト) サマ	square
せいまい 精米する	kupas [mengupas] kulit padi クゥパス［ムンゥウパス］クゥレ(ト) パディ	to polish rice
せいみつ 精密さ	kepersisan / ketepatan クプースィサヌ / クトゥパタヌ	precision
せいみつ 精密な	persis / tepat プーセス / トゥパ(ト)	precise
ぜいむしょ 税務署	pejabat cukai プジャバ(ト) チュウカイ	tax office
せいめい 姓名	nama ナマ	name
せいめい 生命	nyawa / hayat ニャワ / ハヤ(ト)	life
せいめい 声明	kenyataan umum クニャタアヌ ウゥモム	statement
せいめいかがく 生命科学	sains hayat サインス ハヤ(ト)	life sciences
せいもん 正門	pintu utama ピヌトゥウ ウゥタマ	main gate
せいやく 制約	kekangan / had クカンアヌ / ハ(ド)	restriction
せいやく 制約する	kekang / mengekang クカン / ムンゥカン	to restrict
せいよう 西洋	Barat バラ(ト)	the West
せいよく 性欲	nafsu [keinginan] séksual ナフスゥ［クインイナヌ］セクスゥワル	sexual desire
せいり 整理	pengemasan プンゥマサヌ	arrangement
せいり 整理する	kemas / mengemas クマス / ムンゥマス	to tidy up

日	マレー	英
せいり 生理	haid / datang bulan ハエ(ド) / ダタン ブゥラヌ	period
せいりつ 成立	penubuhan / pembentukan プヌゥブゥハヌ / プムブヌトカヌ	formation
せいりつ 成立する	ditubuhkan / dibentuk ディトゥウボ(ホ)カヌ / ディブヌトッ	to be formed
ぜいりつ 税率	kadar cukai カダー チュゥカイ	tax rate
せいりつう 生理痛	senggugut スングゥゴ(ト)	menstrual [period] pain
せいりょういんりょうすい 清涼飲料水	minuman ringan ミヌゥマヌ リンアヌ	soft drink
せいりよう 生理用ナプキン	tuala wanita トゥウワラ ワニタ	sanitary napkin [pad]
せいりょく 勢力	kuasa / tenaga クゥワサ / トゥナガ	power
せいりょくてき 精力的	kegiatan / keaktifan クギヤタヌ / クエクティファヌ	energeticness
せいりょくてき 精力的な	penuh bersemangat / giat プノ(ホ) ブースマンア(ト) / ギヤ(ト)	energetic
せいれき 西暦	(tahun) Masihi (タホヌ) マスイヒ	A.D.
せいれつ 整列	perbarisan プーバリサヌ	lining up
せいれつ 整列する	berbaris ブーバレス	to be in line
セーター	swéater スウェトウー	sweater
セーフティボックス	peti keselamatan プティ クスラマタヌ	safety box
セール	jualan ジュウワラヌ	sale
セールスマン	jurujual ジュゥルゥジュゥワル	salesperson
せお 背負う	tanggung / menanggung タンゴン / ムナンゴン	to shoulder
せかい 世界	dunia ドゥウニヤ	world
せかいいさん 世界遺産	warisan dunia ワリサヌ ドゥウニヤ	world heritage

せ

日	マレー	英
急かす (せ)	gesa-gesakan / menggesa-gesakan グサ グサカヌ / ムングサ グサカヌ	to hasten
咳 (せき)	batuk バトゥ	cough
席 (せき)	tempat duduk トゥムパ(ト) ドゥウドゥ	seat
石炭 (せきたん)	arang batu アラン バトゥウ	coal
赤道 (せきどう)	khatulistiwa ハトゥウリスティワ	equator
責任 (せきにん)	tanggungjawab タンゴンジャワ(プ)	responsibility
責任者 (せきにんしゃ)	orang bertanggungjawab オラン ブータンゴンジャワ(プ)	person in charge
責務 (せきむ)	tugas / tanggungjawab トゥウガス / タンゴンジャワ(プ)	duty
石油 (せきゆ)	minyak pétrol ミニャッ ペトロル	petroleum
セクシー	keséksian クセクスイヤヌ	sexiness
セクシーな	séksi セクスイ	sexy
セクション	bahagian / séksyen バハギヤヌ / セクシュヌ	section
セクハラ	gangguan séksual ガングゥワヌ セクスゥワル	sexual harassment
世間 (せけん)	masyarakat / orang awam マシャラカ(ト) / オラン アワム	society
世辞 (せじ)	pujian / puji-pujian プゥジヤヌ / プゥジ プゥジヤヌ	compliment
是正 (ぜせい)	pembetulan プムブトゥウラヌ	correction
是正する (ぜせい)	betulkan / membetulkan ブトルカヌ / ムムブトルカヌ	to correct
世帯 (せたい)	isi rumah / rumah tangga イスイ ルゥマ(ハ) / ルゥマ(ハ) タンガ	household
世代 (せだい)	génerasi ジェヌラスイ	generation
節 (せつ)	bahagian バハギヤヌ	section

日	マレー	英
せつ 説	téori / pandangan / pendapat テオリ / パヌダンアヌ / プヌダパ(ト)	theory
ぜつえん 絶縁（縁を切る）	pemutusan hubungan プムゥトゥゥサヌ フゥブゥンアヌ	breakup
ぜつえん 絶縁（伝導を断つ）	penebatan プヌバタヌ	insulation
ぜつえん 絶縁する （縁を切る）	putuskan [memutuskan] hubungan プゥトゥスカヌ［ムムゥトゥスカヌ］フゥブゥンアヌ	to break off relations
ぜつえん 絶縁する （伝導を断つ）	tebat / menebat トゥバ(ト) / ムヌバ(ト)	to insulate
せっかい 切開	insisi イヌスィスィ	incision
せっかい 切開する	buat [membuat] insisi ブゥワ(ト)［ムムブゥワ(ト)］イヌスィスィ	to incise
せっかい 石灰	kapur カポー	lime
せっかく （無理をして）	susah payah スゥサ(ハ) パヤ(ハ)	for all one's trouble
せっかくの （滅多にない）	jarang ジャラン	rare
せっきょう 説教（宗教講和）	khutbah フ(ト)バ(ハ)	sermon
せっきょう 説教（叱責）	létér / létéran レテー / レテラヌ	nag
せっきょう 説教する （宗教講和）	berkhutbah ブーフ(ト)バ(ハ)	to preach
せっきょう 説教する （叱責する）	létér / melétér / berkhutbah レテー / ムレテー / ブーフ(ト)バ(ハ)	to nag
せっきょくせい 積極性	keaktifan / kepositifan クエゥティフアヌ / クポズィティフアヌ	activeness
せっきょくてき 積極的な	aktif [positif] エゥティフ［ポズィティフ］	active
せっきん 接近	pendekatan / penghampiran プヌドゥカタヌ / プンハムピラヌ	approach
せっきん 接近する	hampiri / menghampiri ハムピリ / ムンハムピリ	to approach
セックス	séks セクス	sex
セックスする	lakukan [melakukan] hubungan séks ラクゥカヌ［ムラクゥカヌ］フゥブゥンアヌ セクス	to have sex

せ

日	マレー	英
設計（せっけい）	réka bentuk レカ ブヌトゥ	design
設計する（せっけい）	réka [meréka] bentuk レカ［ムレカ］ブヌトゥ	to design
赤血球（せっけっきゅう）	sél darah mérah / éritrosit セル ダラ(ハ) メラ(ハ) / エリトロセ(ト)	red blood cell
石鹸（せっけん）	sabun サボヌ	soap
切実な（せつじつ）	mendesak ムヌドゥサッ	pressing
接触（せっしょく）	sentuhan スヌトハヌ	touch
接触する（せっしょく）	sentuh / menyentuh スヌト(ホ) / ムニュヌト(ホ)	to touch
接する（触れる）（せっ）	didedahkan / terdedah ディドゥダ(ハ)カヌ / トゥードゥダ(ハ)	to be exposed
接する（隣接する）（せっ）	bersebelahan ブースブラハヌ	to border
節制（せっせい）	kesederhanaan クスドゥーハナアヌ	moderation
せっせと	dengan rajin [tekun] ドゥンアヌ ラジェヌ［トゥコヌ］	diligently
接続（せつぞく）	sambungan サムブゥンアヌ	connection
接続する（せつぞく）	sambungkan / menyambungkan サムボンカヌ / ムニャムボンカヌ	to connect
接続詞（せつぞくし）	kata hubung カタ フゥボン	conjunction
拙速な（せっそく）	melulu ムルゥルゥ	fast and sloppy
接続便（せつぞくびん）	penerbangan sambungan プヌーバンアヌ サムブゥンアヌ	connecting flight
接待（せったい）	keraian クライヤヌ	entertainment
接待する（せったい）	raikan / meraikan ライカヌ / ムライカヌ	to entertain
絶対（ぜったい）	pasti / betul-betul パスティ / ブトゥル ブトゥル	absolutely
絶対性（ぜったいせい）	kemutlakan クムゥ(ト)ラカヌ	absoluteness

日	マレー	英
ぜったいてき 絶対的な	mutlak ムゥ(ト)ラッ	absolute
せったいひ 接待費	élaun [kos] keraian エラォヌ [コス] クライヤヌ	entertainment allowance [expenses]
せつだん 切断	pemotongan プモトンアヌ	disconnection
せつだん 切断する	potong / memotong ポトン / ムモトン	to disconnect
せっち 設置（設立）	penubuhan プヌゥブゥハヌ	establishment
せっち 設置（配置）	pemasangan プマサンアヌ	placement
せっち 設置する（設立する）	tubuhkan / menubuhkan トゥウボ(ホ)カヌ / ムヌウボ(ホ)カヌ	to establish
せっち 設置する（配置する）	pasang / memasang パサン / ムマサン	to place
せっちゃくざい 接着剤	gam ガム	adhesive
せっちゅう 折衷	jalan tengah ジャラヌ トゥンア(ハ)	middle course
せっちゅう 折衷する	ambil [mengambil] jalan tengah アムベル [ムンアムベル] ジャラヌ トゥンア(ハ)	to adopt a middle course
せってい 設定	tetapan / penetapan トゥタパヌ / プヌタパヌ	setting
せってい 設定する	tetapkan / menetapkan トゥタ(プ)カヌ / ムヌタ(プ)カヌ	to set up
せってん 接点	titik hubungan ティテッ フゥブゥンアヌ	contact point
セット	sét セ(ト)	set
せつど 節度	kesederhanaan クスドゥーハナアヌ	moderation
せっとく 説得	pujukan / pemujukan プゥジュゥカヌ / プムゥジュゥカヌ	persuasion
せっとく 説得する	pujuk / memujuk プゥジョッ / ムムゥジョッ	to persuade
せつ 切ない	sayu / hiba / pilu サユゥ / ヒバ / ピルゥ	sorrowful
ぜっぱん 絶版になる	habis cétak [cétakan] ハベス チェタッ [チェタカヌ]	to go out of print

せ

日	マレー	英
せつび 設備	kemudahan / kelengkapan クムゥダハヌ / クルンカパヌ	facilities
せつび 設備する	lengkapkan / melengkapkan ルンカ(プ)カヌ / ムルンカ(プ)カヌ	to equip
ぜつぼう 絶望	keputusan harapan [asa] クプゥトゥウサヌ ハラパヌ [アサ]	despair
ぜつぼう 絶望する	putus harapan [asa] プゥトス ハラパヌ [アサ]	to despair
せつめい 説明	penerangan / penjelasan プヌランァヌ / プンジュラサヌ	explanation
せつめい 説明する	terangkan / menerangkan トゥランカヌ / ムヌランカヌ	to explain
ぜつめつ 絶滅	kepupusan クプゥプゥサヌ	extinction
ぜつめつ 絶滅する	pupus プゥポス	to be extinct
せつやく 節約	jimat / penjimatan / berjimat ジマ(ト) / プンジマタヌ / ブージマ(ト)	saving
せつやく 節約する	berjimat ブージマ(ト)	to save
せつやくか 節約家の	jimat ジマ(ト)	thrifty
せつりつ 設立	penubuhan プヌゥブゥハヌ	establishment
せつりつ 設立する	tubuhkan / menubuhkan トゥウボ(ホ)カヌ / ムヌゥボ(ホ)カヌ	to establish
せともの 瀬戸物	tembikar トゥムビカー	china
せなか 背中	belakang ブラカン	back
ぜひ 是非	jemput ジュムポ(ト)	by all means
ぜひ 是非とも	jemputlah ジュムポ(ト)ラ(ハ)	by all means
せびろ 背広	sut スゥ(ト)	suit
せぼね 背骨	tulang belakang トゥウラン ブラカン	backbone
せま 狭い(面積)	kecil クチェル	small

日	マレー	英
せま 狭い(幅、心)	sempit スムペ(ト)	narrow
せま 迫る(近づく)	semakin hampir [dekat] スマケヌ ハムペー [ドゥカ(ト)]	to come closer
せま 迫る(強要する)	desak / mendesak ドゥサッ / ムヌドゥサッ	to urge
せみ 蝉	riang-riang / reriang リヤン リヤン / ルリヤン	cicada
セミナー	séminar セミナー	seminar
せ 攻め	serangan スランアヌ	attack
せめて	sekurang-kurangnya スクゥラン クゥランニャ	at least
せ 攻める	serang / menyerang スラン / ムニュラン	to attack
せ 責める	salahkan / menyalahkan サラ(ハ)カヌ / ムニャラ(ハ)カヌ	to blame
セメント	simén スイメヌ	cement
セラミック	séramik セラメッ	ceramics
ゼリー	jéli ジェリ	jelly
せりふ 台詞	dialog ディヤロ(グ)	line
せ 競る	bersaing / bertanding ブーサェン / ブータヌデン	to compete
セルフサービス	layan diri ラヤヌ ディリ	self-service
セレモニー	majlis / upacara マジレス / ウゥパチャラ	ceremony
0	kosong / sifar コソン / スイファー	zero
セロハンテープ	sélotép セロテ(プ)	cellophane tape
セロリ	saderi サドゥリ	celery
せろん 世論	pendapat umum [awam] プヌダパ(ト) ウゥモム [アワム]	public opinion

せ

日	マレー	英
世話（せわ）	penjagaan プンジャガアヌ	care
世話（せわ）する	jaga / menjaga ジャガ / ムンジャガ	to take care of
世話（せわ）する （紹介、仲介する）	bantu [membantu] cari [mencari] バヌトゥウ [ムムバヌトゥウ] チャリ [ムンチャリ]	to help find
世話好（せわず）きな	suka menolong [membantu] スゥカ ムノロン [ムムバヌトゥウ]	accommodating
世話（せわ）になる	terhutang budi トゥーフウタン ブゥディ	to be indebted
千（せん）	ribu リブゥ	thousand
栓（せん）	penyumbat / sumbat プニュウムバ(ト) / スゥムバ(ト)	stopper
線（せん）	garis / garisan ガレス / ガリサヌ	line
善（ぜん）	kebaikan クバイカヌ	good deed
全（ぜん）～	semua [seluruh / sepenuh] ~ スムゥワ [スルゥロ(ホ) / スプノ(ホ)]	all ~
禅（ぜん）	Zén ゼヌ	Zen
善悪（ぜんあく）	baik jahat / betul salah バエッ ジャハ(ト) / ブトル サラ(ハ)	right and wrong
繊維（せんい）	serat / gentian スラ(ト) / グヌティヤヌ	fibre
善意（ぜんい）	niat baik ニヤ(ト) バエッ	goodwill
全員（ぜんいん）	semua orang スムゥワ オラン	everyone
全快（ぜんかい）	pemulihan dengan sempurna プムゥリハヌ ドゥンアヌ スムプゥルナ	complete recovery
全快（ぜんかい）する	pulih dengan sempurna プゥレ(ヘ) ドゥンアヌ スムプゥルナ	to make a complete recovery
前回（ぜんかい）	kali terakhir カリ トゥラヘー	last [previous] time
前回（ぜんかい）の	terakhir / dahulu / dulu トゥラヘー / ダフゥルゥ / ドゥウルゥ	last / previous
洗顔（せんがん）	pencucian muka プンチュウチヤヌ ムゥカ	face washing

日	マレー	英
せんがん 洗顔する	cuci [mencuci] muka チュウチ［ムンチュウチ］ムゥカ	to wash one's face
ぜんき 前期	peringkat pertama プリンカ(ト) プータマ	first stage
せんきょ 選挙	pilihan raya ピリハヌ ラヤ	election
せんきょ 選挙する	pilih [memilih] melalui undi ピレ(ヘ)［ムミレ(ヘ)］ムラルゥイ ウゥヌディ	to elect
せんきょう 宣教	penyébaran agama プニェバラヌ アガマ	missionary work
せんきょう 宣教する	sébarkan [menyébarkan] agama セバーカヌ［ムニェバーカヌ］アガマ	to do missionary work
せんきょうし 宣教師	pendakwah / mubaligh プヌダッ(ク)ワ(ハ) / ムゥバレ(グ)	missionary
せんげつ 先月	bulan lepas [lalu] ブゥラヌ ルパス［ラルゥ］	last month
せんげん 宣言	pengisytiharan プンイシティハラヌ	declaration
せんげん 宣言する	isytiharkan / mengisytiharkan イシティハーカヌ / ムンイシティハーカヌ	to declare
ぜんご 前後（位置）	depan dan belakang ドゥパヌ ダヌ ブラカン	back and forth
ぜんご 前後（時間）	sebelum dan selepas スブロム ダヌ スルパス	before and after
せんこう 先行する	dahului / mendahului ダフゥルゥイ / ムヌダフゥルゥイ	to precede
せんこう 専攻	jurusan / pengkhususan ジュゥルゥサヌ / プンフゥスゥサヌ	major
せんこう 専攻する	khusus / mengkhusus フゥスゥス / ムンフゥスゥス	to specialize in
せんこう 選考	pemilihan プミリハヌ	selection
せんこう 選考する	pilih / memilih ピレ(ヘ) / ムミレ(ヘ)	to select
せんこう 線香	batang dupa [setanggi] バタン ドゥゥパ［スタンギ］	incense stick
ぜんこく 全国	seluruh negara スルゥロ(ホ) ヌガラ	whole country
せんさい 戦災	bencana perang ブンチャナ プラン	war damage

日	マレー	英
せんさい 繊細	kehalusan クハルゥサヌ	delicacy
せんさい 繊細な	halus ハロス	delicate
せんざい 洗剤	(bahan) pencuci / détergen (バハヌ) プンチュゥチ / デトゥジュヌ	detergent
ぜんさい 前菜	pembuka seléra プムブゥカ スレラ	appetizer
せんじつ 先日	témpoh hari / hari itu テムポ(ホ) ハリ / ハリ イトゥウ	the other day
ぜんじつ 前日	hari sebelumnya ハリ スブロムニャ	previous day
せんしゃ 洗車	cucian [pencucian] keréta チュウチヤヌ [プンチュゥチヤヌ] クレタ	car wash
せんしゃ 洗車する	cuci [mencuci] keréta チュウチ [ムンチュゥチ] クレタ	to wash a car
ぜんしゃ 前者	yang pertama ヤン プータマ	the former
せんしゅ 選手	pemain / ahli sukan プマエヌ / ア(ハ)リ スウカヌ	player
せんしゅう 先週	minggu lepas [lalu] ミングゥ ルパス [ラルゥ]	last week
せんしゅう 専修	pengkhususan プンフウスウサヌ	specialization
せんしゅう 専修する	khusus / mengkhusus フウスウス / ムンフウスウス	to specialize in
ぜんしゅう 全集	koléksi penuh [lengkap] コレクスイ プノ(ホ) [ルンカ(プ)]	complete works
せんじゅつ 戦術	strategi / taktik ストラテジ / タクテッ	strategy
せんじょう 戦場	médan perang メダヌ プラン	battlefield
せんじょう 洗浄	pembasuhan プムバソハヌ	washing
せんじょう 洗浄する	basuh / membasuh バソ(ホ) / ムムバソ(ホ)	to wash
せんしょくたい 染色体	kromosom クロモソム	chromosome
ぜんしん 前進	kemajuan クマジュゥワヌ	advancement

日	マレー	英
ぜんしん 前進する	maju [mara] (ke depan [hadapan]) マジュゥ［マラ］（クドゥパヌ［ハダパヌ］）	to advance
ぜんしん 全身	seluruh badan スルゥロ(ホ) バダヌ	whole body
せんしんこく 先進国	negara maju ヌガラ マジュゥ	developed country [nation]
せんす 扇子	kipas lipat キパス リパ(ト)	folding fan
せんすい 潜水	penyelaman プニュラマヌ	submerging
せんすい 潜水する	selam / menyelam スラム / ムニュラム	to submerge
せんせい 先生（高校まで）	guru / cikgu グゥルゥ / チェッグゥ	teacher
せんせい 先生（大学）	pensyarah プヌシャラ(ハ)	lecturer
ぜんせい 全盛	kemakmuran / kejayaan クマッ(ク)ムゥラヌ / クジャヤアヌ	glory
ぜんせかい 全世界	seluruh dunia スルゥロ(ホ) ドゥウニヤ	whole world
ぜんぜん 全然（〜ない）	(tidak ~) langsung （ティダッ）ランソン	(not ~) at all
せんぞ 先祖	nénék moyang ネネッ モヤン	ancestor
せんそう 戦争	perang / peperangan プラン / ププランアヌ	war
せんそう 戦争する	berperang ブープラン	to engage in war
ぜんそく 喘息	(penyakit) asma [lelah] （プニャケ(ト)）アスマ［ルラ(ハ)］	asthma
センター	pusat プゥサ(ト)	centre
せんだい 先代	pendahulu プヌダフゥルゥ	predecessor
ぜんたい 全体	keseluruhan クスルゥルゥハヌ	whole
せんたく 選択	pemilihan プミリハヌ	choice
せんたく 選択する	pilih / memilih ピレ(ヘ) / ムミレ(ヘ)	to choose

せ

日	マレー	英
せんたくき 洗濯機	mésin basuh メセヌ バソ(ホ)	washing machine
せんたくし 選択肢	pilihan ピリハヌ	option
せんたく 洗濯する	cuci [mencuci] pakaian チュウチ [ムンチュウチ] パカイヤヌ	to wash
せんたく 洗濯ばさみ	penyepit [sepit] baju プニュペ(ト) [スペ(ト)] バジュウ	clothes peg
せんたくもの 洗濯物（洗う前）	kain kotor カエヌ コトー	laundry
せんたくもの 洗濯物（洗った後）	(kain) cucian (カエヌ) チュウチヤヌ	laundry
せんたくや 洗濯屋	dobi ドビ	launderer
せんたく 洗濯ロープ	tali penyidai [ampaian] タリ プニィダイ [アムパイヤヌ]	clothesline
せんたん 先端	hujung フウジョン	tip
せんたんてき 先端的な	terkini / maju トゥーキニ / マジュウ	state-of-the-art
センチメートル	séntiméter セヌティメトゥー	centimetre
せんちゃく 先着する	tiba dahulu [dulu] ティバ ダフウルゥ [ドゥウルゥ]	to arrive first
せんちょう 船長	nakhoda / kapten kapal ナホダ / カ(プ)トゥヌ カパル	captain
ぜんちょう 全長	panjang keseluruhan パンジャン クスルゥルゥハヌ	full length
ぜんちょう 前兆	tanda / petanda / gejala タヌダ / プタヌダ / グジャラ	omen
ぜんてい 前提	andaian アヌダイヤヌ	presupposition
せんでん 宣伝	iklan イクラヌ	advertisement
せんでん 宣伝する	iklankan / mengiklankan イクラヌカヌ / ムンイクラヌカヌ	to advertise
せんてんてき 先天的	kesemulajadian / kesejadian クスムゥラジャディヤヌ / クスジャディヤヌ	innateness
せんてんてき 先天的な	semula jadi / sejak lahir スムゥラ ジャディ / スジャッ ラヘー	innate

日	マレー	英
前途（ぜんと）	masa depan [hadapan] マサ ドゥパヌ [ハダパヌ]	future
先頭（せんとう）	paling hadapan [depan] パレン ハダパヌ [ドゥパヌ]	forefront
戦闘（せんとう）	pertempuran / perang プートゥムプゥラヌ / プラン	battle
戦闘する（せんとう）	berperang / berjuang ブープラン / ブージュゥワン	to battle
潜入（せんにゅう）	penyelinapan プニュリナパヌ	infiltration
潜入する（せんにゅう）	selinap [menyelinap] (masuk) スリナ(プ) [ムニュリナ(プ)] (マソッ)	to infiltrate
先入観（せんにゅうかん）	prasangka / praanggapan プラサンカ / プラアンガパヌ	bias
前任者（ぜんにんしゃ）	orang yang terdahulu オラン ヤン トゥーダフゥルゥ	predecessor
栓抜き（せんぬ）	pembuka botol プムブゥカ ボトル	opener
前年（ぜんねん）	tahun sebelumnya タホヌ スブロムニャ	previous year
先輩（せんぱい）	sénior / yang lebih tua セニヨー / ヤン ルベ(へ) トゥウワ	senior
船舶（せんぱく）	kapal カパル	shipping
前半（ぜんはん）	separuh pertama スパロ(ホ) プータマ	first half
全般（ぜんぱん）	keseluruhan クスルゥルゥハヌ	whole
全部（ぜんぶ）	semua スムゥワ	whole
扇風機（せんぷうき）	kipas angin キパス アンエヌ	fan
全滅（ぜんめつ）	kepunahan クプゥナハヌ	annihilation
全滅させる（ぜんめつ）	punahkan / memunahkan プゥナ(ハ)カヌ / ムムゥナ(ハ)カヌ	to annihilate
全滅する（ぜんめつ）	punah / punah-ranah プゥナ(ハ) / プゥナ(ハ) ラナ(ハ)	to be annihilated
洗面（せんめん）	pencucian muka プンチュゥチヤヌ ムゥカ	washing one's face

せ

日	マレー	英
せんめん 洗面する	cuci [mencuci] muka チュウチ［ムンチュウチ］ムゥカ	to wash one's face
せんめんき 洗面器	bésén ベセヌ	basin
せんめんだい 洗面台	kabinét bilik mandi カビネ(ト) ビレッ マヌディ	wash stand
ぜんめんてき 全面的な	penuh プノ(ホ)	full
ぜんめんてき 全面的に	sepenuhnya / bulat-bulat スプノ(ホ)ニャ / ブゥラ(ト) ブゥラ(ト)	fully
せんもん 専門	pengkhususan / jurusan プンフゥスゥサヌ / ジュウルゥサヌ	specialty
せんもんい 専門医	doktor pakar ドクトー パカー	(medical) specialist
せんもんてん 専門店	kedai istiméwa クダィ イスティメワ	specialty shop
せんやく 先約	janji dengan orang lain ジャンジ ドゥンアヌ オラン ラエヌ	prior engagement
せんよう 専用	kegunaan khas クグゥナアヌ ハス	exclusive use
せんよう 専用の	khas ハス	exclusive
せんよう 占用する	menggunakan secara éksklusif ムングゥナカヌ スチャラ エクスクルゥセフ	to use exclusively
せんりゃく 戦略	stratégi ストラテジ	strategy
せんりょう 占領	penjajahan / pendudukan プンジャジャハヌ / プヌドゥドゥカヌ	occupation
せんりょう 占領する	jajah / menjajah ジャジャ(ハ) / ムンジャジャ(ハ)	to occupy
ぜんりょう 善良	kebaikan hati クバイカヌ ハティ	goodness
ぜんりょう 善良な	baik hati バエッ ハティ	good-natured
せんりょく 戦力	kekuatan perang ククゥワタヌ プラン	war potential
ぜんりょく 全力	sepenuh tenaga スプノ(ホ) トゥナガ	all one's force
ぜんりょく 全力で	(dengan) sehabis baik (ドゥンアヌ) スハベス バエッ	with all one's force

日	マレー	英
ぜんれい 前例	contoh dahulu [dulu] チョヌト(ホ) ダフゥルゥ［ドゥウルゥ］	precedent
せんろ 線路	landasan (keréta api) ラヌダサヌ（クレタ ピ）	railway

▼そ，ソ

日	マレー	英
そあくひん 粗悪品	produk tidak berkualiti プロドゥウッ ティダッ ブークゥワリティ	goods of poor [bad] quality
～沿い	sepanjang ~ スパンジャン	along ~
そう	begitu ブギトゥウ	so
沿う（川などに）	selari スラリ	to parallel
そう 僧	sami / biarawan サミ / ビヤラワヌ	monk
そう 層	lapisan / golongan ラピサヌ / ゴロンアヌ	layer
ぞう 象	gajah ガジャ(ハ)	elephant
ぞう 像	patung / arca パトン / アルチャ	statue
そうい 相違	perbézaan / kelainan プーベザアヌ / クライナヌ	difference
そうい 相違する	berbéza / berlainan ブーベザ / ブーライナヌ	to differ
そう言えば	oh ya (tak ya) オ(ホ) ヤ（タッ ヤ）	that reminds me
そうおう 相応	kesesuaian / keserasian クススゥワイヤヌ / クスラスイヤヌ	suitability
そうおう 相応な	sesuai / serasi / sepadan ススゥワイ / スラスイ / スパダヌ	suitable
そうおん 騒音	bunyi bising ブゥニィ ビセン	noise
ぞうか 増加	pertambahan / peningkatan プータムバハヌ / プニンカタヌ	increase
ぞうか 増加する	bertambah / meningkat ブータムバ(ハ) / ムニンカ(ト)	to increase
そうかい 総会	mesyuarat agung ムシュウワラ(ト) アゴン	general meeting

日	マレー	英
そうがく 総額	jumlah keseluruhan ジュウムラ(ハ) クスルゥルゥハヌ	total amount
そうかん 創刊	pelancaran (terbitan) プランチャラヌ（トゥービタヌ）	launch (of a periodical)
そうかん 創刊する	lancarkan [melancarkan] (terbitan) ランチャーカヌ［ムランチャーカヌ］（トゥービタヌ）	to launch (a periodical)
そうがんきょう 双眼鏡	binokular / teropong ビノクゥラー / トゥロポン	binoculars
そうぎ 葬儀	upacara pengebumian ウゥパチャラ プンゥブゥミヤヌ	funeral
ぞうき 臓器	organ オガヌ	organ
そうきゅう 早急な	segera / cepat スグラ / チュパ(ト)	immediate
ぞうきょう 増強	pengukuhan プンゥウクゥハヌ	reinforcement
ぞうきょう 増強する	kukuhkan / mengukuhkan クゥコ(ホ)カヌ / ムンゥウコ(ホ)カヌ	to reinforce
そうきん 送金	kiriman [pengiriman] wang キリマヌ［プンィリマヌ］ワン	remittance
そうきん 送金する	kirim [mengirim] wang キレム［ムンィレム］ワン	to remit
ぞうきん 雑巾	kain lap カエヌ ラ(プ)	dust cloth
そうぐう 遭遇	pertembungan / pertemuan プートゥムブゥンアヌ / プートゥムゥワヌ	encounter
そうぐう 遭遇する	bertembung / hadapi / menghadapi ブートゥムボン / ハダピ / ムンハダピ	to encounter
ぞうげ 象牙	gading ガデン	ivory
そうげい 送迎サービス	perkhidmatan hantar jemput プーヒ(ド)マタヌ ハヌター ジュムポ(ト)	pick-up [transportation] service
そうげん 草原	padang rumput パダン ルゥムポ(ト)	grassland
ぞうげん 増減	penambahan dan pengurangan プナムバハヌ ダヌ プンゥウランアヌ	increase and decrease
ぞうげん 増減する	bertambah dan berkurang ブータムバ(ハ) ダヌ ブークゥラン	to increase and decrease
そうこ 倉庫（大型の）	gudang グゥダン	warehouse

日	マレー	英
そうこ 倉庫（家庭などの）	stor ストー	store
そうご 相互	kesalingan クサリンアヌ	mutuality
そうご 相互に	saling サレン	mutually
そうこう 走行	perjalanan プージャラナヌ	running
そうこう 走行する	jalan / berjalan ジャラヌ / ブージャラヌ	to run
そうごう 総合	penyimpulan / sintésis プニィムプウラヌ / スイヌテスイス	synthesis
そうごう 総合する	simpulkan / menyimpulkan スイムポルカヌ / ムニィムポルカヌ	to put together
そうごうてき 総合的な	umum / am / keseluruhan ウゥモム / アム / クスルゥルゥハヌ	general
そうこうきょり 走行距離	jarak perjalanan ジャラッ プージャラナヌ	mileage
そうさ 捜査	penyiasatan / siasatan プニィヤサタヌ / スイヤサタヌ	investigation
そうさ 捜査する	siasat / menyiasat スイヤサ(ト) / ムニィヤサ(ト)	to investigate
そうさ 操作	pengendalian プンゥヌダリヤヌ	operation
そうさ 操作する	kendalikan / mengendalikan クヌダリカヌ / ムンゥヌダリカヌ	to operate
そうさい 相殺する	imbangi / mengimbangi イムバンィ / ムンィムバンィ	to offset
そうさく 創作	penghasilan プンハスイラヌ	creation
そうさく 創作する	hasilkan / menghasilkan ハセルカヌ / ムンハセルカヌ	to create
そうさく 捜索	penggelédahan / pencarian プングレダハヌ / プンチャリヤヌ	search
そうさく 捜索する	gelédah / menggelédah / cari / mencari グレダ(ハ) / ムングレダ(ハ) / チャリ / ムンチャリ	to search for
そうじ 掃除	pembersihan プムブースイハヌ	cleaning
そうじ 掃除する	bersihkan / membersihkan ブーセ(へ)カヌ / ムムブーセ(へ)カヌ	to clean

日	マレー	英
そうしき 葬式	upacara pengebumian ウゥパチャラ プンゥブゥミヤヌ	funeral
そうしつ 喪失	kehilangan クヒランァヌ	loss
そうしつ 喪失する	hilang / kehilangan ヒラン / クヒランァヌ	to lose
そうじゅう 操縦	pengemudian / pemanduan プンゥムゥディヤヌ / プマヌドゥウワヌ	piloting
そうじゅう 操縦する	mengemudi / memandu ムンゥムゥディ / ムマヌドゥウ	to pilot
ぞうしょう 蔵相	menteri kewangan ムヌトゥリ クワンァヌ	finance minister
そうしょく 装飾	hiasan / perhiasan ヒヤサヌ / プーヒヤサヌ	decoration
そうしょく 装飾する	hias / menghias ヒヤス / ムンヒヤス	to decorate
ぞうしょく 増殖	pembiakan / pertambahan プムビヤカヌ / プータムバハヌ	proliferation
ぞうしょく 増殖する	biak / membiak ビヤッ / ムムビヤッ	to multiply
ぞうしん 増進	penambahan / peningkatan プナムバハヌ / プニンカタヌ	enhancement
ぞうしん 増進する	tambahkan / menambahkan タムバ(ハ)カヌ / ムナムバ(ハ)カヌ	to enhance
ぞうせん 造船	pembinaan kapal プムベナアヌ カパル	shipbuilding
ぞうせん 造船する	bina [membina] kapal ベナ [ムムベナ] カパル	to build ships
そうぞう 創造	penciptaan プンチ(プ)タアヌ	creation
そうぞう 創造する	cipta / mencipta チ(プ)タ / ムンチ(プ)タ	to create
そうぞう 想像	imaginasi / gambaran イマジナスィ / ガムバラヌ	imagination
そうぞう 想像する	bayangkan / membayangkan バヤンカヌ / ムムバヤンカヌ	to imagine
そうぞう 騒々しい	bising / riuh / hingar-bingar ビセン / リオ(ホ) / ヒンアー ビンアー	noisy
そうぞく 相続	pewarisan プワリサヌ	inheritance

日	マレー	英
そうぞく 相続する	warisi / mewarisi ワリスィ / ムワリスィ	to inherit
そうぞくぜい 相続税	cukai warisan チュウカイ ワリサヌ	inheritance tax
そうそふ 曾祖父	moyang lelaki モヤン ルラキ	great-grandfather
そうそぼ 曾祖母	moyang perempuan モヤン プルムプゥワヌ	great-grandmother
そうたい 相対	kerélatifan / kenisbian クレラティファヌ / クニスビヤヌ	relativeness
そうだい 壮大	keagungan クアグゥンアヌ	magnificence
そうだい 壮大な	agung アゴン	magnificent
ぞうだい 増大	pertambahan / peningkatan プータムバハヌ / プニンカタヌ	increase
ぞうだい 増大する	bertambah / meningkat プータムバ(ハ) / ムニンカ(ト)	to increase
そうたいてき 相対的	kerélatifan / kenisbian クレラティファヌ / クニスビヤヌ	relativeness
そうたいてき 相対的な	rélatif / nisbi レラテフ / ニスビ	relative
そうたいてき 相対的に	secara rélatif スチャラ レラテフ	relatively
そうだん 相談	perbincangan / rundingan プービンチャンアヌ / ルウヌディンアヌ	talk
そうだん 相談する	bincang / berbincang / berunding ビンチャン / ブービンチャン / ブルウヌデン	to talk *sth* over
そうち 装置	peranti / alat プラヌティ / アラ(ト)	device
そうてい 想定	dugaan / andaian / jangkaan ドゥウガアヌ / アヌダイヤヌ / ジャンカアヌ	supposition
そうてい 想定する	menduga / mengandaikan ムヌドゥウガ / ムンアヌダイカヌ	to suppose
そうとう 相当する	boléh dibandingkan dengan ボレ(ヘ) ディバヌデンカヌ ドゥンアヌ	to correspond to
そうとう 相当の	cukup / sangat チュウコ(プ) / サンア(ト)	considerably
そうとう ～相当の	bernilai ~ ブーニライ	worth ~

そ

日	マレー	英
そうどう 騒動	pergolakan プーゴラカヌ	disturbance
そうどう お 騒動を起こす	timbulkan [menimbulkan] pergolakan ティムボルカヌ [ムニムボルカヌ] プーゴラカヌ	to create a disturbance
そうとうぶつ 相当物	padanan パダナヌ	equivalent
そうなん 遭難する	hadapi [menghadapi] kemalangan ハダピ [ムンハダピ] クマランアヌ	to meet with an accident
そう ば 相場	harga pasaran ハルガ パサラヌ	market price
そうはく 蒼白	kepucatan クプゥチャタヌ	pallor
そう び 装備	kelengkapan / pelengkapan クルンカパヌ / プルンカパヌ	equipment
そう び 装備する	lengkapi / melengkapi ルンカピ / ムルンカピ	to equip with
そう ふ 送付	pengiriman プンィリマヌ	sending
そう ふ 送付する	kirim / mengirim キレム / ムンィレム	to send
送付先	alamat penghantaran アラマ(ト) プンハヌタラヌ	delivery address
そうべつ 送別	pengucapan selamat jalan プンウゥチャパヌ スラマ(ト) ジャラヌ	send-off
そうべつ 送別する	ucapkan [mengucapkan] selamat jalan ウゥチャ(プ)カヌ [ムンウゥチャ(プ)カヌ] スラマ(ト) ジャラヌ	to send off
そうべつかい 送別会	jamuan perpisahan ジャムゥワヌ プーピサハヌ	farewell party
ぞう よ 贈与	pemberian / pendermaan プムブリヤヌ / プヌドゥーマアヌ	donation
ぞう よ 贈与する	hadiahkan / menghadiahkan ハディヤ(ハ)カヌ / ムンハディヤ(ハ)カヌ	to donate
ぞう よ ぜい 贈与税	cukai hadiah チュゥカイ ハディヤ(ハ)	gift tax
ぞう り 草履	selipar Jepun スリパー ジュポヌ	Japanese sandals
そう り だいじん 総理大臣	perdana menteri プーダナ ムヌトゥリ	prime minister
そうりつ 創立	penubuhan プヌゥブゥハヌ	establishment

日	マレー	英
そうりつ 創立する	tubuhkan / menubuhkan トゥウボ(ホ)カヌ / ムヌゥボ(ホ)カヌ	to establish
そうりょ 僧侶	sami / biarawan サミ / ビヤラワヌ	monk
そうりょう 送料	bayaran penghantaran バヤラヌ プンハヌタラヌ	shipping fee
そ 添える	menyertakan / melampirkan ムニュータカヌ / ムラムペーカヌ	to attach
ソーシャル・ネットワーキング	rangkaian sosial ランカイヤヌ ソスイヤル	social networking
ソース	sos ソス	sauce
ソーセージ	soséj ソセジ	sausage
ソーダ	soda ソダ	soda
そく ～足（助数詞）	pasang パサン	pair
ぞくご 俗語	slanga スランァ	slang
そくざ 即座に	serta-merta / segera スータ ムータ / スグラ	immediately
そくしん 促進	dorongan ドロンアヌ	promotion
そくしん 促進する	dorong / mendorong ドロン / ムヌドロン	to promote
そく 即する	selaras / sesuai スララス / ススゥワイ	to keep in line
ぞく 属する	tergolong dalam トゥーゴロン ダラム	to belong to
ぞくぞく 続々	berturut-turut ブートゥウロ(ト) トゥウロ(ト)	one after another
そくたつ 速達	pos laju / kiriman éksprés ポス ラジュゥ / キリマヌ エクスプレス	express delivery
そくてい 測定	pengukuran プンウゥクゥラヌ	measurement
そくてい 測定する	ukur / mengukur ウゥコー / ムンウゥコー	to measure
そくど 速度	kelajuan / halaju クラジュゥワヌ / ハラジュゥ	speed

そ

日	マレー	英
そくどせいげん 速度制限	had laju ハ(ド) ラジュウ	speed limit
そくばく 束縛	kongkongan コンコンアヌ	bondage
そくばく 束縛する	kongkong / mengongkong コンコン / ムンォンコン	to bind down
そくめん 側面	(permukaan) sisi (プームゥカアヌ) スイスイ	side
そくりょう 測量	pengukuran プンウゥクゥラヌ	measuring
そくりょう 測量する	ukur / mengukur ウゥコー / ムンウゥコー	to measure
そくりょく 速力	kelajuan クラジュウワヌ	speed
そこ	situ スイトウゥ	there
そこ 底	dasar ダサー	bottom
そこで	maka / jadi / oléh kerana itu マカ / ジャディ / オレ(へ) クラナ イトウゥ	so
そこ 損なう	jejaskan / menjejaskan ジュジャスカヌ / ムンジュジャスカヌ	to hurt
そざい 素材	bahan バハヌ	material
そし 阻止	penghalangan / halangan プンハランアヌ / ハランアヌ	obstruction
そし 阻止する	halang / menghalang ハラン / ムンハラン	to obstruct
そしき 組織	organisasi オーガニサスイ	organization
そしき 組織する	organisasikan / mengorganisasikan オーガニサスイカヌ / ムンオーガニサスイカヌ	to organize
そしきず 組織図	carta organisasi チャータ オーガニサスイ	organization chart
そしつ 素質	bakat バカ(ト)	nature
そして	dan ダヌ	and
そしょう 訴訟	tuntutan mahkamah トゥウヌトゥウタヌ マ(ハ)カマ(ハ)	lawsuit

日	マレー	英
祖先（そせん）	nénék moyang / leluhur ネネッ モヤン / ルルゥホー	ancestor
注ぐ（そそぐ）	tuang / menuang トゥウワン / ムヌゥワン	to pour
そそっかしい	cuai チュゥワイ	careless
育ち（そだち）（育つこと）	pembesaran / pertumbuhan プムブサラヌ / プートゥウムブゥハヌ	growth
育ち（そだち）（育てられ方）	asuhan / didikan アソハヌ / ディディカヌ	breeding
育つ（そだつ）	membesar / tumbuh ムムブサー / トゥウムボ(ホ)	to grow
育てる（そだてる）	besarkan / membesarkan ブサーカヌ / ムムブサーカヌ	to bring up
措置（そち）	tindakan / langkah ティヌダカヌ / ランカ(ハ)	action
措置する（そちする）	ambil [mengambil] tindakan アムベル ［ムンアムベル］ ティヌダカヌ	to take action
そちら（場所）	sana サナ	there
そちら（人、物）	itu イトゥウ	that
卒業する（そつぎょうする）（高校以下を）	tamat persekolahan タマ(ト) プースコラハヌ	to graduate
卒業する（そつぎょうする）(大学を)	tamat pengajian タマ(ト) プンァジヤヌ	to graduate
卒業延期（そつぎょうえんき）（大学）	tangguh [penangguhan] pengajian タンゴ(ホ) ［プナングゥハヌ］ プンァジヤヌ	deferment of study
卒業延期する（そつぎょうえんきする）（大学）	tangguhkan [menangguhkan] pengajian タンゴ(ホ)カヌ ［ムナンゴ(ホ)カヌ］ プンァジヤヌ	to defer one's study
卒業式（そつぎょうしき）（高校以下の）	majlis tamat persekolahan マジレス タマ(ト) プースコラハヌ	graduation ceremony
卒業式（そつぎょうしき）（大学の）	majlis konvokésyen マジレス コヌヴォケシュヌ	convocation ceremony
ソックス	stoking / sarung kaki ストケン / サロン カキ	socks
そっくり	sangat serupa [mirip] サンァ(ト) スルゥパ ［ミレ(プ)］	to look alike
そっけない	ringkas リンカス	curt

そ

そ

日	マレー	英
率直(そっちょく)な	berterus terang ブートゥロス トゥラン	frank
そっと（ひそかに）	secara senyap-senyap スチャラ スニャ(プ) スニャ(プ)	quietly
そっと（柔らかく）	dengan perlahan [lembut] ドゥンアヌ プーラハヌ［ルムボ(ト)］	softly
そっとしておく	biarkan [membiarkan] ビヤーカヌ［ムムビヤーカヌ］	to leave *sb* alone
袖(そで)	lengan (baju) ルンアヌ（バジュゥ）	sleeve
外(そと)	luar ルゥワー	outside
外側(そとがわ)	sebelah luar スブラ(ハ) ルゥワー	outside
備(そな)え付(つ)ける	lengkapi / melengkapi ルンカピ / ムルンカピ	to equip
備(そな)える	bersedia / berjaga-jaga ブースディヤ / ブージャガ ジャガ	to prepare
備(そな)わる	dilengkapi / dilengkapkan ディルンカピ / ディルンカ(プ)カヌ	to be equipped
その	itu イトゥウ	that
その上(うえ)	selain itu / tambahan pula スラエヌ イトゥウ / タムバハヌ プゥラ	besides that
その内(うち)	tidak lama lagi ティダッ ラマ ラギ	before long
その頃(ころ)	pada masa itu パダ マサ イトゥウ	at that time
その他(た)	lain-lain / yang lain ラエヌ ラエヌ / ヤン ラエヌ	others
その他(た)の～	~ (yang) lain / lain-lain ~ （ヤン）ラエヌ / ラエヌ ラエヌ	other ~
そのため（その目的で）	untuk tujuan itu ウゥヌトッ トゥウジュウワヌ イトゥウ	for that purpose
そのため（それが理由で）	oléh sebab [kerana] itu オレ(ヘ) スバ(プ)［クラナ］イトゥウ	for that reason
その他(ほか)	selain itu スラエヌ イトゥウ	other than that
そのまま	seadanya / begitu sahaja スアダニャ / ブギトゥウ サハジャ	as it is

日	マレー	英
そば 蕎麦	mi soba ミソバ	soba
そば 側	dekat ドゥカ(ト)	nearby
そび 聳える	menjulang (tinggi) ムンジュゥラン (ティンギ)	to tower
そふ 祖父	datuk ダトッ	grandfather
ソファー	sofa ソファ	sofa
ソフト (柔らかい)	lembut ルムボ(ト)	soft
ソフトウェア	perisian プリスイヤヌ	software
そふぼ 祖父母	datuk dan nénék ダトッ ダヌ ネネッ	grandparents
そぼ 祖母	nénék ネネッ	grandmother
そぼく 素朴	kesederhanaan クスドゥーハナアヌ	simplicity
そぼく 素朴な	sederhana スドゥーハナ	simple
そまつ 粗末	ketidakbaikan クティダッ(ク)バイカヌ	meagreness
そまつ 粗末な	tidak seberapa [baik] ティダッ スブラパ [バェッ]	meagre
そ 染まる	diwarnai / diwarnakan ディワーナイ / ディワーナカヌ	to be dyed
そむ 背く (違反する)	ingkar / ingkari / mengingkari インカー / インカリ / ムンインカリ	to disobey
そむ 背く (反抗する)	derhaka / menderhaka ドゥーハカ / ムヌドゥーハカ	to betray
そむ 背ける	palingkan / memalingkan パレンカヌ / ムマレンカヌ	to avert
そ 染める	warnakan / mewarnakan ワーナカヌ / ムワーナカヌ	to dye
そや 粗野	kekasaran クカサラヌ	coarseness
そや 粗野な	kasar カサー	coarse

そ

そ

日	マレー	英
空（そら）	langit ランエ(ト)	sky
空色（そらいろ）	(warna) biru langit (ワーナ) ビルゥ ランエ(ト)	sky blue
逸（そ）らす	alihkan / mengalihkan アレ(ヘ)カヌ / ムンアレ(ヘ)カヌ	to divert
反（そ）らす	lenturkan / melenturkan ルヌトーカヌ / ムルヌトーカヌ	to bend
橇（そり）	keréta luncur (salji) クレタ ルゥンチョー (サルジ)	sleigh
剃（そ）る	cukur / bercukur チュゥコー / ブーチュゥコー	to shave
反（そ）る	lentur / melentur ルヌトー / ムルヌトー	to curve
それ	itu イトゥウ	that
それ （既出の名詞の代用）	ia / dia イヤ / ディヤ	it
それから	selepas itu / kemudian スルパス イトゥウ / クムゥディヤヌ	after that
それぞれ	masing-masing マセン マセン	respectively
それで	jadi / oléh [kerana] itu ジャディ / オレ(ヘ) [クラナ] イトゥウ	and so
それでも	walaupun begitu ワラウポヌ ブギトゥウ	despite that
それとなく	walaupun samar-samar ワラウポヌ サマー サマー	vaguely
それとも	atau アタゥ	or
それに	lagipun / tambahan pula ラギポヌ / タムバハヌ プゥラ	moreover
それ程（ほど）	begitu ブギトゥウ	so much
それ故（ゆえ）	oléh sebab [kerana] itu オレ(ヘ) スバ(ブ) [クラナ] イトゥウ	therefore
逸（そ）れる	meléncong ムレンチョン	to stray from
ソロ	solo ソロ	solo

日	マレー	英
揃い(そろい)	sét (lengkap) セ(ト)（ルンカ(プ)）	(complete) set
揃いの(そろいの)	sama サマ	same
揃う(そろう)	jadi [menjadi] lengkap ジャディ［ムンジャディ］ルンカ(プ)	to become complete
揃える(そろえる)（準備する）	sediakan / menyediakan スディヤカヌ / ムニュディヤカヌ	to prepare
揃える(そろえる)（整える）	susun / menyusun スウソヌ / ムニュウソヌ	to arrange
そろそろ	sebentar [sekejap] lagi スブヌター［スクジャ(プ)］ラギ	soon
揃った(そろった)	lengkap ルンカ(プ)	complete
そろばん	sempoa スムポワ	abacus
損(そん)	kerugian クルゥギヤヌ	loss
損な(そんな)	merugikan ムルゥギカヌ	unprofitable
損をする(そんをする)	rugi / kerugian ルゥギ / クルゥギヤヌ	to lose
損益計算書(そんえきけいさんしょ)	penyata untung rugi プニャタ ウゥヌトン ルゥギ	profit and loss statement
損害(そんがい)	kerugian / kerosakan クルゥギヤヌ / クロサカヌ	damage
尊敬(そんけい)	penghormatan プンホーマタヌ	respect
尊敬する(そんけいする)	hormat / hormati / menghormati ホーマ(ト) / ホーマティ / ムンホーマティ	to respect
ソンコッ（縁なしマレー帽）	songkok ソンコッ	songkok
存在(そんざい)	kewujudan クゥウゥジュゥダヌ	existence
存在する(そんざいする)	wujud / ada ウゥウゥジョ(ド) / アダ	to exist
ぞんざい	kecuaian / ketidaksopanan クチュゥワイヤヌ / クティダッ(ク)ソパナヌ	negligence
ぞんざいな	cuai / tidak sopan / kasar チュゥワイ / ティダッ ソパヌ / カサー	negligent

日	マレー	英
損失（そんしつ）	kerugian クルゥギヤヌ	loss
損傷（そんしょう）	kerosakan / kecederaan クロサカヌ / クチュドゥラアヌ	damage
損傷（そんしょう）する(傷つく)	rosak / cedera ロサッ / チュドゥラ	to be damaged
損傷（そんしょう）する(傷つける)	merosakkan / mencederakan ムロサッカヌ / ムンチュドゥラカヌ	to damage
存続（そんぞく）	keberterusan / penerusan クブートゥルゥサヌ / プヌルゥサヌ	continuation
存続（そんぞく）する	berterusan ブートゥルゥサヌ	to continue
尊重（そんちょう）	penghormatan / penghargaan プンホーマタヌ / プンハルガアヌ	respect
尊重（そんちょう）する	hormat / hormati / menghormati ホーマ(ト) / ホーマティ / ムンホーマティ	to respect
損得（そんとく）	untung rugi ウゥヌトン ルゥギ	loss and gain
そんな～	~ seperti [macam] itu スプーティ [マチャム] イトゥ	~ like that

▼ た，タ

日	マレー	英
ターゲット	sasaran ササラヌ	target
ダース	dozén ドゼヌ	dozen
ターミナル	terminal トゥーミナル	terminal
対（たい）	lawan / bertentangan ラワヌ / ブートゥヌタンアヌ	versus
～帯（たい）	zon [kawasan] ~ ゾヌ [カワサヌ]	~ zone
隊（たい）	pasukan パソカヌ	party
鯛（たい）	ikan kerisi イカヌ クリスィ	sea bream
タイ	Thailand / negeri Thai タイレヌ / ヌグリ タイ	Thailand
～代（だい）（代金）	bayaran ~ バヤラヌ	~ charges

日	マレー	英
～代（だい）（年代）	~-an アヌ	~'s
～台（だい）（助数詞）	buah ブゥワ(ハ)	–
台（だい）（土台）	tempat letak トゥムパ(ト) ルタッ	stand
題（だい）	tajuk / judul タジョッ / ジュゥドル	title
代案（だいあん）	pelan alternatif プラヌ オトゥナテフ	alternative plan
体育（たいいく）	pendidikan jasmani プゥディディカヌ ジャスマニ	physical education (PE)
第一（だいいち）	pertama プータマ	first
退院する（たいいん）	keluar dari hospital クルゥワー ダリ ホスピタル	to be discharged
ダイエット	diét ディエ(ト)	diet
ダイエットする	berdiét ブーディエ(ト)	to diet
ダイエット食品（しょくひん）	makanan diét マカナヌ ディエ(ト)	diet food
対応（たいおう）（関係）	padanan / kesepadanan パダナヌ / クスパダナヌ	correspondence
対応（たいおう）（対処）	layanan ラヤナヌ	handling
対応する（たいおう）（関係）	berpadanan / bersepadanan ブーパダナヌ / ブースパダナヌ	to correspond
対応する（たいおう）（対処）	tangani / menangani / layan / melayan タンァニ / ムナンァニ / ラヤヌ / ムラヤヌ	to handle
体温（たいおん）	suhu badan スゥフゥ バダヌ	body temperature
体温計（たいおんけい）	termométer (klinikal) トゥモメトゥー（クリニカル）	(clinical) thermometer
退化（たいか）	kemerosotan / dégenerasi クムロソタヌ / デジュヌラスィ	degeneration
退化する（たいか）	merosot ムロソ(ト)	to degenerate
大家（たいか）	tokoh [pakar] terkemuka トコ(ホ) [パカー] トゥークムゥカ	authority

た

日	マレー	英
たいかい 大会（試合）	pertandingan プータヌディンアヌ	contest
たいかい 大会（集会）	perhimpunan / persidangan プーヒムプゥナヌ / プースィダンアヌ	convention
たいがい 大概	barangkali バランカリ	probably
たいがい 大概の	kebanyakan / hampir semua クバニャカヌ / ハムペー スムゥワ	most
たいかく 体格	susuk tubuh [badan] スゥソッ トゥウボ(ホ)［バダヌ］	physique
たいがく 退学する（大学）	berhenti pengajian ブーフヌティ プンァジヤヌ	to terminate one's study
たいがく 退学する（大学以外）	berhenti sekolah ブーフヌティ スコラ(ハ)	to leave school
だいがく 大学	universiti ユゥニヴスィティ	university
だいがくいん 大学院	pascasiswazah パスチャスイスワザ(ハ)	graduate school
だいがくせい 大学生	pelajar universiti / mahasiswa プラジャー ユゥニヴスィティ / マハスィスワ	university student
たいき 大気	udara / hawa ウゥダラ / ハワ	air
たいきおせん 大気汚染	pencemaran udara プンチュマラヌ ウゥダラ	air pollution
たいきおせんしすう 大気汚染指数	Indéks Pencemaran Udara / IPU イヌデクス プンチュマラヌ ウゥダラ / アイピユゥ	Air Pollutant Index / API
たいきゅうせい 耐久性	ketahanan クタハナヌ	durability
たいきゅうせい 耐久性がある	tahan lasak タハヌ ラサッ	durable
たいきん 大金	wang besar / banyak wang ワン ブサー / バニャッ ワン	big money
だいきん 代金	bayaran / harga バヤラヌ / ハルガ	cost
だいく 大工	tukang kayu トゥウカン カユゥ	carpenter
たいぐう 待遇	layanan ラヤナヌ	treatment
たいぐう 待遇する	layan / melayan ラヤヌ / ムラヤヌ	to treat

日	マレー	英
退屈（たいくつ）	kejemuan / kebosanan クジュムゥワヌ / クボサナヌ	boredom
退屈する（たいくつ）	jemu / bosan ジュムゥ / ボサヌ	to be bored
体系（たいけい）	sistem スイストゥム	system
体形（たいけい）	bentuk badan [tubuh] ブヌトッ バダヌ [トゥウボ(ホ)]	figure
対決（たいけつ）	konfrontasi / persemukaan コヌフロヌタスイ / プースムゥカアヌ	confrontation
対決する（たいけつ）	berkonfrontasi / bersemuka ブーコヌフロヌタスイ / ブースムゥカ	to confront
体験（たいけん）	pengalaman プンァラマヌ	experience
体験する（たいけん）	alami / mengalami アラミ / ムンァラミ	to experience
太鼓（たいこ）	gendang グヌダン	drum
タイ語（ご）	bahasa Thai バハサ タイ	Thai (language)
対抗（たいこう）	tentangan トゥヌタンアヌ	opposition
対抗する（たいこう）	bertentangan ブートゥヌタンアヌ	to oppose
大根（だいこん）	lobak putih ロバッ プウテ(ヘ)	white radish
滞在する（たいざい）	tinggal ティンガル	to stay
滞在期間（たいざいきかん）	témpoh tinggal テムポ(ホ) ティンガル	length of stay
対策（たいさく）	tindakan / langkah ティヌダカヌ / ランカ(ハ)	measures
大使（たいし）	duta (besar) ドゥウタ (ブサー)	ambassador
退治（たいじ）	pembasmian / penghapusan プムバスミヤヌ / プンハプゥサヌ	extermination
退治する（たいじ）	basmi / membasmi バスミ / ムムバスミ	to exterminate
胎児（たいじ）	janin ジャネヌ	foetus

た

日	マレー	英
大事（だいじ）	kepentingan クプヌティンアヌ	importance
大事な（だいじ）	penting プヌテン	important
大使館（たいしかん）	kedutaan クドゥウタアヌ	embassy
大して（～ない）（たい）	(tidak) begitu [berapa] ~ （ティダッ）ブギトゥウ［ブラパ］	(not) very ~
退社する（たいしゃ）	tinggalkan [meninggalkan] tempat kerja ティンガルカヌ［ムニンガルカヌ］トゥムパ(ト) クージャ	to leave the office
大衆（たいしゅう）	orang ramai オラン ラマィ	the public
体重（たいじゅう）	berat badan ブラ(ト) バダヌ	body weight
対処（たいしょ）	penanganan / pengurusan プナンアナヌ / プンゥウルゥサヌ	dealing [coping] with
対処する（たいしょ）	tangani / menangani タンァニ / ムナンァニ	to deal [cope] with
対照（たいしょう）	bandingan / perbandingan バヌディンアヌ / プーバヌディンアヌ	contrast
対照する（たいしょう）	bandingkan / membandingkan バヌデンカヌ / ムムバヌデンカヌ	to contrast
対象（たいしょう）	subjék / sasaran スゥ(ブ)ジェッ / ササラヌ	object
大小（だいしょう）	besar dan kecil ブサー ダヌ クチェル	large and small
大丈夫な（だいじょうぶ）	boléh / tidak apa-apa ボレ(ヘ) / ティダッ アパ アパ	all right
退職する（たいしょく）	berhenti kerja ブーフヌティ クージャ	to resign
タイ人（じん）	orang Thai オラン タイ	Thai (people)
大臣（だいじん）	menteri ムヌトゥリ	minister
大豆（だいず）	kacang soya カチャン ソヤ	soybean
大好きな（だいす）	sangat suka サンァ(ト) スゥカ	favourite
対する（たい）	terhadap トゥーハダ(プ)	against

日	マレー	英
だい 題する	bertajuk ブータジョッ	titled
たいせい 体制	sistem / struktur スイストゥム / ストルゥクトー	system
たいせい 態勢	kesediaan / persediaan クスディヤアヌ / プースディヤアヌ	preparation
たいせいよう 大西洋	Lautan Atlantik ラウタヌ ア(ト)ラヌテッ	the Atlantic Ocean
たいせき 体積	isi padu イスィ パドゥウ	volume
たいせつ 大切	kepentingan クプヌティンアヌ	importance
たいせつ 大切な	penting プヌテン	important
たいせん 大戦	perang besar プラン ブサー	great war
たいそう 体操	senaman スナマヌ	exercise
たいそう 体操する	bersenam ブースナム	to exercise
たいそう 大層	sungguh / amat / sangat スゥンゴ(ホ) / アマ(ト) / サンァ(ト)	awfully
だいたい 大体	lebih kurang / kira-kira ルベ(ヘ) クゥラン / キラ キラ	about
たいだん 対談	perbualan / dialog プーブゥワラヌ / ディヤロ(グ)	conversation
たいだん 対談する	berbual / berdialog ブーブゥワル / ブーディヤロ(グ)	to converse
だいたん 大胆	keberanian / kegagahan クブラニヤヌ / クガガハヌ	boldness
だいたん 大胆な	berani / gagah ブラニ / ガガ(ハ)	bold
だい ち 大地	tanah / bumi タナ(ハ) / ブゥミ	earth / ground / land
だい ち 台地	dataran tinggi ダタラヌ ティンギ	tableland
たいちょう 体調	keadaan kesihatan クアダアヌ クスィハタヌ	physical condition
だいちょう 大腸	usus besar ウゥソス ブサー	large intestine

日	マレー	英
タイツ	seluar ketat [sendat] スルゥワー クタ(ト) [スヌダ(ト)]	tights
たいてい 大抵	biasanya / kebiasaannya ビヤサニャ / クビヤサアヌニャ	usually
たいど 態度	sikap / perangai スイカ(プ) / プランァイ	attitude
たいとう 対等	persamaan プーサマアヌ	equality
たいとう 対等な	sama サマ	equal
だいとうりょう 大統領	présidén プレスイデヌ	president
だいどころ 台所	dapur ダポー	kitchen
タイトル（表題）	tajuk / judul タジョッ / ジュゥドル	title
タイトル（肩書き）	gelaran グララヌ	title
だいな 台無しになる	rosak ロサッ	to be ruined
たいのう 滞納	penunggakan プヌゥンガカヌ	being in arrears
たいのう 滞納している	tertunggak トゥートゥウンガッ	in arrears
たいのう 滞納する	menunggak ムヌゥンガッ	to be in arrears
たいはん 大半	kebanyakan / majoriti クバニャカヌ / マジョリティ	majority
たいひ 対比	perbandingan / bandingan プーバヌディンアヌ / バヌディンアヌ	comparison
たいひ 対比する	bandingkan / membandingkan バヌデンカヌ / ムムバヌデンカヌ	to compare
タイピスト	jurutaip ジュゥルゥタエ(プ)	typist
だいひょう 代表	wakil / perwakilan / délégasi ワケル / プーワキラヌ / デレガスイ	representation
だいひょう 代表する	wakili / mewakili ワキリ / ムワキリ	to represent
だいひょうしゃ 代表者	wakil ワケル	representative

日	マレー	英
ダイビング	penyelaman プニュラマヌ	diving
ダイビングする	selam / menyelam スラム / ムニュラム	to dive
タイプ	jenis ジュネス	type
タイプする	taip / menaip タエ(プ) / ムナエ(プ)	to type
だいぶ	agak アガッ	rather
台風（たいふう）	taufan タウファヌ	typhoon
大部分（だいぶぶん）	bahagian besar バハギヤヌ ブサー	majority
タイプライター	mésin taip メセヌ タエ(プ)	typewriter
太平洋（たいへいよう）	Lautan Pasifik ラウタヌ パスイフェッ	the Pacific Ocean
大変（たいへん）	sungguh / sangat / amat スウンゴ(ホ) / サンァ(ト) / アマ(ト)	very
大変な（たいへんな）	susah / sukar スウサ(ハ) / スウカー	hard
大便（だいべん）	air [najis] besar / bérak アェー [ナジェス] ブサー / ベラッ	excrement
代弁する（だいべんする）	bercakap [bersuara] untuk ブーチャカ(プ) [ブースウワラ] ウウヌトッ	to speak for *sb*
逮捕（たいほ）	penangkapan プナンカパヌ	arrest
逮捕する（たいほする）	tangkap / menangkap タンカ(プ) / ムナンカ(プ)	to arrest
大砲（たいほう）	meriam ムリヤム	cannon
待望する（たいぼうする）	harap-harapkan / mengharap-harapkan ハラ(プ) ハラ(プ)カヌ / ムンハラ(プ) ハラ(プ)カヌ	to hope for a long time
待望の（たいぼうの）	lama dinanti-nantikan ラマ ディナヌティ ナヌティカヌ	long-awaited
大木（たいぼく）	pokok besar ポコッ ブサー	big tree
台本（だいほん）	buku skrip ブウクウ スクレ(プ)	script

た

日	マレー	英
大麻（たいま）	ganja ガンジャ	marijuana
タイマー	pemasa / pengatur masa プマサ / プンァトー マサ	timer
怠慢（たいまん）	kemalasan / kelalaian クマラサヌ / クラライヤヌ	laziness
怠慢な（たいまんな）	malas / lalai マラス / ラライ	lazy
タイミング	(pengaturan) masa (プンァトゥウラヌ) マサ	timing
タイムリーな	kena pada masanya クナ パダ マサニャ	timely
題名（だいめい）	tajuk タジョッ	title
代名詞（だいめいし）	kata ganti nama カタ ガヌティ ナマ	pronoun
対面（たいめん）	persemukaan / pertemuan semuka プースムゥカアヌ / プートゥムゥワヌ スムゥカ	(face-to-face) meeting
対面する（たいめんする）	semuka / bersemuka スムゥカ / ブースムゥカ	to meet (face-to-face)
タイヤ	tayar タヤー	tire
ダイヤグラム	diagram / gambar rajah ディヤ(グ)ラム / ガムバー ラジャ(ハ)	diagram
ダイヤモンド	berlian ブーリヤヌ	diamond
ダイヤル	dail ダエル	dial
太陽（たいよう）	matahari マタハリ	sun
代用（だいよう）	penggantian プンガヌティヤヌ	substitution
代用する（だいようする）	gantikan / menggantikan ガヌティカヌ / ムンガヌティカヌ	to substitute
平ら（たいら）	kerataan / kedataran クラタアヌ / クダタラヌ	flatness
平らな（たいらな）	rata / datar ラタ / ダター	flat
代理（だいり）	proksi / wakil プロクスイ / ワケル	proxy

日	マレー	英
だい り 代理する	jadi [menjadi] proksi ジャディ［ムンジャディ］プロクスイ	to act as proxy
たいりく 大陸	benua ブヌゥワ	continent
だい り せき 大理石	marmar マーマー	marble
たいりつ 対立	konflik / pertentangan コヌフレッ / プートゥヌタンアヌ	conflict
たいりつ 対立する	bercanggah / bertentangan ブーチャンガ(ハ) / ブートゥヌタンアヌ	to conflict
だい り てん 代理店	agénsi / pejabat éjén エジェヌスイ / プジャバ(ト) エジェヌ	agency
だい り にん 代理人	éjén / wakil エジェヌ / ワケル	agent
たいりょう 大量	kuantiti banyak [besar] クゥワヌティティ バニャッ［ブサー］	a large quantity
たいりょく 体力	kekuatan tubuh [badan] ククゥワタヌ トゥウボ(ホ)［バダヌ］	physical strength
タイル	jubin ジュゥベヌ	tile
たい わ 対話	dialog / perbualan ディヤロ(グ) / プーブゥワラヌ	dialogue
たい わ 対話する	berdialog / berbual ブーディヤロ(グ) / ブーブゥワル	to dialogue
た う 田植え	penanaman padi プナナマヌ パディ	rice planting
た う 田植えする	tanam [menanam] padi タナム［ムナナム］パディ	to plant rice
ダウンする	jatuh / turun ジャト(ホ) / トゥウロヌ	to drop
ダウンロード	muat turun ムゥワ(ト) トゥウロヌ	download
ダウンロードする	muat [memuat] turun ムゥワ(ト)［ムムゥワ(ト)］トゥウロヌ	to download
だ えき 唾液	air liur アェー リヨー	saliva
た 絶えず	terus-menerus / sentiasa トゥロス ムヌロス / スヌティヤサ	constantly
た 絶える	putus / terputus プゥトス / トゥープゥトス	to be discontinued

た

た

日	マレー	英
た 耐える （持ちこたえる）	tahan / bertahan / menahan タハヌ / ブータハヌ / ムナハヌ	to endure
た 堪える（我慢する）	sabar / bersabar サバー / ブーサバー	to be patient
だ えん 楕円	bujur ブゥジョー	oval
たお 倒す（押し倒す）	jatuhkan / menjatuhkan ジャト(ホ)カヌ / ムンジャト(ホ)カヌ	to push *sth* down
たお 倒す（切り倒す）	tebang / menebang トゥバン / ムヌバン	to cut down
たお 倒す（打倒する）	kalahkan / mengalahkan カラ(ハ)カヌ / ムンァラ(ハ)カヌ	to knock *sth* down
タオル	tuala トゥウワラ	towel
たお 倒れる	jatuh / runtuh / roboh ジャト(ホ) / ルゥヌト(ホ) / ロボ(ホ)	to fall down
たか 鷹	(burung) helang （ブゥロン）フラン	hawk
だが	namun / tetapi ナモヌ / トゥタピ	however
たか 高い	tinggi ティンギ	high / tall
たか 高い（値段）	mahal マハル	expensive
たが 互いに	antara satu sama lain アヌタラ サトゥウ サマ ラエヌ	each other
だ かい 打開	pengatasan / penyelesaian プンァタサヌ / プニュルサイヤヌ	solution
だ かい 打開する	atasi / mengatasi アタスィ / ムンァタスィ	to solve
たか 高さ	ketinggian / tinggi クティンギヤヌ / ティンギ	height
たか 高まる	meningkat / menaik / naik ムニンカ(ト) / ムナェッ / ナェッ	to rise
たか 高める	tinggikan / meninggikan ティンギカヌ / ムニンギカヌ	to elevate
たがや 耕す	cangkul / mencangkul チャンコル / ムンチャンコル	to cultivate
たかゆかしきじゅうきょ 高床式住居	rumah panggung ルゥマ(ハ) パンゴン	stilt house

日	マレー	英
宝(たから)	harta ハルタ	treasure
だから	jadi / oléh itu ジャディ / オレ(ヘ) イトゥウ	so
宝(たから)くじ	loteri ロトゥリ	public lottery
タガログ語(ご)	bahasa Tagalog バハサ タガロ(グ)	Tagalog
滝(たき)	air terjun アェー トゥージョヌ	waterfall
焚火(たきび)	unggun api ウゥンゴヌ アピ	bonfire
妥協(だきょう)	kompromi / tolak ansur コムプロミ / トラッ アヌソー	compromise
妥協(だきょう)する	berkompromi / bertolak ansur ブーコムプロミ / ブートラッ アヌソー	to reach a compromise
焚(た)く	bakar / membakar バカー / ムムバカー	to burn
炊(た)く	masak / memasak / tanak / menanak マサッ / ムマサッ / タナッ / ムナナッ	to cook
抱(だ)く	peluk / memeluk プロッ / ムムロッ	to hug
たくさん	banyak バニャッ	many
タクシー	téksi テクスィ	taxi
タクシー乗(の)り場(ば)	terminal téksi トゥミナル テクスィ	taxi stand
託児所(たくじしょ)	pusat jagaan kanak-kanak / nurseri プゥサ(ト) ジャガアヌ カナッ カナッ / ヌスリ	childcare [day-care] centre
宅配便(たくはいびん)	perkhidmatan penghantaran ke rumah プーヒ(ド)マタヌ プンハヌタラヌ ク ルゥマ(ハ)	home delivery service
たくましい	gagah / tegap / teguh ガガ(ハ) / トゥガ(プ) / トゥゴ(ホ)	sturdy
巧(たく)み	kepandaian / kemahiran クパヌダイヤヌ / クマヒラヌ	skilfulness
巧(たく)みな	mahir / pakar マヘー / パカー	skilful
蓄(たくわ)える	simpan / menyimpan スイムパヌ / ムニイムパヌ	to save

た

日	マレー	英
丈（たけ）	kepanjangan / ketinggian クパンジャンアヌ / クティンギヤヌ	length / height
竹（たけ）	buluh ブウロ(ホ)	bamboo
～だけ	~ sahaja [saja] サハジャ［サジャ］	only ~
打撃（だげき）（打つこと）	pukulan / tumbukan / hentaman プウクウラヌ / トゥウムブウカヌ / フヌタマヌ	blow
妥結（だきょう）	persetujuan プーストゥウジュウワヌ	agreement
妥結（だきょう）する	capai [mencapai] persetujuan チャパイ［ムンチャパイ］プーストゥウジュウワヌ	to reach an agreement
だけど	tapi / tetapi タピ / トゥタピ	but
タケノコ	rebung ルボン	bamboo shoot
炊（た）ける	masak マサッ	to be ready
凧（たこ）	layang-layang / wau ラヤン ラヤン / ワウ	kite
多国籍（たこくせき）	multinasional ムウルティナスイヨナル	multinational
駄作（ださく）	karya sampah カルヤ サムパ(ハ)	poor work
打算（ださん）	perkiraan プーキラアヌ	calculation
確（たし）か	kepastian / ketentuan クパスティヤヌ / クトゥヌトゥウワヌ	certainty
確（たし）かな	pasti / yakin / tentu パスティ / ヤケヌ / トゥヌトゥウ	certain
確（たし）かめる	pastikan / memastikan パスティカヌ / ムマスティカヌ	to make sure
足（た）し算（ざん）	penambahan / operasi tambah プナムバハヌ / オプラスイ タムバ(ハ)	addition
多種多様（たしゅたよう）	kepelbagaian クプルバガイヤヌ	diversity
多種多様（たしゅたよう）な	berjenis-jenis ブージュネス ジュネス	of various kinds
多少（たしょう）	sedikit スディケ(ト)	somewhat

日	マレー	英
足(た)す	tambah / menambah タムバ(ハ) / ムナムバ(ハ)	to add
足(た)す (+)	tambah / campur タムバ(ハ) / チャムポー	plus
出(だ)す (内から外へ)	keluarkan / mengeluarkan クルゥワーカヌ / ムンゥルゥワーカヌ	to take out
出(だ)す (食事などを)	hidangkan / menghidangkan ヒダンカヌ / ムンヒダンカヌ	to serve
出(だ)す (書類などを)	hantar / menghantar ハヌター / ムンハヌター	to submit
出(だ)す (手紙などを)	kirim / mengirim キレム / ムンィレム	to send
(~し) 出(だ)す	mula [mulai] ~ ムゥラ [ムゥライ]	to start ~
多(た)数(すう)	sebilangan besar / majoriti スビランアヌ ブサー / マジョリティ	a large number
多(た)数(すう)決(けつ)	keputusan majoriti クプゥトゥウサヌ マジョリティ	majority decision
助(たす)かる (救われる)	terselamat / diselamatkan トゥースラマ(ト) / ディスラマ(ト)カヌ	to be rescued
助(たす)かる (楽である)	senang スナン	to be carefree
助(たす)け	pertolongan / bantuan プートロンアヌ / バヌトゥウワヌ	help
助(たす)ける	tolong / menolong トロン / ムノロン	to help
携(たずさ)わる	terlibat トゥーリバ(ト)	to be involved
尋(たず)ねる	tanya / bertanya タニャ / ブータニャ	to ask
訪(たず)ねる	lawat / melawat ラワ(ト) / ムラワ(ト)	to visit
ただ (~だけ)	cuma [hanya] ~ チュウマ [ハニャ]	just ~
ただいま	saya dah [sudah] balik サヤ ダ(ハ) [スゥダ(ハ)] バレッ	I'm home
ただいま (今、現在)	sekarang ini スカラン イニ	at the moment
ただいま (今すぐ)	sekarang juga スカラン ジュゥガ	right now

日	マレー	英
たたか 戦い	perjuangan / perlawanan プージュゥワンアヌ / プーラワナヌ	fight
たたか 戦う	berjuang / berlawan プージュゥワン / プーラワヌ	to fight
たた 叩く	pukul / memukul プゥコル / ムムゥコル	to hit
たた 叩く（ドアなどを）	ketuk / mengetuk クトッ / ムンゥトッ	to knock
たた 叩く（平手で）	tepuk / menepuk トゥポッ / ムヌポッ	to clap
ただし	akan tetapi / namun アカヌ トゥタピ / ナモヌ	however
ただ 正しい	benar / tepat / betul ブナー / トゥパ(ト) / ブトル	correct
ただちに	dengan segera ドゥンアヌ スグラ	immediately
ただの（普通の）	biasa ビヤサ	normal
ただの（無料の）	percuma プーチュゥマ	free
たたみ 畳	tatami タタミ	tatami
たた 畳む	lipat / melipat リパ(ト) / ムリパ(ト)	to fold
ただよ 漂う	hanyut / terapung-apung ハニョ(ト) / トゥラポン アポン	to drift
た　あ 立ち上がる	bangun / bangkit バンォヌ / バンケ(ト)	to stand up
たちいりきんし 立入禁止	dilarang masuk ディララン マソッ	keep out
た　さ 立ち去る	tinggalkan / meninggalkan ティンガルカヌ / ムニンガルカヌ	to leave
た　ど 立ち止まる	berhenti ブーフヌティ	to stop
た　の 立ち退く	kosongkan / mengosongkan コソンカヌ / ムンォソンカヌ	to vacate
たち ば 立場	pendirian / sudut pandangan プヌディリヤヌ / スゥド(ト) パヌダンアヌ	standpoint
たちまち	dalam sekelip mata ダラム スクレ(プ) マタ	in an instant

日	マレー	英
たみせき 立ち見席 (劇場などの)	tempat (untuk) berdiri トゥムパ(ト) (ウゥヌトッ) ブーディリ	standing room
ダチョウ	(burung) unta (ブゥロン) ウゥヌタ	ostrich
たよ 立ち寄る	singgah スィンガ(ハ)	to drop by
た 経つ	lalu / berlalu ラルゥ / ブーラルゥ	to pass (away)
た 建つ	dibina ディベナ	to be built
た 断つ (切断する)	potong / memotong ポトン / ムモトン	to cut
た 断つ (断絶する)	putuskan / memutuskan プゥトスカヌ / ムムゥトスカヌ	to sever
た 発つ	berlepas / bertolak ブールパス / ブートラッ	to depart
た 立つ	berdiri ブーディリ	to stand up
たっきゅう 卓球	pingpong ピンポン	table tennis
だっきゅう 脱臼	perkéhélan プーケヘラヌ	dislocation
だっきゅう 脱臼する	kéhél / terkéhél ケヘル / トゥーケヘル	to dislocate
だっこする	peluk / memeluk / dakap / mendakap プロッ / ムムロッ / ダカ(プ) / ムヌダカ(プ)	to hold in one's arms
だっしめん 脱脂綿	(kepingan) kapas (クピンアヌ) カパス	cotton wool
たっしゃ 達者な (元気な)	sihat / kuat セハ(ト) / クゥワ(ト)	healthy
たっしゃ 達者な (巧みな)	mahir / pakar マヘー / パカー	skilful
だっしゅつ 脱出	perbuatan melepaskan diri プーブワタヌ ムルパスカヌ ディリ	escape
だっしゅつ 脱出する	lepaskan [melepaskan] diri ルパスカヌ [ムルパスカヌ] ディリ	to escape
たつじん 達人	pakar パカー	master
たっ 達する	capai / mencapai / tiba チャパイ / ムンチャパイ / ティバ	to reach

た

日	マレー	英
脱(だっ)する	lepaskan [melepaskan] diri ルパスカヌ [ムルパスカヌ] ディリ	to escape
達成(たっせい)	pencapaian プンチャパイヤヌ	accomplishment
達成(たっせい)する	capai / mencapai チャパイ / ムンチャパイ	to accomplish
脱税(だつぜい)	pengélakan cukai プンエラカヌ チュウカイ	tax evasion
脱税(だつぜい)する	élakkan [mengélakkan] cukai エラッカヌ [ムンエラッカヌ] チュウカイ	to evade tax
脱線(だっせん)	kegelinciran / gelinciran クグリンチラヌ / グリンチラヌ	derailment
脱線(だっせん)する	gelincir (dari landasan) グリンチー (ダリ ラヌダサヌ)	to derail
たった	hanya / cuma ハニャ / チュウマ	only
脱退(だったい)	tindakan keluar ティヌダカヌ クルゥワー	withdrawal
脱退(だったい)する	keluar クルゥワー	to withdraw
たっぷり	cukup / banyak / penuh チュウコ(プ) / バニャッ / プノ(ホ)	enough
竜巻(たつまき)	puting beliung プゥテン ブリヨン	tornado
脱毛(だつもう)	pembuangan bulu プムブゥワンアヌ ブウルゥ	hair removal
脱毛(だつもう)する	buang [membuang] bulu ブゥワン [ムムブゥワン] ブウルゥ	to remove hair
盾(たて)	perisai プリサィ	shield
縦(たて)	lébar レバー	length
縦(たて)に	menegak ムヌガッ	lengthwise
(～階) 建(だ)て	~ tingkat ティンカ(ト)	~-storied
建(た)て替(か)える	bina [membina] semula ベナ [ムムベナ] スムゥラ	to rebuild
立(た)て替(か)える	membayar dahulu (bagi pihak lain) ムムバヤー ダフウルゥ (バギ ペハッ ラエヌ)	to pay for *sb*

た

日	マレー	英
建前（たてまえ）	zahirnya ザヘーニャ	what one says on the surface
建物（たてもの）	bangunan バンゥウナヌ	building
建てる（た）	bina / membina ベナ / ムムベナ	to build
立てる（た）（垂直に）	mendirikan / menegakkan ムヌディリカヌ / ムヌガッカヌ	to set up
立てる（た）（計画を）	rancang / merancang ランチャン / ムランチャン	to plan
妥当（だとう）	kewajaran / kesesuaian クワジャラヌ / クススゥワイヤヌ	appropriateness
妥当な（だとう）	wajar / sewajar / sesuai ワジャー / スワジャー / ススゥワイ	appropriate
他動詞（たどうし）	kata kerja transitif カタ クージャ トラヌスイテフ	transitive verb
たとえ（〜だとしても）	walaupun [meskipun] ~ ワラゥポヌ [ムスキポヌ]	even though ~
たとえ（例）	contoh / misal チョヌト(ホ) / ミサル	example
たとえ（比喩）	kias / kiasan / métafora キヤス / キヤサヌ / メタフォラ	metaphor
例えば（たと）	misalnya / contohnya ミサルニャ / チョヌト(ホ)ニャ	for example
例える（たと）	ibaratkan / mengibaratkan イバラ(ト)カヌ / ムンィバラ(ト)カヌ	to compare
たどり着く（つ）	tiba / sampai ティバ / サムパィ	to reach
たどる	jejaki / menjejaki ジュジャキ / ムンジュジャキ	to trace
棚（たな）	rak / para-para / almari レッ / パラ パラ / アルマリ	shelf
谷（たに）	lembah / lurah / jurang ルムバ(ハ) / ルゥラ(ハ) / ジュゥラン	valley
ダニ	sengkenit スンクネ(ト)	tick
他人（たにん）	orang lain オラン ラエヌ	others
種（たね）	biji / benih ビジ / ブネ(ヘ)	seed

日	マレー	英
たね 種（原因）	punca プゥンチャ	cause
たね 種（題材、話題）	bahan バハヌ	topic
たの 楽しい	seronok スロノッ	to enjoy oneself
たの 楽しみ	keseronokan クスロノカヌ	fun
たの 楽しみにする	tidak sabar hendak [nak] ティダッ サバー フヌダッ［ナッ］	to look forward to
たの 楽しむ	nikmati / menikmati / berseronok ニクマティ / ムニクマティ / ブースロノッ	to enjoy
たの 頼み	permintaan プーミヌタアヌ	request
たの 頼む	minta / meminta ミヌタ / ムミヌタ	to ask a favour
たの 頼もしい	boléh diharap ボレ(ヘ) ディハラ(プ)	trustworthy
たば 束	berkas / ikat / jambak ブーカス / イカ(ト) / ジャムバッ	bundle
タバコ	rokok ロコッ	tobacco
たば 束ねる	berkas / memberkas / ikat / mengikat ブーカス / ムムブーカス / イカ(ト) / ムンイカ(ト)	to bundle
たび 足袋	tabi タビ	tabi / Japanese socks
たび 度	kali カリ	time
たび 旅	perjalanan / pelancongan プージャラナヌ / プランチョンアヌ	trip
たび 旅する	kembara / mengembara クムバラ / ムンウムバラ	to take a trip
たびたび	berkali-kali / sering kali ブーカリ カリ / スレン カリ	often
たびびと 旅人	pengembara / pelancong プンウムバラ / プランチョン	traveller
タブー	tabu / pantang タブゥ / パヌタン	taboo
だぶだぶ	kelonggaran クロンガラヌ	looseness

た

日	マレー	英
だぶだぶな	longgar ロンガー	loose
ダブル	(dua kali) ganda （ドゥゥワ カリ）ガヌダ	double
ダブルベッド	katil kelamin カテル クラメヌ	double bed
ダブルルーム	bilik (katil) kelamin ビレッ（カテル）クラメヌ	double room
多分（たぶん）	mungkin ムゥンケヌ	perhaps
食べ物（たべもの）	makanan マカナヌ	food
食べる（たべる）	makan マカヌ	to eat
他方（たほう）	sebelah lagi / pihak lain スブラ(ハ) ラギ / ペハッ ラエヌ	the other side
多忙（たぼう）	kesibukan クセボカヌ	busyness
多忙な（たぼうな）	sibuk セボッ	busy
打撲（だぼく）	lebam ルバム	bruise
打撲する（だぼくする）	melebam ムルバム	to bruise
打撲傷（だぼくしょう）	lebam ルバム	bruise
たま（球、玉）	bola ボラ	ball
弾（たま）	peluru プルゥルゥ	bullet
卵（たまご）	telur トゥロー	egg
卵料理（たまごりょうり）	masakan telur マサカヌ トゥロー	egg dish
魂（たましい）	jiwa / semangat / roh ジワ / スマンア(ト) / ロ(ホ)	soul
騙す（だます）	tipu / menipu ティプゥ / ムニプゥ	cheat
たまたま	(secara) kebetulan （スチャラ）クブトゥウラヌ	by chance

た

日	マレー	英
黙（だま）っている	diam / bisu / membisu ディヤム / ビスゥ / ムムビスゥ	quiet
たまに	sekali-sekala スカリ スカラ	occasionally
タマネギ	bawang バワン	onion
たまらない	tidak boléh tahan ティダッ ボレ(ヘ) タハヌ	unbearable
溜（た）まる	terkumpul / berkumpul / bertimbun トゥークゥムポル / ブークゥムポル / ブーティムボヌ	to gather
黙（だま）る	berdiam diri ブーディヤム ディリ	to keep quiet
タミル語（ご）	bahasa Tamil バハサ タメル	Tamil (language)
多民族（たみんぞく）の	berbilang bangsa ブービラン バンサ	multi-ethnic
ダム	empangan ウムパンアヌ	dam
(～の) ため (利益、目的)	untuk [bagi / demi] ~ ウゥヌトッ [バギ / ドゥミ]	for (the sake [purpose] of) ~
(～の) ため (理由)	kerana [sebab] ~ クラナ [スバ(ブ)]	for (the reason of) ~
だめ	tidak boléh [baik] ティダッ ボレ(ヘ) [バエッ]	cannot / not good
だめな	tidak berguna ティダッ ブーグゥナ	useless
溜（た）め息（いき）	keluh / keluhan クロ(ホ) / クルゥハヌ	sigh
試（ため）し	cuba / percubaan チュゥバ / プーチュゥバアヌ	trial
試（ため）す	cuba / mencuba チュゥバ / ムンチュゥバ	to try
ためらう	teragak-agak / keberatan トゥーアガッ アガッ / クブラタヌ	to hesitate
溜（た）める	kumpulkan / mengumpulkan クゥムポルカヌ / ムンゥムポルカヌ	to gather
保（たも）つ	kekalkan / mengekalkan クカルカヌ / ムンゥカルカヌ	to maintain
たやすい	mudah / senang ムゥダ(ハ) / スナン	easy

日	マレー	英
たよう 多様	kepelbagaian クプルバガイヤヌ	diversity
たよう 多様な	pelbagai プルバガイ	diverse
たよ 便り	khabar / berita / surat カバー / ブリタ / スウラ(ト)	news
たよ 頼る	bergantung kepada ブーガヌトン クパダ	to rely on
たら 鱈	ikan kod イカヌ コ(ド)	cod
～だらけ	dipenuhi dengan ~ ディプヌゥヒ ドゥンアヌ	full of ~
だらしない	tidak teratur [kemas] ティダッ トゥラトー [クマス]	messy
タラップ	tanjakan タンジャカヌ	ramp
た 足りない	tidak cukup [mencukupi] ティダッ チュゥコ(プ) [ムンチュゥコピ]	to be insufficient
た 足りる	cukup / mencukupi チュゥコ(プ) / ムンチュゥコピ	to be enough
だるい	tidak bermaya / lembap ティダッ ブーマヤ / ルムバ(プ)	sluggish
タルト	(kuih) tart (クゥエ(ヘ)) ター(ト)	tart
たる 弛み	kekenduran / kelonggaran ククヌドゥウラヌ / クロンガラヌ	slack
たる 弛む	kendur / mengendur クヌドー / ムンウヌドー	to slack
だれ 誰	siapa スイヤパ	who
だれ 誰か（疑問文）	sesiapa / siapa-siapa ススイヤパ / スイヤパ スイヤパ	anybody
だれ 誰か（肯定文）	seseorang ススオラン	somebody
た さ 垂れ下がる	urai / mengurai ウウライ / ムンウウライ	to hang loose
だれ 誰でも	sesiapa pun [sahaja / saja] ススイヤパ ポヌ [サハジャ / サジャ]	anybody
た まく 垂れ幕	sepanduk スパヌドッ	banner

た

日	マレー	英
誰も（〜ない）(だれ)	(tidak ~) sesiapa pun （ティダッ）ススイヤパ ポヌ	(not ~) anybody
垂れる (た)	gantung / tergantung ガヌトン / トゥーガヌトン	to hang
タレント	personaliti / penghibur プーソナリティ / プンヒボー	personality
タワー	menara ムナラ	tower
痰 (たん)	kahak カハッ	phlegm
単位 (たんい)	unit ユネ(ト)	unit
単一 (たんいつ)	ketunggalan / keésaan クトゥウンガラヌ / クエサアヌ	singleness
単一の (たんいつ)	tunggal / ésa / hanya satu トゥウンガル / エサ / ハニャ サトゥウ	single
担架 (たんか)	tandu / usungan タヌドゥウ / ウウスゥンアヌ	stretcher
短歌 (たんか)	tanka タヌカ	tanka / Japanese poem
段階 (だんかい)	tahap / peringkat タハ(プ) / プリンカ(ト)	stage
短期 (たんき)	jangka (masa) péndék ジャンカ（マサ）ペヌデッ	short term
短気 (たんき)	sikap panas baran スイカ(プ) パナス バラヌ	short temper
短気な (たんき)	panas baran / cepat marah パナス バラヌ / チュパ(ト) マラ(ハ)	short-tempered
短期間 (たんきかん)	témpoh (masa) singkat テムポ(ホ)（マサ）スインカ(ト)	short period of time
タンク	tangki タンキ	tank
団結 (だんけつ)	perpaduan / kesatuan プーパドゥウワヌ / クサトゥウワヌ	unity
団結する (だんけつ)	berpadu / bersatu ブーパドゥウ / ブーサトゥウ	to unite
探検 (たんけん)	jelajah / penjelajahan ジュラジャ(ハ) / プンジュラジャハヌ	exploration
探検する (たんけん)	jelajah / menjelajah ジュラジャ(ハ) / ムンジュラジャ(ハ)	to explore

日	マレー	英
断言（だんげん）	penegasan / kenyataan tegas プヌガサヌ / クニャタアヌ トゥガス	affirmation
断言する（だんげん）	tegaskan / menegaskan トゥガスカヌ / ムヌガスカヌ	to affirm
単語（たんご）	perkataan / kata プーカタアヌ / カタ	word
炭鉱（たんこう）	lombong arang batu ロムボン アラン バトゥゥ	coal mine
単語帳（たんごちょう）	buku kosa kata ブゥクゥ コサ カタ	vocabulary book
たん瘤（こぶ）	bénjol ベンジョル	bump
炭酸飲料（たんさんいんりょう）	minuman berkarbonat ミヌゥマヌ ブーカーボナ(ト)	carbonated drink
炭酸水（たんさんすい）	air berkarbonat / soda アエー ブーカーボナ(ト) / ソダ	carbonated water
男子（だんし）	budak lelaki ブゥダッ ルラキ	boy
断食（だんじき）	puasa プゥワサ	fasting
断食する（だんじき）	berpuasa ブープゥワサ	to fast
短縮（たんしゅく）	penyingkatan / peméndékan プニィンカタヌ / プメヌデカヌ	shortening
短縮する（たんしゅく）	singkatkan / menyingkatkan スィンカ(ト)カヌ / ムニィンカ(ト)カヌ	to shorten
単純（たんじゅん）	mudahnya / kemudahan ムゥダ(ハ)ニャ / クムゥダハヌ	simplicity
単純な（たんじゅん）	mudah ムゥダ(ハ)	simple
短所（たんしょ）	kelemahan クルマハヌ	weakness
誕生（たんじょう）	kelahiran クラヒラヌ	birth
誕生する（たんじょう）	lahir ラヘー	to be born
誕生日（たんじょうび）	hari jadi [lahir] ハリ ジャディ [ラヘー]	birthday
箪笥（たんす）	almari baju アルマリ バジュゥ	wardrobe

た

日	マレー	英
ダンス	dansa / tarian ダヌサ / タリヤヌ	dance
たんすい 淡水	air tawar アェー タワー	fresh water
だんすい 断水	terputusnya bekalan air トゥープゥトゥスニャ ブカラヌ アェー	disruption of water supply
だんすい 断水する	terputus bekalan air トゥープゥトゥス ブカラヌ アェー	to have disrupted water supply
たんすいかぶつ 炭水化物	karbohidrat カーボヒドラ(ト)	carbohydrate
たんすう 単数	bilangan tunggal ビランアヌ トゥウンガル	singular number
たんすう 単数の	tunggal トゥウンガル	singular
だんせい 男性	lelaki ルラキ	male
だんぜん 断然	tentu sekali / sudah pasti トゥヌトゥウ スカリ / スウダ(ハ) パスティ	definitely
たんそ 炭素	karbon カーボヌ	carbon
たんだい 短大	maktab rendah / koléj マクタ(ブ) ルヌダ(ハ) / コレジ	junior college
だんたい 団体	kumpulan / rombongan クウムプウラヌ / ロムボンアヌ	group
だんたいりょこう 団体旅行	pelancongan berkumpulan プランチョンアヌ ブークウムプウラヌ	group tour
だんだん 段々	semakin / makin / beransur スマケヌ / マケヌ / ブラヌソー	gradually
だんち 団地	taman perumahan タマヌ プルウマハヌ	housing estate
たんちょう 単調な	sama dan membosankan サマ ダヌ ムムボサヌカヌ	monotonous
たんてい 探偵	penyiasat / détéktif プニィヤサ(ト) / デテクティフ	detective
だんてい 断定	kenyataan tegas / penegasan クニャタアヌ トゥガス / プヌガサヌ	assertion
だんてい 断定する	nyatakan [menyatakan] dengan tegas ニャタカヌ [ムニャタカヌ] ドゥンアヌ トゥガス	to assert
たんとう 担当	tanggungjawab / jagaan タンゴンジャワ(ブ) / ジャガアヌ	charge

た

日	マレー	英
たんとう 担当する	bertanggungjawab / jaga / menjaga ブータンゴンジャワ(ブ) / ジャガ / ムンジャガ	to take charge of
たんとうしゃ 担当者	orang bertanggungjawab オラン ブータンゴンジャワ(ブ)	person in charge
たんどく 単独	perseorangan / individu プースオランアヌ / イヌディヴィドゥウ	single
だんな 旦那（夫）	suami スゥワミ	husband
だんな 旦那 （男性に対する呼称）	tuan トゥウワヌ	sir
たん 単なる	sekadar / hanya / cuma スカダー / ハニャ / チュゥマ	mere
たん 単に	hanya / cuma / sekadar ハニャ / チュゥマ / スカダー	merely
だんねつ 断熱	penebatan haba プヌバタヌ ハバ	(heat) insulation
だんねつ 断熱する	tebat [menebat] haba トゥバ(ト) [ムヌバ(ト)] ハバ	to insulate
だんねん 断念	penghentian / pembatalan プンフヌティヤヌ / プムバタラヌ	abandonment
だんねん 断念する	menghentikan / membatalkan ムンフヌティカヌ / ムムバタルカヌ	to abandon
たんぱ 短波	gelombang péndék グロムバン ペヌデッ	short wave
たんぱくしつ 蛋白質	protein プロトゥヌ	protein
ダンプカー	lori hantu (tapak binaan) ロリ ハヌトゥウ (タパッ ビナアヌ)	tipper lorry
たんぺん 短編	cerpén / cerita péndék チューペヌ / チュリタ ペヌデッ	short story
た 田んぼ	sawah padi サワ(ハ) パディ	paddy field
たんぽ 担保	cagaran / sandaran / jaminan チャガラヌ / サヌダラヌ / ジャミナヌ	security
たんぽ 担保する	jamin / menjamin ジャメヌ / ムンジャメヌ	to guarantee
だんぼう 暖房（暖める器具）	alat pemanas アラ(ト) プマナス	heater
だんぼう 暖房（暖めること）	pemanasan プマナサヌ	heating

日	マレー	英
暖房する（だんぼう）	panaskan / memanaskan パナスカヌ / ムマナスカヌ	to heat
段ボール（だん）	kadbod カ(ド)ボ(ド)	cardboard
タンポポ	dandélion ダヌデリヨヌ	dandelion
断面（だんめん）	keratan rentas クラタヌ ルヌタス	cross section
段落（だんらく）	perenggan プルンガヌ	paragraph
弾力（だんりょく）	keanjalan / kekenyalan クアンジャラヌ / ククニャラヌ	elasticity

▼ち，チ

日	マレー	英
血（ち）	darah ダラ(ハ)	blood
地（ち）（地面）	tanah / bumi タナ(ハ) / ブウミ	ground
地（ち）（場所）	tempat トゥムパ(ト)	place
治安（ちあん）	keselamatan awam クスラマタヌ アワム	public security
地位（ちい）	taraf / pangkat / kedudukan タラフ / パンカ(ト) / クドゥウドゥウカヌ	status
地域（ちいき）	kawasan / daérah / wilayah カワサヌ / ダエラ(ハ) / ウィラヤ(ハ)	area
小さい（ちい）	kecil クチェル	small
小さい（ちい）（音が）	perlahan / kecil プーラハヌ / クチェル	soft
チーズ	kéju ケジュウ	cheese
チーフ	ketua クトゥウワ	chief
チーム	pasukan パソカヌ	team
チームワーク	kerja berpasukan クージャ ブーパソカヌ	teamwork
知恵（ちえ）	kebijaksanaan / pengetahuan クビジャクサナアヌ / プンゥタフウワヌ	wisdom

日	マレー	英
チェック	cék / sémak / sémakan チェッ / セマッ / セマカヌ	check
チェックする	cék / sémak / menyémak チェッ / セマッ / ムニェマッ	to check
チェックアウト	daftar keluar ダフター クルゥワー	checkout
チェックアウトする	daftar [mendaftar] keluar ダフター［ムヌダフター］クルゥワー	to check out
チェックイン	daftar masuk ダフター マソッ	check-in
チェックインする	daftar [mendaftar] masuk ダフター［ムヌダフター］マソッ	to check in
チェックインカウンター	kaunter daftar masuk カォヌトゥー ダフター マソッ	check-in counter
遅延（ちえん）	keléwatan クレワタヌ	delay
遅延（ちえん）する	léwat レワ(ト)	to delay
チェンジ	penukaran / perubahan プヌゥカラヌ / プルゥバハヌ	change
チェンジする	tukar / menukar トゥウカー / ムヌゥカー	to change
地下（ちか）	bawah tanah バワ(ハ) タナ(ハ)	basement
近（ちか）い	dekat / hampir ドゥカ(ト) / ハムペー	near
近（ちか）い（似ている）	serupa スルゥパ	similar
違（ちが）い	béza / perbézaan ベザ / プーベザアヌ	difference
近（ちか）いうちに	dalam masa terdekat ダラム マサ トゥードゥカ(ト)	at an early date
違（ちが）いない	mesti / tentu / pasti ムスティ / トゥヌトゥウ / パスティ	must
誓（ちか）う	sumpah / bersumpah スゥムパ(ハ) / ブースゥムパ(ハ)	to swear
違（ちが）う（同じでない）	béza / berbéza / lain ベザ / ブーベザ / ラエヌ	to be different
違（ちが）う（正しくない）	salah サラ(ハ)	to be wrong

ち

日	マレー	英
ちが 違える	jadikan [menjadikan] lain ジャディカヌ [ムンジャディカヌ] ラエヌ	to make *sth* different
ちか 近く	dekat / hampir ドゥカ(ト) / ハムペー	near
ちかごろ 近頃	(sejak) kebelakangan ini (スジャッ) クブラカンアヌ イニ	recently
ち か すい 地下水	air bawah tanah アエー バワ(ハ) タナ(ハ)	ground water
ちかぢか 近々	dalam masa terdekat ダラム マサ トゥードゥカ(ト)	soon
ちか 近づく	dekati / mendekati ドゥカティ / ムヌドゥカティ	to approach
ちか 近づける	dekatkan / mendekatkan ドゥカ(ト)カヌ / ムヌドゥカ(ト)カヌ	to bring *sth* close
ち か てつ 地下鉄	keréta api bawah tanah クレタ ピ バワ(ハ) タナ(ハ)	underground train
ちかみち 近道	jalan pintas [potong] ジャラヌ ピヌタス [ポトン]	shortcut
ちかみち 近道する	ambil [mengambil] jalan pintas アムベル [ムンアムベル] ジャラヌ ピヌタス	to cut corners
ちから 力	kuasa / tenaga / kekuatan クゥワサ / トゥナガ / ククゥワタヌ	power
ちから 力 (能力)	keupayaan / kebolehan クウゥパヤアヌ / クボレハヌ	capability
ちからづよ 力強い	kuat / bertenaga クゥワ(ト) / ブートゥナガ	powerful
ち きゅう 地球	bumi ブゥミ	the earth
ち きゅうじょう 地球上	atas muka bumi アタス ムゥカ ブゥミ	on the earth
ちぎる	carik / mencarik チャレッ / ムンチャレッ	to tear
ち く 地区	kawasan / wilayah カワサヌ / ウィラヤ(ハ)	district
ちくさん 畜産	penternakan プヌトゥーナカヌ	livestock raising
ちくしょう 畜生	celaka / sial / cis チュラカ / スイヤル / チェス	damn
ちくせき 蓄積 (ためたもの)	himpunan / simpanan ヒムプゥナヌ / スイムパナヌ	accumulation

日	マレー	英
蓄積（ためること）(ちくせき)	penghimpunan / penyimpanan プンヒムプゥナヌ / プニィムパナヌ	accumulation
蓄積する(ちくせき)	himpunkan / menghimpunkan ヒムポヌカヌ / ムンヒムポヌカヌ	to accumulate
地形(ちけい)	rupa bumi ルゥパ ブゥミ	terrain
チケット	tikét ティケ(ト)	ticket
チケット売り場(う ば)	kaunter (jual) tikét カォヌトゥー（ジユゥワル）ティケ(ト)	ticket counter
遅刻(ちこく)	kelèwatan / kelambatan クレワタヌ / クラムバタヌ	lateness
遅刻する(ちこく)	léwat / terléwat レワ(ト) / トゥーレワ(ト)	to be late
知事(ちじ)	gabenor ガブノー	governor
知識(ちしき)	pengetahuan プンゥタフゥワヌ	knowledge
地質(ちしつ)	sifat tanah スイファ(ト) タナ(ハ)	nature of the soil
地質学(ちしつがく)	géologi ジオロジ	geology
地上(ちじょう)	atas darat アタス ダラ(ト)	ground
知人(ちじん)	kenalan クナラヌ	acquaintance
地図(ちず)	peta プタ	map
知性(ちせい)	kecerdasan / kepintaran クチューダサヌ / クピヌタラヌ	intelligence
地帯(ちたい)	kawasan / zon カワサヌ / ゾヌ	zone
父(ちち)	bapa バパ	father / founder
縮む(ちぢ)	mengecut / mengecil ムンゥチョ(ト) / ムンゥチェル	to shrink
縮める(ちぢ)	mengecutkan / mengecilkan ムンゥチョ(ト)カヌ / ムンゥチェルカヌ	to shrink
縮れた(ちぢ)	kerinting / keriting クリヌテン / クリテン	wavy

ち

日	マレー	英
縮れる（ちぢれる）	mengerinting / mengeriting ムンゥリヌテン / ムンゥリテン	to be wavy
秩序（ちつじょ）	ketenteraman / ketertiban クトゥヌトゥラマヌ / クトゥーティバヌ	order
窒素（ちっそ）	nitrogen ニトロジュヌ	nitrogen
窒息（ちっそく）	kelemasan クルマサヌ	suffocation
窒息する（ちっそくする）	lemas ルマス	to suffocate
ちっとも（〜ない）	sedikit pun (tidak ~) スディケ(ト) ポヌ（ティダッ）	(not ~) at all
チップ	tip ティ(プ)	tip
知的（ちてき）	keinteléktualan クイヌトゥレクトゥウワラヌ	intellectuality
知的な（ちてきな）	inteléktual イヌトゥレクトゥウワル	intellectual
地点（ちてん）	tempat トゥムパ(ト)	spot
知能（ちのう）	akal / kecerdasan アカル / クチューダサヌ	intelligence
地平線（ちへいせん）	kaki langit / ufuk カキ ランェ(ト) / ウゥフォッ	horizon
地方（ちほう）（地域）	daérah / wilayah ダエラ(ハ) / ウィラヤ(ハ)	region
地方（ちほう）（非大都市）	kawasan luar bandar カワサヌ ルゥワー バヌダー	countryside
地名（ちめい）	nama tempat ナマ トゥムパ(ト)	place name
茶（ちゃ）（植物、飲料）	téh テ(ヘ)	tea
茶（ちゃ）（色）	coklat / pérang チョッ(ク)ラ(ト) / ペラン	brown
チャーター	carter / penyéwaan チャトゥー / プニェワアヌ	charter
チャーターする	séwa / menyéwa / carter / mencarter セワ / ムニェワ / チャトゥー / ムンチャトゥー	to charter
チャーター機（き）	kapal terbang séwa khas カパル トゥーバン セワ ハス	charter plane

日	マレー	英
チャーター便(びん)	penerbangan carter [séwa khas] プヌーバンアヌ チャトゥー [セワ ハス]	charter flight
チャイナタウン	pekan Cina / Chinatown プカヌ チナ / チェナタォヌ	Chinatown
チャイム	locéng ロチェン	chime
チャイルドシート	tempat duduk kanak-kanak トゥムパ(ト) ドゥウドゥッ カナッ カナッ	child seat
茶色(ちゃいろ)	(warna) coklat [pérang] (ワーナ) チョッ(ク)ラ(ト) [ペラン]	brown
着(ちゃく)(到着)	tiba / sampai ティバ / サムパイ	arrival
～着(ちゃく)(服の助数詞)	helai フライ	–
着手(ちゃくしゅ)	permulaan プームゥラアヌ	start
着手(ちゃくしゅ)する	mulakan / memulakan ムゥラカヌ / ムムゥラカヌ	to start
着色(ちゃくしょく)	pewarnaan プワーナアヌ	colouring
着色(ちゃくしょく)する	warnakan / mewarnakan ワーナカヌ / ムワーナカヌ	to colour
着席(ちゃくせき)する	duduk ドゥウドゥッ	to sit down
着々(ちゃくちゃく)	setapak demi setapak スタパッ ドゥミ スタパッ	steadily
着目(ちゃくもく)	penumpuan (perhatian) プヌゥムプゥワヌ (プーハティヤヌ)	focus
着目(ちゃくもく)する	tumpukan [menumpukan] perhatian トゥウムプゥカヌ [ムヌゥムプゥカヌ] プーハティヤヌ	to focus
着陸(ちゃくりく)	pendaratan プヌダラタヌ	landing
着陸(ちゃくりく)する	mendarat ムヌダラ(ト)	to land
着工(ちゃっこう)	permulaan pembinaan プームゥラアヌ プムベナアヌ	starting construction
着工(ちゃっこう)する	mula pembinaan ムゥラ プムベナアヌ	to start construction
茶(ちゃ)の間(ま)	ruang tamu ルゥワン タムゥ	living room

ち

日	マレー	英
ちゃ ゆ 茶の湯	upacara téh ウゥパチャラ テ(へ)	tea ceremony
ちやほやする	puji-puji / memuji-muji プゥジ プゥジ / ムムゥジ ムゥジ	to flatter
ちゃわん 茶碗	mangkuk マンコッ	rice bowl
～ちゃん（人の名前などに付ける）	adik ~ アデッ	–
チャンス	peluang / kesempatan プルゥワン / クスムパタヌ	chance
ちゃんと	dengan baik [betul / tepat] ドゥンアヌ バエッ [ブトル / トゥパ(ト)]	neatly
チャンネル	saluran サルゥラヌ	channel
チャンピオン	juara / johan ジュゥワラ / ジョハヌ	champion
ちゅう 注	nota / catatan ノタ / チャタタヌ	note
ちゅう い 注意（意識）	perhatian / awas プーハティヤヌ / アワス	attention
ちゅう い 注意（忠告）	peringatan / amaran プリンアタヌ / アマラヌ	warning
ちゅう い 注意する（意識する）	berhati-hati / hati-hati ブーハティ ハティ / ハティ ハティ	to pay attention
ちゅう い 注意する（忠告する）	ingatkan / mengingatkan インア(ト)カヌ / ムンインア(ト)カヌ	to warn
ちゅうおう 中央	pusat / tengah-tengah プゥサ(ト) / トゥンア(ハ) トゥンア(ハ)	centre
ちゅうかい 仲介	perantaraan / pengantaraan プラヌタラアヌ / プンアヌタラアヌ	mediation
ちゅうかい 仲介する	antarai / mengantarai アヌタライ / ムンアヌタライ	to mediate
ちゅうがえ 宙返り	balik kuang バレッ クゥワン	somersault
ちゅうがえ 宙返りする	buat [membuat] balik kuang ブゥワ(ト) [ムムブゥワ(ト)] バレッ クゥワン	to do a somersault
ちゅうがっこう 中学校	sekolah menengah rendah スコラ(ハ) ムヌンア(ハ) ルヌダ(ハ)	junior high school
ちゅう か りょう り 中華料理	masakan [makanan] Cina マサカヌ [マカナヌ] チナ	Chinese food

日	マレー	英
中間（ちゅうかん）	tengah / pertengahan トゥンア(ハ) / プートゥンアハヌ	middle
中近東（ちゅうきんとう）	Timur Tengah (dan Timur Dekat) ティモー トゥンア(ハ) (ダヌ ティモー ドゥカ(ト))	Middle (and Near) East
中継（ちゅうけい）	siaran / penyiaran スィヤラヌ / プニィヤラヌ	broadcasting
中継する（ちゅうけい）	siarkan / menyiarkan スィヤーカヌ / ムニィヤーカヌ	to relay
中継放送（ちゅうけいほうそう）	siaran / penyiaran スィヤラヌ / プニィヤラヌ	relay
中高等学校（ちゅうこうとうがっこう）	sekolah menengah スコラ(ハ) ムヌンァ(ハ)	secondary school
中古の（ちゅうこ）	terpakai トゥーパカイ	used
忠告（ちゅうこく）	nasihat ナスィハ(ト)	advice
忠告する（ちゅうこく）	nasihatkan / menasihatkan ナスィハ(ト)カヌ / ムナスィハ(ト)カヌ	to advise
中国（ちゅうごく）	China チナ	China
中国語（ちゅうごくご）	bahasa Cina バハサ チナ	Chinese (language)
中国人（ちゅうごくじん）	orang China オラン チナ	Chinese (people)
中腰になる（ちゅうごし）	separa berdiri スパラ ブーディリ	to stoop down
仲裁（ちゅうさい）	timbang tara ティムバン タラ	arbitration
仲裁する（ちゅうさい）	timbang [menimbang] tara ティムバン [ムニムバン] タラ	to mediate
中止（ちゅうし）	pembatalan プムバタラヌ	cancellation
中止する（ちゅうし）	batal / batalkan / membatalkan バタル / バタルカヌ / ムムバタルカヌ	to cancel
忠実（ちゅうじつ）	kesetiaan / ketaatan クスティヤアヌ / クタアタヌ	faithfulness
忠実な（ちゅうじつ）	setia / taat スティヤ / タア(ト)	faithful
注射（ちゅうしゃ）	suntikan スゥヌティカヌ	injection

ち

日	マレー	英
ちゅうしゃ 注射する	suntik / menyuntik スウヌテッ / ムニュウヌテッ	to inject
ちゅうしゃ 駐車	peletakan keréta プルタカヌ クレタ	parking
ちゅうしゃ 駐車する	letak [meletak] (keréta) ルタッ [ムルタッ] (クレタ)	to park (a car)
ちゅうしゃき 注射器	picagari ピチャガリ	syringe
ちゅうしゃきんし 駐車禁止	dilarang meletak keréta ディララン ムルタッ クレタ	no parking
ちゅうしゃじょう 駐車場	tempat letak keréta トゥムパ(ト) ルタッ クレタ	car park
ちゅうじゅん 中旬	pertengahan bulan プートゥンァハヌ ブウラヌ	middle of a month
ちゅうしょう 中傷	fitnah / pemfitnahan フィ(ト)ナ(ハ) / プムフィ(ト)ナハヌ	slander
ちゅうしょう 中傷する	fitnah / memfitnah フィ(ト)ナ(ハ) / ムムフィ(ト)ナ(ハ)	to slander
ちゅうしょう 抽象	keabstrakan / kemujaradan クア(ブ)ストラカヌ / クムウジャラダヌ	abstractness
ちゅうしょう 抽象する	abstrakkan / mengabstrakkan ア(ブ)ストラッカヌ / ムンア(ブ)ストラッカヌ	to abstract
ちゅうしょうか 抽象化	pengabstrakan / pemujaradan プンア(ブ)ストラカヌ / プムウジャラダヌ	abstraction
ちゅうしょうきぎょう 中小企業	perusahaan kecil dan sederhana / PKS プルウサハアヌ クチェル ダヌ スドゥーハナ / ピケエス	small and medium-sized companies [businesses]
ちゅうしょうてき 抽象的な	abstrak / mujarad ア(ブ)ストラッ / ムウジャラ(ド)	abstract
ちゅうしょく 昼食	makan tengah hari マカヌ トゥンァ(ハ) ハリ	lunch
ちゅうしん 中心	pusat プウサ(ト)	centre
ちゅうしんがい 中心街	pusat bandar プウサ(ト) バヌダー	downtown
ちゅうすい 虫垂	apéndiks アペヌデクス	appendix
ちゅうすいえん 虫垂炎	apéndisitis アペヌディスイテス	appendicitis
ちゅうすう 中枢	pusat プウサ(ト)	centre

日	マレー	英
中世（ちゅうせい）	zaman pertengahan ザマヌ プートゥンアハヌ	middle ages
中性（ちゅうせい）	kenéutralan クニュウトララヌ	neutrality
中性の（ちゅうせい）	néutral ニュウトラル	neutral
忠誠（ちゅうせい）	kesetiaan クスティヤアヌ	loyalty
中絶（ちゅうぜつ）	pengguguran kandungan プングゥグゥラヌ カヌドゥウンアヌ	abortion
中絶する（ちゅうぜつ）	menggugurkan kandungan ムングゥゴーカヌ カヌドゥウンアヌ	to abort
抽選（ちゅうせん）	cabutan チャブゥタヌ	draw
抽選する（ちゅうせん）	buat [membuat] cabutan ブゥワ(ト) ［ムムブゥワ(ト)］ チャブゥタヌ	to have a draw
抽選会（ちゅうせんかい）	cabutan bertuah チャブゥタヌ ブートゥウワ(ハ)	lucky draw
チューター	tutor テュウトー	tutor
中断（ちゅうだん）	kegendalaan クグヌダラアヌ	interruption
中断する（ちゅうだん）	tergendala トゥーグヌダラ	to be interrupted
中途（ちゅうと）	separuh [tengah] jalan スパロ(ホ) ［トゥンア(ハ)］ ジャラヌ	halfway
中東（ちゅうとう）	Timur Tengah ティモー トゥンア(ハ)	Middle East
中毒（依存）（ちゅうどく）	ketagihan クタギハヌ	addiction
中毒（毒あたり）（ちゅうどく）	keracunan クラチュウナヌ	poisoning
中毒する（ちゅうどく）	keracunan クラチュウナヌ	to be poisoned
中途半端な（ちゅうとはんぱ）	separuh [tengah] jalan スパロ(ホ) ［トゥンア(ハ)］ ジャラヌ	halfway
中年（ちゅうねん）	umur pertengahan ウゥモー プートゥンアハヌ	middle age
中年の（ちゅうねん）	pertengahan umur プートゥンアハヌ ウゥモー	middle-aged

ち

ち

日	マレー	英
ちゅうふく 中腹	tengah-tengah léréng トゥンァ(ハ) トゥンァ(ハ) レレン	halfway up
ちゅうもく 注目	perhatian プーハティヤヌ	attention
ちゅうもく 注目する	perhatikan / memperhatikan プーハティカヌ / ムムプーハティカヌ	to pay attention
ちゅうもん 注文	pesanan / tempahan プサナヌ / トゥムパハヌ	order
ちゅうもん 注文する	pesan / memesan / tempah プサヌ / ムムサヌ / トゥムパ(ハ)	to order
ちゅうりつ 中立	keberkecualian / kenéutralan クブークチュウワリヤヌ / クニュウトララヌ	neutrality
ちゅうりつ 中立する	néutralkan / menéutralkan ニュウトラルカヌ / ムニュウトラルカヌ	to neutralize
ちゅうりつ 中立の	berkecuali / néutral ブークチュウワリ / ニュウトラル	neutral
ちゅうわ 中和	kenéutralan クニュウトララヌ	neutralization
ちゅうわ 中和する	néutralkan / menéutralkan ニュウトラルカヌ / ムニュウトラルカヌ	to neutralize
ちょう 兆	trilion トリリヨヌ	trillion
ちょう 腸	usus ウゥソス	intestine
ちょう 蝶	rama-rama / kupu-kupu ラマ ラマ / クゥプゥ クゥプゥ	butterfly
ちょう 超〜	teramat [tersangat] ~ トゥラマ(ト) [トゥーサンァ(ト)]	super-~
ちょういん 調印	pemeteraian / penandatanganan プムトゥライヤヌ / プナヌダタンァナヌ	signing
ちょういん 調印する	tandatangani / menandatangani タヌダタンァニ / ムナヌダタンァニ	to sign
ちょうえき 懲役	penjara / pemenjaraan プンジャラ / プムンジャラアヌ	imprisonment
ちょうか 超過	lebih ルベ(ヘ)	excess
ちょうか 超過する	lebihi / melebihi ルビヒ / ムルビヒ	to exceed
ちょうかく 聴覚	deria pendengaran ドゥリヤ プヌドゥンァラヌ	sense of hearing

日	マレー	英
ちょうかん 朝刊	surat khabar (édisi) pagi スゥラ(ト) カバー (エディスイ) パギ	morning paper
ちょうかん 長官	ketua pengarah / setiausaha クトゥウワ プンアラ(ハ) / スティヤゥウサハ	director general
ちょうき 長期	jangka [témpoh] panjang ジャンカ [テムポ(ホ)] パンジャン	long term
ちょうきたいざい 長期滞在する	tinggal lama ティンガル ラマ	to stay long-term
ちょうきょりでんわ 長距離電話	panggilan (jarak) jauh パンギラヌ (ジャラッ) ジャォ(ホ)	long-distance call
ちょうこう 聴講	audit オディ(ト)	audit
ちょうこう 聴講する	audit / mengaudit オディ(ト) / ムンォディ(ト)	to audit
ちょうこく 彫刻	arca / ukiran アルチャ / ウゥキラヌ	sculpture
ちょうこく 彫刻する	mengarcakan / mengukir ムンアルチャカヌ / ムンウゥケー	to sculpt
ちょうさ 調査	siasatan スイヤサタヌ	investigation
ちょうさ 調査する	siasat / siasatan / menyiasat スイヤサ(ト) / スイヤサタヌ / ムニィヤサ(ト)	to investigate
ちょうし 調子	keadaan クアダアヌ	condition
ちょうしゅう 徴収	kutipan / pengutipan クゥティパヌ / プンゥウティパヌ	collection
ちょうしゅう 徴収する	kutip / mengutip クゥテ(プ) / ムンゥウテ(プ)	to collect
ちょうしゅう 聴衆	pendengar / para hadirin プヌドゥンアー / パラ ハディレヌ	audience
ちょうしょ 長所	kelebihan / kekuatan クルビハヌ / ククゥワタヌ	strong point
ちょうじょ 長女	anak perempuan sulung アナッ プルムプゥワヌ スゥロン	eldest daughter
ちょうじょう 頂上	puncak / kemuncak プゥンチャッ / クムゥンチャッ	summit
ちょうしょく 朝食	sarapan (pagi) / makan pagi サラパヌ (パギ) / マカヌ パギ	breakfast
ちょうしんき 聴診器	stétoskop ステトスコ(プ)	stethoscope

日	マレー	英
ちょうせい 調整	penyelarasan / penyesuaian プニュララサヌ / プニュスゥワイヤヌ	coordination
ちょうせい 調整する	selaraskan / menyelaraskan スララスカヌ / ムニュララスカヌ	to coordinate
ちょうせつ 調節	pelarasan / penyesuaian プララサヌ / プニュスゥワイヤヌ	adjustment
ちょうせつ 調節する	laraskan / melaraskan ララスカヌ / ムララスカヌ	to adjust
ちょうせん 挑戦	cabaran チャバラヌ	challenge
ちょうせん 挑戦する	cabar / mencabar チャバー / ムンチャバー	to challenge
ちょうぞう 彫像	patung ukiran パトン ウゥキラヌ	statue
ちょうだい 頂戴する	terima / menerima トゥリマ / ムヌリマ	to accept
ちょうたつ 調達	pemeroléhan プムーオレハヌ	procurement
ちょうたつ 調達する	peroléhi / memperoléhi プーオレヒ / ムムプーオレヒ	to procure
ちょうたん 長短	kelebihan dan kelemahan クルビハヌ ダヌ クルマハヌ	strengths and weaknesses
ちょう 腸チフス	demam kepialu ドゥマム クピヤルゥ	typhoid fever
ちょうてい 調停	perantaraan / pengantaraan プラヌタラアヌ / プンァヌタラアヌ	mediation
ちょうてい 調停する	jadi [menjadi] perantara ジャディ [ムンジャディ] プラヌタラ	to mediate
ちょうてん 頂点	puncak / kemuncak プゥンチャッ / クムゥンチャッ	top
ちょうど 丁度	tepat トゥパ(ト)	exactly
ちょうなん 長男	anak lelaki sulung アナッ ルラキ スゥロン	eldest son
ちょうのうりょく 超能力	kuasa sakti / kesaktian クゥワサ サッ(ク)ティ / クサッ(ク)ティヤヌ	supernatural power
ちょうはつ 挑発	provokasi プロヴォカスィ	provocation
ちょうはつ 挑発する	provokasi / memprovokasi プロヴォカスィ / ムムプロヴォカスィ	to provoke

日	マレー	英
ちょうふく 重複(重なること)	pertindihan / pertindanan プーティヌディハヌ / プーティヌダナヌ	overlap
ちょうふく 重複(繰り返すこと)	ulangan / pengulangan ウウランアヌ / プンウウランアヌ	duplication
ちょうふく 重複(語形変化)	penggandaan プンガヌダアヌ	reduplication
ちょうふく 重複する (重なる)	bertindih / bertindan ブーティヌデ(へ) / ブーティヌダヌ	to overlap
ちょうふく 重複する (繰り返す)	berulang / diduplikasikan ブーウウラン / ディデュゥプリカスイカヌ	to be duplicated
ちょうふく 重複する (語形変化)	gandakan / menggandakan ガヌダカヌ / ムンガヌダカヌ	to reduplicate
ちょうふくご 重複語	kata ganda カタ ガヌダ	reduplicated word
ちょうへん 長編	karya panjang カルヤ パンジャン	full-length work
ちょうへん 長編の	panjang パンジャン	feature(-length)
ちょうほう 重宝	kebergunaan クブーグゥナアヌ	convenience
ちょうほう 重宝する	berguna ブーグゥナ	convenient
ちょうぼう 眺望	pemandangan プマヌダンアヌ	view
ちょうほうけい 長方形	segi empat tepat スギ ウムパ(ト) トゥパ(ト)	rectangle
ちょうみりょう 調味料	(bahan) perasa (バハヌ) プラサ	seasoning
ちょうめ ～丁目	chomé ke-~ チョメ ク	~-th chome
ちょうり 調理	memasak ムマサッ	cooking
ちょうり 調理する	masak / memasak マサッ / ムマサッ	to cook
ちょうわ 調和	keharmonian / keselarasan クハルモニヤヌ / クスララサヌ	harmony
ちょうわ 調和する	harmoni / selaras ハルモニ / スララス	to be harmonious
チョーク	kapur (tulis) カポー (トゥウレス)	chalk

ち

日	マレー	英
ちょきん 貯金	wang simpanan ワン スイムパナヌ	savings
ちょきん 貯金する	simpan [menyimpan] wang スイムパヌ [ムニイムパヌ] ワン	to save money
ちょくご 直後	sejurus selepas スジュゥロス スルパス	right after
ちょくせつ 直接	secara langsung [terus] スチャラ ランソン [トゥロス]	directly
ちょくせつ 直接の	langsung ランソン	direct
ちょくせん 直線	garis lurus ガレス ルゥロス	straight line
ちょくぜん 直前	sejurus sebelum スジュゥロス スブロム	right before
ちょくちょう 直腸	réktum レクトム	rectum
ちょくつう 直通	sambungan terus サムブゥンアヌ トゥロス	direct connection
ちょくつう 直通する	sambung terus サムボン トゥロス	to be directly connected
ちょくほうたい 直方体	kuboid クゥボエ(ド)	cuboid
ちょくめん 直面する	hadapi / menghadapi ハダピ / ムンハダピ	to be confronted with
ちょくりゅう 直流	arus terus アロス トゥロス	direct current
ちょくりゅう 直流する	alir [mengalir] terus アレー [ムンアレー] トゥロス	to flow directly
チョコレート	coklat チョクラ(ト)	chocolate
ちょさくけん 著作権	hak cipta ハッ チ(プ)タ	copyright
ちょしゃ 著者	pengarang / penulis プンアラン / プヌゥレス	author
ちょしょ 著書	karya / buku / penulisan カルヤ / ブゥクゥ / プヌゥリサヌ	work
ちょすい 貯水タンク	tangki air タンキ アエー	water tank
ちょぞう 貯蔵	penyimpanan プニイムパナヌ	storage

日	マレー	英
貯蔵（ちょぞう）する	simpan / menyimpan スィムパヌ / ムニィムパヌ	to store
貯蓄（ちょちく）	tabungan / simpanan タブゥンアヌ / スィムパナヌ	savings
貯蓄（ちょちく）する	simpan [menyimpan] スィムパヌ [ムニィムパヌ]	to save up
直角（ちょっかく）	sudut tegak スゥド(ト) トゥガッ	right angle
直感（ちょっかん）	gerak hati / intuisi グラッ ハティ / イヌトゥウイスィ	intuition
直感（ちょっかん）する	punyai [mempunyai] gerak hati プゥニャイ [ムムプゥニャイ] グラッ ハティ	to intuit
直径（ちょっけい）	diaméter / garis pusat ディヤミトゥー / ガレス プゥサ(ト)	diameter
直行便（ちょっこうびん）	penerbangan langsung プヌーバンアヌ ランソン	direct [non-stop] flight
ちょっと	sekejap / sikit / sebentar スクジャ(プ) / スィケ(ト) / スブヌター	a little
著名（ちょめい）な	masyhur / termasyhur マシホー / トゥーマシホー	famous
散（ち）らかす	sépahkan / menyépahkan セパ(ハ)カヌ / ムニェパ(ハ)カヌ	to scatter
散（ち）らかる	sépah / bersépah セパ(ハ) / ブーセパ(ハ)	to be scattered
チラシ	risalah リサラ(ハ)	flyer
散（ち）らす	taburkan / menaburkan タボーカヌ / ムナボーカヌ	to scatter
ちらっと	sepintas lalu スピヌタス ラルゥ	at a glance
地理（ちり）	géografi ジオグラフィ	geography
ちり紙（がみ）	kertas tisu クータス ティスゥ	tissue paper
ちり取（と）り	penyodok sampah プニョドッ サムパ(ハ)	dustpan
治療（ちりょう）	rawatan (perubatan) ラワタヌ (プルゥバタヌ)	(medical) treatment
治療（ちりょう）する	rawat / merawat ラワ(ト) / ムラワ(ト)	to treat

日	マレー	英
ち 散る	luruh ルゥロ(ホ)	to fall
ちんぎん 賃金	upah / gaji ウゥパ(ハ) / ガジ	wage
ちんしゃく 賃借	penyéwaan / pemajakan プニェワアヌ / プマジャカヌ	rental
ちんしゃく 賃借する	séwa / menyéwa セワ / ムニェワ	to rent
ちんせいざい 鎮静剤	ubat penenang [sédatif] ウゥバ(ト) プヌナン [セダテフ]	sedative
ちんたい 賃貸	penyéwaan / pemajakan プニェワアヌ / プマジャカヌ	rental
ちんたい 賃貸する	séwakan / menyéwakan セワカヌ / ムニェワカヌ	to rent out
ちんつうざい 鎮痛剤	analgésik アナルゲセッ	analgesic
ちんでん 沈殿	pemendapan / sédiméntasi プムヌダパヌ / セディメヌタスィ	sedimentation
ちんでん 沈殿する	mendap ムヌダ(プ)	to settle
ちんでんぶつ 沈殿物	mendapan ムヌダパヌ	sediment
チンパンジー	cimpanzi チムパヌズィ	chimpanzee
ちんぼつ 沈没	kekaraman / ketenggelaman クカラマヌ / クトゥングラマヌ	sinking
ちんぼつ 沈没する	karam / tenggelam カラム / トゥングラム	to sink
ちんもく 沈黙する	berdiam diri ブーディヤム ディリ	to keep silent
ちんれつ 陳列	paméran パメラヌ	display
ちんれつ 陳列する	pamérkan / mempamérkan パメーカヌ / ムムパメーカヌ	to display

▼つ，ツ

日	マレー	英
ツアー	lawatan ラワタヌ	tour
つい 対	pasang パサン	pair

日	マレー	英
ついか 追加	penambahan / tambahan プナムバハヌ / タムバハヌ	addition
ついか 追加する	tambah / menambah タムバ(ハ) / ムナムバ(ハ)	to add
ついかひよう 追加費用	kos tambahan コス タムバハヌ	additional cost [expenses]
ついきゅう 追及	penyiasatan / siasatan プニィヤサタヌ / スイヤサタヌ	investigation
ついきゅう 追及する	siasat / menyiasat スイヤサ(ト) / ムニイヤサ(ト)	to investigate
ついきゅう 追求	pengejaran プンウジャラヌ	pursuit
ついきゅう 追求する	kejar / mengejar クジャー / ムンウジャー	to pursue
ついしん 追伸	catatan tambahan チャタタヌ タムバハヌ	postscript
ついせき 追跡	pengejaran プンウジャラヌ	chase
ついせき 追跡する	kejar / mengejar クジャー / ムンウジャー	to chase
ついたち 一日	satu hari bulan サトゥウ ハリ ブウラヌ	the first (day)
ついで	sampingan サムピンアヌ	addition
つ い 付いて行く (後から追う)	ékori / mengékori エコリ / ムンェコリ	to follow
つ い 付いて行く (同行する)	ikut / mengikut イコ(ト) / ムンイコ(ト)	to go with
つ 点いている	terpasang / terbuka トゥーパサン / トゥーブウカ	to be on
ついでに	sambil (itu) サムベル (イトゥウ)	additionally
つい 遂に	akhirnya アヘーニャ	at last
ついほう 追放	penyingkiran プニィンキラヌ	purge
ついほう 追放する	singkirkan / menyingkirkan スインケーカヌ / ムニインケーカヌ	to purge
つい 費やす	habiskan / menghabiskan ハベスカヌ / ムンハベスカヌ	to spend

日	マレー	英
ついらく 墜落	terhempasnya トゥーフムパスニャ	crash
ついらく 墜落する	(jatuh) terhempas (ジャト(ホ)) トゥーフムパス	to crash
ツインベッド	katil kembar カテル クムバー	twin bed
ツインルーム	bilik (katil) kembar ビレッ (カテル) クムバー	twin room
つう 通	pakar パカー	expert
つうか 通貨	mata wang マタ ワン	currency
つうか 通過する	lalu / tidak berhenti ラルゥ / ティダッ ブーフヌティ	to pass
つうがく 通学する	pergi (ke) sekolah プーギ (ク) スコラ(ハ)	to go to school
つうかん 痛感する	sangat terasa サンァ(ト) トゥラサ	to feel acutely
つうきん 通勤する	pergi (ke) kerja プーギ (ク) クージャ	to commute
つうこう 通行	lalu lintas ラルゥ リヌタス	traffic
つうこう 通行する	lalu ラルゥ	to pass
つうこうど 通行止め	penutupan jalan プヌゥトゥウパヌ ジャラヌ	closure of the road
つうしょう 通称	nama biasa ナマ ビヤサ	commonly known name
つうじょう 通常	kebiasaannya / biasanya クビヤサアヌニャ / ビヤサニャ	ordinarily
つうじょう 通常の	biasa / lazim ビヤサ / ラズィム	ordinary
つう 通じる(意志、意味が)	difahami ディファハミ	to be understood
つう 通じる(交通機関が)	bawa / membawa / tuju / menuju バワ / ムムバワ / トゥウジュウ / ムヌウジュウ	to lead
つうしん 通信	komunikasi コムゥニカスィ	communication
つうしん 通信(文書のやりとり)	surat-menyurat スゥラ(ト) ムニュウラ(ト)	correspondence

日	マレー	英
つうしん 通信する	berkomunikasi ブーコムゥニカスイ	to communicate
つうしんきょういく 通信教育	kursus gaya pos クゥルスゥス ガヤ ポス	correspondence course
つうしんはんばい 通信販売	jualan pesanan pos ジュゥワラヌ プサナヌ ポス	mail order
つうしん ひ 通信費	kos komunikasi コス コムゥニカスイ	communication cost [expenses]
つうせつ 痛切	ketajaman / kekuatan クタジャマヌ / ククゥワタヌ	keenness
つうせつ 痛切な	tajam / mendalam / kuat タジャム / ムヌダラム / クゥワ(ト)	keen
つう ち 通知	makluman / pemberitahuan マッ(ク)ルゥマヌ / プムブリタフゥワヌ	notice
つう ち 通知する	maklumkan / memaklumkan マッ(ク)ロムカヌ / ムマッ(ク)ロムカヌ	to notify
つうちょう 通帳	buku akaun (simpanan) ブゥクゥ アカォヌ (スイムパナヌ)	passbook
つうほう 通報	laporan ラポラヌ	report
つうほう 通報する	lapor / laporkan / melaporkan ラポー / ラポーカヌ / ムラポーカヌ	to report
つうやく 通訳	jurubahasa ジュゥルゥバハサ	interpreter
つうやく 通訳する	terjemahkan / menterjemahkan トゥージュマ(ハ)カヌ / ムヌトゥージュマ(ハ)カヌ	to interpret
つうよう 通用	penerimaan プヌリマアヌ	acceptance
つうよう 通用する	diterima ディトゥリマ	to be accepted
つう ろ 通路	laluan / lorong ラルゥワヌ / ロロン	passage
つう ろ がわせき 通路側席	kerusi di sebelah laluan クルゥスイ ディ スブラ(ハ) ラルゥワヌ	aisle seat
つう わ 通話	panggilan (téléfon) パンギラヌ (テレフォヌ)	(phone) call
つう わ 通話する	buat [membuat] panggilan ブゥワ(ト) [ムムブゥワ(ト)] パンギラヌ	to telephone
つう わ き ろく 通話記録	rékod panggilan (téléfon) レコ(ド) パンギラヌ (テレフォヌ)	telephone records

つ

つ

日	マレー	英
つえ 杖	tongkat トンカ(ト)	cane
つか　す 使い捨ての	pakai buang パカィ ブゥワン	disposable
つか　みち 使い道	kegunaan クグゥナアヌ	use
つか 使う	guna / mengguna / pakai グゥナ / ムングゥナ / パカィ	to use
つか 仕える	berkhidmat ブーヒ(ド)マ(ト)	to serve
つかさど 司る	tadbir / mentadbir タ(ド)ベー / ムヌタ(ド)ベー	to administer
つか　ま 束の間	masa singkat マサ スインカ(ト)	a brief moment of time
つか 捕まえる	tangkap / menangkap タンカ(プ) / ムナンカ(プ)	to capture
つか 捕まる	tertangkap / kena tangkap トゥータンカ(プ) / クナ タンカ(プ)	to be captured
つか 掴む	menggenggam / memegang ムングンガム / ムムガン	to grasp
つか 疲れ	keletihan / kepenatan クルティハヌ / クプナタヌ	fatigue
つか 疲れた	letih / penat ルテ(ヘ) / プナ(ト)	tired
つか　は 疲れ果てた	jerih ジュレ(ヘ)	exhausted
つか 疲れる	jadi [menjadi] letih [penat] ジャディ［ムンジャディ］ルテ(ヘ)［プナ(ト)］	to become tired
つき 月（天体、時の単位）	bulan ブゥラヌ	moon / month
つぎ 次	seterusnya / berikutnya ストゥロスニャ / ブリコ(ト)ニャ	next
つ　あ 付き合い	pergaulan プーガォラヌ	association
つ　あ 付き合う	bergaul ブーガォル	to mingle
つ　あ 突き当たり	hujung (sekali) フゥジョン（スカリ）	end
つ　あ 突き当たる	sampai hujung (sekali) サムパイ フゥジョン（スカリ）	to come to the end

日	マレー	英
付(つ)き添(そ)い	peneman / pengiring プヌマヌ / プンイレン	escort
付(つ)き添(そ)う	temani / menemani トゥマニ / ムヌマニ	to accompany
次々(つぎつぎ)	berturut-turut ブートゥウロ(ト) トゥウロ(ト)	one after another
月並(つきな)み	kebiasaan / kelaziman クビヤサアヌ / クラズイマヌ	commonplace
月並(つきな)みな	biasa sahaja [saja] ビヤサ サハジャ [サジャ]	commonplace
月日(つきひ)	masa マサ	time
継(つ)ぎ目(め)	sambungan / sendi サムブゥンアヌ / スヌディ	joint
尽(つ)きる	habis / kehabisan ハベス / クハビサヌ	to run out
就(つ)く	masuk / dapat / mendapat マソッ / ダパ(ト) / ムヌダパ(ト)	to enter
着(つ)く	tiba / sampai ティバ / サムパイ	to arrive
点(つ)く	bernyala / terpasang / buka ブーニャラ / トゥーパサン / ブゥカ	to come on
突(つ)く	tujah / menujah トゥウジャ(ハ) / ムヌウジャ(ハ)	to thrust
付(つ)く	lekat / melekat ルカ(ト) / ムルカ(ト)	to stick
付(つ)く（付属する）	ada アダ	to have
継(つ)ぐ	warisi / mewarisi ワリスィ / ムワリスィ	to succeed to
接(つ)ぐ	sambungkan / menyambungkan サムボンカヌ / ムニャムボンカヌ	to join
注(つ)ぐ	tuang / menuang トゥウワン / ムヌウワン	to pour
机(つくえ)	méja メジャ	desk
尽(つ)くす	lakukan [melakukan] yang terbaik ラクゥカヌ [ムラクゥカヌ] ヤン トゥーバエッ	to do one's best
つくづく	benar-benar / betul-betul ブナー ブナー / ブトル ブトル	really

日	マレー	英
償い（つぐない）	pampasan / ganti rugi パムパサヌ / ガヌティ ルゥギ	compensation
償う（つぐなう）	pampas / memampas パムパス / ムマムパス	to compensate
作る（つくる）	buat / membuat ブゥワ(ト) / ムムブゥワ(ト)	to make
繕う（つくろう）	baiki / membaiki バイキ / ムムバイキ	to mend
付け加える（つけくわえる）	tambah / menambah タムバ(ハ) / ムナムバ(ハ)	to add
浸ける（つける）（さっと）	cecah / mencecah チュチャ(ハ) / ムンチュチャ(ハ)	to dip
浸ける（つける）（長い時間）	rendam / merendam ルヌダム / ムルヌダム	to soak
着ける（つける）	pakai / memakai パカイ / ムマカイ	to wear
漬ける（つける）	perap / memerap / mengacar プラ(プ) / ムムラ(プ) / ムンァチャー	to soak
点ける（つける）	pasang / memasang / buka パサン / ムマサン / ブゥカ	to turn on
付ける（つける）（備え付ける）	pasang / memasang パサン / ムマサン	to attach
付ける（つける）（添加する）	bubuh / membubuh ブゥボ(ホ) / ムムブゥボ(ホ)	to add
告げる（つげる）	beritahu / memberitahu ブリタフゥ / ムムブリタフゥ	to announce
都合（つごう）	kesesuaian クススゥワイヤヌ	convenience
都合がよい（つごうがよい）	sesuai ススゥワイ	convenient
辻褄（つじつま）	kekonsistenan / keselarasan クコヌスイストゥナヌ / クスララサヌ	consistency
辻褄が合う（つじつまがあう）	konsisten / selaras コヌスイストゥヌ / スララス	consistent
伝える（つたえる）	sampaikan / menyampaikan サムパイカヌ / ムニャムパイカヌ	to convey
伝わる（つたわる）	sampai サムパイ	to reach
土（つち）	tanah タナ(ハ)	earth

日	マレー	英
筒（つつ）	silinder / tiub スィリヌドゥー / ティヨ(ブ)	cylinder
続き（つづき）	sambungan / lanjutan サムブゥンアヌ / ランジュウタヌ	continuation
突く（つつく）	tujah / menujah トゥウジャ(ハ) / ムヌウジャ(ハ)	to poke
続く（つづく）	bersambung / berterusan ブーサムボン / ブートゥルウサヌ	to continue
続けて（つづけて）	berturut-turut / berterusan ブートゥウロ(ト) トゥウロ(ト) / ブートゥルウサヌ	on end
続ける（つづける）	teruskan / meneruskan トゥロスカヌ / ムヌロスカヌ	to continue
突っ込む（つっこむ）(挿入する)	masukkan / memasukkan マソッカヌ / ムマソッカヌ	to stick
突っ込む（つっこむ）(突進する)	langgar / melanggar ランガー / ムランガー	to crash
謹しむ（つつしむ）(気を付ける)	jaga / menjaga ジャガ / ムンジャガ	to mind
謹しむ（つつしむ）(控える)	tahan [menahan] diri タハヌ [ムナハヌ] ディリ	to refrain from
突っ張る（つっぱる）(伸び切る)	jadi [menjadi] panjang ジャディ [ムンジャディ] パンジャン	to extend
突っ張る（つっぱる）(伸びて張る)	tegang / menegang トゥガン / ムヌガン	to tauten
包み（つつみ）	bungkusan / balutan ブゥンクゥサヌ / バルゥタヌ	package
包む（つつむ）	bungkus / membungkus ブゥンコス / ムムブゥンコス	to wrap
務まる（つとまる）	layak / sesuai ラヤッ /ススゥワイ	to be fit
勤め（つとめ）	kerja クージャ	business
務め（つとめ）	tugas トゥウガス	duty
勤め先（つとめさき）	tempat bekerja トゥムパ(ト) ブクージャ	place of work
努めて（つとめて）	sedaya upaya スダヤ ウゥパヤ	as much as possible
勤める（つとめる）	kerja / bekerja クージャ / ブクージャ	to work

つ

日	マレー	英
つと 努める	berusaha ブルゥサハ	to make efforts
つと 務める	bertugas ブートゥウガス	to serve
つな 綱	tali タリ	rope
つな 繋がり	hubungan / pertalian フゥブゥンアヌ / プータリヤヌ	connection
つな 繋がる	terhubung / bersambung トゥーフゥボン / ブーサムボン	to be connected
つな 繋ぐ	hubungkan / menghubungkan フゥボンカヌ / ムンフゥボンカヌ	to connect
つ なみ 津波	tsunami スゥナミ	tsunami
つね 常に	selalu / sentiasa スラルゥ / スヌティヤサ	always
つねる	cubit / mencubit チュウベ(ト) / ムンチュウベ(ト)	to pinch
つの 角	tanduk タヌドゥ	horn
つの 募る (寄付を)	kutip / mengutip クウテ(プ) / ムンウゥテ(プ)	to collect
つの 募る (人材を)	rékrut / merékrut / cari / mencari レクロ(ト) / ムレクロ(ト) / チャリ / ムンチャリ	to recruit
つば 唾	(air) ludah (アェー) ルゥダ(ハ)	saliva
つばさ 翼	sayap / kepak サヤ(プ) / クパッ	wing
ばな ～っ放しにする	biarkan [membiarkan] ~ ビヤーカヌ [ムムビヤーカヌ]	to leave *sth* ~
つばめ 燕	burung layang-layang ブゥロン ラヤン ラヤン	swallow
つば は 唾を吐く	meludah / ludahi / meludahi ムルゥダ(ハ) / ルゥダヒ / ムルゥダヒ	to spit
つぶ 粒	biji ビジ	grain
つぶ 潰す	pényékkan / meményékkan ペニェッカヌ / ムメニェッカヌ	to crush
つぶやく	gumam / menggumam / bergumam グゥマム / ムングゥマム / ブーグゥマム	to mumble

日	マレー	英
つぶらな	bulat / comél ブゥラ(ト) / チョメル	round
つぶる	pejam / pejamkan / memejamkan プジャム / プジャムカヌ / ムムジャムカヌ	to shut
つぶれる	hancur / pényék ハンチョー / ペニェッ	to be crushed
壺(つぼ)	tempayan / pasu トゥムパヤヌ / パスゥ	pot
蕾(つぼみ)	kuntum / kuncup クゥヌトム / クゥンチョ(プ)	bud
妻(つま)	isteri イストゥリ	wife
つまずく(けづまずく)	sandung / tersandung サヌドン / トゥーサヌドン	to stumble
つまずく(へまをする)	gagal ガガル	to fail
つまむ (指で、軽く食べる)	cubit / mencubit チュゥベ(ト) / ムンチュゥベ(ト)	to pinch
つまむ(箸などで)	sepit / menyepit スペ(ト) / ムニュペ(ト)	to pick
つまらない (興味がない)	bosan ボサヌ	bored
つまらない (価値、意味がない)	tidak begitu menarik ティダッ ブギトゥゥ ムナレッ	valueless
つまらない (興味を引かない)	membosankan ムムボサヌカヌ	boring
つまり	iaitu / maknanya / ertinya イヤイトゥゥ / マッ(ク)ナニャ / ウルティニャ	that is to say
詰(つ)まる (隙間なく入る)	terisi / berisi トゥリスィ / ブリスィ	to be filled
詰(つ)まる (塞がって流れない)	tersumbat トゥースゥムバ(ト)	to be blocked
詰(つ)まる (短く縮まる)	mengecil ムンゥチェル	to shrink
罪(つみ)	kesalahan クサラハヌ	offence
罪(つみ)(宗教上倫理上の)	dosa ドサ	sin
積荷(つみに)	muatan / kargo ムゥワタヌ / カゴ	load

つ

つ

日	マレー	英
積(つ)む	longgokkan / melonggokkan ロンゴッカヌ / ムロンゴッカヌ	to pile up
摘(つ)む	petik / memetik プテッ / ムムテッ	to pick
紡(つむ)ぎ車(ぐるま)	roda pintal ロダ ピヌタル	spinning wheel
爪(つめ)	kuku クゥクゥ	nail
爪(つめ)切(き)り	pemotong kuku プモトン クゥクゥ	nail clippers
冷(つめ)たい	sejuk / dingin スジョッ / ディンエヌ	cold
爪白癬(つめはくせん)	cagu チャグゥ	onychomycosis
詰(つ)める	isi / mengisi イスィ / ムンイスィ	to pack
つもり	hajat / niat ハジャ(ト) / ニヤ(ト)	intention
積(つ)もる	berlonggok / bertimbun ブーロンゴッ / ブーティムボヌ	to heap up
艶(つや)	kilauan キラゥワヌ	gloss
梅雨(つゆ)	musim hujan ムゥセム フゥジャヌ	rainy season
露(つゆ)（水滴）	embun ウムボヌ	drop
つゆ（少しも～ない）	sedikit pun (tidak ~) スディケ(ト) ポヌ（ティダッ）	(not ~) at all
つゆ（汁）	sup / kuah スゥ(プ) / クゥワ(ハ)	soup
強(つよ)い	kuat / gagah クゥワ(ト) / ガガ(ハ)	strong
強(つよ)い（丈夫）	kuat / (tahan) lasak クゥワ(ト) /（タハヌ）ラサッ	durable
強気(つよき)	keberanian クブラニヤヌ	boldness
強気(つよき)な	berani ブラニ	bold
強(つよ)まる	jadi [menjadi] kuat ジャディ［ムンジャディ］クゥワ(ト)	to strengthen

日	マレー	英
強(つよ)める	kuatkan / menguatkan クゥワ(ト)カヌ / ムンウゥワ(ト)カヌ	to strengthen
辛(つら)い	menyakitkan / menderitakan ムニャケ(ト)カヌ / ムヌドゥリタカヌ	painful
～づらい	susah hendak [nak] ~ スゥサ(ハ) フヌダッ [ナッ]	hard [difficult] to ~
連(つら)なる	berbaris / berdérét ブーバレス / ブーデレ(ト)	to be strung out
貫(つらぬ)く	tembusi / menembusi トゥムブゥスイ / ムヌムブゥスイ	to pierce
連(つら)ねる	bariskan / membariskan バレスカヌ / ムムバレスカヌ	to string out
釣(つ)り	memancing ムマンチェン	fishing
釣(つ)り合(あ)う	seimbang / setanding / setara スイムバン / スタヌデン / スタラ	to be balanced
釣(つ)り合(あ)った	setimpal / setara スティムパル / スタラ	commensurate
釣(つ)り鐘(がね)	locéng gantung ロチェン ガヌトン	hanging bell
吊(つ)り革(かわ)	tali pemegang [gayut] タリ プムガン [ガヨ(ト)]	strap
釣竿(つりざお)	joran / pancing ジョラヌ / パンチェン	fishing rod
釣(つ)る	pancing / memancing パンチェン / ムマンチェン	to fish
吊(つ)るす	gantungkan / menggantungkan ガヌトンカヌ / ムンガヌトンカヌ	to hang
連(つ)れ	teman / rakan / mémber トゥマヌ / ラカヌ / メムブー	companion
連(つ)れ去(さ)る	bawa [membawa] lari バワ [ムムバワ] ラリ	to take away
連(つ)れて行(い)く	bawa [membawa] (pergi) バワ [ムムバワ] (プーギ)	to take
連(つ)れて来(く)る	bawa [membawa] (datang) バワ [ムムバワ] (ダタン)	to bring
連(つ)れる	bawa / membawa バワ / ムムバワ	to bring along
悪阻(つわり)	mabuk hamil マボッ ハメル	morning sickness

日	マレー	英

▼ て，テ

日	マレー	英
て 手	tangan タンアヌ	hand
で あ 出会い	pertemuan プートゥムゥワヌ	encounter
で あ 出会う	bertemu / jumpa / berjumpa ブートゥムゥ / ジュムパ / ブージュムパ	to meet
て あて 手当（処置）	rawatan ラワタヌ	treatment
て あて 手当（給与）	élaun エラォヌ	allowance
て あ 手当てする	rawat / merawat ラワ(ト) / ムラワ(ト)	to treat
て あら 手洗い（トイレ）	tandas タヌダス	toilet
て あら 手洗い（手を洗う）	pencucian tangan プンチュウチヤヌ タンアヌ	hand-washing
て あら 手洗い（手で洗う）	cucian tangan チュウチヤヌ タンアヌ	hand-wash
て あら 手洗いする	cuci [mencuci] tangan チュウチ［ムンチュウチ］タンアヌ	to wash hands
ていあん 提案	cadangan / syor / usul チャダンアヌ / ショー / ウウスウル	proposal
ていあん 提案する	cadangkan / mencadangkan チャダンカヌ / ムンチャダンカヌ	to propose
ティー T シャツ	keméja-T クメジャ ティー	T-shirt
ティーバッグ	uncang téh ウンチャン テ(ヘ)	tea bag
ていいん 定員	kapasiti ケパスイティ	capacity
ていおん 低音	nada rendah ナダ ルヌダ(ハ)	low tone
ていおん 低温	suhu rendah スウフウ ルヌダ(ハ)	low temperature
てい か 低下	penurunan / pemerosotan プヌウルウナヌ / プムロソタヌ	decline
てい か 低下する	turun / menurun / merosot トゥウロヌ / ムヌウロヌ / ムロソ(ト)	to decline

日	マレー	英
ていか 定価	harga tetap ハルガ トゥタ(プ)	fixed price
ていかかく 低価格	harga rendah ハルガ ルヌダ(ハ)	low price
てい　しょくひん 低カロリー食品	makanan rendah kalori マカナヌ ルヌダ(ハ) ケロリ	low calorie food
ていぎ 定義	takrif / définisi タッ(ク)レフ / デフィニスイ	definition
ていぎ 定義する	mentakrifkan / mendéfinisikan ムヌタッ(ク)レフカヌ / ムヌデフィニスイカヌ	to define
ていきあつ 低気圧	tekanan (udara) rendah トゥカナヌ (ウゥダラ) ルヌダ(ハ)	low (atmospheric) pressure
ていきけん 定期券	tikét bermusim ティケ(ト) ブームゥセム	season ticket
ていきてき 定期的な	tetap / berkala トゥタ(プ) / ブーカラ	regular
ていきゅうび 定休日	hari cuti yang tetap ハリ チュゥティ ヤン トゥタ(プ)	regular holiday
ていきょう 提供（後援）	tajaan / penajaan タジャアヌ / プナジャアヌ	sponsorship
ていきょう 提供（差し出すこと）	tawaran / pemberian タワラヌ / プムブリヤヌ	offer
ていきょう 提供する(後援する)	taja / menaja タジャ / ムナジャ	to sponsor
ていきょう 提供する(差し出す)	tawarkan / menawarkan タワーカヌ / ムナワーカヌ	to offer
ていけい 提携	kerjasama クージャサマ	cooperation
ていけい 提携する	bekerjasama ブクージャサマ	to cooperate
ていけつあつ 低血圧	tekanan darah rendah トゥカナヌ ダラ(ハ) ルヌダ(ハ)	low blood pressure
ていこう 抵抗	tentangan トゥヌタンアヌ	resistance
ていこう 抵抗する	tentang / menentang トゥヌタン / ムヌヌタン	to resist
ていこうりょく 抵抗力	daya tahan ダヤ タハヌ	resistance
ていさい 体裁	rupa luaran / kelihatan ルゥパ ルゥワラヌ / クリハタヌ	appearance

て

日	マレー	英
停止(ていし)	penghentian / hentian プンフヌティヤヌ / フヌティヤヌ	stop
停止する(ていし)	henti / berhenti フヌティ / ブーフヌティ	to stop
提示(ていじ)	pengemukaan プンゥムゥカアヌ	presentation
提示する(ていじ)	kemukakan / mengemukakan クムゥカカヌ / ムンゥムゥカカヌ	to present
停止させる(ていし)	hentikan / menghentikan フヌティカヌ / ムンフヌティカヌ	to stop
停車する(ていしゃ)	henti / berhenti フヌティ / ブーフヌティ	to stop
提出(ていしゅつ)	penghantaran プンハヌタラヌ	submission
提出する(ていしゅつ)	hantar / menghantar ハヌター / ムンハヌター	to submit
定食(ていしょく)	(ménu) sét (メヌゥ) セ(ト)	set meal
ディスカウント	diskaun ディスカオヌ	discount
ディスカウントする	beri [memberi] diskaun ブリ [ムムブリ] ディスカオヌ	to give a discount
訂正(ていせい)	pembetulan プムブトゥウラヌ	correction
訂正する(ていせい)	betulkan / membetulkan ブトゥルカヌ / ムムブトゥルカヌ	to correct
停戦(ていせん)	gencatan senjata グンチャタヌ スンジャタ	cease-fire
停戦する(ていせん)	berhenti berperang ブーフヌティ ブープラン	to cease fire
停滞(ていたい)	ketiadaan perubahan クティヤダアヌ プルゥバハヌ	stagnation
停滞する(ていたい)	tidak berubah-ubah ティダッ ブルゥバ(ハ) ウゥバ(ハ)	to stagnate
邸宅(ていたく)	rumah [kediaman] besar ルゥマ(ハ) [クディヤマヌ] ブサー	mansion
泥炭(でいたん)	gambut ガムボ(ト)	peat
泥炭湿地(でいたんしっち)	paya gambut パヤ ガムボ(ト)	peat swamp

て

日	マレー	英
ティッシュペーパー	tisu ティスゥ	tissue (paper)
停電(ていでん)	gangguan bekalan éléktrik ガングゥワヌ ブカラヌ エレクトレッ	blackout
停電(ていでん)する	terputus bekalan éléktrik トゥープゥトス ブカラヌ エレクトレッ	to have a blackout
程度(ていど)	kadar / takat / taraf / tahap カダー / タカ(ト) / タラフ / タハ(プ)	extent
ディナー	makan malam マカヌ マラム	dinner
丁寧(ていねい)(入念さ)	ketelitian クトゥリティヤヌ	careful
丁寧(ていねい)(礼儀正しさ)	kesopanan / kesopansantunan クソパナヌ / クソパヌサヌトゥウナヌ	polite
丁寧(ていねい)な(入念な)	teliti トゥリティ	careful
丁寧(ていねい)な(礼儀正しい)	sopan (santun) ソパヌ (サヌトヌ)	polite
定年(ていねん)	umur persaraan (wajib) ウゥモー プーサラアヌ (ワジェ(ブ))	(mandatory) retirement age
定年退職(ていねんたいしょく)	persaraan wajib プーサラアヌ ワジェ(ブ)	mandatory retirement
堤防(ていぼう)	tebing / bénténg トゥベン / ベヌテン	bank
定理(ていり)	téorem テオルム	theorem
出入(でい)りする	keluar masuk クルゥワー マソッ	to go in and out
出入口(でいりぐち)	pintu keluar masuk ピヌトゥウ クルゥワー マソッ	entrance and exit
停留所(ていりゅうじょ)	perhentian プーフヌティヤヌ	stop
手入(てい)れ	penjagaan / pemeliharaan プンジャガアヌ / プムリハラアヌ	maintenance
手入(てい)れする	jaga / menjaga ジャガ / ムンジャガ	to maintain
データ	data ダタ	data
デート	dating デティン	dating

日	マレー	英
デートする	berdating / keluar ブーデティン / クルワー	to go on a date
テープ	pita ピタ	tape
テーブル	méja メジャ	table
テープレコーダー	perakam pita プラカム ピタ	tape recorder
テーマ	téma / tajuk テマ / タジョッ	theme
手遅れ（ておくれ）	sudah terlambat スゥダ(ハ) トゥーラムバ(ト)	being too late
手掛り（てがかり）	petunjuk / pembayang / kunci プトゥウンジョッ / プムバヤン / クゥンチ	clue
手掛ける（てがける）	jalankan / menjalankan ジャラヌカヌ / ムンジャラヌカヌ	to undertake
出掛ける（でかける）	keluar クルゥワー	to go out
手数（てかず）	susah payah / kesusahan スゥサ(ハ) パヤ(ハ) / クスゥサハヌ	trouble
手形（てがた）	draf ドラフ	draft
手紙（てがみ）	surat スゥラ(ト)	letter
手軽（てがる）	kemudahan / kesenangan クムゥダハヌ / クスナンァヌ	easiness
手軽な（てがるな）	mudah / senang ムゥダ(ハ) / スナン	easy
敵（てき）	musuh / lawan ムゥソ(ホ) / ラワヌ	enemy
～的（てき）（～の観点）	dari segi ~ ダリ スギ	~-wise
～的（てき）（～のような）	seperti ~ スプーティ	~-like
できあがる	siap スイヤ(プ)	to be completed
適応（てきおう）	penyesuaian / adaptasi プニュスゥワイヤヌ / アダ(プ)タスイ	adaptation
適応する（てきおうする）	sesuaikan [menyesuaikan] diri ススゥワイカヌ [ムニュスゥワイカヌ] ディリ	to adapt

日	マレー	英
てきかく 的確	ketepatan / kewajaran クトゥパタヌ / クワジャラヌ	accuracy
てきかく 的確な	tepat / wajar / sewajarnya トゥパ(ト) / ワジャー / スワジャーニャ	accurate
てきぎ 適宜	jika dianggap wajar ジカ ディアンガ(プ) ワジャー	as you think appropriate
てきごう 適合	kesesuaian / kesepadanan クススゥワイヤヌ / クスパダナヌ	fitness
てきごう 適合する	bersesuaian / sepadan ブースススゥワイヤヌ / スパダヌ	to fit
できごと 出来事	kejadian / perkara クジャディヤヌ / プーカラ	event
テキスト	buku téks ブウクゥ テクス	textbook
てき 適する	sesuai / cocok / layak スゥワイ / チョチョッ / ラヤッ	to fit
てきせい 適性	kesesuaian / kecocokan クススゥワイヤヌ / クチョチョカヌ	aptitude
てきせつ 適切	kesesuaian / kewajaran クススゥワイヤヌ / クワジャラヌ	appropriateness
てきせつ 適切な	sesuai / sewajarnya スゥワイ / スワジャーニャ	appropriate
てきど 適度	kesederhanaan クスドゥーハナアヌ	moderation
てきど 適度な	sederhana スドゥーハナ	moderate
てきとう 適当	kesesuaian / kewajaran クススゥワイヤヌ / クワジャラヌ	appropriateness
てきとう 適当な（適切な）	sesuai / sewajarnya スゥワイ / スワジャーニャ	appropriate
てきとう 適当な(いい加減な)	lebih kurang / sembarangan ルベ(ヘ) クゥラン / スムバランアヌ	random
～できない	tidak boléh [dapat] ~ ティダッ ボレ(ヘ) [ダパ(ト)]	cannot ~
できもの 出来物	bisul / bénjol ビソル / ベンジョル	boil
てきよう 適用	penerapan プヌラパヌ	application
てきよう 適用する	terapkan / menerapkan トゥラ(プ)カヌ / ムヌラ(プ)カヌ	to apply

日	マレー	英
できる（完成、完了する）	siap スイヤ(プ)	to complete
できる(能力がある)	boléh / dapat / berkeboléhan ボレ(へ) / ダパ(ト) / ブークボレハヌ	able to
できる(可能である)	boléh / dapat / mampu ボレ(へ) / ダパ(ト) / マムプゥ	can / may
できる限(かぎ)り～	se-~ mungkin ス ムゥンケヌ	as ~ as possible
手際(てぎわ)	kecekapan / kemahiran クチュカパヌ / クマヒラヌ	efficiency
手際(てぎわ)のよい	cekap / mahir チュカ(プ) / マヘー	efficient
出口(でぐち)	pintu keluar ピヌトゥウ クルゥワー	exit
テクノロジー	téknologi テクノロジ	technology
手首(てくび)	pergelangan tangan プーグランアヌ タンアヌ	wrist
出(で)くわす	jumpa / terjumpa / bertembung ジュムパ / トゥージュムパ / ブートゥムボン	to come across
凸凹(でこぼこ)	ketidakrataan クティダッ(ク)ラタアヌ	bumpiness
凸凹(でこぼこ)な	tidak [tak] rata / beralun ティダッ［タッ］ラタ / ブーアロヌ	bumpy
デコレーション	dékorasi / hiasan デコラスィ / ヒヤサヌ	decoration
手頃(てごろ)な	berpatutan ブーパトゥウタヌ	reasonable
デザート	pencuci mulut プンチュウチ ムゥロ(ト)	dessert
デザイン	réka bentuk / rékaan レカ ブヌトッ / レカアヌ	design
デザインする	réka [meréka] (bentuk) レカ［ムレカ］(ブントッ)	to design
弟子(でし)	anak murid / pengikut アナッ ムゥレ(ド) / プンイコ(ト)	pupil
手下(てした)	orang suruhan オラン スゥルゥハヌ	minion
デジタル	digital ディジタル	digital

日	マレー	英
手品(てじな)	silap mata スイラ(プ) マタ	magic
手順(てじゅん)	tatacara / prosédur タタチャラ / プロセデユゥー	procedure
手錠(てじょう)	gari ガリ	handcuffs
手数料(てすうりょう)	komisén コミセヌ	commission
テスト	ujian ウゥジヤヌ	test
テストする	menguji ムンウゥジ	to test
でたらめ	kekarutan / bohong クカルゥタヌ / ボホン	nonsense
でたらめな	karut / karut-marut カロ(ト) / カロ(ト) マロ(ト)	random
手近(てぢか)	dekat ドゥカ(ト)	near
手近な(てぢかな)	dekat / hampir / berhampiran ドゥカ(ト) / ハムペー / ブーハムピラヌ	nearby
手帳(てちょう)	buku catatan ブウクゥ チャタタヌ	notebook
鉄(てつ)	besi ブスィ	iron
撤回(てっかい)	penarikan balik プナリカヌ バレッ	retraction
撤回する(てっかいする)	tarik [menarik] balik タレッ [ムナレッ] バレッ	to retract
哲学(てつがく)	falsafah ファルサファ(ハ)	philosophy
鉄橋(てっきょう)	jambatan besi ジャムバタヌ ブスィ	iron [railroad] bridge
手作り(てづくり)	buatan tangan ブゥワタヌ タンアヌ	handmade
手付金(てつけきん)	déposit / wang muka デポスィ(ト) / ワン ムゥカ	deposit
鉄鋼(てっこう)	keluli / besi waja クルゥリ / ブスィ ワジャ	steel
鉄鋼業(てっこうぎょう)	industri keluli イヌドゥストリ クルゥリ	steel industry

日	マレー	英
デッサン	lakaran ラカラヌ	sketch
てっ 徹する	tumpukan [menumpukan] トゥウムプウカヌ [ムヌゥムプウカヌ]	to concentrate
てったい 撤退	pengunduran プンウヌドゥウラヌ	withdrawal
てったい 撤退する	berundur ブルウヌドー	to withdraw
て つだ 手伝い(手伝うこと)	bantuan / pertolongan バヌトゥウワヌ / プートロンアヌ	help
て つだ 手伝い(手伝う人)	pembantu / penolong プムバヌトゥウ / プノロン	helper
て つだ 手伝う	bantu / membantu バヌトゥウ / ムムバヌトゥウ	to help
て つづ 手続き	prosédur / tatacara プロセデュウー / タタチャラ	procedure
て つづ 手続きする	melaksanakan prosédur ムラクサナカヌ プロセデュウー	to go through the procedure
てってい 徹底する	lakukan [melakukan] secara menyeluruh ラクウカヌ [ムラクウカヌ] スチャラ ムニュルゥロ(ホ)	to do thoroughly
てっていてき 徹底的な	menyeluruh / lengkap / teliti ムニュルゥロ(ホ) / ルンカ(プ) / トゥリティ	thorough
てっていてき 徹底的に	secara menyeluruh スチャラ ムニュルゥロ(ホ)	thoroughly
てつどう 鉄道	keréta api クレタ ピ	railway
てっぺん	puncak / teratas プゥンチャッ / トゥラタス	top
てつぼう 鉄棒	palang melintang パラン ムリヌタン	horizontal bar
てっぽう 鉄砲	senapang / pistol スナパン / ピストル	gun
てつ や 徹夜する	berjaga sepanjang malam ブージャガ スパンジャン マラム	to stay up all night
で なお 出直し	permulaan semula プームウラアヌ スムウラ	fresh start
テニス	ténis テニス	tennis
テニスコート	gelanggang ténis グランガン テニス	tennis court

て

日	マレー	英
手荷物（てにもつ）	bagasi tangan バガスィ タンアヌ	hand luggage
手荷物引換証（てにもつひきかえしょう）	tag (tuntutan) bagasi テ(グ) (トゥウヌトゥウタヌ) バガスィ	baggage claim tag
手荷物引渡し（てにもつひきわた）	tuntutan bagasi トゥウヌトゥウタヌ バガスィ	baggage claim
手拭い（てぬぐ）	kain tuala カエヌ トゥウワラ	towel
手のひら（て）	tapak [telapak] tangan タパッ [トゥラパッ] タンアヌ	palm
では	baiklah / kalau begitu バエッ(ク)ラ(ハ) / カラウ ブギトゥウ	then
デパート	gedung serbanéka グドン スーバネカ	department store
手配（てはい）	pengurusan / persediaan プンウゥルゥサヌ / プースディヤアヌ	arrangement
手配する（てはい）	uruskan / menguruskan ウゥロスカヌ / ムンウゥロスカヌ	to arrange
手はず（て）	rancangan / pelan ランチャンアヌ / プラヌ	plan
手引き（てび）	panduan パヌドゥウワヌ	guidance
手引きする（てび）	pandu / memandu パヌドゥウ / ムマヌドゥウ	to guide
デフォルト	lalai / asal ラライ / アサル	default
手袋（てぶくろ）	sarung tangan サロン タンアヌ	gloves
手本（てほん）	contoh / teladan / modél チョント(ホ) / トゥラダヌ / モデル	model
手間（てま）	kelécéhan クレチェハヌ	trouble
手前（てまえ）	sebelah sini / depan スブラ(ハ) スィニ / ドゥパヌ	this side
手回し（てまわ）	persediaan プースディヤアヌ	preparation
出迎える（でむか）	jemput / menjemput ジュムポ(ト) / ムンジュムポ(ト)	to go and meet
でも	tapi タピ	but

て

日	マレー	英
デモ	tunjuk perasaan トゥンジョッ プラサアヌ	demonstration
手元（てもと）	dekat ドゥカ(ト)	at hand
デモンストレーション	démonstrasi デモヌストラスィ	demonstration
寺（てら）	kuil / tokong クウエル / トコン	temple
照（て）らす	terangi / menerangi トゥランィ / ムヌランィ	to light up
テラス	térés テレス	terrace
デラックスルーム	bilik méwah [deluxe] ビレッ メワ(ハ) [デラクス]	deluxe room
照（て）り返（かえ）す	pantul / memantul パヌトル / ムマヌトル	to reflect
照（て）る	bersinar ブースィナー	to shine
出（で）る（内から外へ）	keluar クルゥワー	to go out
出（で）る（出席する）	hadir / menghadiri ハデー / ムンハディリ	to attend
テレックス	téléks テレクス	telex
テレビ	TV / télévisyen ティヴィ / テレヴィシュヌ	television
テロ	keganasan クガナサヌ	terrorism
テロリスト	pengganas プンガナス	terrorist
手分（てわ）け	pembahagian プムバハギヤヌ	division
手分（てわ）けする	bahagikan / membahagikan バハギカヌ / ムムバハギカヌ	to divide
天（てん）	syurga / langit ショルガ / ランェ(ト)	heaven
点（てん）（小さな印）	titik ティテッ	point
点（てん）（得点）	markah マルカ(ハ)	mark

日	マレー	英
でんあつ 電圧	voltan ヴォルタヌ	voltage
てんい 転移	perébakan プレバカヌ	spread
てんい 転移する	rébak / merébak レバッ / ムレバッ	to spread
てんいん 店員	jurujual / pekerja ジュウルゥジュウワル / プクージャ	store clerk
でんえん 田園	sawah ladang / désa / kampung サワ(ハ) ラダン / デサ / カムポン	countryside
てんか 天下	(seluruh) dunia [negara] (スルゥロ(ホ)) ドゥウニヤ [ヌガラ]	(whole) world [country]
てんか 点火	pencucuhan プンチュウチュウハヌ	ignition
てんか 点火する	cucuh / mencucuh チュウチョ(ホ) / ムンチュウチョ(ホ)	to ignite
てんかい 展開	perkembangan / kemajuan プークムバンアヌ / クマジュウワヌ	development
てんかい 展開する	berkembang / maju ブークムバン / マジュウ	to develop
てんかい 転回	putaran プウタラヌ	turn
てんかい 転回する	putar / berputar プウター / ブープウター	to turn
てんかん 転換	pertukaran / peralihan プートゥウカラヌ / プーアリハヌ	conversion
てんかん 転換する	tukar / menukar トゥウカー / ムヌウカー	to convert
てんかん 癲癇	sawan babi / épilépsi サワヌ バビ / エピレプスイ	epilepsy
てんき 天気	cuaca チュウワチャ	weather
でんき 伝記	biografi / kisah hidup ビヨグラフィ / ケサ(ハ) ヒド(プ)	biography
でんき 電気（エネルギー）	éléktrik エレクトレッ	electricity
でんき 電気（照明）	lampu ラムプゥ	lamp
でんき 電気ケトル	pemanas air プマナス アエー	electric kettle

て

日	マレー	英
でんきゅう 電球	méntol (lampu) メヌトル（ラムプゥ）	light bulb
てんきょ 転居	perpindahan プーピヌダハヌ	moving
てんきょ 転居する	pindah [berpindah] (rumah) ピヌダ(ハ)［ブーピヌダ(ハ)］（ルゥマ(ハ)）	to move
てんきよほう 天気予報	ramalan cuaca ラマラヌ チュゥワチャ	weather report
てんきん 転勤	pertukaran プートゥウカラヌ	transfer
てんきん 転勤する	bertukar ブートゥウカー	to be transferred
てんけい 典型	contoh tipikal チョヌト(ホ) ティピカル	typical example
てんけいてき 典型的な	tipikal ティピカル	typical
てんけん 点検	pemeriksaan プムリクサアヌ	inspection
てんけん 点検する	periksa / memeriksa プリクサ / ムムリクサ	to inspect
でんげん 電源	suis / éléktrik / kuasa スウウェス / エレクトレッ / クウワサ	power
てんこう 天候	cuaca チュゥワチャ	weather
でんごん 伝言	pesanan プサナヌ	message
でんごん 伝言する	tinggalkan [meninggalkan] pesanan ティンガルカヌ［ムニンガルカヌ］プサナヌ	to leave a message
てんさい 天才	génius ジェニヨス	genius
てんさい 天災	bencana [malapetaka] alam ブンチャナ［マラプタカ］アラム	disaster
てんさい 転載	cétakan semula チェタカヌ スムゥラ	reprinting
てんさい 転載する	cétak [mencétak] semula チェタッ［ムンチェタッ］スムゥラ	to reprint
てんし 天使	malaikat / bidadari マライカ(ト) / ビダダリ	angel
てんじ 展示	paméran / pertunjukan パメラヌ / プートゥンジョカヌ	exhibition

て

日	マレー	英
てんじ 展示する	pamérkan / mempamérkan パメーカヌ / ムムパメーカヌ	to exhibit
てんじ 点字	Braille ブレル	Braille
でんし 電子	éléktron エレクトロヌ	electron
でんし 電子〜	~ éléktronik エレクトロネッ	electronic ~
でんしそうきん 電子送金	pemindahan wang éléktronik プミヌダハヌ ワン エレクトロネッ	electronic money transfer
でんしゃ 電車	keréta api クレタ ピ	train
てんじょう 天井	siling スィレン	ceiling
てんじょういん 添乗員	pemandu pelancong プマヌドゥ プランチョン	tour conductor
てんしょく 転職	pertukaran kerja プートゥウカラヌ クージャ	change of job [occupation]
てんしょく 転職する	bertukar kerja ブートゥウカー クージャ	to change one's job [occupation]
てん 転じる	tukar / bertukar トゥウカー / ブートゥウカー	to turn
でんし 電子レンジ	ketuhar gelombang mikro クトゥウハー グロムバン ミクロ	microwave oven
てんすう 点数	markah マルカ(ハ)	score
でんせつ 伝説	riwayat / légénda リワヤ(ト) / レジェヌダ	legend
てんせん 点線	garisan [garis] titik ガリサヌ [ガレス] ティテッ	dotted line
でんせん 電線	kabel éléktrik ケブル エレクトレッ	electrical wire
でんせん 伝染	jangkitan ジャンキタヌ	infection
でんせん 伝染する	jangkiti / menjangkiti ジャンキティ / ムンジャンキティ	to infect
でんせんびょう 伝染病	penyakit berjangkit プニャケ(ト) ブージャンケ(ト)	contagious [infectious] disease
てんそう 転送	penghantaran semula プンハヌタラヌ スムウラ	forwarding

日	マレー	英
てんそう 転送する	memanjangkan / memajukan ムマンジャンカヌ / ムマジュウカヌ	to forward
てんたい 天体	cakerawala / objék angkasa チャクラワラ / オ(ブ)ジェッ アンカサ	heavenly bodies
でんたく 電卓	kalkulator / mésin kira カルクゥラトー / メセヌ キラ	calculator
でんたつ 伝達	penyampaian プニャムパイヤヌ	communication
でんたつ 伝達する	sampaikan / menyampaikan サムパイカヌ / ムニャムパイカヌ	to communicate
てんち 天地	langit dan bumi ランエ(ト) ダヌ ブウミ	heaven and earth
でんち 電池	bateri バトゥリ	battery
でんちゅう 電柱	tiang éléktrik ティヤン エレクトレッ	electric light pole
てんで (~ない)	(tidak ~) sekali-kali (ティダッ) スカリ カリ	(not ~) at all
てんてき 点滴	titisan intravéna [IV] ティティサヌ イヌトラヴェナ [アイヴィ]	intravenous [IV] drip
てんてん 転々とする	pindah-randah / berpindah-randah ピヌダ(ハ) ラヌダ(ハ) / ブーピヌダ(ハ) ラヌダ(ハ)	to move frequently
テント	khémah ケマ(ハ)	tent
てんとう 転倒	kejatuhan クジャトハヌ	fall
てんとう 転倒する	jatuh / terjatuh ジャト(ホ) / トゥージャト(ホ)	to fall
でんとう 伝統	tradisi トラディスィ	tradition
でんとう 電灯	lampu éléktrik ラムプゥ エレクトレッ	light
でんとうぎょうじ 伝統行事	acara tradisional アチャラ トラディスィヨナル	traditional event
でんとうてき 伝統的な	tradisional トラディスィヨナル	traditional
てんない 店内	dalam kedai ダラム クダィ	inside the store
てんにん 転任	pertukaran プートゥウカラヌ	transfer

て

日	マレー	英
てんにん 転任する	bertukar ブートゥウカー	to be transferred
てんねん 天然	semula jadi / asli スムゥラ ジャディ / アスリ	natural
てんねん 天然ガス	gas asli ゲス アスリ	natural gas
てんねん し げん 天然資源	sumber asli [alam] スゥムブー アスリ [アラム]	natural resources
てんのう 天皇	maharaja マハラジャ	emperor
でん ぱ 電波	gelombang radio グロムバン レディヨ	radio wave
でんぴょう 伝票	slip スリ(プ)	slip
てんびん 天秤	dacing ダチン	scales
てん ぷ 添付	lampiran / kepilan ラムピラヌ / クピラヌ	attachment
てん ぷ 添付する	lampirkan / melampirkan ラムペーカヌ / ムラムペーカヌ	to attach
てん ぷ ら 天麩羅	témpura テムプゥラ	tempura
テンポ	témpo テムポ	tempo
てん ぽ 店舗	kedai / gerai クダイ / グライ	shop
てんぼう 展望	pandangan パヌダンアヌ	view
てんぼう 展望する	pandang / memandang パヌダン / ムマヌダン	to view
でんぽう 電報	télégram テレグラム	telegram
てんぼうだい 展望台	dék pemerhatian [tinjau] デッ プムーハティヤヌ [ティンジャウ]	observation deck
でんらい 伝来 (外国から入ること)	kedatangan クダタンアヌ	introduction
でんらい 伝来する (外国から入る)	dibawa masuk ディバワ マソッ	to be introduced
でんらい 伝来する (代々受け継ぐ)	diwarisi turun-temurun ディワリスイ トゥウロヌ トゥムゥロヌ	to be handed down

て

日	マレー	英
でんらい 伝来の （代々受け継がれた）	turun-temurun トゥウロヌ トゥムゥロヌ	hereditary
てんらく 転落	kejatuhan クジャトハヌ	tumble
てんらく 転落する	jatuh / terjatuh ジャト(ホ) / トゥージャト(ホ)	to tumble
てんらんかい 展覧会	paméran / ékspo パメラヌ / エクスポ	exhibition
でんりゅう 電流	arus (éléktrik) アロス（エレクトレッ）	(electric) current
でんりょく 電力	tenaga [kuasa] éléktrik トゥナガ［クゥワサ］エレクトレッ	electric power
でんわ 電話	téléfon テレフォヌ	telephone
でんわ 電話する	menéléfon ムネレフォヌ	to call
でんわかいせん 電話回線	talian téléfon タリヤヌ テレフォヌ	telephone line
でんわだい 電話代	bil téléfon ビル テレフォヌ	telephone bill
でんわばんごう 電話番号	nombor téléfon ノムボー テレフォヌ	telephone number
でんわ 電話ボックス	pondok téléfon ポヌドッ テレフォヌ	telephone booth

▼と，ト

日	マレー	英
と 戸	pintu ピヌトゥウ	door
ど ～度（温度）	~ darjah ダージャ(ハ)	~ degree(s)
ど ～度（頻度）	~ kali カリ	~ time(s)
ドア	pintu ピヌトゥウ	door
ドアチェーン	rantai pintu ラヌタイ ピヌトゥウ	door chain
と 問い	soalan / persoalan ソワラヌ / プーソワラヌ	question
と あ 問い合わせ	pertanyaan プータニャアヌ	enquiry

日	マレー	英
問(と)い合(あ)わせる	tanya / bertanya タニャ / ブータニャ	to enquire
～という	yang bernama [dipanggil] ~ ヤン ブーナマ ［ディパンゲル］	whose name is ~
～といえども	walaupun ~ ワラウポヌ	even though ~
ドイツ	Jerman ジュルマヌ	Germany
ドイツ語(ご)	bahasa Jerman バハサ ジュルマヌ	German (language)
ドイツ人(じん)	orang Jerman オラン ジュルマヌ	German (people)
トイレ	tandas タヌダス	toilet
トイレットペーパー	tisu tandas ティスゥ タヌダス	toilet paper
党(とう)	parti パーティ	party
塔(とう)	menara ムナラ	tower
棟(とう)	bangunan / blok バンゥウナヌ / ブロッ	building
問(と)う	soal / menyoal ソワル / ムニョワル	to ask
胴(どう)	batang tubuh / torso バタン トゥウボ(ホ) / トルソ	trunk
銅(どう)	tembaga / gangsa トゥムバガ / ガンサ	copper
答案(とうあん)	jawapan ジャワパヌ	answer
同意(どうい)	persetujuan プーストゥウジュゥワヌ	agreement
同意(どうい)する	setuju / bersetuju ストゥウジュゥ / ブーストゥウジュゥ	to agree
統一(とういつ)（まとめる）	penyatuan プニャトゥウワヌ	integration
統一(とういつ)（共通化する）	penyeragaman プニュラガマヌ	unification
統一(とういつ)する（まとめる）	satukan / menyatukan サトゥウカヌ / ムニャトゥウカヌ	to integrate

日	マレー	英
とういつ 統一する (共通化する)	seragamkan / menyeragamkan スラガムカヌ / ムニュラガムカヌ	to unify
どういつ 同一	kesamaan クサマアヌ	identity
どういつ 同一の	sama サマ	identical
どういん 動員	pengerahan プンゥラハヌ	mobilization
どういん 動員する	kerahkan [mengerahkan] クラ(ハ)カヌ [ムンゥラ(ハ)カヌ]	to mobilize
どうか	tolong / tolonglah トロン / トロンラ(ハ)	please
どうか 銅貨	syiling tembaga シレン トゥムバガ	copper coin
どうが 動画	vidéo ヴィディヨ	video
とうがい 当該の	berkenaan ブークナアヌ	relevant
どうかく 同格	kesetaraan クスタラアヌ	equality
どうかく 同格の	setara / setaraf スタラ / スタラフ	equal
とう 唐がらし	cili / cabai チリ / チャバイ	chili
どうかん 同感	persetujuan プーストゥウジュウワヌ	agreement
どうかん 同感する	setuju / bersetuju ストゥウジュウ / プーストゥウジュウ	to agree
とうき 陶器	tembikar トゥムビカー	pottery
とうぎ 討議	perbincangan プービンチャンアヌ	discussion
とうぎ 討議する	bincang / berbincang ビンチャン / ブービンチャン	to discuss
どうき 動機	dorongan / motivasi ドロンアヌ / モティヴァスィ	motivation
どうき 動悸	degupan [debaran] jantung ドゥグゥパヌ [ドゥバラヌ] ジャヌトン	palpitation
どうぎご 同義語	sinonim / kata seerti スィノネム / カタ スウルティ	synonym

日	マレー	英
とうきゅう 等級	taraf / kelas タラフ / クラス	grade
どうきゅう 同級	sama kelas サマ クラス	same class
どうしゅうせい 同級生	rakan [kawan] sekelas ラカヌ [カワヌ] スクラス	classmate
どうきょ 同居する	tinggal bersama ティンガル ブーサマ	to live together
どうぐ 道具	alat / alatan / peralatan アラ(ト) / アラタヌ / プーアラタヌ	tool
とうげ 峠	genting (bukit) グヌテン (ブウケ(ト))	pass
とうけい 統計	statistik スタティステッ	statistics
とうこう 登校する	pergi (ke) sekolah プーギ (ク) スコラ(ハ)	to go to school
とうごう 統合	penyatuan プニャトゥウワヌ	unification
とうごう 統合する	satukan / menyatukan サトゥウカヌ / ムニャトゥウカヌ	to unify
どうこう 動向	trénd トレヌ	trend
どうこう 同行	pengiringan プンイリンアヌ	company
どうこう 同行する	iringi / mengiringi イリンイ / ムンイリンイ	to accompany
どうこう 瞳孔	pupil プウピル	pupil
どうさ 動作	gerakan / pergerakan グラカヌ / プーグラカヌ	movement
どうさ 動作する	bergerak ブーグラッ	to move
とうざい 東西	timur dan barat ティモー ダヌ バラ(ト)	east and west
どうさつ 洞察	wawasan / fikiran tajam ワワサヌ / フィキラヌ タジャム	insight
どうさつ 洞察する	berikan [memberikan] wawasan ブリカヌ [ムムブリカヌ] ワワサヌ	to provide an insight
とうさん 倒産	kebankrapan / kemuflisan クベンクラパヌ / クムウフリサヌ	bankruptcy

と

日	マレー	英
とうさん 倒産する	(jadi [menjadi]) bankrap （ジャディ［ムンジャディ］）ベンクラ(ブ)	to go bankrupt
とう 父さん	ayah アヤ(ハ)	dad
とうし 投資	pelaburan プラブゥラヌ	investment
とうし 投資する	labur / melabur ラボー／ムラボー	to invest
とうじ 当時	pada masa [ketika] itu パダ マサ［クティカ］イトゥウ	at that time
どうし 動詞	kata kerja カタ クージャ	verb
どうし 〜同士	sesama ~ スサマ	among ~
どうし 同志	rakan seperjuangan ラカヌ スプージュゥワンアヌ	comrade
どうじ 同時	pada masa yang sama パダ マサ ヤン サマ	same time
とうじつ 当日	pada hari itu パダ ハリ イトゥウ	that day
どうしても	walau apa pun / betul-betul ワラゥ アパ ポヌ／ブトル ブトル	inevitably
どうじ 同時に	pada masa yang sama パダ マサ ヤン サマ	at the same time
とうしょ 投書	surat (daripada pembaca) スゥラ(ト)（ダリパダ プムバチャ）	letter (from a reader)
とうしょ 投書する	tulis [menulis] kepada トゥウレス［ムヌゥレス］クパダ	to write in to
とうじょう 登場	kemunculan クムゥンチュゥラヌ	appearance
とうじょう 登場する	muncul ムゥンチョル	to appear
とうじょう 搭乗する	naiki / menaiki ナイキ／ムナイキ	to board
どうじょう 同情	belas kasihan / simpati ブラス カスイハヌ／スイムパティ	sympathy
どうじょう 同情する	berbelas kasihan ブーブラス カスイハヌ	to sympathize
どうじょう 道場	tempat latihan / gelanggang トゥムパ(ト) ラテハヌ／グランガン	training hall

日	マレー	英
とうじょう 搭乗ゲート	pintu pelepasan [perlepasan] ピヌトゥウ プルパサヌ [プルパサヌ]	boarding gate
とうじょうけん 搭乗券	pas masuk パス マソッ	boarding pass
とうすい 陶酔する	mabuk / terpesona マボッ / トゥープソナ	to be intoxicated
どうせ	dengan cara apa pun ドゥンアヌ チャラ アパ ポヌ	anyhow
とうせい 統制	kawalan カワラヌ	control
どうせい 同性の	sesama jenis スサマ ジュネス	same sex
どうせいあい 同性愛	homoséksualiti ホモセクスゥワリティ	homosexuality
どうせいあい 同性愛の	homoséksual ホモセクスゥワル	homosexual
とうせん 当選	kemenangan クムナンアヌ	winning
とうせん 当選する	menang / terpilih / dipilih ムナン / トゥーピレ(へ) / ディピレ(へ)	to win [be selected]
とうぜん 当然	sudah tentu / mémang スウダ(ハ) トゥヌトゥウ / メマン	matter of course
どうぞ	sila / silakan スイラ / スイラカヌ	please
とうそう 逃走する	larikan [melarikan] diri ラリカヌ [ムラリカヌ] ディリ	to escape
どうそうせい 同窓生	alumni アルウムニ	alumni
とうそつ 統率	pimpinan ピムピナヌ	leadership
とうそつ 統率する	pimpin / memimpin ピムピヌ / ムミムピヌ	to lead
とうだい 灯台	rumah api ルウマ(ハ) アピ	lighthouse
とうたつ 到達	pencapaian プンチャパイヤヌ	achievement
とうたつ 到達する	capai / mencapai / sampai チャパイ / ムンチャパイ / サムパイ	to achieve
とうち 統治	pemerintahan プムリヌタハヌ	rule

と

日	マレー	英
統治(とうち)する	perintah / memerintah プリヌタ(ハ) / ムムリヌタ(ハ)	to rule
到着(とうちゃく)	ketibaan クティバアヌ	arrival
到着(とうちゃく)する	tiba / sampai ティバ / サムパイ	to arrive
到着時間(とうちゃくじかん)	waktu ketibaan ワッ(ク)トゥウ クティバアヌ	arrival time
到着(とうちゃく)ロビー	balai [ruang] ketibaan バライ [ルゥワン] クティバアヌ	arrival hall
同調(どうちょう)	persetujuan プーストゥウジュウワヌ	sympathy
同調(どうちょう)する	setujui / menyetujui ストゥウジュウイ / ムニュトゥウジュウイ	to sympathize
到底(とうてい)（～ない）	(tidak ~) mungkin （ティダッ）ムウンケヌ	(not ~) possibly
動的(どうてき)	kedinamikan クディナミカヌ	dynamicness
動的(どうてき)な	dinamik ディナメッ	dynamic
尊(とうと)い	tidak ternilai ティダッ トゥーニライ	invaluable
とうとう	akhirnya アヘーニャ	at last
同等(どうとう)	kesamaan クサマアヌ	equivalence
同等(どうとう)の	sama サマ	equivalent
堂々(どうどう)	keyakinan / kejujuran クヤキナヌ / クジュウジュウラヌ	nobleness
堂々(どうどう)と	dengan yakin [jujur] ドゥンアヌ ヤケヌ [ジュウジョー]	nobly
道徳(どうとく)	moral モラル	morals
尊(とうと)ぶ	hormati / menghormati ホーマティ / ムンホーマティ	to respect
東南(とうなん)	tenggara トゥンガラ	southeast
東南(とうなん)アジア	Asia Tenggara アスイヤ トゥンガラ	Southeast Asia

日	マレー	英
とうなん 盗難	kecurian クチュウリヤヌ	theft
とうなんしょうめいしょ 盗難証明書	surat pengesahan kejadian kecurian スウラ(ト) プンウサハヌ クジャディヤヌ クチュウリヤヌ	certificate of the theft
とうなんとどけ 盗難届	laporan kecurian ラポラヌ クチュウリヤヌ	theft report
どうにか	hampir tidak ハムペー ティダッ	barely
とうにゅう 投入	pelaburan プラブウラヌ	investment
とうにゅう 投入する	laburkan / melaburkan ラボーカヌ / ムラボーカヌ	to invest
どうにゅう 導入	pengenalan プンウナラヌ	introduction
どうにゅう 導入する	perkenalkan / memperkenalkan プークナルカヌ / ムムプークナルカヌ	to introduce
とうにょうびょう 糖尿病	diabétés / penyakit kencing manis ディヤベテス / プニャケ(ト) クンチェン マネス	diabetes
とうにん 当人	orang berkenaan [itu] オラン ブークナアヌ [イトウ]	the person in question
とうばん 当番	giliran (bertugas) ギリラヌ (ブートウウガス)	turn
とうひょう 投票	pengundian プンウウヌディヤヌ	voting
とうひょう 投票する	undi / mengundi ウウヌディ / ムンウウヌディ	to vote
とうひょう 投票ブース	pétak mengundi ペタッ ムンウウヌディ	polling booth
とうふ 豆腐	tauhu タウフウ	tofu
どうふう 同封した	yang disertakan (bersama) ヤン ディスータカヌ (ブーサマ)	enclosed
どうふう 同封する	sertakan [menyertakan] スータカヌ [ムニュータカヌ]	to enclose
どうぶつ 動物	binatang / haiwan ビナタン / ハイワヌ	animal
どうぶつえん 動物園	zoo ズー	zoo
とうぶん 等分	pembahagian sama rata プムバハギヤヌ サマ ラタ	equal division

と

日	マレー	英
とうぶん 等分する	membahagikan sama rata ムムバハギカヌ サマ ラタ	to divide equally
とうぼう 逃亡する	larikan [melarikan] diri ラリカヌ [ムラリカヌ] ディリ	to escape
とうぶん 当分	buat sementara (waktu) ブゥワ(ト) スムヌタラ (ワッ(ク)トゥウ)	for a while
どうみゃく 動脈	arteri アートゥリ	artery
どうみゃくこうか 動脈硬化	arterioskIérosis アトゥリヨスクレロセス	arteriosclerosis
とうみん 冬眠	hibernasi / penghibernatan ヒブナスィ / プンヒブナタヌ	hibernation
とうみん 冬眠する	berhibernasi ブーヒブナスィ	to hibernate
とうめい 透明	kelutsinaran / kejernihan クルゥ(ト)スイナラヌ / クジューニハヌ	transparency
とうめい 透明な	lut sinar / jernih ルゥ(ト) スイナー / ジューネ(へ)	transparent
どうめい 同盟	perikatan / persekutuan プリカタヌ / プースクゥトゥウワヌ	alliance
どうめい 同盟する	bersekutu ブースクゥトゥウ	to ally
どうめいしゃ 同盟者	sekutu スクゥトゥウ	ally
とうめん 当面	buat seketika (ini) ブゥワ(ト) スクティカ (イニ)	for the time being
どうも (感謝)	terima kasih トゥリマ カセ(へ)	thanks
どうも (不確か)	agaknya アガッ(ク)ニャ	to seem
トウモロコシ	jagung ジャゴン	corn
どうよう 動揺する	bergolak / bergoncang ブーゴラッ / ブーゴンチャン	to be disturbed
とうやく 投薬	pemberian ubat プムブリヤヌ ウゥバ(ト)	medication
とうやく 投薬する	beri [memberi] ubat ブリ [ムムブリ] ウゥバ(ト)	to dose
どうやら	rupa-rupanya / rupanya ルゥパ ルゥパニャ / ルゥパニャ	apparently

日	マレー	英
とうゆ 灯油	minyak tanah / kérosin ミニャッ タナ(ハ) / ケロセヌ	kerosene
とうよう 東洋	Timur ティモー	the East
どうよう 動揺	pergolakan / kegoncangan プーゴラカヌ / クゴンチャンアヌ	disturbance
どうよう 同様	persamaan / keserupaan プーサマアヌ / クスルゥパアヌ	similarity
どうよう 同様な	sama / serupa サマ / スルゥパ	similar
どうよう 童謡	lagu kanak-kanak ラグゥ カナッ カナッ	children's song
どうり 道理	sebab / logik / kemunasabahan スバ(ブ) / ロジッ / クムゥナサバハヌ	reason
どうり 道理で	patutlah パト(ト)ラ(ハ)	no wonder
どうりょう 同僚	rakan sekerja ラカヌ スクージャ	colleague
どうりょく 動力	kuasa クゥワサ	power
どうろ 道路	jalan (raya) ジャラヌ (ラヤ)	road
とうろく 登録	pendaftaran プヌダフタラヌ	registration
とうろく 登録する	daftar / mendaftar ダフター / ムヌダフター	to register
どうろちず 道路地図	peta jalan (raya) プタ ジャラヌ (ラヤ)	road map
どうろひょうしき 道路標識	papan tanda jalan (raya) パパヌ タヌダ ジャラヌ (ラヤ)	road sign
とうろん 討論	débat / perdébatan デバ(ト) / プーデバタヌ	debate
とうろん 討論する	berdébat ブーデバ(ト)	to debate
どうわ 童話	cerita kanak-kanak チュリタ カナッ カナッ	children's story
とお 遠い	jauh ジャォ(ホ)	far
とおか 十日（日付）	sepuluh hari bulan スプゥロ(ホ) ハリ ブゥラヌ	the tenth (day)

と

日	マレー	英
十日（とおか）（期間）	sepuluh hari スプゥロ(ホ) ハリ	ten days
遠く（とお）	kejauhan クジャォハヌ	distance
遠ざかる（とお）	pergi jauh / semakin jauh プーギ ジャォ(ホ) / スマケヌ ジャォ(ホ)	to go away
通す（とお）（通行させる）	beri [memberi] laluan ブリ [ムムブリ] ラルゥワヌ	to make way
通す（とお）（許可する）	luluskan / meluluskan ルゥロスカヌ / ムルゥロスカヌ	to pass
トースター	pembakar roti プムバカー ロティ	toaster
遠回り（とおまわ）	léncongan / pusingan jauh レンチョンアヌ / プゥスインアヌ ジャォ(ホ)	detour
遠回り（とおまわ）する	léncong / meléncong レンチョン / ムレンチョン	to make a detour
通り（とお）	jalan / lorong ジャラヌ / ロロン	street
通り掛かる（とおりか）	lalu ラルゥ	to pass by
通り過ぎる（とおりす）	lalu / léwati / meléwati ラルゥ / レワティ / ムレワティ	to pass
通る（とお）（通過する）	lalu / lalui / melalui ラルゥ / ラルゥイ / ムラルゥイ	to pass
通る（とお）（達する）	sampai サムパイ	to reach
通る（とお）（受け入れられる）	diterima ディトゥリマ	to be accepted
通る（とお）（合格する）	lulus ルゥロス	to pass
トーン	nada / ton ナダ / トヌ	tone
都会（とかい）	bandar raya バヌダ ラヤ	city
とかく	cenderung / selalunya チュヌドゥロン / スラルゥニャ	apt to
トカゲ	cicak チチャッ	lizard
溶かす（と）	mencairkan / meleburkan ムンチャエーカヌ / ムルボーカヌ	to dissolve

と

日	マレー	英
尖った	tajam / lonjong / mancung タジャム / ロンジョン / マンチョン	sharp
咎める	tuduh / menuduh トゥウド(ホ) / ムヌウド(ホ)	to blame
尖る	jadi [menjadi] tajam ジャディ [ムンジャディ] タジャム	to become sharp
時（時間、時刻）	masa / waktu マサ / ワッ(ク)トゥウ	time
時（特定のある時点）	saat サア(ト)	moment
時（時代）	zaman ザマヌ	era
(～の) 時 （接続詞、前置詞）	apabila / semasa / sewaktu アパビラ / スマサ / スワッ(ク)トゥウ	when / while
時々	kadang-kadang / kadangkala カダン カダン / カダンカラ	sometimes
ドキドキする	berdebar-debar ブードゥバー ドゥバー	to be nervous
途切れる	terputus / terhenti トゥープゥトゥス / トゥーフヌティ	to break
解く	selesaikan / menyelesaikan スルサイカヌ / ムニュルサイカヌ	to solve
説く	terangkan / menerangkan トゥランカヌ / ムヌランカヌ	to explain
得	untung / keuntungan ウゥヌトン / クウゥヌトンアヌ	profit
得な	menguntungkan ムンウゥヌトンカヌ	profitable
溶く	larutkan / melarutkan ラロ(ト)カヌ / ムラロ(ト)カヌ	to dissolve
研ぐ	asah / mengasah アサ(ハ) / ムンァサ(ハ)	to sharpen
退く	beri [memberi] laluan ブリ [ムムブリ] ラルゥワヌ	to step aside
毒	racun ラチョヌ	poison
得意な	pandai / mahir パヌダイ / マヘー	good at
特技	keistiméwaan / kemahiran クイスティメワアヌ / クマヒラヌ	specialty

日	マレー	英
どくさい 独裁	autokrasi / kediktatoran オトゥラスィ / クディゥタトラヌ	autocracy
とくさん 特産	produk tempatan khas プロドゥウッ トゥムパタヌ ハス	local specialty
どくじ 独自	keaslian クアスリヤヌ	originality
どくじ 独自な	tersendiri / asli トゥースヌディリ / アスリ	original
どくじせい 独自性	keaslian / ketersendirian クアスリヤヌ / クトゥースヌディリヤヌ	originality
どくしゃ 読者	pembaca プムバチャ	reader
とくしゅ 特殊	kekhasan / kekhususan クハサヌ / クフウスゥサヌ	specialness
とくしゅ 特殊な	khas / khusus ハス / フウスウス	special
とくしゅう 特集	tajuk [téma] khas タジョッ [テマ] ハス	special topic
とくしゅう 特集する	ketengahkan / mengenengahkan クトゥンァ(ハ)カヌ / ムンゥヌンァ(ハ)カヌ	to feature
とくしゅうごう 特集号	édisi khas エディスィ ハス	special edition
とくしゅぎのう 特殊技能	kebolèhan khas クボレハヌ ハス	special skill
どくしょ 読書する	baca [membaca] buku バチャ [ムムバチャ] ブウクゥ	to read
とくしょく 特色	ciri-ciri / keistiméwaan チリ チリ / クイスティメワアヌ	special character
どくしん 独身	kebujangan クブゥジャンアヌ	singlehood
どくしん 独身の	bujang ブゥジャン	single
どくしんしゃ 独身者	bujang ブゥジャン	single man [woman]
どくしんしゅぎ 独身主義	pembujangan プムブゥジャンアヌ	bachelorism
どくしん つらぬ 独身を貫く	membujang ムムブゥジャン	to stay single
とくせい 特性	ciri-ciri チリ チリ	characteristic

日	マレー	英
どくぜつ 毒舌	lidah tajam リダ(ハ) タジャム	sharp tongue
どくせん 独占	monopoli モノポリ	monopoly
どくせん 独占する	monopoli / memonopoli モノポリ / ムモノポリ	to monopolize
どくそうせい 独創性	keaslian / ketersendirian クアスリヤヌ / クトゥースヌディリヤヌ	originality
どくそうてき 独創的な	tersendiri / asli トゥースヌディリ / アスリ	original
とくちょう 特徴	ciri-ciri / keistiméwaan チリ チリ / クイスティメワアヌ	special feature
とくちょう 特長	kelebihan / kebaikan クルビハヌ / クバイカヌ	strong point
とくてい 特定	pengenalpastian プンゥナルパスティヤヌ	identification
とくてい 特定する	kenal [mengenal] pasti クナル [ムンゥナル] パスティ	to identify
とくてい 特定の	tertentu トゥートゥヌトゥウ	certain
とくてん 得点	markah / mata / skor マルカ(ハ) / マタ / スコー	score
とくてん 得点する	dapat [mendapat] markah ダパ(ト) [ムヌダパ(ト)] マルカ(ハ)	to score
どくとく 独特	keunikan クユゥニカヌ	uniqueness
どくとく 独特な	unik ユゥネッ	unique
とく 特に	terutama / terutamanya トゥルゥタマ / トゥルゥタマニャ	especially
とくは 特派する	hantar [menghantar] utusan khas ハヌター [ムンハヌター] ウゥトゥウサヌ ハス	to send *sb* specially
とくばい 特売	jualan istiméwa ジュゥワラヌ イスティメワ	special sale
とくばい 特売する	mengadakan jualan istiméwa ムンァダカヌ ジュゥワラヌ イスティメワ	to have a special sale
とくべつ 特別	keistiméwaan クイスティメワアヌ	specialty
とくべつ 特別な	istiméwa / khas / khusus イスティメワ / ハス / フウスウス	special

と

日	マレー	英
とくべつばん 特別版	édisi khas エディスイ ハス	special edition
どくぼう 独房	kurungan seorang diri クゥルゥンアヌ スオラン ディリ	solitary confinement
とくめい 匿名	ketanpanamaan クタムパナマアヌ	anonymity
とくめい 匿名の	yang namanya tidak diketahui ヤン ナマニャ ティダッ ディクタフゥイ	anonymous
とくゆう 特有	ketersendirian / keunikan クトゥースヌディリヤヌ / クユゥニカヌ	peculiarity
とくゆう 特有の	tersendiri / unik / khas トゥースヌディリ / ユゥネッ / ハス	peculiar
どくりつ 独立	kemerdékaan クムーデカアヌ	independence
どくりつ 独立した	merdéka ムーデカ	independent
どくりつ 独立する	jadi [menjadi] merdéka ジャディ ［ムンジャディ］ ムーデカ	to become independent
とげ 棘	duri ドゥゥリ	thorn
と けい 時計	jam ジャム	clock
と こ 溶け込む	berbaur ブーバォー	to melt into / to mingle
と 溶ける （液状になる）	cair / mencair / lebur チャエー / ムンチャエー / ルボー	to melt
と 溶ける （液体と一体化する）	larut ラロ(ト)	to dissolve
と 遂げる （結果に終わる）	berakhir dengan ブラヘー ドゥンアヌ	to end in
と 遂げる（実現する）	capai / mencapai チャパイ / ムンチャパイ	to achieve
ど 退ける	ketepikan / mengenepikan クトゥピカヌ / ムンゥヌピカヌ	to put aside
どこ	mana マナ	where
どこか（疑問文）	mana-mana マナ マナ	anywhere
どこか（肯定文）	suatu tempat スゥワトゥゥ トゥムパ(ト)	somewhere

日	マレー	英
どこからも(~ない)	(tidak ~) dari mana-mana (ティダッ) ダリ マナ マナ	(not ~) from anywhere
どこにも(~ない)	(tidak ~) di mana-mana (ティダッ) ディ マナ マナ	(not ~) anywhere
床(とこ)の間(ま)	tokonoma トコノマ	tokonoma / alcove
どこへも(~ない)	(tidak ~) ke mana-mana (ティダッ) ク マナ マナ	(not ~) to anywhere
どこまで(程度)	sejauh mana スジャオ(ホ) マナ	how far
どこまで(場所)	sampai [ke] mana サムパイ [ク] マナ	where (to)
床屋(とこや)	kedai gunting rambut クダイ グゥヌテン ラムボ(ト)	barber
ところが	akan tetapi アカヌ トゥタピ	however
~どころか	bukan (sahaja) ~ ブゥカヌ (サハジャ)	not (only) ~
ところで	oh ya / sehubungan itu オ(ホ) ヤ / スフゥブゥンアヌ イトゥウ	by the way
所々(ところどころ)	sana sini サナ スィニ	here and there
登山(とざん)	pendakian gunung プヌダキヤヌ グゥノン	mountain climbing
登山(とざん)する	daki [mendaki] gunung ダキ [ムヌダキ] グゥノン	to climb mountain
都市(とし)	bandar raya バヌダ ラヤ	city
年(とし)(年齢)	umur ウゥモー	age
年(とし)(時の単位)	tahun タホヌ	year
年頃(としごろ)	umur sesuai (untuk berkahwin) ウゥモー ススゥワイ (ウゥヌトッ ブーカウエヌ)	age old enough (to get married)
年月(としつき)	masa マサ	time
閉(と)じている	tertutup トゥートゥウト(プ)	closed
戸締(とじま)り	penguncian pintu プンゥンチヤヌ ピヌトゥウ	locking the doors [windows]

と

日	マレー	英
戸締りする (とじま)	kunci [mengunci] pintu クウンチ [ムンウゥンチ] ピヌトゥウ	to lock the doors [windows]
途上 (とじょう)	pertengahan (jalan) プートゥンアハヌ (ジャラヌ)	on one's way
土壌 (どじょう)	tanah タナ(ハ)	soil
図書館 (としょかん)	perpustakaan プープゥスタカアヌ	library
年寄り (としよ)	orang tua オラン トゥウワ	old person
綴じる (と)	jilid / menjilid ジレ(ド) / ムンジレ(ド)	to bind
閉じる (と)	tutup / menutup トゥウト(プ) / ムヌゥト(プ)	to close
都心 (としん)	pusat bandar プゥサ(ト) バヌダー	downtown area
塗装 (とそう)	cat チャ(ト)	painting
塗装する (とそう)	cat / mengecat チャ(ト) / ムンゥチャ(ト)	to paint
塗装工 (とそうこう)	tukang cat / pengecat トゥウカン チャ(ト) / プンゥチャ(ト)	painter
土台 (どだい)	dasar / asas ダサー / アサス	foundation
途絶える (とだ)	terputus / terhenti / mati トゥープゥトス / トゥーフヌティ / マティ	to cease
戸棚 (とだな)	almari アルマリ	shelf
途端 (とたん)	sebaik sahaja [saja] スバェッ サハジャ [サジャ]	just at the moment
土地 (とち)	tanah / bumi タナ(ハ) / ブゥミ	land
途中 (とちゅう)	pertengahan (jalan) プートゥンアハヌ (ジャラヌ)	middle
途中の(作業中の) (とちゅう)	dalam prosés ダラム プロセス	in the process
途中の (道中の) (とちゅう)	dalam perjalanan ダラム プージャラナヌ	on the way
途中下車 (とちゅうげしゃ)	persinggahan プースインガハヌ	stopover

日	マレー	英
どちら（選択）	yang mana ヤン マナ	which
どちら（どこ）	mana マナ	where
読解（どっかい）	pembacaan プムバチャアヌ	reading
特急（とっきゅう）	éksprés khas エクスプレス ハス	limited express
特許（とっきょ）	patén パテヌ	patent
とっくに	sudah [telah] pun スゥダ(ハ) [トゥラ(ハ)] ポヌ	already
特権（とっけん）	hak istiméwa / keistiméwaan ハッ イスティメワ / クイスティメワアヌ	privilege
とっさに	dalam sekelip mata ダラム スクレ(プ) マタ	in an instant
とっさの	sekelip mata / segera スクレ(プ) マタ / スグラ	instant
突然（とつぜん）	tiba-tiba ティバ ティバ	suddenly
取っ手（とって）	pemegang プムガン	handle
取って代わる（とってかわる）	ambil [mengambil] alih アムベル [ムンアムベル] アレ(ヘ)	to replace
突入する（とつにゅうする）	serbu [menyerbu] (masuk) スーブゥ [ムニューブゥ] (マソッ)	to raid
突破（とっぱ）	penembusan プヌムブゥサヌ	breakthrough
突破する（とっぱする）	tembus / tembusi / menembusi トゥムボス / トゥムブゥスイ / ムヌムブゥスイ	to break through
トッピング	hias atas / toping ヒヤス アタス / トピン	topping
トップ	teratas / terbaik / kemuncak トゥーアタス / トゥーバエッ / クムゥンチャッ	top
土手（どて）	tebing トゥベン	bank
とても	sangat サンァ(ト)	very
届く（とどく）	sampai / tiba サムパイ / ティバ	to reach

と

日	マレー	英
とど 届け	laporan / pemberitahuan ラポラヌ / プムブリタフウワヌ	report
とど 届ける（送る）	hantar / menghantar ハヌター / ムンハヌター	to send
とど 届ける（知らせる）	laporkan / melaporkan ラポーカヌ / ムラポーカヌ	to report
とどこお 滞っている	tertunggak トゥートゥウンガッ	to be in arrears
とどこお 滞る	tunggak / menunggak トゥウンガッ / ムヌゥンガッ	to fall into arrears
ととの 整う（きちんとする）	jadi [menjadi] lengkap ジャディ [ムンジャディ] ルンカ(プ)	to become neat
ととの 整う（準備ができる）	bersedia ブースディヤ	to become ready
ととの 整える（整理する）	susun / menyusun / merapikan スウスウヌ / ムニュウスウヌ / ムラピカヌ	to tidy
ととの 整える（準備する）	sediakan / menyediakan スディヤカヌ / ムニュディヤカヌ	to prepare
ととの 整った （きちんとした）	lengkap / rapi / kemas ルンカ(プ) / ラピ / クマス	neat
ととの 整った （準備ができている）	sedia / tersedia スディヤ / トゥースディヤ	ready
とど 留まる	tinggal ティンガル	to stay
とど 止める	hentikan / menghentikan フヌティカヌ / ムンフヌティカヌ	to stop
とも ～と共に	bersama [dengan] ~ ブーサマ [ドゥンアヌ]	together with ~
トナー	toner トヌー	toner
ドナー	penderma プヌドゥルマ	donor
とな 唱える（声に出す）	baca / membaca バチャ / ムムバチャ	to recite
とな 唱える（コーランを）	kaji / mengaji カジ / ムンアジ	to recite
とな 唱える（主張する）	suarakan / menyuarakan スゥワラカヌ / ムニュゥワラカヌ	to voice
となり 隣	sebelah / tetangga / jiran スブラ(ハ) / トゥタンガ / ジラヌ	neighbour

日	マレー	英
怒鳴る（どなる）	teriak / berteriak トゥリヤッ / ブートゥリヤッ	to shout
とにかく	apa-apa pun アパ アパ ポヌ	anyway
どの	yang mana ヤン マナ	which
～殿（どの）（男性）	Tuan ~ トゥウワヌ	Mr. ~
～殿（どの）（既婚女性）	Puan ~ プゥワヌ	Mrs. ~
～殿（どの）（未婚女性）	Cik ~ チェッ	Miss ~
どのように	bagaimana / macam mana バガィマナ / マチャム マナ	how
飛（と）ばす（空中に）	terbangkan / menerbangkan トゥーバンカヌ / ムヌーバンカヌ	to fly
飛（と）ばす（スピード）	pandu [memandu] laju パヌドゥウ［ムマヌドゥウ］ラジュウ	to accelerate
飛（と）ばす（途中を抜かす）	langkau / melangkau ランカウ / ムランカウ	to skip
飛（と）び込（こ）む	terjun トゥージョヌ	to jump in
飛（と）び出（だ）す	lompat [melompat] keluar ロムパ(ト)［ムロムパ(ト)］クルゥワー	to rush out
トピック	topik / tajuk / téma トペッ / タジョッ / テマ	topic
土俵（どひょう）	gelanggang sumo グランガン スゥモ	sumo ring
扉（とびら）	pintu ピヌトゥウ	door
飛（と）ぶ	terbang トゥーバン	to fly
跳（と）ぶ	lompat / melompat ロムパ(ト) / ムロムパ(ト)	to jump
溝（どぶ）	longkang ロンカン	drain
徒歩（とほ）	perjalanan kaki プージャラナヌ カキ	walk
徒歩（とほ）で	dengan jalan kaki ドゥンアヌ ジャラヌ カキ	on foot

と

日	マレー	英
土木業界（どぼくぎょうかい）	industri kejuruteraan awam イヌドゥストリ クジュゥルゥトゥラアヌ アワム	civil engineering industry
土木工学（どぼくこうがく）	kejuruteraan awam クジュゥルゥトゥラアヌ アワム	civil engineering
とぼける	pura-pura tidak tahu プゥラ プゥラ ティダッ タフゥ	to pretend not to know
乏しい（とぼしい）	sangat sedikit サンァ(ト) スディケ(ト)	poor
トマト	tomato トマト	tomato
戸惑い（とまどい）	kekeliruan ククリルゥワヌ	confusion
戸惑う（とまどう）	keliru クリルゥ	to get confused
止まる（とまる）(停止する)	henti / berhenti / terhenti フヌティ / ブーフヌティ / トゥーフヌティ	to stop
止まる（とまる）(高い所に)	berténggék / berténggér ブーテンゲッ / ブーテンゲー	to perch
泊まる（とまる）	bermalam / inap / menginap ブーマラム / イナ(プ) / ムンィナ(プ)	to stay
留まる（とまる）	terpaku トゥーパクゥ	to fix
富（とみ）	kekayaan / kemewahan クカヤアヌ / クメワハヌ	wealth
富む（とむ）(豊かである)	kaya / méwah カヤ / メワ(ハ)	to be abundant
富む（とむ）(豊かになる)	jadi [menjadi] kaya ジャディ ［ムンジャディ］ カヤ	to become wealthy
泊めてもらう（とめてもらう）	tumpang [menumpang] tidur トゥウムパン ［ムヌゥムパン］ ティドー	to stay together
止める（とめる）	hentikan / menghentikan フヌティカヌ / ムンフヌティカヌ	to stop
泊める（とめる）	tumpangkan [menumpangkan] ~ tidur トゥウムパンカヌ ［ムヌゥムパンカヌ］ ティドー	to let *sb* stay
停める（とめる）(車などを)	letak / meletak ルタッ / ムルタッ	to park
～とも	kesemua [kedua-dua] ~ クスムゥワ ［クドゥゥワ ドゥゥワ］	all [both] ~
ともかく	apa-apa pun アパ アパ ポヌ	in any case

日	マレー	英
ともかせ 共稼ぎする	suami isteri bekerja スゥワミ イストゥリ ブクージャ	to be a dual-income family
ともだち 友達	kawan カワヌ	friend
ともな 伴う（付随する）	libatkan / melibatkan リバ(ト)カヌ / ムリバ(ト)カヌ	to involve
ともな 伴う（一緒に行く）	diiringi / bersama ディイリンィ / ブーサマ	to be accompanied
とも 共に	bersama-sama / sama-sama ブーサマ サマ / サマ サマ	together
どようび 土曜日	(hari) Sabtu （ハリ） サ(ブ)トゥウ	Saturday
とら 虎	harimau ハリマゥ	tiger
ドライ	kering クレン	dry
ドライな	hambar ハムバー	dry
ドライアイス	ais kering アェス クレン	dry ice
トライアングル（楽器）	besi tiga ブスィ ティガ	triangle
ドライクリーニング	cucian kering チュゥチヤヌ クレン	dry cleaners
ドライバー	pemandu プマヌドゥウ	driver
ドライブする	bersiar-siar dengan keréta ブースイヤー スイヤー ドゥンアヌ クレタ	to go for a drive
ドライブイン	pandu masuk パヌドゥウ マソッ	drive-in
ドライブスルー	pandu lalu パヌドゥウ ラルゥ	drive-through
ドライフルーツ	buah kering ブゥワ(ハ) クレン	dried fruit
ドライヤー	pengering (rambut) プンゥレン（ラムボ(ト)）	(hair) dryer
とら 捕える	tangkap / menangkap タンカ(プ) / ムナンカ(プ)	to catch
トラック（車）	lori ロリ	lorry

と

日	マレー	英
トラック（陸上競技の）	balapan / trék バラパヌ / トレッ	track
トラブル	masalah / kesusahan マサラ(ハ) / クスゥサハヌ	trouble
トラベラーズチェック	cék kembara チェッ クムバラ	traveller's cheque
ドラマ	drama ドラマ	drama
トランク（車の）	but ブゥ(ト)	boot
トランク（旅行用の）	bég pakaian ベ(グ) パカイヤヌ	suitcase
トランジット	transit トラヌズィ(ト)	transit
トランプ	daun terup ダォヌ トゥロ(プ)	cards
トランペット	trompét トロムペ(ト)	trumpet
鳥（とり）	burung ブゥロン	bird
とりあえず	buat masa ini ブゥワ(ト) マサ イニ	for the time being
取り上げる（と・あ）（奪う）	rebut / merebut ルボ(ト) / ムルボ(ト)	to snatch
取り上げる（と・あ）（採用する）	pilih / memilih ピレ(ヘ) / ムミレ(ヘ)	to take up
取り扱い（と・あつか）	pengendalian / penanganan プンゥヌダリヤヌ / プナンアナヌ	treatment
取り扱う（と・あつか）	kendalikan / mengendalikan クヌダリカヌ / ムンゥヌダリカヌ	to treat
ドリアン	(buah) durian （ブゥワ(ハ)）ドゥウリヤヌ	durian
鳥居（とり・い）	torii トリイ	torii (archway)
トリートメント	syampu rawatan rambut シャムプゥ ラワタヌ ラムボ(ト)	(hair) treatment
トリートメントする	buat [membuat] rawatan rambut ブゥワ(ト) ［ムムブゥワ(ト)］ ラワタヌ ラムボ(ト)	to do hair treatment
取り入れる（と・い）（採用する）	terima / menerima / ambil / mengambil トゥリマ / ムヌリマ / アムベル / ムンアムベル	to adopt

日	マレー	英
取(と)り入(い)れる (取り込む)	ambil [mengambil] ke dalam アムベル［ムンァムベル］ク ダラム	to take *sth* in
取(と)り替(か)え	penggantian プンガヌティヤヌ	replacement
取(と)り替(か)える	ganti / mengganti ガヌティ / ムンガヌティ	to replace
取(と)り囲(かこ)む	kelilingi / mengelilingi クリリンィ / ムンゥリリンィ	to surround
取(と)り組(く)む	tangani / menangani タンァニ / ムナンァニ	to work on
取(と)り消(け)す	batalkan / membatalkan バタルカヌ / ムムバタルカヌ	to cancel
取(と)り下(さ)げ	penarikan balik プナリカヌ バレッ	withdrawal
取(と)り下(さ)げる	tarik [menarik] balik タレッ［ムナレッ］バレッ	to withdraw
取(と)り締(し)まり	kawalan / tindakan keras カワラヌ / ティヌダカヌ クラス	regulation
取(と)り締(し)まる	kawal / mengawal カワル / ムンァワル	to control
取(と)り調(しら)べる	siasat / menyiasat スィヤサ(ト) / ムニィヤサ(ト)	to investigate
取(と)り出(だ)す	keluarkan / mengeluarkan クルゥワーカヌ / ムンゥルゥワーカヌ	to take out
取(と)り立(た)てる	tagih / menagih タゲ(ヘ) / ムナゲ(ヘ)	to exact
取次店(とりつぎてん)	agénsi エジェヌスィ	agency
取(と)り次(つ)ぐ	hubungkan / menghubungkan フゥボンカヌ / ムンフゥボンカヌ	to relay
取(と)り付(つ)ける	pasang / memasang パサン / ムマサン	to install
鶏肉(とりにく)	daging ayam ダゲン アヤム	chicken
取(と)り除(のぞ)く	hilangkan / menghilangkan ヒランカヌ / ムンヒランカヌ	to remove
取(と)り引(ひ)き	urus niaga ウゥロス ニヤガ	transaction
取(と)り引(ひ)きする	berurus niaga ブルゥロス ニヤガ	to trade

日	マレー	英
取り巻く(とりまく)	keliling / mengelilingi クリレン / ムンゥリリンイ	to surround
取り混ぜる(とりまぜる)	campur / campurkan / mencampurkan チャムポー / チャムポーカヌ / ムンチャムポーカヌ	to mix
取り乱す(とりみだす)	gelabah / menggelabah グラバ(ハ) / ムングラバ(ハ)	to panic
取り戻す(とりもどす)(回復する)	pulihkan / memulihkan プゥレ(ヘ)カヌ / ムムゥレ(ヘ)カヌ	to restore
取り戻す(とりもどす)(取り返す)	dapatkan [mendapatkan] semula ダパ(ト)カヌ [ムヌダパ(ト)カヌ] スムゥラ	to get back
塗料(とりょう)	cat チャ(ト)	paint
努力(どりょく)	usaha ウゥサハ	effort
努力する(どりょくする)	berusaha ブルゥサハ	to make an effort
取り寄せる(とりよせる)	buat [membuat] pesanan ブゥワ(ト) [ムムブゥワ(ト)] プサナヌ	to order
ドリル(道具)	gerudi グルゥディ	drill
ドリル(練習)	latih tubi ラテ(ヘ) トゥウビ	drill
とりわけ	terutama / teristiméwa トゥルゥタマ / トゥーイスティメワ	especially
採る(とる)(収穫する)	tuai / menuai / petik / memetik トゥウワィ / ムヌウワィ / プテッ / ムムテッ	to harvest / collect
採る(とる)(採用する)	ambil / mengambil アムベル / ムンアムベル	to employ
撮る(とる)(写真を)	ambil / mengambil (gambar) アムベル / ムンアムベル (ガムバー)	to take (a picture)
取る(とる)(手でつかむ)	ambil / mengambil アムベル / ムンアムベル	to take
取る(とる)(取り除く)	hilangkan / menghilangkan ヒランカヌ / ムンヒランカヌ	to remove
取る(とる)(記録に残す)	ambil / mengambil アムベル / ムンアムベル	to take (notes)
取る(とる)(得る)	dapatkan / mendapatkan ダパ(ト)カヌ / ムヌダパ(ト)カヌ	to obtain
トルコ	Turki トゥウルキ	Turkey

日	マレー	英
どれ	yang mana ヤン マナ	which
奴隷（どれい）	hamba / orang suruhan ハムバ / オラン スゥルゥハヌ	slave
トレーニング	latihan ラテハヌ	training
トレーニングする	berlatih ブーラテ(へ)	to train
トレーニングウエアー	pakaian [baju] sukan パカイヤヌ [バジュゥ] スゥカヌ	training [sweat] suit
ドレス	pakaian (perempuan) パカイヤヌ (プルムプゥワヌ)	dress
ドレッシング	kuah salad クゥワ(ハ) サラ(ド)	dressing
泥（どろ）	lumpur / selut ルゥムポー / スロ(ト)	mud
トローチ	ubat hisap / lozéng ウゥバ(ト) ヒサ(プ) / ロゼン	troche
とろける	larut / cair / mencair / lebur ラロ(ト) / チャエー / ムンチャエー / ルボー	to dissolve
泥棒（どろぼう）	pencuri プンチュゥリ	robber
トロンボーン	trombon トロムボヌ	trombone
度忘れする（どわすれする）	terlupa トゥールゥパ	to have a momentary lapse of memory
トン	tan タヌ	ton
鈍角（どんかく）	sudut cakah スゥド(ト) チャカ(ハ)	obtuse angle
鈍感（どんかん）	ketidakpékaan クティダッ(ク)ペカアヌ	insensitiveness
鈍感な（どんかんな）	tidak péka ティダッ ペカ	insensitive
鈍臭い（どんくさい）	cemerkap チュムーカ(プ)	clumsy
鈍臭さ（どんくささ）	kecemerkapan クチュムーカパヌ	clumsiness
鈍痛（どんつう）	sakit tumpul サケ(ト) トゥウムポル	dull pain

と

日	マレー	英
とんでもない	bukan-bukan ブゥカヌ ブゥカヌ	ridiculous
どんどん（強く打ちつける音）	berdegum / berdentum ブードゥゴム / ブードゥヌトム	bang
どんどん（次々）	terus-menerus トゥロス ムヌロス	continuously
ドンドン叩（たた）く	hentam / menghentam フヌタム / ムンフヌタム	to bang
どんな	yang bagaimana ヤン バガィマナ	what kind of
どんなに（～か）	betapa [bagaimana] ~ ブタパ [バガィマナ]	how ~
どんなに（～ても）	walau bagaimana (~ pun) ワラゥ バガィマナ（ポヌ）	no matter how ~
トンネル	terowong トゥロウォン	tunnel
丼（どんぶり）	mangkuk マンコッ	bowl
問屋（とんや）	(kedai) pemborong （クダイ）プムボロン	wholesaler

▼な，ナ

日	マレー	英
～内（ない）	dalam ~ ダラム	in ~
無（な）い	tiada / tidak ada ティヤダ / ティダッ アダ	absent
内科（ないか）	perubatan dalaman プルゥバタヌ ダラマヌ	internal medicine
内科医（ないかい）	pakar perubatan (dalaman) パカー プルゥバタヌ（ダラマヌ）	physician
内閣（ないかく）	kabinét / jemaah menteri ケビネ(ト) / ジュマア(ハ) ムヌトゥリ	cabinet
内出血（ないしゅっけつ）	pendarahan dalaman プヌダラハヌ ダラマヌ	internal bleeding
内出血（ないしゅっけつ）する	alami [mengalami] pendarahan dalaman アラミ [ムンアラミ] プヌダラハヌ ダラマヌ	to bleed internally
内緒（ないしょ）	rahsia ラ(ハ)スイヤ	secret
内心（ないしん）	dalam hati ダラム ハティ	at heart

日	マレー	英
ないせん 内線	sambungan (téléfon) サムブゥンアヌ（テレフォヌ）	extension
ないせん 内戦	perang saudara プラン サゥダラ	civil war [strife]
ないせんでんわ 内線電話	téléfon sambungan テレフォヌ サムブゥンアヌ	extension telephone
ないぞう 内臓	organ dalaman オガヌ ダラマヌ	internal organ
ナイター	perlawanan malam プーラワナヌ マラム	night game
ナイトクラブ	kelab malam クラ(ブ) マラム	nightclub
ナイフ	pisau ピサゥ	knife
ないぶ 内部	bahagian dalam バハギヤヌ ダラム	inside
ないよう 内容	isi (kandungan) イスィ（カヌドゥウンアヌ）	content
ないらん 内乱	perang saudara プラン サゥダラ	civil war
ないりく 内陸	darat ダラ(ト)	inland
ナイロン	nilon ニロヌ	nylon
なえ 苗	anak benih [pokok] アナッ ブネ(へ)［ポコッ］	seedling
なえぎ 苗木	anak pokok アナッ ポコッ	young plant
なお（さらに）	lagi / lebih ラギ / ルベ(へ)	more
なお（付け加えると）	untuk makluman tambahan ウゥヌトッ マッ(ク)ルゥマヌ タムバハヌ	for your information
なお（まだ）	tetap / masih トゥタ(プ) / マセ(へ)	still
なおさら	apatah lagi アパタ(ハ) ラギ	all the more
なお 直す（修繕する）	baiki / membaiki バイキ / ムムバイキ	to repair
なお 直す（訂正する）	betulkan / membetulkan ブトゥルカヌ / ムムブトゥルカヌ	to correct

な

日	マレー	英
治す（なおす）	ubati / mengubati ウゥバティ / ムンゥウバティ	to cure
治る（なおる）	sembuh / pulih スムボ(ホ) / プゥレ(へ)	to get well
直る（なおる）（修繕される）	jadi [menjadi] baik ジャディ［ムンジャディ］バエッ	to become fine
直る（なおる）（訂正される）	jadi [menjadi] betul ジャディ［ムンジャディ］ブトル	to become correct
仲（なか）	hubungan フウブゥンアヌ	relationship
中（なか）	dalam ダラム	inside / within
永い（ながい）	lama / selama-lamanya ラマ / スラマ ラマニャ	everlasting
長い（ながい）	panjang パンジャン	long
長い（ながい）（時間が）	lama ラマ	long
長靴（ながぐつ）	kasut but [hujan] カソ(ト) ブウ(ト)［フウジャヌ］	boots
長さ（ながさ）	panjang / kepanjangan パンジャン / クパンジャンアヌ	length
流し（ながし）	singki / sink スインキ / スイン	sink
流す（ながす）	alirkan / mengalirkan アレーカヌ / ムンアレーカヌ	to wash away
仲直り（なかなおり）	perdamaian プーダマイヤヌ	reconciliation
仲直りする（なかなおりする）	berdamai / berbaik semula ブーダマイ / ブーバエッ スムゥラ	to make it up
なかなか(予想外に)	juga / agak ジュゥガ / アガッ	quite
なかなか（～ない）	(tidak ~) dengan mudah （ティダッ）ドゥンアヌ ムウダ(ハ)	(not ~) easily
長々（ながなが）	dengan panjang lébar ドゥンアヌ パンジャン レバー	at great length
中庭（なかにわ）	laman dalam ラマヌ ダラム	courtyard
半ば（なかば）	pertengahan プートゥンアハヌ	half

日	マレー	英
なが び 長引く	berlarutan ブーラルゥタヌ	to drag on
なかほど 中程	tengah / tengah-tengah トゥンァ(ハ) / トゥンァ(ハ) トゥンァ(ハ)	middle
なか ま 仲間	rakan / kawan / teman ラカヌ / カワヌ / トゥマヌ	friend
なか み 中身	isi (kandungan) イスィ（カヌドゥウンァヌ）	content
なが 眺め	pemandangan プマヌダンァヌ	view
なが 眺める	pandang / memandang パヌダン / ムマヌダン	to view
なが や 長屋	rumah térés ルゥマ(ハ) テレス	terraced house
なかゆび 中指	jari hantu ジャリ ハヌトゥウ	middle finger
なか よ 仲良く	dengan damai [harmoni] ドゥンァヌ ダマィ［ハルモニ］	peaceably
なか よ 仲良くする	berbaik / berkawan ブーバエッ / ブーカワヌ	to get along
なか よ 仲良し	kawan baik カワヌ バエッ	good friend
(～し) ながら	sambil [sambil-sambil] ~ サムベル［サムベル サムベル］	while ~
なが 流れ	aliran アリラヌ	current
なが ぼし 流れ星	tahi [cirit] bintang タヒ［チレ(ト)］ビヌタン	shooting star
なが 流れる	alir / mengalir アレー / ムンァレー	to flow
なが 流れる (液体と共に物が)	hanyut ハニョ(ト)	to drift
なが 流れる (経過する)	berlalu ブーラルゥ	to pass
なが 流れる (予定がなくなる)	dibatalkan ディバタルカヌ	to be cancelled
なぎさ 渚	pantai / pesisir パヌタィ / プスィセー	beach
な 鳴く	berbunyi ブーブゥニィ	to cry / to sing

な

日	マレー	英
泣(な)く	menangis ムナンエス	to cry / to weep
慰(なぐさ)める	senangkan [menyenangkan] hati スナンカヌ [ムニュナンカヌ] ハティ	to comfort
無(な)くす（紛失する）	kehilangan クヒランアヌ	to lose
無(な)くす（ゼロにする）	hapuskan / menghapuskan ハポスカヌ / ムンハポスカヌ	to eliminate
亡(な)くす	kematian / kehilangan クマティヤヌ / クヒランアヌ	to lose
亡(な)くなる	meninggal (dunia) ムニンガル（ドゥウニヤ）	to pass away
無(な)くなる（尽きる）	habis ハベス	to be unavailable
無(な)くなる（行方不明になる）	hilang ヒラン	to be lost
殴(なぐ)る	tumbuk / menumbuk トゥウムボッ / ムヌウムボッ	to punch
嘆(なげ)く（悲しむ）	berdukacita / bersedih ブードゥウカチタ / ブースデ(へ)	to lament
嘆(なげ)く（不満がる）	keluh / mengeluh クロ(ホ) / ムンゥロ(ホ)	to lament
投(な)げ出(だ)す（外に）	campakkan [mencampakkan] keluar チャムパッカヌ [ムンチャムパッカヌ] クルゥワー	to throw out
投(な)げ出(だ)す（放棄する）	tinggalkan / meninggalkan ティンガルカヌ / ムニンガルカヌ	to abandon
投(な)げる	baling / membaling バレン / ムムバレン	to throw
仲人(なこうど)	telangkai / orang tengah トゥランカイ / オラン トゥンア(ハ)	matchmaker
和(なご)やか	kemesraan クムスラアヌ	sociableness
和(なご)やかな	mesra ムスラ	sociable
名残(なごり)	tinggalan ティンガラヌ	relic
情(なさ)け	belas kasihan / simpati ブラス カスイハヌ / スイムパティ	compassion
情(なさ)けない（恥じる）	malu / kesal マルゥ / クサル	ashamed

日	マレー	英
情けない(恥ずべき)	memalukan / sangat dikesali ムマルゥカヌ / サンァ(ト) ディクサリ	woeful
情け深い	bersimpati ブースイムパティ	merciful
無し	tiada ティヤダ	absent
～無し	tanpa ~ タムパ	without ~
梨	buah lai ブゥワ(ハ) ライ	pear
詰る	salahkan / menyalahkan サラ(ハ)カヌ / ムニャラ(ハ)カヌ	to blame
茄子	terung トゥロン	brinjal / aubergine
何故	mengapa / kenapa ムンァパ / クナパ	why
何故か	entah kenapa ウヌタ(ハ) クナパ	somehow
何故なら(～なので)	kerana [sebab] ~ クラナ [スバ(プ)]	because ~
謎	misteri ミストゥリ	mystery
謎々	teka-teki トゥカ トゥキ	riddle
名高い	ternama / terkemuka トゥーナマ / トゥークムゥカ	famous
なだらか	kelandaian クラヌダイヤヌ	gentleness
なだらかな	landai ラヌダイ	gentle
雪崩	runtuhan salji ルウヌトハヌ サルジ	avalanche
夏	musim panas ムゥセム パナス	summer
懐かしい	bernostalgia / terkenang ブーノスタルジヤ / トゥークナン	nostalgic about
懐く	jinak / berjinak-jinak ジナッ / ブージナッ ジナッ	to get attached to
名付ける	namakan / menamakan ナマカヌ / ムナマカヌ	to name

な

日	マレー	英
ナッツ	kacang カチャン	nuts
なっとく 納得	kepuasan (hati) クプゥワサヌ（ハティ）	satisfaction
なっとく 納得いく	masuk akal マソッ アカル	to make sense
なっとく 納得する	puas (hati) / faham プゥワス（ハティ）/ ファハム	to be satisfied
なつやす 夏休み	cuti musim panas チュゥティ ムゥセム パナス	summer vacation
な 撫でる	usap / mengusap ウゥサ(プ) / ムンゥウサ(プ)	to stroke
など ～等	~ dan lain-lain ダヌ ラエヌ ラエヌ	~ and so on
7	tujuh トゥウジョ(ホ)	seven
70	tujuh puluh トゥウジョ(ホ) プゥロ(ホ)	seventy
7つ	tujuh biji [buah] トゥウジョ(ホ) ビジ［ブゥワ(ハ)］	seven
なな 斜め	condong / miring / séngét チョヌドン / ミレン / センェ(ト)	oblique
なに 何	apa アパ	what
なに 何か（疑問文）	apa-apa アパ アパ	anything
なに 何か（肯定文）	sesuatu ススゥワトゥウ	something
なに げ 何気ない	bersahaja / biasa ブーサハジャ / ビヤサ	casual
なに 何しろ	apa-apa pun アパ アパ ポヌ	at any rate
なにぶん 何分（何とぞ）	mohon / tolong モホヌ / トロン	please
なにぶん 何分の	sesuatu / sedikit ススゥワトゥウ / スディケ(ト)	some
なに 何も（～ない）	(tidak ~) apa-apa / apa-apa pun (tidak ~) （ティダッ ）アパ アパ / アパ アパ ポヌ（ティダッ ）	(not ~) anything
なに 何より	daripada segala-galanya ダリパダ スガラ ガラニャ	above all

な

日	マレー	英
なのか 七日（日付）	tujuh hari bulan トゥウジョ(ホ) ハリ ブゥラヌ	the seventh (day)
なのか 七日（期間）	tujuh hari トゥウジョ(ホ) ハリ	seven days
ナプキン （食事の時の）	napkin ネ(プ)ケヌ	napkin
ナプキン （生理用品）	tuala wanita トゥウワラ ワニタ	sanitary napkin
なふだ 名札	tanda nama タヌダ ナマ	name tag
なべ 鍋	periuk プリオッ	pan
なま 生	kementahan クムヌタハヌ	rawness
なまいき 生意気	kebiadaban / kekurangajaran クビヤダバヌ / ククゥランアジャラヌ	impertinence
なまいき 生意気な	biadab / kurang ajar ビヤダ(ブ) / クゥラン アジャー	impertinent
なまえ 名前	nama ナマ	name
なまぐさ 生臭い	(berbau) hanyir (ブーバゥ) ハニェー	fishy-smelling
なま 生クリーム	krim segar クレム スガー	fresh cream
なまもの 怠け者	pemalas プマラス	lazy person
なま 怠ける	malas マラス	to idle
なまちゅうけい 生中継	siaran langsung スイヤラヌ ランソン	live broadcasting
なまぬるい	suam-suam kuku スゥワム スゥワム クウクゥ	lukewarm
なま 生の（直接の）	langsung ランソン	direct
なま 生の （手を加えていない）	mentah ムヌタ(ハ)	raw
なま 生ビール	bir draf ビル ドラフ	draft beer
なまほうそう 生放送	siaran langsung スイヤラヌ ランソン	live broadcasting

日	マレー	英
生身(なまみ)の	hidup ヒド(プ)	alive
鉛(なまり)	plumbum プルウムボム	lead
訛(なま)り	pélat ペラ(ト)	accent
波(なみ)	ombak / gelombang / alun オムバッ / グロムバン / アロヌ	wave
並(なみ)	kebiasaan / kesederhanaan クビヤサアヌ / クスドゥーハナアヌ	ordinariness
並(なみ)の	biasa / sederhana ビヤサ / スドゥーハナ	ordinary
波打(なみう)つ	berombak / bergelombang ブロムバッ / ブーグロムバン	to wave
並木道(なみきみち)	jalan yang dibarisi pokok ジャラヌ ヤン ディバリスィ ポコッ	tree-lined road
涙(なみだ)	air mata アェー マタ	tears
滑(なめ)らか(つるつるさ)	kelicinan クリチナヌ	smoothness
滑(なめ)らか(よどみなさ)	kelancaran クランチャラヌ	smoothness
滑(なめ)らかな(つるつるの)	licin リチェヌ	smooth
滑(なめ)らかな(よどみない)	lancar ランチャー	smooth
舐(な)める(舌で)	jilat / menjilat ジラ(ト) / ムンジラ(ト)	to lick
舐(な)める(甘く見る、みくびる)	pandang [memandang] rendah パヌダン [ムマヌダン] ルヌダ(ハ)	to make light of
悩(なや)ましい(官能的な)	menjolok [menggoda] mata ムンジョロッ [ムンゴダ] マタ	seductive
悩(なや)ましい(悩ませる)	membingungkan ムムビンゥオンカヌ	perplexing
悩(なや)み	masalah / derita マサラ(ハ) / ドゥリタ	trouble
悩(なや)む	derita / menderita ドゥリタ / ムヌドゥリタ	to suffer
ならう	contohi / mencontohi チョヌトヒ / ムンチョヌトヒ	to follow a precedent

日	マレー	英
習う	belajar ブラジャー	to learn
慣らす	biasakan / membiasakan ビヤサカヌ / ムムビヤサカヌ	to accustom
馴らす	jinakkan / menjinakkan ジナッカヌ / ムンジナッカヌ	to tame
鳴らす	bunyikan / membunyikan ブゥニィカヌ / ムムブゥニィカヌ	to ring
並びに	serta / dan juga スータ / ダヌ ジュゥガ	and also
並ぶ	beratur / berbaris ブラトー / ブーバレス	to queue
並べてある	tersusun トゥースゥスゥヌ	arranged
並べる	susun / menyusun スゥスゥヌ / ムニュウスゥヌ	to arrange
成り立つ	terdiri daripada トゥーディリ ダリパダ	to be made up of
(~に) なる	jadi [menjadi] ~ ジャディ [ムンジャディ]	to become ~
なる (構成されている)	terdiri トゥーディリ	to comprise
生る (実が)	berbuah / tumbuh ブーブゥワ(ハ) / トゥウムボ(ホ)	to grow
鳴る	berbunyi ブーブゥニィ	to ring
なるべく	sebolèh [sedapat] mungkin スボレ(ヘ) [スダパ(ト)] ムゥンケヌ	as ~ as possible
なるほど (そうですか)	oh begitu オ(ホ) ブギトゥウ	I see
なるほど (確かに)	mémang / semémangnya メマン / スメマンニャ	indeed
慣れ	pembiasaan / pengalaman プムビヤサアヌ / プンァラマヌ	habituation
ナレーション	penceritaan プンチュリタアヌ	narration
ナレーター	tukang cerita トゥウカン チュリタ	narrator
馴れた	jinak ジナッ	tame

日	マレー	英
なれなれしい	terlalu [terlampau] rapat トゥーラルゥ［トゥーラムパゥ］ラパ(ト)	familiar
慣(な)れる	biasakan [membiasakan] diri ビヤサカヌ［ムムビヤサカヌ］ディリ	to get used to
馴(な)れる	jadi [menjadi] jinak ジャディ［ムンジャディ］ジナッ	to become tame
縄(なわ)	tali タリ	rope
なんか（など）	atau sebagainya アタゥ スバガイニャ	or the like
なんか （何か、疑問文）	apa-apa アパ アパ	anything
なんか （何か、肯定文）	sesuatu ススゥワトゥウ	something
なんか（何だか）	agak / entah kenapa アガッ / ウヌタ(ハ) クナパ	somewhat
南極(なんきょく)	Kutub Selatan クゥト(ブ) スラタヌ	South Pole
軟膏(なんこう)	salap / krim sapu サラ(プ) / クレム サプゥ	ointment
ナンセンス	kekarutan クカルゥタヌ	nonsense
ナンセンスな	karut カロ(ト)	nonsense
何(なん)だかんだ	itu dan ini イトゥウ ダヌ イニ	this and that
難聴(なんちょう)	gangguan pendengaran ガングゥワヌ プヌドゥンアラヌ	deafness
～なんて	perkara seperti [macam] ~ プーカラ スプーティ［マチャム］	such a thing like ~
何(なん)てこった	aiya / ya Allah / astaga アイヤ / ヤ アッラ(ハ) / アスタガ	oh my god
難点(なんてん)	masalah マサラ(ハ)	trouble
何(なん)と	betapa / bagaimana ブタパ / バガイマナ	how
何(なん)とか（どうにか）	dengan apa cara sekalipun ドゥンアヌ アパ チャラ スカリポヌ	somehow
何(なん)とか（何々）	anu アヌゥ	so-and-so

日	マレー	英
なん 何となく	walaupun samar-samar ワラゥポヌ サマー サマー	vaguely
なん 何とも（何も）	apa-apa pun アパ アパ ポヌ	anything at all
なん 何とも（実に）	betul-betul / benar-benar ブトゥル ブトゥル / ブナー ブナー	absolutely
ナンバー	nombor ノムボー	number
ナンバープレート	plat nombor プラ(ト) ノムボー	number plate
なんびょう 難病	penyakit sukar diubati プニャケ(ト) スゥカー ディウゥバティ	refractory disease
なんべい 南米	Amérika Selatan エメリカ スラタヌ	South America
なんぼく 南北	utara selatan ウゥタラ スラタヌ	north and south
なんみん 難民	pelarian プラリヤヌ	refugees
なんもん 難問	soalan [masalah] sukar ソワラヌ［マサラ(ハ)］スゥカー	difficult question [problem]

▼ に，ニ

日	マレー	英
～に（場所に向けて）	ke ~ ク	to ~
～に（人・抽象物に向けて）	kepada ~ クパダ	to ~
～に（位置）	di ~ ディ	at ~
に 荷	muatan ムゥワタヌ	load
2	dua ドゥゥワ	two
に あ 似合う	sesuai / ngam / padan ススゥワィ / ンアム / パダヌ	to suit
に 煮える	siap direbus スイヤ(プ) ディルボス	to have been boiled
におい	bau バゥ	smell
～において	dalam ~ ダラム	at [in] ~

日	マレー	英
臭う（におう）	berbau busuk ブーバウ ブウソッ	to stink
匂う（におう）	berbau ブーバウ	to smell
～における	dalam ~ ダラム	at [in] ~
苦い（にがい）	pahit パヘ(ト)	bitter
逃がす（にがす）	bébaskan / membébaskan ベバスカヌ / ムムベバスカヌ	to let *sb* free
二月（にがつ）	(bulan) Fébruari （ブウラヌ） フェブルゥワリ	February
苦手（にがて）	ketidakpandaian クティダッ(ク)パヌダイヤヌ	being not good at
苦手な（にがてな）	tidak pandai [suka] / lemah ティダッ パヌダイ ［スゥカ］ / ルマ(ハ)	not good at
似通う（にかよう）	serupai / menyerupai スルゥパイ / ムニュルゥパイ	to resemble
似通った（にかよった）	serupa / mirip スルゥパ / ミレ(プ)	alike
～に関して（かん）	mengenai [berkenaan] ~ ムンゥナイ ［ブークナアヌ］	concerning ~
にきび	jerawat ジュラワ(ト)	pimple
にぎやか	kemeriahan / keramaian クムリヤハヌ / クラマイヤヌ	liveliness
にぎやかな	meriah / ramai / sibuk ムリヤ(ハ) / ラマイ / セボッ	lively
握る（にぎる）	genggam / menggenggam グンガム / ムングンガム	to grip
にぎわう	meriah / ramai / sibuk ムリヤ(ハ) / ラマイ / セボッ	to be crowded
肉（にく）	daging ダゲン	meat
憎い（にくい）	benci ブンチ	in hatred of
憎しみ（にくしみ）	kebencian / perasaan benci クブンチヤヌ / プラサアヌ ブンチ	hatred
肉親（にくしん）	darah daging ダラ(ハ) ダゲン	blood relation

日	マレー	英
にくたい 肉体	tubuh / badan トゥウボ(ホ) / バダヌ	body
にく 憎む	benci / membenci ブンチ / ムムブンチ	to hate
にくや 肉屋	kedai daging クダィ ダゲン	meat shop
にく 憎らしい	celaka / sial / terkutuk チュラカ / スイヤル / トゥークゥトッ	hateful
にくりょうり 肉料理	masakan daging マサカヌ ダゲン	meat dish
にだ 逃げ出す	larikan [melarikan] diri ラリカヌ [ムラリカヌ] ディリ	to run away
に 逃げる	lari / lolos ラリ / ロロス	to run away
にげんご 二言語の	dwibahasa ドウィバハサ	bilingual
にご 濁った	keruh クロ(ホ)	turbid
にご 濁った（泥で）	berselut ブースロ(ト)	muddy
にこにこ	dengan senyuman [senyum] ドゥンアヌ スニョマヌ [スニョム]	with a smile
にこにこする	senyum / tersenyum スニョム / トゥースニョム	to smile
にこ 煮込む	merebus lama dengan api yang kecil ムルボス ラマ ドゥンアヌ アピ ヤン クチェル	to stew
にご 濁る	jadi [menjadi] keruh ジャディ [ムンジャディ] クロ(ホ)	to become turbid [muddy]
にこ 煮込んだ	direndidih / direbus lama ディルヌディデ(ヘ) / ディルボス ラマ	stewed
にさんかたんそ 二酸化炭素	karbon dioksida カボヌ ディヨクスイダ	carbon dioxide
にし 西	barat バラ(ト)	west
にじ 虹	pelangi プランィ	rainbow
にしび 西日	sinaran matahari pada léwat tengah hari スイナラヌ マタハリ パダ レワ(ト) トゥンア(ハ) ハリ	late afternoon sun
にじます 虹鱒	ikan trout pelangi イカヌ トロ(ト) プランィ	rainbow trout

に

日	マレー	英
滲む (にじ)	kembang クムバン	to run
20	dua puluh ドゥウワ プゥロ(ホ)	twenty
鰊 (にしん)	ikan héring イカヌ ヘレン	herring
偽の (にせ)	palsu / tiruan パルスゥ / ティルゥワヌ	fake
偽物 (にせもの)	barang palsu [tiruan] バラン パルスゥ [ティルゥワヌ]	fake goods
煮た (に)	rebus ルボス	boiled
～日 (にち)（日付）	~ hari bulan ハリ ブゥラヌ	~-th (day)
～日 (にち)（期間）	~ hari ハリ	~ day(s)
日 (にち)（曜日）	Ahad アハ(ド)	Sunday
日時 (にちじ)	hari dan masa [waktu] ハリ ダヌ マサ [ワッ(ク)トゥウ]	day and time
日常 (にちじょう)	keseharian クスハリヤヌ	everyday life
日常の (にちじょう)	seharian / harian スハリヤヌ / ハリヤヌ	daily
日常生活 (にちじょうせいかつ)	kehidupan seharian クヒドゥウパヌ スハリヤヌ	daily life
日没 (にちぼつ)	matahari terbenam マタハリ トゥーブナム	sunset
日夜 (にちや)	siang (dan) malam スイヤン（ダヌ）マラム	day and night
日曜日 (にちようび)	(hari) Ahad / hari Minggu （ハリ）アハ(ド) / ハリ ミングゥ	Sunday
日用品 (にちようひん)	barangan keperluan harian バランアヌ クプールゥワヌ ハリヤヌ	commodities
～について	tentang [mengenai] ~ トゥヌタン [ムンゥナイ]	about ~
日課 (にっか)	rutin harian ルゥテヌ ハリヤヌ	daily routine
日記 (にっき)	diari / catatan harian デイヤリ / チャタタヌ ハリヤヌ	diary

日	マレー	英
日給 (にっきゅう)	gaji harian ガジ ハリヤヌ	daily wage [pay]
ニックネーム	nama julukan ナマ ジュウロカヌ	nickname
荷造り (にづく)	pengemasan barang プンゥマサヌ バラン	packing
荷造りする (にづく)	kemas [mengemas] barang クマス [ムンゥマス] バラン	to pack
日光 (にっこう)	cahaya [sinaran] matahari チャハヤ [スイナラヌ] マタハリ	sunshine
にっこり	dengan senyuman [senyum] ドゥンアヌ スニュウマヌ [スニョム]	with a smile
日誌 (にっし)	diari ディヤリ	diary
日射病 (にっしゃびょう)	strok matahari ストロッ マタハリ	sunstroke
日食 (にっしょく)	gerhana matahari グーハナ マタハリ	solar eclipse
日中 (にっちゅう)	siang hari スイヤン ハリ	daytime
日程 (にってい)	jadual ジャドゥウワル	schedule
似ている (に)	serupa / mirip スルゥパ / ミレ(プ)	to resemble
二転三転する (にてんさんてん)	berbolak-balik ブーボラッ バレッ	to change again and again
～にとって	untuk [bagi] ~ ウゥヌトッ [バギ]	for ~
担う (にな)	tanggung / menanggung タンゴン / ムナンゴン	to shoulder
鈍い (切れ味が) (にぶ)	tumpul トゥウムポル	blunt
鈍い (動きが) (にぶ)	lembap ルムバ(プ)	slow
荷札 (にふだ)	tanda / tag タヌダ / テ(グ)	tag
鈍る (にぶ)	jadi [menjadi] tumpul ジャディ [ムンジャディ] トゥウムポル	to become blunt
日本 (にほん)	Jepun ジュポヌ	Japan

日	マレー	英
日本語（にほんご）	bahasa Jepun バハサ ジュポヌ	Japanese (language)
日本人（にほんじん）	orang Jepun オラン ジュポヌ	Japanese (people)
日本人会（にほんじんかい）	kelab [persatuan] Jepun クラ(ブ) [プーサトゥウワヌ] ジュポヌ	Japan club / Japanese association
日本人学校（にほんじんがっこう）	sekolah (orang) Jepun スコラ(ハ) (オラン) ジュポヌ	Japanese school
日本大使館（にほんたいしかん）	Kedutaan Jepun クドゥウタアヌ ジュポヌ	Japanese Embassy
日本領事館（にほんりょうじかん）	(pejabat) Konsulat Jepun (プジャバ(ト)) コヌスゥラ(ト) ジュポヌ	Japanese Consulate
日本料理（にほんりょうり）	masakan [makanan] Jepun マサカヌ [マカナヌ] ジュポヌ	Japanese food
～にもかかわらず	walaupun [sungguhpun] ~ ワラウポヌ [スゥンゴ(ホ)ポヌ]	although ~
荷物（にもつ）	bagasi バガスィ	luggage
荷物（にもつ）（負担）	beban ブバヌ	burden
荷物（にもつ）カート	troli / keréta sorong トロリ / クレタ ソロン	trolley
荷物棚（にもつだな）	rak barang [bagasi] レッ バラン [バガスィ]	baggage [luggage] shelf
荷物紛失報告書（にもつふんしつほうこくしょ）	laporan kehilangan bagasi ラポラヌ クヒランアヌ バガスィ	lost baggage report
入院（にゅういん）	kemasukan hospital クマソカヌ ホスピタル	hospitalization
入院（にゅういん）する	masuk hospital マソッ ホスピタル	to enter the hospital
乳液（にゅうえき）	losén [losyen] pekat ロセヌ [ロシュヌ] プカ(ト)	milky lotion
入荷（にゅうか）	ketibaan barangan クティバアヌ バランアヌ	arrival of goods
入荷（にゅうか）する	tiba / sampai ティバ / サムパイ	to arrive
入学（にゅうがく）	kemasukan クマソカヌ	entrance
入学（にゅうがく）する	masuk マソッ	to enter

日	マレー	英
乳牛（にゅうぎゅう）	lembu tenusu ルムブゥ トゥヌゥスゥ	milk cow
入金（にゅうきん）	pendépositan (wang) プヌデポスイタヌ（ワン）	depositing (money)
入金する（にゅうきん）	masukkan [memasukkan] (wang) マソッカヌ［ムマソッカヌ］（ワン）	to deposit (money)
入国（にゅうこく）	pendaratan (di negara) プヌダラタヌ（ディ ヌガラ）	disembarkation (in a country)
入国する（にゅうこく）	masuki [memasuki] (negara) マソキ［ムマソキ］（ヌガラ）	to enter (a country)
入国カード（にゅうこく）	kad pendaratan カ(ド) プヌダラタヌ	disembarkation card
入国管理局（にゅうこくかんりきょく）	Jabatan Imigrésén ジャバタヌ イミグレセヌ	Immigration Department
入国審査（にゅうこくしんさ）	pemeriksaan imigrésén プムリクサアヌ イミグレセヌ	immigration check
入国目的（にゅうこくもくてき）	tujuan lawatan トゥウジュウワヌ ラワタヌ	purpose of visit
乳剤（にゅうざい）	émulsi エムウルスイ	emulsion
入札（にゅうさつ）	bidaan / tawaran ビダアヌ / タワラヌ	bid
入札する（にゅうさつ）	bida / membida ビダ / ムムビダ	to bid
入試（にゅうし）	peperiksaan kemasukan ププリクサアヌ クマソカヌ	entrance exam [examination]
乳児（にゅうじ）	bayi バイイ	infant
ニュージーランド	New Zealand ニユウ ゼラヌ	New Zealand
入社する（にゅうしゃ）	sertai [menyertai] syarikat スータイ［ムニュータイ］シャリカ(ト)	to join a company
入手（にゅうしゅ）	pemeroléhan / peroléhan プムーオレハヌ / プーオレハヌ	acquisition
入手する（にゅうしゅ）	dapatkan / mendapatkan ダパ(ト)カヌ / ムヌダパ(ト)カヌ	to acquire
入賞（にゅうしょう）	kemenangan anugerah クムナンアヌ アヌウグラ(ハ)	winning a prize
入賞する（にゅうしょう）	menang anugerah ムナン アヌウグラ(ハ)	to win a prize

に

日	マレー	英
にゅうじょう 入場	kemasukan クマソカヌ	entrance
にゅうじょう 入場する	masuk マソッ	to enter
にゅうじょうけん 入場券	tikét masuk ティケ(ト) マソッ	admission ticket
にゅうじょうむりょう 入場無料	masuk percuma マソッ プーチュゥマ	admission free
にゅうじょうりょう 入場料	bayaran masuk バヤラヌ マソッ	admission [entrance] fee
ニュース	berita ブリタ	news
にゅうせいひん 乳製品	produk tenusu プロドゥウッ トゥヌウスゥ	dairy product
にゅうもん 入門	pengenalan プンゥナラヌ	introduction
にゅうもん 入門する	jadi [menjadi] anak murid ジャディ [ムンジャディ] アナッ ムゥレ(ド)	to become a pupil
にゅうよく 入浴	mandi マヌディ	bathing
にゅうよく 入浴する	mandi マヌディ	to take a bath
にゅうりょく 入力	input イムポ(ト)	input
にゅうりょく 入力する	input / menginput イムポ(ト) / ムンイムポ(ト)	to input
にょう 尿	(air) kencing / urin (アエー) クンチェン / ユレヌ	urine
にょうけんさ 尿検査	pemeriksaan (air) kencing プムリクサアヌ (アエー) クンチェン	urine test
にょうどう 尿道	salur kencing / urétra サロー クンチェン / ユゥレトラ	urethra
～によると	menurut ~ ムヌゥロ(ト)	according to ~
にらむ	pandang [memandang] dengan marah パヌダン [ムマヌダン] ドゥンアヌ マラ(ハ)	to glare
にらむ (目を大きくして)	jegil / menjegil ジュゲル / ムンジュゲル	to glare wide-eyed
に 似る	mirip / serupa / menyerupai ミレ(プ) / スルゥパ / ムニュルゥパイ	to resemble

日	マレー	英
に 煮る	rebus / merebus ルボス / ムルボス	to boil
にわ 庭	halaman (rumah) ハラマヌ（ルウマ(ハ)）	garden / yard
にわかに	tiba-tiba ティバ ティバ	suddenly
にわとり 鶏	ayam アヤム	chicken
にんか 認可	pengiktirafan / kebenaran プンイクティラファヌ / クブナラヌ	authorization
にんか 認可する	benarkan / membenarkan ブナーカヌ / ムムブナーカヌ	to authorize
にんき 人気	populariti / kepopularan ポプゥラリティ / クポプゥララヌ	popularity
にんき 人気の	popular / diminati ramai ポプゥラー / ディミナティ ラマイ	popular
にんき 任期	témpoh (jawatan) テムポ(ホ)（ジャワタヌ）	term (of office)
にんぎょう 人形	anak patung アナッ パトン	doll
にんげん 人間	manusia マヌゥスイヤ	human being
にんしき 認識	kesedaran クスダラヌ	recognition
にんしき 認識する	sedar / sedari / menyedari スダー / スダリ / ムニュダリ	to recognize
にんしょう 認証	pengesahan / pensijilan プンウサハヌ / プヌスイジラヌ	certification
にんしょう 認証する	sahkan / mengesahkan サ(ハ)カヌ / ムンウサ(ハ)カヌ	to certify
にんじょう 人情	kasih sayang sesama manusia カセ(ヘ) サヤン スサマ マヌゥスイヤ	human empathy
にんしん 妊娠	kehamilan クハミラヌ	pregnancy
にんしん 妊娠する	jadi [menjadi] hamil ジャディ［ムンジャディ］ハメル	to become pregnant
にんじん 人参	lobak mérah ロバッ メラ(ハ)	carrot
にんしんちゅう 妊娠中の	hamil / mengandung ハメル / ムンアヌドン	pregnant

に

日	マレー	英
人数（にんずう）	jumlah [bilangan] orang ジュウムラ(ハ) [ビランアヌ] オラン	number of people
忍耐（にんたい）	kesabaran / ketabahan クサバラヌ / クタバハヌ	endurance
忍耐する（にんたい）	sabar / tahan / tabah サバー / タハヌ / タバ(ハ)	to endure
認知（にんち）	kognisi / pengiktirafan コグニスイ / プンイクティラファヌ	cognition
認知する（にんち）	kenal / kenali / mengenali クナル / クナリ / ムンゥナリ	to recognize
認知症（にんちしょう）	penyakit deménsia [nyanyuk] プニャケ(ト) ディメヌスイヤ [ニャニョッ]	dementia
ニンニク	bawang putih バワン プゥテ(ヘ)	garlic
妊婦（にんぷ）	wanita hamil ワニタ ハメル	pregnant woman
任務（にんむ）	tugas トゥウガス	duty
任命（にんめい）	pelantikan プラヌティカヌ	appointment
任命する（にんめい）	lantik / melantik ラヌテッ / ムラヌテッ	to appoint

▼ ぬ，ヌ

日	マレー	英
ぬいぐるみ	anak patung アナッ パトン	stuffed toy
縫い目（ぬいめ）	kelim クレム	seam
縫う（ぬう）	jahit / menjahit ジャヘ(ト) / ムンジャヘ(ト)	to sew
抜かす（ぬかす）	tertinggal トゥーティンガル	to omit
ぬかるみ	lumpur ルゥムポー	mud
～抜き（ぬき）	tanpa ~ タムパ	without ~
抜く（ぬく）（引き抜く）	cabut / mencabut チャボ(ト) / ムンチャボ(ト)	to pull out
抜く（ぬく）（しみを）	hilangkan / menghilangkan ヒランカヌ / ムンヒランカヌ	to take out

日	マレー	英
抜く（省く）	tinggalkan / meninggalkan ティンガルカヌ / ムニンガルカヌ	to miss
抜く（車などで追い越す）	potong / memotong ポトン / ムモトン	to overtake
抜く（勝る）	atasi / mengatasi アタスィ / ムンァタスィ	to surpass
脱ぐ	tanggal / menanggalkan / buka タンガル / ムナンガルカヌ / ブゥカ	to take off
抜け出す	keluar クルゥワー	to get out
抜ける（とれる）	gugur / tanggal グゥゴー / タンガル	to fall out
抜ける（通る）	lalui / melalui ラルゥイ / ムラルゥイ	to go through
抜ける（外に出る）	keluar クルゥワー	to leave
抜ける（欠落する）	kekurangan / tidak ada ククゥランァヌ / ティダッ アダ	to be missing
主	tuan トゥウワヌ	master
盗み	kecurian / pencurian クチュゥリヤヌ / プンチュゥリヤヌ	theft
盗む	curi / mencuri チュゥリ / ムンチュゥリ	to steal
布	kain カェヌ	cloth
沼	paya パヤ	swamp
濡らす	basahi / membasahi バサヒ / ムムバサヒ	to wet
塗り薬	ubat sapu / salap ウゥバ(ト) サプゥ / サラ(プ)	ointment
塗りつける	palitkan / memalitkan パレ(ト)カヌ / ムマレ(ト)カヌ	to smear
塗る	sapu / menyapu サプゥ / ムニャプゥ	to spread
ぬるい	suam スゥワム	lukewarm
濡れた	basah バサ(ハ)	wet

ぬ

日	マレー	英
濡(ぬ)れる	jadi [menjadi] basah ジャディ [ムンジャディ] バサ(ハ)	to get wet

▼ね，ネ

日	マレー	英
根(ね)	akar アカー	root
値(ね)	harga ハルガ	price
ネイルケア	penjagaan kuku プンジャガアヌ クゥクゥ	nail care
ネイルサロン	salon kuku サロヌ クゥクゥ	nail salon
音色(ねいろ)	nada ナダ	tone
値打(ねう)ち	nilai ニライ	value
ネガ	négatif (gambar [foto]) ネガテフ (ガムバー [フォト])	(photographic) negative
願(ねが)い	kehendak / harapan クフヌダッ / ハラパヌ	wish
願(ねが)う	harap / berharap ハラ(プ) / ブーハラ(プ)	to wish
寝返(ねがえ)る	pusing badan (semasa tidur) プゥセン バダヌ (スマサ ティドー)	to turn [roll] over
寝(ね)かせる(眠らせる)	tidurkan / menidurkan ティドーカヌ / ムニドーカヌ	to put *sb* to bed
寝(ね)かせる(横に置く)	baringkan / membaringkan バレンカヌ / ムムバレンカヌ	to lay down
願(ねが)わくば	mudah-mudahan ムゥダ(ハ) ムゥダハヌ	hopefully
ネギ	daun bawang ダォヌ バワン	spring [green] onion
値切(ねぎ)る	tawar / menawar タワー / ムナワー	to ask for a discount
ネクタイ	tali léhér タリ レヘー	necktie
ネクタイをする	bertali léhér ブータリ レヘー	to wear a tie
猫(ねこ)	kucing クゥチェン	cat

日	マレー	英
ねころ 寝転ぶ	baring / berbaring バレン / ブーバレン	to lie down
ね さ 値下げ	penurunan harga プヌゥルゥナヌ ハルガ	price cut [reduction]
ね さ 値下げする	turunkan [menurunkan] harga トゥウロヌカヌ ［ムヌゥロヌカヌ］ ハルガ	to cut [reduce] price
ねじ	skru スクルゥ	screw
まわ ねじ回し	pemutar skru プムゥター スクルゥ	screwdriver
ね 捩じる（回す）	pulas / memulas プゥラス / ムムゥラス	to twist
ね 捩じる（撚る）	pintal / memintal ピヌタル / ムミヌタル	to twist
ね 捩じれる	terpulas / terpintal トゥープゥラス / トゥーピヌタル	to twist
ね す 寝過ごす	terlajak tidur トゥーラジャッ ティドー	to oversleep
ネズミ	tikus ティコス	mouse
ねた 妬む	(berasa) iri hati （ブラサ） イリ ハティ	to envy
ねだる	rayu / merayu ラユゥ / ムラユゥ	to beg
ね だん 値段	harga ハルガ	price
ねつ 熱（高温）	haba ハバ	heat
ねつ 熱（熱中、興奮）	kehangatan クハンァタヌ	excitement
ねつ 熱（高い体温）	demam ドゥマム	fever
ねつ い 熱意	semangat / keghairahan スマンァ(ト) / クガィラハヌ	eagerness
ネックレス	rantai léhér ラヌタイ レヘー	necklace
ねっしゃびょう 熱射病	strok haba ストロッ ハバ	heatstroke
ねっしん 熱心	ketekunan / hati membara クトゥクゥナヌ / ハティ ムムバラ	eagerness

ね

日	マレー	英
ねっしん 熱心な	tekun トゥコヌ	eager
ねっ 熱する	panaskan / memanaskan パナスカヌ / ムマナスカヌ	to heat
ねったい 熱帯	kawasan (iklim) tropika カワサヌ（イクレム）トロピカ	tropical zone
ねっちゅう 熱中	keasyikan / kekhusyukan クアシカヌ / クフゥシュゥカヌ	enthusiasm
ねっちゅう 熱中した	asyik / khusyuk アシェッ / フゥショッ	enthusiastic
ねっちゅう 熱中する	jadi [menjadi] asyik ジャディ [ムンジャディ] アシェッ	to become enthusiastic
ねっちゅうしょう 熱中症	strok haba ストロッ ハバ	heatstroke
ネット	jaring ジャレン	net
ねっとう 熱湯	air mendidih アエー ムヌディデ(ヘ)	boiling water
ねつようりょう 熱容量	muatan haba ムゥワタヌ ハバ	heat capacity
ねつりょう 熱量	nilai kalori ニライ カロリ	calorie value
ねどこ 寝床	katil カテル	bed
ネパール	Népal ネパル	Nepal
ネパール語（ご）	bahasa Népal バハサ ネパル	Nepali
ネパール人（じん）	orang Népal オラン ネパル	Nepalese
ねばねばした	lekit / melekit ルケ(ト) / ムルケ(ト)	sticky
ねば 粘り（根気強さ）	ketabahan クタバハヌ	perseverance
ねば 粘り（粘着性）	kelekitan クルキタヌ	stickiness
ねば づよ 粘り強い	kental クヌタル	tenacious
ねば づよ 粘り強さ	kekentalan ククヌタラヌ	tenacity

日	マレー	英
粘(ねば)る（根気強い）	tabah タバ(ハ)	to persevere
粘(ねば)る（粘着性がある）	lekit / melekit ルケ(ト) / ムルケ(ト)	to be sticky
値引(ねび)き	potongan harga ポトンアヌ ハルガ	discount
値引(ねび)きする	beri [memberi] potongan harga ブリ［ムムブリ］ポトンアヌ ハルガ	to give a discount
寝袋(ねぶくろ)	bég tidur ベ(グ) ティドー	sleeping bag
値札(ねふだ)	tanda harga タヌダ ハルガ	price tag
寝坊(ねぼう)する	terlambat bangun トゥーラムバ(ト) バンオヌ	to oversleep
ねまき	baju [pakaian / gaun] tidur バジュゥ［パカイヤヌ / ガォヌ］ティドー	nightclothes
根回(ねまわ)し	persediaan terlebih dahulu プースディヤアヌ トゥールベ(ヘ) ダフルゥ	groundwork laying
根回(ねまわ)しする	membuat persediaan terlebih dahulu ムムブゥワ(ト) プースディヤアヌ トゥールベ(ヘ) ダフルゥ	to lay the groundwork
眠(ねむ)い	mengantuk ムンアヌトッ	sleepy
眠(ねむ)る	tidur ティドー	to sleep
眠(ねむ)る（王が）	beradu ブラドゥゥ	to sleep
根元(ねもと)	akar アカー	root
狙(ねら)い（的、対象）	sasaran / bidikan ササラヌ / ビディカヌ	target
狙(ねら)い（目的）	matlamat / tujuan マ(ト)ラマ(ト) / トゥウジュウワヌ	aim
狙(ねら)う（対象に定める）	sasarkan / menyasarkan ササーカヌ / ムニャサーカヌ	to aim
狙(ねら)う（目指す）	bertujuan / bermatlamat ブートゥウジュウワヌ / ブーマ(ト)ラマ(ト)	to aim
寝(ね)る	tidur ティドー	to sleep
練(ね)る（混ぜて固くする）	uli / menguli / adun / mengadun ウウリ / ムンウゥリ / アドヌ / ムンアドヌ	to knead

ね

日	マレー	英
ねる 練る（考案する）	fikirkan / memikirkan フィケーカヌ / ムミケーカヌ	to devise
ねん 年	tahun タホヌ	year
ねん 念	rasa ラサ	sense
ねんえき 粘液	lendir ルヌデー	mucus
ねんが 年賀	ucapan tahun baru ウウチャパヌ タホヌ バルウ	New Year's greeting
ねんかん 年間	setahun / tahunan スタホヌ / タフウナヌ	(a) year
ねんかん ～年間	(selama) ~ tahun （スラマ）タホヌ	(for) ~ years
ねんがん 念願	hasrat / harapan ハスラ(ト) / ハラパヌ	desire
ねんきん 年金	péncén / anuiti ペンチェヌ / アヌウイティ	pension
ねんげつ 年月	masa マサ	time
ねんごう 年号	nama éra ナマ エラ	name of an era
ねんざ 捻挫する	seliuh / terseliuh スリオ(ホ) / トゥースリオ(ホ)	to sprain
ねんしゅう 年収	pendapatan tahunan プヌダパタヌ タフウナヌ	annual [yearly] income
ねんじゅう 年中	sepanjang tahun スパンジャン タホヌ	all year round
ねんしょう 燃焼	pembakaran プムバカラヌ	combustion
ねんしょう 燃焼する	bakar バカー	to burn
ねんせい ～年生（小学校）	tahun [darjah] ~ タホヌ［ダージャ(ハ)］	year ~
ねんせい ～年生（中高等学校）	tingkatan ~ ティンカタヌ	form ~
ねんせい ～年生（大学）	tahun ~ タホヌ	year ~
ねんだい 年代（時代）	éra / zaman エラ / ザマヌ	era

日	マレー	英
年代（世代）ねんだい	génerasi ジェヌラスィ	generation
年長の ねんちょう	berumur / berusia / lebih tua ブルゥモー / ブルゥスイヤ / ルベ(ヘ) トゥウワ	elder
年度 ねんど	tahun タホヌ	year
粘土 ねんど	tanah liat タナ(ハ) リヤ(ト)	clay
念のため ねん	untuk kepastian ウゥヌトッ クパスティヤヌ	just in case
燃費 ねんぴ	kecekapan bahan api クチュカパヌ バハヌ アピ	fuel efficiency
年俸 ねんぽう	gaji [upah] tahunan ガジ［ウゥパ(ハ)］タフゥナヌ	annual salary
燃料 ねんりょう	bahan api バハヌ アピ	fuel
燃油サーチャージ ねんゆ	surcaj bahan api スゥチャジ バハヌ アピ	fuel surcharge
年輪 ねんりん	gelang pertumbuhan グラン プートゥウムブゥハヌ	growth ring
年齢 ねんれい	usia / umur ウゥスイヤ / ウゥモー	age

▼ の，ノ

日	マレー	英
ノイズ	bunyi bising ブゥニィ ビセン	noise
ノイローゼ	néurosis ニュゥロセス	neurosis
能 のう	kebolehan / kemahiran クボレハヌ / クマヒラヌ	capability
脳 のう	otak オタッ	brain
農家 のうか	keluarga petani クルゥワーガ プタニ	farmer's house
納期 のうき	tarikh tutup [akhir] タレッ トゥウト(プ)［アヘー］	due date
農業 のうぎょう	(industri) pertanian （イヌドゥストリ）プータニヤヌ	agriculture
農耕 のうこう	pertanian プータニヤヌ	agriculture

日	マレー	英
のうさんぶつ 農産物	produk (asas) tani プロドゥウッ（アサス）タニ	farm products
のうじょう 農場	ladang ラダン	farm
のうぜい 納税	pembayaran cukai プムバヤラヌ チュウカイ	tax payment
のうぜいしゃ 納税者	pembayar cukai プムバヤー チュウカイ	taxpayer
のうそん 農村	kampung petani カムポン プタニ	farm village
のうち 農地	tanah pertanian タナ(ハ) プータニヤヌ	farmland
のうど 濃度	kepekatan クプカタヌ	concentration
のうにゅう 納入	penghantaran プンハヌタラヌ	delivery
のうにゅう 納入する	hantar / menghantar ハヌター / ムンハヌター	to deliver
ノウハウ	kepakaran / pengetahuan クパカラヌ / プンゥタフウワヌ	know-how
のうひん 納品	serahan [penghantaran] barang スラハヌ［プンハヌタラヌ］バラン	delivery
のうひん 納品する	menyerahkan / menghantar ムニュラ(ハ)カヌ / ムンハヌター	to deliver
のうひんしょ 納品書	slip penghantaran スリ(プ) プンハヌタラヌ	delivery slip
のうひんび 納品日	tarikh penghantaran [serahan] タレッ プンハヌタラヌ［スラハヌ］	delivery date
のうみん 農民	petani プタニ	farmer
のうやく 農薬	bahan kimia pertanian バハヌ キミヤ プータニヤヌ	agricultural chemical
のうりつ 能率	kecekapan クチュカパヌ	efficiency
のうりょく 能力	keboléhan / kemahiran クボレハヌ / クマヒラヌ	ability
ノート	buku nota ブウクゥ ノタ	notebook
ノート（記録）	nota ノタ	note

日	マレー	英
のが 逃す	lepaskan / melepaskan ルパスカヌ / ムルパスカヌ	to miss
のが 逃れる	lepaskan [melepaskan] diri ルパスカヌ [ムルパスカヌ] ディリ	to escape
のき 軒	cucur atap チュウチョー アタ(プ)	eaves
のき な 軒並み	semua / semuanya スムゥワ / スムゥワニャ	all
のこぎり 鋸	gergaji グーガジ	saw
のこ 残す	tinggalkan / meninggalkan ティンガルカヌ / ムニンガルカヌ	to leave behind
のこ 残らず	kesemuanya クスムゥワニャ	entirely
のこ 残り	selebihnya / lebihan / baki スルベ(ヘ)ニャ / ルビハヌ / バキ	rest
のこ 残る	tinggal ティンガル	to remain
の 載せる（置く）	letak / meletak ルタッ / ムルタッ	to put
の 載せる（掲載する）	masukkan / memasukkan マソッカヌ / ムマソッカヌ	to put
の 乗せる	tumpangkan / menumpangkan トゥウムパンカヌ / ムヌウムパンカヌ	to give *sb* a lift
のぞ ま 覗き魔	pengintai プンイヌタイ	Peeping Tom
のぞ 覗く（こっそり）	intai / mengintai イヌタイ / ムンイヌタイ	to peep
のぞ 覗く（道具を使って）	lihat [melihat] melalui リハ(ト) [ムリハ(ト)] ムラルゥイ	to look through
のぞ 覗く（立ち寄る）	jenguk / menjenguk ジュンオッ / ムンジュンオッ	to drop in
のぞ 除く（除外する）	kecualikan / mengecualikan クチュウワリカヌ / ムンゥチュウワリカヌ	to exclude
のぞ 除く（取り去る）	hilangkan / menghilangkan ヒランカヌ / ムンヒランカヌ	to remove
のぞ 望ましい	élok / digalakkan エロッ / ディガラッカヌ	desirable
のぞ 望み	harapan / hasrat / hajat ハラパヌ / ハスラ(ト) / ハジャ(ト)	desire

の

日	マレー	英
望む（願う）	harap / berharap ハラ(プ) / ブーハラ(プ)	to hope
望む（遠くを見渡す）	lihat / melihat リハ(ト) / ムリハ(ト)	to see
臨む（面している）	hadap / menghadap ハダ(プ) / ムンハダ(プ)	to face
臨む（出席する）	hadiri / menghadiri ハディリ / ムンハディリ	to attend
後	kemudian クムゥディヤヌ	later
ノック	ketukan クトゥウカヌ	knock
ノックする	ketuk / mengetuk クトッ / ムンゥトッ	to knock
乗っ取る	rampas / merampas ラムパス / ムラムパス	to take over
～ので	kerana [disebabkan] ~ クラナ［ディスバ(プ)カヌ］	because ~
喉	tekak / kerongkong トゥカッ / クロンコン	throat
のどか	kesentosaan クスヌトサアヌ	peacefulness
のどかな	sentosa スヌトサ	peaceful
～のに	walaupun [sungguhpun] ~ ワラウポヌ［スゥンゴ(ホ)ポヌ］	though ~
罵る	maki [memaki] (hamun) マキ［ムマキ］（ハモヌ）	to abuse
延ばす	tangguhkan / menangguhkan タンゴ(ホ)カヌ / ムナンゴ(ホ)カヌ	to postpone
延ばす（腕を）	hulurkan / menghulurkan フゥローカヌ / ムンフゥローカヌ	to stretch
伸ばす	panjangkan / memanjangkan パンジャンカヌ / ムマンジャンカヌ	to extend
～の１つ	salah satu [se-] ~ サラ(ハ) サトゥウ［ス］	one of ~
延びる（長くなる）	dipanjangkan ディパンジャンカヌ	to be extended
延びる（延期される）	ditangguhkan ディタンゴ(ホ)カヌ	to be postponed

日	マレー	英
伸(の)びる（長くなる）	memanjang ムマンジャン	to get long
伸(の)びる （まっすぐになる）	jadi [menjadi] regang ジャディ［ムンジャディ］ルガン	to stretch
伸(の)びる（向上する）	meningkat ムニンカ(ト)	to improve
延(の)べ	pada keseluruhannya パダ クスルゥルゥハヌニャ	in total
述(の)べる	nyatakan / menyatakan ニャタカヌ / ムニャタカヌ	to state
ノベルティ	hadiah novélti ハディヤ(ハ) ノヴェルティ	novelty item
上(のぼ)り	perjalanan naik プージャラナヌ ナエッ	way up
上(のぼ)る	naik / naiki / menaiki ナエッ / ナイキ / ムナイキ	to go up
登(のぼ)る（山に）	daki / mendaki ダキ / ムヌダキ	to climb
登(のぼ)る（よじ登る）	panjat / memanjat パンジャ(ト) / ムマンジャ(ト)	to climb
昇(のぼ)る	naik / terbit ナエッ / トゥーベ(ト)	to rise
～のみ	~ sahaja [saja] サハジャ［サジャ］	only ~
蚤(のみ)	kutu / pinjal クゥトゥゥ / ピンジャル	flea
飲(の)み込(こ)む	telan / menelan トゥラヌ / ムヌラヌ	to swallow
飲物(のみもの)	minuman / air ミヌゥマヌ / アエー	beverage
飲(の)む	minum ミノム	to drink
飲(の)む（噛まずに）	makan マカヌ	to swallow
野(の)焼(や)き	pembakaran terbuka プムバカラヌ トゥーブゥカ	open burning
野良犬(のらいぬ)	anjing liar アンジェン リヤー	stray dog
野良猫(のらねこ)	kucing liar クゥチェン リヤー	stray cat

の

日	マレー	英
糊(のり)	gam ガム	gum
乗(の)り換(か)え	pertukaran プートゥウカラヌ	transfer
乗(の)り換(か)える	tukar [bertukar] (naik) トゥウカー［ブートゥウカー］(ナェッ)	to transfer
乗(の)り越(こ)す	terlajak stésén トゥーラジャッ ステセヌ	to ride past one's station [destination]
乗(の)り込(こ)む	naik ke dalam ナェッ ク ダラム	to get into
乗(の)り継(つ)ぎ	transit / singgah トラヌセ(ト) / スインガ(ハ)	transit
乗(の)り継(つ)ぎ空港(くうこう)	lapangan terbang transit ラパンアヌ トゥーバン トラヌセ(ト)	transit airport
乗(の)り継(つ)ぎ便(びん)	penerbangan bersambung プヌーバンアヌ ブーサムボン	connecting flight
乗(の)り継(つ)ぐ	tukar [bertukar] (naik) トゥウカー［ブートゥウカー］(ナェッ)	to transfer
乗(の)り物(もの)	kenderaan クヌドゥラアヌ	vehicle
乗(の)り物(もの)酔(よ)い	mabuk kenderaan マボッ クヌドゥラアヌ	motion sickness
載(の)る	keluar / muncul クルゥワー / ムゥンチョル	to appear
乗(の)る	naik / menaiki ナェッ / ムナイキ	to get on
鈍(のろ)い	lambat / perlahan / lembap ラムバ(ト) / プーラハヌ / ルムバ(プ)	slow
呪(のろ)い	laknat ラクナ(ト)	curse
のろのろ	dengan lambat ドゥンアヌ ラムバ(ト)	slowly
のん気(き)な	sentiasa senang hati スヌティヤサ スナン ハティ	happy-go-lucky
のんびり	perlahan-lahan プーラハヌ ラハヌ	leisurely
のんびりした	tidak sérius ティダッ セリウゥス	easy-going
のんびりする	santai / bersantai サヌタイ / ブーサヌタイ	to relax

日	マレー	英

▼ は，ハ

日	マレー	英
歯（は）	gigi ギギ	tooth
刃（は）	mata pisau [pedang] マタ ピサゥ [プダン]	blade
～派（は）	kumpulan [pengikut] ~ クゥムプゥラヌ [プンイコ(ト)]	~ group
～派（は）（宗派）	mazhab ~ マズハ(ブ)	~ sect
葉（は）	daun ダォヌ	leaf
バー	bar バー	bar
場合（ばあい）	kés ケス	case
把握（はあく）	pemahaman / pengetahuan プマハマヌ / プンゥタフゥワヌ	grasp
把握（はあく）する	faham / fahami / memahami ファハム / ファハミ / ムマハミ	to grasp
バーゲンセール	jualan murah ジュゥワラヌ ムゥラ(ハ)	(bargain) sale
パーセンテージ	peratusan プラトゥウサヌ	percentage
パーセント	peratus プラトス	per cent
パーティー	majlis / jamuan マジレス / ジャムゥワヌ	party
パート(役割、分担)	peranan プラナヌ	role
パート (パートタイム)	kerja sambilan クージャ サムビラヌ	part time job
パート (部分)	bahagian バハギヤヌ	part
ハードウェア	perkakasan プーカカサヌ	hardware
パートタイマー	pekerja sambilan プクージャ サムビラヌ	part-timer
パートタイム	kerja sambilan クージャ サムビラヌ	part time job

日	マレー	英
ハードな	payah / sukar / susah パヤ(ハ) / スゥカー / スゥサ(ハ)	hard
パートナー	rakan kongsi / pekongsi ラカヌ コンスィ / プコンスィ	partner
パートナー(人生の)	pasangan パサンアヌ	partner
ハーブ	herba フルバ	herb
ハーブティー	téh herba テ(ヘ) フルバ	herb tea
パーマ	kerinting rambut クリヌテン ラムボ(ト)	perm
～はありますか	ada ~? アダ	is [are] there ~?
はい	ya ヤ	yes
灰(はい)	abu アブゥ	ash
～杯(はい)	~ cawan [gelas / sudu] チャワヌ [グラス / スゥドゥゥ]	~ cup(s) [glass(es) / spoon(s)]
肺(はい)	paru-paru パルゥ パルゥ	lung
～倍(ばい)	~ kali (ganda) カリ (ガヌダ)	~ times
灰色(はいいろ)	(warna) kelabu (ワーナ) クラブゥ	grey
梅雨(ばいう)	musim hujan ムゥセム フゥジャヌ	rainy season
廃液(はいえき)	sisa buangan cecair スィサ ブゥワンアヌ チュチャイェー	waste fluid
肺炎(はいえん)	pnéumonia / radang paru-paru ニュゥモニヤ / ラダン パルゥ パルゥ	pneumonia
ハイオクガソリン	pétrol [minyak] prémium ペトロル [ミニャッ] プレミヨム	premium petrol
バイオリン	biola ビオラ	violin
胚芽(はいが)	germa ジュルマ	germ
廃棄(はいき)	pembuangan / pelupusan プムブゥワンアヌ / プルゥプゥサヌ	disposal

日	マレー	英
廃棄する（はいき）	buang / membuang ブゥワン / ムムブゥワン	to dispose
排気ガス（はいき）	asap ékzos アサ(プ) エクゾス	exhaust fumes [gas]
廃棄物（はいきぶつ）	bahan buangan バハヌ ブゥワンアヌ	waste
売却（ばいきゃく）	penjualan プンジュゥワラヌ	sale
売却する（ばいきゃく）	jual / menjual ジュゥワル / ムンジュゥワル	to sell off
配給（はいきゅう）	catuan チャトゥゥワヌ	ration
配給する（はいきゅう）	catu / mencatu チャトゥゥ / ムンチャトゥゥ	to ration
廃墟（はいきょ）	puing プゥエン	ruins
黴菌（ばいきん）	kuman クゥマヌ	germ
ハイキング	pengembaraan berjalan kaki プンゥムバラアヌ ブージャラヌ カキ	hiking
ハイキングする	mengembara dengan berjalan kaki ムンゥムバラ ドゥンアヌ ブージャラヌ カキ	to hike
俳句（はいく）	haiku ハイクゥ	haiku
バイク	motosikal / motor モトスイカル / モトー	motorcycle
配偶者（はいぐうしゃ）	pasangan / suami / isteri パサンアヌ / スゥワミ / イストゥリ	spouse
バイクタクシー	téksi motosikal テクスイ モトスイカル	motorcycle taxi
背景（はいけい）	latar belakang ラター ブラカン	background
背後（はいご）	belakang ブラカン	back
灰皿（はいざら）	tempat abu rokok トゥムパ(ト) アブゥ ロコッ	ash tray
廃止（はいし）	pemansuhan プマヌソハヌ	abolition
廃止する（はいし）	mansuhkan / memansuhkan マヌソ(ホ)カヌ / ムマヌソ(ホ)カヌ	to abolish

は

日	マレー	英
歯医者(はいしゃ)	doktor gigi [pergigian] ドクトー ギギ［プーギギヤヌ］	dentist
拝借(はいしゃく)する	pinjam / meminjam ピンジャム / ムミンジャム	to borrow
ハイジャック	rampasan ラムパサヌ	hijacking
買収(ばいしゅう)	pemeroléhan / pembelian プムーオレハヌ / プムブリヤヌ	acquisition
買収(ばいしゅう)する	peroléh / memperoléh プーオレ(へ) / ムムプーオレ(へ)	to acquire
排出(はいしゅつ)	pengeluaran / pelepasan プンゥルゥワラヌ / プルパサヌ	emission
排出(はいしゅつ)する	keluarkan / mengeluarkan クルゥワーカヌ / ムンゥルゥワーカヌ	to emit
売春(ばいしゅん)	pelacuran プラチュゥラヌ	prostitution
売春(ばいしゅん)する	lacurkan [melacurkan] diri ラチョーカヌ［ムラチョーカヌ］ディリ	to prostitute oneself
売春婦(ばいしゅんふ)	pelacur プラチョー	prostitute
排除(はいじょ)	pengecualian / penyingkiran プンゥチュゥワリヤヌ / プニィンキラヌ	exclusion
排除(はいじょ)する	singkirkan / menyingkirkan スィンケーカヌ / ムニィンケーカヌ	to exclude
賠償(ばいしょう)	ganti rugi ガヌティ ルゥギ	compensation
賠償(ばいしょう)する	bayar [membayar] ganti rugi バヤー［ムムバヤー］ガヌティ ルゥギ	to compensate
排水(はいすい)	penyaliran プニャリラヌ	draining
排水(はいすい)する	salirkan / menyalirkan サレーカヌ / ムニャレーカヌ	to drain
排泄(はいせつ)	perkumuhan / pengumuhan プークゥムゥハヌ / プンゥウムゥハヌ	excretion
排泄(はいせつ)する	berkumuh ブークゥモ(ホ)	to excrete
排泄物(はいせつぶつ)	bahan buangan / kumuhan バハヌ ブゥワンアヌ / クゥムゥハヌ	excretion
敗戦(はいせん)	kekalahan dalam perang クカラハヌ ダラム プラン	defeat in a war

日	マレー	英
はいせん 敗戦する	kalah (dalam) perang カラ(ハ) (ダラム) プラン	to lose in a war
はいたつ 配達	penghantaran プンハヌタラヌ	delivery
はいたつ 配達する	hantar / menghantar ハヌター / ムンハヌター	to deliver
はいち 配置	penempatan / aturan プヌムパタヌ / アトゥウラヌ	arrangement
はいち 配置する	tempatkan / menempatkan トゥムパ(ト)カヌ / ムヌムパ(ト)カヌ	to arrange
ばいてん 売店	kedai / kios クダイ / キオス	kiosk
はいとう 配当（配当金）	dividen ディヴィドゥヌ	dividend
はいとう 配当（配当すること）	pengagihan / pembahagian プンァギハヌ / プムバハギヤヌ	distribution
はいとう 配当する	agihkan / mengagihkan アゲ(ヘ)カヌ / ムンァゲ(ヘ)カヌ	to distribute
パイナップル	nanas ナナス	pineapple
ばいばい 売買	jual beli ジュウワル ブリ	buying and selling
ばいばい 売買する	jual [berjual] beli ジュウワル [ブージュウワル] ブリ	to buy and sell
バイパス	jalan pintasan [pintas] ジャラヌ ピヌタサヌ [ピヌタス]	bypass
ハイビスカス	bunga raya ブウンァ ラヤ	hibiscus
はいふ 配布	pengédaran プンエダラヌ	distribution
はいふ 配布する	édarkan / mengédarkan エダーカヌ / ムンエダーカヌ	to distribute
パイプ（管）	paip / pipa パエ(プ) / ピパ	pipe
パイプ（喫煙具）	paip パエ(プ)	pipe
はいぶん 配分	pembahagian プムバハギヤヌ	distribution
はいぶん 配分する	bahagikan / membahagikan バハギカヌ / ムムバハギカヌ	to distribute

日	マレー	英
はいぼく 敗北	kekalahan クカラハヌ	defeat
はいぼく 敗北する	kalah カラ(ハ)	to be defeated
はいゆう 俳優	pelakon プラコヌ	actor
ばいりつ 倍率	pembesaran / kadar gandaan プムブサラヌ / カダー ガヌダアヌ	magnification
はいりょ 配慮	pertimbangan プーティムバンアヌ	consideration
はいりょ 配慮する	ambil [mengambil] kira アムベル [ムンアムベル] キラ	to take into consideration
バイリンガル	penutur dwibahasa プヌゥトー ドウィバハサ	bilingual
はい 入る	masuk / masuki / memasuki マソッ / マソキ / ムマソキ	to enter / to join
はい 入る (収まる)	muat ムゥワ(ト)	to fit
はいれつ 配列	susunan スゥスゥナヌ	arrangement
はいれつ 配列する	susun / menyusun スゥスゥヌ / ムニュウスゥヌ	to arrange
パイロット	juruterbang ジュゥルゥトゥーバン	pilot
は 這う	rangkak / merangkak ランカッ / ムランカッ	to crawl
はえ 蝿	lalat ララ(ト)	fly
は 映える	kelihatan menarik / berseri クリハタヌ ムナレッ / ブースリ	to look amazing
は 生える	tumbuh トゥウムボ(ホ)	to grow
はか 墓	kubur / kuburan / makam クゥボー / クゥブゥラヌ / マカム	grave
ばか 馬鹿	bodoh / dungu ボド(ホ) / ドゥウンウゥ	fool
ばか 馬鹿な	bodoh / bebal / dungu ボド(ホ) / ブバル / ドゥウンウゥ	foolish
はかい 破壊	pemusnahan / penghancuran プムゥスナハヌ / プンハンチュウラヌ	destruction

日	マレー	英
はかい 破壊する	musnahkan / memusnahkan ムウスナ(ハ)カヌ / ムムウスナ(ハ)カヌ	to destroy
はがき	poskad ポスカ(ド)	post card
は 剥がす	tanggalkan / menanggalkan タンガルカヌ / ムナンガルカヌ	to peel
はかせ 博士	doktor ドクトウー	doctor
はかど 捗る	berjalan lancar / maju ブージャラヌ ランチャー / マジュウ	to make progress
はか 果敢ない	rapuh / tidak tahan lama ラポ(ホ) / ティダッ タハヌ ラマ	frail
ばかばか 馬鹿馬鹿しい	bodoh / tidak masuk akal ボド(ホ) / ティダッ マソッ アカル	ridiculous
はかり 秤	(alat) penimbang (アラ(ト)) プニムバン	scales
～ばかり(だけ)	hanya ~ (sahaja [saja]) ハニャ (サハジャ [サジャ])	only ~
～ばかり(直後)	baru (sahaja [saja]) ~ バルゥ (サハジャ [サジャ])	just ~
はか 測る(測定する)	ukur / mengukur ウゥコー / ムンウゥコー	to measure
はか 計る(推測する)	agak / mengagak アガッ / ムンアガッ	to conjecture
はか 諮る	runding / berunding ルウヌデン / ブルウヌデン	to bring up
はか 図る	rancang / merancang ランチャン / ムランチャン	to plan
はか 量る(重さを)	timbang / menimbang ティムバン / ムニムバン	to weigh
は 剥がれる	tanggal / terkopék タンガル / トゥーコペッ	to peel
はき 破棄	pembuangan / pelupusan プムブウワンアヌ / プルウプウサヌ	abandonment
はき 破棄する	buang / membuang ブウワン / ムムブウワン	to discard
は け 吐き気	rasa nak [hendak] muntah ラサ ナッ [フヌダッ] ムウヌタ(ハ)	nausea
は け 吐き気がする	rasa [berasa] mual [loya] ラサ [ブラサ] ムウワル [ロヤ]	to feel sick

日	マレー	英
はきはきと （話す、答える）	dengan jelas [tegas] ドゥンアヌ ジュラス ［トゥガス］	lucidly
は　と 剥ぎ取られる	tercabut トゥーチャボ(ト)	to be ripped off
は　と 剥ぎ取る	cabut / mencabut チャボ(ト) / ムンチャボ(ト)	to rip off
は 掃く	sapu / menyapu サプゥ / ムニャプゥ	to sweep
は 吐く	muntah / termuntah ムゥヌタ(ハ) / トゥームゥヌタ(ハ)	to vomit
は 履く	pakai / memakai パカイ / ムマカイ	to put on
は 剥ぐ	tanggalkan / menanggalkan タンガルカヌ / ムナンガルカヌ	to strip
はくがい 迫害	penindasan / penyéksaan プニヌダサヌ / プニェクサアヌ	persecution
はくがい 迫害する	tindas / menindas ティヌダス / ムニヌダス	to persecute
はくさい 白菜	sawi putih サウィ プゥテ(ヘ)	Chinese cabbage
はくじゃく 薄弱	kelemahan クルマハヌ	weakness
はくじゃく 薄弱な	lemah ルマ(ハ)	weak
はくしゅ 拍手	tepuk tangan トゥポッ タンアヌ	applause
はくしゅ 拍手する	tepuk [bertepuk] tangan トゥポッ ［ブートゥポッ］ タンアヌ	to clap one's hands
はくじょう 白状	pengakuan プンアクゥワヌ	confession
はくじょう 白状する	aku / mengaku / akui / mengakui アクゥ / ムンアクゥ / アクゥイ / ムンアクゥイ	to confess
はくじん 白人	orang putih / Mat Saléh オラン プゥテ(ヘ) / マ(ト) サレ(ヘ)	white (person)
はくせい 剥製（技術）	taksidermi タクスイドゥルミ	taxidermy
はくせい 剥製（動物）	awétan kering アウェタヌ クレン	stuffed specimen
ばくぜん 漠然と	secara samar-samar スチャラ サマー サマー	vaguely

日	マレー	英
ばくぜん 漠然とした	samar-samar / tidak jelas サマー サマー / ティダッ ジュラス	vague
ばくだい 莫大な	sangat banyak [besar] サンァ(ト) バニャッ [ブサー]	enormous
ばくだん 爆弾	bom ボム	bomb
はくちょう 白鳥	angsa putih アンサ プゥテ(ヘ)	swan
バクテリア	baktéria バクテリヤ	bacteria
はくないしょう 白内障	katarak カタラッ	cataract
ばくは 爆破	peletupan / peledakan プルトゥウパヌ / プルダカヌ	blowing up
ばくは 爆破する	letupkan / meletupkan ルト(プ)カヌ / ムルト(プ)カヌ	to blow up
ばくはつ 爆発	letupan / letusan ルトゥウパヌ / ルトゥウサヌ	explosion
ばくはつ 爆発する	letup / meletup ルト(プ) / ムルト(プ)	to explode
はくぶつかん 博物館	muzium ムゥズィヨム	museum
はくらんかい 博覧会	ékspo エクスポ	expo
はぐるま 歯車	(roda) géar (ロダ) ゲアー	gear
ばくろ 暴露	pendedahan プヌドゥダハヌ	disclosure
ばくろ 暴露する	dedahkan / mendedahkan ドゥダ(ハ)カヌ / ムヌドゥダ(ハ)カヌ	to disclose
はけ 刷毛	berus ブロス	brush
はげ 激しい	dahsyat / teruk / sangat kuat ダ(ハ)シャ(ト) / トゥロッ / サンァ(ト) クゥワ(ト)	severe
は 禿げた	botak / gondol ボタッ / ゴヌドル	bald
バケツ	baldi / timba バルディ / ティムバ	bucket
はげ 励ます (奨励する)	galakkan / menggalakkan ガラッカヌ / ムンガラッカヌ	to encourage

は

日	マレー	英
はげ 励ます(元気付ける)	beri [memberi] semangat ブリ [ムムブリ] スマンア(ト)	to cheer up
はげ 励む	berusaha ブルゥサハ	to make efforts
は 剥げる	tertanggal トゥータンガル	to peel off
は 禿げる	jadi [menjadi] botak ジャディ [ムンジャディ] ボタッ	to become bald
ば 化ける	jelma / menjelma ジュルマ / ムンジュルマ	to transform
ハゲワシ	burung hering ブゥロン フレン	vulture
は けん 派遣	penghantaran プンハヌタラヌ	sending
は けん 派遣する	hantar / menghantar ハヌター / ムンハヌター	to send
はこ 箱	kotak コタッ	box
はこ 運ぶ	angkut / mengangkut アンコ(ト) / ムンアンコ(ト)	to carry
はさ 挟まる	tersepit / terselit トゥースペ(ト) / トゥースレ(ト)	to be caught in [between]
はさみ 鋏	gunting グゥヌテン	scissors
はさ 挟む(間に入れる)	selitkan / menyelitkan スレ(ト)カヌ / ムニュレ(ト)カヌ	to insert
はさ 挟む(挟み込む)	sepit / menyepit スペ(ト) / ムニュペ(ト)	to nip
は さん 破産	kemuflisan / kebankrapan クムゥフリサヌ / クベンクラパヌ	bankruptcy
は さん 破産する	jadi [menjadi] muflis ムゥフレス / ベンクラ(プ)	to go bankrupt
は さん 破産した	muflis / bankrap ムゥフレス / ベンクラ(プ)	bankrupt
はし 橋	jambatan ジャムバタヌ	bridge
はし 端	tepi / pinggir / sisi トゥピ / ピンゲー / スイスイ	edge
はし 箸	penyepit / sepit プニュペ(ト) / スペ(ト)	chopsticks

日	マレー	英
はじ 恥	rasa malu ラサ マルゥ	shame
はじ 弾く	jentik / menjentik ジュヌテッ / ムンジュヌテッ	to flip
はしご	tangga タンガ	ladder
はじ し 恥知らずな	tidak [tak] tahu malu ティダッ [タッ] タフゥ マルゥ	shameless
はじ 始まり	permulaan プームゥラアヌ	beginning / start
はじ 始まる	bermula ブームゥラ	to begin
はじ 初め	awal アワル	early
はじ 初めて	kali pertama / buat pertama kalinya カリ プータマ / ブゥワ(ト) プータマ カリニャ	for the first time
はじ 始めに	pada mulanya / mula-mula パダ ムゥラニャ / ムゥラ ムゥラ	at the beginning
はじ 初めに	terlebih dahulu / pertama トゥールベ(ヘ) ダフゥルゥ / プータマ	first of all
はじ 初めまして	selamat berkenalan / salam perkenalan スラマ(ト) ブークナラヌ / サラム プークナラヌ	nice to meet you
パジャマ	pijama ピジャマ	pyjamas
ば しょ 場所	tempat トゥムパ(ト)	place
はしら 柱	tiang ティヤン	pole
は 恥じらう	malu-malu マルゥ マルゥ	to be shy
はし 走る	lari / berlari ラリ / ブーラリ	to run
は 恥じる	malu マルゥ	to be ashamed
バジル	selasih スラセ(ヘ)	basil
はしわた 橋渡し	perantaraan / pengantaraan プラヌタラアヌ / プンアヌタラアヌ	bridging
はしわた 橋渡しする	jadi [menjadi] perantara ジャディ [ムンジャディ] プラヌタラ	to bridge

日	マレー	英
蓮(はす)	teratai トゥラタイ	lotus
筈(はず)	pasti / seharusnya パㇲティ / スハロㇲニャ	should
バス	bas バㇲ	bus
恥(は)ずかしい	malu マルゥ	shameful
バスケットボール	bola keranjang ボラ クランジャン	basketball
外(はず)す（取り外す）	tanggalkan / menanggalkan タンガㇽカㇴ / ムナンガㇽカㇴ	to remove
外(はず)す（当たらない）	tidak kena ティダッ クナ	to miss
外(はず)す(一時的に離れる)	tinggalkan / meninggalkan ティンガㇽカㇴ / ムニンガㇽカㇴ	to leave
パスタ	pasta パㇲタ	pasta
バスタオル	tuala mandi トゥゥワラ マㇴディ	bath towel
バスタブ	tab mandi タ(ㇷ゚) マㇴディ	bathtub
バス付(つ)き	dengan bilik [tab] mandi ドゥンアㇴ ビレッ [タ(ㇷ゚)] マㇴディ	with bathroom [bathtub]
バス停(てい)	perhentian [hentian] bas プーフㇴティヤㇴ [フㇴティヤㇴ] バㇲ	bus stop
パスポート	pasport パㇲポ(ㇳ)	passport
弾(はず)む	lantun / melantun ラㇴトㇴ / ムラㇴトㇴ	to bounce
パズル	teka-teki トゥカ トゥキ	puzzle
バスルーム	bilik mandi ビレッ マㇴディ	bathroom
外(はず)れる	tertanggal / tercabut トゥータンガㇽ / トゥーチャボ(ㇳ)	to come off
バスローブ	jubah mandi ジュゥバ(ㇵ) マㇴディ	bathrobe
パスワード	kata laluan カタ ラルゥワㇴ	password

日	マレー	英
パセリ	(daun) pasli (ダォヌ) パスリ	parsley
はせん 破線	garisan putus-putus ガリサヌ プゥトス プゥトス	broken line
パソコン	komputer peribadi コムピュゥトゥー プリバディ	personal computer
はそん 破損	kerosakan クロサカヌ	damage
はそん 破損する	rosak ロサッ	to damage
はた 旗	bendéra ブヌデラ	flag
はだ 肌	kulit クゥレ(ト)	skin
バター	mentéga ムヌテガ	butter
パターン	pola ポラ	pattern
はだか 裸	kebogélan / ketelanjangan クボゲラヌ / クトゥランジャンアヌ	nakedness
はだか 裸の	bogél / telanjang ボゲル / トゥランジャン	naked
はだぎ 肌着	baju dalam バジュゥ ダラム	underwear
はたく	tampar / menampar タムパー / ムナムパー	to dust
はたけ 畑	ladang / kebun ラダン / クボヌ	field
はだし 裸足	kaki ayam カキ アヤム	bare foot
はだし 裸足の	berkaki ayam ブーカキ アヤム	barefoot
はたして	sebenarnya / benar-benar スブナーニャ / ブナー ブナー	really
は 果たす	laksanakan / melaksanakan ラクサナカヌ / ムラクサナカヌ	to achieve
はたち 二十歳	(umur) dua puluh tahun (ウゥモー) ドゥウワ プゥロ(ホ) タホヌ	twenty years old
はたら 働き	fungsi / tugas / kerja フゥンスィ / トゥウガス / クージャ	function

は

日	マレー	英
働く（はたら）	kerja / bekerja クージャ / ブクージャ	to work
バタンと閉める（し）	hempas / menghempas フムパス / ムンフムパス	to bang
8	lapan ラパヌ	eight
蜂（はち）	lebah ルバ(ハ)	bee
八月（はちがつ）	(bulan) Ogos （ブゥラヌ）オゴス	August
80	lapan puluh ラパヌ プゥロ(ホ)	eighty
蜂蜜（はちみつ）	madu (lebah) マドゥゥ （ルバ(ハ)）	honey
ばつ（「×」印）	pangkah パンカ(ハ)	cross
罰（ばつ）	hukuman フゥクゥマヌ	punishment
発育（はついく）	pertumbuhan プートゥウムブゥハヌ	growth
発育する（はついく）	tumbuh トゥウムボ(ホ)	to grow
発音（はつおん）	sebutan / lafaz スブゥタヌ / ラファズ	pronunciation
発音する（はつおん）	sebut / menyebut スボ(ト) / ムニュボ(ト)	to pronounce
発芽（はつが）	percambahan プーチャムバハヌ	germination
発芽する（はつが）	bercambah ブーチャムバ(ハ)	to germinate
発揮（はっき）	pemanfaatan / penggunaan プマヌファアタヌ / プングゥナアヌ	exercise
発揮する（はっき）	serlahkan / menyerlahkan スーラ(ハ)カヌ / ムニューラ(ハ)カヌ	to demonstrate
はっきり	dengan jelas ドゥンアヌ ジュラス	clearly
はっきりした（明瞭な）	jelas ジュラス	clear
はっきりした（色が濃い）	terang トゥラン	vivid

日	マレー	英
ばっきん 罰金	denda / kompaun ドゥヌダ / コムパオヌ	fine
バッグ	bég ベ(グ)	bag
パック	pék ペッ	pack
はっくつ 発掘	penggalian プンガリヤヌ	excavation
はっくつ 発掘する	gali / menggali ガリ / ムンガリ	to excavate
バックミラー	cermin pandang belakang チューメヌ パヌダン ブラカン	rear-view mirror
ばつぐん 抜群	keulungan / keunggulan クウゥルゥンアヌ / クウゥングゥラヌ	outstandingness
ばつぐん 抜群の	ulung / unggul / cemerlang ウゥロン / ウゥンゴル / チュムーラン	outstanding
パッケージ	pakéj パケジ	package
はっけつびょう 白血病	léukémia リュウケミヤ	leukaemia
はっけん 発見	penemuan / dapatan プヌムゥワヌ / ダパタヌ	discovery
はっけん 発見する	temui / menemui トゥムゥイ / ムヌムゥイ	to discover
はつげん 発言	kenyataan / kata-kata クニャタアヌ / カタ カタ	statement
はつげん 発言する	buat [membuat] kenyataan ブゥワ(ト) [ムムブゥワ(ト)] クニャタアヌ	to make a statement
はっこう 発行	terbitan / penerbitan トゥービタヌ / プヌービタヌ	publication
はっこう 発行する	terbitkan / menerbitkan トゥーベ(ト)カヌ / ムヌーベ(ト)カヌ	to publish
はっこう 発酵	penapaian プナパイヤヌ	fermentation
はっこう 発酵する	sudah ditapai [diperam] スゥダ(ハ) ディタパイ [ディプラム]	to be fermented
はっこう 発酵させた	ditapai / diperam ディタパイ / ディプラム	fermented
はっこう 発酵させる	menapai / memeram ムナパイ / ムムラム	to ferment

日	マレー	英
ばっさい 伐採	pembalakan / penebangan プムバラカヌ / プヌバンァヌ	cutting down
ばっさい 伐採する	tebang / menebang トゥバン / ムヌバン	to cut down
ばっし 抜歯	pencabutan gigi プンチャブゥタヌ ギギ	tooth extraction
ばっし 抜歯する	cabut [mencabut] gigi チャボ(ト) [ムンチャボ(ト)] ギギ	to pull out a tooth
バッジ	lencana ルンチャナ	badge
はっしゃ 発射（打ち上げ）	pelancaran プランチャラヌ	launch
はっしゃ 発射（射撃）	penémbakan プネムバカヌ	firing
はっしゃ 発射する （打ち上げる）	lancarkan / melancarkan ランチャーカヌ / ムランチャーカヌ	to launch
はっしゃ 発射する （射撃する）	témbakkan / menémbakkan テムバッカヌ / ムネムバッカヌ	to fire
はっしゃ 発車	pelepasan プルパサヌ	departure
はっしゃ 発車する	berlepas / bertolak ブールパス / ブートラッ	to depart
パッションフルーツ	buah markisa [markisah] ブゥワ(ハ) マーキサ [マーキサ(ハ)]	passion fruit
はっしん 発進	pelepasan プルパサヌ	departure
はっしん 発進する	berlepas / bertolak ブールパス / ブートラッ	to depart
ばっすい 抜粋	petikan / kutipan プティカヌ / クゥティパヌ	excerpt
ばっすい 抜粋する	petik / memetik プテッ / ムムテッ	to excerpt
はっ 発する （光、音、熱、命令を）	keluarkan / mengeluarkan クルゥワーカヌ / ムンゥルゥワーカヌ	to give (off) / to issue
ばっ 罰する	hukum / menghukum フゥコム / ムンフゥコム	to punish
はっせい 発生	timbulnya / berlakunya ティムボルニャ / ブーラクゥニャ	occurrence
はっせい 発生する	timbul / berlaku / terjadi ティムボル / ブーラクゥ / トゥージャディ	to occur

は

日	マレー	英
はっそう 発想	idéa / pemikiran アイデヤ / プミキラヌ	idea
はっそう 発想する	dapat [mendapat] idéa ダパ(ト) [ムヌダパ(ト)] アイデヤ	to come up with an idea
はっそう 発送	penghantaran / kiriman プンハヌタラヌ / キリマヌ	dispatch
はっそう 発送する	hantar / menghantar ハヌター / ムンハヌター	to dispatch
はっそうひん 発送品	barang penghantaran バラン プンハヌタラヌ	shipped item
は 張った	regang ルガン	taut
バッタ	belalang ブララン	grasshopper
はったつ 発達	pertumbuhan / kemajuan プートゥウムブゥハヌ / クマジュウワヌ	development
はったつ 発達する	tumbuh / maju / membangun トゥウムボ(ホ) / マジュウ / ムムバンオヌ	to develop
ばったり	secara kebetulan スチャラ クブトゥウラヌ	by chance
はっちゅうしょ 発注書	borang tempahan ボラン トゥムパハヌ	order form
バッテリー	bateri バトゥリ	battery
はってん 発展	kemajuan / pembangunan クマジュウワヌ / プムバンウゥナヌ	development
はってん 発展する	maju / membangun / berkembang マジュウ / ムムバンオヌ / ブークムバン	to develop
はつでん 発電	penjanaan tenaga éléktrik プンジャナアヌ トゥナガ エレクトレッ	power generation
はつでん 発電する	jana [menjana] tenaga éléktrik ジャナ [ムンジャナ] トゥナガ エレクトレッ	to generate power
はつでんしょ 発電所	stésén [loji] janakuasa ステセヌ [ロジ] ジャナクゥワサ	power station [plant]
はってんとじょうこく 発展途上国	negara membangun ヌガラ ムムバンオヌ	developing country [nation]
バット (野球の)	(kayu) pemukul (カユゥ) プムゥコル	bat
バット (浅い容器)	dulang ドゥウラン	tray

日	マレー	英
バット VAT	VAT / cukai nilai tambahan ヴィエティ / チュゥカイ ニライ タムバハヌ	VAT / value added tax
はつねつ 発熱（する）	demam ドゥマム	(to have a) fever
はつばい 発売	penjualan プンジュゥワラヌ	sale
はつばい 発売する	mula jual [menjual] ムゥラ ジュゥワル［ムンジュゥワル］	to put *sth* on sale
はつびょう 発病する	jatuh sakit ジャトゥ(ホ) サケ(ト)	to fall ill
はっぴょう 発表	pengumuman プンウゥムゥマヌ	announcement
はっぴょう 発表する	umumkan / mengumumkan ウゥモムカヌ / ムンウゥモムカヌ	to announce
はつみみ 初耳	pertama kali dengar プータマ カリ ドゥンアー	first time I've heard
はつめい 発明	ciptaan / penciptaan チ(プ)タアヌ / プンチ(プ)タアヌ	invention
はつめい 発明する	cipta / mencipta チ(プ)タ / ムンチ(プ)タ	to invent
は 果て	penghujung / hujung プンフゥジョン / フゥジョン	end
はで 派手な	menonjol / garang ムノンジョル / ガラン	loud
は 果てる	berakhir ブラヘー	to end
ばてる	letih lesu / lelah ルテ(ヘ) ルスゥ / ルラ(ハ)	to be exhausted
はと 鳩	(burung) merpati (ブゥロン) ムーパティ	pigeon
パトカー	keréta peronda (polis) クレタ プロヌダ（ポレス）	patrol car
はな 花	bunga ブゥンァ	flower
はな 鼻	hidung ヒドン	nose
はな 鼻くそ	hingus ヒンオス	snot
はなし 話	cerita チュリタ	story

日	マレー	英
はな　あ 話し合い	perbincangan / diskusi プービンチャンアヌ / ディスクゥスィ	discussion
はな　あ 話し合う	bincang / berbincang ビンチャン / ブービンチャン	to discuss
はな　か 話し掛ける	tegur / menegur トゥゴー / ムヌゴー	to speak to
はな　ちゅう 話し中の （話している）	sedang bercakap スダン ブーチャカ(プ)	in the middle of talking
はな　ちゅう 話し中の （つながらない）	sibuk セボッ	busy
はな 放す	lepaskan / melepaskan ルパスカヌ / ムルパスカヌ	to release
はな 離す	pisahkan / memisahkan ピサ(ハ)カヌ / ムミサ(ハ)カヌ	to separate
はな 離す（差をつける）	semakin dahului [mendahului] スマケヌ ダフゥルゥイ ［ムヌダフゥルゥイ］	to gain on [upon]
はな 話す	cakap / bercakap チャカ(プ) / ブーチャカ(プ)	to speak
はなすじ 鼻筋	batang hidung バタン ヒドン	bridge of the nose
はなたば 花束	jambak bunga ジャムバッ ブゥンァ	bouquet
はな　ぢ 鼻血	hidung berdarah ヒドン ブーダラ(ハ)	nosebleed
バナナ	pisang ピサン	banana
はなはだしい	melampau ムラムパゥ	outrageous
はなばな 華々しい	hébat / gemilang / cemerlang ヘバ(ト) / グミラン / チュムーラン	glorious
はな　び 花火	bunga api ブゥンァ アピ	fireworks
はな 花びら	kelopak bunga クロパッ ブゥンァ	flower petal
はな　み 花見する	lihat [melihat] bunga sakura リハ(ト) ［ムリハ(ト)］ ブゥンァ サクゥラ	to see cherry blossoms
はなみず 鼻水	hingus / air hidung ヒンォス / アェー ヒドン	runny nose
はな　や 花屋	kedai bunga クダィ ブゥンァ	flower shop

日	マレー	英
はな 華やか	kecantikan クチャヌティカヌ	gorgeousness
はな 華やかな	sungguh cantik スゥンゴ(ホ) チャヌテッ	gorgeous
はなよめ 花嫁	pengantin perempuan プンアヌテヌ プルムプウワヌ	bride
はな 離れる	jauh / berjauhan ジャォ(ホ) / ブージャォハヌ	to be away
はな 離れる（去る）	tinggalkan / meninggalkan ティンガルカヌ / ムニンガルカヌ	to leave
はな 離れる（辞める）	letakkan [meletakkan] jawatan ルタッカヌ［ムルタッカヌ］ジャワタヌ	to quit
バニラ	vanila ヴェニラ	vanilla
はね 羽（毛）	bulu ブウルゥ	feather
はね 羽（翼）	sayap / kepak サヤ(プ) / クパッ	wing
ばね	spring / pegas スプレン / プガス	spring
ハネムーン	bulan madu ブウラヌ マドゥウ	honeymoon
は 跳ねる（飛び上がる）	lompat / melompat ロムパ(ト) / ムロムパ(ト)	to jump
は 跳ねる（飛び散る）	percik / terpercik / memercik プーチェッ / トゥープーチェッ / ムムーチェッ	to splash
ハノイ	Hanoi ハノィ	Hanoi
はは 母	ibu / emak イブゥ / ウマッ	mother
はば 幅	lébar レバー	width
パパイヤ	betik / papaya ブテッ / パパヤ	papaya
ははおや 母親	ibu / emak イブゥ / ウマッ	mother
はばひろ 幅広い（範囲が広い）	luas / meluas / pelbagai ルゥワス / ムルゥワス / プルバガィ	wide
はばひろ 幅広い（横幅が長い）	lébar レバー	wide

日	マレー	英
はば 阻む	halang / menghalang ハラン / ムンハラン	to block
はぶ 省く	tidak masukkan [memasukkan] ティダッ マソッカヌ [ムマソッカヌ]	to omit
は 歯ブラシ	berus gigi ブロス ギギ	toothbrush
は へん 破片	serpihan / pecahan スーピハヌ / プチャハヌ	fragment
は まき 葉巻	cerut チュロ(ト)	cigar
はま べ 浜辺	pantai パヌタイ	beach
はまる(ぴったり入る)	muat / padan ムゥワ(ト) / パダヌ	to fit (in)
はまる（落ち込む）	terjatuh ke dalam トゥージャトゥ(ホ) ク ダラム	to fall into
はまる（熱中する）	gila / berminat ギラ / ブーミナ(ト)	to be crazy
は みが 歯磨きする	gosok [menggosok] gigi ゴソッ [ムンゴソッ] ギギ	to brush one's teeth
は みが こ 歯磨き粉	ubat gigi ウゥバ(ト) ギギ	toothpaste
ハム	ham ヘム	ham
はめる(中に入れる)	masukkan / memasukkan マソッカヌ / ムマソッカヌ	to put in
はめる(身に付ける)	pakai / memakai パカイ / ムマカイ	to put on
ば めん 場面	adegan / babak アドゥガヌ / ババッ	scene
はや 早い	awal / cepat アワル / チュパ(ト)	early
はや 速い	cepat / laju チュパ(ト) / ラジュゥ	fast
はや もの が 早い者勝ち	siapa (yang) cepat, dia (yang) dapat スィヤパ（ヤン）チュパ(ト) ディヤ（ヤン）ダパ(ト)	fist come, first served
はやくちこと ば 早口言葉	pembelit [pemutar] lidah プムブレ(ト) [プムゥター] リダ(ハ)	tongue twister

は

日	マレー	英
早口(はやくち)で話(はな)す	cakap (dengan) laju チャカ(プ) (ドゥンアヌ) ラジュゥ	to talk fast
林(はやし)	hutan kecil / belukar フウタヌ クチエル / ブルゥカー	woods
生(は)やす	tumbuhkan / menumbuhkan トゥウムボ(ホ)カヌ / ムヌウムボ(ホ)カヌ	to grow
早道(はやみち)	jalan pintas ジャラヌ ピヌタス	shortcut
早(はや)める	cepatkan / mencepatkan チュパ(ト)カヌ / ムンチュパ(ト)カヌ	to speed up
流行病(はやりやまい)	wabak ワバッ	epidemic
流行(はや)る	jadi [menjadi] popular ジャディ [ムンジャディ] ポプゥラー	to be popular
腹(はら)	perut プロ(ト)	belly
薔薇(ばら)	(bunga) ros / mawar (ブゥンァ) ロス / マワー	rose
ハラール	halal ハラル	halal
ハラール認証(にんしょう)	pensijilan halal プヌスイジラヌ ハラル	halal certification
ハラール認証書(にんしょうしょ)	sijil halal スイジェル ハラル	halal certificate
ハラールマーク	logo halal ロゴ ハラル	halal logo
払(はら)い込(こ)む	bayar / membayar バヤー / ムムバヤー	to pay (into)
払(はら)い戻(もど)し	bayaran balik バヤラヌ バレッ	refund
払(はら)い戻(もど)し不可(ふか)の	tidak boléh dibayar balik ティダッ ボレ(ヘ) ディバヤー バレッ	non-refundable
払(はら)い戻(もど)す	bayar [membayar] balik バヤー [ムムバヤー] バレッ	to pay back
払(はら)う（支払う）	bayar / membayar バヤー / ムムバヤー	to pay
払(はら)う（除去する）	hilangkan / menghilangkan ヒランカヌ / ムンヒランカヌ	to remove
払(はら)う（追い払う）	halau / menghalau ハラウ / ムンハラウ	to drive

日	マレー	英
払う（払い除ける）(はらう)	tepis / menepis トゥペス / ムヌペス	to shake off
パラシュート	payung terjun パヨン トゥージョヌ	parachute
ばらす（暴露する）	bongkar / membongkar ボンカー / ムムボンカー	to expose
ばらす（分割する）	pecahkan / memecahkan プチャ(ハ)カヌ / ムムチャ(ハ)カヌ	to split up
腹立ち(はらだち)	kemarahan クマラハヌ	anger
原っぱ(はらっぱ)	padang / lapangan パダン / ラパンアヌ	open field
はらはらする	berdebar-debar / waswas ブードゥバー ドゥバー / ワスワス	to feel nervous
ばらばらの	berpecah-pecah ブープチャ(ハ) プチャ(ハ)	all split up
ばらまく	tabur / menabur タボー / ムナボー	to scatter
バランス	keseimbangan / imbangan クスイムバンアヌ / イムバンアヌ	balance
バランスシート	kunci kira-kira クゥンチ キラ キラ	balance sheet
針(はり)	jarum ジャロム	needle
針金(はりがね)	dawai ダワィ	wire
張り紙(はりがみ)	poster ポストゥー	poster
馬力(ばりき)	kuasa kuda クゥワサ クゥダ	horsepower
張り切る(はりきる)	bersemangat ブースマンア(ト)	to be eager
貼り付ける(はりつける)	tampal / menampal タムパル / ムナムパル	to paste
春(はる)	musim bunga ムゥセム ブゥンア	spring
張る(はる)（張った状態になる）	jadi [menjadi] regang ジャディ [ムンジャディ] ルガン	to tauten
張る(はる)（張った状態にする）	regangkan / meregangkan ルガンカヌ / ムルガンカヌ	to tauten

は

日	マレー	英
貼る（は）	tampal / menampal タムパル / ムナムパル	to stick
遥か（はる）	kejauhan クジャオハヌ	distance
遥かな（はる）	jauh ジャオ(ホ)	far
バルコニー	balkoni バルコニ	balcony
晴れ（は）	cerah チュラ(ハ)	sunny
腫れ（は）	bengkak ブンカッ	swelling
バレエ	balét バレ	ballet
パレード	perbarisan / perarakan プーバリサヌ / プーアラカヌ	parade
バレーボール	bola tampar ボラ タムパー	volleyball
パレスチナ	Palestin パルスティヌ	Palestine
腫れた（は）	bengkak ブンカッ	swollen
破裂（はれつ）	letupan ルトゥパヌ	rupture
破裂する（はれつ）	letup / meletup ルト(プ) / ムルト(プ)	to rupture
腫れる（は）	bengkak / membengkak ブンカッ / ムムブンカッ	to swell
晴れる（は）	cerah チュラ(ハ)	clear
晴れ渡った（は わた）	(biru) bersih (ビルゥ) ブーセ(ヘ)	clear
バロメーター	kayu aras カユゥ アラス	barometer
パワー	kuasa クゥワサ	power
パワーハラスメント	salah guna kuasa サラ(ハ) グゥナ クゥワサ	power harassment
半（はん）	setengah ストゥンア(ハ)	half

日	マレー	英
はん 反〜	anti-~ アヌティ	anti-~
はん 版（改訂などの）	édisi エディスイ	edition
はん 班	kumpulan クウムプウラヌ	group
ばん 晩	malam マラム	evening
ばん 〜番	nombor ~ ノムボー	number ~
パン	roti ロティ	bread
はん い 範囲	lingkungan / skop リンクウンアヌ / スコ(プ)	range
はんえい 反映	cerminan チューミナヌ	reflection
はんえい 反映する	cerminkan / mencerminkan チューメヌカヌ / ムンチューメヌカヌ	to reflect
はんえい 繁栄	kemakmuran クマッ(ク)ムウラヌ	prosperity
はんえい 繁栄する	makmur マッ(ク)モー	to prosper
はん が 版画	seni cétak / cétakan スニ チェタッ / チェタカヌ	printmaking / print
ハンガー	penyangkut baju プニャンコ(ト) バジュウ	hanger
はん か がい 繁華街	kawasan sibuk カワサヌ セボッ	busy area
はんがく 半額	harga separuh ハルガ スパロ(ホ)	half price
ハンカチ	sapu tangan サプゥ タンアヌ	handkerchief
はんかん 反感	antipati / perasaan benci アヌティパティ / プラサアヌ ブンチ	antipathy
はんきょう 反響（反応）	sambutan / réspons サムブウタヌ / レスポヌス	response
はんきょう 反響（こだま）	gema グマ	echo
はんきょう 反響する	bergema ブーグマ	to echo

は

日	マレー	英
パンク	pancit パンチェ(ト)	puncture
ばんぐみ 番組	rancangan ランチャンアヌ	programme
バングラデシュ	Bangladésh バングラデシ	Bangladesh
バングラデシュ人(じん)	orang Bangladésh オラン バングラデシ	Bangladeshi (people)
はんけい 半径	jejari ジュジャリ	radius
パンケーキ	pankék / pénkék ペヌケッ / ペヌケッ	pancake
はんげき 反撃	serangan balas スランアヌ バラス	counterattack
はんげき 反撃する	serang [menyerang] balas スラン [ムニュラン] バラス	to counterattack
はんけつ 判決	keputusan クプゥトゥウサヌ	judgement
ばんけん 番犬	anjing pengawal アンジェン プンァワル	guard dog
はん こ 判子	cop チョ(プ)	stamp
パン粉(こ)	serbuk roti スーボッ ロティ	bread crumbs
はんこう 反抗	pemberontakan / perlawanan プムブロヌタカヌ / プーラワナヌ	resistance
はんこう 反抗する	berontak / memberontak ブロヌタッ / ムムブロヌタッ	to resist
ばんごう 番号	nombor ノムボー	number
バンコク	Bangkok ベンコッ	Bangkok
ばん 晩ごはん	makan malam マカヌ マラム	dinner
はんざい 犯罪	jenayah ジュナヤ(ハ)	crime
ばんざい 万歳	banzai バヌザィ	banzai
はんざいしゃ 犯罪者	penjenayah プンジュナヤ(ハ)	criminal

日	マレー	英
ハンサム	kekacakan / ketampanan クカチャカヌ / クタムパナヌ	handsomeness
ハンサムな	kacak / tampan / hénsem カチャッ / タムパヌ / ヘヌスム	handsome
はんじ 判事	hakim / pengadil ハケム / プンァデル	judge
はんしゃ 反射	pantulan パヌトゥウラヌ	reflection
はんしゃ 反射する	pantulkan / memantulkan パヌトルカヌ / ムマヌトルカヌ	to reflect
はんじゅく 半熟の	separuh [setengah] masak スパロ(ホ) [ストゥンァ(ハ)] マサッ	half-boiled
はんじょう 繁盛	kemakmuran クマッ(ク)ムウラヌ	prosperity
はんじょう 繁盛する	makmur / berjaya マッ(ク)モー / ブージャヤ	to prosper
はんしょく 繁殖	pembiakan プムビヤカヌ	breeding
はんしょく 繁殖する(殖える)	biak / membiak ビヤッ / ムムビヤッ	to breed
はんしょく 繁殖する(殖やす)	biakkan / membiakkan ビヤッカヌ / ムムビヤッカヌ	to breed
はん 反する	bertentangan / berlawanan ブートゥヌタンァヌ / ブーラワナヌ	to be against
はんせい 反省	taubat / keinsafan タゥバ(ト) / クイヌサファヌ	repentance
はんせい 反省する	taubat / bertaubat タゥバ(ト) / ブータゥバ(ト)	to repent
ばんそうこう 絆創膏	plaster プラストゥー	plaster
はんそく 反則	faul ファオル	foul
はんそく 反則する	buat [membuat] faul ブゥワ(ト) [ムムブゥワ(ト)] ファオル	to commit a foul
パンダ	panda パヌダ	(giant) panda
はんたい 反対（逆）	lawan ラワヌ	reverse
はんたい 反対（不同意）	tentangan / bantahan トゥヌタンァヌ / バヌタハヌ	opposition

は

日	マレー	英
はんたい 反対する	tentang / menentang トゥヌタン / ムヌヌタン	to oppose
はんたい 反対の（逆）	terbalik / bertentangan トゥーバレッ / ブートゥヌタンアヌ	opposite
はんたい 反対の（不同意）	bertentangan / berlawanan ブートゥヌタンアヌ / ブーラワナヌ	opposing
はんたい 反対の（もう一方）	lain / berlainan ラエヌ / ブーライナヌ	the other
はんだん 判断	keputusan / penentuan クプゥトゥウサヌ / プヌヌトゥウワヌ	judgement
はんだん 判断する	buat [membuat] keputusan ブゥワ(ト)［ムムブゥワ(ト)］クプゥトゥウサヌ	to judge
ばんち ～番地	nombor ~ ノムボー	(house) number ~
パンツ（下着）	seluar dalam スルゥワー ダラム	underpants
パンツ（ズボン）	seluar スルゥワー	trousers
はんてい 判定	keputusan / penilaian クプゥトゥウサヌ / プニライヤヌ	judgment
はんてい 判定する	buat [membuat] keputusan ブゥワ(ト)［ムムブゥワ(ト)］クプゥトゥウサヌ	to judge
はんとう 半島	semenanjung スムナンジョン	peninsula
はんどうたい 半導体	sémikonduktor セミコヌドゥトー	semiconductor
ハンドバッグ	bég tangan ベ(グ) タンアヌ	handbag
ハンドル（車などの）	(roda) stéréng （ロダ）ステレン	steering wheel
ハンドル（取っ手）	pemegang プムガン	handle
はんにち 半日	setengah hari ストゥンア(ハ) ハリ	half a day
はんにち 反日の	anti-Jepun アヌティ ジュポヌ	anti-Japanese
はんにん 犯人	pesalah プサラ(ハ)	criminal
ばんにん 万人	semua orang スムゥワ オラン	everyone

日	マレー	英
ばんねん 晩年	saat akhir hayat [hidup] サア(ト) アヘー ハヤ(ト) [ヒド(プ)]	one's final years
はんのう 反応	réaksi / tindak balas レヤクスイ / ティヌダッ バラス	reaction
はんのう 反応する	bertindak balas ブーティヌダッ バラス	to react
ばんのう 万能	maha berkuasa マハ ブークゥワサ	almighty
ばんのう 万能な（全能の）	maha berkuasa マハ ブークゥワサ	almighty
ばんのう 万能な（多目的の）	serba guna スルバ グゥナ	all-purpose
はんぱ 半端	ketidaksempurnaan クティダッ(ク)スムプゥルナアヌ	incompleteness
はんぱ 半端な	tidak sempurna [lengkap] ティダッ スムプゥルナ [ルンカ(プ)]	incomplete
ハンバーガー	burger / hamburger ブグ / ヘムブグ	hamburger
ハンバーグ	pati burger / hamburger パティ ブグ / ヘムブグ	hamburger (patty)
はんばい 販売	penjualan / jualan プンジュゥワラヌ / ジュゥワラヌ	sale
はんばい 販売する	jual / menjual ジュゥワル / ムンジュゥワル	to sell
はんばいいん 販売員	jurujual ジュゥルゥジュゥワル	salesperson
はんばいしゅうにゅう 販売収入	hasil jualan [niaga] ハセル ジュゥワラヌ [ニヤガ]	sales revenue
はんばいそくしん 販売促進	promosi jualan プロモスイ ジュゥワラヌ	sales promotion
はんぱつ 反発（はね返し）	lantunan semula / penolakan ラヌトゥウナヌ スムゥラ / プノラカヌ	repulsion
はんぱつ 反発（反抗）	tentangan トゥヌタンアヌ	opposition
はんぱつ 反発する（はね返す）	lantun [melantun] semula ラヌトヌ [ムラヌトヌ] スムゥラ	to repel
はんぱつ 反発する（反抗する）	tentang / menentang トゥヌタン / ムヌヌタン	to oppose
パンフレット	risalah / brosur / buku kecil リサラ(ハ) / ブロスゥー / ブゥクゥ クチェル	brochure

は

日	マレー	英
はんぶん 半分	separuh スパロ(ホ)	half
ばん め ～番目	ke-~ ク	~-th
はんめん 半面	(salah) satu permukaan （サラ(ハ)）サトゥウ プームゥカアヌ	one side
はんめん 反面	sisi lain / sebaliknya スイスイ ラエヌ / スバレッ(ク)ニャ	(on) the other hand
はんらん 反乱	pemberontakan プムブロヌタカヌ	rebellion
はんらん 反乱する	berontak / memberontak ブロヌタッ / ムムブロヌタッ	to rebel
はんらん 氾濫	limpahan / kebanjiran リムパハヌ / クバンジラヌ	flood
はんらん 氾濫する	limpah / melimpah / dibanjiri リムパ(ハ) / ムリムパ(ハ) / ディバンジリ	to be flooded
はんろん 反論	bangkangan / bantahan バンカンアヌ / バヌタハヌ	objection
はんろん 反論する	bangkang / membangkang バンカン / ムムバンカン	to object

▼ひ，ヒ

日	マレー	英
ひ 火	api アピ	fire
ひ 灯	lampu ラムプゥ	light
ひ 日	hari ハリ	day
ひ 日（太陽）	matahari マタハリ	sun
ひ 日（日光）	cahaya matahari チャハヤ マタハリ	sunlight
ひ 日（日中）	siang (hari) スイヤン（ハリ）	daytime
ひ 碑	tugu (peringatan) トゥウグゥ（プリンアタヌ）	monument
び 美	kecantikan / keindahan クチャヌティカヌ / クイヌダハヌ	beauty
ピアス	tindik (telinga) ティヌデッ（トゥリンァ）	pierced earring

日	マレー	英
ピアスをした	bertindik ブーティヌデッ	pierced
日当たり(ひあたり)	cahaya [sinaran] matahari チャハヤ [スイナラヌ] マタハリ	sunshine
ピアノ	piano ピヤノ	piano
BSE(ビーエスイー)	BSE ビエスイ	Bovine Spongiform Encephalopathy (BSE)
PTA(ピーティーエー)	Persatuan Ibu Bapa dan Guru / PIBG プーサトゥウワヌ イブゥ バパ ダヌ グゥルゥ / ピアイビジ	Parent-Teacher Association
ピーナッツ	kacang tanah カチャン タナ(ハ)	peanut
ピーマン	lada benggala ラダ ブンガラ	green pepper
ビール	bir ビル	beer
ヒーロー	wira ウィラ	hero
冷える(ひえる)	jadi [menjadi] sejuk ジャディ [ムンジャディ] スジョッ	to get cold
被害(ひがい)	kerugian / kerosakan クルゥギヤヌ / クロサカヌ	damage
被害者(ひがいしゃ)	mangsa / korban マンサ / コルバヌ	victim
控え室(ひかえしつ)	bilik menunggu ビレッ ムヌウングゥ	waiting room
控え目(ひかえめ)	kesederhanaan クスドゥーハナアヌ	modesty
控え目な(ひかえめな)	sederhana / merendah diri スドゥーハナ / ムルヌダ(ハ) ディリ	modest
日帰りする(ひがえりする)	balik hari バレッ ハリ	to return on the same day
日帰りの(ひがえりの)	balik hari バレッ ハリ	day
日帰り旅行(ひがえりりょこう)	perjalanan balik hari プージャラナヌ バレッ ハリ	day trip
控える(差し控える)(ひかえる)	tahan [menahan] diri タハヌ [ムナハヌ] ディリ	to restrain
控える(待機する)(ひかえる)	tunggu / menunggu トゥウングゥ / ムヌウングゥ	to wait

日	マレー	英
比較（ひかく）	perbandingan プーバヌディンアヌ	comparison
比較（ひかく）する	bandingkan / membandingkan バヌデンカヌ / ムムバヌデンカヌ	to compare
皮革製品（ひかくせいひん）	barangan [produk] kulit バランアヌ［プロドゥウッ］クゥレ(ト)	leather product
比較的（ひかくてき）	secara perbandingan スチャラ プーバヌディンアヌ	comparatively
日陰（ひかげ）	tempat teduh トゥムパ(ト) トゥド(ホ)	shade
日傘（ひがさ）	payung パヨン	parasol
東（ひがし）	timur ティモー	east
非課税（ひかぜい）	pengecualian cukai プンゥチュウワリヤヌ チュゥカイ	tax exemption
非課税（ひかぜい）の	bébas cukai ベバス チュゥカイ	tax-free
ピカピカの	berkilat-kilat ブーキラ(ト) キラ(ト)	shiny
光（ひかり）	cahaya / sinaran チャハヤ / スイナラヌ	light
光（ひか）る（光沢がある）	berkilau / berkilat ブーキラゥ / ブーキラ(ト)	to glitter
光（ひか）る（優れて目立つ）	terserlah / cemerlang トゥースーラ(ハ) / チュムーラン	to shine
光（ひか）る（光を出す）	bercahaya / berkilau ブーチャハヤ / ブーキラゥ	to shine
悲観（ひかん）	pésimisme ペスイミスマ	pessimism
悲観（ひかん）する	jadi [menjadi] pésimistik ジャディ［ムンジャディ］ペスイミステッ	to be pessimistic
悲観的（ひかんてき）な	pésimistik ペスイミステッ	pessimistic
～匹（ひき）	~ ékor エコー	–
引（ひ）き上（あ）げる（増加させる）	naikkan / menaikkan ナエッカヌ / ムナエッカヌ	to raise
引（ひ）き上（あ）げる（引っ張り上げる）	tarik [menarik] ke atas タレッ［ムナレッ］ク アタス	to pull up

ひ

日	マレー	英
率いる	pimpin / memimpin ピムペヌ / ムミムペヌ	to lead
引き受ける	terima / menerima トゥリマ / ムヌリマ	to undertake
引き起こす	sebabkan / menyebabkan スバ(ブ)カヌ / ムニュバ(ブ)カヌ	to cause
引換券	kupon / baucar クゥポヌ / バウチャー	coupon
引き返す	patah [berpatah] balik パタ(ハ) [ブーパタ(ハ)] バレッ	to turn back
引き替える	tukar / menukar トゥウカー / ムヌゥカー	to exchange
引き下げる(減少させる)	turunkan / menurunkan トゥウロヌカヌ / ムヌゥロヌカヌ	to reduce
引き下げる(引っ張り下げる)	tarik [menarik] ke bawah タレッ [ムナレッ] ク バワ(ハ)	to pull down
引き算	penolakan / operasi tolak プノラカヌ / オプラスィ トラッ	subtraction
引きずる	sérét / menyérét セレ(ト) / ムニェレ(ト)	to drag
引き出し(机、箪笥などの)	laci ラチ	drawer
引き出し(預金の)	pengeluaran プンウルゥワラヌ	withdrawal
引き出す(引っ張り出す)	tarik [menarik] keluar タレッ [ムナレッ] クルゥワー	to pull out
引き出す(預金を)	keluarkan / mengeluarkan クルゥワーカヌ / ムンウルゥワーカヌ	to withdraw
引き止める	tahan / menahan タハヌ / ムナハヌ	to keep back
引き取る	ambil / mengambil アムベル / ムンアムベル	to take
ひき肉	daging kisar ダゲン キサー	ground meat
卑怯	kejahatan / kekejian クジャハタヌ / ククジヤヌ	meanness
卑怯な	jahat / keji / tidak adil ジャハ(ト) / クジ / ティダッ アデル	mean
引き分け	keputusan seri クプゥトゥウサヌ スリ	draw

ひ

日	マレー	英
引き分ける	seri スリ	to draw
引き渡す	serahkan / menyerahkan スラ(ハ)カヌ / ムニュラ(ハ)カヌ	to hand over
轢く	langgar / melanggar ランガー / ムランガー	to run over
引く	tarik / menarik タレッ / ムナレッ	to pull
引く（引き算する）	tolak / menolak トラッ / ムノラッ	to subtract
引く（引用する）	petik / memetik プテッ / ムムテッ	to cite
引く（普通の状態に戻る）	surut スゥロ(ト)	to subside
引く（辞書を）	rujuk / merujuk / cari ルゥジョッ / ムルゥジョッ / チャリ	to look up
引く（マイナス）	tolak トラッ	minus
弾く	main / bermain マエヌ / ブーマエヌ	to play
挽く	giling / menggiling ギレン / ムンギレン	to grind
低い	rendah ルヌダ(ハ)	low
ピクニック	perkélahan プーケラハヌ	picnic
ピクニックに行く	berkélah ブーケラ(ハ)	to picnic
ピクルス	jeruk ジュロッ	pickles
髭（顎鬚）	janggut ジャンゴ(ト)	beard
髭（口髭）	misai ミサィ	moustache
髭（もみあげ、頬の）	bauk バォッ	side-whiskers
悲劇	tragédi トラジェディ	tragedy
髭剃り	pencukur プンチュゥコー	shaver / razor

日	マレー	英
ひけつ 否決	penolakan プノラカヌ	rejection
ひけつ 否決する	tolak / menolak トラッ / ムノラッ	to reject
ひこう 非行	délinkuensi デリヌクウヌスイ	delinquency
ひこう 飛行	penerbangan プヌーバンアヌ	flight
ひこう 飛行する	terbang トゥーバン	to fly
ひこうき 飛行機	kapal terbang カパル トゥーバン	airplane
ひこうしき 非公式	tidak rasmi ティダッ ラスミ	unofficial
ひこうじょう 飛行場	lapangan terbang ラパンアヌ トゥーバン	airport
ひごうほう 非合法	kesalahan di sisi undang-undang クサラハヌ ディ スイスイ ウゥヌダン ウゥヌダン	illegality
ひごうほう 非合法の	salah di sisi undang-undang / haram サラ(ハ) ディ スイスイ ウゥヌダン ウゥヌダン / ハラム	illegal
ひこようしゃふくしききん 被雇用者福祉基金	Kumpulan Wang Simpanan Pekerja / KWSP クゥムプゥラヌ ワン スイムパナヌ プクージャ / ケダブリゥエスピ	Employees Provident Fund / EPF
ひごろ 日頃	hari-hari / kebiasaannya ハリ ハリ / クビヤサアヌニャ	always / usually
ひざ 膝	lutut ルゥト(ト)	knee
ビザ	visa ヴィサ	visa
ピザ	piza ピザ	pizza
ひさいち 被災地	kawasan bencana カワサヌ ブンチャナ	disaster area
ひざ 陽射し	cahaya [sinaran] matahari チャハヤ [スィナラヌ] マタハリ	sunlight
ひさ 久しい	sudah lama スゥダ(ハ) ラマ	it's been a long time
ひさ ぶ 久し振り	sudah lama tidak スゥダ(ハ) ラマ ティダッ	after a long time

ひ

日	マレー	英
悲惨(ひさん)	kesengsaraan / kedahsyatan クスンサラアヌ / クダ(ハ)シャタヌ	misery
悲惨な(ひさんな)	sengsara / dahsyat スンサラ / ダ(ハ)シャ(ト)	miserable
肘(ひじ)	siku スィクゥ	elbow
ビジネス	bisnes / perniagaan ビスヌス / プーニヤガアヌ	business
ビジネスクラス	kelas perniagaan [bisnes] クラス プーニヤガアヌ [ビスヌス]	business class
ビジネスパーソン	ahli perniagaan ア(ハ)リ プーニヤガアヌ	businessperson
ビジネスマン	pekerja syarikat プクージャ シャリカ(ト)	office worker
比重(ひじゅう)	graviti tentu グラヴィティ トゥヌトゥウ	specific gravity
美術(びじゅつ)	seni halus スニ ハロス	fine arts
美術館(びじゅつかん)	muzium seni ムゥズィヨム スニ	art museum
秘書(ひしょ)	setiausaha スティヤウゥサハ	secretary
避暑する(ひしょする)	lari dari cuaca panas ラリ ダリ チュゥワチャ パナス	to escape from the hot weather
美女(びじょ)	wanita cantik [ayu] ワニタ チャヌテッ [アユゥ]	beautiful woman
非常(ひじょう)	kecemasan / darurat クチュマサヌ / ダルゥラ(ト)	emergency
非常な(ひじょうな)	luar biasa ルゥワー ビヤサ	extraordinary
微笑(びしょう)	senyuman スニュゥマヌ	smile
微笑する(びしょうする)	senyum / tersenyum スニョム / トゥースニョム	to smile
非常階段(ひじょうかいだん)	tangga kecemasan タンガ クチュマサヌ	emergency stairway
非常口(ひじょうぐち)	pintu kecemasan ピヌトゥウ クチュマサヌ	emergency exit [door]
びしょ濡れの(びしょぬれの)	basah kuyup バサ(ハ) クゥヨ(プ)	soaking wet

日	マレー	英
美人（びじん）	wanita cantik [ayu] ワニタ チャヌテッ［アユゥ］	beautiful woman
ピストル	pistol ピストル	pistol
歪む（ひずむ）	leding / meleding ルデン / ムルデン	to warp
微生物（びせいぶつ）	mikroorganisma ミクロオーガネスマ	microorganism
脾臓（ひぞう）	limpa リムパ	spleen
密か（ひそか）	rahsia ラ(ハ)スイヤ	secrecy
密かな（ひそかな）	rahsia / sulit ラ(ハ)スイヤ / スゥレ(ト)	secret
額（ひたい）	dahi ダヒ	forehead
浸す（ひたす）	rendam / merendam ルヌダム / ムルヌダム	to soak
ひたすら	dengan sepenuh hati ドゥンアヌ スプノ(ホ) ハティ	intently
ビタミン	vitamin ヴィタミヌ	vitamin
ビタミン剤（ざい）	pil [tablét] vitamin ピル［タ(ブ)レ(ト)］ヴィタミヌ	vitamin pill [tablet]
左（ひだり）	kiri キリ	left
ピタリと（完全に）	dengan sempurna ドゥンアヌ スムプゥルナ	perfectly
ピタリと（急に）	(dengan) tiba-tiba (ドゥンアヌ) ティバ ティバ	all of a sudden
左利き（ひだりきき）	kekidalan クキダラヌ	left-handedness
左利きの（ひだりききの）	kidal キダル	left-handed
引っ掛かる（ひっかかる）（掛かって止まる）	sangkut / tersangkut サンコ(ト) / トゥーサンコ(ト)	to be hooked
引っ掛かる（ひっかかる）（騙される）	terkena / terjerat トゥークナ / トゥージュラ(ト)	to be tricked
引っ掻く（ひっかく）	cakar / mencakar チャカー / ムンチャカー	to scratch

日	マレー	英
ひ か 引っ掛ける	sangkut / menyangkut サンコ(ト) / ムニャンコ(ト)	to hang
ひっ き 筆記	penulisan プヌゥリサヌ	writing
ひっ き 筆記する	catat / mencatat チャタ(ト) / ムンチャタ(ト)	to write down
ひっ き し けん 筆記試験	peperiksaan bertulis ププリクサアヌ ブートゥウレス	written examination
ひっ き 筆記テスト	ujian bertulis ウゥジヤヌ ブートゥウレス	written test
ひっ き よう ぐ 筆記用具	alat tulis アラ(ト) トゥウレス	stationery
びっくり	kejutan クジュウタヌ	surprise
びっくりする	terkejut / terperanjat トゥークジョ(ト) / トゥープランジャ(ト)	to be surprised
かえ ひっくり返す	terbalikkan / menterbalikkan トゥーバレッカヌ / ムヌトゥーバレッカヌ	to turn over
かえ ひっくり返る	terbalik トゥーバレッ	to overturn
ひ づ 日付け	tarikh タレッ	date
ひ づけへんこうせん 日付変更線	Garisan Tarikh Antarabangsa ガリサヌ タレッ アヌタラバンサ	International Date Line
ひ こ 引っ越し	perpindahan (rumah) プーピヌダハヌ (ルウマ(ハ))	moving
ひ こ 引っ越す	pindah [berpindah] (rumah) ピヌダ(ハ) [ブーピヌダ(ハ)] (ルウマ(ハ))	to move
ひ こ 引っ込む	undur / berundur ウゥヌドー / ブーウゥヌドー	to draw back
ひっ し 必死	keterdesakan クトゥードゥサカヌ	desperation
ひっ し 必死な	terdesak / bermati-matian トゥードゥサッ / ブーマティ マティヤヌ	desperate
ひつじ 羊	(kambing) biri-biri (カムベン) ビリ ビリ	sheep
ひっしゃ 筆者	penulis / pengarang プヌウレス / プンァラン	author
ひっしゅう 必修	kewajipan クワジパヌ	compulsoriness

ひ

日	マレー	英
必修（ひっしゅう）の	wajib ワジェ(プ)	compulsory
必需品（ひつじゅひん）	barangan keperluan バランアヌ クプールゥワヌ	necessities
びっしょり	basah kuyup バサ(ハ) クゥヨ(プ)	soaking wet
必然（ひつぜん）	sesuatu yang pasti berlaku ススゥワトゥゥ ヤン パスティ ブーラクゥ	necessity
ぴったり(ふさわしい)	cocok / sesuai チョチョッ / ススゥワイ	suitable
ぴったり(密着して)	dengan rapat ドゥンアヌ ラパ(ト)	closely
ぴったり(正確に)	(dengan) tepat (ドゥンアヌ) トゥパ(ト)	exactly
ヒッチハイク	kembara tumpang クムバラ トゥゥムパン	hitchhike
ヒッチハイクする	mengembara tumpang ムンウムバラ トゥゥムパン	to hitchhike
匹敵（ひってき）	bandingan バヌディンアヌ	comparison
匹敵（ひってき）する	setanding / sebanding スタヌデン / スバヌデン	to be comparable
引（ひ）っ張（ぱ）る	tarik / menarik タレッ / ムナレッ	to pull
必要（ひつよう）	keperluan クプールゥワヌ	necessity
必要（ひつよう）とする	perlukan / memerlukan プールゥカヌ / ムムールゥカヌ	to need
必要（ひつよう）な	perlu プールゥ	necessary
必要十分条件（ひつようじゅうぶんじょうけん）	syarat perlu dan cukup シャラ(ト) プールゥ ダヌ チュコ(プ)	necessary and sufficient condition
必要条件（ひつようじょうけん）	syarat perlu シャラ(ト) プールゥ	necessary condition
必要不可欠（ひつようふかけつ）	keperluan クプールゥワヌ	indispensability
必要不可欠（ひつようふかけつ）な	sangat [amat] diperlukan サンア(ト) [アマ(ト)] ディプールゥカヌ	indispensable
否定（ひてい）	penafian プナフィヤヌ	denial

ひ

日	マレー	英
ひてい 否定する	nafi / nafikan / menafikan ナフィ / ナフィカヌ / ムナフィカヌ	to deny
ひていてき 否定的	kenégatifan クネガティファヌ	negativity
ひていてき 否定的な	négatif ネガティフ	negative
ビデオ	vidéo ヴィディヨ	video
ひと 人	orang オラン	person / people
ひど 酷い	teruk トゥロッ	terrible
ひといき 一息	senafas スナファス	a breath
ひといき い 一息入れる	réhat / beréhat レハ(ト) / ブレハ(ト)	to rest
ひとかげ 人影	bayang [bayangan] orang バヤン [バヤンァヌ] オラン	figure
ひとがら 人柄	orang / peribadi オラン / プリバディ	personality
ひと け 人気	tanda ada orang タヌダ アダ オラン	sign of life
ひと け 人気のない	sunyi / kosong スゥニィ / コソン	empty
ひとこと 一言	sepatah dua kata スパタ(ハ) ドゥウワ カタ	a word
ひ と ごと 他人事	hal orang ハル オラン	other people's affairs
ひと ご 人込み	kesesakan orang ramai クスサカヌ オラン ラマィ	crowd
ひところ	satu masa [ketika] dulu サトゥウ マサ [クティカ] ドゥウルゥ	at one time
ひと さ ゆび 人差し指	jari telunjuk ジャリ トゥロンジョッ	forefinger
ひと 等しい	sama / sekata サマ / スカタ	equal
ひとじち 人質	tebusan トゥブゥサヌ	hostage
ひとすじ 一筋	sejalur スジャロー	shaft

ひ

日	マレー	英
～一筋（ひとすじ）	tumpuan sepenuhnya kepada ~ トゥウムプゥワヌ スプノ(ホ)ニャ クパダ	single-minded devotion to ~
一つ（ひと）	sebuah / sebiji スブゥワ(ハ) / スビジ	one
一通り（ひととお）(1つの方法)	satu cara [jenis] サトゥゥ チャラ [ジュネス]	one way [kind]
一通り（ひととお）(それなりに)	sedikit sebanyak スディケ(ト) スバニャッ	roughly
人通り（ひとどお）	lalu lintas pejalan kaki ラルゥ リヌタス プジャラヌ カキ	pedestrian traffic
一晩（ひとばん）	satu malam / semalam サトゥゥ マラム / スマラム	a night
一晩中（ひとばんじゅう）	sepanjang malam / semalaman スパンジャン マラム / スマラマヌ	all night long
ひとまず	buat masa sekarang [ini] ブゥワ(ト) マサ スカラン [イニ]	for the present
瞳（ひとみ）	anak mata アナッ マタ	pupil
一目（ひとめ）	sekali pandang スカリ パヌダン	a glance
人目（ひとめ）	mata orang lain マタ オラン ラエヌ	public eye [notice]
ひと休み（やす）	réhat sekejap [seketika] レハ(ト) スクジャ(プ) [スクティカ]	short rest
一人（ひとり） (一名)	seorang スオラン	one person
一人（ひとり）(相手や仲間がいない)	seorang diri スオラン ディリ	alone
日取り（ひど）	tarikh / jadual タレッ / ジャドゥゥワル	date
独り言（ひとごと）	percakapan seorang diri プーチャカパヌ スオラン ディリ	monologue
独り言を言う（ひとごとい）	bercakap seorang diri ブーチャカ(プ) スオラン ディリ	to talk to oneself
一人で（ひとり）	seorang diri スオラン ディリ	alone
ひとりでに	sendiri / dengan sendirinya スヌディリ / ドゥンアヌ スヌディリニャ	by itself
一人一人（ひとりひとり）	setiap orang スティヤ(プ) オラン	each person

ひ

日	マレー	英
雛(ひな)（雛鳥）	anak burung アナッ ブゥロン	baby bird
雛(ひな)（人形）	(anak) patung Hina （アナッ）パトン ヒナ	Hina dolls
日向(ひなた)	bawah sinaran matahari バワ(ハ) スイナラヌ マタハリ	sunshine
ひな祭(まつ)り	Pésta Patung ペスタ パトン	Doll Festival
避難(ひなん)	perpindahan / penyelamatan diri プーピヌダハヌ / プニュラマタヌ ディリ	evacuation
避難(ひなん)する	selamatkan [menyelamatkan] diri スラマ(ト)カヌ ［ムニュラマ(ト)カヌ］ ディリ	to be evacuated
非難(ひなん)	tuduhan トゥウドゥウハヌ	blame
非難(ひなん)する	tuduh / menuduh トゥウド(ホ) / ムヌゥド(ホ)	to blame
避難所(ひなんじょ)	pusat pemindahan プゥサ(ト) プミヌダハヌ	relief centre
避難命令(ひなんめいれい)	arahan berpindah アラハヌ ブーピヌダ(ハ)	evacuation order
ビニール	plastik / vinil プラステッ / ヴィネル	plastic / vinyl
ビニール袋(ぶくろ)	bég plastik ベ(グ) プラステッ	plastic bag
皮肉(ひにく)	sindiran スイヌディラヌ	irony
皮肉(ひにく)な	ironis / sinis イロネス / スイネス	ironic
日(ひ)にち	tarikh タレッ	date
泌尿器科医(ひにょうきかい)	ahli urologi ア(ハ)リ ユゥロロジ	urologist
避妊(ひにん)	pencegahan hamil プンチュガハヌ ハメル	contraception
避妊(ひにん)する	cegah [mencegah] kehamilan チュガ(ハ) ［ムンチュガ(ハ)］ クハミラヌ	to prevent pregnancy
避妊薬(ひにんやく)	pencegah kehamilan プンチュガ(ハ) クハミラヌ	contraceptive
捻(ひね)る	putarkan / memutarkan プゥターカヌ / ムムゥターカヌ	to twist

ひ

日	マレー	英
日の入り（ひのいり）	matahari terbenam マタハリ トゥーブナム	sunset
日の出（ひので）	matahari terbit マタハリ トゥーベ(ト)	sunrise
日の丸（ひのまる）	bendéra matahari [Jepun] ブヌデラ マタハリ [ジュポヌ]	Japanese national flag
火花（ひばな）	percikan api プーチカヌ アピ	spark
批判（ひはん）	kecaman / kritikan クチャマヌ / クリティカヌ	criticism
批判する（ひはんする）	kecam / mengecam / kritik / mengkritik クチャム / ムンゥチャム / クリテッ / ムンクリテッ	to criticize
批判的（ひはんてき）	kekritisan ククリティサヌ	criticalness
批判的な（ひはんてきな）	kritis クリティス	critical
ひび	retakan / keretakan / rekahan ルタカヌ / クルタカヌ / ルカハヌ	crack
ひびが入った（ひびがはいった）	retak ルタッ	cracked
ひびが入る（ひびがはいる）	meretak / merekah ムルタッ / ムルカ(ハ)	to crack
響き（ひびき）	gema グマ	sound
響く（ひびく）	bergema ブーグマ	to sound
批評（ひひょう）	kritikan / ulasan クリティカヌ / ウウラサヌ	review
批評する（ひひょうする）	ulas / mengulas ウウラス / ムンウウラス	to review
備品（びひん）	kelengkapan / perabot クルンカパヌ / プラボ(ト)	equipment
皮膚（ひふ）	kulit クゥレ(ト)	skin
皮膚科医（ひふかい）	ahli dermatologi ア(ハ)リ ドゥマトロジ	dermatologist
火脹れ（ひぶくれ）	lepuh ルポ(ホ)	blister
火脹れができる（ひぶくれができる）	lepuh / melepuh ルポ(ホ) / ムルポ(ホ)	to blister

ひ

日	マレー	英
暇（ひま）	masa lapang マサ ラパン	free time
暇（ひま）な	lapang ラパン	free
ヒマワリ	bunga matahari ブゥンァ マタハリ	sunflower
秘密（ひみつ）	rahsia ラ(ハ)スイヤ	secret
微妙（びみょう）	kehalusan / ketidakketaraan クハルゥサヌ / クティダッ(ク)クタラアヌ	subtlety
微妙（びみょう）な	halus / tidak ketara ハロス / ティダッ クタラ	subtle
悲鳴（ひめい）	jeritan ジュリタヌ	scream
紐（ひも）	tali タリ	string
冷（ひ）やかす	usik / mengusik ウゥセッ / ムンウゥセッ	to tease
百（ひゃく）	ratus ラトス	hundred
百万（ひゃくまん）	juta ジュゥタ	million
日焼（ひや）け	selaran matahari スララヌ マタハリ	sunburn
日焼（ひや）けする	alami [mengalami] selaran matahari アラミ［ムンァラミ］スララヌ マタハリ	to get a sunburn
日焼（ひや）け止（ど）め	pelindung matahari プリヌドン マタハリ	sunblock
冷（ひ）やす	sejukkan / menyejukkan スジョッカヌ / ムニュジョッカヌ	to cool
百科事典（ひゃっかじてん）	énsiklopédia エヌスイクロペディヤ	encyclopaedia
百貨店（ひゃっかてん）	gedung serbanéka グドン スーバネカ	department store
比喩（ひゆ）	perumpamaan / perbandingan プルゥムパマアヌ / プーバヌディンアヌ	figure of speech
ビュッフェ	bufét ブゥフェ(ト)	buffet
票（ひょう）	undi / undian ウゥヌディ / ウゥヌディヤヌ	vote

ひ

日	マレー	英
ひょう 表	jadual ジャドゥウワル	table
ひよう 費用	kos / belanja / perbelanjaan コㇲ / ブランジャ / プーブランジャアㇴ	cost
びょう 秒	saat / detik サア(ト) / ドゥテッ	second
びよう 美容	kecantikan クチャㇴティカㇴ	beauty
びょういん 病院	hospital ホㇲピタル	hospital
びよういん 美容院	salon kecantikan [rambut] サロㇴ クチャㇴティカㇴ [ラㇺボ(ト)]	beauty [hair] salon
ひょうか 評価	penilaian プニライヤㇴ	valuation
ひょうか 評価する	nilai / menilai ニライ / ムニライ	to evaluate
びょうき 病気	sakit / penyakit サケ(ト) / プニャケ(ト)	disease
ひょうげん 表現	ungkapan ウゥンカパㇴ	expression
ひょうげん 表現する	ungkapkan / mengungkapkan ウゥンカ(プ)カㇴ / ムンウゥンカ(プ)カㇴ	to express
ひょうご 標語	cogan kata / slogan チョガㇴ カタ / ㇲロガㇴ	slogan
ひょうし 表紙	kulit / muka depan クゥレ(ト) / ムゥカ ドゥパㇴ	cover
びようし 美容師	pendandan rambut プㇴダㇴダㇴ ラㇺボ(ト)	hairdresser
ひょうしき 標識	papan tanda パパㇴ タㇴダ	sign
びょうしゃ 描写	gambaran ガㇺバラㇴ	description
びょうしゃ 描写する	gambarkan / menggambarkan ガㇺバーカㇴ / ムンガㇺバーカㇴ	to describe
ひょうじゅん 標準	piawaian / standard ピヤワイヤㇴ / ㇲタㇴダ(ド)	standard
ひょうじゅん 標準の	piawai / standard ピヤワイ / ㇲタㇴダ(ド)	standard
ひょうじょう 表情	wajah / air muka ワジャ(ハ) / アエー ムゥカ	expression

ひ

日	マレー	英
病状（びょうじょう）	keadaan penyakit クアダアヌ プニャケ(ト)	medical condition
表題（ひょうだい）	tajuk タジョッ	title
平等（びょうどう）	kesamarataan / kesaksamaan クサマラタアヌ / クサッ(ク)サマアヌ	equality
平等な（びょうどう）	sama rata / saksama サマ ラタ / サッ(ク)サマ	equal
漂白剤（ひょうはくざい）	pemutih プムゥテ(ヘ)	bleach
評判（ひょうばん）	réputasi レプゥタスィ	reputation
標本（ひょうほん）	spésimen / sampel スペスィムヌ / サムプル	specimen
表面（ひょうめん）	permukaan プームゥカアヌ	surface
病歴（びょうれき）	rékod perubatan レコ(ド) プルゥバタヌ	medical records
評論（ひょうろん）	kritikan / ulasan クリティカヌ / ウゥラサヌ	criticism
評論する（ひょうろん）	ulas / mengulas ウゥラス / ムンウゥラス	to criticize
ひょっとすると	boléh jadi / barangkali ボレ(ヘ) ジャディ / バランカリ	possibly
ビラ	kertas iklan クータス イクラヌ	leaflet
開いている（ひら）	terbuka トゥーブゥカ	open
平仮名（ひらがな）	(huruf) hiragana (フゥロフ) ヒラガナ	hiragana
開く（ひら）（あく）	buka ブゥカ	to open
開く（ひら）（あける）	buka / membuka ブゥカ / ムムブゥカ	to open
開ける（ひら）	terhampar / terbentang トゥーハムパー / トゥーブヌタン	to spread out
平たい（ひら）	rata / datar ラタ / ダター	flat
平目（ひらめ）	ikan sebelah イカヌ スブラ(ハ)	flounder

日	マレー	英
ひらめき	ilham / inspirasi イルハム / イヌスピラスイ	inspiration
びり	pencorot プンチョロ(ト)	the last one
ひりつ 比率	nisbah / kadar ニスバ(ハ) / カダー	ratio
ひりょう 肥料	baja / pupuk バジャ / プゥポッ	fertilizer
びりょう 微量	kuantiti yang sangat sedikit クゥワヌティティ ヤン サンァ(ト) スディケ(ト)	trace amount
ひる 昼	(waktu) siang / siang hari (ワッ(ク)トゥウ) スイヤン / スイヤン ハリ	daytime
ひる 昼ごはん	makan tengah hari マカヌ トゥンァ(ハ) ハリ	lunch
ビルディング	bangunan バンゥウナヌ	building
ひるね 昼寝（する）	tidur siang ティドー スイヤン	(to take a) nap
ひるま 昼間	(waktu) siang / siang hari (ワッ(ク)トゥウ) スイヤン / スイヤン ハリ	daytime
ひるやす 昼休み	réhat tengah hari レハ(ト) トゥンァ(ハ) ハリ	lunch break
ひれい 比例	kadaran / perkadaran カダラヌ / プーカダラヌ	proportion
ひれい 比例した	berkadar / bersekadar ブーカダー / ブースカダー	in proportion
にく ヒレ肉	daging batang pinang ダゲン バタン ピナン	fillet
ひろ 広い（幅）	lébar レバー	wide
ひろ 広い（面積）	luas / lapang ルゥワス / ラパン	large
ヒロイン	wirawati / héroin ウィラワティ / ヒロエヌ	heroine
ひろ 拾う	kutip / mengutip クゥテ(プ) / ムンゥウテ(プ)	to pick up
ひろう 披露	pertunjukan / persembahan プートゥウンジュウカヌ / プースムバハヌ	presentation
ひろう 披露する	pertunjukkan / mempertunjukkan プートゥウンジョッカヌ / ムムプートゥウンジョッカヌ	to present

ひ

日	マレー	英
疲労（ひろう）	keletihan / kepenatan クルティハヌ / クプナタヌ	fatigue
疲労する（ひろうする）	letih / penat / lesu ルテ(へ) / プナ(ト) / ルスゥ	to be tired
広がる（ひろがる）(広くなる)	meluas ムルゥワス	to expand
広がる（ひろがる）(景色などが)	terbentang トゥーブヌタン	to spread
広がる（ひろがる）(拡散する)	tersébar / berleluasa トゥーセバー / ブールルゥワサ	to spread
広げる（ひろげる）(広くする)	meluaskan / melébarkan ムルゥワスカヌ / ムレバーカヌ	to widen
広げる（ひろげる）(開く)	hampar / menghampar ハムパー / ムンハムパー	to spread
広さ（ひろさ）	keluasan クルゥワサヌ	size
広場（ひろば）	dataran / lapangan ダタラヌ / ラパンアヌ	plaza
広々（ひろびろ）	luas / terbuka / lapang ルゥワス / トゥーブゥカ / ラパン	open
広まり（ひろまり）	penyébaran / penularan プニェバラヌ / プヌゥララヌ	spread
広まる（ひろまる）	sébar / tersébar セバー / トゥーセバー	to spread
広める（ひろめる）	sébarkan / menyébarkan セバーカヌ / ムニェバーカヌ	to spread
瓶（びん）	botol ボトル	bottle
～便（びん）	penerbangan ~ プヌーバンアヌ	~ flight
敏感（びんかん）	sénsitiviti / kepékaan セヌスィティヴィティ / クペカアヌ	sensitivity
敏感な（びんかんな）	sénsitif / péka セヌスィテフ / ペカ	sensitive
敏感肌（びんかんはだ）	kulit sénsitif クゥレ(ト) セヌスイテフ	sensitive skin
ピンク	(warna) mérah jambu (ワーナ) メラ(ハ) ジャムブゥ	pink
貧血（ひんけつ）	anémia / kurang darah アネミヤ / クゥラン ダラ(ハ)	anaemia

ひ

日	マレー	英
ひんこん 貧困	kemiskinan クミスキナヌ	poverty
ひんしつ 品質	mutu / kualiti ムゥトゥウ / クウワリティ	quality
ひんしつかんり 品質管理	kawalan kualiti [mutu] カワラヌ クウワリティ [ムゥトゥウ]	quality control
ひんじゃく 貧弱	kelemahan / kekurusan クルマハヌ / ククゥルゥサヌ	meagreness
ひんじゃく 貧弱な	lemah / kurus ルマ(ハ) / クゥロス	meagre
ひんしゅ 品種	jenis / spésiés ジュネス / スペスイエス	variety
びんせん 便箋	kertas tulis [surat] クータス トゥウレス [スゥラ(ト)]	writing [letter] paper
ピンチ	keadaan tersepit クアダアヌ トゥースペ(ト)	pinch
びんづ 瓶詰め	pembotolan プムボトラヌ	bottling
びんづ 瓶詰めの	dibotolkan ディボトルカヌ	bottled
ヒンディー語(ご)	bahasa Hindi バハサ ヒヌディ	Hindi (language)
ヒント	pembayang / petunjuk プムバヤン / プトゥンジョッ	hint
ヒンドゥー教(きょう)	agama Hindu アガマ ヒヌドゥウ	Hinduism
ひんぱん 頻繁	kekerapan ククラパヌ	frequency
ひんぱん 頻繁な	kerap クラ(プ)	frequent
びんぼう 貧乏な	miskin ミスケヌ	poor

▼ ふ，フ

日	マレー	英
ファーストクラス	kelas pertama クラス プータマ	first class
ぶあいそう 無愛想	ketidakmesraan クティダッ(ク)ムスラアヌ	bluntness
ぶあいそう 無愛想な	tidak mesra ティダッ ムスラ	blunt

日	マレー	英
ファイル	fail ファエル	file
ファストフード	makanan segera マカナヌ スグラ	fast food
ファスナー	zip ズィ(プ)	zipper
ファックス	faks フェクス	fax
ファックスする	fakskan / memfakskan フェクスカヌ / ムムフェクスカヌ	to fax
ファックス番号(ばんごう)	nombor faks ノムボー フェクス	fax number
ファッション	fésyen フェシュヌ	fashion
ファミリー企業(きぎょう)	syarikat keluarga シャリカ(ト) クルゥワーガ	family company
ファン	peminat / pengikut プミナ(ト) / プンィコ(ト)	fan
不安(ふあん)	kerisauan / kebimbangan クリサゥワヌ / クビムバンアヌ	anxiety
不安な(ふあん)	risau / bimbang / resah リサゥ / ビムバン / ルサ(ハ)	anxious
ファンデーション	krim asas クレム アサス	foundation cream
ファンド	tabung タボン	fund
不意の(ふい)	mendadak / tiba-tiba ムヌダダッ / ティバ ティバ	sudden
フィート	kaki カキ	foot / feet
不一致(ふいっち)	ketidakselarasan / ketidaksamaan クティダッ(ク)スララサヌ / クティダッ(ク)サマアヌ	incompatibility
フィットネスクラブ	kelab kecergasan クラ(ブ) クチューガサヌ	fitness club
フィットネスセンター	pusat kecergasan プゥサ(ト) クチューガサヌ	fitness centre
フィリピノ語(ご)	bahasa Filipino バハサ フィリピノ	Filipino (language)
フィリピン	Filipina フィリピナ	the Philippines

日	マレー	英
フィリピン人(じん)	orang Filipina オラン フィリピナ	Filipino (people)
フィルター	penapis プナペス	filter
フィルム	filem フィルム	film
封(ふう)	penutup プヌゥト(プ)	seal
ブーケ	jambak bunga ジャムバッ ブゥンア	bouquet
風景(ふうけい)	pemandangan プマヌダンアヌ	scenery
風景画(ふうけいが)	lukisan landskap ルゥキサヌ ラヌスカ(プ)	landscape painting
封鎖(ふうさ)	sekatan / penyekatan スカタヌ / プニュカタヌ	blockade
封鎖する(ふうさ)	sekat / menyekat スカ(ト) / ムニュカ(ト)	to block
風刺(ふうし)	satira サティラ	satire
風刺する(ふうし)	persendakan / mempersendakan プースヌダカヌ / ムムプースヌダカヌ	to satirize
風車(ふうしゃ)	kincir angin キンチェー アンエヌ	windmill
風習(ふうしゅう)	adat (resam) アダ(ト) (ルサム)	custom
ブース	tapak [pétak] (jualan) タパッ [ペタッ] (ジュゥワラヌ)	booth
風船(ふうせん)	bélon ベロヌ	balloon
風速(ふうそく)	kelajuan angin クラジュゥワヌ アンエヌ	wind velocity [speed]
風俗(ふうぞく)(風習)	adat (resam) アダ(ト) (ルサム)	custom
風俗(ふうぞく)(遊興)	hiburan déwasa ヒブゥラヌ デワサ	adult entertainment
風潮(ふうちょう)	kecenderungan / trénd クチュヌドゥルゥンアヌ / トレヌ	trend
ブーツ	kasut but カソ(ト) ブゥ(ト)	boots

ふ

日	マレー	英
風土（ふうど）	iklim / suasana イクレム / スゥワサナ	climate
フード	makanan マカナヌ	food
封筒（ふうとう）	sampul surat サムポル スウラ(ト)	envelope
夫婦（ふうふ）	(pasangan) suami isteri （パサンアヌ） スゥワミ イストゥリ	husband and wife
ブーム	ledakan / ikutan ルダカヌ / イクゥタヌ	boom
風力（ふうりょく）	kuasa angin クゥワサ アンエヌ	wind power
風力発電所（ふうりょくはつでんしょ）	stésén janakuasa angin ステセヌ ジャナクゥワサ アンエヌ	wind-power station [plant]
プール	kolam renang コラム ルナン	swimming pool
不運（ふうん）	nasib malang ナセ(ブ) マラン	misfortune
笛（ふえ）	seruling スルゥレン	flute
フェスティバル	pésta ペスタ	festival
フェリー	féri フェリ	ferry
増（ふ）える	tambah / bertambah タムバ(ハ) / ブータムバ(ハ)	to increase
フォアグラ	foie gras / hati angsa ファ グラ / ハティ アンサ	foie gras
フォーク	garpu ガルプゥ	fork
フォーム	borang ボラン	form
フォルダ	folder フォルドゥー	folder
フォント	fon フォヌ	font
不可（ふか）	gagal / kegagalan ガガル / クガガラヌ	failure
～不可（ふか）	jangan [dilarang] ~ ジャンアヌ ［ディララン］	don't ~

ふ

日	マレー	英
部下(ぶか)	orang bawahan オラン バワハヌ	subordinate
深い(ふか)(底、奥)	dalam ダラム	deep
深い(ふか)(程度が)	mendalam ムヌダラム	profound
不快感(ふかいかん)	rasa tidak selésa ラサ ティダッ スレサ	discomfort
付加価値税(ふかかちぜい)	cukai nilai tambahan チュウカイ ニライ タムバハヌ	value-added tax
不可欠(ふかけつ)	keperluan クプールゥワヌ	indispensability
不可欠な(ふかけつ)	sangat [amat] diperlukan サンァ(ト) [アマ(ト)] ディプールゥカヌ	indispensable
深さ(ふか)	kedalaman クダラマヌ	depth
不可能(ふかのう)	kemustahilan クムゥスタヒラヌ	impossibility
不可能な(ふかのう)(できない)	tidak boléh [dapat / mampu] ティダッ ボレ(へ) [ダパ(ト) / マムプゥ]	unable
不可能な(ふかのう)(あり得ない)	mustahil / tidak mungkin ムスタヘル / ティダッ ムゥンケヌ	impossible
プカプカ	secara terapung-apung スチャラ トゥラポン アポン	buoyantly
プカプカ浮く(う)	terapung-apung トゥラポン アポン	to float
ふかふかな	gebu / lembut グブゥ / ルムボ(ト)	soft
深まる(ふか)	semakin mendalam スマケヌ ムヌダラム	to deepen
深める(ふか)	perdalam / memperdalam プーダラム / ムムプーダラム	to deepen
不完全(ふかんぜん)	ketidaksempurnaan クティダッ(ク)スムプゥルナアヌ	incompleteness
不完全な(ふかんぜん)	tidak sempurna [lengkap] ティダッ スムプゥルナ [ルンカ(プ)]	incomplete
武器(ぶき)	senjata スンジャタ	weapon
吹き替え(ふかえ)	alih suara アレ(へ) スゥワラ	dubbing

ふ

日	マレー	英
ふきそく 不規則	ketidaktetapan クティダッ(ク)トゥタパヌ	irregularity
ふきそく 不規則な	tidak tetap ティダッ トゥタ(プ)	irregular
ふ　だ 噴き出す	pancut / memancut パンチョ(ト) / ムマンチョ(ト)	to spout
ふきつ 不吉な	yang membawa malang ヤン ムムバワ マラン	unlucky
ふきでもの 吹出物	ruam / jerawat ルゥワム / ジュラワ(ト)	rash / pimple
ふ　で 噴き出る	pancut / memancut パンチョ(ト) / ムマンチョ(ト)	to spurt
ぶきみ 不気味	keseraman / kengerian クスラマヌ / クンゥリヤヌ	eeriness
ぶきみ 不気味な	menyeramkan / mengerikan ムニュラムカヌ / ムンゥリカヌ	eerie
ふきゅう 普及	penyébaran プニェバラヌ	spread
ふきゅう 普及する	jadi [menjadi] biasa ジャディ [ムンジャディ] ビヤサ	to prevail
ふきょう 不況	kemelésétan クムレセタヌ	recession
ぶきよう 不器用	ketidakpandaian クティダッ(ク)パヌダイヤヌ	awkwardness
ぶきよう 不器用な	tidak pandai ティダッ パヌダイ	awkward
ふきん 付近	kawasan sekitar カワサヌ スキター	vicinity
ふきん 布巾	kain lap カエヌ ラ(プ)	dish towel
ふ 拭く	lap / mengelap ラ(プ) / ムンゥラ(プ)	to wipe
ふ 吹く	tiup / meniup ティヨ(プ) / ムニヨ(プ)	to blow (breath)
ふ 噴く	pancurkan / memancurkan パンチョーカヌ / ムマンチョーカヌ	to spout
ふく 服	baju / pakaian バジュゥ / パカイヤヌ	clothes
ふく 福	tuah トゥウワ(ハ)	fortune

日	マレー	英
ふくぎょう 副業	kerja sambilan クージャ サムビラヌ	side job
ふくごう 複合	pemajmukan / penyebatian プマジムゥカヌ / プニュバティヤヌ	compounding
ふくごう 複合する	majmukkan / memajmukkan マジモッカヌ / ムマジモッカヌ	to compound
ふくごう 複合の	majmuk / sebatian マジモッ / スバティヤヌ	compound
ふくごうご 複合語	kata majmuk カタ マジモッ	compound
ふくざつ 複雑	kerumitan / kompléksiti クルゥミタヌ / コムプレクスイティ	complexity
ふくざつ 複雑な	rumit / kompléks / kusut ルゥメ(ト) / コムプレクス / クゥソ(ト)	complex
ふくさよう 副作用	kesan sampingan クサヌ サムピンアヌ	side effect
ふくし 副詞	kata adverba カタ アドヴーバ	adverb
ふくし 福祉	kebajikan クバジカヌ	welfare
ふくしゃ 複写	salinan サリナヌ	copy
ふくしゃ 複写する	salin / menyalin サレヌ / ムニャレヌ	to copy
ふくしゅう 復習	ulang kaji ウゥラン カジ	revision
ふくしゅう 復習する	mengulang kaji ムンウゥラン カジ	to revise
ふくしゅう 復讐	pembalasan dendam プムバラサヌ ドゥヌダム	retaliation
ふくしゅう 復讐する	balas [membalas] dendam バラス [ムムバラス] ドゥヌダム	to retaliate
ふくじゅう 服従	pematuhan / penyerahan プマトゥウハヌ / プニュラハヌ	obedience
ふくじゅう 服従する	patuhi / mematuhi パトゥウヒ / ムマトゥウヒ	to obey
ふくすう 複数	bilangan jamak ビランアヌ ジャマッ	plural number
ふくすう 複数の	jamak ジャマッ	plural

ふ

日	マレー	英
複製（ふくせい）	pengeluaran semula プンゥルゥワラヌ スムゥラ	reproduction
複製する（ふくせい）	keluarkan [mengeluarkan] semula クルゥワーカヌ［ムンゥルゥワーカヌ］スムゥラ	to reproduce
服装（ふくそう）	pakaian パカイヤヌ	clothes
腹痛（ふくつう）	sakit perut サケ(ト) プロ(ト)	stomach ache
含む（ふく）	termasuk / kandungi / mengandungi トゥーマソッ / カヌドゥウンィ / ムンァヌドゥウンィ	to include
覆面（ふくめん）	topéng トペン	mask
服用（ふくよう）	pengambilan プンァムビラヌ	taking
服用する（ふくよう）	ambil / mengambil アムベル / ムンァムベル	to take
服用量（ふくようりょう）	dos ドス	dose
膨らます（ふく）	kembungkan / mengembungkan クムボンカヌ / ムンゥムボンカヌ	to inflate
膨らむ（ふく）	kembung / mengembung クムボン / ムンゥムボン	to inflate
膨らむ（ふく）（布が風で）	beralun ブーアロヌ	to billow
膨らんだ（ふく）	kembung クムボン	inflated
袋（ふくろ）	bég / karung ベ(グ) / カロン	bag
フクロウ	burung hantu ブゥロン ハヌトゥウ	owl
袋小路（ふくろこうじ）	jalan mati ジャラヌ マティ	dead-end street
ふけ	kelemumur クルムゥモー	dandruff
不景気（ふけいき）	kemelésétan ékonomi クムレセタヌ エコノミ	recession
不潔（ふけつ）	kekotoran / kejijikan クコトラヌ / クジジカヌ	dirtiness
不潔な（ふけつ）	kotor / jijik コトー / ジジェッ	dirty

ふ

日	マレー	英
更(ふ)ける	larut / léwat ラロ(ト) / レワ(ト)	to get late
耽(ふ)ける	khayal ハヤル	to indulge oneself
老(ふ)ける	jadi [menjadi] tua ジャディ [ムンジャディ] トゥウワ	to become old
不幸(ふこう)	ketidakbahagiaan クティダッ(ク)バハギヤアヌ	unhappiness
不幸(ふこう)な	malang / tidak bahagia マラン / ティダッ バハギヤ	unhappy
富豪(ふごう)	orang kaya [kaya-raya] オラン カヤ [カヤ ラヤ]	rich person
符号(ふごう)	tanda / kod タヌダ / コ(ド)	sign
布告(ふこく)	pengisytiharan プンイシティハラヌ	proclamation
布告(ふこく)する	isytiharkan / mengisytiharkan イシティハーカヌ / ムンイシティハーカヌ	to proclaim
ブザー	pembaz プムバズ	buzzer
夫妻(ふさい)	suami isteri スウワミ イストゥリ	husband and wife
負債(ふさい)	hutang / pinjaman フウタン / ピンジャマヌ	debt
不在(ふざい)	ketiadaan クティヤダアヌ	absence
塞(ふさ)がる	tertutup トゥートゥウト(プ)	to close
塞(ふさ)ぐ（覆う、閉じる）	tutup / menutup トゥウト(プ) / ムヌウト(プ)	to close
塞(ふさ)ぐ（遮る）	adang / mengadang アダン / ムンアダン	to block
ふざける	main-main / bermain-main マエヌ マエヌ / ブーマエヌ マエヌ	to fool
ふさわしい	sesuai ススウワイ	suitable
節(ふし)（繋ぎ目）	sambungan サムブウンアヌ	joint
節(ふし)（曲調）	tiun ティウウヌ	tune

日	マレー	英
ぶし 武士	pahlawan パ(ハ)ラワヌ	warrior
ぶじ 無事	keselamatan クスラマタヌ	safety
ぶじ 無事な	selamat スラマ(ト)	safe
ふしぎ 不思議	keajaiban クアジャイバヌ	mystery
ふしぎ 不思議な	ajaib アジャエ(プ)	mysterious
ぶしゅ 部首	radikal ラディカル	radical
ふじゆう 不自由	kesulitan クスゥリタヌ	inconvenience
ふじゆう 不自由な	cacat チャチャ(ト)	disabled
ふじゅうぶん 不十分	ketidakcukupan クティダッ(ク)チュウクゥパヌ	insufficiency
ふじゅうぶん 不十分な	tidak cukup ティダッ チュコ(プ)	insufficient
ふじゅん 不順	ketidaktetapan クティダッ(ク)トゥタパヌ	changeability
ふじゅん 不順な	berubah-ubah / tidak tetap ブルゥバ(ハ) ウゥバ(ハ) / ティダッ トゥタ(プ)	changeable
ぶしょ 部署	jabatan / bahagian ジャバタヌ / バハギヤヌ	department
ふしょう 負傷	kecederaan クチュドゥラアヌ	injury
ふしょう 負傷する	cedera / tercedera チュドゥラ / トゥーチュドゥラ	to get injured
ふじょうぶつ 不浄物	najis ナジェス	unclean things
ふしょく 腐食	kakisan カキサヌ	corrosion
ふしょく 腐食する	terkakis トゥーカケス	to corrode
ぶじょく 侮辱	penghinaan プンヒナアヌ	insult
ぶじょく 侮辱する	hina / menghina ヒナ / ムンヒナ	to insult

日	マレー	英
不審（ふしん）	kecurigaan クチュゥリガアヌ	suspicion
不審な（ふしん）	mencurigakan ムンチュゥリガカヌ	suspicious
不振（ふしん）	kemerosotan クムロソタヌ	slump
不振な（ふしん）	merosot ムロソ(ト)	dull
夫人（ふじん）	isteri イストゥリ	wife
婦人（ふじん）	wanita ワニタ	lady
婦人科医（ふじんかい）	pakar [doktor] sakit puan パカー［ドクトー］サケ(ト) プゥワヌ	gynaecologist
不親切な（ふしんせつ）	tidak baik hati ティダッ バエッ ハティ	unkind
部数（ぶすう）	jumlah cétakan [salinan] ジュウムラ(ハ) チェタカヌ［サリナヌ］	number of copies
襖（ふすま）	(pintu) fusuma （ピヌトゥウ）フウスゥマ	fusuma / paper sliding door
不正（ふせい）	ketidakadilan / kesalahan クティダッアディラヌ / クサラハヌ	injustice
不正な（ふせい）	tidak adil / salah ティダッ アデル / サラ(ハ)	unfair
防ぐ（ふせ）	cegah / mencegah チュガ(ハ) / ムンチュガ(ハ)	to prevent
武装（ぶそう）	persenjataan プースンジャタアヌ	armament
武装する（ぶそう）	bersenjata ブースンジャタ	to be armed
不足（する）（ふそく）	kekurangan ククゥランアヌ	shortage / to run short
不測の（ふそく）	luar jangkaan [jangka] ルゥワー ジャンカアヌ［ジャンカ］	unforeseen
付属する（ふぞく）	dilampirkan / disertakan ディラムペーカヌ / ディスータカヌ	to be attached
付属の（ふぞく）	yang dilampirkan ヤン ディラムペーカヌ	attached
蓋（ふた）	penutup / tudung プヌゥト(プ) / トゥウドン	lid

ふ

日	マレー	英
ふだ 札（タグ）	tanda タヌダ	tag
ふだ 札（カード）	kad カ(ド)	card
ぶた 豚	babi / khinzir バビ / ヒヌゼー	pig
ぶたい 舞台	pentas プヌタス	stage
ふたご 双子	anak kembar アナッ クムバー	twin
ふたた 再び	lagi / semula ラギ / スムゥラ	again
2つ	dua buah / biji ドゥゥワ ブゥワ(ハ) / ビジ	two
ぶたにく 豚肉	daging babi ダゲン バビ	pork
ふたん 負担（支払い）	tanggungan タングゥンアヌ	pay
ふたん 負担（精神的重荷）	beban ブバヌ	burden
ふたん 負担する	tanggung / menanggung タンゴン / ムナンゴン	to take care of
ふだん 普段	biasanya / kebiasaannya ビヤサニャ / クビヤサアヌニャ	usually
ふだんぎ 普段着	pakaian seharian [biasa] パカイヤヌ スハリヤヌ [ビヤサ]	everyday [ordinary] clothes
ふち 縁	tepi / bibir / pinggir トゥピ / ビベー / ピンゲー	edge
ふちゅうい 不注意	kecuaian / kelalaian クチュゥワイヤヌ / クラライヤヌ	carelessness
ふちゅうい 不注意な	cuai / lalai チュゥワイ / ラライ	careless
ふちょう 不調	keadaan kurang baik クアダアヌ クゥラン バエッ	bad condition
ふちょう 不調な	kurang baik クゥラン バエッ	in bad condition
ぶちょう 部長	ketua jabatan クトゥゥワ ジャバタヌ	chief of the department
ぶ 打つ	pukul / memukul プゥコル / ムムゥコル	to hit

日	マレー	英
ふつう 不通	gangguan ガングゥワヌ	interruption
ふつう 普通	kebiasaan クビヤサアヌ	ordinariness
ふつう 普通な	biasa ビヤサ	ordinary
ふつうよきん 普通預金	akaun simpanan アカォヌ スイムパナヌ	savings account
ふつうれっしゃ 普通列車	trén tempatan トレヌ トゥムパタヌ	local train
ふつか 二日（日付）	dua hari bulan ドゥウワ ハリ ブゥラヌ	the second (day)
ふつか 二日（期間）	dua hari ドゥウワ ハリ	two days
ぶっか 物価	harga barang ハルガ バラン	prices
ふっかつ 復活	pemulihan / kebangkitan semula プムゥリハヌ / クバンキタヌ スムゥラ	revival
ふっかつ 復活する	pulih / bangkit semula プゥレ(ヘ) / バンケ(ト) スムゥラ	to revive
ふつかよ 二日酔い	pening-pening akibat mabuk semalam プネン プネン アキバ(ト) マボッ スマラム	hangover
ぶつかる	terkena / terlanggar トゥークナ / トゥーランガー	to hit
ぶつぎ 物議	kontroversi / pertelingkahan コヌトロヴースィ / プートゥリンカハヌ	controversy
ふっきゅう 復旧	pemulihan プムゥリハヌ	recovery
ふっきゅう 復旧させる	pulihkan / memulihkan プゥレ(ヘ)カヌ / ムムゥレ(ヘ)カヌ	to restore
ふっきゅう 復旧する	pulih プゥレ(ヘ)	to recover
ぶっきょう 仏教	agama Buddha アガマ ブダ	Buddhism
ぶっきょうと 仏教徒	penganut (agama) Buddha プンアノ(ト) (アガマ) ブダ	Buddhist
ぶつける	langgar / melanggar ランガー / ムランガー	to hit
ふっけんご 福建語	bahasa Hokkien バハサ ホッキエヌ	Hokkien (language)

ふ

日	マレー	英
ふっけんじん 福建人	orang Hokkien オラン ホッキエヌ	Hokkien (people)
ふっこう 復興	pembangunan semula プムバンゥウナヌ スムゥラ	reconstruction
ふっこう 復興する	pulih プゥレ(へ)	to recover
ぶっし 物資	bekalan ブカラヌ	supplies
ぶっしつ 物質	bahan バハヌ	substance
ぶっそう 物騒な	bahaya / berbahaya バハヤ / ブーバハヤ	dangerous
ぶつぞう 仏像	patung Buddha パトン ブダ	statue of Buddha
ぶったい 物体	objék / benda オ(ブ)ジェッ / ブヌダ	object
ふっとう 沸騰	pendidihan プヌディディハヌ	boiling
ふっとう 沸騰する	didih / mendidih ディデ(へ) / ムヌディデ(へ)	to boil
ぶっとう 仏塔	pagoda パゴダ	pagoda
ブツブツ	gumaman / rungutan グゥママヌ / ルゥンゥウタヌ	mumble
ブツブツ言(い)う	gumam / menggumam / bergumam グゥマム / ムングゥマム / ブーグゥマム	to mumble
ぶつり 物理	fizik フィゼッ	physics
ふで 筆	(pén) berus (ペヌ) ブロス	brush
ふと	tiba-tiba ティバ ティバ	suddenly
ふと 太い	besar / lébar / kasar ブサー / レバー / カサー	thick
ふとう 不当	ketidakadilan / ketidakpatutan クティダッアディラヌ / クティダッ(ク)パトゥウタヌ	injustice
ふとう 不当な	tidak adil [patut] ティダッ アデル [パト(ト)]	unjust
ブドウ	anggur アンゴー	grapes

ふ

日	マレー	英
ふどうさん 不動産	hartanah / harta tanah ハータナ(ハ) / ハータ タナ(ハ)	real estate
ふどうさんや 不動産屋	éjén [pejabat] hartanah エジェヌ［プジャバ(ト)］ハータナ(ハ)	real estate agent [office]
ふとくい 不得意	ketidakpandaian クティダッ(ク)パヌダイヤヌ	being poor at
ふとくい 不得意な	tidak pandai [mahir] ティダッ パヌダイ［マヘー］	poor at
ふとじ 太字	huruf tebal フゥロフ トゥバル	bold letter
ふともも 太腿	paha パハ	thigh
ふと 太る	jadi [menjadi] gemuk ジャディ［ムンジャディ］グモッ	to grow fat
ふとん 布団	sét tilam セ(ト) ティラム	bedding
ふな 鮒	ikan kap crucian イカヌ カ(プ) クルウシヤヌ	crucian (carp)
ふなにしょうけん 船荷証券	bil muatan ビル ムゥワタヌ	bill of lading
ふなびん 船便	melalui laut ムラルゥイ ラォ(ト)	by sea
ふなよ 船酔い	mabuk laut マボッ ラォ(ト)	seasickness
ふなよ 船酔いする	mabuk laut マボッ ラォ(ト)	to get seasick
ぶなん 無難	keselamatan クスラマタヌ	safeness
ぶなん 無難な	selamat スラマ(ト)	safe
ふにん 赴任	penugasan プヌゥガサヌ	assignment
ふにん 赴任する	ditugaskan ディトゥウガスカヌ	to be assigned
ふね 船	kapal カパル	ship
ふはい 腐敗（腐ること）	kereputan クルプゥタヌ	rot
ふはい 腐敗（堕落）	penyeléwéngan プニュレウェンアヌ	corruption

日	マレー	英
ふはい 腐敗した（腐った）	reput ルポ(ト)	rotten
ふはい 腐敗した（堕落した）	korup コルゥ(プ)	corrupt
ふはい 腐敗する（腐る）	reput / mereput ルポ(ト) / ムルポ(ト)	to rot
ふはい 腐敗する（堕落する）	menyeléwéng / menjadi korup ムニュレウェン / ムンジャディ コルゥ(プ)	to corrupt
ふひょう 不評	ketidakpopularan クティダッ(ク)ポプゥララヌ	unpopularity
ふひょう 不評な	tidak popular ティダッ ポプゥラー	unpopular
ぶひん 部品	bahagian バハギヤヌ	part
ふぶき 吹雪	ribut salji リボ(ト) サルジ	blizzard
ふふく 不服	ketidakpuasan hati クティダッ(ク)プゥワサヌ ハティ	dissatisfaction
ふふく 不服な	tidak puas hati ティダッ プゥワス ハティ	to be dissatisfied
ぶぶん 部分	bahagian バハギヤヌ	part
ふへい 不平	rungutan ルゥンゥウタヌ	complaint
ふへんてき 普遍的な	sejagat スジャガ(ト)	universal
ふべん 不便	kesulitan / kesusahan クスゥリタヌ / クスゥサハヌ	inconvenience
ふべん 不便な	tidak senang [mudah] ティダッ スナン [ムゥダ(ハ)]	inconvenient
ふぼ 父母	ibu bapa イブゥ ババ	parents
ふ 踏まえる	berdasarkan / berasaskan ブーダサーカヌ / ブラサスカヌ	to be based on
ふまん 不満	ketidakpuasan hati クティダッ(ク)プゥワサヌ ハティ	dissatisfaction
ふまん 不満な	tidak puas hati ティダッ プゥワス ハティ	dissatisfied
ふ き 踏み切り	lintasan landasan keréta api リヌタサヌ ラヌダサヌ クレタ ピ	railroad crossing

日	マレー	英
踏み込む（ふみこむ）	langkah [melangkah] masuk ランカ(ハ) [ムランカ(ハ)] マソッ	to step into
ブミプトラ （土地の子）	bumiputera ブゥミプゥトゥラ	bumiputera / native
不眠症（ふみんしょう）	insomnia イヌソムニヤ	insomnia
踏む（ふむ）	pijak / memijak ピジャッ / ムミジャッ	to step on
不明な（ふめいな）	tidak [belum] diketahui ティダッ [ブロム] ディクタフゥイ	unknown
麓（ふもと）	kaki / tapak カキ / タパッ	foot
部門（ぶもん）	bahagian バハギヤヌ	section
増やす（ふやす）	tambah / menambah タムバ(ハ) / ムナムバ(ハ)	to increase
冬（ふゆ）	musim sejuk ムゥセム スジョッ	winter
不愉快な（ふゆかいな）	tidak menyenangkan ティダッ ムニュナンカヌ	unpleasant
扶養（ふよう）	tanggungan / saraan タングゥンアヌ / サラアヌ	support
扶養する（ふようする）	sara / menyara サラ / ムニャラ	to support
フライト	penerbangan プヌーバンアヌ	flight
フライパン	kuali クゥワリ	frying pan
プライベート	kehidupan peribadi クヒドゥゥパヌ プリバディ	private life
プライベートな	peribadi プリバディ	private
ブラインド	bidai ビダイ	blind
ブラウザ	pelayar プラヤー	browser
ブラウス	blaus ブラオス	blouse
プラグイン （ブラウザの）	pemalam プマラム	plug-in

日	マレー	英
ぶら下(さ)げる	gantungkan / menggantungkan ガヌトンカヌ / ムンガヌトンカヌ	to hang
ブラシ	berus ブロス	brush
ブラジャー	coli チョリ	brassiere / bra
ブラジル	Brazil ブラゼル	Brazil
プラス	tambah / campur タムバ(ハ) / チャムポー	plus
プラスチック	plastik プラステッ	plastic
フラッシュ	lampu (kaméra) ラムプゥ (ケメラ)	flash
プラットホーム	platform プレ(ト)フォム	platform
ふらふらする (安定しない)	terhuyung-hayang トゥーフゥヨン ハヤン	to stagger
ふらふらする (発熱などで体が)	berasa pening ブラサ プネン	to feel dizzy
ぶらぶらする (あてもなく歩き回る)	lépak / melépak レパッ / ムレパッ	to loiter
ぶらぶらする (揺れる様子)	berbuai-buai / berjuntai ブーブゥワィ ブゥワィ / ブージュヌタィ	to dangle
ぶらぶらする (仕事をしない様子)	bermain-main ブーマエヌ マエヌ	to fool around
プラン	pelan / rancangan プラヌ / ランチャンアヌ	plan
フランス	Perancis プランチェス	France
フランス語(ご)	bahasa Perancis バハサ プランチェス	French (language)
フランス人(じん)	orang Perancis オラン プランチェス	French (people)
ブランデー	brandi ブラヌディ	brandy
ブランド	jenama ジュナマ	brand
ブランド品(ひん)	barangan berjenama バランアヌ ブージュナマ	brand-name goods [product]

日	マレー	英
不利(ふり)	keadaan yang merugikan / hambatan クアダアヌ ヤン ムルゥギカヌ / ハムバタヌ	disadvantage
不利(ふり)な	yang merugikan / tidak baik ヤン ムルゥギカヌ / ティダッ バエッ	disadvantageous
フリーウェア	perisian percuma プリスイヤヌ プーチュゥマ	freeware
フリーズする	beku / tidak bergerak ブクゥ / ティダッ ブーグラッ	to freeze
フリーソフト	perisian percuma プリスイヤヌ プーチュゥマ	freeware
不利益(ふりえき)	kerugian クルゥギヤヌ	disadvantage
振替(ふりかえ)	pemindahan wang プミヌダハヌ ワン	transfer
振(ふ)り返(かえ)る	toléh [menoléh] ke belakang トレ(へ) [ムノレ(へ)] ク ブラカン	to look back
振(ふ)り込(こ)み	pemindahan (wang) プミヌダハヌ (ワン)	transfer
振(ふ)り込(こ)みをする	pindahkan / memindahkan ピヌダ(ハ)カヌ / ムミヌダ(ハ)カヌ	to transfer
振(ふ)り出(だ)し	permulaan プームゥラアヌ	beginning
プリペイドカード	kad prabayar カ(ド) プラバヤー	prepaid card
プリペイド携帯(けいたい)	téléfon bimbit prabayar テレフォヌ ビムベ(ト) プラバヤー	prepaid mobile phone
振(ふ)り向(む)く	palingkan [memalingkan] muka パレンカヌ [ムマレンカヌ] ムゥカ	to turn one's face about
振(ふ)り向(む)ける	palingkan / memalingkan パレンカヌ / ムマレンカヌ	to turn
不良(ふりょう)	budak jahat / délinkuen ブゥダッ ジャハ(ト) / デリヌクウウヌ	delinquent
不良(ふりょう)な	tidak baik / rosak / cacat ティダッ バエッ / ロサッ / チャチャ(ト)	defective
不良品(ふりょうひん)	produk cacat [rosak] プロドゥウッ チャチャ(ト) [ロサッ]	defective product
不良率(ふりょうりつ)	kadar kecacatan [kerosakan] カダー クチャチャタヌ [クロサカヌ]	defectiveness rate
浮力(ふりょく)	keapungan クアプゥンアヌ	buoyancy

日	マレー	英
武力（ぶりょく）	kuasa ketenteraan クゥワサ クトゥヌトゥラアヌ	force
(～の) ふりをする	pura-pura [buat-buat] ~ プゥラ プゥラ［ブゥワ(ト) ブゥワ(ト)］	to pretend to ~
不倫（ふりん）	kecurangan クチュゥランアヌ	infidelity
不倫（ふりん）する	curang チュゥラン	to be unfaithful
プリン	puding プゥデン	pudding
プリント (印刷)	pencétakan プンチェタカヌ	printing
プリント(印刷資料)	édaran エダラヌ	handout
プリントする	cétak / mencétak チェタッ / ムンチェタッ	to print
降（ふ）る	turun トゥウロヌ	to fall
振（ふ）る	ayunkan / mengayunkan アヨヌカヌ / ムンァヨヌカヌ	to swing
振（ふ）る (振って散らす)	taburkan / menaburkan タボーカヌ / ムナボーカヌ	to sprinkle
振（ふ）る (割り当てる)	agihkan / mengagihkan アゲ(ヘ)カヌ / ムンァゲ(ヘ)カヌ	to assign
振（ふ）る (拒否する)	tolak / menolak トラッ / ムノラッ	to reject
振る (手を)	lambai / melambai ラムバイ / ムラムバイ	to wave
古（ふる）い	lama ラマ	old
フルーツ	buah-buahan ブゥワ(ハ) ブゥワハヌ	fruit
震（ふる）える	menggigil / menggeletar ムンギゲル / ムングルター	to shiver
故郷（ふるさと）	kampung halaman カムポン ハラマヌ	hometown
ブルネイ	Brunei ブルゥナイ	Brunei
ブルネイ人（じん）	orang Brunei オラン ブルゥナイ	Bruneian

日	マレー	英
フルネーム	nama penuh ナマ プノ(ホ)	full name
振(ふ)る舞(ま)う	berkelakuan ブークラクゥワヌ	to behave
震(ふる)わせる	gigilkan / menggigilkan ギゲルカヌ / ムンギゲルカヌ	to shiver
無礼(ぶれい)	ketidaksopanan クティダッ(ク)ソパナヌ	impoliteness
無礼(ぶれい)な	tidak sopan ティダッ ソパヌ	impolite
ブレーキ	brék ブレッ	brake
プレゼンテーション	pembentangan / penyampaian プムブヌタンアヌ / プニャムパイヤヌ	presentation
プレゼント	hadiah ハディヤ(ハ)	present
プレゼントする	hadiahkan / menghadiahkan ハディヤ(ハ)カヌ / ムンハディヤ(ハ)カヌ	to give a present
プレッシャー	tekanan トゥカナヌ	pressure
触(ふ)れる	sentuh / menyentuh スヌト(ホ) / ムニュヌト(ホ)	to touch
振(ふ)れる	berayun / berayun-ayun ブラヨヌ / ブラヨヌ アヨヌ	to swing
風呂(ふろ)	tab mandi タ(ブ) マヌディ	bath
プロ	profésional プロフェスイヨナル	professional
フロアマップ	pelan lantai [aras] プラヌ ラヌタイ [アラス]	floor map
ブローチ	kerongsang クロンサン	brooch
ブロードバンド	jalur lébar ジャロー レバー	broadband
付録(ふろく)（おまけ）	hadiah ハディヤ(ハ)	gift
付録(ふろく)（補遺）	lampiran / apéndiks ラムピラヌ / アペヌデクス	appendix
プログラム	program / tataacara プログラム / タタアチャラ	programme

ふ

日	マレー	英
プロジェクト	projék プロジェッ	project
風呂敷（ふろしき）	kain bungkus barang カエヌ ブゥンコス バラン	wrapping cloth
プロセス	prosés プロセス	process
ブロッコリー	brokoli ブロコリ	broccoli
プロペラ	kipas キパス	propeller
プロポーズ	lamaran ラマラヌ	proposal
プロポーズする	lamar / melamar ラマー / ムラマー	to propose
プロモーション	promosi プロモスイ	promotion
フロント	méja sambut tetamu メジャ サムボ(ト) トゥタムゥ	front desk
フロントガラス	cermin depan チューメヌ ドゥパヌ	windscreen
ふわふわ（柔らかい）	kegebuan / kelembutan クグブゥワヌ / クルムブゥタヌ	fluffiness
ふわふわ（落ち着かない）	kesemberonoan クスムブロノワヌ	frivolity
ふわふわした（柔らかい）	gebu / lembut グブゥ / ルムボ(ト)	fluffy
ふわふわした（落ち着かない）	semberono / tidak sérius スムブロノ / ティダッ セリウゥス	frivolous
～分（ふん）	~ minit ミネ(ト)	~ minute(s)
文（ぶん）	ayat アヤ(ト)	sentence
雰囲気（ふんいき）	suasana スゥワサナ	atmosphere
噴火（ふんか）	letusan / ledakan ルトゥウサヌ / ルダカヌ	eruption
噴火する（ふんか）	letus / meletus ルトス / ムルトス	to erupt
文化（ぶんか）	budaya / kebudayaan ブゥダヤ / クブゥダヤアヌ	culture

日	マレー	英
ふんがい 憤慨	kebengisan / kemarahan クブンィサヌ / クマラハヌ	indignation
ふんがい 憤慨する	bengis / sangat marah ブンェス / サンァ(ト) マラ(ハ)	to be indignant
ぶんかい 分解	penguraian / pencerakinan プンゥウライヤヌ / プンチュラキナヌ	decomposition
ぶんかい 分解する	uraikan / menguraikan ウゥライカヌ / ムンゥウライカヌ	to decompose
ぶんがく 文学	sastera / kesusasteraan サストゥラ / クスゥサストゥラアヌ	literature
ぶんかざい 文化財	harta [asét] budaya ハータ [アセ(ト)] ブゥダヤ	cultural property [asset]
ぶんかじんるいがく 文化人類学	antropologi budaya アヌトロポロギ ブゥダヤ	cultural anthropology
ぶんぎょう 分業	pembahagian kerja プムバハギヤヌ クージャ	division of labour
ぶんぎょう 分業する	bahagikan [membahagikan] kerja バハギカヌ [ムムバハギカヌ] クージャ	to divide the work [labour]
ぶんげい 文芸	kesusasteraan クスゥサストゥラアヌ	literature
ぶんけん 文献	kepustakaan / kosa ilmu クプゥスタカアヌ / コサ エルムゥ	literature
ぶんけんがく 文献学	filologi フィロロジ	philology
ぶんけん 文献レビュー	sorotan karya ソロタヌ カルヤ	literature review
ぶんご 文語	bahasa tulisan [bertulis] バハサ トゥウリサヌ [ブートゥウレス]	written language
ぶんこぼん 文庫本	buku saku ブゥクゥ サクゥ	pocket book
ぶんさん 分散	penyébaran / persuraian プニェバラヌ / プースゥライヤヌ	dispersion
ぶんさん 分散する	tersébar / bersurai トゥーセバー / ブースゥライ	to disperse
ぶんし 分子（分数の）	pengangka プンァンカ	numerator
ぶんし 分子（個人）	anasir アナセー	elements
ぶんし 分子（原子の結合体）	molékul モレクゥル	molecule

ふ

日	マレー	英
ふんしつ 紛失	kehilangan クヒランアヌ	loss
ふんしつ 紛失する	hilang / kehilangan ヒラン / クヒランアヌ	to lose
ふんしゅつ 噴出	pancutan / pancuran パンチュウタヌ / パンチュウラヌ	spout
ふんしゅつ 噴出する	pancut / memancut パンチョ(ト) / ムマンチョ(ト)	to spout
ぶんしょ 文書	dokumen ドクゥムヌ	document
ぶんしょう 文章	tulisan トゥウリサヌ	writing
ふんすい 噴水	air pancut アエー パンチョ(ト)	fountain
ぶんすう 分数	pecahan プチャハヌ	fraction
ぶんせき 分析	analisis アナリセス	analysis
ぶんせき 分析する	analisis / menganalisis アナリセス / ムンァナリセス	to analyse
ふんそう 紛争	konflik / pertempuran コヌフレッ / プートゥムプゥラヌ	conflict
ふんそう 紛争する	berkonflik ブーコヌフレッ	to be in conflict
ぶんたい 文体	gaya penulisan ガヤ プヌゥリサヌ	style
ふんだんに	dengan banyaknya ドゥンアヌ バニャッ(ク)ニャ	abundantly
ぶんたん 分担	pembahagian プムバハギヤヌ	division
ぶんたん 分担する	bahagikan / membahagikan バハギカヌ / ムムバハギカヌ	to divide
ぶんつう 文通	surat-menyurat スゥラ(ト) ムニュウラ(ト)	correspondence
ふんとう 奮闘	usaha [kerja] keras ウゥサハ [クージャ] クラス	struggle
ふんとう 奮闘する	berusaha [bekerja] keras ブルゥサハ [ブクージャ] クラス	to struggle
ぶんぱい 分配	pengagihan / pembahagian プンァギハヌ / プムバハギヤヌ	distribution

日	マレー	英
ぶんぱい 分配する	agihkan / mengagihkan アゲ(ヘ)カヌ / ムンァゲ(ヘ)カヌ	to distribute
ぶんぷ 分布	taburan / penyébaran タブゥラヌ / プニェバラヌ	distribution
ぶんぷ 分布する	tersébar / tertabur トゥーセバー / トゥータボー	to be distributed
ふんべつ 分別	budi / kebijaksanaan / akal ブゥディ / クビジャクサナアヌ / アカル	discretion
ぶんべつ 分別（分けること）	pengasingan プンァスインァヌ	separation
ぶんべつ 分別する（分ける）	asingkan / mengasingkan アセンカヌ / ムンァセンカヌ	to separate
ぶんぼ 分母	penyebut プニュボ(ト)	denominator
ぶんぽう 文法	tatabahasa / nahu タタバハサ / ナフゥ	grammar
ぶんぼうぐ 文房具	alat tulis アラ(ト) トゥウレス	stationery
ぶんぼうぐてん 文房具店	kedai alat tulis クダィ アラ(ト) トゥウレス	stationery store
ふんまつ 粉末	serbuk スーボッ	powder
ぶんみゃく 文脈	kontéks コヌテクス	context
ぶんめい 文明	tamadun タマドヌ	civilization
ぶんや 分野	bidang ビダン	field
ぶんり 分離（離すこと）	pemisahan プミサハヌ	separation
ぶんり 分離（離れること）	perpisahan プーピサハヌ	separation
ぶんり 分離する（離す）	pisahkan / memisahkan ピサ(ハ)カヌ / ムミサ(ハ)カヌ	to separate
ぶんり 分離する（離れる）	berpisah ブーピサ(ハ)	to separate
ぶんりょう 分量	jumlah / kuantiti ジュウムラ(ハ) / クウワヌティティ	quantity
ぶんるい 分類	klasifikasi / penggolongan クラスイフィカスイ / プンゴロンァヌ	classification

ふ

日	マレー	英
分類する(ぶんるい)	klasifikasikan / mengklasifikasikan クラスィフィカスィカヌ / ムンクラスィフィカスィカヌ	to classify
分裂(ぶんれつ)	perpecahan / perbelahan プープチャハヌ / プーブラハヌ	split
分裂する(ぶんれつ)	berpecah (belah) ブープチャ(ハ) (ブラ(ハ))	to split

▼へ, へ

ペア	pasangan パサンアヌ	pair
ヘアスタイル	gaya rambut ガヤ ラムボ(ト)	hairstyle
ヘアスプレー	penyembur rambut プニュムボー ラムボ(ト)	hair spray
塀(へい)	dinding ディヌデン	wall
閉会(へいかい)	penutupan (acara) プヌゥトゥウパヌ (アチャラ)	closing (an event)
閉会する(へいかい)	tutup / menutup (acara) トゥウト(プ) / ムヌゥト(プ) (アチャラ)	to close (an event)
兵器(へいき)	senjata スンジャタ	weapon
平気(へいき)	ketenangan クトゥナンアヌ	calmness
平気な(へいき)	tenang / tidak apa-apa トゥナン / ティダッ アパ アパ	calm
平均(へいきん)	purata プゥラタ	average
平均する(へいきん)	puratakan / memuratakan プゥラタカヌ / ムムゥラタカヌ	to average
平行(へいこう)	keselarian クスラリヤヌ	parallel
平行な(へいこう)	selari スラリ	parallel
並行(へいこう)	kesampingan クサムピンアヌ	togetherness
並行する(へいこう)	bersampingan / bersama-sama ブーサムピンアヌ / ブーサマ サマ	to go side-by-side
閉口(へいこう)	kejéngkélan / kebingungan クジェンケラヌ / クビンウンアヌ	annoyance

日	マレー	英
へいこう 閉口する	jéngkél / bingung ジェンケル / ビンォン	to be annoyed
へいこう 平衡	keseimbangan クスイムバンアヌ	balance
へいさ 閉鎖	penutupan プヌゥトゥウパヌ	closing
へいさ 閉鎖する	tutup / menutup トゥウト(プ) / ムヌゥト(プ)	to close
へいし 兵士	askar / soldadu / serdadu アスカー / ソルダドゥウ / スーダドゥウ	soldier
へいじつ 平日	hari biasa [bekerja] ハリ ビヤサ [ブクージャ]	weekday
へいじょう 平常	kebiasaan クビヤサアヌ	ordinariness
へいたい 兵隊	askar / soldadu / serdadu アスカー / ソルダドゥウ / スーダドゥウ	soldier
へいち 平地	tanah rata タナ(ハ) ラタ	flat land [ground]
へいてん 閉店	penutupan kedai プヌゥトゥウパヌ クダイ	closing (a store)
へいてん 閉店する	tutup [menutup] kedai トゥウト(プ) [ムヌゥト(プ)] クダイ	to close (a store)
へいねつ 平熱	suhu badan normal スゥフゥ バダヌ ノーマル	normal temperature
へいほう 平方	persegi プースギ	square
へいぼん 平凡	kebiasaan / kesederhanaan クビヤサアヌ / クスドゥーハナアヌ	ordinariness
へいぼん 平凡な	biasa / sederhana ビヤサ / スドゥーハナ	ordinary
へいめん 平面	satah サタ(ハ)	plane
へいや 平野	dataran ダタラヌ	plain
へいれつ 並列	keselarian クスラリヤヌ	parallel
へいれつ 並列する	susun [menyusun] supaya selari スゥスゥヌ [ムニュウスゥヌ] スゥパヤ スラリ	to arrange *sth* in parallel
へいわ 平和	keamanan / kedamaian クアマナヌ / クダマイヤヌ	peace

日	マレー	英
へいわ 平和な	aman / damai / tenteram アマヌ / ダマイ / トゥヌトゥラム	peaceful
ベーコン	bakon ベコヌ	bacon
ページ（本などの）	muka surat / halaman ムゥカ スゥラ(ト) / ハラマヌ	page
ページ(ウェブページ)	laman ラマヌ	page
ベージュ	kuning air クゥネン アェー	beige
ベース	dasar ダサー	base
ベール	tudung トゥゥドン	hijab / veil
へきえき 辟易	kemuakan / kejemuan クムゥワカヌ / クジュムゥワヌ	being disgusted
へきえき 辟易する	muak / jemu ムゥワッ / ジュムゥ	to be disgusted
ぺきんご 北京語（普通話）	bahasa Mandarin バハサ マヌダリヌ	Mandarin (language)
へこ 凹む	melekuk ムルコッ	to get dented
へこ 凹んだ	lekuk / kemik ルコッ / クメッ	dented
ベジタリアン	végétarian ヴェジタリヤヌ	vegetarian
ベスト	terbaik トゥーバエッ	best
ベストセラー	jualan terlaris ジュゥワラヌ トゥーラレス	best-seller
へそ 臍	pusat プゥサ(ト)	navel
へた 下手	ketidakpandaian クティダッ(ク)パヌダイヤヌ	unskillfulness
へた 下手な	tidak pandai ティダッ パヌダイ	unskilled
へだ 隔たる	jauh ジャオ(ホ)	to be away
へだ 隔てる	pisahkan / memisahkan ピサ(ハ)カヌ / ムミサ(ハ)カヌ	to separate

日	マレー	英
ペダル	pédal ペダル	pedal
へた 下手をすると	silap hari bulan スイラ(プ) ハリ ブゥラヌ	if things go bad
べつ 別	perbézaan プーベザアヌ	distinction
べつ 別に（別段）	secara khas スチャラ ハス	especially
べつ 別の	lain / berlainan ラエヌ / ブーライナヌ	distinct
べっきょ 別居する	tinggal berasingan ティンガル ブラスインアヌ	to live separately
べっそう 別荘	rumah percutian ルゥマ(ハ) プーチュウティヤヌ	holiday home
べっと 別途	secara berasingan スチャラ ブラスインアヌ	separately
ベッド	katil カテル	bed
ペット	haiwan peliharaan ハイワヌ プリハラアヌ	pet
ベッドカバー	cadar チャダー	bed sheet
ヘッドフォン	fon kepala フォヌ クパラ	headphones
ペットボトル	botol plastik ボトル プラステッ	plastic bottle
ヘッドライト	lampu depan ラムプゥ ドゥパヌ	headlight
べつべつ 別々	keasingan / kelainan クアスインアヌ / クライナヌ	separateness
べつべつ 別々な	berasingan / berlainan ブラスインアヌ / ブーライナヌ	separate
べつべつ 別々に	secara asing-asing スチャラ アセン アセン	separately
べつめい 別名	nama lain ナマ ラエヌ	another name
べつりょうきん 別料金	bayaran tambahan バヤラヌ タムバハヌ	extra
ペディキュア	hiasan [riasan] kuku kaki ヒヤサヌ [リヤサヌ] クゥクゥ カキ	pedicure

日	マレー	英
ベテラン	véteran ヴェトゥラヌ	veteran
ベトナム	Viétnam ヴィエ(ト)ナム	Vietnam
ベトナム語(ご)	bahasa Viétnam バハサ ヴィエ(ト)ナム	Vietnamese (language)
ベトナム人(じん)	orang Viétnam オラン ヴィエ(ト)ナム	Vietnamese (people)
ペナン島(とう)	Pulau Pinang プゥラウ ピネン	Penang Island
蛇(へび)	ular ウゥラー	snake
ベビーカー	keréta sorong (bayi) クレタ ソロン (バイイ)	stroller
部屋(へや)	bilik ビレッ	room
部屋代(へやだい)	harga [bayaran / caj] bilik ハルガ [バヤラヌ / チャジ] ビレッ	room charge
部屋番号(へやばんごう)	nombor bilik ノムボー ビレッ	room number
減(へ)らす	kurangkan / mengurangkan クゥランカヌ / ムンゥウランカヌ	to reduce
ベランダ	beranda / serambi ブラヌダ / スラムビ	veranda
縁(へり)	tepi / pinggir トゥピ / ピンゲー	edge
ヘリコプター	hélikopter ヘリコ(プ)トゥー	helicopter
減(へ)る	berkurangan ブークゥランアヌ	to decrease
ベル	locéng ロチェン	bell
ヘルスメーター	penimbang / alat timbang プニムバン / アラ(ト) ティムバン	bathroom scales
ベルト	tali pinggang タリ ピンガン	belt
ヘルニア	hernia / burut フルニヤ / ブウロ(ト)	hernia
ヘルメット	hélmét / topi kelédar ヘルメ(ト) / トピ クレダー	helmet

日	マレー	英
変（へん）	keganjilan / keanéhan クガンジラヌ / クアネハヌ	strangeness
変な（へん）	pelik / anéh / ganjil プレッ / アネ(へ) / ガンジエル	strange
辺（へん）	dekat ドゥカ(ト)	near (here [there])
ペン	pén / péna ペヌ / ペナ	pen
便（大便）（べん）	najis besar / tinja ナジェス ブサー / ティンジャ	excrement
変圧器（へんあつき）	transformer / pengubah voltan トラヌスフォムー / プンゥウバ(ハ) ヴォルタヌ	transformer
変化（へんか）	perubahan プルゥバハヌ	change
変化する（へんか）	berubah ブルゥバ(ハ)	to change
弁解（べんかい）	alasan / justifikasi アラサヌ / ジュウスティフィカスイ	excuse
弁解する（べんかい）	beri [memberi] alasan ブリ［ムムブリ］アラサヌ	to make excuse
変革（へんかく）	pembaharuan プムバハルゥワヌ	reform
変革する（へんかく）	mengubah / memperbaharui ムンウゥバ(ハ) / ムムプーバハルゥイ	to reform
ベンガル語（ご）	bahasa Bangla バハサ バングラ	Bengali (language)
返還（へんかん）	pemulangan / pengembalian プムゥランアヌ / プンウムバリヤヌ	return
返還する（へんかん）	pulangkan / memulangkan プゥランカヌ / ムムゥランカヌ	to return
便器（べんき）	mangkuk tandas マンコッ タヌダス	toilet bowl
便宜（べんぎ）	kemudahan / kesenangan クムゥダハヌ / クスナンアヌ	convenience
ペンキ	cat チャ(ト)	paint
ペンキを塗る（ぬ）	cat / mengecat チャ(ト) / ムンゥチャ(ト)	to paint
返却（へんきゃく）	pemulangan / pengembalian プムゥランアヌ / プンウムバリヤヌ	return

へ

へ

日	マレー	英
へんきゃく 返却する	pulangkan / memulangkan プゥランカヌ / ムムゥランカヌ	to return
べんきょう 勉強	pembelajaran プムブラジャラヌ	study
べんきょう 勉強する	belajar ブラジャー	to study
へんけん 偏見	prasangka / praanggapan プラサンカ / プラアンガパヌ	prejudice
べんご 弁護	pembélaan プムベラアヌ	defence
べんご 弁護する	béla / membéla ベラ / ムムベラ	to defend
へんこう 変更	perubahan / pertukaran プルゥバハヌ / プートゥウカラヌ	alteration
へんこう 変更する	ubah / mengubah ウゥバ(ハ) / ムンウゥバ(ハ)	to alter
べんごし 弁護士	peguam プグゥワム	lawyer
へんさい 返済	pelunasan プルゥナサヌ	repayment
へんさい 返済する	lunaskan / melunaskan ルゥナスカヌ / ムルゥナスカヌ	to pay back
へんじ 返事	jawapan / sahutan / balasan ジャワパヌ / サフゥタヌ / バラサヌ	reply
へんじ 返事する	jawab / menjawab ジャワ(ブ) / ムンジャワ(ブ)	to reply
へんじゃ 編者	penyelenggara プニュルンガラ	editor
へんしゅう 編集	penyuntingan / suntingan プニュウヌティンアヌ / スウヌティンアヌ	editing
へんしゅう 編集する	sunting / menyunting スウヌテン / ムニュウヌテン	to edit
へんしゅうしゃ 編集者	penyunting プニュウヌテン	editor
べんしょう 弁償	ganti rugi ガヌティ ルゥギ	compensation
べんしょう 弁償する	bayar [membayar] ganti rugi バヤー [ムムバヤー] ガヌティ ルゥギ	to compensate
へんしん 返信	balasan / jawapan バラサヌ / ジャワパヌ	reply

日	マレー	英
へんしん 返信する	balas / membalas バラス / ムムバラス	to reply
へんせん 変遷	peralihan / perubahan プーアリハヌ / プルゥバハヌ	transition
へんせん 変遷する	beralih / berubah / bertukar ブーアレ(へ) / ブルゥバ(ハ) / ブートゥウカー	to shift
へんそう 変装	penyamaran プニャマラヌ	disguise
へんそう 変装する	samar / menyamar サマー / ムニャマー	to disguise oneself
ベンチ	bangku (panjang) バンクゥ（パンジャン）	bench
ペンチ	playar プラヤー	pliers
へんとう 返答	jawapan / balasan ジャワパヌ / バラサヌ	reply
へんとう 返答する	jawab / menjawab ジャワ(ブ) / ムンジャワ(ブ)	to reply
へんどう 変動	perubahan プルゥバハヌ	change
へんどう 変動する	berubah ブルゥバ(ハ)	to change
べんとう 弁当	bekal ブカル	boxed lunch
ペンネーム	nama péna ナマ ペナ	pen name
べん ぴ 便秘	sembelit スムブレ(ト)	constipation
べん ぴ 便秘する	alami [mengalami] sembelit アラミ［ムンァラミ］スムブレ(ト)	to be constipated
へんぴん 返品	pemulangan / pengembalian プムゥランアヌ / プンゥムバリヤヌ	return
へんぴん 返品する	pulangkan / memulangkan プゥランカヌ / ムムゥランカヌ	to return
べん り 便利	kemudahan / kesenangan クムゥダハヌ / クスナンアヌ	convenience
べん り 便利な	mudah [senang] (diguna) ムゥダ(ハ)［スナン］（ディグゥナ）	convenient
べんろん 弁論	perbahasan / perdébatan プーバハサヌ / プーデバタヌ	debate

日	マレー	英
弁論する (べんろん)	bahaskan / membahaskan バハスカヌ / ムムバハスカヌ	to debate

▼ほ，ホ

日	マレー	英
歩 (ほ)	langkah ランカ(ハ)	step
穂 (ほ)	bulir ブゥレー	ear
保育 (ほいく)	jagaan / asuhan ジャガアヌ / アソハヌ	upbringing
保育する (ほいく)	jaga / menjaga ジャガ / ムンジャガ	to care for
保育園 (ほいくえん)	taman asuhan kanak-kanak / taska タマヌ アソハヌ カナッ カナッ / タスカ	nursery school
ボイコット	boikot / pemboikotan ボイコ(ト) / プムボイコタヌ	boycott
ボイコットする	boikot / memboikot ボイコ(ト) / ムムボイコ(ト)	to boycott
ポイント（重要点）	poin ポエヌ	point
ポイント（得点）	markah マルカ(ハ)	point
～ポイント	~ poin [mata] ポエヌ［マタ］	~ point(s)
方（方向） (ほう)	arah / sebelah アラ(ハ) / スブラ(ハ)	direction
方（比べられるものの一方） (ほう)	yang ヤン	the one
法（法律） (ほう)	undang-undang ウゥヌダン ウゥヌダン	law
～法（方法） (ほう)	cara ~ チャラ	~ method
棒 (ぼう)	batang / tongkat バタン / トンカ(ト)	stick
法案 (ほうあん)	rang undang-undang ラン ウゥヌダン ウゥヌダン	bill
包囲 (ほうい)	pengepungan / kepungan プンゥプゥンアヌ / クプゥンアヌ	siege
包囲する (ほうい)	kepung / mengepung クポン / ムンゥポン	to surround

日	マレー	英
ほういがく 法医学	jurisprudens perubatan ジュウリスプルウドゥヌス プルウバタヌ	medical jurisprudence
ぼうえい 防衛	pertahanan プータハナヌ	defence
ぼうえい 防衛する	pertahankan / mempertahankan プータハヌカヌ / ムムプータハヌカヌ	to defend
ぼうえいりょく 防衛力	daya tahan ダヤ タハヌ	defence capability
ぼうえき 貿易	perdagangan / perniagaan プーダガンアヌ / プーニヤガアヌ	trade
ぼうえき 貿易する	berdagang / berniaga ブーダガン / ブーニヤガ	to trade
ぼうえんきょう 望遠鏡	téléskop テレスコ(プ)	telescope
ぼうおん 防音の	kalis bunyi カレス ブゥニィ	soundproof
ほうか 放火	arson アソヌ	arson
ほうか 放火する	bakar [membakar] バカー [ムムバカー]	to set fire on
ほうかい 崩壊	keruntuhan / kerobohan クルウヌトハヌ / クロボハヌ	collapse
ほうかい 崩壊する	runtuh / roboh / hancur / ranap ルウヌト(ホ) / ロボ(ホ) / ハンチョー / ラナ(プ)	to collapse
ぼうがい 妨害	gangguan / halangan ガングゥワヌ / ハランアヌ	disturbance
ぼうがい 妨害する	ganggu / mengganggu ガングゥ / ムンガングゥ	to disturb
ほうがく 方角	arah / hala アラ(ハ) / ハラ	direction
ほうがく 法学	jurisprudens ジュウリスプルウドゥヌス	jurisprudence
ほうがく 邦楽	muzik Jepun ムゥゼッ ジュポヌ	Japanese music
ほうがくぶ 法学部	fakulti undang-undang ファコルティ ウゥヌダン ウゥヌダン	faculty of law
ぼうか 防火の	kalis api カレス アピ	fireproof
ほうき	penyapu プニャプゥ	broom

ほ

日	マレー	英
ほうき 放棄	pelepasan / pembuangan プルパサヌ / プムブゥワンァヌ	abandonment
ほうき 放棄する	melepaskan / membuang ムルパスカヌ / ムムブゥワン	to abandon
ほうけん 封建	kefeudalan クヒュウダラヌ	feudality
ほうげん 方言	dialék / loghat ディヤレッ / ロガ(ト)	dialect
ぼうけん 冒険	pengembaraan プンウムバラアヌ	adventure
ぼうけん 冒険する	berani mencuba ブラニ ムンチュゥバ	to venture
ほうけんせいど 封建制度	féudalisme ヒユウダリスマ	feudalism
ほうけんてき 封建的な	féudal ヒユウダル	feudal
ほうこう 方向	arah / hala アラ(ハ) / ハラ	direction
ぼうこう 膀胱	pundi (air) kencing プゥヌディ（アエー）クンチェン	bladder
ほうこうかんかく 方向感覚	deria arah ドゥリヤ アラ(ハ)	sense of direction
ほうこく 報告	laporan ラポラヌ	report
ほうこく 報告する	lapor / laporkan / melaporkan ラポー / ラポーカヌ / ムラポーカヌ	to report
ほうこくしょ 報告書	laporan ラポラヌ	report
ほうさく 方策	langkah / tindakan ランカ(ハ) / ティヌダカヌ	measures
ほうさく 豊作	tuaian (yang) banyak トゥウワイヤヌ（ヤン）バニャッ	good harvest
ほうし 奉仕	khidmat / bakti ヒ(ド)マ(ト) / バクティ	service
ほうし 奉仕する	berkhidmat / berbakti ブーヒ(ド)マ(ト) / ブーバクティ	to serve
ぼうし 帽子	topi トピ	hat
ぼうし 防止	pencegahan プンチュガハヌ	prevention

日	マレー	英
ぼうし 防止する	cegah / mencegah チュガ(ハ) / ムンチュガ(ハ)	to prevent
ほうしき 方式	kaédah / sistem カエダ(ハ) / スイストゥム	method
ほうしゃ 放射	pancaran / pemancaran パンチャラヌ / プマンチャラヌ	radiation
ほうしゃ 放射する	pancarkan / memancarkan パンチャーカヌ / ムマンチャーカヌ	to radiate
ほうしゃのう 放射能	radiasi ラディヤスィ	radiation
ほうしゅう 報酬	ganjaran ガンジャラヌ	reward
ほうしゅつ 放出	pelepasan / pancaran プルパサヌ / パンチャラヌ	emission
ほうしゅつ 放出する	melepaskan / memancarkan ムルパスカヌ / ムマンチャーカヌ	to emit
ほうじょ 幇助する	bersubahat ブースゥバハ(ト)	to abet
ほう 報じる	laporkan / melaporkan ラポーカヌ / ムラポーカヌ	to report
ほうしん 方針	prinsip / dasar / polisi プリヌセ(プ) / ダサー / ポリスィ	principle
ぼうすい 防水の	kedap air クダ(プ) アエー	watertight
ほうせき 宝石	barang kemas / permata バラン クマス / プーマタ	jewellery
ぼうせき 紡績	pemintalan プミヌタラヌ	spinning
ぼうせきこうじょう 紡績工場	kilang memintal ケラン ムミヌタル	spinning factory
ぼうぜん 茫然	kegamaman / keterpegunan クガママヌ / クトゥープグゥナヌ	daze
ぼうぜん 茫然とする	gamam / tergamam / terpegun ガマム / トゥーガマム / トゥープゴヌ	stunned
ほうそう 包装	bungkusan / balutan ブゥンクゥサヌ / バルゥタヌ	wrapping
ほうそう 包装する	bungkus / membungkus ブゥンコス / ムムブゥンコス	to wrap
ほうそう 放送	siaran / penyiaran スイヤラヌ / プニィヤラヌ	broadcast

日	マレー	英
ほうそう 放送する	siarkan / menyiarkan スイヤーカヌ / ムニイヤーカヌ	to broadcast
ほうそうきょく 放送局	stésén penyiaran ステセヌ プニィヤラヌ	broadcasting station
ほうそうし 包装紙	kertas pembalut クータス プムバロ(ト)	wrapping paper
ほうそく 法則	hukum フゥコム	law
ほうたい 包帯	kain pembalut [pembebat] カエヌ プムバロ(ト) [プムブバ(ト)]	bandage
ぼうだい 膨大な	sangat banyak [besar] サンァ(ト) バニャッ [ブサー]	enormous
ほうち 放置	keterbiaran クトゥービヤラヌ	abandonment
ほうち 放置する	biarkan / membiarkan ビヤーカヌ / ムムビヤーカヌ	to leave
ほうちょう 包丁	pisau ピサゥ	knife
ぼうちょう 膨脹	pengembangan プンゥムバンァヌ	expansion
ぼうちょう 膨脹する	kembang / mengembang クムバン / ムンゥムバン	to expand
ほうてい 法廷	mahkamah マ(ハ)カマ(ハ)	court
ほうていしき 方程式	persamaan (matematik) プーサマアヌ (マトゥマテッ)	equation
ほうどう 報道	laporan ラポラヌ	report
ほうどう 報道（の範囲）	liputan リプゥタヌ	coverage
ほうどう 報道する	laporkan / melaporkan ラポーカヌ / ムラポーカヌ	to report
ぼうとう 冒頭	permulaan プームゥラアヌ	beginning
ぼうどう 暴動	rusuhan ルゥソハヌ	riot
ほうにち 訪日	kunjungan ke Jepun クンジュゥンァヌ ク ジュポヌ	visit to Japan
ほうにち 訪日する	kunjungi [mengunjungi] Jepun クンジュゥンィ [ムンゥンジュゥンィ] ジュポヌ	to visit Japan

ほ

日	マレー	英
防犯(ぼうはん)	pencegahan jenayah プンチュガハヌ ジュナヤ(ハ)	crime prevention
褒美(ほうび)	ganjaran ガンジャラヌ	reward
豊富(ほうふ)	kekayaan / keméwahan クカヤアヌ / クメワハヌ	plentifulness
豊富な(ほうふな)	kaya / méwah / penuh カヤ / メワ(ハ) / プノ(ホ)	plentiful
暴風(ぼうふう)	ribut / angin kencang リボ(ト) / アンェヌ クンチャン	storm
ボウフラ	jentik-jentik ジュヌテッ ジュヌテッ	mosquito larva
訪米(ほうべい)	kunjungan ke Amérika Syarikat クンジュゥンアヌ ク エメリカ シャリカ(ト)	visit to the US
訪米する(ほうべいする)	mengunjungi Amérika Syarikat ムンゥンジュゥンイ エメリカ シャリカ(ト)	to visit the US
方法(ほうほう)	kaédah / cara カエダ(ハ) / チャラ	method
方々(ほうぼう)	merata(-rata) tempat ムラタ (ラタ) トゥムパ(ト)	everywhere
葬る(ほうむる)	kuburkan / menguburkan クゥボーカヌ / ムンゥウボーカヌ	to entomb
亡命(ぼうめい)	buangan ブゥワンアヌ	exile
亡命する(ぼうめいする)	dibuang negeri ディブゥワン ヌグリ	to exile oneself
方面(ほうめん)	arah / hala アラ(ハ) / ハラ	direction
訪問(ほうもん)	lawatan / kunjungan ラワタヌ / クゥンジュゥンアヌ	visit
訪問する(ほうもんする)	kunjungi / mengunjungi クゥンジュゥンイ / ムンゥウンジュゥンイ	to visit
訪問者(ほうもんしゃ)	pelawat / pengunjung プラワ(ト) / プンゥウンジョン	visitor
坊や(ぼうや)	budak lelaki ブゥダッ ルラキ	boy
放り込む(ほうりこむ)	lémpar [melémpar] masuk レムパー [ムレムパー] マソッ	to throw in
放り出す(ほうりだす)	lémpar [melémpar] keluar レムパー [ムレムパー] クルゥワー	to throw out

日	マレー	英
法律（ほうりつ）	undang-undang ウゥヌダン ウゥヌダン	law
暴力（ぼうりょく）	keganasan クガナサヌ	violence
ほうれん草（そう）	bayam バヤム	spinach
飽和（ほうわ）	ketepuan / penepuan クトゥプゥワヌ / プヌプゥワヌ	saturation
飽和（ほうわ）した	tepu トゥプゥ	saturated
飽和（ほうわ）する	jadi [menjadi] tepu ジャディ [ムンジャディ] トゥプゥ	to become saturated
吠（ほ）える	menyalak ムニャラッ	to bark
頬（ほお）	pipi ピピ	cheek
ボーイ	pelayan プラヤヌ	waiter
ボーイスカウト	pengakap lelaki プンァカ(プ) ルラキ	boy scout
ホース	hos ホス	hose
ポーズ(姿勢、態度)	lagak / gaya ラガッ / ガヤ	pose
ポーズ（一時停止）	jeda / hentian sejenak ジュダ / フヌティヤヌ スジュナッ	pause
ポーズする（一時停止）	berjeda / berhenti sejenak ブージュダ / ブーフヌティ スジュナッ	to pause
ボーダー	jalur melintang ジャロー ムリヌタン	horizontal stripe
ポーター	porter ポトゥー	porter
ポーチ	bég ベ(グ)	pouch
ホーチミン	Ho Chi Minh ホ チ ミヌ	Ho Chi Minh
ボート	bot / sampan / perahu ボ(ト) / サムパヌ / プラフゥ	boat
ボーナス	bonus ボヌゥス	bonus

日	マレー	英
ホーム（家）	rumah ルウマ(ハ)	home
ホーム（プラットホーム）	platform プレ(ト)フォム	station platform
ホームシック	kerinduan pada kampung halaman クリヌドゥウワヌ パダ カムポン ハラマヌ	homesickness
ホームシックになる	rindu kampung halaman リヌドゥウ カムポン ハラマヌ	to be homesick
ホームステイ	inap désa / inapan keluarga イナ(プ) デサ / イナパヌ クルゥワーガ	homestay
ホームページ	hompéj / laman utama [wéb] ホムペジ / ラマヌ ウウタマ ［ウェ(ブ)］	home page
ホームレス	orang yang tiada tempat tinggal オラン ヤン ティヤダ トゥムパ(ト) ティンガル	homeless person
ホール	déwan デワヌ	hall
ボール	bola ボラ	ball
ボールペン	pén mata bulat [bola] ペヌ マタ ブゥラ(ト) ［ボラ］	ballpoint pen
保温（ほおん）する	kekalkan [mengekalkan] suhu クカルカヌ ［ムンゥカルカヌ］ スウフゥ	to keep *sth* warm
他（ほか）	yang lain ヤン ラエヌ	other [another] one
他（ほか）の	lain ラエヌ	other / another
捕獲（ほかく）	penangkapan プナンカパヌ	capture
捕獲（ほかく）する	tangkap / menangkap タンカ(プ) / ムナンカ(プ)	to capture
朗（ほが）らか	keriangan / kegirangan クリヤンアヌ / クギランアヌ	cheerfulness
朗（ほが）らかな	riang / girang / ceria リヤン / ギラン / チュリヤ	cheerful
保管（ほかん）	penyimpanan プニィムパナヌ	keeping
保管（ほかん）する	simpan / menyimpan スイムパヌ / ムニィムパヌ	to keep
簿記（ぼき）	simpan kira スイムパヌ キラ	bookkeeping

ほ

日	マレー	英
ほきゅう 補給	pembekalan プムブカラヌ	supply
ほきゅう 補給する	bekalkan / membekalkan ブカルカヌ / ムムブカルカヌ	to supply
ほきょう 補強	penguatan / pengukuhan プンウゥワタヌ / プンウゥクゥハヌ	reinforcement
ほきょう 補強する	perkuat / memperkuat プークゥワ(ト) / ムムプークゥワ(ト)	to reinforce
ぼきん 募金	(wang) derma (ワン) ドゥルマ	donation (money)
ぼきん 募金する	derma [menderma] (wang) ドゥルマ [ムヌドゥルマ] (ワン)	to donate money
ぼきんかつどう 募金活動	aktiviti mengutip derma エクティヴィティ ムンウゥテ(プ) ドゥルマ	fund-raising
ぼきん あつ 募金を集める	kutip [mengutip] derma クゥテ(プ) [ムンウゥテ(プ)] ドゥルマ	to collect donations
ぼく 僕	aku / saya アクゥ / サヤ	I / my / me
ぼくし 牧師	paderi パドゥリ	priest
ぼくじょう 牧場	ladang ternakan ラダン トゥーナカヌ	stock farm
ぼくたち 僕達 (聞き手を含む)	kita キタ	we / our / us
ぼくたち 僕達 (聞き手を含まない)	kami / kita orang カミ / キタ オラン	we / our / us
ぼくちく 牧畜	penternakan haiwan プヌトゥーナカヌ ハイワヌ	stock farming
ほげい 捕鯨	pemburuan ikan paus プムブゥルゥワヌ イカヌ パォス	whaling
ほけつ 補欠	pengganti プンガヌティ	substitute
ポケット	saku / pokét サクゥ / ポケ(ト)	pocket
ぼ 惚ける	jadi [menjadi] nyanyuk ジャディ [ムンジャディ] ニャニョッ	to become senile
ほけん 保健	penjagaan kesihatan プンジャガアヌ クスィハタヌ	preservation of health
ほけん 保険	insurans イヌスゥラヌス	insurance

日	マレー	英
保健所（ほけんじょ）	pusat kesihatan プゥサ(ト) クスィハタヌ	health centre
保護（ほご）	perlindungan / pemeliharaan プーリヌドゥウンアヌ / プムリハラアヌ	protection
保護する（ほご）	lindungi / melindungi リヌドゥウンイ / ムリヌドゥウンイ	to protect
母校（ぼこう）	alma mater アルマ マトゥー	alma mater
歩行者（ほこうしゃ）	pejalan kaki プジャラヌ カキ	pedestrian
母国（ぼこく）	negara asal ヌガラ アサル	home country
保護者（ほごしゃ）	ibu bapa イブゥ バパ	parents
埃（ほこり）	habuk ハボッ	dust
誇り（ほこ）	kebanggaan / rasa bangga クバンガアヌ / ラサ バンガ	pride
誇る（ほこ）	berbangga ブーバンガ	to be proud of
ほころびる	rabak / koyak ラバッ / コヤッ	to come apart
星（ほし）	bintang ビヌタン	star
欲しい（ほ）	hendak / nak / mahu フヌダッ / ナッ / マフゥ	to want
穿る（ほじく）	korék / mengorék コレッ / ムンオレッ	to pick
ポジション	posisi ポズィスィ	position
干し葡萄（ほ ぶどう）	kismis キスメス	raisin
干し物（ほ もの）	jemuran ジュムゥラヌ	dried thing
保釈（ほしゃく）	ikat jamin イカ(ト) ジャメヌ	bail
保釈する（ほしゃく）	jamin [menjamin] keluar ジャメヌ [ムンジャメヌ] クルゥワー	to bail out
保釈金（ほしゃくきん）	ikat jamin イカ(ト) ジャメヌ	bail

ほ

日	マレー	英
保守（ほしゅ）	pengekalan プンゥカラヌ	maintenance
保守する（ほしゅ）	kekalkan / mengekalkan クカルカヌ / ムンゥカルカヌ	to maintain
補充（ほじゅう）	tambahan / penambahan タムバハヌ / プナムバハヌ	supplementation
補充する（ほじゅう）	tambahkan / menambahkan タムバ(ハ)カヌ / ムナムバ(ハ)カヌ	to supplement
募集（ぼしゅう）	pencarian / perékrutan プンチャリヤヌ / プレクルウタヌ	recruitment
募集する（ぼしゅう）	cari / mencari チャリ / ムンチャリ	to recruit
保守主義（ほしゅしゅぎ）	konservatisme コヌスヴァティスマ	conservatism
保守的（ほしゅてき）	kekonservatifan クコヌスヴァティファヌ	conservativeness
保守的な（ほしゅてき）	konservatif コヌスヴァティフ	conservative
補助（ほじょ）	bantuan バヌトゥウワヌ	assistance
補助する（ほじょ）	bantu / membantu バヌトゥウ / ムムバヌトゥウ	to assist
保証（ほしょう）	jaminan ジャミナヌ	guarantee
保証する（ほしょう）	jamin / menjamin ジャメヌ / ムンジャメヌ	to guarantee
保障（ほしょう）	perlindungan プーリヌドンアヌ	indemnity
保障する（ほしょう）	lindungi / melindungi リヌドンィ / ムリヌドンィ	to indemnify
補償（ほしょう）	pampasan / ganti rugi パムパサヌ / ガヌティ ルウギ	compensation
補償する（ほしょう）	membayar pampasan [ganti rugi] ムムバヤー パムパサヌ [ガヌティ ルウギ]	to compensate
保証期間（ほしょうきかん）	témpoh jaminan [waranti] テムポ(ホ) ジャミナヌ [ワラヌティ]	guarantee [warranty] period
保証金（ほしょうきん）	wang jaminan ワン ジャミナヌ	deposit
補償金（ほしょうきん）	wang pampasan ワン パムパサヌ	indemnity

日	マレー	英
ほしょうしょ 保証書	waranti ワラヌティ	warranty
ほしょうにん 保証人	penjamin プンジャメヌ	guarantor
ほじょきん 補助金	subsidi スゥ(ブ)スイディ	subsidy
ほじ 穿る	korék / mengorék コレッ / ムンォレッ	to pick
ほ 干す	jemur / menjemur ジュモー / ムンジュモー	to dry
ポスター	poster ポストゥー	poster
ポスト（投函用）	peti pos プティ ポス	post box
ポスト(家の郵便受)	peti surat プティ スゥラ(ト)	mailbox
ポスト(地位、役職)	jawatan ジャワタヌ	position
ほそ 細い	halus / kecil ハロス / クチェル	fine
ほそ 細い（痩せている）	kurus クゥロス	slim
ほそう 舗装	penurapan プヌゥラパヌ	paving
ほそう 舗装する	turap / menurap トゥウラ(プ) / ムヌゥラ(プ)	to pave
ほそく 補足	tambahan タムバハヌ	supplement
ほそく 補足する	tambahkan / menambahkan タムバ(ハ)カヌ / ムナムバ(ハ)カヌ	to supplement
ほぞん 保存	penyimpanan / pengawétan プニィムパナヌ / プンァウエタヌ	preservation
ほぞん 保存する	simpan / menyimpan スイムパヌ / ムニィムパヌ	to preserve
ほぞんしょくひん 保存食品	makanan yang diawét マカナヌ ヤン ディアウエ(ト)	preserved food
ほぞんりょう 保存料	bahan pengawét バハヌ プンァウエ(ト)	preservative
ほたて 帆立	kekapis クカペス	scallop

ほ

日	マレー	英
ほたる 蛍	kelip-kelip / api-api クレ(プ) クレ(プ) / アピ アピ	firefly
ボタン	butang ブウタン	button
ぼち 墓地	tanah perkuburan タナ(ハ) プークウブウラヌ	cemetery
ホチキス	stapler / pengokot ステプルー / プンォコ(ト)	stapler
ばり ホチキス針	dawai kokot ダワィ ココ(ト)	staple
ほちょうき 補聴器	alat bantu dengar アラ(ト) バヌトゥウ ドゥンアー	hearing aid
ほっきょく 北極	Kutub Utara クウト(ブ) ウウタラ	North Pole
ほっさ 発作	serangan スランアヌ	attack
ぼっしゅう 没収	penyitaan / perampasan プニィタアヌ / プラムパサヌ	confiscation
ぼっしゅう 没収する	sita / menyita / rampas / merampas スイタ / ムニィタ / ラムパス / ムラムパス	to confiscate
ほっしん 発疹	ruam ルウワム	rash
ほっそく 発足	pelancaran / penubuhan プランチャラヌ / プヌウブウハヌ	start
ほっそく 発足する	dilancarkan / ditubuhkan ディランチャーカヌ / ディトゥウボ(ホ)カヌ	to start
ぼっ 坊ちゃん	anak lelaki (encik [puan]) アナッ ルラキ (ウンチェッ [プゥワヌ])	(your) son
ほっとする	lega ルガ	to feel relieved
ポット	téko テコ	pot
ホットスポット	titik [tompok] panas ティテッ [トムポッ] パナス	hot spot
ぼつらく 没落	kejatuhan クジャトハヌ	fall
ぼつらく 没落する	jatuh ジャト(ホ)	to fall
ボディガード	pengawal peribadi プンアワル プリバディ	bodyguard

ほ

日	マレー	英
ボディチェック	pemeriksaan badan プムリㇰサアヌ バダヌ	body search
ホテル	hotél ホテル	hotel
ほど 程	kira-kira / lebih kurang キラ キラ / ルベ(ヘ) クゥラン	about
ほどう 歩道	laluan pejalan kaki ラルゥワヌ プジャラヌ カキ	pavement
ほど 解く	ungkai / mengungkai ウゥンカイ / ムンゥンカイ	to untie
ほとけ 仏	Buddha ブゥダ	Buddha
ほど 解ける	terungkai / terurai トゥーウゥンカイ / トゥーウゥライ	to get untied
ほどこ 施す	beri / memberi ブリ / ムムブリ	to give
ほとり 畔	tepi / sebelah トゥピ / スブラ(ハ)	side
ほとんど（大部分）	kebanyakan クバニャカヌ	most
ほとんど（今少しで）	hampir / hampir-hampir ハムペー / ハムペー ハムペー	almost
ぼにゅう 母乳	susu ibu スゥスゥ イブゥ	breast milk
ほにゅうびん 哺乳瓶	botol susu ボトル スゥスゥ	nursing [baby] bottle
ほにゅうるい 哺乳類	mamalia ママリヤ	mammals
ほね 骨	tulang トゥウラン	bone
ほのお 炎	nyala (api) ニャラ (アピ)	flame
ほぼ	hampir / lebih kurang ハムペー / ルベ(ヘ) クゥラン	about
ほほえ 微笑む	senyum / tersenyum スニョム / トゥースニョム	to smile
ほ 褒める	puji / memuji プゥジ / ムムゥジ	to praise
ぼやく	merungut ムルゥンオ(ト)	to grumble

ほ

日	マレー	英
ぼやけた	kabur / samar-samar カボー / サマー サマー	dim
ぼやける	jadi [menjadi] kabur ジャディ [ムンジャディ] カボー	to become dim
保養(ほよう)	istirahat / réhat イスティラハ(ト) / レハ(ト)	rest
保養(ほよう)する	beristirahat ブーイスティラハ(ト)	to rest
ボランティア	sukarélawan スゥカレラワヌ	volunteer
ボランティア（女性）	sukarélawati スゥカレラワティ	volunteer
ボランティアの	sukaréla スゥカレラ	voluntary
堀(ほり)	parit パレ(ト)	moat
彫(ほ)り物(もの)	ukiran ウゥキラヌ	carving
保留(ほりゅう)	penangguhan / penundaan プナングゥハヌ / プヌゥヌダアヌ	suspension
保留(ほりゅう)する	tangguhkan / menangguhkan タンゴ(ホ)カヌ / ムナンゴ(ホ)カヌ	to suspend
捕虜(ほりょ)	banduan バヌドゥウワヌ	captive
掘(ほ)る	gali / menggali ガリ / ムンガリ	to dig
彫(ほ)る	ukir / mengukir ウゥケー / ムンウゥケー	to carve
ボルト（電圧の単位）	volt ヴォル(ト)	volt
ボルト（ねじ）	bolt ボル(ト)	bolt
ポルトガル	Portugis ポートゥウゲス	Portugal
ポルトガル語(ご)	bahasa Portugis バハサ ポートゥウゲス	Portuguese (language)
ポルトガル人(じん)	orang Portugis オラン ポートゥウゲス	Portuguese (people)
ボルネオ島(とう)	Pulau Bornéo プゥラゥ ボーニオ	Borneo Island

日	マレー	英
ぼろ	kain buruk カエヌ ブゥロッ	rag
ぼろい	usang / buruk ウゥサン / ブゥロッ	ragged
ほろ 滅びる（国、政府などが）	musnah / hancur / jatuh ムウスナ(ハ) / ハンチョー / ジャト(ホ)	to be destroyed
ほろ 滅びる（絶滅する）	pupus プゥポス	to die out
ほろ 滅ぼす	musnahkan / memusnahkan ムウスナ(ハ)カヌ / ムムウスナ(ハ)カヌ	to destroy
ほん 本	buku ブゥクゥ	book
ほん ～本（助数詞）	batang バタン	–
ぼん 盆	talam タラム	tray
ほんかく 本格	asli / tulén アスリ / トゥウレヌ	genuine
ほんかくてき 本格的	keaslian / ketulénan クアスリヤヌ / クトゥウレナヌ	genuineness
ほんかくてき 本格的な	asli / tulén アスリ / トゥウレヌ	genuine
ほんかん 本館	bangunan utama [induk] バンウゥナヌ ウウタマ ［イヌドッ］	main building
ほんき 本気	kesériusan クセリウゥサヌ	seriousness
ほんき 本気の	sérius セリウゥス	serious
ほんごく 本国	negara asal ヌガラ アサル	home country
ほんしつ 本質	inti pati [sari] イヌティ パティ ［サリ］	essence
ほんしゃ 本社	ibu pejabat イブゥ プジャバ(ト)	head office
ほんしん 本心	perasaan sebenar プラサアヌ スブナー	real feeling
ほんたい 本体	badan / bahagian utama バダヌ / バハギヤヌ ウゥタマ	body
ほんだな 本棚	rak [almari] buku レッ ［アルマリ］ ブゥクゥ	bookshelf

ほ

日	マレー	英
ぼんち 盆地	lembangan / lembah / lurah ルムバンアヌ / ルムバ(ハ) / ルウラ(ハ)	basin
ほんとう 本当	kebenaran クブナラヌ	truth
ほんとう 本当だ	betul / benar ブトル / ブナー	true
ほんとう 本当に	betul-betul / benar-benar ブトル ブトル / ブナー ブナー	really / truly
ほんとう 本当の	sebenar / betul / benar スブナー / ブトル / ブナー	true
ほんにん 本人	tuan punya diri / sendiri トゥウワヌ プゥニャ ディリ / スヌディリ	person himself [herself]
ほんね 本音	pendapat sebenar プヌダパ(ト) スブナー	real intention
ボンネット	bonét ボネ(ト)	bonnet
ほんの	hanya / cuma ハニャ / チュウマ	just
ほんのう 本能	naluri ナルゥリ	instinct
ほんば 本場	tempat lahirnya [asal] トゥムパ(ト) ラヘーニャ [アサル]	home
ほんぶ 本部	ibu pejabat イブゥ プジャバ(ト)	head office
ポンプ	pam パム	pump
ほんぶん 本文	téks utama テクス ウゥタマ	body text
ボンベ	tong トン	cylinder
ほんみょう 本名	nama sebenar ナマ スブナー	real name
ほんもの 本物	barang tulén [asli] バラン トゥウレヌ [アスリ]	genuine goods
ほんもの 本物の	tulén / asli / original / ori トゥウレヌ / アスリ / オリジナル / オリ	genuine
ほんや 本屋	kedai buku クダイ ブゥクゥ	bookstore
ほんやく 翻訳	terjemahan / penterjemahan トゥージュマハヌ / プヌトゥージュマハヌ	translation

日	マレー	英
ほんやく 翻訳する	terjemahkan / menterjemahkan トゥージュマ(ハ)カヌ / ムヌトゥージュマ(ハ)カヌ	to translate
ぼんやり (はっきり見えない)	samar-samar / kabur / malap サマー サマー / カボー / マラ(プ)	dimly
ぼんやり (特に何もせず)	begitu sahaja / kosong ブギトゥゥ サハジャ / コソン	idly
ぼんやりした (意識が他にある)	seperti sedang berkhayal スプーティ スダン ブーハヤル	vacant
ぼんやりした (はっきり見えない)	samar-samar / kabur / malap サマー サマー / カボー / マラ(プ)	dim
ぼんやりする (意識が他にある)	berkhayal (sahaja) ブーハヤル (サハジャ)	to be absent-minded
ぼんやりする (明瞭でなくなる)	jadi [menjadi] kabur ジャディ [ムンジャディ] カボー	to become dim
ほんらい 本来	biasanya / sebenarnya ビヤサニャ / スブナーニャ	normally
ほんらい 本来の	asal / sebenar アサル / スブナー	original

▼ま，マ

日	マレー	英
ま 間 (間隔)	jarak / ruang ジャラッ / ルゥワン	interval
ま 間 (時間)	masa / ketika マサ / クティカ	time
ま 間 (部屋)	bilik / ruang ビレッ / ルゥワン	room
ま 間 (音のない時間)	jeda ジュダ	interval / pause
まあ (驚き、非難)	isy / amboi イシ / アムボイ	oh, dear
まあ (さあ)	baiklah バエッ(ク)ラ(ハ)	okay
まあ (まずまず)	agak アガッ	reasonably
マーカー	penanda プナヌダ	marker
マーガリン	marjérin マジェリヌ	margarine
マーク	tanda / lambang タヌダ / ラムバン	mark

日	マレー	英
マークする	tandai / menandai タヌダイ / ムナヌダイ	to put a mark
マーケット	markét マケ(ト)	market
マージン	margin マジヌ	margin
まあまあな	boléh tahan / bagus juga ボレ(ヘ) タハヌ / バゴス ジュウガ	not too bad
まい 〜枚	~ helai [keping] フライ［クペン］	~ piece(s)
まい 毎〜	setiap [tiap-tiap] ~ スティヤ(プ)［ティヤ(プ) ティヤ(プ)］	every ~
まいあさ 毎朝	setiap pagi スティヤ(プ) パギ	every morning
まいかい 毎回	setiap [tiap-tiap] kali スティヤ(プ)［ティヤ(プ) ティヤ(プ)］カリ	every time
マイク	mikrofon ミクロフォヌ	microphone
まいご 迷子	kanak-kanak yang sesat カナッ カナッ ヤン スサ(ト)	lost child
まいしゅう 毎週	setiap [tiap-tiap] minggu スティヤ(プ)［ティヤ(プ) ティヤ(プ)］ミングゥ	every week
まいすう 枚数	jumlah helaian ジュウムラ(ハ) フライヤヌ	number of sheets
まいそう 埋葬	pengebumian プンゥブゥミヤヌ	burial
まいそう 埋葬する	kebumikan / mengebumikan クブゥミカヌ / ムンゥブゥミカヌ	to bury
まいぞう 埋蔵	penanaman プナナマヌ	burial
まいぞう 埋蔵する	tanam / menanam タナム / ムナナム	to bury
まいつき 毎月	setiap [tiap-tiap] bulan スティヤ(プ)［ティヤ(プ) ティヤ(プ)］ブゥラヌ	every month
まいど 毎度	setiap kali スティヤ(プ) カリ	every time
まいとし 毎年	setiap [tiap-tiap] tahun スティヤ(プ)［ティヤ(プ) ティヤ(プ)］タホヌ	every year
マイナス（引く）	tolak トラッ	minus

日	マレー	英
マイナス（負の数）	négatif / minus ネガテフ / マイヌゥス	minus
まいにち 毎日	setiap hari / hari-hari スティヤ(プ) ハリ / ハリ ハリ	every day / everyday
まいばん 毎晩	setiap [tiap-tiap] malam スティヤ(プ) [ティヤ(プ) ティヤ(プ)] マラム	every night
まい 参る（行く）	pergi / datang プーギ / ダタン	to go / to come
まい 参る（降参する）	kalah カラ(ハ)	to be beaten
マイル	batu バトゥウ	mile
ま 舞う	menari / menari-nari ムナリ / ムナリ ナリ	to dance
ま うえ 真上	betul-betul di atas ブトル ブトル ディ アタス	right above
まえ 前（前方）	depan / hadapan ドゥパヌ / ハダパヌ	front
まえ 前（以前）	dulu / dahulu ドゥウルゥ / ダフウルゥ	before
まえ （～する）前	sebelum ~ スブロム	before ~
まえ 前（遡ること）	lepas / lalu ルパス / ラルゥ	ago
まえ う 前売り	jualan awal ジュウワラヌ アワル	advance sale
まえ う 前売りする	jual [menjual] awal ジュウワル [ムンジュウワル] アワル	to sell in advance
まえ う けん 前売り券	tikét awal ティケ(ト) アワル	advance ticket
まえ お 前置き	mukadimah ムゥカディマ(ハ)	preamble
まえ お 前置きする	beri [memberi] mukadimah ブリ [ムムブリ] ムゥカディマ(ハ)	to make introductory remarks
まえ が 前書き	pendahuluan プヌダフウルゥワヌ	preface
まえきん 前金	bayaran pendahuluan バヤラヌ プヌダフウルゥワヌ	advance payment
まえ ば 前歯	gigi hadapan [depan] ギギ ハダパヌ [ドゥパヌ]	front tooth

日	マレー	英
まえばら 前払い	bayaran dahulu [dulu] バヤラヌ ダフウルゥ [ドゥウルゥ]	advance payment
まえばら 前払いする	bayar [membayar] dulu バヤー [ムムバヤー] ドゥウルゥ	to pay in advance
まえ 前もって	terlebih dahulu トゥールベ(ヘ) ダフウルゥ	in advance
ま 負かす	kalahkan / mengalahkan カラ(ハ)カヌ / ムンアラ(ハ)カヌ	to beat
まか 任せる	serahkan / menyerahkan スラ(ハ)カヌ / ムニュラ(ハ)カヌ	to leave
ま 曲がった	béngkok / berliku-liku ベンコッ / ブーリクゥ リクゥ	curved
まかな 賄う	biayai / membiayai ビィアヤイ / ムムビィアヤイ	to cover
ま 曲がる	bélok / membélok ベロッ / ムムベロッ	to turn
まぎ 紛らわしい	mengelirukan ムンゥリルゥカヌ	confusing
まぎ 紛れる	bercampur (sehingga susah dibézakan) ブーチャムポー (スヒンガ スゥサ(ハ) ディベザカヌ)	to blend
ま 蒔く	semai / menyemai スマイ / ムニュマイ	to sow
ま 撒く	tabur / menabur タボー / ムナボー	to scatter
ま 巻く (巻きつける)	balut / membalut バロ(ト) / ムムバロ(ト)	to wrap
ま 巻く (丸める)	gulung / menggulung グゥロン / ムングゥロン	to roll
まく 幕	tirai / tabir ティライ / タベー	curtain
まく 膜	selaput / lapisan / saput スラポ(ト) / ラピサヌ / サポ(ト)	film
まくら 枕	bantal バヌタル	pillow
まぐろ 鮪	ikan tuna イカヌ トゥウナ	tuna
ま 負け	kekalahan クカラハヌ	loss
ま 負ける	kalah / dikalahkan / téwas カラ(ハ) / ディカラ(ハ)カヌ / テワス	to be defeated

日	マレー	英
負(ま)ける（安くする）	beri [memberi] potongan harga ブリ［ムㇺブリ］ポトンアㇴ ハルガ	to give a discount
負(ま)ける （ギャンブルで金を失う）	kalah カラ(ハ)	to lose
曲(ま)げる	béngkokkan / membéngkokkan ベンコッカㇴ / ムㇺベンコッカㇴ	to bend
孫(まご)	cucu チュゥチュゥ	grandchild
真心(まごころ)	keikhlasan クイ(フ)ラサㇴ	cordiality
まごつく	rasa [berasa] canggung ラサ［ブラサ］チャンゴン	to be embarrassed
誠(まこと)	keikhlasan クイ(フ)ラサㇴ	sincerity
誠(まこと)に	amat / benar-benar アマ(ト) / ブナー ブナー	truly
マザーボード	papan induk パパㇴ イㇴドッ	motherboard
まさか	masakan / takkan / mana boléh マサカㇴ / タッカㇴ / マナ ボレ(ヘ)	surely ~ not
摩擦(まさつ)	géséran ゲセラㇴ	friction
摩擦(まさつ)する	gésélkan / menggésélkan ゲセㇽカㇴ / ムンゲセㇽカㇴ	to rub
正(まさ)に	semémangnya / mémang スメマンニャ / メマン	surely
勝(まさ)る	lebihi / melebihi / atasi / mengatasi ㇽビヒ / ムㇽビヒ / アタスィ / ムンアタスィ	to surpass
混(ま)ざる	bercampur / tercampur ブーチャㇺポー / トゥーチャㇺポー	to mix
増(ま)し	tambahan / pertambahan タㇺバハㇴ / プータㇺバハㇴ	increase
交(まじ)える	(masukkan [memasukkan]) bersama (マソッカㇴ［ムマソッカㇴ)］ブーサマ	to bring in
真下(ました)	betul-betul di bawah ブトㇽ ブトㇽ ディ バワ(ハ)	right below
まして	apatah lagi / apalagi アパタ(ハ) ラギ / アパラギ	let alone
ましな	lebih baik [élok] ㇽベ(ヘ) バエッ［エロッ］	better

日	マレー	英
真面目（真剣）	kesériusan / kerajinan クセリウゥサヌ / クラジナヌ	seriousness
真面目（誠実）	keikhlasan / ketulusan クイ(フ)ラサヌ / クトゥウルウサヌ	sincerity
真面目な（真剣な）	sérius / rajin セリウゥス / ラジェヌ	serious
真面目な（誠実な）	ikhlas / tulus イ(フ)ラス / トゥウロス	sincere
混じる	bercampur / tercampur ブーチャムポー / トゥーチャムポー	to mix
交わる	bersilang ブースイラン	to intersect
増す	bertambah / meningkat ブータムバ(ハ) / ムニンカ(ト)	to increase
まず	pertama / mula-mula プータマ / ムゥラ ムゥラ	first (of all)
麻酔	(ubat) bius / anéstésia （ウゥバ(ト)）ビウゥス / アネステスイヤ	anaesthetic
麻酔する	bius / membius ビウゥス / ムムビウゥス	to anaesthetize
不味い	tidak sedap [lazat] ティダッ スダ(プ) [ラザ(ト)]	to taste bad
まずい（不都合）	tidak baik ティダッ バエッ	inappropriate
マスカラ	maskara マスカラ	mascara
マスク	penutup hidung dan mulut プヌゥト(プ) ヒドン ダヌ ムゥロ(ト)	mask
マスコミ	média massa メディヤ マスサ	mass communication
貧しい	miskin ミスケヌ	poor
マスター（人）	pengurus / tuan (punya) プンウゥロス / トゥウワヌ（プゥニャ）	manager
マスターする	kuasai / menguasai クゥワサイ / ムンウゥワサイ	to master
マスタード	mustard / sos biji sawi ムゥスタド / ソス ビジ サウィ	mustard
ますます	semakin / bertambah スマケヌ / ブータムバ(ハ)	more and more

ま

日	マレー	英
混(ま)ぜる	campur / campurkan / mencampurkan チャムポー / チャムポーカヌ / ムンチャムポーカヌ	to mix
股(また)	kelangkang / celah kangkang クランカン / チュラ(ハ) カンカン	crotch
また（さらに）	bahkan バ(ハ)カヌ	and
また（再び）	lagi ラギ	again
まだ	masih マセ(ヘ)	still
またがる	tunggang / menunggang トゥウンガン / ムヌウウンガン	to ride
またぐ（足を大きく広げる）	kangkangi / mengangkangi カンカンィ / ムンアンカンィ	to stride over
またぐ（またぐようにつなぐ）	rentangi / merentangi ルヌタンィ / ムルヌタンィ	to cross
待(ま)たせる（～を）	suruh ~ tunggu スウロ(ホ) トゥウングゥ	to make ~ wait
または	atau / ataupun アタゥ / アタゥポヌ	or
股(また)を開(ひら)く	kangkang / mengangkang カンカン / ムンアンカン	to spread one's laps
町(まち)	bandar / pekan / kota バヌダー / プカヌ / コタ	city
待(ま)ち合(あ)い室(しつ)	bilik menunggu ビレッ ムヌウングゥ	waiting room
待(ま)ち合(あ)いスペース	ruang menunggu ルゥワン ムヌウングゥ	waiting space
待(ま)ち合(あ)わせ	perjumpaan / pertemuan プージュムパアヌ / プートゥムウワヌ	(arranged) meeting
待(ま)ち合(あ)わせる（人と）	jumpa / berjumpa / bertemu ジュムパ / ブージュムパ / ブートゥムゥ	to meet (by arrangement)
待(ま)ち合(あ)わせる（電車を）	tunggu / menunggu トゥウングゥ / ムヌウングゥ	to wait for
間違(まちが)い	kesilapan / kesalahan クスィラパヌ / クサラハヌ	mistake
間違(まちが)えた	salah / silap サラ(ハ) / スイラ(プ)	mistaken

ま

日	マレー	英
まちが 間違える	tersilap / tersalah トゥースィラ(プ) / トゥーサラ(ハ)	to make a mistake
まちが 間違った	salah / silap サラ(ハ) / スィラ(プ)	wrong
まちかど 街角	pelosok jalan プロソッ ジャラヌ	street corner
ま どお 待ち遠しい	tidak [tak] sabar tunggu ティダッ ［タッ］ サバー トゥウングゥ	to wait eagerly
ま のぞ 待ち望む	ternanti-nanti トゥーナヌティ ナヌティ	to look forward to
まちまち	kepelbagaian クプルバガイヤヌ	variedness
まちまちな	berbéza-béza ブーベザ ブザ	varied
まつ 松	pokok pain ポコッ パェヌ	pine
ま 待つ	tunggu / menunggu トゥウングゥ / ムヌウングゥ	to wait
まつ 末	akhir / hujung アヘー / フウジョン	end
ま か 真っ赤な	mérah menyala [pekat] メラ(ハ) ムニャラ ［プカ(ト)］	bright red
まつ き 末期	penghujung プンフウジョン	last stage
まつ き 末期の	tenat / boléh membawa maut トゥナ(ト) / ボレ(ヘ) ムムバワ マォ(ト)	terminal
ま くら 真っ暗	kegelitaan クグリタアヌ	pitch darkness
ま くら 真っ暗な	gelap-gelita グラ(プ) グリタ	pitch-dark
ま くろ 真っ黒	kehitaman pekat クヒタマヌ プカ(ト)	pitch black
ま くろ 真っ黒な	hitam legam [pekat] ヒタム ルガム ［プカ(ト)］	pitch-black
まつ げ 睫毛	bulu mata ブウルウ マタ	eyelash
マッサージ	pengurutan プンウウルウタヌ	massage
マッサージする	urut / mengurut ウウロ(ト) / ムンウウロ(ト)	to massage

日	マレー	英
マッサージ師	tukang urut トゥウカン ウゥロ(ト)	masseur / masseuse
真っ青	kepucatan クプゥチャタヌ	pallor
真っ青な（顔が）	pucat lesi プゥチャ(ト) ルスイ	very pale
真っ青な(空などが)	sungguh [sangat] biru スゥンゴ(ホ) ［サンァ(ト)］ビルゥ	deep blue
真っ先に	pertama sekali プータマ スカリ	first and foremost
マッシュルーム	cendawan チュヌダワヌ	mushroom
真っ白	(warna) putih bersih (ワーナ) プゥテ(ヘ) ブーセ(ヘ)	pure white
まっすぐ	lurus / terus / tegak ルゥロス / トゥロス / トゥガッ	straight
全く	benar-benar / betul-betul ブナー ブナー / ブトル ブトル	completely
マッチ	mancis マンチェス	match
マッチする	padan / sesuai / kena / cocok パダヌ / ススゥワイ / クナ / チョチョッ	to match
マットレス	tilam ティラム	mattress
松葉杖	topang ketiak トパン クティヤッ	crutch
真っ二つ	dua ドゥウワ	two
祭り	pésta / perayaan ペスタ / プラヤアヌ	festival
祀る	semadikan / menyemadikan スマディカヌ / ムニュマディカヌ	to enshrine
～まで	sampai [hingga] ~ サムパイ［ヒンガ］	till ~
～までに	sebelum ~ スブロム	by ~
的	sasaran ササラヌ	target
窓	tingkap / jendéla ティンカ(プ) / ジュヌデラ	window

ま

日	マレー	英
まど 窓ガラス	cermin tingkap チューメヌ ティンカ(プ)	window glass
まどがわせき 窓側席	kerusi di sebelah tingkap クルゥスィ ディ スブラ(ハ) ティンカ(プ)	window seat
まどぐち 窓口	kaunter カォヌトゥー	counter
まとまり	perpaduan プーパドゥウワヌ	unity
まとまる （一つになる）	bersatu / berkumpul ブーサトゥウ / ブークゥムポル	to be united
まとまる （決着する）	selesai / terselesai スルサィ / トゥースルサィ	to be settled
まとめ	ringkasan リンカサヌ	summary
まとめる （合わせる）	satukan / menyatukan サトゥウカヌ / ムニャトゥウカヌ	to put together
まとめる （要約する）	ringkaskan / meringkaskan リンカスカヌ / ムリンカスカヌ	to summarize
マトン	daging kambing (biri-biri) ダゲン カムベン (ビリビリ)	mutton
まな 学ぶ	belajar / tuntut / menuntut ブラジャー / トゥウヌト(ト) / ムヌゥウヌト(ト)	to learn
ま　あ 間に合う	sempat スムパ(ト)	to be in time
マニキュア	hiasan kuku tangan ヒヤサヌ クウクゥ タンアヌ	manicure
マニュアル	manual / buku panduan マヌゥワル / ブゥクゥ パヌドゥウワヌ	manual
マニラ	Manila マニラ	Manila
まぬが 免れる	terlepas トゥールパス	to escape
ま　ね 真似	ajukan / peniruan / tiruan アジュゥカヌ / プニルゥワヌ / ティルゥワヌ	imitation
ま　ね 真似する	ajuk / mengajuk / tiru / meniru アジョッ / ムンァジョッ / ティルゥ / ムニルゥ	to imitate
まね 招き	jemputan ジュムプゥタヌ	invitation
まね 招く	jemput / menjemput ジュムポ(ト) / ムンジュムポ(ト)	to invite

日	マレー	英
まばた 瞬き	kelipan mata クリパヌ マタ	blink
まばた 瞬きする	kelipkan [mengelipkan] mata クレ(プ)カヌ [ムンゥレ(プ)カヌ] マタ	to blink
まひ 麻痺	kelumpuhan クルゥムプゥハヌ	paralysis
まひ 麻痺した (体が動かない)	lumpuh ルゥムポ(ホ)	paralyzed
まひ 麻痺した (常態化して気にならない)	lali ラリ	too used to
まひ 麻痺する (体が動かなくなる)	jadi [menjadi] lumpuh ジャディ [ムンジャディ] ルゥムポ(ホ)	to become paralyzed
まひ 麻痺する (気に留めなくなる)	jadi [menjadi] lali ジャディ [ムンジャディ] ラリ	to get too used to
マフィア	mafia マフィヤ	Mafia
まぶしい	silaukan [menyilaukan] mata スィラゥカヌ [ムニィラゥカヌ] マタ	dazzling
まぶた 瞼	kelopak mata クロパッ マタ	eyelid
マフラー(防寒具)	skarf スカフ	scarf
マフラー (自動車などの)	mafela マフラ	muffler
まほう 魔法	sihir スィヘー	magic
まほうつか 魔法使い	ahli sihir ア(ハ)リ スィヘー	wizard / witch
まぼろし 幻	khayalan / bayangan ハヤラヌ / バヤンアヌ	phantom
まま (～の) 儘	tetap ~ トゥタ(プ)	still ~
～まみれ	berlumuran ~ ブールゥムゥラヌ	covered all over with ~
まめ 豆	kacang カチャン	bean
ま 間もなく	sebentar lagi スブヌター ラギ	soon
まも 守る (保護する)	lindungi / melindungi リヌドゥウンイ / ムリヌドゥウンイ	to protect

ま

日	マレー	英
まも 守る（従う）	tepati / menepati トゥパティ / ムヌパティ	to keep
まやく 麻薬	dadah ダダ(ハ)	drug
まやくちゅうどく 麻薬中毒（症状）	penagihan dadah プナギハヌ ダダ(ハ)	drug addiction
まやくちゅうどくしゃ 麻薬中毒者	penagih [ketagih] dadah プナゲ(ヘ)［クタゲ(ヘ)］ダダ(ハ)	drug addict
まゆ 眉	kening クネン	eyebrow
まゆげ 眉毛	bulu kening ブゥルゥ クネン	eyebrow
まよ 迷う（道に）	sesat / tersesat スサ(ト) / トゥースサ(ト)	to get lost
まよ 迷う（決められない）	berbelah hati ブーブラ(ハ) ハティ	to be indecisive
まよなか 真夜中	tengah malam トゥンア(ハ) マラム	midnight
マヨネーズ	mayonés マヨネス	mayonnaise
マラソン	maraton マラトヌ	marathon
マラッカ	Melaka ムラカ	Malacca
マラリア	malaria マラリヤ	malaria
まりょく 魔力	kuasa ajaib クゥワサ アジャェ(ブ)	magic
まる 丸	bulatan ブゥラタヌ	circle
まる 丸い	bulat ブゥラ(ト)	round / spherical
まる 丸い（円満）	tenang トゥナン	peaceful
まる 丸ごと	semua sekali (gus) スムゥワ スカリ（ゴス）	entirely
まる き 丸っ切り	betul-betul ブトル ブトル	completely
まるで（～ない）	betul-betul (tidak ~) ブトル ブトル（ティダッ）	completely (not ~)

日	マレー	英
まるで（～のよう）	seolah-olah ~ スオラ(ハ) オラ(ハ)	as if ~
丸々（まるまる）	bulat-bulat ブゥラ(ト) ブゥラ(ト)	entirely
丸々（まるまる）した	tembam / montél / montok トゥムバム / モヌテル / モヌトッ	chubby
丸（まる）める	gulung / menggulung グゥロン / ムングゥロン	to roll
稀（まれ）	kejarangan クジャランアヌ	rarity
稀（まれ）な	jarang / jarang-jarang ジャラン / ジャラン ジャラン	rare
マレー語（ご）	bahasa Melayu バハサ ムラユゥ	Malay (language)
マレーシア	Malaysia ムレイスイヤ	Malaysia
マレーシア語（ご）	bahasa Malaysia バハサ ムレイスイヤ	Malaysian (language)
マレーシア人（じん）	orang Malaysia オラン ムレイスイヤ	Malaysian (people)
マレーシアマイセカンドホームプログラム	Program Malaysia Rumah Keduaku プログラム ムレイスイヤ ルゥマ(ハ) クドゥウワクゥ	Malaysia My Second Home Programme
マレー人（じん）	orang Melayu オラン ムラユゥ	Malay (people)
マレー半島（はんとう）	Semenanjung Malaysia スムナンジョン ムレイスイヤ	the Malay Peninsula
回（まわ）す	pusing / pusingkan / memusingkan プゥセン / プゥセンカヌ / ムムゥセンカヌ	to turn
回（まわ）り	putaran / pusingan プゥタラヌ / プゥスインアヌ	rotation
周（まわ）り	keliling / sekeliling クリレン / スクリレン	surroundings
回（まわ）り道（みち）	léncongan レンチョンアヌ	detour
回（まわ）り道（みち）する	léncong / meléncong レンチョン / ムレンチョン	to make a detour
回（まわ）る（軸を中心に）	pusing / berpusing プゥセン / ブープゥセン	to rotate / to spin
回（まわ）る（周囲を）	kelilingi / mengelilingi クリリンイ / ムンゥリリンイ	to revolve around

ま

日	マレー	英
万（まん）	puluh ribu プゥロ(ホ) リブゥ	ten [~-ty] thousand
万一（まんいち）	kalau-kalau カラゥ カラゥ	by any chance
満員の（まんいん）	penuh プノ(ホ)	full
蔓延する（まんえん）	rébak / merébak レバッ / ムレバッ	to spread
漫画（まんが）	kartun / animasi カートゥヌ / アニマスィ	cartoon
マングローブ	bakau バカゥ	mangrove
マングローブ湿地（しっち）	paya bakau パヤ バカゥ	mangrove swamp
満月（まんげつ）	bulan mengambang [penuh] ブゥラヌ ムンアムバン [プノ(ホ)]	full moon
マンゴー	mangga / mempelam / pelam マンガ / ムムプラム / プラム	mango
マンゴスチン	manggis マンゲス	mangosteen
満室（まんしつ）	ketiadaan kekosongan クティヤダアヌ クコソンアヌ	no vacancy
満室の（まんしつ）	penuh / tiada kekosongan プノ(ホ) / ティヤダ クコソンアヌ	full
満場（まんじょう）	seluruh déwan [panggung] スルゥロ(ホ) デワヌ [パンゴン]	whole house
満場一致の（まんじょういっち）	sebulat suara スブゥラ(ト) スゥワラ	unanimous
マンション	pangsapuri / rumah pangsa パンサプゥリ / ルゥマ(ハ) パンサ	apartment
慢性（まんせい）	kekronikan クゥロニカヌ	chronicity
慢性の（まんせい）	kronik クロネッ	chronic
満足（まんぞく）	kepuasan クプゥワサヌ	satisfaction
満足した（まんぞく）	puas [berpuas] hati プゥワス [ブープゥワス] ハティ	satisfied
満足する（まんぞく）	puas [berpuas] hati プゥワス [ブープゥワス] ハティ	to be satisfied

日	マレー	英
まんぞく 満足のいく	memuaskan ムムゥワスカヌ	satisfactory
まん 満タン	pengisian penuh プンィスイヤヌ プノ(ホ)	filling up
まん 満タンにする	isi [mengisi] penuh イスィ [ムンィスィ] プノ(ホ)	to fill up
まん 満タンの	(diisi) penuh (ディイスィ) プノ(ホ)	full
まんちょう 満潮	air pasang アェー パサン	high tide
まんてん 満点	markah penuh マルカ(ハ) プノ(ホ)	perfect score
ま なか 真ん中	tengah-tengah / tengah トゥンア(ハ) トゥンア(ハ) / トゥンア(ハ)	middle
マンネリ	tabiat / rutin タビヤ(ト) / ルゥテヌ	mannerism
まんねんひつ 万年筆	pén dakwat ペヌ ダッ(ク)ワ(ト)	fountain pen
まん び 万引き	pencurian barang kedai プンチュゥリヤヌ バラン クダイ	shoplifting
まん び 万引きする	curi [mencuri] barang di kedai チュゥリ [ムンチュゥリ] バラン ディ クダイ	to shoplift
まんぷく 満腹	perut kenyang プロ(ト) クニャン	full stomach
まんぷく 満腹する	jadi [menjadi] kenyang ジャディ [ムンジャディ] クニャン	to become full
まんぷく 満腹の	kenyang クニャン	full
ま まえ 真ん前	betul-betul depan ブトル ブトル ドゥパヌ	right in front
ま まる 真ん丸い	betul-betul bulat ブトル ブトル ブゥラ(ト)	perfectly round

▼ み，ミ

日	マレー	英
み 実	buah ブゥワ(ハ)	fruit
み 身（体）	tubuh / badan トゥウボ(ホ) / バダヌ	body
み 身（自分）	diri (sendiri) ディリ (スヌディリ)	self

日	マレー	英
みあ 見合い	pertemuan dengan calon pasangan プートゥムゥワヌ ドゥンアヌ チャロヌ パサンアヌ	marriage meeting
みあ 見上げる	dongak / mendongak ドンアッ / ムヌドンアッ	to look up
みあ 見合わせる	tunda / menunda トゥウヌダ / ムヌゥヌダ	to postpone
ミーティング	mesyuarat / miting ムシュゥワラ(ト) / ミティン	meeting
みうち 身内	saudara / keluarga サゥダラ / クルゥワーガ	relative
みえ 見栄	rasa megah diri / kelihatan ラサ ムガ(ハ) ディリ / クリハタヌ	vanity
み 見える(視界に入る)	nampak / kelihatan ナムパッ / クリハタヌ	to see
み 見える (見る能力がある)	boléh lihat [melihat] ボレ(へ) リハ(ト) [ムリハ(ト)]	to be able to see
み (～に) 見える	kelihatan [nampak] ~ クリハタヌ [ナムパッ]	to look ~
みおく 見送り(人を送ること)	penghantaran プンハヌタラヌ	send-off
みおく 見送り(差し控え)	penolakan / penundaan プノラカヌ / プヌゥヌダアヌ	passing up
みおく 見送る(人を送る)	hantar / menghantar ハヌター / ムンハヌター	to see *sb* off
みおく 見送る(控える)	tolak / menolak / tunda / menunda トラッ / ムノラッ / トゥウヌダ / ムヌウヌダ	to pass up
みお 見落とす	lepas [terlepas] pandang ルパス [トゥールパス] パヌダン	to overlook
みお 見下ろす	pandang [memandang] ke bawah パヌダン [ムマヌダン] ク バワ(ハ)	to look down
みかい 未開の	belum dimajukan ブロム ディマジュゥカヌ	uncivilized
みかえ 見返す	lihat [melihat] semula リハ(ト) [ムリハ(ト)] スムゥラ	to look *sth* over again
みかく 味覚	deria rasa ドゥリヤ ラサ	sense of taste
みが 磨く	gosok / menggosok / gilap / menggilap ゴソッ / ムンゴソッ / ギラ(プ) / ムンギラ(プ)	to polish
みか 見掛け	kelihatan / luaran クリハタヌ / ルゥワラヌ	appearance

日	マレー	英
見掛ける（みかける）	ternampak / terpandang トゥーナムパッ / トゥーパヌダン	to happen to see
見方（みかた）	cara melihat / pandangan チャラ ムリハ(ト) / パヌダンアヌ	way of looking
味方（みかた）	kawan / penyokong カワヌ / プニョコン	friend
味方する（みかたする）	sebelahi / menyebelahi スブラヒ / ムニュブラヒ	to take sides with
三日月（みかづき）	bulan sabit ブゥラヌ サベ(ト)	crescent (moon)
ミカン	limau mandarin [manis] リマゥ マヌダリヌ [マニス]	mandarin (orange)
幹（みき）	batang バタン	trunk
右（みぎ）	kanan カナヌ	right
見下す（みくだす）	pandang [memandang] rendah パヌダン [ムマヌダン] ルヌダ(ハ)	to look down on
見苦しい（みぐるしい）	tidak sedap dilihat ティダッ スダ(プ) ディリハ(ト)	ugly
見事（みごと）	kehébatan クヘバタヌ	excellence
見事な（みごとな）	hébat / mengagumkan ヘバ(ト) / ムンァゴムカヌ	excellent
見込み（みこみ）	kemungkinan / harapan クムゥンキナヌ / ハラパヌ	prospect
未婚（みこん）	kebujangan クブゥジャンアヌ	singlehood
未婚の（みこんの）	bujang ブゥジャン	single
岬（みさき）	tanjung タンジョン	cape
短い（みじかい）	péndék / singkat ペヌデッ / スインカ(ト)	short
惨め（みじめ）	kesusahan hati クスゥサハヌ ハティ	misery
惨めな（みじめな）	susah hati / sengsara スゥサ(ハ) ハティ / スンサラ	miserable
未熟（みじゅく）	ketidakmatangan クティダッ(ク)マタンアヌ	immatureness

み

日	マレー	英
みじゅく 未熟な	tidak [belum] matang ティダッ［ブロム］マタン	immature
ミシン	mésin jahit メセヌ ジャヘ(ト)	sewing machine
みじん 微塵	satu habuk サトゥウ ハボッ	one little bit
ミスする	silap / tersilap スイラ(プ) / トゥースイラ(プ)	to make a mistake
みず 水	air アエー	water
みずいろ 水色	(warna) biru muda (ワーナ) ビルゥ ムゥダ	light [pale] blue
みずうみ 湖	tasik / danau タセッ / ダナゥ	lake
みずか 自ら	sendiri スヌディリ	by oneself
みずぎ 水着	pakaian renang / baju mandi パカイヤヌ ルナン / バジュゥ マヌディ	swimsuit
みずけ 水気	lembapan ルムバパヌ	moisture
みずたま 水溜り	lopak (air) ロパッ（アエー）	puddle
みず 水っぽい	berair ブラエー	watery
ミステリー	misteri ミストゥリ	mystery
ミスプリント	kesalahan cétak クサラハヌ チェタッ	misprint
みすぼらしい	buruk / selékéh ブゥロッ / スレケ(ヘ)	shabby
みずみず 瑞々しい	segar スガー	fresh
みずむし 水虫	penyakit kaki makan air プニャケ(ト) カキ マカヌ アエー	athlete's foot
みせ 店	kedai クダイ	store
みせいねんしゃ 未成年者	orang bawah umur オラン バワ(ハ) ウゥモー	minor
みせいねん 未成年の	bawah umur バワ(ハ) ウゥモー	underage

日	マレー	英
み 見せびらかす	tunjuk-tunjukkan / menunjuk-nunjukkan トゥンジョッ トゥンジョッカヌ / ムヌゥンジョッ ヌゥンジョッカヌ	to show off
み もの 見せ物	pertunjukan プートゥンジョカヌ	show
みせ や 店屋	kedai クダィ	shop
み 見せる	tunjukkan / menunjukkan トゥンジョッカヌ / ムヌゥンジョッカヌ	to show
み そ 味噌（日本の）	miso ミソ	miso
み そ 味噌（豆醤）	taucu タゥチュゥ	fermented bean curd
みぞ 溝	longkang / parit ロンカン / パレ(ト)	ditch
み そ しる 味噌汁	sup miso スゥ(プ) ミソ	miso soup
～みたい	macam ~ マチャム	like ~
み だ 見出し	tajuk (berita) / indéks タジョッ（ブリタ） / イヌデクス	headline
み 満たす（容器を）	penuhkan / memenuhkan プノ(ホ)カヌ / ムムノ(ホ)カヌ	to fill
み 満たす（条件を）	penuhi / memenuhi プヌゥヒ / ムムヌゥヒ	to fulfil
みだ 乱す	mengusutkan / mengganggu ムンゥウソ(ト)カヌ / ムンガングゥ	to disturb
みだ 乱れる	bercelaru / terganggu / kusut ブーチュラルゥ / トゥーガングゥ / クゥソ(ト)	to get disordered
みち 道	jalan ジャラヌ	road / way
み ち 未知の	tidak [belum] diketahui ティダッ［ブロム］ディクタフゥイ	unknown
み ぢか 身近	kebiasaan / kelaziman クビヤサアヌ / クラズィマヌ	familiarness
み ぢか 身近な	biasa / lazim ビヤサ / ラズィム	familiar
みちじゅん 道順	jalan / arah ジャラヌ / アラ(ハ)	directions
みちばた 道端	kaki jalan カキ ジャラヌ	roadside

み

日	マレー	英
みちびく 導く	bawa / membawa / pimpin / memimpin バワ / ムムバワ / ピムピヌ / ムミムピヌ	to guide
み 満ちる	jadi [menjadi] penuh ジャディ [ムンジャディ] プノ(ホ)	to become full
みつ 蜜	madu マドゥウ	honey
みっか 三日（日付）	tiga hari bulan ティガ ハリ ブゥラヌ	the third (day)
みっか 三日（期間）	tiga hari ティガ ハリ	three days
み 見つける	cari / mencari / jumpa チャリ / ムンチャリ / ジュウムパ	to find
みっしゅう 密集	kesesakan / kepadatan クスサカヌ / クパダタヌ	crowdedness
みっしゅう 密集する	sesak / padat スサッ / パダ(ト)	to be crowded
みっせつ 密接	kerapatan / kedekatan クラパタヌ / クドゥカタヌ	closeness
みっせつ 密接な	rapat / dekat ラパ(ト) / ドゥカ(ト)	close
3つ	tiga buah [biji] ティガ ブゥワ(ハ) [ビジ]	three
みつど 密度	ketumpatan / kepadatan クトゥウムパタヌ / クパダタヌ	density
みっともない	memalukan / mengaibkan ムマルゥカヌ / ムンアエ(プ)カヌ	shameful
みつにゅうこく 密入国	kemasukan haram クマソカヌ ハラム	illegal entry
みっぷう 密封の	kedap udara [gas] クダ(プ) ウゥダラ [ゲス]	airtight
み 見つめる	renung / merenung ルノン / ムルノン	to stare
みつ 見積もり	anggaran アンガラヌ	estimate
みつゆ 密輸	penyeludupan プニュルゥドゥウパヌ	smuggling
みつゆ 密輸する	seludup / menyeludup スルゥド(プ) / ムニュルゥド(プ)	to smuggle
みてい 未定な	belum tentu [ditentukan] ブロム トゥヌトゥウ [ディトゥヌトゥウカヌ]	undecided

日	マレー	英
み とお 見通し	prospék / masa depan プロスペッ / マサ ドゥパヌ	prospect
み 見どころ	tempat menarik トゥムパ(ト) ムナレッ	highlight
みと 認める（承認する）	aku / mengaku / akui / mengakui アクゥ / ムンァクゥ / アクゥイ / ムンァクゥイ	to admit
みと 認める（許す）	benarkan / membenarkan ブナーカヌ / ムムブナーカヌ	to allow
みどり 緑（色）	(warna) hijau （ワーナ）ヒジャゥ	green
みな 皆	semua orang / semuanya スムゥワ オラン / スムゥワニャ	everyone
み なお 見直す（再検討する）	kaji [mengkaji] semula カジ［ムンカジ］スムゥラ	to review
み なお 見直す（もう一度見る）	lihat [melihat] semula リハ(ト)［ムリハ(ト)］スムゥラ	to look *sth* over again
み 見なす	anggap / menganggap アンガ(プ) / ムンァンガ(プ)	to regard
みなと 港	pelabuhan プラブゥハヌ	port
みなみ 南	selatan スラタヌ	south
みなみ 南アメリカ	Amérika Selatan エメリカ スラタヌ	South America
みなみ かい 南シナ海	Laut China Selatan ラォ(ト) チナ スラタヌ	South China Sea
みなもと 源	sumber / punca スゥムブー / プゥンチャ	source
み なら 見習い	perantis プラヌテス	apprentice
み なら 見習う	contohi / mencontohi チョヌトヒ / ムンチョヌトヒ	to model
み 身なり	penampilan プナムピラヌ	dress
み な 見慣れる	biasa lihat [melihat] ビヤサ リハ(ト)［ムリハ(ト)］	to get used to seeing
みにく 醜い	hodoh ホド(ホ)	ugly
み つ 身に付ける （習得する）	peroléh / memperoléh プーオレ(へ) / ムムプーオレ(へ)	to acquire

み

日	マレー	英
身に付ける(みにつける)（着用する）	pakai / memakai パカイ / ムマカイ	to wear
見抜く(みぬく)	nampak / dapat lihat [melihat] ナムパッ / ダパ(ト) リハ(ト) [ムリハ(ト)]	to see through
峰(みね)	puncak プゥンチャッ	peak
ミネラルウォーター	air mineral アェー ミヌラル	mineral water
身の上(みのうえ)	keadaan (peribadi) クアダアヌ（プリバディ）	personal affairs
見逃す(みのがす)（見落とす）	terlepas [lepas] pandang トゥールパス［ルパス］パヌダン	to miss
見逃す(みのがす)（黙認する）	sengaja tidak mempedulikan スンァジャ ティダッ ムムプドゥウリカヌ	to overlook
身代金(みのしろきん)	wang tebusan ワン トゥブゥサヌ	ransom
身の回り(みのまわり)	persekitaran プースキタラヌ	surroundings
身の回り品(みのまわりひん)	barang kepunyaan peribadi バラン クプゥニャアヌ プリバディ	personal belongings
実る(みのる)	berbuah / berhasil ブーブゥワ(ハ) / ブーハセル	to bear fruit
見計らう(みはからう)	anggarkan / menganggarkan アンガーカヌ / ムンァンガーカヌ	to judge
見晴し(みはらし)	pemandangan プマヌダンァヌ	view
見張る(みはる)	awasi / mengawasi アワスィ / ムンァワスィ	to keep an eye on
身振り(みぶり)	gerak isyarat グラッ イシャラ(ト)	gesture
身分(みぶん)	status / kedudukan / kasta スタトス / クドゥウドゥウカヌ / カスタ	status
身分証明書(みぶんしょうめいしょ)	kad pengenalan diri カ(ド) プンゥナラヌ ディリ	ID card
未亡人(みぼうじん)	balu / janda バルゥ / ジャヌダ	widow
見本(みほん)	contoh / sampel / tauladan チョヌト(ホ) / サムプル / タウラダヌ	sample
見舞い(みまい)	lawatan / ziarah ラワタヌ / ズィヤラ(ハ)	visit

み

日	マレー	英
見舞う（みまう）	lawat / melawat ラワ(ト) / ムラワ(ト)	to visit
未満（みまん）	bawah / kurang (daripada) バワ(ハ) / クゥラン (ダリパダ)	under
耳（みみ）	telinga トゥリンァ	ear
耳（みみ）（聞く能力）	pendengaran プヌドゥンアラヌ	hearing
耳栓（みみせん）	palam telinga パラム トゥリンァ	earplug
身元保証人（みもとほしょうにん）	penjamin プンジャメヌ	guarantor
脈（みゃく）	nadi / denyutan ナディ / ドゥニュウタヌ	pulse
脈拍（みゃくはく）	denyutan nadi ドゥニュウタヌ ナディ	pulse
土産（みやげ）	cenderamata / oléh-oléh チュヌドゥラマタ / オレ(ヘ) オレ(ヘ)	souvenir
土産物店（みやげものてん）	kedai cenderamata クダイ チュヌドゥラマタ	souvenir [gift] shop
都（みやこ）	kota / bandar コタ / バヌダー	city
ミャンマー	Myanmar ミャムマー	Myanmar
ミャンマー語（ご）	bahasa Myanmar バハサ ミャムマー	Myanmar's [Burmese] (language)
ミャンマー人（じん）	orang Myanmar オラン ミャムマー	Myanmarese / Burmese (people)
ミュール	kasut sarung カソ(ト) サロン	mule
妙（みょう）	anéh / pelik / ganjil アネ(ヘ) / プレッ / ガンジェル	strange
妙な（みょうな）	ganjil / anéh ガンジェル / アネ(ヘ)	strange
明後日（みょうごにち）	lusa ルゥサ	the day after tomorrow
名字（みょうじ）	nama keluarga ナマ クルゥワーガ	surname
未来（みらい）	masa depan [hadapan] マサ ドゥパヌ [ハダパヌ]	future

日	マレー	英
未来時制（みらいじせい）	kala depan カラ ドゥパヌ	future tense
ミリ	miliméter ミリメトゥー	millimetre
魅力（みりょく）	daya tarikan ダヤ タリカヌ	charm
魅力的（みりょくてき）	menawan / menarik ムナワヌ / ムナレッ	attractive
見る（み）（目にする）	lihat / melihat / téngok リハ(ト) / ムリハ(ト) / テンォッ	to look at
見る（み）（鑑賞する）	tonton / menonton / téngok トヌトヌ / ムノヌトヌ / テンォッ	to watch
診る（み）	periksa / memeriksa プリクサ / ムムリクサ	to examine
ミルクティー	téh susu テ(ヘ) スウスウ	tea with milk
未練（みれん）	rasa sayang yang berlarutan ラサ サヤン ヤン ブーラルゥタヌ	lingering attachment [regret]
見渡す（みわた）	pandang / memandang パヌダン / ムマヌダン	to look out [over]
身（み）をささげる	abdikan [mengabdikan] diri ア(ブ)ディカヌ [ムンア(ブ)ディカヌ] ディリ	to devote oneself
民間（みんかん）	séktor swasta セクトー スワスタ	private sector
民間（みんかん）の	swasta / bukan kerajaan スワスタ / ブウカヌ クラジャアヌ	private
民芸品（みんげいひん）	kraf tangan tempatan クラフ タンアヌ トゥムパタヌ	folk craft
民宿（みんしゅく）	rumah tumpangan ルウマ(ハ) トゥウムパンアヌ	guesthouse
民主主義（みんしゅしゅぎ）	démokrasi デモクラスイ	democracy
民主的（みんしゅてき）な	démokratik デモクラテッ	democratic
民俗（みんぞく）	budaya rakyat ブウダヤ ラッ(ク)ヤ(ト)	folklore
民族（みんぞく）	bangsa / (suku) kaum / puak バンサ / (スウクウ) カォム / プウワッ	race
民俗音楽（みんぞくおんがく）	muzik rakyat ムウゼッ ラッ(ク)ヤ(ト)	folk music

日	マレー	英
民俗舞踊（みんぞくぶよう）	tarian rakyat タリヤヌ ラッ(ク)ヤ(ト)	folk dance
民族暴動（みんぞくぼうどう）	rusuhan kaum ルゥソハヌ カオム	race riot
民謡（みんよう）	lagu rakyat ラグゥ ラッ(ク)ヤ(ト)	folk song
民話（みんわ）	dongéng [cerita] rakyat ドンェン［チュリタ］ラッ(ク)ヤ(ト)	folk tale

▼む，ム

日	マレー	英
六日（むいか）（日付）	enam hari bulan ウナム ハリ ブゥラヌ	the sixth (day)
六日（むいか）（期間）	enam hari ウナム ハリ	six days
無意味（むいみ）	ketiadaan makna クティヤダアヌ マッ(ク)ナ	meaninglessness
無意味な（むいみな）	tidak bermakna ティダッ ブーマッ(ク)ナ	meaningless
ムード	suasana スゥワサナ	mood
向かい（むかい）	depan / hadapan / seberang ドゥパヌ / ハダパヌ / スブラン	opposite side
無害な（むがいな）	tidak berbahaya ティダッ ブーバハヤ	harmless
向かう（むかう）	hadap / menghadap ハダ(プ) / ムンハダ(プ)	to face
向かう（むかう）(目指して進む)	tuju / menuju / hala / menghala トゥウジュゥ / ムヌゥジュゥ / ハラ / ムンハラ	to head
向かう（むかう）（話が）	jurus / menjurus ジュゥロス / ムンジュゥロス	to go towards
迎え（むかえ）	jemputan ジュムプゥタヌ	meeting
迎えに行く（むかえにいく）	pergi jemput [menjemput] プーギ ジュムポ(ト)［ムンジュムポ(ト)］	to go to meet
迎える（むかえる）	sambut / menyambut サムボ(ト) / ムニャムボ(ト)	to welcome
昔（むかし）	dahulu (kala) ダフゥルゥ（カラ）	old days
無関係（むかんけい）	ketidakrélevanan クティダッ(ク)レルヴァナヌ	irrelevance

日	マレー	英
む かんけい 無関係の	tidak berkaitan [rélevan] ティダッ ブーカイタヌ [レルヴァヌ]	irrelevant
む かんしん 無関心な	(bersikap) acuh tak acuh (ブースイカ(プ)) アチョ(ホ) タッ アチョ(ホ)	indifferent
む 向き	arah アラ(ハ)	direction
むぎ 麦	gandum ガヌドム	wheat
む き りょく 無気力	kelesuan クルスゥワヌ	lethargy
む き りょく 無気力な	lesu / tidak bermaya ルスゥ / ティダッ ブーマヤ	lethargic
む 向く(向きを変える)	tolèh / menolèh トレ(へ) / ムノレ(へ)	to turn
む 向く(面する)	hadap / menghadap ハダ(プ) / ムンハダ(プ)	to face
む 剥く	kupas / mengupas クゥパス / ムンゥウパス	to peel
む 剥く(皮を)	kuliti / menguliti クゥリティ / ムンゥウリティ	to skin
む くち 無口	kependiaman クプヌディヤマヌ	reticence
む くち 無口な	pendiam / berat mulut プヌディヤム / ブラ(ト) ムゥロ(ト)	reticent
む ～向け	untuk ~ ウゥヌトッ	for ~
む 向ける	halakan / menghalakan ハラカヌ / ムンハラカヌ	to point
む 向ける(身体部分を)	memalingkan / menolèh ムマレンカヌ / ムノレ(へ)	to turn
む げん 無限	ketakterhinggaan / infiniti クタッ(ク)トゥーヒンガアヌ / イヌフィニティ	infinity
む げん 無限の	tidak terhingga [terhad] ティダッ トゥーヒンガ [トゥーハ(ド)]	infinite
むこ 婿	menantu (lelaki) ムナヌトゥ (ルラキ)	son-in-law
む 向こう(前方)	sana サナ	over there
む 向こう(超えた所)	sebalik スバレッ	beyond

む

日	マレー	英
無効(むこう)	ketidaksahan クティダッ(ク)サハヌ	invalidity
無効(むこう)な	tidak [tak] sah ティダッ［タッ］サ(ハ)	invalid
向(むこ)う脛(ずね)	tulang kering トゥウラン クレン	shin
無言(むごん)	kesenyapan クスニャパヌ	silence
無言(むごん)の	diam / senyap ディヤム / スニャ(プ)	silent
虫(むし)	serangga スランガ	insect
無視(むし)する	tidak éndah [peduli] ティダッ エヌダ(ハ)［プドゥウリ］	to ignore
無地(むじ)の	kosong コソン	plain
蒸(む)し暑(あつ)い	panas dan lembap パナス ダヌ ルムバ(プ)	hot and humid
無事故(むじこ)の	tiada [tanpa] kemalangan ティヤダ［タムパ］クマランアヌ	without an accident
虫刺(むしさ)され	gigitan serangga ギギタヌ スランガ	insect bite
蒸(む)した	kukus クゥコス	steamed
虫歯(むしば)	gigi rosak [reput] ギギ ロサッ［ルポ(ト)］	bad tooth
無邪気(むじゃき)	kemurnian [kesucian] hati クムウルニヤヌ［クスウチヤヌ］ハティ	innocence
無邪気(むじゃき)な	tidak tahu apa-apa ティダッ タフゥ アパ アパ	innocent
矛盾(むじゅん)	percanggahan プーチャンガハヌ	contradiction
矛盾(むじゅん)する	bercanggah ブーチャンガ(ハ)	to contradict
虫除(むしよ)け	penghalau serangga プンハラゥ スランガ	insect repellent
毟(むし)る	cabut / mencabut チャボ(ト) / ムンチャボ(ト)	to pluck
むしろ	malah / malahan マラ(ハ) / マラハヌ	rather

む

日	マレー	英
蒸す(む)	kukus クゥコス	to steam
無数の(むすう)	tidak terbilang [terkira] ティダッ トゥービラン [トゥーキラ]	countless
難しい(むずか)	susah / sukar スゥサ(ハ) / スゥカー	difficult
息子(むすこ)	anak lelaki アナッ ルラキ	son
結び(むす)（結び目）	simpulan / ikatan スイムプゥラヌ / イカタヌ	knot
結び(むす)（結論）	kesimpulan / penutup クスイムプゥラヌ / プヌゥト(プ)	conclusion
結び付き(むすびつ)	kaitan / perkaitan カイタヌ / プーカイタヌ	connection
結び付く(むすびつ)	berkait / berhubung kait ブーカエ(ト) / ブーフゥボン カエ(ト)	to be connected
結び付ける(むすびつ)	kaitkan / mengaitkan カエ(ト)カヌ / ムンアエ(ト)カヌ	to connect
結ぶ(むす)	ikat / mengikat イカ(ト) / ムンイカ(ト)	to bind
娘(むすめ)	anak perempuan アナッ プルムプゥワヌ	daughter
無制限(むせいげん)	ketidakterhadan クティダッ(ク)トゥーハダヌ	limitlessness
無制限な(むせいげん)	tidak terhad / tiada had ティダッ トゥーハ(ド) / ティヤダ ハ(ド)	unlimited
無責任な(むせきにん)	tidak bertanggungjawab ティダッ ブータンゴンジャワ(ブ)	irresponsible
噎せる(む)	tercekik トゥーチュケッ	to be choked
無線(むせん)	wayarlés / tanpa wayar ワヤレス / タムパ ワヤー	wireless
無駄(むだ)	pembaziran プムバズイラヌ	waste
無駄な(むだ)	sia-sia スイヤ スイヤ	useless
無駄にする(むだ)	sia-siakan / mensia-siakan スイヤ スイヤカヌ / ムヌスイヤ スイヤカヌ	to waste
無駄遣い(むだづか)	pembaziran プムバズイラヌ	waste

日	マレー	英
無駄遣いする (むだづか)	membazir / membazirkan ムムバゼー / ムムバゼーカヌ	to waste
無断 (むだん)	ketiadaan notis クティヤダアヌ ノテス	no permission
無断で (むだん)	tanpa notis [kebenaran] タムパ ノテス [クブナラヌ]	without permission
無知 (むち)	kejahilan クジャヒラヌ	ignorance
無知な (むち)	jahil ジャヘル	ignorant
無茶 (むちゃ) (常識外れなこと)	perkara yang tidak munasabah プーカラ ヤン ティダッ ムゥナサバ(ハ)	unreasonable thing
無茶 (むちゃ) (後先考えない行動)	tindakan melulu ティヌダカヌ ムルゥルゥ	reckless behaviour
無茶な (むちゃ) (常識外れな)	tidak munasabah ティダッ ムゥナサバ(ハ)	unreasonable
無茶な (むちゃ) (後先考えない)	melulu / terdesak ムルゥルゥ / トゥードゥサッ	reckless
無茶苦茶な (むちゃくちゃ)	tidak keruan [teratur] ティダッ クルゥワヌ [トゥラトー]	disordered
無茶苦茶に (むちゃくちゃ)	bukan main ブゥカヌ マエヌ	devastatingly
夢中 (むちゅう)	keasyikan / kelékaan クアシカヌ / クレカアヌ	preoccupation
夢中な (むちゅう)	asyik / léka / khusyuk アシェッ / レカ / フゥショッ	preoccupied
6つ	enam buah [biji] ウナム ブゥワ(ハ) [ビジ]	six
空しい (むな)	kosong / sia-sia コソン / スイヤ スイヤ	futile
胸 (むね)	dada ダダ	chest
胸 (むね) (心)	hati ハティ	heart
胸 (むね) (乳房)	buah dada ブゥワ(ハ) ダダ	breast
無念 (むねん)	kekesalan / kesesalan ククサラヌ / クスサラヌ	regret
無念な (むねん)	kesal / sesal クサル / スサル	regretful

む

日	マレー	英
無能(むのう)	ketidakcekapan クティダッ(ク)チュカパヌ	incompetence
無能(むのう)な	tidak cekap ティダッ チュカ(プ)	incompetent
ムハンマド	Muhammad ムゥハムマ(ド)	Muhammad
無免許(むめんきょ)	ketiadaan lésén クティヤダアヌ レセヌ	no license
無免許(むめんきょ)の	tanpa lésén タムパ レセヌ	without license
無闇(むやみ)な	melulu / terdesak ムルウルゥ / トゥードゥサッ	reckless
無用(むよう)	ketidakperluan クティダッ(ク)プールゥワヌ	no need
無用(むよう)な	tidak perlu ティダッ プールゥ	unnecessary
むら	ketidaksamaan クティダッ(ク)サマアヌ	unevenness
村(むら)	kampung / désa カムポン / デサ	village
群(むら)がる	berkerumun ブークルゥモヌ	to crowd
紫色(むらさきいろ)	warna ungu ワーナ ウゥンゥゥ	purple
むらのある	tidak sama [sekata] ティダッ サマ [スカタ]	uneven
むらのない	sama / sekata サマ / スカタ	even
無理(むり)	ketidakboléhan クティダッ(ク)ボレハヌ	impossibleness
無理(むり)な	tidak boléh [mungkin] ティダッ ボレ(ヘ) [ムゥンケヌ]	impossible
無料(むりょう)	percuma プーチュゥマ	free
群(む)れ	kumpulan クゥムプゥラヌ	group
群(む)れ（動物の）	kawan カワヌ	herd / flock
無論(むろん)	sudah tentu [pasti] スゥダ(ハ) トゥヌトゥゥ [パスティ]	of course

む

日	マレー	英

▼ め，メ

日	マレー	英
め 芽	tunas トゥウナス	shoot
め 目	mata マタ	eye
め 目（見る能力）	penglihatan プンリハタヌ	eyesight
めい 姪	anak saudara perempuan アナッ サゥダラ プルムプゥワヌ	niece
めいかく 明確	kejelasan クジュラサヌ	clearness
めいかく 明確な	jelas ジュラス	clear
めいがら 銘柄	jenama / cap / tanda selar ジュナマ / チャ(プ) / タヌダ スラー	brand
めいさい 明細	butir-butir / keterangan ブゥテー ブゥテー / クトゥランアヌ	details
めいさいしょ 明細書	penyata プニャタ	statement
めいさく 名作	karya agung / mahakarya カルヤ アゴン / マハカルヤ	masterpiece
めいさん 名産	produk tempatan khas プロドゥウッ トゥムパタヌ ハス	local specialty
めいし 名刺	kad nama カ(ド) ナマ	name card
めいし 名詞	kata nama カタ ナマ	noun
めいしゃ 目医者	doktor (pakar) mata ドクトー（パカー）マタ	eye specialist
めいしょ 名所	tempat terkenal トゥムパ(ト) トゥークナル	famous place
めいしょう 名称	nama ナマ	name
めい 命じる	arahkan / mengarahkan アラ(ハ)カヌ / ムンァラ(ハ)カヌ	to command
めいしん 迷信	tahyul / kepercayaan karut タ(ハ)ヨル / クプーチャヤアヌ カロ(ト)	superstition
めいじん 名人	tokoh / pakar トコ(ホ) / パカー	expert

日	マレー	英
めいそう 瞑想	tafakur タファコー	meditation
めいそう 瞑想する	bertafakur ブータファコー	to meditate
めいちゅう 命中する	kena tepat クナ トゥパ(ト)	to hit (accurately)
メイド	pembantu rumah / orang gaji プムバヌトゥウ ルゥマ(ハ) / オラン ガジ	maid
めいはく 明白	kejelasan クジュラサヌ	obviousness
めいはく 明白な	jelas ジュラス	obvious
めいぶつ 名物	produk tempatan khas プロドゥウッ トゥムパタヌ ハス	local specialty
めいぶつりょうり 名物料理	masakan terkenal マサカヌ トゥークナル	specialty dish
めいぼ 名簿	senarai nama スナライ ナマ	name list
めいめい 銘々	masing-masing マセン マセン	each
めいよ 名誉（尊厳）	maruah / kehormatan マルゥワ(ハ) / クホーマタヌ	honour
めいよ 名誉（栄誉）	kebanggaan クバンガアヌ	honour
めいよ 名誉な	besar [berbesar] hati ブサー［ブーブサー］ハティ	honoured
めいよきそん 名誉毀損	fitnah フィ(ト)ナ(ハ)	defamation
めいよきそん 名誉毀損（文書での）	libel リブル	libel
めいよきそん 名誉毀損（口頭での）	slander スラヌドゥー	slander
めいよきょうじゅ 名誉教授	profésor émeritus プロフェスー エメリトゥウス	professor emeritus
めいりょう 明瞭	kejelasan クジュラサヌ	clearness
めいりょう 明瞭な	jelas ジュラス	clear
めい 滅入る	berasa murung [muram] ブラサ ムゥロン［ムゥラム］	to feel depressed

め

日	マレー	英
めいれい 命令	perintah / arahan / suruhan プリヌタ(ハ) / アラハヌ / スゥルゥハヌ	order
めいれい 命令する	perintahkan / memerintahkan プリヌタ(ハ)カヌ / ムムリヌタ(ハ)カヌ	to order
めいろ 迷路	pagar sesat パガー スサ(ト)	maze
めいろう 明朗（不正のなさ）	ketelusan / keadilan クトゥルゥサヌ / クアディラヌ	fairness
めいろう 明朗（朗らかさ）	keceriaan クチュリヤアヌ	cheerfulness
めいろう 明朗な(不正のない)	telus / adil / jelas トゥロス / アデル / ジュラス	fair
めいろう 明朗な（朗らかな）	ceria / periang チュリヤ / プリヤン	cheerful
めいわく 迷惑	kesusahan / kejéngkélan クスゥサハヌ / クジェンケラヌ	trouble
めいわく 迷惑な	menyusahkan ムニュウサ(ハ)カヌ	troublesome
めうえ 目上	atasan / sénior アタサヌ / セニオー	senior
めうつ 目移りする	pandang [memandang] ke sana sini パヌダン ［ムマヌダン］ ク サナ スィニ	to have a roving
メーカー	pembuat プムブゥワ(ト)	maker
メーク	mékap メカ(プ)	makeup
メークする	bermékap ブーメカ(プ)	to make up
メーター（計器）	méter メトゥー	meter
メートル	méter メトゥー	metre
メール	e-mél イ メル	e-mail
メールする	hantar [menghantar] e-mél ハヌター ［ムンハヌター］ イ メル	to send an e-mail
めかた 目方	berat timbangan ブラ(ト) ティムバンアヌ	weight
めがね 眼鏡	cermin [kaca] mata / spék チューメヌ ［カチャ］ マタ / スペッ	glasses

日	マレー	英
めぐすり 目薬	ubat mata ウゥバ(ト) マタ	eye drops
めぐ 恵まれる	dikurniai / dirahmati ディクゥルニヤイ / ディラ(ハ)マティ	to be blessed
めぐ 恵み	kurniaan / kurnia / rahmat クゥルニヤアヌ / クゥルニヤ / ラ(ハ)マ(ト)	blessing
めぐ 恵む	kurniakan / mengurniakan クゥルニヤカヌ / ムンゥウルニヤカヌ	to give a thing
めく 捲る	sélak / menyélak セラッ / ムニェラッ	to flip through
めぐ 巡る	kelilingi / mengelilingi クリリンイ / ムンゥリリンイ	to move around
めざ 目指す	tuju / menuju トゥウジュウ / ムヌウジュウ	to head
めざ 目覚ましい	ketara クタラ	remarkable
めざ　どけい 目覚まし時計	jam locéng ジャム ロチェン	alarm clock
めざ 目覚めさせる (起床させる)	bangunkan / membangunkan バンォヌカヌ / ムムバンォヌカヌ	to wake *sb* up
めざ 目覚めさせる (気付かせる)	sedarkan / menyedarkan スダーカヌ / ムニュダーカヌ	to awake
めざ 目覚める	terjaga / bangun トゥージャガ / バンォヌ	to wake up
めざわ 目障りな	menyakitkan mata ムニャケ(ト)カヌ マタ	unpleasant to the eye
めした 目下	bawahan / junior バワハヌ / ジュウニオー	junior
めじるし 目印	tanda タヌダ	mark
めす 雌	betina ブティナ	female
め 召す (飲食する)	makan / minum マカヌ / ミノム	to have
め 召す (受け入れる)	dapat / mendapat ダパ(ト) / ムヌダパ(ト)	to get
め 召す (着る)	pakai / memakai パカイ / ムマカイ	to wear
め 召す (呼ぶ)	panggil / memanggil パンゲル / ムマンゲル	to call

め

日	マレー	英
めずら 珍しい	jarang / luar biasa ジャラン / ルゥワー ビヤサ	rare
メゾネット	rumah téres ルゥマ(ハ) テレス	maisonette
め だ 目立つ	menonjol ムノンジョル	to stand
め ちゃ く ちゃ 滅茶苦茶な	tidak keruan [teratur] ティダッ クルゥワヌ [トゥラトー]	disordered
め ちゃ く ちゃ 滅茶苦茶に	bukan main ブゥカヌ マエヌ	devastatingly
メッカ	Mekah ムカ(ハ)	Mecca
め つ 目付き	pandangan mata パヌダンアヌ マタ	eye
めっきり	sangat サンァ(ト)	considerably
メッセージ	méséj / pesanan メセジ / プサナヌ	message
めったに (〜ない)	jarang [jarang-jarang] ジャラン [ジャラン ジャラン]	seldom
めつぼう 滅亡	kejatuhan / kehancuran クジャトハヌ / クハンチュゥラヌ	fall
めつぼう 滅亡する	jatuh / hancur / musnah ジャト(ホ) / ハンチョー / ムゥスナ(ハ)	to fall
メディア	média メディヤ	media
めでたい	menggembirakan ムングムビラカヌ	happy
め ど 目処	jangkaan / matlamat ジャンカアヌ / マ(ト)ラマ(ト)	outlook
め あま 目に余る	menjolok mata ムンジョロッ マタ	conspicuous
メニュー	ménu メヌゥ	menu
めまい 眩暈	kepeningan クプニンアヌ	dizziness
めまい 眩暈がする	pening kepala プネン クパラ	dizzy
メモ	catatan / mémo チャタタヌ / メモ	note

日	マレー	英
メモする	catat / mencatat チャタ(ト) / ムンチャタ(ト)	to take a note
メモ帳（ちょう）	buku catatan ブゥクゥ チャタタヌ	notebook
メモ用紙（ようし）	kertas catatan クータス チャタタヌ	notepaper
目盛り（めもり）	senggatan / tentukuran スンガタヌ / トゥヌトゥウクゥラヌ	calibrations
メモリ	ingatan / mémori インアタヌ / メモリ	memory
メモリー	kenangan クナンアヌ	memory
目安（めやす）	penunjuk / sasaran プヌゥンジョッ / ササラヌ	guide
メロディー	mélodi メロディ	melody
メロン	tembikai susu トゥムビカイ スゥスゥ	(honeydew) melon
綿（めん）	kapas カパス	cotton
面（めん）（表面）	permukaan プームゥカアヌ	surface
面（めん）（顔につける）	topéng トペン	mask
面（めん）（局面）	aspék アスペッ	aspect
面（めん）（ページ）	muka (surat) / halaman ムゥカ（スゥラ(ト)）/ ハラマヌ	page
麺（めん）	mi ミ	noodles
免疫（めんえき）	imuniti / keimunan / kelalian イムゥニティ / クイムゥナヌ / クラリヤヌ	immunity
免疫（めんえき）がある	imun / lali イムゥヌ / ラリ	immune
面会（めんかい）	pertemuan / perjumpaan プートゥムゥワヌ / プージュゥムパアヌ	meeting
面会（めんかい）する	bertemu / jumpa / berjumpa ブートゥムゥ / ジュゥムパ / ブージュゥムパ	to see
免許（めんきょ）	lésén / permit レセヌ / プメ(ト)	license

日	マレー	英
めんきょしょう 免許証	lésén レセヌ	license
めんしき 面識	perkenalan プークナラヌ	acquaintance
めんじょ 免除	pengecualian プンゥチュゥワリヤヌ	exemption
めんじょ 免除する	kecualikan / mengecualikan クチュゥワリカヌ / ムンゥチュゥワリカヌ	to exempt
めん 面する	hadap / menghadap ハダ(プ) / ムンハダ(プ)	to face
めんぜい 免税	pengecualian cukai プンゥチュゥワリヤヌ チュゥカイ	tax exemption
めんぜい 免税する	kecualikan [mengecualikan] cukai クチュゥワリカヌ [ムンゥチュゥワリカヌ] チュゥカイ	to exempt *sb* from tax
めんぜい 免税の	bébas cukai ベバス チュゥカイ	duty-free
めんぜいてん 免税店	kedai bébas cukai クダイ ベバス チュゥカイ	duty-free shop
めんせき 面積	luas / keluasan ルゥワス / クルゥワサヌ	area
めんせき 免責	kekebalan / imuniti ククバラヌ / イムゥニティ	immunity
めんせきじこう 免責条項	penafian プナフィヤヌ	disclaimer
めんせつ 面接	temu duga / interviu トゥムゥ ドゥウガ / イヌトゥヴィウゥ	interview
めんせつ 面接する	temu [menemu] duga トゥムゥ [ムヌムゥ] ドゥウガ	to interview
めんてい 免停	penggantungan lésén プンガヌトゥンアヌ レセヌ	license suspension
めんてい 免停にする	gantung [menggantung] lésén ガヌトン [ムンガヌトン] レセヌ	to suspend one's license
めんてい 免停になる	digantung lésén ディガヌトン レセヌ	to have one's license suspended
メンテナンス	penyelenggaraan / penjagaan プニュルンガラアヌ / プンジャガアヌ	maintenance
めんどう 面倒	kelécéhan / keceréwétan クレチェハヌ / クチュレウェタヌ	trouble
めんどう 面倒な	lécéh / melécéhkan / ceréwét レチェ(ヘ) / ムレチェ(ヘ)カヌ / チュレウェ(ト)	troublesome

め

日	マレー	英
メンバー	ahli / anggota ア(ハ)リ / アンゴタ	member
綿棒（めんぼう）	putik kapas プウテッ カパㇲ	cotton swab
面目（めんぼく）	maruah マルゥワ(ハ)	honour

▼も，モ

日	マレー	英
喪（も）	perkabungan プーカブゥンアヌ	mourning
もう（すでに）	sudah スゥダ(ハ)	already
もう（さらに）	lagi ラギ	more
網（もう）	jaring / jaringan ジャレン / ジャリンアヌ	net
もう一度（いちど）	sekali lagi スカリ ラギ	once more
儲（もう）かる	menguntungkan ムンウゥヌトンカヌ	to make a profit
儲（もう）け	untung / keuntungan ウウヌトン / クウウヌトンアヌ	profit
設（もう）ける	sediakan / menyediakan スディヤカヌ / ムニュディヤカヌ	to set up
儲（もう）ける	mengaut untung ムンアォ(ㇳ) ウウヌトン	to get a profit
申（もう）し入（い）れる	usulkan / mengusulkan ウウスゥルカヌ / ムンウゥスゥルカヌ	to propose
申（もう）し込（こ）み	permohonan プーモホナヌ	application
申（もう）し込（こ）む	mohon / memohon モホヌ / ムモホヌ	to apply
申（もう）し出（で）	tawaran / usul / cadangan タワラヌ / ウウスゥル / チャダンアヌ	offer
申（もう）し出（で）る	tawarkan / menawarkan タワーカヌ / ムナワーカヌ	to propose
申（もう）し開（ひら）き	alasan アラサヌ	excuse
申（もう）し訳（わけ）ない	maafkan saya / minta maaf マアフカヌ サヤ / ミヌタ マアフ	sorry

日	マレー	英
もうすぐ	sekejap [sebentar] lagi スクジャ(プ)［スブヌター］ラギ	soon
妄想（もうそう）	délusi / khayalan デルゥスイ / ハヤラヌ	delusion
妄想する（もうそう）	alami [mengalami] délusi / berkhayal アラミ［ムンァラミ］デルゥスィ / ブーハヤル	to have a delusion
盲腸（もうちょう）	apéndiks / umbai usus アペヌデクス / ウムバイ ウウスウス	appendix
盲腸炎（もうちょうえん）	apéndisitis / radang apéndiks アペヌディスイテス / ラダン アペヌデクス	appendicitis
盲点（もうてん）	titik buta ティテッ ブウタ	blind spot
盲導犬（もうどうけん）	anjing pemandu アンジェン プマヌドゥウ	guide dog
毛布（もうふ）	selimut スリモ(ト)	blanket
盲目（もうもく）	kebutaan クブウタアヌ	blindness
盲目の（もうもく）	buta ブウタ	blind
猛烈（もうれつ）	kedahsyatan クダ(ハ)シャタヌ	furiousness
猛烈な（もうれつ）	dahsyat ダ(ハ)シャ(ト)	furious
朦朧とした（もうろう）	pening-pening lalat プニン プニン ララ(ト)	light-headed
燃える（も）	terbakar トゥーバカー	to burn
モーター	motor モトー	motor
モーテル	motél モテル	motel
モーニングコール	panggilan kejut パンギラヌ クジョ(ト)	wake-up call
もがく	ronta-ronta / meronta-ronta ロヌタ ロヌタ / ムロヌタ ロヌタ	to struggle
目撃者（もくげきしゃ）	saksi サッ(ク)スイ	witness
木材（もくざい）	kayu カユゥ	wood

も

日	マレー	英
目次（もくじ）	(isi) kandungan (イスィ) カヌドゥウンアヌ	contents
木炭（もくたん）	arang アラン	charcoal
目的（もくてき）	tujuan / objéktif トゥウジュウワヌ / オ(ブ)ジェクテフ	purpose
目的地（もくてきち）	déstinasi / tempat tujuan デスティナスィ / トゥムパ(ト) トゥウジュウワヌ	destination
目標（もくひょう）	sasaran / matlamat サササラヌ / マ(ト)ラマ(ト)	target
もくもく	kepul-kepul クポル クポル	clouds
木曜日（もくようび）	(hari) Khamis (ハリ) カメス	Thursday
モグラ	cencorot / cencurut チュンチョロ(ト) / チュンチュウロ(ト)	mole
潜る（もぐる）	selam / menyelam スラム / ムニュラム	to dive
目録（もくろく）	katalog カタロ(グ)	catalogue
目論見（もくろみ）	rancangan / hajat / niat ランチャンアヌ / ハジャ(ト) / ニヤ(ト)	scheme
模型（もけい）	modél モデル	model
模索（もさく）	pencarian プンチャリヤヌ	seeking
模索する（もさくする）	cari-cari / mencari-cari チャリ チャリ / ムンチャリ チャリ	to seek
もし	kalau / jika カラゥ / ジカ	if
文字（もじ）	huruf フゥロフ	letter / character
もしかすると	boléh jadi / mungkin ボレ(へ) ジャディ / ムゥンケヌ	perhaps
もしくは	ataupun アタウポヌ	or
もしも	jika / kalau / jikalau ジカ / カラゥ / ジカラゥ	if
もしもし	hélo ヘロ	hello

日	マレー	英
モスク	masjid マスジェ(ド)	mosque
もぞうひん 模造品	barangan [barang] tiruan バランアヌ［バラン］ティルゥワヌ	counterfeit
か もたせ掛ける	sandarkan / menyandarkan サヌダーカヌ / ムニャヌダーカヌ	to lean
もたらす	datangkan / mendatangkan ダタンカヌ / ムヌダタンカヌ	to bring
もたれる (寄りかかる)	sandar / bersandar サヌダー / ブーサヌダー	to lean
もたれる (胃が)	terasa berat トゥラサ ブラ(ト)	to feel heavy
モダン	kemodenan クモドゥナヌ	modernness
モダンな	moden モドゥヌ	modern
もち 餅	mochi モチ	rice cake
も　あ 持ち上げる	angkat / mengangkat アンカ(ト) / ムンアンカ(ト)	to lift
もち 用いる	gunakan / menggunakan グゥナカヌ / ムングゥナカヌ	to make use of
も　き 持ち切り	buah mulut [bibir] ブゥワ(ハ) ムゥロ(ト)［ビベー］	very popular topic
も　こ 持ち込む	bawa [membawa] masuk バワ［ムムバワ］マソッ	to bring *sth* into
ごめ もち米	beras pulut ブラス プゥロ(ト)	glutinous rice
も　だ 持ち出す	bawa [membawa] keluar バワ［ムムバワ］クルゥワー	to take *sth* out
もちろん	(sudah) tentu (スゥダ(ハ)) トゥヌトゥウ	of course
も 持つ	pegang / memegang プガン / ムムガン	to hold
も 持つ (所有する)	ada / punyai / mempunyai アダ / プゥニャイ / ムムプゥニャイ	to own
も 持つ (鮮度を保つ)	tahan タハヌ	to last
もっ か 目下	sekarang / pada ketika ini スカラン / パダ クティカ イニ	at present

も

日	マレー	英
もったいない	sayang nak [hendak] buang [dibuang] サヤン ナッ [フヌダッ] ブゥワン [ディブゥワン]	feeling bad about wasting
持(も)って行(い)く	(pergi) bawa [membawa] (プーギ) バワ [ムムバワ]	to carry *sth* (to)
持(も)っている	ada / memiliki / mempunyai アダ / ムミリキ / ムムプゥニャイ	to possess
持(も)って来(く)る	(datang) bawa [membawa] (ダタン) バワ [ムムバワ]	to bring
もっと	lagi / lebih ラギ / ルベ(ヘ)	more
最(もっと)も	paling パレン	most
もっともな	munasabah / patut ムゥナサバ(ハ) / パト(ト)	reasonable
もっぱら	hanya / secara éksklusif ハニャ / スチャラ エクスクルゥセフ	exclusively
弄(もてあそ)ぶ	permainkan / mempermainkan プーマエヌカヌ / ムムプーマエヌカヌ	to fool
もてなす	layan / melayan ラヤヌ / ムラヤヌ	to treat
もてる	disukai / popular ディスゥカイ / ポプゥラー	to be popular
モデル	modél / peraga モデル / プラガ	model
モデル（男性）	peragawan / modél lelaki プラガワヌ / モデル ルラキ	(male) model
モデル（女性）	peragawati / modél wanita プラガワティ / モデル ワニタ	(female) model
基(もと)	asas アサス	foundation
戻(もど)す	kembalikan / mengembalikan クムバリカヌ / ムンゥムバリカヌ	to return
基(もと)づく	berdasarkan / berasaskan ブーダサーカヌ / ブラサスカヌ	to be based on
求(もと)める	minta / meminta ミヌタ / ムミヌタ	to ask for
元々(もともと)	(pada) asalnya (パダ) アサルニャ	originally
戻(もど)る	kembali / balik / pulang クムバリ / バレッ / プゥラン	to return

も

日	マレー	英
モニター	(paparan) monitor (パパラヌ) モニトー	monitor
もの 物	benda / barang ブヌダ / バラン	thing
もの お 物置き	(bilik) stor (ビレッ) ストー	storeroom
ものおと 物音	bunyi ブゥニィ	noise
ものがたり 物語	cerita / kisah チュリタ / ケサ(ハ)	story
ものがた 物語る	ceritakan / menceritakan チュリタカヌ / ムンチュリタカヌ	to tell
ものごと 物事	perkara / hal プーカラ / ハル	things
もの さ 物差し (定規)	pembaris プムバレス	ruler
もの さ 物差し (尺度)	kayu ukur カユゥ ウゥコー	yardstick
ものしず 物静か	kesenyapan / ketenangan クスニャパヌ / クトゥナンアヌ	quietness
ものしず 物静かな	pendiam / senyap / tenang プヌディヤム / スニャ(プ) / トゥナン	quiet
もの ず 物好き	kepelikan / keganjilan クプリカヌ / クガンジラヌ	whimsicality
もの ず 物好きな	pelik / ganjil / anéh プレッ / ガンジェル / アネ(ヘ)	whimsical
ものすご 物凄い	teramat / tersangat トゥラマ(ト) / トゥーサンア(ト)	tremendous
(~した) ものだ	dulu selalu ~ ドゥウルゥ スラルゥ	used to ~
もの た 物足りない	kurang memuaskan クゥラン ムムゥワスカヌ	unsatisfied
もの ほ 物干し	penyidai / ampaian / sidaian プニィダィ / アムパイヤヌ / スィダイヤヌ	clothes hanger
もの 物まね	ajuk アジョッ	mimicry
もの 物まねする	ajuk / mengajuk アジョッ / ムンアジョッ	to mimic
モノレール	monorél モノレル	monorail

も

日	マレー	英
もはや	sudah スゥダ(ハ)	no longer
模範 (もはん)	teladan / tauladan / turutan トゥラダヌ / タウラダヌ / トゥウルゥタヌ	model
喪服 (もふく)	pakaian berkabung パカイヤヌ ブーカボン	mourning dress
模倣 (もほう)	tiruan / peniruan ティルゥワヌ / プニルゥワヌ	imitation
模倣する (もほう)	tiru / meniru ティルゥ / ムニルゥ	to imitate
籾 (もみ)	sekam (padi) スカム (パディ)	(paddy) husk
揉上げ (もみあ)	jambang ジャムバン	sideburns
紅葉 (もみじ)	(pokok) mapel (ポコッ) マプル	maple (tree)
揉む (も)	ramas / meramas ラマス / ムラマス	to knead
揉める (も)	berkelahi / bertelingkah ブークラヒ / ブートゥリンカ(ハ)	to tangle
木綿 (もめん)	kapas カパス	cotton
腿 (もも)	paha パハ	thigh
桃 (もも)	buah pic ブゥワ(ハ) ピチ	peach
燃やす (も)	bakar / membakar バカー / ムムバカー	to burn
模様 (もよう)	corak / pola チョラッ / ポラ	pattern
催し (もよお)	acara / temasya アチャラ / トゥマシャ	event
催す (もよお)	adakan / mengadakan アダカヌ / ムンァダカヌ	to hold
最寄り (もよ)	yang terdekat ヤン トゥードゥカ(ト)	nearest one
最寄りの (もよ)	berdekatan / terdekat ブードゥカタヌ / トゥードゥカ(ト)	nearest
最寄り駅 (もよえき)	stésén terdekat ステセヌ トゥードゥカ(ト)	nearest [closest] station

日	マレー	英
貰(もら)う	dapat / mendapat ダパ(ト) / ムヌダパ(ト)	to get
漏(も)らす	bocorkan / membocorkan ボチョーカヌ / ムムボチョーカヌ	to leak
モラトリアム	moratorium モラトリオム	moratorium
モラルハザード	bahaya moral バハヤ モラル	moral hazard
森(もり)	hutan フウタヌ	forest
盛(も)り上(あ)がる（盛んになる）	semakin hangat [meriah] スマケヌ ハンァ(ト) [ムリヤ(ハ)]	to pick up steam
盛(も)り上(あ)がる（隆起する）	bonjol / membonjol ボンジョル / ムムボンジョル	to swell
盛(も)る（器に入れる）	masukkan / memasukkan マソッカヌ / ムマソッカヌ	to serve
盛(も)る（積み上げる）	timbunkan / menimbunkan ティムボヌカヌ / ムニムボヌカヌ	to heap up
漏(も)れる	bocor ボチョー	to leak
脆(もろ)い	mudah pecah [patah] / rapuh ムウダ(ハ) プチャ(ハ) [パタ(ハ)] / ラポ(ホ)	fragile
諸(もろ)に	secara keseluruhannya スチャラ クスルゥルゥハヌニャ	completely
～問(もん)	~ buah ブウワ(ハ)	–
門(もん)	pintu pagar ピヌトゥウ パガー	gate
文句(もんく)	aduan / rungutan / sungutan アドゥウワヌ / ルゥンウウタヌ / スゥンウウタヌ	complaint
モンゴル	Mongolia モンゴリヤ	Mongolia
モンゴル語(ご)	bahasa Mongolia バハサ モンゴリヤ	Mongolian (language)
モンゴル人(じん)	orang Mongolia オラン モンゴリヤ	Mongolian (people)
モンスーン	monsun モヌスゥヌ	monsoon
問題(もんだい)（試験などの）	soalan ソワラヌ	question

日	マレー	英
もんだい 問題（課題）	masalah / isu マサラ(ハ) / イスゥ	problem
もんだい 問題（厄介ごと）	masalah マサラ(ハ)	trouble
もんだいてん 問題点	masalah / isu マサラ(ハ) / イスゥ	problem
もんどう 問答	soal jawab ソワル ジャワ(ブ)	questions and answers
もんどう 問答する	bersoal jawab ブーソワル ジャワ(ブ)	to debate
もんもう 文盲の	buta huruf ブウタ フウロフ	illiterate

▼や，ヤ

日	マレー	英
や 矢	anak panah アナッ パナ(ハ)	arrow
や 焼いた	bakar バカー	baked
やおや 八百屋	gerai sayur-sayuran グライ サヨー サヨラヌ	greengrocer
やがい 野外	luar ルゥワー	outdoor
やがい 野外プール	kolam renang terbuka コラム ルナン トゥープゥカ	outdoor swimming pool
やがて	tidak lama kemudian ティダッ ラマ クムゥディヤヌ	before long
やかましい	bising / riuh-rendah ビセン / リオ(ホ) ルヌダ(ハ)	noisy
やかん	cérék チェレッ	kettle
やかん 夜間	waktu malam ワッ(ク)トウウ マラム	at night
やぎ 山羊	kambing カムベン	goat
や ざかな 焼き魚	ikan bakar イカヌ バカー	grilled fish
やきもち	perasaan cemburu プラサアヌ チュムブウルゥ	jealousy
やきゅう 野球	bésbol ベスボル	baseball

日	マレー	英
やきゅうじょう 野球場	stadium bésbol スタディヨム ベスボル	baseball stadium
やきん 夜勤	kerja [syif] malam クージャ [シフ] マラム	night shift [duty]
や 焼く	bakar / membakar バカー / ムムバカー	to burn / to bake
やく 約～	lebih kurang ~ / kira-kira ~ ルベ(ヘ) クゥラン / キラ キラ	about ~
やく 訳	terjemahan トゥージュマハヌ	translation
やぐ 夜具	peralatan tempat tidur プーアラタヌ トゥムパ(ト) ティドー	bedclothes
やくしゃ 役者	pelakon プラコヌ	actor / actress
やくしゃ 訳者	penterjemah プヌトゥージュマ(ハ)	translator
やくしょ 役所	pejabat awam [kerajaan] プジャバ(ト) アワム [クラジャアヌ]	public [government] office
やくしょく 役職	jawatan pengurusan ジャワタヌ プンウゥルウサヌ	managerial position
やく 訳す	terjemahkan / menterjemahkan トゥージュマ(ハ)カヌ / ムヌトゥージュマ(ハ)カヌ	to translate
やくそう 薬草	herba perubatan フルバ プルゥバタヌ	medical herb
やくそく 約束	janji ジャンジ	promise
やくそく 約束する	janji / berjanji ジャンジ / ブージャンジ	to promise
やくだ 役立つ	berguna / membantu ブーグゥナ / ムムバヌトゥウ	useful
やくにん 役人	kakitangan kerajaan カキタンアヌ クラジャアヌ	government officer
やくば 役場	pejabat daérah プジャバ(ト) ダエラ(ハ)	town office
やくひん 薬品	ubat-ubatan ウウバ(ト) ウウバタヌ	medicine
やくほう 薬包	kartrij カトレジ	cartridge
やくめ 役目	tugas トゥウガス	duty

日	マレー	英
やくわり 役割	peranan / tugas プラナヌ / トゥウガス	role
やけい 夜景	pemandangan malam (hari) プマヌダンアヌ マラム (ハリ)	night view
や こ 焼け焦げる	hangus ハンオス	to be charred
やけど 火傷	lecur ルチョー	burn
やけど 火傷する	lecur / melecur ルチョー / ムルチョー	to get burned
やけに	sangat / begitu サンァ(ト) / ブギトゥウ	awfully
や 焼ける	terbakar トゥーバカー	to be burned
やこう 夜行	keréta api malam クレタ ピ マラム	night train
やさい 野菜	sayur / sayur-sayuran サヨー / サヨー サヨラヌ	vegetable
やさいりょうり 野菜料理	masakan sayur [sayuran] マサカヌ サヨー [サヨラヌ]	vegetable dish
やさ 易しい	senang / mudah スナン / ムゥダ(ハ)	easy
やさ 優しい	baik hati バエッ ハティ	kind
やし 椰子	kelapa クラパ	palm (tree)
やしき 屋敷	rumah [kediaman] besar ルゥマ(ハ) [クディヤマヌ] ブサー	mansion
やしな 養う	sara / menyara サラ / ムニャラ	to support
やじるし 矢印	anak panah アナッ パナ(ハ)	arrow
やしん 野心	cita-cita チタ チタ	ambition
やす 安い	murah ムゥラ(ハ)	cheap
(〜し) やすい	mudah [senang] (nak ~) ムゥダ(ハ) [スナン] (ナッ)	easy (to ~)
やすう 安売り	jualan murah ジュウワラヌ ムゥラ(ハ)	bargain sale

日	マレー	英
安売りする (やすうり)	jual [menjual] murah ジュゥワル［ムンジュゥワル］ムゥラ(ハ)	to sell *sth* cheap
安っぽい (やす)	murahan ムゥラハヌ	cheap-looking
休み（休憩）(やす)	réhat レハ(ト)	rest
休み（欠席、欠勤）(やす)	ketidakhadiran クティダッ(ク)ハディラヌ	absence
休み（休日、祝日、休暇）(やす)	cuti チュゥティ	holiday
休む（欠席）(やす)	tidak hadir ティダッ ハデー	to be absent
休む（休憩）(やす)	réhat / beréhat レハ(ト) / ブレハ(ト)	to rest
鑢 (やすり)	kikir キケー	file
野生 (やせい)	keliaran クリヤラヌ	wildness
野生する (やせい)	tumbuh [hidup] liar トゥウムボ(ホ)［ヒド(プ)］リヤー	to grow wild
野生の (やせい)	liar / hutan リヤー / フゥタヌ	wild
痩せた（体が）(や)	kurus クゥロス	thin
痩せた（土地が）(や)	tandus タヌドス	sterile
痩せる（体が）(や)	jadi [menjadi] kurus ジャディ［ムンジャディ］クゥロス	to become thin
痩せる（土地が）(や)	jadi [menjadi] tandus ジャディ［ムンジャディ］タヌドス	to become sterile
屋台 (やたい)	gerai グライ	(street) stall
やたらな	sembarangan スムバランアヌ	random
やたらに	terlalu banyak / sangat トゥーラルゥ バニャッ / サンァ(ト)	excessively
家賃 (やちん)	séwa rumah セワ ルゥマ(ハ)	house rent
厄介 (やっかい)	kerumitan / kesusahan クルゥミタヌ / クスゥサハヌ	trouble

日	マレー	英
厄介な（やっかいな）	rumit / menyusahkan ルウメ(ト) / ムニュウサ(ハ)カヌ	troublesome
薬局（やっきょく）	farmasi / dispénsari ファマスィ / ディスペヌサリ	pharmacy
8つ	lapan buah [biji] ラパヌ ブウワ(ハ) [ビジ]	eight
やっと	akhirnya アヒーニャ	at last
宿（やど）	penginapan プンイナパヌ	lodging
雇う（やとう）	gaji / menggaji ガジ / ムンガジ	to employ
野党（やとう）	parti pembangkang パーティ プムバンカン	opposition party
家主（やぬし）	tuan rumah トゥウワヌ ルウマ(ハ)	landlord
屋根（やね）	atap / bumbung アタ(プ) / ブウムボン	roof
やはり	semémangnya / juga スメマンニャ / ジュウガ	just as I thought
野蛮（やばん）	keliaran / kebiadaban クリヤラヌ / クビヤダバヌ	brutality
野蛮な（やばんな）	kejam / gasar クジャム / ガサー	barbaric
破る（やぶる）（裂く）	koyakkan / mengoyakkan コヤッカヌ / ムンォヤッカヌ	to tear
破る（やぶる）（約束を）	mungkir / mungkiri / memungkiri ムウンケー / ムウンキリ / ムムウンキリ	to break
破る（やぶる）（規則を）	langgar / melanggar ランガー / ムランガー	to violate
破れた（やぶれた）	koyak コヤッ	torn
破れる（やぶれる）	koyak / terkoyak コヤッ / トゥーコヤッ	to get torn
山（やま）	gunung グゥノン	mountain
山々（やまやま）	gunung-ganang グゥノン ガナン	mountains
闇（やみ）	kegelapan クグラパヌ	darkness

日	マレー	英
止(や)む	henti / berhenti フヌティ / ブーフヌティ	to stop
病(や)む	jatuh sakit ジャト(ホ) サケ(ト)	to fall ill
やむを得(え)ない	tidak dapat diélakkan ティダッ ダパ(ト) ディエラッカヌ	unavoidable
止(や)める	henti / berhenti フヌティ / ブーフヌティ	to quit
辞(や)める	berhenti kerja ブーフヌティ クージャ	to retire
やや	sedikit スディケ(ト)	a little bit
槍(やり)	lembing ルムベン	spear
やり方(かた)	cara / kaédah チャラ / カエダ(ハ)	method
やり遂(と)げる	sempurnakan / menyempurnakan スムプゥルナカヌ / ムニュムプゥルナカヌ	to complete
やる（行う）	buat / membuat / berbuat ブゥワ(ト) / ムムブゥワ(ト) / ブーブゥワ(ト)	to do
やる（与える）	beri / memberi / bagi / kasi ブリ / ムムブリ / バギ / カスィ	to give
やる（プレイする）	main / bermain マエヌ / ブーマエヌ	to play
やる気(き)	semangat / motivasi スマンァ(ト) / モティヴァスィ	motivation
柔(やわ)らか	kelembutan / keempukan クルムブゥタヌ / クウムプゥカヌ	softness
柔(やわ)らかい（柔軟な）	terbuka トゥーブゥカ	open
柔(やわ)らかい（穏やかな）	(lemah) lembut （ルマ(ハ)） ルムボ(ト)	soft
柔(やわ)らかい（固くない）	lembut / empuk ルムボ(ト) / ウムポッ	soft
柔(やわ)らかくする	lembutkan / melembutkan ルムボ(ト)カヌ / ムルムボ(ト)カヌ	to soften
和(やわ)らげる	kurangkan / mengurangkan クゥランカヌ / ムンゥウランカヌ	to mitigate
ヤンゴン	Yangon ヤンゴヌ	Yangon

日	マレー	英

▼ ゆ，ユ

日	マレー	英
ゆ 湯	air panas アェー パナス	hot water
ゆいいつ 唯一の	satu-satunya サトゥウ サトゥウニャ	the only
ゆいごん 遺言	wasiat ワスイヤ(ト)	will
ゆいごんじょう 遺言状	surat wasiat スゥラ(ト) ワスイヤ(ト)	will
ゆうい 優位	kedominanan / kekuasaan クドミナナヌ / ククゥワサアヌ	dominance
ゆうい 優位な	dominan / berkuasa ドミナヌ / ブークゥワサ	dominant
ゆういぎ 有意義	kebermaknaan クブーマッ(ク)ナアヌ	significance
ゆういぎ 有意義な	bermakna ブーマッ(ク)ナ	significant
ゆううつ 憂鬱	kemurungan クムゥルゥンアヌ	depression
ゆううつ 憂鬱な (憂鬱になった)	murung ムゥロン	depressed
ゆううつ 憂鬱な (憂鬱にさせる)	memurungkan ムムゥロンカヌ	depressing
ゆうえき 有益	kebermanfaatan クブーマヌファアタヌ	profitableness
ゆうえき 有益な	bermanfaat / berfaédah ブーマヌファア(ト) / ブーファエダ(ハ)	profitable
ユーエスビー USB	USB ユゥエスビ	USB
ゆうえつ 優越	keunggulan / kelebihan クウゥングゥラヌ / クルビハヌ	superiority
ゆうえつ 優越する	ungguli / mengungguli ウゥングゥリ / ムンゥウングゥリ	to surpass
ゆうえんち 遊園地	taman hiburan タマヌ ヒブゥラヌ	amusement park
ゆうかい 誘拐	penculikan プンチュウリカヌ	abduction
ゆうかい 誘拐する	culik / menculik チュウレッ / ムンチュウレッ	to abduct

日	マレー	英
有害な（ゆうがいな）	bahaya / berbahaya バハヤ / ブーバハヤ	harmful
有価証券（ゆうかしょうけん）	sékuriti / saham セクゥリティ / サハム	securities
夕方（ゆうがた）	petang / waktu senja プタン / ワッ(ク)トゥウ スンジャ	evening
勇敢（ゆうかん）	keberanian クブラニヤヌ	bravery
勇敢な（ゆうかんな）	berani ブラニ	brave
夕刊（ゆうかん）	surat khabar petang スゥラ(ト) カバー プタン	evening paper
勇気（ゆうき）	keberanian クブラニヤヌ	courage
有機栽培（ゆうきさいばい）	penanaman organik プナナマヌ オゲネッ	organic cultivation
有機栽培の（ゆうきさいばいの）	organik オゲネッ	organic
有給休暇（ゆうきゅうきゅうか）	cuti bergaji [berbayar] チュウティ ブーガジ [ブーバヤー]	paid holiday
夕暮れ（ゆうぐれ）	senjakala スンジャカラ	twilight
有限（会社）（ゆうげん）	(syarikat) sendirian berhad (シャリカ(ト)) スヌディリヤヌ ブーハ(ド)	private limited (company)
友好（ゆうこう）	persahabatan / muhibah プーサハバタヌ / ムゥヒバ(ハ)	friendship
有効（ゆうこう）	kesahan / kesahihan クサハヌ / クサヒハヌ	validity
有効な（ゆうこうな）	sah / sahih サ(ハ) / サヘ(ヘ)	valid
ユーザー	pengguna プングゥナ	user
融資（ゆうし）	pembiayaan プムビヤヤアヌ	financing
融資する（ゆうしする）	biayai / membiayai ビィアヤイ / ムムビィアヤイ	to finance
優秀（ゆうしゅう）	kecemerlangan クチュムーランアヌ	excellence
優秀な（ゆうしゅうな）	cemerlang チュムーラン	excellent

ゆ

日	マレー	英
優柔不断な（ゆうじゅうふだん）	teragak-agak / berbolak-balik トゥーアガッ アガッ / ブーボラッ バレッ	indecisive
優勝（ゆうしょう）	kemenangan (kejuaraan) クムナンアヌ（クジュゥワラアヌ）	victory
優勝する（ゆうしょう）	jadi [menjadi] juara ジャディ［ムンジャディ］ジュゥワラ	to be a champion
友情（ゆうじょう）	persahabatan プーサハバタヌ	friendship
優勝者（ゆうしょうしゃ）	juara / johan ジュゥワラ / ジョハヌ	champion
夕食（ゆうしょく）	makan malam マカヌ マラム	dinner
友人（ゆうじん）	rakan / kawan / sahabat ラカヌ / カワヌ / サハバ(ト)	friend
融通（調整）（ゆうずう）	penyesuaian プニュスゥワイヤヌ	accommodation
融通（提供）（ゆうずう）	penyediaan プニュディヤアヌ	accommodation
融通（柔軟さ）（ゆうずう）	fléksibiliti / kefléksibelan フレクスイビリティ / クフレクスイブラヌ	flexibility
融通する（調整する）（ゆうずう）	sesuaikan / menyesuaikan ススゥワイカヌ / ムニュスゥワイカヌ	to accommodate
融通する（提供する）（ゆうずう）	sediakan / menyediakan スディヤカヌ / ムニュディヤカヌ	to accommodate
ユースホステル	asrama belia アスラマ ブリヤ	youth hostel
有する（ゆう）	punyai / mempunyai プゥニャイ / ムムプゥニャイ	to have
優勢（ゆうせい）	kedominanan クドミナナヌ	predominance
優勢な（ゆうせい）	lebih berkuasa / dominan ルベ(ヘ) ブークゥワサ / ドミナヌ	predominant
優先（ゆうせん）	keutamaan クウゥタマアヌ	priority
優先する（ゆうせん）	utamakan / mengutamakan ウゥタマカヌ / ムンウゥタマカヌ	to prioritize
郵送（ゆうそう）	pengiriman / kiriman / pos プンイリマヌ / キリマヌ / ポス	mailing
郵送する（ゆうそう）	kirim / mengirim キレム / ムンイレム	to mail

日	マレー	英
ゆうそう 郵送で	melalui (kiriman) pos ムラルゥイ（キリマヌ）ポス	by post
ゆうそうりょう 郵送料	bayaran pos バヤラヌ ポス	postage
ゆうそうりょうめんじょ 郵送料免除	pengecualian bayaran pos プンウチュウワリヤヌ バヤラヌ ポス	postage exemption
ユー Uターン	pusingan U プゥスインアヌ ユゥ	U-turn
ユー Uターンする	buat [membuat] pusingan U ブゥワ(ト)［ムムブゥワ(ト)］プゥスインアヌ ユゥ	to make a U-turn
ゆう だ 夕立ち	hujan petang フゥジャヌ プタン	evening shower
ゆうどう 誘導	panduan パヌドゥウワヌ	guidance
ゆうどう 誘導する	pandu / memandu パヌドゥウ / ムマヌドゥウ	to guide
ゆうどく 有毒	ketoksikan / keberacunan クトクスイカヌ / クブラチュウナヌ	toxicity
ゆうどく 有毒な	beracun / toksik / bertoksik ブラチョヌ / トクセッ / ブートクセッ	toxic
ゆうのう 有能な	berkeboléhan / berkemampuan ブークボレハヌ / ブークマムプゥワヌ	capable
ゆうはん 夕飯	makan malam マカヌ マラム	dinner
ゆう ひ 夕日	matahari senja マタハリ スンジャ	evening sun
ゆう び 優美	kelemahlembutan クルマ(ハ)ルムブゥタヌ	grace
ゆう び 優美な	lemah lembut / anggun ルマ(ハ) ルムボ(ト) / アンゴヌ	graceful
ゆうびん 郵便	pos ポス	post
ゆうびん う 郵便受け	peti surat プティ スゥラ(ト)	mailbox
ゆうびんきっ て 郵便切手	setém pos ステム ポス	postage stamp
ゆうびんきょく 郵便局	pejabat pos プジャバ(ト) ポス	post office
ゆうびん こ づつみ 郵便小包	bungkusan pos ブゥンクゥサヌ ポス	postal parcel

ゆ

日	マレー	英
ゆうびんばんごう 郵便番号	poskod ポスコ(ド)	zip code
ゆうびんぶつ 郵便物	kiriman pos キリマヌ ポス	postal item
ゆうびんりょうきん 郵便料金	bayaran pos バヤラヌ ポス	postage
ゆうふく 裕福	kekayaan / kemévahan クカヤアヌ / クメワハヌ	wealth
ゆうふく 裕福な	kaya / méwah カヤ / メワ(ハ)	wealthy
ゆう 夕べ	malam tadi / semalam マラム タディ / スマラム	last night
ゆうぼう 有望	kecerahan masa depan クチュラハヌ マサ ドゥパヌ	promise
ゆうぼう 有望な	ada harapan / berharapan アダ ハラパヌ / ブーハラパヌ	promising
ゆうぼく 遊牧	nomadisme ノマディスマ	nomadism
ゆうぼく 遊牧する	berkelana ブークラナ	to nomadise
ゆうぼくせいかつ 遊牧生活	kehidupan nomad クヒドゥウパヌ ノマ(ド)	nomadic life
ゆうぼくみん 遊牧民	nomad ノマ(ド)	nomad
ゆうほどう 遊歩道	laluan pejalan kaki ラルゥワヌ プジャラヌ カキ	esplanade
ゆうめい 有名	kemasyhuran クマシフウラヌ	fame
ゆうめい 有名な	terkenal / masyhur トゥークナル / マシホー	famous
ユーモア	humor ヒュウモー	humour
ゆうや 夕焼け	lembayung [langit] senja ルムバヨン［ランエ(ト)］スンジャ	sunset
ゆうゆう 悠々	ketenangan クトゥナンアヌ	composedness
ゆうゆうじてき 悠々自適の	tenang / santai トゥナン / サヌタイ	leisurely
ゆうよ 猶予	témpoh tangguh テムポ(ホ) タンゴ(ホ)	grace

日	マレー	英
ゆうよ 猶予する	beri [memberi] témpoh tangguh ブリ［ムムブリ］テムポ(ホ) タンゴ(ホ)	to grant *sb* a grace
ゆうり 有利	kelebihan / kebaikan クルビハヌ / クバイカヌ	advantageousness
ゆうり 有利な	(lebih) baik （ルベ(ヘ)）バエッ	advantageous
ゆうりょう 有料の	berbayar ブーバヤー	pay
ゆうりょう 有料チャンネル	saluran berbayar サルゥラヌ ブーバヤー	pay channel
ゆうりょうどうろ 有料道路	jalan bertol [berbayar] ジャラヌ ブートル［ブーバヤー］	toll road
ゆうりょく 有力な	berpengaruh / berkuasa ブープンァロ(ホ) / ブークゥワサ	dominant
ゆうれい 幽霊	hantu ハヌトゥウ	ghost
ゆうわく 誘惑	godaan ゴダアヌ	temptation
ゆうわく 誘惑する	goda / menggoda ゴダ / ムンゴダ	to tempt
ゆえ 故に	oléh sebab [kerana] itu オレ(ヘ) スバ(ブ)［クラナ］イトゥウ	therefore
ゆか 床	lantai ラヌタイ	floor
ゆかい 愉快	keseronokan クスロノカヌ	amusingness
ゆかい 愉快な	menggelikan [menghiburkan] hati ムングリカヌ［ムンヒボーカヌ］ハティ	amusing
ゆかた 浴衣	yukata ユゥカタ	yukata
ゆが 歪む	meleding ムルデン	to warp
ゆき 雪	salji サルジ	snow
ゆくえ 行方（行き先）	ke mana perginya ク マナ プーギニャ	whereabouts
ゆくえ 行方（行く末）	hala tuju / arah tujuan ハラ トゥウジュゥ / アラ(ハ) トゥウジュウワヌ	course
ゆくえふめい 行方不明	kehilangan クヒランアヌ	disappearance

ゆ

日	マレー	英
ゆくえふめい 行方不明の	hilang ヒラン	missing
ゆげ 湯気	wap air / stim ワ(プ) アエー / スティム	steam
ゆけつ 輸血	pemindahan darah プミヌダハヌ ダラ(ハ)	blood transfusion
ゆけつ 輸血する	pindahkan [memindahkan] darah ピヌダ(ハ)カヌ [ムミヌダ(ハ)カヌ] ダラ(ハ)	to transfuse blood
ゆ 揺さぶる	goncang / menggoncang ゴンチャン / ムンゴンチャン	to shake
ゆしゅつ 輸出	éksport エクスポ(ト)	export
ゆしゅつ 輸出する	éksport / mengéksport エクスポ(ト) / ムンエクスポ(ト)	to export
ゆす 濯ぐ	bilas / membilas ビラス / ムムビラス	to rinse
ゆず 譲る	serahkan / menyerahkan スラ(ハ)カヌ / ムニュラ(ハ)カヌ	to hand over
ゆそう 輸送	pengangkutan プンアンクゥタヌ	transport
ゆそう 輸送する	angkut / mengangkut アンコ(ト) / ムンアンコ(ト)	to transport
ゆた 豊か	kekayaan / keméwahan クカヤアヌ / クメワハヌ	richness
ゆた 豊かな	kaya / méwah カヤ / メワ(ハ)	rich
じん ユダヤ人	orang Yahudi オラン ヤフゥディ	Jew
ゆだん 油断	kelalaian / kecuaian クラライヤヌ / クチュゥワイヤヌ	inattention
ゆだん 油断する	lalai / cuai ラライ / チュゥワイ	to be off guard
ゆっくり	perlahan-lahan / lambat プーラハヌ ラハヌ / ラムバ(ト)	slowly
ゆ 茹でた	rebus ルボス	boiled
ゆ たまご 茹で卵	telur rebus トゥロー ルボス	boiled egg
ゆ 茹でる	rebus / merebus ルボス / ムルボス	to boil

ゆ

日	マレー	英
ゆとり	kelapangan クラパンアヌ	leisure
ユニーク	keunikan クユゥニカヌ	uniqueness
ユニークな	unik / tersendiri ユゥネッ / トゥースヌディリ	unique
ユニフォーム	pakaian [baju] seragam パカイヤヌ [バジュゥ] スラガム	uniform
ゆにゅう 輸入	import イムポ(ト)	import
ゆにゅう 輸入する	import / mengimport イムポ(ト) / ムンイムポ(ト)	to import
ゆにゅうきょか 輸入許可	permit [lésén] import プミ(ト) [レセヌ] イムポ(ト)	import permit [license]
ゆび 指	jari ジャリ	finger
ゆびさ 指差す	tuding / menuding トゥウデン / ムヌゥデン	to point
ゆびわ 指輪	cincin チンチェヌ	ring
ゆみ 弓	busur / ibu panah ブゥスゥー / イブゥ パナ(ハ)	bow
ゆめ 夢（寝ている時の）	mimpi ミムピ	dream
ゆめ 夢（願い、空想）	cita-cita / impian チタ チタ / イムピヤヌ	wish
ゆめ み 夢に見る	mimpikan / bermimpikan ミムピカヌ / ブーミムピカヌ	to dream about
ゆめ おも 夢にも思わない	tidak pernah termimpi ティダッ プーナ(ハ) トゥーミムピ	to not have dreamt
ゆめみ 夢見る	impikan / mengimpikan イムピカヌ / ムンイムピカヌ	to dream of
ゆめ み 夢を見る	bermimpi ブーミムピ	to dream
ゆらい 由来	asal (usul) / sumber アサル (ウゥスゥル) / スゥムブー	origin
ゆ 揺らぐ	berayun / berayun-ayun ブラヨヌ / ブラヨヌ アヨヌ	to swing
ゆ 揺らぐ （気持ちや考えが）	berbelah-bagi ブーブラ(ハ) バギ	to waver

日	マレー	英
緩(ゆる)い	longgar ロンガー	loose
揺(ゆ)るがす	gugat / menggugat グゥガ(ト) / ムングゥガ(ト)	to threaten
許(ゆる)す	maafkan / memaafkan マアフカヌ / ムマアフカヌ	to forgive
許(ゆる)す(認める)	izinkan / mengizinkan イズィヌカヌ / ムンイズィヌカヌ	to permit
緩(ゆる)む	jadi [menjadi] longgar ジャディ [ムンジャディ] ロンガー	to loosen
緩(ゆる)める	longgarkan / melonggarkan ロンガーカヌ / ムロンガーカヌ	to loosen
緩(ゆる)やかな(傾斜、カーブが)	landai ラヌダイ	gentle
緩(ゆる)やかな(動きが)	perlahan / lemah lembut プーラハヌ / ルマ(ハ) ルムボ(ト)	slow
緩(ゆる)んでいる	terkendur トゥークヌドー	to be slack
揺(ゆ)れる	bergoyang / bergoncang ブーゴヤン / ブーゴンチャン	to shake

▼よ, ヨ

日	マレー	英
世(よ)	dunia ドゥウニヤ	world
夜明(よあ)け	subuh / fajar スゥボ(ホ) / ファジャー	dawn
夜明(よあ)け前(まえ)	dinihari ディニハリ	before dawn
良(よ)い	baik バエッ	good
よいしょする	angkat-angkat / mengangkat-angkat アンカ(ト) アンカ(ト) / ムンアンカ(ト) アンカ(ト)	to flatter
余韻(よいん)	sisa スィサ	afterglow
酔(よ)う	mabuk マボッ	drunk
用意(ようい)	penyediaan / persediaan プニュディヤアヌ / プースディヤアヌ	preparation
用意(ようい)する	sediakan / menyediakan スディヤカヌ / ムニュディヤカヌ	to prepare

日	マレー	英
ようい 容易な	mudah ムゥダ(ハ)	easy
よういん 要因	faktor ファクトー	factor
ようえき 溶液	larutan ラルゥタヌ	solution
ようか 八日（日付）	lapan hari bulan ラパヌ ハリ ブゥラヌ	the eighth (day)
ようか 八日（期間）	lapan hari ラパヌ ハリ	eight days
ようかい 妖怪	hantu ハヌトゥウ	ghost
ようがん 溶岩	lava ラヴァ	lava
ようき 容器	bekas ブカス	container
ようき 陽気	keceriaan クチュリヤアヌ	cheerfulness
ようき 陽気な	ceria チュリヤ	cheerful
ようきゅう 要求	tuntutan トゥウヌトタヌ	demand
ようきゅう 要求する	tuntut / menuntut トゥウヌト(ト) / ムヌゥヌト(ト)	to demand
ようけん 用件	hal ハル	business
ようご 用語	istilah イスティラ(ハ)	term
ようご 養護	penjagaan プンジャガアヌ	nursing
ようご 養護する	jaga / menjaga ジャガ / ムンジャガ	to nurse
ようこそ	selamat datang スラマ(ト) ダタン	welcome
ようし 用紙	borang ボラン	form
ようし 要旨	abstrak ア(ブ)ストラッ	abstract
ようし 容姿	penampilan / rupa / kelihatan プナムピラヌ / ルゥパ / クリハタヌ	appearance

日	マレー	英
養子（ようし）	anak angkat アナッ アンカ(ト)	adopted child
幼児（ようじ）	kanak-kanak [budak] kecil カナッ カナッ ［ブゥダッ］ クチェル	small child
用事（ようじ）	hal ハル	business
様式（ようしき）	gaya / cara ガヤ / チャラ	pattern
養殖（ようしょく）	pembiakan プムビヤカヌ	cultivation
養殖する（ようしょく）	biakkan / membiakkan ビヤッカヌ / ムムビヤッカヌ	to cultivate
養殖の（ようしょく）	biakan ビヤカヌ	cultured
用心（ようじん）	kewaspadaan クワスパダアヌ	caution
用心する（ようじん）	waspada / berhati-hati ワスパダ / ブーハティ ハティ	to be careful
様子（ようす）	keadaan クアダアヌ	situation
要する（よう）	perlukan / memerlukan プールゥカヌ / ムムールゥカヌ	to need
要するに（よう）	péndék kata ペヌデッ カタ	in short
要請（ようせい）	permintaan プーミヌタアヌ	request
要請する（ようせい）	minta / meminta ミヌタ / ムミヌタ	to request
養成（ようせい）	latihan ラテハヌ	training
養成する（ようせい）	latih / melatih ラテ(ヘ) / ムラテ(ヘ)	to train
妖精（ようせい）	pari-pari / orang bunian パリ パリ / オラン ブゥニヤヌ	fairy
容積（ようせき）	muatan ムゥワタヌ	capacity
要素（ようそ）	unsur ウゥヌソー	element
様相（ようそう）	rupa ルゥパ	aspect

日	マレー	英
幼稚（ようち）	kebudak-budakan クブゥダッ ブゥダカヌ	childishness
幼稚な（ようちな）	kebudak-budakan クブゥダッ ブゥダカヌ	childish
幼稚園（ようちえん）	tadika タディカ	kindergarten
幼虫（ようちゅう）	larva / anak serangga ラルヴァ / アナッ スランガ	larva
腰痛（ようつう）	sakit belakang サケ(ト) ブラカン	backache
要点（ようてん）	inti pati / perkara penting イヌティ パティ / プーカラ プヌテン	essence
用途（ようと）	kegunaan クグゥナアヌ	use
洋梨（ようなし）	(buah) péar （ブゥワ(ハ)） ペー	European pear
羊肉（ようにく）	daging kambing (biri-biri) ダゲン カムベン （ビリ ビリ）	mutton
溶媒（ようばい）	pelarut プラロ(ト)	solvent
曜日（ようび）	hari (dalam seminggu) ハリ （ダラム スミングゥ）	day (of the week)
～用品（ようひん）	barang keperluan ~ バラン クプールゥワヌ	~ goods
洋品店（ようひんてん）	kedai pakaian クダイ パカイヤヌ	clothes store
洋風（ようふう）	gaya Barat ガヤ バラ(ト)	Western style
洋服（ようふく）	pakaian Barat パカイヤヌ バラ(ト)	Western clothes
養分（ようぶん）	zat [khasiat] (makanan) ザ(ト) ［ハスイヤ(ト)］ （マカナヌ）	nourishment
用法（ようほう）	cara penggunaan [guna] チャラ プングゥナアヌ ［グゥナ］	usage
要望（ようぼう）	permintaan プーミヌタアヌ	request
要望する（ようぼうする）	minta / meminta ミヌタ / ムミヌタ	to request
羊毛（ようもう）	bulu biri-biri / wul ブゥルゥ ビリ ビリ / ウゥル	wool

よ

日	マレー	英
ようやく	akhirnya アヘーニャ	at last
ようやく 要約	ringkasan リンカサヌ	summary
ようやく 要約する	ringkaskan / meringkaskan リンカスカヌ / ムリンカスカヌ	to summarize
ようりょう 要領	téknik / cara テクネッ / チャラ	trick
ようりょう 容量	muatan ムゥワタヌ	capacity
ようれい 用例	contoh チョヌト(ホ)	example
ヨーグルト	yogurt ヨゴート	yoghurt
ヨーロッパ	Éropah エロパ(ハ)	Europe
じん ヨーロッパ人	orang Éropah オラン エロパ(ハ)	European
よか 余暇	masa [waktu] lapang マサ [ワッ(ク)トゥウ] ラパン	leisure
よかん 予感	firasat / prarasa フィラサ(ト) / プララサ	premonition
よかん 予感する	punyai [mempunyai] firasat プゥニャイ [ムムプゥニャイ] フィラサ(ト)	to have a premonition
よき 予期	jangkaan ジャンカアヌ	anticipation
よき 予期する	jangka / menjangka ジャンカ / ムンジャンカ	to anticipate
よぎ 余儀ない	tiada cara lain kecuali ティヤダ チャラ ラエヌ クチュゥワリ	can do nothing but
よきょう 余興	hiburan ヒブゥラヌ	entertainment
よきん 預金	simpanan wang スイムパナヌ ワン	deposit
よきん 預金する	simpan [menyimpan] wang スイムパヌ [ムニイムパヌ] ワン	to deposit
よく（何度も）	sering / selalu スレン / スラルゥ	often
よく（うまく）	dengan baik [bagus] ドゥンアヌ バエッ [バゴス]	well

日	マレー	英
よく 欲	nafsu / keinginan ナフスゥ / クインイナヌ	greed
よくあさ 翌朝	keésokan paginya [pagi] クエソカヌ パギニャ [パギ]	next morning
よくあつ 抑圧	penindasan プニヌダサヌ	oppression
よくあつ 抑圧する	tindas / menindas ティヌダス / ムニヌダス	to oppress
よくしつ 浴室	bilik mandi ビレッ マヌディ	bathroom
よくじつ 翌日	keésokan harinya [hari] クエソカヌ ハリニャ [ハリ]	next day
よくせい 抑制	kekangan / sekatan クカンアヌ / スカタヌ	restraint
よくせい 抑制する	kekang / mengekang クカン / ムンゥカン	to restrain
よくそう 浴槽	tab mandi タ(ブ) マヌディ	bath
よく ば 欲張り	orang tamak / perakus オラン タマッ / プラコス	greedy person
よく ば 欲張りな	tamak / rakus タマッ / ラコス	greedy
よくふか 欲深	ketamakan / kerakusan クタマカヌ / クラクゥサヌ	greediness
よくぶか 欲深い	tamak haloba タマッ ハロバ	greedy
よくぼう 欲望	keinginan / keghairahan クインイナヌ / クガイラハヌ	desire
よ けい 余計	lebih dari cukup ルベ(ヘ) ダリ チュコ(プ)	more than enough
よ けい 余計な	berlebihan ブールビハヌ	excessive
よ 避ける	élak / mengélak エラッ / ムンェラッ	to avoid
よ げん 予言	ramalan ラマラヌ	prediction
よ げん 予言する	ramal / meramal ラマル / ムラマル	to predict
よ げんしゃ 預言者	nabi ナビ	prophet

よ

日	マレー	英
横（縦に対して）	panjang パンジャン	length
横（隣）	sebelah スブラ(ハ)	side
横に	memanjang ムマンジャン	lengthwise
横切る	seberang / menyeberang スブラン / ムニュブラン	to cross
予告	notis [pengumuman] awal ノテス [プンゥウムゥマヌ] アワル	previous notice
予告する	beri [memberi] notis awal ブリ [ムムブリ] ノテス アワル	to notify beforehand
寄越す	bagi / beri / memberi バギ / ブリ / ムムブリ	to send
汚す	kotorkan / mengotorkan コトーカヌ / ムンォトーカヌ	to dirty
汚す（塗ることで）	palit / memalit パレ(ト) / ムマレ(ト)	to smear
横たわる	baring / berbaring バレン / ブーバレン	to lie down
横綱	juara sumo ジュゥワラ スゥモ	sumo champion
横入りする	potong [memotong] barisan ポトン [ムモトン] バリサヌ	to cut in
汚れ	kotoran コトラヌ	dirt
汚れる	jadi [menjadi] kotor ジャディ [ムンジャディ] コトー	to get dirty
予算	bajét / belanjawan バジェ(ト) / ブランジャワヌ	budget
善し悪し	baik buruk バェッ ブゥロッ	good and bad
予習	persediaan sebelum kelas プースディヤアヌ スブロム クラス	preparation for classes
予習する	membuat persediaan sebelum kelas ムムブゥワ(ト) プースディヤアヌ スブロム クラス	to prepare for classes
余剰	lebihan ルビハヌ	surplus
余震	gempa susulan グムパ スゥスゥラヌ	aftershock

よ

日	マレー	英
止(よ)す	berhenti ブーフヌティ	to stop
寄(よ)せる	dekatkan / mendekatkan ドゥカ(ト)カヌ / ムヌドゥカ(ト)カヌ	to move *sth* towards
予選(よせん)	pusingan kelayakan プゥスインアヌ クラヤカヌ	qualifying [elimination] round
よそ	tempat lain トゥムパ(ト) ラエヌ	another place
予想(よそう)	ramalan ラマラヌ	forecast
予想(よそう)する	ramalkan / meramalkan ラマルカヌ / ムラマルカヌ	to forecast
予測(よそく)	ramalan / jangkaan ラマラヌ / ジャンカアヌ	prediction
予測(よそく)する	ramalkan / meramalkan ラマルカヌ / ムラマルカヌ	to predict
よそ見(み)する	melihat ke arah lain ムリハ(ト) ク アラ(ハ) ラエヌ	to look away
よだれ	(air) liur (アェー) リヨー	saliva
よだれかけ	alas [lapik] dada アラス [ラペッ] ダダ	bib
よだれが垂(た)れる	berliur ブーリヨー	to drool
よだれを垂(た)らす	meliur ムリヨー	to drool
余地(よち)	ruang ルゥワン	room
四日(よっか)（日付）	empat hari bulan ウムパ(ト) ハリ ブゥラヌ	the fourth (day)
四日(よっか)（期間）	empat hari ウムパ(ト) ハリ	four days
四(よ)つ角(かど)	simpang empat スイムパン ウムパ(ト)	crossroads
欲求(よっきゅう)	keinginan クインイナヌ	desire
欲求(よっきゅう)する	ingini / menginginі インイニ / ムンインイニ	to desire
酔(よ)った	mabuk マボッ	drunk

日	マレー	英
4つ	empat buah [biji] ウムパ(ト) ブウワ(ハ) [ビジ]	four
ヨット	kapal layar カパル ラヤー	yacht
酔っ払い(よっぱらい)	pemabuk プマボッ	drunken man
予定(よてい)	rancangan / jadual ランチャンアヌ / ジャドゥウワル	plan
予定する(よていする)	rancang / merancang ランチャン / ムランチャン	to plan
予定通り(よていどおり)	mengikut jadual ムンイコ(ト) ジャドゥウワル	on schedule
予定表(よていひょう)	jadual (waktu) ジャドゥウワル (ワッ(ク)トゥウ)	schedule
与党(よとう)	parti pemerintah [kerajaan] パーティ プムリヌタ(ハ) [クラジャアヌ]	ruling party
夜中(よなか)	tengah malam トゥンア(ハ) マラム	midnight
世の中(よのなか)	dunia ini ドゥウニヤ イニ	world
余白(よはく)	ruang kosong ルゥワン コソン	blank space
予備(よび)	simpanan スイムパナヌ	reserve
予備の(よびの)	ganti ガヌティ	spare
呼び掛ける(よびかける)	seru / menyeru スルゥ / ムニュルゥ	to call
呼び出す(よびだす)	panggil / memanggil パンゲル / ムマンゲル	to call
呼び止める(よびとめる)	tahan / menahan タハヌ / ムナハヌ	to hail
呼び名(よびな)	nama panggilan ナマ パンギラヌ	appellation
呼び鈴(よびりん)	locéng (pintu) ロチェン (ピヌトゥウ)	(door) bell
呼ぶ(よぶ)	panggil / memanggil パンゲル / ムマンゲル	to call
呼ぶ(招待する)(よぶ)	jemput / menjemput ジュムポ(ト) / ムンジュムポ(ト)	to invite

日	マレー	英
夜更(よふ)かしする	berjaga sehingga léwat malam ブージャガ スヒンガ レワ(ト) マラム	to stay up late
夜更(よふ)け	tengah [larut] malam トゥンア(ハ) [ラロ(ト)] マラム	late night
余分(よぶん)	lebihan ルビハヌ	surplus
余分(よぶん)な	berlebihan ブールビハヌ	excessive
予報(よほう)	ramalan ラマラヌ	forecast
予報(よほう)する	ramal / meramal ラマル / ムラマル	to forecast
予防(よぼう)	pencegahan プンチュガハヌ	prevention
予防(よぼう)する	cegah / mencegah チュガ(ハ) / ムンチュガ(ハ)	to prevent
予防接種(よぼうせっしゅ)	suntikan vaksin スウヌティカヌ ヴェクセヌ	vaccination
余程(よほど)	sangat / begitu サンア(ト) / ブギトゥウ	greatly
読(よ)み	bacaan バチャアヌ	reading
読(よ)み上(あ)げる	baca [membaca] dengan kuat バチャ [ムムバチャ] ドゥンアヌ クウワ(ト)	to read aloud
甦(よみがえ)らせる	hidupkan [menghidupkan] semula ヒド(プ)カヌ [ムンヒド(プ)カヌ] スムゥラ	to revive
甦(よみがえ)る	jelma / menjelma ジュルマ / ムンジュルマ	to revive
読(よ)む	baca / membaca バチャ / ムムバチャ	to read
読(よ)む（推測する）	agak / mengagak アガッ / ムンァガッ	to guess
嫁(よめ)（自分の妻）	bini ビニ	wife
嫁(よめ)（息子の妻）	menantu (perempuan) ムナヌトゥウ（プルムプゥワヌ）	daughter-in-law
予約(よやく)	tempahan / penempahan トゥムパハヌ / プヌムパハヌ	reservation
予約(よやく)する	tempah / menempah トゥムパ(ハ) / ムヌムパ(ハ)	to make a reservation

日	マレー	英
よやくかくにん 予約確認	pengesahan tempahan プンウサハヌ トゥムパハヌ	reservation confirmation
よゆう 余裕	ruang ルゥワン	room
よ　か 寄り掛かる	sandar / bersandar サヌダー / ブーサヌダー	to lean
よ より良い	lebih baik ルベ(へ) バエッ	better
よ (～に) 因る (次第)	bergantung kepada ~ ブーガヌトン クパダ	to depend on ~
よ (～に) 因る (起因する)	disebabkan oléh ~ ディスバ(ブ)カヌ オレ(へ)	to be due to ~
よ 寄る (近寄る)	bergerak ke (arah) ブーグラッ ク (アラ(ハ))	to move closer
よ 寄る (立ち寄る)	singgah スインガ(ハ)	to drop in
よ 寄る (集まる)	kumpul / berkumpul クウムポル / ブークウムポル	to get together
よる 夜	malam マラム	night
よ 撚る	pintal / memintal ピヌタル / ムミヌタル	to twist
(～に) よると	menurut [berdasarkan] ~ ムヌゥロ(ト) [ブーダサーカヌ]	according to ~
よろこ 喜び	kegembiraan クグムビラアヌ	joy
よろこ 喜ぶ	gembira / bergembira グムビラ / ブーグムビラ	to be glad
よろしい	baik バエッ	good
よろしく (お伝え下さい)	(sampaikan) salam (サムパイカヌ) サラム	(to say) hello
よろしく (はじめまして)	selamat berkenalan スラマ(ト) ブークナラヌ	nice to meet you
よろん 世論	pendapat umum [awam] プヌダパ(ト) ウゥモム [アワム]	public opinion
よわ 弱い	lemah ルマ(ハ)	weak
よわ 弱まる	jadi [menjadi] lemah ジャディ [ムンジャディ] ルマ(ハ)	to get weak

よ

日	マレー	英
弱虫（よわむし）	pengecut / penakut プンゥチョ(ト) / プナコ(ト)	coward
弱める（よわめる）	lemahkan / melemahkan ルマ(ハ)カヌ / ムルマ(ハ)カヌ	to make *sth* weak
弱る（よわる）	jadi [menjadi] lemah ジャディ［ムンジャディ］ルマ(ハ)	to get weak
4	empat ウムパ(ト)	four
40	empat puluh ウムパ(ト) プゥロ(ホ)	forty

▼ら，ラ

日	マレー	英
ライオン	singa スインァ	lion
来客（らいきゃく）	pelawat / tetamu プラワ(ト) / トゥタムゥ	guest
来月（らいげつ）	bulan depan [hadapan] ブゥラヌ ドゥパヌ［ハダパヌ］	next month
来週（らいしゅう）	minggu depan [hadapan] ミングゥ ドゥパヌ［ハダパヌ］	next week
来場（らいじょう）	kedatangan クダタンァヌ	coming
来場する（らいじょうする）	datang ダタン	to come
ライセンス	lésén レセヌ	license
ライター（火をつける道具）	pemetik [petik] api プムテッ［プテッ］アピ	lighter
ライター（著述する人）	pengarang / penulis プンァラン / プヌゥレス	writer
ライチ	laici ライチ	lychee
ライト	lampu ラムプゥ	light
来日（らいにち）	kedatangan ke Jepun クダタンァヌ ク ジュポヌ	coming to Japan
来日する（らいにちする）	datang ke Jepun ダタン ク ジュポヌ	to come to Japan
来年（らいねん）	tahun depan [hadapan] タホヌ ドゥパヌ［ハダパヌ］	next year

日	マレー	英
ライバル	pesaing プサェン	rival
ライ麦(むぎ)	rai ライ	rye
ラオス	Laos ラオス	Laos
ラオス語(ご)	bahasa Laos バハサ ラオス	Laotian (language)
ラオス人(じん)	orang Laos オラン ラオス	Laotian (people)
楽(らく)（快適な）	kesenangan / keselésaan クスナンアヌ / クスレサアヌ	comfort
楽(らく)（簡単な）	kesenangan / kemudahan クスナンアヌ / クムゥダハヌ	easiness
楽(らく)な（快適な）	senang / selésa スナン / スレサ	comfortable
楽(らく)な（簡単な）	senang / mudah スナン / ムゥダ(ハ)	easy
楽園(らくえん)	syurga ショルガ	paradise
落書(らくが)き	conténg-conténg / conténg チョヌテン チョヌテン / チョヌテン	graffiti
落書(らくが)きする	conténg / menconténg チョヌテン / ムンチョヌテン	to scrawl
落札(らくさつ)	bidaan yang berjaya ビダアヌ ヤン ブージャヤ	successful bid
落札(らくさつ)する	menang bidaan ムナン ビダアヌ	to win a bid
ラクダ	unta ウゥヌタ	camel
落第(らくだい)	kegagalan クガガラヌ	failure
落第(らくだい)する	gagal ガガル	to fail
楽天的(らくてんてき)	optimisme オ(プ)ティミスマ	optimism
楽天的(らくてんてき)な	optimistik オ(プ)ティミステッ	optimistic
酪農(らくのう)	tenusu トゥヌゥスゥ	dairy

日	マレー	英
酪農場（らくのうじょう）	ladang tenusu ラダン トゥヌウスウ	dairy farm
落雷（らくらい）	petir プテー	thunderbolt
ラケット	rakét ラケ(ト)	racket
～らしい (～のように見える)	kelihatan [nampaknya] ~ クリハタヌ［ナムパッ(ク)ニャ］	to look ~
～らしい (いかにも～)	bersifat ke-~-an ブースイファ(ト) ク アヌ	as expected for ~
～らしい (～のように推測される)	agaknya ~ アガッ(ク)ニャ	to seem ~
～らしい (～と聞き知る)	katanya ~ / ~ katanya カタニャ / カタニャ	it is said that ~
ラジオ	radio レディヨ	radio
ラジカセ	pemain radio kasét プマエヌ レディヨ カセ(ト)	radio-cassette player
落下（らっか）	kejatuhan クジャトハヌ	fall
落下（らっか）する	jatuh ジャト(ホ)	to fall
楽観（らっかん）	optimisme オ(プ)ティミスマ	optimism
楽観（らっかん）する	jadi [menjadi] optimistik ジャディ［ムンジャディ］オ(プ)ティミステッ	to be optimistic
楽観的（らっかんてき）な	optimistik オ(プ)ティミステッ	optimistic
ラッシュアワー	waktu sibuk ワッ(ク)トゥウ セボッ	rush hour
ラップ	pembalut plastik プムバロ(ト) プラステッ	plastic wrap
ラベル	label レブル	label
ラマダーン	Ramadan ラマダヌ	Ramadan
ラム肉（にく）	daging kambing muda ダゲン カムベン ムウダ	lamb
ラム酒（しゅ）	rum ルウム	rum

日	マレー	英
欄(らん)	ruang / bahagian ルゥワン / バハギヤヌ	column
LAN(ラン)	LAN ラヌ	LAN
蘭(らん)	orkid オーケ(ド)	orchid
ランダムな	rawak ラワッ	random
ランダムに	secara rawak スチャラ ラワッ	at random
ランチ	makan tengah hari マカヌ トゥンァ(ハ) ハリ	lunch
ランドリー	kedai dobi クダィ ドビ	laundry
ランニング	joging ジョゲン	running
ランニングする	berjoging ブージョゲン	to go running
ランプ	lampu ラムプゥ	lamp
ランブータン	rambutan ラムブゥタヌ	rambutan
乱暴(らんぼう)	keganasan クガナサヌ	violence
乱暴(らんぼう)する	lakukan [melakukan] keganasan ラクゥカヌ [ムラクゥカヌ] クガナサヌ	to exert violence
乱暴(らんぼう)する(女性に)	cabul [mencabul] kehormatan チャボル [ムンチャボル] クホーマタヌ	to molest
濫用(らんよう)	penyalahgunaan プニャラ(ハ)グゥナアヌ	abuse
濫用(らんよう)する	salahgunakan / menyalahgunakan サラ(ハ)グゥナカヌ / ムニャラ(ハ)グゥナカヌ	to abuse

▼ り，リ

リアクション	réaksi / tindak balas レヤクスイ / ティヌダッ バラス	reaction
リアルな	réalistik / réal / sebenar レヤリスティッ / レヤル / スブナー	realistic
リース	penyéwaan プニェワアヌ	lease

日	マレー	英
リースする(借りる)	séwa / menyéwa セワ / ムニェワ	to lease
リースする(貸す)	séwakan / menyéwakan セワカヌ / ムニェワカヌ	to lease out
リーダー	pemimpin / ketua プミムピヌ / クトゥウワ	leader
リードする(先導する)	pimpin / memimpin ピムピヌ / ムミムピヌ	to lead
リードする(優勢である)	dahului / mendahului ダフゥルゥイ / ムヌダフゥルゥイ	to lead
利益(りえき)	untung / keuntungan / faédah ウゥヌトン / クウゥヌトンアヌ / ファエダ(ハ)	profit
利益率(りえきりつ)	kadar keuntungan カダー クウゥヌトンアヌ	profit rate
理科(りか)	sains サインス	science
理解(りかい)	kefahaman / pemahaman クファハマヌ / プマハマヌ	understanding
理解する(りかい)	faham / fahami / memahami ファハム / ファハミ / ムマハミ	to understand
利害(りがい)	kepentingan クプヌティンアヌ	interests
リキュール	likuer リクウゥー	liqueur
陸(りく)	darat / daratan ダラ(ト) / ダラタヌ	land
陸上(りくじょう)	atas darat [daratan] アタス ダラ(ト) [ダラタヌ]	on land
陸上競技(りくじょうきょうぎ)	balapan dan padang バラパヌ ダヌ パダン	track and field
理屈(りくつ)	logik ロジッ	logic
理屈に合う(りくつ あ)	logik / masuk akal ロジッ / マソッ アカル	logical
利口(りこう)	kecerdikan / kebijakan クチューディカヌ / クビジャカヌ	brightness
利口な(りこう)	cerdik / bijak チューデッ / ビジャッ	bright
離婚(りこん)	perceraian プーチュライヤヌ	divorce

り

日	マレー	英
離婚する（りこん）	cerai / bercerai チュライ / ブーチュライ	to be divorced
リサイクル	kitar semula キター スムゥラ	recycling
リサイクルする	kitar [mengitar] semula キター［ムンイター］スムゥラ	to recycle
利子（りし）	faédah ファエダ(ハ)	interest
利潤（りじゅん）	keuntungan クウゥヌトンアヌ	profit
リス	tupai トゥパイ	squirrel
リスク	risiko リスィコ	risk
リスト	senarai スナライ	list
リストラ	penstrukturan semula プヌストルゥクトゥウラヌ スムゥラ	restructuring
リストラされる	diberhentikan kerja kerana penstrukturan semula ディブーフヌティカヌ クージャ クラナ プヌストルゥクトゥウラヌ スムゥラ	to get downsized
リストラする	berhentikan [memberhentikan] ブーフヌティカヌ［ムムブーフヌティカヌ］	to downsize
リズム	irama / rentak イラマ / ルヌタッ	rhythm
理性（りせい）	akal アカル	reason
理性的な（りせいてき）	rasional / berakal ラスィヨナル / ブーアカル	rational
理想（りそう）	idéal / idaman イデヤル / イダマヌ	ideal
リゾート	tempat peranginan トゥムパ(ト) プランィナヌ	resort
利息（りそく）	faédah / bunga wang ファエダ(ハ) / ブゥンァ ワン	interest
離脱（りだつ）	tindakan keluar ティヌダカヌ クルゥワー	leave
離脱する（りだつ）	keluar クルゥワー	to leave

り

日	マレー	英
率(りつ)	kadar / peratusan カダー / プラトゥウサヌ	rate
立体(りったい)	pepejal ププジャル	solid
立体駐車場(りったいちゅうしゃじょう)	tempat letak keréta bertingkat トゥムパ(ト) ルタッ クレタ ブーティンカ(ト)	multi-storey car park
リットル	liter リトゥー	litre
立派(りっぱ)	kecemerlangan クチュムーランアヌ	excellence
立派な(りっぱ)	bagus / sangat baik バゴス / サンア(ト) バエッ	excellent
立法(りっぽう)	perundangan プルゥヌダンアヌ	legislation
利点(りてん)	kelebihan / kebaikan クルビハヌ / クバイカヌ	advantage
離党(りとう)	tindakan keluar parti ティヌダカヌ クルゥワー パーティ	withdrawal from a party
離党する(りとう)	keluar (daripada) parti クルゥワー (ダリパダ) パーティ	to withdraw from a party
理念(りねん)	falsafah ファルサファ(ハ)	philosophy
リノベーション	rénovasi レノヴァスィ	renovation
理髪店(りはつてん)	kedai gunting rambut クダィ グゥヌテン ラムボ(ト)	barber shop
リハビリ	pemulihan プムゥリハヌ	rehabilitation
理不尽(りふじん)	ketidakmunasabahan クティダッ(ク)ムゥナサバハヌ	unreasonableness
理不尽な(りふじん)	tidak munasabah ティダッ ムゥナサバ(ハ)	unreasonable
リベラルな	liberal リブラル	liberal
リベラル主義(しゅぎ)	liberalisme リブラリスマ	liberalism
リポート	laporan ラポラヌ	report
リボン	rébén レベヌ	ribbon

り

日	マレー	英
リモコン	alat kawalan jauh アラ(ト) カワラヌ ジャオ(ホ)	remote control
略語 (りゃくご)	kata singkatan カタ スインカタヌ	abbreviation
略する (りゃく)	singkatkan / menyingkatkan スインカ(ト)カヌ / ムニィンカ(ト)カヌ	to abbreviate
略奪 (りゃくだつ)	perampasan / penjarahan プラムパサヌ / プンジャラハヌ	plunder
略奪する (りゃくだつ)	rampas / merampas ラムパス / ムラムパス	to plunder
～流 (りゅう)	gaya [cara] ~ ガヤ [チャラ]	~ style
龍 (りゅう)	naga ナガ	dragon
理由 (りゆう)	sebab / penyebab / alasan スバ(ブ) / プニュバ(ブ) / アラサヌ	reason
流域 (りゅういき)	lembangan / lembah / lurah ルムバンアヌ / ルムバ(ハ) / ルウラ(ハ)	basin
留学する (りゅうがく)	belajar di luar negeri ブラジャー ディ ルウワー ヌグリ	to study abroad
留学生 (りゅうがくせい)	pelajar antarabangsa プラジャー アヌタラバンサ	international student
流行 (りゅうこう)	trénd トレヌ	trend
流行する (りゅうこう)	jadi [menjadi] trénd ジャディ [ムンジャディ] トレヌ	to catch on
流行病 (りゅうこうびょう)	wabak ワバッ	epidemic
流産（する） (りゅうざん)	keguguran クグゥグゥラヌ	miscarriage / to miscarry
流出 (りゅうしゅつ)	pengaliran keluar プンアリラヌ クルゥワー	outflow
流出する (りゅうしゅつ)	alir [mengalir] keluar アレー [ムンアレー] クルゥワー	to flow out
流星 (りゅうせい)	tahi bintang タヒ ビヌタン	shooting star
流暢 (りゅうちょう)	kefasihan クファセハヌ	fluency
流暢な (りゅうちょう)	fasih ファセ(ヘ)	fluent

日	マレー	英
りゅうちょう 流暢に	dengan fasih ドゥンアヌ ファセ(へ)	fluently
りゅうつう 流通	penyébaran / perédaran プニェバラヌ / プレダラヌ	circulation
りゅうつう 流通する	bersébar / berédar ブーセバー / ブレダー	to circulate
リュックサック	bég galas ベ(グ) ガラス	backpack
りょう 寮	asrama アスラマ	dormitory
りょう 量	jumlah / kuantiti ジュウムラ(ハ) / クウワヌティティ	quantity
りょう 漁	penangkapan ikan プナンカパヌ イカヌ	fishing
りょう 猟	pemburuan プムブゥルゥワヌ	hunting
りよう 利用	penggunaan プングゥナアヌ	use
りよう 利用する	guna / mengguna グゥナ / ムングゥナ	to use
りょういき 領域(領有する区域)	wilayah / jajahan ウィラヤ(ハ) / ジャジャハヌ	territory
りょういき 領域（分野）	bidang ビダン	field
りょうかい 了解	persefahaman / persetujuan プースファハマヌ / プーストゥウジュウワヌ	understanding
りょうかい 了解する	faham / setuju / bersetuju ファハム / ストゥウジュウ / ブーストゥウジュウ	to understand
りょうかい 領海	perairan wilayah プライラヌ ウィラヤ(ハ)	territorial waters
りょうがえ 両替	pertukaran [tukaran] wang プートゥウカラヌ [トゥウカラヌ] ワン	money exchange
りょうがえ 両替する	tukar [menukar] wang トゥウカー [ムヌゥカー] ワン	to exchange money
りょうがえしょ 両替所	pengurup wang プンゥウロ(プ) ワン	money changer
りょうがわ 両側	kedua-dua belah クドゥウワ ドゥウワ ブラ(ハ)	both sides
りょうきょく 両極	kedua-dua kutub クドゥウワ ドゥウワ クウト(プ)	the two poles

り

日	マレー	英
りょうきょく 両極の	saling bertentangan サレン ブートゥヌタンアヌ	completely opposite
りょうきん 料金	bayaran バヤラヌ	charge
りょうきん 料金（運賃）	tambang タムバン	fare
りょうきんひょう 料金表	senarai harga スナライ ハルガ	price list
りょうこう 良好	kebaikan / kebagusan クバイカヌ / クバグゥサヌ	fineness
りょうこう 良好な	baik / bagus / memuaskan バエッ / バゴス / ムムゥワスカヌ	fine
りょうさん 量産	pengeluaran besar-besaran プンウルゥワラヌ ブサー ブサラヌ	mass production
りょうさん 量産する	mengeluarkan secara besar-besaran ムンウルゥワーカヌ スチャラ ブサー ブサラヌ	to mass-produce
りょうし 漁師	nelayan ヌラヤヌ	fisherman
りょうじ 領事	konsul コヌスゥル	consul
りょうじかん 領事館	konsulat コヌスゥラ(ト)	consulate
りょうしき 良識	akal (budi) アカル（ブゥディ）	common sense
りょうしつ 良質	mutu tinggi ムゥトゥゥ ティンギ	good quality
りょうしつ 良質の	bermutu tinggi ブームゥトゥゥ ティンギ	of good quality
りょうしゅう 領収	penerimaan プヌリマアヌ	receipt
りょうしゅう 領収する	terima / menerima トゥリマ / ムヌリマ	to receive
りょうしゅうしょ 領収書	resit ルセ(ト)	receipt
りょうしょう 了承	penerimaan / kefahaman プヌリマアヌ / クファハマヌ	approval
りょうしょう 了承する	terima / menerima / faham トゥリマ / ムヌリマ / ファハム	to approve
りょうしん 両親	ibu bapa イブゥ ババ	parents

り

日	マレー	英
りょうしん 良心	hati nurani ハティ ヌゥラニ	conscience
りょうしんてき 良心的	berhati nurani ブーハティ ヌゥラニ	conscience
りょうせい 良性の	benigna / tidak berbahaya ブニグナ / ティダッ ブーバハヤ	benign
りょうど 領土	wilayah / jajahan ウィラヤ(ハ) / ジャジャハヌ	territory
りょうほう 両方	kedua-dua クドゥウワ ドゥウワ	both
りょうり 料理	masakan / hidangan マサカヌ / ヒダンアヌ	dish / food
りょうり 料理する	masak / memasak マサッ / ムマサッ	to cook
りょうりつ 両立	kebersesuaian / kewujudan bersama クブーススゥワイヤヌ / クウウッジュウダヌ ブーサマ	compatibility
りょうりつ 両立する	bersesuaian / wujud bersama ブーススゥワイヤヌ / ウゥジョ(ド) ブーサマ	to go together
りょかく 旅客	penumpang プヌゥムパン	passenger
りょかん 旅館	hotél (ala Jepun) ホテル（アラ ジュポヌ）	(Japanese-style) hotel
りょくとう 緑豆	kacang hijau カチャン ヒジャゥ	mung bean
りょけん 旅券	pasport パスポ(ト)	passport
りょこう 旅行	pelancongan / perjalanan プランチョンアヌ / プージャラナヌ	travel / journey
りょこう 旅行する	melancong ムランチョン	to travel
りょこうがいしゃ 旅行会社	syarikat pelancongan シャリカ(ト) プランチョンアヌ	travel company [agent]
りょこうほけん 旅行保険	insurans perjalanan イヌスゥラヌス プージャラナヌ	travel insurance
りょこうようひん 旅行用品	keperluan perjalanan クプールゥワヌ プージャラナヌ	travel goods
りょてい 旅程	jadual perjalanan ジャドゥウワル プージャラナヌ	itinerary
りょひ 旅費	kos perjalanan コス プージャラナヌ	travel expenses [costs]

り

日	マレー	英
リラックス	rélaksasi リレㇰサスイ	relaxation
リラックスする	rélaks / rilék / riléks リレㇰㇲ / リレッ / リレㇰㇲ	to relax
離陸(りりく)	pelepasan / perlepasan プルパサㇴ / プールパサㇴ	take-off
離陸(りりく)する	berlepas ブールパㇲ	to take off
利率(りりつ)	kadar faédah カダー ファエダ(ハ)	interest rate
履歴(りれき)	rékod レコ(ド)	record
履歴書(りれきしょ)	CV / Vitae Kurikulum スイヴィ / ヴィタエ クゥリクゥロㇺ	CV
理論(りろん)	téori テオリ	theory
林業(りんぎょう)	perhutanan プーフゥタナㇴ	forestry
リンゴ	épal エパㇽ	apple
隣国(りんごく)	negara jiran ヌガラ ジラㇴ	neighbouring country [nation]
臨時(りんじ)の	khas ハㇲ	special
隣人(りんじん)	jiran (tetangga) / tetangga ジラㇴ (トゥタンガ) / トゥタンガ	neighbour
リンス	perapi (rambut) プラピ (ラムボ(ト))	rinse
リンスする	rapi / merapi ラピ / ムラピ	to rinse
倫理(りんり)	étika / moral エティカ / モラㇽ	ethics

▼ る，ル

日	マレー	英
類(るい)	jenis ジュネㇲ	sort
類義語(るいぎご)	sinonim スイノネㇺ	synonym
類似(るいじ)	keserupaan クスルゥパアㇴ	resemblance

日	マレー	英
類似する（るいじ）	serupai / menyerupai スルゥパイ / ムニュルゥパイ	to resemble
類推（るいすい）	analogi / perbandingan アナロジ / プーバㇴディンアㇴ	analogy
類推する（るいすい）	analogikan / menganalogikan アナロジカㇴ / ムンァナロジカㇴ	to analogize
ルーズ	kekurangteraturan ククゥラントゥラトゥウラㇴ	looseness
ルーズな	kurang teratur [tepat] クゥラン トゥラトー［トゥパ(ト)］	loose
ルーツ	asal アサル	roots
ルームサービス	perkhidmatan bilik プーヒ(ド)マタㇴ ビレッ	room service
ルームメイト	rakan [teman] sebilik ラカㇴ［トゥマㇴ］スビレッ	roommate
ルール	peraturan プラトゥウラㇴ	rule
留守（るす）	ketiadaan (di rumah) クティヤダアㇴ（ディ ルゥマ(ハ)）	absence (from home)
留守する（るす）	tidak ada (di rumah) ティダッ アダ（ディ ルゥマ(ハ)）	to be away (from home)
留守番する（るすばん）	berada di rumah ブラダ ディ ルゥマ(ハ)	to stay at home
留守番電話（るすばんでんわ）	mésin jawab panggilan メセㇴ ジャワ(ブ) パンギラㇴ	answering machine
ルックイースト政策（せいさく）	Dasar Pandang ke Timur ダサー パㇴダン ク ティモー	Look East Policy

▼れ，レ

日	マレー	英
例（れい）	contoh チョㇴト(ホ)	example
礼（れい）（おじぎ）	tunduk トゥウㇴドッ	bow
礼（れい）（感謝）	penghargaan プンハルガアㇴ	gratitude
零（れい）	sifar / kosong スイファー / コソン	zero
霊（れい）	roh ロ(ホ)	spirit

れ

日	マレー	英
れいがい 例外	kekecualian ククチュゥワリヤヌ	exception
れいがい 例外の	terkecuali トゥークチュゥワリ	exclusive
れいぎ 礼儀	budi bahasa / sopan santun ブゥディ バハサ / ソパヌ サヌトヌ	courtesy
れいきゅうしゃ 霊柩車	keréta mayat [jenazah] クレタ マヤ(ト) [ジュナザ(ハ)]	hearse
れいこく 冷酷な	kejam / tidak berhati perut クジャム / ティダッ ブーハティ プロ(ト)	cruel
れいせい 冷静	ketenteraman / ketenangan クトゥヌトゥラマヌ / クトゥナンアヌ	calmness
れいせい 冷静な	tenteram / tenang トゥヌトゥラム / トゥナン	calm
れいぞう 冷蔵	penyimpanan sejuk プニィムパナヌ スジョッ	cold storage
れいぞう 冷蔵する	simpan [menyimpan] sejuk スィムパヌ [ムニィムパヌ] スジョッ	to refrigerate
れいぞうこ 冷蔵庫	peti sejuk プティ スジョッ	refrigerator
れいたん 冷淡	kedinginan hati クディンイナヌ ハティ	indifference
れいたん 冷淡な	dingin hati ディンエヌ ハティ	indifferent
れいとう 冷凍	pembekuan / penyejukbekuan プムブクゥワヌ / プニュジョッ(ク)ブクゥワヌ	freezing
れいとう 冷凍する	sejukbekukan / menyejukbekukan スジョッ(ク)ブクゥカヌ / ムニュジョッ(ク)ブクゥカヌ	to freeze
れいとう 冷凍された	sejuk beku スジョッ ブクゥ	frozen
れいとうしょくひん 冷凍食品	makanan sejuk beku マカナヌ スジョッ ブクゥ	frozen food
れいはい 礼拝	sembahyang / solat スムバ(ハ)ヤン / ソラ(ト)	prayer
れいはい 礼拝する	bersembahyang / bersolat ブースムバ(ハ)ヤン / ブーソラ(ト)	to pray
れいはいしつ 礼拝室	surau スゥラゥ	prayer room
レイプ	rogol ロゴル	rape

れ

日	マレー	英
レイプする	rogol / merogol ロゴル / ムロゴル	to rape
れいふく 礼服	pakaian formal パカイヤヌ フォマル	formal wear [dress]
れいぼう 冷房	penghawa dingin プンハワ ディンエヌ	air-conditioner
レインコート	baju hujan バジュゥ フゥジャヌ	raincoat
レース（競争）	perlumbaan プールゥムバアヌ	race
レース（刺繍）	rénda レヌダ	lace
レーズン	kismis キスメス	raisin
れきし 歴史	sejarah スジャラ(ハ)	history
レギュラー	biasa / tetap ビヤサ / トゥタ(プ)	regular
レギンス	bingkap ビンカ(プ)	leggings
レクリエーション	rékréasi / riadah レクレアスイ / リヤダ(ハ)	recreation
レコード	rékod / piring hitam レコ(ド) / ピレン ヒタム	record
レジ	kaunter juruwang カォヌトゥー ジュゥルゥワン	register
レシート	resit ルセ(ト)	receipt
レシピ	resipi / resépi ルスィピ / ルセピ	recipe
レジャー	kegiatan waktu lapang クギヤタヌ ワッ(ク)トゥウ ラパン	leisure time activities
レストラン	réstoran レストルヌ	restaurant
レズビアン	lésbian レスビヤヌ	lesbian
レタス	daun salad [selada] ダォヌ サラ(ド) [スラダ]	lettuce
れつ 列	barisan バリサヌ	line

れ

日	マレー	英
レッカー車（しゃ）	lori [keréta] penunda ロリ［クレタ］プヌゥヌダ	tow truck
列車（れっしゃ）	keréta api クレタ ピ	train
レッスン	kelas クラス	lesson
劣勢（れっせい）	keadaan kurang baik クアダアヌ クゥラン バエッ	inferiority
劣勢な（れっせい）	kurang baik / lebih rendah クゥラン バエッ / ルベ(へ) ルヌダ(ハ)	inferior to
列島（れっとう）	kepulauan / gugusan pulau クプゥラゥワヌ / グゥグゥサヌ プゥラゥ	archipelago
劣等感（れっとうかん）	rasa rendah diri ラサ ルヌダ(ハ) ディリ	inferiority complex
レッドカレー	kari mérah カリ メラ(ハ)	red curry
レトルト食品（しょくひん）	makanan sedia dimakan マカナヌ スディヤ ディマカヌ	ready-to-eat meal
レバー（操作用の）	tuil / tuas トゥウエル / トゥウワス	lever
レバー（肝臓）	hati ハティ	liver
レベル	taraf タラフ	level
レポート	laporan ラポラヌ	report
レポートする	laporkan / melaporkan ラポーカヌ / ムラポーカヌ	to report
レモン	lémon レモヌ	lemon
レモンティー	téh limau テ(へ) リマゥ	tea with lemon
恋愛（れんあい）	cinta / percintaan チヌタ / プーチヌタアヌ	love
恋愛する（れんあい）	bercinta ブーチヌタ	to be in love
煉瓦（れんが）	batu bata バトゥゥ バタ	brick
連休（れんきゅう）	cuti berturut-turut チュゥティ ブートゥウロ(ト) トゥウロ(ト)	consecutive holidays

れ

日	マレー	英
れんごう 連合	kesatuan クサトゥウワヌ	union
れんごう 連合する	bersatu ブーサトゥウ	to unite
れんさ 連鎖	réntétan / rangkaian レヌテタヌ / ランカイヤヌ	chain
れんさ 連鎖する	berlaku berturut-turut ブーラクゥ ブートゥウロ(ト) トゥウロ(ト)	to chain
レンジ	ketuhar mikro クトゥウハー ミクロ	microwave
れんじつ 連日	hari demi hari ハリ ドゥミ ハリ	day after day
れんしゅう 練習	latihan ラテハヌ	practice
れんしゅう 練習する	berlatih ブーラテ(ヘ)	to practise
レンズ	kanta / lénsa カヌタ / レヌサ	lens
れんそう 連想	perkaitan (idea-idea) プーカイタヌ (アイデヤ アイデヤ)	association (of ideas)
れんそう 連想する	kaitkan [mengaitkan] (idea-idea) カエ(ト)カヌ [ムンアエ(ト)カヌ] (アイデヤ アイデヤ)	to associate (ideas)
れんぞく 連続	réntétan / siri レヌテタヌ / スイリ	succession
れんぞく 連続した	berterusan / bersiri ブートゥルゥサヌ / ブースイリ	continuous
れんぞく 連続する	berlaku secara berterusan ブーラクゥ スチャラ ブートゥルゥサヌ	to happen one after another
れんたい 連帯	perpaduan プーパドゥウワヌ	solidarity
れんたい 連帯する	berpadu ブーパドゥウ	to solidify
レンタカー	keréta séwa クレタ セワ	rental car
レンタル	penyéwaan / peminjaman プニェワアヌ / プミンジャマヌ	rental
レンタルする	séwa / menyéwa セワ / ムニェワ	to rent
れんちゅう 連中	géng / kumpulan ゲン / クゥムプゥラヌ	bunch

日	マレー	英
レントゲン	x-ray / sinar-x エクスレ / スイナーエクス	x-ray
れんめい 連盟	pakatan パカタヌ	league
れんらく 連絡	khabar カバー	communication
れんらく 連絡する	hubungi / menghubungi フゥブゥンイ / ムンフゥブゥンイ	to contact
れんらくさき 連絡先	maklumat perhubungan マッ(ク)ルウマ(ト) プーフゥブゥンアヌ	contact information

▼ろ，ロ

ろ

日	マレー	英
ろうか 廊下	koridor コリドー	corridor
ろうがんきょう 老眼鏡	kata mata baca カタ マタ バチャ	reading glasses
ろうじん 老人	orang tua オラン トゥウワ	old person
ろうじん 老人ホーム	rumah orang tua ルウマ(ハ) オラン トゥウワ	old folks home
ろうすい 老衰	sakit tua サケ(ト) トゥウワ	decrepitude
ろうすい 老衰する	jadi [menjadi] tua dan uzur ジャディ［ムンジャディ］トゥウワ ダヌ ウゥゾー	to become decrepit
ろうすい 漏水	kebocoran air クボチョラヌ アェー	water leak
ろうすい 漏水する	air bocor アェー ボチョー	to leak
ろうそく 蝋燭	lilin / dian リリヌ / ディヤヌ	candle
ろうどう 労働	kerja クージャ	labour
ろうどう 労働する	bekerja ブクージャ	to labour
ろうどうしゃ 労働者	pekerja プクージャ	worker
ろうどうじょうけん 労働条件	syarat kerja [pekerjaan] シャラ(ト) クージャ［プクージャアヌ］	terms of employment
ろうどうほう 労働法	undang-undang kerja ウヌダン ウヌダン クージャ	labour law

日	マレー	英
ろうどうりょく 労働力	tenaga kerja [buruh] トゥナガ クージャ［ブゥロ(ホ)］	work force
ろうどく 朗読する	baca [membaca] dengan kuat バチャ［ムムバチャ］ドゥンアヌ クゥワ(ト)	to read aloud
ろうひ 浪費	pembaziran プムバズィラヌ	waste
ろうひ 浪費する	membazir ムムバゼー	to waste
ろうりょく 労力	(tenaga) kerja (トゥナガ) クージャ	labour
ローション	losyen / losén ロシュヌ / ロセヌ	lotion
ロープ	tali タリ	rope
ロープウェイ	keréta gantung クレタ ガヌトン	ropeway
ローマ字	huruf Rumi フゥロフ ルウミ	Roman alphabet
ローン	pinjaman ピンジャマヌ	loan
6	enam ウナム	six
ろくおん 録音	rakaman / perakaman ラカマヌ / プラカマヌ	recording
ろくおん 録音する	rakam / merakam ラカム / ムラカム	to record
ろくが 録画	rakaman / perakaman ラカマヌ / プラカマヌ	recording
ろくが 録画する	rakam / merakam ラカム / ムラカム	to record
ろくがつ 六月	(bulan) Jun (ブゥラヌ) ジュヌ	June
60	enam puluh ウナム プゥロ(ホ)	sixty
ろく 碌な	yang memuaskan ヤン ムムゥワスカヌ	satisfactory
ろく 碌に	hampir tidak ハムペー ティダッ	hardly
ロケット	rokét ロケ(ト)	rocket

ろ

日	マレー	英
露骨(ろこつ)	keterbukaan クトゥーブゥカアヌ	broadness
露骨(ろこつ)な	nyata / terbuka ニャタ / トゥーブゥカ	broad
ロゴマーク	tanda logo / cap タヌダ ロゴ / チャ(プ)	logo mark
路地(ろじ)	lorong ロロン	alley
ロシア	Rusia ルゥスイヤ	Russia
ロシア語(ご)	bahasa Rusia バハサ ルゥスイヤ	Russian (language)
ロシア人(じん)	orang Rusia オラン ルゥスイヤ	Russian (people)
路線(ろせん)	laluan ラルゥワヌ	route
路線図(ろせんず)	peta laluan プタ ラルゥワヌ	route map
ロッカー	lokar / almari berkunci ロカー / アルマリ ブークゥンチ	locker
ロックミシン	mésin kelim メセヌ クレム	overlock machine
肋骨(ろっこつ)	tulang rusuk トゥウラン ルゥソッ	rib
ロバ	keldai クルダィ	donkey
ロビー	lobi ロビ	lobby
ロボット	robot ロボ(ト)	robot
ロマンティックな	romantik ロメヌテッ	romantic
論議(ろんぎ)	perbincangan プービンチャンアヌ	discussion
論議(ろんぎ)する	berbincang ブービンチャン	to discuss
論(ろん)じる	bincangkan / membincangkan ビンチャンカヌ / ムムビンチャンカヌ	to discuss
論争(ろんそう)	pertikaian / perbalahan プーティカイヤヌ / プーバラハヌ	dispute

日	マレー	英
ろんそう 論争する	bertikai / berbalah ブーティカイ / ブーバラ(ハ)	to dispute
ろんぶん 論文	makalah / artikel マカラ(ハ) / アーティクル	article
ろん り 論理	logik ロジッ	logic

▼わ，ワ

日	マレー	英
わ 輪	bulatan / lingkaran ブゥラタヌ / リンカラヌ	ring
わ 和（調和）	harmoni ハルモニ	harmony
わ 和（合計）	jumlah ジュゥムラ(ハ)	sum
ワークショップ	béngkél ベンケル	workshop
ワープロ	pemprosés kata プムプロセス カタ	word processor
ワールドカップ	Piala Dunia ピヤラ ドゥゥニヤ	World Cup
ワイシャツ	baju keméja バジュゥ クメジャ	shirt
ワイパー	pengelap cermin depan プンゥラ(プ) チューメヌ ドゥパヌ	windshield wipers
ワイ ファイ Wi-Fi	Wi-Fi ワイ ファイ	Wi-Fi
わい ろ 賄賂	rasuah ラスゥワ(ハ)	bribe
ワイン	wain ワエヌ	wine
わか 若い	muda ムゥダ	young
わ かい 和解	perdamaian プーダマイヤヌ	reconciliation
わ かい 和解する	berdamai ブーダマイ	to reconcile
わ 沸かす	didihkan / mendidihkan ディデ(ヘ)カヌ / ムヌディデ(ヘ)カヌ	to boil
わか ば 若葉	pucuk プゥチョッ	shoot

日	マレー	英
わがまま 我儘	sifat pentingkan diri スイファ(ト) プヌテンカヌ ディリ	selfishness
わがまま 我儘な	pentingkan [mementingkan] diri プヌテンカヌ［ムムヌテンカヌ］ディリ	selfish
わかもの 若者	orang muda / pemuda / pemudi オラン ムウダ / プムウダ / プムウディ	youngster
わ 分かる	faham ファハム	to understand
わ 分かる(覚えている)	cam / mengecam チャム / ムンゥチャム	to recognize
わか 別れ	perpisahan プーピサハヌ	parting
わか 別れる	berpisah ブーピサ(ハ)	to say good-bye
わかわか 若々しい	muda remaja ムウダ ルマジャ	young
わき 脇（そば、かたわら）	tepi トゥピ	side
わき 脇（脇の下）	ketiak クティヤッ	armpit
わ 沸く	didih / mendidih ディデ(ヘ) / ムヌディデ(ヘ)	to boil
わ 湧く	pancar / memancar パンチャー / ムマンチャー	to flow out
わく 枠	bingkai ビンカイ	frame
わくせい 惑星	planét プラネ(ト)	planet
ワクチン	vaksin ヴェクセヌ	vaccine
わ い 分け入る	redah / meredah ルダ(ハ) / ムルダ(ハ)	to wade
わ 分ける	bahagikan / membahagikan バハギカヌ / ムムバハギカヌ	to divide
わ 輪ゴム	gelang getah / getah gelang グラン グタ(ハ) / グタ(ハ) グラン	rubber band
わざ 技	téknik テクネッ	technique
わざと	dengan sengaja ドゥンアヌ スンアジャ	on purpose

わ

日	マレー	英
わざわざ	(dengan) susah payah (ドゥンアヌ) スゥサ(ハ) パヤ(ハ)	by troubling oneself
わしょく 和食	makanan [hidangan] Jepun マカナヌ [ヒダンアヌ] ジュポヌ	Japanese food [cuisine]
わずか	sedikit スディケ(ト)	slight
わずら 煩わしい	lécéh / melécéhkan レチェ(ヘ) / ムレチェ(ヘ)カヌ	troublesome
わす もの 忘れ物	tertinggal barang トゥーティンガル バラン	thing left behind
わす 忘れる	lupa / lupakan / melupakan / terlupa ルゥパ / ルゥパカヌ / ムルゥパカヌ / トゥールゥパ	to forget
わた 綿	kapas カパス	cotton
わだい 話題	buah mulut ブゥワ(ハ) ムゥロ(ト)	theme
わたし 私	saya サヤ	I / my / me
わたしたち 私達 (聞き手を含む)	kita キタ	we / our / us
わたしたち 私達 (聞き手を含まない)	kami / kita orang カミ / キタ オラン	we / our / us
わた 渡す	beri / memberi ブリ / ムムブリ	to hand
わだち 轍	bekas roda ブカス ロダ	rut
わた どり 渡り鳥	burung hijrah ブゥロン ヒジラ(ハ)	migratory bird
わた 渡る	lintas / melintas リヌタス / ムリヌタス	to cross
ワックス	wax / lilin ウェクス / リレヌ	wax
ワット	watt ワ(ト)	watt
わな 罠	jerat ジュラ(ト)	trap
ワニ	buaya ブゥワヤ	crocodile
わ 詫び	ampun アムポヌ	apology

わ

日	マレー	英
わ 詫びる	minta [meminta] ampun ミンタ [ムミンタ] アムポン	to apologize
わ ふう 和風	ala Jepun アラ ジュポン	Japanese style
わ ふく 和服	pakaian (tradisional) Jepun パカイヤン (トラディスィヨナル) ジュポン	Japanese clothes
わら 藁	jerami ジュラミ	straw
わら 笑い	gelak / ketawa グラッ / クタワ	laughter
わら 笑う	gelak / ketawa / senyum グラッ / クタワ / スニョム	to laugh
わりあい 割合	kadar カダー	rate
わりあい 割合に	secara perbandingan スチャラ プーバンディンアン	comparatively
わ あ 割り当て	kuota クウオタ	quota
わ かん 割り勘する	bayar [membayar] sama rata バヤー [ムムバヤー] サマ ラタ	to split the bill / to go Dutch
わ こ 割り込む	celah [mencelah] (masuk) チュラ(ハ) [ムンチュラ(ハ)] (マソッ)	to squeeze in
わ ざん 割り算	pembahagian プムバハギヤン	division
わり 割と	agak アガッ	fairly
わ び 割り引き	potongan ポトンアン	reduction
わりまし 割増	tokokan / tambahan トコカン / タムバハン	extra
わりまし 割増する	tokok / menokok トコッ / ムノコッ	to give extra
わりましりょうきん 割増料金	surcaj / bayaran tokokan スウチャジ / バヤラン トコカン	surcharge
わ 割る （分ける、割り算する）	bahagikan / membahagikan バハギカン / ムムバハギカン	to divide
わ 割る（砕く）	pecahkan / memecahkan プチャ(ハ)カン / ムムチャ(ハ)カン	to break
わ 割る（÷）	bahagi バハギ	divided by

わ

日	マレー	英
わる 悪い（劣っている）	tidak baik ティダッ バエッ	bad
わる 悪い（基準に合わない）	buruk ブゥロッ	poor
わる 悪い（邪悪な）	jahat ジャハ(ト)	evil
わるぐち 悪口	kata-kata buruk カタ カタ ブゥロッ	verbal abuse
わるぐち い 悪口を言う	cakap buruk チャカ(プ) ブゥロッ	to speak ill
わるもの 悪者	orang jahat オラン ジャハ(ト)	bad fellow
わ 割れる（分かれる）	pecah / berpecah プチャ(ハ) / ブープチャ(ハ)	to split
わ 割れる（壊れる）	pecah / terpecah / terbelah プチャ(ハ) / トゥープチャ(ハ) / トゥーブラ(ハ)	to break
わ 割れる（下回る）	kurang daripada [dari] クゥラン ダリパダ ［ダリ］	to fall below
われわれ 我々 （聞き手を含む）	kita キタ	we / our / us
われわれ 我々 （聞き手を含まない）	kami カミ	we / our / us
わん 湾	teluk トゥロッ	bay
わん 椀	mangkuk (kayu) マンコッ（カユゥ）	(wooden) bowl
わんきょく 湾曲する	leding / meleding ルデン / ムルデン	to warp
ワンピース	baju gaun バジュゥ ガォヌ	one-piece dress
わんりょく 腕力	kekuatan tangan ククゥワタヌ タンアヌ	arm strength
ワンルーム	(pangsapuri) satu bilik （パンサプゥリ） サトゥウ ビレッ	one-room (apartment [house])

ポータブル
マレー日英

A

a [ア] (㊕ yes / that's it / er) ああ / そう / ええと

a'a [アア] (㊕ yeah) うん

abad [アバ(ド)] (㊕ century) 世紀

abadi [アバディ] (㊕ eternal) 永久の

abah [アバ(ハ)] (㊕ dad) 父ちゃん

abai [アバイ] (㊕ to neglect) 怠(おこた)る

abaikan [アバイカヌ] (㊕ to neglect / to ignore) 怠(おこた)る / 省(はぶ)く

abalon [アバロヌ] (㊕ abalone) アワビ

abang [アバン] (㊕ elder brother) 兄 / お兄さん

Abd. (= Abdul) [ア(ブ)ドル] (㊕ Abdul) Abdul(人名)の省略表記

abdikan diri [ア(ブ)ディカヌ ディリ] (㊕ to devote oneself) 身をささげる

abjad [ア(ブ)ジャ(ド)] (㊕ alphabet) アルファベット

abnormal [ア(ブ)ノーマル] (㊕ abnormal) 異常な

abstrak [ア(ブ)ストラッ] (㊕ abstract) 抽象的な / 要旨

abu [アブゥ] (㊕ ash) 灰

acar [アチャー] (㊕ pickles) 漬物 / ピクルス

acara [アチャラ] (㊕ event / programme) 催(もよお)し / 行事 / 種目

acarakan [アチャラカヌ] (㊕ to take the chair) 司会する

acuan [アチュゥワヌ] (㊕ mould) 型

acuh tak acuh [アチョ(ホ) タッ アチョ(ホ)] (㊕ indifferent) 無関心な

acukan [アチュゥカヌ] (㊕ to point) 向ける

ada [アダ] (㊕ to be (present) / to have) ある / いる / 持っている

adab [アダ(ブ)] (㊕ manners) 礼儀

adakah [アダカ(ハ)] (㊕ is [was] it that) 〜(です)か

adakalanya《㊙ ada kala》[アダカラニャ] (㊕ sometimes) 時折

adakan [アダカヌ] (㊕ to hold / to have) 開催する / 行う

adalah [アダラ(ハ)] (㊕ to be) 〜である / 〜だ

adang [アダン] (㊕ to obstruct / to block) 遮(さえぎ)る / 塞(ふさ)ぐ

adanya [アダニャ] (㊕ the presence of 〜) 〜がある〈いる〉こと

adaptasi [アダ(プ)タスィ] (㊕ adaptation) 適応

adapun [アダポヌ] (㊕ concerning (this)) ところで / 〜について

adat (resam) [アダ(ト) (ルサム)] (㊕ custom) 慣習 / しきたり

adegan [アドゥガヌ] (㊕ scene) 場面

adik [アデッ] (㊕ younger sibling [brother / sister]) 弟 / 妹

Adik [アデッ] (㊕ —) 〜ちゃん

adik lelaki [アデッ ルラキ]
([英] younger brother)弟

adik perempuan [アデッ プルムプゥワヌ]
([英] younger sister)妹

adik-beradik《[幹] adik》[アデッ ブラデッ]
([英] siblings / brothers and sisters)
兄弟 / 姉妹

adil [アデル]([英] fair)公平な / 公正な

adili [アディリ]([英] to judge)裁(さば)く

adinda [アディヌダ]([英] younger sibling [brother / sister])
弟君(おとうとぎみ) / 妹君(いもうとぎみ)

adu [アドゥゥ]([英] to complain)苦情を言う

aduan [アドゥゥワヌ]([英] complaint)
苦情 / 文句(もんく)

aduk [アドゥッ]([英] to stir)搔(か)き回(まわ)す

adun [アドゥヌ]([英] to knead)練(ね)る

afiliasi [アフィリヤスィ]([英] affiliation)所属

Afrika [エフリカ]([英] Africa)アフリカ

agak [アガッ]([英] rather / quite / to guess)
結構 / なかなか / 推測する

agaknya [アガッ(ク)ニャ]([英] seemingly / on earth)どうも / ～らしい / 一体

agama [アガマ]([英] religion)宗教

agama Buddha [アガマ ブゥダ]
([英] Buddhism)仏教

agama Hindu [アガマ ヒヌドゥゥ]
([英] Hinduism)ヒンドゥー教

agama Islam [アガマ イスラム]
([英] Islam)イスラーム教

agama Kristian [アガマ クリスティヤヌ]
([英] Christianity)キリスト教

agar [アガー]([英] so that)
～であるように / ～するように

agénda [アジェヌダ]([英] agenda)議題

agénsi [エジェヌスィ]([英] agency)
代理店 / 庁

agihkan [アゲ(ヘ)カヌ]([英] to distribute)
分配(ぶんぱい)する

Agong [アゴン]([英] the King of Malaysia)
(マレーシアの)国王

agrésif [アグレセフ]([英] aggressive)
攻撃的な / 果敢(かかん)な

agung [アゴン]([英] great / grand)
偉大な / 最大の

ah [ア(ハ)]([英] ah)あ / ええと / おや

Ahad [アハ(ド)]([英] Sunday)日曜(日)

ahli [ア(ハ)リ]([英] member / a person engaged in)メンバー / 会員 / ～家(か)

ahli akadémik [ア(ハ)リ アカデメッ]
([英] scholar)学者

ahli bedah [ア(ハ)リ ブダ(ハ)]
([英] surgeon)外科医

ahli bomba [ア(ハ)リ ボムバ]
([英] firefighter)消防士

ahli dermatologi [ア(ハ)リ ドゥマトロジ]
([英] dermatologist)皮膚科医

ahli jawatankuasa
[ア(ハ)リ ジャワタヌクゥワサ]
([英] committee member)委員

A

ahli lembaga pengarah [アハリ ルムバガ プンアラハ]([英] executive) 重役

ahli parlimen [アハリ パーリムヌ] ([英] parliament member)議員

ahli perniagaan [アハリ プーニヤガアヌ] ([英] businessperson)ビジネスパーソン

ahli politik [アハリ ポリテッ] ([英] politician)政治家

ahli sihir [アハリ スイヘー] ([英] wizard / witch)魔法使い

ahli sukan [アハリ スウカヌ] ([英] athlete)スポーツ選手

ahli urologi [アハリ ユゥロロジ] ([英] urologist)泌尿器科医(ひにょうきかい)

aibkan [アエブカヌ] ([英] to disgrace / to embarrass) 名誉(めいよ)を汚(けが)す / 恥をかかす

Aidilfitri [アイディルフィトリ]([英] Aidilfitri) 断食明(だんじきあ)け(イスラームの祝日(しゅくじつ))

AIDS [エーズ]([英] AIDS)エイズ

aik [アエッ]([英] eh) あれっ(驚きや不審(ふしん)を示す)

air [アエー]([英] water / beverage / liquid / juice)水 / 飲物 / 液 / 汁

air bah [アエー バハ]([英] flood) 洪水(こうずい) / 大水(おおみず)

air batu [アエー バトゥウ]([英] ice)氷

air bawah tanah [アエー バワハ タナハ] ([英] ground water)地下水

air berkarbonat [アエー ブーカーボナト] ([英] carbonated water)炭酸水

air besar [アエー ブサー]([英] excrement) 大便

air hidung [アエー ヒドン]([英] runny nose) 鼻水

air kecil [アエー クチエル]([英] urine) 小便(しょうべん)

air laut [アエー ラオト]([英] sea water)海水

air liur [アエー リヨー]([英] saliva) よだれ / 唾液(だえき)

air mata [アエー マタ]([英] tears)涙

air mineral [アエー ミヌラル] ([英] mineral water)ミネラルウォーター

air minuman [アエー ミヌウマヌ] ([英] drinking water)飲料水

air muka [アエー ムウカ] ([英] facial expression / complexion) 表情 / 顔色

air paip [pili] [アエー パエプ [ピリ]] ([英] tap water)水道水

air pancut [アエー パンチョト] ([英] fountain)噴水(ふんすい)

air pasang [アエー パサン]([英] high tide) 満潮(まんちょう)

air surut [アエー スウロト]([英] low tide) 干潮(かんちょう)

air tawar [アエー タワー]([英] fresh water) 淡水(たんすい)

air terjun [アエー トゥージョヌ]([英] waterfall) 滝

ais [アエス] (英 ice / iced) 氷 / アイスの

ais kering [アエス クレン] (英 dry ice) ドライアイス

aiskrim [アエスクレム] (英 ice cream) アイスクリーム

aiya [アイヤ] (英 oh my god) 何てこった

ajaib [アジャエ(ブ)] (英 mysterious) 不思議な / 神秘的(しんぴてき)な

ajak [アジャッ] (英 to invite) 誘(さそ)う

ajakan [アジャカヌ] (英 invitation) 誘(さそ)い

ajar [アジャー] (英 to teach) 教える / 教授(きょうじゅ)する

ajaran [アジャラヌ] (英 teaching / lesson) 教え / 教訓

ajaran agama [アジャラヌ アガマ] (英 religious precepts) 教義(きょうぎ) / 戒律(かいりつ)

ajuk [アジョッ] (英 to mimic) 真似(まね)る

ajukan [アジュウカヌ] (英 to address) (質問を)向ける

akademi [アカドゥミ] (英 academy) アカデミー / 学院

akadémik [アカデメッ] (英 academic) 学術的な / アカデミックな

akal [アカル] (英 common sense / intelligence / reason) 理性 / 知能 / 道理

akan [アカヌ] (英 will / of) ～するつもりだ / ～だろう / ～に対して

akan datang [アカヌ ダタン] (英 upcoming) 来(きた)る / 将来の

akan tetapi [アカヌ トゥタピ] (英 however) しかしながら

akar [アカー] (英 root / to be rooted) 根 / 根付(ねづ)く / 定着する

akaun [アカオヌ] (英 account) アカウント / 口座

akaun bank [アカオヌ ベン] (英 bank account) 銀行口座

akaun simpanan [アカオヌ スイムパナヌ] (英 savings account) 普通預金口座(ふつうよきんこうざ)

akhbar [ア(ハ)バー] (英 newspaper / news) 新聞 / 報道 / ニュース

akhir [アヘー] (英 end / final) 終わり / ～末(まつ) / 決勝

akhir bulan [アヘー ブウラヌ] (英 end of the month) 月末

akhir penggal [アヘー プンガル] (英 end of the term) 期末

akhir-akhir ini [アヘー アヘー イニ] (英 these days / recently) この頃 / 最近

akhiran [アヒラヌ] (英 suffix) 接尾辞(せつびじ)

akhirat [アヒラ(ト)] (英 the next world) あの世 / 来世(らいせ)

akhiri [アヒリ] (英 to finish) 終わらせる

akhirnya [アヘーニャ] (英 finally / at last / after all) 遂(つい)に / ようやく / 結局

akhlak [ア(フ)ラッ] (英 moral / moral character) 道徳 / 品性

A

A

akibat [アキバ(ト)] (英 result / as a result of ~) (~の)結果

akibatkan [アキバ(ト)カヌ] (英 to cause) 引き起こす

akibatnya [アキバ(ト)ニャ] (英 as a result) その結果

akidah [アキダ(ハ)] (英 belief / faith) 信仰 / 信条

aksésori [アクセソリ] (英 accessory) アクセサリー

aksi [アクスィ] (英 action / behaviour) 活躍 / 行為 / 振り

akta [アクタ] (英 act) 法 / 法律

aktif [エクティフ] (英 active) 積極的な / 活発な

aktiviti [エクティヴィティ] (英 activity) 活動

aku [アクゥ] (英 I / my / me / to confess / to admit) 僕 / 俺 / あたし / 白状する / 認める

akuarium [アクゥワリヨム] (英 aquarium) 水族館 / 水槽

akui [アクゥイ] (英 to confess / to admit) 白状する / 認める

akur [アコー] (英 to agree / to follow) 同意する / 従う

ala [アラ] (英 ~ style) ~風(ふう)

alaf [アラフ] (英 millennium) ミレニアム / 千年紀

alahan [アラハヌ] (英 allergy) アレルギー

alam [アラム] (英 world / nature) 世界 / 自然

alam sekitar [sekeliling] [アラム スキター [スクリルン]] (英 environment) 環境

alam semesta [アラム スムスタ] (英 universe) 宇宙

alam semula jadi [アラム スムゥラ ジャディ] (英 nature) 自然(環境)

alamak [アラマッ] (英 oh my god) あらまあ / なんてこった

alamat [アラマ(ト)] (英 address / sign) 住所 / アドレス / 兆(きざ)し

alami [アラミ] (英 to experience) 経験する

alangkah [アランカ(ハ)] (英 how) いかに / どれほど

alas [アラス] (英 mat / base) 敷物(しきもの) / 土台

alas dada [アラス ダダ] (英 bib) よだれかけ

alasan [アラサヌ] (英 excuse / reason) 言い訳 / 申し分 / 根拠

alaskan [アラスカヌ] (英 to lay) 敷く

alat [アラ(ト)] (英 tool / device) 道具 / 装置

alat bantu dengar [アラ(ト) バヌトゥウ ドゥンアー] (英 hearing aid) 補聴器(ほちょうき)

alat kawalan jauh [アラ(ト) カワラヌ ジャオ(ホ)] (英 remote control) リモコン

alat muzik [アラ(ト) ムゥゼッ] (英 musical instrument) 楽器

alat pemadam api [アラ(ト) プマダム アピ] (英 fire extinguisher) 消火器

alat pemanas [アラ(ト) プマナス]
(英 heater)ヒーター / 暖房(だんぼう)

alat pemanas air [アラ(ト) プマナス アエー]
(英 water heater)給湯器

alat pendengaran [アラ(ト) プヌドゥンアラヌ]
(英 hearing aid)補聴器(ほちょうき)

alat solék [mékap] [アラ(ト) ソレッ[メカ(プ)]]
(英 cosmetics)化粧品

alat timbang [アラ(ト) ティムバン]
(英 weighing equipment / bathroom scale)はかり / 体重計

alat tiup [tiupan] [アラ(ト) ティヨ(プ) [ティヨパヌ]]
(英 wind instrument)
吹奏楽器(すいそうがっき)

alat tulis [アラ(ト) トゥウレス](英 stationery)
筆記用具 / 文房具

alatan [アラタヌ](英 tool)道具

album [アルブゥム](英 album)アルバム

alhamdulillah [アルハムドゥウリッラー]
(英 thank God)おかげさまで

alih [アレ(ヘ)](英 to alter / to convert)
変える / 転換する

alih suara [アレ(ヘ) スゥワラ](英 dubbing)
吹き替え

alihkan [アレ(ヘ)カヌ](英 to move)移す

alir [アレー](英 to flow)流れる

alir keluar [アレー クルゥワー]
(英 to flow out)流れ出す / 流出する

aliran [アリラヌ](英 flow / stream)
流れ / 流派(りゅうは) / 系

aliran darah [アリラヌ ダラ(ハ)]
(英 blood circulation)血流 / 血行

alirkan [アレーカヌ](英 to make *sth* flow)
流す

alirkan udara [アレーカヌ ウゥダラ]
(英 to ventilate)
換気(かんき)する / 通気(つうき)する

alkali [アルカリ](英 alkali)アルカリ

alkohol [アルコホル](英 alcohol)
アルコール / 酒

Allah [アッラ(ハ)](英 Allah)
アッラー(イスラーム教の神)

Allahyarham [アッラ(ハ)ヤルハム](英 late)
故～ / 故人(イスラーム教徒について)

alma mater [アルマ マトゥー]
(英 alma mater)母校

almari [アルマリ](英 shelf / cupboard)
戸棚(とだな) / 食器棚(しょっきだな)

almari baju [アルマリ バジュゥ]
(英 wardrobe)箪笥(たんす)

almari buku [アルマリ ブゥクゥ]
(英 bookshelf)本棚(ほんだな)

aloi [アロイ](英 alloy)合金(ごうきん)

al-Quran [アルクゥラヌ](英 the Quran)
コーラン

alternatif [アルトゥナテーフ](英 alternative)
代わりの / 代替の

altitud [アルティテュウ(ド)](英 altitude)高度

alu-alukan [アルゥ アルゥカヌ]
(英 to welcome)歓迎する

A

aluminium [アルゥミニオム] (㊕ aluminium)アルミ / アルミニウム

alumni [アルゥムニ] (㊕ alumni) 同窓生(どうそうせい)

alun [アロヌ] (㊕ ripple / wave)さざ波 / 波

am [アム] (㊕ general)一般的な / 総合的な

amal [アマル] (㊕ charity) 慈善(じぜん) / チャリティー

amalan [アマラヌ] (㊕ habit / practice) 習慣 / 行為

amalkan [アマルカヌ] (㊕ to practise) 実践(じっせん)する

aman [アマヌ] (㊕ peaceful)平和な

amanah [アマナ(ハ)] (㊕ trust)委託(いたく)

amanahkan [アマナ(ハ)カヌ] (㊕ to entrust)委託(いたく)する

amaran [アマラヌ] (㊕ warning / alarm) 警告 / 注意 / 警報

amaran awal [アマラヌ アワル] (㊕ previous notice)予告

amat [アマ(ト)] (㊕ very / truly) 大変 / 大いに / 誠に

amati [アマティ] (㊕ to observe / to monitor) 観測する / 監視する

amatur [アマトゥウー] (㊕ amateur) アマチュア / 素人(しろうと)

ambar [アムバー] (㊕ amber)琥珀(こはく)

ambil [アムベル] (㊕ to take / to cost) 取る / 撮る / かかる(時·金が) / 受験する

ambil alih [アムベル アレ(ヘ)] (㊕ to take over)取って代わる / 引き継ぐ

ambil keluar [アムベル クルゥワー] (㊕ to take out)取り出す

ambil keputusan [アムベル クプゥトゥウサヌ] (㊕ to make a decision) 決定する / 決心する

ambil ketetapan [アムベル クトゥタパヌ] (㊕ to resolve)決議する

ambil kira [アムベル キラ] (㊕ to take into consideration)考慮する / 配慮する

ambil kisah [アムベル ケサ(ハ)] (㊕ to care) 気にする

ambil langkah [アムベル ランカ(ハ)] (㊕ to take action)対処する / 措置する

ambil tempat duduk [アムベル トゥムパ(ト) ドゥウドッ] (㊕ to take a seat) 着席する

ambil tindakan [アムベル ティヌダカヌ] (㊕ to take action)対処する / 措置する

amboi [アムボイ] (㊕ oh, dear) まあ / ああ(驚き)

ambulans [アムブゥラヌス] (㊕ ambulance)救急車

Amérika [エメリカ] (㊕ America)アメリカ

Amérika Selatan [エメリカ スラタヌ] (㊕ South America)南アメリカ / 南米

Amérika Utara [エメリカ ウゥタラ] (㊕ North America)北アメリカ / 北米

ampaian [アムパイヤヌ] (㊕ clothes hanger)物干し

ampu [アムプゥ]([英] to flatter / to hold)お世辞(せじ)を言う / 支える

ampun [アムポヌ]([英] forgiveness)赦(ゆる)し / 赦免(しゃめん)

-an [アヌ]([英] ~'s)~代

anak [アナッ]([英] child)子供(娘、息子)

anak angkat [アナッ アンカ(ト)]([英] adopted child)養子(ようし)

anak benih [アナッ ブネ(へ)]([英] seedling)苗

anak bongsu [アナッ ボンスゥ]([英] youngest child)末っ子

anak burung [アナッ ブゥロン]([英] baby bird)雛(ひな) / 雛鳥(ひなどり)

anak dara [アナッ ダラ]([英] maiden / virgin)乙女 / 処女

anak kapal [アナッ カパル]([英] crew member)乗務員

anak kembar [アナッ クムバー]([英] twin)双子

anak lelaki [アナッ ルラキ]([英] son)息子

anak mata [アナッ マタ]([英] pupil)瞳 / 黒目

anak murid [アナッ ムゥレ(ド)]([英] pupil)弟子

anak panah [アナッ パナ(ハ)]([英] arrow)矢印 / 矢

anak patung [アナッ パトン]([英] doll / stuffed toy)人形 / ぬいぐるみ

anak perempuan [アナッ プルムプゥワヌ]([英] daughter)娘

anak pokok [アナッ ポコッ]([英] seedling / young plant)苗 / 苗木

anak saudara lelaki [アナッ サゥダラ ルラキ]([英] nephew)甥(おい)

anak saudara perempuan [アナッ サゥダラ プルムプゥワヌ]([英] niece)姪(めい)

anak syarikat [アナッ シャリカ(ト)]([英] subsidiary)子会社

anak syarikat tempatan [アナッ シャリカ(ト) トゥムパタヌ]([英] local subsidiary)現地法人

anak tangga [アナッ タンガ]([英] step)段 / 階段

anak yatim [アナッ ヤテム]([英] orphan)孤児(こじ)

anakanda [アナカヌダ]([英] you / your)子供(手紙などでの代名詞相当語)

analgésik [アナルゲセッ]([英] analgesic)鎮痛剤(ちんつうざい)

analisis [アナリセス]([英] analysis / to analyse)分析(ぶんせき) / 分析する

analogi [アナロジ]([英] analogy)類推(るいすい)

analogikan [アナロジカヌ]([英] to analogize)類推(るいすい)する

anasir [アナセー]([英] elements)分子 / 要素

ancam [アンチャム]([英] to threaten)脅(おど)す / 脅(おびや)かす

ancaman [アンチャマヌ]([英] threat)脅(おど)し / 脅迫(きょうはく) / 脅威(きょうい)

A

anda [アヌダ] (英 you / your) あなた(達)(不特定多数の人に対して)

anda semua [アヌダ スムゥワ] (英 you / your) あなた達(不特定多数の人に対して)

andai (kata) [アヌダイ (カタ)] (英 if) (仮に)〜だとしたら

andaian [アヌダイヤヌ] (英 assumption / presupposition / supposition) 仮定 / 前提 / 想定

andaikan [アヌダイカヌ] (英 to suppose) 仮定する / 想定する

andainya [アヌダイニャ] (英 if) (仮に)〜だとしたら

anéh [アネ(ヘ)] (英 strange) 変わった / 奇妙(きみょう)な

anémia [アネミヤ] (英 anaemia) 貧血(ひんけつ)

anéstésia [アネステスイヤ] (英 anaesthesia) 麻酔(ますい)

angan-angan [アンアヌ アンアヌ] (英 fantasy) 空想

anggap [アンガ(プ)] (英 to regard) 見なす

anggapan [アンガパヌ] (英 view / opinion) 見解 / 考え

anggar [アンガー] (英 to estimate) 推定する

anggaran [アンガラヌ] (英 estimation) 推定

anggarkan [アンガーカヌ] (英 to estimate) 推定する

anggota [アンゴタ] (英 member / limb / part) メンバー / 構成員 / 部分(身体の)

anggota polis [アンゴタ ポレス] (英 police officer) 警官

anggotai [アンゴタイ] (英 to belong to) 所属する

angguk [アンゴッ] (英 to nod) 頷(うなず)く

anggun [アンゴヌ] (英 elegant / graceful) エレガントな / 華麗な / 優美な

anggur [アンゴー] (英 grapes) ブドウ

angin [アンエヌ] (英 wind / rumour / mood) 風 / 噂(うわさ) / 機嫌(きげん)

angka [アンカ] (英 numeral / number) 数 / 数字 / 数値

angka bulat [アンカ ブゥラ(ト)] (英 integer) 整数

angka ganjil [アンカ ガンジェル] (英 odd number) 奇数

angka genap [アンカ グナ(プ)] (英 even number) 偶数

angka pecahan [アンカ プチャハヌ] (英 fraction) 分数

angkasa [アンカサ] (英 sky / space) 空中 / 大気

angkasa lepas [アンカサ ルパス] (英 universe) 宇宙

angkat [アンカ(ト)] (英 to lift) (持ち)上げる

angkatan [アンカタヌ] (英 troops / group / generation) 軍隊 / グループ / 世代

angkat-angkat [アンカ(ト) アンカ(ト)] (英 to flatter) よいしょする / 誉(ほ)めたてる

angkuh [アンコ(ホ)](㊥ arrogant)
横柄(おうへい)な

angkut [アンコ(ト)](㊥ to carry / to transport)運ぶ / 輸送する

angkutan [アンクゥタヌ](㊥ freight)貨物

angsa [アンサ](㊥ goose)ガチョウ

angsa putih [アンサ プゥテ(ヘ)](㊥ swan)
白鳥(はくちょう)

animasi [アニマスィ](㊥ animation)
アニメ / アニメーション

anjak [アンジャッ](㊥ to shift / to move)
移る / ずれる

anjakan [アンジャカヌ](㊥ shift)移行

anjakkan [アンジャッカヌ](㊥ to shift)
ずらす

anjal [アンジャル](㊥ flexible)
柔軟(じゅうなん)な

anjing [アンジェン](㊥ dog)犬

anjing laut [アンジェン ラォ(ト)](㊥ seal)
アザラシ

anjing liar [アンジェン リヤー]
(㊥ stray dog)野良犬(のらいぬ)

anjing pengawal [アンジェン プンアワル]
(㊥ guard dog)番犬(ばんけん)

anjung [アンジョン](㊥ porch / veranda)
縁側(えんがわ) / ポーチ / ベランダ

anjuran [アンジュゥラヌ](㊥ organized by / sponsorship)主催

anjurkan [アンジョーカヌ](㊥ to organize)
主催する

anoréksia [アノレクスィヤ](㊥ anorexia)
拒食症(きょしょくしょう)

ansuran [アヌスゥラヌ](㊥ instalment)
分割払(ぶんかつばら)い

ansuran bulanan [アヌスゥラヌ ブゥラナヌ]
(㊥ monthly payment)月賦(げっぷ) /
月ごとの分割払(ぶんかつばら)い

antara [アヌタラ](㊥ between / among [one of] ~)間 / ~の1つ

antara satu sama lain
[アヌタラ サトゥウ サマ ラエヌ]
(㊥ each other / mutually)互いに

antarabangsa [アヌタラバンサ]
(㊥ international)国際的な

antaranya [アヌタラニャ](㊥ above all / among others / some of them)
中でも / とりわけ / そのうちいくつか

anténa [アヌテナ](㊥ antenna)アンテナ

anti- [アヌティ](㊥ anti-)反~

antibiotik [アヌティビオテッ](㊥ antibiotic)
抗生物質(こうせいぶっしつ)

antik [アヌテッ](㊥ antique)
骨董品(こっとうひん) / アンティーク

anting-anting [アヌテン アヌテン]
(㊥ earring)イヤリング

antipati [アヌティパティ](㊥ antipathy)反感

antiséptik [アヌティセ(プ)テッ]
(㊥ antiseptic)消毒薬

antologi [アヌトロギ](㊥ anthology)
選集(せんしゅう) / アンソロジー

A

A

antropologi [アヌトロポロギ]
(英 anthropology)人類学

antropologi budaya [kebudayaan]
[アヌトロポロギ ブゥダヤ [クブゥダヤアヌ]]
(英 cultural anthropology)文化人類学

anu [アヌゥ](英 what-do-you-call-it / so-and-so)あれ / 何とか / あのー / ええと

anugerah [アヌゥグラ(ハ)](英 award)賞

anugerahkan [アヌゥグラ(ハ)カヌ]
(英 to award)授ける / 授与する

anuiti [アヌゥイティ](英 pension)年金

anut [アノ(ト)](英 to have faith in)信仰する

anutan [アヌゥタヌ](英 faith)信仰

anuti [アヌゥティ](英 to have faith in)
信仰する

anyam [アニャム](英 to weave)
(かごなどを)編(あ)む

apa [アパ](英 what)何

apa bolèh buat [アパ ボレ(ヘ) ブゥワ(ト)]
(英 cannot be helped)
仕方ない / しょうがない

apa pasal [アパ パサル](英 how come)
何で

apa saja [pun] [アパ サジャ [ポヌ]]
(英 anything)何でも

apa yang [アパ ヤン](英 what is [are])
～であること〈もの〉

apa-apa [アパ アパ](英 anything)
何でも / 何か / 何も

apa-apa pun [アパ アパ ポヌ]
(英 anyway / anything)
ともかく / 何でも / 何も

apa-apa saja [sahaja]
[アパ アパ サジャ [サハジャ]](英 anything)
何でも

apabila [アパビラ](英 when / while)
～するとき / ～のとき

apalagi [アパラギ](英 let alone)ましてや

apalah [アパラ(ハ)](英 what a [an] ～)
何なんだ / 全く / 一体

apasal [アパサル](英 how come)
【口語】何で

apatah [アパタ(ハ)](英 let alone)ましてや

apatah lagi [アパタ(ハ) ラギ](英 let alone)
ましてや / ～は言うまでもない

apéndiks [アペヌデクス](英 appendix)
付録(ふろく) / 補遺(ほい) / 虫垂(ちゅうすい) /
盲腸(もうちょう)

apéndisitis [アペヌディスイテス]
(英 appendicitis)盲腸炎(もうちょうえん)

api [アピ](英 fire)火

api-api [アピ アピ](英 firefly)ホタル

apit [アペ(ト)](英 to nip)挟(はさ)む

aplikasi [アプリカスイ](英 application)
アプリケーション / 応用

aplikasikan [アプリカスイカヌ]
(英 to apply)応用する

app [エ(プ)](英 app)アプリ

April [エプレル](英 April)四月

apron [エプロヌ] (㊥ apron) エプロン

apungkan [アポンカヌ] (㊥ to set afloat) 浮(うか)べる

Arab [アラ(ブ)] (㊥ Arab) アラブ

Arab Saudi [アラ(ブ) サウディ] (㊥ Saudi Arabia) サウジアラビア

arah [アラ(ハ)] (㊥ direction / to direct / to order) 方向 / 向き / (映画などを) 監督する / 指示する

arah angin [アラ(ハ) アンエヌ] (㊥ direction of the wind) 風向(かざむ)き

arah belakang [アラ(ハ) ブラカン] (㊥ rear) 後方

arah tujuan [アラ(ハ) トゥウジュウワヌ] (㊥ course) 進路 / 行方(ゆくえ)

arahan [アラハヌ] (㊥ order / conducting) 指示 / 命令 / 指揮

arahan berpindah [perpindahan] [アラハヌ ブーピヌダ(ハ) [プーピヌダハヌ]] (㊥ evacuation order) 避難命令

arahkan [アラ(ハ)カヌ] (㊥ to direct / to order) (映画などを) 監督する / 指示する

arak [アラッ] (㊥ alcohol / alcoholic drinks / spirits) 酒

arang [アラン] (㊥ charcoal) 炭

arang batu [アラン バトゥウ] (㊥ coal) 石炭

aras [アラス] (㊥ level) 水位 / 階

arbitrasi [アービトラスイ] (㊥ arbitration) 仲裁(ちゅうさい)

arca [アルチャ] (㊥ statue / sculpture) 像 / 彫刻

arcakan [アーチャカヌ] (㊥ to make a statue / to sculpt) 像を作る / 彫刻する

aréna [アレナ] (㊥ arena) アリーナ / 舞台(活動の)

Argentina [アージュヌティナ] (㊥ Argentina) アルゼンチン

arif [アレフ] (㊥ wise / well versed) 賢い / 精通した / 明るい

aritmétik [アリ(ト)メテッ] (㊥ arithmetic) 算数 / 計算

arkéologi [アーケオロギ] (㊥ archaeology) 考古学(こうこがく)

arnab [アルナ(ブ)] (㊥ rabbit) ウサギ

arson [アソヌ] (㊥ arson) 放火

arteri [アートゥリ] (㊥ artery) 動脈

arteriosklérosis [アトゥリヨスクレロセス] (㊥ arteriosclerosis) 動脈硬化(どうみゃくこうか)

artikel [アーティクル] (㊥ article) 記事 / 条 / 論文

artis [アーテス] (㊥ artist) アーティスト / 芸能人

artisan [アーティサヌ] (㊥ artisan) 職人

arus [アロス] (㊥ current) 流れ

arus lautan [アロス ラオタヌ] (㊥ ocean current) 海流

arus terus [アロス トゥロス] (㊥ direct current) 直流

arus udara [アロス ウウダラ] (㊥ air current) 気流

A

arwah [アルワ(ハ)](㊥ the deceased) 故人(こじん)(イスラーム教徒(きょうと))

AS (= Amérika Syarikat) [エエス (エメリカ シャリカ(ト))](㊥ USA)米国

asah [アサ(ハ)](㊥ to sharpen)研(と)ぐ

asal [アサル](㊥ origin / original / as long as)由来 / 出身 / 本来の / 元の / 〜である限り

asal perkataan [アサル プーカタアヌ](㊥ word origin)語源

asal usul [アサル ウゥスゥル](㊥ origin)起源

asalkan [アサルカヌ](㊥ as long as) 〜である限り

asal-muasal《㊕ asal》[アサル ムゥワサル](㊥ origin)起源

asalnya [アサルニャ](㊥ originally) 元々 / 元来

asap [アサ(プ)](㊥ smoke)煙

asap ékzos [アサ(プ) エクゾス](㊥ exhaust fumes [gas])排気ガス

asar [アサー](㊥ afternoon prayer) 午後の礼拝

asas [アサス](㊥ basis / base / basic) 基礎 / 基盤 / 根拠 / 基本的な

asas tanah [アサス タナ(ハ)](㊥ ground) 地盤(じばん)

asasi [アサスイ](㊥ basic)基本的な

asbut [アスボ(ト)](㊥ smog)スモッグ

ASÉAN [アセアヌ](㊥ ASEAN (Association of Southeast Asian Nations)) アセアン(東南アジア諸国連合)

asét [アセ(ト)](㊥ asset)財産

Asia [エスイヤ](㊥ Asia)アジア

asid [アセ(ド)](㊥ acid)酸 / 酸性の

asing [アセン](㊥ foreign / strange) 外国の / なじみのない

asingkan [アセンカヌ](㊥ to separate) 分ける / 離す

askar [アスカー](㊥ soldier)兵士 / 兵隊

asli [アスリ](㊥ original / natural) 本来の / 天然の / 独自の

asma [アスマ](㊥ asthma)喘息(ぜんそく)

asmara [アスマラ](㊥ love)恋

asparagus [アスパラゴス](㊥ asparagus) アスパラガス

aspék [アスペッ](㊥ aspect) 側面 / 面 / 相(そう)

aspirasi [アスピラスイ](㊥ aspiration) 志(こころざし)

aspirasikan [アスピラスイカヌ](㊥ to aspire)志(こころざ)す

asrama [アスラマ](㊥ dormitory)寮

asrama belia [アスラマ ブリヤ](㊥ youth hostel)ユースホステル

asrama pekerja [アスラマ プクージャ](㊥ workers' dormitory)社員寮

asrama pelajar [アスラマ プラジャー](㊥ student dormitory)学生寮

astaga [アスタガ](㊥ oh my god) 何てこった

astaghfirullah [アスタグフィルウッラ(ハ)]
(㊤ oh my god)何てこった

asuh [アソ(ホ)](㊤ to bring up / to care for)
育てる / 養育する

asuhan [アソハヌ](㊤ upbringing)
養育 / 保育 / 教育

asuhan anak [アソハヌ アナッ](㊤ child-raising / child care)育児 / 保育

asyik [アシェッ](㊤ enthusiastic / preoccupied / very often)
熱中した / 夢中な / しょっちゅう

atap [アタ(プ)](㊤ roof)屋根

atas [アタス](㊤ top / on / upon)上(うえ) / ～に対して / ～について / ～のために

atas bumbung [アタス ブゥムボン]
(㊤ rooftop)屋上

atas darat [アタス ダラ(ト)]
(㊤ ground / on land)地上 / 陸上

atas daratan [アタス ダラタヌ]
(㊤ on land)陸上

atas muka bumi [アタス ムゥカ ブゥミ]
(㊤ on earth)地球上

atas urusan kerja
[アタス ウゥルゥサヌ クージャ](㊤ on business)
商用(しょうよう)で

atasan [アタサヌ](㊤ senior)目上(めうえ)

atasi [アタスィ](㊤ to overcome / to surpass)克服(こくふく)する / 上回る

atau [アタゥ](㊤ or)
または / それとも / あるいは / すなわち

atau sebagainya [アタゥ スバガイニャ]
(㊤ or the like)
～など / あるいはそれに類するもの

ataupun [アタゥポヌ](㊤ or)
あるいは / ないし

atlit [ア(ト)レ(ト)](㊤ athlete)
アスリート / 運動選手

ATM [エティエム](㊤ ATM)
ATM(現金自動預入支払機)

ATM (= Angkatan Tentera Malaysia)
[エティエム (アンカタヌ トゥヌトゥラ ムレイスイヤ)]
(㊤ Malaysian Armed Forces)
マレーシア国軍

atmosféra [ア(ト)モスフェラ]
(㊤ atmosphere)大気

atom [アトム](㊤ atom)原子

atur [アトー](㊤ to tidy / to arrange)
整理する / 配置する

atur cara [アトー チャラ](㊤ programme)
プログラム / 次第

aturan [アトゥウラヌ](㊤ arrangement)
整理 / 配置

audit [オディ(ト)](㊤ audit / to audit)
聴講(ちょうこう) / 聴講する

Australia [オストレリヤ](㊤ Australia)
オーストラリア

autisme [オティスマ](㊤ autism)
自閉症(じへいしょう)

autokrasi [オトックラスィ](㊤ autocracy)
独裁(どくさい)

automasi [オトマスィ](㊤ automation)
自動化 / オートメーション

A

automatik [オトメテッ]([英] automatic)
自動の

automotif [オトモテッ]([英] automotive)
自動車の

awak [アワッ]([英] you / your)
あなた(達) / 君(達)

awak semua [アワッ スムゥワ]
([英] you / your)あなた達 / 君達

awal [アワル]([英] early / beginning)
早い / 初め

awal bulan [アワル ブゥラヌ]([英] beginning of a month)月の初め〈上旬〉

awalnya [アワルニャ]
([英] at the beginning)初めは

awam [アワム]([英] public)公共の

awan [アワヌ]([英] cloud)雲

awas [アワス]([英] (to pay) attention)
注意(する)

awasi [アワスィ]([英] to keep an eye on)
監視する / 見張る

awét [アウェ(ト)]([英] to preserve)保存する

awétkan [アウェ(ト)カヌ]([英] to preserve)
保存する

ayah [アヤ(ハ)]([英] dad)父さん

ayahanda [アヤハヌダ]([英] father)
父上(ちちうえ)

ayak [アヤッ]([英] sieve)ふるい / こし器

ayam [アヤム]([英] chicken)ニワトリ

ayat [アヤ(ト)]([英] sentence)文(ぶん)

ayu [アユゥ]([英] elegant)上品な / 優雅な

ayunkan [アヨヌカヌ]([英] to swing)振る

azam [アザム]([英] determination / goal)
決意 / 志(こころざし) / 目標

azimat [アズィマ(ト)]([英] talisman)お守り

B

bab [バ(ブ)]([英] chapter)章

Baba [ババ]([英] Baba)
ババ(華人とマレー人の血を引く男性)

babak [ババッ]([英] scene)場面

babi [バビ]([英] pig)豚

babitkan [バベ(ト)カヌ]([英] to involve)
伴(ともな)う / 巻き込む

baca [バチャ]([英] to read)読む

baca dengan kuat [バチャ ドゥンアヌ クゥワ(ト)]
([英] to read aloud)
読み上げる / 朗読(ろうどく)する

bacaan [バチャアヌ]([英] reading / index)
読み物 / 読み方 / 指数

bacul [バチョル]([英] coward)
意気地(いくじ)なしの

badak [バダッ]([英] rhinoceros)サイ

badam [バダム]([英] almond)アーモンド

badan [バダヌ]([英] body / organization)
体 / 本体 / 機構 / 庁

badminton [バ(ド)ミヌトヌ]([英] badminton)
バドミントン

bagai [バガイ]([英] just like)
～のような / ～のごとく

bagaikan [バガイカヌ](㊥ just like)
～のような / ～のごとく

bagaimana [バガイマナ](㊥ how)
どのように / どのような / どんなに / なんて

bagaimanapun [バガイマナポヌ]
(㊥ however)けれど / ただし

bagasi [バガスイ](㊥ luggage)荷物

bagasi tangan [バガスイ タンアヌ]
(㊥ hand luggage)手荷物

bagi [バギ](㊥ to give / to allow / for)
あげる / くれる / ～のため / ～にとって

baginda [バギヌダ](㊥ His Majesty)
陛下(へいか) / 王様

bagus [バゴス](㊥ great / fine)
よい / 上等な

bagus juga [バゴス ジュウガ]
(㊥ not too bad)まずまずの

bah [バ(ハ)](㊥ flood)洪水(こうずい)

bahagi [バハギ](㊥ to divide / divided by)
分ける / 割る(÷)

bahagia [バハギヤ](㊥ happy)幸せな

bahagian [バハギヤヌ](㊥ part / division / section)部分 / 部門 / 部品 / 節

bahagi-bahagikan [バハギ バハギカヌ]
(㊥ to distribute)
分配(ぶんぱい)する / 配分(はいぶん)する

bahagikan [バハギカヌ](㊥ to divide / to distribute)
分ける / 区分する / 配分する / 割る

bahan [バハヌ](㊥ ingredient / material)
材料 / 素材 / 資料

bahan api [バハヌ アピ](㊥ fuel)燃料

bahan buangan [バハヌ ブゥワンアヌ]
(㊥ waste / excretion)
廃棄物(はいきぶつ) / 排泄物(はいせつぶつ)

bahan buangan manusia
[バハヌ ブゥワンアヌ マヌウスイヤ]
(㊥ human waste)し尿

bahan kimia pertanian
[バハヌ キミヤ プータニヤヌ]
(㊥ agricultural chemical)農薬

bahan makanan [バハヌ マカナヌ]
(㊥ food)食料

bahan mentah [バハヌ ムヌタ(ハ)](㊥ raw material / ingredient)原材料 / 原料

bahan pengajaran [バハヌ プンアジャラヌ]
(㊥ teaching materials)教材

bahan pengawét [バハヌ プンアウェ(ト)]
(㊥ preservative)保存料

bahan rujukan [バハヌ ルゥジュウカヌ]
(㊥ reference material)参考資料

baharu [バハルゥ](㊥ new)新たな

baharui [バハルゥイ](㊥ to renew)
更新する / 改める

bahasa [バハサ](㊥ language)
言語 / 言葉づかい

bahasa Arab [バハサ アラ(ブ)]
(㊥ Arabic (language))アラビア語

bahasa asing [バハサ アセン]
(㊥ foreign language)外国語

bahasa Bangla [バハサ バンゲラ]
(㊥ Bengali (language))ベンガル語

B

bahasa China [バハサ チナ]
(英 (PRC) Chinese (language))
中国語(中華人民共和国の言語)

bahasa Cina [バハサ チナ](英 Chinese (language))華語(かご)(中華系の言語) / 中国語(中華人民共和国の言語)

bahasa Filipino [バハサ フィリピノ]
(英 Filipino (language))フィリピノ語

bahasa Greek [バハサ グリッ]
(英 Greek (language))ギリシャ語

bahasa halus [バハサ ハロス]
(英 honorific)敬語 / 丁寧語

bahasa Hindi [バハサ ヒヌディ]
(英 Hindi (language))ヒンディー語

bahasa Hokkien [バハサ ホッキエヌ]
(英 Hokkien (language))福建語(ふっけんご)

bahasa hormat [バハサ ホーマ(ト)]
(英 honorific)敬語 / 尊敬語

bahasa Indonésia [バハサ イヌドネスイヤ]
(英 Indonesian (language))インドネシア語

bahasa Inggeris [バハサ イングレス]
(英 English)英語

bahasa isyarat [バハサ イシャラ(ト)]
(英 sign language)手話

bahasa Itali [バハサ イタリ]
(英 Italian (language))イタリア語

bahasa Jepun [バハサ ジュポヌ]
(英 Japanese (language))日本語

bahasa Jerman [バハサ ジュルマヌ]
(英 German (language))ドイツ語

bahasa Kantonis [バハサ カヌトネス]
(英 Cantonese (language))広東語(かんとんご)

bahasa kebangsaan [バハサ クバンサアヌ]
(英 national language)国語

bahasa Khmér [バハサ クメー]
(英 Khmer (language))クメール語

bahasa Koréa [バハサ コレア]
(英 Korean (language))韓国語

bahasa lisan [バハサ リサヌ](英 spoken [colloquial] language)口語 / 話し言葉

bahasa Malaysia [バハサ ムレィスイヤ]
(英 Malaysian (language))マレーシア語

bahasa Mandarin [バハサ マヌダリヌ]
(英 Mandarin (language))
北京語(ぺきんご) / 普通話

bahasa Melayu [バハサ ムラユゥ]
(英 Malay (language))マレー語

bahasa Myanmar [バハサ ミャムマー]
(英 Burmese (language))ミャンマー語

bahasa Népal [バハサ ネパル]
(英 Nepali)ネパール語

bahasa pengantar [バハサ プンアヌター]
(英 medium of instruction)
(教育での)使用言語

bahasa Perancis [バハサ プランチス]
(英 French (language))フランス語

bahasa pertuturan [バハサ プートゥウトゥウラヌ]
(英 spoken [colloquial] language)
口語 / 話し言葉

bahasa Portugis [バハサ ポートゥウゲス]
(英 Portuguese (language))ポルトガル語

bahasa rojak [バハサ ロジャッ]
(英 mixed language)
マレー語と外国語のごちゃまぜ使用

bahasa Rusia [バハサ ルゥスイヤ]
([英] Russian (language))ロシア語

bahasa Sepanyol [バハサ スパニョル]
([英] Spanish (language))スペイン語

bahasa Tagalog [バハサ タガロ(グ)]
([英] Tagalog)タガログ語

bahasa Tamil [バハサ タメル]
([英] Tamil (language))タミル語

bahasa Thai [バハサ タイ]
([英] Thai (language))タイ語

bahasa tulisan [penulisan]
[バハサ トゥウリサヌ[プヌゥリサヌ]]([英] written language)文語(ぶんご) / 書き言葉

bahasa Viétnam [バハサ ヴィエ(ト)ナム]
([英] Vietnamese (language))ベトナム語

bahasa Yunani [バハサ ユゥナニ]
([英] Greek (language))ギリシャ語

bahaskan [バハスカヌ]([英] to debate)
弁論(べんろん)する

bahawa [バハワ]([英] that)
〜と(節を導く接続詞)

bahaya [バハヤ]([英] danger / dangerous)
危険 / 危険な

bahaya moral [バハヤ モラル]
([英] moral hazard)モラルハザード

bahayakan [バハヤカヌ]([英] to risk)
〜を危険にさらす

bahkan [バ(ハ)カヌ]([英] and)また / さらに

bahu [バフゥ]([英] shoulder)肩

baik [バエッ]([英] good / well / fine)
よい / 元気な

baik buruk [バエッ ブゥロッ]
([英] good and bad)善(よ)し悪(あ)し

baik hati [バエッ ハティ]([英] kind / good-natured)親切な / 人柄がよい

baik jahat [バエッ ジャハ(ト)]
([英] right and wrong)善悪

baik juga [バエッ ジュウガ]
([英] not too bad)まずまずの

baik pulih [バエッ プゥレ(ヘ)]([英] to repair / to restore)修理する / 復旧させる

baik-baik [バエッ バエッ]([英] well / fine)
よく / 元気な

baiki [バイキ]([英] to repair / to mend)
直す / 修繕(しゅうぜん)する

baiklah [バエッ(ク)ラ(ハ)]
([英] certainly / okay / well / and now)
分かりました / では / さて

baja [バジャ]([英] fertilizer)肥料

bajak [バジャッ]([英] to plough)耕(たがや)す

bajét [バジェ(ト)]([英] budget)予算

baju [バジュゥ]([英] clothes)服

baju dalam [バジュゥ ダラム]
([英] underwear)下着 / 肌着

baju gaun [バジュゥ ガォヌ]([英] one-piece dress)ワンピース / ドレス

baju hujan [バジュゥ フゥジャヌ]
([英] raincoat)レインコート / 雨がっぱ

baju keméja [バジュゥ クメジャ]([英] shirt)
ワイシャツ / ドレスシャツ

baju mandi [バジュゥ マヌディ]
([英] swimsuit)水着

B

baju seragam [バジュゥ スラガム]
(㊥ uniform)制服 / ユニフォーム

baju sukan [senaman]
[バジュゥ スゥカヌ[スナマヌ]](㊥ training [sweat] suit)運動着 / トレーニングウエアー

baju tidur [バジュゥ ティドー]
(㊥ nightclothes)ねまき

baka [バカ](㊥ breed / line)血統 / 家系

bakal [バカル](㊥ future / will)
将来の / 将来

bakar [バカー](㊥ to burn [bake] / baked)
焼く / 燃やす / 焼いた

bakat [バカ(ト)](㊥ talent)才能 / 素質

bakau [バカゥ](㊥ mangrove)
マングローブ

baki [バキ](㊥ rest / change / balance)
残り / おつり / 残高

baki wang [バキ ワン](㊥ balance)
残額 / 残金

bakon [ベコヌ](㊥ bacon)ベーコン

baktéria [バクテリヤ](㊥ bacteria)
細菌 / バクテリア

bakti [バクティ](㊥ service / contribution)
奉仕(ほうし) / 功績

bakul [バコル](㊥ basket)かご

bakul membeli-belah
[バコル ムムブリ ブラ(ハ)]
(㊥ shopping basket)買物かご

bala [バラ](㊥ troop / disaster)軍隊 / 災害

balai berlepas [バライ ブールパス]
(㊥ departure hall)出発ロビー

balai bomba [バライ ボムバ]
(㊥ fire station)消防署

balai ketibaan [バライ クティバアヌ]
(㊥ arrival hall)到着ロビー

balai polis [バライ ポレス]
(㊥ police station)警察署

balai raya [バライ ラヤ](㊥ village hall)
公民館

balak [バラッ](㊥ log / to log)
丸太 / 材木 / 伐採する

balapan [バラパヌ](㊥ track)
トラック(陸上競技の)

balapan dan padang [バラパヌ ダヌ パダン]
(㊥ track and field)陸上競技

balas [バラス](㊥ to reply)
答える / 返事をする / 返信する

balas dendam [バラス ドゥヌダム]
(㊥ to take revenge)
仕返しする / 復讐(ふくしゅう)する

balasan [バラサヌ](㊥ reply)
返事 / 返答 / 返信

baldi [バルディ](㊥ bucket)バケツ

balét [バレ](㊥ ballet)バレエ

balik [バレッ](㊥ to return / re- / back)
帰る / 戻る / ～し直す / ～し返す

balik hari [バレッ ハリ](㊥ single-day)
日帰りの

balik kerja [バレッ クージャ](㊥ to return from work)仕事から戻る

balik kuang [バレッ クゥワン]
(㊥ somersault)宙返り

balik rumah [バレッ ルウマ(ハ)]
(英 to return home)帰宅する

balik sekolah [バレッ スコラ(ハ)]
(英 to return from school)学校から戻る

baling [バレン](英 to throw)投げる

balkoni [バルコニ](英 balcony)バルコニー

balu [バルゥ](英 widow)未亡人(みぼうじん)

balut [バロ(ト)](英 to wrap / bandage)
くるむ / 包む / 巻く / 包帯(ほうたい)

balutan [バルゥタヌ](英 wrapping / bandage)包み / 包装 / 包帯(ほうたい)

bandar [バヌダー](英 city)街 / 都市

bandar raya [バヌダー ラヤ](英 city)
街 / 都市

Bandaraya [バヌダラヤ](英 Metropolis)
都

bandingan [バヌディンアヌ](英 comparison)
比較 / 匹敵(ひってき)するもの

bandingkan [バヌデンカヌ]
(英 to compare)比べる

banduan [バヌドゥウワヌ](英 prisoner / captive)囚人(しゅうじん) / 捕虜(ほりょ)

bang [バン](英 bro / excuse me)
【口語】お兄さん / すみません(成人男性に対して)

bangga [バンガ](英 proud)誇りに思う

bangkang [バンカン](英 to object)
反論する

bangkangan [バンカンアヌ]
(英 objection)反論

bangkit [バンケ(ト)](英 to stand up)
立ち上がる

bangkit semula [バンケ(ト) スムゥラ]
(英 to revive / to recur)
復活する / 再燃(さいねん)する

bangkitkan [バンケ(ト)カヌ](英 to bring about / to bring up)引き起こす / もたらす / (話題を)持ち出す

Bangkok [ベンコッ](英 Bangkok)
バンコク

bangku [バンクゥ](英 stool / bench)
(長)椅子 / ベンチ

Bangladésh [バンゲラデシ]
(英 Bangladesh)バングラデシュ

banglo [バンロ](英 bungalow)
一戸建(いっこだ)て(住宅)

bangsa [バンサ](英 race)民族

Bangsa-Bangsa Bersatu
[バンサ バンサ ブーサトゥゥ]
(英 the United Nations)国連

bangsawan [バンサワヌ](英 nobility)
貴族

bangun [バンオヌ](英 to get up)
起きる / 目覚める / 立ち上がる

bangunan [バンウゥナヌ](英 building)
建物 / ビル

bangunkan [バンオヌカヌ](英 to wake *sb* up / to develop / to build)
起こす / 開発する / 築く

banjaran (gunung) [バンジャラヌ (グゥノン)]
(英 mountain range)山脈

banjir [バンジェー](英 flood)洪水(こうずい)

B

B

bank [ベン](㊥ bank)銀行

bankrap [ベンクラ(プ)](㊥ to go bankrupt / bankrupt)倒産する / 破産(した)

bantah [バヌタ(ハ)](㊥ to object / to protest)反論する / 抗議する

bantahan [バヌタハヌ]
(㊥ objection / protest)反論 / 抗議

bantal [バヌタル](㊥ pillow)枕

banteras [バヌトゥラス](㊥ to eradicate)
撲滅(ぼくめつ)する / 根絶(こんぜつ)する

bantu [バヌトゥウ](㊥ to help)
助ける / 手伝う

bantuan [バヌトゥウワヌ](㊥ help / aid)
助け / 手伝い / 援助

bantuan kecemasan
[バヌトゥウワヌ クチュマサヌ](㊥ first aid)
救急処置

banyak [バニャッ](㊥ many / much)
多い / たくさん(の)

banyak mulut [バニャッ ムゥロ(ト)]
(㊥ talkative)おしゃべりな

banyak-banyak [バニャッ バニャッ]
(㊥ a lot (of))たくさん(の) / とても

banyaknya [バニャッ(ク)ニャ]
(㊥ abundance / how many [much] there are [is])多いこと / 多いなあ

bapa [パパ](㊥ father)
父 / 創始者 / 先駆者(せんくしゃ)

bapa saudara [パパ サゥダラ](㊥ uncle)
おじ

bapak [パパッ](㊥ father)
父 / 創始者 / 先駆者(せんくしゃ)

bar [バー](㊥ bar)バー / 酒場(さかば)

bara [バラ](㊥ ember)
燃えさし / 炭火(すみび)

barah [バラ(ハ)](㊥ cancer)癌(がん)

barang [バラン](㊥ thing / item / goods)
物 / 品物

barang asli [バラン アスリ]
(㊥ genuine goods)本物

barang berharga [バラン ブーハルガ]
(㊥ valuables)貴重品

barang hilang [バラン ヒラン]
(㊥ lost property)なくした物 / 落し物

barang jualan [バラン ジュゥワラヌ]
(㊥ merchandise)売り物

barang kemas [バラン クマス]
(㊥ jewellery)宝石類

barang sebenar [バラン スブナー]
(㊥ real thing)実物

barang(-barang) runcit
[バラン (バラン) ルゥンチェ(ト)]
(㊥ sundries / groceries)雑貨

barangan [バランアヌ]
(㊥ goods / product)品物 / 製品

barangkali [バランカリ](㊥ probably)
おそらく

Barat [バラ(ト)](㊥ the West)西洋

barat [バラ(ト)](㊥ west)西

barat daya [バラ(ト) ダヤ](㊥ southwest)
南西

barat laut [バラ(ト) ラオ(ト)]([英] northwest)
北西

baring [バレン]([英] to lie down)
寝転(ねころ)ぶ / 横たわる

baringkan [バレンカヌ]([英] to lay down)
寝かせる / 横にする

baris [バレス]([英] line)行(ぎょう)

barisan [バリサヌ]([英] row / queue)
列 / 行列

barisan hadapan [depan]
[バリサヌ ハダパヌ[ドゥパヌ]]
([英] forefront)最前線

Barisan Nasional [バリサヌ ナスィヨナル]
([英] National Front)国民戦線(与党連合)

bariskan [バレスカヌ]([英] to line up)
並べる / 連ねる

baru [バルゥ]([英] new / just / finally)
新しい / ～したばかり / ようやく

baru sekarang [バルゥ スカラン]
([英] at this late date)今さら

baru-baru ini [バルゥ バルゥ イニ]
([英] these days / recently)この頃 / 先日

bas [バス]([英] bus)バス

basah [バサ(ハ)]([英] wet / moist)
濡れた / 湿った

basah kuyup [lencun]
[バサ(ハ) クゥヨ(プ) [ルンチョヌ]]
([英] soaking wet)びしょ濡れの

basahi [バサヒ]([英] to wet)濡らす

basahkan [バサ(ハ)カヌ]([英] to wet)
濡らす

basi [バスィ]([英] stale)
腐(くさ)りかけた / 古くなった

basikal [バスィカル]([英] bicycle)自転車

basmi [バスミ]
([英] to eradicate / to exterminate)
撲滅(ぼくめつ)する / 退治(たいじ)する

basmi kuman [バスミ クゥマヌ]
([英] to sterilize)殺菌する

basuh [バソ(ホ)]([英] to wash)洗う

batal [バタル]([英] to cancel)
中止する / キャンセルする

batalkan [バタルカヌ]([英] to cancel)
中止する / キャンセルする / 取り消す

batang [バタン]([英] stem / trunk / stick)
茎 / 幹 / 棒 / ～本(助数詞)

batang hidung [バタン ヒドン]
([英] bridge of the nose)鼻筋(はなすじ)

batang tubuh [バタン トゥウボ(ホ)]
([英] trunk / self)胴 / 身 / 自身

batas [バタス]([英] limit / border)
制限 / 限度 / 境界

batasan [バタサヌ]([英] limit / border)
制限 / 限度 / 境界

batasi [バタスィ]([英] to limit)制限する

bateri [バトゥリ]([英] battery)
電池 / バッテリー

bateri sél kering [バトゥリ セル クレン]
([英] dry cell battery)乾電池(かんでんち)

batik [バテッ]([英] batik)
バティック(ろうけつ染め)

B

batin [バテヌ](英 inner self / mind)
内面 / 心

batu [バトゥウ](英 stone / rock / mile)
石 / 岩 / マイル

batu bata [バトゥウ バタ](英 brick)
煉瓦(れんが)

batu karang [バトゥウ カラン](英 coral / calculus)サンゴ / 結石(けっせき)

batu kerikil [バトゥウ クリケル](英 gravel)
砂利(じゃり)

batuan [バトゥウワヌ](英 stones and rocks)
岩石

batuk [バトゥッ](英 cough)咳(せき)

batuk kering [バトゥッ クレン]
(英 tuberculosis)結核(けっかく)

bau [バゥ](英 smell)匂い / 臭い

bawa [バワ](英 to bring / to take / to carry / to lead)
持って来る〈行く〉/ 連れる / つながる

bawa ke mahkamah
[バワ ク マ(ハ)カマ(ハ)](英 to sue)
訴訟(そしょう)する

bawa keluar [バワ クルゥワー]
(英 to take *sth* out)持ち出す

bawa lari [バワ ラリ]
(英 to take *sth* away)連れ去る

bawa masuk [バワ マソッ]
(英 to bring *sth* into)持ち込む

bawah [バワ(ハ)](英 below / under / bottom / smaller than)
下(の) / ～未満

bawah tanah [バワ(ハ) タナ(ハ)]
(英 basement)地下

bawah umur [バワ(ハ) ウゥモー]
(英 underage)未成年の

bawahan [バワハヌ](英 subordinate / junior / lower-class)
部下 / 目下 / 下位(層)の

bawang [バワン](英 onion)
タマネギ / ネギ類

bawang putih [バワン プゥテ(ヘ)]
(英 garlic)ニンニク

bayam [バヤム](英 spinach)ほうれん草

bayang [バヤン](英 silhouette / reflection)影 / 姿(鏡や水面に映った)

bayangan [バヤンアヌ](英 what one imagined / phantom / shadow / hint)
想像 / 幻 / 影 / ヒント

bayang-bayang [バヤン バヤン]
(英 shadow)影

bayangkan [バヤンカヌ](英 to imagine / to visualize / to imply)
想像する / イメージする / ほのめかす

bayar [バヤー](英 to pay)払う

bayar balik [バヤー バレッ]
(英 to pay back)払い戻す

bayaran [バヤラヌ](英 payment / cost / charge)支払い / 代金 / 料金

bayaran balik [バヤラヌ バレッ]
(英 refund)払い戻し

bayaran masuk [バヤラヌ マソッ]
(英 admission [entrance] fee)入場料

bayaran muka [バヤラヌ ムウカ]
(英 down payment)頭金(あたまきん)

bayaran pendahuluan
[バヤラヌ プヌダフウルウワヌ]
(英 advance [down] payment)
前金(まえきん) / 頭金(あたまきん)

bayaran perkhidmatan
[バヤラヌ プーヒ(ド)マタヌ]
(英 commission / service charge)
手数料 / サービス料

bayaran sejam [バヤラヌ スジャム]
(英 hourly wage [pay])時給

bayaran tertunda [バヤラヌ トゥートゥヌダ]
(英 deferred payment)後払い

bayi [バイイ](英 baby / infant)
赤ん坊 / 乳児

bazir [バゼー](英 to waste)
無駄(むだ)にする / 浪費(ろうひ)する

bazirkan [バゼーカヌ](英 to waste)
無駄(むだ)にする / 浪費(ろうひ)する

bebal [ブバル](英 foolish)
愚(おろ)かな / 馬鹿な

beban [ブバヌ](英 burden)負担(ふたん)

bebankan [ブバヌカヌ](英 to burden)
負担(ふたん)をかける

bébas [ベバス](英 free)
自由な / 解放された

bébas cukai [ベバス チュウカイ](英 tax-free / duty-free)非課税の / 免税(めんぜい)の

bébaskan [ベバスカヌ](英 to release / to let *sb* free)解放する / 自由にする

bébaskan diri [ベバスカヌ ディリ]
(英 to escape)逃れる

bebawang《幹 bawang》[ブバワン]
(英 bulb)球根

beberapa [ブブラパ](英 several)
いくつかの

bedah [ブダ(ハ)](英 to operate)手術する

bedah siasat [ブダ(ハ) スイヤサ(ト)]
(英 autopsy / to carry out an autopsy)
検屍(けんし)(解剖(かいぼう)) / 検屍(解剖)を行う

bég [ベ(グ)](英 bag)鞄(かばん) / バッグ / 袋

bég galas [ベ(グ) ガラス](英 backpack)
リュックサック

bég pakaian [ベ(グ) パカイヤヌ]
(英 suitcase)スーツケース / トランク

bég plastik [ベ(グ) プラステッ]
(英 plastic bag)ビニール袋

bég tangan [ベ(グ) タンアヌ](英 handbag)
ハンドバッグ

bég tidur [ベ(グ) ティドー]
(英 sleeping bag)寝袋(ねぶくろ)

begini [ブギニ](英 like this)
このような / このように

begitu [ブギトゥウ](英 like that / so much / so / awfully / greatly / (not) so)
そのような〈に〉 / あのような〈に〉 / あまり

begitu sahaja [ブギトゥウ サハジャ](英 as it is / idly)そのまま / 特に何もせず

bekal [ブカル](英 boxed lunch)弁当

B

bekalan [ブカラヌ] ([英] supply / supplies) 供給 / 物資

bekalan tempatan [ブカラヌ トゥムパタヌ] ([英] local procurement) 現地調達

bekalkan [ブカルカヌ] ([英] to supply) 供給する

bekas [ブカス] ([英] container / track / former / previous) 容器 / 跡 / 元の / 以前の

bekas tapak kaki [ブカス タパッ カキ] ([英] footprint) 足跡

bekerja [ブクージャ] ([英] to work) 働く / 仕事する / 作業する

bekerja lebih masa [ブクージャ ルベ(ヘ) マサ] ([英] to work overtime) 残業する

bekerja sambilan [ブクージャ サムビラヌ] ([英] to work part-time) アルバイトする

bekerjasama [ブクージャサマ] ([英] to cooperate) 協力する / 提携する

beku [ブクゥ] ([英] frozen / to freeze) 凍(こお)った / 凍る

bekukan [ブクゥカヌ] ([英] to freeze) 凍(こお)らせる / 冷凍する

bela [ブラ] ([英] to breed / to look after / to defend) 飼う / 世話する / 弁護する

belah [ブラ(ハ)] ([英] side / slit / to split / to break) 側 / 裂(さ)け目 / 裂く / 割る

belajar [ブラジャー] ([英] to learn / to study) 勉強する / 学ぶ / 教わる

belajar di luar negeri [ブラジャー ディ ルゥワー ヌグリ] ([英] to study abroad) 留学する

belaka [ブラカ] ([英] totally / solely) まったく / すっかり / みんな

belakang [ブラカン] ([英] back) 後ろ / 裏 / 背中 / 甲(手の)

belalang [ブララン] ([英] grasshopper) バッタ

Belanda [ブラヌダ] ([英] Holland) オランダ

belang [ブラン] ([英] stripe) 縞(しま)

belanja [ブランジャ] ([英] to treat / expenses) 奢(おご)る / 費用

belanja makan [ブランジャ マカヌ] ([英] to treat) ごちそうする / 食事を奢(おご)る

belanja sekolah [ブランジャ スコラ(ハ)] ([英] school expenses) 学費

belanjakan [ブランジャカヌ] ([英] to spend) 支出する / 費やす

belanjawan [ブランジャワヌ] ([英] budget) 予算

belas [ブラス] ([英] ~-teen) 十~

belas kasihan [ブラス カスイハヌ] ([英] sympathy / compassion) 同情 / 情け

belasan tahun [ブラサヌ タホヌ] ([英] teenage) 十代の

belayar [ブラヤー] ([英] to sail) 航海する

beli [ブリ] ([英] to buy) 買う

belia [ブリヤ] ([英] youth / youngster) 青年 / 若者

belian [ブリヤヌ]([英] purchase)
購入物 / 品物

beliau [ブリヤゥ]([英] he / his / him / she / her)あの方

beli-belah《[幹] beli》[ブリ ブラ(ハ)]([英] to shop)ショッピングする / 買い物する

belikat [ブリカ(ト)]([英] shoulder blade / sticky)肩甲骨(けんこうこつ) / ねばねばした

bélok [ベロッ]([英] to turn)曲がる

bélon [ベロヌ]([英] balloon)風船

bélon udara [ベロヌ ウゥダラ]([英] balloon)
気球

bélot [ベロ(ト)]([英] to betray)
裏切(うらぎ)る / 背(そむ)く

belukar [ブルゥカー]([英] secondary forest / brushwood)(二次)林 / 藪(やぶ)

belum [ブロム]([英] not yet)まだ〜ない

belut [ブロ(ト)]([英] eel)ウナギ

benamkan [ブナムカヌ]
([英] to submerge)沈める / 浸(ひた)す

benang [ブナン]([英] thread)糸

benang kait [ブナン カエ(ト)]
([英] knitting yarn)編糸(あみいと) / 毛糸

benar [ブナー]([英] true / correct)
正しい / 本当の

benar-benar [ブナー ブナー]([英] truly / really / very)本当に / 誠に / とても

benarkan [ブナーカヌ]([英] to permit / to allow)許可する / 許す

bencana [ブンチャナ]([英] disaster)
災害 / 災難

bencana alam [ベンチャナ アラム]
([英] natural disaster)自然災害 / 天災

bencana perang [ブンチャナ プラン]
([英] war damage)戦災(せんさい)

benci [ブンチ]([英] to hate)憎(にく)む / 嫌う

benda [ブヌダ]([英] thing / object)
物 / 物体 / 物事

benda hidup [ブヌダ ヒド(プ)]
([英] living thing)生き物

bendahara [ブヌダハラ]([英] prime minister)
宰相(さいしょう)(マレー王国の)

bendéra [ブヌデラ]([英] flag)旗

bendung [ブヌドン]([英] to stop / to contain / dyke)阻止する / せき止める / 堰(せき)

bengis [ブンエス]([英] fierce / cruel / to be indignant)凶暴(きょうぼう)な / 残忍(ざんにん)な / 憤慨(ふんがい)する

bengkak [ブンカッ]([英] swollen / to swell)
腫(は)れた / 腫れる

béngkang-béngkok [ベンカン ベンコッ]
([英] winding / zigzag)
曲がりくねった / ジグザグの

béngkél [ベンケル]([英] workshop)
ワークショップ / (修理)工場

béngkok [ベンコッ]([英] bent / crooked)
曲った / 歪(ゆが)んだ

béngkokkan [ベンコッカヌ]([英] to bend)
曲げる

benigna [ブニグナ]([英] benign)良性の

B

benih [ブネ(へ)] (㊞ seed) 種 / 種子

bénjol [ベンジョル] (㊞ bump / swelling) こぶ / 腫(は)れ

bentangkan [ブヌタンカヌ] (㊞ to present / to spread) 発表する / 広げる

bénténg [ベヌテン] (㊞ embankment / fortification) 堤防(ていぼう) / 要塞(ようさい) / 砦(とりで)

bentuk [ブヌトッ] (㊞ shape / form / to form) 形 / 形式 / 形成する

bentuk muka bumi [ブヌトッ ムゥカ ブゥミ] (㊞ terrain) 地形

bentuk tiga diménsi [ブヌトッ ティガ ディメヌスィ] (㊞ solid) 立体

benua [ブヌゥワ] (㊞ continent) 大陸

beracun [ブラチョヌ] (㊞ toxic) 有毒な

berada [ブラダ] (㊞ to be (present) / well-off) いる / 裕福な

beradaptasi [ブラダプタスィ] (㊞ to adapt) 適応する

beradik [ブラデッ] (㊞ (to have) siblings) 兄弟·姉妹(がいる)

beradu [ブラドゥゥ] (㊞ to compete) 競う

berair [ブラエー] (㊞ watery) 水っぽい

bérak [ベラッ] (㊞ shit / excrement) 糞(ふん) / 大便

berakal [ブーアカル] (㊞ intelligent) 聡明な / 賢明な

berakhir [ブラヘー] (㊞ to end) 終わる

beralih [ブーアレ(へ)] (㊞ to shift / to move) 移る / 変わる

beralkali [ブーアルカリ] (㊞ alkaline) アルカリ性の

beralun [ブーアロヌ] (㊞ wavy / bumpy / to billow) 波打った / 凸凹(でこぼこ)な / 膨(ふく)らむ

beranda [ブラヌダ] (㊞ veranda) ベランダ

bérang [ベラン] (㊞ furious) 激怒した

berangan-angan [ブランアヌ アンアヌ] (㊞ to fancy) 空想する

beranggapan [ブランガパヌ] (㊞ to presume / to think) 思い込む / 考える

berangkat [ブランカ(ト)] (㊞ to leave) お出かけになる

berani [ブラニ] (㊞ brave / bold / dare to) 勇敢な / 強気な / 敢(あ)えて

beranjak [ブランジャッ] (㊞ to move / to shift) 移る

beransur(-ansur) [ブラヌソー (アヌソー)] (㊞ gradually) 徐々に / 段々

berapa [ブラパ] (㊞ how many / how much) いくつ / いくら

berapi [ブラピ] (㊞ alight) 火のついた

berapi-api [ブラピ アピ] (㊞ flushed / ardent) (怒りで)真っ赤な / 熱烈な

berarak [ブララッ] (㊞ to march) 行進する

beras [ブラヌ] (㊞ rice) 米

beras panjang [ブラヌ パンジャン] (㊞ long grain rice) 長粒米(ちょうりゅうまい)

beras pulut [ブラス プゥロ(ト)]
(英 glutinous rice)もち米

berasa [ブラサ](英 to feel)感じる

berasal [ブラサル](英 to come from)
～出身の

berasap [ブラサ(プ)](英 smoky)
煙を出す / 煙った

berasaskan [ブラサスカヌ](英 to be based on)基(もと)づく / 踏まえる

berasid [ブーアセ(ド)](英 acid)酸性の

berasingan [ブラスインアヌ](英 separate)
別々の

berat [ブラ(ト)](英 heavy / serious / weight)重い / 深刻な / 重さ

berat badan [ブラ(ト) バダヌ]
(英 body weight)体重

berat hati [ブラ(ト) ハティ](英 reluctant)
気が重い / 気が進まない

berat mulut [ブラ(ト) ムゥロ(ト)]
(英 reticent)無口な

berat sebelah [ブラ(ト) スブラ(ハ)]
(英 biased)偏った

berat timbangan [ブラ(ト) ティムバンアヌ]
(英 weight)重さ / 目方(めかた)

beratur [ブラトー](英 to queue)並ぶ

berawas-awas [ブラワス アワス]
(英 to caution)警戒する

berayun(-ayun) [ブラヨヌ (アヨヌ)]
(英 to swing)振れる / 揺らぐ

berazam [ブラザム](英 to resolve)
決意する

berbadan [ブーバダヌ]
(英 to have a ~ body)体が～な

berbadan besar [ブーバダヌ ブサー]
(英 big)大柄(おおがら)な

berbadan dua [ブーバダヌ ドゥウワ]
(英 pregnant)妊娠中(にんしんちゅう)の

berbagai [ブーバガイ](英 various)様々な

berbagai jenis [ブーバガイ ジュネス]
(英 various kinds (of))各種(の)

berbagai-bagai [ブーバガイ バガイ]
(英 various)様々な / 多種多様な

berbahasa [ブーバハサ](英 to speak ~ (language))～語を話す

berbahaya [ブーバハヤ](英 dangerous / harmful)危険な / 有害な

berbaik [ブーバエッ](英 to get along)
仲良くする

berbaik semula [ブーバエッ スムウラ]
(英 to make it up)仲直りする

berbakat [ブーバカ(ト)](英 talented)
才能がある

berbakti [ブーバクティ](英 to serve)
奉仕(ほうし)する

berbalah [ブーバラ(ハ)](英 to argue / to tangle)言い争う / 揉(も)める

berbalas [ブーバラス](英 to exchange / to have a response)交わす / 返答がある

berbaloi [ブーバロイ](英 worth it)
割(わり)に合う / 相応の価値がある

berbanding [ブーバヌデン]
(英 compared to)～と比べ

B

berbangga [ブーバンガ]
(英 to be proud of)誇る

berbangkit [ブーバンケ(ト)]
(英 to occur)持ち上がる / 生じる

berbangkit semula [ブーバンケ(ト) スムウラ]
(英 to recur)再燃(さいねん)する

berbaring [ブーバレン](英 to lie down)
横になる / 寝転(ねころ)ぶ

berbaris [ブーバレス](英 to line up / to queue)整列する / 並ぶ

berbasikal [ブーバスイカル]
(英 to cycle / (to go) cycling)
自転車に乗る / サイクリング(する)

berbau [ブーバゥ](英 to smell)
においがする

berbau busuk [ブーバゥ ブゥソッ]
(英 to stink)臭う

berbaur [ブーバォー]
(英 to mix / to smack of)混じる / 含む

berbayar [ブーバヤー](英 pay / settled)
有料の / 支払い済みの

berbelah [ブーブラ(ハ)](英 to split)
割れる / 裂ける

berbelah bahagi [bagi]
[ブーブラ(ハ) バハギ[バギ]](英 to hesitate / to split)ためらう / 迷う / 分裂する

berbelah hati [ブーブラ(ハ) ハティ](英 to be in two minds)迷う / 決心しかねる

berbelanja [ブーブランジャ](英 to shop / to spend)買い物する / 出費する

berbelas kasihan [ブーブラス カスイハヌ]
(英 to sympathize / merciful)
同情する / 情け深い

berbentuk [ブーブヌトッ](英 ~-shaped)
形が〜な

berbesar hati [ブーブサー ハティ]
(英 proud / honoured)光栄な / 名誉な

berbéza [ブーベザ](英 different)
異なる / 違う

berbéza-béza [ブーベザ ブザ]
(英 different)色々な

berbicara [ブービチャラ](英 to discuss)
議論する

berbilang [ブービラン](英 multi)複数の

berbilang bangsa [ブービラン バンサ]
(英 multi-ethnic)多民族の

berbincang [ブービンチャン]
(英 to discuss)話し合う / 議論する

berbisik [ブービセッ](英 to whisper)
ささやく

berbohong [ブーボホン](英 to lie)
嘘をつく

berbolak-balik [ブーボラッ バレッ](英 to change again and again / indecisive)
二転三転(にてんさんてん)する / 優柔不断(ゆうじゅうふだん)な

berborak [ブーボラッ](英 to chat)
おしゃべりする

berbuah [ブーブゥワ(ハ)]
(英 to bear fruit)実がなる / 実る

berbuai-buai [ブーブゥワィ ブゥワィ]
(英 to sway)ぶらぶらする / 揺れる

berbual [ブーブゥワル] (㊥ to talk)
会話する / 話す

berbual-bual kosong
[ブーブゥワル ブゥワル コソン]
(㊥ to have a chat) 雑談する

berbuat [ブーブゥワ(ト)] (㊥ to do) する / 行う

berbudi [ブーブゥディ] (㊥ kind) 親切な

berbuka (puasa) [ブーブゥカ (プゥワサ)]
(㊥ to break one's fast)
断食(だんじき)を終える

berbunga [ブーブゥンァ] (㊥ to flower / with interest) 花が咲く / 利子(りし)が付く

berbunyi [ブーブゥニィ] (㊥ to sound / to ring / to say)
音がする / 鳴る / ～と書いてある

bercacah [ブーチャチャ(ハ)] (㊥ tattooed)
入れ墨(いれずみ)が入った

bercadang [ブーチャダン] (㊥ to intend)
～するつもりだ

bercahaya [ブーチャハヤ] (㊥ to shine)
光る / 輝く

bercakap [ブーチャカ(プ)] (㊥ to speak)
話す / しゃべる

bercakap besar [ブーチャカ(プ) ブサー]
(㊥ to boast) 大言(たいげん)を吐く / 自慢する

bercakap seorang diri
[ブーチャカ(プ) スオラン ディリ]
(㊥ to talk to oneself) 独り言を言う

bercambah [ブーチャムバ(ハ)]
(㊥ to germinate / to grow / to appear)
発芽(はつが)する / 育つ / 出現する

bercampur [ブーチャムポー] (㊥ to mix)
混ざる

bercampur tangan [ブーチャムポー タンアヌ]
(㊥ to interfere / to intervene)
干渉する / 介入する

bercanggah [ブーチャンガ(ハ)]
(㊥ to contradict)
食い違う / 矛盾(むじゅん)する

bercangkung [ブーチャンコン]
(㊥ to squat) しゃがむ

bercantum [ブーチャヌトム]
(㊥ to be joined) くっつく / 一緒になる

bercelaru [ブーチュラルゥ] (㊥ to get disordered) 乱れる / 混乱する

bercerai [ブーチュライ]
(㊥ to be divorced) 離婚する

berceramah [ブーチュラマ(ハ)]
(㊥ to give a lecture) 講演する

bercerita [ブーチュリタ] (㊥ to tell)
語る / 話をする

bercerun [ブーチュロヌ] (㊥ sloped)
傾斜(けいしゃ)した

bercinta [ブーチヌタ] (㊥ to be in love)
恋する / 恋愛する

bercorak [ブーチョラッ] (㊥ with designs)
柄付(がらつ)きの

bercucuk tanam [ブーチュウチョッ タナム]
(㊥ to cultivate land)
耕作する / 農作業する

bercukur [ブーチュウコー] (㊥ to shave)
剃(そ)る

B

bercuti [ブーチュウティ]([英] to spend a holiday)休暇(きゅうか)を過ごす

berdaftar [ブーダフター]([英] registered)登録された / 書留(かきとめ)の

berdagang [ブーダガン]([英] to trade)取引する / 貿易する

berdakwah [ブーダッ(ク)ワ(ハ)]([英] to preach)宣教(せんきょう)する / 伝道する

berdamai [ブーダマイ]([英] to make peace)仲直りする / 和解する

berdarah [ブーダラ(ハ)]
([英] to bleed / to be of ~ blood)
血を流す / 出血する / ～の血を引く

berdasarkan [ブーダサーカヌ]
([英] to be based on)基(もと)づく

berdating [ブーデティン]
([英] to go on a date)デートする

berdaya [ブーダヤ]
([英] to have the strength)力がある

berdebar(-debar) [ブードゥバー (ドゥバー)]
([英] to pound / to feel nervous)
ドキドキする / はらはらする

berdébat [ブーデバ(ト)]([英] to debate)討論(とうろん)する

berdegil [ブードゥゲル]([英] to insist)意地(いじ)になる

berdekatan [ブードゥカタヌ]([英] nearby / near)近くの / 最寄(もよ)りの

berdendam [ブードゥヌダム]([英] to have a grudge against)恨(うら)む

berdengkur [ブードゥンコー]([英] to snore)いびきをかく

berdentam [ブードゥヌタム]([英] to bang)バタンと音を立てる

berdentum [ブードゥヌトム]([英] to roar)ドーン〈バーン〉という音を立てる

berdepan [ブードゥパヌ]([英] to face)直面する / 向き合う

berdérét [ブーデレ(ト)]([英] connected / in a row)連なる / 連続する

berdérét-dérét [ブーデレ(ト) デレ(ト)]
([英] in rows / one after another)
列を成す / 後から後へと続く

berdialog [ブーディヤロ(グ)]
([英] to dialogue)対話する / 対談する

berdiam (diri) [ブーディヤム (ディリ)]
([英] to keep quiet [silent])
黙(だま)る / 沈黙する

berdiét [ブーディエ(ト)]([英] to diet)ダイエットする

berdikari [ブーディカリ]
([英] to be independent)自立する

berdiri [ブーディリ]([英] to stand up)立つ

berdiri di atas kaki sendiri
[ブーディリ ディ アタス カキ スヌディリ]
([英] to be independent)
自立する(= berdikari)

berdoa [ブードゥア]([英] to pray)祈る / 祈願(きがん)する

berdolak-dalik [ブードラッ ダレッ]
([英] to chop and change / to cheat)
ころころ話を変える / ごまかす

berdosa [ブードサ]([英] to commit a sin / sinful)罪を犯す / 罪深い

berdua [ブードゥウワ] (㊥ two of)
～二人(だけ)

berdukacita [ブードゥウカチタ]
(㊥ to grieve) 悲しむ / 嘆(なげ)く

berédar [ブレダー] (㊥ to revolve / to circulate / to leave)
回転する / 流通する / 立ち去る

beregu [ブルグゥ] (㊥ doubles)
ダブルス(戦)

beréhat [ブレハ(ト)] (㊥ to take a rest)
休憩(きゅうけい)する / 休養する

berenang [ブルナン]
(㊥ to swim / swimming) 泳ぐ / 水泳

bererti [ブーウルティ] (㊥ to mean)
意味する

berévolusi [ブーエヴォルゥスイ]
(㊥ to evolve) 進化する

berfaédah [ブーファエダ(ハ)]
(㊥ profitable) 有益な

berfikir [ブーフィケー] (㊥ to think)
考える / 思考する

berfirman [ブーフィルマヌ] (㊥ to say)
(神が)おっしゃる

berfoya-foya [ブーフォヤ フォヤ]
(㊥ to fool around / to party)
遊んで過ごす / パーティーする

berfungsi [ブーフゥンスイ] (㊥ to function / to work) 機能する / 動く

bergabung [ブーガボン]
(㊥ to combine / to merge / to join)
合併する / 合流する / 化合する

bergadai [ブーガダィ] (㊥ to pawn)
質(しち)に入れる

bergaduh [ブーガド(ホ)] (㊥ to fight / to dispute) 喧嘩(けんか)する / 争う

bergambar [ブーガムバー] (㊥ pictorial / to have one's picture taken) 挿絵(さしえ)付きの / 写真付きの / 写真を撮る

berganti [ブーガヌティ] (㊥ to change)
代わる / 替わる

berganti-ganti [ブーガヌティ ガヌティ]
(㊥ in turn / alternately)
代わる代わる / 交互に

bergantung [ブーガヌトン]
(㊥ to depend / to hang)
依存(いぞん)する / 頼る / ぶら下がる

bergantung kepada [pada]
[ブーガヌトン クパダ [パダ]] (㊥ to depend on)
～による / ～次第

bergaul [ブーガォル] (㊥ to mingle / to mix) 付き合う / 交際する / 混じる

bergaya [ブーガヤ]
(㊥ stylish / to pose / to show off)
粋(いき)な / かっこつける / 見せびらかす

bergegar [ブーグガー] (㊥ to shake)
揺れる / 振動する

bergegas [ブーグガス] (㊥ to hurry) 急ぐ

bergelar [ブーグラー] (㊥ to be known as / to have the title of)
～の呼び名〈称号(しょうごう)〉を持つ

bergelombang [ブーグロムバン]
(㊥ to wave) 波打つ

bergelut [ブーグロ(ト)]
(㊥ to struggle) 格闘(かくとう)する

B

bergema [ブーグマ] (㊥ to echo) こだまする / 反響(はんきょう)する

bergembira [ブーグムビラ] (㊥ to be glad) 喜ぶ

bergemerlapan [ブーグムーラパヌ] (㊥ to shine / to glitter) 輝く / きらめく

bergerak [ブーグラッ] (㊥ to move) 動く

bergerigi [ブーグリギ] (㊥ serrated) ぎざぎざの

bergésél [ブーゲセル] (㊥ to brush) 擦(す)れる

bergésélan [ブーゲセラヌ] (㊥ to brush) 擦(す)れる

bergésér [ブーゲセー] (㊥ to brush) 擦(す)れる

bergéséran [ブーゲセラヌ] (㊥ to brush) 擦(す)れる

bergetar [ブーグター] (㊥ to shake / to vibrate) 揺れる / 振動する

bergiat [ブーギヤ(ト)] (㊥ to be active) 活躍する

bergilir-gilir [ブーギレー ギレー] (㊥ in turn / alternately) 代わる代わる / 順々に

bergolak [ブーゴラッ] (㊥ confused / unstable / boiling) 混乱した / 不安定な / 沸騰(ふっとう)している

bergolék [ブーゴレッ] (㊥ to roll) 転がる

bergoncang [ブーゴンチャン] (㊥ to shake / to be disturbed) 揺れる / 動揺する

bergosip [ブーゴセ(プ)] (㊥ to gossip) 噂(うわさ)する / ゴシップ話をする

bergoyang [ブーゴヤン] (㊥ to shake / to swing) 揺れる / 揺らぐ

bergoyang-goyang [ブーゴヤン ゴヤン] (㊥ to swing / to sway) ゆらゆらする / ふらふらする

berguling [ブーグゥレン] (㊥ to roll) 転がる

bergumam [ブーグゥマム] (㊥ to mumble) ブツブツ言う

berguna [ブーグゥナ] (㊥ useful) 役立つ

bergurau [ブーグゥラゥ] (㊥ to joke) 冗談を言う

berhad [ブーハ(ド)] (㊥ limited) 制限がある

berhadapan [ブーハダパヌ] (㊥ to face) 直面する / 向かい合う

berhajat [ブーハジャ(ト)] (㊥ to intend) 意図(いと)する

berhak [ブーハッ] (㊥ entitled) 権利がある

berhala [ブーハラ] (㊥ idol) 偶像(ぐうぞう)

berhampiran [ブーハムピラヌ] (㊥ nearby) 近くの / 最寄(もよ)りの

berharap [ブーハラ(プ)] (㊥ to hope / to expect) 望む / 期待する

berharapan [ブーハラパヌ] (㊥ promising) 望みがある / 有望な

berharapkan [ブーハラ(プ)カヌ] (㊥ to hope for) 望む / 期待する

berharga [ブーハルガ] (㊥ valuable / precious) 価値のある / 貴重な

berhasil [ブーハセル] (㊥ to pay off) 実を結ぶ / うまくいく

berhasrat [ブーハスラ(ト)] (㊈ to desire / to aim) 望む / 狙(ねら)う

berhati [ブーハティ] (㊈ to have a ~ heart) ~な心を持った

berhati-hati [ブーハティ ハティ] (㊈ to be careful / to caution / careful) 気をつける / 警戒する / 慎重(しんちょう)な

berhémat [ブーヘマ(ト)] (㊈ to be frugal / careful) 倹約(けんやく)する / 注意深い

berhenti [ブーフヌティ] (㊈ to stop / to quit) 止まる / 停止する / 止める

berhenti berperang [ブーフヌティ ブープラン] (㊈ to cease fighting) 休戦する / 停戦する

berhenti kerja [ブーフヌティ クージャ] (㊈ to resign / to retire) 退職する / 辞める

berhenti merokok [ブーフヌティ ムロコッ] (㊈ to stop smoking) 禁煙する

berhenti minum arak [ブーフヌティ ミノム アラッ] (㊈ to stop drinking (alcohol) / abstinence from alcohol) 禁酒する / 禁酒

berhenti pengajian [ブーフヌティ プンァジヤヌ] (㊈ to terminate one's study) (大学を) 退学する

berhenti sekolah [ブーフヌティ スコラ(ハ)] (㊈ to leave school) (大学以外を) 退学する

berhentikan [ブーフヌティカヌ] (㊈ to dismiss / to stop) 解雇(かいこ)する / 止めさせる / 止める

berhias [ブーヒヤス] (㊈ to dress up / decorated) 着飾(きかざ)る / 飾り付けされた

berhibernasi [ブーヒブナスイ] (㊈ to hibernate) 冬眠する

berhijrah [ブーヒジラ(ハ)] (㊈ to migrate) 移住する

berhimpun [ブーヒムポヌ] (㊈ to assemble) 集まる / 集合する

berhitung [ブーヒトン] (㊈ to count) 数える / 計算する

berhubung [ブーフゥボン] (㊈ (to be) related to / to contact / to lead) ~に関する / 関係する / 連絡する / つながる

berhubung kait [ブーフゥボン カエ(ト)] (㊈ to be connected) 関係する / 関連する

berhubungan [ブーフゥブゥンアヌ] (㊈ to be related / to contact) 関係する / 連絡する

berhutang [ブーフゥタン] (㊈ to owe) 借金する

beri [ブリ] (㊈ to give / to allow) 与える / くれる / ~させてくれる〈あげる〉

beri diskaun [ブリ ディスカォヌ] (㊈ to give a discount) ディスカウントする

beri khidmat [ブリ ヒ(ド)マ(ト)] (㊈ to provide service) サービスを提供する

beri laluan [ブリ ラルゥワヌ] (㊈ to give way / to step aside) 道を譲(ゆず)る / どく

beri perhatian [ブリ プーハティヤヌ] (㊈ to pay attention) 注意を払う

beri peringatan [ブリ プリンァタヌ] (㊈ to remind) 勧告する / リマインドする

beri perkhidmatan [ブリ プーヒ(ド)マタヌ] (㊈ to provide service) サービスを提供する

B

B

beri pertolongan [ブリ プートロンアヌ]
([英] to relieve)救済する

beri pinjaman [ブリ ピンジャマヌ]
([英] to loan)貸付(かしつ)ける / 貸す

beri potongan harga [ブリ ポトンアヌ ハルガ]
([英] to give a discount)値引きする

beri semangat [ブリ スマンア(ト)]
([英] to cheer up)
励ます / 元気付ける / やる気を出させる

beri tunjuk ajar [ブリ トゥウンジョッ アジャー]
([英] to guide)
指導する / 教えを授(さず)ける

beri ucapan [ブリ ウゥチャパヌ]
([英] to give a speech / to greet)
演説する / 挨拶(あいさつ)する

beribu-ribu [ブリブゥ リブゥ]
([英] thousands of)何千もの

berikan [ブリカヌ]([英] to give)
〜を与える / くれる

berikan amaran [ブリカヌ アマラヌ]
([英] to warn)警告する

berikan pertolongan
[ブリカヌ プートロンアヌ]([英] to relieve)救済する

berikat [ブリカ(ト)]([英] tied / allied)
結び付けられた / 連合した

berikut [ブリコ(ト)]([英] following / next)
後に続く / 次の

berikutan [ブリクゥタヌ]([英] following / due to)〜を受けて / 〜のせいで

berikutnya [ブリコ(ト)ニャ]([英] following / next)後に続く / 次の

berilmu [ブーエルムゥ]([英] knowledgeable)
教養がある / 知識を備えた

beriman [ブーイマヌ]([英] faithful)
敬虔(けいけん)な / 信心深い

berinteraksi [ブリヌトゥラクスィ]
([英] to interact)交流する / 触れ合う

beriri hati [ブーイリ ハティ]([英] to envy)
うらやむ / 妬(ねた)む

berisi [ブリスィ]([英] filled (with) / plump)
中身がある / 〜が入っている / 肉付きがよい

beristirahat [ブーイスティラハ(ト)]
([英] to rest)休息する / 休む

berita [ブリタ]([英] news)ニュース / 知らせ

beritahu [ブリタフゥ]([英] to tell)
知らせる / 伝える

berjabat tangan [ブージャバ(ト) タンアヌ]
([英] to shake hands)握手する

berjaga [ブージャガ]([英] to stay awake)
起きている

berjaga-jaga [ブージャガ ジャガ]
([英] to be careful [precautious])
用心する / 警戒する

berjajar [ブージャジャー]
([英] to be lined up)並ぶ / 列をなす

berjalan [ブージャラヌ]([英] to move / to walk / to go on)進む / 歩く / 進行する

berjalan kaki [ブージャラヌ カキ]
([英] to walk / on foot)歩く / 徒歩で

berjalan-jalan [ブージャラヌ ジャラヌ]
([英] to stroll)散策する / ぶらつく

berjalur [ブージャロー] (㊥ striped)
ストライプの

berjalur-jalur [ブージャロー ジャロー]
(㊥ striped) 縞々(しましま)の / ストライプの

berjangkit [ブージャンケ(ト)]
(㊥ to be infected / to spread)
伝染する / 感染する / 広まる

berjanji [ブージャンジ] (㊥ to promise)
約束する

berjauhan [ブージャオハヌ] (㊥ away)
離れた

berjaya [ブージャヤ] (㊥ to succeed)
成功する

berjenama [ブージュナマ] (㊥ brand)
ブランドの

berjenis-jenis [ブージュネス ジュネス]
(㊥ various kinds of) 種々の / 多種多様な

berjimat [ブージマ(ト)] (㊥ to be thrifty)
倹約(けんやく)する / 節約する

berjinak-jinak [ブージナッ ジナッ]
(㊥ to become intimate / familiar)
親しくなる / 慣れ親しむ

berjoging [ブージョゲン] (㊥ to jog)
ジョギングする

berjual beli [ブージュウワル ブリ]
(㊥ to buy and sell) 売買する

berjuang [ブージュウワン] (㊥ to fight) 戦う

berjudi [ブージュウディ] (㊥ to gamble)
ギャンブルする / 賭(か)け事をする

berjudul [ブージュウドル] (㊥ entitled)
〜というタイトルの

berjumlah [ブージュウムラ(ハ)] (㊥ to total)
合計で〜になる

berjumpa [ブージュムパ] (㊥ to meet) 会う

berjumpa doktor [ブージュウムパ ドクトー]
(㊥ to see a doctor) 医者に診(み)てもらう

berjuntai [ブージュヌタイ] (㊥ to dangle)
ぶらぶらする / 垂(た)れ下(さ)がる

berkadar [ブーカダー]
(㊥ to be in proportion) 比例する

berkahwin [ブーカウエヌ]
(㊥ to get married) 結婚する

berkait [ブーカエ(ト)] (㊥ to be connected)
関係する / 関わりがある

berkaitan [ブーカイタヌ] (㊥ to be related)
関係する / 関連する

berkaki ayam [ブーカキ アヤム]
(㊥ barefoot) 裸足(はだし)の

berkala [ブーカラ]
(㊥ periodical / regular) 定期的な

berkali-kali [ブーカリ カリ]
(㊥ repeatedly) たびたび / 何度も

berkarat [ブーカラ(ト)] (㊥ to get rusty)
錆(さび)る

berkas [ブーカス] (㊥ bundle / to bundle / to arrest) 束 / 束ねる / 逮捕する

berkat [ブーカ(ト)] (㊥ thanks to / blessing)
〜のおかげで / 恩恵 / 幸福

berkata [ブーカタ] (㊥ to say) 言う / 話す

berkata-kata [ブーカタ カタ] (㊥ to talk)
しゃべる / 話をする

berkawan [ブーカワヌ] (㊥ to get along)
仲良くする

berkeboléhan [ブークボレハヌ] (㊥ can / capable) できる / 能力がある / 有能な

berkecai(-kecai) [ブークチャイ (クチャイ)]
(㊥ to shatter) 粉々になる

berkecenderungan
[ブークチュヌドゥルゥンアヌ] (㊥ to be prone to)
～する傾向がある

berkecuali [ブークチュゥワリ] (㊥ neutral)
中立の

berkélah [ブーケラ(ハ)] (㊥ to picnic)
ピクニックする

berkelahi [ブークラヒ] (㊥ to fight / to quarrel) 喧嘩(けんか)する / 揉(も)める

berkelakar [ブークラカー] (㊥ to joke)
冗談を言う / ふざける

berkelakuan [ブークラクゥワヌ]
(㊥ to behave) 振る舞う / 振る舞いをする

berkelakuan buruk
[ブークラクゥワヌ ブゥロッ]
(㊥ to behave badly) 素行(そこう)が悪い

berkelana [ブークラナ] (㊥ to travel)
放浪(ほうろう)する / さまよう

berkeliaran [ブークリヤラヌ] (㊥ to roam)
うろうろする / さまよう

berkelipan [ブークリパヌ] (㊥ to glitter)
きらめく

berkemampuan [ブークマムプゥワヌ]
(㊥ capable / wealthy)
能力がある / 財力がある

berkemas [ブークマス] (㊥ to tidy up / to pack) 整理する / 荷造(にづく)りする

berkemas barang [ブークマス バラン]
(㊥ to pack)
荷物をまとめる / 荷造(にづく)りする

berkembang [ブークムバン]
(㊥ to develop / to grow / to bloom)
発展する / 成長する / 咲く

berkembar [ブークムバー] (㊥ twin)
対(つい)を成す / ツインの

berkemungkinan [ブークムゥンキナヌ]
(㊥ to be possible) 可能性がある

berkenaan [ブークナアヌ] (㊥ relevant / to be applicable / concerning) 当該(とうがい)の / 該当(がいとう)する / ～に関して

berkenalan [ブークナラヌ]
(㊥ to get to know) 知り合いになる

berkenan [ブークナヌ] (㊥ to like)
気に入る

berkencing [ブークンチェン] (㊥ to pee)
おしっこする

berkeras [ブークラス] (㊥ to insist / firmly)
意地(いじ)になる / 断固として

berkeriut [ブークリオ(ト)] (㊥ to creak)
軋(きし)む / みしみしいう

berkerumun [ブークルゥモヌ]
(㊥ to crowd) 群(むら)がる

berkesan [ブークサヌ] (㊥ to be effective)
効果がある / 効果的な

berkhayal [ブーハヤル] (㊥ to daydream)
空想する / ぼんやりする

berkhémah [ブーケマ(ハ)] (㊎ to camp) キャンプする / テントを張る

berkhidmat [ブーヒ(ド)マ(ト)] (㊎ to serve) 仕える / 勤める

berkhutbah [ブーフ(ト)バ(ハ)] (㊎ to preach / to nag) 説教する

berkicau [ブーキチャゥ] (㊎ to chirp) さえずる

berkilat [ブーキラ(ト)] (㊎ to shine) 光る

berkilat-kilat [ブーキラ(ト) キラ(ト)] (㊎ to shine) ピカピカ光る

berkilau [ブーキラゥ] (㊎ to glitter) 輝く / きらめく

berkilauan [ブーキラゥワヌ] (㊎ to glitter) キラキラ輝く

berkisar [ブーキサー] (㊎ to revolve) (話が)〜中心に進む / 回転する

berkompromi [ブーコムプロミ] (㊎ to reach a compromise) 妥協(だきょう)する

berkomunikasi [ブーコムゥニカスイ] (㊎ to communicate) コミュニケーションする / 通信する

berkonflik [ブーコヌフレッ] (㊎ to be in conflict) 対立する / 紛争する

berkonfrontasi [ブーコヌフロヌタスイ] (㊎ to confront) 対決する / 敵対する

berkongsi [ブーコヌスイ] (㊎ to share) 共有する / シェアする

berkorban [ブーコーバヌ] (㊎ to sacrifice oneself) 犠牲(ぎせい)になる

berkuak [ブークゥワッ] (㊎ to slide / to move aside) スライドする / 横に動く

berkualiti [ブークゥワリティ] (㊎ of ~ quality / quality) 質が〜の / 高品質の

berkuasa [ブークゥワサ] (㊎ to have the authority / powerful) 権限(けんげん)がある / 力がある

berkuliah [ブークゥリヤ(ハ)] (㊎ to give a lecture) 講義をする

berkumpul [ブークゥムポル] (㊎ to gather) 集まる

berkumpulan [ブークゥムプゥラヌ] (㊎ in groups) グループで / 集団で

berkumuh [ブークゥモ(ホ)] (㊎ to excrete) 排泄(はいせつ)する

berkumur [ブークゥモー] (㊎ to gargle) うがいする

berkunci [ブークゥンチ] (㊎ with a lock / locked) 鍵の付いた / 鍵のかかった

berkunjung [ブークゥンジョン] (㊎ to visit) 訪ねる

berkurang [ブークゥラン] (㊎ to decrease / to weaken) 減少する / 衰(おとろ)える

berkurangan [ブークゥランアヌ] (㊎ to decrease) 減る / 減少する

berkurung [ブークゥロン] (㊎ to confine oneself) 閉じこもる

berlagak [ブーラガッ] (㊎ to pose / to show off) 〜な態度を取る / 〜を装う / いばる

berlainan [ブーライナヌ] (㊎ distinct / different) 別の / 違う

berlakon [ブーラコヌ]([英] to perform / to act)演じる / 演技する

berlaku [ブーラクゥ]([英] to happen) 起こる / 発生する

berlaku ganas [ブーラクゥ ガナス] ([英] to act violently)暴力を振るう

berlakunya [ブーラクゥニャ] ([英] the occurrence of)〜の発生

berlalu [ブーラルゥ]([英] to pass (away)) 過ぎる / 過ぎ去る / 立ち去る

berlandaskan [ブーラヌダスカヌ] ([英] based on)〜に基(もと)づいて

berlanggar [ブーランガー] ([英] to crash)衝突(しょうとつ)する

berlangsung [ブーランソン] ([英] to go on)進行する / 行われる

berlanjutan [ブーランジュゥタヌ] ([英] to last)長引く

berlapis [ブーラペス]([英] to have layers / to be plated)層になる / メッキしてある

berlari [ブーラリ]([英] to run / to escape) 走る / 逃げる

berlari keluar [ブーラリ クルゥワー] ([英] to run away)逃げ出す

berlarutan [ブーラルゥタヌ] ([英] to drag on)長引く

berlatih [ブーラテ(ヘ)]([英] to practise / to train)練習する / 訓練を受ける

berlawak [ブーラワッ]([英] to joke / to fool) 冗談を言う / ふざける

berlawan [ブーラワヌ]([英] to compete / to fight)対戦する / 戦う / 喧嘩(けんか)する

berlawanan [ブーラワナヌ] ([英] opposing)逆の / 反対の / 相対する

berlebihan [ブールビハヌ]([英] excessive) 過剰(かじょう)な / 余分な

berlebih-lebih [ブールベ(ヘ) ルベ(ヘ)] ([英] excessive / too much)過剰(かじょう)な / 行き過ぎた

berlebih-lebihan [ブールベ(ヘ) ルベハヌ] ([英] excessive / too much) 過剰(かじょう)な / 行き過ぎた

berleluasa [ブールルゥワサ] ([英] to spread / rampant) 横行(おうこう)する / 蔓延(まんえん)する

berlemak [ブールマッ]([英] fatty) 脂(あぶら)っこい

berlembut [ブールムボ(ト)] ([英] to be gentle)優しくする

berlepas [ブールパス]([英] to depart / to take off)発(た)つ / 出発する / 離陸する

berlian [ブーリヤヌ]([英] diamond) ダイヤモンド

berliku-liku [ブーリクゥ リクゥ] ([英] winding)曲がりくねった

berliur [ブーリオー]([英] to drool) よだれが垂(た)れる

berlonggok [ブーロンゴッ] ([英] to heap up)積もる / 溜(た)まる

berlumba [ブールゥムバ]([英] to compete) 競う / 競争する

berlumuran [ブールゥムゥラヌ]
(英 covered all over with)～まみれの

bermacam-macam [ブーマチャム マチャム]
(英 various)色々な / 様々な

bermain [ブーマエヌ](英 to play / to do)
遊ぶ / 演奏する / プレイする / やる

bermain-main [ブーマエヌ マエヌ]
(英 to play [fool] (around))
遊ぶ / 戯(たわむ)れる / ふざける

bermakna [ブーマッ(ク)ナ](英 to mean / meaningful)意味する / 意味がある / 有意義(ゆういぎ)な

bermaksud [ブーマクスウ(ド)](英 to intend / to mean)意図(いと)する / 意味する

bermalam [ブーマラム](英 to spend the night)(夜を)明かす / 泊まる

bermanfaat [ブーマヌファア(ト)]
(英 beneficial)有益な

bermanja [ブーマンジャ](英 to fawn)
甘える / じゃれつく

bermasalah [ブーマサラ(ハ)]
(英 problematic)問題がある

bermati-matian [ブーマティ マティヤヌ]
(英 desperately / to do one's best)
必死に / 全力で

bermatlamat [ブーマ(ト)ラマ(ト)]
(英 to have an aim / to aim)
目標を持つ / 目指す

bermaya [ブーマヤ](英 to have energy)
元気がある / 力がある

bermegah(-megah)
[ブームガ(ハ) (ムガ(ハ))](英 to boast)
いばる / 自慢する

bermékap [ブーメカ(プ)](英 to make up)
メークする / 化粧する

bermesyuarat [ブームシュウワラ(ト)]
(英 to hold a meeting)会議を行う

berméwah(-méwah) [ブーメワ(ハ) メワ(ハ)]
(英 to spend extravagantly)
贅沢(ぜいたく)する / 豪遊(ごうゆう)する

bermimpi [ブーミムピ](英 to dream)
夢を見る / 夢見る

bermimpikan [ブーミムピカヌ](英 to dream about)～を夢で見る / ～を夢見る

berminat [ブーミナ(ト)]
(英 to be interested)興味がある

berminyak [ブーミニャッ](英 oily / greasy)脂(あぶら)ぎった / 油っこい

bermukim [ブームゥケム](英 to reside)
居住する

bermula [ブームゥラ]
(英 to begin / to start)始まる

bermurung [ブームゥロン](英 to feel down)落ち込む / 憂鬱(ゆううつ)になる

bermutu [ブームゥトゥウ](英 of ~ quality / quality)質が～の / 高品質の

bernafas [ブーナファス](英 to breathe)
息する / 呼吸する

bernama [ブーナマ](英 to be named / famous)～という名前の / 有名な

bernasib [ブーナセ(プ)]
(英 to have ~ luck)運が～な

bernasib baik [ブーナセ(プ) バエッ]
(英 fortunate)幸運な

berniaga [ブーニヤガ]
([英] to do business)商売する / 営業する

berniat [ブーニヤ(ト)]([英] to intend)
意図(いと)する / 意思がある

bernilai [ブーニライ]([英] valuable / worth)
(〜の)価値がある / 貴重な

bernostalgia [ブーノスタルジヤ]
([英] to feel nostalgic)懐(なつ)かしむ /
思い出に浸(ひた)る

bernyala [ブーニャラ]([英] to be on /
to burn)点灯(てんとう)している / 燃える

bernyawa [ブーニャワ]([英] to be alive)
命がある / 生きている

beroléh [ブロレ(へ)]([英] to obtain)
手に入れる

berolok-olok [ブーオロッ オロッ]([英] to joke /
to fool)冗談を言う / ふざける

berombak [ブロムバッ]
([英] to wave / wavy)波打つ / 波々の

berontak [ブロヌタッ]([英] to resist /
to rebel)反抗する / 反乱する

beroperasi [ブーオプラスィ]([英] to operate)
営業する / 稼働(かどう)する

berorientasikan [ブーオリエヌタスイカヌ]
([英] to be oriented)志向(しこう)する

berpadanan [ブーパダナヌ]
([英] to match)合っている / ふさわしい

berpadu [ブーパドゥウ]([英] to unite)
一つになる / 団結する

berpakaian [ブーパカイヤヌ]([英] to dress)
服を着ている

berpaling [ブーパレン]([英] to turn)
向ける / 振り向く

berpaling tadah [ブーパレン タダ(ハ)]
([英] to betray)裏切(うらぎ)る

berpandukan [ブーパヌドゥウカヌ]
([英] to use ~ as a guide / guided by)
〜を指針とする / 〜に基(もと)づく

berpanjangan [ブーパンジャンアヌ]
([英] to last)続く / 長引く

berpasangan [ブーパサンアヌ]
([英] in pairs / to have a partner)ペアで /
二つ〈人〉一組で / パートナーがいる

berpasukan [ブーパスゥカヌ]
([英] in groups)グループで / 集団で

berpatah [ブーパタ(ハ)]([英] to turn)
方向を変える

berpatah balik [ブーパタ(ハ) バレッ]
([英] to turn back)引き返す

berpatah hati [ブーパタ(ハ) ハティ]
([英] to be dismayed)
失望する / 落胆(らくたん)する

berpatah semangat
[ブーパタ(ハ) スマンア(ト)]([英] to be in despair)
挫折(ざせつ)する / 絶望する

berpatutan [ブーパトゥウタヌ]
([英] appropriate / reasonable)
適切な / 手頃(てごろ)な

berpaut [ブーパオ(ト)]([英] to cling)
しがみつく / 固執(こしつ)する

berpayung [ブーパヨン]
([英] to use an umbrella)傘(かさ)を差す

berpecah [ブープチャ(ハ)]([英] to split)
分裂する / 分かれる

berpecah belah [ブープチャ(ハ) ブラ(ハ)]
(㊥ all split up)ばらばらの

berpecah-pecah [ブープチャ(ハ) プチャ(ハ)]
(㊥ all split up)ばらばらの

berpegang [ブープガン](㊥ to hold onto / to stick to)つかまる / ~に忠実である

berpeluang [ブープルゥワン](㊥ to have an opportunity)機会がある

berpendapat [ブープヌダパ(ト)]
(㊥ to think)意見を持つ / 考える

berpendapatan [ブープヌダパタヌ]
(㊥ to have an income)収入がある

berpengalaman [ブープンァラマヌ]
(㊥ to have an experience)経験がある

berpengaruh [ブープンァロ(ホ)]
(㊥ influential)影響力がある

berperanan [ブープラナヌ](㊥ to play the role)役割を果たす / 役を演じる

berperang [ブープラン](㊥ to engage in war)戦争する

berpercikan [ブープーチカヌ]
(㊥ to splatter)飛び散る

berperingkat [ブープリンカ(ト)]
(㊥ in stages)段階的な

berpindah [ブーピヌダ(ハ)]
(㊥ to move / to evacuate)移る / 移動する / 引っ越す / 避難する

berpindah-randah《㊱ pindah》
[ブーピヌダ(ハ) ラヌダ(ハ)]
(㊥ to move frequently)転々とする

berpisah [ブーピサ(ハ)]
(㊥ to part / to break up / to be apart)
別れる / 離婚する / 離れている

berplaster [ブープラストゥー](㊥ plastered / in plaster)漆喰(しっくい)を塗った / ギプスをした / 絆創膏(ばんそうこう)をした

berpoténsi [ブーポテヌスィ](㊥ to have potential)可能性がある / 見込みがある

berpréstasi [ブープレスタスィ](㊥ to have ~ performance)成績が~な / 性能が~な

berpréstasi tinggi [ブープレスタスィ ティンギ]
(㊥ outstanding / sophisticated)
成績がよい / 高性能な

berpuas (hati) [ブープウワス (ハティ)]
(㊥ to be satisfied)満足する

berpuasa [ブープウワサ](㊥ to fast)
断食(だんじき)する

berpunca [ブープゥンチャ](㊥ to stem)
原因となる / 由来する

berpura-pura tidak tahu
[ブープゥラ プゥラ ティダッ タフゥ](㊥ to pretend not to know)知らない振りをする / とぼける

berpusatkan [ブープゥサ(ト)カヌ]
(㊥ ~-centred)~を中心とする

berpusing [ブープゥセン]
(㊥ to turn / to rotate)回転する / 回る

berpusing jauh [ブープゥセン ジャォ(ホ)]
(㊥ to make a detour)遠回りする

berpusing-pusing [ブープゥセン プゥセン]
(㊥ to rotate / to spin)くるくる回る

berpusu-pusu [ブープゥスゥ プゥスゥ]
(㊥ to crowd)
群(むら)がる / 大挙(たいきょ)する

berputar [ブープゥター](㊥ to turn / to rotate)回転する / 回る

berputar-putar [ブープゥター プゥター](㊥ to rotate / to spin)くるくる回る

berputus asa [ブープゥトゥス アサ](㊥ to give up)諦(あきら)める

bersabar [ブーサバー](㊥ to be patient)我慢する / 堪(た)える

bersabda [ブーサ(ブ)ダ](㊥ to decree)(神、王などが)おっしゃる / お定めになる

bersadur [ブーサドゥー](㊥ ~-plated)～でメッキした

bersahaja [ブーサハジャ](㊥ simple / casual / natural)簡素(かんそ)な / 何気ない / 自然な

bersaing [ブーサェン](㊥ to compete)競う / 競争する

bersakit [ブーサケ(ト)](㊥ to suffer / to take great pains)患(わずら)う / 苦しむ / 苦労する

bersakit-sakit [ブーサケ(ト) サケ(ト)](㊥ to take great pains / to suffer)苦しむ / 苦労する / 患(わずら)う

bersalah [ブーサラ(ハ)](㊥ wrong / guilty)悪い / 過(あやま)ちを犯す / 有罪の

bersalin [ブーサレヌ](㊥ to have a baby / childbirth / to give birth to / having a baby)お産する / お産 / 出産する / 出産

bersalin pakaian [baju] [ブーサレヌ パカイヤヌ[バジュゥ]](㊥ to change clothes)着替える

bersama [ブーサマ](㊥ together (with) / joint)(～と)一緒に / 共同の

bersama dengan [ブーサマ ドゥンアヌ](㊥ together with)～と一緒に / ～とともに

bersamaan [ブーサマアヌ](㊥ to be equivalent to)～と等しい

bersama-sama [ブーサマ サマ](㊥ together)共に / 一緒に

bersambung [ブーサムボン](㊥ to continue / to be connected)続く / 繋(つな)がる

bersampingan [ブーサムピンアヌ](㊥ to accompany)付随(ふずい)する / 付き添う

bersandar [ブーサヌダー](㊥ to lean)もたれる / 寄り掛かる

bersangkutan [ブーサンクゥタヌ](㊥ to be related)関係する / 関連する

bersantai(-santai) [ブーサヌタイ (サヌタイ)](㊥ to relax)くつろぐ / のんびりする

bersara [ブーサラ](㊥ to retire)引退する / 定年退職する

bersatu (padu) [ブーサトゥゥ (パドゥゥ)](㊥ to unite)団結する / 一つになる

bersébar [ブーセバー](㊥ to spread)拡散する / 普及する

bersebelahan [ブースブラハヌ](㊥ adjacent)隣り合う / 隣接(りんせつ)する

bersedia [ブースディヤ](㊥ to be prepared / ready)準備がある / 用意ができた

bersedih [ブースデ(ヘ)](㊥ to be sad)悲しむ

bersegi empat [ブースギ ウムパ(ト)](㊥ square)四角い

bersejarah [ブースジャラ(ハ)]
(英 historic) 歴史がある / 歴史的な

bersekadar [ブースカダー]
(英 proportionate) 比例した

bersekolah [ブースコラ(ハ)] (英 to go to school) 学校に通う / 修学(しゅうがく)する

bersekutu [ブースクゥトゥウ] (英 to ally)
同盟する / 連携(れんけい)する

berselerak [ブースルラッ] (英 to be scattered) 散らかった / 散らばった

berselisih [ブースリセ(ヘ)]
(英 to disagree / to bump into)
食い違う / 言い争う / すれ違う

berselut [ブースロ(ト)] (英 muddy)
泥(どろ)で濁(にご)った / 泥にまみれた

bersemangat [ブースマンァ(ト)]
(英 passionate) やる気がある / 熱意がある

bersembahyang [ブースムバ(ハ)ヤン]
(英 to perform a prayer / to pray)
礼拝(れいはい)する / お祈りする

bersémbang [ブーセムバン] (英 to chat)
おしゃべりする

bersembunyi [ブースムブゥニィ]
(英 to hide) 隠れる

bersemuka [ブースムゥカ] (英 to meet (face to face)) 対面する

bersenam [ブースナム]
(英 to do exercise) 運動する / 体操する

bersenandung [ブースナヌドン]
(英 to croon) 口ずさむ / 鼻歌を歌う

bersenang-senang [ブースナン スナン]
(英 to relax) くつろぐ

bersendirian [ブースヌディリヤヌ]
(英 (to be) alone) 一人で(いる)

bersengkéta [ブースンケタ] (英 to feud)
対立する / 反目(はんもく)する

bersenjata [ブースンジャタ] (英 armed)
武装(ぶそう)した

bersentuh [ブースヌト(ホ)] (英 to touch)
接触(せっしょく)する / 触れる

berseorangan [ブースオランァヌ]
(英 alone) 一人で

bersepadanan [ブースパダナヌ]
(英 to match) 釣り合う / 対応する

bersepadu [ブースパドゥウ]
(英 integrated) 統一的な / 統合された

bersépah [ブーセパ(ハ)] (英 to be scattered) 散らかる / 散在する

berserah [ブースラ(ハ)]
(英 to submit to / to surrender)
委(ゆだ)ねる / 投降(とうこう)する

berseri [ブースリ] (英 radiant / bright)
光輝く / 晴れやかな

berseri-seri [ブースリ スリ] (英 bright)
晴れ晴れとした / 生き生きした

berseronok [ブースロノッ]
(英 to enjoy oneself) 楽しむ

bersesuaian [ブーススゥワイヤヌ]
(英 to fit) 適合する / うまく合う

bersetubuh [ブーストゥウボ(ホ)]
(英 to make love) 性交する

bersetuju [ブーストゥウジュゥ] (英 to agree / to consent) 賛成する / 同意する

B

bersiap (sedia) [ブースィヤ(プ) スディヤ]
(㊊ to be ready)準備ができた / 用意がある

bersiar-siar [ブースィヤー スィヤー]
(㊊ to stroll / to go sightseeing)
散策する / 観光する

bersifat [ブースィファ(ト)] (㊊ to have the characteristic of)〜という特徴を持つ

bersih [ブーセ(ヘ)] (㊊ clean / nett)
きれいな / 清潔な / 正味の

bersihkan [ブーセ(ヘ)カヌ] (㊊ to clean)
清掃する / 掃除する

bersikap [ブースィカ(プ)]
(㊊ to have a ~ attitude)態度が〜な

bersilang [ブースィラン] (㊊ to cross)
交差する

bersilih ganti [ブースィレ(ヘ) ガヌティ]
(㊊ to take turns / in turn)交互に(行う)

bersimen [ブースィムヌ] (㊊ cemented / in plaster)セメントで固めた / ギプスをした

bersimpati [ブースィムパティ]
(㊊ to sympathize)同情する / 共感する

bersin [ブーセヌ] (㊊ sneezing / to sneeze)
くしゃみ / くしゃみする

bersinar [ブースィナー] (㊊ to shine / to glitter)光る / 輝く / 照る

bersinar-sinar [ブースィナー スィナー]
(㊊ to shine brightly)
煌々(こうこう)と輝く / ピカピカ光る

bersiri [ブースィリ] (㊊ continuous)
シリーズの / 連続した

bersoal jawab [ブーソワル ジャワ(プ)]
(㊊ to debate / to argue)
質疑応答(しつぎおうとう)する / 議論する

bersolat [ブーソラ(ト)] (㊊ to perform a prayer)礼拝(れいはい)する

bersolék [ブーソレッ]
(㊊ to put on makeup)化粧する

berstatus [ブースタトゥス] (㊊ of ~ status)
身分が〜の / 地位が〜の

berstatus pelajar [ブースタトゥス プラジャー]
(㊊ enrolled as a student)
在学する / 学生の

bersuara [ブースゥワラ] (㊊ to speak)
発言する / 声を上げる

bersuhabat [ブースゥハバ(ト)]
(㊊ to conspire)共謀(きょうぼう)する / 結託(けったく)する

bersuka ria [ブースゥカ リヤ]
(㊊ to have fun)楽しむ

bersumpah [ブースゥムパ(ハ)]
(㊊ to swear)誓(ちか)う

bersungguh-sungguh
[ブースゥンゴ(ホ) スゥンゴ(ホ)]
(㊊ hard / earnest)一生懸命に / 熱心な

bersurai [ブースゥライ] (㊊ to disperse)
解散する

bersusah (hati) [ブースゥサ(ハ) (ハティ)]
(㊊ to fret / to be upset)
気をもむ / 悩む / 悲しむ

bersusah payah [ブースゥサ(ハ) パヤ(ハ)]
(㊊ to make every effort / to bother)
苦労する / わざわざ〜する

bersusah-susah [ブースゥサ(ハ) スゥサ(ハ)]
(英 to make every effort / to bother)
苦労する / わざわざ〜する

bersyampu [ブーシャムプゥ]
(英 to shampoo)シャンプーする

bersyukur [ブーシュゥコー]
(英 to appreciate)感謝する

bertabah [ブータバ(ハ)]
(英 to persevere)辛抱(しんぼう)する

bertabur [ブータボー](英 to be scattered [covered] with)〜が散りばめられた / 〜で覆(おお)いつくされた

bertaburan [ブータブゥラヌ]
(英 to be scattered / to be distributed)
散乱している / 散在する / 分布する

bertafakur [ブータファコー]
(英 to meditate)瞑想(めいそう)する

bertahan [ブータハヌ](英 to endure / to hang on)持ちこたえる / 守り抜く / 留まる

bertajuk [ブータジョッ]
(英 entitled)〜というタイトルの

bertali [ブータリ]
(英 with a strap)紐(ひも)が付いた

bertali léhér [ブータリ レヘー]
(英 with a tie)ネクタイを締(し)めた

bertali pusat [ブータリ プゥサ(ト)]
(英 with the umbilical cord)へその緒が付いた

bertalu-talu [ブータルゥ タルゥ]
(英 repeatedly)何度も / 繰り返し

bertamadun [ブータマドゥヌ]
(英 civilized)文明化した

bertambah [ブータムバ(ハ)]
(英 to increase / increasingly)
増える / ますます〜になる

bertambah baik [ブータムバ(ハ) バェッ]
(英 to improve)向上する / 上達する

bertambah buruk [ブータムバ(ハ) ブゥロッ]
(英 to deteriorate)悪化する

bertanding [ブータヌデン]
(英 to compete)競う / 対決する

bertanggungjawab [ブータンゴンジャワ(ブ)]
(英 responsible / in charge)
責任がある / 担当する

bertanya [ブータニャ](英 to ask)
質問する / 尋(たず)ねる

bertanyakan [ブータニャカヌ](英 to ask)
〜について質問する / 〜を尋ねる

bertaraf [ブータラフ](英 of ~ standard)
水準が〜の

bertaraf tinggi [ブータラフ ティンギ]
(英 high-class / advanced)
高水準の / 高度な

bertaruh [ブータロ(ホ)](英 to bet)
賭(か)ける

bertarung [ブータロン](英 to fight / to compete)戦う / 勝負する

bertarung nyawa [ブータロン ニャワ]
(英 to hover between life and death)
生死の境をさまよう

bertatu [ブータトゥゥ](英 to have tattoo)
入れ墨(いれずみ)を入れる

bertaubat [ブータゥバ(ト)](英 to repent)
反省する / 悔いる

B

berteduh [ブートゥドゥ(ホ)](㊥ to shelter)
雨宿りする / 日差しを避ける / 避難する

bertékad [ブーテカ(ド)]
(㊥ to be determined)決意がある

B

bertelingkah [ブートゥリンカ(ハ)]
(㊥ to quarrel)言い争う / 揉(も)める

bertembung [ブートゥムボン]
(㊥ to encounter / to collide)
遭遇(そうぐう)する / 衝突(しょうとつ)する

bertempur [ブートゥムポー](㊥ to battle)
戦闘(せんとう)する

bertemu [ブートゥムゥ](㊥ to meet)
会う / 面会する / (道や川が)合流する

bertemu muka [mata]
[ブートゥムゥ ムゥカ[マタ]](㊥ to meet face to face)対面する / 顔を合わせる

bertenaga [ブートゥナガ](㊥ powerful / energetic)力がある / 元気な

bertenang [ブートゥナン]
(㊥ to calm down)落ち着く

berténggék [ブーテンゲッ]
(㊥ to perch / to lean on)(高い所に)腰掛ける / 止まる / 寄り掛かる

berténggér [ブーテンゲー](㊥ to perch)
(高い所に)止まる

bertengkar [ブートゥンカー]
(㊥ to quarrel)口喧嘩(くちげんか)する

bertentangan [ブートゥヌタンアヌ]
(㊥ to conflict / opposite)対立する / 反対の

bertenun [ブートゥノヌ](㊥ to weave)
織(お)る

bertepuk (tangan) [ブートゥポッ (タンアヌ)]
(㊥ to clap one's hands)拍手(はくしゅ)する

berterabur [ブートゥラボー]
(㊥ to be scattered)散乱している

berteraskan [ブートゥラスカヌ]
(㊥ to be based on)〜に基(もと)づく

berteriak [ブートゥリヤッ](㊥ to scream / to shout)叫ぶ / 怒鳴る

berterima kasih [ブートゥリマ カセ(ヘ)]
(㊥ to thank)感謝する

berterus terang [ブートゥロス トゥラン]
(㊥ to be frank / frank)
率直に言う / 率直な

berterusan [ブートゥルゥサヌ]
(㊥ to continue / continuous)
続く / 継続する / 連続した

bertikai [ブーティカイ](㊥ to quarrel)
言い争う

bertimbun(-timbun)
[ブーティムボヌ (ティムボヌ)](㊥ to pile up)
積もる / 溜(た)まる

bertimbunan [ブーティムブゥナヌ]
(㊥ to pile up)積もる / 溜(た)まる

bertindak [ブーティヌダッ](㊥ to act)
行動する / 対処する

bertindak balas [ブーティヌダッ バラス]
(㊥ to react)反応する

bertindak keras [ブーティヌダッ クラス]
(㊥ to act strictly)
厳しい措置(そち)を講(こう)ずる

bertindan(-tindih)
[ブーティヌダヌ (ティヌデ(ヘ))](㊥ to overlap)
重なる / 重複(ちょうふく)する

bertindih [ブーティヌデ(ヘ)]([英] to overlap) 重なる / 重複(ちょうふく)する

bertindik [ブーティヌデッ]([英] pierced) ピアスをした

bertingkah laku [ブーティンカ(ハ) ラクゥ] ([英] to behave) 振る舞う

bertingkah laku buruk [ブーティンカ(ハ) ラクゥ ブゥロッ] ([英] to behave badly) 行儀が悪い

bertingkat [ブーティンカ(ト)]([英] ~-storey / multi-storey) ~階ある / 階層がある

bertingkat tinggi [ブーティンカ(ト) ティンギ] ([英] high-rise) 高層の

bertitah [ブーティタ(ハ)]([英] to speak) (王が)おっしゃる

bertitik tolak [ブーティテッ トラッ] ([英] to begin / to stem) ~から始まる / ~に起因する

bertiup [ブーティヨ(プ)] ([英] to blow / to spread) (風が)吹く / (噂(うわさ)が)広まる

bertoksik [ブートクセッ]([英] toxic) 有毒な

bertolak [ブートラッ]([英] to depart / to originate) 出発する / ~に始まる

bertolak ansur [ブートラッ アヌソー] ([英] to compromise) 妥協(だきょう)する / 譲歩(じょうほ)する

bertoleransi [ブートルラヌスイ] ([英] tolerant) 寛容(かんよう)な

bertuah [ブートゥウワ(ハ)]([英] lucky) 幸運な

bertubuh [ブートゥウボ(ホ)] ([英] to have a ~ body) 体が~な

bertubuh besar [ブートゥウボ(ホ) ブサー] ([英] big) 大柄(おおがら)な

bertubuh kecil [ブートゥウボ(ホ) クチェル] ([英] small) 小柄(こがら)な

bertugas [ブートゥウガス]([英] to be on duty / to serve) 勤務する / 務める

bertujuan [ブートゥウジュウワヌ] ([英] to intend) ~することを目的とする / 意図(いと)する

bertukar [ブートゥウカー]([英] to change / to exchange / to be transferred) 変わる / 交換する / 移る / 転勤する

bertukar kerja [pekerjaan] [ブートゥウカー クージャ [プクージャアヌ]] ([英] to change jobs) 転職する

bertukar pakaian [baju] [ブートゥウカー パカイヤヌ [バジュウ]] ([英] to change clothes) 着替える

bertukaran [ブートゥウカラヌ] ([英] to exchange) 交換する

bertukar-tukar [ブートゥウカー トゥウカー] ([英] to exchange / to keep changing) 交換する / 次々変わる

bertukar-tukar pendapat [ブートゥウカー トゥウカー プヌダパ(ト)] ([英] to exchange opinions) 意見交換する

bertukar-tukaran [ブートゥウカー トゥウカラヌ] ([英] to exchange) 交換する

bertulis [ブートゥウレス]([英] written / in writing) 書かれた / 書面の

bertunang [ブートゥウナン]([英] engaged) 婚約している

B

bertungkus lumus [ブートンコス ルゥモス]
([英] very hard / single-hearted)
必死に / ひたむきな

berturutan [ブートゥウルゥタヌ]
([英] consecutive)連続した

berturut-turut [ブートゥウロ(ト) トゥウロ(ト)]
([英] on end)連続して / 続けて

bertutur [ブートゥウトー]([英] to speak)
話す / しゃべる

beruang [ブルゥワン]([英] bear)熊(くま)

berubah [ブルゥバ(ハ)]([英] to change)
変わる / 変化する

berubah fikiran [ブルゥバ(ハ) フィキラヌ]
([英] to change one's mind)気が変わる

berubah-ubah [ブルゥバ(ハ) ウゥバ(ハ)]
([英] changeable)次々変わる / 不安定な

berucap [ブーウゥチャ(プ)]
([英] to give a speech)話をする / 演説する

berulang [ブーウゥラン]
([英] to repeat)繰り返す / 再発する

berulang-ulang [ブーウゥラン ウゥラン]
([英] to repeat again and again)
何度も繰り返す

berumur [ブルゥモー]([英] aged / elderly)
年齢が～の / 年を取った

berunding [ブルゥヌデン]
([英] to negotiate)交渉する / 協議する

berundur [ブーウゥヌドー]([英] to move back / to retreat / to step down)
後退する / 撤退する / 辞任する

berupa [ブルゥパ]([英] in the form of / beautiful)～の形をした / 美しい

berupaya [ブーウゥパヤ]([英] to be capable of / to strive)～する力がある / 努力する

berurus niaga [ブーウゥロス ニヤガ]
([英] to trade)取り引きする

berurusan [ブーウゥルゥサヌ]([英] to deal with)取り引きする / やり取りする

berus [ブロス]([英] brush)ブラシ / 筆

berus gigi [ブロス ギギ]([英] toothbrush)
歯ブラシ

berusaha [ブルゥサハ]([英] to make an effort)努力する / 努める

berusahasama [ブーウゥサハサマ]
([英] to collaborate)
共同する / コラボレーションする

berusia [ブルゥスイヤ]([英] aged / elderly)
年齢が～の / 年を取った

berwarna [ブーワーナ]([英] in colour)
～色の / 色付きの

berwawancara [ブーワワンチャラ]
([英] to have an interview)
会見する / インタビューする

berwibawa [ブーウィバワ]
([英] authoritative)権限(けんげん)がある / 権威(けんい)ある

besar [ブサー]([英] big / great)
大きい / 偉い / 大量の

besar hati [ブサー ハティ]
([英] honoured / proud)光栄な / 名誉な

besar-besaran [ブサー ブサラヌ]
([英] large-scale)盛大な / 大々的な

besar-besarkan [ブサー ブサーカヌ]
([英] to exaggerate)誇張(こちょう)する

besarkan [ブサーカヌ](㊥ to bring up / to enlarge)大きくする / 育てる / 拡張する

besarnya [ブサーニャ](㊥ how big / the size of)大きいなぁ / ～の大きさ

bésbol [ベスボル](㊥ baseball)野球

bésén [ベセヌ](㊥ basin)洗面器

besi [ブスイ](㊥ iron)鉄

besi tahan karat [ブスイ タハヌ カラ(ト)](㊥ stainless steel)ステンレス

besi waja [ブスイ ワジャ](㊥ steel)鋼鉄(こうてつ)

bésok [ベソッ](㊥ tomorrow / later)明日 / 今度 / 後で

bést [ベス](㊥ good)【口語】いい

béta [ベタ](㊥ I / my / me)(王族が自分を指して)私 / 朕(ちん)

betapa [ブタパ](㊥ how)いかに / どんなに

betik [ブテッ](㊥ papaya)パパイヤ

betina [ブティナ](㊥ female)雌(めす)

betul [ブトル](㊥ correct / real / really)正しい / 本当の / 本当に

betul-betul [ブトル ブトル](㊥ really / properly)本当に / まさに / きちんと

betulkan [ブトルカヌ](㊥ to correct)修正する / 訂正する

béza [ベザ](㊥ difference / different)差 / 違い / 違う

bézakan [ベザカヌ](㊥ to differentiate)区別する / 識別する

biadab [ビヤダ(ブ)](㊥ rude)失礼な / 無礼な

biak [ビヤッ](㊥ to breed)繁殖(はんしょく)する / 育つ

biakkan [ビヤッカヌ](㊥ to breed)育てる / 飼育する

biar [ビヤー](㊥ to let)～させる / ～させておく

biara [ビヤラ](㊥ monastery)僧院

biarawan [ビヤラワヌ](㊥ monk)僧侶(そうりょ)

biarkan [ビヤーカヌ](㊥ to let / to leave *sb* alone)～させる / ～させておく / 放っておく

biarlah [ビヤーラ(ハ)](㊥ let)～させておきなさい / ～させて下さい

biarpun [ビヤーポヌ](㊥ even though)～だけれども

bias [ビヤヌ](㊥ to deflect)それる / 屈折(くっせつ)する

biasa [ビヤサ](㊥ ordinary / regular)普通の / 通常の / ありふれた / 並の

biasakan [ビヤサカヌ](㊥ to accustom / to make ~ a habit)慣らす / 普通のことにする

biasakan diri [ビアサカヌ ディリ](㊥ to get used to)慣れる

biasanya [ビヤサニャ](㊥ usually / normally)普通 / 通常 / 本来

biasiswa [ビヤスイスワ](㊥ scholarship)奨学金(しょうがくきん)

biaya [ビアヤ](㊥ expense)費用

biayai [ビアヤイ](㊥ to cover / to finance)(費用を)負担する / 融資(ゆうし)する

bibir [ビベー](㊥ lip / edge)唇 / 縁(ふち)

bicara [ビチャラ](㊥ trial / discussion)裁判 / 審理(しんり) / 話し合い

bicarakan [ビチャラカヌ](㊥ to try)裁(さば)く / 審理(しんり)する

bida [ビダ](㊥ bid / to bid)応札(おうさつ) / 入札(にゅうさつ)する

bidaan [ビダアヌ](㊥ bid)入札(にゅうさつ)

bidadari [ビダダリ](㊥ angel)天使

bidai [ビダイ](㊥ (bamboo) blind / shutter)簾(すだれ) / ブラインド / シャッター

bidalan [ビダラヌ](㊥ proverb)格言(かくげん)

bidang [ビダン](㊥ field / plot)分野 / 領域 / 区画 / 〜枚(助数詞)

bidik [ビデッ](㊥ to aim at)狙う / 狙いを定める

bidikan [ビディカヌ](㊥ shooting / target)射撃(しゃげき) / 狙い / 的(まと)

bihun [ビホヌ](㊥ rice noodles)ビーフン

bijak [ビジャッ](㊥ wise / bright)賢い / 利口な

bijaksana [ビジャッサナ](㊥ wise / brilliant)賢明な / 聡明な

bijan [ビジャヌ](㊥ sesame)胡麻(ごま)

biji [ビジ](㊥ seed / grain)種 / 粒 / 〜つ〈個〉(助数詞)

biji mata [ビジ マタ](㊥ eyeball)眼球

biji-bijian [ビジ ビジヤヌ](㊥ grain)穀物(こくもつ)

bijirin [ビジレヌ](㊥ grain / cereals)穀物(こくもつ) / シリアル

bil [ビル](㊥ bill)請求書

bil muatan [ビル ムゥワタヌ](㊥ bill of lading)船荷証券(ふなにしょうけん)

bil pertukaran [ビル プートゥウカラヌ](㊥ bill of exchange)為替手形(かわせてがた)

bil utiliti [ビル ユゥティリティ](㊥ utility bill)水道光熱費

bila [ビラ](㊥ when)いつ / 〜のとき

bila-bila (masa) (saja) [ビラ ビラ (マサ) (サジャ)](㊥ anytime)いつでも

bilang [ビラン](㊥ to say / to count)言う / 数える

bilangan [ビランアヌ](㊥ number / quantity)数 / 数量

bilangan kecil [ビランアヌ クチェル](㊥ a small number)少数

bilangan orang [ビランアヌ オラン](㊥ number of people)人数

bilas [ビラス](㊥ to rinse)すすぐ / リンスする

bilik [ビレッ](㊥ room)部屋

bilik air [ビレッ アエー](㊥ bathroom)バスルーム / 浴室兼トイレ

bilik bujang [ビレッ ブゥジャン](㊥ single room)シングルルーム

bilik darjah [ビレッ ダージャ(ハ)]
(㊥ classroom)教室

bilik kelamin [ビレッ クラメヌ]
(㊥ double room)ダブルルーム

bilik kembar [ビレッ クムバー]
(㊥ twin room)ツインルーム

bilik konsultasi [ビレッ コヌスウルタスイ]
(㊥ consultation room)診察室

bilik kuliah [ビレッ クウリヤ(ハ)]
(㊥ classroom)教室 / 講義室

bilik mandi [ビレッ マヌディ]
(㊥ bathroom)浴室

bilik membaca [ビレッ ムムバチャ]
(㊥ study / reading room)
書斎(しょさい) / 読書室

bilik menunggu [ビレッ ムヌウングゥ]
(㊥ waiting room)待ち合い室

bilik mesyuarat [ビレッ ムシュウワラ(ト)]
(㊥ meeting room)会議室

bilik méwah [ビレッ メワ(ハ)]
(㊥ deluxe room)デラックスルーム

bilik paméran [ビレッ パメラヌ]
(㊥ showroom)ショールーム

bilik pemeriksaan [ビレッ プムリクサアヌ]
(㊥ examination room)検査室

bilik persalinan [ビレッ プーサリナヌ]
(㊥ changing room)更衣室

bilik perseorangan [ビレッ プースオランアヌ]
(㊥ private room)個室

bilik rawatan [ビレッ ラワタヌ]
(㊥ treatment room)処置室

bilik tidur [ビレッ ティドー](㊥ bedroom)
寝室

bilik untuk diséwa [ビレッ ウウヌトッ ディセワ]
(㊥ room for rent)貸し部屋 / 貸間(かしま)

bilik untuk seorang
[ビレッ ウウヌトッ スオラン](㊥ single room)
シングルルーム

bilion [ビリオヌ](㊥ billion)十億

bimbang [ビムバン]
(㊥ worried / to worry / to fear)
心配な / 心配する / 恐れる

bimbangi [ビムバンイ](㊥ to worry about / to fear)～を案じる / 恐れる

bimbangkan [ビムバンカヌ]
(㊥ to worry / to worry about)
不安にさせる / ～を心配する

bimbing [ビムベン](㊥ to guide)
指導する / 先導する

bimbingan [ビムビンアヌ](㊥ guidance)
指導

bimbit [ビムベ(ト)](㊥ to carry)携帯する

bin [ビヌ](㊥ son of)～の息子の

bina [ベナ](㊥ to build / to construct)
建てる / 建築する / 組み立てる

binaan [ビナアヌ](㊥ building / construction)建造物 / 構文

binasa [ビナサ](㊥ destroyed)
壊滅(かいめつ)した / 破壊された

binatang [ビナタン](㊥ animal / beast)
動物 / 獣(けもの)

binatang kesayangan [peliharaan] [ビナタン クサヤンァヌ[プリハラアヌ]] (㊕ pet) ペット

bincang [ビンチャン] (㊕ to discuss) 話し合う

bincangkan [ビンチャンカヌ] (㊕ to discuss) 〜について話し合う / 論じる

bingkai [ビンカイ] (㊕ frame) 額(がく) / 額縁(がくぶち) / フレーム

bingung [ビンォン] (㊕ to be confused) うろたえる / 困惑する

bingungkan [ビンォンカヌ] (㊕ to confuse / to trouble) 困惑させる / 悩ます

bini [ビニ] (㊕ wife) 女房(にょうぼう) / 嫁

binokular [ビノクゥラー] (㊕ binoculars) 双眼鏡(そうがんきょう)

bintang [ビヌタン] (㊕ star) 星 / (映画などの)スター

binti [ビヌティ] (㊕ daughter of) 〜の娘の

bintik [ビヌテッ] (㊕ spot) そばかす / しみ / 斑点(はんてん)

bintik-bintik [ビヌテッ ビヌテッ] (㊕ dots / speckle) 点々 / ボツボツ

bintil-bintil [ビヌテル ビヌテル] (㊕ speckle) ボツボツ

biografi [ビオグラフィ] (㊕ biography) 伝記

biola [ビオラ] (㊕ violin) バイオリン

biologi [ビオロジ] (㊕ biology) 生物学

bir [ビル] (㊕ beer) ビール

biri-biri [ビリ ビリ] (㊕ sheep) 羊(ひつじ)

biro [ビロ] (㊕ bureau) 局 / 事務局

birokrasi [ビロクラスイ] (㊕ bureaucracy) 官僚制度 / お役所主義

biru [ビルゥ] (㊕ blue) 青 / 青い

biru langit [ビルゥ ランェ(ト)] (㊕ sky blue) 空色

biru muda [ビルゥ ムゥダ] (㊕ light blue) 水色

biru tua [ビルゥ トゥウワ] (㊕ dark blue) 紺(こん) / 紺色(こんいろ)

bisa [ビサ] (㊕ venom) 毒

bisik [ビセッ] (㊕ to whisper) ささやく

bisikan [ビスイカヌ] (㊕ whisper) ささやき

bisikan hati [ビスイカヌ ハティ] (㊕ intuition) 心の声 / 直感

bisikkan [ビセッカヌ] (㊕ to whisper) ささやく

bising [ビセン] (㊕ noisy) うるさい / 騒(さわ)がしい

biskut [ビスコ(ト)] (㊕ biscuit) クッキー / ビスケット

bismillah [ビスミッラ(ハ)] (㊕ in the name of Allah) アッラーの名において

bisnes [ビスヌス] (㊕ business) ビジネス

bisu [ビスゥ] (㊕ dumb / to be silent) ものの言えない / 無言でいる

bisul [ビソル] (㊕ boil) おでき / 腫(は)れ物

bius [ビウゥス] (㊕ anaesthetic / to anaesthetize) 麻酔(ますい) / 麻酔する

blaus [ブラォス] (㊤ blouse) ブラウス

blok [ブロッ] (㊤ building / block)
棟(とう) / ブロック / 区画

BN (= Barisan Nasional)
[ビエヌ (バリサヌ ナスイヨナル)] (㊤ BN /
National Front) 国民戦線(与党連合)

bocor [ボチョー] (㊤ to leak)
(水や秘密が)漏(も)れる

bocorkan [ボチョーカヌ] (㊤ to leak)
漏(も)らす / 暴露(ばくろ)する

bodék [ボデッ] (㊤ to flatter)
お世辞(せじ)を言う / ごまをする

bodoh [ボド(ホ)] (㊤ stupid)
馬鹿な / 愚(おろ)かな

bogél [ボゲル] (㊤ naked) 裸の

bohong [ボホン] (㊤ lie / to lie)
嘘 / 嘘をつく

boikot [ボイコ(ト)] (㊤ boycott / to boycott)
ボイコット / ボイコットする

bola [ボラ] (㊤ ball / sphere / football)
ボール / 球 / 玉 / サッカー

bola keranjang [ボラ クランジャン]
(㊤ basketball) バスケットボール

bola mata [ボラ マタ] (㊤ eyeball) 眼球

bola sépak [ボラ セパッ] (㊤ football)
サッカー

bola tampar [ボラ タムパー]
(㊤ volleyball) バレーボール

boléh [ボレ(ヘ)] (㊤ can / may / all right)
~できる / ~してよい / ~し得る / 大丈夫な

boléh diharap [ボレ(ヘ) ディハラ(プ)]
(㊤ trustworthy / promising)
信頼できる / 有望な

boléh dikatakan [ボレ(ヘ) ディカタカヌ]
(㊤ can be said / so to speak)
~と言える / 言わば

boléh jadi [ボレ(ヘ) ジャディ] (㊤ might /
possibly) ~かもしれない / もしかすると

boléhkan [ボレ(ヘ)カヌ] (㊤ to enable /
to allow) できるようにする / 許可する

bolt [ボル] (㊤ bolt) ボルト / 金属ねじ

bom [ボム] (㊤ bomb) 爆弾

bom atom [ボム アトム]
(㊤ atomic bomb) 原子力爆弾

bomba [ボムバ] (㊤ fire brigade) 消防隊

bomoh [ボモ(ホ)] (㊤ bomoh / traditional
healer) ボモ(マレーの伝統呪術医)

bon [ボヌ] (㊤ bond) 債券(さいけん)

bon kerajaan [ボヌ クラジャアヌ]
(㊤ national debt) 国債(こくさい)

bonda [ボヌダ] (㊤ mother)
母上(ははうえ) / 母君(ははぎみ)

bonét [ボネ(ト)] (㊤ bonnet) ボンネット

bonggol [ボンゴル] (㊤ hump / lump)
隆起(りゅうき) / こぶ

bongkar [ボンカー] (㊤ to divulge / to
force *sth* open / to pull up) 暴(あば)く /
こじ開ける / (錨(いかり)を)上げる

bongkok [ボンコッ] (㊤ bent / to bend)
背中の曲がった / 腰をかがめる

B

B

bongsu [ボンスゥ] (㊵ youngest)
一番年下の / 末っ子の

bonjol [ボンジョル] (㊵ lump)
盛り上がり / はれ物

bonus [ボヌゥス] (㊵ bonus) ボーナス

borak [ボラッ] (㊵ chit-chat / to chat)
おしゃべり / おしゃべりする

borang [ボラン] (㊵ form)
(申請)用紙 / フォーム

borang permohonan [ボラン プーモホナヌ]
(㊵ application form) 申請用紙(しんせいようし) / 応募用紙(おうぼようし)

borang tempahan [ボラン トゥムパハヌ]
(㊵ order form)
注文書 / 発注書(はっちゅうしょ)

Bornéo [ボーニオ] (㊵ Borneo) ボルネオ(島)

borong [ボロン] (㊵ wholesale)
卸売(おろしう)り

borongkan [ボロンカヌ]
(㊵ to sell wholesale)
卸(おろ)す / 一括(いっかつ)で売る

bosan [ボサヌ] (㊵ bored / fed up)
飽きた / 退屈した / うんざりした

bot [ボ(ト)] (㊵ boat) ボート

botak [ボタッ] (㊵ bald) 禿(は)げた

botol [ボトル] (㊵ bottle) ボトル / 瓶(びん)

botol air [ボトル アェー] (㊵ water bottle)
水筒

botol plastik [ボトル プラステッ]
(㊵ plastic bottle) ペットボトル

botol susu [ボトル スゥスゥ]
(㊵ baby bottle) 哺乳瓶(ほにゅうびん)

Braille [ブレル] (㊵ Braille) 点字(てんじ)

brandi [ブラヌディ] (㊵ brandy) ブランデー

Brazil [ブラゼル] (㊵ Brazil) ブラジル

brék [ブレッ] (㊵ brake) ブレーキ

brék kecemasan [ブレッ クチュマサヌ]
(㊵ emergency brake) サイドブレーキ

brék mengejut [ブレッ ムンゥジョ(ト)]
(㊵ sudden braking) 急ブレーキ

Britain [ブリトゥヌ] (㊵ Britain / UK) イギリス

British [ブリティシ] (㊵ Britain / UK) イギリス

broker [ブロクー] (㊵ broker)
ブローカー / 仲買人(なかがいにん)

brokoli [ブロコリ] (㊵ broccoli) ブロッコリー

bronkitis [ブロヌキテス] (㊵ bronchitis)
気管支炎(きかんしえん)

brosur [ブロスゥー] (㊵ brochure)
パンフレット

Brunei [ブルゥナイ] (㊵ Brunei) ブルネイ

BSKL (= Bursa Saham Kuala Lumpur)
[ビエスケエル (ブゥルサ サハム クワラ ルゥムポー)]
(㊵ Kuala Lumpur Stock Exchange (KLSE)) クアラルンプール証券取引所(しょうけんとりひきじょ)

buah [ブゥワ(ハ)] (㊵ fruit) 果物 / 実 /
〜つ〈個 / 冊 / 台 / 軒(けん)〉(助数詞)

buah berangan [ブゥワ(ハ) ブランアヌ]
(㊵ chestnut) 栗(くり)

buah bibir [ブゥワ(ハ) ビベー]
(㊥ popular topic)話題 / 話の種

buah céri [ブゥワ(ハ) チェリ](㊥ cherry)
サクランボ

buah dada [ブゥワ(ハ) ダダ](㊥ breast)
乳房 / 胸

buah fikiran [ブゥワ(ハ) フィキラヌ]
(㊥ idea / opinion)考え / 意見

buah kering [ブゥワ(ハ) クレン]
(㊥ dried fruit)ドライフルーツ

buah kiwi [ブゥワ(ハ) キウィ]
(㊥ kiwi fruit)キウイフルーツ

buah lai [ブゥワ(ハ) ライ](㊥ pear)梨

buah markisa [ブゥワ(ハ) マーキサ]
☞buah markisah

buah markisah [susu]
[ブゥワ(ハ) マーキサ(ハ) [スゥスゥ]]
(㊥ passion fruit)パッションフルーツ

buah mulut [ブゥワ(ハ) ムゥロ(ト)]
(㊥ popular topic)話題 / 話の種

buah pic [ブゥワ(ハ) ピチ](㊥ peach)桃

buah pinggang [ブゥワ(ハ) ピンガン]
(㊥ kidney)腎臓(じんぞう)

buah tangan [ブゥワ(ハ) タンアヌ]
(㊥ souvenir)土産(みやげ)

buah-buahan [ブゥワ(ハ) ブゥワハヌ]
(㊥ fruit)果物

bual [ブゥワル](㊥ to chat)話す / 会話する

buang [ブゥワン](㊥ to throw away / to remove / to abandon)
捨てる / 除く / 放(ほう)る

buang air [ブゥワン アエー](㊥ to excrete)
排泄(はいせつ)する

buang air besar [ブゥワン アエー ブサー]
(㊥ to empty one's bowels)排便する

buang air kecil [ブゥワン アエー クチェル]
(㊥ to urinate)小便(しょうべん)する

buang bulu [ブゥワン ブゥルゥ]
(㊥ to remove hair)脱毛(だつもう)する

buang undi [ブゥワン ウゥヌディ]
(㊥ to vote)投票する / 票を投じる

buangan [ブゥワンアヌ](㊥ waste / exile)
捨てられたもの / 亡命(ぼうめい)

buasir [ブゥワセー](㊥ piles)痔(じ)

buat [ブゥワ(ト)](㊥ to do / to make / for / to pretend)する / 作る / ～のため / ～の間 / ふりをする

buat apa [ブゥワ(ト) アパ](㊥ how come)
何で

buat bising [ブゥワ(ト) ビセン]
(㊥ to make noise)騒(さわ)ぐ

buat kenyataan [ブゥワ(ト) クニャタアヌ]
(㊥ to make a statement)発言する

buat keputusan [ブゥワ(ト) クプゥトゥウサヌ]
(㊥ to make a decision)
決定する / 結論する

buat kerja luar [ブゥワ(ト) クージャ ルゥワー]
(㊥ to go outstation / to work elsewhere)
出張する / よそで働く / 屋外で作業する

buat kesimpulan [ブゥワ(ト) クスィムプゥラヌ]
(㊥ to conclude)結論する

buat ketetapan [ブゥワ(ト) クトゥタパヌ]
(㊥ to make a resolution)決議する

B

buat masa ini [ブゥワ(ト) マサ イニ]
(㊕ for the time being)当面 / とりあえず

buat masa sekarang
[ブゥワ(ト) マサ スカラン](㊕ for the present)
当面 / とりあえず

B

buat panggilan [ブゥワ(ト) パンギラヌ]
(㊕ to make a call)電話をかける

buat pesanan [ブゥワ(ト) プサナヌ]
(㊕ to place an order)注文する

buat résolusi [ブゥワ(ト) レソルゥスイ]
(㊕ to make a resolution)議決する

buat salah [ブゥワ(ト) サラ(ハ)](㊕ to make a mistake)間違いを犯す / 悪い

buat seketika [ブゥワ(ト) スクティカ]
(㊕ for the time being)当面

buat sementara (waktu)
[ブゥワ(ト) スムヌタラ (ワッ(ク)トゥウ)]
(㊕ for a while)しばらくの間 / 当面

buat tawaran [ブゥワ(ト) タワラヌ]
(㊕ to make a bid)入札(にゅうさつ)する

buat tempahan [ブゥワ(ト) トゥムパハヌ]
(㊕ to make a reservation)予約する

buatan [ブゥワタヌ](㊕ made in [by] / man-made / fake)作られた物 / ～製 / 人工の / 見せかけの

buatan manusia [ブゥワタヌ マヌゥスイヤ]
(㊕ artificial / man-made)
人工の / 人造の

buatan tangan [ブゥワタヌ タンアヌ]
(㊕ handmade)手作りの

buatkan [ブゥワ(ト)カヌ](㊕ to make)
～にさせる / 作ってあげる

buaya [ブゥワヤ](㊕ crocodile)ワニ

bubuh [ブゥボ(ホ)](㊕ to put)
入れる / 付ける

bubur [ブゥボー](㊕ porridge)粥(かゆ)

budak [ブゥダッ](㊕ child)子供 / 子

budaya [ブゥダヤ](㊕ culture)文化

budaya rakyat [ブゥダヤ ラッ(ク)ヤ(ト)]
(㊕ folklore)民俗

Buddha [ブゥダ](㊕ Buddha)
釈迦(しゃか) / 仏

budi [ブゥディ](㊕ kindness / intelligence / style)親切 / 知性 / 品格

budi bahasa [ブゥディ バハサ]
(㊕ good manners)礼儀 / 礼節(れいせつ)

budi bicara [ブゥディ ビチャラ]
(㊕ discretion)裁量(さいりょう)

budi pekerti [ブゥディ プクーティ]
(㊕ conduct)品行 / 振る舞い

budiman [ブゥディマヌ](㊕ wise / well-mannered)賢明な / 礼儀正しい

bufét [ブゥフェ(ト)](㊕ buffet)ビュッフェ

Bugis [ブゥゲス](㊕ Bugis)ブギス(人)

buih [ブゥエ(ヘ)](㊕ bubble)泡

bujang [ブゥジャン](㊕ single / single man [woman])独身(の)

bujur [ブゥジョー](㊕ oval)楕円(だえん)の

buka [ブゥカ](㊕ to open / to turn on / to take off)開く / 開ける / オープンする / 点(つ)ける / 脱ぐ

buka mata [ブゥカ マタ]([英] to open one's eyes)めざめさせる / 気付かせる

bukan [ブゥカヌ]([英] not / no / non-~ / ~, right?)~(わけ)ではない / ちがう / 非~ / ~よね

bukan main [ブゥカヌ マエヌ]([英] very) 無茶苦茶(むちゃくちゃ)に / はなはだ

bukan-bukan [ブゥカヌ ブゥカヌ] ([英] nonsense / ridiculous) でたらめな / とんでもない

bukannya [ブゥカヌニャ]([英] not) ~(わけ)ではない

bukit [ブゥケ(ト)]([英] hill)丘

bukit bukau [ブゥケ(ト) ブゥカゥ]([英] hills) 丘陵

bukti [ブゥクティ]([英] evidence)証拠

buktikan [ブクティカヌ]([英] to prove) 証明する

buku [ブゥクゥ]([英] book / joint)本 / 節 / ~塊(かたまり)〈個 / 斤(きん)〉(助数詞)

buku akaun [simpanan] [ブゥクゥ アカォヌ [スィムパナヌ]]([英] passbook) 通帳

buku bergambar [ブゥクゥ ブーガムバー] ([英] picture book)絵本

buku kecil [ブゥクゥ クチェル]([英] booklet / brochure)小冊子 / パンフレット

buku kosa kata [ブゥクゥ コサ カタ] ([英] vocabulary book)単語帳

buku lali [ブゥクゥ ラリ]([英] ankle)足首

buku latihan [ブゥクゥ ラテハヌ] ([英] exercise book)練習帳

buku nota [ブゥクゥ ノタ] ([英] notebook)ノート

buku panduan [ブゥクゥ パヌドゥウワヌ] ([英] guidebook / manual) ガイドブック / マニュアル

buku pelajaran [ブゥクゥ プラジャラヌ] ([英] study book)学習書

buku rujukan [ブゥクゥ ルゥジュウカヌ] ([英] reference book)参考書

buku saku [ブゥクゥ サクゥ] ([英] pocket book)ポケットブック / 文庫本

buku skrip [ブゥクゥ スクレ(プ)]([英] script) 台本 / 脚本(きゃくほん)

buku téks [ブゥクゥ テクス]([英] textbook) 教科書 / テキスト

bulan [ブゥラヌ]([英] month / moon) (暦の)月 / (天体の)月

bulan depan [hadapan] [ブゥラヌ ドゥパヌ [ハダパヌ]]([英] next month) 来月

bulan ini [ブゥラヌ イニ]([英] this month)今月

bulan lalu [lepas] [ブゥラヌ ラルゥ [ルパス]] ([英] last month)先月

bulan madu [ブゥラヌ マドゥウ] ([英] honeymoon)新婚旅行 / ハネムーン

bulan penuh [mengambang] [ブゥラヌ プノ(ホ) [ムンアムバン]]([英] full moon) 満月

bulan sabit [ブゥラヌ サベ(ト)] ([英] crescent)三日月

bulanan [ブゥラナヌ](㊥ monthly)毎月の

bulat [ブゥラ(ト)](㊥ round / spherical) 円い / 丸い

bulat hati [ブゥラ(ト) ハティ](㊥ to make up one's mind)心を固める / 決意する

bulatan [ブゥラタヌ](㊥ circle / ring) 円 / 丸 / 輪

bulat-bulat [ブゥラ(ト) ブゥラ(ト)] (㊥ entirely)全面的に / 丸々

buli [ブゥリ](㊥ to bully)いじめる

bulir [ブゥレー](㊥ ear)穂(ほ)

bulu [ブゥルゥ](㊥ hair / fur / feather) (動植物やブラシなどの)毛 / (鳥の)羽

bulu biri-biri [ブゥルゥ ビリ ビリ](㊥ wool) 羊毛 / ウール

bulu kening [ブゥルゥ クネン] (㊥ eyebrow)眉毛(まゆげ)

bulu mata [ブゥルゥ マタ](㊥ eyelash) まつ毛

bulu roma [ブゥルゥ ロマ](㊥ fine hair) 産毛(うぶげ) / (細い)体毛

buluh [ブゥロ(ホ)](㊥ bamboo)竹

bumbung [ブゥムボン](㊥ roof)屋根

bumi [ブゥミ](㊥ earth / land)地球 / 大地

bumiputera [ブゥミプゥトゥラ] (㊥ bumiputera / native) ブミプトラ / 土地の子 / 先住民族

bundar [ブゥヌダー] (㊥ round / spherical)円い / 丸い

bundarkan [ブゥヌダーカヌ](㊥ to round off)四捨五入(ししゃごにゅう)する

bunga [ブゥンァ](㊥ flower / interest) 花 / 利子(りし)

bunga api [ブゥンァ アピ](㊥ fireworks) 花火

bunga matahari [ブゥンァ マタハリ] (㊥ sunflower)ヒマワリ

bunga raya [ブゥンァ ラヤ](㊥ hibiscus) ハイビスカス

bunga wang [ブゥンァ ワン](㊥ interest) 利子(りし)

bungkus [ブゥンコス](㊥ packet / takeaway / to wrap)包み / テイクアウト / 包む

bungkusan [ブゥンクゥサヌ] (㊥ parcel / wrapping)小包 / 包み

bungkusan pos [ブゥンクゥサヌ ポス] (㊥ postal parcel)郵便小包

buntu [ブゥヌトゥ](㊥ to reach a stalemate / to go blank)行き詰る

bunuh [ブゥノ(ホ)](㊥ to kill)殺す

bunuh diri [ブゥノ(ホ) ディリ](㊥ suicide / to commit suicide)自殺 / 自殺する

bunyi [ブゥニィ](㊥ sound / content) 音 / 書いてある内容

bunyi bising [ブゥニィ ビセン](㊥ noise) 雑音(ざつおん) / 騒音(そうおん) / ノイズ

bunyikan [ブゥニィカヌ](㊥ to ring)鳴らす

burger [ブゲ](㊥ hamburger) ハンバーガー

bursa (saham) [ブルサ (サハム)]
(英 stock market)証券取引所(しょうけんとりひきじょ) / 株式市場(かぶしきしじょう)

Bursa Saham Kuala Lumpur
[ブルサ サハム クゥワラ ルゥムポー](英 Kuala Lumpur Stock Exchange (KLSE))
クアラルンプール証券取引所(しょうけんとりひきじょ)

buru [ブゥルゥ](英 to hunt / to pursue)
狩猟(しゅりょう)する / 追求する / 追う

buruan [ブゥルゥワヌ]
(英 prey / wanted person)
獲物(えもの) / お尋ね者 / 指名手配者

buruh [ブゥロ(ホ)](英 labourer)労働者

buruj [ブゥルゥジ](英 constellation)星座

buruk [ブゥロッ](英 bad / poor / shabby / ragged)(性質·状態が)悪い / 劣(おと)った / 劣化(れっか)した

burung [ブゥロン](英 bird)鳥

burung hantu [ブゥロン ハヌトゥウ](英 owl)
フクロウ

burung hering [ブゥロン フレン]
(英 vulture)ハゲワシ

burung hijrah [ブゥロン ヒジラ(ハ)]
(英 migratory bird)渡り鳥

burung layang-layang
[ブゥロン ラヤン ラヤン](英 swallow)ツバメ

burung pegar [ブゥロン プガー]
(英 pheasant)キジ

burut [ブゥロ(ト)](英 hernia)ヘルニア

busuk [ブゥソッ](英 smelly / rotten)
臭い / 腐った

busuk hati [ブゥソッ ハティ](英 spiteful)
悪意に満ちた / 邪悪な

busur [ブゥソー](英 bow)弓

but [ブゥ(ト)](英 boot)(車の)トランク

buta [ブゥタ](英 blind)盲目(もうもく)の

buta huruf [ブゥタ フゥロッ](英 illiterate)
文盲(もんもう)の

buta warna [ブゥタ ワーナ]
(英 colour blind)色盲(しきもう)の

butang [ブゥタン](英 button)ボタン

butir [ブゥテー](英 detail)
詳細(しょうさい) / ～個(助数詞)

butiran [ブゥティラヌ](英 details)
詳細(しょうさい)(な情報)

butir-butir [ブゥテー ブゥテー](英 details)
詳細(しょうさい)

C

cabai [チャバイ](英 chili)唐(とう)がらし

cabang [チャバン](英 branch)
枝 / 支部 / 支店 / 部門

cabar [チャバー](英 to challenge / to defy)挑(いど)む / 挑戦する

cabaran [チャバラヌ](英 challenge)挑戦

cabul [チャボル]
(英 to molest / to violate / vulgar)
淫らな行為をする / (法を)犯す / 淫らな

cabul kehormatan [チャボル クホーマタヌ]
(英 to molest)
陵辱(りょうじょく)する / 性的暴行をする

cabut [チャボ(ト)] (㊥ to pull out [up] / to run away) 引き抜く / 抜け出す / ずらかる

cabut undi [チャボ(ト) ウゥヌディ] (㊥ to draw a lot) くじを引く

cabutan [チャブゥタヌ] (㊥ draw) くじ引き / 抽選

cabutan bertuah [チャブゥタヌ ブートゥウワ(ハ)] (㊥ lucky draw) 抽選会

cacah [チャチャ(ハ)] (㊥ tattoo) 入れ墨(いれずみ)

cacat [チャチャ(ト)] (㊥ disabled / defective) 障害(しょうがい)がある / 欠陥がある

caci maki [チャチ マキ] (㊥ swear words) 罵(ののし)り / 悪態

cadangan [チャダンァヌ] (㊥ suggestion / proposal) 提案 / 申し出

cadangkan [チャダンカヌ] (㊥ to suggest / to propose) 提案する / 勧める

cadar [チャダー] (㊥ sheet / bed sheet) シーツ / ベッドカバー

cagaran [チャガラヌ] (㊥ security / deposit) 担保(たんぽ) / 抵当(ていとう)

cagu [チャグゥ] (㊥ onychomycosis) 爪白癬(つめはくせん) / 爪の水虫

cahaya [チャハヤ] (㊥ light) 光

cahaya matahari [チャハヤ マタハリ] (㊥ sunlight / sunshine) 日光 / 陽射し

cahaya mentari [チャハヤ ムヌタリ] (㊥ sunlight) 陽射し

cair [チャエー] (㊥ liquid / melted / weak) 液状の / 溶(と)けた / (お茶などが)薄い

cairkan [チャエーカヌ] (㊥ to melt / to liquidize / to dilute) 溶(と)かす / 液状にする / 薄める

caj [チャジ] (㊥ charge) 料金 / チャージ

cakap [チャカ(プ)] (㊥ to speak / to say) 話す / 言う

cakap besar [チャカ(プ) ブサー] (㊥ boasting / to boast) 自慢(じまん) / 自慢する

cakap buruk [チャカ(プ) ブゥロッ] (㊥ to speak ill) 悪口を言う

cakap kosong [チャカ(プ) コソン] (㊥ to talk nonsense) 意味のない話をする / 無駄話をする

cakar [チャカー] (㊥ claw / to scratch) (かぎ)爪 / 引っ掻(か)く

cakera [チャクラ] (㊥ disk) 円盤 / ディスク

cakera keras [チャクラ クラス] (㊥ hard disk) ハードディスク

cakera liut [チャクラ リオ(ト)] (㊥ floppy disk) フロッピーディスク

cakera padat [チャクラ パダ(ト)] (㊥ compact disc) CD

cakerawala [チャクラワラ] (㊥ universe) 宇宙 / 天体

calar [チャラー] (㊥ scratch / to scratch) 引っ掻(か)き傷 / 掻く

calon [チャロヌ] (㊥ candidate) 候補者 / 受験者

calonkan [チャロヌカヌ] (㊥ to nominate) 指名する

cam [チャム]([英] to recognize)
識別(しきべつ)する / 分かる

camar [チャマー]([英] seagull)カモメ

cambah [チャムバ(ハ)]([英] sprout / bud)
芽 / つぼみ

camkan [チャムカヌ]([英] to recognize)
識別(しきべつ)する / 分かる

campak [チャムパッ]([英] to throw (away))
投げる / 投げ捨てる

campakkan [チャムパッカヌ]
([英] to chuck)投げる / 放る

campur [チャムポー]([英] to mix / mixed / to add / plus / to interfere)混ぜる / 混ざった / 足す / プラス / 介入する

campur tangan [チャムポー タンアヌ]
([英] interference / to interfere)
介入 / 干渉 / 介入する / 干渉する

campuradukkan《[幹] campur aduk》
[チャムポーアドッカヌ]([英] to mix)混ぜ合わせる

campuran [チャムポラヌ]([英] mixture)
混ぜ合わせ / 混合物

campuran baka [チャムポラヌ バカ]
([英] hybrid)雑種

campurbaurkan《[幹] campur baur》
[チャムポーバォーカヌ]([英] to mix)混ぜ合わせる

campuri [チャムポリ]([英] to interfere in)
〜に介入する

campurkan [チャムポーカヌ]([英] to mix)
混ぜる / 合わせる

canggih [チャンゲ(ヘ)]([英] sophisticated)
高性能な / 洗練(せんれん)された

canggung [チャンゴン]([英] awkward)
ぎこちない / ばつが悪い

cangkerang [チャンクラン]
([英] shell / cover)殻(から) / 貝殻(かいがら) / (スマホなどの)カバー

cangkir [チャンケー]([英] cup)
(陶器(とうき)の)カップ

cangkul [チャンコル]([英] hoe / to hoe)
くわ / (くわで)耕す

cangkung [チャンコン]([英] to squat)
しゃがむ

canselor [チャヌスロー]([英] chancellor)
学長 / 総長

cantik [チャヌテッ]([英] beautiful)
きれいな / 美しい

cantum [チャヌトム]([英] to join *sth* together)
くっつける / 結合する

cantuman [チャヌトゥウマヌ]([英] joining / grafting)接合(せつごう) / 接(つ)ぎ木

cantumkan [チャヌトムカヌ]([英] to join *sth* together)くっつける / 結合する

cap [チャ(プ)]([英] stamp / trademark / logo mark)印(いん) / スタンプ / 商標(しょうひょう) / ロゴマーク

cap dagang [チャ(プ) ダガン]
([英] trademark)商標(しょうひょう)

cap jari [チャ(プ) ジャリ]([英] fingerprint)
指紋(しもん)

cap pos [チャ(プ) ポス]([英] postmark)
消印(けしいん)

capai [チャパイ]([英] to achieve / to reach)
達成する / 達する / 届く

C

cara [チャラ](㊥ way / means)
方法 / やり方 / 様式

cara bayaran [チャラ バヤラヌ]
(㊥ payment method)支払い方法

cara berfikir [チャラ ブーフィケー]
(㊥ way of thinking)考え方

cara hidup [チャラ ヒド(プ)](㊥ lifestyle)
ライフスタイル / 生活様式

cara pembayaran [チャラ プムバヤラヌ]
(㊥ payment method)支払い方法

cara pembuatan [チャラ プムブウワタヌ]
(㊥ manufacturing process)製法

cara penggunaan [guna]
[チャラ プングゥナアヌ[グゥナ]](㊥ usage)
用法 / 使用法

cara penyelesaian [チャラ プニュルサイヤヌ]
(㊥ solution)解決策

cari [チャリ](㊥ to look for / to search / to look up)探す / 検索する / (辞書を)引く

cari bakat [チャリ バカ(ト)](㊥ to scout / to find talent)スカウトする / 人材を発掘(はっくつ)する

cari rezeki [チャリ ルズキ]
(㊥ to earn a living)
生計を立てる / 生活の糧(かて)を得る

carian [チャリヤヌ](㊥ search)検索

cari-cari [チャリ チャリ](㊥ to look for thoroughly)くまなく探す / 必死に探す

carik [チャレッ](㊥ to tear up / torn / piece)
引き裂く / 引き裂かれた / ～枚(助数詞)

carik-carik [チャレッ チャレッ](㊥ to tear *sth* into pieces)引きちぎる / 引き裂く

carik-carikkan [チャレッ チャレッカヌ]
(㊥ to tear *sth* into pieces)
引きちぎる / 引き裂く

carta [チャータ](㊥ chart)図表 / チャート

carta gantt [チャータ ガヌ]
(㊥ Gantt chart)工程表

carta organisasi [チャータ オーガニサスィ]
(㊥ organization chart)組織図

carter [チャトゥー](㊥ charter / to charter)
チャーター / チャーターする

cas [チャス](㊥ charge / to charge)
充電 / 電荷(でんか) / 充電する

cat [チャ(ト)](㊥ paint / colour / to paint)
ペンキ / 絵の具 / ペンキを塗る / 塗装(とそう)する

catat [チャタ(ト)](㊥ to record / to note down)記録する / メモする

catatan [チャタタヌ](㊥ record / note)
記録 / メモ / 注

catatan harian [チャタタヌ ハリヤヌ]
(㊥ diary)日誌 / 日記

catatan tambahan [チャタタヌ タムバハヌ]
(㊥ postscript)追記(ついき) / 追伸(ついしん)

catatkan [チャタ(ト)カヌ](㊥ to record / to note down)記録する / メモする

catu [チャトゥウ](㊥ ration / to ration)
配給 / 配給する

catuan [チャトゥウワヌ](㊥ ration)配給

cawan [チャワヌ](㊥ cup)カップ / 杯

cawan téh [チャワヌ テ(ヘ)] (㊥ tea cup)
ティーカップ / 湯呑(ゆの)み

cawangan [チャワンアヌ] (㊥ branch)
支店 / 支部

cebis [チュベス] (㊥ piece) 切れ / かけら

ceburi [チュブウリ] (㊥ to be involved in)
携(たずさ)わる / 従事する

cecah [チュチャ(ハ)] (㊥ to reach / to dip)
達する / 浸(つ)ける / ディップする

cecahkan [チュチャ(ハ)カヌ] (㊥ to dip / to touch) 達する / 浸(つ)ける / ディップする

cecair《㊟ cair》[チュチャエー]
(㊥ liquid) 液 / 液体

cecair antiséptik
[チュチャエー アヌティセ(プ)テッ]
(㊥ antiseptic solution) 消毒液

cecair intravéna [チュチャエー イヌトラヴェナ]
(㊥ intravenous fluid)
静脈内輸液(じょうみゃくないゆえき)

cedera [チュドゥラ] (㊥ injured)
怪我(けが)した / 傷ついた

cederakan [チュドゥラカヌ] (㊥ to injure)
怪我(けが)させる / 傷つける

cédok [チェドッ] (㊥ to copy / to ladle out)
真似(まね)る / (ひしゃくで)すくう

cegah [チュガ(ハ)] (㊥ to prevent)
防ぐ / 予防する

cék [チェッ] (㊥ cheque / to check)
小切手 / チェックする

cék kembara [チェッ クムバラ]
(㊥ traveller's cheque)
トラベラーズチェック

cekam [チュカム] (㊥ clutch / ingrown)
(車の)クラッチ / (足爪が)食い込んだ

cekap [チュカ(プ)] (㊥ competent / efficient)
有能な / 手際(てぎわ)のよい

celah [チュラ(ハ)] (㊥ opening / to interrupt / to squeeze in) 隙間(すきま) / 割り込む

celah kangkang [kelangkang]
[チュラ(ハ) カンカン [クランカン]] (㊥ crotch)
股(また) / 股間(こかん)

celaka [チュラカ]
(㊥ damn / terrible / unfortunate)
畜生(ちくしょう) / ひどい / 不幸な

cemari [チュマリ] (㊥ to pollute) 汚染する

cemas [チュマス] (㊥ emergent / anxious / nervous) 緊急の / 心配した / 緊張した

cemburu [チュムブウルウ]
(㊥ jealous) 嫉妬(しっと)する / 妬(ねた)む

cemburui [チュムブウルウイ]
(㊥ to be jealous of) ～に嫉妬(しっと)する / ～を妬(ねた)む

cemerkap [チュムーカ(プ)] (㊥ careless / clumsy) 不注意な / 不器用(ぶきよう)な

cemerlang [チュムーラン] (㊥ excellent / glorious) 優秀な / 優(すぐ)れた / 光輝く

cencorot [チュンチョロ(ト)] (㊥ mole)
モグラ

cencurut [チュンチュウロ(ト)] (㊥ mole)
モグラ

cendawan [チュヌダワヌ] (㊥ mushroom)
キノコ

cendekiawan [チュヌドゥキヤワヌ]
(㊥ intellectual) 知識人

cenderahati [チュヌドゥラハティ]
(英 souvenir)土産(みやげ)

cenderamata [チュヌドゥラマタ]
(英 souvenir)土産(みやげ) / 記念品

cenderung [チュヌドゥロン](英 to tend to / inclined)〜する傾向がある / 〜に心が傾く

céndol [チェヌドル](英 cendol)
チェンドル(緑豆ゼリーのデザート)

cengkadak [チュンカダッ]
(英 (praying) mantis)カマキリ

cengkeram [チュンクラム](英 deposit)
保証金 / デポジット

cengkerik [チュンクレッ](英 cricket)
コオロギ

cengkih [チュンケ(へ)](英 clove)
丁子(ちょうじ) / クローブ

cengkung [チュンコン](英 sunken)
窪(くぼ)んだ

cenuram [チュヌゥラム](英 cliff)崖(がけ)

céongsam [チョンサム](英 cheongsam)
チョンサム / 長衫(華人女性の伝統衣装)

cepat [チュパ(ト)](英 fast / early / quickly)
速い / 早い / (時計が)進んだ / すぐに

cepat marah [チュパ(ト) マラ(ハ)]
(英 short-tempered)短気な

cepat-cepat [チュパ(ト) チュパ(ト)]
(英 quickly)早く / 急いで

cepatkan [チュパ(ト)カヌ]
(英 to speed up)早める

cerah [チュラ(ハ)](英 sunny / bright / fair)
晴れた / 明るい / 色白の

cerai [チュライ](英 divorce / to be divorced)離婚 / 離婚する

cerakinkan [チュラキンカヌ]
(英 to decompose)分解する

ceramah [チュラマ(ハ)](英 lecture)講演

cerdik [チューデッ](英 intelligent)
賢い / 利口な

cérék [チェレッ](英 kettle)やかん

ceréwét [チュレウェ(ト)]
(英 fussy / troublesome)
文句(もんく)が多い / 面倒な

cergas [チューガス](英 active)
元気な / 活発な

ceria [チュリヤ](英 cheerful)
元気な / 明るい

cerita [チュリタ](英 story)話 / 物語

cerita dongéng [チュリタ ドンェン]
(英 fairy tale)御伽話(おとぎばなし)

cerita kanak-kanak [チュリタ カナッ カナッ]
(英 children's story)童話(どうわ)

cerita péndék [チュリタ ペヌデッ]
(英 short story)短編(小説)

cerita rakyat [チュリタ ラッ(ク)ヤ(ト)]
(英 folk tale)民話

ceritakan [チュリタカヌ](英 to tell)
語る / 物語る

cermat [チューマ(ト)](英 careful)用心深い

cermin [チューメヌ](英 mirror / glass)
鏡 / ガラス

cermin depan [チューメヌ ドゥパヌ]
(英 windscreen)フロントガラス

cermin mata [チューメヌ マタ]
(英 glasses)眼鏡

cermin mata hitam [チューメヌ マタ ヒタム]
(英 sunglasses)サングラス

cermin pandang belakang
[チューメヌ パヌダン ブラカン]
(英 rearview mirror)バックミラー

cermin tingkap [チューメヌ ティンカ(プ)]
(英 window glass)窓ガラス

cerminan [チューミナヌ](英 reflection)
反映(するもの)

cerminkan [チューメヌカヌ](英 to reflect)
反映する

cerna [チューナ](英 to digest / digested)
消化する / 理解する / 消化された

cernakan [チューナカヌ](英 to digest)
消化する / 理解する

ceroboh [チュロボ(ホ)]
(英 to trespass / to invade / to hack)
侵入する / 侵害する / ハックする

cerobohi [チュロボヒ](英 to trespass / to invade)侵入する / 侵害する

cerobong [チュロボン](英 chimney)
煙突(えんとつ)

cerpén [チューペヌ](英 short story)
短編(小説)

ceruk [チュロッ](英 corner)
角(かど) / 隅(すみ)

ceruk rantau [チュロッ ラヌタウ]
(英 everywhere)至る所 / 隅々

cerun [チュロヌ](英 steep slope / steep)
斜面 / 傾斜 / 急勾配(きゅうこうばい)の

cerut [チュロ(ト)](英 cigar)葉巻(はまき)

cétak [チェタッ](英 to print)
印刷する / プリントする

cétak rompak [チェタッ ロムパッ]
(英 pirated / piracy)
海賊版の / 海賊版作成

cétakan [チェタカヌ]
(英 printed matter / print)印刷物 / 版

cétakan semula [チェタカヌ スムウラ]
(英 reprinting)転載(てんさい)

céték [チェテッ](英 shallow / superficial)
浅い / (経験、理解が)乏(とぼ)しい

cetuskan [チュトゥスカヌ](英 to trigger)
引き起こす / 勃発(ぼっぱつ)させる

China [チナ](英 China)
中国 / 中華人民共和国

Chinatown [チェナタオヌ]
(英 Chinatown)チャイナタウン

cicak [チチャッ](英 lizard)ヤモリ / トカゲ

cik [チェッ](英 you / your)
(未婚女性に対して)あなた

Cik [チェッ](英 Miss)
(未婚女性に対して)〜さん / 〜先生

cikgu [チェッグゥ](英 teacher)
(高校までの)先生

cili [チリ](英 chili)唐(とう)がらし / チリ

cimpanzi [チムパヌズィ](英 chimpanzee)
チンパンジー

Cina [チナ](英 Chinese)中華の / 華人(の)

cincai [チンチャイ](英 sloppy)
雑な / いい加減な

C

C

cincang [チンチャン]([英] to chop up)
細かく刻む

cincin [チンチェヌ]([英] ring)指輪

cinta [チヌタ]([英] love / to love)
愛 / 恋 / 愛する

cinta monyét [チヌタ モニェ(ト)]
([英] puppy love)幼い恋

cinta tidak berbalas
[チヌタ ティダッ ブーバラス]([英] one-side love)
片想い

cintai [チヌタイ]([英] to love)愛する

cipta [チ(プ)タ]([英] to invent / to create)
発明する / 作り出す

ciptaan [チ(プ)タアヌ]([英] invention / creation)発明 / 作品 / 創造物

ciri [チリ]([英] characteristic)特徴

cirit [チレ(ト)]([英] stools)便 / 糞

cirit-birit《[幹] cirit》[チレ(ト) ビレ(ト)]
([英] diarrhoea / to have diarrhoea)
下痢(げり) / 下痢する

cis [チス]([英] damn)ちぇっ / くそっ

cita rasa [チタ ラサ]([英] taste)
好(この)み / 味覚 / 味

cita-cita [チタ チタ]([英] ambition)
夢 / 願望 / 志(こころざし)

cita-citakan [チタ チタカヌ]([英] to dream for / to aspire)夢見る / 望む / 志す

cium [チオム]([英] to kiss)キスする

ciuman [チオマヌ]([英] kiss)キス

coca-cola [コカ コラ]([英] Coca-Cola)
コーラ

cocok [チョチョッ]([英] matching / suitable)
ぴったり合った / ふさわしい

cogan [チョガヌ]([英] banner)
垂(た)れ幕(まく)

cogan kata [チョガヌ カタ]([英] slogan)
スローガン / 標語

coke [コ(ク)]([英] coke)コーラ

coklat [チョクラ(ト)]([英] chocolate / brown)
チョコレート / 茶色の

coklat tua [チョクラ(ト) トゥウワ]
([英] dark brown)焦(こ)げ茶色の

coli [チョリ]([英] bra)ブラジャー

comél [チョメル]([英] cute)かわいらしい

condong [チョヌドン]([英] inclined / slanting)傾(かたむ)いた / 斜めの

condongkan [チョヌドンカヌ]([英] to tilt)
傾(かたむ)ける

congak [チョンアッ]([英] (to do) mental arithmetic / to look up)
暗算 / 暗算する / 見上げる

conténg(-conténg) [チョヌテン (チョヌテン)]
([英] graffiti / to scribble)
落書き / 落書きする

conténgan [チョヌテンアヌ]([英] graffiti)
落書き

contoh [チョヌト(ホ)]([英] example / model / sample / for example)
例 / 見本 / サンプル / 例えば

contoh sebenar [チョヌト(ホ) スブナー]
(英 real example)実例

contohi [チョヌトヒ]
(英 to follow the example of)見習う

contohnya [チョヌト(ホ)ニャ]
(英 for example)例えば

cop [チョ(プ)](英 stamp / logo mark)
印(いん) / 判子(はんこ) / ロゴマーク

corak [チョラッ](英 pattern / design / style)柄(がら) / 模様 / デザイン / 様式

cuaca [チュゥワチャ](英 weather)天気

cuai [チュゥワイ](英 careless / negligent)
不注意な / いい加減な

cuba [チュゥバ](英 to try)
試(こころ)みる / 試(ため)す / ～してごらん

cuba rasa [merasa] [チュゥバ ラサ [ムラサ]]
(英 to taste / to try)味見する

cubaan [チュゥバアヌ](英 challenge / attempt)試練 / 企(くわだ)て / 試み

cubit [チュゥベ(ト)](英 to pinch)
つねる / つまむ

cuci [チュゥチ](英 to wash / to develop)
洗う / 現像(げんぞう)する

cuci mata [チュゥチ マタ](英 to feast one's eyes)目の保養をする

cucian kering [チュゥチヤヌ クレン]
(英 dry-cleaning)ドライクリーニング

cucian tangan [チュゥチヤヌ タンアヌ]
(英 hand-washing)手洗い

cucu [チュゥチュゥ](英 grandchild)孫

cucuh [チュゥチョ(ホ)](英 to ignite / to light)点火する

cucuk [チュゥチョッ](英 skewer / to poke / to prick / to incite)串 / つつく / 刺す / 煽(あお)る / ～本(助数詞)

cucuk sanggul [チュゥチョッ サンゴル]
(英 ornamental hairpin)かんざし

cucur atap [チュゥチョー アタ(プ)]
(英 Baeckea frutescens / eaves gutter)
柏槇擬(びゃくしんもど)き / 樋(とい)

cuka [チュゥカ](英 vinegar)酢

cukai [チュゥカイ](英 tax)税 / 税金

cukai barangan dan perkhidmatan
[チュゥカイ バランアヌ ダヌ プーヒ(ド)マタヌ]
(英 goods and services tax / GST)
消費税

cukai harta [チュゥカイ ハルタ](英 property tax)固定資産税(こていしさんぜい)

cukai jualan [チュゥカイ ジュゥワラヌ]
(英 sales tax)売上税(うりあげぜい)

cukai kastam [チュゥカイ カスタム]
(英 custom duty)関税(かんぜい)

cukai pendapatan [チュゥカイ プヌダパタヌ]
(英 income tax)所得税(しょとくぜい)

cukai warisan [チュゥカイ ワリサヌ]
(英 inheritance tax)相続税(そうぞくぜい)

cukup [チュゥコ(プ)](英 enough / quite)
十分な / 足りる / 結構 / かなり

cukup-cukup [チュゥコ(プ) チュゥコ(プ)]
(英 barely / just enough)
ぎりぎりの / 多すぎも少なすぎもしない

cukur [チュゥコー](英 to shave)剃(そ)る

culik [チュゥレッ] ([英] to kidnap / to abduct) 連れ去る / 誘拐(ゆうかい)する

cuma [チュゥマ] ([英] just / merely) 単に / ただ / ほんの

cun [チュゥヌ] ([英] cute) 【口語】かわいい

curam [チュゥラム] ([英] steep) 急傾斜の / 険(けわ)しい

curang [チュゥラン] ([英] unfaithful) 不誠実な / 浮気する

curi [チュゥリ] ([英] to steal) 盗(ぬす)む

curi tulang [チュゥリ トゥゥラン] ([英] to loaf on the job) サボる / 怠(なま)ける

curi-curi [チュゥリ チュゥリ] ([英] quietly) こっそり

curiga [チュゥリガ] ([英] suspicious) 疑わしく思う / 用心する

curigai [チュゥリガィ] ([英] to doubt) 疑う

cuti [チュゥティ] ([英] holiday) 休暇(きゅうか) / 休日

cuti bergaji [berbayar] [チュゥティ ブーガジ [ブーバヤー]] ([英] paid holiday) 有給休暇(ゆうきゅうきゅうか)

cuti bersalin [チュゥティ ブーサレヌ] ([英] maternity leave) 産休(さんきゅう) / 育児休暇

cuti gantian [チュゥティ ガヌティヤヌ] ([英] substitute day off) 振替休日

cuti umum [am] [チュゥティ ウゥモム [アム]] ([英] holiday) 祝祭日(しゅくさいじつ)

CV [スィヴィ] ([英] CV (Curriculum Vitae)) 履歴書(りれきしょ)

D

dacing [ダチェン] ([英] scales) 天秤(てんびん)

dada [ダダ] ([英] chest) 胸

dadah [ダダ(ハ)] ([英] drug) 麻薬

dadu [ダドゥゥ] ([英] dice) さいころ

daérah [ダエラ(ハ)] ([英] district) 地区 / 地域 / 郡(ぐん)

daftar [ダフター] ([英] register / to register) 目録(もくろく) / 登録 / 登録する

daftar keluar [ダフター クルゥワー] ([英] checkout / to check out) チェックアウト / チェックアウトする

daftar masuk [ダフター マソッ] ([英] check-in / to check in) チェックイン / チェックインする

dagang [ダガン] ([英] trade / foreign) 取引 / 貿易 / 外来の

dagangan [ダガンァヌ] ([英] merchandise) 商品

daging [ダゲン] ([英] meat / beef) 肉 / 牛肉

daging batang pinang [ダゲン バタン ピナン] ([英] tenderloin) ヒレ肉

daging kambing [ダゲン カムベン] ([英] mutton / chevon) 羊肉(ようにく) / マトン / 山羊肉(やぎにく)

daging kambing muda [ダゲン カムベン ムゥダ] ([英] lamb) ラム肉

daging kisar [ダゲン キサー] ([英] ground meat) ひき肉

dagu [ダグゥ] ([英] chin) 顎(あご)

dagu berlapis [ダグゥ ブーラペス]
(英 double chin)二重顎(にじゅうあご)

dah [ダ(ハ)](英 already)
【口語】もう / すでに

dahaga [ダハガ](英 thirsty / to starve for / thirst)喉(のど)が渇(かわ)いた / 渇望(かつぼう)する / 喉の渇き

dahan [ダハヌ](英 branch)枝

dahi [ダヒ](英 forehead)額(ひたい) / でこ

dahsyat [ダ(ハ)シャ(ト)](英 awful / severe)
ひどい / 悲惨(ひさん)な / 激しい

dahulu [ダフゥルゥ](英 before / previous / last / first)以前(の) / 先に / まず

dahului [ダフゥルゥイ](英 to precede / to lead)〜の前に来る / 〜に先行する / 〜に先駆(さきが)ける

dahulukan [ダフゥルゥカヌ]
(英 to prioritize)優先する

dail [ダエル](英 dial / to dial)
ダイヤル / ダイヤルする

dakap [ダカ(プ)](英 to hold *sb* in one's arms / to hug)
抱きしめる / ハグする / だっこする

dakapan [ダカパヌ](英 holding in one's arms / hug / arms)
抱擁(ほうよう)(する腕) / だっこ(する腕)

daki [ダキ](英 to climb / dirt)
(山に)登る / 垢(あか)

dakwa [ダッ(ク)ワ](英 to claim / to sue)
主張する / 起訴(きそ)する

dakwaan [ダッ(ク)ワアヌ](英 claim / accusation)主張 / 訴え / 起訴(きそ)

dakwah [ダッ(ク)ワ(ハ)](英 missionary activity)伝道(でんどう)活動

dakwat [ダッ(ク)ワ(ト)](英 ink)インク

dakwat Cina [ダッ(ク)ワ(ト) チナ]
(英 Chinese ink)墨

dalam [ダラム](英 inside / within / in / deep / depth)中 / 内 / 〜語で / 〜において / 深い / 深さ

dalam negara [ダラム ヌガラ]
(英 domestic)国内の

dalam perjalanan [ダラム プージャラナヌ]
(英 on the way)道中の / 途中の

dalam prosés [ダラム プロセス]
(英 in the process)作業中の / 途中の

dalam talian [ダラム タリヤヌ](英 online)
オンライン

dalaman [ダラマヌ](英 interior)
内部 / インテリア

dalang [ダラン](英 mastermind / puppeteer)
黒幕(くろまく) / 影絵師(かげえし)

dalih [ダレ(ヘ)](英 excuse)
口実(こうじつ) / 言い訳

damai [ダマイ](英 peaceful)平和な

dan [ダヌ](英 and)および / と / そして

dan lain-lain [ダヌ ラエヌ ラエヌ]
(英 and so on)〜など / 〜等々

dan sebagainya [ダヌ スバガィニャ]
(英 and the like)
〜など / およびそれに類するもの

dana [ダナ](英 foundation / fund)
基金(ききん) / 資金

D

danau [ダナゥ] (㊥ lake) 湖

dandélion [ダヌデリオヌ] (㊥ dandelion) タンポポ

dansa [ダヌサ] (㊥ dance) ダンス

DAP [ディエピ] (㊥ DAP (Democratic Action Party)) 民主行動党

dapat [ダパ(ト)] (㊥ to get / to be found / can) 得る / もらう / 見つかる / ～できる

dapatan [ダパタヌ] (㊥ finding) 発見 / 成果

dapati [ダパティ] (㊥ to find (out) / to get) 発見する / 知る / 分かる / 得る

dapatkan [ダパ(ト)カヌ] (㊥ to get) 得る / 獲得する

dapur [ダポー] (㊥ kitchen / stove) キッチン / 台所 / コンロ

dara [ダラ] (㊥ virgin) 少女 / 処女

darab [ダラ(プ)] (㊥ to multiply / times) 掛け算する / 掛ける(×)

darabkan [ダラ(プ)カヌ] (㊥ to multiply) 掛け算する

darah [ダラ(ハ)] (㊥ blood) 血 / 血液

darah campuran [ダラ(ハ) チャムポラヌ] (㊥ mixed parentage) 混血

darah daging [ダラ(ハ) ダゲン] (㊥ flesh and blood / commonplace) 肉親 / 常態 / 当たり前

darat [ダラ(ト)] (㊥ land / inland) 陸 / 内陸

daratan [ダラタヌ] (㊥ land) 陸

dari [ダリ] (㊥ from) (場所、時間) から

daripada [ダリパダ] (㊥ from / than) (人、抽象物、材料など) から / ～よりも

darjah [ダージャ(ハ)] (㊥ (school) year / degree) (小学校の) 学年 / ～度(ど)

darurat [ダルゥラ(ト)] (㊥ emergency) 緊急事態 / 非常事態

dasar [ダサー] (㊥ principle / basis / bottom) 方針 / 政策 / 基本 / 基礎 / 底

dasar laut [ダサー ラォ(ト)] (㊥ seabed) 海底

Dasar Pandang ke Timur [ダサー パヌダン ク ティモー] (㊥ Look East Policy) ルックイースト政策

dasar politik [ダサー ポリテッ] (㊥ policy) 政策

data [ダタ] (㊥ data) データ / 資料

datang [ダタン] (㊥ to come) 来る

datang bulan [ダタン ブゥラヌ] (㊥ menstruation / period) 月経 / 生理

datangkan [ダタンカヌ] (㊥ to bring about / to bring) もたらす / 連れてくる

datar [ダター] (㊥ flat) 平らな

dataran [ダタラヌ] (㊥ field / plain) 広場 / 平野

Datin [ダティヌ] (㊥ Datin) ダティン(称号)

dating [デティン] (㊥ dating) 【口語】デート

Dato' [ダトッ] (㊥ Dato') ダト(称号)

datuk [ダトッ] (㊥ grandfather) 祖父 / おじいさん

Datuk [ダトッ] (㊥ Datuk) ダト(称号)

datuk bandar [ダトッ バヌダー]
(英 mayor)市長

daun [ダオヌ](英 leaf)
葉 / (扉など)薄く平たい物

daun bawang [ダオヌ バワン]
(英 spring onion)ネギ

daun salad [ダオヌ サラ(ド)](英 lettuce)
レタス

daun terup [ダオヌ トゥロ(プ)](英 cards)
トランプ

dawai [ダワイ](英 wire)針金

dawai kokot [ダワイ ココ(ト)](英 staple)
ホチキスの針

daya [ダヤ](英 power / way)力 / 方策

daya cipta [ダヤ チ(プ)タ](英 creativity)
創造力

daya ingatan [ダヤ インアタヌ]
(英 memory)記憶力

daya saing [ダヤ サエン]
(英 competitive edge)競争力

daya tahan [ダヤ タハヌ](英 durability / resistance / defence capability)
耐久性 / 持ち / 抵抗力 / 防衛力

daya tarikan [ダヤ タリカヌ]
(英 charm / gravity)魅力 / 引力

dayung [ダヨン](英 paddle / to row)
櫂(かい) / オール / 漕(こ)ぐ

DBKL (= Déwan Bandaraya Kuala Lumpur)
[ディビケエル (デワヌ バヌダラヤ クゥワラ ルゥムポー)]
(英 Kuala Lumpur City Hall)
クアラルンプール市庁

DBP (= Déwan Bahasa dan Pustaka)
[ディビピ (デワヌ バハサ ダヌ プゥスタカ)]
(英 Institute of Language and Literature)
言語図書局

debaran [ドゥバラヌ](英 beat)鼓動

debar-debar [ドゥバー ドゥバー]
(英 heartbeat / thrill / to get nervous)
ドキドキ(する) / はらはら(する)

débat [デバ(ト)](英 debate)
討論(とうろん) / ディベート

débatkan [デバ(ト)カヌ](英 to debate)
討論(とうろん)する

debu [ドゥブゥ](英 dust)埃(ほこり) / 塵(ちり)

debunga [ドゥブゥンァ](英 pollen)花粉

dedah [ドゥダ(ハ)](英 to disclose / to expose)暴露する / 人前にさらす

dedahkan [ドゥダ(ハ)カヌ](英 to disclose / to expose)暴露する / 人前にさらす

deféndan [デフェヌダヌ](英 defendant)
被告

definisi [デフィニスィ](英 definition)定義

definisikan [デフィニスィカヌ]
(英 to define)定義する

dégenerasi [デジュヌラスィ]
(英 degeneration)退化

degil [ドゥゲル](英 stubborn)頑固な

degupan [ドゥグゥパヌ](英 beat)鼓動

déhumidifier [デヒュゥミディファユー]
(英 dehumidifier)除湿器(じょしつき)

dék [デッ](英 deck / because of / by)
甲板(かんぱん) / ～のせいで / ～によって

dékad [デカ(ド)]([英] decade)十年(間)

dekat [ドゥカ(ト)]([英] near / nearby / close / at / to)近い / 近く / 密接な / 【口語】〜に / 〜で / 〜へ

dekati [ドゥカティ]([英] to approach / to come close to)近づく

dekatkan [ドゥカ(ト)カヌ]
([英] to put *sth* close)近づける

déklamasi [デゥラマスィ]([英] declamation / to read aloud)朗読(ろうどく) / 朗読する

déklamasikan [デゥラマスィカヌ]
([英] to read aloud)朗読(ろうどく)する

déklarasi [デゥララスィ]([英] declaration)
申告 / 宣言

dékorasi [デコラスィ]([英] decoration)
デコレーション

délégasi [デレガスィ]([英] delegation)
代表団

delima [ドゥリマ]([英] pomegranate)ザクロ

délinkuen [デリヌクウウヌ]([英] delinquent)
非行

délinkuensi [デリヌクウヌスィ]
([英] delinquency)非行(行為)

délusi [デルゥスィ]([英] delusion)妄想

demam [ドゥマム]([英] fever / to have a fever)熱 / 熱がある

demam dénggi [ドゥマム デンギ]
([英] dengue fever)デング熱

demam kepialu [ドゥマム クピヤルゥ]
([英] typhoid fever)腸チフス

demam panas [ドゥマム パナス]
([英] high fever)高熱

demi [ドゥミ]([英] for the sake of / by / I swear to)
〜のために / 〜ずつ / 〜に誓(ちか)って

demikian [ドゥミキヤヌ]
([英] like that)そのように / そのような

demikianlah [ドゥミキヤヌラ(ハ)]
([英] like that)そうして / そのように

démokrasi [デモゥラスィ]
([英] democracy)民主主義

démokratik [デモゥラテッ]
([英] democratic)民主的な

démonstrasi [デモヌストラスィ]
([英] demonstration)
デモ / デモンストレーション

denda [ドゥヌダ]([英] penalty / fine / to punish / to fine)
罰 / 罰金 / 処罰する / 罰金を課す

dendam [ドゥヌダム]([英] grudge / to have a grudge)恨(うら)み / 恨む

dengan [ドゥンアヌ]([英] with / by / and / ~-ly)
〜と一緒に / 〜付きの / 〜で / 〜と / 〜に

dengan sendiri [ドゥンアヌ スヌディリ]
([英] by itself / by oneself)
ひとりでに / 自力で / 一人で

dengan sendirinya [ドゥンアヌ スヌディリニャ]
([英] by oneself / automatically)
ひとりでに / 自然に / 自動的に

dengar [ドゥンァー]([英] to hear / to listen)
聞く / 耳にする / 従う

dengarkan [ドゥンァーカヌ]([英] to listen carefully)聞く / 耳を澄ます

dénggi [デンギ](㊊ dengue)デング熱

dengkur [ドゥンコー](㊊ snore / to snore)
いびき / いびきをかく

denyut [ドゥニョ(ト)](㊊ beat)鼓動

denyutan [ドゥニョタヌ](㊊ beat / pulse)
鼓動 / 脈

denyutan nadi [ドゥニョタヌ ナディ]
(㊊ pulse)脈拍(みゃくはく)

depan [ドゥパヌ](㊊ front / next)
前方 / 正面 / 表 / 次の

déposit [デポスイ(ト)](㊊ deposit)
デポジット / 手付金(てつけきん)

déposit kerosakan [デポスイ(ト) クロサカヌ]
(㊊ damage deposit)損害補償金(そんがいほしょうきん) / 敷金(しききん)

dépositkan [デポスイ(ト)カヌ]
(㊊ to deposit)入金する

dera [ドゥラ](㊊ to abuse)
虐待(ぎゃくたい)する

deras [ドゥラス](㊊ fast)急速な / 速い

dérét [デレ(ト)](㊊ row)列

dérétan [デレタヌ](㊊ row)列 / 並び

derhaka [ドゥーハカ](㊊ disloyal / to be disloyal / to betray)
反逆の / 裏切りの / 反逆する / 裏切る

derhaka kepada ibu bapa
[ドゥーハカ クパダ イブゥ バパ]
(㊊ (being) unfilial)親不孝(な)

deria [ドゥリヤ](㊊ sense)感覚(器官)

deria bau [ドゥリヤ バウ]
(㊊ sense of smell)嗅覚

deria pendengaran [ドゥリヤ プヌドゥンアラヌ]
(㊊ sense of hearing)聴覚

deria penglihatan [ドゥリヤ プンリハタヌ]
(㊊ vision)視覚

deria rasa [ドゥリヤ ラサ](㊊ sensation / sense of taste)感覚 / 味覚

deringkan [ドゥレンカヌ](㊊ to ring)
(ベルを)鳴らす

derita [ドゥリタ](㊊ suffering / to suffer)
苦悩 / 悩み / 苦しむ

deritakan [ドゥリタカヌ](㊊ to trouble)
苦しめる / 悩ます

derma [ドゥルマ](㊊ donation / to donate)
寄付(きふ) / 寄付する

derma darah [ドゥルマ ダラ(ハ)]
(㊊ blood donation / to donate blood)
献血(けんけつ) / 献血する

derma wang [ドゥルマ ワン]
(㊊ contribution / to contribute)
献金 / 献金する

dermaga [ドゥーマガ](㊊ wharf)
波止場(はとば) / 埠頭(ふとう)

dermakan [ドゥルマカヌ](㊊ to donate)
寄付(きふ)する

désa [デサ](㊊ countryside)
村落(そんらく) / 田舎

desak [ドゥサッ]
(㊊ to urge / to push)強く求める / 迫る / 押す

desakan [ドゥサカヌ](㊊ insistence / pressure)強い要求 / 圧力

D

desakan hati [ドゥサカヌ ハティ]
(英 impulse)衝動

déskripsi [デスクリプスィ]
(英 description)記述

déstinasi [デスティナスィ]
(英 destination)目的地 / 行き先

D

détéktif [デテクティフ](英 detective)
探偵 / 捜査官

détergen [デトゥジュヌ](英 detergent)洗剤

detik [ドゥテッ](英 moment / second)
瞬間(しゅんかん) / 秒

déwa [デワ](英 god)神

déwan [デワヌ](英 hall / house / council / institute)ホール / 議会 / 委員会 / 局

déwan kuliah [デワヌ クウリヤ(ハ)]
(英 lecture hall)講堂

déwan majlis [デワヌ マジレス]
(英 ceremonial hall)
式場 / 催事場(さいじじょう)

déwan makan [デワヌ マカヌ]
(英 dining hall)食堂

Déwan Negara [デワヌ ヌガラ]
(英 the Senate)上院

Déwan Perwakilan [デワヌ プーワキラヌ]
(英 the House of Representatives)
代表議会 / 衆議院

Déwan Rakyat [デワヌ ラッ(ク)ヤ(ト)]
(英 the House of Representatives)下院

Déwan Undangan Negeri
[デワヌ ウウヌダンアヌ ヌグリ]
(英 State Legislative Assembly)州議会

déwasa [デワサ](英 adult / time)
大人 / 成人 / 時代

déwi [デウィ](英 goddess)女神

dgn [ドゥンアヌ]☞dengan

di [ディ](英 at)～で / ～に

di luar jangkaan [ディ ルゥワー ジャンカアヌ]
(英 unexpected)意外な / 予想外の

di mana-mana [ディ マナ マナ]
(英 (not ~) anywhere)
どこでも / どこにも(～ない)

di samping [ディ サムペン]
(英 besides)～の他に / ～に加え

dia [ディヤ](英 he / his / him / she / her / it / its)彼 / 彼女 / 【口語】それ

dia orang [ディヤ オラン](英 they / their / them)【口語】彼ら / 彼女ら

diabétés [ディヤベテス](英 diabetes)
糖尿病(とうにょうびょう)

diagnosis [ディヤグノセス](英 diagnosis / to diagnose)診断 / 診断する

diagram [ディヤグラム](英 diagram)図表

diajar [ディアジャー](英 to be taught / to learn)教えられる / 教わる

dialamatkan [ディアラマ(ト)カヌ]
(英 to be addressed)宛てられる

dialék [ディヤレッ](英 dialect)方言(ほうげん)

dialog [ディヤロ(グ)](英 dialogue)
対話 / 対談

diam [ディヤム](英 silent)
黙(だま)っている / 無言(むごん)の

diam-diam [ディヤム ディヤム](㊥ quietly)
こっそり

diaméter [ディヤミトゥー](㊥ diameter)直径

diamkan [ディヤムカヌ]
(㊥ to hush / to ignore / to hush up)
黙(だま)らせる / 無視する / もみ消す

diamkan diri [ディヤムカヌ ディリ]
(㊥ to keep silent)沈黙する

dian [ディヤヌ](㊥ candle)蝋燭(ろうそく)

dianggap [ディアンガ(プ)]
(㊥ to be regarded)みなされる

dianugerahi [ディアヌゥグラヒ](㊥ to be awarded)授けられる / 賜(たま)わる

diari [ディヤリ](㊥ diary)日記 / 日誌

dibaca [ディバチャ](㊥ to be read)
読まれる

dibaharui [ディバハルゥイ]
(㊥ to be renewed)
新しくされる / 更新される

dibaiki [ディバイキ]
(㊥ to be corrected / to be repaired)
直される / 修繕(しゅうぜん)される

dibandingkan [ディバヌデンカヌ]
(㊥ to be compared)比べられる

dibanjiri [ディバンジリ](㊥ to be flooded)
〜が氾濫(はんらん)する

dibatalkan [ディバタルカヌ]
(㊥ to be cancelled)
中止される / キャンセルされる

dibawa [ディバワ](㊥ to be brought / to be carried)もたらされる / 運ばれる

dibawa masuk [ディバワ マソッ]
(㊥ to be brought in)
持ち込まれる / 連れて来られる

dibenarkan [ディブナーカヌ]
(㊥ to be allowed)許可される / 許される

dibentuk [ディブヌトッ](㊥ to be formed)
形成される / 築かれる

diberhentikan [ディブーフヌティカヌ]
(㊥ to be dismissed / to be stopped)
解雇(かいこ)される / 止められる

dibesar-besarkan [ディブサー ブサーカヌ]
(㊥ to be exaggerated)
誇張(こちょう)される

dibetulkan [ディブトゥルカヌ]
(㊥ to be corrected)
訂正(ていせい)される / 正される

dibiarkan [ディビヤーカヌ]
(㊥ to be left as it is)放置される

dibina [ディベナ](㊥ to be built)
建てられる / 作られる

dibinasakan [ディビナサカヌ]
(㊥ to be destroyed / to be devastated)
破壊される / 壊滅(かいめつ)させられる

dibotolkan [ディボトルカヌ]
(㊥ to be bottled)瓶(びん)詰めされる

dibuang [ディブゥワン]
(㊥ to be thrown away)捨てられる

dibuang kerja [ディブゥワン クージャ]
(㊥ to get fired)首になる

dibuang negeri [ディブゥワン ヌグリ]
(㊥ to exile oneself)
亡命する / 国を追われる

D

didedahkan [ディドゥダ(ハ)カヌ]
([英] to be exposed / to be revealed)
さらされる / 明かされる

didih [ディデ(ヘ)]([英] to boil)
沸騰(ふっとう)する / 沸(わ)く

didihkan [ディデ(ヘ)カヌ]([英] to boil)
沸騰(ふっとう)させる / 沸(わ)かす

didik [ディデッ]([英] to educate)教育する

didikan [ディディカヌ]([英] upbringing / teaching)教育 / しつけ

diduga [ディドゥウガ]([英] to be expected)
予想される

diélakkan [ディエラッカヌ]
([英] to be avoided)避けられる

diesél [ディセル]([英] diesel (oil))
ディーゼル油 / ディーゼルの

diét [ディエ(ト)]([英] diet)ダイエット

difahami [ディファハミ]([英] to be understood)理解される / 通じる

digalakkan [ディガラッカヌ]([英] to be encouraged)推奨(すいしょう)される

digantung [ディガヌトン]
([英] to be suspended / to be hung)
停止される / 停職にされる / 吊るされる

digantung lésén [ディガヌトン レセヌ]
([英] to have one's license suspended)
免停(めんてい)になる

digelar [ディグラー]([英] to be called)
〜と呼ばれる

digelari [ディグラリ]([英] to be called)
〜と呼ばれる

digemari [ディグマリ]([英] to be liked)
好(この)まれる

digital [ディジタル]([英] digital)デジタルの

diguna [ディグゥナ]([英] to be used)
使われる

digunakan [ディグゥナカヌ]
([英] to be used)使われる

dihantar [ディハヌター]([英] to be sent)
送られる

diharap [ディハラ(プ)]([英] to be hoped)
望まれる / 期待される

dihormati [ディホーマティ]([英] to be respected)尊敬される / 尊重される

diimport [ディイムポ(ト)]
([英] to be imported)輸入される

diinginkan [ディインエヌカヌ]
([英] to be wanted)欲しがられる

diiringi [ディイリンイ]([英] to be accompanied)
付き添われる / 同伴される

diisytiharkan [ディイシティハーカヌ]
([英] to be announced / to be declared)
発表される / 宣言される

dijadikan [ディジャディカヌ]
([英] to be made)〜に(なら)される

dijadualkan [ディジャドゥウワルカヌ]
([英] to be scheduled)予定される

dijangka [ディジャンカ]([英] to be expected)
予想される / 推定される

dijangkiti [ディジャンキティ]
([英] to be infected with)〜に感染する

dijual [ディジュゥワル] (㊥ to be sold)
売られる

dijumpai [ディジュウムパイ]
(㊥ to be found) 見つかる

dikalahkan [ディカラ(ハ)カヌ]
(㊥ to be defeated) 負かされる / 負ける

dikatakan [ディカタカヌ] (㊥ to be said)
言われる

dikehendaki [ディクフヌダキ]
(㊥ to be hoped / to be required)
望まれる / 要求される

dikenakan [ディクナカヌ]
(㊥ to be charged) 課される

dikenali [ディクナリ] (㊥ to be known / to be recognized) 知られる / 認識される

diketahui [ディクタフウイ]
(㊥ to be known) 知られる

dikurniai [ディクゥルニヤイ]
(㊥ to be awarded / to be blessed)
授けられる / 賜(たま)わる

dilahirkan [ディラヘーカヌ]
(㊥ to be born) 生まれる

dilampirkan [ディラムペーカヌ]
(㊥ to be attached / to be enclosed)
添付(てんぷ)される / 同封される

dilancarkan [ディランチャーカヌ]
(㊥ to be launched) 立ち上げられる /
打ち上げられる

dilarang [ディララン] (㊥ to be forbidden / don't) 禁止される / ～してはならない

dilengkapi [ディルンカピ]
(㊥ to be equipped) 備(そな)え付けられる

dilengkapkan [ディルンカ(プ)カヌ] (㊥ to be equipped / to be made complete)
備(そな)え付けられる / 完全にされる

dilihat [ディリハ(ト)] (㊥ to be looked at)
見られる

dilukai [ディルゥカイ] (㊥ to be hurt)
傷つけられる

dimajukan [ディマジュウカヌ]
(㊥ to be developed / to be forwarded)
開発される / 発展させられる / 転送される

dimakan [ディマカヌ] (㊥ to be eaten)
食べられる

diménsi [ディメヌスイ] (㊥ dimension) 次元

diminati [ディミナティ]
(㊥ to attract interest / to be liked)
興味を持たれる / 好意を寄せられる

dinaikkan [ディナエッカヌ]
(㊥ to be raised) 上げられる

dinaikkan gaji [ディナエッカヌ ガジ]
(㊥ to get a rise in one's salary)
昇給する

dinaikkan pangkat [ディナエッカヌ パンカ(ト)]
(㊥ to be promoted) 昇進する

dinamik [ディナメッ] (㊥ dynamic)
ダイナミックな / 動的な

dinding [ディヌデン] (㊥ wall) 壁 / 塀(へい)

dingin [ディンエヌ] (㊥ cold)
(天候、態度が) 冷たい

dingin beku [ディンエヌ ブクゥ] (㊥ frozen)
冷凍の

dinihari [ディニハリ] (㊥ before dawn)
夜明け前

D

D

dinosaur [ディノソ](㊥ dinosaur)恐竜

dipanggil [ディパンゲル](㊥ to be called) 呼ばれる

dipanjangkan [ディパンジャンカヌ] (㊥ to be extended)延長される

dipaparkan [ディパパーカヌ](㊥ to be displayed)示される / 見せられる

dipenuhi [ディプノヒ](㊥ to be filled) 満たされる

diperam [ディプラム](㊥ to be fermented) 発酵(はっこう)させられる

diperbaharui [ディプーバハルゥイ] (㊥ to be renewed) 更新される / 新しくされる

dipercayai [ディプーチャヤィ] (㊥ to be believed / to be trusted) 信じられる / 信用される

diperlukan [ディプールゥカヌ] (㊥ to be needed)必要とされる

dipersetujui [ディプーストゥウジュウイ] (㊥ to be agreed)同意される

dipertua [ディプートゥウワ](㊥ leader) 首長(しゅちょう)

dipilih [ディピレ(へ)](㊥ to be selected) 選ばれる

diploma [ディプロマ](㊥ diploma) 修了証書 / 学位

diplomasi [ディプロマスィ](㊥ diplomacy) 外交

diplomat [ディプロマ(ト)](㊥ diplomat) 外交官

diplomatik [ディプロマテッ] (㊥ diplomatic)外交(上)の

dipulihkan [ディプゥレ(へ)カヌ] (㊥ to be restored / to be cured) 修復される / 取り戻される / 治療される

dirahmati [ディラ(ハ)マティ] (㊥ to be blessed)恵まれる / 祝福される

diraja [ディラジャ](㊥ royal)王室の / 王立の

diréktor [ディレクトー](㊥ director) (映画などの)監督 / 所長 / 取締役

diri [ディリ](㊥ self)自身 / 自己

diri sendiri [ディリ スヌディリ](㊥ oneself) 自身 / 自己

dirikan [ディリカヌ](㊥ to build / to establish) 建てる / 建設する / 設立する

diriku [ディリクゥ](㊥ myself) 僕自身 / 俺自身 / あたし自身

dirimu [ディリムゥ](㊥ yourself) 君自身 / お前自身

dirinya [ディリニャ](㊥ himself / herself) 彼自身 / 彼女自身

disangka [ディサンカ] (㊥ to be thought / to be guessed) 憶測(おくそく)される / 思い込まれる

disebabkan [ディスバ(ブ)カヌ] (㊥ because (of) / to be caused) ~のせいで / ~が原因で / 引き起こされる

disedari [ディスダリ](㊥ to be realized) 気付かれる / 意識される

diselamatkan [ディスラマ(ト)カヌ] (㊥ to be saved / to be rescued) 救われる / 救助される

diselenggara [ディスルンガラ]
(㊥ to be maintained / to be edited)
メンテナンスされる / 編集される

Disémber [ディゼムブー](㊥ December)
十二月

disertakan [ディスータカヌ]
(㊥ to be attached)
添付(てんぷ)される / 同封される

diséwa [ディセワ](㊥ to be rented)
賃貸(ちんたい)される

disinféksi [ディスイヌフェクスイ]
(㊥ disinfection)消毒 / 殺菌

disiplin [ディスイプリヌ](㊥ discipline)
規律 / 学問分野

disiplinkan [ディスイプリヌカヌ]
(㊥ to discipline)躾(しつ)ける

diskaun [ディスカォヌ](㊥ discount)
ディスカウント

diskaun pelajar [ディスカォヌ プラジャー]
(㊥ student discount)学割

diskriminasi [ディスクリミナスイ]
(㊥ discrimination)差別

diskriminasikan [ディスクリミナスイカヌ]
(㊥ to discriminate)差別する

diskusi [ディスクゥスイ](㊥ discussion)
ディスカッション / 議論

dispénsari [ディスペヌサリ](㊥ dispensary)
(調剤)薬局

disukai [ディスゥカイ](㊥ to be liked)
好かれる / 好(この)まれる

disunting [ディスゥヌテン]
(㊥ to be edited)編集される

ditambah [ディタムバ(ハ)]
(㊥ to be added)追加される

ditanam [ディタナム](㊥ to be buried)
埋められる

ditangguhkan [ディタンゴ(ホ)カヌ]
(㊥ to be postponed)延期される

ditangkap [ディタンカ(プ)]
(㊥ to be captured)捕(つか)まえられる

ditapai [ディタパイ](㊥ to be fermented)
発酵(はっこう)させられる

ditapaikan [ディタパイカヌ]
(㊥ to be fermented)
発酵(はっこう)させられる

ditegah [ディトゥガ(ハ)]
(㊥ to be forbidden / don't)
禁止される / ～してはならない

ditentukan [ディトゥヌトゥウカヌ]
(㊥ to be determined)決められる

diterima [ディトゥリマ]
(㊥ to be received / to be accepted)受け取られる / 受け入れられる

diterokai [ディトゥロカイ](㊥ to be opened / to be explored)開拓される / 探検される

ditetapkan [ディトゥタ(プ)カヌ]
(㊥ to be fixed / to be designated)
定められる / 指定される

ditéwaskan [ディテワスカヌ]
(㊥ to be defeated)負ける / 負かされる

ditubuhkan [ディトゥウボ(ホ)カヌ]
(㊥ to be formed)設立される

ditugaskan [ディトゥウガスカヌ]
(㊥ to be assigned)任務を与えられる

D

dituju [ディトゥウジュウ] (英 to be directed) 向けられる

ditulis [ディトゥウレス] (英 to be written) 書かれる

diulang(-ulang) [ディウゥラン (ウゥラン)] (英 to be repeated) 繰り返される

diuruskan [ディウゥロスカヌ] (英 to be managed / to be handled) 取り仕切られる / 扱われる

dividen [ディヴィドゥヌ] (英 dividend) 配当金

diwarisi [ディワリスィ] (英 to be inherited) 受け継がれる

diwarnai [ディワーナイ] (英 to be coloured) ～で染まる / 色付けされる

diwarnakan [ディワーナカヌ] (英 to be coloured) 色付けされる

dll [ダヌ ラエヌ ラエヌ] ☞dan lain-lain

dlm [ダラム] ☞dalam

doa [ドンア] (英 prayer) 祈り / 祈願(きがん)

dobi [ドビ] (英 launderer) 洗濯屋

dodoi [ドドイ] (英 lullaby) 子守唄

dodol [ドドル] (英 dodol) ドドル(マレー羊羹)

doh [ド(ホ)] (英 dough) (パンなどの)生地

doktor [ドクトー] (英 doctor) 医者 / 博士

doktor bedah [ドクトー ブダ(ハ)] (英 surgeon) 外科医

doktor gigi [ドクトー ギギ] (英 dentist) 歯医者

doktor mata [ドクトー マタ] (英 eye doctor) 目医者

doktor ortopédik [ドクトー オートペデッ] (英 orthopaedist) 整形外科医

doktor pakar [ドクトー パカー] (英 medical specialist) 専門医

doktor pakar kanak-kanak [ドクトー パカー カナッ カナッ] (英 paediatrician) 小児科医

doktor pergigian [ドクトー プーギギヤヌ] (英 dentist) 歯科医

doktor psikiatri [sakit jiwa] [ドクトー プスィキヤトリ [サケ(ト) ジワ]] (英 psychiatrist) 精神科医

doktor sakit puan [ドクトー サケ(ト) プゥワヌ] (英 gynaecologist) 婦人科医

doktrin [ドクトレヌ] (英 doctrine) 教義 / 主義

dokumén [ドクゥメヌ] (英 document) 文書 / 書類

dokumén kontrak [ドクゥメヌ コヌトラッ] (英 contract document) 契約書

dolar [ドラー] (英 dollar) ドル

doméstik [ドメステッ] (英 domestic) 国内の

dominan [ドミナヌ] (英 dominant) 優位な / 優勢な

dompét [ドムペ(ト)] (英 wallet) 財布

dongak [ドンアッ] (英 to look up) 仰(あお)ぐ / 見上げる

dongéng [ドンエン] (英 tale / fable) 物語 / 作り話

dongéng rakyat [ドンエン ラッ(ク)ヤ(ト)]
(㊥ folk tale)民話

dorong [ドロン](㊥ to encourage / to push)促す / 推進する / (前に)押す

dorongan [ドロンアヌ]
(㊥ encouragement)励まし / 推進

dorongan hati [ドロンアヌ ハティ]
(㊥ impulse)衝動

dos [ドス](㊥ dose)服用量

dosa [ドサ](㊥ sin)(宗教·倫理上の)罪

dozén [ドゼヌ](㊥ dozen)ダース

dr [ダリ]☞dari

Dr. [ドッ(ク)トゥー](㊥ Dr. / you / your)
博士 / (博士号取得者に対し)先生 / あなた

draf [ドラフ](㊥ draft / to draft)
下書き / 下書きする / 手形

draf bank [ドラフ ベン](㊥ bank draft)
銀行為替(かわせ)手形

drama [ドラマ](㊥ drama / play)
ドラマ / 演劇 / 戯曲

drama komédi [ドラマ コメディ]
(㊥ comedy drama)コメディードラマ

drama lawak [ドラマ ラワッ](㊥ comedy)
喜劇

drpd [ダリパダ]☞daripada

dsb [ダヌ スバガイニャ]☞dan sebagainya

dua [ドゥウワ](㊥ two)2

dua belas [ドゥウワ ブラス](㊥ twelve)12

dua-dua [ドゥウワ ドゥウワ](㊥ both)
【口語】両方とも / 2つとも

dubur [ドゥウボー](㊥ anus)肛門

duduk [ドゥウドッ](㊥ to sit / to live / to stay)座る / 住む / 泊まる

duduk-duduk [ドゥウドッ ドゥウドッ]
(㊥ to relax)のんびりする

duduki [ドゥウドゥウキ]
(㊥ to sit for / to sit / to occupy)
受験する / 座る / 居住する / 占領する

duga [ドゥウガ](㊥ to guess / to expect)
推測する / 予期する

dugaan [ドゥウガアヌ]
(㊥ guess / challenge)推測 / 試練

duit [ドゥウエ(ト)](㊥ money)お金

duit kecil [ドゥウエ(ト) クチェル]
(㊥ small change)小銭(こぜに)

duit syiling [ドゥウエ(ト) シレン](㊥ coin)
コイン / 硬貨

duka [ドゥウカ](㊥ sorrow)悲しみ

dukacita [ドゥウカチタ](㊥ sad / regretful)
悲しい / 遺憾(いかん)な

dulang [ドゥウラン](㊥ tray)お盆

Duli Yang Maha Mulia
[ドゥウリ ヤン マハ ムゥリヤ](㊥ His Majesty)
陛下(へいか)

dulu [ドゥウルゥ](㊥ before / previous / last / first)以前(の) / 先に / まず

DUN (= Déwan Undangan Negeri)
[ディユウエヌ (デワヌ ウゥヌダンアヌ ヌグリ)]
(㊥ State Legislative Assembly)州議会

D

dungu [ドゥウンゥウ] (英 foolish) 馬鹿な

dunia [ドゥウニヤ] (英 world / this world) 世界 / 現世

duniawi [ドゥウニヤウィ] (英 worldly) この世の / 現世の

duplikasi [ドゥウプリカスィ] (英 duplication) 重複(ちょうふく) / 複製

E

duri [ドゥウリ] (英 thorn) 棘(とげ)

durian [ドゥウリヤヌ] (英 durian) ドリアン

dusta [ドゥウスタ] (英 lie) 嘘

dusun [ドゥウソヌ] (英 orchard) 果樹園

duta [ドゥウタ] (英 ambassador) 大使

duti [ドゥウティ] (英 duty) 税

duti kastam [ドゥウティ カスタム] (英 custom duty) 関税(かんぜい)

DVD [ディヴィディ] (英 DVD) DVD

dwibahasa [ドゥウィバハサ] (英 bilingual) 二言語の

E

ECG [イスイジ] (英 ECG (electrocardiogram)) 心電図

édar [エダー] (英 to distribute / to circulate) 配布する / 回覧する

édaran [エダラヌ] (英 circulation / distribution) 回覧 / 配布物 / 流通

édarkan [エダーカヌ] (英 to circulate / to distribute) 回覧する / 配布する

édisi [エディスィ] (英 edition) 版

éditor [エディトー] (英 editor) 編集者

égo [エゴ] (英 egocentric / ego) 自己中心的な / 自我

égois [エゴェス] (英 egoist / egoistic) エゴイスト(の)

éh [エ(ヘ)] (英 eh / oh) えっ / あれっ(驚きや不審を示す)

éhwal [エ(ヘ)ワル] (英 affair) 事柄

éjaan [エジャアヌ] (英 spelling) 綴(つづ)り

éjék [エジェッ] (英 to tease) からかう

éjén [エジェヌ] (英 agent) エージェント / 代理人

éjén hartanah [harta tanah] [エジェヌ ハータナ(ハ) [ハータ タナ(ハ)]] (英 real estate agent) 不動産屋

éka [エカ] (英 mono-~) 単~

ékasikal [エカスイカル] (英 unicycle) 一輪車

EKG [イケジ] (英 EKG (electrocardiogram)) 心電図

ékologi [エコロジ] (英 ecology) エコロジー / 生態学

ékonomi [エコノミ] (英 economy) 経済

ékor [エコー] (英 tail) しっぽ / ~匹〈頭 / 羽〉(助数詞)

ékoran [エコラヌ] (英 as a consequence of) ~を受け / ~の結果

ékori [エコリ] (英 to follow) 付いて行く

ékosistem [エコスイストゥム] (英 ecosystem) 生態系

éksékutif [エクセクゥテフ] (㊥ executive)
重役 / 幹部

éksklusif [エクスクルゥセフ] (㊥ exclusive)
もっぱらの / 他にない

ékspérimen [エクスペリムヌ]
(㊥ experiment) 実験

éksploitasi [エクスプロイタスイ]
(㊥ exploitation / to exploit)
搾取(さくしゅ) / 搾取する

ékspo [エクスポ] (㊥ expo) 展覧会 / 博覧会

éksport [エクスポ(ト)] (㊥ export / to export)
輸出 / 輸出する

éksprés [エクスプレス] (㊥ express)
急行 / 急ぎの

éksterior [エクストゥリオー] (㊥ exterior)
外装 / 外部

ékstrém [エクストレム] (㊥ extreme)
過激な / 極端な

ékuiti [エクウイティ] (㊥ equity)
株主資本 / 株主持分(もちぶん)

élak [エラッ] (㊥ to avoid) 避ける

élakkan [エラッカヌ] (㊥ to avoid) 避ける

élaun [エラォヌ] (㊥ allowance) 手当

élaun keraian [エラォヌ クライヤヌ]
(㊥ entertainment allowance [expenses])
接待費

élaun kerja luar [エラォヌ クージャ ルゥワー]
(㊥ outstation allowance) 出張手当

élaun perjalanan [エラォヌ プージャラナヌ]
(㊥ travelling allowance)
出張手当 / 旅費

éléktrik [エレクトレッ] (㊥ electricity /
electric) 電気 / 電気の

éléktrik statik [エレクトレッ スタテッ]
(㊥ static electricity) 静電気

éléktrokardiogram [エレクトロカーディオグラム]
(㊥ electrocardiogram) 心電図

éléktron [エレクトロヌ] (㊥ electron) 電子

éléktronik [エレクトロネッ] (㊥ electronic)
電子の / 電子化した

élémen [エレムヌ] (㊥ element) 要素 / 元素

élit [エリ(ト)] (㊥ the elite) エリート

élok [エロッ] (㊥ nice / good / desirable)
よい / 望ましい

emak [ウマッ] (㊥ mum) お母さん

emas [ウマス] (㊥ gold) 金 / ゴールド

emas tulén [ウマス トゥウレヌ]
(㊥ pure gold) 純金

embun [ウムボヌ] (㊥ dew) 露(つゆ)

embun beku [ウムボヌ ブクゥ] (㊥ frost)
霜(しも)

e-mél [イ メル] (㊥ e-mail) Eメール

e-mél spam [イ メル スパム] (㊥ spam mail)
迷惑メール / スパムメール

émigrasi [エミグラスイ] (㊥ emigration)
(外国への) 移民

émosi [エモスイ] (㊥ emotion)
気持ち / 感情

émosional [エモスイヨナル]
(㊥ emotional) 感情的な

E

empangan [ウムパンアヌ]([英] dam)ダム

empat [ウムパ(ト)]([英] four)4

empat belas [ウムパ(ト) ブラス]
([英] fourteen)14

empat segi [persegi]
[ウムパ(ト) スギ[プースギ]]([英] square)四角

empuk [ウムポッ]([英] soft)やわらかい

empukkan [ウムポッカヌ]([英] to soften)
やわらかくする

empulur [ウムプゥロー]([英] pith)
髄(ずい)/芯

émulsi [エムゥルスィ]([英] emulsion)
乳剤/乳液

En. (= Encik) [ウンチェッ]([英] Mr.)
(男性に対して)～さん/～先生

énak [エナッ]([英] delicious)おいしい

énakmen [エナクムヌ]([英] enactment)
法令/制定法

enam [ウナム]([英] six)6

enam belas [ウナム ブラス]([英] sixteen)
16

encik [ウンチェッ]([英] you / your)
(男性に対して)あなた

Encik [ウンチェッ]([英] Mr.)
(男性に対して)～さん/～先生

éndah [エヌダ(ハ)]([英] to pay attention to)
気に留める

éndahkan [エヌダ(ハ)カヌ]
([英] to pay attention to)気に留める

enggan [ウンガヌ]([英] to refuse)
～するのを嫌がる/～したがらない

engkau [ウンカウ]([英] you / your)
おまえ/あんた

énjin [エンジェヌ]([英] engine)エンジン

énsiklopédia [エヌスィクロペディヤ]
([英] encyclopaedia)百科事典

entah [ウヌタ(ハ)]([英] don't know /
perhaps)知らない/～かもしれない

entahlah [ウヌタ(ハ)ラ(ハ)]
([英] I don't know)分かんない/さあね

énzim [エヌズィム]([英] enzyme)酵素

épal [エパル]([英] apple)リンゴ

épidémik [エピデメッ]
([英] epidemic)(病気の)流行/多発

épilépsi [エピレプスィ]([英] epilepsy)
癲癇(てんかん)

éra [エラ]([英] era)時代/年代

erang [ウラン]([英] to groan)
唸(うな)る/うめく

erat [ウラ(ト)]([英] close / tight)
密接な/緊密な/堅い

éritrosit [エリトロセ(ト)]([英] red blood cell)
赤血球

Éropah [エロパ(ハ)]([英] Europe)ヨーロッパ

erti [ウルティ]([英] meaning)意味

ertinya [ウルティニャ]([英] that is to say)
つまり

ésa [エサ]([英] single)単一の

éséi [エセ]([英] essay)随筆 / エッセー

éskalator [エスカレトゥー]([英] escalator)
エスカレーター

ésofagus [エソファゴス]([英] oesophagus)
食道

ésok [エソッ]([英] tomorrow / later)
明日 / 今度 / 後で

ésplanad [エスプラナ(ド)]([英] esplanade)
遊歩道

étika [エティカ]([英] ethics)倫理

étikét [エティケ(ト)]([英] etiquette)エチケット

étnik [エ(ト)ネッ]([英] ethnic)民族の / 人種の

évolusi [エヴォルゥスイ]([英] evolution)進化

Éxco [エクスコ]
([英] Exco / executive council(lor))
(執行)評議会 / 評議会委員

F

fabrik [ファブレッ]([英] fabric)
織物(おりもの) / 布地

faédah [ファエダ(ハ)]([英] profit / interest)
利益 / 利子(りし)

faham [ファハム]([英] to understand)
理解する / 分かる

fahaman [ファハマヌ]([英] opinion / ideology)考え / 主義 / イデオロギー

fahaman komunis [ファハマヌ コムゥネス]
([英] communism)共産主義

fahami [ファハミ]([英] to understand)
理解する / 分かる

fail [ファエル]([英] file)ファイル

fajar [ファジャー]([英] dawn)夜明け / 明け方

faks [フェクス]([英] fax)ファックス

fakskan [フェクスカヌ]([英] to fax)
ファックスする

fakta [ファクタ]([英] fact)事実

faktor [ファクトー]([英] factor)要因

fakulti [ファコルティ]([英] faculty)学部

falsafah [ファルサファ(ハ)]([英] philosophy)
哲学 / 理念

famili [フェミリ]([英] family)
家族 / ファミリー

fantasi [ファヌタスイ]([英] fantasy)
ファンタジー / 空想

fardu [ファルドゥウ]([英] religious obligation)
宗教上の義務

farmasi [ファマスイ]([英] pharmacy)薬局

fasa [ファサ]([英] phase)段階

fasal [ファサル]([英] article)条 / 条項

fasih [ファセ(ヘ)]([英] fluent)
流暢(りゅうちょう)な

fatwa [ファ(ト)ワ]([英] fatwa)ファトワ(イスラームの教義に基(もと)づく裁定)

faul [ファオル]([英] foul)反則

Fébruari [フェブルゥワリ]([英] February)二月

fénoména [フェノメナ]
([英] phenomenon)現象

féri [フェリ]([英] ferry)フェリー

F

féstival [フェスティヴァル] (㊥ festival)
フェスティバル / 祭り

fésyen [フェシュヌ] (㊥ fashion) ファッション

féudal [ヒユウダル] (㊥ feudal)
封建的(ほうけんてき)な

féudalisme [ヒユウダリスマ] (㊥ feudalism)
封建主義(ほうけんしゅぎ) / 封建制度

fikir [フィケー] (㊥ to think) 考える

fikiran [フィキラヌ] (㊥ idea / thought)
考え / 思想

fikirkan [フィケーカヌ] (㊥ to think about)
～について考える

filem [フィルム] (㊥ film) 映画 / フィルム

Filipina [フィリピナ] (㊥ the Philippines)
フィリピン

filologi [フィロロジ] (㊥ philology) 文献学

final [フィナル] (㊥ final) 決勝 / 決勝戦

firasat [フィラサ(ト)] (㊥ instinct / premonition) 直感 / 予感

firma [フィルマ] (㊥ firm) 会社 / 企業

firman [フィルマヌ] (㊥ word of God)
神の言葉 / お告げ

fitnah [フィ(ト)ナ(ハ)] (㊥ slander / to slander)
中傷 / 中傷する

fitrah [フィトラ(ハ)] (㊥ alms / natural instinct)
(断食(だんじき)明けの)喜捨(きしゃ) / 本能

fizik [フィゼッ] (㊥ physics) 物理学

fizikal [フィズィカル] (㊥ physical) 身体的な

fléksibel [フレクスィブル] (㊥ flexible)
柔軟(じゅうなん)な / しなやかな

fléksibiliti [フレクスィビリティ] (㊥ flexibility)
しなやかさ / 柔軟さ / 融通

foie gras [ファ グラ] (㊥ foie gras)
フォアグラ

fokus [フォクウス] (㊥ focus / to focus)
焦点 / 集中する

fokuskan [フォクウスカヌ] (㊥ to focus)
～に集中する / ～に焦点を置く

folder [フォルドゥー] (㊥ folder) フォルダー

fon [フォヌ] (㊥ font) フォント

fon kepala [フォヌ クパラ]
(㊥ headphones) ヘッドフォン

formal [フォマル] (㊥ formal)
フォーマルな / 改まった

format [フォマ(ト)] (㊥ format)
形式 / 書式 / フォーマット

formula [フォムウラ] (㊥ formula)
数式 / 公式

forum [フォロム] (㊥ forum) フォーラム

fosil [フォセル] (㊥ fossil) 化石

foto [フォト] (㊥ photograph) 写真

fotografer [フォトグラフー]
(㊥ photographer) カメラマン

fotostat [フォトスタ(ト)] (㊥ to copy)
コピーする

foya-foya [フォヤ フォヤ]
(㊥ to fool around / to party)
遊んで過ごす / パーティーする

frasa [フラサ](㊥ phrase)句 / フレーズ

fungsi [フゥンスィ](㊥ function / to function)機能 / 機能する

fungus [フゥンォス](㊥ fungus)菌

G

gabenor [ガブノー](㊥ governor)(一部州の)知事 / (中央銀行)総裁

gabungan [ガボンァヌ](㊥ combination)組み合せ / 結合 / 合同

gabungkan [ガボンカヌ](㊥ to combine)組み合わせる / 結合する

gabus [ガボス](㊥ cork)コルク

gadai [ガダィ](㊥ pawn / to pawn / to sacrifice)質(しち)入れ / 質に入れる / 犠牲(ぎせい)にする

gadai janji [ガダィ ジャンジ](㊥ mortgage)(譲渡)抵当 / モーゲージ

gadaikan [ガダィカヌ](㊥ pawn / to pawn / to sacrifice)質(しち)入れ / 質に入れる / 犠牲(ぎせい)にする

gading [ガデン](㊥ ivory)象牙(ぞうげ)

gadis [ガデス](㊥ girl)少女 / お嬢さん

gaduh [ガド(ホ)](㊥ to fight)喧嘩(けんか)する

gagah [ガガ(ハ)](㊥ brave / strong / sturdy)勇敢な / 屈強な / たくましい

gagak [ガガッ](㊥ crow)カラス

gagal [ガガル](㊥ to fail)失敗する / 不合格になる / ～し損なう

gagalkan [ガガルカヌ](㊥ to fail)落とす / 不合格にする

gagang téléfon [ガガン テレフォヌ](㊥ telephone receiver)受話器

gagasan [ガガサヌ](㊥ idea)アイデア / 構想

gajah [ガジャ(ハ)](㊥ elephant)象

gaji [ガジ](㊥ salary / to employ)給料 / 雇う

gaji bulanan [ガジ ブゥラナヌ](㊥ monthly salary)月給

gaji harian [ガジ ハリヤヌ](㊥ daily wage)日給

gaji mingguan [ガジ ミングゥワヌ](㊥ weekly wage)週給

gaji tahunan [ガジ タフゥナヌ](㊥ annual salary)年俸

gajus [ガジョス](㊥ cashew nut)カシューナッツ

galah [ガラ(ハ)](㊥ pole)長い棒 / 竿(さお)

galakan [ガラカヌ](㊥ encouragement)奨励(しょうれい)

galakkan [ガラッカヌ](㊥ to encourage)促す / 奨励(しょうれい)する

galaksi [ゲレクスィ](㊥ galaxy)銀河

galas [ガラス](㊥ to carry *sth* on one's shoulder)(肩に)担ぐ / 背負う

gali [ガリ](㊥ to dig)掘る

galian [ガリヤヌ](㊥ mineral)鉱物

gam [ガム](㊥ glue)糊(のり) / 接着剤

gamaknya [ガマッ(ク)ニャ]
(英 presumably) たぶん / どうやら

gamam [ガマム] (英 stunned)
茫然(ぼうぜん)とする

gamang [ガマン] (英 scared / acrophobic)
(高所から)下を見て怖い / 高所恐怖症の

gambar [ガムバー] (英 picture) 絵 / 写真

gambar rajah [ガムバー ラジャ(ハ)]
(英 diagram) 図 / 図表

gambaran [ガムバラヌ] (英 picture)
イメージ / 描写

gambarkan [ガムバーカヌ]
(英 to describe) 描写(びょうしゃ)する

gambut [ガムボ(ト)] (英 peat) 泥炭(でいたん)

ganas [ガナス] (英 ferocious)
狂暴な / 獰猛(どうもう)な

ganda [ガヌダ] (英 double / multiple)
倍 / ダブル / 複数の

gandakan [ガヌダカヌ] (英 to double / to reduplicate) 倍にする / 重複する

gandingan [ガヌディンアヌ] (英 pairing)
組 / 組合せ / ペア

gandum [ガヌドム] (英 wheat) 小麦

ganggu [ガングゥ] (英 to disturb)
妨(さまた)げる / 邪魔(じゃま)する

gangguan [ガングゥワヌ] (英 disturbance / interruption) 邪魔(じゃま) / 妨害 / 不通

gangguan bekalan éléktrik
[ガングゥワヌ ブカラヌ エレクトレッ]
(英 power cut) 停電

gangguan fikiran [ガングゥワヌ フィキラヌ]
(英 derangement) 錯乱

gangguan pendengaran
[ガングゥワヌ プヌドゥンアラヌ] (英 deafness) 難聴

gangguan ritma harian
[ガングゥワヌ リ(ト)マ ハリヤヌ] (英 jet lag)
時差ぼけ

gangguan séksual [ガングゥワヌ セクスゥワル]
(英 sexual harassment) セクハラ

ganggu-gugat [ガングゥ グゥガ(ト)]
(英 to threaten)
揺るがす / 危機に晒(さら)す

gangsa [ガンサ] (英 bronze)
青銅 / ブロンズ

ganja [ガンジャ] (英 cannabis / hemp) 大麻

ganjaran [ガンジャラヌ] (英 reward)
報酬 / 褒美(ほうび)

ganjil [ガンジェル] (英 strange / odd)
奇妙な / 変な / 奇数の

ganti [ガヌティ] (英 substitute / spare / to replace) 代わり / スペア / 代える

ganti rugi [ガヌティ ルゥギ]
(英 compensation) 賠償

gantian [ガヌティヤヌ] (英 substitute) 代わり

gantikan [ガヌティカヌ] (英 to replace)
~に取って代わる

gantung [ガヌトン]
(英 to hang on / to suspend)
つるす / 掛ける / 停止する / 停職にする

gantung lésén [ガヌトン レセヌ]
(英 license suspension / to suspend license) 免停(めんてい) / 免停にする

gantungkan [ガヌトゥンカヌ] (㊥ to hang) つるす / 掛ける

gara-gara [ガラ ガラ] (㊥ because of) ～のせい

garaj [ガラジ] (㊥ garage) ガレージ / 車庫

garaj keréta [ガラジ クレタ] (㊥ garage) 車庫

garam [ガラム] (㊥ salt) 塩

garang [ガラン] (㊥ fierce / loud) 荒々しい / 派手な

gari [ガリ] (㊥ handcuffs) 手錠

garis [ガレス] (㊥ line) 線 / 行(ぎょう)

garis bawah [ガレス バワ(ハ)] (㊥ underline) 下線

garis kasar [ガレス カサー] (㊥ outline) 概略 / アウトライン

garis lurus [ガレス ルゥロス] (㊥ straight line) 直線

garis melintang [mendatar] [ガレス ムリヌタン [ムヌダター]] (㊥ horizontal line) 水平線

garis panduan [ガレス パヌドゥウワヌ] (㊥ guideline) ガイドライン / 指針

garis pusat [ガレス プゥサ(ト)] (㊥ diameter) 直径

garis putus-putus [ガレス プゥトス プゥトス] (㊥ broken line) 破線

garis serenjang [ガレス スルンジャン] (㊥ perpendicular line) 垂直線(すいちょくせん)

garis tegak [menegak] [ガレス トゥガッ [ムヌガッ]] (㊥ vertical line) 縦線 / 垂直線

garis titik [ガレス ティテッ] (㊥ dotted line) 点線

garis ufuk [ガレス ウゥフォッ] (㊥ horizon / horizontal line) 地平線 / 水平線

garisan [ガリサヌ] (㊥ line) 線 / 行(ぎょう)

garisan bujur [ガリサヌ ブゥジョー] (㊥ longitude) 経度

garisan lintang [ガリサヌ リヌタン] (㊥ latitude) 緯度

garisan melintang [ガリサヌ ムリヌタン] (㊥ horizontal line) 横線 / 水平線

garisan mendatar [ガリサヌ ムヌダター] (㊥ horizontal line) 水平線

garisan menegak [tegak] [ガリサヌ ムヌガッ [トゥガッ]] (㊥ vertical line) 縦線 / 垂直線

garisan putus-putus [ガリサヌ プゥトス プゥトス] (㊥ broken line) 破線

garisan ufuk [ガリサヌ ウゥフォッ] (㊥ horizontal line / horizon) 横線 / 水平線 / 地平線

gariskan [ガレスカヌ] (㊥ to outline / to underline) 概略を示す / 線を引く

garpu [ガルプゥ] (㊥ fork) フォーク

garu [ガルゥ] (㊥ to scratch) 掻(か)く

gas [ゲス] (㊥ gas) ガス / 気体

gas asli [ゲス アスリ] (㊥ natural gas) 天然ガス

G

gasar [ガサー](㊮ barbaric)野蛮(やばん)な

gatal [ガタル](㊮ itchy / prurient)
痒(かゆ)い / いやらしい

gaun [ガォヌ](㊮ gown)ロングドレス

gaung [ガォン](㊮ ravine)谷 / 崖下(がけした)

gawang [ガワン](㊮ goal(post))
ゴール(ポスト)

gay [ゲー](㊮ gay)ゲイ

gaya [ガヤ](㊮ style)様式 / スタイル

gaya Barat [ガヤ バラ(ト)]
(㊮ Western style)西洋式 / 洋風

gaya penulisan [ガヤ プヌゥリサヌ]
(㊮ style)書き方 / 文体

gaya rambut [ガヤ ラムボ(ト)]
(㊮ hairstyle)髪型 / ヘアスタイル

gayat [ガヤ(ト)](㊮ acrophobic)
高所恐怖症の

géar [ゲヤ](㊮ gear)ギア / 歯車

gebu [グブゥ](㊮ fluffy / soft / soft and delicate)ふわふわの / 柔らかい / (肌が)すべすべの

gedung [グドン](㊮ large building)
大きな建物 / ビル

Gedung Putih [グドン プゥテ(ヘ)]
(㊮ White House)ホワイトハウス

gedung serbanéka [グドン スーバネカ]
(㊮ department store)デパート / 百貨店

gegar [グガー](㊮ to shake)振動する

gegaran [グガラヌ](㊮ vibration)振動

gegendang telinga [ググヌダン トゥリンァ]
(㊮ eardrum)鼓膜(こまく)

gejala [グジャラ](㊮ phenomenon / symptom / omen)現象 / 症状 / 兆し

gelabah [グラバ(ハ)](㊮ to panic)
取り乱す / 落ち着かない

geladak [グラダッ](㊮ deck)
デッキ / 甲板(かんぱん)

gelak [グラッ](㊮ to laugh)笑う

gelang [グラン](㊮ ring / bangle)
輪 / 腕輪 / 飾り輪

gelang getah [グラン グタ(ハ)]
(㊮ rubber band)輪ゴム

gelang pertumbuhan
[グラン プートゥウムブゥハヌ](㊮ growth ring)
年輪

gelanggang [グランガン]
(㊮ court / arena)コート / 競技場

gelanggang ténis [グランガン テニス]
(㊮ tennis court)テニスコート

gelap [グラ(プ)](㊮ dark)
暗い / 不法の / ヤミの

gelap-gelita《㊊ gelap》[グラ(プ) グリタ]
(㊮ pitch-dark)真っ暗な

gelaran [グララヌ](㊮ title / nickname)
称号 / あだ名

gelas [グラス](㊮ glass)グラス / コップ

gelédah [グレダ(ハ)](㊮ to search for)
捜索(そうさく)する / くまなく探す

gelepar [グルパー](㊋ to flap one's wings)
羽をばたばたさせる

geletarkan [グルターカヌ](㊋ to shiver)
震わせる

geli [グリ](㊋ ticklish / revolted)
くすぐったい / ぞっとする

geli hati [グリ ハティ](㊋ funny)
おかしい / 滑稽(こっけい)な

geliat [グリヤ(ト)](㊋ to stretch / to sprain)
体を伸ばす / ねじる

gelincir [グリンチー](㊋ to skid / to derail)
スリップする / 脱線する

gelinciran [グリンチラヌ]
(㊋ (slip on a) fault)断層(のずれ)

gelisah [グリサ(ハ)]
(㊋ restless)不安な / 落ち着かない

gelojoh [グロジョ(ホ)](㊋ greedy / careless)
貪欲な / いい加減な

gelombang [グロムバン](㊋ wave)波

gelombang péndék [グロムバン ペヌデッ]
(㊋ short wave)短波

gelombang radio [グロムバン レディオ]
(㊋ radio wave)電波

gelupas [グルゥパス](㊋ to peel off)
剥(む)ける / はげる

gema [グマ](㊋ echo)
こだま / 反響(はんきょう)

gemar [グマー](㊋ to like)好(この)む

gemari [グマリ](㊋ to like)好(この)む

gemas [グマス](㊋ to be irritated)
いらいらする

gembira [グムビラ](㊋ glad)嬉しい / 喜ぶ

gembirakan [グムビラカヌ]
(㊋ to make *sb* happy)喜ばせる

gemerlap [グムーラ(プ)](㊋ to glitter)
きらきら光る / 輝く

gemerlapan [グムーラパヌ](㊋ glitter)
きらめき / 輝き

gemilang [グミラン](㊋ glorious)輝かしい

gempa [グムパ](㊋ quake)地震 / 振動

gempa bumi [グムパ ブゥミ]
(㊋ earthquake)地震

gempa susulan [グムパ スゥスゥラヌ]
(㊋ aftershock)余震

gempar [グムパー](㊋ in a commotion)
大騒ぎの

gemparkan [グムパーカヌ]
(㊋ to cause a commotion / to shock)
騒がせる / 衝撃を与える

gempur [グムポー](㊋ to attack /
to destroy)討つ / 破壊する

gemuk [グモッ](㊋ fat)太った

gemuruh [グムゥロ(ホ)](㊋ thunderous /
nervous)とどろきわたる / 緊張した

genap [グナ(プ)](㊋ exact / even)
ぴったり / ちょうど / 偶数の

gencatan senjata [グンチャタヌ スンジャタ]
(㊋ cease-fire)停戦

gendang [グヌダン](㊋ Malay drum)
グンダン(マレーの堤太鼓)

géndong [ゲヌドン](㊋ to carry *sth* in a
sling)肩から吊るした布に入れて抱える

G

génerasi [ジェヌラスィ]([英] generation)世代

génerasi pelapis [seterusnya]
[ジェヌラスィ プラペス [ストゥロスニャ]]
([英] next generation)次世代

géng [ゲン]([英] gang / bunch)
ギャング / 【口語】連中

genggam [グンガム]([英] to grasp / to grip / handful)つかむ / 握る / 一つかみ / 一握り

genit [グネ(ト)]([英] coquettish)愛らしい

génius [ジェニウゥス]([英] genius)天才

génre [ジェンル]([英] genre)ジャンル

gentian [グヌティヤヌ]([英] fibre)繊維(せんい)

gentian sintétik [グヌティヤアヌ スイヌテテッ]
([英] synthetic fibre)化繊(かせん)

genting [グヌテン]([英] critical / pass / isthmus / tile)危機的な / 山道 / 地峡(ちきょう) / 屋根瓦(やねがわら)

géografi [ジオゥラフィ]([英] geography)
地理(学)

géologi [ジオロジ]([英] geology)地質学

gerabak [グラバッ]([英] carriage)
車両 / 列車

gerai [グラィ]([英] stall)屋台

gerai sayur(-sayuran)
[グラィ サヨー (サヨラヌ)]([英] greengrocer)
八百屋(やおや)

gerak [グラッ]([英] to move / movement)
動く / 移動する / 動き

gerak hati [グラッ ハティ]([英] intuition)
勘 / 直感

gerak isyarat [グラッ イシャラ(ト)]
([英] gesture)身振り / ジェスチャー

gerakan [グラカヌ]([英] movement / activity)動き / 活動

Gerakan [グラカヌ]([英] Malaysian People's Movement Party)マレーシア人民運動党

gerak-geri《[幹] gerak》 [グラッ グリ]
([英] movements)行動 / 動き

gerakkan [グラッカヌ]([英] to move)動かす

geram [グラム]([英] irritated / to find *sth* adorable)苛立つ / ほれぼれする

gerbang [グーバン]([英] arch)アーチ

geréja [グレジャ]([英] church)教会

gergaji [グーガジ]([英] saw)鋸(のこぎり)

gergasi [グーガスィ]([英] giant)巨人

gerhana [グーハナ]([英] eclipse)食 / 蝕

gerhana bulan [グーハナ ブゥラヌ]
([英] lunar eclipse)月食

gerhana matahari [グーハナ マタハリ]
([英] solar eclipse)日食

gerigi [グリギ]([英] serration)ぎざぎざ

gerila [グリラ]([英] guerrilla)ゲリラ

germa [ジュルマ]([英] germ)胚芽(はいが)

geronggang [グロンガン]([英] hollow)
空洞(くうどう)

gerudi [グルゥディ]([英] drill)ドリル(道具)

gerun [グロヌ]([英] frightened)
怖い / ぞっとする

gesa [グサ](英 to urge)迫る / 要請する

gesa-gesakan [グサ グサカヌ]
(英 to hasten / to hurry)急かす / 急がせる

gésélkan [ゲセルカヌ](英 to rub)
擦(こす)り付ける

géséran [ゲセラヌ](英 friction)摩擦

gesérkan [ゲセーカヌ](英 to move)ずらす

getah [グタ(ハ)](英 rubber)ゴム

getah gelang [グタ(ハ) グラン]
(英 rubber band)輪ゴム

getah pemadam [グタ(ハ) プマダム]
(英 eraser)消しゴム

getar [グター](英 to shake)揺れる

getaran [グタラヌ](英 vibration)振動

getir [グテー](英 astringent)苦い / 渋い

ghairah [ガイラ(ハ)](英 lustful / enthusiastic)
貪欲な / 好色な / 夢中な

ghairah séksual [séks]
[ガイラ(ハ) セクスウワル [セクス]]
(英 sexual desire)性欲

gi [ギ](英 to go)【口語】行く

giat [ギヤ(ト)](英 active / vigorous)
熱心な / 精力的な

gigi [ギギ](英 tooth)歯

gigi bongsu [ギギ ボンスゥ]
(英 wisdom tooth)親知らず

gigi depan [hadapan]
[ギギ ドゥパヌ [ハダパヌ]](英 front tooth)前歯

gigi geraham [ギギ グラハム]
(英 back tooth / molar)奥歯 / 臼歯

gigi palsu [ギギ パルスゥ](英 dentures)
入れ歯

gigi rosak [reput] [ギギ ロサッ [ルポ(ト)]]
(英 bad tooth)虫歯

gigih [ギゲ(ヘ)](英 determined)
粘り強い / 辛抱強い

gigil [ギゲル](英 to shiver)震える

gigilkan [ギゲルカヌ](英 to shiver)
震わせる

gigit [ギゲ(ト)](英 to bite)
噛(か)む / 咬(か)む / (虫が)刺す

gigitan [ギギタヌ](英 bite)噛(か)むこと /
咬(か)むこと / (虫が)刺すこと

gigitan serangga [ギギタヌ スランガ]
(英 insect bite)虫刺され

gila [ギラ](英 mad / crazy / super)
狂った / 夢中の / 【口語】超〜

gila babi [ギラ バビ](英 epilepsy)
癲癇(てんかん)

gilap [ギラ(プ)](英 to polish)磨く

giling [ギレン](英 to grind)
すりつぶす / 挽(ひ)く

giliran [ギリラヌ](英 turn)順番 / 当番

gim [ジム](英 gym)ジム / スポーツクラブ

gincu [ギンチュウ](英 lipstick)口紅

gingivitis [ジンジヴィテス](英 gingivitis)
歯肉炎

G

girang [ギラン]([英] joyful)
朗(ほが)らかな / うれしい

gitar [ギター]([英] guitar)ギター

global [グロバル]([英] global)グローバルな

globalisasi [グロバリサスィ]
([英] globalisation)グローバリゼーション

goda [ゴダ]([英] to seduce / to tempt)
誘惑する / 誘い込む

godaan [ゴダアヌ]([英] seduction / temptation)誘惑 / 誘い

gol [ゴル]([英] goal)ゴール(得点すること、得点できる場所)

golékkan [ゴレッカヌ]([英] to roll)転がす

golf [ゴルフ]([英] golf)ゴルフ

golongan [ゴロンアヌ]([英] group / class)
グループ / 階層

golongkan [ゴロンカヌ]([英] to classify)
分類する

goncang [ゴンチャン]([英] to shake)
揺れる / 揺さぶる

goncangkan [ゴンチャンカヌ]
([英] to shake)揺さぶる

gondol [ゴヌドル]([英] bald / bare / barren)
禿(は)げた / 葉がない / 不毛な

gong [ゴン]([英] gong)
ゴン(マレーの銅鑼(どら))

gonggong [ゴンゴン]([英] to hold *sth* in one's mouth)くわえる

goréng [ゴレン]([英] to fry / fried)
揚げる / 炒める / 揚げた / 炒めた

gorés [ゴレス]([英] to scratch)引っ掻(か)く

gorila [ゴリラ]([英] gorilla)ゴリラ

gosok [ゴソッ]([英] to rub / to polish / to iron)こする / 磨く / アイロンをかける

gosok gigi [ゴソッ ギギ]
([英] to brush one's teeth)歯磨きする

gotong-royong [ゴトン ロヨン]
([英] co-operative effort)
相互扶助(そうごふじょ) / 助け合い

goyang [ゴヤン]([英] to shake / shaky)
揺らす / 揺れる / 揺らいだ

GPS [ジピエス]([英] GPS (Global Positioning System))GPS(全地球測位システム)

graduan [グラドゥウワヌ]([英] graduate)
(大学の)卒業生

graf [グラフ]([英] graph)グラフ

gram [グラム]([英] gram)グラム

graviti [グラヴィティ]([英] gravity)重力 / 引力

graviti tentu [グラヴィティ トゥヌトゥウ]
([英] specific gravity)比重

gréd [グレ(ド)]([英] grade)グレード / 等級

Greece [グリス]([英] Greece)ギリシャ

gril [グレル]([英] grill / grille)グリル / 鉄格子

GST [ジエスティ]([英] GST (goods and services tax))消費税

gua [グゥワ]([英] cave / I / my / me)
洞窟 / 【口語】俺 / あたし

gubah [グゥバ(ハ)]([英] to arrange (flowers) / to compose / to write)
(花を)生ける / 作曲する / 作詞する

gubahan [グゥバハヌ]
(㊥ (flower) arrangement / composition)
生け花 / 作曲 / 作詞

gubal [グゥバル] (㊥ to enact) 制定する

gudang [グゥダン] (㊥ warehouse)
倉庫 / 蔵

gugat [グゥガ(ト)] (㊥ to threaten / to condemn) 脅かす / 非難する

gugur [グゥゴー] (㊥ to drop / to miscarry / to perish / to lapse) 落ちる / 流産する / 戦死する / 失効する

gugurkan [グゥゴーカヌ] (㊥ to drop / to omit / to have an abortion) 落とす / 省略する / 堕胎(だたい)する

gugurkan anak [グゥゴーカヌ アナッ]
(㊥ to have an abortion)
子供を堕(お)ろす / 中絶する

gugurkan kandungan
[グゥゴーカヌ カヌドゥウンアヌ] (㊥ to have an abortion) 中絶する / 堕胎(だたい)する

gugus [グゥゴス] (㊥ bunch) 房 / 束

gugusan [グゥグゥサヌ] (㊥ bunch) 群

gugusan bintang [グゥグゥサヌ ビヌタン]
(㊥ constellation) 星座

gugusan pulau [グゥグゥサヌ プゥラゥ]
(㊥ archipelago) 群島 / 諸島

gula [グゥラ] (㊥ sugar) 砂糖

gula-gula [グゥラ グゥラ] (㊥ candy) 飴

gula-gula getah [グゥラ グゥラ グタ(ハ)]
(㊥ (chewing) gum) ガム

gulai [グゥライ] (㊥ curry)
カレー汁で煮込んだおかず

gulingkan [グゥレンカヌ] (㊥ to roll / to overturn) 転がす / くつがえす

gulung [グゥロン] (㊥ to roll / roll)
巻く / 丸める / 巻いたもの

gumam [グゥマム] (㊥ to mumble)
つぶやく

gumaman [グゥママヌ] (㊥ mumble)
つぶやき

gumpal [グゥムパル] (㊥ lump / clot) 塊

gumpalan [グゥムパラヌ]
(㊥ lumps / clots / clouds) 塊

guna [グゥナ] (㊥ to use / use)
使う / 用途 / 益

gunakan [グゥナカヌ]
(㊥ to use / to consume)
使用する / 利用する / 消費する

gunting [グゥヌテン] (㊥ scissors / to cut)
はさみ / (はさみで)切る

gunung [グゥノン] (㊥ mountain) 山

gunung berapi [グゥノン ブラピ]
(㊥ volcano) 火山

gunung-ganang 《㊎ gunung》
[グゥノン ガナン] (㊥ mountain range / mountains) 山脈 / 山々

gurau [グゥラゥ] (㊥ joke / to joke)
冗談 / 冗談を言う

gurau senda [グゥラゥ スヌダ] (㊥ joke)
冗談 / ジョーク

G

gurauan [グゥラゥワヌ](㊥ joke)
冗談 / ジョーク

guru [グゥルゥ](㊥ teacher / master)
教師 / 師

guru besar [グゥルゥ ブサー](㊥ (primary school) headmaster)(小学校の)校長

guru sandaran [グゥルゥ サヌダラヌ]
(㊥ replacement [temporary] teacher)
代替教員 / 臨時教員

guruh [グゥロ(ホ)](㊥ thunder)雷

gurun [グゥロヌ](㊥ desert)砂漠

H

gusi [グゥスイ](㊥ gums)歯茎(はぐき)

H

ha [ハ](㊥ you see / thank God)
ほら(ごらん) / ああ(よかった)

haba [ハバ](㊥ heat)熱 / 高温

habis [ハベス](㊥ to finish / to run out / so)
終わる / 終える / 尽きる / 【口語】それじゃあ

habis dijual [ハベス ディジュゥワル]
(㊥ to be sold out)売り切れる

habiskan [ハベスカヌ](㊥ to spend / to finish)費やす / 終わらせる

hablur [ハ(ブ)ロー](㊥ crystal)結晶

habuk [ハボッ](㊥ dust)ちり / 埃(ほこり)

had [ハ(ド)](㊥ limit)限度 / 制限

had laju [ハ(ド) ラジュゥ](㊥ speed limit)
速度制限

had masa [ハ(ド) マサ](㊥ time limit)
期限

hadap [ハダ(プ)](㊥ to face)向く / 面する

hadapan [ハダパヌ](㊥ front)前 / 前方

hadapi [ハダピ](㊥ to face / to encounter)
直面する / 遭遇する

hadiah [ハディヤ(ハ)](㊥ present / gift / prize)プレゼント / 贈り物 / 賞品 / おまけ

hadiah kenang-kenangan
[ハディヤ(ハ) クナン クナンァヌ](㊥ memorial)
記念品

hadiah percuma [ハディヤ(ハ) プーチュゥマ]
(㊥ free gift)景品

hadiah wang [ハディヤ(ハ) ワン]
(㊥ reward)賞金

hadiahi [ハディヤヒ]
(㊥ to give)～に贈る / プレゼントする

hadiahkan [ハディヤ(ハ)カヌ](㊥ to give)
～を贈る / プレゼントする

hadir [ハデー](㊥ present)
出席する / 居合わせる

hadiri [ハディリ](㊥ to attend)
～に出席する / 参加する

hadirin [ハディレヌ](㊥ audience)
出席者 / 聴衆

hadis [ハデス](㊥ hadith)ハディース(預言者(よげんしゃ)ムハンマドの言行録)

hadkan [ハ(ド)カヌ](㊥ to limit / to restrict)限定する / 制限する

hafal [ハファル](㊥ to memorize)
暗記する / 覚える

hafaz [ハファズ](㊥ to memorize)
暗記する / 覚える

hai [ハイ](㊥ hi)やあ / ねえ

haid [ハエ(ド)](㊥ menstruation / period)
月経 / 生理

hairan [ハイラヌ](㊥ surprised / strange)
不思議に思う / 奇妙な

haiwan [ハイワヌ](㊥ animal)動物

haiwan peliharaan [kesayangan]
[ハイワヌ プリハラアヌ[クサヤンアヌ]](㊥ pet)ペット

haiwan ternakan [ハイワヌ トゥーナカヌ]
(㊥ domestic animal)家畜

hajah [ハジャ(ハ)](㊥ hajah)
ハジャ(メッカ巡礼をした女性)

hajat [ハジャ(ト)](㊥ intention / wish)
目的 / 意図(いと) / 望み

haji [ハジ](㊥ pilgrimage / haji)
メッカ巡礼 / ハジ(メッカ巡礼をした男性)

hak [ハッ](㊥ right / possession)
権利 / 所有物

hak asasi manusia
[ハッ アサスイ マヌゥスイヤ]
(㊥ basic human rights)基本的人権

hak cipta [ハッ チ(プ)タ](㊥ copyright)
著作権

hak istiméwa [ハッ イスティメワ]
(㊥ privilege)特権

hak manusia [ハッ マヌゥスイヤ]
(㊥ human rights)人権

hakikat [ハキカ(ト)](㊥ reality / fact / truth)
現実 / 事実 / 真実

hakikatnya [ハキカ(ト)ニャ]
(㊥ in reality)実際には / 実のところ

hakim [ハケム](㊥ judge)
裁判官 / 判事 / 審査員

hakimi [ハキミ](㊥ to judge)裁(さば)く

hakis [ハケス](㊥ to erode)
侵食(しんしょく)する / むしばむ

hakisan [ハキサヌ](㊥ erosion)
侵食(しんしょく)

hal [ハル](㊥ matter / affair / problem / business)事柄 / 件 / 問題 / 用事

hal éhwal [ハル エ(ヘ)ワル](㊥ affairs)
事柄 / 諸問題

hal éhwal sumber manusia
[ハル エ(ヘ)ワル スウムブー マヌゥスイヤ]
(㊥ personnel affairs)人事

hala [ハラ](㊥ direction / to head / to face)
方向 / 進路 / ～の方向に向かう / 面する

hala tuju [ハラ トゥウジュウ]
(㊥ (future) course)進路 / 行方(ゆくえ)

halaju [ハラジュウ](㊥ speed)速度

halakan [ハラカヌ](㊥ to aim)～を向ける

halal [ハラル](㊥ halal)
ハラール(イスラームで許された物)

halaman [ハラマヌ](㊥ page / yard)
ページ / 庭

halaman depan [hadapan]
[ハラマヌ ドゥパヌ[ハダパヌ]](㊥ front page)
表紙 / 一面

halang [ハラン](㊥ to prevent / to obstruct / to block)妨(さまた)げる / 阻止する

halangan [ハランアヌ](㊥ hindrance / obstacle)差し支え / 障害

H

halau [ハラゥ]([英] to drive)追い払う

halia [ハリヤ]([英] ginger)生姜(しょうが)

haluan [ハルゥワヌ]([英] course / orientation / bow)方向 / 志向 / 船首

halus [ハロㇲ]([英] fine / thin / delicate / elegant)細かい / 細い / 繊細な / 上品な

halusinasi [ハルゥスィナスィ]
([英] hallucination)幻覚

ham [ヘム]([英] ham)ハム

hamba [ハムバ]([英] slave / I / my / me)
奴隷 / 【古典】私(わたくし)め

H

hambar [ハムバー]([英] tasteless / dry)
味のない / 気持ちがこもっていない

hambatan [ハムバタヌ]([英] obstacle)
障害物(しょうがいぶつ)

hamburger [ヘムブグ]
([英] hamburger / hamburger (patty))
ハンバーガー / ハンバーグ

hamil [ハメル]([英] pregnant)
妊娠(にんしん)している

hampa [ハムパ]([英] disappointed)
がっかりした

hampagas [ハムパゲㇲ]([英] vacuum)
真空(しんくう)

hampar [ハムパー]([英] to spread)広げる

hamparan hijau [ハムパラヌ ヒジャゥ]
([英] grassland)草原

hampir [ハムペー]([英] about / almost / close)ほぼ / ～しそうになる / 近い

hampir-hampir [ハムペー ハムペー]
([英] almost)～しそうになる

hampiri [ハムピリ]([英] to approach)近づく

hampirkan [ハムペーカヌ]
([英] to bring *sth* close)近づける

hancur [ハンチョー]([英] to be crushed / to shatter / to collapse)
砕ける / 粉々になる / 崩壊する

hancur berkecai [lebur]
[ハンチョー ブークチャィ [ルボー]]
([英] to shatter)粉々になる / 崩れ去る

hancur hati [ハンチョー ハティ]
([英] to despair)失望する

hancurkan [ハンチョーカヌ]
([英] to crush / to destroy / to mash)
打ち砕く / 細かく砕く / 潰(つぶ)す

handai taulan [ハヌダィ タゥラヌ]
([英] friend)友人

hang [ハン]([英] you / your)
(ペナンなどの方言で)君

hangat [ハンァ(ト)]([英] hot / warm)
熱い / 温かい / 熱烈な / 話題の

hangatkan [ハンァ(ト)カヌ]([英] to heat / to liven up)温める / 活気付ける

hangit [ハンェ(ト)]([英] burnt)
焦(こ)げた / 焦げ臭い

hangitkan [ハンェ(ト)カヌ]([英] to burn)
焦(こ)がす

hangus [ハンォㇲ]([英] to be burnt down / to burn)焼け焦(こ)げる / 焦げる

hanguskan [ハンォㇲカヌ]([英] to burn)
黒焦(くろこ)げにする

Hanoi [ハノイ]([英] Hanoi)ハノイ

hantar [ハヌター](㊇ to send / to turn in)送る / 提出する / 見送る / 派遣する

hantaran [ハヌタラヌ](㊇ delivery / dowry / pass)配達物 / 婚資(こんし) / (球技の)パス

hantu [ハヌトゥウ](㊇ ghost)お化け

hanya [ハニャ](㊇ just / only)ただ(〜だけ) / たった / 専(もっぱ)ら(〜ばかり)

hanyir [ハニェー](㊇ fishy-smelling)生臭(なまぐさ)い

hanyut [ハニョ(ト)](㊇ to drift)漂う

hanyutkan [ハニョ(ト)カヌ](㊇ to sweep)押し流す

hapuskan [ハポスカヌ](㊇ to eliminate / to abolish / to eradicate)無くす / 廃止する / 根絶する / 退治する

haram [ハラム](㊇ forbidden / illegal)イスラームで禁止された / 非合法の

harap [ハラ(プ)](㊇ to hope / please)願う / 望む / どうか〜して下さい

harapan [ハラパヌ](㊇ hope / expectation)希望 / 期待

harap-harap [ハラ(プ) ハラ(プ)](㊇ hopefully)願わくば / 〜だといいと思う

harap-harapkan [ハラ(プ) ハラ(プ)カヌ](㊇ to strongly hope)強く願う / 待望する

harapkan [ハラ(プ)カヌ](㊇ to hope / to count on)希望する / 頼りにする

harga [ハルガ](㊇ price)値段 / 価格

harga barang [ハルガ バラン](㊇ prices)物価

harga diri [ハルガ ディリ](㊇ pride)自尊心

harga jualan [ハルガ ジュウワラヌ](㊇ selling price)売値(うりね)

harga kanak-kanak [ハルガ カナッ カナッ](㊇ children's fare)子供料金

harga kos [ハルガ コス](㊇ cost price)原価

harga mati [ハルガ マティ](㊇ fixed price)固定価格 / これ以上まけられない値段

harga pasaran [ハルガ パサラヌ](㊇ market price)市場価格 / 相場

harga pelajar [ハルガ プラジャー](㊇ student rate)学割料金

harga tetap [ハルガ トゥタ(プ)](㊇ fixed price)定価

hargai [ハルガイ](㊇ to appreciate / to respect)感謝する / 尊重する

hari [ハリ](㊇ day (of the week))日 / 曜日

hari bekerja [ハリ ブクージャ](㊇ working day)就業日 / 勤務日 / 平日

hari biasa [ハリ ビヤサ](㊇ weekday)平日

hari bulan [ハリ ブウラヌ](㊇ ~-th (day))〜日(日付)

hari cuti [ハリ チュウティ](㊇ holiday)休日

hari gaji [ハリ ガジ](㊇ payday)給料日

hari ini [ハリ イニ](㊇ today)今日

hari itu [ハリ イトゥウ](㊇ the other day)この前 / 先日(せんじつ)

H

hari kelepasan am [ハリ クルパサヌ アム]
(㊥ holiday)祝祭日(しゅくさいじつ)

hari lahir [jadi] [ハリ ラヘー [ジャディ]]
(㊥ birthday)誕生日

hari Minggu [ハリ ミングゥ](㊥ Sunday)
日曜日

hari perniagaan [ハリ プーニヤガアヌ]
(㊥ business day)営業日

Hari Tahun Baru [ハリ タホヌ バルゥ]
(㊥ New Year's Day)元日

harian [ハリヤヌ](㊥ daily)毎日の / 日常の

hari-hari [ハリ ハリ](㊥ every day)毎日

harimau [ハリマゥ](㊥ tiger)虎(とら)

harmoni [ハルモニ](㊥ harmony / harmonious)調和 / 調和した

harta (benda) [ハータ (ブヌダ)]
(㊥ property)財産 / 資産

harta budaya [kebudayaan]
[ハータ ブゥダヤ [クブゥダヤアヌ]]
(㊥ cultural property)文化財

harta tanah [ハルタ タナ(ハ)]
(㊥ real estate)不動産

hartanah [ハータナ(ハ)]
(㊥ real estate)不動産

harum [ハロム](㊥ fragrant / to become famous)よい香りの / 名を馳せる

haruman [ハルゥマヌ]
(㊥ fragrance / fame)よい香り / 名声

harus [ハロス](㊥ should)～すべきだ

hasil [ハセル](㊥ result / product / profit / as a result)
結果 / 成果 / 産物 / 収益 / ～の結果

hasil jualan [ハセル ジュゥワラヌ](㊥ sales / sales revenue)売れ行き / 販売収入

hasil tanaman [ハセル タナマヌ]
(㊥ crop)収穫物 / 作物

hasil tenusu [ハセル トゥヌゥスゥ]
(㊥ dairy product)乳製品

hasilkan [ハセルカヌ](㊥ to produce / to result in)生み出す / 生産する / もたらす

hasrat [ハスラ(ト)](㊥ desire)望み / 願い

hasrat séksual [ハスラ(ト) セクスゥワル]
(㊥ sexual desire)性欲

hasut [ハソ(ト)](㊥ to incite)
けしかける / 煽(あお)り立てる

hasutan [ハソタヌ](㊥ incitement)扇動

hati [ハティ](㊥ heart / liver)
心 / 気持ち / 肝臓

hati itik [ハティ イテッ](㊥ foie gras)
フォアグラ

hati murni [ハティ ムゥルニ]
(㊥ pure heart)純情(じゅんじょう)

hati nurani [ハティ ヌゥラニ]
(㊥ conscience)良心

hati suci [ハティ スゥチ](㊥ pure heart)
清い心

hati-hati [ハティ ハティ](㊥ to be careful)
注意する / 気を付ける

hatta [ハッタ](㊥ thus / then)
【古典】さて / そして

haus [ハォス]
(英 thirsty / to hunger / worn out)
のどが渇いた / 渇望する / 使い古した

hawa [ハワ] (英 air / weather)
大気 / 空気 / 天気

hayat [ハヤ(ト)] (英 life) 生涯 / 生命

hayati [ハヤティ] (英 to appreciate)
(価値や意味を)正しく理解する

hb. [ハリブラヌ] ☞hari bulan

hébahkan [ヘバ(ハ)カヌ]
(英 to publicize) 公表する / 伝え広める

hébat [ヘバ(ト)] (英 great / fantastic)
すごい / すばらしい

héboh [ヘボ(ホ)] (英 chaotic) 大騒ぎの

héi [ヘイ] (英 hey) ねえ / おい

héktar [ヘクター] (英 hectare) ヘクタール

hélah [ヘラ(ハ)] (英 plot / excuse)
策略(さくりゃく) / 口実

helai [フライ] (英 sheet) ～枚 / ～着(助数詞)

helaian [フライヤヌ] (英 sheet) シート

helang [フラン] (英 hawk) 鷹(たか)

hélikopter [ヘリコ(プ)トゥー]
(英 helicopter) ヘリコプター

hélmét [ヘルメ(ト)] (英 helmet) ヘルメット

hélo [ヘロ] (英 hello)
もしもし / こんにちは / おーい

hémat [ヘマ(ト)]
(英 view / thrifty / attentive)
見解 / 倹約家(けんやくか)の / 注意深い

hématkan [ヘマ(ト)カヌ]
(英 to economize) 倹約(けんやく)する

hembus [フムボス] (英 to blow out)
吹きかける / 吐く

hembus nafas [フムボス ナファス]
(英 to breathe out) 息を吐く

hempas [フムパス] (英 to strike / to slam)
打ちつける / バタンと閉める

hendak [フヌダッ] (英 to want (to) / will / to) 欲しい / ～したい / ～しようとする

hénsem [ヘヌスム] (英 handsome)
【口語】ハンサムな

hentam [フヌタム] (英 to punch)
殴打(おうだ)する / パンチする

hentaman [フヌタマヌ] (英 punch)
パンチ / 打撃(だげき)

henti [フヌティ] (英 to stop / to quit)
止まる / やめる

hentian [フヌティヤヌ] (英 stop) 停止 / 停留所(ていりゅうじょ) / 閉鎖音(へいさおん)

hentian bas [フヌティヤヌ バス]
(英 bus stop) バス停留所

hentikan [フヌティカヌ] (英 to stop)
止める / やめさせる

hépatitis [ヘパティテス] (英 hepatitis) 肝炎

herba [フルバ] (英 herb) ハーブ

herba perubatan [フルバ プルゥバタヌ]
(英 medical herb) 薬草

hérét [ヘレ(ト)] (英 to drag / to haul / to take) 引きずる / 引っ張る / 連行する

H

hernia [フルニヤ](英 hernia)ヘルニア

héroin [ヒロエヌ](英 heroine)ヒロイン

hias [ヒヤス](英 to decorate)飾る

hias atas [ヒヤス アタス](英 topping)
トッピング

hiasan [ヒヤサヌ](英 decoration)
飾り / 装飾 / デコレーション

hiasi [ヒヤスィ](英 to decorate)〜を飾る

hiba [ヒバ](英 to feel pity)哀れに思う

hibernasi [ヒブナスィ](英 hibernation)
冬眠

hiburan [ヒブゥラヌ](英 entertainment)
娯楽 / エンターテイ(ン)メント

hiburan déwasa [ヒブゥラヌ デワサ]
(英 adult entertainment)(性)風俗

hiburkan [ヒボーカヌ](英 to entertain / to cheer up)楽しませる / 元気付ける

hidangan [ヒダンアヌ](英 dish)食事 / 料理

hidangkan [ヒダンカヌ](英 to serve)
(食事などを)出す

hidap [ヒダ(プ)](英 to suffer from)
(病気に)かかる

hidapi [ヒダピ](英 to suffer from)
(病気に)かかる

hidrogen [ヒドロジュヌ](英 hydrogen)水素

hidu [ヒドゥウ](英 to smell)
(においを)嗅(か)ぐ

hidung [ヒドン](英 nose)鼻

hidung berdarah [ヒドン ブーダラ(ハ)]
(英 nosebleed)鼻血

hidup [ヒド(プ)](英 alive / to live / life)
生きている / 暮らす / 暮らし / 生涯

hidup liar [ヒド(プ) リヤー](英 to grow wild)
野生で育つ / 自生する

hidup mati [ヒド(プ) マティ]
(英 life and death)生死

hidup seharian [sehari-hari]
[ヒド(プ) スハリヤヌ[スハリ ハリ]](英 daily life)
日常生活

hidup semula [kembali]
[ヒド(プ) スムゥラ [クムバリ]](英 to revive)
生き返る

hidup sihat [ヒド(プ) セハ(ト)]
(英 to live healthily)健康に暮らす

hidupan [ヒドゥウパヌ](英 life)生物 / 生命

hidup-hidup [ヒド(プ) ヒド(プ)](英 alive)
生きたまま

hidupkan [ヒド(プ)カヌ](英 to revive / to enliven / to turn on / to start)
復活させる / 活気付ける / 作動させる

hidupkan semula [ヒド(プ)カヌ スムゥラ]
(英 to regenerate)復活させる / 再生させる

hiérarki [ヒエラーキ](英 hierarchy)
ヒエラルキー / 階層

hijau [ヒジャゥ](英 green)
緑 / 未熟な / 青二才の

hijrah [ヒジラ(ハ)](英 to migrate)移住する

hikayat [ヒカヤ(ト)](英 story)
ヒカヤット(マレーの古典物語)

hilang [ヒラン] (英 to disappear / to be lost / missing) 消える / 無くなる / 失う / 行方不明(ゆくえふめい)の

hilang pekerjaan [ヒラン プクージャアヌ] (英 to become unemployed) 失業する

hilangkan [ヒランカヌ] (英 to remove / to lose) 無くする / 取り除く / 紛失する

hilangkan bulu [ヒランカヌ ブウルゥ] (英 to remove hair) 脱毛(だつもう)する

hilangkan diri [ヒランカヌ ディリ] (英 to disappear) 身をくらます / 姿を消す

hilangkan mabuk [ヒランカヌ マボッ] (英 to sober up) 酔いを醒(さ)ます

hilir [ヒレー] (英 downstream) 下流 / 川下(かわしも)

himpit [ヒムペ(ト)] (英 to squash) 押し潰(つぶ)す

himpun [ヒムポヌ] (英 to assemble) 集(つど)う / 集合する

himpunan [ヒムプウナヌ] (英 collection / assembly) 蓄積 / 集会

himpunkan [ヒムポヌカヌ] (英 to gather) 集める

hina [ヒナ] (英 mean / to disdain / to insult) 卑(いや)しい / 軽蔑する / 侮辱(ぶじょく)する

Hindi [ヒヌディ] (英 Hindi) ヒンディー

Hindu [ヒヌドゥウ] (英 Hindu) ヒンドゥー

hingar-bingar《幹 hingar》 [ヒンアー ビンアー] (英 noisy) 騒々(そうぞう)しい / やかましい

hingga [ヒンガ] (英 till) ～まで

hingus [ヒンォス] (英 snot / runny nose) 鼻くそ / 鼻水

hipokrasi [ヒポゥラスイ] (英 hypocrisy) 偽善

hipokrit [ヒポゥレ(ト)] (英 hypocrite) 偽善者

hipotésis [ヒポテセス] (英 hypothesis) 仮説

hiraukan [ヒラゥカヌ] (英 to pay attention to) 構う / 気に掛ける

hiris [ヒレス] (英 slice / to slice) スライス / スライスする

hirup [ヒロ(プ)] (英 to sip / to inhale) (液体を)すする / (空気を)吸う

hisap [ヒサ(プ)] (英 to inhale / to suck) (煙草や麻薬を)吸う / しゃぶる

hitam [ヒタム] (英 black) 黒 / 黒い

hitam legam [ヒタム ルガム] (英 pitch-black) 真っ黒な

hitam pekat [ヒタム プカ(ト)] (英 black and dark) 黒く淀(よど)んだ

hitung [ヒトン] (英 to count) 数える / 計算する

Hj. (= Haji) [ハジ] (英 Haji) ハジ(メッカ巡礼を済ませた男性)

Hjh. (= Hajah) [ハジャ(ハ)] (英 Hajah) ハジャ(メッカ巡礼を済ませた女性)

hlm. [ハラマヌ] ☞halaman

Ho Chi Minh [ホ チ ミヌ] (英 Ho Chi Minh) ホーチミン

hobi [ホビ] (英 hobby) 趣味

hodoh [ホド(ホ)] (英 ugly) 醜(みにく)い

hoki [ホキ](㊥ hockey)ホッケー

homoséksual [ホモセクスゥワル]
(㊥ homosexual)同性愛の

homoséksualiti [ホモセクスゥワリティ]
(㊥ homosexuality)同性愛

hompéj [ホムペジ](㊥ home page)
ホームページ

hon [ホヌ](㊥ horn)
クラクション / 警笛(けいてき)

horizontal [ホリゾヌタル](㊥ horizontal)
水平な

H

hormat [ホーマ(ト)](㊥ to respect / respect / salute)尊敬する / 尊重する / 敬意 / 敬礼

hormati [ホーマティ](㊥ to respect)
尊敬する / 尊重する

hormon [ホーモヌ](㊥ hormone)ホルモン

hos [ホス](㊥ hose / host)ホース / ホスト

hospital [ホスピタル](㊥ hospital)病院

hostél [ホステル](㊥ hostel)
ホステル / 学生寮

hotél [ホテル](㊥ hotel)ホテル

hubung kait [フゥボン カエ(ト)]
(㊥ connection)結び付き

hubungan [フゥブゥンアヌ]
(㊥ relationship)関係

hubungan diplomatik
[フゥブゥンアヌ ディプロマテッ](㊥ diplomatic relations)外交関係 / 国交

hubungi [フゥブゥンイ](㊥ to contact)
連絡する

hubungkan [フゥボンカヌ]
(㊥ to connect)繋(つな)ぐ / 結び付ける

hujah [フゥジャ(ハ)](㊥ argument)
主張 / 議論

hujan [フゥジャヌ](㊥ rain / to rain)
雨 / 雨が降る

hujan batu [フゥジャヌ バトゥウ](㊥ hail)
雹(ひょう)

hujan lebat [フゥジャヌ ルバ(ト)]
(㊥ heavy rain)豪雨

hujan panas [フゥジャヌ パナス]
(㊥ rain during sunshine)お天気雨

hujan renyai-renyai
[フゥジャヌ ルニャイ ルニャイ](㊥ drizzle)
しとしと雨 / 霧雨(きりさめ)

hujung [フゥジョン](㊥ end / tip)
先端 / 末 / 終わり

hujung bulan [フゥジョン ブゥラヌ]
(㊥ end of the month)月末

hujung minggu [フゥジョン ミングゥ]
(㊥ weekend)週末

hujung penggal [フゥジョン プンガル]
(㊥ end of a term)期末

hukum [フゥコム](㊥ law / to punish)
法 / 法則 / 処罰する

hukuman [フゥクゥマヌ](㊥ punishment / sentence)罰 / 刑 / 判決

hukuman mati [フゥクゥマヌ マティ]
(㊥ death penalty)死刑

hukumkan [フゥコムカヌ](㊥ to punish)
処罰(しょばつ)する

hulu [フウルゥ](㊥ upstream / inland / handle)川上 / 上流 / 奥地 / 柄 / 持ち手

hulubalang [フウルゥバラン] (㊥ commander)指揮官

hulurkan [フウローカヌ](㊥ to put out) 差し出す / 差し延べる

humor [ヒュウモー](㊥ humour)ユーモア

huni [フウニ](㊥ to reside)居住する

hurai [フウライ](㊥ to hang loose) 垂れ下がる

huraian [フウライヤヌ](㊥ explanation)説明

huraikan [フウライカヌ](㊥ to elaborate / to divide / to untie) 説明する / 読み解く / 分解する / ほどく

huruf [フウロッ](㊥ letter / character)文字

huruf besar [フウロッ ブサー] (㊥ capital letter)大文字

huruf Cina [フウロッ チナ] (㊥ Chinese character)漢字

huruf condong [miring] [フウロッ チョヌドン [ミレン]] (㊥ italicized letter)斜体

huruf kecil [フウロッ クチェル] (㊥ small letter)小文字

huruf Rumi [フウロッ ルゥミ] (㊥ Roman alphabet)ローマ字

huruf tebal [フウロッ トゥバル] (㊥ bold letter)太字

huru-hara [フウルゥ ハラ](㊥ chaos / chaotic)混乱 / 騒動 / 混乱した

hutan [フウタヌ](㊥ forest / wild)森 / 野生の

hutan rimba [フウタヌ リムバ](㊥ jungle) ジャングル

hutang [フウタン](㊥ debt)負債 / 借り

hutang budi [フウタン ブウディ] (㊥ debt of gratitude)恩義

I

I [アイ](㊥ I / my / me)【口語】私 / ミー

ia [イヤ](㊥ it)それ(既出の名詞の代用)

iaitu [イヤイトゥウ](㊥ namely / that is) すなわち / つまり

ialah [イヤラ(ハ)](㊥ be)〜である

ianya [イヤニャ](㊥ it) それ(既出の名詞の代用)

ibadah [イバダ(ハ)](㊥ performance of one's religious duty) (イスラームの)宗教上の勤行(ごんぎょう)

ibadat [イバダ(ト)](㊥ performance of one's religious duty) (イスラームの)宗教上の勤行(ごんぎょう)

ibarat [イバラ(ト)](㊥ like)〜のごとく

ibaratkan [イバラ(ト)カヌ](㊥ to compare) 例える

iblis [イ(ブ)レス](㊥ devil)悪魔

ibu [イブゥ](㊥ mother)母 / 母親

ibu bapa [イブゥ バパ](㊥ parents) 父母 / 両親

ibu jari [イブゥ ジャリ](㊥ thumb)親指

ibu kota [イブゥ コタ](㊥ capital city) 中心都市

I

ibu negara [イブゥ ヌガラ]
(英 national capital)首都

ibu negeri [イブゥ ヌグリ]
(英 state capital)州都

ibu panah [イブゥ パナ(ハ)](英 bow)弓

ibu pejabat [イブゥ プジャバ(ト)]
(英 head office)本社 / 本部

ibu saudara [イブゥ サゥダラ](英 aunt)叔母

ibunda [イブゥヌダ](英 mother)母上(ははうえ)

ICU [アイスイユゥ](英 ICU (intensive care unit))集中治療室

ID [アイディ](英 ID (identification))
ID(身分証明)

idaman [イダマヌ](英 ideal)理想

idéa [アイデヤ](英 idea)アイデア / 案 / 発想

idéal [イデアル](英 ideal)理想的な

idéntiti [イデヌティティ](英 identity)
アイデンティティ / 正体 / 身元

idéologi [イデオロギ](英 ideology)
イデオロギー / 主義主張

idiom [イディオム](英 idiom)
イディオム / 熟語

idola [イドラ](英 idol)アイドル

ihsan [エ(ヘ)サヌ](英 kindness)親切 / 善行

ijazah [イジャザ(ハ)](英 degree)学位

ikan [イカヌ](英 fish)魚

ikan aya [イカヌ アヤ](英 mackerel tuna)
須萬(すま)(カツオに似た魚)

ikan bakar [イカヌ バカー]
(英 grilled fish)焼き魚

ikan emas [イカヌ ウマス](英 goldfish)金魚

ikan héring [イカヌ ヘレン](英 herring)
ニシン

ikan jerung [イカヌ ジュロン](英 shark)サメ

ikan kerisi [イカヌ クリスイ](英 sea bream)
鯛

ikan kod [イカヌ コ(ド)](英 cod)タラ

ikan koi [kap] [イカヌ コイ[カ(プ)]]
(英 carp)コイ

ikan pari [イカヌ パリ](英 ray)エイ

ikan paus [イカヌ パォス](英 whale)クジラ

ikan salmon [イカヌ サルモヌ](英 salmon)
サケ

ikan sardin [イカヌ サーデヌ](英 sardine)
イワシ

ikan sebelah [イカヌ スブラ(ハ)]
(英 flatfish / flounder)カレイ / ヒラメ

ikan sisa Nabi [イカヌ スイサ ナビ]
(英 sole)舌平目(したびらめ)

ikan tongkol [イカヌ トンコル](英 bonito / mackerel tuna)カツオ / 須萬(すま)

ikan tuna [イカヌ トゥゥナ](英 tuna)マグロ

ikan yu [イカヌ ユゥ](英 shark)サメ

ikat [イカ(ト)](英 band / bundle / to tie)
束 / 縛る / 結ぶ

ikat jamin [イカ(ト) ジャメヌ](英 bail)
保釈 / 保釈金

ikat kontrak [イカ(ト) コヌトラッ]
(㊥ to enter into a contract)契約する

ikatan [イカタヌ](㊥ knot / bundles / connection)結び目 / 束 / つながり

ikatkan [イカ(ト)カヌ](㊥ to tie)結ぶ

ikhlas [イ(フ)ラス](㊥ sincere)誠実な

ikhtiar [エ(ヘ)ティヤー](㊥ way / effort)
方法 / 工夫 / 努力

ikhtiar terakhir [エ(ヘ)ティヤー トゥラヘー]
(㊥ last-ditch effort)最後の手 / 切り札

iklan [イクラヌ](㊥ advertisement)
広告 / 宣伝

iklan komersial [イクラヌ コムスイヤル]
(㊥ commercial)コマーシャル

iklankan [イクラヌカヌ](㊥ to advertise)
広告する / 宣伝する

iklim [イクレム](㊥ climate)気候 / 風土

ikon [アイコヌ](㊥ icon)アイコン

iktiraf [イクティラフ](㊥ to recognize)
認める / 承認する

ikut [イコ(ト)](㊥ to follow / to join / depending on)付いて行く / 従う / たどる / 参加する / ～次第

ikut jejak (langkah)
[イコ(ト) ジュジャッ (ランカ(ハ))](㊥ to follow a precedent)～の前例にならう

ikutan [イクゥタヌ](㊥ example / model)
例 / 手本 / モデル

ikuti [イクゥティ](㊥ to follow / to join / to take)後に続く / 従う / 参加する / 受講する

ilham [イルハム](㊥ inspiration)
ひらめき / インスピレーション

ilmiah [エルミア(ハ)](㊥ academic)学問の

ilmu (pengetahuan)
[エルムゥ (プンゥタフゥワヌ)](㊥ scholarship / knowledge)学問 / 知識

ilmu kira-kira [エルムゥ キラ キラ]
(㊥ arithmetic)算数

ilusi [イルゥスイ](㊥ illusion)錯覚

ilustrasi [イラストラスイ](㊥ illustration)
イラスト

imaginasi [イマジナスイ](㊥ imagination)
想像 / 想像力

imam [イマム](㊥ imam)
イマーム(イスラームの礼拝の導師)

iman [イマヌ](㊥ faith)信仰心

imbang [イムバン](㊥ balanced)
バランスがとれた

imbangan [イムバンアヌ](㊥ balance)
バランス

imbangi [イムバンイ](㊥ to balance)
バランスをとる

imbas [イムバス](㊥ to scan / to glance)
スキャンする / ざっと見る

imbasan [イムバサヌ](㊥ scan / glance)
スキャン / ざっと見ること

imbuhan [イムブゥハヌ](㊥ affix)接辞

iméj [イメジ](㊥ image)イメージ / 画像

imigrasi [イミグラスイ](㊥ immigration)
移民 / 移住

I

imigrésén [イミグレセヌ](㊥ immigration)
出入国管理

impak [イムペッ](㊥ impact)衝撃

impian [イムピヤヌ](㊥ dream)
憧(あこが)れ / 夢

impikan [イムピカヌ](㊥ to dream of)
憧(あこが)れる / 夢見る

implikasi [イムプリカスィ](㊥ implication)
暗示 / 含意

implikasikan [イムプリカスイカヌ]
(㊥ to imply)暗示する / 含意する

import [イムポ(ト)](㊥ import / to import)
輸入 / 輸入する

imun [イムゥヌ](㊥ immune)
免疫(めんえき)の / 免疫がある

imuniti [イムゥニティ](㊥ immunity)
免疫(めんえき) / 免責(めんせき)

imuniti diplomatik
[イムゥニティ ディプロマテッ]
(㊥ diplomatic immunity)外交特権

inai [イナィ](㊥ henna)ヘナ(赤茶色の染料)

inap [イナ(プ)](㊥ to stay)泊まる

inap désa [イナ(プ) デサ](㊥ homestay)
ホームステイ

inapan keluarga [イナパヌ クルゥワーガ]
(㊥ homestay)ホームステイ

inci [インチ](㊥ inch)インチ

indah [イヌダ(ハ)](㊥ beautiful)
美しい / きれいな

indéks [イヌデクス](㊥ index)指数 / 索引

indéks pencemaran udara
[イヌデクス プンチュマラヌ ウゥダラ]
(㊥ Air Pollutant Index / API)
大気汚染指数

India [イヌディヤ](㊥ India)インド

individu [イヌディヴィドゥウ](㊥ individual)
個人 / 人物

Indonésia [イヌドネスイヤ](㊥ Indonesia)
インドネシア

induk [イヌドッ](㊥ mother / main)
(動物の)母親 / 母体(となる)

industri [イヌドゥウストリ](㊥ industry)
産業 / 業界

industri kecil dan sederhana
[イヌドゥウストリ クチエル ダヌ スドゥーハナ](㊥ small and medium-sized companies)中小企業

industri kejuruteraan awam
[イヌドゥウストリ クジュウルゥトゥラアヌ アワム](㊥ civil engineering industry)土木業界

industri keluli [イヌドゥウストリ クルゥリ]
(㊥ steel industry)鉄鋼業

industri pembuatan
[イヌドゥウストリ プムブゥワタヌ]
(㊥ manufacturing industry)製造業

industri perikanan [イヌドゥウストリ プリカナヌ]
(㊥ fishing industry)水産業

industri perlombongan
[イヌドゥウストリ プーロムボンアヌ]
(㊥ mining industry)鉱業

industri peruncitan
[イヌドゥウストリ プルゥンチタヌ]
(㊥ retail business)小売業(こうりぎょう)

infarksi miokardium [イムファークスイ ミオカディオム](㊥ myocardial infarction)心筋梗塞(しんきんこうそく)

infiniti [イヌフィニティ](㊥ infinity)無限

inflasi [イヌフラスイ](㊥ inflation) インフレーション

influénza [イヌフルゥエヌザ](㊥ influenza) インフルエンザ

informasi [イヌフォーマスイ](㊥ information) インフォメーション / 情報

infrastruktur [イヌフラストルゥクトー] (㊥ infrastructure)インフラ / 基盤

ingat [インア(ト)](㊥ to remember / to recall / to think)覚えている / 思い出す / 思う

ingat kembali [インア(ト) クムバリ] (㊥ to recall)思い出す / 顧みる

ingatan [インアタヌ](㊥ memory) 記憶 / メモリ

ingati [インアティ](㊥ to remember / to recall)覚えている / 思い出す

ingat-ingat lupa [インア(ト) インア(ト) ルゥパ] (㊥ to vaguely remember)うろ覚えの

ingatkan [インア(ト)カヌ](㊥ to remind) 注意喚起する / リマインドする

Inggeris [イングレス](㊥ English) イギリス / 英語

ingin [インエヌ](㊥ to want to)〜したい

ingini [インイニ](㊥ to want / to wish for) 〜が欲しい / 〜を望む

inginkan [インエヌカヌ](㊥ to want / to wish for)〜が欲しい / 〜を望む

ingkar [インカー](㊥ to refuse / to disobey) 拒む / 背く

ingkari [インカリ](㊥ to disobey / to refuse) 背く / 拒む

ini [イニ](㊥ this / these) これ / この / これら

inisiatif [イニスイヤテァ](㊥ initiative) イニチアチブ / 主導

inovasi [イノヴァスイ](㊥ innovation) イノベーション / 革新

input [イムポ(ト)](㊥ input / to input) 入力 / 入力する

insaf [イヌサァ](㊥ to be aware / to repent / to see the light)自覚する / 反省する / 覚醒する

insafi [イヌサフィ](㊥ to be aware of / to repent)〜を自覚する / 反省する

insan [イヌサヌ](㊥ human being)人間

insang [イヌサン](㊥ gills)えら

inséntif [イヌセヌテァ](㊥ incentive) インセンティブ / 報奨(ほうしょう)

insidén [イヌスイデヌ](㊥ incident) 事件 / できごと

insisi [イヌスイスイ](㊥ incision)切開

insomnia [イヌソムニヤ](㊥ insomnia) 不眠症

inspéktor [イヌスペクトー](㊥ inspector) 調査官 / 警部

inspéktor polis [イヌスペクトー ポレス] (㊥ inspector)警部

I

inspirasi [イヌスピラスイ](㊥ inspiration)
インスピレーション / ひらめき

institusi [イヌスティトゥウスイ](㊥ institution)
機関 / 組織

institut [イヌスティトゥウ(ト)](㊥ institute)
研究所 / 学院

insurans [イヌスウラヌス](㊥ insurance)保険

insurans kesihatan
[イヌスウラヌス クスイハタヌ]
(㊥ health insurance)健康保険

insurans perjalanan
[イヌスウラヌス プージャラナヌ]
(㊥ travel insurance)旅行保険

insya-Allah [イヌシャ アッラ(ハ)](㊥ if Allah wills it)神の思(おぼ)し召しがあれば

intai [イヌタイ](㊥ to peep)覗(のぞ)き見する

intan [イヌタヌ](㊥ diamond)ダイアモンド

intéger [イヌテグー](㊥ integer)整数

integrasi [イヌトゥグラスイ](㊥ integration)
統合

intelék [イヌトゥレッ](㊥ intellect)
知性 / 知性がある人

inteléktual [イヌトゥレクトゥウワル]
(㊥ intellectual)知的な / 知識人

inténsif [イヌテヌセフ](㊥ intensive)
集中的な / 集約的な

interaksi [イヌトゥラクスイ](㊥ interaction)
交流 / 相互作用

interkom [イヌトゥーコム](㊥ intercom)
インターホン

Internét [イヌトゥネ(ト)](㊥ Internet)
インターネット

interviu [イヌトゥヴィウゥ](㊥ interview / to interview)インタビュー(する) / 面接(する)

inti [イヌティ](㊥ filling / stuffing / core)
(菓子などの)中身 / 中核

inti pati [イヌティ パティ](㊥ essence / main point)本質 / 要点

inti sari [イヌティ サリ](㊥ essence / main point / summary)本質 / 要点 / 摘要

intim [イヌテム](㊥ intimate)親密な

intonasi [イヌトナスイ](㊥ intonation)
イントネーション

intuisi [イヌトゥウイスイ](㊥ intuition)勘 / 直感

invois [イヌヴォエス](㊥ invoice)
請求書 / 送り状

ipar [イパー](㊥ in-law)義理の

IPT (= Institut Pengajian Tinggi)
[アイピティ (イヌスティトゥ(ト) プンアジヤヌ ティンギ)]
(㊥ higher education institution)
高等教育機関

IPTA (= Institut Pengajian Tinggi Awam)
[アイピティエ (イヌスティトゥ(ト) プンアジヤヌ ティンギ アワム)]
(㊥ public higher education institution)
国立高等教育機関

IPTS (= Institut Pengajian Tinggi Swasta)
[アイピティエス (イヌスティトゥ(ト) プンアジヤヌ ティンギ スワスタ)]
(㊥ private higher education institution)
私立高等教育機関

IPU (= Indéks Pencemaran Udara)
[アイピユゥ (インデクス プンチュマラヌ ウゥダラ)]
(㊥ Air Pollutant Index (API))
大気汚染指数

irama [イラマ](㊥ rhythm)リズム

iri hati [イリ ハティ](㊥ envious / jealous)
うらやましい / 嫉妬する

iringi [イリンイ](㊥ to accompany)
付き添う / 同行する

ironis [イロネス](㊥ ironic)皮肉(ひにく)な

ISA [アイエスエ](㊥ Internal Security Act (ISA))国内治安法

Isa [イサ](㊥ Jesus Christ)イエス·キリスト

isi [イスィ]
(㊥ content / flesh / to fill / to fill in)
内容 / 中身 / 果肉 / 中を満たす / 記入する

isi minyak [イスィ ミニャッ](㊥ to fuel)
給油する

isi padu [イスィ パドゥウ](㊥ volume)
体積 / 容積

isi penuh [イスィ プノ(ホ)](㊥ to fill up)
満タンにする

isi perut [イスィ プロ(ト)](㊥ feelings / internal organ)感情 / 内臓

isi rumah [イスィ ルウマ(ハ)]
(㊥ household)世帯(せたい) / 家庭

isian [イスィヤヌ](㊥ top-up)
チャージ / 補充

Islam [イスラム](㊥ Islam)イスラーム

Isnin [イスネヌ](㊥ Monday)月曜(日)

Israél [イスラエル](㊥ Israel)イスラエル

istana [イスタナ](㊥ palace)王宮 / 宮殿

isteri [イストゥリ](㊥ wife)妻

istiadat [イスティアダ(ト)](㊥ custom / ceremony)慣習 / しきたり / 儀式

istilah [イスティラ(ハ)](㊥ term)用語

istiméwa [イスティメワ](㊥ special / with special needs)特別な / 障がいを持った

istirahat [イスティラハ(ト)](㊥ rest)休息

isu [イスゥ](㊥ issue)問題 / 争点

isy [イシ](㊥ oh, dear)
まあ / もう / 何なの(驚き、非難)

isyak [イシャッ](㊥ after sunset / night prayer)夕暮れ時 / 夜の礼拝

isyarat [イシャラ(ト)](㊥ sign)合図

isyarat badan [イシャラ(ト) バダヌ]
(㊥ gesture)身振り

isytiharkan [イシティハーカヌ]
(㊥ to announce / to declare)
発表する / 宣言する

IT [アイティ](㊥ IT (information technology))
IT(情報技術)

Itali [イタリ](㊥ Italy)イタリア

italik [イタレッ](㊥ italic)イタリック体

itik [イテッ](㊥ duck)アヒル

ITM (= Institut Téknologi Mara)
[アイティエム (イヌスティトゥウ(ト) テクノロジ マラ)]
(㊥ Mara Institute of Technology)
マラ工科大学

itu [イトゥウ](㊥ that / those)あれ / あの / あれら / それ / その / それら

itu (dan) ini [イトゥウ (ダヌ) イニ]
(㊥ this and that)あれこれ

itulah [イトゥウラ(ハ)]([英] that / you said it) それこそ / それなんだよ

izin [イゼヌ]([英] permission)許可 / 許し

izinkan [イゼヌカヌ]([英] to permit / to allow) 許可する / 許す

J

jabat [ジャバ(ト)]([英] to hold) つかむ / (役職に)就(つ)く

jabat tangan [ジャバ(ト) タンアヌ] ([英] handshake / to shake hands) 握手 / 握手する

jabatan [ジャバタヌ]([英] department) 局 / 部署 / 学科

Jabatan Imigrésén [ジャバタヌ イミグレセヌ] ([英] Immigration Department) 入国管理局

Jabatan Météorologi [ジャバタヌ メテオロロジ]([英] Meteorological Department)気象庁

jadi [ジャディ]([英] to become / to actually happen / so) ~になる / 実現する / それで / だから

jadikan [ジャディカヌ]([英] to make) ~にする / ~にさせる

jadual [ジャドゥウワル]([英] table / schedule) 表 / 予定表 / スケジュール

jadual perjalanan [ジャドゥウワル プージャラナヌ]([英] itinerary) 旅程表

jadual waktu [ジャドゥウワル ワッ(ク)トゥウ] ([英] timetable)時刻表

jadual waktu kelas [ジャドゥウワル ワッ(ク)トゥウ クラヌ]([英] timetable) 時間割(表)

jaga [ジャガ]([英] to take care [charge] of / security guard)気を配る / 世話する / 担当する / ガードマン

jaga anak [ジャガ アナッ]([英] to baby-sit) 子守する

jagaan [ジャガアヌ]([英] care / charge / protection)世話 / 担当 / 保護

jaguh [ジャゴ(ホ)]([英] champion) チャンピオン / 勝者

jagung [ジャゴン]([英] corn)トウモロコシ

jahat [ジャハ(ト)]([英] bad / evil) (性格·行動が)悪い / 邪悪な

jahil [ジャヘル]([英] ignorant)無知な

jahit [ジャへ(ト)]([英] to sew)縫う

JAIS (= Jabatan Agama Islam Selangor) [ジャエス (ジャバタヌ アガマ イスラム スランォー)] ([英] Selangor Islamic Religious Department)スランゴール·イスラーム教庁

jajah [ジャジャ(ハ)]([英] to colonize) 植民地化する

jajahan [ジャジャハヌ] ([英] territory / colony)領地 / 植民地

Jakarta [ジャカルタ]([英] Jakarta)ジャカルタ

jakét [ジェケ(ト)]([英] jacket) ジャケット / 上着

jakét keselamatan [ジャケ(ト) クスラマタヌ] ([英] life jacket)救命胴衣(きゅうめいどうい)

JAKIM (= Jabatan Kemajuan Islam Malaysia) [ジャケム (ジャバタヌ クマジュゥワヌ イスラム ムレイスイヤ)] (英 Department of Islamic Development Malaysia)マレーシア·イスラーム発展庁

jalan [ジャラヌ] (英 street / road / way / to go / to run)道 / 方法 / 進む / 動く

jalan bertol [ジャラヌ ブートル] (英 toll road)有料道路

jalan cerita [ジャラヌ チュリタ] (英 plot) あらすじ

jalan kaki [ジャラヌ カキ] (英 to walk / walk)歩く / 徒歩

jalan mati [ジャラヌ マティ] (英 dead end) 行き止まり / 袋小路

jalan pintas [ジャラヌ ピヌタス] (英 shortcut)近道 / 早道

jalan pintasan [ジャラヌ ピヌタサヌ] (英 bypass)バイパス

jalan potong [ジャラヌ ポトン] (英 shortcut)近道

jalan raya [ジャラヌ ラヤ] (英 main street / road)大通り / 道路

jalan sehala [ジャラヌ スハラ] (英 one-way street)一方通行の道

jalan tengah [ジャラヌ トゥンァ(ハ)] (英 middle course)折衷(せっちゅう) / 中庸(ちゅうよう)

jalanan [ジャラナヌ] (英 street)街頭 / 路上

jalani [ジャラニ] (英 to undergo) (手術や検査などを)受ける / 経験する

jalan-jalan [ジャラヌ ジャラヌ] (英 to stroll) 散策する / ぶらぶらする

jalankan [ジャラヌカヌ] (英 to carry out) 行う / 実施する / 進める

jalin [ジャレヌ] (英 to weave / to establish) 編む / (関係を)結ぶ

jalur [ジャロー] (英 stripe) 縞(しま) / ストライプ

Jalur Gemilang [ジャロー グミラン] (英 Stripes of Glory) 栄光のストライプ(国旗の愛称)

jalur lébar [ジャロー レバー] (英 broadband)ブロードバンド

jam [ジャム] (英 hour / clock / o'clock) 1時間 / 時計 / ～時

jam locéng [ジャム ロチェン] (英 alarm clock)めざまし時計

jam tangan [ジャム タンアヌ] (英 watch) 腕時計

jamak [ジャマッ] (英 plural)複数の

jambak [ジャムバッ] (英 bunch)束 / 房

jambak bunga [ジャムバッ ブゥンァ] (英 bouquet)花束 / ブーケ

jambang [ジャムバン] (英 sideburns) もみあげ

jambatan [ジャムバタヌ] (英 bridge)橋

jambatan besi [ジャムバタヌ ブスイ] (英 iron bridge)鉄橋

jambatan gantung [ジャムバタヌ ガヌトン] (英 suspension bridge)吊り橋

jambatan keréta api [ジャムバタヌ クレタ ピ] (英 railroad bridge)鉄橋

jambu [ジャムブゥ] (英 guava)グァバ

jamin [ジャメヌ]([英] to guarantee)
保証する / 確保する

jaminan [ジャミナヌ]([英] guarantee)保証

jamuan [ジャムゥワヌ]([英] party)パーティー

jamuan perpisahan
[ジャムゥワヌ プーピサハヌ]
([英] farewell party)送別会

jana [ジャナ]([英] to generate)
生み出す / 発生させる

jana kuasa [ジャナ クゥワサ]([英] generator / to generate power)発電機 / 発電する

jana tenaga éléktrik
[ジャナ トゥナガ エレクトレッ]
([英] to generate power)発電する

janda [ジャヌダ]([英] widow)
未亡人(みぼうじん)

jangan [ジャンアヌ]([英] don't / not)
～するな / ～しない

jangan tidak [ジャンアヌ ティダッ]
([英] be sure to)必ず～すること

janggal [ジャンガル]([英] awkward)
きまり悪い / ぎこちない

janggut [ジャンゴ(ト)]([英] beard)あごひげ

jangka [ジャンカ]
([英] to expect / term / measure)
推測する / 予想する / 期間 / 測量器具

jangka lukis [ジャンカ ルゥケス]
([英] compasses)コンパス

jangka panjang [ジャンカ パンジャン]
([英] long term)長期

jangka péndék [ジャンカ ペヌデッ]
([英] short term)短期

jangka sudut [ジャンカ スゥド(ト)]
([英] protractor)分度器

jangka suhu [ジャンカ スゥフゥ]
([英] thermometer)温度計

jangkaan [ジャンカアヌ]([英] expectation)
推測 / 予想

jangkakan [ジャンカカヌ]([英] to expect)
推測する / 予想する

jangkit [ジャンケ(ト)]([英] to be infected)
感染する / 伝染する

jangkitan [ジャンキタヌ]([英] infection)
感染 / 伝染

jangkiti [ジャンキティ]([英] to infect)
～に感染する / 伝染する

jangkitkan [ジャンケ(ト)カヌ]
([英] to transmit)(病気などを)移す

janin [ジャネヌ]([英] foetus)胎児

janji [ジャンジ]([英] promise / to promise)
約束 / 約束する

janji temu [ジャンジ トゥムゥ]
([英] appointment)アポイントメント

janjikan [ジャンジカヌ]([英] to promise)
～を与えると約束する

jantan [ジャヌタヌ]([英] male)雄

jantina [ジャヌティナ]([英] sex / gender)性別

jantung [ジャヌトン]([英] heart)心臓

Januari [ジャヌゥワリ]([英] January)一月

jarah [ジャラ(ハ)]([英] to ravage / to plunder)荒らす / 略奪する

jarak [ジャラッ]([英] distance / interval)距離 / 間隔

jarak penglihatan [ジャラッ プンリハタヌ]([英] sight)視界 / 視野

jarak perbatuan [ジャラッ プーバトゥウワヌ]([英] mileage)走行距離

jarak perjalanan [ジャラッ プージャラナヌ]([英] travel distance)移動距離 / 走行距離

jarakkan [ジャラッカヌ]([英] to move *sth* apart / to distance)距離を置く / 離す

jarang [ジャラン]([英] seldom / thin / sparse / filmy)滅多に〜ない / 隙間(すきま)がある / 少ない / 透けた

jarang-jarang [ジャラン ジャラン]([英] rarely)滅多に〜ない

jari [ジャリ]([英] finger)指

jari hantu [ジャリ ハヌトゥウ]([英] middle finger)中指

jari keléngkéng [ジャリ クレンケン]([英] little finger)小指

jari kelingking [ジャリ クリンケン]
☞jari kelengkeng

jari manis [ジャリ マネス]([英] ring finger)薬指

jari telunjuk [ジャリ トゥルゥンジョッ]([英] forefinger)人差し指

jaring [ジャレン]([英] net)網 / ネット

jaringan [ジャリンアヌ]([英] goal / network)ゴール / 得点すること / ネットワーク

jaringan sosial [ジャリンアヌ ソスイヤル]([英] social networking)ソーシャル·ネットワーキング

jaringkan [ジャレンカヌ]([英] to score)(ゴールを)決める

jarum [ジャロム]([英] needle)針

jasa [ジャサ]([英] service / kindness)功績 / 奉仕 / 親切

jasa baik [ジャサ バエッ]([英] kindness)親切

jasad [ジャサ(ド)]([英] body)肉体 / 身体

jasmani [ジャスマニ]([英] physical)肉体の / 身体の

jati [ジャティ]([英] genuine / native)真の / 生粋(きっすい)の

jati diri [ジャティ ディリ]([英] identity)アイデンティティ

jatuh [ジャト(ホ)]([英] to fall (down) / to fall on)落ちる / 転ぶ / 倒れる / (ある時に)当たる

jatuh cinta [hati] [ジャト(ホ) チヌタ [ハティ]]([英] to fall in love)恋に落ちる

jatuh sakit [ジャト(ホ) サケ(ト)]([英] to fall ill)病気になる

jatuhkan [ジャト(ホ)カヌ]([英] to drop / to push [bring] down / to sentence)落とす / 倒す / 打倒する / (刑罰を)下(くだ)す

jauh [ジャオ(ホ)]([英] far)遠い / はるかに

jauhi [ジャオヒ]([英] to abstain / to keep *sth* away)〜を避ける / 〜から遠ざかる

jauhkan [ジャオ(ホ)カヌ]([英] to keep *sth* away)遠ざける

J

Jawa [ジャワ] (㊥ Java) ジャワ

jawab [ジャワ(ブ)] (㊥ to answer / to respond) 答える / 返事する / 応じる

jawapan [ジャワパヌ] 《㊲ jawab》 (㊥ answer / response) 答え / 返事

jawat [ジャワ(ト)] (㊥ to hold) (役職に) 就(つ)く / 握る

jawatan [ジャワタヌ] (㊥ position) 役職 / ポスト

jawatankuasa [ジャワタヌクゥワサ] (㊥ committee) 委員会

Jawi [ジャウィ] (㊥ Jawi) ジャウィ (アラビア文字でのマレー語表記)

jaya [ジャヤ] (㊥ successful) 成功した

jayakan [ジャヤカヌ] (㊥ to make *sth* a success) 成功させる

jaz [ジェズ] (㊥ jazz) ジャズ

JB (= Johor Bahru) [ジェビ (ジョホー バルゥ)] (㊥ Johor Bahru) ジョホール・バル (マレーシア第二の都市)

je [ジュ] (㊥ only) 【口語】だけ / ばっか

jean [ジェヌ] (㊥ jeans) ジーンズ

jéda [ジェダ] (㊥ pause / interval) ポーズ / 間(ま)

jegil [ジュゲル] (㊥ to open one's eyes / to glare wide-eyed) 目を見開く / にらむ

jejak [ジュジャッ] (㊥ track / footsteps / to step on) 跡 / 足跡 / 歩み / 足を踏み入れる

jejaka [ジュジャカ] (㊥ young man) 若い男

jejaki [ジュジャキ] (㊥ to trace / to chase) たどる / 追跡する

jejari [ジュジャリ] (㊥ radius) 半径

jejaskan [ジュジャスカヌ] (㊥ to hurt) 損なう / 傷つける

jelajah [ジュラジャ(ハ)] (㊥ exploration / to explore) 探検 / 探検する

jelas [ジュラス] (㊥ clear / to clarify) 明らかな / 説明する

jelaskan [ジュラスカヌ] (㊥ to explain / to settle) 説明する / 返済する

jelasnya [ジュラスニャ] (㊥ he [she] explained / the clarity of) 彼(女)は説明した / ～の明瞭(めいりょう)さ

jéli [ジェリ] (㊥ jelly) ゼリー

jelikkan [ジュレッカヌ] (㊥ to speak ill of) 悪口を言う

jelma [ジュルマ] (㊥ to transform) 変身する / ～となって現れる

jém [ジェム] (㊥ jam) ジャム

jemaah [ジュマア(ハ)] (㊥ congregation) (イスラーム) 信徒の集団

jemaah haji [ジュマア(ハ) ハジ] (㊥ pilgrims) (巡礼月の) 巡礼団

jemaah menteri [ジュマア(ハ) ムヌトゥリ] (㊥ cabinet) 閣僚(かくりょう) / 内閣

jemaah umrah [ジュマア(ハ) ウゥムラ(ハ)] (㊥ pilgrims) (巡礼月以外の) 巡礼団

jemput [ジュムポ(ト)] (㊥ to invite / to go and meet / please / big pinch) 誘(さそ)う / 招待する / 出迎える / 是非 / 一つまみ

jemputan [ジュムプゥタㇴ]
(㊥ invitation / guest)招待 / 招待客

jemputlah [ジュムポ(ト)ラ(ハ)](㊥ please)
是非とも

jemu [ジュムゥ](㊥ bored / tired of)
退屈する / うんざりする

jemur [ジュモー](㊥ to dry / to sunbathe)
干す / 日光浴する

jemuran [ジュムゥラㇴ](㊥ dried thing / place to dry *sth*)干し物 / 干し場

jenaka [ジュナカ](㊥ joke / funny)
滑稽(こっけい)話 / 滑稽な

jenama [ジュナマ](㊥ brand)
ブランド / 銘柄

jenayah [ジュナヤ(ハ)](㊥ crime)犯罪

jenazah [ジュナザ(ハ)](㊥ corpse)遺体

jendéla [ジュヌデラ](㊥ window)窓

jeneral [ジュヌラル](㊥ general)大将 / 将軍

jéngkél [ジェンケル](㊥ annoyed)苛立った

jenguk [ジュンオッ](㊥ to look / to visit)
首を伸ばして見る / 顔を出す / 立ち寄る

jenis [ジュネㇲ](㊥ kind / type)
種類 / 型 / タイプ

jenis darah [ジュネㇲ ダラ(ハ)]
(㊥ blood type)血液型

jentera [ジュヌトゥラ]
(㊥ machine / machinery)機械 / 機構

jentik [ジュヌテッ](㊥ to flip)指先で弾く

jentik-jentik [ジュヌテッ ジュヌテッ]
(㊥ mosquito larva)ボウフラ

Jepun [ジュポㇴ](㊥ Japan)日本

jerami [ジュラミ](㊥ straw)藁(わら)

jerat [ジュラ(ト)](㊥ trap)罠(わな)

jerawat [ジュラワ(ト)](㊥ pimple)にきび

jerebu [ジュルブゥ](㊥ haze)煙霧(えんむ)

jerih [ジュレ(ヘ)](㊥ exhausted)疲れ果てた

jerit [ジュレ(ト)](㊥ to scream / to shout)
叫ぶ / 怒鳴る

jeritan [ジュリタㇴ](㊥ scream / shout)
叫び / 悲鳴

Jerman [ジュルマㇴ](㊥ Germany)ドイツ

jernih [ジューネ(ヘ)](㊥ clear / pure)
澄んだ / 清らかな

jernihkan [ジューネ(ヘ)カㇴ](㊥ to purify / to calm)浄化する / 澄ます / 沈静化する

jeruk [ジュロッ](㊥ pickles)漬物 / ピクルス

Jesus [ジェスゥㇲ](㊥ Jesus Christ)
イエス・キリスト

jét [ジェ(ト)](㊥ jet)ジェット

jéti [ジェティ](㊥ jetty)桟橋(さんばし)

jihad [ジハ(ド)](㊥ holy war)
ジハード / 聖戦

jijik [ジジェッ](㊥ disgusted / dirty)
嫌な / 不快な / 不潔な

jika [ジカ](㊥ if)もし〜なら / 〜たら

jikalau [ジカラゥ](㊥ if)
仮に〜ならば / 〜たら

J

jilat [ジラ(ト)] (㊐ to lick / to engulf)
舐(な)める / (火が家などを)飲み込む

jilid [ジレ(ド)] (㊐ volume / to bind)
巻 / 綴(と)じる / 製本する

jimat [ジマ(ト)] (㊐ thrifty / to save)
節約家の / 節約になる / 節約する

jimatkan [ジマ(ト)カヌ] (㊐ to save)
節約する

jin [ジヌ] (㊐ spirit / jinn) 霊

jinak [ジナッ] (㊐ tame)
人に馴(な)れた / 人懐(ひとなつ)こい

jinakkan [ジナッカヌ] (㊐ to tame)
人に馴(な)らす

jingga [ジンガ] (㊐ orange) 橙(だいだい)色

jiran (tetangga) [ジラヌ (トゥタンガ)]
(㊐ neighbour) 隣人

jirus [ジロス] (㊐ to water / to flush)
水をかける / (トイレの)水を流す

jisim [ジセム] (㊐ mass) 質量

jitu [ジトゥウ] (㊐ accurate) 正確な

jiwa [ジワ] (㊐ spirit / mind) 精神

jodoh [ジョド(ホ)] (㊐ life partner / destiny to be together)
生涯の伴侶(はんりょ) / 結婚に至る縁

jogét [ジョゲ(ト)] (㊐ joget)
ジョゲット(マレーの伝統舞踊)

joging [ジョゲン] (㊐ jogging) ジョギング

johan [ジョハヌ] (㊐ champion)
チャンピオン / 優勝者

Johor [ジョホー] (㊐ Johore)
ジョホール(半島マレーシアの州)

jom [ジョム] (㊐ let's)【口語】さあ / ～しよう

joran [ジョラヌ] (㊐ fishing rod) 釣竿(つりざお)

JPA (= Jabatan Perkhidmatan Awam)
[ジェピエ (ジャバタヌ プーヒ(ド)マタヌ アワム)]
(㊐ Public Services Department)
公共サービス局

JPJ (= Jabatan Pengangkutan Jalan)
[ジェピジェ (ジャバタヌ プンアンクゥタヌ ジャラヌ)]
(㊐ Road Transport Department)
道路交通局

JPN (= Jabatan Pendaftaran Negara)
[ジェピエヌ (ジャバタヌ プヌダ(フ)タラヌ ヌガラ)]
(㊐ National Registration Department)
国民登録管理局

jua [ジュゥワ] (㊐ ~-ever / after all)
～でも / ～だって / やはり～だ

jual [ジュゥワル] (㊐ to sell) 売る

jual beli [ジュゥワル ブリ] (㊐ trade / to buy and sell) 売買 / 商売 / 売買する

jual murah [ジュゥワル ムウラ(ハ)]
(㊐ to sell *sth* cheap) 安売りする

jualan [ジュゥワラヌ] (㊐ sale / goods for sale) セール / 販売 / 売り物

jualan awal [ジュゥワラヌ アワル]
(㊐ advance sale) 前売り

jualan istiméwa [ジュワラヌ イスティメワ]
(㊐ special sale) 特別セール / 特売

jualan murah [ジュゥワラヌ ムウラ(ハ)]
(㊐ bargain sale) 安売り / バーゲン

jualan runcit [ジュゥワラヌ ルゥンチェ(ト)]
(英 retailing)小売(こうり)り

jualan terlaris [ジュゥワラヌ トゥーラレス]
(英 best-seller)ベストセラー

juara [ジュゥワラ](英 champion)
チャンピオン / 優勝者

juarai [ジュゥワライ](英 to win)〜で優勝する

jubah [ジュゥバ(ハ)](英 robe)ローブ

jubah mandi [ジュゥバ(ハ) マヌディ]
(英 bathrobe)バスローブ

jubin [ジュゥベヌ](英 tile)タイル / 瓦(かわら)

judi [ジュゥディ](英 gambling)
ギャンブル / 賭博(とばく)

judul [ジュゥドル](英 title)題名 / タイトル

juga [ジュゥガ](英 also / ~-ever / after all / quite)〜も / 〜でも / それでもやはり / なかなか

jujur [ジュゥジョー](英 honest)正直な

Julai [ジュゥライ](英 July)七月

julap [ジュゥラ(プ)](英 laxative)
便秘薬(べんぴやく)

julung [ジュゥロン](英 first)最初の

julung(-julung) kali
[ジュゥロン ジュゥロン カリ]
(英 for the first time)初めて

Jumaat [ジュゥマア(ト)](英 Friday)金曜(日)

jumbo [ジャムボ](英 jumbo)ジャンボ

jumlah [ジュゥムラ(ハ)](英 total / number)
合計 / 総額 / 〜の数

jumlah amaun [ジュゥムラ(ハ) アマォヌ]
(英 total amount)合計額

jumlah besar [ジュゥムラ(ハ) ブサー]
(英 total)総計

jumlah kecil [ジュゥムラ(ハ) クチェル]
(英 subtotal)小計

jumlahkan [ジュゥムラ(ハ)カヌ]
(英 to total)合計する

jumpa [ジュゥムパ](英 to meet / to find)
会う / 見つける

jumpa lagi [ジュゥムパ ラギ]
(英 see you again)また会いましょう

Jun [ジュゥヌ](英 June)六月

junior [ジュゥニオー](英 junior)後輩

jurang [ジュゥラン](英 gap / ravine)
格差 / ギャップ / 峡谷(きょうこく)

juri [ジュゥリ](英 jury)審査員 / 陪審

jurisprudens [ジュゥレスプルゥドゥヌス]
(英 jurisprudence)法学

juru [ジュゥルゥ](英 expert)専門家

jurubahasa [ジュゥルゥバハサ]
(英 interpreter)通訳者

jurucakap [ジュゥルゥチャカ(プ)]
(英 spokesman)スポークスマン / 広報官

jurugambar [ジュゥルゥガムバー]
(英 photographer)カメラマン

juruhébah [ジュゥルゥヘバ(ハ)]
(英 announcer)アナウンサー

jurujual [ジュゥルゥジュゥワル]
(英 salesperson)セールスマン / 販売員

J

jurulatih [ジュウルゥラテ(へ)] (㊥ coach)
(スポーツの)監督 / コーチ

jururawat [ジュウルゥラワ(ト)] (㊥ nurse)
看護師

jurus [ジュウロス] (㊥ to centre)
(話が)向かう

jurusan [ジュウルゥサヌ] (㊥ major / (future) course)専攻 / 進路

jurutaip [ジュウルゥタエ(プ)] (㊥ typist)
タイピスト

juruténik [ジュウルゥテクネッ]
(㊥ technician)技術者 / 技師

jurutera [ジュウルゥトゥラ] (㊥ engineer)
エンジニア

juruterbang [ジュウルゥトゥーバン]
(㊥ pilot)パイロット

juruwang [ジュウルゥワン] (㊥ cashier)
レジ係り / キャッシャー

jus [ジュウス] (㊥ juice)ジュース

justeru [ジュウストゥルゥ] (㊥ in fact / so)
実のところは / だから

justeru itu [ジュウストゥルゥ イトゥウ]
(㊥ so)だから / それゆえに

justifikasi [ジュウスティフイカスイ]
(㊥ justification)弁解 / 正当化

juta [ジュウタ] (㊥ million)百万

jutawan [ジュウタワヌ] (㊥ millionaire)
百万長者 / 大金持ち

K

kabel [ケブル] (㊥ cable / cord)
ケーブル / コード

kabel éléktrik [ケブル エレクトレッ]
(㊥ electrical wire)電線

kabel penyambung [ケブル プニャムボン]
(㊥ connection cable)接続ケーブル

kabin [ケベヌ] (㊥ cabin)キャビン

kabinét [ケビネ(ト)] (㊥ cabinet)内閣

kabulkan [カボルカヌ] (㊥ to fulfil)
実現する / 叶える

kabur [カボー] (㊥ blurred / vague)
ぼんやりした / 曖昧(あいまい)な

kabus [カボス] (㊥ mist)霧 / かすみ

kabut [カボ(ト)] (㊥ fog)霧

kaca [カチャ] (㊥ glass)ガラス

kaca mata [カチャ マタ] (㊥ glasses)眼鏡

kaca mata hitam [カチャ マタ ヒタム]
(㊥ sunglasses)サングラス

kacak [カチャッ] (㊥ handsome)
かっこいい / ハンサムな

kacang [カチャン] (㊥ nut / bean)豆

kacang buncis [カチャン ブゥンチェス]
(㊥ common bean)インゲン豆

kacang hijau [カチャン ヒジャゥ]
(㊥ mung bean)緑豆(りょくとう)

kacang mérah [カチャン メラ(ハ)]
(㊥ red bean)あずき

kacang pis [カチャン ピス]（㊥ (green) pea）
エンドウ豆 / グリンピース

kacang soya [カチャン ソヤ]
（㊥ soybean）大豆

kacang tanah [カチャン タナ(ハ)]
（㊥ peanut）ピーナッツ / 落花生

kacang walnut [カチャン ウォルノ(ト)]
（㊥ walnut）胡桃（くるみ）

kacau [カチャウ]
（㊥ in disorder / to stir / to pester）
混乱した / かき混ぜる / 邪魔（じゃま）する

kacau-bilau [カチャウ ビラウ]（㊥ chaotic）
混乱した

kacukan [カチュウカヌ]（㊥ cross / mixed parentage）交雑種 / 雑種 / 混血

kad [カ(ド)]（㊥ card）カード

kad krédit [カ(ド) クレディ(ト)]
（㊥ credit card）クレジットカード

kad matrik [カ(ド) メトレッ]
（㊥ matriculation card）学生証

kad nama [カ(ド) ナマ]（㊥ name card）
名刺

kad pelajar [カ(ド) プラジャー]
（㊥ student ID card）学生証

kad pendaratan [カ(ド) プヌダラタヌ]
（㊥ disembarkation card）入国カード

kad pengenalan (diri)
[カ(ド) プンゥナラヌ (ディリ)]（㊥ ID card）
身分証明証

kad prabayar [カ(ド) プラバヤー]
（㊥ prepaid card）プリペイドカード

kad SIM [カ(ド) スィム]（㊥ SIM card）
SIMカード

kad tunai [カ(ド) トゥウナイ]（㊥ cash card）
キャッシュカード

kadang-kadang [カダン カダン]
（㊥ sometimes）時々

kadangkala [カダンカラ]（㊥ sometimes）
時折

kadar [カダー]（㊥ rate）
割合 / 比率 / レート

kadar cukai [カダー チュウカイ]
（㊥ tax rate）税率

kadar faédah [カダー ファエダ(ハ)]
（㊥ interest rate）利率 / 金利

kadar kelembapan [カダー クルムバパヌ]
（㊥ humidity）湿度

kadar keuntungan [カダー クウゥヌトゥンアヌ]
（㊥ profit rate）利益率

kadar pecutan [カダー プチョタヌ]
（㊥ acceleration rate）加速度

kadar pengangguran
[カダー プンァングゥラヌ]（㊥ unemployment [jobless] rate）失業率

kadar perkembangan
[カダー プークムバンアヌ]（㊥ growth rate / progress rate）成長率 / 進度

kadar pertukaran [tukaran] [カダー プートゥウカラヌ [トゥウカラヌ]]
（㊥ exchange rate）為替（かわせ）レート

kadar pertumbuhan
[カダー プートゥウムブウハヌ]（㊥ growth rate）
成長率

K

kadar pulangan [カダー プゥランアヌ]
(㊥ return rate)利益率 / 利回り

kadar sara diri [カダー サラ ディリ]
(㊥ self-sufficiency ratio)自給率

kadaran [カダラヌ](㊥ proportion / rating)比例 / 評価 / 評定 / 定格

kadbod [カ(ド)ボ(ド)](㊥ cardboard)
段ボール

kadi [カディ](㊥ kadi)
カディ(イスラーム法官)

kaédah [カエダ(ハ)](㊥ method)
方法 / 手法 / 方式

kaédah pembayaran [bayaran]
[カエダ(ハ) プムバヤラヌ[バヤラヌ]]
(㊥ payment method)支払方法

kaédah pembuatan
[カエダ(ハ) プムブウワタヌ]
(㊥ manufacturing process)製法

kafé [ケフェ](㊥ café)カフェ

kafé siber [ケフェ サイブー]
(㊥ Internet café)インターネットカフェ

kafir [カフェー](㊥ infidel)
信仰を持たない者 / 異教徒

kagum [カゴム](㊥ impressed)感心した

kagumkan [カゴムカヌ](㊥ to impress)
感動させる

kahak [カハッ](㊥ phlegm)痰(たん)

kahwin [カウェヌ](㊥ to get married / marriage)結婚する / 結婚

kahwini [カ(ハ)ウィニ](㊥ to marry)
～と結婚する

kain [カエヌ](㊥ cloth)布

kain kasa [カエヌ カサ](㊥ gauze)ガーゼ

kain lap [カエヌ ラ(プ)](㊥ dish towel / dust cloth)ふきん / 雑巾(ぞうきん)

kain pembalut [カエヌ プムバロ(ト)]
(㊥ bandage)包帯

kait [カエ(ト)](㊥ hook / to hook / to crochet)
フック / かぎ / 引っかけてもぎ取る / 編む

kaitan [カイタヌ](㊥ connection)
関連 / 結び付き

kaitkan [カエ(ト)カヌ](㊥ to connect)
結び付ける / 関連付ける

kaji [カジ](㊥ to study / study)
研究する / 調査する / 学問

kaji purba [カジ プゥルバ]
(㊥ archaeology)考古学(こうこがく)

kajian [カジヤヌ](㊥ research)研究

kak [カッ](㊥ elder sister / excuse me)
お姉さん / すみません(成人女性に対して)

kakak [カカッ](㊥ elder sister)
姉 / お姉さん

kakanda [カカヌダ](㊥ elder brother / elder sister)兄上 / 姉上

kaki [カキ](㊥ foot / leg)足 / 脚 / 裾 / 底辺 / フィート / ～本(助数詞)

kaki ayam [カキ アヤム](㊥ barefoot)
裸足(はだし)の

kaki bangku [カキ バンクゥ]
(㊥ terrible athlete / bench leg)
運動音痴 / ベンチの脚

kaki botol [カキ ボトル] (英 drunkard)
酒飲み

kaki langit [カキ ランエ(ト)] (英 horizon)
水平線 / 地平線

kaki lima [カキ リマ] (英 five foot way)
五脚基(ごかき)(軒下の5フィート通路)

kaki palsu [カキ パルスゥ]
(英 artificial leg)義足

kakisan [カキサヌ] (英 corrosion)
腐食(ふしょく)

kakitangan [カキタンアヌ]
(英 employee / staff)職員 / スタッフ

kakitangan awam [カキタンアヌ アワム]
(英 public employee)公務員

kakitangan kerajaan
[カキタンアヌ クラジャアヌ] (英 government employee)公務員 / 政府の職員

kakitangan syarikat [カキタンアヌ シャリカ(ト)]
(英 office worker)会社員

kaku [カクゥ] (英 stiff)ぎこちない / 堅い

kala [カラ] (英 time / tense)時 / 時制

kala depan [カラ ドゥパヌ]
(英 future tense)未来時制

kala kini [カラ キニ] (英 present tense)
現在時制

kala lampau [カラ ラムパゥ]
(英 past tense)過去時制

kalah [カラ(ハ)] (英 to lose)負ける

kalahkan [カラ(ハ)カヌ] (英 to defeat)
負かす

kalangan [カランアヌ]
(英 group / amongst)集団 / 間

kalau [カラゥ] (英 if)もし〜なら / 〜たら

kalau begitu [カラゥ ブギトゥウ]
(英 if so / then)それでは / それなら

kalau macam itu [カラゥ マチャム イトゥウ]
(英 if so / then)
【口語】それじゃあ / それなら

kalau tidak [カラゥ ティダッ] (英 if not / otherwise)そうでないなら / そうしないと

kalau-kalau [カラゥ カラゥ] (英 just in case)
もしかして〜ではないかと

kaléndar [カレヌダー] (英 calendar)
カレンダー / 暦

kali [カリ] (英 time(s))回 / 倍 / 掛ける(×)

kali ganda [カリ ガヌダ] (英 times)〜倍

kali ini [カリ イニ] (英 this time)今回

kali pertama [カリ プータマ]
(英 first time)初めて / 初回

kali seterusnya [berikutnya]
[カリ ストゥウロスニャ [ブリコ(ト)ニャ]]
(英 next time)次回

kali terakhir [カリ トゥラヘー]
(英 last [previous] time)最後 / 前回

kaligrafi [カリグラフィ] (英 calligraphy)
習字 / 書道

kalis [カレス] (英 〜-proof)
〜を通さない / 防〜

kalis api [カレス アピ] (英 fireproof)
防火の / 耐火性の

K

kalis bunyi [カレス ブウニィ]
(㊥ soundproof)防音の

kalkulator [カルクゥラトー](㊥ calculator)
電卓

kalori [ケロリ](㊥ calorie)カロリー

kalsium [カルスイヨム](㊥ calcium)
カルシウム

kalung [カロン](㊥ necklace)
首飾り / ネックレス

kambing [カムベン](㊥ goat)山羊(やぎ)

kaméra [ケメラ](㊥ camera)カメラ

kami [カミ](㊥ we / our / us)
私達(聞き手を含まない)

K

kampung [カムポン]
(㊥ village / countryside)村 / 田舎

kampung halaman [カムポン ハラマヌ]
(㊥ hometown)故郷

kampung nelayan [カムポン ヌラヤヌ]
(㊥ fishing village)漁村

kampung petani [カムポン プタニ]
(㊥ farm village)農村

kampus [カムポス](㊥ campus)キャンパス

kamu [カムゥ](㊥ you / your)君 / 君達

kamu semua [カムゥ スムゥワ]
(㊥ you / your)君達

kamus [カモス](㊥ dictionary)辞書

kan [カヌ](㊥ right)【口語】～ですよね

Kanada [カナダ](㊥ Canada)カナダ

kanak-kanak [カナッ カナッ](㊥ child)
子供

kanan [カナヌ](㊥ right / senior)
右 / 地位が上の / 上級の / 右派の

kancil [カンチェル](㊥ mouse deer)マメジカ

kandang [カヌダン](㊥ pen)
囲い / 畜舎(ちくしゃ)

kandungan [カヌドゥウンアヌ](㊥ contents / foetus)目次 / 内容 / 胎児

kandungi [カヌドゥウンイ](㊥ to include)含む

kangkang [カンカン](㊥ to straddle / with one's legs apart)股(また)を開く / 脚を広げて / 開いた股の間

kanister [ケニストゥー](㊥ canister)
缶 / キャニスター

kanser [ケヌスー](㊥ cancer)癌(がん)

kanta [カヌタ](㊥ lens)レンズ

kanta sentuh [カヌタ スヌト(ホ)]
(㊥ contact lens)コンタクトレンズ

kantin [カヌティヌ](㊥ canteen)食堂

kanun [カノヌ](㊥ code of law)法 / 法体系

kanun keséksaan [jenayah]
[カノヌ クセクサアヌ [ジュナヤ(ハ)]]
(㊥ penal code)刑法

kapak [カパッ](㊥ axe)斧

kapal [カパル](㊥ ship)船

kapal layar [カパル ラヤー]
(㊥ yacht / sailing ship)ヨット / 帆船

kapal nelayan [カパル ヌラヤヌ]
(㊥ fishing boat)漁船

kapal perang [tentera] [カパル プラン [トゥヌトゥラ]] (㊥ warship) 軍艦

kapal peronda [カパル プロヌダ] (㊥ patrol ship) 巡視艇

kapal terbang [カパル トゥーバン] (㊥ airplane) 飛行機

kapas [カパス] (㊥ cotton) 綿 / 木綿

kapasiti [ケパスィティ] (㊥ capacity) 定員 / 容量

kapsul [カ(プ)スウル] (㊥ capsule) カプセル

kapten [カ(プ)トゥヌ] (㊥ captain) キャプテン / 大尉

kapten kapal [カ(プ)トゥヌ カパル] (㊥ captain) 船長

kapur [カポー] (㊥ chalk / lime) チョーク / 石灰

karam [カラム] (㊥ to sink) 沈没する

karang [カラン] (㊥ coral / to compose / to write / to arrange) 珊瑚(さんご) / 作文する / 創作する / 串につなげる

karangan [カランァヌ] (㊥ composition / work / garland / string of beads) 作文 / 作品 / 花輪 / ビーズ細工

karaoké [カラオケ] (㊥ karaoke) カラオケ

karapas [カラパス] (㊥ carapace) 甲羅(こうら)

karat [カラ(ト)] (㊥ rust / carat) 錆(さび) / カラット(宝石の単位)

karavan [カラヴァヌ] (㊥ caravan) キャンピングカー

karbohidrat [カーボヒドラ(ト)] (㊥ carbohydrate) 炭水化物

karbon [カボヌ] (㊥ carbon (paper)) 炭素 / カーボン紙

karbon dioksida [カボヌ ディオクスイダ] (㊥ carbon dioxide) 二酸化炭素

kargo [カゴ] (㊥ cargo) 積荷 / 貨物

kari [カリ] (㊥ curry) カレー

karib [カレ(ブ)] (㊥ close) 親密な / 近親の

karier [ケリウー] (㊥ career) キャリア

karipap [カリパ(プ)] (㊥ curry puff) カレー揚げパイ

karpét [カペ(ト)] (㊥ carpet) カーペット

kartrij [カトレジ] (㊥ cartridge) カートリッジ / 薬包(やくほう)

kartun [カートゥヌ] (㊥ cartoon) 漫画

karung [カロン] (㊥ sack) 麻袋(あさぶくろ)

karut [カロ(ト)] (㊥ nonsense) でたらめな / ナンセンスな

karut-marut 《㊦ karut》 [カロ(ト) マロ(ト)] (㊥ jumbled) あべこべな / でたらめな

karya [カルヤ] (㊥ work) 作品

karya agung [カルヤ アゴン] (㊥ masterpiece) 傑作 / 名作

karya klasik [カルヤ クラセッ] (㊥ classic) 古典

karya sampah [カルヤ サムパ(ハ)] (㊥ poor work) 駄作

K

karyawan [カルヤワヌ] (㊧ writer / artist)
作家 / 芸術家

kasar [カサー] (㊧ corace / vulgar / rough / gross) 粗い / 粗野な / 荒っぽい / 大雑把(おおざっぱ)な

kasét [ケセ(ト)] (㊧ cassette) カセット

kasi [カスィ] (㊧ to give)
【口語】やる / くれる

kasih [カセ(ヘ)] (㊧ love / affection / to love) 愛 / 愛情 / 愛おしく思う

kasih sayang [カセ(ヘ) サヤン] (㊧ love)
愛情

kasihan [カスィハヌ] (㊧ pitiful / poor / to sympathize)
かわいそうな / 気の毒な / 哀れむ

kasihi [カスィヒ] (㊧ to love) ～を愛する

kasino [カスィノ] (㊧ casino) カジノ

kasta [カスタ] (㊧ status)
カースト / 階級 / 身分

kastam [カスタム] (㊧ customs) 税関

kasual [ケジュゥワル] (㊧ casual)
カジュアルな / 気軽な

kasus [カスゥス] (㊧ case (in grammar))
(文法上の)格

kasut [カソ(ト)] (㊧ shoes) 靴

kasut but [カソ(ト) ブゥ(ト)] (㊧ boots)
ブーツ / 長靴

kasut hujan [カソ(ト) フゥジャヌ] (㊧ boots)
長靴

kasut sarung [カソ(ト) サロン] (㊧ mule)
ミュール

kat [カ(ト)] (㊧ at / in / to)
【口語】～で / ～に / ～へ

kata [カタ] (㊧ word / to say) 単語 / 言う

kata adjéktif [sifat]
[カタ ア(ド)ジェクテフ [スィファ(ト)]]
(㊧ adjective) 形容詞

kata adverba [カタ アドヴーバ]
(㊧ adverb) 副詞

kata bantu [カタ バヌトゥウ] (㊧ auxiliary)
助詞

kata bilangan [カタ ビランアヌ]
(㊧ numeral) 数詞

kata dua [カタ ドゥウワ] (㊧ ultimatum)
最後通牒(さいごつうちょう) / 三行半(みくだりはん)

kata ganda [カタ ガヌダ]
(㊧ reduplicated word) 重複語

kata ganti nama [カタ ガヌティ ナマ]
(㊧ pronoun) 代名詞

kata hubung [カタ フゥボン]
(㊧ conjunction) 接続詞

kata kerja [カタ クージャ] (㊧ verb) 動詞

kata kerja bantu [カタ クージャ バヌトゥウ]
(㊧ auxiliary verb) 助動詞

kata kerja tak transitif
[カタ クージャ タッ トラヌスイテフ]
(㊧ intransitive verb) 自動詞

kata kerja transitif [カタ クージャ トラヌスイテフ]
(㊧ transitive verb) 他動詞

kata laluan [カタ ラルゥワヌ]
(㊧ password) パスワード

kata majmuk [カタ マジモッ]
([英] compound)複合語

kata nama [カタ ナマ]([英] noun)名詞

kata pinjaman [カタ ピンジャマヌ]
([英] borrowing / loan word)
借用語 / 外来語

kata seerti [カタ スウルティ]([英] synonym)
同義語

kata singkatan [カタ スインカタヌ]
([英] abbreviation)略語

katak [カタッ]([英] frog)蛙(かえる)

katakan [カタカヌ]([英] say / let's say)
言う / 仮に〜だとすると

kata-kata [カタ カタ]([英] words)
発言 / 言葉

kataku [カタクゥ]([英] I said)
僕〈あたし〉は言った

katalog [カタロ(グ)]([英] catalogue)
カタログ / 目録

katanya [カタニャ]([英] he [she] said)
彼(女)は言った

katarak [カタラッ]([英] cataract)
白内障(はくないしょう)

kategori [カトゥゴリ]([英] category)
カテゴリー

katil [カテル]([英] bed)ベッド

katil kelamin [カテル クラメヌ]
([英] double bed)ダブルベッド

katil kembar [カテル クムバー]
([英] twin bed)ツインベッド

katil tambahan [カテル タムバハヌ]
([英] extra bed)エキストラベッド

kau [カゥ]([英] you / your)おまえ / あんた

kaum [カォム]([英] race / tribe / group / class)人種 / 民族 / グループ / 階級

kaunseling [カォヌスレン]
([英] counselling)カウンセリング

kaunselor [カォヌスロー]([英] counsellor)
カウンセラー

kaunter [カォヌトゥー]([英] counter)
カウンター / 窓口

kaunter daftar masuk
[カォヌトゥー ダフター マソッ]([英] check-in counter)チェックインカウンター

kaunter juruwang [カォヌトゥー ジュウルゥワン]
([英] cashier counter)レジ

kaunter tikét [カォヌトゥー ティケ(ト)]
([英] ticket counter)チケットカウンター

kaut [カォ(ト)]([英] to scoop)
すくい上げる / 入手する

kaut untung [カォ(ト) ウゥヌトン]
([英] to make a profit)儲(もう)ける

kawah [カワ(ハ)]([英] mouth of a volcano / crater)火口 / 噴火口 / クレーター

kawal [カワル]([英] to guard / to control)
警備する / コントロールする / 規制する

kawalan [カワラヌ]([英] control / guard)
コントロール / 規制 / 警備

kawalan kualiti [mutu]
[カワラヌ クゥワリティ [ムゥトゥゥ]]
([英] quality control)品質管理

K

kawan [カワヌ] (㊥ friend / herd / flock)
友達 / 仲間 / 群れ

kawan sebilik [カワヌ スビレッ]
(㊥ roommate) ルームメイト

kawan sekelas [カワヌ スクラヌ]
(㊥ classmate) 同級生

kawasan [カワサヌ] (㊥ area / zone)
地域 / 地区 / 地帯

kawasan bencana [カワサヌ ブンチャナ]
(㊥ disaster area) 被災地

kawasan perindustrian
[カワサヌ プリヌドゥストリヤヌ]
(㊥ industrial zone) 工業地帯

kawasan perumahan
[カワサヌ プルゥマハヌ]
(㊥ residential zone) 住宅地帯

kawasan sekitar [berhampiran]
[カワサヌ スキター [ブーハムピラヌ]]
(㊥ vicinity) 付近

kawasan tropika [カワサヌ トロピカ]
(㊥ tropical zone) 熱帯

kaya [カヤ] (㊥ rich)
金持ちの / 豊かな / ～に富む

kayu [カユゥ] (㊥ wood / timber)
木材 / 材木

kayu manis [カユゥ マネス]
(㊥ cinnamon) シナモン

kayu ukur [カユゥ ウゥコー]
(㊥ basis / yardstick) 基準 / 物差し

kayuh [カヨ(ホ)] (㊥ to pedal / to paddle)
(自転車や舟を)漕(こ)ぐ

KDNK (= Keluaran Dalam Negara Kasar)
[ケディエヌケ (クルゥワラヌ ダラム ヌガラ カサー)]
(㊥ GDP (Gross Domestic Product))
国内総生産 / GDP

ke [ク] (㊥ to / is it that ~?)
～に / ～へ / 【口語】～なの?

ke mana [ク マナ] (㊥ where (to))
どこへ / どこまで

ke mana-mana [ク マナ マナ]
(㊥ (not ~) to anywhere)
どこへも(～ない)

ke sana ke mari [ク サナ ク マリ]
(㊥ wandering) うろうろ

ke tepi [ク トゥピ] (㊥ to step aside)
どく / 端に寄る

ke-~ [ク] (㊥ ~-th) 第～ / ～番目

keabadian [クアバディヤヌ] (㊥ eternity)
永久 / 永遠

keabnormalan [クアブノーマラヌ]
(㊥ abnormality) 異常さ

keabstrakan [クアブストラカヌ]
(㊥ abstractness) 抽象性

keadaan [クアダアヌ]
(㊥ situation / condition) 状況 / 状態

keadaan kesihatan [クアダアヌ クスィハタヌ]
(㊥ health condition) 健康状態 / 体調

keadaan penyakit [クアダアヌ プニャケ(ト)]
(㊥ medical condition) 病状

keadilan [クアディラヌ] (㊥ justice / fairness)
公平 / 公正 / 正義

keagamaan [クアガマアヌ]
(㊥ religious) 宗教的な / 宗教上の

keagungan [クアグゥンアヌ] (㊧ majesty / greatness) 壮大さ / 偉大さ

keahlian [クア(ハ)リヤヌ] (㊧ membership) メンバーシップ / 会員資格

keajaiban [クアジャイバヌ] (㊧ miracle / mystery) 奇跡 / 神秘

keaktifan [クエクティファヌ] (㊧ activeness) 活発さ / 活躍 / 積極性

keamanan [クアマナヌ] (㊧ peace) 平和

keanéhan [クアネハヌ] (㊧ strangeness) 奇妙さ

keanggunan [クアングゥナヌ] (㊧ elegance) 華麗さ / 気品

keangkuhan [クアンコハヌ] (㊧ arrogance) 横柄(おうへい)さ

keanjalan [クアンジャラヌ] (㊧ flexibility / elasticity) 柔軟(じゅうなん)さ / 弾力

keapungan [クアプゥンアヌ] (㊧ buoyancy) 浮力 / 浮遊

keasidan [クアスィダヌ] (㊧ acidity) 酸性

keasingan [クアスィンアヌ] (㊧ separateness / isolation) 独自性 / 相違 / 孤立

keaslian [クアスリヤヌ] (㊧ originality) 独自性

keasyikan [クアシカヌ] (㊧ preoccupation) 熱中 / 夢中

keazaman [クアザマヌ] (㊧ determination) 決意 / 目標

kebagusan [クバグゥサヌ] (㊧ good point / fineness) 良さ

kebahagiaan [クバハギヤアヌ] (㊧ happiness) 幸せ / 幸福

kebaharuan [クバハルゥワヌ] (㊧ newness) 新たさ

kebaikan [クバイカヌ] (㊧ advantage / kindness) 良さ / 長所 / 親切

kebajikan [クバジカヌ] (㊧ welfare) 福祉

kebakaran [クバカラヌ] (㊧ fire) 火事 / 火災

kebakaran hutan [クバカラヌ フゥタヌ] (㊧ forest fire) 森林火災

kebanggaan [クバンガアヌ] (㊧ pride / honour) 誇り / 栄誉

kebangkitan [クバンキタヌ] (㊧ rise / revolt) 興隆(こうりゅう) / 勃興(ぼっこう) / 蜂起(ほうき) / 反乱

kebangkitan semula [クバンキタヌ スムゥラ] (㊧ resurgence) 復興 / 復活

kebangsaan [クバンサアヌ] (㊧ national) 国民の / 国家の / 国立の

kebanjiran [クバンジラヌ] (㊧ flood) 氾濫(はんらん)

kebankrapan [クベンクラパヌ] (㊧ bankruptcy) 破産 / 倒産

kebanyakan [クバニャカヌ] (㊧ most) 大半 / ほとんど

kebanyakannya [クバニャカヌニャ] (㊧ mostly) その大半 / ほとんど

kebarangkalian [クバランカリヤヌ] (㊧ probability) 確率

K

kebas [クバス]([英] numb / to steal)
しびれた / 盗む

kebébasan [クベバサヌ]([英] freedom)
自由

kebelakangan ini [クブラカンアヌ イニ]
([英] recently)最近 / 近頃

kebenaran [クブナラヌ]
([英] permission / truth)許可 / 真理

kebencian [クブンチヤヌ]([英] hatred)
嫌悪 / 憎しみ

kebengisan [クブンイサヌ]
([英] indignation)憤慨(ふんがい)

kebérangan [クベランアヌ]([英] rage)激怒

keberanian [クブラニヤヌ]
([英] courage / boldness)勇気 / 大胆さ

keberatan [クブラタヌ]
([英] reluctant / to hesitate / difficulty)
気が重い / ためらう / 困難

keberdikarian [クブーディカリヤヌ]
([英] independence)自立

kebergantungan [クブーガヌトンアヌ]
([英] dependence)依存(いぞん)

kebergunaan [クブーグゥナアヌ]
([英] usefulness)有用性

keberkatan [クブーカタヌ]([英] benefit)恩恵

keberkecualian [クブークチュゥワリヤヌ]
([英] neutrality)中立性

keberkesanan [クブークサナヌ]
([英] effectiveness)効果 / 有効性

keberkesanan kos [クブークサナヌ コス]
([英] cost-effectiveness)コストパフォーマンス

kebersihan [クブースイハヌ]
([英] cleanliness)清潔さ / きれいさ

keberterusan [クブートゥルゥサヌ]
([英] continuation)継続(性) / 存続

kebesaran [クブサラヌ]([英] honour)
栄誉 / 名誉

kebetulan [クブトラヌ]([英] by chance)
偶然(ぐうぜん) / たまたま

kebiadaban [クビヤダバヌ]([英] rudeness)
野蛮(やばん)さ / 無礼(ぶれい)さ

kebiasaan [クビヤサアヌ]([英] habit /
commonplace)習慣 / 普通のこと

kebiasaannya [クビヤサアヌニャ]
([英] usually / ordinarily)通常 / たいてい

kebijakan [クビジャカヌ]([英] wiseness)
賢さ / 利口さ

kebijaksanaan [クビジャッサナアヌ]
([英] wiseness)賢明さ / 聡明さ

kebimbangan [クビムバンアヌ]
([英] anxiety)心配 / 不安

kebinasaan [クビナサアヌ]
([英] ruin / devastation)破滅 / 荒廃

kebingungan [クビンウゥンアヌ]
([英] confusion)困惑 / 当惑

kebiruan [クビルゥワヌ]([英] bluish / pale)
青っぽい / 青ざめた

kebiru-biruan [クビルゥ ビルゥワヌ]
([英] bluish / pale)青っぽい / 青ざめた

kebocoran [クボチョラヌ]([英] leakage)
漏(も)れ

keboléhan [クボレハヌ]([英] ability)能力

K

keboléhan akadémik [クボレハヌ アカデメッ] (㊎ scholastic ability)学力

kebombaan [クボムバアヌ] (㊎ fire fighting)消防

kebosanan [クボサナヌ] (㊎ boredom) 退屈

kebudakan [クブゥダカヌ] (㊎ childish) 子供っぽい / 幼稚な

kebudak-budakan [クブゥダッ ブゥダカヌ] (㊎ childish)子供っぽい / 幼稚な

kebudayaan [クブゥダヤアヌ] (㊎ culture) 文化

kebulatan [クブゥラタヌ] (㊎ roundness / sphericity / unanimity) 円み / 丸み / 合意

kebuluran [クブゥルゥラヌ] (㊎ starvation / to starve)飢え / 飢える

kebumikan 《㊏ ke bumi》 [クブゥミカヌ] (㊎ to bury)埋める / 埋葬する

kebun [クボヌ] (㊎ orchard)畑 / 農園

keburukan [クブゥルゥカヌ] (㊎ badness / disadvantage)悪さ / 欠点

kebutaan [クブゥタアヌ] (㊎ blindness / loss of eyesight)盲目(もうもく) / 失明

kecacatan [クチャチャタヌ] (㊎ disablement / defect)障害(しょうがい) / 欠陥

kecam [クチャム] (㊎ to criticize)批判する

kecaman [クチャマヌ] (㊎ criticism)批判

kecanggungan [クチャングゥンアヌ] (㊎ awkwardness)ぎこちなさ

kecantikan [クチャヌティカヌ] (㊎ beauty) 美 / 美しさ / きれいさ

kecederaan [クチュドゥラアヌ] (㊎ injury) 損傷 / 負傷

kecekapan [クチュカパヌ] (㊎ competence / efficiency)有能さ / 能力 / 効率

kecekapan bahan api [クチュカパヌ バハヌ ピ] (㊎ fuel efficiency) 燃費

kecelakaan [クチュラカアヌ] (㊎ disaster) 災難 / 事故

kecemasan [クチュマサヌ] (㊎ emergency)緊急 / 非常事態

kecemburuan [クチュムブゥルゥワヌ] (㊎ jealousy)嫉妬(しっと)

kecemerlangan [クチュムーランアヌ] (㊎ excellence)優秀さ / 立派さ

kecenderungan [クチュヌドゥルゥンアヌ] (㊎ inclination)傾向(けいこう) / 好み

kecepatan [クチュパタヌ] (㊎ speed) 速さ / スピード

kecerahan [クチュラハヌ] (㊎ brightness)明るさ

kecerdasan [クチューダサヌ] (㊎ intelligence)知能 / 知性

kecerdikan [クチューディカヌ] (㊎ brightness)利口さ / 賢さ

keceréwétan [クチュレウェタヌ] (㊎ trouble)面倒さ

kecergasan [クチューガサヌ] (㊎ activeness)活発さ

K

keceriaan [クチュリヤアヌ]
(英 cheerfulness) 朗(ほが)らかさ / 陽気さ

kecermatan [クチューマタヌ]
(英 thoroughness) 几帳面(きちょうめん)さ

kecéwa [クチェワ] (英 disappointed)
がっかりした / 失望した

kecéwakan [クチェワカヌ]
(英 to disappoint)
がっかりさせる / 失望させる

kecil [クチェル] (英 small) 小さい / 幼い /
細かい / 些細な / 少ない

kecilkan [クチェルカヌ] (英 to trim /
to reduce) 小さくする / 縮小する

kecocokan [クチョチョカヌ]
(英 compatibility / appropriateness)
適合性 / ふさわしさ

kécoh [ケチョ(ホ)] (英 in an uproar)
騒がしい / 大騒ぎの

kecomélan [クチョメラヌ] (英 cuteness)
かわいらしさ

kecondongan [クチョヌドンアヌ] (英 tilt)
傾(かたむ)き / 傾斜

kecuaian [クチュウワイヤヌ] (英 carelessness /
negligence) 不注意 / いい加減さ

kecuali [クチュウワリ] (英 except (for))
～以外 / ～を除いて

kecualikan [クチュウワリカヌ]
(英 to exclude / to exempt)
除外する / 免除する

kecurangan [クチュウランアヌ]
(英 infidelity) 浮気 / 不倫

kecurian [クチュウリヤヌ] (英 theft / to have
sth stolen) 盗(ぬす)み / 盗難 / 盗まれる

kecurigaan [クチュウリガアヌ]
(英 suspicion) 疑惑 / 不審

kecut [クチョ(ト)] (英 to shrink / to wither)
縮む / しぼむ

kecutkan [クチョ(ト)カヌ] (英 to shrink /
to scare) 萎縮させる / 怖がらせる

Kedah [クダ(ハ)] (英 Kedah)
クダ(半島マレーシアの州)

kedahsyatan [クダ(ハ)シャタヌ]
(英 intensity) 強烈さ / ひどさ

kedai [クダイ] (英 store / shop) 店

kedai bébas cukai
[クダイ ベバス チュウカイ] (英 duty-free shop)
免税店

kedai buku [クダイ ブウクウ]
(英 bookstore) 本屋 / 書店

kedai dobi [クダイ ドビ] (英 laundry)
クリーニング屋

kedai emas [クダイ ウマス] (英 jeweller's
shop) 宝石店 / 貴金属店

kedai gunting rambut
[クダイ グウヌテン ラムボ(ト)] (英 barber's)
床屋 / 理髪店

kedai kopi [クダイ コピ] (英 coffee shop)
喫茶店

kedai pemborong [クダイ プムボロン]
(英 wholesaler) 問屋 / 卸売り店

kedai runcit [クダイ ルウンチェ(ト)]
(英 grocer's) (食料)雑貨店

kedai serbanéka [クダイ スーパネカ]
([英] convenience store)コンビニ

kedalaman [クダラマヌ]([英] depth)深さ

kedamaian [クダマイヤヌ]([英] peace)
平和 / 平穏さ

kedap [クダ(プ)]([英] tight)密閉した

kedap air [クダ(プ) アエー]([英] watertight)
防水の

kedap udara [クダ(プ) ウゥダラ]
([英] airtight)密閉した / 気密の

kedatangan [クダタンアヌ]([英] coming / arrival)来ること / 到着 / 到来

kedaulatan [クダゥラタヌ]
([英] sovereignty)主権

kedegilan [クドゥギラヌ]
([英] stubbornness)強情さ

kedekatan [クドゥカタヌ]([英] closeness)
近さ / 親密さ

kedekut [クドゥコ(ト)]([英] stingy)けちな

kedengaran [クドゥンアラヌ]
([英] to be heard / to sound)聞こえる

kediaman [クディヤマヌ]([英] residence)
住居 / 住まい

kediaman agam [クディヤマヌ アガム]
([英] mansion)邸宅(ていたく) / 屋敷(やしき)

kediktatoran [クディクタトラヌ]
([英] dictatorship)独裁(どくさい)(政権)

kedinamikan [クディナミカヌ]
([英] dynamism)ダイナミックさ

kedinginan [クディンイナヌ]([英] coldness)
寒さ / 冷たさ

kedominanan [クドミナナヌ]
([英] dominance)優位さ / 優勢

kedua [クドゥウワ]([英] second)
二番目の / 第二の

kedua-dua [クドゥウワ ドゥウワ]([英] both)
両方(の)

kedua-dua belah [クドゥウワ ドゥウワ ブラ(ハ)]
([英] both sides)両側

kedua-duanya [クドゥウワ ドゥウワニャ]
([英] both)両方とも / どちらも

kedudukan [クドゥウドゥウカヌ]
([英] position)位置 / 地位 / 順位

kedut [クド(ト)]([英] wrinkle)皺(しわ)

kedutaan [クドゥウタアヌ]([英] embassy)
大使館

keéfisienan [クエフィシュナヌ]
([英] efficiency)効率

keékstréman [クエクストレマヌ]
([英] extremeness)過激さ / 過激性

keempat [クウムパ(ト)]([英] fourth)
四番目の / 第四の

keempukan [クウムポカヌ]([英] softness)
やわらかさ

keenam [クウナム]([英] sixth)
六番目の / 第六の

keésaan [クエサアヌ]([英] singleness / uniqueness)単一性 / 唯一性

keésokan hari [クエソカヌ ハリ]
([英] next day)翌日

keésokan harinya [クエソカヌ ハリニャ]
([英] the next day)その翌日

K

keésokan pagi [クエソカヌ パギ]
([英] next morning)翌朝

keésokan paginya [クエソカヌ パギニャ]
([英] the next morning)その翌朝

kefahaman [クファハマヌ]
([英] understanding)理解

kefasihan [クファセハヌ]([英] fluency)
流暢(りゅうちょう)さ

kefléksibelan [クフレクスイブラヌ]
([英] flexibility)
柔軟(じゅうなん)さ / 融通(ゆうずう)のよさ

kegagahan [クガガハヌ]([英] bravery)
勇敢さ

kegagalan [クガガラヌ]([英] failure)失敗

K

keganasan [クガナサヌ]
([英] terrorism / violence)テロ / 暴力

keganjilan [クガンジラヌ]
([英] strangeness)奇妙さ

kegarangan [クガランアヌ]([英] fierceness / aggressiveness / loudness)
獰猛(どうもう)さ / 覇気(はき) / 派手さ

kegatalan [クガタラヌ]([英] itch / prurience)痒(かゆ)み / いやらしさ

kegawatan [クガワタヌ]([英] crisis)危機

kegebuan [クグブゥワヌ]([英] fluffiness / softness)やわらかさ / (肌の)すべすべさ

kegelapan [クグラパヌ]([英] darkness)
闇 / 暗さ

kegelinciran [クグリンチラヌ]
([英] derailment / slip)脱線 / スリップ

kegemaran [クグマラヌ]([英] favourite / liking)好きな / 好(この)み

kegembiraan [クグムビラアヌ]([英] joy)喜び

kegemerlapan [クグムーラパヌ]
([英] coruscation)きらめき / きらびやかさ

kegemilangan [クグミランアヌ]([英] glory)
栄光 / 輝き

kegemparan [クグムパラヌ]
([英] commotion)騒ぎ / 騒動

kegetiran [クグティラヌ]([英] hardship / astringency)辛苦(しんく) / 渋味

keghairahan [クガイラハヌ]([英] passion / eagerness / desire)情熱 / 熱意 / 欲望

kegiatan [クギヤタヌ]([英] activity)活動

kegigihan [クギギハヌ]([英] determination)
決意 / たゆまぬ努力

kegilaan [クギラアヌ]
([英] obsession / madness)
熱狂 / 虜(とりこ)にさせるもの / 狂気

kegirangan [クギランアヌ]([英] joy)
喜び / 歓喜

kegoncangan [クゴンチャンアヌ]
([英] unrest)不穏 / 不安定

keguguran [クグゥグゥラヌ]
([英] miscarriage / to miscarry)
流産 / 流産する

kegunaan [クグゥナアヌ]([英] use)
使い道 / 用途 / 使用

kegunaan komersial [komersil]
[クグゥナアヌ コムスイヤル [コムスイル]]
([英] commercial use)商用(しょうよう)

kegunaan peribadi [クグゥナアヌ プリバディ]
(㊥ private use)個人的使用 / 私用

kehabisan [クハビサヌ]
(㊥ to run out of)尽きる / 使い果たす

kehabisan gas [クハビサヌ ゲス]
(㊥ out of gas)ガス欠

kehabisan stok [クハビサヌ ストッ]
(㊥ to be sold out / out of stock)
売り切れる / 品切れ

kehadapan [クハダパヌ](㊥ Dear)拝啓

kehadiran [クハディラヌ](㊥ attendance / presence)出席 / その場にいること / 存在

kehairanan [クハイラナヌ]
(㊥ surprise / amaze)驚き / 当惑

kehakiman [クハキマヌ](㊥ judiciary)
司法

kehalobaan [クハロバアヌ]
(㊥ greediness)欲深(よくぶか)さ

kehalusan [クハルゥサヌ]
(㊥ finesse / subtlety)繊細さ / 精巧さ

kehamilan [クハミラヌ](㊥ pregnancy)
妊娠(にんしん)

kehampaan [クハムパアヌ]
(㊥ disappointment)失望

kehancuran [クハンチョラヌ]
(㊥ breakdown / destruction)
崩壊(ほうかい) / 破壊

kehangatan [クハンァタヌ]
(㊥ heat / warmth)熱 / 熱さ / 暖かみ

keharmonian [クハルモニヤヌ]
(㊥ harmony)調和

kehébatan [クヘバタヌ](㊥ excellence)
すごさ / 見事さ

kehématan [クヘマタヌ](㊥ prudence)
倹約(けんやく)

kehendak [クフヌダッ](㊥ wish)
希望 / 望み

kehidupan [クヒドパヌ](㊥ life)
生活 / 生涯 / 人生

kehidupan harmoni [クヒドパヌ ハルモニ]
(㊥ living together harmoniously)共生

kehidupan nomad [クヒドパヌ ノマ(ド)]
(㊥ nomadic life)遊牧生活

kehidupan peribadi [クヒドパヌ プリバディ]
(㊥ private life)私生活

kehidupan seharian [harian]
[クヒドパヌ スハリヤヌ[ハリヤヌ]](㊥ daily life)
日常生活

kehijauan [クヒジャゥワヌ](㊥ greenish)
緑っぽい / 緑がかった

kehilangan [クヒランァヌ]
(㊥ loss / disappearance / to lose)
喪失 / 紛失 / 行方不明 / 失う / 紛失する

kehilangan pekerjaan
[クヒランァヌ プクージャアヌ]
(㊥ unemployment)失業

kehitaman [クヒタマヌ](㊥ blackish)
黒っぽい

kehormatan [クホーマタヌ](㊥ honour)
名誉(めいよ) / 尊厳(そんげん)

kehormatan diri [クホーマタヌ ディリ]
(㊥ self-respect)自尊心

keikhlasan [クイ(フ)ラサヌ]([英] sincerity)誠意 / 誠実さ

keimanan [クイマナヌ]([英] faith)信仰

keimunan [クイムゥナヌ]([英] immunity)免疫(めんえき)

keindahan [クイヌダハヌ]([英] beauty)美しさ

keinginan [クインイナヌ]([英] desire / eagerness)望み / 希望 / 意欲

keinginan belajar [クインイナヌ ブラジャー]([英] desire to learn)向学心

keinginan séksual [séks] [クインイナヌ セクスゥワル [セクス]]([英] sexual desire)性欲

keinsafan [クイヌサファヌ]([英] remorse / awareness)反省 / 自覚 / 意識

keintelektualan [クイヌトゥレクトゥウワラヌ]([英] intellectuality)知性 / 英知

keistiméwaan [クイスティメワアヌ]([英] speciality / privilege)特別さ / 特色 / 特権

keizinan [クイズィナヌ]([英] permission)許可

kejadian [クジャディヤヌ]([英] incident / event)事件 / できごと

kejahatan [クジャハタヌ]([英] evil / nastiness)悪 / 意地悪さ

kejahilan [クジャヒラヌ]([英] ignorance)無知

kejam [クジャム]([英] cruel)残酷(ざんこく)な

kejang [クジャン]([英] to get cramp)(足などが)つる / 硬直する

kejar [クジャー]([英] to chase / to pursue)追う / 追求する

kejatuhan [クジャトハヌ]([英] drop / fall / downfall)下落 / 下降 / 没落 / 滅亡

kejauhan [クジャオハヌ]([英] distance)遠く / 遥か

kejayaan [クジャヤアヌ]([英] success)成功

kejelasan [クジュラサヌ]([英] clarity)明確さ

kejemuan [クジュムゥワヌ]([英] boredom)退屈さ / うんざり感

kejéngkélan [クジェンケラヌ]([英] annoyance)苛立ち

kejernihan [クジューニハヌ]([英] clearness)清らかさ / 透明さ

keji [クジ]([英] despicable / shameless / to ridicule)あさましい / 卑(いや)しい / あざける

kejijikan [クジジカヌ]([英] dirtiness / disgust)汚さ / 嫌悪

kejiranan [クジラナヌ]([英] neighbourhood)近所 / 近隣

kejituan [クジトゥウワヌ]([英] accuracy)正確さ

kejohanan [クジョハナヌ]([英] championship)選手権

kéju [ケジュゥ]([英] cheese)チーズ

kejuaraan [クジュゥワラアヌ]([英] championship)優勝 / 優勝者の地位

kejujuran [クジュゥジュゥラヌ]([英] honesty)正直さ

kejuruteraan [クジュゥルゥトゥラアヌ]([英] engineering)工学

kejuruteraan awam [クジュウルゥトゥラアヌ アワム] ([英] civil engineering)土木工学

kejutan [クジュウタヌ]([英] shock) ショック / 衝撃

kejutan éléktrik [クジュウタヌ エレクゥトレッ] ([英] electric shock)感電

kejutkan [クジョ(ト)カヌ]([英] to surprise / to wake *sb* up)驚かす / 目覚めさせる

kék [ケッ]([英] cake)ケーキ

kekaburan [クカブゥラヌ]([英] vagueness / obscurity)曖昧(あいまい)さ / 不透明さ

kekacakan [クカチャカヌ] ([英] handsomeness)ハンサムさ / かっこよさ

kekacauan [クカチャゥワヌ] ([英] disturbance)混乱 / 騒動

kekaguman [クカゴマヌ] ([英] admiration)感心 / 感銘

kekal [クカル]([英] to last / everlasting) 続く / そのままの / 永久の

kekalahan [クカラハヌ]([英] defeat) 負け / 敗北

kekalkan [クカルカヌ]([英] to maintain) 維持する / 保つ

kekang [クカン] ([英] to restrict / to rein in / bit) 制限する / 抑える / (馬を)止める / くつわ

kekangan [クカンアヌ]([英] restriction / restraint)制約 / 抑制

kekapis [クカペス]([英] scallop)帆立(ほたて)

kekaraman [クカラマヌ]([英] sinking)沈没

kekarutan [クカルゥタヌ] ([英] nonsense / lie)でたらめ / 嘘

kekasaran [クカサラヌ]([英] roughness / rudeness / coarseness) 荒っぽさ / 無礼さ / 荒さ

kekasih [クカセ(へ)]([英] lover)恋人

kekayaan [クカヤアヌ]([英] wealth / richness)裕福さ / 豊かさ / 豊富さ

kekebalan [ククバラヌ]([英] immunity) 免責 / 治外法権(ちがいほうけん)

kekebalan diplomatik [ククバラヌ ディプロマテッ] ([英] diplomatic immunity)外交特権

kekebasan [ククバサヌ]([英] numbness) しびれ

kekecéwaan [ククチェワアヌ] ([英] disappointment)失望

kekecualian [ククチュゥワリヤヌ] ([英] exception)例外

kekejaman [ククジャマヌ]([英] cruelty) 残酷(ざんこく)さ / 残忍(ざんにん)さ

kekejangan [ククジャンアヌ]([英] cramp) 痙攣(けいれん) / つること

kekejian [ククジヤヌ]([英] despicable thing) 卑(いや)しむべきこと / あさましさ

kekekalan [ククカラヌ]([英] persistence) 持続 / 永続

kekeliruan [ククリルゥワヌ]([英] confusion) 混乱 / 混同

kekeluargaan [ククルゥワーガアヌ] ([英] family / related)家族の / 親戚の

K

kekemasan [ククマサㇴ] (英 neatness) 整っていること

kekenduran [ククㇴドゥウラㇴ] (英 slack) ゆるみ / たるみ

kekentalan [ククㇴタラㇴ] (英 tenacity / stickiness) 粘り強さ / 粘着性

kekenyalan [ククニャラㇴ] (英 elasticity) 弾力

kekerapan [ククラパㇴ] (英 frequency) 頻度

kekerasan [ククラサㇴ] (英 violence / force) 暴力 / 強制力

kekerasan hati [ククラサㇴ ハティ] (英 stubbornness) 強情さ

kekeringan [ククリンァㇴ] (英 dryness / dry) 乾燥 / 乾燥した

kekesalan [ククサラㇴ] (英 regret / disappointment) 後悔 / 残念さ / 遺憾(いかん)さ

keketatan [ククタタㇴ] (英 strictness / tightness) 厳重さ / きつさ

kekhasan [クハサㇴ] (英 specialness / specialty) 特別さ / 特別なもの

kekhuatiran [クフゥワティラㇴ] (英 worry) 心配

kekhususan [クフゥスゥサㇴ] (英 specialty / specialness) 特色 / 特別さ / 特殊性

kekhusyukan [クフゥシュウカㇴ] (英 devotion) 没頭 / 専念

kékok [ケコッ] (英 awkward) ぎこちない

kekompléksan [クコムプレクサㇴ] (英 complexity) 複雑さ

kekonsistenan [クコㇴスイスㇳゥナㇴ] (英 consistency) 一貫性

kekontangan [クコㇴタンァㇴ] (英 dryness / exhaustion) 乾燥 / 枯渇 / 尽き果てること

kekosongan [クコソンァㇴ] (英 vacancy / emptiness) 空き / 空

kekosongan jawatan [クコソンァㇴ ジャワタㇴ] (英 open position) 求人 / 欠員

kekotoran [クコトラㇴ] (英 dirtiness / pollution) 不潔さ / 汚染

kekuasaan [ククゥワサアㇴ] (英 power) 権力 / 権威

kekuatan [ククゥワタㇴ] (英 strength / strong point / power) 強さ / 強み / 勢力

kekuatan badan [ククゥワタㇴ バダㇴ] (英 physical strength) 体力 / 腕力

kekuatan gegaran [ククゥワタㇴ グガラㇴ] (英 seismic intensity) 震度

kekuatan jasmani [jasad] [ククゥワタㇴ ジャスマニ [ジャサ(ド)]] (英 physical strength) 肉体的強さ

kekuatan ketenteraan [ククゥワタㇴ クトゥㇴトゥラアㇴ] (英 military power) 軍事力

kekuatan perang [ククゥワタㇴ プラン] (英 war potential) 戦力

kekuatan tentera [ククゥワタㇴ トゥㇴトゥラ] (英 military force) 兵力

kekuatan tubuh (badan) [ククゥワタヌ トゥウボ(ホ) (バダヌ)] (㊥ physical strength)体力

kekurangan [ククゥランアヌ] (㊥ shortage / to run short / lack / to lack)不足 / 不足する / 欠乏 / 欠乏する / 欠点

kekurangan tidur [ククゥランアヌ ティドー] (㊥ lack of sleep)睡眠不足

kekurangan zat makanan [ククゥランアヌ ザ(ト) マカナヌ] (㊥ malnutrition)栄養失調

kekurusan [ククゥルゥサヌ] (㊥ thinness) 痩(や)せていること

kekusutan [ククゥソタヌ] (㊥ confusion / entanglement)混乱 / もつれ

kelab [クラ(プ)] (㊥ club)クラブ

kelab kecergasan [クラ(プ) クチューガサヌ] (㊥ fitness club) フィットネスクラブ / 健康クラブ

kelab malam [クラ(プ) マラム] (㊥ nightclub)ナイトクラブ

kelab sukan [クラ(プ) スゥカヌ] (㊥ sports club)運動部

kelabu [クラブゥ] (㊥ grey)グレー / 灰色

kelahiran [クラヒラヌ] (㊥ birth) 誕生 / 出生 / 生まれ

kelainan [クライナヌ] (㊥ difference / variety)違い / 相違 / 変種

kelajuan [クラジュゥワヌ] (㊥ speed) 速度 / スピード

kelajuan angin [クラジュゥワヌ アンエヌ] (㊥ wind velocity [speed])風速

kelajuan tinggi [クラジュゥワヌ ティンギ] (㊥ high speed)高速

kelak [クラッ] (㊥ later)後々 / やがて

kelakar [クラカー] (㊥ funny) おもしろい / 滑稽(こっけい)な

kelakuan [クラクゥワヌ] (㊥ behaviour) 振舞い / 行動

kelalaian [クラライヤヌ] (㊥ carelessness) 不注意

kelalian [クラリヤヌ] (㊥ loss of feeling) 麻痺(まひ)

kelam [クラム] (㊥ gloomy / dim / blurred) 薄暗い / ぼんやりとした

kelambatan [クラムバタヌ] (㊥ delay / lateness)遅れ / 遅延 / 遅刻

kelamin [クラメヌ] (㊥ couple / sex) 組 / 対 / 性

kelancaran [クランチャラヌ] (㊥ smoothness / fluency) なめらかさ / 円滑さ / 流暢(りゅうちょう)さ

kelangkang [クランカン] (㊥ crotch) 股(また)

Kelantan [クラヌタヌ] (㊥ Kelantan) クランタン(半島マレーシアの州)

kelapa [クラパ] (㊥ coconut / palm) 椰子(やし) / ココナッツ

kelapan [クラパヌ] (㊥ eighth) 八番目の / 第八の

kelapangan [クラパンアヌ] (㊥ free time / leisure / ease)暇な時間 / ゆとり / 安らぎ

K

kelapangan dada [hati] [クラパンアヌ ダダ [ハティ]] (㊥ carefreeness) 安らぎ / 平穏

kelaparan [クラパラヌ] (㊥ starvation / hunger) 飢え / 空腹

kelar [クラー] (㊥ nick / to score / to slash slightly) 切り傷 / 切れ目 / 切れ目を入れる

kelas [クラス] (㊥ class) クラス / 授業 / 学級 / 階級

kelas ékonomi [クラス エコノミ] (㊥ economy class) エコノミークラス

kelas perniagaan [bisnes] [クラス プーニヤガアヌ [ビスヌス]] (㊥ business class) ビジネスクラス

kelas pertama [クラス プータマ] (㊥ first class) ファーストクラス

kelaskan [クラスカヌ] (㊥ to classify) 分類する

kelawar [クラワー] (㊥ bat) コウモリ

kelayakan [クラヤカヌ] (㊥ qualification) 資格 / 適性

kelaziman [クラズィマヌ] (㊥ habit / convention) 習慣 / 慣習

kelazimannya [クラズィマヌニャ] (㊥ ordinarily) 通常

keldai [クルダイ] (㊥ donkey) ロバ

kelebihan [クルビハヌ] (㊥ advantage) 長所 / 利点

kelécéhan [クレチェハヌ] (㊥ trouble) 面倒 / 手間

kelédék [クレデッ] (㊥ sweet potato) サツマイモ

kelékaan [クレカアヌ] (㊥ preoccupation) 没頭 / 執着

kelekitan [クルキタヌ] (㊥ stickiness) 粘りけ / 粘着性

kelemahan [クルマハヌ] (㊥ weakness) 弱点 / 短所 / 欠点

kelemahlembutan 《㊦ lemah lembut》 [クルマ(ハ)ルムブウタヌ] (㊥ grace) しとやかさ / 優美さ

kelemasan [クルマサヌ] (㊥ suffocation) 窒息(ちっそく)

kelembapan [クルムバパヌ] (㊥ humidity / sluggishness) 湿度 / 湿り気 / 低迷

kelembutan [クルムブウタヌ] (㊥ softness) やわらかさ

kelemumur [クルムゥモー] (㊥ dandruff) ふけ

kelénaan [クレナアヌ] (㊥ sound sleep) 熟睡(じゅくすい)

kelengkapan [クルンカパヌ] (㊥ equipment / completeness) 設備 / 備品 / 装備 / 完全性

kelesuan [クルスゥワヌ] (㊥ fatigue) 疲労

keletihan [クルティハヌ] (㊥ fatigue) 疲れ / 疲労

keléwatan [クレワタヌ] (㊥ delay / lateness) 遅れ / 遅延 / 遅刻

keli [クリ] (㊥ catfish) ナマズ

kelicinan [クリチナヌ]([英] smoothness)
なめらかさ / 円滑さ

kelihatan [クリハタヌ]
([英] to look / appearance)
(〜に)見える / 〜のようだ / 見た目

keliling [クリレン]([英] surroundings / around)周り / 周囲

kelilingi [クリリンィ]([英] to surround / to revolve / to go around)
囲む / 〜の周りを回る / 巡る

kelim [クレム]([英] seam)縫い目

kelima [クリマ]([英] fifth)五番目の / 第五の

kelipan mata [クリパヌ マタ]([英] blink)
瞬(まばた)き

kelipkan mata [クレ(プ)カヌ マタ]
([英] to blink)瞬(まばた)きする

kelip-kelip [クレ(プ) クレ(プ)]([英] firefly)
ホタル

keliru [クリルゥ]([英] confused)
(頭が)混乱した / 勘違いする

kelirukan [クリルゥカヌ]([英] to confuse)
混乱させる

kelmarin [クルマレヌ]([英] the day before yesterday / yesterday)一昨日 / 昨日

kelompok [クロムポッ]([英] group)
集団 / グループ

kelonggaran [クロンガラヌ]([英] laxity / concession)ゆるさ / ゆるめること / 緩和

kelopak bunga [クロパッ ブゥンァ]
([英] flower petal)花びら

kelopak mata [クロパッ マタ]([英] eyelid)
まぶた

keloyaan [クロヤアヌ]([英] nausea)吐き気

keluar [クルゥワー]([英] to go [come] out / to leave)出る / 外出する / 離脱する

keluar dari hospital
[クルゥワー ダリ ホスピタル]
([英] to be discharged)退院する

keluar masuk [クルゥワー マソッ]
([英] going in and out / to go in and out)
出入り / 出入りする

keluaran [クルゥワラヌ]([英] product / publication)製品 / 発行物

Keluaran Dalam Negara Kasar
[クルゥワラヌ ダラム ヌガラ カサー]([英] Gross Domestic Product)国内総生産 / GDP

Keluaran Negara Kasar
[クルゥワラヌ ヌガラ カサー]([英] Gross National Product)国民総生産 / GNP

keluarga [クルゥワーガ]([英] family)家族

keluarkan [クルゥワーカヌ]([英] to take out / to expel / to produce / to emit)
出す / 取り出す / 追い出す / 生産する

keluarkan diri [クルゥワーカヌ ディリ]
([英] to escape)脱出する

keluasan [クルゥワサヌ]([英] size / area)
広さ / 面積

kelucahan [クルゥチャハヌ]
([英] obscenity)猥褻(わいせつ)行為

kelucuan [クルゥチュゥワヌ]([英] humour)
滑稽(こっけい)さ / ユーモア

K

keluh [クロ(ホ)] (㊍ sigh / to sigh / to lament) 溜め息 / 溜め息をつく / 嘆く

keluhan [クロハヌ] (㊍ sigh / lament) 溜め息 / 嘆き

keluk [クロッ] (㊍ curve) 曲線 / カーブ

kelukaan [クルゥカアヌ] (㊍ wound) 傷

keluli [クルゥリ] (㊍ steel) 鋼鉄 / スチール

keluli tahan karat [クルゥリ タハヌ カラ(ト)] (㊍ stainless steel) ステンレス

kelulusan [クルゥルゥサヌ] (㊍ approval / qualification) 承認(しょうにん) / (合格)資格

kelumpuhan [クルゥムプゥハヌ] (㊍ paralysis) 麻痺(まひ)

kelumrahan [クルゥムラハヌ] (㊍ a matter of course / normal thing) 当り前 / 普通のこと

kelupas [クルゥパス] (㊍ to peel off) 剥(む)ける / はげる

keluwesan [クルゥウゥサヌ] (㊍ flexibility) 柔軟性(じゅうなんせい) / 臨機応変(りんきおうへん)さ

kém [ケム] (㊍ camp) キャンプ / 陣営

kemaafan [クマアファヌ] (㊍ forgiveness) 許し / 許すこと

kemabukan [クマボカヌ] (㊍ intoxication / to be drunk) 酔い / 酔っ払う

kemagnétan [クマグネタヌ] (㊍ magnetism) 磁力 / 磁気

kemahiran [クマヒラヌ] (㊍ skill / skilfulness / ability) 技能 / 熟練 / 能力

kemahuan [クマフウワヌ] (㊍ wish / desire / will) 欲求 / 願望 / 意志

kemajuan [クマジュゥワヌ] (㊍ improvement / progress) 進歩 / 進捗(しんちょく) / 発達

kemakmuran [クマッ(ク)ムゥラヌ] (㊍ prosperity) 繁栄 / 繁盛

kemalangan [クマランアヌ] (㊍ accident) 事故

kemalasan [クマラサヌ] (㊍ laziness) 怠慢 / 怠惰さ

kemampuan [クマムプゥワヌ] (㊍ ability / financial ability) 能力 / 財力

kemandirian [クマヌディリヤヌ] (㊍ independence) 自立

kemanusiaan [クマヌゥスイヤアヌ] (㊍ humanitarian / human) 人道的な / 人間の

kemaraan [クマラアヌ] (㊍ advancement) 進出 / 前進

kemarahan [クマラハヌ] (㊍ anger) 怒り

kemarau [クマラゥ] (㊍ drought) 干ばつ

kemas [クマス] (㊍ neat / to tidy up / to clean) 整った / 片づいた / 整える / 片づける

kemasakan [クマサカヌ] (㊍ maturity) 成熟ぶり

kemasan [クマサヌ] (㊍ finish) 仕上げ

kemaskinikan 《㊛ kemas kini》 [クマスキニカヌ] (㊍ to update) 更新する / アップデートする

kemasukan [クマソカヌ]
(㊥ entry / entrance / to be entered)
入ること / 入学 / 入場 / 入(はい)られる

kemasukan hospital [クマソカヌ ホスピタル]
(㊥ hospitalization)入院

kemasyarakatan [クマシャラカタヌ]
(㊥ social)社会の

kemasyhuran [クマシフウラヌ](㊥ fame)
名声 / 高名

kematangan [クマタンアヌ](㊥ maturity)
成熟

kematian [クマティヤヌ]
(㊥ death / to lose)死 / 死なれる

kembali [クムバリ](㊥ to return / again /
to re-~)帰る / 戻る / 再び / ～し直す

kembalikan [クムバリカヌ](㊥ to return /
to restore)返す / 戻す / 取り戻す

kembang [クムバン](㊥ to bloom /
to expand)(花が)咲く / 膨らむ

kembangkan [クムバンカヌ]
(㊥ to expand / to develop)
拡大する / 発展させる

kembar [クムバー](㊥ twins / ~-plets /
twin)双子 / ～つ子 / 対の

kembara [クムバラ](㊥ to travel)
旅する / 放浪する

Kemboja [クムボジャ](㊥ Cambodia)
カンボジア

kembung [クムボン](㊥ inflated /
bloated)膨らんだ / 膨れた

kembungkan [クムボンカヌ]
(㊥ to inflate)膨らます

kemegahan [クムガハヌ](㊥ fame)誇り

keméja [クメジャ](㊥ shirt)シャツ

keméja-T [クメジャ ティー](㊥ T-shirt)
Tシャツ

kemelampauan [クムラムパウワヌ]
(㊥ extremeness)
極端(きょくたん)さ / 過激さ

kemelésétan [クムレセタヌ]
(㊥ recession)不況 / 不振

kemelésétan ékonomi
[クムレセタヌ エコノミ](㊥ recession)
不況 / 不景気

kemelut [クムロ(ト)](㊥ crisis)危機

kemenangan [クムナンアヌ](㊥ victory /
winning)勝利 / 勝ち取ること

kemenangan anugerah
[クムナンアヌ アヌウグラ(ハ)]
(㊥ winning a prize)入賞 / 受賞

kementerian [クムヌトゥリヤヌ]
(㊥ ministry)省

Kementerian Luar Negeri
[クムヌトゥリヤヌ ルゥワー ヌグリ]
(㊥ Foreign Ministry)外務省

kemérahan [クメラハヌ](㊥ reddish)
赤っぽい / 赤みがかった

kemérah-mérahan [クメラ(ハ) メラハヌ]
(㊥ reddish)赤っぽい / 赤みがかった

kemerdékaan [クムーデカアヌ]
(㊥ independence)独立

kemeriahan [クムリヤハヌ]
(㊥ liveliness)にぎやかさ / 盛り上がり

K

kemerosotan [クムロソタヌ](㊥ decline)
悪化 / 衰退

kemesraan [クムスラアヌ](㊥ intimacy)
親密さ

keméwahan [クメワハヌ](㊥ luxury / richness)豪華さ / 贅沢 / 豊かさ

kemik [クメッ](㊥ dented)
へこんだ / くぼんだ

kemiskinan [クミスキナヌ](㊥ poverty)
貧困 / 貧乏

kemodenan [クモドゥナヌ]
(㊥ modernness)現代性 / モダンさ

kémpén [ケムペヌ](㊥ campaign)
(社会的)運動 / キャンペーン

kempis [クムペス](㊥ to deflate)しぼんだ

kemudahan [クムゥダハヌ](㊥ facility)
施設 / 便宜(べんぎ)

kemudahan pengangkutan
[クムゥダハヌ プンアンクゥタヌ]
(㊥ transportation facilities)交通機関

kemudaratan [クムゥダラタヌ](㊥ harm)
害 / 危害

kemudi [クムゥディ]
(㊥ rudder / steering / control stick)
舵(かじ) / ハンドル / 操縦(そうじゅう)かん

kemudian [クムゥディヤヌ](㊥ then / next)
それから / その後

kemudiannya [クムゥディヤヌニャ]
(㊥ then)その後

kemuflisan [クムゥフリサヌ]
(㊥ bankruptcy)破産

kemujaraban [クムゥジャラバヌ]
(㊥ effect)効果 / 効能

kemujuran [クムゥジュウラヌ]
(㊥ good luck)幸運

kemuka《㊎ ke muka》[クムゥカ]
(㊥ to submit)提出する

kemukakan《㊎ ke muka》[クムゥカカヌ]
(㊥ to put forward / to raise)
出す / 提示する

kemuliaan [クムゥリヤアヌ]
(㊥ nobility / honour)崇高(すうこう)

kemunafikan [クムゥナフィカヌ]
(㊥ hypocrisy)偽善

kemunasabahan [クムゥナサバハヌ]
(㊥ legitimacy / appropriateness)
正当性 / 妥当性

kemuncak [クムゥンチャッ]
(㊥ peak / summit)頂上 / 頂点

kemunculan [クムゥンチュウラヌ]
(㊥ appearance)出現 / 登場

kemungkinan [クムゥンキナヌ]
(㊥ possibility / possibly)可能性 / 事によると

kemuraman [クムゥラマヌ](㊥ gloom / depression)憂鬱 / 不振 / 低迷

kemurnian [クムゥルニヤヌ](㊥ purity)
純粋(じゅんすい)さ / 清さ

kemurungan [クムゥルゥンアヌ]
(㊥ depression)
鬱病(うつびょう) / 憂鬱(ゆううつ)

kemusnahan [クムゥスナハヌ]
(㊥ destruction)破壊 / 破滅

kemustahilan [クムゥスタヒラヌ]
(英 impossibility)不可能

kemutlakan [クムゥ(ト)ラカヌ]
(英 absoluteness)絶対性

kena [クナ](英 to get / to have to / to hit / to match)～される / 【口語】～せねばならない / 当たる / 合う

kena pada masanya [クナ パダ マサニャ]
(英 timely)タイムリーな / 時期を得た

kena renjatan [kejutan] éléktrik
[クナ ルンジャタヌ[クジュウタヌ] エレクトレッ]
(英 to get an electric shock)感電する

kena tepat [クナ トゥパ(ト)]
(英 to hit accurately)命中する

kenaikan [クナイカヌ]
(英 raise / increase)上昇 / 増加

kenaikan gaji [クナイカヌ ガジ]
(英 pay increase)昇給

kenaikan pangkat [クナイカヌ パンカ(ト)]
(英 promotion)昇進 / 出世

kenakan [クナカヌ](英 to impose / to put on)課す / 身に付ける

kenal [クナル](英 to know / to recognize)
知り合いである / 識別する

kenal pasti [クナル パスティ]
(英 to identify)特定する / つきとめる

kenalan [クナラヌ](英 acquaintance)
知り合い

kenali [クナリ](英 to know / to recognize)
～と知り合いである / ～を知る / 識別する

kena-mengena《語 kena》[クナ ムンゥナ]
(英 connection)関連 / 関係

kenang [クナン](英 to remember)
覚えている / 思い出す

kenangan [クナンァヌ](英 memory)
思い出 / 記憶

kenangkan [クナンカヌ](英 to remember / to think of)思い出す / 思い浮かべる

kenang-kenangan [クナン クナンァヌ]
(英 remembrance)記念(品)

kenapa [クナパ](英 why / how come)
どうして / 何で

kencang [クンチャン](英 strong / fast)
(風が)強い / 速い

kencing [クンチェン](英 pee / to pee)
おしっこ / おしっこする

kendali [クヌダリ](英 to handle / to operate)
取り扱う / 運用する / 操作する

kendalikan [クヌダリカヌ](英 to handle / to operate)取り扱う / 運用する / 操作する

kenderaan [クヌドゥラアヌ](英 vehicle / transport)乗り物 / 車両

kendur [クヌドー](英 to slack / to loosen)
たるむ / 緩(ゆる)む

kenduri [クヌドゥウリ](英 feast)祝宴 / 宴会

kenduri kahwin [クヌドゥウリ カ(ハ)ウェヌ]
(英 wedding feast)結婚披露宴

kendurkan [クヌドーカヌ](英 to loosen / to relax)緩(ゆる)める / 緩和(かんわ)する

kenégatifan [クネガティフファヌ]
(英 negativity)否定的側面

kenéutralan [クニュウトララヌ]
(英 neutrality)中立性 / 中性

K

kengerian [クンゥリヤヌ]([英] eeriness)
不気味さ / 恐怖

kening [クネン]([英] eyebrow)眉(まゆ)

kenormalan [クノーマラヌ]
([英] normality)正常性 / 正規(性)

kental [クヌタル]([英] thick / tenacious)
粘り気のある / 粘り強い

kentut [クヌト(ト)]([英] fart)おなら

kenyang [クニャン]([英] full)満腹の

kenyataan [クニャタアヌ]([英] statement / fact)発言 / 声明 / 計算書 / 事実

kenyataan sebut harga
[クニャタアヌ スボ(ト) ハルガ]
([英] tender announcement)入札告示

kenyataan umum [クニャタアヌ ウゥモム]
([英] public statement)声明

keobjéktifan [クオ(ブ)ジェクティファヌ]
([英] objectivity)客観性

kepada [クパダ]([英] to)
(人や抽象物について)〜に / 〜へ

kepadatan [クパダタヌ]([英] density / crowdedness)密度 / 密集

kepadatan penduduk [populasi]
[クパダタヌ プヌドゥウドッ [ポプゥラスイ]]
([英] population density)人口密度

kepahitan [クパヒタヌ]([英] bitterness)
苦味 / 辛苦 / つらさ

kepak [クパッ]([英] wing)翼(つばさ)

kepakaran [クパカラヌ]([英] expertise)
専門知識 / 技能

kepala [クパラ]([英] head)頭

kepandaian [クパヌダイヤヌ]
([英] intelligence / skilfulness)
賢さ / 腕前

kepanduan [クパヌドゥウワヌ]([英] scout)
(ボーイ〈ガール〉)スカウト

kepanjangan [クパンジャンアヌ]
([英] length)長さ

kepantasan [クパヌタサヌ]([英] speed)
速さ / 速度

kepapaan [クパパアヌ]([英] poverty)
困窮 / 窮乏(きゅうぼう)

keparahan [クパラハヌ]([英] seriousness)
深刻さ / 重症さ

kepasifan [クペスィファヌ]
([英] passiveness)消極性

kepastian [クパスティヤヌ]([英] certainty)
確実性 / 確かさ

kepatutan [クパトタヌ]([英] suitability / fitness)的確性 / 本来あるべき状態

kepayahan [クパヤハヌ]([英] trouble / difficulty)苦労 / 困難

kepékaan [クペカアヌ]([英] sensitivity)
敏感(びんかん)さ / 感度

kepekatan [クプカタヌ]([英] concentration / thickness)濃度 / とろみ

kepelbagaian [クプルバガイヤヌ]
([英] variety / diversity)多様性 / 多様さ

kepelikan [クプリカヌ]([英] strangeness)
奇妙さ / 異様さ

kepemimpinan《[幹] pimpin》
[クプミムピナヌ]([英] leadership)
リーダーシップ / 指導力

kepenatan [クプナタヌ] (㊥ fatigue)
疲れ / 疲労

kepeningan [クプニンアヌ] (㊥ dizziness)
頭痛 / めまい

kepentingan [クプヌティンアヌ]
(㊥ importance / interest)
重要性 / 大切さ / 利益

kepercayaan [クプーチャヤアヌ] (㊥ faith / belief / reliance) 信仰 / 信条 / 信念 / 信用

keperibadian [クプリバディヤヌ]
(㊥ personality) 個性 / 人柄

keperluan [クプールゥワヌ] (㊥ necessity)
必要性 / 必要なもの

keperluan perjalanan
[クプールゥワヌ プージャラナヌ]
(㊥ travel goods) 旅行用品

kepersisan [クプースィサヌ]
(㊥ precision) 正確さ / 精密さ

kepesatan [クプサタヌ] (㊥ rapidity)
急速さ

kepilan [クピラヌ] (㊥ attachment)
添付(てんぷ)(物)

kepilkan [クピルカヌ] (㊥ to attach)
添付(てんぷ)する

kepimpinan [クピムピナヌ]
(㊥ leadership) リーダーシップ / 指導力

kepincangan [クピンチャンアヌ]
(㊥ shortcoming / injustice / imbalance)
欠陥 / 不正 / 不公平

kepincangan tugas
[クピンチャンアヌ トゥウガス] (㊥ malfunction)
誤作動

keping [クペン] (㊥ piece)
～枚〈片〉(助数詞)

kepintaran [クピヌタラヌ]
(㊥ intelligence) 賢さ / 知性

kepopularan [クポプゥララヌ]
(㊥ popularity) 人気

kepositifan [クポズィティフアヌ]
(㊥ positiveness) 積極性 / 肯定的態度

keprihatinan [クプリハティナヌ]
(㊥ concern) 心配 / 気づかい / 心配り

kepuasan [クプゥワサヌ] (㊥ satisfaction)
満足 / 納得

kepucatan [クプゥチャタヌ] (㊥ pallor)
蒼白(そうはく) / 顔色の悪さ

kepulangan [クプゥランアヌ] (㊥ return)
帰還

kepulauan [クプゥラゥワヌ] (㊥ islands / archipelago) 諸島 / 列島

kepul-kepul [クポル クポル] (㊥ clouds)
(雲や煙の)もくもく

kepunahan [クプゥナハヌ] (㊥ loss / annihilation) 消滅 / 消失 / 破滅

kepung [クポン] (㊥ to surround) 取り囲む

kepungan [クプゥンアヌ]
(㊥ encirclement) 包囲

kepunyaan [クプゥニャアヌ]
(㊥ possession) 所有(物)

kepunyaan peribadi
[クプゥニャアヌ プリバディ]
(㊥ personal belongings) 私物

K

kepupusan [クプゥプゥサヌ]
(㊎ extinction)絶滅

kepustakaan [クプゥスタカアヌ]
(㊎ literature)文献

keputihan [クプゥテハヌ](㊎ whitish)
白っぽい

keputih-putihan [クプゥテ(ヘ) プゥテハヌ]
(㊎ whitish)白っぽい

keputusan [クプゥトゥウサヌ]
(㊎ decision / result / cut)
決定 / 決断 / 結果 / 途切れること

keputusan bekalan air
[クプゥトゥウサヌ ブカラヌ アェー]
(㊎ disruption of water supply)断水

keputusan majoriti
[クプゥトゥウサヌ マジョリティ]
(㊎ majority decision)多数決

keputusan sebut harga
[クプゥトゥウサヌ スボ(ト) ハルガ](㊎ quotation)
入札結果

keputusan seri [クプゥトゥウサヌ スリ]
(㊎ draw)引き分け

kerabat [クラバ(ト)](㊎ relatives)親族

keracunan [クラチュゥナヌ]
(㊎ to be poisoned)毒に当たる

keracunan makanan
[クラチュゥナヌ マカナヌ]
(㊎ food poisoning)食あたり / 食中毒

keradangan [クラダンアヌ]
(㊎ inflammation)炎症

keradangan mulut [クラダンアヌ ムゥロ(ト)]
(㊎ stomatitis)口内炎(こうないえん)

keraguan [クラグゥワヌ](㊎ doubt / suspicion)疑い / 疑念

kerah [クラ(ハ)](㊎ to mobilize)
動員する / 召集(しょうしゅう)する

kerahkan [クラ(ハ)カヌ](㊎ to mobilize)
動員する / 召集(しょうしゅう)する

keraian [クライヤヌ](㊎ celebration)
お祝い / 祝賀会

kerajaan [クラジャアヌ]
(㊎ government / public / kingdom)
政府 / 政権 / 公立の / 王国

kerajang aluminium
[クラジャン アルゥミニオム](㊎ aluminium foil)
アルミ箔 / アルミホイル

kerajinan [クラジナヌ](㊎ diligence / handicraft)勤勉さ / 手工芸

kerajinan tangan [クラジナヌ タンアヌ]
(㊎ handicraft)手芸 / 手工芸

kerakusan [クラクゥサヌ](㊎ greediness)
欲深(よくぶか)さ / 強欲(ごうよく)さ

keramahan [クラマハヌ](㊎ friendliness)
気さくさ / フレンドリーさ

keramaian [クラマイヤヌ](㊎ celebration / busyness)お祝い / 祝賀会 / にぎやかさ

kerampingan [クラムピンアヌ]
(㊎ slimness)細さ / スリムさ

kerana [クラナ](㊎ because (of))
〜だから / 〜のために

keranapan [クラナパヌ](㊎ collapse)
崩壊(ほうかい) / 倒壊(とうかい)

kerang [クラン](㊎ shellfish)貝

K

kerangka [クランカ] (㊧ framework)
骨組み / 枠組み

kerani [クラニ] (㊧ clerk) 事務員

keranjang [クランジャン] (㊧ basket) かご

keranuman [クラヌゥマヌ] (㊧ maturity)
成熟ぶり

kerap [クラ(プ)] (㊧ frequent / frequently)
頻繁な / 頻繁に / よく

kerap kali [クラ(プ) カリ] (㊧ often) しばしば

kerapatan [クラパタヌ] (㊧ intimacy / closeness) 親密さ / 密接さ

kerapian [クラピヤヌ] (㊧ neatness / rigorousness) 整っていること / 厳密性

keras [クラス] (㊧ hard / strict / loud)
固い / 懸命に / 厳しい / (音·声が)大きい

keras kepala [hati] [クラス クパラ [ハティ]]
(㊧ stubborn) 頑固な / 強情(ごうじょう)な

kerasionalan [クラスイヨナラヌ]
(㊧ rationality) 合理性

keraskan [クラスカヌ]
(㊧ to harden / to louden)
固くする / (音·声を)大きくする

kerat [クラ(ト)] (㊧ piece / to cut)
断片 / 切れ / 切る

kerataan [クラタアヌ] (㊧ flatness) 平らさ

keratan [クラタヌ] (㊧ piece / cutting)
断片 / 切られたもの / 切り抜き

keratan rentas [クラタヌ ルヌタス]
(㊧ cross section) 断面

kerbau [クーバゥ] (㊧ buffalo) 水牛

kerélatifan [クレラティファヌ]
(㊧ relativeness) 相対性

keremajaan [クルマジャアヌ]
(㊧ adolescent / youth / adolescence)
若者の / 若さ / 思春期

kerénah [クレナ(ハ)] (㊧ whim)
困った要求 / 気まぐれ

kerendahan hati [diri]
[クルヌダハヌ ハティ [ディリ]] (㊧ modesty)
謙虚さ / つつましさ

kereputan [クルプゥタヌ] (㊧ rot / decay)
腐敗(ふはい) / (歯の)う蝕(しょく)

keresahan [クルサハヌ] (㊧ anxiety) 不安

keréta [クレタ] (㊧ car) 車 / 自動車

keréta api [クレタ ピ] (㊧ train)
電車 / 列車 / 汽車

keréta api bawah tanah
[クレタ ピ バワ(ハ) タナ(ハ)]
(㊧ underground train) 地下鉄

keréta api ékspрés [クレタ ピ エクスプレス]
(㊧ express train) 急行列車

keréta api laju [クレタ ピ ラジュゥ]
(㊧ bullet train) 高速鉄道 / 新幹線

keréta api malam [クレタ ピ マラム]
(㊧ night train) 夜行列車

keréta bomba [クレタ ボムバ]
(㊧ fire engine) 消防車

keréta luncur [クレタ ルゥンチョー]
(㊧ sleigh) そり

keréta mayat [jenazah]
[クレタ マヤ(ト) [ジュナザ(ハ)]]
(㊧ hearse) 霊柩車(れいきゅうしゃ)

keréta peronda [クレタ プロヌダ]
(㊧ patrol car)パトカー

keréta séwa [クレタ セワ](㊧ rental car)
レンタカー

keréta sorong [クレタ ソロン]
(㊧ wheelbarrow / stroller)
(荷物運搬用の)一輪車 / ベビーカー

keréta sport [sukan]
[クレタ スポ(ト) [スゥカヌ]](㊧ sports car)
スポーツカー

keretakan [クルタカヌ](㊧ crack)
ひび / 亀裂

kerétapi [クレタピ]☞kereta api

keriangan [クリヤンアヌ](㊧ joy)
楽しそうな様子 / 喜び

kering [クレン](㊧ dry)乾いた / 乾燥した

keringanan [クリンアナヌ]
(㊧ dispensation / lightness)
(宗教的義務の)軽減措置 / 軽さ

keringkan [クレンカヌ](㊧ to dry)
乾かす / 乾燥させる

keringkasan [クリンカサヌ]
(㊧ simplicity)簡潔さ / シンプルさ

kerinting [クリヌテン]☞keriting

keris [クレス](㊧ kris)
クリス(マレーの短剣)

kerisauan [クリサゥワヌ]
(㊧ worry / anxiety)心配 / 不安

keriting [クリテン](㊧ wavy)
(毛が)縮(ちぢ)れた

kerja [クージャ](㊧ work / to work)
仕事 / 作業 / 働く

kerja akhir [クージャ アヘー](㊧ finish)
仕上げ

kerja berkumpulan
[クージャ ブークゥムプゥラヌ](㊧ group work)
グループワーク / 共同作業

kerja berpasukan [クージャ ブーパソカヌ]
(㊧ teamwork)チームワーク / 共同作業

kerja dapur [クージャ ダポー]
(㊧ kitchen work)炊事(すいじ)

kerja lebih masa [クージャ ルベ(ヘ) マサ]
(㊧ overtime work)残業

kerja luar [クージャ ルゥワー](㊧ outstation / outside work)出張 / よそでの仕事

kerja makan gaji [クージャ マカヌ ガジ]
(㊧ salaried employee / paid work)
サラリーマン / 賃金労働

kerja malam [クージャ マラム]
(㊧ night shift [duty])夜勤 / 夜間労働

kerja pembinaan [クージャ プムベナアヌ]
(㊧ construction work)工事

kerja rumah [クージャ ルゥマ(ハ)]
(㊧ homework / housework)宿題 / 家事

kerja sambilan [クージャ サムビラヌ]
(㊧ part-time job / side job)
アルバイト / パート / 副業

kerjakan [クージャカヌ]
(㊧ to perform / to work)行う / 遂行する / 耕作する

kerjakan haji [クージャカヌ ハジ]
(㊧ to make a pilgrimage)
巡礼(じゅんれい)する

kerjasama [クージャサマ] (㊥ cooperation)協力 / 提携

kerjaya [クージャヤ] (㊥ career)キャリア

kerongkong [クロンコン] (㊥ throat) 喉(のど)

kerongsang [クロンサン] (㊥ brooch) ブローチ

kerosakan [クロサカヌ] (㊥ breakdown / damage)故障 / 破損 / 損害

kerosakan banjir [クロサカヌ バンジェー] (㊥ flood damage) 洪水被害(こうずいひがい) / 水害

kérosin [ケロセヌ] (㊥ kerosene)灯油

kertas [クータス] (㊥ paper)紙 / 論文

kertas buangan [クータス ブウワンアヌ] (㊥ wastepaper)古紙 / 紙屑

kertas catatan [クータス チャタタヌ] (㊥ notepaper)メモ用紙

kertas dinding [クータス ディヌデン] (㊥ wallpaper)壁紙

kertas kitar semula [クータス キター スムゥラ] (㊥ recycled paper) 再生紙

kertas lukisan [クータス ルゥキサヌ] (㊥ drawing paper)画用紙

kertas pembalut [クータス プムバロ(ト)] (㊥ wrapping paper)包装紙 / 包み紙

kertas tisu [クータス ティスゥ] (㊥ tissue paper)薄葉紙(うすようし)(包装などに用いる薄い紙)

kerugian [クルゥギヤヌ] (㊥ loss / damage / to lose)損失 / 損害 / 損失する

keruh [クロ(ホ)] (㊥ turbid)濁(にご)った

kerumitan [クルゥミタヌ] (㊥ complexity / difficulty)複雑さ / 困難さ

kerumunan [クルゥムゥナヌ] (㊥ crowd) 群集 / 群れ

kerumuni [クルゥムゥニ] (㊥ to gather around)〜に群がる

keruntuhan [クルゥヌトハヌ] (㊥ collapse) 崩壊(ほうかい) / 倒壊(とうかい)

keruntuhan keluarga [クルゥヌトハヌ クルゥワーガ] (㊥ family breakdown)家庭崩壊

kerusi [クルゥスィ] (㊥ chair / seat) 椅子 / 議席

kerusi roda [クルゥスィ ロダ] (㊥ wheelchair)車椅子

kés [ケス] (㊥ case)ケース / 事件 / 場合

kesabaran [クサバラヌ] (㊥ endurance / patience)我慢 / 忍耐

kesahan [クサハヌ] (㊥ validity) 有効性 / 妥当性 / 合法性

kesahihan [クサヒハヌ] (㊥ validity) 有効性 / 真実性 / 確実さ

kesakitan [クサキタヌ] (㊥ pain)痛み

kesaksamaan [クサッ(ク)サマアヌ] (㊥ justice / equality)公平 / 平等

kesaktian [クサッ(ク)ティヤヌ] (㊥ supernatural power)超能力

K

kesal [クサル]
(英 to regret / to be disappointed)
残念に思う / 後悔する / 失望する

kesalahan [クサラハヌ] (英 mistake / offence) 間違い / 誤り / 罪

kesalahan cétak [クサラハヌ チェタッ]
(英 misprint) 誤植 / ミスプリント

kesali [クサリ]
(英 to regret / to feel disappointed)
～を残念に思う / ～に失望する

kesalingan [クサリンァヌ]
(英 reciprocity) 相互性

kesamaan [クサマアヌ]
(英 equality / equivalence / match)
同等 / 同一性 / 一致

K

kesamaran [クサマラヌ] (英 obscurity / dimness) 不明瞭(ふめいりょう)さ / 薄暗さ

kesamarataan 《幹 sama rata》
[クサマラタアヌ] (英 equality) 平等

kesan [クサヌ] (英 effect / track / stain / impression / to find) 影響 / 効果 / 跡 / しみ / 印象 / 見つけ出す

kesan sampingan [クサヌ サムピンァヌ]
(英 side effect) 副作用 / 付随効果

kesan tapak kaki [クサヌ タパッ カキ]
(英 footprint) 足跡

kesanggupan [クサングゥパヌ]
(英 willingness) 意欲 / 意志 / 覚悟

kesat [クサ(ト)] (英 rough / coarse / to wipe)
ざらざらした / 粗暴(そぼう)な / 乱暴な / 拭(ふ)く / 拭(ぬぐ)う

kesateria [クサトゥリヤ] (英 hero)
英雄 / 勇者

kesatuan [クサトゥウワヌ] (英 union)
連合 / 組合

kesayangan [クサヤンァヌ] (英 pet / favourite / love / regret) ペットの / お気に入りの / 愛情 / 遺憾(いかん)

kesedaran [クスダラヌ] (英 awareness)
意識 / 認識

kesedaran diri [クスダラヌ ディリ]
(英 self-awareness) 自覚

kesederhanaan [クスドゥーハナアヌ]
(英 simplicity / moderation)
簡素(かんそ) / 質素 / 並

kesediaan [クスディヤアヌ]
(英 preparedness) 覚悟 / 心構え

keségakan [クセガカヌ] (英 good looks)
格好よさ

kesegaran [クスガラヌ] (英 freshness)
新鮮さ / 爽快さ / 生き生きしていること

kesegeraan [クスグラアヌ] (英 quickness / urgency) 早さ / 緊迫感

keseharian [クスハリヤヌ]
(英 everyday life) 日常

keseimbangan [クスイムバンァヌ]
(英 balance) バランス / 釣り合い

kesejagatan [クスジャガタヌ]
(英 universality) 普遍性

kesejahteraan [クスジャ(ハ)トゥラアヌ]
(英 peacefulness) 安らかさ

kesejukan [クスジュゥカヌ] (英 cold / to freeze) 冷たさ / 寒さ / 凍(こご)える

keséksaan [クセクサアヌ] (英 torture)
拷問(ごうもん)

keséksian [クセクスイヤヌ](㊥ sexiness)
セクシーさ

keselamatan [クスラマタヌ](㊥ safety / security)安全 / 無事 / 治安

keselamatan awam [クスラマタヌ アワム]
(㊥ public security)治安 / 公安

keselarasan [クスララサヌ]
(㊥ congruency / harmony)一致 / 調和

keselarian [クスラリヤヌ](㊥ parallelism / congruency)並行性 / 一致

keselésaan [クスレサアヌ](㊥ comfort)
快適さ

keseluruhan [クスルゥルゥハヌ]
(㊥ whole)全体 / 全部

keseluruhannya [クスルゥルゥハヌニャ]
(㊥ whole)全体 / 全般

kesembilan [クスムビラヌ](㊥ ninth)
九番目の / 第九の

kesempatan [クスムパタヌ]
(㊥ opportunity)機会

kesempitan [クスムピタヌ](㊥ narrowness / want / to be pressed for)
狭さ / 困窮(こんきゅう) / ～がなくて困る

kesempurnaan [クスムプゥルナアヌ]
(㊥ perfection)完全さ / 完璧

kesemua [クスムゥワ](㊥ all)すべての

kesemuanya [クスムゥワニャ]
(㊥ all of them)そのすべて

kesenangan [クスナンアヌ](㊥ comfort / easiness)楽さ / 快適さ / 簡単さ

kesendirian [クスヌディリヤヌ]
(㊥ loneliness)孤独

kesengsaraan [クスンサラアヌ]
(㊥ misery)悲惨さ / 惨めさ

kesenian [クスニヤヌ](㊥ artistry)
芸術 / 芸能

kesénsitifan [クセヌスイティファヌ]
(㊥ sensitivity)敏感(びんかん)さ / 感受性

kesentosaan [クスヌトサアヌ]
(㊥ peacefulness)平穏 / 平和 / のどかさ

kesenyapan [クスニャパヌ](㊥ silence / quietness)静寂 / 無言 / 物静か

keseorangan [クスオランアヌ]
(㊥ loneliness / lonely)孤独 / 孤独な

kesepadanan [クスパダナヌ]
(㊥ fitness / suitability)
適合 / 合致 / ふさわしさ

kesepian [クスピヤヌ]
(㊥ loneliness / quietness)孤独 / 静寂

keseragaman [クスラガマヌ]
(㊥ uniformity / unanimity)
統一 / 一元化 / 満場一致

keseraman [クスラマヌ](㊥ eeriness)
不気味さ / 怖さ

keserasian [クスラスイヤヌ](㊥ affinity / compatibility)相性 / 適合性

keserentakan [クスルヌタカヌ]
(㊥ simultaneity / concurrence)
同時 / 一斉

kesériusan [クセリウゥサヌ]
(㊥ seriousness)深刻さ / 真剣さ

K

keseronokan [クスロノカヌ](㊥ fun)
楽しさ

keserupaan [クスルゥパアヌ]
(㊥ resemblance)類似

kesesakan [クスサカヌ](㊥ congestion)
混雑 / 密集

kesesakan lalu lintas
[クスサカヌ ラルゥ リヌタス](㊥ traffic jam)
(交通)渋滞

kesesakan nafas [クスサカヌ ナファス]
(㊥ difficulty in breathing)息苦しさ

kesesakan orang ramai
[クスサカヌ オラン ラマイ](㊥ overpopulation / crowd)人口過密 / 人込み

kesesalan [クスサラヌ](㊥ regret)
後悔 / 無念さ

kesesuaian [クススゥワイヤヌ]
(㊥ suitability / appropriateness / convenience)
ふさわしさ / 適切さ / 相性 / 都合

kesetaraan [クスタラアヌ](㊥ equality)
平等 / 同等性

kesetiaan [クスティヤアヌ]
(㊥ faithfulness / loyalty)忠実さ / 忠誠

kesian [クスイヤヌ](㊥ poor / pitiful)
【口語】かわいそうな / 気の毒な

kesibukan [クセボカヌ](㊥ busyness / crowding)忙しさ / にぎやかさ / 混雑

kesihatan [クスイハタヌ](㊥ health)
健康 / 保健

kesilapan [クスイラパヌ](㊥ mistake)
間違い / ミス

kesimpulan [クスイムプゥラヌ]
(㊥ conclusion / decision)結論 / 決定

kesinambungan [クスイナムブゥンアヌ]
(㊥ continuity)連続性

kesongsangan [クソンサンアヌ]
(㊥ inversion)倒錯 / 逆さ / 逆さま

kesopanan [クソパナヌ]
(㊥ elegance / politeness)
上品 / 丁寧(礼儀正しさ) / 品(ひん)

kestabilan [クスタビラヌ](㊥ stability)安定

kesucian [クスゥチヤヌ](㊥ sacredness / purity)神聖さ / 清純(せいじゅん)さ

kesudahan [クスゥダハヌ](㊥ ending)
終わり / 結末

kesukaan [クスゥカアヌ](㊥ favourite)
好きな / 好(この)み

kesukaran [クスゥカラヌ](㊥ difficulty)
困難

kesukarélaan [クスゥカレラアヌ]
(㊥ voluntary / voluntariness)
自発的な / 自主性

kesulitan [クスゥリタヌ](㊥ trouble / inconvenience)困難 / 不便 / 問題

kesungguhan [クスゥングゥハヌ]
(㊥ seriousness)懸命さ / 真剣さ

kesunyian [クスゥニイヤヌ]
(㊥ silence / loneliness)静けさ / 孤独

kesuraman [クスゥラマヌ](㊥ gloom / depression)薄暗さ / 不振 / 不況

kesusahan [クスゥサハヌ](㊥ difficulty / hardship / trouble)困難 / 苦労 / 不便

K

kesusasteraan [クスゥサストゥラアヌ]
(英 literature)文学 / 文芸

kesusilaan [クスゥスイラアヌ]
(英 courtesy)礼儀 / 道徳

ketaatan [クタアタヌ](英 loyalty)
忠実さ / 忠誠

ketabahan [クタバハヌ](英 perseverance)
根気(こんき) / 忍耐 / 粘り強さ

ketagih dadah [クタゲ(ヘ) ダダ(ハ)]
(英 drug addict)麻薬中毒者

ketagihan [クタギハヌ](英 addiction / addicted)中毒(の)

ketahanan [クタハナヌ](英 durability / endurance)耐久力 / 抵抗力

ketahui [クタフゥイ](英 to know)
〜について知る / 心得る

ketajaman [クタジャマヌ](英 sharpness)
鋭(するど)さ

ketakbersalahan《幹 tak bersalah》
[クタッ(ク)ブーサラハヌ](英 innocence)
無罪 / 潔白

ketakburan [クタッ(ク)ブゥラヌ]
(英 arrogance)横柄(おうへい)さ

ketakjuban [クタッ(ク)ジョバヌ]
(英 astonishment)驚異 / 驚き(の事実)

ketaksaan [クタッ(ク)サアヌ]
(英 vagueness)曖昧(あいまい)さ

ketaksamaan《幹 tak sama》
[クタッ(ク)サマアヌ](英 inequality)
不平等 / 不等式

ketakterhinggaan《幹 tak terhingga》
[クタッ(ク)トゥーヒンガアヌ](英 infinity)無限(性)

ketakutan [クタコタヌ](英 fear)恐怖

ketam [クタム](英 crab / plane / to plane)
カニ / かんな / (かんなで)削る

ketamakan [クタマカヌ](英 greediness)
欲深(よくぶか)さ

ketampanan [クタムパナヌ]
(英 handsomeness)格好よさ / ハンサムさ

ketandusan [クタヌドゥウサヌ]
(英 barrenness)(土地の)不毛さ / 荒廃

ketanpanamaan《幹 tanpa nama》
[クタムパナマアヌ](英 anonymity)匿名性

ketara [クタラ](英 obvious)
明白な / 顕著な

ketat [クタ(ト)](英 tight / strict)
きつい / 厳しい / 厳重な

ketatkan [クタ(ト)カヌ](英 to tighten)
締める / きつくする / 厳しくする

ketawa [クタワ](英 laughter / to laugh)
笑い / 笑う

ketegakan [クトゥガカヌ](英 verticality)
まっすぐさ / 垂直であること

ketegangan [クトゥガンアヌ](英 tension)
緊張 / 張りつめた状態

ketegapan [クトゥガパヌ](英 sturdiness)
丈夫さ

ketegar [クトゥガー](英 obstinate)
頑固な / かたくなな

ketegasan [クトゥガサヌ](英 strictness / insistence)厳しさ / 厳格さ / 主張

keteguhan [クトゥグゥハヌ](英 firmness)
強固さ

K

ketekunan [クトゥクゥナヌ] (英 diligence / eagerness) 勤勉さ / 熱心さ

ketelanjangan [クトゥランジャンアヌ] (英 nudity) 裸 (であること)

ketelitian [クトゥリティヤヌ] (英 thoroughness) 綿密さ / 几帳面 (きちょうめん) さ

ketelusan [クトゥルゥサヌ] (英 transparency / sincerity) 透明性 / 誠実さ

ketenangan [クトゥナンアヌ] (英 calmness) 穏 (おだ) やかさ / 落ち着き

ketengahkan 《幹 ke tengah》 [クトゥンア(ハ)カヌ] (英 to raise / to put forward) (話などを) 持ち出す / 提示する

ketenteraan [クトゥヌトゥラアヌ] (英 military) 軍事

ketenteraman [クトゥヌトゥラマヌ] (英 peace / order) 平穏 / 秩序 / 安定

ketentuan [クトゥヌトゥウワヌ] (英 decision / rule) 定め / 取り決め / 決まり

ketepatan [クトゥパタヌ] (英 accuracy) 正確さ

ketepikan 《幹 ke tepi》 [クトゥピカヌ] (英 to put aside / to ostracize) 隅に寄せる / 放置する / 追放する

ketepuan [クトゥプゥワヌ] (英 saturation) 飽和 (ほうわ) (状態)

keterampilan [クトゥラムピラヌ] (英 skill) 技能 / 能力

keterangan [クトゥランアヌ] (英 explanation / testimony) 説明 / 証言

keterasingan [クトゥラスインアヌ] (英 isolation) 孤立

keteraturan [クトゥラトゥウラヌ] (英 orderliness / regularity) 整然としていること / 規則正しさ

keterbalikan [クトゥーバリカヌ] (英 opposite / inversion) 逆 / さかさま

keterbukaan [クトゥーブゥカアヌ] (英 openness) 開かれていること / 包み隠しのなさ

keterdesakan [クトゥードゥサカヌ] (英 urgency / desperation) 緊迫 / 緊急性 / 必死さ

keterharuan [クトゥーハルゥワヌ] (英 deep emotion) 感激 / 感動

keterkejutan [クトゥークジュウタヌ] (英 surprise) 驚き

keterlaluan [クトゥーラルゥワヌ] (英 excessive / outrageous) 過剰 (かじょう) な / 過激な

keterlampauan [クトゥーラムパゥワヌ] (英 extremeness) 極端 (きょくたん) さ / 行き過ぎ

keterpencilan [クトゥープンチラヌ] (英 isolation) 孤立

keterpesonaan [クトゥープソナアヌ] (英 fascination) 魅了されること / 陶酔

ketersendirian [クトゥースヌディリヤヌ] (英 originality) 独自性

ketertiban [クトゥーティバヌ] (英 order / courtesy) 秩序 / 規律 / 礼儀

keterujaan [クトゥルゥジャアヌ] (英 enthusiasm) 魅了されること / 熱中

keterusterangan《㊙ terus terang》
[クトゥロストゥランアヌ](㊕ frankness)
率直さ / 気さくさ

ketetapan [クトゥタパヌ](㊕ resolution / determination)決定 / 決議 / 決意

ketiadaan [クティヤダアヌ]
(㊕ lack / absence)欠如 / 不在 / 無さ

ketiak [クティヤッ](㊕ armpit)脇(の下)

ketibaan [クティバアヌ](㊕ arrival)
到着 / 到来

ketidakadilan《㊙ tidak adil》
[クティダッアディラヌ]
(㊕ injustice)不平等 / 不公平さ

ketidakboléhan《㊙ tidak boléh》
[クティダッ(ク)ボレハヌ](㊕ impossibility)
できないこと / 無理なこと

ketidakcekapan《㊙ tidak cekap》
[クティダッ(ク)チュカパヌ](㊕ incompetence)
無能さ / 下手くそさ

ketidakcernaan《㊙ tidak cerna》
[クティダッ(ク)チューナアヌ](㊕ indigestion)
消化不良

ketidakcukupan《㊙ tidak cukup》[クティダッ(ク)チュウクウパヌ]
(㊕ insufficiency)不十分さ

ketidakhadaman《㊙ tidak hadam》
[クティダッ(ク)ハダマヌ](㊕ indigestion)
消化不良

ketidakhadiran《㊙ tidak hadir》
[クティダッ(ク)ハディラヌ](㊕ absence)
不在 / 欠席 / 休み

ketidakjelasan《㊙ tidak jelas》
[クティダッ(ク)ジュラサヌ](㊕ unclarity)
不明瞭(ふめいりょう)さ

ketidaklengkapan《㊙ tidak lengkap》
[クティダッ(ク)ルンカパヌ]
(㊕ incompleteness)不完全さ

ketidakmatangan《㊙ tidak matang》
[クティダッ(ク)マタンアヌ](㊕ immatureness)
未熟さ

ketidakmungkinan《㊙ tidak mungkin》
[クティダッ(ク)ムウンキナヌ](㊕ impossibility)
不可能さ / あり得なさ

ketidakpandaian《㊙ tidak pandai》
[クティダッ(ク)パヌダイヤヌ](㊕ unskillfulness)
下手くそさ / 不器用さ

ketidakpékaan《㊙ tidak péka》
[クティダッ(ク)ペカアヌ](㊕ insensitiveness)
鈍感さ

ketidakpuasan《㊙ tidak puas》
[クティダッ(ク)プウワサヌ](㊕ dissatisfaction)
不満

ketidakrataan《㊙ tidak rata》
[クティダッ(ク)ラタアヌ](㊕ unevenness)
でこぼこさ

ketidaksahan《㊙ tidak sah》
[クティダッ(ク)サハヌ](㊕ invalidity)無効性

ketidaksamaan《㊙ tidak sama》
[クティダッ(ク)サマアヌ](㊕ inequality)
同じでないこと / 不平等さ

ketidakselarasan《㊙ tidak selaras》
[クティダッ(ク)スララサヌ](㊕ inconsistency)
不一致 / 一貫性のなさ

ketidaksempurnaan《㊙ tidak sempurna》
[クティダッ(ク)スムプウルナアヌ]
(㊕ incompleteness)不完全さ

ketidaksopanan《㊙ tidak sopan》
[クティダッ(ク)ソパナヌ](㊕ impoliteness)
無礼さ

K

ketidaksukaan《[幹] tidak suka》
[クティダッ(ク)スゥカアヌ]([英] dislike)
嫌いな気持ち / 嫌気

ketidaksungguhan《[幹] tidak sungguh》
[クティダッ(ク)スゥンゴハヌ]([英] sloppiness)
いい加減さ / 杜撰(ずさん)さ

ketidakteraturan《[幹] tidak teratur》
[クティダッ(ク)トゥラトゥウラヌ]
([英] untidiness / irregularity)
雑然(ざつぜん)さ / 杜撰(ずさん)さ / 不規則さ

ketidaktetapan《[幹] tidak tetap》
[クティダッ(ク)トゥタパヌ]([英] irregularity / instability)不規則さ / 不安定

ketiga [クティガ]([英] third)
三番目の / 第三の

ketiga-tiga [クティガ ティガ]([英] all three)
3つとも

ketika [クティカ]([英] when / moment)
～のとき / 時間 / 頃

ketinggalan [クティンガラヌ]
([英] to be left behind / to miss)
取り残される / 乗り遅れる

ketinggalan zaman [クティンガラヌ ザマヌ]
([英] outdated)時代遅れの

ketinggian [クティンギヤヌ]([英] height)高さ

ketoksikan [クトッスイカヌ]([英] toxicity)
有毒性

ketua [クトゥウワ]([英] head / chief / leader)
長 / 指導者

ketua menteri [クトゥウワ ムヌトゥリ]
([英] chief minister)
州知事(マレーシアの王がいない州の)

ketua negara [クトゥウワ ヌガラ]
([英] chief of state)元首

ketua pengarah [クトゥウワ プンアラ(ハ)]
([英] director general)長官

ketua tukang masak
[クトゥウワ トゥウカン マサッ]([英] chef)料理長

ketuai [クトゥウワイ]([英] to lead)
～の長を務める / ～を率いる

ketuat [クトゥウワ(ト)]([英] wart)こぶ

ketuhar gelombang mikro
[クトゥウハー グロムバン ミクロ]
([英] microwave oven)電子レンジ

ketuhar mikro [クトゥウハー ミクロ]
([英] microwave)電子レンジ

ketujuh [クトゥウジョ(ホ)]([英] seventh)
七番目の / 第七の

ketuk [クトッ]([英] to knock)
ノックする / コツコツ叩(たた)く

ketukan [クトゥウカヌ]([英] knock)ノック

ketulan [クトゥウラヌ]([英] lump)塊

ketulénan [クトゥウレナヌ]
([英] purity / genuineness)
純粋(じゅんすい)さ / 本物であること

ketulusan [クトゥウルゥサヌ]
([英] sincerity)誠実さ / 素直さ

ketumbuhan [クトゥウムブゥハヌ]
([英] tumour)腫瘍(しゅよう)

ketumpatan [クトゥウムパタヌ]([英] density)
密度

ketunggalan [クトゥウンガラヌ]
([英] singularity)単一性 / 唯一性

K

ketupat [クトゥウパ(ト)]
(英 Malay rice cake)マレーちまき

keturunan [クトゥウルゥナヌ]
(英 descendant / race)子孫 / 血統 / 種族

keulungan [クウゥルゥンアヌ]
(英 outstandingness)抜群さ / 卓越

keunggulan [クウゥングゥラヌ]
(英 excellence)卓越 / 傑出

keunikan [クユゥニカヌ](英 uniqueness)
独特さ / 独自性

keuntungan [クウゥヌトンアヌ](英 profit)
利益 / 得

keupayaan [クウゥパヤアヌ]
(英 capability)能力

keutamaan [クウゥタマアヌ](英 priority)
優先

kewajaran [クワジャラヌ]
(英 appropriateness)
妥当性(だとうせい) / 適切さ

kewajipan《幹 wajib》[クワジパヌ]
(英 obligation)義務 / 責務

kewangan [クワンアヌ](英 finance)
金融 / 財政

kewangan keluarga
[クワンアヌ クルゥワーガ](英 family budget)
家計

kewarganegaraan [クワーガヌガラアヌ]
(英 nationality)国籍

kewaspadaan [クワスパダアヌ]
(英 caution)用心 / 警戒

kewibawaan [クウィバワアヌ]
(英 authority)権威(けんい) / 権限(けんげん)

kewujudan [クウゥウジュウダヌ]
(英 existence)存在

keyakinan [クヤキナヌ](英 confidence)
自信 / 確信 / 信用

keyakinan diri [クヤキナヌ ディリ]
(英 self-confidence)自信

kezaliman [クザリマヌ](英 cruelty)
残酷(ざんこく)さ / 残虐行為(ざんぎゃくこうい)

khabar [カバー](英 news)
ニュース / 知らせ / 便り

khabar angin [カバー アンエヌ]
(英 rumour)噂(うわさ)

khalayak (ramai) [ハラヤッ (ラマイ)]
(英 the public)大衆 / 公衆

Khamis [カメス](英 Thursday)木曜(日)

khas [ハス](英 special / exclusive)
特別な / 専用の

khasiat [ハスイヤ(ト)](英 nutrition)
栄養 / 養分

khasnya [ハスニャ](英 in particular)
特に / 具体的には

khatulistiwa [ハトゥウリスティワ]
(英 equator)赤道

khayal [ハヤル]
(英 ecstacized / engrossed)
(薬物などで)夢見心地の / 夢中の

khayalan [ハヤラヌ](英 daydream)
空想 / 白昼夢(はくちゅうむ)

khazanah [ハザナ(ハ)](英 heritage)
財産 / 遺産

khémah [ケマ(ハ)] (㊥ camp / tent)
キャンプ / テント

khianat [ヒアナ(ト)] (㊥ treacherous / to betray) 裏切(うらぎ)りの / 裏切る

khianati [ヒアナティ] (㊥ to betray)
裏切(うらぎ)る

khidmat [ヒ(ド)マ(ト)] (㊥ service)
サービス / 奉仕

khidmat selepas jualan
[ヒ(ド)マ(ト) スルパス ジュゥワラヌ]
(㊥ after-sales service) アフターサービス

khidmati [ヒ(ド)マティ] (㊥ to serve)
〜に奉仕する / 仕(つか)える

khinzir [ヒヌゼー] (㊥ pig) 豚

khuatir [フゥワテー] (㊥ worried) 心配な

khuatirkan [フゥアテーカヌ] (㊥ to worry)
心配する / 心配させる

khusus [フゥスゥス] (㊥ special)
特別な / 特殊な

khususnya [フゥスゥスニャ]
(㊥ especially) 特に

khusyuk [フゥショッ] (㊥ engrossed)
熱中した / 夢中な

khutbah [フ(ト)バ(ハ)] (㊥ sermon)
説教 / 宗教講和

kian [キヤヌ] (㊥ gradually)
ますます / だんだん

kias [キヤス] (㊥ figurative)
たとえ / 比喩(ひゆ)

kiasan [キヤサヌ] (㊥ figurative)
たとえ / 比喩(ひゆ)

kiaskan [キヤスカヌ] (㊥ to compare)
例える

kicap [キチャ(プ)] (㊥ soy sauce) 醤油

kicau [キチャゥ] (㊥ chirp) さえずり

kicauan [キチャゥワヌ] (㊥ chirp) さえずり

kidal [キダル] (㊥ left-handed) 左利きの

kikir [キケー] (㊥ file) やすり

kilang [ケラン] (㊥ factory) 工場

kilat [キラ(ト)] (㊥ lightning / lustre / flash / crash) 稲妻 / 光沢 / 緊急の / 大急ぎの

kilauan [キラゥワヌ] (㊥ glitter) 輝き / 光沢

kilo [キロ] (㊥ kilo) キロ

kilogram [キログラム] (㊥ kilogram)
キログラム

kilométer [キロメトゥー] (㊥ kilometre)
キロメートル

kimia [キミヤ] (㊥ chemistry) 化学

kincir air [キンチェー アェー]
(㊥ waterwheel) 水車

kincir angin [キンチェー アンェヌ]
(㊥ windmill) 風車

kini [キニ] (㊥ now) 現在 / 今日(こんにち)

kios [キオス] (㊥ kiosk) 売店 / キオスク

kipas [キパス] (㊥ fan / propeller)
うちわ / 扇風機 / プロペラ

kipas angin [キパス アンェヌ] (㊥ fan)
扇風機

kipas lipat [キパス リパ(ト)]
([英] folding fan)扇子

kira [キラ]([英] to count / to calculate / to assume)
数える / 勘定する / 計算する / 推測する

kiraan [キラアヌ]([英] calculation / count)
計算 / 数えること

kira-kira [キラ キラ]([英] about / mathematics)だいたい / 約 / 計算

kiranya [キラニャ]([英] maybe)たぶん

kiri [キリ]([英] left)左 / 左派

kiri kanan [キリ カナヌ]([英] right and left)
左右

kirim [キレム]([英] to send)送る

kirim salam [キレム サラム]([英] to send one's regards)よろしく伝える

kiriman [キリマヌ]([英] something sent)
送られる物

kiriman ékspréss [キリマヌ エクスプレス]
([英] express delivery)速達

kiriman pos [キリマヌ ポス]
([英] postal item)郵便物

kiriman wang [キリマヌ ワン]
([英] remittance)送金

kisah [ケサ(ハ)]([英] to care / story)
気にする / 物語

kisah hidup [ケサ(ハ) ヒド(プ)]
([英] life story)伝記 / 人生談

kisahkan [ケサ(ハ)カヌ]([英] to tell)物語る

kismis [キスメス]([英] raisin)
レーズン / 干し葡萄(ぶどう)

kita [キタ]([英] we / our / us)
私達(聞き手を含む)

kita orang [キタ オラン]([英] we / our / us)
【口語】僕達 / 俺達 / あたし達(聞き手を含まない)

kitab [キタ(ブ)]([英] holy scripture)聖典

Kitab Injil [キタ(ブ) インジェル]([英] Bible / New Testament)聖書 / 新約聖書

kitar semula [キター スムゥラ]
([英] recycling / to recycle)
リサイクル / リサイクルする

kitaran [キタラヌ]([英] cycle)サイクル / 周期

KL (= Kuala Lumpur)
[ケエル (クゥワラ ルゥムポー)]
([英] Kuala Lumpur)
クアラルンプール(マレーシアの首都)

klac [クラチ]([英] clutch)クラッチ

klasifikasi [クラスィフィカスィ]
([英] classification)分類

klasifikasikan [クラスィフィカスィカヌ]
([英] to classify)分類する

klasik [クラセッ]([英] classic)
クラシック / 古典

klausa [クラウサ]([英] clause)節

klavikel [クラヴィクル]([英] clavicle)
鎖骨(さこつ)

KLCC [ケエルスィスィ]([英] Kuala Lumpur City Centre (KLCC))
クアラルンプール・シティ・センター

KLIA [ケエルアイエ]([英] Kuala Lumpur International Airport (KLIA))
クアラルンプール国際空港

K

klien [クライヌ] (㊥ client) クライアント / 顧客

klimaks [クリマックス] (㊥ climax)
最高潮 / クライマックス

klinik [クリネッ] (㊥ clinic)
クリニック / 医院 / 診療所

klinik ENT [クリネッ イネヌティ] (㊥ ENT [Ear, Nose and Throat] clinic) 耳鼻科

klinik kanak-kanak [pédiatrik]
[クリネッ カナッ カナッ [ペディヤトレッ]]
(㊥ paediatric clinic) 小児科

klinikal [クリニカル] (㊥ clinical) 臨床の

klip [クレ(プ)] (㊥ clip) クリップ

klu [カラゥ] ☞kalau

KNK (= Keluaran Negara Kasar)
[ケエヌケ (クルゥワラヌ ヌガラ カサー)]
(㊥ GNP (Gross National Product))
国民総生産 / GNP

kod [コ(ド)] (㊥ code) コード / 符号 / 規約

kognisi [コッニスィ] (㊥ cognition) 認知

koir [コエー] (㊥ choir) 合唱団

koko [ココ] (㊥ cocoa) ココア

koktél [コクテル] (㊥ cocktail)
(フルーツ) ポンチ / カクテル

kolam [コラム] (㊥ pond) 池

kolam air panas [コラム アエー パナス]
(㊥ hot spring) 温泉

kolam renang [コラム ルナン]
(㊥ swimming pool) プール

kolam renang terbuka
[コラム ルナン トゥーブゥカ] (㊥ outdoor swimming pool) 野外プール

kolar [コラー] (㊥ collar) 襟(えり) / 首輪

kolé [コレ] (㊥ mug) ジョッキ

koléj [コレジ] (㊥ college)
専門学校 / カレッジ / 学寮

koléksi [コレクスィ] (㊥ collection)
コレクション / 収集

koléksi lengkap [penuh]
[コレクスィ ルンカ(プ) [プノ(ホ)]]
(㊥ complete works) 全集

koléstrol [コレストロル] (㊥ cholesterol)
コレステロール

kolonial [コロニヤル] (㊥ colonial) 植民地の

kolonialisme [コロニヤリスマ]
(㊥ colonialism) 植民地主義

kolum [コロム] (㊥ column) コラム / 列

koma [コマ] (㊥ comma / coma)
コンマ / 句点 / 昏睡状態(こんすいじょうたい)

Komanwél [コマヌウェル]
(㊥ Commonwealth) 英連邦

komédi [コメディ] (㊥ comedy) コメディ

komén [コメヌ] (㊥ comment)
コメント / 意見

komersial [コムスィヤル] (㊥ commercial)
商業の / 商用の

komersil [コムスィル] ☞komersial

komik [コメッ] (㊥ comics) 漫画 / コミック

komisén [コミセヌ] (英 commission)
手数料

komited [コミトゥ(ドゥ)] (英 committed)
深く関与する / 打ち込む

komitmen [コミ(ト)ムヌ] (英 commitment)
深い関与 / 献身

kompang [コムパン] (英 Malay tambourine)
コンパン(マレーのタンバリン)

kompaun [コムパオヌ] (英 compound)
示談金(じだんきん)

kompléks [コムプレクス] (英 complex)
複雑な / コンプレックス / 複合ビル

kompléksiti [コムプレクスイティ]
(英 complexity)複雑さ

komplot [コムプロ(ト)] (英 plot)陰謀 / 共謀

komponen [コムポヌヌ] (英 component)
構成要素 / 部分 / 部門

komposisi [コムポズィスイ]
(英 composition)構成

komposit [コムポセ(ト)] (英 composite)
合成の / 複合の

kompromi [コムプロミ] (英 compromise)
妥協(だきょう) / 譲歩(じょうほ)

komputer [コムピュウトゥー] (英 computer)
コンピューター

komputer peribadi
[コムピュウトゥー プリバディ]
(英 personal computer)パソコン

komunikasi [コムゥニカスイ]
(英 communication)
コミュニケーション / 通信

komunis [コムゥネス] (英 communist)
共産主義者

komunisme [コムゥニスマ]
(英 communism)共産主義

komuniti [コムゥニティ] (英 community)
コミュニティー / 共同体

kondom [コヌドム] (英 condom)コンドーム

kondominium [コヌドミニオム]
(英 condominium)コンドミニアム

konduktor [コヌドゥウクトー] (英 conductor)
車掌 / 伝導体

konflik [コヌフレッ] (英 conflict)対立 / 紛争

konfrontasi [コヌフロヌタスイ]
(英 confrontation)対決

kongkong [コンコン]
(英 to restrict / fetters / handcuffs)
束縛する / 足かせ / 手かせ

kongkongan [コンコンアヌ] (英 bondage)
束縛 / 拘束

kongrés [コングレス] (英 congress)
議会 / 会議

kongsi [コンスイ] (英 to share / society)
シェアする / 公司(こうし) / 結社

kongsi gelap [コンスイ グラ(プ)] (英 triad society)秘密結社 / 地下犯罪組織

konkrit [コヌクレ(ト)] (英 concrete)
具体的な / コンクリート

kononnya [コノヌニャ] (英 it is said that)
～らしい / ～と聞き知る

konsép [コヌセ(プ)] (英 concept)
概念 / 構想 / コンセプト

K

konsert [コヌスー(ト)] (㊧ concert) コンサート

konservatif [コヌスヴァテフ] (㊧ conservative) 保守的な

konservatisme [コヌスヴァテイスマ] (㊧ conservatism) 保守主義

konsési [コヌセスイ] (㊧ concession) 営業許可 / 免許 / 譲歩

konsisten [コヌスイストゥヌ] (㊧ consistent) 一貫した / 辻褄(つじつま)が合う

konsonan [コヌソナヌ] (㊧ consonant) 子音

konsortium [コヌソーティヨム] (㊧ consortium) コンソーシアム / 共同企業体

konstabel [コヌスタブル] (㊧ constable) 巡査

konstabel polis [コヌスタブル ポレス] (㊧ police constable) 巡査

konsul [コヌスゥル] (㊧ consul) 領事

konsulat [コヌスゥラ(ト)] (㊧ consulate) 領事館

kontak [コヌテッ] (㊧ contact (information) / to contact) 連絡(先) / 連絡する

kontéks [コヌテクス] (㊧ context) 文脈

kontraindikasi [コヌトライヌディカスイ] (㊧ contraindication) 禁忌

kontrak [コヌトラッ] (㊧ contract) 契約

kontraktor [コヌトラクトー] (㊧ contractor) 請負業者

kontras [コヌトラス] (㊧ contrast) コントラスト / 対照

kontrasépsi [コヌトラセプスイ] (㊧ contraception) 避妊

kontraséptif [コヌトラセプテフ] (㊧ contraceptive) 避妊薬

kontroversi [コヌトロヴースイ] (㊧ controversy) 論争 / 物議(ぶつぎ)

konvénsyen [コヌヴェヌシュヌ] (㊧ convention) 会議 / 大会

konvokésyen [コヌヴォケシュヌ] (㊧ convocation) 卒業式 / 学位授与式

koordinat [コオーディナ(ト)] (㊧ coordinate) 座標 / 等位の

kopék [コペッ] (㊧ to peel) 剥(む)く

koperasi [コプラスイ] (㊧ cooperation) 協同組合 / 生協

kopi [コピ] (㊧ coffee) コーヒー

kopi O [コピ オ] (㊧ coffee without milk) ミルクなしコーヒー

korban [コルバヌ] (㊧ sacrifice) 犠牲(ぎせい) / 犠牲者

korbankan [コーバヌカヌ] (㊧ to sacrifice) 犠牲(ぎせい)にする

Koréa [コレヤ] (㊧ Korea) 韓国 / 朝鮮

Koréa Selatan [コレヤ スラタヌ] (㊧ South Korea) 韓国

Koréa Utara [コレヤ ウゥタラ] (㊧ North Korea) 北朝鮮

korék [コレッ] (㊧ to dig / to pick) 掘る / ほじくる

koridor [コリドー] (㊧ corridor) 廊下 / 回廊

korporat [コポラ(ト)] (英 corporate) 企業の

korup [コロ(プ)] (英 corrupt) 腐敗(ふはい)した / 堕落(だらく)した

korupsi [コルゥプスイ] (英 corruption) 汚職 / 腐敗

korus [コロㇲ] (英 chorus) コーラス / 合唱

kos [コㇲ] (英 cost) コスト / 費用

kos buruh [コㇲ ブゥロ(ホ)] (英 labour costs) 人件費

kos hidup [コㇲ ヒド(プ)] (英 living expenses) 生活費

kos komunikasi [コㇲ コムゥニカスイ] (英 communication cost) 通信費

kos mesyuarat [コㇲ ムシュゥワラ(ト)] (英 meeting cost) 会議費

kos pengangkutan [コㇲ プンアンクゥタㇴ] (英 transportation costs) 交通費

kos pengiriman [kiriman] [コㇲ プンイリマㇴ[キリマㇴ]] (英 postage) 郵送料

kos perbelanjaan [コㇲ プーブランジャアㇴ] (英 expenses) 出費

kos perjalanan [コㇲ プージャラナㇴ] (英 travel costs) 旅費

kos tenaga kerja [コㇲ トゥナガ クージャ] (英 personnel expenses) 人件費

kos utiliti [コㇲ ユゥティリティ] (英 utility bill) 水道光熱費

kosa kata [コサ カタ] (英 vocabulary) 語彙(ごい)

kosmétik [コㇲメテッ] (英 cosmetics) 化粧品

kosong [コソン] (英 zero / empty / blank / vacant / plain) 0 / 空(から)の / 空(あ)いた / 無地の / ぽかんとした

kosongkan [コソンカㇴ] (英 to empty / to vacate) 空にする / 空ける / 退去する

kot [コ(ト)] (英 jacket / coat / I guess) 上着 / コート / 【口語】〜だろうね / 〜じゃないかな

kot luar [コ(ト) ルゥワー] (英 overcoat) オーバー / コート

kota [コタ] (英 fort / city) 要塞 / 街

kotak [コタッ] (英 box) 箱

kotor [コトー] (英 dirty / obscene) 汚(きたな)い / 汚(けが)らわしい

kotoran [コトラㇴ] (英 dirt) 汚れ

kotori [コトリ] (英 to make *sth* dirty) 汚す

kotorkan [コトーカㇴ] (英 to make *sth* dirty) 汚す

koyak [コヤッ] (英 torn / to tear / to rip) 破れた / 破る / 引き裂く

koyakkan [コヤッカㇴ] (英 to tear / to rip) 破る / 引き裂く

koyok [コヨッ] (英 poultice) 湿布

kpd [クパダ] ☞kepada

kraf [クラフ] (英 craft) 工芸

kraf tangan [クラフ タンアㇴ] (英 handicraft) 手工芸 / 手芸

kréatif [クレヤテフ] (英 creative) 独創的な / クリエイティブな

kréativiti [クレヤティヴィティ] (英 creativity) 独創性 / クリエイティビティ

krédit [クレディ(ト)] (英 credit) (履修)単位 / クレジット

krén [クレヌ] (英 crane) クレーン

krép [クレ(プ)] (英 crepe) クレープ

krim [クレム] (英 cream) クリーム

krim asas [クレム アサス] (英 foundation cream) ファンデーション

krim pelindung matahari [クレム プリヌドン マタハリ] (英 sunblock) 日焼け止めクリーム

krim pencukur [クレム プンチュゥコー] (英 shaving cream) シェービングクリーム

krim sapu [クレム サプゥ] (英 ointment) 軟膏(なんこう)

krim segar [クレム スガー] (英 fresh cream) 生クリーム

krisis [クリセス] (英 crisis) 危機

Krismas [クリスマス] (英 Christmas) クリスマス

Kristian [クリスティヤヌ] (英 Christian) キリスト教徒

kritéria [クリテリヤ] (英 criterion) 判断基準

kritik [クリテッ] (英 criticism / to criticize) 批判 / 批評 / 批判する / 批評する

kritikal [クリティカル] (英 critical) 重体の / 重大な

kritikan [クリティカヌ] (英 criticism) 批判 / 批評 / 評論

kritis [クリティス] (英 critical) 批判的な

kromosom [クロモソム] (英 chromosome) 染色体

kronik [クロネッ] (英 chronic) 慢性の

ku [クゥ] (英 I / my / me) 僕 / 俺 / あたし

-ku [クゥ] (英 my / me) 私〈僕 / 俺〉の〈を〉

kuah [クゥワ(ハ)] (英 gravy / soup) 汁 / つゆ

kuah salad [クゥワ(ハ) サラ(ド)] (英 dressing) ドレッシング

kuala [クゥワラ] (英 estuary / confluence) 河口 / 川の合流点

Kuala Lumpur [クゥワラ ルゥムポー] (英 Kuala Lumpur) クアラルンプール

kuali [クゥワリ] (英 wok / frying pan) 中華鍋 / フライパン

kualiti [クゥワリティ] (英 quality) クオリティー / 品質

kualiti air [クゥワリティ アェー] (英 water quality) 水質

kuantiti [クゥワヌティティ] (英 quantity) 量

kuantiti banyak [besar] [クゥワヌティティ バニャッ [ブサー]] (英 a large quantity) 大量

kuap [クゥワ(プ)] (英 yawn / to yawn) あくび / あくびする

kuarantin [クゥワラヌテヌ] (英 quarantine / to quarantine) 検疫 / 検疫する

kuasa [クゥワサ] (英 force / power) 力 / 威力 / 権力 / 大国

kuasa air [クゥワサ アェー]
(英 water power)水力

kuasa angin [クゥワサ アンエヌ]
(英 wind power)風力

kuasa éléktrik [クゥワサ エレクトレッ]
(英 electric power)電力

kuasa ketenteraan
[クゥワサ クトゥヌトゥラアヌ](英 military force)
兵力 / 武力

kuasa kuda [クゥワサ クゥダ]
(英 horsepower)馬力

kuasa tiga [クゥワサ ティガ](英 cube)
3乗 / 立方

kuasai [クゥワサイ](英 to conquer / to control / to master)支配する / コントロールする / マスターする

kuat [クゥワ(ト)](英 strong / a lot / loud)
強い / すごく(〜する) / (音が)大きい

kuatkan [クゥワ(ト)カヌ](英 to strengthen / to raise / to turn up)強める / (声や音を)大きくする

kuatkuasakan《幹 kuat kuasa》
[クゥワ(ト)クゥワサカヌ](英 to enforce)
施行する / 執行する

kuat-kuat [クゥワ(ト) クゥワ(ト)](英 firmly / loudly)しっかり / 大きな声で

kubis [クゥベス](英 cabbage)キャベツ

kubis bunga [クゥベス ブゥンァ]
(英 cauliflower)カリフラワー

kuboid [クゥボェ(ド)](英 cuboid)直方体

kubu [クゥブゥ](英 fort)要塞

kubur [クゥボー](英 grave)墓

kuburan [クゥブゥラヌ](英 grave)墓

kuburkan [クゥボーカヌ](英 to entomb)
葬(ほうむ)る / 埋葬(まいそう)する

kucing [クゥチェン](英 cat)猫

kucing liar [クゥチェン リヤー]
(英 stray cat)野良猫(のらねこ)

kucup [クゥチョ(プ)](英 kiss)キス

kuda [クゥダ](英 horse)馬

kuda belang [クゥダ ブラン](英 zebra)
シマウマ

kudapan [クゥダパヌ](英 snack)おやつ

kudéta [クゥデタ](英 coup d'état)
クーデター

kuih [クゥエ(ヘ)](英 sweets)菓子

kuih-muih《幹 kuih》[クゥエ(ヘ) ムゥエ(ヘ)]
(英 confectionary)菓子(類)

kuil [クゥエル](英 temple)寺 / 寺院

kuiz [クゥエズ](英 quiz)クイズ / 小テスト

kuku [クゥクゥ](英 nail)爪(つめ)

kukuh [クゥコ(ホ)](英 firm)強固な

kukuhkan [クゥコ(ホ)カヌ]
(英 to strengthen)強くする / 強化する

kukus [クゥコス](英 steam / steamed / to steam)蒸気 / 蒸した / 蒸す

kulapuk [クゥラポッ](英 mould)カビ

kulat [クゥラ(ト)](英 fungus)菌類 / キノコ

K

kuliah [クゥリヤ(ハ)] (㊧ lecture) 講義

kulit [クゥレ(ト)] (㊧ skin / leather / shell / cover) 皮 / 皮膚 / 肌 / 革 / 殻 / 表紙 / 覆(おお)い

kulit kayu manis [クゥレ(ト) カユゥ マネス] (㊧ cinnamon) シナモン

kulit lembu [クゥレ(ト) ルムブゥ] (㊧ cowhide) 牛革(ぎゅうかわ)

kuliti [クゥリティ] (㊧ to skin) ～の皮を剥(む)く

kuman [クゥマヌ] (㊧ germ / bacteria) ばい菌 / 細菌 / バクテリア

kumbahan [クゥムバハヌ] (㊧ sewage) 下水 / 汚水

kumbang [クゥムバン] (㊧ beetle) カブトムシ

kumbang tanduk [badak] [クゥムバン タヌドッ [バダッ]] (㊧ rhinoceros beetle) カブトムシ

kumpul [クゥムポル] (㊧ to collect / to gather) 集める / 集まる

kumpulan [クゥムプゥラヌ] (㊧ group) 集団 / グループ

kumpulan perniagaan [クゥムプゥラヌ プーニヤガアヌ] (㊧ business group) 企業集団 / 系列

kumpulan téater [クゥムプゥラヌ テアトゥー] (㊧ theatrical company) 劇団

Kumpulan Wang Simpanan Pekerja [クゥムプゥラヌ ワン スィムパナヌ プクージャ] (㊧ Employees Provident Fund (EPF)) 被雇用者福祉基金

kumpulkan [クゥムポルカヌ] (㊧ to gather / to collect) 集める / 収集する / ためる

kumuhan [クゥムゥハヌ] (㊧ excreta) 排泄物(はいせつぶつ) / し尿

kumur [クゥモー] (㊧ to gargle / to rinse) うがいする / (口を)すすぐ

kunci [クゥンチ] (㊧ key / lock / to lock / to shut) 鍵 / 秘訣 / 解答 / 鍵をする / (口を)閉じる

kunci automatik [クゥンチ オトメテッ] (㊧ self-locking) オートロック

kunci kira-kira [クゥンチ キラ キラ] (㊧ balance sheet) 貸借対照表 / バランスシート

kuncup [クゥンチョ(プ)] (㊧ bud / closed) つぼみ / 閉じた

kuning [クゥネン] (㊧ yellow) 黄色 / 黄色い

kuning air [クゥネン アエー] (㊧ beige) ベージュ

kuning telur [クゥネン トゥロー] (㊧ yolk) (卵の)黄身

kunjung [クゥンジョン] (㊧ to visit) 訪ねる

kunjungan [クンジュゥンアヌ] (㊧ visit) 訪問

kunjungi [クンジュゥンイ] (㊧ to visit) ～を訪問する

kuno [クゥノ] (㊧ ancient / archaic) 古代の / 古風な

kuntum [クゥヌトム] (㊧ bud) ～輪(花の助数詞) / つぼみ

kunyah [クゥニャ(ハ)] (㊧ to chew) 噛(か)む / 咀嚼(そしゃく)する

kunyit [クゥニエ(ト)] (㊥ turmeric)
ウコン / ターメリック

kuota [クゥオタ] (㊥ quota) 割り当て

kupas [クゥパス] (㊥ to peel) (皮を) 剥(む)く

kupon [クゥポヌ] (㊥ coupon)
クーポン / 引換券

kupu-kupu [クゥプゥ クゥプゥ] (㊥ butterfly)
蝶々(ちょうちょう)

kura-kura [クゥラ クゥラ] (㊥ tortoise) 亀

kurang [クゥラン] (㊥ not enough / less / not so ~ / to reduce) 足りない / 少ない / あまり~ない / 減らす

kurang ajar [クゥラン アジャー]
(㊥ insolent) 無礼な / 生意気な

kurang darah [クゥラン ダラ(ハ)]
(㊥ anaemia) 貧血(ひんけつ)

kurangkan [クゥランカヌ]
(㊥ to reduce / to mitigate)
減らす / 引き下げる / 軽減する

kurikulum [クゥリクゥロム] (㊥ curriculum)
カリキュラム

kurma [クゥルマ] (㊥ date palm / korma)
ナツメヤシ / クルマ(シチュー料理)

kurnia [クゥルニヤ] (㊥ gift / blessing / to award) 贈り物 / 恵み / 授ける

kurniaan [クゥルニヤアヌ]
(㊥ gift / blessing) 贈り物 / 恵み

kurniakan [クゥルニヤカヌ] (㊥ to award)
授ける

kursor [クゥソー] (㊥ cursor) カーソル

kursus [クゥルソス] (㊥ course)
コース / 講習 / 講座

kursus latihan [kemahiran]
[クゥルソス ラテハヌ [クマヒラヌ]]
(㊥ training course) 教習

kurun [クゥロヌ] (㊥ century) 世紀

kurung [クゥロン] (㊥ to confine)
閉じ込める / 監禁する

kurung diri [クゥロン ディリ]
(㊥ to confine oneself) 閉じこもる

kurungan [クゥルゥンアヌ]
(㊥ parentheses / cage / prison)
括弧(かっこ) / 檻(おり) / 監獄

kurus [クゥロス] (㊥ thin) 痩(や)せた

kurus kering [クゥロス クレン] (㊥ skinny)
痩(や)せ細った

kusut [クゥソ(ト)] (㊥ tangled / confused)
からまった / もつれた / 混乱した

kusutkan [クゥソ(ト)カヌ] (㊥ to get *sth* tangled up / to complicate)
からませる / もつれさせる / 複雑にする

kusyen duduk [クゥシュヌ ドゥウドッ]
(㊥ floor cushion) 座布団(ざぶとん)

kutip [クゥテ(プ)]
(㊥ to pick up / to quote / to collect)
拾う / 引用する / 抜粋する / 集める

kutipan [クゥティパヌ] (㊥ collection / quotation) 収集 / 引用 / 抜粋

kutu [クゥトゥウ] (㊥ louse) シラミ

kutub [クゥト(プ)] (㊥ pole) (地球の) 極

Kutub Selatan [クゥトゥ(ブ) スラタヌ]
(㊥ South Pole)南極

Kutub Utara [クゥトゥ(ブ) ウゥタラ]
(㊥ North Pole)北極

KWSP (=Kumpulan Wang Simpanan Pekerja)
[ケダブリゥエスピ (クゥムプゥラヌ ワン スィムパナヌ プクージャ)]
(㊥ Employees Provident Fund (EPF))
被雇用者福祉基金

L

la [ラ](㊥ it is ~ / as you may think / in fact)【口語】～ですよ(ね)

laba [ラバ](㊥ profit)利益 / 儲(もう)け

labah-labah [ラバ(ハ) ラバ(ハ)]
(㊥ spider)クモ

label [レブル](㊥ label)ラベル

labu [ラブゥ](㊥ pumpkin)カボチャ

labur [ラボー](㊥ to invest)投資(とうし)する

laburkan [ラボーカヌ](㊥ to invest)
投資(とうし)する / 投入する

laci [ラチ](㊥ drawer)引き出し

lacurkan diri [ラチョーカヌ ディリ]
(㊥ to prostitute oneself)
身体を売る / 売春(ばいしゅん)する

lada [ラダ](㊥ pepper / chilli)
胡椒(こしょう) / 唐辛子(とうがらし)

lada Benggala [ラダ ブンガラ]
(㊥ green pepper)ピーマン

ladang [ラダン](㊥ plantation / farm)
農園 / 農場

ladang tenusu [ラダン トゥヌゥスゥ]
(㊥ dairy farm)酪農場

ladang ternakan [ラダン トゥーナカヌ]
(㊥ stock farm)牧場

lafaz [ラファズ](㊥ utterance / pronunciation)発言 / 言葉 / 発音

lafazkan [ラファズカヌ](㊥ to utter / to pronounce)発言する / 発音する

lagak [ラガッ](㊥ pose)格好 / 姿勢 / 態度

lagi [ラギ](㊥ more / again / yet / and)
もっと / あと / まだ(～ない) / 再び / 更に

lagi dan lagi [ラギ ダヌ ラギ](㊥ again and again)再三 / 何度も何度も

lagi pula [ラギ プゥラ](㊥ and besides / moreover)それに / さらに

lagipun [ラギポヌ](㊥ and besides / moreover)それに / さらに

lagu [ラグゥ](㊥ song / tune)歌 / 歌謡 / 曲

lagu dodoi [ラグゥ ドドィ](㊥ lullaby)
子守唄

lagu kanak-kanak [ラグゥ カナッ カナッ]
(㊥ children's song)童謡

lagu kebangsaan [ラグゥ クバンサアヌ]
(㊥ national anthem)国歌

lagu rakyat [ラグゥ ラッ(ク)ヤ(ト)]
(㊥ folk song)民謡

lahir [ラヘー](㊥ to be born / surface)
生まれる / 外面 / 外見

lahir kembali [semula]
[ラヘー クムバリ [スムゥラ]](㊥ to revive)
生き返る

lahirkan [ラヘーカヌ](英 to give birth / to produce / to express) 産む / 生み出す / 表明する

lahirkan anak [ラヘーカヌ アナッ] (英 to give birth) 出産する

lahirnya [ラヘーニャ] (英 the birth of ~ / was [were] born) ～の誕生 / ～が誕生した

laici [ライチ](英 lychee) ライチ

lain [ラエヌ](英 other / another / different) 他の / 別の / 異なる

lain kali [ラエヌ カリ](英 next time) 今度 / またの機会

lain-lain [ラエヌ ラエヌ](英 others / other) その他 / 他の

laju [ラジュゥ](英 fast) 速い

lakar [ラカー](英 to draw / to sketch) 描(か)く / スケッチする

lakaran [ラカラヌ](英 sketch) スケッチ / デッサン

laki [ラキ](英 husband) 旦那 / 亭主

laki-laki [ラキ ラキ](英 male) 男性

laknat [ラクナ(ト)](英 curse) 呪い

lakonan [ラコナヌ](英 performance / play) 演技 / 芝居 / 演劇

laksa [ラクサ](英 laksa) ラクサ(米粉の麺を使ったマレー料理)

laksamana [ラクサマナ](英 admiral) 海軍大将

laksanakan [ラクサナカヌ](英 to carry out) 実行する / 実施(じっし)する

laku [ラクゥ](英 to be in demand / valid / behaviour) よく売れる / 有効な / 振舞い / 態度

lakukan [ラクゥカヌ](英 to do / to commit) 行う / (罪を)犯(おか)す

lalai [ラライ](英 careless / default) 不注意な / デフォルト

lalat [ララ(ト)](英 fly) ハエ

lali [ラリ](英 too used to / immune / light-headed) 麻痺(まひ)した(常態化して気にならない) / 免疫(めんえき)がある / 朦朧(もうろう)とした

lalu [ラルゥ](英 to pass (by) / past / last / ago / and then) 過ぎる / 通過する / 経(た)つ / 過去の / それから

lalu lintas [ラルゥ リヌタス](英 traffic) 交通 / 通行

laluan [ラルゥワヌ](英 passage / route / course) 道 / 通路 / 路線 / 経路

laluan kapal [ラルゥワヌ カパル] (英 sea route) 航路 / 海路

laluan laut [ラルゥワヌ ラオ(ト)] (英 sea route) 海路 / 航路

laluan pejalan kaki [ラルゥワヌ プジャラヌ カキ](英 pavement) 歩道

lalui [ラルゥイ](英 to pass (through)) 通る / 通過(つうか)する

lama [ラマ](英 long / old) (時間が)長い / 古い / 昔の

laman [ラマヌ](英 page) ページ

laman belakang [ラマヌ ブラカン] (英 backyard) 裏庭

L

laman dalam [ラマヌ ダラム]
(英 courtyard)中庭

laman utama [ラマヌ ウゥタマ]
(英 home page)ホームページ

laman wéb [sesawang]
[ラマヌ ウェ(ブ) [スサワン]](英 web page)
ウェブページ

lamar [ラマー](英 to propose)
プロポーズする

lamaran [ラマラヌ](英 proposal)
プロポーズ

lambai [ラムバイ](英 to wave)(手を)振る

lambang [ラムバン](英 symbol)
記号 / 象徴 / シンボル

lambangkan [ラムバンカヌ]
(英 to symbolize)象徴(しょうちょう)する / ～の象徴である

lambat [ラムバ(ト)](英 slow / late)
ゆっくりの / 遅い / 遅れる

lambatkan [ラムバ(ト)カヌ](英 to slow)
遅くする / 遅らせる

lambat-lambat [ラムバ(ト) ラムバ(ト)]
(英 leisurely / gradually)のんびり / ようやく

lambat-laun《幹 lambat》
[ラムバ(ト) ラオヌ](英 sooner or later)
遅かれ早かれ / いずれ

lampai [ラムパイ](英 slim)
スリムな / 細身な

lampau [ラムパゥ](英 past)過去 / 昔

lampin [ラムペヌ](英 nappy)おむつ

lampiran [ラムピラヌ](英 attachment / appendix)添付(てんぷ) / 付録

lampirkan [ラムペーカヌ](英 to attach / to enclose)添付(てんぷ)する / 同封する

lampu [ラムプゥ](英 lamp / light / lighting)ランプ / ライト / 照明

lampu depan [hadapan]
[ラムプゥ ドゥパヌ [ハダパヌ]](英 headlight)
ヘッドライト

lampu éléktrik [ラムプゥ エレクトレッ]
(英 light)電灯

lampu isyarat [ラムプゥ イシャラ(ト)]
(英 traffic light)信号

lampu jalan [ラムプゥ ジャラヌ]
(英 street lamp)街灯

lampu kalimantang [pendarfluor]
[ラムプゥ カリマヌタン [プヌダーフルゥオー]]
(英 fluorescent light)蛍光灯

lampu signal [ラムプゥ スイ(グ)ナル]
(英 signal lamp)ウィンカー

lampu sorot [ラムプゥ ソロ(ト)]
(英 spotlight)スポットライト

lampu suluh [ラムプゥ スゥロ(ホ)]
(英 flashlight)懐中電灯

LAN [レヌ](英 LAN)LAN

lancar [ランチャー](英 smooth)
スムーズな / 円滑な / 順調な

lancarkan [ランチャーカヌ]
(英 to launch / to make *sth* smooth)
始動する / 発射する / 円滑(えんかつ)にする

landa [ラヌダ](英 to hit)
(災害などが)襲う / 直撃する

landai [ラヌダイ](㊥ gentle)
なだらかな / 緩やかな

landak laut [ラヌダッ ラオ(ト)]
(㊥ sea urchin)ウニ

landasan [ラヌダサヌ](㊥ railway / runway / base)線路 / 滑走路 / 土台

langgan [ランガヌ](㊥ to subscribe)
購読(こうどく)する

langganan [ランガナヌ](㊥ subscription (fee))購読(こうどく)(料)

langgar [ランガー](㊥ to hit / to crash into / to break)ぶつける / 衝突(しょうとつ)する / 違反する

langit [ランエ(ト)](㊥ sky)空(そら)

langit senja [ランエ(ト) スンジャ]
(㊥ sunset)夕焼け

langkah [ランカ(ハ)]
(㊥ step / measure / to step)
歩み / ステップ / 措置 / (足を)踏み出す

langkah masuk [ランカ(ハ) マソッ]
(㊥ to step into)踏(ふ)み込む

langkau [ランカウ](㊥ to skip)
飛び越す / 抜(ぬ)かして進む

langsing [ランセン](㊥ slender / high-pitched)華奢(きゃしゃ)な / かん高い

langsir [ランセー](㊥ curtain)カーテン

langsung [ランソン]
(㊥ direct / live / (not ~) at all)
直接の / 生(なま)の / 全く(~ない)

lanjut [ランジョ(ト)]
(㊥ further / advanced / detailed)
さらに進んだ / 詳細な / 年がいった

lanjutan [ランジュウタヌ](㊥ continuation / advanced)続き / 上級の

lanjutkan [ランジョ(ト)カヌ]
(㊥ to continue)続ける / 継続する

lanjutkan pelajaran
[ランジョ(ト)カヌ プラジャラヌ](㊥ to go on to a higher school)進学する

lantai [ラヌタイ](㊥ floor)床

lantang [ラヌタン]
(㊥ loud and clear / outspoken)
大きくはっきり聞こえる / あからさまな

lantaran [ラヌタラヌ](㊥ because of)
~のせいで / ~のために

lantas [ラヌタス](㊥ immediately / and)
すぐさま / 即 / そして

lantik [ラヌテッ](㊥ to appoint)任命する

lantun [ラヌトヌ](㊥ to bounce)
弾(はず)む / 跳(は)ね返る

lantunan [ラヌトゥウナヌ](㊥ bounce / rebound)跳(は)ね返り / 反発 / 響き

lantunan semula [ラヌトゥウナヌ スムウラ]
(㊥ repulsion)反発(跳(は)ね返し)

lanun [ラノヌ](㊥ pirate)海賊

Laos [ラオス](㊥ Laos)ラオス

lap [ラ(プ)](㊥ to wipe)拭く

lapan [ラパヌ](㊥ eight)8

lapan belas [ラパヌ ブラス](㊥ eighteen)
18

lapang [ラパン](㊥ free / spacious)
暇な / 空いた / 広々した

L

lapang dada [hati] [ラパン ダダ [ハティ]]
(㊥ carefree)安心した / 気が楽な

lapangan [ラパンアヌ](㊥ field)
フィールド / 区域 / 広場

lapangan terbang [ラパンアヌ トゥーバン]
(㊥ airport)空港

lapar [ラパー](㊥ hungry)空腹な

lapik [ラペッ](㊥ cover / underlayer / lining)カバー / 敷物 / 裏地

lapik dada [ラペッ ダダ](㊥ bib)よだれかけ

lapik méja [ラペッ メジャ](㊥ table cloth)
テーブル掛け

lapis [ラペス](㊥ layer / gilt)層 / メッキ

lapisan [ラピサヌ](㊥ layer)層 / 階層

lapor [ラポー](㊥ to report)
報告する / 伝える

laporan [ラポラヌ](㊥ report)
報告 / 報道 / 通報 / レポート

laporan kecurian [ラポラヌ クチュウリヤヌ]
(㊥ theft report)盗難届

laporan polis [ラポラヌ ポレス]
(㊥ police report)警察の調書

laporkan [ラポーカヌ](㊥ to report)
報告する / 伝える

lapuk [ラポッ](㊥ obsolete / rotten)
古い / 廃(すた)れた / ぼろぼろの

larang [ララン](㊥ to prohibit)禁止する

larangan [ラランアヌ](㊥ prohibition)禁止

laraskan [ララスカヌ](㊥ to adjust)
調節する / 合わせる

lari [ラリ](㊥ to run / to run away)
走る / 逃げる

lari keluar [ラリ クルゥワー]
(㊥ to run away)逃げ出す

larian [ラリヤヌ](㊥ run)駆け足

larikan [ラリカヌ]
(㊥ to run off with / to kidnap)
持ち去る / 連れ去る / 誘拐(ゆうかい)する

larikan diri [ラリカヌ ディリ](㊥ to escape)
逃げる

laris [ラレス](㊥ to be in demand)
よく売れる

larut [ラロ(ト)](㊥ to dissolve / late night)
溶(と)け合う / 夜ふけ

larut malam [ラロ(ト) マラム]
(㊥ late night)夜ふけ / 深夜

larutan [ラルゥタヌ](㊥ solution)溶液

larutkan [ラロ(ト)カヌ](㊥ to dissolve)
溶(と)かす / 溶く

larva [ラルヴァ](㊥ larva)幼虫

lasak [ラサッ]
(㊥ durable / energetic / restless)
丈夫な / 活動的な / 落ち着きがない

latar [ラター](㊥ background)背景

latar belakang [ラター ブラカン]
(㊥ background)背景 / 経歴 / 経緯

latar belakang pendidikan
[ラター ブラカン プヌディディカヌ]
(㊥ educational background)学歴

latih [ラテ(ヘ)](㊥ to train)
訓練する / 稽古(けいこ)する

latih tubi [ラテ(へ) トゥウビ](㊧ drill)
練習問題 / ドリル

latihan [ラテハヌ](㊧ training / practice)
訓練 / 練習

latitud [ラティトゥウ(ド)](㊧ latitude)緯度

lauk [ラオッ](㊧ side dish)おかず

laut [ラオ(ト)](㊧ sea)海

Laut China Selatan [ラオ(ト) チナ スラタヌ]
(㊧ South China Sea)南シナ海

lautan [ラオタヌ](㊧ ocean)海洋 / 大洋

Lautan Atlantik [ラオタヌ ア(ト)ラヌテッ]
(㊧ the Atlantic Ocean)大西洋

Lautan Hindi [ラオタヌ ヒヌディ]
(㊧ the Indian Ocean)インド洋

Lautan Pasifik [ラオタヌ パスイフェッ]
(㊧ the Pacific Ocean)太平洋

lava [ラヴァ](㊧ lava)溶岩

lawa [ラワ](㊧ beautiful)きれいな / 美しい

lawak [ラワッ](㊧ funny / joke / to joke)
滑稽(こっけい)な / 冗談 / ふざける

lawan [ラワヌ](㊧ opponent / vs. / opposite / to fight / to compete)対戦相手 / 敵 / 対 / 反対(語) / 戦う / 挑(いど)む

lawat [ラワ(ト)](㊧ to visit)
訪れる / 訪問する

lawatan [ラワタヌ](㊧ visit / trip)
訪問 / 旅行

lawatan kerja [ラワタヌ クージャ]
(㊧ outstation)出張

lawatan lapangan [ラワタヌ ラパンアヌ]
(㊧ field trip)現地訪問 / 現地調査旅行

lawatan pilihan [ラワタヌ ピリハヌ]
(㊧ optional tour)オプショナルツアー

lawatan sambil belajar
[ラワタヌ サムベル ブラジャー](㊧ study tour)
見学旅行

lawati [ラワティ](㊧ to visit)
訪れる / 訪問する

layak [ラヤッ](㊧ qualified)
適している / 条件を満たした

layan [ラヤヌ](㊧ to handle / to serve)
応対する / 仕(つか)える / サービスする

layan diri [ラヤヌ ディリ](㊧ self-service)
セルフサービス

layanan [ラヤナヌ](㊧ treatment / service)
応対 / サービス

layang [ラヤン](㊧ to glide)
飛ぶ / 滑空する

layang-layang [ラヤン ラヤン]
(㊧ kite / swallow)凧(たこ) / ツバメ

layar [ラヤー](㊧ sail / screen)
帆 / スクリーン

layari [ラヤリ](㊧ to browse / to sail)
(インターネットを)見る / 航海(こうかい)する

layu [ラユゥ](㊧ to wither)
しなびる / 枯れる

lazat [ラザ(ト)](㊧ delicious)おいしい

lazim [ラゼム](㊧ ordinary)通常の / 普通の

lazimnya [ラゼムニャ](㊧ ordinarily)
通常は / 普通は

lebah [ルバ(ハ)] (㊥ bee) 蜂(はち)

lebam [ルバム] (㊥ bruise) 青あざ / 打撲

lébar [レバー] (㊥ wide / width)
幅広い / 幅

lébarkan [レバーカヌ] (㊥ to widen)
(幅を)広げる

lebat [ルバ(ト)] (㊥ heavy / thick)
(雨が)激しい / (毛や実が)たくさんの

lebih [ルベ(ヘ)] (㊥ more / more than / extra / a little more than)
より～ / もっと / ～以上 / 余り / ～ちょっと

lebih baik [ルベ(ヘ) バェッ]
(㊥ it would be better / better)
～した方がよい / より良い

lebih kurang [ルベ(ヘ) クゥラン]
(㊥ roughly / more or less)
およそ / だいたい

lebih masa [ルベ(ヘ) マサ] (㊥ overtime)
残業 / (時間の)超過

lebihan [ルビハヌ] (㊥ surplus)
超過 / 過剰 / 黒字

lebihi [ルビヒ] (㊥ to exceed / to surpass)
超える / 上回(うわまわ)る

lebih-lebih lagi [ルベ(ヘ) ルベ(ヘ) ラギ]
(㊥ especially) 特に / とりわけ

lebuh [ルボ(ホ)] (㊥ road) 道路

lebuh raya [ルボ(ホ) ラヤ]
(㊥ expressway) 高速道路

lebur [ルボー] (㊥ to melt down)
溶(と)ける / とろける

leburkan [ルボーカヌ] (㊥ to melt down)
溶(と)かす

lécéh [レチェ(ヘ)] (㊥ troublesome)
面倒な / 煩(わずら)わしい

lécéhkan [レチェ(ヘ)カヌ] (㊥ to disdain)
軽蔑(けいべつ)する / さげすむ

lecur [ルチョー] (㊥ to be burned [scalded])
やけどする

ledakan [ルダカヌ] (㊥ explosion)
爆発(ばくはつ) / 急増

ledakkan [ルダッカヌ] (㊥ to blow up)
爆破する

lega [ルガ] (㊥ to be relieved)
安心する / ほっとする

légénda [レジェヌダ] (㊥ legend) 伝説

léhér [レヘー] (㊥ neck) 首

léka [レカ] (㊥ preoccupied) 夢中な

lekas [ルカス] (㊥ quick) 速やかな

lekat [ルカ(ト)] (㊥ to stick)
くっつく / 貼(は)りつく

lekatkan [ルカ(ト)カヌ] (㊥ to stick)
くっつける / 貼(は)りつける

lekit [ルケ(ト)] (㊥ sticky) ねばねばした

lekuk [ルコッ] (㊥ dent / pothole)
へこみ / くぼみ / (道路の)穴ぼこ

lelah [ルラ(ハ)] (㊥ exhausted / asthma)
疲労した / 喘息(ぜんそく)

lelaki [ルラキ] (㊥ male) 男性

lelaki simpanan [ルラキ スィムパナヌ]
(㊥ lover) 愛人(男性)

leluhur [ルルゥホー](㊥ ancestor)祖先

lemah [ルマ(ハ)](㊥ weak / poor)
弱い / 苦手な

lemah lembut [ルマ(ハ) ルムボ(ト)]
(㊥ graceful / gentle)優美な / しとやかな

lemahkan [ルマ(ハ)カヌ](㊥ to weaken)
弱める

lemak [ルマッ](㊥ fat)脂 / 脂肪

lemas [ルマヌ](㊥ to drown / to suffocate)溺れる / 窒息する

lembaga [ルムバガ](㊥ board / figure)
委員会 / 人影 / 物影

lembaga penggalakan pelancongan
[ルムバガ プンガラカヌ プランチョンアヌ]
(㊥ tourism board)観光局

lembah [ルムバ(ハ)](㊥ valley)谷 / 盆地

lembangan [ルムバンアヌ](㊥ basin)
流域 / 盆地

lembap [ルムバ(プ)](㊥ damp / slow / sluggish)湿った / 遅い / のろい

lembapan [ルムバパヌ](㊥ moisture)
湿気 / 水気

lembaran [ルムバラヌ](㊥ page / sheet)
ページ / シート

lembayung senja [ルムバヨン スンジャ]
(㊥ sunset)夕焼け

lembing [ルムベン](㊥ spear)槍(やり)

lembu [ルムブゥ](㊥ cow)牛

lembu tenusu [ルムブゥ トゥヌゥスゥ]
(㊥ milk cow)乳牛

lembut [ルムボ(ト)](㊥ soft / gentle)
やわらかい / 穏和な

lembutkan [ルムボ(ト)カヌ](㊥ to soften)
やわらかくする

lémon [レモヌ](㊥ lemon)レモン

lémpar [レムパー](㊥ to throw)
(放り)投げる

léna [レナ](㊥ sound asleep)
(眠りが)深い / ぐっすり

lencana [ルンチャナ](㊥ badge)
記章 / バッジ

léncong [レンチョン](㊥ to make a detour / to digress)回り道する / 脇(わき)にそれる

léncongan [レンチョンアヌ](㊥ diversion)
回り道 / 迂回路

lendir [ルヌデー](㊥ mucus)粘液

lengan [ルンアヌ](㊥ arm / sleeve)腕 / 袖

lengkap [ルンカ(プ)](㊥ complete / ready)
完全な / 揃(そろ)った

lengkapi [ルンカピ](㊥ to equip)
～に装備(そうび)する / 備(そな)え付ける

lengkapkan [ルンカ(プ)カヌ](㊥ to equip / to complete)備(そな)え付ける / 完全にする

lengkung [ルンコン](㊥ curve)
カーブ / 曲線 / 反(そ)り

lengkungan [ルンコンアヌ](㊥ curve)
カーブ / 曲線 / 反(そ)り

lengkungkan [ルンコンカヌ](㊥ to bend)
曲げる / 反(そ)らす

lénsa [レヌサ](㊥ lens)レンズ

L

lentur [ルヌトー](㊥ to sag)
曲がる / しなる / 反(そ)る

lenturan [ルヌトゥウラヌ](㊥ bending / warp)
曲がり / しなり / 反(そ)り

lenturkan [ルヌトーカヌ](㊥ to bend)
曲げる / しならせる / 反(そ)らす

lenyap [ルニャ(プ)](㊥ to vanish)
消える / 消失する

lépak [レパッ](㊥ to loiter / to loaf around)(目的もなく)ぶらぶらする

lepas [ルパス](㊥ last / ago / past / to escape / after)過ぎた / 前の / 過去の / 逃れる / 【口語】〜の後

lepas pandang [ルパス パヌダン]
(㊥ to overlook)見落とす

lepasan [ルパサヌ](㊥ graduate)卒業生

lepaskan [ルパスカヌ](㊥ to release / to abandon / to miss / to emit)放す / 解放する / 放棄(ほうき)する / 逃(のが)す / 放(はな)つ

lepaskan dendam [ルパスカヌ ドゥヌダム]
(㊥ to retaliate)復讐(ふくしゅう)する

lepaskan diri [ルパスカヌ ディリ]
(㊥ to escape)逃れる / 脱する

lepuh [ルポ(ホ)](㊥ blister)水膨(みずぶく)れ

léréng [レレン](㊥ slope)坂 / 斜面

lésbian [レスビヤヌ](㊥ lesbian)レズビアン

lésén [レセヌ](㊥ license)免許 / 許可証

lésén memandu [レセヌ ムマヌドゥウ]
(㊥ driver's license)運転免許証

lesu [ルスゥ](㊥ worn out / lethargic)
疲れ果てた / 無気力な

letak [ルタッ](㊥ to put / to park / position)
置く / (車などを)停める / 位置

letak jawatan [ルタッ ジャワタヌ]
(㊥ to resign)
辞職(じしょく)する / 辞任(じにん)する

letakkan [ルタッカヌ](㊥ to put)置く

letakkan jawatan [ルタッカヌ ジャワタヌ]
(㊥ to resign)
辞職(じしょく)する / 辞任(じにん)する

letaknya [ルタッ(ク)ニャ](㊥ its location [position])その場所〈位置〉

létér [レテー](㊥ to nag)
うるさく文句(もんく)を言う

létéran [レテラヌ](㊥ nag)
文句(もんく) / 説教 / 小言(こごと)

letih [ルテ(ヘ)](㊥ tired)疲れた

letih lesu [ルテ(ヘ) ルスゥ](㊥ exhausted)
疲れ果てた / ばてた

letup [ルト(プ)](㊥ to explode / to rupture)
爆発(ばくはつ)する / 破裂(はれつ)する

letupan [ルトゥウパヌ]
(㊥ explosion / rupture / plosive)
爆発(ばくはつ) / 破裂(はれつ) / 破裂音

letupkan [ルト(プ)カヌ](㊥ to blow up)
爆破する

letusan [ルトゥウサヌ]
(㊥ eruption / explosion)噴火 / 爆発

léukémia [リユゥケミヤ](㊥ leukaemia)
白血病

léwat [レワ(ト)] (㊥ late)
(予定日時から)遅れた / (時間帯が)遅い

léwati [レワティ] (㊥ to pass / to go beyond)
通過(つうか)する / 越(こ)える

léwatkan [レワ(ト)カヌ] (㊥ to delay)
遅らせる

liabiliti [リヤビリティ] (㊥ liabilities)
債務 / 負債

liar [リヤー] (㊥ wild) 野生の / 野良(のら)の

liat [リヤ(ト)] (㊥ tough)
(肉などが)なかなか切れない / 硬い

libatkan [リバ(ト)カヌ] (㊥ to involve)
伴(ともな)う / 巻き込む

libatkan diri [リバ(ト)カヌ ディリ]
(㊥ to be involved) 関わる / 関与する

libel [リブル] (㊥ libel)
(文書での)名誉毀損(めいよきそん)

liberal [リブラル] (㊥ liberal)
リベラルな / 自由主義の

liberalisme [リブラリスマ] (㊥ liberalism)
リベラル主義 / 自由主義

licik [リチェッ] (㊥ sly) ずるい

licin [リチェヌ] (㊥ slippery / smooth)
滑(すべ)りやすい / なめらかな / 順調な

lidah [リダ(ハ)] (㊥ tongue) 舌 / 話しぶり

lidah pengarang [リダ(ハ) プンアラン]
(㊥ editorial) 社説 / 論説

lidah tajam [リダ(ハ) タジャム]
(㊥ sharp tongue) 毒舌

lif [リフ] (㊥ lift) エレベーター

liga [リガ] (㊥ league) リーグ / 連盟

lihat [リハ(ト)] (㊥ to look at) 見る

likat [リカ(ト)] (㊥ sticky) ねばねばした

lilin [リレヌ] (㊥ candle / wax)
ろうそく / ワックス

lilit [リレ(ト)] (㊥ twist / surrounding / to coil up) ねじり / 周囲 / 巻きつく / ぐるぐるに丸まる

lilitan [リリタヌ] (㊥ circumference) 円周

lima [リマ] (㊥ five) 5

lima belas [リマ ブラス] (㊥ fifteen) 15

limau [リマゥ] (㊥ citrus / lime / orange)
柑橘(かんきつ)類 / ライム / ミカン

limau gedang [リマゥ グダン]
(㊥ grapefruit) グレープフルーツ

limau mandarin [リマゥ マヌダレヌ]
(㊥ mandarin) ミカン

limau manis [リマゥ マネス] (㊥ mandarin)
ミカン / 四会柑(しかいかん)

limau nipis [リマゥ ニペス] (㊥ lime) ライム

limpa [リムパ] (㊥ spleen) 脾臓(ひぞう)

limpah [リムパ(ハ)] (㊥ to overflow)
あふれる / 氾濫(はんらん)する

limpahan [リムパハヌ] (㊥ overflow)
あふれる物 / 氾濫(はんらん)

lincah [リンチャ(ハ)] (㊥ agile)
機敏(きびん)な / 活発な

lindungi [リヌドンイ] (㊥ to protect)
守る / 保護する

lingkaran [リンカラヌ]
(㊧ ring / circle / coil)輪 / 円 / 渦巻き

lingkungan [リンクゥンアヌ]
(㊧ range / environment)範囲 / 環境

lintang-pukang [リヌタン プゥカン]
(㊧ helter-skelter)
一目散(いちもくさん)に / あわてふためいて

lintas [リヌタス](㊧ to cross)横断する / 渡る

lintasan pejalan kaki
[リヌタサヌ プジャラヌ カキ]
(㊧ zebra crossing)横断歩道

lintasi [リヌタスィ](㊧ to cross / to pass)
横切る / 横断する / 越(こ)える

lipan [リパヌ](㊧ centipede)ムカデ

lipas [リパス](㊧ cockroach)ゴキブリ

lipat [リパ(ト)](㊧ to fold)折る / たたむ

lipatan [リパタヌ](㊧ fold)折りたたみ

lipstik [リ(プ)スティ](㊧ lipstick)口紅

liputan [リプゥタヌ](㊧ coverage)
取材(範囲) / 報道

liputi [リプゥティ](㊧ to cover)
覆(おお)う / カバーする / 含む

lirik [リレッ](㊧ lyrics)歌詞

lisan [リサヌ](㊧ oral)口頭の / 口述の

litar [リター](㊧ circuit)回路 / 回線

liter [リトゥー](㊧ litre)リットル

liur [リヨー](㊧ saliva)よだれ

lobak mérah [ロバッ メラ(ハ)](㊧ carrot)
人参(にんじん)

lobak putih [ロバッ プゥテ(ヘ)]
(㊧ white radish)大根(だいこん)

lobi [ロビ](㊧ lobby)ロビー

locéng [ロチェン](㊧ bell / chime)
ベル / 鐘 / チャイム / 鈴

logam [ロガム](㊧ metal)金属

logam berharga [ロガム ブーハルガ]
(㊧ precious [noble] metal)貴金属

loghat [ロガ(ト)](㊧ dialect)
方言(ほうげん) / 訛(なま)り

logik [ロジッ](㊧ logic / logical)
論理(学) / 論理的な

logo [ロゴ](㊧ logo)ロゴ

loji [ロジ](㊧ plant)工場施設 / プラント

loji janakuasa [ロジ ジャナクゥワサ]
(㊧ power plant)発電所

loji nukléar [ロジ ニュクレヤー](㊧ nuclear (power) plant)原子力発電所

lokar [ロカー](㊧ locker)ロッカー

lokasi [ロカスィ](㊧ location)所在地

lokomotif [ロコモテフ](㊧ locomotive)
機関車

lolos [ロロス](㊧ to slip off / to escape)
すり抜ける / 逃亡する

loloskan diri [ロロスカヌ ディリ]
(㊧ to escape)逃亡(とうぼう)する

lombong [ロムボン](㊧ mine / to mine)
鉱山 / 採掘場 / 採掘する

lombong arang batu
[ロムボン アラン バトゥウ](㊧ coal mine)炭鉱

lompat [ロムパ(ト)] (㊥ to jump)
ジャンプする / 跳(は)ねる

lompat keluar [ロムパ(ト) クルゥワー]
(㊥ to rush out) 飛び出す

lompatan [ロムパタヌ] (㊥ jump)
ジャンプ / 跳躍

lompong [ロムポン]
(㊥ hollow / imperfection / missing)
空洞(くうどう) / 欠陥 / 空洞になった / 欠けた

loncat [ロンチャ(ト)] (㊥ to jump)
跳(と)ぶ / 跳(は)ねる / 跳ね上がる

longgar [ロンガー] (㊥ loose / lax)
緩(ゆる)い / だぶだぶな / (規則などが)甘い

longgarkan [ロンガーカヌ] (㊥ to loosen)
緩(ゆる)める

longgok [ロンゴッ] (㊥ pile / heap / to pile up) 積み重ね / 山積み / 積もる / 山積みする

longgokan [ロンゴカヌ] (㊥ pile / heap)
積み重ね / 山積み

longgokkan [ロンゴッカヌ] (㊥ to pile up / to heap up) 積み重ねる / 山積みする

longitud [ロンジトゥウ(ド)] (㊥ longitude) 経度

longkang [ロンカン] (㊥ drain / ditch)
排水溝 / どぶ

lonjak [ロンジャッ] (㊥ to boost / to improve)
急上昇させる / 向上させる

lonjakkan [ロンジャッカヌ]
(㊥ to boost / to improve)
急上昇させる / 向上させる / 跳ね上げる

lonjong [ロンジョン] (㊥ sharp / oval-shaped)
尖(とが)った / 楕円の

lopak [ロパッ] (㊥ puddle) 水溜(みずたま)り

lori [ロリ] (㊥ lorry) トラック

lori hantu [ロリ ハヌトゥウ] (㊥ tipper lorry)
ダンプカー

lori penunda [ロリ プヌウヌダ]
(㊥ tow truck) レッカー車

lori sampah [ロリ サムパ(ハ)]
(㊥ garbage truck) ごみ収集車

lorong [ロロン] (㊥ lane) 小道 / 路地 / 車線

lorong pejalan kaki [ロロン プジャラヌ カキ]
(㊥ pavement) 歩道

losén [ロセヌ] (㊥ lotion)
ローション / 化粧水

losyen [ロシュヌ] ☞losen

losyen putih [ロシュヌ プウテ(ヘ)]
(㊥ milky lotion) 乳液

loteri [ロトゥリ] (㊥ lottery) 宝くじ

loya [ロヤ] (㊥ sick)
吐き気がする / 気持ち悪い

lozéng [ロゼン] (㊥ troche)
トローチ / のど飴

luahan [ルゥワハヌ] (㊥ expression / outburst) (感情の)吐露(とろ) / 告白

luahkan [ルゥワ(ハ)カヌ] (㊥ to pour out)
打ち明ける / 告白する

luang [ルゥワン] (㊥ to spare / spare / space)
(時間を)割く / 空き(時間) / 空間

luar [ルゥワー] (㊥ outside) 外 / 外部

luar bandar [ルゥワー バヌダー]
(㊥ suburb) 郊外

luar biasa [ルゥワー ビヤサ]
(英 extraordinary)
異常な / 並外(なみはず)れた

luar jangkaan [jangka]
[ルゥワー ジャンカアヌ[ジャンカ]]
(英 unexpected)予想外の

luar kurikulum [ルゥワー クゥリクゥロム]
(英 extracurricular)課外の

luar negeri [ルゥワー ヌグリ]
(英 abroad / overseas)海外 / 外国

luar pantai [pesisir]
[ルゥワー パヌタイ[プスイセー]](英 offshore)沖

luaran [ルゥワラヌ](英 outside / external / appearance)外部 / 外側 / 外見

luas [ルゥワス](英 wide / large / area)
広い / 広さ / 面積

luaskan [ルゥワスカヌ](英 to widen)
広げる / 拡大する

lubang [ルゥバン](英 hole)穴

lubuk [ルゥボッ](英 deep part)
深み / 深いところ

lucah [ルゥチャ(ハ)](英 obscene)
いやらしい / 猥褻(わいせつ)な

lucu [ルゥチュゥ](英 funny)面白い / 滑稽な

ludah [ルゥダ(ハ)](英 saliva)唾(つば)

ludahi [ルゥダヒ](英 to spit at)
～に唾(つば)を吐(は)く

luka [ルゥカ](英 injury / injured)
傷 / 怪我(けが) / 傷ついた / 怪我した

luka hirisan [ルゥカ ヒリサヌ](英 cut)切り傷

lukai [ルゥカイ](英 to hurt)傷つける

lukakan [ルゥカカヌ](英 to hurt)傷つける

lukis [ルゥケス](英 to draw)(絵を)描(か)く

lukisan [ルゥキサヌ](英 picture / painting)
絵 / 絵画

lukisan minyak [ルゥキサヌ ミニャッ]
(英 oil painting)油絵

lulus [ルゥロス](英 to pass)
合格する / 受かる

lulusan [ルゥルゥサヌ](英 graduate / holder)
卒業生 / 資格保持者

luluskan [ルゥロスカヌ](英 to approve / to pass)通す / 承認する / 許可する / 合格させる

lumayan [ルゥマヤヌ](英 quite a lot / fantastic)かなりの / すばらしい

lumba [ルゥムバ](英 race)競争

lumba kuda [ルゥムバ クゥダ]
(英 horse racing)競馬

lumba lari [ルゥムバ ラリ](英 (foot)race)
競走 / かけっこ

lumpuh [ルゥムポ(ホ)](英 paralyzed)
麻痺(まひ)した

lumpur [ルゥムポー](英 mud)泥(どろ)

lumrah [ルゥムラ(ハ)](英 normal / common)
普通の / ありふれた

lunas [ルゥナス](英 settled)
完済(かんさい)した / 返済済みの

lunaskan [ルゥナスカヌ](英 to pay off)
完済(かんさい)する

luncur [ルゥンチョー](英 to slide down / to speed)滑(すべ)り落ちる / さっと進む

luncur air [ルゥンチョー アェー](㊊ surfing)
サーフィン

luncur ais [ルゥンチョー アェス]
(㊊ ice skating)スケート

lupa [ルゥパ](㊊ to forget)
忘れる / 忘れてしまう

lupakan [ルゥパカヌ](㊊ to forget)
忘れる / 忘れようとする

lupus [ルゥポス](㊊ to disappear / to dispose)消え去る / 廃棄(はいき)する

lupuskan [ルゥポスカヌ](㊊ to dispose)
処分する / 廃棄(はいき)する

lurah [ルゥラ(ハ)](㊊ valley)谷 / 盆地

luruh [ルゥロ(ホ)](㊊ to fall)
(葉や果実が)落ちる

lurus [ルゥロス](㊊ straight / honest)
まっすぐな / 正直な

lusa [ルゥサ](㊊ the day after tomorrow)
あさって

lut sinar [ルゥ(ト) スィナー](㊊ transparent)
透明な

lutut [ルゥト(ト)](㊊ knee)膝(ひざ)

luwes [ルゥウェス](㊊ flexible)
柔軟(じゅうなん)な / 融通(ゆうずう)が利(き)く

M

maaf [マアフ](㊊ sorry / forgiveness)
ごめんなさい / 許し

maafkan [マアフカヌ](㊊ to forgive)許す

maafkan saya [マアフカヌ サヤ]
(㊊ I'm sorry)ごめんなさい

mabuk [マボッ](㊊ drunk)酔った

mabuk hamil [マボッ ハメル]
(㊊ morning sickness)悪阻(つわり)

mabuk laut [マボッ ラォ(ト)](㊊ seasickness / to get seasick)船酔い / 船酔いする

Mac [マチ](㊊ March)三月

macam [マチャム](㊊ like)
【口語】～みたいな

macam mana [マチャム マナ]
(㊊ how to / how)
【口語】どのように / どんなに

macam-macam [マチャム マチャム]
(㊊ all sorts of)【口語】いろいろな

Madinah [マディナ(ハ)](㊊ Medina)
メディナ(イスラーム教第二の聖地)

madu [マドゥウ](㊊ honey / other wife)
蜂蜜(はちみつ) / (一夫多妻制における)別の妻

mafela [マフラ](㊊ muffler)
(自動車などの)マフラー

mafia [マフィヤ](㊊ mafia)マフィア

maghrib [マグレ(ブ)](㊊ dusk prayer)
日没時の礼拝

magnét [メグネ(ト)](㊊ magnet)磁石

magnétisme [マグネティスマ]
(㊊ magnetism)磁気

maha [マハ](㊊ most)
(神を称える表現の中で)最も

maha besar [マハ ブサー](㊊ greatest)
最も偉大(いだい)な

M

maha kuasa [berkuasa]
[マハ クゥワサ [ブークゥワサ]] (㊧ almighty)
全能の

mahakarya [マハカルヤ]
(㊧ masterpiece) 名作

mahal [マハル] (㊧ expensive)
(値段が) 高い / 高価な

maharaja [マハラジャ] (㊧ emperor)
大王 / 天皇

mahasiswa [マハスイスワ]
(㊧ university student) 大学生

mahasiswi [マハスイスウイ] (㊧ female university student) 女子大学生

Mahathir [マハテー] (㊧ Mahathir)
マハティール (マレーシア第四代首相)

mahir [マヘー] (㊧ skilful / skilled / proficient) 巧みな / 熟練した / 上手な

mahkamah [マ(ハ)カマ(ハ)] (㊧ court)
裁判所 / 法廷

mahkota [マ(ハ)コタ] (㊧ crown) 王冠

mahligai [マ(ハ)リガイ] (㊧ palace)
王宮 / 宮殿

mahu [マフゥ] (㊧ to want (to) / will)
欲しい / 〜したい / 〜しようとする

mahukan [マフゥカヌ] (㊧ to ask for / to want) 求める / 欲する

mahupun [マフゥポヌ] (㊧ (neither) nor / or) (〜だけでなく) 〜も / あるいは

main [マエヌ] (㊧ to play)
遊ぶ / 演奏する / (ゲームなどを) やる

mainan [マイナヌ] (㊧ toy)
おもちゃ / 遊びの

mainkan [マエヌカヌ] (㊧ to play)
(音楽を) かける / (役割を) 担う / 演じる

main-main [マエヌ マエヌ] (㊧ to play / to romp / to fool) ふざける / 遊ぶ

majalah [マジャラ(ハ)] (㊧ magazine) 雑誌

majikan [マジカヌ] (㊧ employer) 雇用主

majistrét [マジストレ(ト)] (㊧ magistrate)
地方裁判所判事

majlis [マジレス] (㊧ party / council)
パーティー / 会 / 評議会 / 議会

majlis konvokésyen
[マジレス コヌヴォケシュヌ] (㊧ convocation ceremony) (大学の) 卒業式

majlis perbandaran [マジレス プーバヌダラヌ]
(㊧ municipal council) 市 (議会)

majlis perkahwinan [kahwin]
[マジレス プーカ(ハ)ウイナヌ [カ(ハ)ウエヌ]]
(㊧ wedding ceremony) 結婚式

majlis sambutan [keraian]
[マジレス サムブウタヌ [クライヤヌ]]
(㊧ celebration) 祝典

majlis sémbang [マジレス セムバン]
(㊧ discussion meeting) 座談会

majmuk [マジモッ]
(㊧ compound) 複合の / 混成の

majoriti [マジョリティ] (㊧ majority)
過半数 / マジョリティー

maju [マジュウ] (㊧ advanced / developed / to move forward)
進んだ / 発展した / 前進する

M

maju jaya [マジュゥ ジャヤ]
(英 to flourish)成功する / 活躍する

majukan [マジュゥカヌ](英 to develop)
発展させる

mak [マッ](英 mum)お母さん

mak cik [マッ チェッ](英 auntie / aunt)
(年配の女性について)おばさん / 叔母 / 伯母

mak nyah [マッ ニャ(ハ)](英 transvestite)
女性らしさを志向する男性

maka [マカ](英 therefore / so)
したがって / そこで

makalah [マカラ(ハ)](英 article)
論文 / 記事 / 論説(ろんせつ)

makam [マカム](英 grave)墓

makamkan [マカムカヌ](英 to entomb)
埋葬する

makan [マカヌ]
(英 to eat / to take / to consume)
食べる / (薬などを)噛(か)まずに飲む / 要する

makan angin [マカヌ アンエヌ](英 to go sightseeing)観光する / 散策する

makan gaji [マカヌ ガジ]
(英 to be employed)
雇われて働く / 会社勤めする

makan malam [マカヌ マラム]
(英 to have dinner)夕食を食べる

makan pagi [マカヌ パギ]
(英 to have breakfast)朝食を食べる

makan tengah hari [マカヌ トゥンア(ハ) ハリ]
(英 to have lunch)昼食を食べる

makanan [マカナヌ](英 food)食べ物

makanan binatang [マカナヌ ビナタン]
(英 feed)餌(えさ)

makanan diét [マカナヌ ディエ(ト)]
(英 diet food)ダイエット食品

makanan penutup [マカナヌ プヌウト(プ)]
(英 dessert)デザート

makanan ringan [マカナヌ リンアヌ]
(英 snack)
(小腹を満たす程度の)軽い食べ物

makanan segera [マカナヌ スグラ]
(英 fast food)ファストフード

makanan sejuk beku
[マカナヌ スジョッ ブクゥ](英 frozen food)
冷凍食品

makanan utama [ruji]
[マカナヌ ウゥタマ [ルゥジ]](英 staple food)主食

makhluk [マ(ハ)ロッ](英 creature)
神の創造物(そうぞうぶつ) / 生き物

maki [マキ](英 to swear)罵(ののし)る

makin [マケヌ](英 increasingly)
ますます / よりいっそう

maklum [マッ(ク)ロム](英 to know)
承知している

maklum balas [マッ(ク)ロム バラス]
(英 response / feedback)
反応 / 回答 / フィードバック

makluman [マッ(ク)ルゥマヌ](英 notice / announcement / information)
知らせ / 通知 / 参考

maklumat [マッ(ク)ルゥマ(ト)]
(英 information)情報

M

maklumat lanjut [マッ(ク)ルウマ(ト) ランジョ(ト)]
(㊥ further information)
詳細(しょうさい) / より詳(くわ)しい情報

maklumat perhubungan
[マッ(ク)ルウマ(ト) プーフウブゥンアヌ](㊥ contact information)連絡先についての情報

maklumat peribadi
[マッ(ク)ルウマ(ト) プリバディ]
(㊥ personal information)個人情報

maklumkan [マッ(ク)ロムカヌ]
(㊥ to inform)知らせる

makmal [マッ(ク)マル](㊥ laboratory)
実験室 / 研究室

makmur [マッ(ク)モー](㊥ prosperous)
繁栄した

makna [マッ(ク)ナ](㊥ meaning)
意味 / 意義

maknanya [マッ(ク)ナニャ](㊥ that is to say / the meaning)つまり / その意味

maksiat [マクスイヤ(ト)](㊥ vice)
不道徳(ふどうとく)的行為

maksimum [マクスイモム](㊥ maximum)
最大限

maksud [マクソ(ド)](㊥ meaning / intention)意図(いと) / 意味

maksudnya [マクソ(ド)ニャ]
(㊥ that is to say / the meaning)
つまり / その意味

maktab [マクタ(プ)](㊥ college)
専門学校 / 教育施設

maktab rendah [マクタ(プ) ルヌダ(ハ)]
(㊥ junior college)短大

makwe [マッ(ク)ウウ](㊥ girlfriend)
【口語】彼女 / 女の恋人

malah [マラ(ハ)](㊥ rather / in fact)
むしろ / それどころか

malahan [マラハヌ](㊥ rather / in fact)
むしろ / それどころか

malaikat [マライカ(ト)](㊥ angel)天使

malam [マラム](㊥ night / evening / p.m.)
夜 / 晩 / 午後(~時、7時から12時) / 泊

malam ini [マラム イニ](㊥ tonight / this evening)今夜 / 今晩

malam tadi [マラム タディ]
(㊥ last night [evening])昨夜 / 昨晩

malam-malam [マラム マラム]
(㊥ late night)夜遅く

malang [マラン](㊥ unfortunate)
不幸な / 不運な

malangnya [マランニャ](㊥ unfortunately)
不幸なことに / 残念なことに

malap [マラ(プ)](㊥ dim)薄暗い

malapetaka [マラプタカ](㊥ disaster)災害

malapetaka alam [マラプタカ アラム]
(㊥ disaster)天災

malaria [マラリヤ](㊥ malaria)マラリア

malas [マラス](㊥ lazy / reluctant)
怠惰な / ~する気がしない

Malaya [マラヤ](㊥ Malaya)
マラヤ(マレーシアの前身)

Malaysia [ムレイスイヤ](㊥ Malaysia)
マレーシア

malfungsi [マルフゥンスィ]
(英 malfunction)不調 / 機能不全

malignan [マリ(グ)ナヌ](英 malignant)
悪性の

malnutrisi [マルヌゥトリスィ]
(英 malnutrition)栄養失調

malu [マルゥ](英 shy / ashamed)
恥ずかしい / 情けなく思う

malukan [マルゥカヌ](英 to disgrace)
恥をかかせる

malu-malu [マルゥ マルゥ](英 shy)
恥ずかしがる

mama [ママ](英 mum)ママ

mamak [ママッ](英 mamak)
インド系ムスリムへの呼称

mamalia [ママリヤ](英 mammals)
哺乳類(ほにゅうるい)

mamat [ママ(ト)](英 guy)【口語】男 / やつ

mampat [マムパ(ト)](英 compressed)
圧縮された

mampatkan [マムパ(ト)カヌ]
(英 to compress)圧縮する

mampos [マムポス]☞mampus

mampu [マムプゥ](英 can (afford))
(金銭的、資質的に)~できる

mampus [マムポス]
(英 to kick the bucket)くたばる

mana [マナ](英 where / which / how)
どこ / どれ / どの / (反語で)どうして~か

mana boléh [マナ ボレ(ヘ)](英 how can you / how can it be possible)どうして
できようか / そんなはずがあろうか

manakala [マナカラ]
(英 whereas / while)一方 / それに対し

mana-mana [マナ マナ](英 anywhere / any (one) / whichever)
どこか / どこでも / どれでも / どちらでも

mancis [マンチェス](英 match)マッチ

mancung [マンチョン](英 pointed)
尖(とが)った / (鼻が)高い

Mandarin [マヌダレヌ](英 Mandarin)
北京語 / 中国語普通話

mandi [マヌディ]
(英 to bathe / to take a shower [bath])
水を浴びる / 入浴する / 水遊びする

mandi laut [マヌディ ラォ(ト)]
(英 to bathe in the sea)海水浴する

manfaat [マヌファア(ト)](英 benefit)
利益 / 有益性

manfaatkan [マヌファア(ト)カヌ]
(英 to make the most of)
生(い)かす / 活用する

mangga [マンガ](英 mango / padlock)
マンゴー / 南京錠

manggis [マンゲス](英 mangosteen)
マンゴスチン

mangkuk [マンコッ](英 bowl)
茶碗(ちゃわん) / 椀(わん) / どんぶり

mangkuk tandas [マンコッ タヌダス]
(英 toilet bowl)便器

M

mangsa [マンサ](英 victim)
犠牲者(ぎせいしゃ) / 被害者

manik [マネッ](英 bead)ビーズ

Manila [マニラ](英 Manila)マニラ

manipulasi [マニピュゥラスイ]
(英 manipulation)小細工 / 不正操作

manis [マネス](英 sweet)甘い / 魅惑的な

manisan [マニサヌ](英 sweet cakes / honey)甘いもの / 蜜

manja [マンジャ]
(英 to behave affectionately / pampered)甘える / 甘やかされた

manjakan [マンジャカヌ](英 to pamper)
甘やかす

mansuh [マヌソ(ホ)](英 to abolish)
廃止する

mansuhkan [マヌソ(ホ)カヌ]
(英 to abolish)廃止する

mantan [マヌタヌ](英 former)前の / 先の

mantap [マヌタ(プ)](英 stable)
しっかりした / 安定した

mantapkan [マヌタ(プ)カヌ]
(英 to stabilize / to establish)
安定させる / 確立する

manual [マヌゥワル](英 manual)
マニュアル / 手引き

manusia [マヌゥスイヤ](英 human being)
人間

manuskrip [マヌスクレ(プ)]
(英 manuscript)原稿(げんこう)

mapel [マプル](英 maple)カエデ

mara [マラ](英 to advance)前進する

marah [マラ(ハ)](英 angry / to scold)
怒った / 怒る / 叱(しか)る

marahi [マラヒ](英 to scold)
〜を叱(しか)る

maraton [マラトヌ](英 marathon)マラソン

margin [マジヌ](英 margin)余白

mari [マリ](英 let's / here)
〜しましょう / ここ

mari kita [マリ キタ](英 let's / shall we)
(一緒に)〜しましょう

mari saya [マリ サヤ](英 shall I)
私が〜しましょう

Marikh [マレ(ク)](英 Mars)火星

marin [マレヌ](英 marine)海の / 海洋の

marjérin [マジェリヌ](英 margarine)
マーガリン

markah [マルカ(ハ)](英 mark / score)
得点 / 点数

markah penuh [マルカ(ハ) プノ(ホ)]
(英 full marks)満点

markét [マケ(ト)](英 market)マーケット

marmar [マーマー](英 marble)大理石

martabak [マータバッ](英 murtabak)
ムルタバ(肉やたまねぎの入ったオムレツ)

martabat [マータバ(ト)](英 (social) status)
社会的地位 / ステータス

maruah [マルゥワ(ハ)](英 honour)
尊厳 / 名誉 / 面目

maruah diri [マルゥワ(ハ) ディリ]
(㊤ self-respect)自尊心

mas kahwin [マス カ(ハ)ウエヌ]
(㊤ betrothal money)
(花婿からの)結納金 / 結婚資金

masa [マサ]
(㊤ time / period / at the time (of))
時間 / 期間 / 時代 / 【口語】〜の時

masa depan [hadapan]
[マサ ドゥパヌ[ハダパヌ]](㊤ future)将来 / 未来

masa lalu [マサ ラルゥ](㊤ past)過去

masa lampau [マサ ラムパゥ](㊤ past)
過去

masa lapang [terluang]
[マサ ラパン [トゥールゥワン]](㊤ free time)
暇 / 空いた時間

masa silam [マサ スイラム](㊤ past)
過去 / 昔

masak [マサッ](㊤ to cook / mature)
料理する / 成熟した

masak sendiri [マサッ スヌディリ]
(㊤ to cook one's own food)自炊する

masakan [マサカヌ](㊤ dish / cooking / surely ~ not)料理 / まさか

masak-masak [マサッ マサッ](㊤ well / carefully)(思考について)十分に / 深く

masalah [マサラ(ハ)](㊤ problem)
問題(点)

masam [マサム](㊤ sour)酸っぱい

masanya [マサニャ](㊤ the time)その時

masih [マセ(ヘ)](㊤ still)
まだなお / 依然として

Masihi [マスイヒ](㊤ A.D.)西暦

masin [マセヌ](㊤ salty)
塩辛い / しょっぱい

masing-masing [マセン マセン]
(㊤ respectively)それぞれ / 各々(おのおの)

masjid [マスジェ(ド)](㊤ mosque)モスク

maskara [マスカラ](㊤ mascara)マスカラ

massa [マッサ](㊤ mass)
大衆向けの / マスコミの

masuk [マソッ](㊤ to enter / to be present)
入る / 出席する

masuk akal [マソッ アカル](㊤ to make sense)理屈にかなう / 納得いく

masuk angin [マソッ アンエヌ](㊤ to have a bloated stomach / to get damp)
(ガスが溜まって)腹が張る / 湿気(しけ)る

masuk campur [マソッ チャムポー]
(㊤ to interfere)干渉する / 介入する

masuk hospital [マソッ ホスピタル]
(㊤ to enter the hospital)入院する

masuk kerja [マソッ クージャ]
(㊤ to start work)出勤する / 出社する

masuk percuma [マソッ プーチュウマ]
(㊤ free admission)入場無料

masukan [マソカヌ](㊤ entry)
(辞書の)見出し語

masuki [マソキ](㊤ to enter)〜に入る

M

masukkan [マソッカヌ]
(英 to put / to enter / to include)
入れる / 入力する / 含める

masyarakat [マシャラカ(ト)] (英 society / community) 社会 / コミュニティー

masyhur [マシホー] (英 famous)
名高(なだか)い / 有名な

mat [マ(ト)] (英 fellow) 奴(やつ)

Mat Rempit [マ(ト) ルムペ(ト)]
(英 motorcycle gang) (バイクの) 暴走族

Mat Saléh [マ(ト) サレ(ヘ)] (英 white (person) / Westerner) 白人 / 外人

mata [マタ] (英 eye / point / blade)
目 / 得点 / (刃物の) 刃

mata air [マタ アエー] (英 spring) 泉

mata pelajaran [マタ プラジャラヌ]
(英 subject) 教科 / 科目

mata pencarian [マタ プンチャリヤヌ]
(英 livelihood) 生活の糧(かて) / 生計

mata wang [マタ ワン] (英 currency) 通貨

matahari [マタハリ] (英 sun) 太陽

matang [マタン] (英 mature / ripe)
成熟した / 熟した

matematik [マトゥマテッ]
(英 mathematics) 数学

mati [マティ] (英 to die)
死ぬ / (機械などが) 動かなくなる

matikan [マティカヌ] (英 to turn off)
(電源を) 切る

matlamat [マ(ト)ラマ(ト)] (英 aim)
目標 / 狙い

matrikulasi [マトリクゥラスイ]
(英 matriculation) 大学予備教育

mau [マゥ] (英 to want (to) / will)
【口語】欲しい / ～したい / ～しようとする

maut [マォ(ト)] (英 death) 死

mawar [マワー] (英 rose) 薔薇(ばら)

maya [マヤ] (英 virtual)
仮想の / バーチャルの

mayat [マヤ(ト)] (英 corpse) 遺体 / 死体

mayonés [マヨネス] (英 mayonnaise)
マヨネーズ

mazhab [マズハ(ブ)] (英 sect) 宗派 / 学派

MCA [エムスイエ] (英 Malaysian Chinese Association (MCA)) マレーシア華人協会

mcm [マチャム] ☞macam

médan [メダヌ] (英 field / arena)
広場 / 舞台

médan perang [メダヌ プラン]
(英 battlefield) 戦場

média [メディヤ] (英 media) メディア

média massa [メディヤ マッサ]
(英 mass media) マスメディア

megah [ムガ(ハ)] (英 magnificent / proud)
堂々とした / 立派な / 誇らしげな

megah diri [ムガ(ハ) ディリ]
(英 proud / vain) 自惚(うぬぼ)れた

Méi [メイ] (英 May) 五月

méja [メジャ] (英 desk / table)
机 / テーブル

M

méja makan [メジャ マカヌ]
(英 dining table)食卓

Mekah [ムカ(ハ)](英 Mecca)メッカ

mékanikal [メカニカル](英 mechanical)
機械の

mékanisme [メカニスマ]
(英 mechanism)仕組み / メカニズム

mékap [メカ(プ)](英 makeup)メイク / 化粧

mekar [ムカー](英 to bloom)咲く

mél [メル](英 mail)郵便 / メール

mél udara [メル ウゥダラ](英 airmail)
エアメール / 航空便

melabur [ムラボー](英 to invest)
投資(とうし)する

melaburkan [ムラボーカヌ](英 to invest)
投資(とうし)する / 投入する

melacurkan diri [ムラチョーカヌ ディリ]
(英 to prostitute oneself)
身体を売る / 売春(ばいしゅん)する

melafazkan [ムラファズカヌ](英 to utter / to pronounce)発言する / 発音する

melagakkan [ムラガッカヌ](英 to boast)
自慢(じまん)する

melahirkan [ムラヘーカヌ](英 to give birth / to produce / to express)
産む / 生み出す / 表明する

melahirkan anak [ムラヘーカヌ アナッ]
(英 to give birth)出産する

melainkan [ムラエヌカヌ]
(英 except / unless / instead)
〜を除いて / 〜でなければ / そうでなく

Melaka [ムラカ](英 Malacca)
マラッカ(半島マレーシアの州)

melakar [ムラカー](英 to draw / to sketch)
描(か)く / スケッチする

melaksanakan [ムラクサナカヌ]
(英 to carry out)
実行する / 実施(じっし)する

melakukan [ムラクゥカヌ](英 to do / to commit)行う / (罪を)犯(おか)す

melalui [ムラルゥイ]
(英 through / via / to pass (through))
〜を通じて / 〜を通って / 通る / 通過する

melalui laut [ムラルゥイ ラォ(ト)]
(英 by sea)船便(ふなびん)で

melalui pos [ムラルゥイ ポス](英 by post)
郵便で

melalui udara [ムラルゥイ ウゥダラ]
(英 by air)航空便で

melamar [ムラマー](英 to propose)
プロポーズする

melambai [ムラムバイ](英 to wave)
(手を)振る

melambangkan [ムラムバンカヌ]
(英 to symbolize)
象徴(しょうちょう)する / 〜の象徴である

melambatkan [ムラムバ(ト)カヌ]
(英 to slow)遅くする / 遅らせる

melambung [ムラムボン]
(英 to bound / to surge / to toss)
飛び上がる / 急上昇する / 放り上げる

melambung naik [ムラムボン ナェッ]
(英 to surge)
急上昇する / 急騰(きゅうとう)する

melampau [ムラムパゥ](㊥ excessive / outrageous)度を越した / 行き過ぎの

melampaui [ムラムパゥイ](㊥ to exceed)(限度を)超える

melampirkan [ムラムペーカヌ](㊥ to attach / to enclose)添付(てんぷ)する / 同封(どうふう)する

melancarkan [ムランチャーカヌ](㊥ to launch / to make *sth* smooth)始動する / 発射する / 円滑(えんかつ)にする

melancong [ムランチョン](㊥ to tour)観光する / 旅行する

melancungkan [ムランチョンカヌ](㊥ to counterfeit)偽造(ぎぞう)する

melanda [ムラヌダ](㊥ to hit)(災害などが)襲う / 直撃する

melanggan [ムランガヌ](㊥ to subscribe)購読(こうどく)する

melanggar [ムランガー](㊥ to hit / to crash into / to break)ぶつける / 衝突(しょうとつ)する / 違反する

melangkah [ムランカ(ハ)](㊥ to step)(足を)踏み出す

melangkah masuk [ムランカ(ハ) マソッ](㊥ to step into)踏(ふ)み込む

melangkau [ムランカゥ](㊥ to skip)飛び越す / 抜(ぬ)かして進む

melanjutkan [ムランジョ(ト)カヌ](㊥ to continue)続ける / 継続する

melanjutkan pelajaran [ムランジョ(ト)カヌ プラジャラヌ](㊥ to go on to a higher school)進学する

melantik [ムラヌテッ](㊥ to appoint)任命する

melantun [ムラヌトヌ](㊥ to bounce)弾(はず)む / 跳(は)ね返る

melantun semula [kembali] [ムラヌトヌ スムゥラ [クムバリ]](㊥ to bounce back)跳(は)ね返る

melaporkan [ムラポーカヌ](㊥ to report)報告する / 伝える

melaram [ムララム](㊥ to show off / to dress up)目立とうとする / めかし込む

melarang [ムララン](㊥ to prohibit)禁止する

melaraskan [ムララスカヌ](㊥ to adjust)調節する / 合わせる

melarikan [ムラリカヌ](㊥ to run off with / to kidnap)持ち去る / 連れ去る / 誘拐(ゆうかい)する

melarikan diri [ムラリカヌ ディリ](㊥ to escape)逃げる

melarutkan [ムラロ(ト)カヌ](㊥ to dissolve)溶(と)かす / 溶く

melatih [ムラテ(ヘ)](㊥ to train)訓練する / 稽古(けいこ)する

melawa [ムラワ](㊥ to dress up)着飾(きかざ)る

melawan [ムラワヌ](㊥ to fight / to compete / to oppose)戦う / 抵抗する / 対抗する / 反対する

melawat [ムラワ(ト)](㊥ to visit)訪れる / 訪問する

M

melawat sambil belajar [ムラワ(ト) サムベル ブラジャー]
(㊧ to take a study tour)見学する

melawati [ムラワティ](㊧ to visit)
～を訪れる / 訪問する

melayan [ムラヤヌ](㊧ to handle / to serve)
応対する / 仕(つか)える / サービスする

melayari [ムラヤリ](㊧ to browse / to sail)
(インターネットを)見る / 航海(こうかい)する

Melayu [ムラユゥ](㊧ Malay)マレー(の)

melébarkan [ムレバーカヌ](㊧ to widen)
(幅を)広げる

melebihi [ムルビヒ](㊧ to exceed / to surpass)超える / 上回(うわまわ)る

meleburkan [ムルボーカヌ]
(㊧ to melt down)溶(と)かす

meléćéhkan [ムレチェ(ヘ)カヌ]
(㊧ to disdain)軽蔑(けいべつ)する / さげすむ

melecur [ムルチョー]
(㊧ to be burned [scalded])やけどする

meledak [ムルダッ]
(㊧ to explode / to score / to bring out)
爆発(ばくはつ)する / (ゴールを)決める

meledakkan [ムルダッカヌ]
(㊧ to blow up)爆破する / (ゴールを)決める / 発揮させる

meleding [ムルデン](㊧ to warp)
湾曲(わんきょく)する / 歪(ゆが)む

melekat [ムルカ(ト)](㊧ to stick)
くっつく / 貼(は)りつく

melekatkan [ムルカ(ト)カヌ](㊧ to stick)
くっつける / 貼(は)りつける

melekit [ムルケ(ト)](㊧ sticky)
ねばねばした / 粘(ねば)り気がある

melekuk [ムルコッ](㊧ to get dented)
凹(へこ)む

melemahkan [ムルマ(ハ)カヌ]
(㊧ to weaken)弱める

melembap [ムルムバ(プ)]
(㊧ to moisten)潤(うるお)す

melembutkan [ムルムボ(ト)カヌ]
(㊧ to soften)やわらかくする

melémpar [ムレムパー](㊧ to throw)
(放り)投げる

meléncong [ムレンチョン]
(㊧ to make a detour / to digress)
回り道する / 脇(わき)にそれる

melendut [ムルヌド(ト)](㊧ to sink / to sag)沈み込む / 凹(へこ)む

melengkapi [ムルンカピ](㊧ to equip)
～に装備(そうび)する / 備(そな)え付ける

melengkapkan [ムルンカ(プ)カヌ]
(㊧ to equip / to complete)
備(そな)え付ける / 完全にする

melengkung [ムルンコン](㊧ to curve)
カーブする / 反(そ)る

melengkungkan [ムルンコンカヌ]
(㊧ to bend)曲げる / 反(そ)らす

melentur [ムルヌトー](㊧ to sag / to bend)
曲がる / しなる / 反(そ)る

melenturkan [ムルヌトーカヌ](㊧ to bend)
曲げる / しならせる / 反(そ)らす

melépak [ムレパッ](㊧ to loiter / to loaf around)(目的もなく)ぶらぶらする

M

melepasi [ムルパスィ] (㊋ to go over / to exceed) 超える / 上回(うわまわ)る

melepaskan [ムルパスカヌ] (㊋ to release / to abandon / to miss / to emit) 放す / 解放する / 放棄(ほうき)する / 逃(のが)す / 放(はな)つ

melepaskan dendam [ムルパスカヌ ドゥヌダム] (㊋ to retaliate) 復讐(ふくしゅう)する

melepaskan diri [ムルパスカヌ ディリ] (㊋ to escape) 逃(のが)れる / 脱(だっ)する

melepuh [ムルポ(ホ)] (㊋ to blister) 火膨(ひぶく)れができる

melését [ムレセ(ト)] (㊋ to decline) 衰える / 悪化する

melését [ムレセ(ト)] (㊋ wrong) (予想や期待が)外れた

meletak [ムルタッ] (㊋ to put / to park) 置く / (車などを)停(と)める

meletak jawatan [ムルタッ ジャワタヌ] (㊋ to resign) 辞職(じしょく)する / 辞任(じにん)する

meletakkan [ムルタッカヌ] (㊋ to put) 置く

meletakkan jawatan [ムルタッカヌ ジャワタヌ] (㊋ to resign) 辞職(じしょく)する / 辞任(じにん)する

melétér [ムレテー] (㊋ to nag) うるさく文句(もんく)を言う

meletup [ムルト(プ)] (㊋ to explode / to rupture) 爆発(ばくはつ)する / 破裂(はれつ)する

meletupkan [ムルト(プ)カヌ] (㊋ to blow up) 爆破する

meletus [ムルトゥス] (㊋ to explode / to erupt) 爆発(ばくはつ)する / 噴火(ふんか)する

meléwati [ムレワティ] (㊋ to pass / to go beyond) 通過(つうか)する / 越(こ)える

meléwatkan [ムレワ(ト)カヌ] (㊋ to delay) 遅らせる

melibatkan [ムリバ(ト)カヌ] (㊋ to involve) 伴(ともな)う / 巻き込む

melibatkan diri [ムリバ(ト)カヌ ディリ] (㊋ to be involved) 関わる / 関与する

melihat [ムリハ(ト)] (㊋ to look at) 見る

melilit [ムリル(ト)] (㊋ to coil up) 巻きつく / ぐるぐるに丸まる

melimpah [ムリムパ(ハ)] (㊋ to overflow) あふれる / 氾濫(はんらん)する

melimpah-limpah [ムリムパ(ハ) リムパ(ハ)] (㊋ bounteous / to overflow) あふれんばかりの / 豊富な / 氾濫(はんらん)する

melindungi [ムリヌドゥンイ] (㊋ to protect) 守る / 保護する

melintang [ムリヌタン] (㊋ horizontal / to block) 水平な / 横の / 遮断する

melintas [ムリヌタス] (㊋ to cross) 横断する / 渡る

melintasi [ムリヌタスィ] (㊋ to cross / to pass) 横切る / 横断する / 越(こ)える

melipat [ムリパ(ト)] (㊋ to fold) 折る / たたむ

meliputi [ムリプゥティ] (㊋ to cover) 覆(おお)う / カバーする / 含む

melitupi [ムリトゥウピ] (㊥ to cover)
覆(おお)う / カバーする / 含む

meliur [ムリヨー] (㊥ to drool)
よだれを垂(た)らす

mélodi [メロディ] (㊥ melody) メロディー

meloloskan diri [ムロロスカヌ ディリ]
(㊥ to escape) 逃亡(とうぼう)する

melombong [ムロムボン] (㊥ to mine)
採掘(さいくつ)する

melompat [ムロムパ(ト)] (㊥ to jump)
ジャンプする / 跳(は)ねる

melompat keluar [ムロムパ(ト) クルゥワー]
(㊥ to jump out) 飛び出す

meloncat [ムロンチャ(ト)] (㊥ to jump)
跳(と)ぶ / 跳(は)ねる / 跳ね上がる

melonggarkan [ムロンガーカヌ]
(㊥ to loosen) 緩(ゆる)める

melonggokkan [ムロンゴッカヌ]
(㊥ to pile up / to heap up) 積み重ねる / 山積みする

melonjak [ムロンジャッ]
(㊥ to jump up / to boom) 跳(は)ねる / 跳ね上がる / 急上昇する

melonjakkan [ムロンジャッカヌ]
(㊥ to boost / to improve) 急上昇させる / 向上させる / 跳ね上げる

meluahkan [ムルゥワ(ハ)カヌ]
(㊥ to reveal / to pour out)
打ち明ける / 吐露(とろ)する

meluas [ムルゥワス] (㊥ to spread widely)
広がる / 広まる

meluaskan [ムルゥワスカヌ] (㊥ to widen)
広げる / 拡大する

meludah [ムルゥダ(ハ)] (㊥ to spit)
唾(つば)を吐(は)く

meludahi [ムルゥダヒ] (㊥ to spit at)
〜に唾(つば)を吐(は)く

melukai [ムルゥカイ] (㊥ to hurt) 傷つける

melukakan [ムルゥカカヌ] (㊥ to hurt)
傷つける

melukis [ムルゥケス] (㊥ to draw)
(絵を)描(か)く

melulu [ムルゥルゥ] (㊥ reckless)
後先(あとさき)考えない / 軽率(けいそつ)な / 拙速な

meluluskan [ムルゥロスカヌ]
(㊥ to approve / to pass) 通(とお)す / 承認(しょうにん)する / 許可する / 合格させる

melunaskan [ムルゥナスカヌ]
(㊥ to pay off) 完済(かんさい)する

meluncur [ムルゥンチョー]
(㊥ to slide down / to speed)
滑(すべ)り落ちる / さっと進む

melupakan [ムルゥパカヌ] (㊥ to forget)
忘れる / 忘れようとする

melupuskan [ムルゥポスカヌ]
(㊥ to dispose) 処分する / 廃棄(はいき)する

meluru [ムルゥルゥ] (㊥ to dash)
疾走(しっそう)する / ダッシュする

memaafkan [ムマアッカヌ]
(㊥ to forgive) 許す

memadai 《㊥ pada》 [ムマダイ]
(㊥ sufficient) 十分な

M

memadam《㊞ padam》[ムマダム]
(㊥ to extinguish / to turn off / to erase)
(火や電源を)消す / 削除する

memadamkan《㊞ padam》
[ムマダムカヌ](㊥ to extinguish / to turn off / to erase)(火や電源を)消す / 削除する

memahami《㊞ faham》[ムマハミ]
(㊥ to understand)理解する / 分かる

memahukan [ムマフゥカヌ]
(㊥ to ask for / to want)求める / 欲する

memainkan [ムマエヌカヌ](㊥ to play)
(音楽を)かける / (役割を)担う / 演じる

memajak《㊞ pajak》[ムマジャッ]
(㊥ to lease / to pawn)貸しに出す / 借り受ける / 質(しち)に入れる

memajakkan《㊞ pajak》[ムマジャッカヌ]
(㊥ to lease out)貸しに出す

memajukan [ムマジュゥカヌ]
(㊥ to develop)発展させる

memakai《㊞ pakai》[ムマカイ]
(㊥ to wear / to put on / to use)
身に付ける / 着る / 履(は)く / 被(かぶ)る / 使う

memakaikan《㊞ pakai》[ムマカイカヌ]
(㊥ to dress)着せる / 着せてあげる

memakamkan [ムマカムカヌ]
(㊥ to entomb)埋葬する

memakan [ムマカヌ](㊥ to consume)
(時間や労力などを)食う / 要する

memaki [ムマキ](㊥ to swear)
罵(ののし)る

memaklumkan [ムマッ(ク)ロムカヌ]
(㊥ to inform)知らせる

memaksa《㊞ paksa》[ムマクサ]
(㊥ to force)強制する / 強(し)いる

memakukan《㊞ paku》[ムマクゥカヌ]
(㊥ to nail)くぎで留める

memalingkan《㊞ paling》[ムマレンカヌ]
(㊥ to turn / to avert)
振り向ける / 背(そむ)ける

memalit《㊞ palit》[ムマレ(ト)]
(㊥ to smear)塗(ぬ)りつける

memalitkan《㊞ palit》[ムマレ(ト)カヌ]
(㊥ to smear)塗(ぬ)りつける

memalsukan《㊞ palsu》[ムマルスゥカヌ]
(㊥ to counterfeit)偽造(ぎぞう)する

memalu《㊞ palu》[ムマルゥ]
(㊥ to beat)(太鼓(たいこ)などを)打つ

memalukan [ムマルゥカヌ]
(㊥ woeful / shameful / to disgrace)
なさけない / 恥ずべき / 恥をかかせる

memampas《㊞ pampas》[ムマムパス]
(㊥ to compensate)
償(つぐな)う / 賠償(ばいしょう)する

memampatkan [ムマムパ(ト)カヌ]
(㊥ to compress)圧縮する

memanaskan《㊞ panas》[ムマナスカヌ]
(㊥ to warm / to heat)
温める / 暖める / 熱する

memancar《㊞ pancar》[ムマンチャー]
(㊥ to flow out)湧(わ)く

memancarkan《㊞ pancar》
[ムマンチャーカヌ](㊥ to radiate / to emit)
放射する / 放出する

memancing《㊞ pancing》[ムマンチェン]
(㊥ fishing / to fish)釣(つ)り / 釣る

memancur《㊄ pancur》[ムマンチョー]
(㊊ to spout)噴(ふ)き出る

memancut《㊄ pancut》[ムマンチョ(ト)]
(㊊ to spurt)噴(ふ)き出す

memandang《㊄ pandang》
[ムマヌダン](㊊ to look / to regard)
見つめる / 見渡す / みなす

memandang rendah《㊄ pandang》
[ムマヌダン ルヌダ(ハ)](㊊ to look down on)
見下(みくだ)す

memandangkan《㊄ pandang》
[ムマヌダンカヌ]
(㊊ considering / judging / in view of)
～を鑑(かんが)みると / 考慮すれば

memandu《㊄ pandu》[ムマヌドゥウ]
(㊊ to drive / to pilot / to guide)
運転する / 操縦(そうじゅう)する / 案内する

memanfaatkan [ムマヌファア(ト)カヌ]
(㊊ to make the most of / to use *sth* practically)生(い)かす / 活用する

mémang [メマン](㊊ indeed)
確かに / 本当に

memanggang《㊄ panggang》
[ムマンガン](㊊ to roast)ローストする

memanggil《㊄ panggil》[ムマンゲル]
(㊊ to call)～を呼ぶ / 呼び寄せる / ～を…と呼ぶ

memanggil semula [balik]《㊄ panggil》
[ムマンゲル スムゥラ [バレッ]](㊊ to recall)
リコールする / 回収する

memanjakan [ムマンジャカヌ]
(㊊ to pamper)甘やかす

memanjang《㊄ panjang》[ムマンジャン]
(㊊ to get long / to linger / lengthwise)
伸びる / 長引く / 横に

memanjangkan《㊄ panjang》
[ムマンジャンカヌ](㊊ to extend)
伸ばす / 延長する

memanjat《㊄ panjat》[ムマンジャ(ト)]
(㊊ to climb)登る

memansuhkan [ムマヌソ(ホ)カヌ]
(㊊ to abolish)廃止する

memantapkan [ムマヌタ(プ)カヌ]
(㊊ to stabilize / to establish)
安定させる / 確立する

memantau《㊄ pantau》[ムマヌタウ]
(㊊ to watch / to monitor)
監視する / 監督する

memantul《㊄ pantul》[ムマヌトル]
(㊊ to reflect / to bounce back)
反射する / 跳ね返る

memantulkan《㊄ pantul》
[ムマヌトルカヌ](㊊ to reflect / to rebound)
反射する / 跳ね返す

memaparkan《㊄ papar》[ムマパーカヌ]
(㊊ to display / to depict)
映す / 示す / 描き出す

memarahi [ムマラヒ](㊊ to scold)
～を叱(しか)る

memasak [ムマサッ](㊊ to cook)
料理する

memasang《㊄ pasang》[ムマサン]
(㊊ to attach / to turn on / to play / to wear)取り付ける / 点(つ)ける / 再生する / 締(し)める

M

memasarkan《[幹] pasar》 [ムマサーカㇴ]
([英] to market)市場に出す / 販売する

memastikan《[幹] pasti》 [ムマスティカㇴ]
([英] to make sure)確かにする / 確かめる

memasuki [ムマソキ]([英] to enter)
~に入る

memasukkan [ムマソッカㇴ]
([英] to put / to enter / to include)
入れる / 入力する / 含める

mematahkan《[幹] patah》 [ムマタ(ハ)カㇴ]
([英] to break)折る / 切断する / (気持ちを)打ち砕(くだ)く

memata-matai [ムマタ マタイ]
([英] to watch / to spy)
監視する / 偵察する

mematikan [ムマティカㇴ]([英] to turn off)
(電源を)切る

mematuhi《[幹] patuh》 [ムマトゥウヒ]
([英] to obey)従う / 守る

membabitkan [ムムバベ(ト)カㇴ]
([英] to involve)伴(ともな)う / 巻き込む

membaca [ムムバチャ]([英] to read)
読む / 読書する

membaca dengan kuat
[ムムバチャ ドゥンアㇴ クウワ(ト)]([英] to read aloud)
読み上げる / 朗読(ろうどく)する

membahagi-bahagikan
[ムムバハギ バハギカㇴ]([英] to distribute)
分配(ぶんぱい)する / 配分(はいぶん)する

membahagikan [ムムバハギカㇴ]
([英] to divide / to distribute)
分ける / 区分する / 配分する / 割る

membaharui [ムムバハルウイ]
([英] to renew)更新する / 改める

membahaskan [ムムバハスカㇴ]
([英] to debate)弁論(べんろん)する

membahayakan [ムムバハヤカㇴ]
([英] dangerous / to risk)
危険な / ~を危険にさらす

membaik [ムムバエッ]([英] to improve)
良くなる

membaik pulih [ムムバエッ プウレ(ヘ)]
([英] to repair / to restore)
修理する / 復旧させる

membaiki [ムムバイキ]([英] to repair / to mend)直す / 修繕(しゅうぜん)する

membajak [ムムバジャッ]([英] to plough)
耕(たがや)す

membakar [ムムバカー]
([英] to burn / to bake)焼く / 燃やす

membalak [ムムバラッ]([英] to cut down)
伐採(ばっさい)する

membalas [ムムバラㇲ]
([英] to reply)答える / 返事をする / 返信する

membalas dendam [ムムバラㇲ ドゥㇴダㇺ]
([英] to take revenge)
仕返しする / 復讐(ふくしゅう)する

membaling [ムムバレン]([英] to throw)
投げる

membalut [ムムバロ(ト)]([英] to wrap)
くるむ / 包む / 巻く

membandingkan [ムムバヌデンカㇴ]
([英] to compare)比べる

M

membanggakan [ムムバンガカヌ]
(英 very satisfying / to make *sb* proud)
誇ることができる / 誇らしく思わせる

membangkang [ムムバンカン]
(英 to object)反論する

membangkitkan [ムムバンケ(ト)カヌ]
(英 to bring about / to bring up)
引き起こす / もたらす / (話題を)持ち出す

membangun [ムムバンオヌ]
(英 to develop / developing / constructive)
発展する / 発展途上にある / 建設的な

membangunkan [ムムバンオヌカヌ]
(英 to wake *sb* up / to develop / to build)
起こす / 開発する / 築く

membantah [ムムバヌタ(ハ)](英 to object / to protest)反論する / 抗議する

membanteras [ムムバヌトゥラス]
(英 to eradicate)撲滅(ぼくめつ)する / 根絶(こんぜつ)する

membantu [ムムバヌトゥウ]
(英 to help / helpful)
助ける / 手伝う / 助けになる / 役立つ

membara [ムムバラ](英 ardent / burning)
熱烈な / 燃えさかる

membaringkan [ムムバレンカヌ]
(英 to lay down)寝かせる / 横にする

membariskan [ムムバレスカヌ]
(英 to line up)並べる / 連ねる

membasahi [ムムバサヒ](英 to wet)
濡らす

membasahkan [ムムバサ(ハ)カヌ]
(英 to wet)濡らす

membasmi [ムムバスミ]
(英 to eradicate / to exterminate)
撲滅(ぼくめつ)する / 退治(たいじ)する

membasuh [ムムバソ(ホ)](英 to wash)
洗う

membatalkan [ムムバタルカヌ]
(英 to cancel)中止する / キャンセルする / 取り消す

membatalkan penerbangan
[ムムバタルカヌ プヌーバンアヌ](英 to cancel a flight)フライトを欠航(けっこう)にする

membatasi [ムムバタスイ](英 to limit)
制限する

membawa [ムムバワ]
(英 to bring / to take / to carry / to lead)
持って来る〈行く〉 / 連れる / つながる

membawa ke mahkamah
[ムムバワ ク マ(ハ)カマ(ハ)](英 to sue)
訴訟(そしょう)する

membawa keluar [ムムバワ クルゥワー]
(英 to take *sth* out)持ち出す

membawa lari [ムムバワ ラリ]
(英 to take away)連(つ)れ去る

membawa masuk [ムムバワ マソッ]
(英 to bring *sth* into)持ち込む

membayangkan [ムムバヤンカヌ]
(英 to imagine / to visualize / to imply)
想像する / イメージする / ほのめかす

membayar [ムムバヤー](英 to pay)払う

membayar balik [ムムバヤー バレッ]
(英 to pay back)(金を)返す / 返済する

membazir [ムムバゼー](英 to waste)
無駄(むだ)にする / 浪費(ろうひ)する

M

membazirkan [ムムバゼーカヌ]
([英] to waste)
無駄(むだ)にする / 浪費(ろうひ)する

membebankan [ムムブバヌカヌ]
([英] to burden)負担(ふたん)をかける

membébaskan [ムムベバスカヌ]
([英] to release / to let *sb* free)
解放する / 自由にする

membébaskan diri [ムムベバスカヌ ディリ]
([英] to escape)逃(のが)れる

membedah [ムムブダ(ハ)]
([英] to operate)手術する

membedah siasat [ムムブダ(ハ) スィヤサ(ト)]
([英] to carry out an autopsy)
検屍(けんし)(解剖(かいぼう))を行う

membekalkan [ムムブカルカヌ]
([英] to supply)供給する

M

membeku [ムムブクゥ]([英] to freeze)
凍(こお)る

membekukan [ムムブクゥカヌ]
([英] to freeze)凍(こお)らせる / 冷凍する

membela [ムムブラ]([英] to breed /
to look after)飼う / 世話する

membéla [ムムベラ]([英] to defend)
弁護する

membelah [ムムブラ(ハ)]
([英] to split / to break)裂く / 割る

membelanjakan [ムムブランジャカヌ]
([英] to spend)支出する / 費やす

membeli [ムムブリ]([英] to buy)買う

membeli-belah《[幹] beli》[ムムブリ ブラ(ハ)]
([英] to shop)ショッピングする / 買い物する

membélok [ムムベロッ]([英] to turn)曲がる

membélot [ムムベロ(ト)]([英] to betray)
裏切(うらぎ)る / 背(そむ)く

membenamkan [ムムブナムカヌ]
([英] to submerge)沈める / 浸(ひた)す

membenarkan [ムムブナーカヌ]
([英] to permit / to allow)許可する / 許す

membenci [ムムブンチ]([英] to hate)
憎(にく)む / 嫌う

membendung [ムムブヌドン]([英] to stop /
to contain)阻止する / せき止める

membengkak [ムムブンカッ]
([英] to swell)腫(は)れる

membéngkokkan [ムムベンコッカヌ]
([英] to bend)曲げる

membentangkan [ムムブヌタンカヌ]
([英] to present / to spread)
発表する / 広げる

membentuk [ムムブヌトッ]([英] to form)
形成する

mémber [メムブー]([英] friend)
【口語】仲間 / 連(つ)れ / 友達

memberangsangkan [ムムブランサンカヌ]
([英] to inspire / encouraging)
鼓舞(こぶ)する / 励みになる

memberhentikan [ムムブーフヌティカヌ]
([英] to dismiss / to stop)
解雇(かいこ)する / 止(や)めさせる / 止める

memberi [ムムブリ]([英] to give / to allow)
与える / くれる / ～させてくれる〈あげる〉

memberi alasan [ムムブリ アラサヌ]
(英 to excuse / to make excuse)
言い訳する / 弁解する

memberi diskaun [ムムブリ デスカォヌ]
(英 to give a discount)ディスカウントする

memberi justifikasi
[ムムブリ ジュウスティフィカスイ]
(英 to give justification)正当化する

memberi kuliah [ムムブリ クゥリヤ(ハ)]
(英 to give a lecture)講義する

memberi kursus [ムムブリ クウルスウス]
(英 to give a course)講習を行う

memberi laluan [ムムブリ ラルゥワヌ]
(英 to give way / to step aside)
道を譲(ゆず)る / どく

memberi latihan [ムムブリ ラテハヌ]
(英 to give training)訓練する

memberi layanan [ムムブリ ラヤナヌ]
(英 to treat)もてなす

memberi perhatian [ムムブリ プーハテイヤヌ]
(英 to pay attention)注意を払う

memberi peringatan [ムムブリ プリンアタヌ]
(英 to remind)勧告する / リマインドする

memberi perkhidmatan [khidmat]
[ムムブリ プーヒ(ド)マタヌ [ヒ(ド)マ(ト)]]
(英 to provide service)
サービスを提供する

memberi pertolongan
[ムムブリ プートロンアヌ](英 to relieve)
救済(きゅうさい)する

memberi pinjaman [ムムブリ ピンジャマヌ]
(英 to loan)貸付(かしつ)ける / 貸す

memberi potongan harga
[ムムブリ ポトンアヌ ハルガ]
(英 to give a discount)値引きする

memberi semangat [ムムブリ スマンア(ト)]
(英 to cheer up)
励ます / 元気付ける / やる気を出させる

memberi tunjuk ajar
[ムムブリ トゥウンジョッ アジャー](英 to guide)
指導する / 教えを授(さず)ける

memberi ucapan [ムムブリ ウゥチャパヌ]
(英 to give a speech / to greet)
演説する / 挨拶(あいさつ)する

memberikan [ムムブリカヌ](英 to give)
～を与える / くれる

memberikan pertolongan
[ムムブリカヌ プートロンアヌ](英 to relieve)
救済(きゅうさい)する

memberitahu [ムムブリタフゥ](英 to tell)
知らせる / 伝える

memberkas [ムムブーカス](英 to bundle / to arrest)束ねる / 逮捕する

memberontak [ムムブロヌタッ](英 to resist / to rebel)反抗する / 反乱する

membersihkan [ムムブーセ(ヘ)カヌ]
(英 to clean)清掃する / 掃除する

membesar [ムムブサー](英 to grow)
成長する / 育つ / 大きくなる

membesar-besarkan
[ムムブサー ブサーカヌ](英 to exaggerate)
誇張(こちょう)する

membesarkan [ムムブサーカヌ]
(英 to bring up / to enlarge)
大きくする / 育てる / 拡張する

membetulkan [ムムブトゥルカヌ]
(英 to correct) 修正する / 訂正する

membézakan [ムムベザカヌ]
(英 to differentiate / to distinguish)
区別する / 識別する

membiak [ムムビヤッ] (英 to breed)
繁殖(はんしょく)する / 育つ

membiakkan [ムムビヤッカヌ]
(英 to breed) 育てる / 飼育する

membiarkan [ムムビヤーカヌ]
(英 to let / to leave *sb* alone)
～させる / ～させておく / 放っておく

membias [ムムビヤス] (英 to deflect)
それる / 屈折(くっせつ)する

membiasakan [ムムビヤサカヌ]
(英 to accustom / to make *sth* a habit)
慣らす / 普通のことにする

membiasakan diri [ムムビヤサカヌ ディリ]
(英 to get used to) 慣れる

membiayai [ムムビィアヤイ]
(英 to cover / to finance)
(費用を)負担する / 融資(ゆうし)する

membicarakan [ムムビチャラカヌ]
(英 to try) 裁(さば)く / 審理(しんり)する

membida [ムムビダ] (英 to bid)
応札(おうさつ)する / 入札(にゅうさつ)する

membidik [ムムビデッ] (英 to aim at)
狙う / 狙いを定める

membilas [ムムビラス] (英 to rinse)
すすぐ / リンスする

membimbangi [ムムビムバンィ]
(英 to worry about / to fear)
～を案じる / 恐れる

membimbangkan [ムムビムバンカヌ]
(英 to worry / to worry about / worrisome)
不安にさせる / ～を心配する / 心配な

membimbing [ムムビムベン]
(英 to guide) 指導する / 先導する

membimbit [ムムビムベ(ト)] (英 to carry)
携帯する

membina [ムムベナ]
(英 to build / to construct)
建てる / 建築する / 組み立てる

membincangkan [ムムビンチャンカヌ]
(英 to discuss) ～について話し合う / 論じる

membingungkan [ムムビンォンカヌ]
(英 to confuse / to trouble)
困惑させる / 悩ます

membisikkan [ムムビセッカヌ]
(英 to whisper) ささやく

membisu [ムムビスゥ] (英 to keep silent)
黙(だま)っている / 無言(むごん)の

membius [ムムビウゥス]
(英 to anaesthetize) 麻酔(ますい)する

membocorkan [ムムボチョーカヌ]
(英 to leak) 漏(も)らす / 暴露(ばくろ)する

membodék [ムムボデッ] (英 to flatter)
お世辞(せじ)を言う / ごまをする

memboikot [ムムボイコ(ト)]
(英 to boycott) ボイコットする

membolέhkan [ムムボレ(ヘ)カヌ]
(英 to enable / to allow)
できるようにする / 許可する

membongkar [ムムボンカー] (英 to divulge / to force *sth* open / to pull up) 暴(あば)く / こじ開ける / (錨(いかり)を)上げる

membongkok [ムムボンコッ]
(英 to bend)腰をかがめる

membonjol [ムムボンジョル](英 to bulge)
盛り上がる / 隆起(りゅうき)する

memborongkan [ムムボロンカヌ]
(英 to sell wholesale)
卸(おろ)す / 一括(いっかつ)で売る

membosankan [ムムボサヌカヌ]
(英 boring)退屈させる / つまらない

membuang [ムムブゥワン](英 to throw away / to remove / to abandon)
捨てる / 除く / 放(ほう)る

membuang air [ムムブゥワン アエー]
(英 to excrete)排泄(はいせつ)する

membuang air besar
[ムムブゥワン アエー ブサー]
(英 to empty one's bowels)排便する

membuang air kecil
[ムムブゥワン アエー クチェル](英 to urinate)
小便(しょうべん)する

membuang bulu [ムムブゥワン ブゥルゥ]
(英 to remove hair)脱毛(だつもう)する

membuang undi [ムムブゥワン ウゥヌディ]
(英 to vote)投票する / 票を投じる

membuat [ムムブゥワ(ト)]
(英 to do / to make / to pretend)
する / 行う / 〜にさせる / 作る / ふりをする

membuat bising [ムムブゥワ(ト) ビセン]
(英 to make noise)騒(さわ)ぐ

membuat kenyataan
[ムムブゥワ(ト) クニャタアヌ]
(英 to make a statement)発言する

membuat keputusan
[ムムブゥワ(ト) クプゥトゥウサヌ]
(英 to make a decision)
決定する / 結論する

membuat kerja luar
[ムムブゥワ(ト) クージャ ルゥワー]
(英 to go outstation / to work elsewhere)
出張する / よそで働く / 屋外で作業する

membuat kesimpulan
[ムムブゥワ(ト) クスィムプゥラヌ]
(英 to conclude)結論する

membuat ketetapan
[ムムブゥワ(ト) クトゥタパヌ]
(英 to make a resolution)決議する

membuat panggilan
[ムムブゥワ(ト) パンギラヌ]
(英 to make a call)電話をかける

membuat pesanan [ムムブゥワ(ト) プサナヌ]
(英 to place an order)注文する

membuat résolusi
[ムムブゥワ(ト) レソルゥスィ]
(英 to make a resolution)議決する

membuat salah [ムムブゥワ(ト) サラ(ハ)]
(英 to make a mistake)
間違いを犯す / 悪い

membuat tawaran [ムムブゥワ(ト) タワラヌ]
(英 to make a bid)入札(にゅうさつ)する

membuat tempahan
[ムムブゥワ(ト) トゥムパハヌ]
(英 to make a reservation)予約する

membuatkan [ムムブゥワ(ト)カヌ]
(英 to make)〜にさせる / 作ってあげる

membubuh [ムムブゥボ(ホ)](英 to put)
入れる / 付ける

M

membujang [ムムブゥジャン]
(英 to stay single)独身を貫(つらぬ)く

membuka [ムムブゥカ](英 to open / to turn on / to take off)開く / 開ける / オープンする / 点(つ)ける / 脱ぐ

membuktikan [ムムブクティカヌ]
(英 to prove)証明する

membuli [ムムブゥリ](英 to bully)いじめる

membundarkan [ムムブゥヌダーカヌ]
(英 to round off)
四捨五入(ししゃごにゅう)する

membungkus [ムムブゥンコス]
(英 to wrap)包む

membunuh [ムムブゥノ(ホ)](英 to kill)
殺す

membunuh diri [ムムブゥノ(ホ) ディリ]
(英 to commit suicide)自殺する

membunyikan [ムムブゥニイカヌ]
(英 to ring)鳴らす

memburu [ムムブゥルゥ]
(英 to hunt / to pursue)
狩猟(しゅりょう)する / 追求する / 追う

memecah《幹 pecah》[ムムチャ(ハ)]
(英 to break / to split up)
砕く / 割る / 分割する

memecah masuk《幹 pecah》
[ムムチャ(ハ) マソッ]
(英 to break into)
(窓などを壊して)侵入する / 押し入る

memecahkan《幹 pecah》
[ムムチャ(ハ)カヌ]
(英 to break / to split up)
割る / (記録を)破(やぶ)る / 分割する

memecat《幹 pecat》[ムムチャ(ト)]
(英 to dismiss)解雇(かいこ)する

memegang《幹 pegang》[ムムガン]
(英 to hold)掴(つか)まる / 持つ / 固守する

memejamkan《幹 pejam》
[ムムジャムカヌ](英 to shut)つぶる / 閉じる

memekar [ムムカー](英 to bloom)咲く

memelihara《幹 pelihara》[ムムリハラ]
(英 to keep / to look after / to maintain)
飼う / 世話する / 守る

memeluk《幹 peluk》[ムムロッ]
(英 to hug / to believe in)
抱(だ)く / 信仰する

memenangi [ムムナンイ](英 to win)
勝ち取る / 勝つ

meméndék《幹 péndék》[ムメヌデッ]
(英 to shorten / to shrink)
短くなる / 縮(ちぢ)む

meméndékkan《幹 péndék》
[ムメヌデッカヌ](英 to shorten)
短くする / 短縮する

mementingkan《幹 penting》
[ムムヌテンカヌ]
(英 to consider *sth* important)
重視する / 重んじる

mementingkan diri《幹 penting》
[ムムヌテンカヌ ディリ](英 selfish)わがままな

memenuhi《幹 penuh》[ムムヌゥヒ]
(英 to fulfil)
(条件を)満たす / (約束を)果たす

memenuhkan《幹 penuh》
[ムムノ(ホ)カヌ](英 to fill)
満たす / いっぱいにする

M

meményékkan《㊎ pényék》
[ムメニェッカヌ](㊎ to flatten)
潰(つぶ)す / 平らにする

memerah《㊎ perah》 [ムムラ(ハ)]
(㊎ to squeeze)絞(しぼ)る

memeram《㊎ peram》 [ムムラム]
(㊎ to ripen)熟させる

memerangi《㊎ perang》 [ムムランィ]
(㊎ to fight with [against])～と戦う

memeranjatkan《㊎ peranjat》
[ムムランジャ(ト)カヌ](㊎ surprising / to surprise)驚きの / 驚かす

memerap《㊎ perap》 [ムムラ(プ)]
(㊎ to marinate)漬(つ)け込む

memerapkan《㊎ perap》
[ムムラ(プ)カヌ](㊎ to marinate)漬(つ)け込む

memeras《㊎ peras》 [ムムラス]
(㊎ to exploit / to extort)
搾取(さくしゅ)する / 強要(きょうよう)する

memeras ugut《㊎ peras》
[ムムラス ウゥゴ(ト)](㊎ to blackmail)
恐喝(きょうかつ)する

memercik《㊎ percik》 [ムムーチェッ]
(㊎ to splash)飛び散る

memerhati《㊎ perhati》 [ムムーハティ]
(㊎ to observe / to gaze)
観察する / 注視する

memerhatikan《㊎ perhati》
[ムムーハティカヌ](㊎ to observe / to gaze)
観察する / 注視する

memerikan《㊎ peri》 [ムムリカヌ]
(㊎ to describe)記述する / 説明する

memeriksa《㊎ periksa》 [ムムリッサ]
(㊎ to examine)検査する / 診(み)る

memerintah《㊎ perintah》 [ムムリヌタ(ハ)]
(㊎ to order / to rule)
命令する / 指示する / 統治する

memerintahkan《㊎ perintah》
[ムムリヌタ(ハ)カヌ](㊎ to command)
命令する / 指示する

memerli《㊎ perli》 [ムムーリ]
(㊎ to tease)からかう / 皮肉(ひにく)る

memerlukan《㊎ perlu》 [ムムールゥカヌ]
(㊎ to need)～を必要とする

memesan《㊎ pesan》 [ムムサヌ]
(㊎ to order / to exhort)
注文する / 忠告する

memeterai [ムムトゥライ](㊎ to seal)
調印する / 封印(ふういん)を押す

memetik《㊎ petik》 [ムムテッ]
(㊎ to pick / to snap / to quote)
摘(つ)む / 弾(はじ)く / 引用する

memfakskan [ムムフェクスカヌ](㊎ to fax)
ファックスする

memfitnah [ムムフィ(ト)ナ(ハ)]
(㊎ to slander)中傷(ちゅうしょう)する

memfokuskan [ムムフォクゥスカヌ]
(㊎ to focus)～に集中する / ～に焦点を置く

memfotostat [ムムフォトスタ(ト)]
(㊎ to copy)コピーする

memicit《㊎ picit》 [ムミチェ(ト)]
(㊎ to press / to squeeze / to knead)
(指で)押す / つねる / 揉(も)む

memijak《㊎ pijak》 [ムミジャッ]
(㊎ to step on)踏(ふ)む

M

memikat《[幹] pikat》[ムミカ(ト)]
([英] to attract / to snare)引きつける / わなにかける

memikir《[幹] fikir》[ムミケー]
([英] to think)考える

memikirkan《[幹] fikir》[ムミケーカヌ]
([英] to think about)〜について考える

memikul《[幹] pikul》[ムミコル]
([英] to carry on the shoulder / to shoulder)肩に担(かつ)ぐ / 担(にな)う / 負う

memilih《[幹] pilih》[ムミレ(へ)]
([英] to choose)選ぶ

memiliki [ムミリキ]([英] to own / to possess)所有する / 有する

memimpikan [ムミムピカヌ]
([英] to dream about)夢に見る

memimpin《[幹] pimpin》[ムミムピヌ]
([英] to lead / to guide)
導く / 率(ひき)いる / 指導する

meminang《[幹] pinang》[ムミナン]
([英] to propose marriage)求婚する

meminati [ムミナティ]
([英] to be interested in / to admire)〜に興味を持つ / 好感を抱く

meminda《[幹] pinda》[ムミヌダ]
([英] to amend)改正する / 修正する

memindahkan《[幹] pindah》
[ムミヌダ(ハ)カヌ]([英] to move / to evacuate / to transfer)移す / 移動させる / 避難させる / 振り込む

meminjam《[幹] pinjam》[ムミンジャム]
([英] to borrow)借りる

meminjamkan《[幹] pinjam》
[ムミンジャムカヌ]([英] to lend)貸す

meminta [ムミヌタ]([英] to ask (for) / to request)求める / 頼む

meminta ampun [ムミヌタ アムポヌ]
([英] to apologize)許しを請(こ)う / 詫(わ)びる

meminta diri [ムミヌタ ディリ]
([英] to excuse oneself)
途中で去る / おいとまする

meminta maaf [ムミヌタ マアフ]
([英] to apologize)謝る / 許しを請(こ)う

memintal《[幹] pintal》[ムミヌタル]
([英] to spin)(糸を)紡(つむ)ぐ

meminum [ムミノム]([英] to drink)飲む

memiringkan [ムミレンカヌ]
([英] to incline)傾(かたむ)ける

memisahkan《[幹] pisah》[ムミサ(ハ)カヌ]
([英] to separate)引き離す / 区別する

mémo [メモ]([英] note)メモ

memohon [ムモホヌ]([英] to apply / to ask)
応募する / 申請する / 請(こ)う / お願いする

memohon maaf [ムモホヌ マアフ]
([英] to apologize)謝る / 許しを請(こ)う

memonopoli [ムモノポリ]
([英] to monopolize)独占する

mémorandum [メモラヌドム]
([英] memorandum)覚え書き

mémori [メモリ]([英] memory)
思い出 / 記憶 / メモリ

memotong《㊞ potong》[ムモトン]
(㊟ to cut / to break off / to slice)
切る / 切断する / 削(そ)ぎ落とす / 減らす

memotong barisan《㊞ potong》
[ムモトン バリサヌ](㊟ to cut in)横入りする

memotong harga《㊞ potong》
[ムモトン ハルガ](㊟ to give a discount)
値引きする

memotong markah《㊞ potong》
[ムモトン マルカ(ハ)](㊟ to deduct points)
減点する

mempamérkan [ムムパメーカヌ]
(㊟ to exhibit / to display)展示する /
陳列(ちんれつ)する

mempedulikan [ムムプドゥウリカヌ]
(㊟ to care about)気にする / 構(かま)う

mempelajari [ムムプラジャリ](㊟ to learn /
to study)〜を学ぶ / 勉強する

mempelam [ムムプラム](㊟ mango)
マンゴー

mempelawa [ムムプラワ](㊟ to invite)
招待する

mempengaruhi [ムムプンァロヒ]
(㊟ to influence)〜に影響する

memperagakan [ムムプラガカヌ]
(㊟ to display)陳列(ちんれつ)する

memperakui [ムムプーアクゥイ]
(㊟ to recognize)認める / 承認する

memperakukan [ムムプーアクゥカヌ]
(㊟ to acknowledge)
(正しいと)認める / 承認する

memperbaharui [ムムプーバハルゥイ]
(㊟ to renew)更新する

memperbaik [ムムプーバエッ]
(㊟ to improve)改善する / 改良する

memperbaiki [ムムプーバイキ]
(㊟ to improve)改善する / 改良する

memperbesar [ムムプーブサー]
(㊟ to enlarge / to extend)
より大きくする / 拡張する

memperbesarkan [ムムプーブサーカヌ]
(㊟ to enlarge / to extend)
より大きくする / 拡張する

memperbetul [ムムプーブトル]
(㊟ to correct)修正する / 訂正する

memperbetulkan [ムムプーブトルカヌ]
(㊟ to correct)修正する / 訂正する

mempercayai [ムムプーチャヤイ]
(㊟ to believe / to trust)
〜を信じる / 信頼する

mempercepat [ムムプーチュパ(ト)]
(㊟ to accelerate)加速する / 早める

mempercepatkan [ムムプーチュパ(ト)カヌ]
(㊟ to accelerate / to speed up)
加速する / 早める

memperdalam [ムムプーダラム]
(㊟ to deepen)深くする / 深める

memperdaya [ムムプーダヤ](㊟ to trick /
to deceive)だます / 欺(あざむ)く

memperdébatkan [ムムプーデバ(ト)カヌ]
(㊟ to debate)討論(とうろん)する

memperhatikan [ムムプーハティカヌ]
(㊟ to observe / to gaze)
観察する / 注視する

memperingati [ムムプリンァティ]
(㊟ to commemorate)記念する

memperingatkan [ムムプリンァ(ト)カヌ]
(英 to remind)
思い出させる / 注意喚起する

memperjuangkan [ムムプージュウワンカヌ]
(英 to fight for)～のために戦う

memperkatakan [ムムプーカタカヌ]
(英 to say / to talk about)
述べる / 議論する

memperkecilkan [ムムプークチェルカヌ]
(英 to belittle / to reduce)
軽んじる / 縮小する

memperkembang [ムムプークムバン]
(英 to develop / to extend)
発展させる / (能力などを)引き伸ばす

memperkembangkan
[ムムプークムバンカヌ](英 to enlarge)
(能力などを)伸ばす / 拡充する

memperkenalkan [ムムプークナルカヌ]
(英 to introduce)紹介する / 導入する

memperkenalkan diri
[ムムプークナルカヌ ディリ]
(英 to introduce oneself)自己紹介する

memperkuat [ムムプークゥワ(ト)]
(英 to strengthen)強める / 強化する

memperkuatkan [ムムプークゥワ(ト)カヌ]
(英 to strengthen)強める / 強化する

memperkukuh [ムムプークゥコ(ホ)]
(英 to strengthen)強固にする / 強化する

memperkukuhkan [ムムプークゥコ(ホ)カヌ]
(英 to strengthen)強固にする / 強化する

memperlakukan [ムムプーラクゥカヌ]
(英 to treat)扱う

memperli [ムムプーリ](英 to tease)
からかう / 皮肉(ひにく)る

memperlihatkan [ムムプーリハ(ト)カヌ]
(英 to show / to display)見せる / 示す

memperluas [ムムプールゥワヌ]
(英 to widen)広げる / 拡大する

memperluaskan [ムムプールゥワヌカヌ]
(英 to widen)広げる / 拡大する

mempermainkan [ムムプーマエヌカヌ]
(英 to make fun of / to take advantage of)からかう / 弄(もてあそ)ぶ / 巧みに利用する

memperoléh [ムムプーオレ(ヘ)]
(英 to obtain / to achieve)獲得(かくとく)する / 手に入れる / 成し遂げる

memperoléhi [ムムプーオレヒ]
(英 to obtain / to achieve)獲得(かくとく)する / 手に入れる / 成し遂げる

memperolok-olok [ムムプーオロッ オロッ]
(英 to tease / to mock)
からかう / 茶化(ちゃか)す

memperolok-olokkan
[ムムプーオロッ オロッカヌ](英 to mock)
ばかにする / 茶化(ちゃか)す

mempersembahkan
[ムムプースムバ(ハ)カヌ]
(英 to present / to perform)
披露(ひろう)する / 上演する / 演奏する

mempersendakan [ムムプースヌダカヌ]
(英 to tease)からかう

mempersoalkan [ムムプーソワルカヌ]
(英 to question)疑問視する / 問う

mempertahankan [ムムプータハヌカヌ]
(英 to defend / to keep)守る / 防衛する

mempertahankan diri [ムムプータハヌカヌ ディリ]
(㊥ to defend oneself)自衛する

memperteguh [ムムプートゥゴ(ホ)]
(㊥ to strengthen)強くする / 強化する

memperteguhkan [ムムプートゥゴ(ホ)カヌ]
(㊥ to strengthen)強くする / 強化する

mempertimbangkan [ムムプーティムバンカヌ]
(㊥ to take into consideration)
考慮する / 配慮する / 検討(けんとう)する

mempertingkatkan [ムムプーティンカ(ト)カヌ](㊥ to improve / to increase)向上させる / 増加させる

mempertunjukkan [ムムプートゥンジョッカヌ]
(㊥ to present / to exhibit)
披露(ひろう)する / 展示する

memperuntukkan [ムムプーウゥヌトッカヌ]
(㊥ to allocate / to allot)配分(はいぶん)する / 割り当てる

mempromosikan [ムムプロモスイカヌ]
(㊥ to promote)促進する / 奨励する

memprosés [ムムプロセス]
(㊥ to process)加工する / 処理する

memprotés [ムムプロテス]
(㊥ to protest)抗議する

memprovokasi [ムムプロヴォカスイ]
(㊥ to provoke)挑発(ちょうはつ)する

mempunyai [ムムプゥニャイ](㊥ to have / to possess)持つ / 所有する

memuaskan《㊥ puas》[ムムゥワスカヌ]
(㊥ to satisfy / satisfactory)
満足させる / 満足のいく

memuat naik [ムムゥワ(ト) ナエッ]
(㊥ to upload)アップロードする

memuat turun [ムムゥワ(ト) トゥウロヌ]
(㊥ to download)ダウンロードする

memuatkan [ムムゥワ(ト)カヌ](㊥ to load / to place / to accommodate)
載せる / 積み込む / 掲載する / 収容する

memudahkan [ムムゥダ(ハ)カヌ]
(㊥ to make *sth* easy)容易にする

memudar《㊥ pudar》[ムムゥダー]
(㊥ to fade / to decay)色あせる / 衰える

memudaratkan [ムムゥダラ(ト)カヌ]
(㊥ to harm / harmful)害する / 有害な

memuja《㊥ puja》[ムムゥジャ]
(㊥ to worship / worship / to idolize)
崇拝する / 崇拝 / 心酔する

memuji《㊥ puji》[ムムゥジ]
(㊥ to praise)ほめる

memuji-muji《㊥ puji》[ムムゥジ ムゥジ]
(㊥ to sing *sb's* praises)
ほめそやす / ほめちぎる

memujuk《㊥ pujuk》[ムムゥジョッ]
(㊥ to persuade / to comfort)
説得する / 慰(なぐさ)める

memuktamadkan [ムムゥクタマ(ド)カヌ]
(㊥ to finalize)(最終)確定する

memukul《㊥ pukul》[ムムゥコル]
(㊥ to hit / to beat)
打つ / 叩(たた)く / 殴(なぐ)る

memulakan [ムムゥラカヌ](㊥ to start)
始める

memulangkan《㊥ pulang》
[ムムゥランカヌ](㊥ to return)返す / 戻す

M

memulas《㊀ pulas》[ムムゥラス]
(㊥ to twist / to turn / to wring out)
ひねる / ねじる / しぼる

memulaukan《㊀ pulau》[ムムゥラゥカヌ]
(㊥ to boycott / to ostracize)
ボイコットする / 孤立させる

memuliakan [ムムゥリヤカヌ]
(㊥ to honour) 尊(とうと)ぶ / 敬意を表する

memulihkan《㊀ pulih》[ムムゥレ(ヘ)カヌ]
(㊥ to cure / to restore) 治す / 修復する

memunahkan《㊀ punah》
[ムムゥナ(ハ)カヌ](㊥ to annihilate)
全壊させる / 全滅させる

memungkinkan [ムムゥンケヌカヌ]
(㊥ to enable) 可能にする

memungkiri [ムムゥンキリ]
(㊥ to break) (約束を) 破る

memungut《㊀ pungut》[ムムゥンオ(ト)]
(㊥ to collect / to pick up / to harvest)
(寄付などを) 集める / 拾う / 収穫する

memupuk《㊀ pupuk》[ムムゥポッ]
(㊥ to encourage / to fertilize)
育(はぐく)む / 肥(こ)やす

memuratakan《㊀ purata》
[ムムゥラタカヌ](㊥ to average) 平均する

memusingkan《㊀ pusing》
[ムムゥセンカヌ](㊥ to turn) 回す / 回転させる

memusnahkan [ムムゥスナ(ハ)カヌ]
(㊥ to destroy) 破壊する / 破滅させる

memutar《㊀ putar》[ムムゥター]
(㊥ to turn / to twist)
回す / 回転させる / (事実を) 曲げる

memutarbelitkan《㊀ putar belit》
[ムムゥタープレ(ト)カヌ](㊥ to twist)
歪曲(わいきょく)する

memutarkan《㊀ putar》[ムムゥターカヌ]
(㊥ to turn) 回す / 回転させる

memutihkan《㊀ putih》[ムムゥテ(ヘ)カヌ]
(㊥ to whiten) 白くする

memutuskan《㊀ putus》[ムムゥトスカヌ]
(㊥ to cut / to terminate / to decide /
to rule) 切る / 打ち切る / 決定する /
判決を下す

memvéto [ムムヴェト](㊥ to veto)
拒否権を行使する

menabung《㊀ tabung》[ムナボン]
(㊥ to save up) 貯金する

menabur《㊀ tabur》[ムナボー]
(㊥ to scatter) まき散らす / ばらまく

menaburkan《㊀ tabur》[ムナボーカヌ]
(㊥ to scatter) まき散らす / ばらまく

menafikan [ムナフィカヌ]
(㊥ to deny) 打ち消す / 否定する

menagih《㊀ tagih》[ムナゲ(ヘ)]
(㊥ to demand / to crave)
強く求める / 懇願する

menahan《㊀ tahan》[ムナハヌ]
(㊥ to stop / to prevent / to detain /
to support) 抑(おさ)える / 止める / 防ぐ /
拘束(こうそく)する / 支える

menahan diri《㊀ tahan》
[ムナハヌ ディリ](㊥ to tolerate / to restrain
oneself) 我慢する / 差し控(ひか)える

menaik [ムナエッ](㊥ to go up / to rise)
上がる / 上昇する

menaiki [ムナイキ] (㊥ to board / to climb) ～に乗る / 登る

menaikkan [ムナエッカヌ] (㊥ to raise / to increase) 上げる / 高める

menaip 《㊥ taip》 [ムナエ(プ)] (㊥ to type) タイプする

menaja 《㊥ taja》 [ムナジャ] (㊥ to sponsor) 提供する / 後援する

menajam 《㊥ tajam》 [ムナジャム] (㊥ to sharpen / to become sharp) (感覚を)研(と)ぎ澄ます / 鋭くする / 尖(とが)る

menakluki 《㊥ takluk》 [ムナッ(ク)ルウキ] (㊥ to conquer) 征服する

menaksir 《㊥ taksir》 [ムナッセー] (㊥ to assess / to appraise) 評価する / 算定する

menakuti 《㊥ takut》 [ムナクゥティ] (㊥ to fear) ～を怖がる / 恐れる

menakutkan 《㊥ takut》 [ムナコ(ト)カヌ] (㊥ to scare / scary) 怖がらせる / 恐(おそ)ろしい

menakut-nakutkan 《㊥ takut》 [ムナコ(ト) ナコ(ト)カヌ] (㊥ to scare) 怖がらせる

menamai [ムナマイ] (㊥ to name) 名付ける

menamakan [ムナマカヌ] (㊥ to name / to nominate) 名付ける / 指名する / 名前を挙げる

menamatkan 《㊥ tamat》 [ムナマ(ト)カヌ] (㊥ to end) 終える / 終わらせる

menambah 《㊥ tambah》 [ムナムバ(ハ)] (㊥ to add) 加える / 増やす

menambahkan 《㊥ tambah》 [ムナムバ(ハ)カヌ] (㊥ to add / to increase) 加える / 増やす

menampakkan [ムナムパッカヌ] (㊥ to show) 見せる

menampal 《㊥ tampal》 [ムナムパル] (㊥ to stick / to paste / to patch) 貼る / 継(つ)ぎはぎを当てる

menampar 《㊥ tampar》 [ムナムパー] (㊥ to slap) 平手(ひらて)打ちする

menampilkan 《㊥ tampil》 [ムナムペルカヌ] (㊥ to show) 見せる

menampung 《㊥ tampung》 [ムナムポン] (㊥ to support / to collect / to accommodate) 受け止める / 下支(したざさ)えする / 対応する / 収容する

menanak 《㊥ tanak》 [ムナナッ] (㊥ to cook) 炊(た)く

menanam 《㊥ tanam》 [ムナナム] (㊥ to plant / to bury / to cultivate) 植える / 埋める / 耕作(こうさく)する

menanda 《㊥ tanda》 [ムナヌダ] (㊥ to mark) 印(しるし)を付ける / 採点する

menandai 《㊥ tanda》 [ムナヌダイ] (㊥ to mark) ～に印(しるし)を付ける

menandakan 《㊥ tanda》 [ムナヌダカヌ] (㊥ to mark / to indicate) (印を)付ける / ～のしるしとなる

menandatangani 《㊥ tandatangan》 [ムナヌダタンァニ] (㊥ to sign) ～にサインする / 署名(しょめい)する

menang [ムナン] (㊥ to win) 勝つ / 勝ち取る

menang kalah [ムナン カラ(ハ)]
(㊧ win and loss)勝敗(しょうはい)

menangani《㊥ tangan》[ムナンァニ]
(㊧ to handle)扱う / 処理する / 対応する

menanggalkan《㊥ tanggal》
[ムナンガルカヌ]
(㊧ to peel / to strip / to remove)
剥(は)がす / 剥ぐ / 外(はず)す(取り外す)

menangguhkan《㊥ tangguh》
[ムナンゴ(ホ)カヌ](㊧ to postpone)
延期する / 遅らせる

menangguhkan pengajian《㊥ tangguh》
[ムナンゴ(ホ)カヌ プンァジヤヌ]
(㊧ to defer one's study)
(大学の)卒業を延期する

menanggung《㊥ tanggung》
[ムナンゴン](㊧ to incur / to support /
to bear / to shoulder)負担(ふたん)する /
扶養(ふよう)する / 耐える / 担(かつ)ぐ

menanggung derita《㊥ tanggung》
[ムナンゴン ドゥリタ](㊧ to suffer)
苦しみを抱える

menanggung masalah《㊥ tanggung》
[ムナンゴン マサラ(ハ)](㊧ to suffer from
a problem)問題を抱える

menangi [ムナンィ](㊧ to win)
勝ち取る / 勝つ

menangis《㊥ tangis》[ムナンエス]
(㊧ to cry)泣く

menangkap《㊥ tangkap》[ムナンカ(プ)]
(㊧ to catch / to arrest / to get)捕(つか)
まえる / 逮捕(たいほ)する / 把握(はあく)する

menanti [ムナヌティ](㊧ to wait for)待つ

menanti-nanti [ムナヌティ ナヌティ]
(㊧ to wait and wait / to look forward to)
ずっと待つ / 待ち望む

menanti-nantikan [ムナヌティ ナヌティカヌ]
(㊧ to wait and wait / to look forward to)
ずっと待つ / 待ち望む

menantu [ムナヌトゥウ]
(㊧ son-in-law / daughter-in-law)
義理の子 / 婿(むこ) / 嫁(よめ)

menanyakan《㊥ tanya》[ムナニャカヌ]
(㊧ to ask about)〜について尋ねる

menapai《㊥ tapai》[ムナパイ]
(㊧ to ferment)発酵(はっこう)させる

menapis《㊥ tapis》[ムナペス]
(㊧ to filter / to censor)
ろ過する / 検閲(けんえつ)する

menara [ムナラ](㊧ tower)タワー / 塔

menara kawalan [ムナラ カワラヌ]
(㊧ control tower)管制塔(かんせいとう)

menari《㊥ tari》[ムナリ](㊧ to dance)
踊る

menarik《㊥ tarik》[ムナレッ]
(㊧ interesting / attractive / to pull)
興味深い / 魅力的な / 引く / 引っ張る

menarik balik《㊥ tarik》[ムナレッ バレッ]
(㊧ to retract)撤回する

menarik diri《㊥ tarik》[ムナレッ ディリ]
(㊧ to draw back)身を引く / 辞退する

menarik keluar《㊥ tarik》
[ムナレッ クルゥワー](㊧ to pull out)引き出す

menarik nafas《㊥ tarik》
[ムナレッ ナファス](㊧ to breathe in)息を吸う

menarik nafas lega《㊟ tarik》
[ムナレッ ナファス ルガ](㊧ to feel relieved)
ほっとする

menari-nari《㊟ tari》[ムナリ ナリ]
(㊧ to dance)踊る / 舞う

menaruh《㊟ taruh》[ムナロ(ホ)]
(㊧ to put / to place / to bet)
置く / (感情を)抱く / 賭(か)ける

menasihati [ムナスィハティ](㊧ to advise)
～にアドバイスする / 忠告する

menasihatkan [ムナスイハ(ト)カヌ]
(㊧ to advise)
～にアドバイスする / 忠告する

menatap《㊟ tatap》[ムナタ(プ)]
(㊧ to gaze / to scrutinize)
じっと見る / よく見る

menawan《㊟ tawan》[ムナワヌ]
(㊧ charming / to capture)
魅力的な / (心を)とらえる / 攻略する

menawan hati《㊟ tawan》
[ムナワヌ ハティ](㊧ to captivate)
心を奪う / 魅了する

menawar《㊟ tawar》[ムナワー]
(㊧ to haggle)値切(ねぎ)る

menawarkan《㊟ tawar》[ムナワーカヌ]
(㊧ to offer / to dilute)
提供する / 支給する / 味を薄める

menayangkan《㊟ tayang》
[ムナヤンカヌ](㊧ to show)
公開する / 上映する

menayang-nayang《㊟ tayang》
[ムナヤン ナヤン](㊧ to show off)
見せびらかす

mencabar [ムンチャバー]
(㊧ to challenge / to defy / challenging)
挑(いど)む / 挑戦する / チャレンジングな

mencabul [ムンチャボル](㊧ to molest / to violate)淫らな行為をする / (法を)犯す

mencabul kehormatan
[ムンチャボル クホーマタヌ](㊧ to molest)
陵辱(りょうじょく)する / 性的暴行をする

mencabut [ムンチャボ(ト)]
(㊧ to pull out [up])引き抜く

mencabut undi [ムンチャボ(ト) ウゥヌディ]
(㊧ to draw a lot)くじを引く

mencaci maki [ムンチャチ マキ]
(㊧ to swear)罵(ののし)る / 悪態をつく

mencadangkan [ムンチャダンカヌ]
(㊧ to suggest / to propose)
提案する / 勧める

mencair [ムンチャエー](㊧ to melt)
(氷などが)溶(と)ける

mencairkan [ムンチャエーカヌ]
(㊧ to melt / to liquidize / to dilute)
溶(と)かす / 液状にする / 薄める

mencakar [ムンチャカー](㊧ to scratch)
引っ掻(か)く

mencalar [ムンチャラー](㊧ to scratch)
掻(か)く

mencalonkan [ムンチャロヌカヌ]
(㊧ to nominate)指名する

mencampak [ムンチャムパッ](㊧ to throw (away))投げる / 投げ捨てる

mencampakkan [ムンチャムパッカヌ]
(㊧ to chuck)投げる / 放る

M

mencampuradukkan《[幹] campur aduk》
[ムンチャムポーアドゥッカヌ]([英] to mix)
混ぜ合わせる

mencampurbaurkan《[幹] campur baur》
[ムンチャムポーバォーカヌ]([英] to mix)
混ぜ合わせる

mencampuri [ムンチャムポリ]
([英] to interfere in)～に介入する

mencampurkan [ムンチャムポーカヌ]
([英] to mix)混ぜる / 合わせる

mencancang [ムンチャンチャン]
([英] vertical)垂直(すいちょく)な

mencangkul [ムンチャンコル]
([英] to hoe)(くわで)耕す

mencangkung [ムンチャンコン]
([英] to squat)しゃがむ

mencantum [ムンチャヌトム]([英] to join *sth* together)くっつける / 結合する

mencantumkan [ムンチャヌトムカヌ]
([英] to join *sth* together)
くっつける / 結合する

mencapai [ムンチャパイ]([英] to achieve / to reach)達成する / 達する / 届く

mencari [ムンチャリ]([英] to look for / to search / to look up)
探す / 検索する / (辞書を)引く

mencari bakat [ムンチャリ バカ(ト)]
([英] to scout / to find talent)スカウトする / 人材を発掘(はっくつ)する

mencari rezeki [ムンチャリ ルズキ]
([英] to earn a living)
生計を立てる / 生活の糧(かて)を得る

mencari-cari [ムンチャリ チャリ]
([英] to look for thoroughly)
くまなく探す / 必死に探す

mencarik [ムンチャレッ]([英] to tear up)
引き裂く

mencarik-carik [ムンチャレッ チャレッ]
([英] to tear *sth* into pieces)
引きちぎる / 引き裂く

mencarik-carikkan
[ムンチャレッ チャレッカヌ]([英] to tear *sth* into pieces)引きちぎる / 引き裂く

mencarter [ムンチャトゥー]
([英] to charter)チャーターする

mencatat [ムンチャタ(ト)]([英] to record / to note down)記録する / メモする

mencatatkan [ムンチャタ(ト)カヌ]
([英] to record / to note down)
記録する / メモする

mencatu [ムンチャトゥウ]([英] to ration)
配給する

menceburi [ムンチュブゥリ]
([英] to be involved in)携(たずさ)わる / 従事する

mencecah [ムンチュチャ(ハ)]
([英] to reach / to dip)
達する / 浸ける / ディップする

mencecahkan [ムンチュチャ(ハ)カヌ]
([英] to dip / to touch)
付ける / 浸ける / ディップする

mencederakan [ムンチュドゥラカヌ]
([英] to injure)怪我(けが)させる / 傷つける

mencédok [ムンチェドッ]
([英] to copy / to ladle out)
真似(まね)る / (ひしゃくで)すくう

M

mencegah [ムンチュガ(ハ)]
(英 to prevent)防ぐ / 予防する

mencelah [ムンチュラ(ハ)](英 to interrupt / to squeeze in)割り込む

mencemari [ムンチュマリ]
(英 to pollute)汚染する

mencemburui [ムンチュムブゥルゥイ]
(英 to be jealous of)
～に嫉妬(しっと)する / ～を妬(ねた)む

mencepatkan [ムンチュパ(ト)カヌ]
(英 to speed up)早める

mencerakinkan [ムンチュラケヌカヌ]
(英 to decompose)分解する

menceritakan [ムンチュリタカヌ]
(英 to tell)語る / 物語る

mencerminkan [ムンチューメヌカヌ]
(英 to reflect)反映する

mencerna [ムンチュルナ](英 to digest)
消化する / 理解する

mencernakan [ムンチュルナカヌ]
(英 to digest)消化する / 理解する

menceroboh [ムンチュロボ(ホ)]
(英 to trespass / to invade / to hack)
侵入する / 侵害する / ハックする

mencerobohi [ムンチュロボヒ]
(英 to trespass / to invade)
侵入する / 侵害する

mencétak [ムンチェタッ](英 to print)
印刷する / プリントする

mencétak semula [ムンチェタッ スムゥラ]
(英 to reprint)
再版(さいはん)する / 重版する / 再印刷する

mencetuskan [ムンチュトゥスカヌ]
(英 to trigger)
引き起こす / 勃発(ぼっぱつ)させる

mencincang [ムンチンチャン]
(英 to chop up)細かく刻む

mencintai [ムンチヌタイ](英 to love)
愛する

mencipta [ムンチ(プ)タ](英 to invent / to create)発明する / 作り出す

mencita-citakan [ムンチタ チタカヌ]
(英 to dream for / to aspire)
夢見る / 望む / 志す

mencium [ムンチオム](英 to kiss)
キスする

mencondong [ムンチョヌドン]
(英 to tilt)傾(かたむ)いている

mencondongkan [ムンチョヌドンカヌ]
(英 to tilt)傾(かたむ)ける

mencongak [ムンチョンアッ]
(英 to do mental arithmetic / to look up)
暗算する / 見上げる

menconténg(-conténg)
[ムンチョヌテン (チョヌテン)](英 to scribble)
落書きする

mencontohi [ムンチョヌトヒ]
(英 to follow the example of)見習う

mencuba [ムンチュゥバ](英 to try)
試(こころ)みる / 試(ため)す

mencuba rasa [ムンチュゥバ ラサ]
(英 to try)試食する / 試飲する

mencubit [ムンチュゥベ(ト)]
(英 to pinch)つねる / つまむ

M

mencuci [ムンチュゥチ]([英] to wash / to develop)洗う / 現像(げんぞう)する

mencuci mata [ムンチュゥチ マタ]
([英] to feast one's eyes)目の保養をする

mencucuh [ムンチュゥチョ(ホ)]
([英] to ignite / to light)点火する

mencucuk [ムンチュゥチョッ]
([英] to poke / to prick / to incite)
つつく / 刺す / 煽(あお)る

mencukai [ムンチュゥカイ]([英] to tax)
課税する

mencukupi [ムンチュゥコピ]
([英] sufficient)十分な / 足りている

menculik [ムンチュゥレッ]([英] to kidnap / to abduct)連れ去る / 誘拐(ゆうかい)する

mencuri [ムンチュゥリ]([英] to steal)
盗(ぬす)む

M

mencuri tulang [ムンチュゥリ トゥウラン]
([英] to loaf on the job)
サボる / 怠(なま)ける

mencurigai [ムンチュゥリガイ]
([英] to doubt)疑う

mencurigakan [ムンチュゥリガカヌ]
([英] suspicious)怪しい / 不審な

mendadak [ムヌダダッ]
([英] sudden / unexpected / abrupt)
突然の / 不意の / 急な

mendaftar [ムヌダ(フ)ター]([英] to register)
登録する

mendaftar keluar [ムヌダ(フ)ター クルゥワー]
([英] to check out)チェックアウトする

mendaftar masuk [ムヌダ(フ)ター マソッ]
([英] to check in)チェックインする

mendahului [ムヌダフゥルゥイ]
([英] to precede / to lead)〜の前に来る / 〜に先行する / 〜に先駆(さきが)ける

mendahulukan [ムヌダフゥルゥカヌ]
([英] to prioritize)優先する

mendakap [ムヌダカ(プ)]
([英] to hold *sth* in one's arms / to hug)
抱きしめる / ハグする / だっこする

mendaki [ムヌダキ]([英] to climb)
(山に)登る

mendakwa [ムヌダッ(ク)ワ]([英] to claim / to sue)主張する / 起訴(きそ)する

mendalam [ムヌダラム]
([英] deep / thorough / to get deeper)
(程度が)深い / 詳細な / 深まる

mendalami [ムヌダラミ]
([英] to deepen / to understand deeply)
(知識などを)深める / 深く理解する

mendap [ムヌダ(プ)]([英] to settle)
沈殿(ちんでん)する / 堆積(たいせき)する

mendapan [ムヌダパヌ]([英] sediment)
沈殿物(ちんでんぶつ) / 堆積物(たいせきぶつ)

mendapat [ムヌダパ(ト)]([英] to get)
得る / もらう

mendapati [ムヌダパティ]
([英] to find (out) / to get)
発見する / 知る / 分かる / 得る

mendapatkan [ムヌダパ(ト)カヌ]
([英] to get)得る / 獲得する

mendapatkan semula [kembali] [ムヌダパ(ト)カヌ スムゥラ [クムバリ]]
(英 to get back)取り戻す

mendarabkan [ムヌダラ(ブ)カヌ]
(英 to multiply)掛け算する

mendarat [ムヌダラ(ト)] (英 to land)
着陸する / 上陸する

mendatangkan [ムヌダタンカヌ]
(英 to bring about / to bring)
もたらす / 連れてくる

mendatar [ムヌダター]
(英 horizontal / flat)水平な / 平らな

mendayung [ムヌダヨン] (英 to row)
漕(こ)ぐ

mendébatkan [ムヌデバ(ト)カヌ]
(英 to debate)討論(とうろん)する

mendedahkan [ムヌドゥダ(ハ)カヌ]
(英 to disclose / to expose)
暴露する / 人前にさらす

mendéfinisikan [ムヌデフィニスイカヌ]
(英 to define)定義する

mendekati [ムヌドゥカティ] (英 to approach / to come close to)近づく

mendekatkan [ムヌドゥカ(ト)カヌ]
(英 to put *sth* close)近づける

mendéklamasi [ムヌデクラマスイ]
(英 to read aloud)朗読(ろうどく)する

mendéklamasikan [ムヌデクラマスイカヌ]
(英 to read aloud)朗読(ろうどく)する

mendémonstrasikan
[ムヌデモヌストラスイカヌ] (英 to demonstrate)
デモンストレーションする / 実演する

mendenda [ムヌドゥヌダ] (英 to punish / to fine)処罰(しょばつ)する / 罰金を課す

mendengar [ムヌドゥンアー] (英 to listen)
(意識して)聞く / 従う

mendengarkan [ムヌドゥンアーカヌ]
(英 to listen carefully)聞く / 耳を澄ます

mendépositkan [ムヌデポセ(ト)カヌ]
(英 to deposit)入金する

mendera [ムヌドゥラ] (英 to abuse)
虐待(ぎゃくたい)する

menderhaka [ムヌドゥーハカ] (英 to be disloyal / to betray)反逆する / 裏切る

menderingkan [ムヌドゥレンカヌ]
(英 to ring)(ベルを)鳴らす

menderita [ムヌドゥリタ] (英 to suffer / to agonize)苦しむ / 苦悩(くのう)する

menderitakan [ムヌドゥリタカヌ]
(英 to trouble / agonizing)
苦しめる / 悩ます / つらい

menderma [ムヌドゥルマ] (英 to donate)
寄付(きふ)する

menderma darah [ムヌドゥルマ ダラ(ハ)]
(英 to donate blood)献血(けんけつ)する

mendermakan [ムヌドゥルマカヌ]
(英 to donate)寄付(きふ)する

mendermakan darah
[ムヌドゥルマカヌ ダラ(ハ)]
(英 to donate blood)献血(けんけつ)する

mendesak [ムヌドゥサッ] (英 to urge / to push)強く求める / 迫る / 押す

mendéwasa [ムヌデワサ] (英 to become an adult)大人になる / 成人する

M

mendiagnosis [ムヌディヤグノセス]
([英] to diagnose)診断する

mendiamkan [ムヌディヤムカヌ]
([英] to hush / to ignore / to hush up)
黙(だま)らせる / 無視する / もみ消す

mendiamkan diri [ムヌディヤムカヌ ディリ]
([英] to keep silent)沈黙する

mendiang [ムヌディヤン]([英] the late)
(非イスラーム教徒について)故(こ)〜

mendidih [ムヌディデ(へ)]([英] to boil)
沸騰(ふっとう)する / 沸(わ)く

mendidihkan [ムヌディデ(へ)カヌ]
([英] to boil)
沸騰(ふっとう)させる / 沸(わ)かす

mendidik [ムヌディデッ]([英] to educate)
教育する

mendirikan [ムヌディリカヌ]([英] to build / to establish)建てる / 建設する / 設立する

mendisiplinkan [ムヌディスイプリヌカヌ]
([英] to discipline)躾(しつ)ける

mendiskriminasikan
[ムヌディスクリミナスイカヌ]([英] to discriminate)
差別する

mendongak [ムヌドンアッ]
([英] to look up)仰(あお)ぐ / 見上げる

mendorong [ムヌドロン]
([英] to encourage / to push)
促す / 推進する / (前に)押す

mendraf [ムヌドラフ]([英] to draft)
下書きする

menduduki [ムヌドゥドゥキ]
([英] to sit for / to sit / to occupy)
受験する / 座る / 居住する / 占領する

menduga [ムヌドゥガ]([英] to guess / to expect)推測する / 予期する

mendung [ムヌドン]([英] cloudy)
曇った / 曇り

menebalkan《[幹] tebal》[ムヌバルカヌ]
([英] to make *sth* thick)厚くする

menebang《[幹] tebang》[ムヌバン]
([英] to cut down)
切り倒す / 伐採(ばっさい)する

menebas《[幹] tebas》[ムヌバス]
([英] to cut)刈(か)る

menebat《[幹] tebat》[ムヌバ(ト)]
([英] to insulate)絶縁(ぜつえん)する

menegah《[幹] tegah》[ムヌガ(ハ)]
([英] to prohibit)禁じる

menegak《[幹] tegak》[ムヌガッ]
([英] vertical)垂直(すいちょく)の

menegakkan《[幹] tegak》[ムヌガッカヌ]
([英] to erect / to uphold)
立てる / 守り抜く

menegang《[幹] tegang》[ムヌガン]
([英] to tauten / to tense)
ぴんと張る / 緊張する

menegaskan《[幹] tegas》[ムヌガスカヌ]
([英] to emphasize / to affirm)
強調する / 断言(だんげん)する

menegur《[幹] tegur》[ムヌゴー]
([英] to greet / to speak to / to reproach)
挨拶(あいさつ)する / 話し掛ける /
注意する / 非難する

meneka《[幹] teka》[ムヌカ]
([英] to guess)推測する / 言い当てる

M

menekan《[幹] tekan》[ムヌカヌ]
([英] to press)(上から)押す / 圧迫する

menekankan《[幹] tekan》[ムヌカヌカヌ]
([英] to stress)強調する / 重視する

menelaah《[幹] telaah》[ムヌラア(ハ)]
([英] to investigate)調べる

menelan《[幹] telan》[ムヌラヌ]
([英] to swallow)飲み込む

menéléfon《[幹] téléfon》[ムネレフォヌ]
([英] to call)電話する

meneliti《[幹] teliti》[ムヌリティ]
([英] to scrutinize)詳(くわ)しく調べる

menemani《[幹] teman》[ムヌマニ]
([英] to go with / to accompany)
同行する / 付き添(そ)う

menémbak《[幹] témbak》[ムネムバッ]
([英] to shoot)撃(う)つ / 射撃(しゃげき)する

menémbakkan《[幹] témbak》
[ムネムバッカヌ]([英] to fire)発射する / 発砲する

menembusi《[幹] tembus》[ムヌムブウスイ]
([英] to penetrate / to break through)
浸透(しんとう)する / 入り込む / 突き抜ける

menempa《[幹] tempa》[ムヌムパ]
([英] to make *sth* a part of history / to forge)
(歴史に名前や記録を)残す / 鋳造(ちゅうぞう)する

menempa sejarah《[幹] tempa》
[ムヌムパ スジャラ(ハ)]([英] epoch-making)
画期的(かっきてき)な

menempah《[幹] tempah》[ムヌムパ(ハ)]
([英] to book / to order)
予約する / 注文する

menempatkan《[幹] tempat》
[ムヌムパ(ト)カヌ]([英] to place / to assign / to lodge)配置する / 配属する / 収容する

menémpélkan《[幹] témpél》
[ムネムペルカヌ]([英] to stick)貼り付ける

menempuh《[幹] tempuh》[ムヌムポ(ホ)]
([英] to face)直面する / 立ち向かう

menemu bual《[幹] temu》
[ムヌムゥ ブウワル]([英] to interview)
インタビューする

menemu duga《[幹] temu》
[ムヌムゥ ドゥウガ]([英] to interview)面接する

menemu ramah《[幹] temu》
[ムヌムゥ ラマ(ハ)]([英] to interview)
インタビューする

menemui《[幹] temu》[ムヌムゥイ]
([英] to meet / to discover)
〜と会う / 発見する

menemukan《[幹] temu》[ムヌムゥカヌ]
([英] to discover / to bring together)
発見する / 引き合わせる

menenang《[幹] tenang》[ムヌナン]
([英] to calm / to aim)
落ち着かせる / (的を)狙(ねら)う

menenangkan《[幹] tenang》
[ムヌナンカヌ]([英] to calm)落ち着かせる

menendang《[幹] tendang》[ムヌヌダン]
([英] to kick)蹴(け)る

menengah《[幹] tengah》[ムヌンア(ハ)]
([英] middle)真ん中の

menenggelamkan《[幹] tenggelam》
[ムヌングラムカヌ]([英] to sink)沈(しず)める

menéngok《(幹) téngok》[ムネンォッ]
((英) to look at / to visit / to predict)
見る / 見舞う / 予言する

menentang《(幹) tentang》[ムヌッタン]
((英) to oppose / to resist / to compete)
反対する / 反抗する / 対戦する

menentukan《(幹) tentu》[ムヌットゥウカヌ]
((英) to decide / to determine)決める

menenun《(幹) tenun》[ムヌノヌ]
((英) to weave)織(お)る

menepati《(幹) tepat》[ムヌパティ]
((英) to keep / to fulfil / to hit accurately)
(約束を)守る / (条件を)満たす / 当たる

menepis《(幹) tepis》[ムヌペス]
((英) to shake off / to deflect)
払い除(の)ける

menepuk《(幹) tepuk》[ムヌポッ]
((英) to pat / to clap)
(手のひらで)叩(たた)く / 拍手する

menerajui《(幹) teraju》[ムヌラジュウイ]
((英) to lead)主導する

menerangi《(幹) terang》[ムヌランィ]
((英) to illuminate)照らす

menerangkan《(幹) terang》
[ムヌランカヌ]((英) to explain / to modify)
説明する / 修飾する

menerapkan《(幹) terap》[ムヌラ(プ)カヌ]
((英) to apply)適用する / 応用する

menerbangkan《(幹) terbang》
[ムヌーバンカヌ]((英) to fly)
飛ばす / 飛行機で送る

menerbitkan《(幹) terbit》[ムヌーベ(ト)カヌ]
((英) to publish / to cause)
出版する / 発行する / 引き起こす

menerima《(幹) terima》[ムヌリマ]
((英) to receive / to accept)
受け取る / 受け入れる

menerima pakai《(幹) terima》
[ムヌリマ パカイ]((英) to adopt)
採択する / 採用する

menerka《(幹) terka》[ムヌーカ]
((英) to guess)推測する

menerkam《(幹) terkam》[ムヌーカム]
((英) to pounce)襲いかかる

meneroka《(幹) teroka》[ムヌロカ]
((英) to pioneer / to explore)
開拓する / 探検する

menerusi《(幹) terus》[ムヌルゥスイ]
((英) through)〜を通じて

meneruskan《(幹) terus》[ムヌロスカヌ]
((英) to continue)続ける

menetak《(幹) tetak》[ムヌタッ]
((英) to slash / to chop)
切りつける / 切り叩(たた)く

menetap《(幹) tetap》[ムヌタ(プ)]
((英) to reside)住む / 居住する

menetapkan《(幹) tetap》[ムヌタ(プ)カヌ]
((英) to fix / to specify)確定する / 指定する

menetapkan hati《(幹) tetap》
[ムヌタ(プ)カヌ ハティ]
((英) to make up one's mind)決心する

menéutralkan [ムネゥトラルカヌ]
((英) to neutralize)中和する / 中立化する

menéwaskan《(幹) téwas》[ムネワスカヌ]
((英) to defeat)負かす

M

mengabaikan [ムンァバイカヌ]
(英 to neglect / to ignore)
怠(おこた)る / 省(はぶ)く

mengabdikan diri [ムンァ(ブ)ディカヌ ディリ]
(英 to devote oneself)身をささげる

mengabulkan《幹 kabul》
[ムンァボルカヌ](英 to fulfil)実現する / 叶える

mengabur《幹 kabur》[ムンァボー]
(英 to blur)ぼんやりする / 曇る

mengacarakan [ムンァチャラカヌ]
(英 to take the chair)司会する

mengacau《幹 kacau》[ムンァチャウ]
(英 to stir / to pester)
かき混ぜる / 邪魔(じゃま)する

mengacukan [ムンァチュウカヌ]
(英 to point)向ける

mengadakan [ムンァダカヌ]
(英 to hold / to have)開催する / 行う

mengadang [ムンァダン](英 to obstruct / to block)遮(さえぎ)る / 塞(ふさ)ぐ

mengadap [ムンァダ(プ)](英 to face)
向く / 面する

mengadili [ムンァディイリ](英 to judge)
裁(さば)く

mengadu [ムンァドゥウ](英 to complain)
苦情を言う

mengaduk [ムンァドッ](英 to stir)
掻(か)き回(まわ)す

mengadun [ムンァドヌ](英 to knead)
練(ね)る

mengagak [ムンァガッ](英 to guess)
推測する

mengagihkan [ムンァゲ(ヘ)カヌ]
(英 to distribute)分配(ぶんぱい)する

mengagumkan《幹 kagum》
[ムンァゴムカヌ](英 impressive / to impress)
すごい / 見事な / 感動させる

mengahwini《幹 kahwin》
[ムンァ(ハ)ウィニ](英 to marry)〜と結婚する

mengaibkan [ムンァエ(ブ)カヌ]
(英 to disgrace / to embarrass / shameful)
名誉(めいよ)を汚(けが)す / 恥をかかす / みっともない

mengait《幹 kait》[ムンァエ(ト)]
(英 to hook / to crochet)
引っかけてもぎ取る / 編む

mengaitkan《幹 kait》[ムンァエ(ト)カヌ]
(英 to connect)結び付ける / 関連付ける

mengajak [ムンァジャッ](英 to invite)
誘(さそ)う

mengajar [ムンァジャー](英 to teach)
教える / 教授(きょうじゅ)する

mengaji《幹 kaji》[ムンァジ](英 to learn to recite the Quran)コーランの勉強をする / コーランを唱える

mengajuk [ムンァジョッ](英 to mimic)
真似(まね)る

mengajukan [ムンァジュウカヌ]
(英 to address)(質問を)向ける

mengakar [ムンァカー](英 to be rooted)
根付(ねづ)く / 定着する

mengakhiri [ムンァヒリ](英 to finish)
終わらせる

mengakibatkan [ムンァキバ(ト)カヌ]
(英 to cause)引き起こす

M

mengaku [ムンアクゥ] (㊥ to confess / to admit) 白状する / 認める

mengakui [ムンアクゥイ] (㊥ to confess / to admit) 白状する / 認める

mengalah 《㊥ kalah》 [ムンアラ(ハ)] (㊥ to give in) 負ける / 降参する

mengalahkan 《㊥ kalah》 [ムンアラ(ハ)カヌ] (㊥ to defeat) 負かす

mengalami [ムンアラミ] (㊥ to experience) 経験する

mengalaskan [ムンアラスカヌ] (㊥ to lay) 敷く

mengalihkan [ムンアレ(ヘ)カヌ] (㊥ to move) 移す

mengalir [ムンアレー] (㊥ to flow) 流れる

mengalir keluar [ムンアレー クルゥワー] (㊥ to flow out) 流れ出す / 流出する

mengalirkan [ムンアレーカヌ] (㊥ to make *sth* flow) 流す

mengalu-alukan [ムンアルゥ アルゥカヌ] (㊥ to welcome) 歓迎する

mengamalkan [ムンアマルカヌ] (㊥ to practise) 実践(じっせん)する

mengamanahkan [ムンアマナ(ハ)カヌ] (㊥ to entrust) 委託(いたく)する

mengamati [ムンアマティ] (㊥ to observe / to monitor) 観測する / 監視する

mengambil [ムンアムベル] (㊥ to take / to cost) 取る / 撮る / (時·金が)かかる / 受験する

mengambil alih [ムンアムベル アレ(ヘ)] (㊥ to take over) 取って代わる / 引き継ぐ

mengambil keluar [ムンアムベル クルゥワー] (㊥ to take out) 取り出す

mengambil keputusan [ムンアムベル クプゥトゥウサヌ] (㊥ to decide) 採決する

mengambil ketetapan [ムンアムベル クトゥタパヌ] (㊥ to resolve) 決議する

mengambil kira [ムンアムベル キラ] (㊥ to take into consideration) 考慮する / 配慮する

mengambil kisah [ムンアムベル ケサ(ハ)] (㊥ to care) 気にする

mengambil tempat duduk [ムンアムベル トゥムパ(ト) ドゥウドッ] (㊥ to take a seat) 着席する

mengambil tindakan [langkah] [ムンアムベル ティヌダカヌ [ランカ(ハ)]] (㊥ to take action) 対処する / 措置する

mengampu [ムンアムプゥ] (㊥ to flatter / to hold) お世辞(せじ)を言う / 支える

mengamuk [ムンアモッ] (㊥ to go berserk) 暴れ狂う

menganalisis [ムンアナリセス] (㊥ to analyze) 分析(ぶんせき)する

menganalogikan [ムンアナロジカヌ] (㊥ to analogize) 類推(るいすい)する

mengancam [ムンアンチャム] (㊥ to threaten) 脅(おど)す / おびやかす

mengandaikan [ムンアヌダイカヌ] (㊥ to suppose) 仮定する / 想定する

M

mengandung《[幹] kandung》[ムンアヌドゥン]([英] pregnant) 妊娠(にんしん)している

mengandungi《[幹] kandung》[ムンアヌドゥウンイ]([英] to contain)含む

menganga [ムンアンア]([英] to open one's mouth wide)口を大きく開く

menganggap [ムンアンガ(プ)]([英] to regard)見なす

menganggar [ムンアンガー]([英] to estimate)推定する

menganggarkan [ムンアンガーカヌ]([英] to estimate)推定する

menganggotai [ムンアンゴタイ]([英] to belong to)所属する

mengangguk [ムンアンゴッ]([英] to nod) 頷(うなず)く

menganggur [ムンアンゴー]([英] unemployed)失業している

mengangkang《[幹] kangkang》[ムンアンカン]([英] to straddle / with one's legs apart)股(また)を開く / 脚を広げて

mengangkat [ムンアンカ(ト)]([英] to lift) (持ち)上げる

mengangkat-angkat [ムンアンカ(ト) アンカ(ト)]([英] to flatter) よいしょする / 誉(ほ)めたてる

mengangkut [ムンアンコ(ト)]([英] to carry / to transport)運ぶ / 輸送する

menganjak [ムンアンジャッ]([英] to move) 移す / ずらす

menganjakkan [ムンアンジャッカヌ]([英] to move)移す / ずらす

menganjurkan [ムンアンジョーカヌ]([英] to organize)主催する

mengantuk《[幹] kantuk》[ムンアヌトッ]([英] sleepy)眠たい

menganugerahkan [ムンアヌウグラ(ハ)カヌ]([英] to award)授ける / 授与する

menganut [ムンアノ(ト)]([英] to have faith in)信仰する

menganuti [ムンアノティ]([英] to have faith in)信仰する

menganyam [ムンアニャム]([英] to weave)(かごなどを)編(あ)む

mengapa [ムンアパ]([英] why)なぜ

mengapit [ムンアペ(ト)]([英] to nip) 挟(はさ)む

mengaplikasikan [ムンアプリカスイカヌ]([英] to apply)応用する

mengapungkan [ムンアポンカヌ]([英] to set afloat)浮(うか)べる

mengarah [ムンアラ(ハ)]([英] to direct / to order)(映画などを)監督する / 指示する

mengarahkan [ムンアラ(ハ)カヌ]([英] to direct / to order) (映画などを)監督する / 指示する

mengarang《[幹] karang》[ムンアラン]([英] to compose / to write / to arrange) 作文する / 創作する / 串につなげる

mengasah [ムンアサ(ハ)]([英] to sharpen)研(と)ぐ

M

mengasihi《㊥ kasih》[ムンアスイヒ]
(㊥ to love)～を愛する

mengasingkan [ムンアセンカヌ]
(㊥ to separate)分ける / 離す

mengaspirasikan [ムンアスピラスイカヌ]
(㊥ to aspire)志(こころざ)す

mengasuh [ムンアソ(ホ)](㊥ to bring up / to care for)育てる / 養育する

mengatakan《㊥ kata》[ムンアタカヌ]
(㊥ to say)言う

mengatasi [ムンアタスイ]
(㊥ to overcome / to surpass)
克服(こくふく)する / 上回る

mengatur [ムンアトー](㊥ to tidy / to arrange)整理する / 配置する

mengaudit [ムンオディ(ト)](㊥ to audit)
聴講(ちょうこう)する

mengaut《㊥ kaut》[ムンアオ(ト)]
(㊥ to scoop)すくい上げる / 入手する

mengaut untung《㊥ kaut》
[ムンアオ(ト) ウゥヌトン](㊥ to make a profit)
儲(もう)ける

mengawal《㊥ kawal》[ムンアワル]
(㊥ to guard / to control)
警備する / コントロールする / 規制する

mengawasi [ムンアワスイ](㊥ to keep an eye on)監視する / 見張る

mengawét [ムンアウエ(ト)]
(㊥ to preserve)保存する

mengawétkan [ムンアウエ(ト)カヌ]
(㊥ to preserve)保存する

mengayuh《㊥ kayuh》[ムンアヨ(ホ)]
(㊥ to pedal / to paddle)
(自転車や舟を)漕(こ)ぐ

mengayunkan [ムンアヨヌカヌ]
(㊥ to swing)振る

mengebumikan《㊥ ke bumi》
[ムンゥブゥミカヌ](㊥ to bury)
埋める / 埋葬する

mengecam [ムンゥチャム]
(㊥ to recognize)
識別(しきべつ)する / 分かる

mengecam《㊥ kecam》[ムンゥチャム]
(㊥ to criticize)批判する

mengecamkan [ムンゥチャムカヌ]
(㊥ to recognize)
識別(しきべつ)する / 分かる

mengecas [ムンゥチャス](㊥ to charge)
充電する

mengecat [ムンゥチャ(ト)](㊥ to paint)
塗装する / ペンキを塗る

mengecéwakan《㊥ kecéwa》
[ムンゥチェワカヌ]
(㊥ to disappoint / disappointing)
がっかりさせる / 失望させる

mengecil《㊥ kecil》[ムンゥチエル]
(㊥ to get smaller)小さくなる

mengecilkan《㊥ kecil》[ムンゥチエルカヌ]
(㊥ to trim / to reduce)
小さくする / 縮小する

mengecualikan《㊥ kecuali》
[ムンゥチュウワリカヌ](㊥ to exclude / to exempt)除外する / 免除する

mengecut《㊥ kecut》[ムンゥチョ(ト)]
(㊥ to shrink / to wither)縮む / しぼむ

M

mengecutkan《[幹] kecut》
［ムンウチョ(ト)カヌ］([英] to shrink / to scare)
萎縮させる / 怖がらせる

mengédarkan ［ムンエダーカヌ］
([英] to circulate / to distribute)
回覧する / 配布する

mengehadkan ［ムンウハ(ド)カヌ］
([英] to limit / to restrict)
限定する / 制限する

mengejang《[幹] kejang》［ムンウジャン］
([英] to get cramp)
(足などが)つる / 硬直する

mengejar《[幹] kejar》［ムンウジャー］
([英] to chase / to pursue)追う / 追求する

mengéjék ［ムンエジェッ］([英] to tease)
からかう

mengejut《[幹] kejut》［ムンウジョ(ト)］
([英] sudden / unexpected)突然の / 不意の

mengejutkan《[幹] kejut》［ムンウジョ(ト)カヌ］
([英] to surprise / to wake *sb* up)
驚かす / 目覚めさせる

mengekalkan《[幹] kekal》［ムンウカルカヌ］
([英] to maintain)維持する / 保つ

mengekang《[幹] kekang》［ムンウカン］
([英] to restrict / to rein in)
制限する / 抑える / (馬を)止める

mengékori ［ムンエコリ］([英] to follow)
付いて行く / 付いて来る

mengéksploitasi ［ムンエクスプロイタスイ］
([英] to exploit)搾取(さくしゅ)する

mengéksport ［ムンエクスポ(ト)］
([英] to export)輸出する

mengélak ［ムンエラッ］([英] to avoid)
避ける

mengélak daripada cukai
［ムンエラッ ダリパダ チュウカイ］
([英] to evade tax)脱税する

mengélakkan ［ムンエラッカヌ］
([英] to avoid)避ける

mengelap ［ムンウラ(プ)］([英] to wipe)拭く

mengelar《[幹] kelar》［ムンウラー］
([英] to slash slightly)切れ目を入れる

mengelilingi《[幹] keliling》［ムンウリリンイ］
([英] to surround / to revolve / to go around)囲む / ～の周りを回る / 巡る

mengelipkan mata《[幹] kelip》
［ムンウレ(プ)カヌ マタ］([英] to blink)
瞬(まばた)きする

mengelirukan《[幹] keliru》
［ムンウリルウカヌ］([英] to confuse / confusing)混乱させる / 紛らわしい

mengeluarkan《[幹] keluar》
［ムンウルウワーカヌ］([英] to take out / to expel / to produce / to emit)
出す / 取り出す / 追い出す / 生産する

mengeluarkan diri《[幹] keluar》
［ムンウルウワーカヌ ディリ］([英] to escape)
脱出する

mengeluarkan semula《[幹] keluar》
［ムンウルウワーカヌ スムウラ］([英] to reissue / to reproduce)再発行する / 複製する

mengeluh《[幹] keluh》［ムンウロ(ホ)］
([英] to sigh / to lament)
溜(た)め息をつく / 嘆く

mengelupas《[幹] kelupas》［ムンウルウパス］
([英] to peel off)剥(む)ける / はげる

mengemas《[幹] kemas》[ムンゥマス]
([英] to tidy up / to clean)
整える / 片づける

mengemaskinikan《[幹] kemas kini》
[ムンゥマスキニカヌ]([英] to update)
更新する / アップデートする

mengembalikan《[幹] kembali》
[ムンゥムバリカヌ]([英] to return / to restore)
返す / 戻す / 取り戻す

mengembang《[幹] kembang》
[ムンゥムバン]([英] to bloom / to expand)
(花が)咲く / 膨らむ

mengembangkan《[幹] kembang》
[ムンゥムバンカヌ]([英] to expand / to develop)
拡大する / 発展させる

mengembara《[幹] kembara》
[ムンゥムバラ]([英] to travel)旅する / 放浪する

mengembung《[幹] kembung》
[ムンゥムボン]([英] to inflate)膨らむ

mengembungkan《[幹] kembung》
[ムンゥムボンカヌ]([英] to inflate)膨らます

mengempukkan [ムンゥムポッカヌ]
([英] to soften)やわらかくする

mengemudi《[幹] kemudi》[ムンゥムゥディ]
([英] to navigate)舵(かじ)取りする

mengemukakan《[幹] ke muka》
[ムンゥムゥカカヌ]([英] to put forward /
to raise)出す / 提示する

mengenai《[幹] kena》[ムンゥナイ]
([英] regarding)～に関して / ～に関する

mengenakan《[幹] kena》[ムンゥナカヌ]
([英] to impose / to put on)
課す / 身に付ける

mengenal《[幹] kenal》[ムンゥナル]
([英] to know / to recognize)
(理解の結果)知る / 識別する

mengenal pasti《[幹] kenal》
[ムンゥナル パスティ]([英] to identify)
特定する / つきとめる

mengenali《[幹] kenal》[ムンゥナリ]
([英] to know / to recognize)
～と知り合いである / ～を知る / 識別する

mengenang《[幹] kenang》[ムンゥナン]
([英] to remember)覚えている / 思い出す

mengenangkan《[幹] kenang》
[ムンゥナンカヌ]([英] to remember / to think
of)思い出す / 思い浮かべる

mengéndahkan [ムンエヌダ(ハ)カヌ]
([英] to pay attention to)気に留める

mengendali《[幹] kendali》[ムンゥヌダリ]
([英] to handle / to operate)
取り扱う / 運用する / 操作する

mengendalikan《[幹] kendali》
[ムンゥヌダリカヌ]([英] to handle / to operate)
取り扱う / 運用する / 操作する

mengendur《[幹] kendur》[ムンゥヌドー]
([英] to slack / to loosen)
たるむ / 緩(ゆる)む

mengendurkan《[幹] kendur》
[ムンゥヌドーカヌ]([英] to loosen / to relax)
緩(ゆる)める / 緩和(かんわ)する

mengenengahkan《[幹] ke tengah》
[ムンゥヌンア(ハ)カヌ]([英] to raise / to put
forward)(話などを)持ち出す / 提示する

mengenepikan《[幹] ke tepi》
[ムンゥヌピカヌ]([英] to put aside / to ostracize)
隅に寄せる / 放置する / 追放する

M

mengepam [ムンゥパム]
(英 to pump / to flush)
(ポンプで)空気を入れる / (トイレを)流す

mengepilkan《幹 kepil》[ムンゥペルカヌ]
(英 to attach)添付(てんぷ)する

mengeposkan [ムンゥポスカヌ]
(英 to mail)郵送する

mengepung《幹 kepung》[ムンゥポン]
(英 to surround)取り囲む

mengerah《幹 kerah》[ムンゥラ(ハ)]
(英 to mobilize)
動員する / 召集(しょうしゅう)する

mengerahkan《幹 kerah》
[ムンゥラ(ハ)カヌ](英 to mobilize)
動員する / 召集(しょうしゅう)する

mengerang [ムンゥラン]
(英 to groan)唸(うな)る / うめく

mengeraskan《幹 keras》[ムンゥラスカヌ]
(英 to harden / to louden)
固くする / (音・声を)大きくする

mengerikan [ムンゥリカヌ]
(英 gruesome)ぞっとする / 恐ろしい

mengeringkan《幹 kering》
[ムンゥレンカヌ](英 to dry)
乾かす / 乾燥させる

mengerinting《幹 kerinting》
[ムンゥリヌテン]☞mengeriting

mengeriting《幹 keriting》[ムンゥリテン]
(英 to perm / to become wavy)
(毛を)縮(ちぢ)らせる / パーマする / 縮れる

mengerjakan《幹 kerja》
[ムンゥージャカヌ](英 to perform / to work)
行う / 遂行する / 耕作する

mengerti [ムンゥーティ]
(英 to understand)理解する

mengerumuni《幹 kerumun》
[ムンゥルゥムゥニ](英 to gather around)
〜に群がる

mengesahkan [ムンゥサ(ハ)カヌ]
(英 to confirm)
確認する / (正しいと)認める

mengesali《幹 kesal》[ムンゥサリ]
(英 to regret / to feel disappointed)
〜を残念に思う / 〜に失望する

mengesan《幹 kesan》[ムンゥサヌ]
(英 to find)見つけ出す

mengesan kembali《幹 kesan》
[ムンゥサヌ クムバリ](英 to trace back)
遡(さかのぼ)る / 突き止める

mengesyorkan [ムンゥショーカヌ]
(英 to suggest)提案する / 勧(すす)める

mengetahui [ムンゥタフゥイ]
(英 to know)〜について知る / 心得る

mengetam《幹 ketam》[ムンゥタム]
(英 to plane)(かんなで)削る

mengetatkan《幹 ketat》[ムンゥタ(ト)カヌ]
(英 to tighten)
締める / きつくする / 厳しくする

mengetengahkan《幹 ke tengah》
[ムンゥトゥンア(ハ)カヌ](英 to raise / to put forward)(話などを)持ち出す / 提示する

mengetepikan《幹 ke tepi》
[ムンゥトゥピカヌ](英 to put aside / to ostracize)
隅に寄せる / 放置する / 追放する

mengetuai《幹 ketua》[ムンゥトゥウワイ]
(英 to lead)〜の長を務める / 〜を率いる

M

mengetuk《[幹] ketuk》[ムンゥトゥッ]
([英] to knock)ノックする / コツコツ叩(たた)く

mengewap [ムンゥワ(プ)]([英] to vaporize / to evaporate)蒸気になる / 蒸発する

menggabungkan [ムンガボンカヌ]
([英] to combine)組み合わせる / 結合する

menggadaikan [ムンガダイカヌ]
([英] to pawn / to sacrifice)
質(しち)に入れる / 犠牲(ぎせい)にする

menggagalkan [ムンガガルカヌ]
([英] to fail)落とす / 不合格にする

menggaji [ムンガジ]([英] to employ)雇う

menggalakkan [ムンガラッカヌ]
([英] to encourage)
促す / 奨励(しょうれい)する

menggalas [ムンガラス]
([英] to carry *sth* on one's shoulder)
(肩に)担(かつ)ぐ / 背負(せお)う

menggali [ムンガリ]([英] to dig)掘る

menggambarkan [ムンガムバーカヌ]
([英] to describe)描写(びょうしゃ)する

menggandakan [ムンガヌダカヌ]
([英] to double / to reduplicate)
倍にする / 重複する

mengganggu [ムンガングゥ]([英] to disturb)
妨(さまた)げる / 邪魔(じゃま)する

mengganggu-gugat [ムンガングゥ グゥガ(ト)]
([英] to threaten)揺るがす / 危機に晒(さら)す

mengganti [ムンガヌティ]([英] to replace)
代える

mengganti rugi [ムンガヌティ ルゥギ]
([英] to compensate)賠償する

menggantikan [ムンガヌティカヌ]
([英] to replace)~に取って代わる

menggantung [ムンガヌトン]
([英] to hang on / to suspend)
つるす / 掛ける / 停止する / 停職にする

menggantungkan [ムンガヌトンカヌ]
([英] to hang)つるす / 掛ける

menggariskan [ムンガレスカヌ]
([英] to outline / to underline)
概略を示す / 線を引く

menggaru [ムンガルゥ]([英] to scratch)
掻(か)く

menggelabah [ムングラバ(ハ)]
([英] to panic)取り乱す / 落ち着かない

menggelédah [ムングレダ(ハ)]
([英] to search for)
捜索(そうさく)する / くまなく探す

menggelepar [ムングルパー]([英] to flap one's wings)羽をばたばたさせる

menggeletar [ムングルター]
([英] to tremble)震える

menggelikan [ムングリカヌ]
([英] revolting)気持ち悪い / 不快にさせる

menggelikan hati [ムングリカヌ ハティ]
([英] amusing)愉快な

menggelincir [ムングリンチェー]
([英] to skid / to derail)
スリップする / 脱線する

menggemari [ムングマリ]([英] to like)
好(この)む

menggembirakan [ムングムビラカヌ]
([英] to make *sb* happy / happy)
喜ばせる / 喜ばしい

menggemparkan [ムングムパーカヌ]
(英 to cause a commotion / to shock / shocking)
騒がせる / 衝撃を与える / 衝撃的な

menggempur [ムングムポー]
(英 to attack / to destroy)討つ / 破壊する

menggéndong [ムングヌドン]
(英 to carry *sth* in a sling)
肩から吊るした布に入れて抱える

menggenggam [ムングンガム]
(英 to grasp / to grip)つかむ / 握る

menggerakkan [ムングラッカヌ]
(英 to move)動かす

menggerunkan [ムングロヌカヌ]
(英 eerie)おっかない

menggesa [ムングサ](英 to urge)
迫る / 要請する

menggesa-gesakan [ムングサ グサカヌ]
(英 to hasten / to hurry)急かす / 急がせる

menggésélkan [ムングセルカヌ]
(英 to rub)こすりつける

menggésérkan [ムングセーカヌ]
(英 to move)ずらす

menggigil [ムンギゲル](英 to shiver)
震える

menggigilkan [ムンギゲルカヌ]
(英 to shiver)震わせる

menggigit [ムンギゲ(ト)](英 to bite)
噛(か)む / 咬(か)む / (虫が)刺す

menggilap [ムンギラ(プ)](英 to polish)
磨く

menggiling [ムンギレン](英 to grind)
すりつぶす / 挽(ひ)く

menggiurkan [ムンギヨーカヌ]
(英 seductive)魅惑的な / 官能的な

menggoda [ムンゴダ](英 to seduce / to tempt)誘惑する / 誘い込む

menggolékkan [ムンゴレッカヌ]
(英 to roll)転がす

menggolongkan [ムンゴロンカヌ]
(英 to classify)分類する

menggoncang [ムンゴンチャン]
(英 to shake)揺れる / 揺さぶる

menggoncangkan [ムンゴンチャンカヌ]
(英 to shake)揺さぶる

menggonggong [ムンゴンゴン]
(英 to hold *sth* in one's mouth)くわえる

menggoréng [ムンゴレン](英 to fry)
揚げる / 炒める

menggorés [ムンゴレス](英 to scratch)
引っ掻(か)く

menggosok [ムンゴソッ]
(英 to rub / to polish / to iron)
こする / 磨く / アイロンをかける

menggosok gigi [ムンゴソッ ギギ]
(英 to brush one's teeth)歯磨きする

menggubah [ムングゥバ(ハ)]
(英 to arrange / to compose / to write)
(花を)生ける / 作曲する / 作詞する

menggubal [ムングゥバル](英 to enact)
制定する

menggugat [ムングゥガ(ト)](英 to threaten / to condemn)脅(おびや)かす / 非難する

M

menggugurkan [ムングゥゴーカヌ]
(㊥ to drop / to omit / to have an abortion)
落とす / 省略する / 堕胎(だたい)する

menggugurkan anak [janin]
[ムングゥゴーカヌ アナッ[ジャネヌ]]
(㊥ to have an abortion)
子供を堕(お)ろす / 中絶する

menggugurkan kandungan
[ムングゥゴーカヌ カヌドゥウンアヌ]
(㊥ to have an abortion)
中絶する / 堕胎(だたい)する

mengguling kan [ムングゥレンカヌ]
(㊥ to roll / to overturn)
転がす / くつがえす

menggulung [ムングゥロン](㊥ to roll)
巻く / 丸める

menggumam [ムングゥマム]
(㊥ to mumble)つぶやく

mengguna [ムングゥナ](㊥ to use)使う

mengguna kan [ムングゥナカヌ]
(㊥ to use / to consume)
使用する / 利用する / 消費する

menggunting [ムングゥヌテン](㊥ to cut)
(はさみで)切る

menghabis kan [ムンハベスカヌ]
(㊥ to spend / to finish)
費やす / 終わらせる

menghablur [ムンハ(ブ)ロー]
(㊥ to crystallize)結晶する

menghadap [ムンハダ(プ)](㊥ to face)
向く / 面する

menghadapi [ムンハダピ](㊥ to face / to encounter)直面する / 遭遇する

menghadiahi [ムンハディヤヒ]
(㊥ to give)〜に贈る / プレゼントする

menghadiahkan [ムンハディヤ(ハ)カヌ]
(㊥ to give / to donate / to present / to give a present)贈る / 寄贈する / 進呈する / 贈与する / プレゼントする

menghadiri [ムンハディリ](㊥ to attend)
〜に出席する / 参加する

menghafal [ムンハファル]
(㊥ to memorize)暗記する / 覚える

menghafaz [ムンハファズ]
(㊥ to memorize)暗記する / 覚える

menghakimi [ムンハキミ](㊥ to judge)
裁(さば)く

menghala [ムンハラ](㊥ to head / to face)
〜の方向に向かう / 面する

menghala kan [ムンハラカヌ](㊥ to aim)
〜を向ける

menghalang [ムンハラン](㊥ to prevent / to obstruct / to block)
妨(さまた)げる / 阻止する

menghalau [ムンハラゥ](㊥ to drive)
追い払う

menghampar [ムンハムパー]
(㊥ to spread)広げる

menghampiri [ムンハムピリ]
(㊥ to approach)近づく

menghampirkan [ムンハムペーカヌ]
(㊥ to bring *sth* close)近づける

menghancurkan [ムンハンチョーカヌ]
(㊥ to crush / to destroy / to mash)
打ち砕く / 細かく砕く / 潰(つぶ)す

M

menghangatkan [ムンハンア(ト)カヌ]
(英 to heat / to liven up)
温める / 活気付ける

menghangitkan [ムンハンエ(ト)カヌ]
(英 to burn)焦(こ)がす

menghanguskan [ムンハンォスカヌ]
(英 to burn)黒焦(くろこ)げにする

menghantar [ムンハヌター]
(英 to send / to turn in)
送る / 提出する / 見送る / 派遣する

menghanyutkan [ムンハニョ(ト)カヌ]
(英 to sweep)押し流す

menghapuskan [ムンハポスカヌ]
(英 to eliminate / to abolish / to eradicate)
無くす / 廃止する / 根絶する / 退治する

mengharap [ムンハラ(プ)](英 to hope / to expect)望む / 期待する

mengharap-harapkan
[ムンハラ(プ) ハラ(プ)カヌ](英 to strongly hope)
強く願う / 待望する

mengharapkan [ムンハラ(プ)カヌ]
(英 to hope / to count on)
希望する / 頼りにする

menghargai [ムンハルガイ]
(英 to appreciate / to respect)
感謝する / 尊重する

mengharungi [ムンハルゥンイ]
(英 to survive / to wade / to traverse)
(苦難を)乗り切る / (川や海を)渡る

menghasilkan [ムンハセルカヌ]
(英 to produce / to result in)
生み出す / 生産する / もたらす

menghasilkan semula
[ムンハセルカヌ スムゥラ](英 to reproduce)
複製する / 再生産する / 再現する

menghasut [ムンハソ(ト)](英 to incite)
けしかける / 煽(あお)り立てる

menghayati [ムンハヤティ]
(英 to appreciate)
(価値や意味を)正しく理解する

menghébahkan [ムンヘバ(ハ)カヌ]
(英 to publicize)公表する / 伝え広める

menghématkan [ムンヘマ(ト)カヌ]
(英 to economize)倹約(けんやく)する

menghembus [ムンフムボス]
(英 to blow out)吹きかける / 吐く

menghembus nafas [ムンフムボス ナファス]
(英 to breathe out)息を吐く

menghempas [ムンフムパス]
(英 to strike / to slam)
打ちつける / バタンと閉める

menghentam [ムンフヌタム](英 to punch)
殴打(おうだ)する / パンチする

menghentikan [ムンフヌティカヌ]
(英 to stop)止める / やめさせる

menghérét [ムンヘレ(ト)]
(英 to drag / to haul / to take)
引きずる / 引っ張る / 連行する

menghias [ムンヒヤス](英 to decorate)
飾る

menghiasi [ムンヒヤスイ]
(英 to decorate)～を飾る

menghiburkan [ムンヒボーカヌ]
(英 entertaining / to entertain / to cheer up)おもしろい / 楽しませる / 元気付ける

M

menghiburkan hati [ムンヒボーカヌ ハティ]
(㊥ to entertain / to cheer up)
楽しませる / 元気付ける

menghidangkan [ムンヒダンカヌ]
(㊥ to serve)(食事などを)出す

menghidap [ムンヒダ(プ)]
(㊥ to suffer from)(病気に)かかる

menghidapi [ムンヒダピ]
(㊥ to suffer from)(病気に)かかる

menghidu [ムンヒドゥゥ](㊥ to smell)
(においを)嗅(か)ぐ

menghidupkan [ムンヒド(プ)カヌ]
(㊥ to revive / to enliven / to turn on / to start)
復活させる / 活気付ける / 作動させる

menghidupkan semula
[ムンヒド(プ)カヌ スムゥラ](㊥ to regenerate)
復活させる

menghilangkan [ムンヒランカヌ]
(㊥ to remove / to lose)
無くする / 取り除く / 紛失する

menghilangkan bulu
[ムンヒランカヌ ブゥルゥ](㊥ to remove hair)
脱毛(だつもう)する

menghilangkan diri [ムンヒランカヌ ディリ]
(㊥ to disappear)身をくらます / 姿を消す

menghimpunkan [ムンヒムポヌカヌ]
(㊥ to gather)集める

menghina [ムンヒナ]
(㊥ to disdain / to insult)
軽蔑(けいべつ)する / 侮辱(ぶじょく)する

menghiraukan [ムンヒラゥカヌ]
(㊥ to pay attention to)構う / 気に掛ける

menghirup [ムンヒロ(プ)](㊥ to sip / to inhale)(液体を)すする / (空気を)吸う

menghisap [ムンヒサ(プ)](㊥ to inhale / to suck)(煙草や麻薬を)吸う / しゃぶる

menghitung [ムンヒトン](㊥ to count)
数える / 計算する

menghormati [ムンホーマティ]
(㊥ to respect)尊敬する / 尊重する

menghubungi [ムンフゥブゥンイ]
(㊥ to contact)連絡する

menghubungkan [ムンフゥボンカヌ]
(㊥ to connect)繋(つな)ぐ / 結び付ける

menghukum [ムンフゥコム]
(㊥ to punish)処罰(しょばつ)する

menghukumkan [ムンフゥコムカヌ]
(㊥ to punish)処罰(しょばつ)する

menghulurkan [ムンフゥローカヌ]
(㊥ to put out)差し出す / 差し延べる

menghuni [ムンフゥニ](㊥ to reside)
居住する

menghurai [ムンフゥライ]
(㊥ to hang loose)垂れ下がる

menghuraikan [ムンフゥライカヌ]
(㊥ to elaborate / to divide / to untie)
説明する / 読み解く / 分解する / ほどく

mengiaskan《㊎ kias》[ムンイアスカヌ]
(㊥ to compare)例える

mengibaratkan [ムンイバラ(ト)カヌ]
(㊥ to compare)例える

mengikat [ムンイカ(ト)](㊥ to tie)
縛る / 結ぶ

M

mengikat kontrak [ムンイカ(ト) コヌトラッ]
(㊥ to enter into a contract)契約する

mengikatkan [ムンイカ(ト)カヌ]
(㊥ to bind)結ぶ

mengiklankan [ムンイクラヌカヌ]
(㊥ to advertise)広告する / 宣伝する

mengiktiraf [ムンイクティラフ]
(㊥ to recognize)認める / 承認する

mengikut [ムンイコ(ト)](㊥ to follow / to join / depending on)付いて行く / 従う / たどる / 参加する / ～次第

mengikut jejak (langkah)
[ムンイコ(ト) ジュジャッ (ランカ(ハ))]
(㊥ to follow a precedent)
～の前例にならう

mengikuti [ムンイクゥティ]
(㊥ to follow / to join / to take)
後に続く / 従う / 参加する / 受講する

mengimbangi [ムンイムバンイ]
(㊥ to balance)バランスをとる

mengimbas [ムンイムバス](㊥ to scan / to glance)スキャンする / ざっと見る

mengimpikan [ムンイムピカヌ]
(㊥ to dream of)憧(あこが)れる / 夢見る

mengimplikasikan [ムンイムプリカスイカヌ]
(㊥ to imply)暗示する / 含意する

mengimport [ムンイムポ(ト)]
(㊥ to import)輸入する

menginap [ムンイナ(プ)](㊥ to stay)
泊まる

mengingat [ムンインア(ト)]
(㊥ to remember / to recall / to think)
覚えている / 思い出す / 思う

mengingat kembali [ムンインア(ト) クムバリ]
(㊥ to recall)思い出す / 顧みる

mengingati [ムンインアティ]
(㊥ to remember / to recall)
～を覚えている / 思い出す

mengingatkan [ムンインア(ト)カヌ]
(㊥ to remind)
注意喚起する / リマインドする

menginginі [ムンインイニ](㊥ to want / to wish for)～が欲しい / ～を望む

menginginkan [ムンインイヌカヌ]
(㊥ to want / to wish for)
～が欲しい / ～を望む

mengingkari [ムンインカリ]
(㊥ to disobey / to refuse)背く / 拒む

menginput [ムンイムポ(ト)](㊥ to input)
入力する

menginsafi [ムンイヌサフィ]
(㊥ to be aware of / to repent)
～を自覚する / 反省する

mengintai [ムンイヌタイ](㊥ to peep)
覗(のぞ)き見する

menginterviu [ムンイヌトゥヴィウ]
(㊥ to interview)
インタビューする / 面接する

mengipas《㊙ kipas》[ムンイパス]
(㊥ to fan)うちわであおぐ

mengira《㊙ kira》[ムンイラ]
(㊥ to count / to calculate / to assume)
数える / 勘定する / 計算する / 推測する

mengirim《㊙ kirim》[ムンイレム]
(㊥ to send)送る

M

mengirimkan《㊦ kirim》[ムンィレムカヌ]
(㊥ to send)送る

mengiringi [ムンィリンィ]
(㊥ to accompany)付き添う / 同行する

mengisahkan《㊦ kisah》
[ムンェサ(ハ)カヌ](㊥ to tell)物語る

mengisi [ムンィスィ](㊥ to fill / to fill in)
中を満たす / 記入する

mengisi minyak [ムンィスィ ミニャッ]
(㊥ to fuel)給油する

mengisi penuh [ムンィスィ プノ(ホ)]
(㊥ to fill up)満タンにする

mengisytiharkan [ムンィシティハーカヌ]
(㊥ to announce / to declare)
発表する / 宣言する

mengitar semula《㊦ kitar》
[ムンィター スムゥラ](㊥ to recycle)
リサイクルする

mengizinkan [ムンィゼヌカヌ]
(㊥ to permit / to allow)許可する / 許す

mengkagumkan [ムンカゴムカヌ]
(㊥ impressive / to impress)
すごい / 見事な / 感動させる

mengkaji [ムンカジ](㊥ to study)
研究する / 調査する

mengkaji semula [ムンカジ スムゥラ]
(㊥ to review)見直す(再検討する)

mengkelaskan [ムンクラスカヌ]
(㊥ to classify)分類する

mengkhianati [ムンヒアナティ]
(㊥ to betray)裏切(うらぎ)る

mengkhidmati [ムンヒ(ド)マティ]
(㊥ to serve)~に奉仕する / 仕(つか)える

mengkhuatirkan [ムンフゥワテーカヌ]
(㊥ to worry)心配する / 心配させる

mengkhusus [ムンフゥスゥス]
(㊥ to specialize in)
専攻する / 専門とする

mengklasifikasikan
[ムンクラスィフィカスィカヌ](㊥ to classify)
分類する

mengkritik [ムンクリテッ](㊥ to criticize)
批判する / 批評する

mengkuarantin [ムンクゥワラヌテヌ]
(㊥ to quarantine)検疫する

mengoksida [ムンオクスイダ]
(㊥ to oxidize)酸化する

mengolah [ムンォラ(ハ)](㊥ to process /
to form)加工する / 処理する / 作る

mengongkong《㊦ kongkong》
[ムンォンコン](㊥ to restrict)束縛する

mengopék《㊦ kopék》[ムンォペッ]
(㊥ to peel)剥(む)く

mengorbankan《㊦ korban》
[ムンォーバヌカヌ](㊥ to sacrifice)
犠牲(ぎせい)にする

mengorék《㊦ korék》[ムンォレッ]
(㊥ to dig / to pick)掘る / ほじくる

mengorganisasikan
[ムンォーガニサスィカヌ](㊥ to organize)
組織する

mengosongkan《㊦ kosong》
[ムンォソンカヌ](㊥ to empty / to vacate)
空にする / 空ける / 退去する

mengotori《㊛ kotor》[ムンォトリ]
(㊥ to make *sth* dirty) 汚す

mengotorkan《㊛ kotor》[ムンォトーカヌ]
(㊥ to make *sth* dirty) 汚す

mengoyak《㊛ koyak》[ムンォヤッ]
(㊥ to tear / to rip) 破る / 引き裂く

mengoyakkan《㊛ koyak》
[ムンォヤッカヌ] (㊥ to tear / to rip)
破る / 引き裂く

menguap《㊛ kuap》[ムンウゥワ(プ)]
(㊥ to yawn) あくびする

menguasai《㊛ kuasa》[ムンウゥワサイ]
(㊥ to conquer / to control / to master)
支配する / コントロールする / マスターする

menguatkan《㊛ kuat》[ムンウゥワ(ト)カヌ]
(㊥ to strengthen / to raise / to turn up)
強める / (声や音を)大きくする

menguatkuasakan《㊛ kuat kuasa》
[ムンウゥワ(ト)クゥワサカヌ] (㊥ to enforce)
施行する / 執行する

mengubah [ムンウゥバ(ハ)]
(㊥ to change) 変える

mengubahsuai《㊛ ubah suai》
[ムンウゥバ(ハ)スゥワイ] (㊥ to modify)
修正する / 調整する

mengubati [ムンウゥバティ]
(㊥ to cure / to treat) 治す / 治療する

menguburkan《㊛ kubur》
[ムンウゥボーカヌ] (㊥ to entomb)
葬(ほうむ)る / 埋葬(まいそう)する

mengucapkan [ムンウゥチャ(プ)カヌ]
(㊥ to say / to wish)
(祝辞などの言葉を)言う / 述べる

mengufuk [ムンウゥフォッ] (㊥ horizontal)
水平な

mengugut [ムンウゥゴ(ト)] (㊥ to threaten)
脅迫する

mengujakan [ムンウゥジャカヌ]
(㊥ marvellous / fun) すごい / 楽しい

menguji [ムンウゥジ] (㊥ to test)
テストする / 検査する

mengukir [ムンウゥケー] (㊥ to carve / to sculpt) 彫(ほ)る / 彫刻(ちょうこく)する

mengukuhkan《㊛ kukuh》
[ムンウゥコ(ホ)カヌ] (㊥ to strengthen)
強くする / 強化する

mengukur [ムンウゥコー] (㊥ to measure)
測(はか)る

mengulang [ムンウゥラン] (㊥ to repeat)
繰り返す

mengulang kaji [ムンウゥラン カジ]
(㊥ to revise) 復習する

mengulang-alik [ムンウゥラン アレッ]
(㊥ to go to and fro) 行ったり来たりする

mengulangi [ムンウゥランイ]
(㊥ to repeat) 繰り返す

mengulas [ムンウゥラス]
(㊥ to comment) コメントする / 論評する

menguli [ムンウゥリ] (㊥ to knead) こねる

menguliti《㊛ kulit》[ムンウゥリティ]
(㊥ to skin) ～の皮を剥(む)く

mengumpat [ムンウゥムパ(ト)]
(㊥ to gossip) 陰口(かげぐち)を言う

mengumpul《㊎ kumpul》[ムンウウムポル]
(㊌ to collect / to gather)集める

mengumpulkan《㊎ kumpul》
[ムンウウムポルカヌ](㊌ to gather / to collect)
集める / 収集する / ためる

mengumuhkan《㊎ kumuh》
[ムンウウモ(ホ)カヌ](㊌ to excrete)
排泄(はいせつ)する

mengumumkan [ムンウウモムカヌ]
(㊌ to announce)発表する

mengundang [ムンウウヌダン]
(㊌ to invite)招く / 招待する

mengundi [ムンウウヌディ](㊌ to vote)
投票する

mengundur [ムンウウヌドー](㊌ to move back / to retreat)後退する / 撤退する

mengungguli [ムンウウングウリ]
(㊌ to surpass)上回る

mengungkai [ムンウウンカイ](㊌ to untie / to undo)ほどく / (袋を)開ける

mengungkapkan [ムンウウンカ(プ)カヌ]
(㊌ to express)表現する / 言い表す

mengunjungi《㊎ kunjung》
[ムンウウンジュウンイ](㊌ to visit)訪問する

menguntungkan [ムンウウヌトンカヌ]
(㊌ to benefit / profitable)
～に利益をもたらす / 儲(もう)かる

mengunyah《㊎ kunyah》[ムンウウニヤ(ハ)]
(㊌ to chew)噛(か)む / 咀嚼(そしゃく)する

mengupah [ムンウウパ(ハ)](㊌ to hire)雇う

mengupas《㊎ kupas》[ムンウウパス]
(㊌ to peel)(皮を)剥(む)く

mengurai [ムンウウライ]
(㊌ to hang loose)垂れ下がる

menguraikan [ムンウウライカヌ]
(㊌ to decompose / to terminate / to untie)分解する / 解消する / ほどく

mengurang《㊎ kurang》[ムンウウラン]
(㊌ to decrease)減らす / 減る

mengurangkan《㊎ kurang》
[ムンウウランカヌ](㊌ to reduce / to mitigate)
減らす / 引き下げる / 軽減する

mengurat [ムンウウラ(ト)]
(㊌ to make advances)口説(くど)く

mengurniakan《㊎ kurnia》
[ムンウウルニヤカヌ](㊌ to award)授ける

mengurung《㊎ kurung》[ムンウウロン]
(㊌ to confine)閉じ込める / 監禁する

mengurung diri《㊎ kurung》
[ムンウウロン ディリ](㊌ to confine oneself)
閉じこもる

mengurungkan diri《㊎ kurung》
[ムンウウロンカヌ ディリ](㊌ to confine oneself)
閉じこもる

mengurus [ムンウウロス](㊌ to manage)
管理する

menguruskan [ムンウウロスカヌ]
(㊌ to manage / to handle)
管理する / 対処する

mengurut [ムンウウロ(ト)](㊌ to massage)
マッサージする

mengusahakan [ムンウウサハカヌ]
(㊌ to work (on) / to run)取り組む / 営む

M

mengusahakan tanaman
[ムンウゥサハカヌ タナマヌ] (㊥ to cultivate)
栽培する

mengusap [ムンウゥサ(プ)] (㊥ to wipe / to stroke) 拭く / 撫(な)でる

mengusapi [ムンウゥサピ] (㊥ to stroke)
撫(な)でる

mengusik [ムンウゥセッ]
(㊥ to tease / to disturb)
からかう / ちょっかいを出す / いじる

mengusir [ムンウゥセー]
(㊥ to expel / to evict / to chase)
追い出す / 追っかける

mengusulkan [ムンウゥソルカヌ]
(㊥ to propose) 提案する

mengusung [ムンウゥソン] (㊥ to carry *sb* on a stretcher) 担架(たんか)で運ぶ

mengusutkan 《㊥ kusut》
[ムンウゥソ(ト)カヌ] (㊥ to get *sth* tangled up / to complicate) からませる / もつれさせる / 複雑にする

mengutamakan [ムンウゥタマカヌ]
(㊥ to prioritize) 優先する

mengutip 《㊥ kutip》 [ムンウゥテ(プ)]
(㊥ to pick up / to quote / to collect)
拾う / 引用する / 抜粋する / 集める

meniadakan 《㊥ tiada》 [ムニヤダカヌ]
(㊥ to get rid of) なくす

menidurkan 《㊥ tidur》 [ムニドーカヌ]
(㊥ to put *sb* to bed) 寝かしつける

menikam 《㊥ tikam》 [ムニカム]
(㊥ to stab) 突き刺す

menikmati [ムニクマティ] (㊥ to enjoy)
楽しむ / 享受(きょうじゅ)する / 味わう / エンジョイする

menilai [ムニライ] (㊥ to evaluate) 評価する

menilik 《㊥ tilik》 [ムニレッ]
(㊥ to predict / to observe)
占う / 予測する / よく見る

menimba 《㊥ timba》 [ムニムバ]
(㊥ to gain / to draw)
(知識を)吸収する / 桶(おけ)で汲(く)む

menimbang 《㊥ timbang》 [ムニムバン]
(㊥ to weigh) (重さを)量(はか)る

menimbang tara 《㊥ timbang》
[ムニムバン タラ] (㊥ to arbitrate) 仲裁する

menimbulkan 《㊥ timbul》
[ムニムボルカヌ] (㊥ to cause) 引き起こす

menimbunkan 《㊥ timbun》
[ムニムボヌカヌ] (㊥ to pile up)
積み上げる / ためる

menimpa 《㊥ timpa》 [ムニムパ]
(㊥ to fall on / to hit)
〜の上に落ちる / (災害などが)襲う

menindas 《㊥ tindas》 [ムニヌダス]
(㊥ to oppress) 抑圧する / 弾圧する

meninggal (dunia) 《㊥ tinggal》
[ムニンガル (ドゥウニヤ)] (㊥ to pass away)
亡くなる

meninggalkan 《㊥ tinggal》
[ムニンガルカヌ] (㊥ to leave (behind) / to neglect) (場所や人の元から)去る / 後に残す / 怠(おこた)る

meninggi 《㊥ tinggi》 [ムニンギ]
(㊥ to grow taller / to rise)
高くなる / 上がる

M

meninggikan《[幹] tinggi》[ムニンギカㇴ]
([英] to raise)高める

meningkat《[幹] tingkat》[ムニンカ(ㇳ)]
([英] to rise / to increase)
上昇する / 増加する

meningkatkan《[幹] tingkat》
[ムニンカ(ㇳ)カㇴ]([英] to increase / to improve)上げる / 向上させる

meninjau《[幹] tinjau》[ムニンジャゥ]
([英] to visit / to inspect)
視察(しさつ)する / 調査する

meninju《[幹] tinju》[ムニンジュゥ]
([英] to punch)こぶしで殴る

menipu《[幹] tipu》[ムニプゥ]
([英] to cheat / to lie)
だます / 嘘をつく

meniru《[幹] tiru》[ムニルゥ]
([英] to imitate / to copy)
真似(まね)する / カンニングする

menitikberatkan《[幹] titik berat》
[ムニテッ(ク)ブラ(ㇳ)カㇴ]([英] to emphasize)
重視する / 強調する

menitipkan《[幹] titip》[ムニテ(プ)カㇴ]
([英] to entrust)託す / 授ける

meniup《[幹] tiup》[ムニヨ(プ)]
([英] to blow)吹く

menjabat [ムンジャバ(ㇳ)]([英] to hold)
つかむ / (役職に)就(つ)く

menjadi [ムンジャディ]([英] to become)
〜になる

menjadikan [ムンジャディカㇴ]
([英] to make)〜にする / 〜にさせる

menjaga [ムンジャガ]
([英] to take care [charge] of)
気を配る / 世話する / 担当する

menjahit [ムンジャヘ(ㇳ)]([英] to sew)縫う

menjajah [ムンジャジャ(ハ)]
([英] to colonize)植民地化する

menjajarkan [ムンジャジャーカㇴ]
([英] to align)
そろえる / そろえて並べる / 連携させる

menjalani [ムンジャラニ]([英] to undergo)
(手術や検査などを)受ける / 経験する

menjalankan [ムンジャラㇴカㇴ]
([英] to carry out)行う / 実施する / 進める

menjalin [ムンジャレㇴ]([英] to weave / to establish)編む / (関係を)結ぶ

menjamin [ムンジャメㇴ]
([英] to guarantee)保証する / 確保する

menjana [ムンジャナ]([英] to generate)
生み出す / 発生させる

menjana kuasa [ムンジャナ クゥワサ]
([英] to generate power)発電する

menjana tenaga éléktrik
[ムンジャナ トゥナガ エレㇰトレッ]
([英] to generate power)発電する

menjangka [ムンジャンカ]([英] to expect)
推測する / 予想する

menjangkakan [ムンジャンカカㇴ]
([英] to expect)推測する / 予想する

menjangkiti [ムンジャンキティ]
([英] to infect)〜に感染する / 伝染する

menjangkitkan [ムンジャンケ(ㇳ)カㇴ]
([英] to transmit)(病気などを)移す

M

menjanjikan [ムンジャンジカヌ]
(英 to promise)～を与えると約束する

menjarah [ムンジャラ(ハ)](英 to ravage / to plunder)荒らす / 略奪する

menjarakkan [ムンジャラッカヌ]
(英 to move *sth* apart / to distance)
距離を置く / 離す

menjaringkan [ムンジャレンカヌ]
(英 to score)(ゴールを)決める

menjatuhkan [ムンジャト(ホ)カヌ]
(英 to drop / to push [bring] down / to sentence)落とす / 倒す / 打倒する / (刑罰を)下(くだ)す

menjauhi [ムンジャオヒ]
(英 to abstain / to keep *sth* away)
～を避ける / ～から遠ざかる

menjauhkan [ムンジャオ(ホ)カヌ]
(英 to keep *sth* away)遠ざける

menjawab [ムンジャワ(ブ)](英 to answer / to respond)答える / 返事する / 応じる

menjawat [ムンジャワ(ト)](英 to hold)
(役職に)就(つ)く / 握る

menjayakan [ムンジャヤカヌ]
(英 to make *sth* a success)成功させる

menjegil [ムンジュゲル](英 to open one's eyes / to glare wide-eyed)
目を見開く / にらむ

menjejak [ムンジュジャッ](英 to step on)
足を踏み入れる

menjejaki [ムンジュジャキ](英 to trace / to chase)たどる / 追跡する

menjejaskan [ムンジュジャスカヌ]
(英 to hurt)損なう / 傷つける

menjelajah [ムンジュラジャ(ハ)]
(英 to explore)探検する

menjelang [ムンジュラン]
(英 by / to approach / with *sth* coming up soon)～までに / (時が)近づく / ～を間近にして

menjelaskan [ムンジュラスカヌ]
(英 to explain / to settle)
説明する / 返済する

menjelikkan [ムンジュレッカヌ]
(英 to speak ill of)悪口を言う

menjelma [ムンジュルマ](英 to transform)
変身する / ～となって現れる

menjemput [ムンジュムポ(ト)]
(英 to invite / to go and meet)
誘(さそ)う / 招待する / 出迎える

menjemur [ムンジュモー](英 to dry / to sunbathe)干す / 日光浴する

menjéngkélkan [ムンジェンケルカヌ]
(英 annoying / troublesome)
苛立たしい / 迷惑な

menjenguk [ムンジュンオッ]
(英 to look / to visit)
首を伸ばして見る / 顔を出す / 立ち寄る

menjentik [ムンジュヌテッ](英 to flip)
指先で弾く

menjerit [ムンジュレ(ト)](英 to scream / to shout)叫ぶ / 怒鳴る

menjernihkan [ムンジューネ(ヘ)カヌ]
(英 to purify / to calm)
浄化する / 澄ます / 沈静化する

menjijikkan [ムンジジェッカヌ]
(英 disgusting)
気持ち悪い / 忌々(いまいま)しい

menjilat [ムンジラ(ト)] (㊤ to lick / to engulf)
舐(な)める / (火が家などを)飲み込む

menjilid [ムンジレ(ド)] (㊤ to bind)
綴(と)じる / 製本する

menjimatkan [ムンジマ(ト)カヌ]
(㊤ to save)節約する

menjinakkan [ムンジナッカヌ]
(㊤ to tame)人に馴(な)らす

menjirus [ムンジロス] (㊤ to water / to flush)水をかける / (トイレの)水を流す

menjolok mata [ムンジョロッ マタ]
(㊤ conspicuous / revealing / sexy)
目のやり場に困る / 露出が多い / セクシーな

menjual [ムンジュウワル] (㊤ to sell)売る

menjual murah [ムンジュウワル ムウラ(ハ)]
(㊤ to sell *sth* cheap)安売りする

menjuarai [ムンジュウワライ] (㊤ to win)
～で優勝する

menjulang [ムンジュウラン]
(㊤ to lift / to rise high)
高くかかげる / 高める / 高く上がる

menjumlahkan [ムンジュウムラ(ハ)カヌ]
(㊤ to total)合計する

menjurus [ムンジュウロス] (㊤ to centre)
(話が)向かう

menokok《㊥ tokok》[ムノコッ]
(㊤ to add / to increase)足す / 増やす

menokok tambah《㊥ tokok》
[ムノコッ タムバ(ハ)] (㊤ to exaggerate)
誇張(こちょう)する

menolak《㊥ tolak》[ムノラッ]
(㊤ to push / to decline / to reject / to subtract)押す / 断る / 拒絶する / 差し引く

menolak masuk《㊥ tolak》
[ムノラッ マソッ] (㊤ to push *sth* into)
押し入れる / 押し込む

menoléh《㊥ toléh》[ムノレ(ヘ)]
(㊤ to turn)向く / 向きを変える

menolong《㊥ tolong》[ムノロン]
(㊤ to help)手伝う / 助ける

menonjol《㊥ tonjol》[ムノンジョル]
(㊤ to stand out / to be obvious / to stick out)目立つ / はっきりする / 突き出す

menonjolkan《㊥ tonjol》
[ムノンジョルカヌ] (㊤ to show off / to stick out)見せつける / 突き出す

menonton《㊥ tonton》[ムノヌトヌ]
(㊤ to watch)
(テレビや映画を)見る / 鑑賞する

menoréh《㊥ toréh》[ムノレ(ヘ)]
(㊤ to tap)
(ゴムを)切れ目を入れて採取する

mensasarkan [ムヌササーカヌ]
(㊤ to aim)ねらう / 目標にする

mensia-siakan [ムヌスイヤ スイヤカヌ]
(㊤ to waste / to neglect)
無駄(むだ)にする / ないがしろにする

mensimulasikan [ムヌスイムウラスイカヌ]
(㊤ to simulate)シミュレーションする

mensintésiskan [ムヌスイヌテセスカヌ]
(㊤ to synthesize / to put together)
合成する / 総合する

mensterilkan [ムヌストゥレルカヌ]
(㊤ to sterilize)殺菌する

M

mensyampu [ムンシャムプゥ]
(英 to shampoo)シャンプーする

mentadak [ムヌタダッ]
(英 (praying) mantis)カマキリ

mentadbir [ムヌタ(ド)ベー](英 to rule / to administer)治める / 管理する

mentafsirkan [ムヌタフセーカヌ]
(英 to interpret)解釈する

mentah [ムヌタ(ハ)]
(英 raw / inexperienced)生の / 未熟な

mentah-mentah [ムヌタ(ハ) ムヌタ(ハ)]
(英 raw / completely)
生で / そのまま / 全面的に

mentakrifkan [ムヌタッ(ク)レフカヌ]
(英 to define)定義する

mentaksir [ムヌタクセー](英 to assess / to appraise)評価する / 算定する

méntal [メヌタル](英 mental)心の / 精神の

méntaliti [メヌタリティ](英 mentality)気質

mentang-mentang [ムヌタン ムヌタン]
(英 just because)
単に〜だからという理由で

mentari [ムヌタリ](英 sun)太陽

mentéga [ムヌテガ](英 butter)バター

menterbalikkan [ムヌトゥーバレッカヌ]
(英 to reverse / to turn over)
逆にする / 裏返す / ひっくり返す

menteri [ムヌトゥリ](英 minister)大臣

menteri besar [ムヌトゥリ ブサー]
(英 chief minister)
(スルタンがいる州の)州知事

menteri kewangan [ムヌトゥリ クワンアヌ]
(英 finance minister)
財務大臣 / 蔵相(ぞうしょう)

menteri luar [ムヌトゥリ ルゥワー]
(英 foreign minister)外務大臣 / 外相

menterjemahkan [ムヌトゥージュマ(ハ)カヌ]
(英 to translate / to interpret)
翻訳(ほんやく)する / 通訳する

menternak [ムヌトゥーナッ](英 to breed)
飼育する

mentua [ムヌトゥウワ](英 parents-in-law)
義理の親

ménu [メヌウ](英 menu)メニュー

menuai《幹 tuai》[ムヌゥワイ]
(英 to harvest)収穫(しゅうかく)する

menuang《幹 tuang》[ムヌゥワン]
(英 to pour)注(そそ)ぐ

menuangkan《幹 tuang》[ムヌゥワンカヌ]
(英 to pour)注(そそ)ぐ

menubuhkan《幹 tubuh》
[ムヌゥボ(ホ)カヌ]
(英 to establish / to form)
設立(せつりつ)する / 組織する

menuding《幹 tuding》[ムヌゥデン]
(英 to point)指差(ゆびさ)す

menuduh《幹 tuduh》[ムヌゥド(ホ)]
(英 to blame / to accuse)
非難する / 告訴(こくそ)する

menujah《幹 tujah》[ムヌゥジャ(ハ)]
(英 to thrust)突き刺す

menuju《幹 tuju》[ムヌゥジュゥ]
(英 to lead / to head)向かう / 目指(めざ)す

M

menujukan《㊦ tuju》[ムヌゥジュゥカヌ]
(㊥ to address / to dedicate)
(言葉などを)〜に向ける / 捧(ささ)げる

menukar《㊦ tukar》[ムヌゥカー]
(㊥ to change / to exchange / to transfer)
替える / 交換する / 乗り換える

menukar beli《㊦ tukar》[ムヌゥカー ブリ]
(㊥ to take a trade-in)下取りする

menukar ganti《㊦ tukar》[ムヌゥカー ガヌティ]
(㊥ to replace)取り替える / 代替する

menukar wang《㊦ tukar》
[ムヌゥカー ワン](㊥ to exchange money)
両替する

menukarkan《㊦ tukar》[ムヌゥカーカヌ]
(㊥ to exchange / to convert / to transfer)交換する / 変える / 転勤させる

menukul《㊦ tukul》[ムヌゥコル]
(㊥ to hammer)(金づちで)打つ

menular《㊦ tular》[ムヌゥラー]
(㊥ to spread)
(病気などが)広まる / はびこる

menulis《㊦ tulis》[ムヌゥレス]
(㊥ to write)書く

menumbuhkan《㊦ tumbuh》
[ムヌゥムボ(ホ)カヌ](㊥ to make *sth* grow)
育てる / 生(は)やす

menumbuk《㊦ tumbuk》[ムヌゥムボッ]
(㊥ to punch / to pound)
(こぶしで)殴(なぐ)る / 打つ / 打ち砕(くだ)く

menumis《㊦ tumis》[ムヌゥメス]
(㊥ to fry)炒める

menumpahkan《㊦ tumpah》
[ムヌゥムパ(ハ)カヌ](㊥ to spill)こぼす

menumpang《㊦ tumpang》
[ムヌゥムパン](㊥ to put up / to get a lift)
一緒させてもらう / 泊めてもらう / 便乗する

menumpang rumah《㊦ tumpang》
[ムヌゥムパン ルゥマ(ハ)](㊥ to stay at *sb's* house)居候(いそうろう)する

menumpang tidur《㊦ tumpang》
[ムヌゥムパン ティドー](㊥ to put up)
泊めてもらう

menumpangkan《㊦ tumpang》
[ムヌゥムパンカヌ](㊥ to put *sb* up / to give *sb* a lift)泊めてやる / 乗せてやる

menumpukan (perhatian)《㊦ tumpu》
[ムヌゥムプゥカヌ (プーハティヤヌ)]
(㊥ to concentrate / to focus)
集中する / 専念する

menunaikan《㊦ tunai》[ムヌゥナイカヌ]
(㊥ to carry out / to fulfil / to cash)(約束や義務を)遂行する / 現金化する

menunda《㊦ tunda》[ムヌゥヌダ]
(㊥ to put off / to tow)
延期する / レッカー移動する / 網で引く

menundukkan《㊦ tunduk》
[ムヌゥヌドッカヌ](㊥ to bow / to defeat)
(頭を)下げる / 負かす

menunggak《㊦ tunggak》[ムヌゥンガッ]
(㊥ to be in arrears)
滞(とどこお)る / 滞納(たいのう)する

menunggang《㊦ tunggang》
[ムヌゥウンガン](㊥ to ride)
(またがって)乗る / またがる

menunggu《㊦ tunggu》[ムヌゥングゥ]
(㊥ to wait for)待つ

menunjuk《㊦ tunjuk》[ムヌゥンジョッ]
(㊥ to point)指(さ)す

menunjukkan《[幹] tunjuk》
[ムヌンジョッカヌ]([英] to show / to point)
見せる / 示す / 指(さ)す

menunjuk-nunjukkan《[幹] tunjuk》
[ムヌンジョッ ヌンジョッカヌ]([英] to show off)
見せつける

menuntut《[幹] tuntut》[ムヌゥヌト(ト)]
([英] to demand / to study)
要求する / 学ぶ

menurap《[幹] turap》[ムヌウラ(プ)]
([英] to plaster / to pave)
漆喰(しっくい)を塗る / 舗装(ほそう)する

menurun《[幹] turun》[ムヌウロヌ]
([英] to decline)下がる / 低下する

menurunkan《[幹] turun》[ムヌウロヌカヌ]
([英] to lower / to take down / to drop)
下げる / 下ろす / 降ろす

menurut《[幹] turut》[ムヌウロ(ト)]
([英] according to / to obey / to follow)
〜によると / 従う / 付いて行く

menuruti《[幹] turut》[ムヌウルゥティ]
([英] to follow)〜に従う / 付いて行く

menusuk《[幹] tusuk》[ムヌウソッ]
([英] to pierce / to stab)突く / 突き刺す

menutup《[幹] tutup》[ムヌウト(プ)]
([英] to close / to cover / to turn off)
閉める / 閉じる / (電源を)切る / 覆(おお)う

menutup mulut《[幹] tutup》
[ムヌウト(プ) ムウロ(ト)]
([英] to shut one's mouth)口をつぐむ

menyahut《[幹] sahut》[ムニャホ(ト)]
([英] to reply / to answer)返答する / 応じる

menyakiti《[幹] sakit》[ムニャキティ]
([英] to cause *sb* pain)苦しめる

menyakitkan《[幹] sakit》[ムニャケ(ト)カヌ]
([英] to hurt / painful)
傷つける / 痛い / 辛い

menyakitkan mata《[幹] sakit》
[ムニャケ(ト)カヌ マタ]
([英] unpleasant to the eye)目障りな

menyaksikan《[幹] saksi》
[ムニャクスイカヌ]([英] to watch / to witness)
自分の目で見る / 目撃する

menyala [ムニャラ]([英] to burn / burning / to light up)燃える / 燃えるような / 点灯(てんとう)する

menyalahfahami《[幹] salah faham》
[ムニャラ(ハ)ファハミ]([英] to misunderstand)
誤解する

menyalahguna《[幹] salah guna》
[ムニャラ(ハ)グゥナ]([英] to abuse)
濫用(らんよう)する

menyalahgunakan《[幹] salah guna》
[ムニャラ(ハ)グゥナカヌ]([英] to abuse)
濫用(らんよう)する

menyalahi《[幹] salah》[ムニャラヒ]
([英] to breach)違反する

menyalahkan《[幹] salah》
[ムニャラ(ハ)カヌ]([英] to blame)
責(せ)める / 咎(とが)める

menyalak《[幹] salak》[ムニャラッ]
([英] to bark)吠(ほ)える

menyalin《[幹] salin》[ムニャレヌ]
([英] to copy / to change)
写す / 複写する / 着替える

menyalirkan《[幹] salir》[ムニャレーカヌ]
([英] to drain)排水する

M

menyalurkan《㊥ salur》[ムニャローカㇴ]
(㊧ to channel)
流す / (支援や情報を)提供する

menyamai《㊥ sama》[ムニャマイ]
(㊧ to match / to resemble)
～に匹敵(ひってき)する / ～に似る

menyamakan《㊥ sama》[ムニャマカㇴ]
(㊧ to equate / to equalize)
同一視する / 等しくする

menyamar《㊥ samar》[ムニャマー]
(㊧ to disguise oneself)変装する

menyambar《㊥ sambar》[ムニャムバー]
(㊧ to grab / to carry away)
掴(つか)み取る / 奪い取る

menyambung《㊥ sambung》
[ムニャムボン](㊧ to connect / to continue)
つなぐ / 続ける

menyambung pelajaran《㊥ sambung》[ムニャムボン プラジャラㇴ]
(㊧ to go on to a higher school)進学する

menyambungkan《㊥ sambung》
[ムニャムボンカㇴ](㊧ to connect)
繋(つな)ぐ / 接続する

menyambut《㊥ sambut》[ムニャムボ(ト)]
(㊧ to welcome / to celebrate)
迎える / 歓迎する / 祝う

menyampaikan《㊥ sampai》
[ムニャムパイカㇴ](㊧ to convey)伝える

menyandar《㊥ sandar》[ムニャㇴダー]
(㊧ to lean)もたれる / 寄り掛かる

menyandarkan《㊥ sandar》
[ムニャㇴダーカㇴ](㊧ to lean)もたせ掛ける

menyangga《㊥ sangga》[ムニャンガ]
(㊧ to support)支える

menyangka《㊥ sangka》[ムニャンカ]
(㊧ to suppose)推測する / 予想する

menyangkal《㊥ sangkal》[ムニャンカル]
(㊧ to deny)否定する

menyangkut《㊥ sangkut》
[ムニャンコ(ト)](㊧ to hang)引っかける

menyanyi [ムニャニィ](㊧ to sing)
歌う

menyapu《㊥ sapu》[ムニャプゥ]
(㊧ to spread / to sweep)
塗(ぬ)る / 掃(は)く

menyara《㊥ sara》[ムニャラ]
(㊧ to support)
扶養(ふよう)する / 養(やしな)う

menyarankan《㊥ saran》
[ムニャラㇴカㇴ](㊧ to propose)提案する

menyaring《㊥ saring》[ムニャレン]
(㊧ to filter / to screen)
ろ過する / 選抜する

menyasarkan《㊥ sasar》
[ムニャサーカㇴ](㊧ to aim)
ねらう / 目標にする

menyatakan [ムニャタカㇴ](㊧ to state / to clarify)述べる / 説明する

menyatukan《㊥ satu》[ムニャトゥウカㇴ]
(㊧ to unify / to unite)
一つにする / 合わせる / 統合する

menyayangi《㊥ sayang》[ムニャヤンィ]
(㊧ to love / to cherish)
愛する / かわいがる

menyebabkan《[幹] sebab》
[ムニュバ(ブ)カヌ]([英] to cause)
引き起こす / ～させる

menyébarkan《[幹] sébar》
[ムニェバーカヌ]([英] to spread / to scatter)
広める / 普及させる / ばらまく

menyebatikan [ムニュバティカヌ]
([英] to compound)混ぜ合わせる

menyebelahi [ムニュブラヒ]
([英] to take sides with)味方する

menyeberang《[幹] seberang》
[ムニュブラン]([英] to cross)横切る / 渡る

menyeberangi《[幹] seberang》
[ムニュブランイ]([英] to cross)横切る / 渡る

menyebut《[幹] sebut》[ムニュボ(ト)]
([英] to mention / to pronounce)
口に出す / 言及する / 発音する

menyedari《[幹] sedar》[ムニュダリ]
([英] to realize / to recognize)
気付く / 認識する

menyedarkan《[幹] sedar》
[ムニュダーカヌ]([英] to make *sb* aware)
気付かせる / 意識させる

menyediakan《[幹] sedia》
[ムニュディヤカヌ]([英] to prepare / to arrange)
準備する / 用意する

menyedihkan《[幹] sedih》
[ムニュデ(ヘ)カヌ]([英] sad / to sadden)
(物事が)悲しい / 悲しませる

menyedut《[幹] sedut》[ムニュド(ト)]
([英] to inhale)吸う / 吸い込む

menyegarkan《[幹] segar》
[ムニュガーカヌ]([英] refreshing / to refresh)
爽快(そうかい)な / 元気を回復させる

menyejukbekukan《[幹] sejuk beku》
[ムニュジョッ(ク)ブクゥカヌ]([英] to freeze)
冷凍する

menyejukkan《[幹] sejuk》
[ムニュジョッカヌ]([英] to cool)
冷(ひ)やす / 冷(さ)ます

menyekat《[幹] sekat》[ムニュカ(ト)]
([英] to block / to limit)
封鎖(ふうさ)する / ブロックする / 制限する

menyéksa《[幹] séksa》[ムニェクサ]
([英] to torture)拷問(ごうもん)する / 苦しめる

menyélak《[幹] sélak》[ムニェラッ]
([英] to draw / to flip through)
めくる / まくり上げる

menyélak-nyélak《[幹] sélak》
[ムニェラッ ニェラッ]([英] to flip through / to flap)パラパラめくる / ひらひらさせる

menyelam《[幹] selam》[ムニュラム]
([英] to dive)潜(もぐ)る / ダイビングする

menyelamat《[幹] selamat》
[ムニュラマ(ト)]([英] to save)救助する / 救う

menyelamatkan《[幹] selamat》
[ムニュラマ(ト)カヌ]([英] to save)救助する / 救う

menyelamatkan diri《[幹] selamat》
[ムニュラマ(ト)カヌ ディリ]([英] to escape)
避難する / 逃げる

menyelaraskan [ムニュララスカヌ]
([英] to coordinate / to standardize)
調整する / 統一する

menyelenggara《[幹] selenggara》
[ムニュルンガラ]([英] to maintain)
維持管理する

M

menyelenggarakan《[幹] selenggara》
[ムニュルンガラカヌ]
([英] to organize / to maintain)
開催する / 主催する / 維持管理する

menyelérakkan《[幹] selérak》
[ムニュレラッカヌ]([英] to scatter)まき散らす

menyelesaikan《[幹] selesai》
[ムニュルサイカヌ]([英] to finish / to solve / to settle)終える / 解決する

menyeléwéng《[幹] seléwéng》
[ムニュレウェン]([英] to embezzle)
横領(おうりょう)する

menyeléwéngkan《[幹] seléwéng》
[ムニュレウェンカヌ]([英] to embezzle / to get illegally / to distort)横領(おうりょう)する / 不正に入手する / 歪曲(わいきょく)する

menyelia《[幹] selia》[ムニュリヤ]
([英] to supervise)監督する

menyelidik《[幹] selidik》[ムニュリデッ]
([英] to research / to investigate)
研究する / 調査する

menyelinap《[幹] selinap》[ムニュリナ(プ)]
([英] to infiltrate)
潜入(せんにゅう)する / 忍び込む

menyelitkan《[幹] selit》[ムニュレ(ト)カヌ]
([英] to insert)差し込む / 挟(はさ)む

menyeludup《[幹] seludup》
[ムニュルッド(プ)]([英] to smuggle)
密輸(みつゆ)する

menyeluruh《[幹] seluruh》
[ムニュルゥロ(ホ)]([英] full / comprehensive)
全面的な / 包括的な

menyemadikan《[幹] semadi》
[ムニュマディカヌ]([英] to lay away / to bury)
葬(ほうむ)る / 埋葬(まいそう)する

menyemai《[幹] semai》[ムニュマイ]
([英] to sow)(種を)まく / 植えつける

menyémak《[幹] sémak》[ムニェマッ]
([英] to check / to mark)
チェックする / 調べる / 採点する

menyémak semula《[幹] sémak》
[ムニェマッ スムゥラ]([英] to revise)
改定(かいてい)する

menyembah《[幹] sembah》
[ムニュムバ(ハ)]([英] to worship)
崇拝(すうはい)する

menyembelih《[幹] sembelih》
[ムニュムブレ(ヘ)]([英] to slaughter)
屠殺(とさつ)する / 屠畜(とちく)する

menyembunyikan《[幹] sembunyi》
[ムニュムブゥニイカヌ]([英] to hide)隠す

menyembur《[幹] sembur》[ムニュムボー]
([英] to spray)スプレーする / 吹き付ける

menyemburkan《[幹] sembur》
[ムニュムボーカヌ]([英] to spray)
スプレーする / 吹き付ける

menyempadani《[幹] sempadan》
[ムニュムパダニ]([英] to border)
接する / 隣接する

menyempurnakan《[幹] sempurna》
[ムニュムプゥルナカヌ]
([英] to complete / to fulfil)
仕上げる / 完璧にする / 全(まっと)うする

menyenangkan《[幹] senang》
[ムニュナンカヌ]([英] pleasant / to please / to make *sth* easy)
(物事が)楽しい / 快い / 喜ばせる / 楽にする

menyenangkan hati《[幹] senang》
[ムニュナンカヌ ハティ]([英] to please)喜ばせる

M

menyenaraikan《[幹] senarai》
[ムニュナライカヌ]([英] to list)
リストする / 列挙する

menyéndéng《[幹] séndéng》
[ムニェヌデン]([英] to tilt)傾(かたむ)く

menyéndéngkan《[幹] séndéng》
[ムニェヌデンカヌ]([英] to tilt)傾(かたむ)ける

menyéngét《[幹] séngét》[ムニェンエ(ト)]
([英] to tilt)傾(かたむ)く

menyéngétkan《[幹] séngét》
[ムニェンエ(ト)カヌ]([英] to tilt)傾(かたむ)ける

menyentuh《[幹] sentuh》[ムニュヌト(ホ)]
([英] to touch)
触(ふ)れる / 接触する / 当たる

menyépahkan《[幹] sépah》
[ムニェパ(ハ)カヌ]([英] to scatter)散らかす

menyepak《[幹] sepak》[ムニュパッ]
([英] to slap)平手(ひらて)打ちする

menyépak《[幹] sépak》[ムニェパッ]
([英] to kick)蹴(け)る

menyepit《[幹] sepit》[ムニュペ(ト)]
([英] to pick / to nip)つまむ / 挟(はさ)む

menyerah《[幹] serah》[ムニュラ(ハ)]
([英] to yield / to surrender / to give up)
屈服する / 降参する / あきらめる

menyerah diri《[幹] serah》
[ムニュラ(ハ) ディリ]([英] to surrender (oneself))
降伏(こうふく)する / 自首(じしゅ)する

menyerah kalah《[幹] serah》
[ムニュラ(ハ) カラ(ハ)]([英] to surrender)
降参(こうさん)する

menyerahkan《[幹] serah》
[ムニュラ(ハ)カヌ]
([英] to submit / to hand over / to leave)
提出する / 引き渡す / 任す

menyerahkan diri《[幹] serah》
[ムニュラ(ハ)カヌ ディリ]([英] to surrender oneself)身をゆだねる / 自首(じしゅ)する

menyeramkan《[幹] seram》
[ムニュラムカヌ]([英] eerie)不気味な

menyerang《[幹] serang》[ムニュラン]
([英] to attack)襲う / 攻撃する

menyerang balas《[幹] serang》
[ムニュラン バラス]([英] to counterattack)
反撃する

menyerap《[幹] serap》[ムニュラ(プ)]
([英] to absorb / to soak / to adopt)
吸収する / 浸透する / 採用する

menyerbu《[幹] serbu》[ムニューブゥ]
([英] to raid / to rush)
押し入る / 襲撃する / 殺到する

menyérét《[幹] sérét》[ムニェレ(ト)]
([英] to drag)引きずる

menyerlah《[幹] serlah》[ムニューラ(ハ)]
([英] to stand out / to shine / brilliant)
際立つ / 輝きを放つ / 輝かしい

menyerlahkan《[幹] serlah》
[ムニューラ(ハ)カヌ]([英] to show (off))
見せつける / はっきり示す

menyertai《[幹] serta》[ムニュータイ]
([英] to join / to participate / to accompany)
加わる / 参加する / 同行する

menyertai syarikat《[幹] serta》
[ムニュータイ シャリカ(ト)]
([英] to join a company)入社する

M

menyertakan《㊦ serta》[ムニューータカヌ]
(㊥ to enclose / to attach)
同封する / 添付する

menyeru《㊦ seru》[ムニュルゥ]
(㊥ to call / to appeal)
呼びかける / 訴えかける

menyerupai [ムニュルゥパイ]
(㊥ to resemble)〜に似ている

menyesal《㊦ sesal》[ムニュサル]
(㊥ to regret)悔(くや)む / 後悔する

menyesuaikan《㊦ sesuai》
[ムニュスゥワイカヌ](㊥ to adapt / to adjust)
合わせる / 調整する

menyesuaikan diri《㊦ sesuai》
[ムニュスゥワイカヌ ディリ](㊥ to adapt oneself)
適応する / 順応(じゅんのう)する

menyetujui《㊦ setuju》
[ムニュトゥウジュウイ](㊥ to agree with)
〜に賛成する / 同意する

menyéwa《㊦ séwa》[ムニェワ]
(㊥ to rent)(金を払って)借りる

menyéwakan《㊦ séwa》[ムニェワカヌ]
(㊥ to rent)(金を取って)貸す

menyiapkan《㊦ siap》[ムニイヤ(プ)カヌ]
(㊥ to complete / to prepare)
仕上げる / 完成させる / 準備する

menyiarkan《㊦ siar》[ムニイヤーカヌ]
(㊥ to broadcast / to publish)
放送する / 公表する

menyiasat《㊦ siasat》[ムニイヤサ(ト)]
(㊥ to investigate)
捜査(そうさ)する / 調査する

menyibuk《㊦ sibuk》[ムニイボッ]
(㊥ to meddle)お節介(せっかい)をする

menyidai《㊦ sidai》[ムニイダイ]
(㊥ to hang out)(服などを)干す

menyifatkan《㊦ sifat》[ムニイファ(ト)カヌ]
(㊥ to characterize / to describe)
特徴付ける / 描写する

menyilang《㊦ silang》[ムニイラン]
(㊥ to cross)交差する

menyilaukan《㊦ silau》[ムニイラゥカヌ]
(㊥ to dazzle)
まぶしがらせる / 目をくらます

menyimbah《㊦ simbah》[ムニイムバ(ハ)]
(㊥ to splash)(液体を)かける / まき散らす

menyimpan《㊦ simpan》[ムニイムパヌ]
(㊥ to save / to store / to keep)蓄(たくわ)える / 保存する / 保管する / 内に秘める

menyimpulkan《㊦ simpul》
[ムニイムポルカヌ](㊥ to knot / to conclude)
結ぶ / 結論する

menyinari《㊦ sinar》[ムニイナリ]
(㊥ to illuminate)〜を照(て)らす

menyindir《㊦ sindir》[ムニイヌデー]
(㊥ to insinuate)皮肉(ひにく)を言う

menyinggung《㊦ singgung》
[ムニインゴン](㊥ to hurt)(心を)傷つける

menyingkatkan《㊦ singkat》
[ムニインカ(ト)カヌ](㊥ to shorten / to abbreviate)短縮する / 略す

menyingkir《㊦ singkir》[ムニインケー]
(㊥ to expel)追放する / 除去する

menyingkirkan《㊦ singkir》
[ムニインケーカヌ](㊥ to expel)
追放する / 排除する

menyiram《[幹] siram》[ムニィラム]
([英] to water)水をやる

menyisipkan《[幹] sisip》[ムニィセ(プ)カヌ]
([英] to insert)挿入する / 差し込む

menyita《[幹] sita》[ムニィタ]
([英] to confiscate)
没収(ぼっしゅう)する / 押収(おうしゅう)する

menyoal《[幹] soal》[ムニョワル]
([英] to ask / to question)質問する / 問う

menyokong《[幹] sokong》[ムニョコン]
([英] to support)
支える / 支援する / 支持する

menyorok《[幹] sorok》[ムニョロッ]
([英] to hide)隠れる

menyuap《[幹] suap》[ムニュウワ(プ)]
([英] to feed / to bribe)
(口まで運んで)食べさせる / 賄賂(わいろ)を与える

menyuapkan《[幹] suap》
[ムニュウワ(プ)カヌ]([英] to feed)
(口まで運んで)食べさせてあげる

menyuarakan《[幹] suara》
[ムニュウワラカヌ]([英] to voice)
口に出す / 表明する

menyukai《[幹] suka》[ムニュウカイ]
([英] to like)好(この)む / 好(す)く

menyukarkan《[幹] sukar》
[ムニュウカーカヌ]([英] to complicate)
困難にする

menyukat《[幹] sukat》[ムニュウカ(ト)]
([英] to measure)測(はか)る / 測定する

menyulam《[幹] sulam》[ムニュウラム]
([英] to embroider)刺繍(ししゅう)する

menyumbang《[幹] sumbang》
[ムニュウムバン]([英] to contribute)
寄与(きよ)する / 貢献する

menyumbangkan《[幹] sumbang》
[ムニュウムバンカヌ]([英] to contribute)
寄付(きふ)する / 貢献する

menyumbat《[幹] sumbat》
[ムニュウムバ(ト)]([英] to stuff / to plug)
つめる / 塞(ふさ)ぐ

menyumbatkan《[幹] sumbat》
[ムニュウムバ(ト)カヌ]([英] to stuff)
つめる / 突っ込む

menyumpah seranah《[幹] sumpah》
[ムニュウムパ(ハ) スラナ(ハ)]([英] to scorch)
罵倒(ばとう)する

menyundal《[幹] sundal》[ムニュウヌダル]
([英] to whore)売春する

menyuntik《[幹] suntik》[ムニュウヌテッ]
([英] to inject)注射する

menyuntikkan《[幹] suntik》
[ムニュウヌテッカヌ]([英] to inject)注射する

menyunting《[幹] sunting》[ムニュウヌテン]
([英] to edit)編集する

menyuruh《[幹] suruh》[ムニュウロ(ホ)]
([英] to tell / to order)
～するように言う / 指示する

menyusahkan《[幹] susah》
[ムニュウサ(ハ)カヌ]([英] to trouble)
困らせる / わずらわす

menyusu《[幹] susu》[ムニュウスゥ]
([英] to feed)(赤ん坊が)乳を飲む

menyusui《[幹] susu》[ムニュウスゥイ]
([英] to breast-feed)授乳する

M

menyusukan《[幹] susu》[ムニュウスゥカヌ]
([英] to breast-feed)授乳する

menyusul《[幹] susul》[ムニュウソル]
([英] to follow)後に続く

menyusuli《[幹] susul》[ムニュウスゥリ]
([英] to follow / to respond to)
～の後に続く / ～に応(こた)える

menyusun《[幹] susun》[ムニュウソヌ]
([英] to arrange)並べる / きちんとそろえる

menziarahi [ムヌズィアラヒ]([英] to visit)
訪問する / 見舞う

meraba [ムラバ]
([英] to touch / to rub / to grope)
触る / 擦(さす)る / 手探(てさぐ)りで探す

meragui [ムラグゥイ]([英] to doubt)～を疑う

meragukan [ムラグゥカヌ]([英] doubtful / to doubt)疑わしい / ～を疑う

meragut [ムラゴ(ト)]([英] to snatch)
ひったくる

mérah [メラ(ハ)]([英] red)赤 / 赤い

mérah jambu [muda]
[メラ(ハ) ジャムブゥ[ムゥダ]]([英] pink)ピンク

mérah menyala [メラ(ハ) ムニャラ]
([英] bright red)真っ赤な

mérah pekat [メラ(ハ) プカ(ト)]
([英] crimson)深紅(しんく)

merahmati [ムラ(ハ)マティ]([英] to bless)
恵む

merahsiakan [ムラ(ハ)スイヤカヌ]
([英] to conceal)隠す / 秘密にする

meraih [ムラェ(ヘ)]([英] to win)
獲得(かくとく)する / 手に入れる

meraikan [ムライカヌ]([英] to celebrate / to entertain)祝う / もてなす

merajuk [ムラジョッ]([英] to sulk)すねる

merak [ムラッ]([英] peacock)クジャク

merakam [ムラカム]([英] to record)
録音する / 録画する

merakamkan [ムラカムカヌ]([英] to record)
録音する / 録画する / 記録する

meramal [ムラマル]([英] to predict / to forecast)予測する / 予言する

meramalkan [ムラマルカヌ]
([英] to predict / to forecast)
予測する / 予言する

meramas [ムラマス]([英] to knead / to squash)揉(も)む / こねる / 握りつぶす

merampas [ムラムパス]([英] to snatch / to confiscate / to hijack)
奪う / 没収する / ハイジャックする

meranapkan [ムラナ(プ)カヌ]
([英] to flatten)押し壊す / 打ちひしぐ

merancang [ムランチャン]([英] to plan)
計画する

merangka [ムランカ]([英] to arrange)
(計画などを)立てる / 策定する

merangkak [ムランカッ]([英] to crawl)
這(は)う

merangkumi [ムランクゥミ]
([英] to comprise / to encompass)
～を含む / カバーする

M

merangsang [ムランサン]
([英] to stimulate)刺激する

merapat [ムラパ(ト)]([英] to approach)
近づく

merapatkan [ムラパ(ト)カヌ]([英] to make *sth* closer / to strengthen)
近づける / 密接にする

merapi [ムラピ]([英] to tidy / to rinse)
整理整頓する / リンスする

merapikan [ムラピカヌ]([英] to tidy / to rinse)整理整頓する / リンスする

merasa [ムラサ]([英] to taste / to feel)
味わう / 感じる

merasai [ムラサイ]([英] to taste)味わう

merasakan [ムラサカヌ]([英] to feel)
感じ取る / 感じる

merasmikan [ムラスミカヌ]
([英] to officiate)(公式に)行う / 開会する

merasuk [ムラソッ]([英] to possess)
(霊などが)取り付く

merata(-rata) (tempat)
[ムラタ (ラタ) (トゥムパ(ト))]([英] everywhere)
いたるところに / あちこちに

merawat [ムラワ(ト)]([英] to treat / to nurse)治療する / 看護する

merawati [ムラワティ]([英] to treat / to nurse)治療する / 看護する

merayap [ムラヤ(プ)]([英] to crawl)
這(は)う

merayau [ムラヤゥ]
([英] to wonder around)
歩き回る / ぶらつく / さまよう

merayu [ムラユゥ]
([英] to appeal / to beg / to persuade)
訴(うった)えかける / 説き伏せる

mercun [ムーチョヌ]([英] firecracker)
爆竹(ばくちく)

merdéka [ムーデカ]([英] independent)
独立した

merdu [ムルドゥゥ]([英] melodious)
(歌や声が)美しい

meréalisasikan [ムレヤリサスイカヌ]
([英] to realize)実現させる

merébak [ムレバッ]([英] to spread)
広がる / 蔓延(まんえん)する

merebus [ムルボス]([英] to boil)
茹(ゆ)でる / 煮る

merebut [ムルボ(ト)]([英] to snatch)
奪い取る

mereda [ムルダ]([英] to subside)
(雨などが)おさまる / 弱くなる

meredah [ムルダ(ハ)]([英] to wade)
分け入る / 突き進む

meréformasi [ムレフォーマスイ]
([英] to reform)改革する

meréformasikan [ムレフォーマスイカヌ]
([英] to reform)改革する

meregang [ムルガン]([英] to tauten)
突っ張る / 伸びる

meregangkan [ムルガンカヌ]
([英] to tauten)ぴんと張った状態にする

meréhatkan [ムレハ(ト)カヌ]([英] to rest)
休ませる

M

meréhatkan diri [ムレハ(ト)カヌ ディリ]
([英] to take a rest)
休憩(きゅうけい)する / 休息する

meréka [ムレカ]([英] they / their / them)
彼ら / 彼女ら

meréka [ムレカ]
([英] to create / to make up / to invent)
創作する / でっち上げる / 発明する

meréka bentuk [ムレカ ブヌトゥッ]
([英] to design)デザインする / 設計する

merekah [ムルカ(ハ)]([英] to crack)
ひびが入る

merékrut [ムレクロ(ト)]([英] to recruit)
(人材を)募集する

merempuh [ムルムポ(ホ)]
([英] to rush into)押し寄せる / 突入する

merendah diri [ムルヌダ(ハ) ディリ]
([英] to be modest)
へりくだる / 謙遜(けんそん)する

merendahkan [ムルヌダ(ハ)カヌ]
([英] to lower / to reduce)
低くする / 下げる

merendahkan diri [hati]
[ムルヌダ(ハ)カヌ ディリ [ハティ]]([英] to be modest)
へりくだる / 謙遜(けんそん)する

merendam [ムルヌダム]([英] to soak)
浸(つ)ける / 浸(ひた)す

merendamkan [ムルヌダムカヌ]
([英] to soak)浸(つ)ける / 浸(ひた)す

meréndang [ムレヌダン]
([英] to grow thick)葉が生い茂る

merendidih [ムルヌディディ(ヘ)]([英] to stew)
煮込む

merentangi [ムルヌタンイ]([英] to cross / across)(橋などが川や道を)またぐ / 横切る

merenung [ムルノン]([英] to stare)
見つめる

merenyukkan [ムルニョッカヌ]
([英] to crumple)くしゃくしゃにする

mereput [ムルポ(ト)]([英] to rot)
腐敗(ふはい)する / 腐(くさ)る

meresap [ムルサ(プ)]([英] to penetrate / to soak)入り込む / しみ込む

meresapi [ムルサピ]([英] to penetrate / to soak into)~に入り込む / しみ込む

merestui [ムルストゥウイ]([英] to bless / to accept)祝福する / 容認する

meretak [ムルタッ]([英] to crack)
ひびが入る

meriah [ムリヤ(ハ)]([英] lively / jolly / grand)にぎやかな / 楽しい / 盛大な

meriam [ムリヤム]([英] cannon)大砲

meriangkan [ムリヤンカヌ]
([英] to cheer up)元気付ける

merimbun [ムリムボヌ]([英] to grow thick)
葉が生い茂る

merindu [ムリヌドゥウ]([英] to miss)
恋しく思う

merindui [ムリヌドゥウイ]([英] to miss)
~を恋しく思う

merindukan [ムリヌドゥウカヌ]([英] to miss)
~を恋しく思う

meringankan [ムリンアヌカヌ]([英] to lighten / to mitigate)軽くする / やわらげる

M

meringkaskan [ムリンカスカヌ]
(㊥ to summarize / to abbreviate)
まとめる / 要約する / 略す

merintangi [ムリヌタンイ]
(㊥ to block / to cross)
(川や道を)遮(さえぎ)る / またぐ / 横切る

merisaukan [ムリサウカヌ] (㊥ to worry)
心配する

merisik [ムリセッ] (㊥ to spy / to investigate)
密かに調べる / 探(さぐ)りを入れる

merkuri [ムクゥリ] (㊥ mercury) 水銀

merobohkan [ムロボ(ホ)カヌ]
(㊥ to demolish) 破壊する / 解体する

merodok [ムロドッ] (㊥ to thrust) 突き刺す

merogol [ムロゴル] (㊥ to rape)
レイプする / 強姦(ごうかん)する

merokok [ムロコッ] (㊥ to smoke)
タバコを吸う

merombak [ムロムバッ] (㊥ to reshuffle)
再編成する / (内閣を)改造する

meronda [ムロヌダ] (㊥ to patrol)
パトロールする

meronta-ronta [ムロヌタ ロヌタ]
(㊥ to struggle) もがく

merosakkan [ムロサッカヌ] (㊥ to break / to damage / to spoil) 壊す / だめにする

merosot [ムロソ(ト)] (㊥ to decline)
(質や数量が)低下する / 悪化する

merpati [ムーパティ] (㊥ pigeon) ハト

merugikan [ムルゥギカヌ]
(㊥ to damage / disadvantageous)
損害を与える / 損失を与える / 損な

merujuk [ムルゥジョッ] (㊥ to refer to)
参照する / 言及する

merumuskan [ムルゥモスカヌ]
(㊥ to summarize) まとめる / 要約する

meruncing [ムルゥンチェン] (㊥ to become critical / to become sharp)
危機的になる / 尖(とが)る

merundingkan [ムルゥンデンカヌ]
(㊥ to negotiate) 交渉する

merungkaikan [ムルゥンカイカヌ]
(㊥ to untie) ほどく

merungut [ムルゥンオ(ト)] (㊥ to grumble)
不平を言う / ぼやく

meruntuhkan [ムルゥヌト(ホ)カヌ]
(㊥ to destroy) 破壊する

merupakan [ムルゥパカヌ] (㊥ to be / to constitute) ～である / ～を構成する

MÉSDAQ [メスダッ] (㊥ Malaysian Exchange of Securities Dealing and Automated Quotation (MESDAQ))
メスダック(マレーシア店頭株式市場)

meséj [メセジ] (㊥ message)
メッセージ / 伝言

mésin [メセヌ] (㊥ machine) 機械 / 機器

mésin basuh [メセヌ バソ(ホ)]
(㊥ washing machine) 洗濯機

mésin fotostat [メセヌ フォトスタ(ト)]
(㊥ photostat machine) コピー機

M

mésin jahit [メセヌ ジャヘ(ト)]
(英 sewing machine)ミシン

mésin kelim [メセヌ クレム]
(英 overlock machine)ロックミシン

mésin kira [メセヌ キラ]
(英 register machine / calculator)
レジ(スター) / 計算機

mésin pencincang [メセヌ プンチンチャン]
(英 shredder)シュレッダー

mésin taip [メセヌ タエ(プ)]
(英 typewriter)タイプライター

mésin téléfon [メセヌ テレフォヌ]
(英 telephone machine)電話機

Mesir [ムセー](英 Egypt)エジプト

meskipun [ムスキポヌ](英 although)
〜だけれども

mesra [ムスラ]
(英 friendly / warm / well-mixed)
フレンドリーな / 穏和な / よく混ざった

mesti [ムスティ](英 must)
〜しなければならない / 〜に違いない

mesyuarat [ムシュゥワラ(ト)](英 meeting)
会議

mesyuarat agung [ムシュゥワラ(ト) アゴン]
(英 general meeting)総会

métabolisme [メタボリスマ]
(英 metabolism)新陳代謝(しんちんたいしゃ)

métafora [メタフォラ](英 metaphor)
比喩(ひゆ) / メタファー

météorologi [メテオロロジ]
(英 meteorology)気象学

méter [メトゥー](英 metre / meter)
メートル / 計器 / メーター

meterai [ムトゥライ](英 to seal / seal)
調印する / 封印(ふういん)を押す / 封印

métrik [メトレッ](英 metric)メートル法の

méwah [メワ(ハ)](英 luxurious / rich)
豪華な / 贅沢な / 豊富な / 富んだ

mewajibkan [ムワジェ(ブ)カヌ]
(英 to oblige)義務付ける

mewakili [ムワキリ](英 to represent)
代表する

mewarisi [ムワリスイ](英 to inherit)
受け継ぐ / 相続する

mewarnai [ムワーナイ](英 to colour)
色を付ける / 着色する

mewarnakan [ムワーナカヌ]
(英 to colour)色を付ける / 着色する

mewawancara [ムワワンチャラ]
(英 to interview)インタビューする

mewujudkan [ムウゥウゥジョ(ド)カヌ]
(英 to create / to realize)
作り出す / 生み出す / 実現させる

meyakini [ムヤキニ]
(英 to be convinced of)〜を確信する

meyakinkan [ムヤケヌカヌ]
(英 to convince / convincing)
確信させる / 納得させる / 説得力がある

mi [ミ](英 noodles)麺(めん)

mi goréng [ミ ゴレン](英 fried noodles)
ミ・ゴレン / 焼きそば

mi segera [ミ スグラ]([英] instant noodles) インスタント麺(めん)

MIC [エムアイスイ] ([英] Malaysian Indian Congress (MIC)) マレーシア·インド人会議

migrasi [ミグラスイ]([英] migration)移住

mihun [ミホヌ]([英] rice noodles)ビーフン

mikro [ミクロ]([英] micro)ミクロな / 微小な

mikrofon [ミクロフォヌ]([英] microphone) マイク

mikroorganisma [ミクロオーガニスマ] ([英] microorganism)微生物

mikroskop [ミクロスコ(プ)] ([英] microscope)顕微鏡

milik [ミレッ]([英] possession)所有物

milik kerajaan [negara] [ミレッ クラジャアヌ [ヌガラ]] ([英] government-owned)国有(の)

milik persendirian [ミレッ プースヌディリヤヌ] ([英] private ownership)私有(の)

miliki [ミリキ]([英] to own / to possess) 所有する / 有する

miliméter [ミリメトゥー]([英] millimetre) ミリメートル

mimpi [ミムピ]([英] dream / to dream) 夢 / 幻想 / 夢を見る

mimpikan [ミムピカヌ]([英] to dream about) 夢に見る / 夢見る

minat [ミナ(ト)]([英] interest)興味 / 関心

minati [ミナティ]([英] to be interested in / to admire)〜に興味を持つ / 好感を抱く

minda [ミヌダ]([英] mind)心 / 精神 / 知性

mineral [ミヌラル]([英] mineral) 鉱物 / ミネラル

Minggu [ミングゥ]([英] Sunday)日曜(日)

minggu [ミングゥ]([英] week)週

minggu depan [ミングゥ ドゥパヌ] ([英] next week)来週

minggu ini [ミングゥ イニ]([英] this week) 今週

minggu lagi satu [ミングゥ ラギ サトゥウ] ([英] the week after next)再来週

minggu lalu [lepas] [ミングゥ ラルゥ [ルパス]] ([英] last week)先週

mingguan [ミングゥワヌ]([英] weekly) 毎週の

mini [ミニ]([英] mini)ミニの / 小型の

minimum [ミニムゥム]([英] minimum) 最小限

minit [ミネ(ト)]([英] minute / minutes) 分 / 議事録

minta [ミヌタ]([英] to ask (for) / to request / I'd like)求める / 頼む / 〜を下さい

minta ampun [ミヌタ アムポヌ] ([英] to apologize) 許しを請(こ)う / 詫(わ)びる

minta diri [ミヌタ ディリ]([英] to excuse oneself)途中で去る / おいとまする

minta maaf [ミヌタ マアフ]([英] I'm sorry / to apologize)ごめんなさい / 謝る

minum [ミノム]([英] to drink)飲む

minuman [ミヌゥマヌ]([英] beverage)飲物

minuman beralkohol
[ミヌゥマヌ ブラルコホル]([英] alcoholic drinks)
アルコール飲料

minuman berkarbonat
[ミヌゥマヌ ブーカーボナ(ト)]
([英] carbonated drink)炭酸飲料

minuman keras [ミヌゥマヌ クラス]
([英] alcoholic drinks)酒 / アルコール飲料

minuman ringan [ミヌゥマヌ リンアヌ]
([英] soft drink)ソフトドリンク

minus [マイヌゥス]([英] minus)マイナス

minyak [ミニャッ]([英] oil / petrol)
油 / オイル / ガソリン

minyak diesél [ミニャッ ディセル]
([英] diesel oil)軽油

minyak mentah [ミニャッ ムヌタ(ハ)]
([英] crude oil)原油

minyak pétrol [ミニャッ ペトロル]
([英] petroleum)石油 / ガソリン

minyak prémium [ミニャッ プレミヨム]
([英] premium petrol / high-octane petrol)
ハイオクガソリン

minyak tanah [ミニャッ タナ(ハ)]
([英] kerosene)灯油

minyak wangi [ミニャッ ワンイ]
([英] perfume)香水

minyak zaitun [ミニャッ ザイトヌ]
([英] olive oil)オリーブオイル

miring [ミレン]([英] sloping / slanting)
傾(かたむ)いた / 斜めの

miringkan [ミレンカヌ]
([英] to tilt / to slant)傾(かたむ)ける

mirip [ミレ(プ)]([英] alike / similar)似ている

misai [ミサイ]([英] moustache)口ひげ

misal [ミサル]([英] example)例

misal kata [ミサル カタ]([英] for instance)
例えば

misalnya [ミサルニャ]([英] for example)
例えば

misi [ミスィ]([英] mission)使命 / ミッション

miskin [ミスケヌ]([英] poor)貧乏な / 貧しい

misteri [ミストゥリ]([英] mystery)
神秘 / 謎 / ミステリー

miting [ミティン]([英] meeting)
【口語】会議 / ミーティング

mitos [ミトス]([英] myth)神話

mlm (= malam) [マラム]([英] p.m.)
(時刻に付けて)夜 / 午後

modal [モダル]([英] capital)資本 / 資金

modél [モデル]([英] model)
型 / 模範 / 模型 / モデル

moden [モドゥヌ]([英] modern)
現代の / 近代的な

moga-moga [モガ モガ]([英] hopefully)
〜でありますように / 願わくば

mogok [モゴッ]([英] strike)ストライキ

Mohd. (= Mohammad / Mohamed)
[モハメ(ド)]([英] Mohammad / Mohamed)
モハンマドやモハメッドの省略表記

M

mohon [モホヌ] (㊥ to apply / to ask)
応募する / 申請する / 請(こ)う / お願いする

mohon maaf [モホヌ マアフ]
(㊥ to apologize) 謝る / 許しを請(こ)う

molékul [モレクゥル] (㊥ molecule)
分子(原子の結合体)

Mongolia [モンゴリヤ] (㊥ Mongolia)
モンゴル

monitor [モニトー] (㊥ monitor) モニター

monopoli [モノポリ] (㊥ monopoly / to monopolize) 独占 / 独占する

monorél [モノレル] (㊥ monorail)
モノレール

monsun [モヌスゥヌ] (㊥ monsoon)
モンスーン / 季節風

montél [モヌテル] (㊥ chubby)
ぽっちゃりした

montok [モヌトッ] (㊥ plump) ふっくらした

monyét [モニェ(ト)] (㊥ monkey) 猿

moral [モラル] (㊥ morals) 道徳

moratorium [モラトリオム] (㊥ moratorium)
猶予期間(ゆうよきかん) / 停止期間 / モラトリアム

motél [モテル] (㊥ motel) モーテル

motif [モテフ] (㊥ motif / motive)
模様 / モチーフ / 動機

motivasi [モティヴァスィ] (㊥ motivation)
モチベーション / 動機付け

motokar [モトカー] (㊥ motorcar) 自動車

motor [モトー] (㊥ motorcycle / motor)
【口語】バイク / モーター

motosikal [モトスイカル] (㊥ motorcycle)
バイク / オートバイ

moyang [モヤン] (㊥ great-grandfather / great-grandmother)
曾祖父(そうそふ) / 曾祖母(そうそぼ)

moyang lelaki [モヤン ルラキ]
(㊥ great-grandfather) 曾祖父(そうそふ)

moyang perempuan
[モヤン プルムプゥワヌ]
(㊥ great-grandmother) 曾祖母(そうそぼ)

MSC [エムエススイ]
(㊥ Multimedia Super Corridor (MSC))
マルチメディア・スーパーコリドー

-mu [ムゥ] (㊥ your / you) 君〈お前〉の〈を〉

muak [ムゥワッ] (㊥ bored / tired / sick)
飽きる / うんざりする / 吐き気がする

mual [ムゥワル] (㊥ sick)
吐き気がする / うんざりした

muat [ムゥワ(ト)] (㊥ to fit / to accommodate)
(大きさ的に)合う / 入る / 収容する

muat naik [ムゥワ(ト) ナエッ]
(㊥ to upload) アップロードする

muat turun [ムゥワ(ト) トゥウロヌ]
(㊥ to download) ダウンロードする

muatan [ムゥワタヌ] (㊥ load) 荷 / 積み荷

muatkan [ムゥワ(ト)カヌ] (㊥ to load / to place / to accommodate)
載せる / 積み込む / 掲載する / 収容する

mubaligh [ムゥバレ(グ)] (㊥ missionary)
宣教師(せんきょうし)

M

muda [ムウダ] (㊥ young / light / unripe)
若い / (色が)薄い / 熟していない

muda remaja [ムウダ ルマジャ]
(㊥ young / adolescent)若い / 青年期の

mudah [ムウダ(ハ)] (㊥ easy)
簡単な / 〜しやすい

mudahkan [ムウダ(ハ)カヌ]
(㊥ to make *sth* easy)容易にする

mudah-mudahan [ムウダ(ハ) ムウダハヌ]
(㊥ hopefully)願わくば

muda-mudi《㊎ muda》 [ムウダ ムウディ]
(㊥ youngsters)若者

mudarat [ムウダラ(ト)]
(㊥ harm / damage)害 / 危険

mudaratkan [ムウダラ(ト)カヌ]
(㊥ to harm / harmful)害する / 危険な

M

muflis [ムウフレス] (㊥ bankrupt)破産した

Muhammad [ムウハムマ(ド)]
(㊥ Muhammad)
ムハンマド(イスラーム教の開祖)

muhibbah [ムウヒバ(ハ)] (㊥ friendship)
親善 / 友好

mujarab [ムウジャラ(ブ)]
(㊥ to be effective)効く / 効果がある

mujarad [ムウジャラ(ド)] (㊥ abstract)
抽象的な

mujur [ムウジョー] (㊥ luckily)
幸いにも / 運よく

mujurlah [ムウジョーラ(ハ)] (㊥ luckily)
幸いにも / 運よく

muka [ムウカ] (㊥ face / page)
顔 / 面目(めんぼく) / (新聞の)面

muka hadapan [depan]
[ムウカ ハダパヌ[ドゥパヌ]] (㊥ cover / front page)表紙 / (新聞の)一面

muka surat [ムウカ スウラ(ト)] (㊥ page)
ページ

muka tebal [ムウカ トゥバル]
(㊥ presumptuous)
ずうずうしい / 厚かましい

mukadimah [ムウカディマ(ハ)]
(㊥ preamble)序文 / 前置き

mukim [ムウケム] (㊥ mukim)
ムキム(群の下の行政区)

Mukmin [ムウツ(ク)メヌ]
(㊥ those who believe in Allah)
アッラーを信ずる者

muktamad [ムウクタマ(ド)]
(㊥ final / definitive)最終的な / 確定の

muktamadkan [ムウクタマ(ド)カヌ]
(㊥ to finalize)(最終)確定する

mula [ムウラ] (㊥ to start / start)
〜し始める / 始まる / 最初 / 始まり

mulai [ムウライ] (㊥ (starting) from / to start)〜から(始まり) / 〜し始める

mulakan [ムウラカヌ] (㊥ to start)始める

mula-mula [ムウラ ムウラ]
(㊥ first (of all))初めに / まず

mulanya [ムウラニャ] (㊥ at first / the beginning of)最初は / 〜の始まり

mulia [ムウリヤ] (㊥ honourable / noble)
尊(とうと)い / 高貴な

muliakan [ムウリヤカヌ] (英 to honour) 尊(とうと)ぶ / 敬意を表する

multimédia [ムウルティメディヤ] (英 multimedia) マルチメディア

multinasional [ムウルティナスイヨナル] (英 multinational) 多国籍の

mulut [ムウロ(ト)] (英 mouth / words) 口 / 話

munafik [ムウナフェッ] (英 hypocrite / hypocritical) 偽善者(の)

munasabah [ムウナサバ(ハ)] (英 reasonable) もっともな / 理にかなう

muncul [ムウンチョル] (英 to appear) 現れる / 登場する

mundur [ムウヌドー] (英 backward / to retreat) (開発の面で)遅れた / 後退する

mungkin [ムウンケヌ] (英 maybe / possible) たぶん / あり得る

mungkir [ムウンケー] (英 to break) (約束を)破る

mungkiri [ムウンキリ] (英 to break) (約束を)破る

muntah [ムウヌタ(ハ)] (英 to vomit) 吐く

murah [ムウラ(ハ)] (英 cheap) 安い

murah hati [ムウラ(ハ) ハティ] (英 generous) 寛大な / 気前がよい

murahan [ムウラハヌ] (英 cheap-looking) 安っぽい

muram [ムウラム] (英 gloomy) (気分が)ふさぎこんだ / 暗い

murid [ムウレ(ド)] (英 pupil) 児童 / 生徒

murni [ムウルニ] (英 pure) 純粋(じゅんすい)な

murtabak [ムウータバッ] ☞martabak

murung [ムウロン] (英 depressed / sombre) 落ち込んだ / 憂鬱(ゆううつ)な

musang [ムウサン] (英 civet) ジャコウネコ

musibah [ムウスイバ(ハ)] (英 calamity) 災難

musim [ムウセム] (英 season) 季節 / 旬

musim bunga [ムウセム ブウンア] (英 spring) 春

musim hujan [ムウセム フウジャヌ] (英 rainy season) 雨季

musim kemarau [ムウセム クマラウ] (英 dry season) 乾季

musim luruh [gugur] [ムウセム ルウロ(ホ) [グウゴー]] (英 autumn) 秋

musim panas [ムウセム パナス] (英 summer) 夏

musim sejuk [ムウセム スジョッ] (英 winter) 冬

muslihat [ムウスリハ(ト)] (英 trick) 策略(さくりゃく) / 秘訣 / うまい方法

Muslim [ムウスレム] (英 Muslim) イスラーム教徒 / ムスリム

Muslimah [ムウスリマ(ハ)] (英 female Muslim) 女性イスラーム教徒 / 女性ムスリム

musnah [ムウスナ(ハ)] (英 destroyed) 破壊された

musnahkan [ムウスナ(ハ)カヌ] (英 to destroy) 破壊する

mustahak [ムゥスタハッ] (㊥ important)
肝要な / 不可欠な

mustahil [ムゥスタヘル] (㊥ impossible)
あり得ない / 不可能な

mustard [ムゥスタド] (㊥ mustard)
マスタード / からし

musuh [ムゥソ(ホ)] (㊥ enemy)敵

mutakhir [ムゥタヘー] (㊥ latest)最新の

mutiara [ムゥティヤラ] (㊥ pearl)真珠

mutlak [ムゥ(ト)ラッ] (㊥ absolute)絶対的な

mutu [ムゥトゥウ] (㊥ quality)質 / 品質

muzik [ムゥゼッ] (㊥ music)音楽

muzik klasik [klasikal]
[ムゥゼッ クラセッ [クラスイカル]]
(㊥ classical music)クラシック音楽

muzik rakyat [ムゥゼッ ラッ(ク)ヤ(ト)]
(㊥ folk music)民俗音楽

muzium [ムゥズイヨム] (㊥ museum)博物館

muzium seni [ムゥズイヨム スニ]
(㊥ art museum)美術館

Myanmar [ミャムマー] (㊥ Myanmar)
ミャンマー

N

nabi [ナビ] (㊥ prophet)預言者(よげんしゃ)

Nabi Isa [ナビ イサ] (㊥ Christ)キリスト

nada [ナダ] (㊥ tone)
音調 / 調子 / 音色(ねいろ)

nada suara [ナダ スゥワラ] (㊥ tone)
抑揚(よくよう) / 調子 / トーン

nadi [ナディ] (㊥ pulse)
脈(みゃく) / 脈拍(みゃくはく)

nafas [ナファス] (㊥ breath / to breathe)
息 / 呼吸 / 呼吸する

nafi [ナフィ] (㊥ to deny)
打ち消す / 否定する

nafikan [ナフィカヌ] (㊥ to deny)
打ち消す / 否定する

nafkah [ナフカ(ハ)] (㊥ livelihood / expenses)生計(せいけい) / 生活費

nafsu [ナフスゥ] (㊥ desire)欲望 / 願望

nafsu makan [ナフスゥ マカヌ]
(㊥ appetite)食欲

nafsu séks [séksual]
[ナフスゥ セクス [セクスゥワル]]
(㊥ sexual desire)性欲

naga [ナガ] (㊥ dragon)竜(りゅう)

nah [ナ(ハ)] (㊥ here you are / alright)
ほら / どうぞ / さて

nahas [ナハス] (㊥ accident / calamity)
事故 / 災難 / 不幸

nahu [ナフゥ] (㊥ grammar)文法

naib [ナエ(ブ)] (㊥ vice)副～ / 補佐 / 代理

naik [ナエッ] (㊥ to go up / to climb / to get on / to rise)
上がる / 登る / 乗る / 上昇する

naik darah [ナエッ ダラ(ハ)]
(㊥ to get angry)怒る / かっとなる

naik geram [ナエッ グラム]
(㊥ to get angry)怒る / むかっとする

naik haji [ナエッ ハジ]
(英 to make a pilgrimage)
巡礼(じゅんれい)する

naik turun [ナエッ トゥウロヌ](英 rise and fall)
上がり下がり / 起伏

naiki [ナイキ](英 to board / to climb)
～に乗る / 登る

naikkan [ナエッカヌ](英 to raise / to increase)上げる / 高める

najis [ナジェス]
(英 unclean things / excreta)
不浄物 / 排泄物(はいせつぶつ) / 糞(ふん)

najis besar [ナジェス ブサー]
(英 excrement)大便

nak [ナッ](英 to want (to) / will)
【口語】欲しい / ～したい / ～しようとする

nakal [ナカル](英 mischievous)
いたずら好きな

nakhoda [ナホダ](英 captain)船長

naluri [ナルゥリ](英 instinct)本能

nama [ナマ](英 name)
名前 / 名声(めいせい) / 評判

nama biasa [ナマ ビヤサ](英 commonly known name)通称 / 俗称

nama julukan [ナマ ジュゥロカヌ]
(英 nickname)あだ名 / ニックネーム

nama keluarga [ナマ クルゥワーガ]
(英 family name / surname)
姓(せい) / 名字

nama panggilan [ナマ パンギラヌ]
(英 nickname)呼び名 / 愛称

nama péna [ナマ ペナ](英 pen name)
ペンネーム

nama penerima [ナマ プヌリマ]
(英 recipient's name)宛名(あてな)

nama penuh [ナマ プノ(ホ)]
(英 full name)フルネーム

nama saintifik [ナマ サエヌティフェッ]
(英 scientific name)学名

nama samaran [ナマ サマラヌ]
(英 pseudonym)偽名 / 仮名

nama timangan [ナマ ティマンアヌ]
(英 pet name)愛称

namai [ナマイ](英 to name)名付ける

namakan [ナマカヌ]
(英 to name / to nominate)
名付ける / 指名する / 名前を挙げる

namanya [ナマニャ]
(英 its name / what is called)
その名は～ / (それこそ)～というものだ

nampak [ナムパッ]
(英 to see / to look / to see through)
見る / 目に入る / 見える / 見抜く

nampakkan [ナムパッカヌ](英 to show)
見せる

nampaknya [ナムパッ(ク)ニャ]
(英 to seem / to appear)
～のようだ / ～のように見える

namun [ナモヌ](英 however)
けれども / だが

nanah [ナナ(ハ)](英 pus)膿(うみ)

nanas [ナナス](英 pineapple)
パイナップル

nangka [ナンカ] (㊥ jackfruit)
ジャックフルーツ

nanti [ナヌティ]
(㊥ later / or / and / to wait for)
後で / さもないと / そうすれば / 待つ

nanti-nanti [ナヌティ ナヌティ]
(㊥ to wait and wait / to look forward to)
ずっと待つ / 待ち望む

nanti-nantikan [ナヌティ ナヌティカヌ]
(㊥ to wait and wait / to look forward to)
ずっと待つ / 待ち望む

napkin [ネ(プ)ケヌ] (㊥ napkin) ナプキン

nasi [ナスィ] (㊥ rice / meal) ごはん

nasi campur [ナスィ チャムポー]
(㊥ plate meal) ワンプレートご飯

nasi goréng [ナスィ ゴレン]
(㊥ fried rice) ナシ・ゴレン / チャーハン

nasi lemak [ナスィ ルマッ] (㊥ nasi lemak)
ナシ・ルマッ(ココナッツミルク炊きご飯)

nasi putih [ナスィ プゥテ(ヘ)]
(㊥ plain rice) 白米 / 普通のご飯

nasib [ナセ(プ)] (㊥ fortune / destiny)
運 / 運命

nasib baik [ナセ(プ) バエッ]
(㊥ good luck / it was fortunate that)
幸運 / ～してよかった / 幸いにも～

nasihat [ナスィハ(ト)] (㊥ advice)
アドバイス / 忠告

nasihati [ナスィハティ] (㊥ to advise)
～にアドバイスする / 忠告する

nasihatkan [ナスィハ(ト)カヌ] (㊥ to advise)
～にアドバイスする / 忠告する

nasional [ナスィヨナル] (㊥ national)
国家の / 国民の

naskhah [ナスカ(ハ)] (㊥ manuscript / volume) 原稿(げんこう) / ～冊(助数詞)

negara [ヌガラ] (㊥ country / nation / national) 国 / 国家 / 国立の

negara asing [ヌガラ アセン]
(㊥ foreign country) 外国

negara maju [ヌガラ マジュゥ]
(㊥ developed country) 先進国

negara membangun [ヌガラ ムムバンォヌ]
(㊥ emerging nation / developing country) 新興国 / 発展途上国

négatif [ネガティ(フ)] (㊥ negative) 否定的な

negeri [ヌグリ] (㊥ state) 州 / 国

Negeri Sembilan [ヌグリ スムビラヌ]
(㊥ Negeri Sembilan)
ヌグリスンビラン(半島マレーシアの州)

negeri Thai [ヌグリ タイ] (㊥ Thailand)
タイ国

nékad [ネカ(ド)] (㊥ obstinate)
かたくなな / しぶとい / 固執した

nelayan [ヌラヤヌ] (㊥ fisherman) 漁師

nénék [ネネッ] (㊥ grandmother / old lady)
おばあさん / 祖母

nénék moyang [ネネッ モヤン]
(㊥ ancestor) 先祖 / 祖先

Népal [ネパル] (㊥ Nepal) ネパール

neraka [ヌラカ] (㊥ hell) 地獄

nescaya [ヌスチャヤ] (㊥ certainly)
必ずや / きっと

N

néuralgia [ネウラルジヤ] (㊧ neuralgia)
神経痛

néurosis [ネウロセス] (㊧ neurosis)
神経症 / ノイローゼ

néutral [ネウトラル] (㊧ neutral)
中立の / 中性の

néutralkan [ネウトラルカヌ]
(㊧ to neutralize) 中和する / 中立化する

New Zealand [ニユウ ズイレヌ]
(㊧ New Zealand) ニュージーランド

ngam [ンアム] (㊧ to get along well / to suit) しっくりする / うまく合う

nganga [ンアンア] (㊧ to open one's mouth wide) 口を大きく開く

ngeri [ンウリ] (㊧ horrified / frightened)
ぞっとした / 怖い

ni [ニ] (㊧ this) 【口語】これ / この / ～って のは〈を〉 / ～(だ)よ

niaga [ニヤガ] (㊧ business) 商売 / 取引

niat [ニヤ(ト)] (㊧ intention)
意図(いと) / 意思

niat baik [ニヤ(ト) バエッ] (㊧ goodwill)
善意

niat terselindung [ニヤ(ト) トゥースリヌドン]
(㊧ ulterior motive) 隠れた意図(いと) / 下心(したごころ)

nikah [ニカ(ハ)] (㊧ marriage / to marry)
結婚 / 結婚する

nikmat [ニクマ(ト)]
(㊧ pleasure / delightful / delicious)
喜び / 楽しみ / 楽しい / おいしい

nikmati [ニクマティ] (㊧ to enjoy)
楽しむ / 享受(きょうじゅ)する / 味わう / エンジョイする

nilai [ニライ] (㊧ value / to evaluate)
値 / 価値 / 価値観 / 評価する

nilon [ニロヌ] (㊧ nylon) ナイロン

nipis [ニペス] (㊧ thin) 薄い

nisbah [ニスバ(ハ)] (㊧ ratio) 比率

nisbi [ニスビ] (㊧ relative) 相対的な

nitrogen [ニトロジュヌ] (㊧ nitrogen)
窒素(ちっそ)

nomad [ノマ(ド)] (㊧ nomad) 遊牧民

nombor [ノムボー] (㊧ number) 番号 / 数

nombor bulat [ノムボー ブウラ(ト)]
(㊧ integer) 整数

nombor ganjil [ノムボー ガンジェル]
(㊧ odd number) 奇数

nombor genap [ノムボー グナ(プ)]
(㊧ even number) 偶数

nombor PIN [ノムボー ピヌ]
(㊧ PIN number) 暗証番号

norma [ノーマ] (㊧ norm) 規範

normal [ノーマル] (㊧ normal)
正常な / 標準的な

nostalgia [ノスタルジヤ] (㊧ nostalgia)
郷愁(きょうしゅう)

nota [ノタ] (㊧ note) ノート / 記録 / 注

nota klinikal [perubatan]
[ノタ クリニカル [プルゥバタヌ]]
(㊧ medical record) カルテ

N

notis [ノテス] (㊕ notice) 通知 / 通告 / 掲示

novel [ノヴル] (㊕ novel) 小説

Novémber [ノヴェムブー] (㊕ November) 十一月

nuansa [ヌゥワヌサ] (㊕ nuance) ニュアンス

nukléar [ヌゥクレヤー] (㊕ nuclear) 核の / 原子力の

nukléus [ヌゥクレオス] (㊕ nucleus) (原子、細胞の) 核

nurseri [ヌゥスリ] (㊕ nursery) 託児所(たくじしょ)

Nusantara [ヌゥサヌタラ] (㊕ Malay Archipelago) マレー諸島

-nya [ニャ] (㊕ his / him / her / its / it) 彼〈彼女 / それ〉の〈を〉

-Nya [ニャ] (㊕ His / Him) 神様の〈を〉

nyahpecutan [ニャ(ハ)プチュウタヌ] (㊕ slowdown) 減速

nyala [ニャラ] (㊕ flame) 炎

nyalakan [ニャラカヌ] (㊕ to light / to bring about) (火を) 点ける / (気持ちを) 引き起こす

nyaman [ニャマヌ] (㊕ invigorated / refreshing) 爽快(そうかい)な / さわやかな

nyamuk [ニャモッ] (㊕ mosquito) 蚊(か)

nyanyi [ニャニィ] (㊕ to sing / to recite) 歌う

nyanyian [ニャニィヤヌ] (㊕ song) 歌

nyanyian berkumpulan [ニャニィヤヌ ブークゥムプゥラヌ] (㊕ chorus) 合唱

nyanyuk [ニャニョッ] (㊕ senile) 呆けた / 痴呆(ちほう)の

nyaris-nyaris [ニャレス ニャレス] (㊕ almost) 危うく〜しかける

nyata [ニャタ] (㊕ clear) はっきりした / 明白な

nyatakan [ニャタカヌ] (㊕ to state / to clarify) 述べる / 説明する

nyawa [ニャワ] (㊕ life) 命 / 生命

nyenyak [ニュニャッ] (㊕ soundly) ぐっすり

Nyonya [ニョニャ] (㊕ Nyonya) ニョニャ(華人とマレー人の血を引く女性)

O

o [オ] (㊕ oh / without milk) ああ / あっ / ミルクが入っていない

objék [オ(ブ)ジェッ] (㊕ object) 物体 / 目的語

objék angkasa [オ(ブ)ジェッ アンカサ] (㊕ astronomical body) 天体

objéktif [オ(ブ)ジェクテ(フ)] (㊕ objective) 客観的な / 目的

objéktiviti [オ(ブ)ジェクティヴィティ] (㊕ objectivity) 客観性

obsési [オ(プ)セスィ] (㊕ obsession) 執着(しゅうちゃく)

ofis [オフェス] (㊕ office) 事務所

oftalmologi [オ(フ)タルモロギ] (㊕ ophthalmology) 眼科

Ogos [オゴス] (㊕ August) 八月

oh [オ(ホ)] (㊕ oh) あっ / ああ

oh ya [オ(ホ) ヤ]([英] that reminds me / by the way)そう言えば / ところで

oi [オイ]([英] hey)おい

OK [オケ]([英] OK)オーケー

oksigen [オクスイジュヌ]([英] oxygen)酸素

Oktober [オクトブー]([英] October)十月

olah [オラ(ハ)]([英] to process / to form) 加工する / 処理する / 作る

olahraga [オラ(ハ)ラガ]([英] athletics) (陸上)競技

oléh [オレ(ヘ)]([英] by)～によって / ～のため

oléh itu [オレ(ヘ) イトゥウ]([英] because of that / so)そのため / だから

oléh kerana [sebab]
[オレ(ヘ) クラナ [スバ(ブ)]]([英] because) ～ので / ～ゆえに

oléh sebab [kerana] itu
[オレ(ヘ) スバ(ブ) [クラナ] イトゥウ]([英] because of that / hence)それゆえ / そのため

oléh yang demikian
[オレ(ヘ) ヤン ドゥミキヤヌ]([英] because of that / hence)そのようなことで / それゆえ

oléh-oléh [オレ(ヘ) オレ(ヘ)]([英] souvenir) 土産(みやげ)

Olimpik [オリムペッ]([英] the Olympics) オリンピック

olok-olok [オロッ オロッ]([英] joking / to fool / to mock)冗談の / ふざける / からかう

ombak [オムバッ]([英] wave)波

omél [オメル]([英] to grumble) 文句(もんく)を言う

online [オヌライヌ]([英] online)オンライン

operasi [オプラスイ]([英] operation) 営業 / 操業 / 作戦 / 演算(えんざん)

operasi bahagi [オプラスイ バハギ] ([英] division)割り算

operasi darab [オプラスイ ダラ(ブ)] ([英] multiplication)掛け算

operasi tambah [campur]
[オプラスイ タムバ(ハ) [チャムポー]] ([英] addition)足し算

operasi tolak [オプラスイ トラッ] ([英] subtraction)引き算

operator [オプラトー]([英] operator) オペレーター

optik [オ(プ)テッ]([英] optics)光学

optimis [オ(プ)ティメス]([英] optimistic / optimist)楽観的な / 楽観主義者

optimisme [オ(プ)ティミスマ] ([英] optimism)楽観主義

optimistik [オ(プ)ティミステッ] ([英] optimistic)楽観的な

orang [オラン] ([英] person / others / personality) 人 / 他人 / 人柄 / ～人〈名〉(助数詞)

orang asing [オラン アセン] ([英] foreigner)外国人

orang asli [オラン アスリ]([英] indigenous people)オランアスリ(先住民)

orang awam [オラン アワム] ([英] the public)公衆 / 大衆

O

orang bawahan [オラン バワハㇴ]
(㊥ subordinate)部下

orang besar [オラン ブサー]
(㊥ big shot)重要人物 / 偉い人

orang bunian [オラン ブゥニヤㇴ]
(㊥ fairy)妖精(ようせい)

orang cacat [オラン チャチャ(ㇳ)]
(㊥ disabled person)障害者(しょうがいしゃ)

orang China [オラン チナ]
(㊥ (PRC) Chinese (people))
中国人(中華人民共和国の人)

orang Cina [オラン チナ]
(㊥ (ethnic) Chinese (people))
華人(かじん)(中華系の人)

orang gaji [オラン ガジ]
(㊥ maid / employee)メイド / 使用人

orang hutan [オラン フゥタㇴ]
(㊥ orangutan)オランウータン

orang India [オラン イㇴディヤ]
(㊥ Indian)インド人

orang Islam [オラン イスラㇺ]
(㊥ Muslim)イスラーム教徒

orang kebanyakan [オラン クバニャカㇴ]
(㊥ common people)庶民(しょみん)

orang kulit hitam [オラン クゥレ(ㇳ) ヒタㇺ]
(㊥ black (person))黒人

orang kurang upaya
[オラン クゥラン ウゥパヤ](㊥ disabled person)
障害者(しょうがいしゃ)

orang lain [オラン ラエㇴ](㊥ others)他人

orang mati [オラン マティ](㊥ the dead)
死者

orang Melayu [オラン ムラユゥ]
(㊥ Malay (people))マレー人

orang Négro [オラン ネグロ](㊥ Negro)
黒人

orang putih [オラン プゥテ(ㇸ)]
(㊥ white (person))白人

orang ramai [オラン ラマイ]
(㊥ the public)大衆 / 公衆

orang rumah [オラン ルゥマ(ㇵ)](㊥ wife)
家内(かない) / 妻

orang suruhan [オラン スゥルゥハㇴ]
(㊥ minion)手下 / 子分

orang tengah [オラン トゥンア(ㇵ)]
(㊥ middleman)仲介者 / 仲介人

orang-orang [オラン オラン]
(㊥ people / scarecrow)人々 / かかし

orbit [オベ(ㇳ)](㊥ orbit)軌道

ordinan [オディナㇴ](㊥ ordinance)
法令 / 条例

orén [オレㇴ](㊥ orange)オレンジ

organ [オガㇴ](㊥ organ)
臓器 / 器官 / オルガン

organ dalaman [オガㇴ ダラマㇴ]
(㊥ internal organ)内臓

organik [オゲネッ]
(㊥ organic)有機(栽培)の

organisasi [オーガニサスィ]
(㊥ organization)組織

ori [オリ](㊥ legit)【口語】本物の

oriéntasi [オリエㇴタスィ](㊥ orientation)
オリエンテーション / 志向

O

original [オリジナル] (英 original) 本物の

orkéstra [オケストラ] (英 orchestra)
オーケストラ

orkid [オケ(ド)] (英 orchid) 蘭(らん)

ortodoks [オトドクス] (英 orthodox)
正統派の / 保守的な

ortopédik [オトペデッ] (英 orthopaedics)
整形外科

otak [オタッ] (英 brain) 頭脳 / 脳

otak-otak [オタッ オタッ] (英 otak-otak)
オタ・オタ(魚のすり身を蒸すマレー料理)

otolaringologi [オトラリヌゴロジ]
(英 otolaryngology)
耳鼻咽喉(じびいんこう)科

otonomi [オトノミ] (英 autonomy)
自主 / 自治

otot [オト(ト)] (英 muscle) 筋肉

ozon [オゾヌ] (英 ozone) オゾン

P

pada [パダ] (英 at / on / in / with)
(時)に / (人)の所に / (考えなど)では

pada awalnya [パダ アワルニャ]
(英 at the beginning) 初めは

pada keseluruhannya
[パダ クスルゥルゥハヌニャ] (英 in total)
全部で / 全体で

pada ketika ini [パダ クティカ イニ]
(英 at present) 今のところ / 現在

pada mulanya [パダ ムゥラニャ]
(英 at the beginning) 初めに / 初めは

pada umumnya [amnya]
[パダ ウゥモムニャ [アムニャ]] (英 generally)
一般(的)に

padahal [パダハル] (英 but actually / although) 実際には / ～なのに

padam [パダム] (英 to go off / to extinguish / to turn off) (火などが)消える / 消す

padamkan [パダムカヌ] (英 to extinguish / to turn off / to erase) 消す

padan [パダヌ] (英 to suit / to match)
合う / マッチする

padan muka [パダヌ ムゥカ]
(英 it serves you right)
ざまあ見ろ / 自業自得(じごうじとく)だ

padanan [パダナヌ] (英 equivalent)
相当物(そうとうぶつ)

padang [パダン] (英 field)
広場 / 野原 / グラウンド

padang golf [パダン ゴルフ]
(英 golf course) ゴルフ場

padang pasir [パダン パセー]
(英 desert) 砂漠

padang rumput [パダン ルゥムポ(ト)]
(英 grassland) 草原(そうげん)

padang sekolah [パダン スコラ(ハ)]
(英 schoolyard) 校庭

padat [パダ(ト)] (英 packed)
ぎっしり詰まった / 満員の

paderi [パドゥリ] (英 priest)
牧師(ぼくし) / 司祭

padi [パディ] (英 paddy) 稲

padu [パドゥウ] (㊥ solid / united)
固い / 団結した

Paduka [パドゥウカ] (㊥ Excellency)
陛下(へいか)

pagar [パガー] (㊥ fence)
柵 / 塀(へい) / フェンス

pagar sesat [パガー スサ(ト)] (㊥ maze)
迷路

pagi [パギ] (㊥ morning / a.m.) 朝 / 午前

pagi ini [パギ イニ] (㊥ this morning) 今朝

pagi tadi [パギ タディ] (㊥ this morning)
(すでに過ぎた)今朝

pagi-pagi [パギ パギ]
(㊥ early in the morning)
朝早く / 早朝に

pagoda [パゴダ] (㊥ pagoda)
仏塔(ぶっとう) / パゴダ

paha [パハ] (㊥ thigh) もも / 太もも

pahala [パハラ] (㊥ reward from God)
(神からの)ご利益(りやく) / ご褒美(ほうび)

Pahang [パハン] (㊥ Pahang)
パハン(半島マレーシアの州)

pahit [パヘ(ト)] (㊥ bitter)
苦い / つらい / 困難な

pahlawan [パ(ハ)ラワヌ] (㊥ warrior)
武士 / 勇士

pain [パエヌ] (㊥ pine) 松

paip [パエ(プ)] (㊥ pipe / tap)
パイプ / 管 / 蛇口(じゃぐち)

paip air [パエ(プ) アエー] (㊥ water pipe / water tap) 水道管 / 水道の蛇口(じゃぐち)

pajak [パジャッ] (㊥ to lease / to pawn / monopoly) 貸しに出す / 借り受ける / 質(しち)に入れる / 専売権(せんばいけん)

pajak gadai [パジャッ ガダイ]
(㊥ pawn shop) 質屋

pajakkan [パジャッカヌ] (㊥ to lease out)
貸しに出す

Pak [パッ] (㊥ dad / Mr.)
お父さん / (男性に対して)〜さん

pak cik [パッ チェッ] (㊥ uncle / old man)
おじさん / おやじさん

pakai [パカイ] (㊥ to wear / to put on / to use) 身に付ける / 着る / 履(は)く / 被(かぶ)る / 使う

pakai buang [パカイ ブゥワン]
(㊥ disposable) 使い捨ての

pakaian [パカイヤヌ]
(㊥ clothes / clothing) 服 / 衣類

pakaian Barat [パカイヤヌ バラ(ト)]
(㊥ Western clothes) 洋服

pakaian berkabung [パカイヤヌ ブーカボン]
(㊥ mourning dress) 喪服(もふく)

pakaian dalam [パカイヤヌ ダラム]
(㊥ underwear) 下着

pakaian kebesaran [パカイヤヌ クブサラヌ]
(㊥ formal dress)
(王など高貴な人の)正装

pakaian rasmi [パカイヤヌ ラスミ]
(㊥ formal dress) 正装

pakaian renang [パカイヤヌ ルナン]
(㊥ swimsuit) 水着

pakaian senaman [パカイヤヌ スナマヌ]
(㊟ training suit)トレーニングウエアー

pakaian seragam [パカイヤヌ スラガム]
(㊟ uniform)制服 / ユニフォーム

pakaian sukan [パカイヤヌ スウカヌ]
(㊟ sportswear)運動着

pakaian tidur [パカイヤヌ ティドー]
(㊟ nightclothes)ねまき / パジャマ

pakaikan [パカイカヌ](㊟ to dress)
着せる / 着せてあげる

pakar [パカー](㊟ expert / skilled)
専門家 / 巧みな

pakar bedah [パカー ブダ(ハ)]
(㊟ surgeon)外科医

pakar ginékologi [パカー ギネコロギ]
(㊟ gynaecologist)婦人科医

pakar oftalmologi [パカー オフタルモロギ]
(㊟ ophthalmologist)眼科医

pakar ortopédik [パカー オトペディッ]
(㊟ orthopaedist)整形外科医

pakar perubatan [パカー プルゥバタヌ]
(㊟ physician)内科医

pakar psikiatri [sakit jiwa]
[パカー プスイキヤトリ [サケ(ト) ジワ]]
(㊟ psychiatrist)精神科医

pakar sakit puan [パカー サケ(ト) プゥワヌ]
(㊟ gynaecologist)婦人科医

pakar térapi kecantikan
[パカー テラピ クチャヌティカヌ]
(㊟ beauty therapist)エステティシャン

pakatan [パカタヌ]
(㊟ agreement / plot / coalition)
合意 / 協定 / 陰謀(いんぼう) / 同盟

Pakatan Harapan [パカタヌ ハラパヌ]
(㊟ Coalition of Hope)
希望同盟(野党連合)

Pakatan Rakyat [パカタヌ ラッ(ク)ヤ(ト)]
(㊟ People's Justice Party)人民正義党

pakéj [パケジ](㊟ package)パッケージ

paksa [パッサ](㊟ forced / to force)
強制された / 強制する

paksaan [パッサアヌ](㊟ force)強制 / 威圧

paksi [パックスイ](㊟ axis)軸(じく)

paku [パクゥ](㊟ nail)くぎ

paku pakis [パクゥ パケス](㊟ fern)シダ

paku tekan [パクゥ トゥカヌ]
(㊟ thumbtack)画びょう

pakukan [パクゥカヌ](㊟ to nail)
くぎで留める

pakwe [パッ(ク)ウウ](㊟ boyfriend)
【口語】彼氏

palam [パラム](㊟ stopper)栓(せん)

palang [パラン](㊟ cross / crossbar)
十字(+) / バツ印(×) / かんぬき

Palestin [パルスティヌ](㊟ Palestine)
パレスチナ

paling [パレン](㊟ most / to turn)
最も / 一番 / 振り向ける

paling tidak [パレン ティダッ](㊟ at least)
最低でも / 少なくとも

P

palingkan [パレンカヌ](㊥ to turn / to avert)振り向ける / 背(そむ)ける

palitkan [パレ(ト)カヌ](㊥ to smear) 塗(ぬ)りつける

palsu [パルスゥ](㊥ fake) 偽(にせ)の / 偽造(ぎぞう)の

palsukan [パルスゥカヌ] (㊥ to counterfeit)偽造(ぎぞう)する

palu [パルゥ](㊥ to beat) (太鼓(たいこ)などを)打つ

pam [パム](㊥ pump / to pump / to flush) ポンプ / 空気を入れる / (トイレを)流す

paméran [パメラヌ](㊥ exhibition / display)展覧会 / 展示 / 陳列(ちんれつ)

pamérkan [パメーカヌ](㊥ to exhibit / to display)展示する / 陳列(ちんれつ)する

pampas [パムパス](㊥ to compensate) 償(つぐな)う / 賠償(ばいしょう)する

pampasan [パムパサヌ](㊥ compensation) 償(つぐな)い / 補償(ほしょう)

panah [パナ(ハ)](㊥ bow / arrow)弓矢

panas [パナス](㊥ hot / warm) 熱い / 暑い / 温かい / 暖かい

panas baran [パナス バラヌ] (㊥ hot-tempered)短気な

panaskan [パナスカヌ](㊥ to warm / to heat)温める / 暖める / 熱する

pancalogam [パンチャロガム](㊥ alloy) 合金(ごうきん)

pancar [パンチャー](㊥ to spurt out / to shine)噴(ふ)き出す / 輝きを放つ

pancaragam [パンチャラガム] (㊥ brass band)吹奏楽団(すいそうがくだん)

pancaran [パンチャラヌ](㊥ ray / beam) 光線

pancarkan [パンチャーカヌ](㊥ to emit / to spurt out)(光を)放つ / 噴(ふ)き出す

pancing [パンチェン](㊥ fishing rod / to fish)釣竿(つりざお) / 釣る

pancit [パンチェ(ト)](㊥ punctured) パンクした

pancur [パンチョー](㊥ to spout / spout) 噴(ふ)き出る / 噴出

pancuran [パンチュウラヌ](㊥ spout) 噴出 / ほとばしり

pancut [パンチョ(ト)](㊥ to spurt) 噴(ふ)き出す

pancutan [パンチュウタヌ](㊥ spurt)噴出

panda [パヌダ](㊥ panda)パンダ

pandai [パヌダイ](㊥ clever / good at) 賢(かしこ)い / 上手な / 得意な

pandai besi [パヌダイ ブスイ] (㊥ blacksmith)鍛冶(かじ)職人

pandan [パヌダヌ](㊥ pandanus) パンダン(料理で香りや色付けに使う植物)

pandang [パヌダン](㊥ to look / to regard) 見つめる / 見渡す / みなす

pandang rendah [パヌダン ルヌダ(ハ)] (㊥ to look down on)見下(みくだ)す

pandangan [パヌダンアヌ] (㊥ look / sight / view) 視線 / 視界 / 見解 / 意見

pandangan mata [パヌダンアヌ マタ]
(英 look / eye)視線 / 目付き

pandu [パヌドゥウ](英 to drive / guide)
運転する / 案内人 / ガイド

pandu lalu [パヌドゥウ ラルゥ]
(英 drive-through)ドライブスルー

pandu masuk [パヌドゥウ マソッ]
(英 drive-in)ドライブイン

panduan [パヌドゥウワヌ](英 guidance / guide)案内 / 指導 / 手引き

panel [パヌル](英 panel)パネル

panggang [パンガン](英 roast / to roast)
ローストした / ローストする

panggil [パンゲル](英 to call)
〜を呼ぶ / 呼び寄せる / 〜を…と呼ぶ

panggil balik [semula]
[パンゲル バレッ[スムゥラ]](英 to recall)
リコールする / 回収する

panggilan [パンギラヌ]
(英 (phone) call / (nick)name)
電話(すること) / 通話 / 呼び声 / 呼び名

panggilan antarabangsa
[パンギラヌ アヌタラバンサ]
(英 international call)国際電話

panggung [パンゴン](英 stage / theatre)
舞台 / 劇場

panggung wayang [パンゴン ワヤン]
(英 cinema)映画館

pangkah [パンカ(ハ)](英 cross)
バツ印(×) / 十字(+)

pangkal [パンカル](英 base / beginning)
根元 / 始め / 起点

pangkalan [パンカラヌ](英 base)基地

pangkalan data [パンカラヌ ダタ]
(英 database)データベース

pangkat [パンカ(ト)](英 class / rank)
階級 / 地位

panglima [パンリマ](英 commander)
司令官

pangsa [パンサ](英 segment)
(ドリアンの実の中の)房(ふさ) / 袋

pangsapuri [パンサプゥリ]
(英 (luxury) flat)マンション

panik [ペネッ](英 panic)
パニック状態の / 慌てた

panjang [パンジャン](英 long / length)
長い / 長さ

panjang lébar [パンジャン レバー]
(英 at length)詳細(しょうさい)に

panjangkan [パンジャンカヌ]
(英 to extend)伸ばす / 延長する

panjat [パンジャ(ト)](英 to climb)登る

pankék [ペンケッ](英 pancake)パンケーキ

pankréas [パンクレヤス](英 pancreas)
膵臓(すいぞう)

pantai [パヌタイ](英 coast / beach)
海岸 / 浜辺

pantang [パヌタン](英 taboo / to dislike)
タブー / 禁忌(きんき) / 嫌がる / 忌(い)み嫌う

pantas [パヌタス](英 quick)
素早い / 迅速(じんそく)な

P

pantau [パヌタゥ](㊥ to watch / to monitor) 監視する / 監督する

pantul [パヌトゥル](㊥ to reflect / to bounce back)反射する / 跳ね返る

pantulan [パヌトゥウラヌ](㊥ reflection / bounce)反射 / 跳ね返り

pantulkan [パヌトゥルカヌ](㊥ to reflect / to rebound)反射する / 跳ね返す

pantun [パヌトゥヌ](㊥ pantun) パントゥン(マレーの四行詩)

papa [パパ](㊥ poor / papa) 窮乏(きゅうぼう)した / パパ

papa kedana [パパ クダナ] (㊥ very poor)極貧の

papan [パパヌ](㊥ board) 板 / ～枚(助数詞)

papan hitam [パパヌ ヒタム] (㊥ blackboard)黒板

papan iklan [パパヌ イクラヌ] (㊥ signboard)看板

papan induk [パパヌ イヌドゥ] (㊥ motherboard)マザーボード

papan kekunci [パパヌ ククゥンチ] (㊥ keyboard) (コンピューターの)キーボード

papan notis [パパヌ ノテス] (㊥ notice board)掲示板

papan tanda [パパヌ タヌダ](㊥ sign)標識

papan tanda jalan [パパヌ タヌダ ジャラヌ] (㊥ road sign)道路標識

papan tanda lalu lintas [パパヌ タヌダ ラルゥ リヌタス](㊥ traffic sign) 交通標識

papar [パパー](㊥ flat / to depict) 平らな / 描き出す

paparan [パパラヌ](㊥ screen / display) 画面 / ディスプレイ

paparkan [パパーカヌ](㊥ to display / to depict)映す / 示す / 描き出す

papaya [パパヤ](㊥ papaya)パパイヤ

para [パラ](㊥ group)～たち(集団を表す)

paradoks [パラドクス](㊥ paradox) パラドックス

paragraf [パラグラフ](㊥ paragraph) パラグラフ / 段落

parah [パラ(ハ)](㊥ serious) 重症の / 重体の

parang [パラン](㊥ machete)なた

para-para [パラ パラ](㊥ shelf)棚(たな)

paras [パラス](㊥ face / level) 顔立ち / (水面の)高さ / 平らな

paras air [パラス アェー](㊥ water level) 水位

parasit [パラセ(ト)](㊥ parasite) 寄生する動植物 / 居候(いそうろう)

pari [パリ](㊥ stingray)エイ

pari-pari [パリ パリ](㊥ fairy)妖精(ようせい)

parit [パレ(ト)](㊥ ditch)溝(みぞ) / 用水路

parkir keréta [パーケー クレタ] (㊥ car park)駐車場

parkiran [パーキラヌ](㊥ car park)駐車場

parlimén [パリメヌ](㊥ parliament)
国会 / 議会

parti [パーティ](㊥ party)党 / パーティー

parti pembangkang [パーティ プムバンカン]
(㊥ opposition party)野党(やとう)

parti pemerintah [kerajaan]
[パーティ プムリヌタ(ハ) [クラジャアヌ]]
(㊥ ruling party)与党

parti politik [パーティ ポリテッ]
(㊥ political party)政党

paruh [パロ(ホ)](㊥ bill)くちばし

paru-paru [パルゥ パルゥ](㊥ lung)肺

pas [パヌ](㊥ pass)パス / 出入許可証

PAS (= Parti Agama Islam Se-Malaysia)
[パス (パーティ アガマ イスラム スムレイスイヤ)]
(㊥ PAS / Pan-Malaysia Islamic Party)
全マレーシア・イスラーム党

pas masuk [パス マソッ]
(㊥ boarding pass)搭乗券(とうじょうけん)

pasal [パサル](㊥ about / because / reason)
【口語】～について / ～だから / 理由

pasang [パサン](㊥ pair / to attach /
to turn on / to wear / tide)対(つい) /
付ける / 点(つ)ける / 再生する / 締める / 潮

pasangan [パサンァヌ](㊥ partner / pair)
パートナー / ペア / 対(つい)

pasar [パサー](㊥ market)市場(いちば)

pasar raya [パサー ラヤ]
(㊥ supermarket)スーパーマーケット

pasaran [パサラヌ](㊥ market)市場(しじょう)

pasaran saham [パサラヌ サハム]
(㊥ stock market)株式市場

pasarkan [パサーカヌ]
(㊥ to market)市場に出す / 販売する

pascasiswazah [パスチャスイスワザ(ハ)]
(㊥ postgraduate)大学院の

pasif [ペセフ](㊥ passive)
消極的な / 受け身の

Pasifik [パスイフェッ](㊥ Pacific)太平洋の

pasir [パセー](㊥ sand)砂

pasli [パスリ](㊥ parsley)パセリ

pasport [パスポ(ト)](㊥ passport)
パスポート / 旅券

pasta [パスタ](㊥ pasta)パスタ

pasti [パスティ](㊥ certainly / certain)
きっと / 絶対 / 確かな

pastikan [パスティカヌ](㊥ to make sure)
確かにする / 確かめる

pastinya [パスティニャ](㊥ certainly)
きっと / 絶対

pasu [パスゥ](㊥ pot)
壺(つぼ) / 鉢(はち) / 瓶(びん)

pasu bunga [パスゥ ブゥンァ]
(㊥ flower vase)花瓶(かびん)

pasukan [パソカヌ](㊥ team)チーム / 部隊

pasukan tentera [パソカヌ トゥヌトゥラ]
(㊥ military)軍隊

patah [パタ(ハ)](㊥ to break / word)
折れる / ～語(単語の助数詞)

P

patah balik [パタ(ハ) バレッ]
(英 to turn back)引き返す

patah hati [パタ(ハ) ハティ]
(英 to be heartbroken)
絶望する / 挫折(ざせつ)する

patah semangat [パタ(ハ) スマンア(ト)]
(英 to be discouraged)
落胆する / くじける

patahkan [パタ(ハ)カヌ](英 to break)
折る / 切断する / (気持ちを)打ち砕(くだ)く

patén [パテヌ](英 patent)特許

pati [パティ](英 essence / extract)
核心 / エッセンス / エキス

PATI (= pendatang asing tanpa izin)
[パティ (プヌダタン アセン タムパ イズィヌ)]
(英 illegal immigrant)不法外国人

patik [パテッ](英 I / my / me)
【古典】(王に対して)私(わたくし)め

patuh [パト(ホ)](英 obey / obedient)
従う / 守る / 従順な

patuhi [パトゥウヒ](英 to obey)従う / 守る

patung [パトン](英 statue / doll)像 / 人形

patung Buddha [パトン ブゥダ]
(英 statue of Buddha)仏像

patut [パト(ト)](英 should / reasonable)
～すべきだ / 適正な

patutlah [パト(ト)ラ(ハ)](英 no wonder)
どうりで

pau [パゥ](英 steamed bun)
蒸し饅頭 / 中華まん

paun [パォヌ](英 pound)
ポンド(重量の単位、イギリスの通貨)

paus [パォス](英 whale)クジラ

pautan [パオタヌ](英 link)リンク

pawagam [パワガム](英 cinema)映画館

pawang [パワン](英 pawang / traditional healer)パワン(マレーの伝統呪術師)

paya [パヤ](英 swamp)沼 / 湿地

payah [パヤ(ハ)](英 difficult)
困難な / 大変な

payung [パヨン](英 umbrella)傘(かさ)

payung lipat [パヨン リパ(ト)](英 folding umbrella)折りたたみ傘(がさ)

payung terjun [パヨン トゥージョヌ]
(英 parachute)パラシュート

PBB (= Pertubuhan Bangsa-Bangsa Bersatu)
[ピビビ (プートゥボハヌ バンサ バンサ ブーサトゥゥ)]
(英 United Nations (UN))
国連(国際連合)

PBT (= Pihak Berkuasa Tempatan)
[ピビティ (ペハッ ブークゥワサ トゥムパタヌ)]
(英 Local Government Authority)
地方自治体 / 地方政府

pd [パダ]☞pada

PDRM (= Polis Diraja Malaysia)
[ピディアルエム (ポレス ディラジャ ムレイスイヤ)]
(英 Royal Malaysia Police)
マレーシア王立警察

péar [ペァー](英 pear)梨

pecah [プチャ(ハ)](英 broken / split / cracked)
割れた / 壊れた / 分裂した / ひび入った

pecah belah [プチャ(ハ) ブラ(ハ)]
(㊄ all split up / to divide)
ばらばらの / 分裂させる

pecah berderai [berkecai]
[プチャ(ハ) ブードゥライ[ブークチャイ]]
(㊄ shattered)粉々の

pecahan [プチャハヌ]
(㊄ fraction / fragment / breakdown)
破片(はへん) / 分数 / 内訳

pecahkan [プチャ(ハ)カヌ]
(㊄ to break / to split up)
割る / (記録を)破(やぶ)る / 分割する

pecat [プチャ(ト)](㊄ to dismiss)
解雇(かいこ)する

pecutan [プチュウタヌ](㊄ acceleration)
加速 / 速成

pedagang [プダガン](㊄ merchant)商人

pédal [ペダル](㊄ pedal)ペダル

pedalaman [プダラマヌ](㊄ hinterland)
奥地

pedang [プダン](㊄ sword)刀 / 剣(けん)

pedas [プダス](㊄ spicy / harsh)
辛(から)い / 辛(しん)らつな

pedih [プデ(ヘ)](㊄ to sting)
ヒリヒリする / しみる

pedoman [プドマヌ](㊄ guide)
手引き / 指針

peduli [プドゥウリ](㊄ to care)
気にする / 構(かま)う

pedulikan [プドゥウリカヌ]
(㊄ to care about)気にする / 構(かま)う

pegang [プガン](㊄ to hold)
掴(つか)まる / 持つ / 固守する

pegangan [プガンアヌ](㊄ guide / principle / hold)指針 / 規範 / 保有権

pegas [プガス](㊄ spring)ばね

pegawai [プガワイ](㊄ officer)役人 / 職員

pegawai atasan [プガワイ アタサヌ]
(㊄ boss)上司 / 上役(うわやく)

pegawai bank [プガワイ ベン]
(㊄ bank clerk)銀行員

pegawai bertanggungjawab
[プガワイ ブータンゴンジャワ(ブ)]
(㊄ person in charge)責任者 / 担当者

pegawai bertugas [プガワイ ブートゥウガス]
(㊄ person in charge)担当者 / 係

pegawai kerajaan [プガワイ クラジャアヌ]
(㊄ bureaucrat)官僚

pegawai polis [プガワイ ポレス]
(㊄ police officer)警察官

peguam [プグゥワム](㊄ lawyer)弁護士

pegun [プゴヌ](㊄ stunned / stationary)
唖然(あぜん)とした / 静止した

pejabat [プジャバ(ト)](㊄ office / bureau)
事務所 / オフィス / 局

pejabat awam [プジャバ(ト) アワム]
(㊄ public office)役所

pejabat cawangan
[プジャバ(ト) チャワンアヌ](㊄ branch office)
支社

pejabat cukai [プジャバ(ト) チュウカイ]
(㊄ tax office)税務署

P

pejabat daérah [プジャバ(ト) ダエラ(ハ)]
([英] town office)(地方の)役場

pejabat éjén [プジャバ(ト) エジェヌ]
([英] agency)代理店

pejabat hartanah [プジャバ(ト) ハータナ(ハ)]
([英] real estate office)不動産屋

pejabat kerajaan [プジャバ(ト) クラジャアヌ]
([英] government office)官庁 / 役所

pejabat pos [プジャバ(ト) ポス]
([英] post office)郵便局

pejalan kaki [プジャラヌ カキ]
([英] pedestrian)歩行者

pejam [プジャム]([英] to shut)
つぶる / 閉じる

pejamkan [プジャムカヌ]([英] to shut)
つぶる / 閉じる

pejuang [プジュゥワン]([英] fighter)
戦士 / 闘士(とうし)

pék [ペッ]([英] pack)パック

P

péka [ペカ]([英] sensitive)敏感(びんかん)な

pekak [プカッ]([英] deaf)耳が聞こえない

pekan [プカヌ]([英] town)町

pekan Cina [プカヌ チナ]
([英] Chinatown)チャイナタウン

pekarangan [プカランアヌ]
([英] compound)敷地 / 庭

pekat [プカ(ト)]([英] thick)
ねばねばした / どろどろした / 濃い

pekebun [プクボヌ]([英] farmer)農園主

pekerja [プクージャ]
([英] worker / employee / staff)
労働者 / 社員 / 店員

pekerja sambilan [プクージャ サムビラヌ]
([英] part-timer)パート社員

pekerja sepenuh masa
[プクージャ スプノ(ホ) マサ]
([英] full-time worker)正社員

pekerja syarikat [pejabat]
[プクージャ シャリカ(ト) [プジャバ(ト)]]
([英] office worker)会社員

pekerja tetap [プクージャ トゥタ(プ)]
([英] regular employee)正社員

pekerjaan [プクージャアヌ]
([英] occupation)職業 / 仕事

pekongsi [プコンスィ]([英] partner)
パートナー / 共同事業者

pelabuhan [プラブゥハヌ]([英] port)港

pelabur [プラボー]([英] investor)
投資家(とうしか)

pelaburan [プラブゥラヌ]([英] investment)
投資(とうし)

pelacur [プラチョー]([英] prostitute)売春婦

pelacuran [プラチュゥラヌ]
([英] prostitution)売春

pelagak ngeri [プラガッ ンゥリ]
([英] stunt man)スタントマン

pelajar [プラジャー]([英] student)学生 / 生徒

pelajar antarabangsa
[プラジャー アヌタラバンサ]
([英] international student)留学生

pelajaran [プラジャラヌ](㊥ lesson / education)課 / レッスン / 教育

pelajari [プラジャリ](㊥ to learn / to study) ～を学ぶ / 勉強する

pelakon [プラコヌ](㊥ actor / actress) 役者 / 俳優

pelakon utama [プラコヌ ウゥタマ] (㊥ leading actor [actress])主演

pelakon wanita [プラコヌ ワニタ] (㊥ actress)女優

pelaksanaan [プラクサナアヌ] (㊥ implementation)実行 / 実施(じっし)

pelaku [プラクゥ](㊥ agent) 行為者 / 動作主

pelam [プラム](㊥ mango)マンゴー

pelampung [プラムポン](㊥ swim ring) 浮き輪

pelan [プラヌ](㊥ plan)設計図 / 計画

pelancaran [プランチャラヌ](㊥ launch) 開始 / 立ち上げ / 発射

pelancong [プランチョン](㊥ tourist) 観光客 / 旅行者

pelancongan [プランチョンアヌ] (㊥ tourism)観光

pelancungan [プランチュウンアヌ] (㊥ counterfeiting)偽造(ぎぞう)

pelanggan [プランガヌ] (㊥ client / subscriber)顧客 / 購読者

pelanggaran [プランガラヌ] (㊥ infringement / collision) 違反 / 衝突(しょうとつ)

pelangi [プランイ](㊥ rainbow)虹(にじ)

pelanjutan [プランジュウタヌ] (㊥ continuation / extension) 継続 / 延長

pelan-pelan [プラヌ プラヌ](㊥ slowly) 【口語】ゆっくり

pelantikan [プラヌティカヌ](㊥ appointment / installation)任命 / 就任(しゅうにん)

pelapis [プラペス](㊥ successor) 後継者 / 次世代

pelarasan [プララサヌ](㊥ adjustment) 調節 / 調整

pelari [プラリ](㊥ runner)走者 / ランナー

pelarian [プラリヤヌ](㊥ refugee)難民

pelarut [プラロ(ト)](㊥ solvent)溶媒(ようばい)

pélat [ペラ(ト)](㊥ to speak with an accent) 訛(なま)りがある

pelatih [プラテ(ヘ)](㊥ trainer / trainee) 訓練者 / コーチ / 訓練生

pelatihan [プラテハヌ](㊥ training)訓練

pelawa [プラワ](㊥ to invite)招待する

pelawaan [プラワアヌ](㊥ invitation)招待

pelawak [プラワッ](㊥ comedian) コメディアン / 芸人

pelawat [プラワ(ト)](㊥ visitor)訪問者

pelayan [プラヤヌ](㊥ waiter / waitress) ウェイター / ウェイトレス

pelayanan [プラヤナヌ](㊥ reception / service)応対 / サービス

P

pelayar [プラヤー](㊥ browser / sailor) ブラウザ / 船乗り

pelayaran [プラヤラヌ](㊥ voyage)航海

pelbagai [プルバガイ](㊥ various) さまざまな / 多様な

peléchan [プレチェハヌ] (㊥ harassment)嫌がらせ / ハラスメント

peledak [プルダッ](㊥ explosive) 爆発物(ばくはつぶつ)

peledakan [プルダカヌ](㊥ blowing up) 爆破

pelekat [プルカ(ト)](㊥ sticker) シール / ステッカー

pelengkap [プルンカ(プ)](㊥ complement) 完全にしてくれるもの / 補語

pelengkapan [プルンカパヌ] (㊥ equipment / completion)装備 / 補完

pelepasan [プルパサヌ](㊥ exemption / release / emission / departure) 免除 / 解放 / 放棄 / 排出 / 出発

peletakan [プルタカヌ](㊥ resignation) 辞職(じしょく) / 放棄(ほうき)

peletakan jawatan [プルタカヌ ジャワタヌ] (㊥ resignation)辞職(じしょく) / 辞任(じにん)

peletupan [プルトゥウパヌ] (㊥ blowing up)爆破

pelihara [プリハラ](㊥ to keep / to look after / to maintain)飼う / 世話する / 守る

pelik [プレッ](㊥ strange)奇妙な / 変な

pelindung [プリヌドン](㊥ protector) 保護者 / 保護する物

pelindung matahari [プリヌドン マタハリ] (㊥ sunblock)日焼け止め

pelita [プリタ](㊥ lamp)ランプ

pelopor [プロポー](㊥ pioneer) 先駆者 / パイオニア

pelosok [プロソッ](㊥ corner)隅(すみ)

peluang [プルゥワン](㊥ opportunity)機会

peluasan [プルゥワサヌ](㊥ enlargement / extension)拡大 / 拡充

peluh [プロ(ホ)](㊥ sweat)汗

peluk [プロッ](㊥ to hug / to believe in) 抱(だ)く / 信仰する

pelukan [プロカヌ](㊥ hug)抱擁(ほうよう)

pelukis [プルゥケス](㊥ artist / illustrator) 画家 / イラストレーター

pelumba [プルゥムバ](㊥ racer) レーサー / 競走者

pelunasan [プルゥナサヌ] (㊥ repayment)返済

pelupusan [プルゥプゥサヌ](㊥ disposal) 処分 / 廃棄(はいき)

peluru [プルゥルゥ](㊥ bullet)銃弾

peluru berpandu [プルゥルゥ ブーパヌドゥウ] (㊥ guided missile)誘導ミサイル

pemabuk [プマボッ](㊥ drunken man / drunkard)酔っ払い / 大酒飲み

pemadam [プマダム](㊥ rubber / eraser) 消しゴム / 消す道具

pemadam api [プマダム アピ] (㊥ fire extinguisher)消火器

P

pemadaman《㊥ padam》[プマダマヌ]
(㊕ deletion / extinction)
消すこと / 削除 / 消火

pemahaman《㊥ faham》[プマハマヌ]
(㊕ understanding)理解

pemain [プマエヌ](㊕ player)
選手 / 演奏家 / プレーヤー

pemajakan《㊥ pajak》[プマジャカヌ]
(㊕ leasing)賃貸(ちんたい)

pemajmukan [プマジムゥカヌ]
(㊕ compounding)複合

pemaju [プマジュゥ](㊕ developer)
開発業者 / デベロッパー

pemajuan [プマジュゥワヌ]
(㊕ development / promotion)
開発 / 発展 / 振興

pemakanan [プマカナヌ](㊕ diet)
食 / 食事

pemaksaan《㊥ paksa》[プマクサアヌ]
(㊕ compulsion)強制

pemalam《㊥ palam》[プマラム]
(㊕ stopper / plug-in)
栓(せん) / (ブラウザの)プラグイン

pemalas [プマラス](㊕ lazy (person))
怠け者(なまけもの)(の)

pemalsuan《㊥ palsu》[プマルスゥワヌ]
(㊕ forgery)偽造(ぎぞう) / 捏造(ねつぞう)

pemampatan [プマムパタヌ]
(㊕ compression)圧縮

pemanas《㊥ panas》[プマナス]
(㊕ heater)暖房 / ヒーター

pemanas air《㊥ panas》
[プマナス アエー](㊕ electric kettle [pot] / boiler)電気ケトル〈ポット〉/ 給湯器

pemanasan《㊥ panas》[プマナサヌ]
(㊕ warming / heating)
温暖化 / 加熱 / 暖房(暖めること)

pemancaran《㊥ pancar》
[プマンチャラヌ](㊕ emission / transmission)
放出 / (電波などの)送信

pemandangan《㊥ pandang》
[プマヌダンアヌ](㊕ view / scenery)
眺望(ちょうぼう) / 風景 / 景色

pemandu《㊥ pandu》[プマヌドゥウ]
(㊕ driver / guide)
運転手 / 案内(人) / ガイド

pemandu pelancong《㊥ pandu》
[プマヌドゥウ プランチョン](㊕ tour conductor)
添乗員

pemanduan《㊥ pandu》[プマヌドゥウワヌ]
(㊕ driving / piloting)
運転 / 操縦(そうじゅう)

pemanfaatan [プマヌファアタヌ]
(㊕ utilization)活用

pemangku《㊥ pangku》[プマンクゥ]
(㊕ acting)代理 / 代行

pemanjangan《㊥ panjang》
[プマンジャンアヌ](㊕ extension)延長 / 拡張

pemansuhan [プマヌソハヌ]
(㊕ abolition)廃止

pemantapan [プマヌタパヌ]
(㊕ establishment)確立

pemantauan《㊥ pantau》
[プマヌタウワヌ](㊕ monitoring)監視 / 監督

P

pemaparan《[幹] papar》[プマパラヌ]
([英] depiction / presentation)
描写(びょうしゃ) / 提示(ていじ) / 発表

pemarah [プマラ(ハ)]
([英] short-tempered (person))短気な(人)

pemarkahan [プマーカハヌ]
([英] marking)採点

pemasa [プマサ]([英] timer)タイマー

pemasangan《[幹] pasang》
[プマサンァヌ]([英] installation)
設置 / 取り付け / インストール

pemasaran《[幹] pasar》[プマサラヌ]
([英] marketing)マーケティング

pematuhan《[幹] patuh》[プマトゥウハヌ]
([英] compliance)コンプライアンス /
遵守(じゅんしゅ) / 準拠(じゅんきょ)

pembabitan [プムバビタヌ]
([英] involvement)関与 / 参画(さんかく)

pembaca [プムバチャ]([英] reader)
読者 / 読む人

pembacaan [プムバチャアヌ]([英] reading)
読むこと / 読解 / 朗読(ろうどく)

pembahagian [プムバハギヤヌ]
([英] distribution / division)
分配(ぶんぱい) / 配分(はいぶん) / 割り算

pembaharuan [プムバハルゥワヌ]
([英] renewal / reform)更新 / 改革 / 革新

pembaikan [プムバイカヌ]([英] repair /
improvement)修理 / 改良 / 改善

pembaikpulihan《[幹] baik pulih》
[プムバエッ(ク)プゥリハヌ]
([英] repair / restoration)修理 / 修復

pembakar roti [プムバカー ロティ]
([英] toaster)トースター

pembakaran [プムバカラヌ]
([英] burning)焼くこと / 燃やすこと

pembakaran terbuka
[プムバカラヌ トゥーブゥカ]([英] open burning)
野焼き

pembalakan [プムバラカヌ]
([英] cutting down)伐採(ばっさい)

pembalut plastik [プムバロ(ト) プラステッ]
([英] plastic wrap)ラップ

pembangkang [プムバンカン]
([英] opposition)野党(やとう) / 反対勢力

pembangunan [プムバンゥウナヌ]
([英] development)開発 / 発展

pembangunan semula
[プムバンゥウナヌ スムゥラ]([英] reconstruction)
復興

pembantu [プムバヌトゥウ]
([英] helper / assistant)手伝い人 / 助手

pembantu rumah [プムバヌトゥウ ルウマ(ハ)]
([英] maid)メイド / 家政婦

pembaris [プムバレヌ]([英] ruler)
定規 / ものさし

pembasmian [プムバスミヤヌ]
([英] eradication / extermination)
撲滅(ぼくめつ) / 駆逐(くちく)

pembasmian kuman
[プムバスミヤヌ クゥマヌ]([英] sterilization /
disinfection)殺菌 / 消毒

pembasuhan [プムバソハヌ]
([英] washing)洗うこと / 洗浄

P

pembatalan [プムバタラヌ]
(㊕ cancellation) 取り消し / キャンセル

pembatasan [プムバタサヌ]
(㊕ limitation / bordering)
制限 / 境界線引き

pembawaan [プムバワアヌ]
(㊕ character / carry) 性格 / 持参 / 運搬

pembayang [プムバヤン] (㊕ clue / hint)
手掛(てがか)り / ヒント

pembayar [プムバヤー] (㊕ payer)
支払い者

pembayaran [プムバヤラヌ]
(㊕ payment) 支払い

pembaziran [プムバズィラヌ] (㊕ waste)
無駄(むだ)づかい / 浪費(ろうひ)

pembébasan [プムベバサヌ]
(㊕ release) 解放 / 釈放(しゃくほう) / 放出

pembedahan [プムブダハヌ]
(㊕ operation / surgery) 手術

pembedahan kosmétik
[プムブダハヌ コスメテッ]
(㊕ cosmetic surgery) 美容整形手術

pembedahan plastik
[プムブダハヌ プラステッ] (㊕ plastic surgery)
整形手術

pembekal [プムブカル] (㊕ supplier)
供給業者 / サプライヤー

pembekalan [プムブカラヌ] (㊕ supply)
供給 / 補給

pembekuan [プムブクウワヌ]
(㊕ freezing) 凍結 / 冷凍

pembélaan [プムベラアヌ]
(㊕ defence / protection)
弁護 / 擁護(ようご) / 防衛 / 保護

pembelajaran [プムブラジャラヌ]
(㊕ learning / study) 学習 / 勉強

pembelajaran sendiri
[プムブラジャラヌ スヌディリ]
(㊕ studying by oneself) 自習

pembeli [プムブリ]
(㊕ buyer / client / consumer)
買い手 / 顧客(こきゃく) / 消費者

pembelian [プムブリヤヌ] (㊕ purchase)
購入 / 買収

pembentang [プムブヌタン]
(㊕ presenter) 発表者

pembentangan [プムブヌタンアヌ]
(㊕ presentation) 発表 / プレゼンテーション

pembentukan [プムブヌトカヌ]
(㊕ formation) 形成 / 成立

pemberhentian [プムブーフヌティヤヌ]
(㊕ dismissal / end / stop)
解雇(かいこ) / 終了 / 停止

pemberi [プムブリ] (㊕ giver)
与える人 / 提供者

pemberian [プムブリヤヌ] (㊕ giving / present) 与えること / 提供 / 贈り物

pemberian pinjaman
[プムブリヤヌ ピンジャマヌ] (㊕ loan) 貸し付け

pemberian ubat [プムブリヤヌ ウゥバ(ト)]
(㊕ medication) 投薬

pemberita [プムブリタ] (㊕ journalist)
記者 / ジャーナリスト

P

pemberitahuan [プムブリタフゥワヌ]
(英 notice)通知 / 告知

pemberontak [プムブロヌタッ]
(英 rebel)反抗者 / 反乱者

pemberontakan [プムブロヌタカヌ]
(英 rebellion)反抗 / 反乱

pembersih [プムブーセ(へ)](英 cleaner / fastidious)きれいにするもの / クリーナー / きれい好き

pembersih muka [プムブーセ(へ) ムゥカ]
(英 facial cleanser)洗顔料

pembersih udara [プムブーセ(へ) ウゥダラ]
(英 air purifier)空気清浄器

pembersihan [プムブースイハヌ]
(英 cleaning)清掃

pembesar [プムブサー](英 dignitary / enlarger)高官 / 大きくするもの

pembesar suara [プムブサー スゥワラ]
(英 loudspeaker / speaker)
拡声器 / スピーカー

pembesaran [プムブサラヌ]
(英 enlargement)拡大 / 拡張

pembetulan [プムブトゥラヌ]
(英 correction)訂正(ていせい) / 修正

pembézaan [プムベザアヌ]
(英 differentiation)区別 / 識別

pembiakan [プムビヤカヌ]
(英 reproduction / breeding / cultivation)
繁殖(はんしょく) / 増殖 / 養殖

pembiasaan [プムビヤサアヌ]
(英 habituation)習慣化

pembiasan [プムビヤサヌ]
(英 refraction)屈折

pembiayaan [プムビアヤアヌ]
(英 financing)融資(ゆうし) / 資金提供

pembinaan [プムベナアヌ]
(英 construction / formation)建設 / 構築

pembohong [プムボホン](英 liar)嘘つき

pemboikotan [プムボイコタヌ]
(英 boycott)ボイコット

pemborong [プムボロン](英 wholesaler)
卸売業者(おろしうりぎょうしゃ) / 問屋(とんや)

pembotolan [プムボトラヌ](英 bottling)
瓶(びん)詰め

pembuangan [プムブゥワンアヌ]
(英 disposal / abandonment)
捨てること / 廃棄(はいき) / 処分

pembuat [プムブゥワ(ト)](英 maker / producer)製作者 / 生産者 / メーカー

pembuatan [プムブゥワタヌ](英 creation / manufacture)作成 / 製作 / 製造

pembuka [プムブゥカ](英 opener)
開けるもの / オープナー

pembuka botol [プムブゥカ ボトル]
(英 opener)栓抜(せんぬ)き

pembuka seléra [プムブゥカ スレラ]
(英 appetizer / starter)前菜(ぜんさい)

pembuka tin [プムブゥカ ティヌ]
(英 can opener)缶切り

pembukaan [プムブゥカアヌ]
(英 opening)開始 / 開会 / オープニング

pembuluh [プムブゥロ(ホ)](英 conduit)導管

pembuluh darah [プムブゥロ(ホ) ダラ(ハ)]
(英 blood vessel)血管

pembundaran [プムブゥヌダラヌ]
(英 rounding off)四捨五入(ししゃごにゅう)

pembunuh [プムブゥノ(ホ)]
(英 killer / murderer)殺害者 / 人殺し

pembunuhan [プムブゥノハヌ]
(英 killing / murder)殺害 / 殺人

pembunuhan diri [プムブゥノハヌ ディリ]
(英 suicide)自殺

pemburu [プムブゥルゥ](英 hunter)
狩猟者 / ハンター

pemburuan [プムブゥルゥワヌ]
(英 hunting)狩り / 狩猟(しゅりょう)

pemecatan《幹 pecat》[プムチャタヌ]
(英 dismissal)解雇(かいこ)

pemecutan《幹 pecut》[プムチョタヌ]
(英 acceleration)加速

pemegang《幹 pegang》[プムガン]
(英 handle / holder)
持ち手 / ハンドル / 保有者

pemegang saham《幹 pegang》
[プムガン サハム](英 shareholder)株主

pemelihara《幹 pelihara》[プムリハラ]
(英 breeder)飼育者 / ブリーダー

pemeliharaan《幹 pelihara》
[プムリハラアヌ](英 conservation / rearing)
保護 / 世話 / 飼育

pemenang [プムナン](英 winner)勝者

pemendapan [プムヌダパヌ]
(英 sedimentation)
沈降(ちんこう) / 沈殿(ちんでん)

peméndékan《幹 péndék》
[プメヌデカヌ](英 shortening)短縮

pemenjaraan《幹 penjara》
[プムンジャラアヌ](英 imprisonment)
投獄(とうごく) / 禁錮(きんこ)

pementasan《幹 pentas》[プムヌタサヌ]
(英 staging)上演

pemeras《幹 peras》[プムラス]
(英 squeezer / extortionist)
圧搾機(あっさくき) / 強要する人

pemeras ugut《幹 peras》
[プムラス ウゥゴ(ト)](英 blackmailer)
恐喝者(きょうかつしゃ)

pemerhati《幹 perhati》[プムーハティ]
(英 observer)観察者 / オブザーバー

pemerhatian《幹 perhati》
[プムーハティヤヌ](英 observation)
観察 / 観測

pemerian《幹 peri》[プムリヤヌ]
(英 description)記述

pemeriksa《幹 periksa》[プムリクサ]
(英 inspector / examiner)
検査者 / 試験官

pemeriksaan《幹 periksa》
[プムリクサアヌ](英 inspection / examination)
検査 / 診察

pemeriksaan badan《幹 periksa》
[プムリクサアヌ バダヌ](英 body search)
ボディチェック / 身体検査

pemeriksaan darah《幹 periksa》
[プムリクサアヌ ダラ(ハ)](英 blood test)
血液検査

P

pemeriksaan kastam《㊥ periksa》
[プムリクサアヌ カスタム]
(㊧ customs inspection)税関検査

pemerintah《㊥ perintah》[プムリヌタ(ハ)]
(㊧ ruler / government)統治者 / 政府

pemerintahan《㊥ perintah》
[プムリヌタハヌ](㊧ rule / government)
統治 / 支配

pemerintahan sendiri《㊥ perintah》
[プムリヌタハヌ スヌディリ]
(㊧ self-government)自治

pemeroléhan [プムーオレハヌ]
(㊧ acquisition)
獲得(かくとく) / 習得 / 買収

pemeteraian [プムトゥライヤヌ]
(㊧ signing)調印

pemetik《㊥ petik》[プムテッ]
(㊧ trigger / switch)引き金 / スイッチ

pemetik api《㊥ petik》[プムテッ アピ]
(㊧ (cigarette) lighter)
ライター(火をつける道具)

pemidato《㊥ pidato》[プミダト]
(㊧ speaker)弁者 / 演説者

pemikiran《㊥ fikir》[プミキラヌ]
(㊧ thinking / thought)思考 / 思想

pemilih《㊥ pilih》[プミレ(ヘ)]
(㊧ chooser / elector / choosy)
選ぶ人 / 選挙人 / えり好みする(人)

pemilihan《㊥ pilih》[プミリハヌ]
(㊧ choice / selection)選択 / 選考

pemilik [プミレッ](㊧ owner)
所有者 / オーナー

pemilik saham [プミレッ サハム]
(㊧ shareholder)株主(かぶぬし)

pemilikan [プミリカヌ](㊧ possession)所有

pemimpin《㊥ pimpin》[プミムピヌ]
(㊧ leader)指導者 / リーダー

pemimpinan《㊥ pimpin》[プミムピナヌ]
(㊧ leadership)指導(力)

peminangan《㊥ pinang》[プミナンアヌ]
(㊧ proposal of marriage)求婚

peminat [プミナ(ト)](㊧ fan)ファン / 愛好者

pemindahan《㊥ pindah》[プミヌダハヌ]
(㊧ transplantation / transfer)
移植 / 移転 / 避難 / 振り込み

pemindahan darah《㊥ pindah》
[プミヌダハヌ ダラ(ハ)]
(㊧ blood transfusion)輸血(ゆけつ)

pemindahan krédit《㊥ pindah》
[プミヌダハヌ クレデ(ト)](㊧ credit transfer)
単位の互換(ごかん)

pemindahan wang《㊥ pindah》
[プミヌダハヌ ワン](㊧ money transfer)
振り込み / 振替(ふりかえ) / 送金

pemindahan wang éléktronik《㊥ pindah》
[プミヌダハヌ ワン エレクトロネッ]
(㊧ electronic money transfer)電子送金

peminjam《㊥ pinjam》[プミンジャム]
(㊧ borrower / lender)
借り手 / 貸し手 / 債権者(さいけんしゃ)

peminjaman《㊥ pinjam》[プミンジャマヌ]
(㊧ borrowing / lending)
貸し借り / 借り入れ / 貸し出し

pemisah《[幹] pisah》[プミサ(ハ)]
([英] separator / separatist)
分離(ぶんり)する物〈人〉/ 分離主義者

pemisahan《[幹] pisah》[プミサハヌ]
([英] separation / isolation)
分離(ぶんり) / 隔離(かくり)

pemohon [プモホヌ]([英] applicant)
申請者(しんせいしゃ) / 応募者(おうぼしゃ)

pemotong《[幹] potong》[プモトン]
([英] cutter)カッター / 切る道具

pemotong kuku《[幹] potong》
[プモトン クゥクゥ]([英] nail clippers)
爪(つめ)切り

pemotongan《[幹] potong》[プモトンアヌ]
([英] cut / reduction)カット / 削減 / 切断

pemprosés [プムプロセス]([英] processor)
処理機 / プロセッサー

pemprosés kata [プムプロセス カタ]
([英] word processor)ワープロ

pemprosésan [プムプロセサヌ]
([英] processing)処理 / 加工

pemuda [プムゥダ]
([英] youth / young man)若者 / 青年

pemudi [プムゥディ]
([英] youth / young woman)若者(女性)

pemuja《[幹] puja》[プムゥジャ]
([英] worshipper)崇拝者(すうはいしゃ)

pemujaan《[幹] puja》[プムゥジャアヌ]
([英] worship)崇拝(すうはい)

pemujukan《[幹] pujuk》[プムゥジュゥカヌ]
([英] persuasion)説得

pemukul《[幹] pukul》[プムゥコル]
([英] batsman / bat)
たたく人〈物〉/ 打者(だしゃ) / バット

pemukulan《[幹] pukul》[プムゥクゥラヌ]
([英] hitting)打つこと / 叩(たた)くこと

pemula [プムゥラ]([英] beginner / starter)
初心者 / 始動装置 / スターター

pemulangan《[幹] pulang》
[プムゥランアヌ]([英] return)返還 / 返却 / 返品

pemulauan《[幹] pulau》[プムゥラゥワヌ]
([英] boycott)ボイコット

pemulihan《[幹] pulih》[プムゥリハヌ]
([英] recovery / restoration)回復 / 修復

pemusnah [プムゥスナ(ハ)]([英] destroyer)
破壊者

pemusnahan [プムゥスナハヌ]
([英] destruction)破壊

pemutar skru《[幹] putar》
[プムゥタ― スクルゥ]([英] screwdriver)
ねじ回し / ドライバー

pemutih《[幹] putih》[プムゥテ(ヘ)]
([英] whitener / whitening)
白くする物 / ホワイトニング剤 / 美白製品

pén [ペヌ]([英] pen)ペン

pén dakwat [ペヌ ダッ(ク)ワ(ト)]
([英] fountain pen)万年筆

pén mata bulat [ペヌ マタ ブゥラ(ト)]
([英] ballpoint pen)ボールペン

péna [ペナ]([英] pen)ペン

penafian [プナフィヤヌ]
([英] denial / disclaimer)
否定 / 免責条項(めんせきじょうこう)

P

penagih《[幹] tagih》[プナゲ(へ)]
([英] addict)中毒者(ちゅうどくしゃ)

penagih dadah《[幹] tagih》
[プナゲ(へ) ダダ(ハ)]([英] drug addict)
麻薬中毒者(まやくちゅうどくしゃ)

penagihan《[幹] tagih》[プナゲハヌ]
([英] addiction)中毒(ちゅうどく)

penahanan《[幹] tahan》[プナハナヌ]
([英] detention / restraint)
拘留(こうりゅう) / 拘束(こうそく)

penaja《[幹] taja》[プナジャ]([英] sponsor)
スポンサー / 出資者(しゅっししゃ)

penajaan《[幹] taja》[プナジャアヌ]
([英] sponsorship)
後援(こうえん) / 出資(しゅっし)

penakluk《[幹] takluk》[プナッ(ク)ロッ]
([英] conqueror)占領者 / 征服者

penaklukan《[幹] takluk》
[プナッ(ク)ルゥカヌ]([英] conquest)
占領(せんりょう) / 征服(せいふく)

P

penaksiran《[幹] taksir》[プナゥスイラヌ]
([英] assessment)評価 / 鑑定 / 推定

penakut《[幹] takut》[プナコ(ト)]
([英] coward)怖がり屋 / 臆病者(おくびょうもの)

pénalti [ペナルティ]([英] penalty)
罰則(ばっそく) / ペナルティ

penamaan [プナマアヌ]([英] nomination / naming)指名 / 命名

penamatan《[幹] tamat》[プナマタヌ]
([英] termination)終了 / 解除

penambah《[幹] tambah》[プナムバ(ハ)]
([英] booster / person adding *sth*)
増加させる物 / 追加する人

penambah rasa《[幹] tambah》
[プナムバ(ハ) ラサ]([英] seasoning)調味料

penambahan《[幹] tambah》
[プナムバハヌ]([英] addition / enhancement)
追加 / 増強 / 足し算

penampilan《[幹] tampil》[プナムピラヌ]
([英] appearance)容姿 / 格好(かっこう)

penanaman《[幹] tanam》[プナナマヌ]
([英] cultivation)栽培 / 耕作

penanaman padi《[幹] tanam》
[プナナマヌ パディ]([英] rice cultivation / rice planting)稲作 / 田植え

penanda《[幹] tanda》[プナヌダ]
([英] marker)マーカー / 標識

penanda buku《[幹] tanda》
[プナヌダ ブウク]([英] bookmark)
しおり / ブックマーク

penandaan《[幹] tanda》[プナヌダアヌ]
([英] marking)印(しるし)付け / 採点

penandatangan《[幹] tandatangan》
[プナヌダタンアヌ]([英] signer)
署名者(しょめいしゃ) / 調印者(ちょういんしゃ)

penandatanganan《[幹] tandatangan》
[プナヌダタンアナヌ]([英] signing)
署名(しょめい)(すること) / 調印(ちょういん)

penangan《[幹] tangan》[プナンアヌ]
([英] slap)平手(ひらて)打ち

penanganan《[幹] tangan》[プナンアナヌ]
([英] treatment / handling)
取り扱い / 処理 / 対処

penangguhan《[幹] tangguh》
[プナングゥハヌ]([英] postponement)
延期 / 後回し

penangkapan《[幹] tangkap》
[プナンカパヌ]([英] capture / arrest)
捕獲(ほかく) / 逮捕(たいほ)

penangkapan ikan《[幹] tangkap》
[プナンカパヌ イカヌ]([英] fishing)漁

penantian [プナヌティヤヌ]([英] waiting)
待つこと

penanya《[幹] tanya》[プナニャ]
([英] questioner)質問者

penapis《[幹] tapis》[プナペス]
([英] filter / strainer)フィルター / こし器

penapis air《[幹] tapis》[プナペス アエー]
([英] water filter)浄水器

penapis udara《[幹] tapis》
[プナペス ウゥダラ]([英] air purifier)空気清浄器

penapisan《[幹] tapis》[プナピサヌ]
([英] filtering / censorship)
ろ過 / 検閲(けんえつ)

penara《[幹] tara》[プナラ]([英] plateau)
高原

penari《[幹] tari》[プナリ]([英] dancer)
踊り手 / ダンサー

penarikan《[幹] tarik》[プナリカヌ]
([英] withdrawal)
取り下げ / 撤回(てっかい) / 辞退

penarikan balik《[幹] tarik》
[プナリカヌ バレッ]([英] withdrawal)
取り下げ / 撤回(てっかい)

penarikan diri《[幹] tarik》[プナリカヌ ディリ]
([英] withdrawal / default)
辞退 / (履修)中止 / 棄権(きけん)

penasihat [プナスィハ(ト)]([英] advisor)
相談役(そうだんやく) / アドバイザー

penat [プナ(ト)]([英] tired)疲れた

penawar《[幹] tawar》[プナワー]
([英] antidote / curative)
解毒剤(げどくざい) / 治療薬

pencabutan [プンチャブゥタヌ]([英] pulling out [up] / extraction / retraction)
引き抜くこと / 撤回(てっかい)

pencabutan gigi [プンチャブゥタヌ ギギ]
([英] tooth extraction)抜歯(ばっし)

pencahayaan [プンチャハヤアヌ]
([英] lighting)照明

pencalon [プンチャロヌ]([英] proposer)
(候補者の)指名者

pencalonan [プンチャロナヌ]
([英] nomination)指名 / 候補者選び

pencapaian [プンチャパイヤヌ]
([英] accomplishment / achievement)
達成 / 到達 / 実績 / 業績

pencapaian akadémik
[プンチャパイヤヌ アカデメッ]
([英] academic achievement)成績

pencarian [プンチャリヤヌ]([英] search)
捜索(そうさく) / 検索 / 募集

pencarian bakat [プンチャリヤヌ バカ(ト)]
([英] talent scouting)人材発掘 / スカウト

pencatat [プンチャタ(ト)]([英] note-taker)
記録者

pencegah [プンチュガ(ハ)]
([英] preventive)防止する物〈人〉

pencegahan [プンチュガハヌ]
([英] prevention)防止 / 予防

pencegahan jenayah
[プンチュガハヌ ジュナヤ(ハ)]
(英 crime prevention)防犯 / 犯罪防止

pencemaran [プンチュマラヌ]
(英 pollution)汚染 / 公害

pencemaran udara
[プンチュマラヌ ウゥダラ](英 air pollution)
大気汚染

péncén [ペンチェヌ](英 to retire / pension)
定年退職する / 年金

pencerita [プンチュリタ](英 storyteller)
朗読者(ろうどくしゃ)

penceritaan [プンチュリタアヌ]
(英 narration)朗読(ろうどく)

pencernaan [プンチュルナアヌ]
(英 digestion)消化

penceroboh [プンチュロボ(ホ)]
(英 intruder / trespasser / hacker)
侵入者 / ハッカー

pencerobohan [プンチュロボハヌ]
(英 trespass)侵入

pencétak [プンチェタッ](英 printer)
プリンター / 印刷業者

pencétakan [プンチェタカヌ]
(英 printing)印刷

pencinta [プンチヌタ](英 lover)
愛好家 / ～を愛する人

pencipta [プンチ(プ)タ]
(英 inventor / creator)発明者 / 創作者

penciptaan [プンチ(プ)タアヌ]
(英 invention / creation)発明 / 創作

pencopét [プンチョペ(ト)](英 pickpocket)
すり

pencuci [プンチュウチ]
(英 detergent / cleaner)洗剤 / 清掃人

pencuci muka [プンチュウチ ムゥカ]
(英 facial cleanser)洗顔料

pencuci mulut [プンチュウチ ムゥロ(ト)]
(英 dessert)デザート

pencucian [プンチュウチヤヌ](英 washing / cleaning / developing)洗うこと / 洗濯 / クリーニング / 現像(げんぞう)

pencucuhan [プンチュウチュウハヌ]
(英 ignition)発火(はっか) / 点火

penculikan [プンチュウリカヌ]
(英 abduction)誘拐(ゆうかい) / 拉致(らち)

pencuri [プンチュウリ](英 robber)泥棒

pencurian [プンチュウリヤヌ](英 theft)
盗(ぬす)み / 窃盗(せっとう)

pendaftaran [プヌダッタラヌ]
(英 registration)登録 / 受付(手続き)

pendahulu [プヌダフウルゥ](英 top / predecessor)最上位 / トップ / 前任者

pendahuluan [プヌダフウルゥワヌ]
(英 preface / advance)
前書き / 序文(じょぶん) / 前払(まえばら)い

pendaki [プヌダキ](英 climber)
登山者 / 登山家

pendakian [プヌダキヤヌ](英 climbing)
登ること / 登山

pendakian gunung [プヌダキヤヌ グゥノン]
(英 mountain climbing)登山

P

pendakwa [プヌダッ(ク)ワ](㊧ accuser)
告発人(こくはつにん) / 原告

pendakwa raya [プヌダッ(ク)ワ ラヤ]
(㊧ public prosecutor)検事 / 検察官

pendakwaan [プヌダッ(ク)ワアヌ]
(㊧ prosecution)起訴(きそ) / 告発(こくはつ)

pendakwah [プヌダッ(ク)ワ(ハ)]
(㊧ missionary)
宣教師(せんきょうし) / 伝道師

pendakwahan [プヌダッ(ク)ワハヌ]
(㊧ missionary work)
宣教(せんきょう) / 伝道

pendapat [プヌダパ(ト)](㊧ opinion)意見

pendapat umum [プヌダパ(ト) ウゥモム]
(㊧ public opinion)世論

pendapatan [プヌダパタヌ](㊧ income)
収入 / 所得

pendapatan jualan
[プヌダパタヌ ジュゥワラヌ](㊧ sales revenue)
販売収入

pendapatan tahunan
[プヌダパタヌ タフゥナヌ](㊧ annual income)
年収

pendaraban [プヌダラバヌ]
(㊧ multiplication)掛け算

pendarahan [プヌダラハヌ]
(㊧ bleeding)出血

pendaratan [プヌダラタヌ](㊧ landing)
着陸 / 陸揚げ

pendatang [プヌダタン](㊧ immigrant / foreigner)移民 / 外国出身者

pendedahan [プヌドゥダハヌ]
(㊧ disclosure / exposure)
暴露(ばくろ) / 内容開示 / 接触

péndék [ペヌデッ](㊧ short)短い

péndék kata [ペヌデッ カタ](㊧ in short)
要するに

pendekatan [プヌドゥカタヌ]
(㊧ approach)アプローチ / 接近

péndékkan [ペヌデッカヌ]
(㊧ to shorten)短くする / 短縮する

pendengar [プヌドゥンアー](㊧ listener)
聞き手 / リスナー

pendengaran [プヌドゥンアラヌ]
(㊧ listening / hearing)聞き取り / 聴力

penderaan [プヌドゥラアヌ](㊧ abuse)
虐待(ぎゃくたい)

penderhaka [プヌドゥーハカ](㊧ traitor)
反逆者 / 裏切り者

penderhakaan [プヌドゥーハカアヌ]
(㊧ treason / disloyalty)
反逆 / 裏切り / 不忠(ふちゅう)

penderitaan [プヌドゥリタアヌ]
(㊧ suffering)苦しみ / 苦労 / 苦悩(くのう)

penderma [プヌドゥルマ](㊧ donor)
寄付者(きふしゃ) / ドナー

pendermaan [プヌドゥルマアヌ]
(㊧ donation)寄付(きふ)

pendiam [プヌディヤム]
(㊧ silent (person))無口な(人)

pendidihan [プヌディディハヌ](㊧ boiling)
沸騰(ふっとう)させること

P

pendidik [プゥディディッ] (㊥ educator) 教育者

pendidikan [プゥディディカヌ]
(㊥ education) 教育

pendidikan jarak jauh
[プゥディディカヌ ジャラッ ジャオ(ホ)]
(㊥ distance education) 遠隔教育

pendidikan jasmani
[プゥディディカヌ ジャスマニ] (㊥ physical education (PE)) 体育 / 身体教育

pendirian [プゥディリヤヌ] (㊥ standpoint)
立場

pendorong [プゥドロン] (㊥ motivation / trigger) 動機(どうき) / 起因(きいん) / きっかけ

pendua [プゥドゥウワ] (㊥ duplicate)
写し / コピー

penduduk [プゥドゥウドゥッ]
(㊥ inhabitant / resident / population)
住民 / 住人 / 人口

pendudukan [プゥドゥウドゥウカヌ]
(㊥ occupation) 占領(せんりょう)

pendusta [プゥドゥウスタ] (㊥ liar) 嘘つき

penebangan 《㊦ **tebang**》 [プヌバンアヌ]
(㊥ cutting down) 伐採(ばっさい)

penebat 《㊦ **tebat**》 [プヌバ(ト)]
(㊥ insulator) 絶縁体(ぜつえんたい)

penebatan 《㊦ **tebat**》 [プヌバタヌ]
(㊥ insulation)
絶縁(ぜつえん) (電流・熱伝導を断(た)つこと)

penegasan 《㊦ **tegas**》 [プヌガサヌ]
(㊥ emphasis / assertion) 強調 / 主張

peneguhan 《㊦ **teguh**》 [プヌグゥハヌ]
(㊥ reinforcement) 強化

penekanan 《㊦ **tekan**》 [プヌカナヌ]
(㊥ emphasis) 強調

penelitian 《㊦ **teliti**》 [プヌリティヤヌ]
(㊥ survey / observation) 調査 / 観察

peneman 《㊦ **teman**》 [プヌマヌ]
(㊥ companion / escort) お供 / 付き添い

penémbak 《㊦ **témbak**》 [プネムバッ]
(㊥ shooter) 射撃手(しゃげきしゅ)

penémbakan 《㊦ **témbak**》
[プネムバカヌ] (㊥ shooting) 射撃(しゃげき)

penembusan 《㊦ **tembus**》
[プヌムブゥサヌ] (㊥ penetration)
浸透(しんとう) / 突破(とっぱ)

penempahan 《㊦ **tempah**》
[プヌムパハヌ] (㊥ booking / order)
予約 / 注文

penempatan 《㊦ **tempat**》 [プヌムパタヌ]
(㊥ placement / settlement)
配置 / 配属 / 入植(にゅうしょく)

penemuan 《㊦ **temu**》 [プヌムゥワヌ]
(㊥ discovery) 発見

penentang 《㊦ **tentang**》 [プヌヌタン]
(㊥ opponent) 反対者

penentangan 《㊦ **tentang**》
[プヌヌタンアヌ] (㊥ resistance) 反対 / 抵抗

penentu 《㊦ **tentu**》 [プヌヌトゥウ]
(㊥ determinant / determiner)
決定する物〈人〉/ 限定詞

penentuan 《㊦ **tentu**》 [プヌヌトゥウワヌ]
(㊥ determination) 決定

peneraju 《㊦ **teraju**》 [プヌラジュウ]
(㊥ leader / initiator) 主導者 / 牽引役

penerang《[幹] terang》[プヌラン]
([英] modifier) 修飾要素

penerangan《[幹] terang》[プヌランアヌ]
([英] explanation / modification)
説明 / 修飾

penerapan《[幹] terap》[プヌラパヌ]
([英] application) 応用 / 適用

penerbangan《[幹] terbang》
[プヌーバンアヌ] ([英] flight / aviation)
飛行 / フライト / 航空

penerbangan antarabangsa《[幹] terbang》
[プヌーバンアヌ アヌタラバンサ]
([英] international flight) 国際線

penerbangan doméstik《[幹] terbang》
[プヌーバンアヌドメステッ]
([英] domestic flight) 国内線

penerbangan langsung《[幹] terbang》
[プヌーバンアヌ ランソン]
([英] direct flight) 直行便

penerbit《[幹] terbit》[プヌーベ(ト)]
([英] publisher) 出版社

penerbitan《[幹] terbit》[プヌービタヌ]
([英] publication) 出版 / 発行

penerima《[幹] terima》[プヌリマ]
([英] recipient / receiver)
受取人(うけとりにん) / 受信機

penerimaan《[幹] terima》[プヌリマアヌ]
([英] receipt / reception / acceptance)
受け取り / 受け入れ / 受容 / 承諾(しょうだく)

peneroka《[幹] teroka》[プヌロカ]
([英] settler) 開拓者 / 入植者(にゅうしょくしゃ)

penerokaan《[幹] teroka》[プヌロカアヌ]
([英] development / exploration)
開発 / 開拓 / 探求

penerusan《[幹] terus》[プヌルゥサヌ]
([英] continuation) 継続 / 存続

penetapan《[幹] tetap》[プヌタパヌ]
([英] determination / fixing)
決定 / 確定 / 設定

pengabaian [プンアバイヤヌ]
([英] neglecting) 無視 / 軽視(けいし)

pengabstrakan [プンア(ブ)ストラカヌ]
([英] abstraction) 抽象化

pengacara [プンアチャラ] ([英] compere)
司会者

pengadil [プンアデル] ([英] referee / judge)
審判 / 審査員 / 判事(はんじ)

pengadilan [プンアディラヌ]
([英] judgement) 裁判 / 審判(しんぱん)

pengagihan [プンアギハヌ]
([英] distribution) 分配(ぶんぱい)

pengairan [プンアイラヌ] ([英] irrigation)
灌漑(かんがい)

pengajar [プンアジャー] ([英] teacher) 教師

pengajaran [プンアジャラヌ]
([英] lesson / teaching) 教え / 教訓 / 教育

pengajian《[幹] kaji》[プンアジヤヌ]
([英] research / learning to recite the Quran) 研究 / コーランの勉強

pengakap《[幹] kakap》[プンアカ(プ)]
([英] scout) スカウト(青少年団体)

pengakhiran [プンアヒラヌ] ([英] end)
終わり / 終了

pengakuan [プンアクゥワヌ]
([英] confession / acknowledgement)
自白(じはく) / 承認(しょうにん) / 受け取り通知

P

pengalaman [プンアラマヌ]
(英 experience)経験 / 体験

pengaliran [プンアリラヌ](英 flow)流れ

pengaliran keluar [プンアリラヌ クルゥワー]
(英 outflow)流出

pengamal [プンアマル](英 practitioner)
実践者(じっせんしゃ)

pengamalan [プンアマラヌ](英 practice)
実践(じっせん) / 実行

pengamatan [プンアマタヌ]
(英 observation)観測

pengambilan [プンアムビラヌ]
(英 taking / intake)
取ること / 受け取り / 摂取(せっしゅ) / 採用

pengambilan semula
[プンアムビラヌ スムゥラ](英 confiscation / reemployment / resit / repeat)没収(ぼっしゅう) / 再雇用 / 再受験 / 再履修(さいりしゅう)

penganalisis [プンアナリセス]
(英 analyst)分析者(ぶんせきしゃ) / アナリスト

penganggur [プンアンゴー]
(英 unemployed person)失業者

pengangguran [プンアングゥラヌ]
(英 unemployment)失業

pengangkutan [プンアンクゥタヌ]
(英 transport)交通 / 移動 / 輸送

pengangkutan darat
[プンアンコタヌ ダラ(ト)](英 land transport)
陸上輸送 / 陸運

pengangkutan laut [プンアンクゥタヌ ラォ(ト)]
(英 sea transport)海上輸送 / 海運

penganjur [プンアンジョー](英 organizer)
主催者

penganjuran [プンアンジョラヌ]
(英 organizing)主催

pengantar [プンアヌター](英 introduction / medium)序論 / 導入 / 媒介

pengantara [プンアヌタラ](英 middleman / liaison)仲介者 / つなぎ役

pengantaraan [プンアヌタラアヌ]
(英 mediation / bridging)
仲介(ちゅうかい) / 媒介(ばいかい) / 橋渡し

pengantin [プンアヌテヌ](英 bridal couple)
新郎(しんろう) / 新婦(しんぷ)

pengantin baru [baharu]
[プンアヌテヌ バルゥ [バハルゥ]]
(英 bridal couple)新郎新婦(しんろうしんぷ)

pengantin lelaki [プンアヌテヌ ルラキ]
(英 bridegroom)
新郎(しんろう) / 花婿(はなむこ)

pengantin perempuan
[プンアヌテヌ プルムプゥワヌ](英 bride)
新婦(しんぷ) / 花嫁(はなよめ)

penganut [プンアノ(ト)](英 follower)
信徒(しんと) / 信者(しんじゃ) / 信奉者(しんぽうしゃ)

penganut agama Islam
[プンアノ(ト) アガマ イスラム](英 Muslim)
イスラーム教徒

pengarah [プンアラ(ハ)](英 director)
取締役(とりしまりやく) / 重役(じゅうやく) / (映画などの)監督

pengarah institut
[プンアラ(ハ) イヌスティトゥウ(ト)](英 director)所長

pengarah jabatan [プンアラ(ハ) ジャバタヌ]
(英 director)長官 / 局長

pengarahan [プンアラハヌ](英 direction / conducting)(映画などの)監督 / 指揮

pengarang《幹 karang》[プンアラン]
(英 writer / author)作家 / 著者

pengaruh [プンアロ(ホ)](英 influence)
影響(力)

pengaruhi [プンアロヒ](英 to influence)
〜に影響する

pengasah [プンアサ(ハ)](英 sharpener)
研ぐ道具 / シャープナー

pengasah pénsél [プンアサ(ハ) ペヌセル]
(英 pencil sharpener)鉛筆削(けず)り

pengasingan [プンアスインアヌ]
(英 separation)分離(ぶんり) / 分別(ぶんべつ)

pengawal《幹 kawal》[プンアワル]
(英 guard)警備員 / 監視員 / ガードマン

pengawal keselamatan《幹 kawal》
[プンアワル クスラマタヌ](英 security guard)
警備員 / ガードマン

pengawal peribadi《幹 kawal》
[プンアワル プリバディ](英 bodyguard)
ボディガード

pengawalan《幹 kawal》[プンアワラヌ]
(英 control / guarding)コントロール / 監視

pengawas [プンアワス]
(英 guardian / prefect)監督者 / 監視員

pengawas peperiksaan
[プンアワス ププリクサアヌ](英 invigilator)
試験監督者

pengawasan [プンアワサヌ]
(英 supervision)監視 / 監督

pengawét [プンアウェ(ト)]
(英 preservative)保存料

pengawétan [プンアウェタヌ]
(英 preservation)保存

pengebumian《幹 ke bumi》
[プンウブゥミヤヌ](英 burial)埋葬

pengecaman [プンウチャマヌ]
(英 identification)識別(しきべつ) / 特定

pengecas [プンウチャス](英 charger)
充電器 / チャージャー

pengecasan [プンウチャサヌ]
(英 charging)充電

pengecat [プンウチャ(ト)](英 painter)
塗装工(とそうこう)

pengecilan《幹 kecil》[プンウチラヌ]
(英 reduction)縮小 / 削減

pengecualian《幹 kecuali》
[プンウチュウワリヤヌ]
(英 exception / exemption)除外 / 免除

pengecualian cukai《幹 kecuali》
[プンウチュウワリヤヌ チュウカイ]
(英 tax exemption)税金免除 / 非課税

pengecut《幹 kecut》[プンウチョ(ト)]
(英 coward)
意気地(いくじ)なし / 臆病者(おくびょうもの)

pengédar [プンエダー](英 distributor)
卸売業者(おろしうりぎょうしゃ) / 配給業者

pengédar dadah [プンエダー ダダ(ハ)]
(英 drug dealer)麻薬の売人

P

pengédaran [プンエダラヌ]
(英 circulation)
流通 / 循環(じゅんかん)(させること)

pengehadan [プンウハダヌ]
(英 limitation / restriction)制限 / 規制

pengejaran《幹 kejar》 [プンウジャラヌ]
(英 chase / pursuit)追跡(ついせき) / 追求

pengekalan《幹 kekal》 [プンウカラヌ]
(英 maintenance)維持

pengéksport [プンエクスポ(ト)]
(英 exporter)輸出業者 / 輸出国

pengélakan [プンエラカヌ]
(英 avoidance)回避

pengelap [プンウラ(プ)]
(英 means of wiping)拭く道具 / ふきん

pengeluar《幹 keluar》 [プンウルウワー]
(英 manufacturer / producer)
製造者 / 生産者 / 産出国

pengeluaran《幹 keluar》
[プンウルウワラヌ](英 production / taking out / issuing / withdrawal)生産 / 産出 / 出すこと / 交付 / 引き出し

pengemas《幹 kemas》 [プンウマス]
(英 (housekeeping) cleaner)掃除人

pengemasan《幹 kemas》 [プンウマサヌ]
(英 tidying)整理 / 片づけ / 掃除(そうじ)

pengemaskinian《幹 kemas kini》
[プンウマスキニヤヌ](英 updating)更新

pengembalian《幹 kembali》
[プンウムバリヤヌ](英 return)返却 / 返還

pengembangan《幹 kembang》
[プンウムバンアヌ](英 expansion)拡大 / 拡張

pengembara《幹 kembara》
[プンウムバラ](英 traveller)旅人

pengembaraan《幹 kembara》
[プンウムバラアヌ](英 travel / adventure)
旅 / 冒険

pengemudi《幹 kemudi》 [プンウムウディ]
(英 pilot / helmsman / navigator)
操縦者(そうじゅうしゃ) / 漕(こ)ぎ手 / 牽引役 / ナビゲーター

pengemudian《幹 kemudi》
[プンウムウディヤヌ](英 piloting / navigation)
操縦(そうじゅう) / 航行(こうこう) / ナビゲーション

pengemukaan《幹 ke muka》
[プンウムウカアヌ](英 presentation)提示

pengenalan《幹 kenal》 [プンウナラヌ]
(英 identification / introduction)
身元証明 / 導入

pengenalpastian《幹 kenal pasti》
[プンウナルパスティヤヌ](英 identification)特定

pengendali《幹 kendali》 [プンウヌダリ]
(英 handler / administrator)
取扱者 / 管理者

pengendalian《幹 kendali》
[プンウヌダリヤヌ](英 handling / operation)
取り扱い / 処理 / 操作

pengenduran《幹 kendur》
[プンウヌドゥウラヌ](英 loosening / relaxation)
緩(ゆる)めること / 弛緩(しかん) / 緩和(かんわ)

pengepaman [プンウパマヌ]
(英 pumping)ポンプで入れる〈出す〉こと

pengepungan《幹 kepung》
[プンウプウンアヌ](英 siege)包囲

pengerahan《幹 kerah》 [プンウラハヌ]
(英 mobilization)動員 / 召集(しょうしゅう)

P

pengering《㊕ kering》[プンゥレン]
(㊕ dryer)乾燥機 / ドライヤー

pengering rambut《㊕ kering》
[プンゥレン ラムボ(ト)](㊕ hair dryer)
ヘアドライヤー

pengeringan《㊕ kering》[プンゥリンアヌ]
(㊕ drying)乾燥(させること)

pengertian [プンゥルティヤヌ]
(㊕ understanding)理解

pengerusi《㊕ kerusi》[プンゥルゥスイ]
(㊕ chairperson)議長

pengesahan [プンゥサハヌ]
(㊕ confirmation)(正しいことの)確認

pengesahan tempahan
[プンゥサハヌ トゥムパハヌ]
(㊕ reservation confirmation)予約確認

pengetahuan [プンゥタフゥワヌ]
(㊕ knowledge)知識 / 知っていること

pengetahuan am [プンゥタフゥワヌ アム]
(㊕ general knowledge)一般常識

pengetahuan umum
[プンゥタフゥワヌ ウゥモム](㊕ publicity)
周知 / 知れ渡ること

pengetua《㊕ ketua》[プンゥトゥウワ]
(㊕ headmaster / principal)
(中等学校、専門学校の)校長

pengetua sekolah《㊕ ketua》
[プンゥトゥウワ スコラ(ハ)](㊕ (secondary school)
headmaster)(中等学校の)校長

pengewapan [プンゥワパヌ]
(㊕ evaporation)蒸発(じょうはつ) / 気化(きか)

penggabungan [プンガブゥンアヌ]
(㊕ merger)結合(けつごう) / 合併(がっぺい)

penggajian [プンガジヤヌ]
(㊕ employment)雇用

penggal [プンガル](㊕ semester / term /
section)学期 / 任期 / 区切り / 断片(だんぺん)

penggalak [プンガラッ](㊕ booster)
増幅するもの

penggalakan [プンガラカヌ]
(㊕ encouragement)奨励(しょうれい)

penggali [プンガリ](㊕ digger)
掘る人〈道具〉

penggalian [プンガリヤヌ]
(㊕ digging / excavation)掘ること / 発掘

penggambaran [プンガムバラヌ]
(㊕ shooting)撮影(さつえい)

pengganas [プンガナス](㊕ terrorist)
テロリスト

penggandaan [プンガヌダアヌ]
(㊕ doubling / reduplication)
倍増(ばいぞう) / 重複(ちょうふく)(語形変化)

pengganggu [プンガングゥ]
(㊕ disturber)邪魔(じゃま)する人

penggangguan [プンガングゥワヌ]
(㊕ disturbance)邪魔(じゃま)

pengganti [プンガヌティ](㊕ substitute /
successor)代わり / 代理 / 後任(こうにん)

penggantian [プンガヌティヤヌ]
(㊕ replacement)交代 / 取り替え

penggantungan [プンガヌトゥンアヌ]
(㊕ suspension)(免許や資格の)停止

penggantungan lésén
[プンガヌトゥンアヌ レセヌ]
(㊕ license suspension)免停(めんてい)

P

penggelédahan [プングレダハヌ]
(㊥ search)捜索(そうさく)

penggerak [プングラッ]
(㊥ initiator / mover)
創始者 / 原動力 / 起爆剤(きばくざい)

penggilap [プンギラ(プ)](㊥ polish / polisher)光沢剤 / つや出し / 磨く人〈物〉

penggilap kasut [プンギラ(プ) カソ(ト)]
(㊥ shoe polisher / shoe polish)
靴みがき / 靴墨(くつずみ)

penggoda [プンゴダ](㊥ seducer)誘惑者

penggolongan [プンゴロンアヌ]
(㊥ classification)分類

penggubahan [プングゥバハヌ]
(㊥ forgery / composition)
模造(もぞう) / 偽造(ぎぞう) / 作曲

penggubalan [プングゥバラヌ]
(㊥ formulation / enactment)
策定(さくてい) / 制定(せいてい)

penggubalan undang-undang
[プングゥバラヌ ウゥヌダン ウゥヌダン]
(㊥ legislation / law-making)
立法(りっぽう) / 法律の制定(せいてい)

pengguguran [プングゥグゥラヌ]
(㊥ dropping / drop / removal)
落とすこと / 投下(とうか) / 削除(さくじょ) / 解任(かいにん)

pengguguran bayi [プングゥグゥラヌ バイイ]
(㊥ abortion)中絶

pengguna [プングゥナ]
(㊥ user / consumer)
使用者 / 利用者 / 消費者

penggunaan [プングゥナアヌ](㊥ use / consumption)使用 / 利用 / 消費

penghabluran [プンハ(ブ)ルゥラヌ]
(㊥ crystallization)結晶化(けっしょうか)

penghafalan [プンハファラヌ]
(㊥ memorizing)暗記

penghafazan [プンハファザヌ]
(㊥ memorizing)暗記

penghalang [プンハラン](㊥ hindrance)
障害(しょうがい) / 差し支(つか)え

penghalangan [プンハランアヌ]
(㊥ inhibition)
阻害(そがい) / 阻止(そし) / 抑制(よくせい)

penghalau [プンハラゥ](㊥ repellent)
追い払う物〈人〉

penghalau nyamuk [プンハラゥ ニャモッ]
(㊥ mosquito repellent)蚊(か)よけ

penghalau serangga [プンハラゥ スランガ]
(㊥ insect repellent)
防虫剤(ぼうちゅうざい) / 虫よけ

penghamilan [プンハミラヌ]
(㊥ pregnancy)妊娠(にんしん)(中)

penghampiran [プンハムピラヌ]
(㊥ approximation / approach)
近似(きんじ) / 接近(せっきん)

penghancur [プンハンチョー]
(㊥ crusher / destroyer)粉砕機 / 破壊者

penghancuran [プンハンチュウラヌ]
(㊥ destruction)
粉砕(ふんさい) / 破壊(はかい)

penghantar [プンハヌター]
(㊥ sender / deliverer)
送り主 / 発信者 / 配達人

P

penghantaran [プンハヌタラヌ]
(英 sending / delivery / submission / send-off)
送ること / 提出 / 配達 / 派遣 / 見送り

penghapus [プンハポス]
(英 exterminator)
駆除剤 / 駆除人 / 消し去るもの

penghapusan [プンハプゥサヌ]
(英 abolition / extermination)
廃止 / 根絶(こんぜつ) / 駆除(くじょ)

pengharapan [プンハラパヌ](英 hope)
期待 / 希望

penghargaan [プンハルガアヌ]
(英 gratitude / acknowledgement)
感謝 / 敬意(けいい) / 謝辞(しゃじ)

penghasil [プンハセル]
(英 producer / generator)
生み出すもの / 生産者 / 発生器

penghasilan [プンハスイラヌ]
(英 production / creation)
生産 / 産出 / 製造 / 作成

penghasilan semula
[プンハスイラヌ スムゥラ](英 reproduction)
複製 / 再現

penghawa dingin [プンハワ ディンエヌ]
(英 aircon(d) / air conditioner)
エアコン / クーラー / 冷房

penghayatan [プンハヤタヌ]
(英 appreciation)(価値や意味の)理解

penghentian [プンフヌティヤヌ]
(英 finishing / end / stop)
終えること / 終了 / 停止

penghibur [プンヒボー](英 entertainer)
人を楽しませる人 / 芸人

penghibur jalanan [プンヒボー ジャラナヌ]
(英 street entertainer)
大道芸人 / 路上アーティスト

penghidupan [プンヒドゥゥパヌ]
(英 life / living)生活 / 暮らし(ぶり)

penghijrah [プンヒジラ(ハ)](英 migrant)
移住者 / 移民

penghijrahan [プンヒジラハヌ]
(英 migration)移住 / 移民

penghilang [プンヒラン](英 remover)
除去剤(じょきょざい) / 剥離剤(はくりざい)

penghimpunan [プンヒムプゥナヌ]
(英 assembly / collection)集会 / 収集

penghinaan [プンヒナアヌ](英 contempt / insult)軽蔑(けいべつ) / 侮辱(ぶじょく)

penghitungan [プンヒトゥゥンアヌ]
(英 calculation)計算

penghormatan [プンホーマタヌ]
(英 honour / tribute)名誉(めいよ) / 栄誉(えいよ) / 敬意(けいい)の証(あかし)

penghujung [プンフゥジョン](英 end)
終わり / 末(まつ)

penghukuman [プンフゥクゥマヌ]
(英 punishment)処分 / 処罰(しょばつ)

penghulu [プンフゥルゥ](英 headman)
区長 / 首長(しゅちょう)

penghuni [プンフゥニ](英 resident)住人

penghuraian [プンフゥライヤヌ]
(英 explanation)説明

pengiktirafan [プンイクティラファヌ]
(英 recognition)
承認(しょうにん) / 認知(にんち) / 認識

P

pengikut [プンイコ(ト)]([英] follower) 信者(しんじゃ) / 支持者 / フォロワー

pengimbas [プンイムバス]([英] scanner) スキャナー

pengimport [プンイムポ(ト)]([英] importer) 輸入業者 / 輸入国

penginap [プンイナ(プ)]([英] guest)宿泊者

penginapan [プンイナパヌ] ([英] accommodation / lodging) 宿泊 / 宿泊施設

pengindustrian [プンイヌドゥウストリヤヌ] ([英] industrialization)工業化

pengintai [プンイヌタイ]([英] spy / Peeping Tom)スパイ / 覗(のぞ)き

pengiraan《[幹] kira》 [プンイラアヌ] ([英] calculation / count) 計算 / 勘定(かんじょう) / 集計

pengirim《[幹] kirim》 [プンイレム] ([英] sender)送り主 / 差出人(さしだしにん)

P

pengiriman《[幹] kirim》 [プンイリマヌ] ([英] sending / dispatch / shipment) 送付(そうふ) / 発送

pengiriman wang《[幹] kirim》 [プンイリマヌ ワン]([英] remittance)送金

pengiring [プンイレン]([英] escort / attendant)付き添い人 / 同行者

pengiringan [プンイリンアヌ] ([英] escorting / attendance) 付き添い / 同行

pengisian [プンイスイヤヌ]([英] filling) 満たすこと / 記入 / 入力 / 充てん

pengisytiharan [プンイシティハラヌ] ([英] announcement / declaration) 声明 / 発表 / 申告

pengkaji [プンカジ]([英] researcher)研究者

pengkelasan [プンクラサヌ] ([英] classification)分類 / 区分

pengkhususan [プンフゥスゥサヌ] ([英] specialization)専門 / 専攻

pengklasifikasian [プンクラスイフイカスイヤヌ] ([英] classification)分類

pengkritik [プンクリテッ]([英] critic) 批評家 / 評論家

penglibatan [プンリバタヌ] ([英] involvement / engagement) 関与 / 従事

penglihatan [プンリハタヌ]([英] eyesight / sight / view)視力 / 視覚 / 見たところ

pengoksidaan [プンオクスイダアヌ] ([英] oxidation)酸化

pengorbanan《[幹] korban》 [プンオーバナヌ]([英] sacrifice)犠牲(ぎせい)

péngsan [ペンサヌ]([英] to faint) 気絶する / 失神する

penguasa《[幹] kuasa》 [プンウゥワサ] ([英] superintendent)管理者 / 長

penguasaan《[幹] kuasa》 [プンウゥワサアヌ]([英] command / control) (言語などを)使いこなす力 / 支配

penguat kuasa《[幹] kuat》 [プンウゥワ(ト) クウワサ]([英] enforcer) 実施者 / 執行者

penguatan《㊔ kuat》[プンウゥワタヌ]
（㊧ reinforcement）補強 / 強化

penguatkuasaan《㊔ kuat kuasa》
[プンウゥワ(ト)クゥワサアヌ]（㊧ enforcement）
実施 / 執行 / 施行

pengubahan [プンウゥバハヌ]
（㊧ change）変更

pengubahsuaian [プンウゥバ(ハ)スゥワイヤヌ]
（㊧ modification / repair）修正 / 改修

pengucap [プンウゥチャ(プ)]（㊧ speaker）
演説者 / 講演者

pengucapan [プンウゥチャパヌ]
（㊧ speech）スピーチ / 演説（すること）

pengudaraan [プンウゥダラアヌ]
（㊧ ventilation）換気（かんき）

pénguin [ペングゥイヌ]（㊧ penguin）
ペンギン

pengukuhan《㊔ kukuh》[プンウゥクゥハヌ]
（㊧ strengthening）強化 / 増強

pengukur [プンウゥコー]
（㊧ surveyor / measuring tool）
測量技師 / 測定器具

pengukuran [プンウゥクゥラヌ]
（㊧ measurement）測定 / 測量

pengulangan [プンウゥランアヌ]
（㊧ repetition）繰り返し

pengumpul《㊔ kumpul》[プンウゥムポル]
（㊧ collector）収集家 / 収集者

pengumpulan《㊔ kumpul》
[プンウゥムプゥラヌ]（㊧ collection）収集

pengumpulan maklumat《㊔ kumpul》
[プンウゥムプゥラヌ マッ(ク)ルゥマ(ト)]
（㊧ information gathering）
情報収集 / 取材

pengumuman [プンウゥムゥマヌ]
（㊧ announcement）発表 / 告知

pengumuman awal
[プンウゥムゥマヌ アワル]（㊧ previous notice）
予告

pengunci《㊔ kunci》[プンウゥンチ]
（㊧ lock）鍵をかける道具 / ロック

pengunci stéréng《㊔ kunci》
[プンウゥンチ ステレン]（㊧ steering lock）
ハンドルロック

pengundi [プンウゥヌディ]（㊧ voter）
投票者 / 有権者

pengundian [プンウゥヌディヤヌ]
（㊧ voting）投票

pengunduran [プンウゥヌドゥウゥラヌ]
（㊧ resignation / retreat）
退任 / 撤退 / 後退

pengunjung《㊔ kunjung》
[プンウゥンジョン]（㊧ visitor）訪問者

penguraian [プンウゥライヤヌ]
（㊧ resolution / separation）分解 / 分離

pengurangan《㊔ kurang》
[プンウゥランアヌ]（㊧ reduction / decrease）
軽減 / 削減 / 引き下げ / 減少

pengurangan cukai《㊔ kurang》
[プンウゥランアヌ チュウカイ]（㊧ tax reduction）
減税

pengurangan harga《㊔ kurang》
[プンウゥランアヌ ハルガ]（㊧ price reduction）
値下げ

P

pengurniaan《[幹] kurnia》 [プンウゥルニヤアヌ]([英] conferment)授与

pengurungan《[幹] kurung》 [プンウゥルゥンアヌ]([英] confinement) 禁固 / 監禁 / 抑留

pengurup wang [プンウゥロ(プ) ワン] ([英] money changer)両替商

pengurus [プンウゥロス]([英] manager) 管理者 / 監督者 / 経営者 / マネージャー

pengurus tapak [プンウゥロス タパッ] ([英] site supervisor)現場監督

pengurusan [プンウゥルゥサヌ] ([英] management) 運営 / 管理 / 監督 / 経営 / マネージメント

pengurutan [プンウゥルゥタヌ] ([英] massage)マッサージ

pengusaha [プンウゥサハ] ([英] entrepreneur)起業家 / 実業家

pengusahaan [プンウゥサハアヌ] ([英] management)経営 / 運営

pengutip《[幹] kutip》 [プンウゥテ(プ)] ([英] collector)収集人 / 徴収者

pengutipan《[幹] kutip》 [プンウゥティパヌ] ([英] collection)収集 / 徴収

peniaga [プニヤガ]([英] trader / dealer) 商人

penilaian [プニライヤヌ]([英] evaluation / assessment)評価 / 査定 / 審査

penilik《[幹] tilik》 [プニレッ] ([英] fortune-teller)占い師

penilikan《[幹] tilik》 [プニリカヌ] ([英] fortune-telling)占い

penimbang《[幹] timbang》 [プニムバン] ([英] scales)はかり / 計量器

penindas《[幹] tindas》 [プニヌダス] ([英] oppressor)弾圧者 / 迫害者

penindasan《[幹] tindas》 [プニヌダサヌ] ([英] oppression)弾圧 / 迫害

pening [プネン]([英] dizzy) 頭痛がする / めまいがする

pening kepala [プネン クパラ] ([英] dizzy)頭痛がする / めまいがする

peninggalan《[幹] tinggal》 [プニンガラヌ] ([英] heirloom / legacy)遺産 / 遺跡

peningkatan《[幹] tingkat》 [プニンカタヌ] ([英] rise / increase)上昇 / 増加

peninjauan《[幹] tinjau》 [プニンジャウワヌ] ([英] survey)調査

penipu《[幹] tipu》 [プニプゥ] ([英] liar / cheat)嘘つき / 詐欺師(さぎし)

penipuan《[幹] tipu》 [プニプゥワヌ] ([英] fraud / deception)詐欺(さぎ) / だまし

peniru《[幹] tiru》 [プニルゥ]([英] copycat / cheat)真似(まね)する人 / カンニングする人

peniruan《[幹] tiru》 [プニルゥワヌ] ([英] copying / cheating) 真似(まね) / カンニング

penjaga [プンジャガ]([英] guardian) 見張り / 世話をする人 / 守る人

penjaga gol [プンジャガ ゴル] ([英] goalkeeper)ゴールキーパー

penjagaan [プンジャガアヌ] ([英] care / maintenance) 世話 / 保守 / 手入れ / 管理

P

penjagaan anak [プンジャガアヌ アナッ]
(㊥ childcare)子供の養育 / 子育て

penjagaan kesihatan
[プンジャガアヌ クスイハタヌ](㊥ healthcare)
健康管理

penjahat [プンジャハ(ト)](㊥ bandit)悪人

penjahit [プンジャヘ(ト)]
(㊥ tailor / seamstress)仕立て屋

penjahitan [プンジャヒタヌ](㊥ sewing)
裁縫

penjaja [プンジャジャ](㊥ hawker)
露天商(ろてんしょう) / 行商人(ぎょうしょうにん)

penjajah [プンジャジャ(ハ)](㊥ colonizer)
植民地支配者

penjajahan [プンジャジャハヌ]
(㊥ colonization)植民地化

penjamin [プンジャメヌ](㊥ guarantor)
保証人

penjana [プンジャナ](㊥ generator)
産出するもの / 生み出すもの

penjana (tenaga) éléktrik
[プンジャナ (トゥナガ) エレクトレッ]
(㊥ electric generator)発電機

penjanaan [プンジャナアヌ]
(㊥ generation)産出 / 生成

penjanaan (tenaga) éléktrik
[プンジャナアヌ (トゥナガ) エレクトレッ]
(㊥ power generation)発電

penjara [プンジャラ](㊥ prison)刑務所

penjarah [プンジャラ(ハ)](㊥ plunderer)
略奪者

penjarahan [プンジャラハヌ](㊥ plunder)
略奪

penjawab [プンジャワ(ブ)]
(㊥ respondent)答える人 / 回答者

penjawatan [プンジャワタヌ]
(㊥ personnel (positioning))
人事 / 人員配置

penjelajah [プンジュラジャ(ハ)]
(㊥ explorer)探検家

penjelajahan [プンジュラジャハヌ]
(㊥ exploration)探検

penjelasan [プンジュラサヌ]
(㊥ explanation / settlement)説明 / 完済

penjelmaan [プンジュルマアヌ]
(㊥ transformation / incarnation)
変換 / 変身 / 生まれ変わり

penjenayah [プンジュナヤ(ハ)]
(㊥ criminal)犯罪者

penjimatan [プンジマタヌ](㊥ saving)節約

penjual [プンジュウワル](㊥ seller)
売り手 / 売り子

penjualan [プンジュウワラヌ](㊥ sale)販売

penjumlahan [プンジュウムラハヌ]
(㊥ totalization)集計

penjuru [プンジュウルゥ](㊥ corner / angle)
角(かど) / 角度

penolakan《㊎ tolak》[プノラカヌ]
(㊥ rejection / refusal / subtraction)
拒絶 / 拒否 / 引き算

penolong《㊎ tolong》[プノロン]
(㊥ assistant)手伝い / 補佐 / アシスタント

penonton《㊕ tonton》[プノヌトヌ]
(㊧ viewer / audience)視聴者 / 観衆

pénsél [ペヌセル](㊧ pencil)鉛筆

pensijilan [プヌスイジラヌ]
(㊧ certification)認証

pensijilan halal [プヌスイジラヌ ハラル]
(㊧ halal certification)ハラール認証

pensterilan [プヌストゥリラヌ]
(㊧ sterilization)殺菌

penstrukturan [プヌストルゥクトゥウラヌ]
(㊧ structurizing)構築 / 編成

penstrukturan semula
[プヌストルゥクトゥウラヌ スムゥラ](㊧ restructuring)
再構築 / リストラ / 再編成

penswastaan [プヌスワスタアヌ]
(㊧ privatization)民営化

pensyarah [プヌシャラ(ハ)](㊧ lecturer)
講師 / 大学教員

pensyarah kanan [プヌシャラ(ハ) カナヌ]
(㊧ senior lecturer)上級講師

pentadbir [プヌタ(ド)ベー]
(㊧ administrator)行政官 / 事務担当者

pentadbiran [プヌタ(ド)ビラヌ]
(㊧ administration / management)
事務 / 行政 / 経営

pentadbiran am [プヌタ(ド)ビラヌ アム]
(㊧ general affairs)庶務 / 総務

pentaksiran [プヌタクスイラヌ]
(㊧ assessment)評価 / 算定

pentas [プヌタス](㊧ stage)舞台 / ステージ

penterjemah [プヌトゥージュマ(ハ)]
(㊧ translator)翻訳者(ほんやくしゃ)

penterjemahan [プヌトゥージュマハヌ]
(㊧ translation)翻訳(ほんやく)

penternak [プヌトゥーナッ](㊧ breeder)
畜産家

penternakan [プヌトゥーナカヌ]
(㊧ stockbreeding)畜産(ちくさん)

penting [プヌテン](㊧ important)
重要な / 大切な

pentingkan [プヌテンカヌ](㊧ to consider *sth* important)重視する / 重んじる

pentingkan diri [プヌティンカヌ ディリ]
(㊧ selfish)わがままな

penuaian《㊕ tuai》[プヌゥワイヤヌ]
(㊧ harvest)収穫(しゅうかく)

penubuhan《㊕ tubuh》[プヌゥブゥハヌ]
(㊧ establishment / formation)
設立 / 発足 / 結成

penuduh《㊕ tuduh》[プヌゥド(ホ)]
(㊧ accuser)告発者 / 非難する人

penugasan《㊕ tugas》[プヌゥガサヌ]
(㊧ delegation / assignment)
派遣 / (任務や課題の)割り当て

penuh [プノ(ホ)](㊧ full)
いっぱいの / 満ちた / 完全な / 十分な

penuh bersemangat
[プノ(ホ) ブースマンア(ト)](㊧ enthusiastic)
やる気に満ちた

penuh émosi [プノ(ホ) エモスイ]
(㊧ emotional / passionate)
感情的な / 情熱的な

P

penuh sesak [プノ(ホ) スサッ]
(英 packed)満員の

penuhi [プヌゥヒ](英 to fulfil)
(条件を)満たす / (約束を)果たす

penuhkan [プノ(ホ)カヌ](英 to fill)
満たす / いっぱいにする

penukaran《幹 tukar》[プヌゥカラヌ]
(英 change / conversion)変更 / 交換 / 改造

penukul《幹 tukul》[プヌゥコル]
(英 hammer)ハンマー

penularan《幹 tular》[プヌゥララヌ]
(英 spread)(感染や思想の)拡大

penulis《幹 tulis》[プヌゥレス]
(英 author / writer)筆者 / 著者 / 作家

penulisan《幹 tulis》[プヌゥリサヌ]
(英 writing / work)執筆 / 著作

penumbuhan《幹 tumbuh》
[プヌゥムブゥハヌ](英 growing / fostering)
生育 / 成長 / 育成

penumpang《幹 tumpang》
[プヌゥムパン](英 passenger)乗客

penumpuan《幹 tumpu》[プヌゥムプゥワヌ]
(英 concentration)集中 / 専念

penunda《幹 tunda》[プヌゥヌダ]
(英 tow)牽引するもの

penundaan《幹 tunda》[プヌゥヌダアヌ]
(英 postponement)延期

penunggang《幹 tunggang》
[プヌゥンガン](英 rider)(バイクや馬に)乗る人

penunggu《幹 tunggu》[プヌゥングゥ]
(英 spirit)霊 / 精霊(せいれい)

penunjuk《幹 tunjuk》[プヌゥンジョッ]
(英 indicator / guide)
指し示すもの / 指標 / 標識

penuntut《幹 tuntut》[プヌゥヌト(ト)]
(英 student)学生

penurapan《幹 turap》[プヌゥラパヌ]
(英 paving)舗装(ほそう)

penurunan《幹 turun》[プヌゥルゥナヌ]
(英 reduction / fall / decrease)
引き下げ / 下落(げらく) / 減少

penutup《幹 tutup》[プヌゥト(プ)]
(英 cover / lid / conclusion)
蓋(ふた) / カバー / 結語

penutupan《幹 tutup》[プヌゥトゥウパヌ]
(英 closing)閉鎖 / 閉会

penutur《幹 tutur》[プヌゥトー]
(英 speaker)話者

penutur jati [asli]《幹 tutur》
[プヌゥトー ジャティ[アスリ]](英 native speaker)
母語話者 / ネイティブスピーカー

penyabar《幹 sabar》[プニャバー]
(英 patient (person))辛抱(しんぼう)強い(人)

penyair《幹 syair》[プニャエー]
(英 poet)詩人

penyakit《幹 sakit》[プニャケ(ト)]
(英 disease)病気

penyakit anjing gila《幹 sakit》
[プニャケ(ト) アンジェン ギラ](英 rabies)狂犬病

penyakit kelamin《幹 sakit》
[プニャケ(ト) クラメヌ]
(英 sexually transmitted disease)性病

P

penyakit kencing manis《㊕ sakit》
[プニャケ(ト) クンチェン マネス](㊕ diabetes)
糖尿病(とうにょうびょう)

penyakit nyanyuk《㊕ sakit》
[プニャケ(ト) ニャニョッ](㊕ dementia)認知症

penyakit saraf《㊕ sakit》
[プニャケ(ト) サラフ](㊕ neuralgia)神経痛

penyalahgunaan《㊕ salah guna》
[プニャラ(ハ)グゥナアヌ](㊕ misuse / abuse)
誤用 / 濫用(らんよう) / 悪用

penyaliran《㊕ salir》[プニャリラヌ]
(㊕ draining)排水

penyaluran air《㊕ salur》
[プニャルゥラヌ アェー](㊕ irrigation)
灌漑(かんがい)

penyamaan《㊕ sama》[プニャマアヌ]
(㊕ standardization)
統一 / 標準化 / 同一化

penyamar《㊕ samar》[プニャマー]
(㊕ imposter)なりすまし / 変装者

penyamaran《㊕ samar》[プニャマラヌ]
(㊕ disguise)なりすまし / 変装

penyambung《㊕ sambung》
[プニャムボン](㊕ connection / extension)
結合するもの / 延長するもの

penyambungan《㊕ sambung》
[プニャムブゥンアヌ](㊕ joining / extension)
結合 / 接続 / 延長

penyambungan kontrak《㊕ sambung》
[プニャムブゥンアヌ コヌトラッ]
(㊕ contract extension)契約延長

penyambut tetamu《㊕ sambut》
[プニャムボ(ト) トゥタムゥ](㊕ receptionist)
受付係 / 接客係

penyampai《㊕ sampai》[プニャムパイ]
(㊕ presenter / personality / caster)
伝える人 / パーソナリティ / キャスター

penyampaian《㊕ sampai》
[プニャムパイヤヌ](㊕ presentation /
conveyance)授与 / 贈呈 / 伝達

penyangkut《㊕ sangkut》[プニャンコ(ト)]
(㊕ hanger)~掛け / ハンガー

penyangkut baju《㊕ sangkut》
[プニャンコ(ト) バジュゥ](㊕ hanger)
洋服ハンガー

penyanyi [プニャニィ](㊕ singer)歌手

penyapu《㊕ sapu》[プニャプゥ]
(㊕ broom)ほうき

penyata《㊕ sata》[プニャタ]
(㊕ statement / report)明細書 / 報告書

penyataan [プニャタアヌ](㊕ statement)
発表 / 表明

penyatuan《㊕ satu》[プニャトゥウワヌ]
(㊕ merger / integration / to integrate /
unification)統合 / 統一 / 合併(がっぺい)

penyayang《㊕ sayang》[プニャヤン]
(㊕ merciful / caring (person))
慈悲深い(方) / 思いやりのある(人)

penyebab《㊕ sebab》[プニュバ(プ)]
(㊕ cause)原因

penyébaran《㊕ sébar》[プニェバラヌ]
(㊕ spread / propagation / distribution)
広まり / 普及 / 分布

penyeberangan《㊕ seberang》
[プニュブランアヌ](㊕ crossing)横断

penyebut《㊕ sebut》[プニュボ(ト)]
(㊕ denominator)分母

penyebut harga《[幹] sebut》
[プニュボ(ト) ハルガ]([英] bidder)入札者

penyebutan《[幹] sebut》[プニュブウタヌ]
([英] pronunciation)発音 / 読み方

penyedia《[幹] sedia》[プニュディヤ]
([英] supplier)提供者

penyediaan《[幹] sedia》[プニュディヤアヌ]
([英] supply / preparation)
提供 / 準備 / 用意

penyejuk《[幹] sejuk》[プニュジョッ]
([英] cooler)冷(ひ)やすもの / 冷却装置

penyejuk beku《[幹] sejuk》
[プニュジョッ ブクゥ]([英] freezer)冷凍庫

penyejukan《[幹] sejuk》[プニュジョカヌ]
([英] cooling)冷却

penyejukbekuan《[幹] sejuk beku》
[プニュジョッ(ク)ブクウワヌ]([英] freezing)冷凍

pényék [ペニェッ]([英] flattened)
ぺちゃんこの

penyekatan《[幹] sekat》[プニュカタヌ]
([英] blockade / restriction)
遮断 / 封鎖 / 制限

pényékkan [ペニェッカヌ]([英] to flatten)
潰(つぶ)す / 平らにする

penyéksaan《[幹] séksa》[プニェクサアヌ]
([英] torture / persecution)
拷問(ごうもん) / 迫害 / 苦悩

penyelam《[幹] selam》[プニュラム]
([英] diver)潜水士 / ダイバー

penyelaman《[幹] selam》[プニュラマヌ]
([英] diving)潜水 / ダイビング

penyelamat《[幹] selamat》
[プニュラマ(ト)]([英] rescuer / saviour)
救助者 / 救世主

penyelamatan《[幹] selamat》
[プニュラマタヌ]([英] rescue)救助 / 救済

penyelaras [プニュララス]([英] coordinator)
調整者 / コーディネーター

penyelarasan [プニュララサヌ]
([英] coordination / standardization)
調整 / 標準化

penyelenggara《[幹] selenggara》
[プニュルンガラ]([英] caretaker / editor)
管理者 / 編者

penyelenggara stor《[幹] selenggara》
[プニュルンガラ ストー]([英] storekeeper)
倉庫管理者

penyelenggaraan《[幹] selenggara》
[プニュルンガラアヌ]([英] maintenance / editing)管理 / 保守 / 編集

penyelesaian《[幹] selesai》
[プニュルサイヤヌ]([英] solution / settlement)
解決(策) / 決着

penyeléwéngan《[幹] seléwéng》
[プニュレウェンアヌ]([英] corruption)
不正 / 腐敗行為

penyelia《[幹] selia》[プニュリヤ]
([英] supervisor)監督者 / 指導教員

penyeliaan《[幹] selia》[プニュリヤアヌ]
([英] supervision)監督 / 指導

penyelidik《[幹] selidik》[プニュリデッ]
([英] researcher)研究者

penyelidikan《[幹] selidik》
[プニュリディカヌ]([英] research / examination)
研究 / 考察

penyeludup《㊎ seludup》
[プニュルゥドゥ(プ)] (㊇ smuggler)
密輸人(みつゆにん) / 密輸業者

penyeludupan《㊎ seludup》
[プニュルゥドゥウパヌ] (㊇ smuggling)
密輸(みつゆ)

penyeluk saku《㊎ seluk》
[プニュロッ サクゥ] (㊇ pickpocket) すり

penyémak《㊎ sémak》 [プニェマッ]
(㊇ checker / inspector)
確認する人〈物〉 / 検査者

penyémak éjaan《㊎ sémak》
[プニェマッ エジャアヌ] (㊇ spell checker)
スペルチェッカー

penyémakan《㊎ sémak》 [プニェマカヌ]
(㊇ check / inspection) 確認 / 検査

penyembah《㊎ sembah》
[プニュムバ(ハ)] (㊇ worshipper)
崇拝者(すうはいしゃ)

penyembahan《㊎ sembah》
[プニュムバハヌ] (㊇ worship) 崇拝(すうはい)

penyembur《㊎ sembur》 [プニュムボー]
(㊇ spray) 噴霧器(ふんむき) / スプレー

penyenaraian《㊎ senarai》
[プニュナライヤヌ] (㊇ listing / itemization)
リストアップ / 箇条書き

penyepit《㊎ sepit》 [プニュペ(ト)]
(㊇ chopsticks) 箸(はし)

penyepit baju《㊎ sepit》
[プニュペ(ト) バジュゥ] (㊇ clothes peg)
洗濯ばさみ

penyeragaman [プニュラガマヌ]
(㊇ unification) 統一 / 共通化

penyerahan《㊎ serah》 [プニュラハヌ]
(㊇ handover) 引渡し / 移譲 / 譲渡

penyerahan diri《㊎ serah》
[プニュラハヌ ディリ] (㊇ submission)
服従 / 降服

penyerang《㊎ serang》 [プニュラン]
(㊇ attacker) 攻撃者

penyerapan《㊎ serap》 [プニュラパヌ]
(㊇ absorption) 吸収

penyertaan《㊎ serta》 [プニュータアヌ]
(㊇ participation) 参加

penyesalan《㊎ sesal》 [プニュサラヌ]
(㊇ regret) 後悔 / 残念な気持ち

penyesuaian《㊎ sesuai》
[プニュスゥワイヤヌ] (㊇ adjustment)
調整 / 調節

penyesuaian diri《㊎ sesuai》
[プニュスゥワイヤヌ ディリ] (㊇ adaptation)
適応 / 順応(じゅんのう)

penyéwa《㊎ séwa》 [プニェワ]
(㊇ tenant) 賃貸者 / テナント

penyéwaan《㊎ séwa》 [プニェワアヌ]
(㊇ lease)
貸し借り / 賃貸(ちんたい) / 賃借(ちんしゃく)

penyiapan《㊎ siap》 [プニィヤパヌ]
(㊇ completion / preparation)
完成(させること) / 準備

penyiar《㊎ siar》 [プニィヤー]
(㊇ broadcaster) 放送局 / キャスター

penyiaran《㊎ siar》 [プニィヤラヌ]
(㊇ broadcasting) 放送

penyiaran satelit《[幹] siar》
[プニィヤラヌ サトゥレ(ト)]([英] satellite broadcasting)
衛星放送(えいせいほうそう)

penyiasat《[幹] siasat》[プニィヤサ(ト)]
([英] detective)
捜査官(そうさかん) / 刑事 / 探偵(たんてい)

penyiasatan《[幹] siasat》[プニィヤサタヌ]
([英] investigation)捜査(そうさ)

penyidai《[幹] sidai》[プニィダイ]
([英] clothes hanger)物干し

penyimpanan《[幹] simpan》
[プニィムパナヌ]([英] storage)
貯蔵(ちょぞう) / 保管 / 保存

penyimpanan sejuk《[幹] simpan》
[プニィムパナヌ スジョッ]([英] cold storage)
冷蔵保存

penyimpangan《[幹] simpang》
[プニィムパンアヌ]([英] deviance)逸脱

penyingkatan《[幹] singkat》
[プニィンカタヌ]([英] shortening)短縮

penyingkiran《[幹] singkir》[プニィンキラヌ]
([英] expulsion)追放

penyiram《[幹] siram》[プニィラム]
([英] watering can)水やりの道具 / じょうろ

penyitaan《[幹] sita》[プニィタアヌ]
([英] confiscation)
没収(ぼっしゅう) / 押収(おうしゅう)

penyoal《[幹] soal》[プニョワル]
([英] questioner)質問者

penyodok《[幹] sodok》[プニョドッ]
([英] shovel)シャベル / スコップ

penyodok sampah《[幹] sodok》
[プニョドッ サムパ(ハ)]([英] dustpan)ちり取り

penyokong《[幹] sokong》[プニョコン]
([英] supporter)支持者 / サポーター

penyu [プニュゥ]([英] turtle)海亀(うみがめ)

penyudahan《[幹] sudah》[プニュゥダハヌ]
([英] finish)仕上げ / 完成

penyulingan《[幹] suling》
[プニュゥリンアヌ]([英] distillation)
蒸留(じょうりゅう)

penyumbang《[幹] sumbang》
[プニュゥムバン]([英] contributor)
貢献者 / 寄贈者 / 寄稿者

penyumbangan《[幹] sumbang》
[プニュゥムバンアヌ]([英] contribution)
貢献 / 寄贈 / 寄稿

penyumbat《[幹] sumbat》[プニュゥムバ(ト)]
([英] stopper)栓(せん)

penyunting《[幹] sunting》[プニュゥヌテン]
([英] editor)編集者

penyuntingan《[幹] sunting》
[プニュゥヌティンアヌ]([英] editing)編集

penyuruh《[幹] suruh》[プニュゥロ(ホ)]
([英] person who gives orders)
命令者 / 指示者

penyusuan《[幹] susu》[プニュゥスゥワヌ]
([英] nursing / breast-feeding)授乳

penyusun《[幹] susun》[プニュゥソヌ]
([英] compiler)編纂者(へんさんしゃ)

penyusunan《[幹] susun》[プニュゥスゥナヌ]
([英] arrangement / compilation)
並べること / 整理 / 編纂(へんさん)

pepatah [プパタ(ハ)]([英] proverb)
格言(かくげん)

P

pepejal [ププジャル] (㊥ solid) 固体 / 立体

peperangan [ププランアヌ] (㊥ war) 戦争

peperiksaan [ププリクサアヌ]
(㊥ examination) 試験

peperiksaan kemasukan
[ププリクサアヌ クマソカヌ]
(㊥ entrance examination) 入試

pepohon [プポホヌ] (㊥ trees)
木々 / 木立(こだち)

pepohonan [プポホナヌ] (㊥ trees)
木々 / 木立(こだち)

per [プー] (㊥ per)
(分数で)〜分の / 〜ごとの

perabot [プラボ(ト)] (㊥ furniture) 家具

peradaban [プラダバヌ]
(㊥ civilization) 文明

peraduan [プラドゥウワヌ] (㊥ competition / contest) 競争 / コンテスト

peraga [プラガ] (㊥ model) モデル

peragakan [プラガカヌ] (㊥ to display)
陳列(ちんれつ)する

peragawan [プラガワヌ]
(㊥ (male) model) (男性)モデル

peragawati [プラガワティ]
(㊥ (female) model) (女性)モデル

perah [プラ(ハ)] (㊥ to squeeze) 絞(しぼ)る

perahan [プラハヌ] (㊥ juice) 絞り汁

perahu [プラフゥ] (㊥ boat) ボート / 小舟

perairan [プライラヌ] (㊥ waters)
水域 / 領海

perairan wilayah [プライラヌ ウイラヤ(ハ)]
(㊥ territorial waters) 領海

pérak [ペラッ] (㊥ silver) 銀

Pérak [ペラッ] (㊥ Perak)
ペラ(半島マレーシアの州)

perakam [プラカム] (㊥ recorder)
録音装置 / レコーダー

perakam suara [プラカム スゥワラ]
(㊥ voice recorder) ボイスレコーダー

perakam waktu [プラカム ワッ(ク)トゥウ]
(㊥ time recorder) タイムレコーダー

perakaman [プラカマヌ] (㊥ recording)
記録 / 録音 / 録画

perakaunan [プラカウナヌ]
(㊥ accounting) 会計 / 経理

perakuan [プラクゥワヌ] (㊥ certification / testimony / recommendation)
証明 / 証言 / 推薦(すいせん)

perakui [プラクゥイ] (㊥ to recognize)
認める / 承認する

perakukan [プラクゥカヌ]
(㊥ to recommend) 推薦(すいせん)する

perakus [プラコヌ] (㊥ greedy person)
欲張り

peralatan [プーアラタヌ] (㊥ instrument / equipment) 道具 / 器具

peralatan mengukur
[プーアラタヌ ムンゥウコー]
(㊥ measuring tool) 計測器

peralatan mésin [プーアラタヌ メセヌ]
(㊥ machine tool) 工具

peralatan tempat tidur [プーアラタヌトゥムパ(ト) ティドー] (㊧ bedclothes)寝具

peralihan [プーアレハヌ](㊧ transition / shift)移行 / 変遷(へんせん)

peram [プラム](㊧ to ripen)熟させる

peramah [プラマ(ハ)](㊧ friendly (person))気さくな / フレンドリーな(人)

perampas [プラムパス](㊧ plunderer / hijacker)略奪者 / ハイジャッカー

perampasan [プラムパサヌ](㊧ plunder / confiscation)略奪 / 没収

peranakan [プラナカヌ] (㊧ mixed parentage / peranakan) 混血 / プラナカン(マレー人と華人の混血)

peranan [プラナヌ](㊧ role)役割 / 役

perancang [プランチャン](㊧ planner) 計画者 / 企画者

perancangan [プランチャンアヌ] (㊧ planning)計画 / 企画

Perancis [プランチス](㊧ France)フランス

perang [プラン](㊧ war / battle) 戦争 / 戦い

pérang [ペラン](㊧ brown)茶色(の)

perang besar [プラン ブサー] (㊧ great war)大戦争 / 大戦

perang saudara [プラン サゥダラ] (㊧ civil war)内戦 / 内乱

perangai [プランアイ] (㊧ character / attitude)性格 / 態度

perangi [プランイ] (㊧ to fight with [against])〜と戦う

peranginan [プランイナヌ](㊧ resort) リゾート

perangkaan [プランカアヌ](㊧ statistics) 統計

perangkaian sosial [プランカイヤヌ ソスイヤル] (㊧ social networking) ソーシャル・ネットワーキング

perantara [プラヌタラ](㊧ middleman / liaison)仲介者 / つなぎ役

perantaraan [プラヌタラアヌ] (㊧ mediation / bridging) 仲介(ちゅうかい) / 媒介(ばいかい) / 橋渡し

peranti [プラヌティ](㊧ device)機器 / 装置

perantis [プラヌテス](㊧ apprentice)見習い

perap [プラ(プ)](㊧ to marinate) 漬(つ)け込む

perapi [プラピ](㊧ (hair) conditioner / rinse)コンディショナー / リンス

perapkan [プラ(プ)カヌ](㊧ to marinate) 漬(つ)け込む

perarakan [プララカヌ](㊧ procession / parade)行列 / 行進 / パレード

peras [プラス](㊧ to exploit / to extort) 搾取(さくしゅ)する / 強要(きょうよう)する

peras ugut [プラス ウゥゴ(ト)] (㊧ blackmail / to blackmail) 恐喝(きょうかつ) / 恐喝する

perasa [プラサ](㊧ seasoning)調味料

P

perasaan [プラサアヌ]([英] feeling)
感情 / 気持ち

perasaan hati [プラサアヌ ハティ]
([英] feelings)気持ち / 心の内

perasan [プラサヌ]([英] to realize)気付く

perasmian [プラスミヤヌ]([英] opening / inauguration)開会 / オープニング / 就任

peraturan [プラトゥウラヌ]([英] rule)規則

peraturan sekolah [プラトゥウラヌ スコラ(ハ)]
([英] school rules)校則

peratus [プラトゥ]([英] per cent)パーセント

peratusan [プラトゥウサヌ]([英] percentage)
パーセンテージ / 比率 / 割合

perawat [プラワ(ト)]([英] nurse)看護師

perawatan [プラワタヌ]
([英] treatment / nursing)治療 / 看護

perayaan [プラヤアヌ]([英] celebration)
お祝い

perbadanan [プーバダナヌ]
([英] corporation)法人 / 団体

perbadanan awam [プーバダナヌ アワム]
([英] public corporation)公社 / 公団

perbaharui [プーバハルゥイ]
([英] to renew)更新する

perbahasan [プーバハサヌ]([英] debate)
討論(とうろん) / 議論

perbaik [プーバエッ]([英] to improve)
改善する / 改良する

perbaiki [プーバイキ]([英] to improve)
改善する / 改良する

perbalahan [プーバラハヌ]([英] dispute)
論争

perbandaran [プーバヌダラヌ]
([英] municipal)都市に関する

perbandingan [プーバヌディンアヌ]
([英] comparison)比較

perbankan [プーバンカヌ]([英] banking)
銀行業 / 銀行業務

perbarisan [プーバリサヌ]([英] parade)
パレード

perbatasan [プーバタサヌ]([英] border)
境界

perbelanjaan [プーブランジャアヌ]
([英] expenses / expenditure)
費用 / 経費 / 支出

perbendaharaan [プーブヌダハラアヌ]
([英] treasury)
宝庫 / (国や自治体の)金庫 / 財務

perbendaharaan kata
[プーブヌダハラアヌ カタ]([英] vocabulary)
語彙(ごい)

perbesar [プーブサー]([英] to enlarge / to extend)より大きくする / 拡張する

perbesarkan [プーブサーカヌ]
([英] to enlarge / to extend)
より大きくする / 拡張する

perbetulkan [プーブトゥルカヌ]
([英] to correct)修正する / 訂正する

perbézaan [プーベザアヌ]
([英] difference)違い / 差

perbézaan waktu
[プーベザアヌ ワッ(ク)トゥウ]
([英] time difference)時差

P

perbicaraan [プービチャラアヌ] (㊥ trial)
裁判 / 公判

perbincangan [プービンチャンアヌ]
(㊥ discussion) 話し合い

perbualan [プーブゥワラヌ]
(㊥ conversation) 会話

perbuatan [プーブゥワタヌ] (㊥ action)
行い / 行為

percakapan [プーチャカパヌ]
(㊥ conversation) 会話

percambahan [プーチャムバハヌ]
(㊥ germination) 発芽(はつが)

percanggahan [プーチャンガハヌ]
(㊥ conflict / contradiction)
対立 / 衝突(しょうとつ) / 矛盾(むじゅん)

percantuman [プーチャヌトマヌ]
(㊥ merger) 合併 / 合体

percaya [プーチャヤ] (㊥ to believe / to trust) 信じる / 信頼する

percayai [プーチャヤイ] (㊥ to believe / to trust) ～を信じる / 信頼する

percepat [プーチュパ(ト)]
(㊥ to accelerate) 加速する / 早める

percepatkan [プーチュパ(ト)カヌ]
(㊥ to accelerate) 加速する / 早める

perceraian [プーチュライヤヌ]
(㊥ divorce) 離婚

percik [プーチェッ] (㊥ to splash) 飛び散る

percikan [プーチカヌ] (㊥ splash)
しぶき / 飛び散り

percikan api [プーチカヌ アピ] (㊥ spark)
火花

percintaan [プーチヌタアヌ] (㊥ love) 恋愛

percubaan [プーチュゥバアヌ] (㊥ attempt / trial) 試(ため)すこと / 試(こころ)み

percukaian [プーチュゥカイヤヌ]
(㊥ taxation) 課税

percuma [プーチュゥマ] (㊥ free) 無料の

percutian [プーチュゥティヤヌ] (㊥ holiday)
休暇(きゅうか)

perdagangan [プーダガンアヌ]
(㊥ trade / commerce) 貿易 / 商業

perdalam [プーダラム] (㊥ to deepen)
深くする / 深める

perdamaian [プーダマイヤヌ]
(㊥ reconciliation) 和平 / 和解(わかい)

perdana [プーダナ] (㊥ prime / first)
主要な / 第一の

perdana menteri [プーダナ ムヌトゥリ]
(㊥ prime minister) 首相 / 総理大臣

perdaya [プーダヤ] (㊥ to trick / to deceive) だます / 欺(あざむ)く

perdébatan [プーデバタヌ] (㊥ debate)
討論(とうろん)

perdébatkan [プーデバ(ト)カヌ]
(㊥ to debate) 討論(とうろん)する

perébakan [プレバカヌ] (㊥ spread)
転移 / 拡散

perédaran [プーエダラヌ]
(㊥ circulation / passing)
循環(じゅんかん) / 回転 / 流通 / 推移

P

peréka [プレカ] (㊥ designer) デザイナー

perékrutan [プレクルゥタヌ] (㊥ recruitment) 募集

perempuan [プルムプゥワヌ] (㊥ female) 女性

perempuan simpanan [プルムプゥワヌ スィムパナヌ] (㊥ lover) 愛人（女性）

perenggan [プルンガヌ] (㊥ paragraph) 段落

pergabungan [プーガブゥンアヌ] (㊥ merger) 合併 / 合体

pergaduhan [プーガドゥハヌ] (㊥ fight) 喧嘩（けんか）

pergantungan [プーガヌトンアヌ] (㊥ dependence) 依存（いぞん）

pergaulan [プーガォラヌ] (㊥ association) 付き合い / 交際

pergelangan kaki [プーグランアヌ カキ] (㊥ ankle) 足首 / くるぶし

pergelangan tangan [プーグランアヌ タンアヌ] (㊥ wrist) 手首

pergerakan [プーグラカヌ] (㊥ movement) 動き / 運動 / 活動

pergi [プーギ] (㊥ to go / to go away) 行く / 立ち去る / 行き

pergi balik [プーギ バレッ] (㊥ round trip / to go back and forth) 往復 / 往復する

pergi kerja [プーギ クージャ] (㊥ to go to work) 出勤する / 出社する

pergi sekolah [プーギ スコラ(ハ)] (㊥ to go to school) 登校する / 通学する

pergigian [プーギギヤヌ] (㊥ dentistry) 歯科

perginya [プーギニャ] (㊥ *sb*'s going / passing of *sb*) ～が行くこと / ～の逝去（せいきょ）

pergolakan [プーゴラカヌ] (㊥ disturbance / unrest) 騒動 / 混乱

pergunungan [プーグゥヌゥンアヌ] (㊥ mountainous area) 山地 / 山岳（さんがく）地帯

perguruan [プーグゥルゥワヌ] (㊥ teacher training / teachership) 教員養成 / 教職

perhati [プーハティ] (㊥ to observe / to gaze) 観察する / 注視する

perhatian [プーハティヤヌ] (㊥ attention) 注意 / 注目

perhatikan [プーハティカヌ] (㊥ to observe / to gaze) 観察する / 注視する

perhentian [プーフヌティヤヌ] (㊥ stop) 停留所（ていりゅうじょ）

perhentian bas [プーフヌティヤヌ バス] (㊥ bus stop) バス停

perhentian téksi [プーフヌティヤヌ テクスイ] (㊥ taxi stand) タクシー乗り場

perhiasan [プーヒヤサヌ] (㊥ decoration) 飾り / 装飾

perhimpunan [プーヒムプゥナヌ] (㊥ assembly) 集会 / 総会

perhubungan [プーフゥブゥンアヌ] (㊥ communication) 連絡 / 伝達 / 通信

P

perhutanan [プーフゥタナヌ]
([英] forestry)森林管理 / 林業

peri [プリ]([英] how / nature / concerning)
いかに / どれほど / 性質 / ～に関して

periang [プリヤン]([英] cheerful (person))
朗(ほが)らかな(人)

peribadi [プリバディ]
([英] personal / private / personality)
個人的な / プライベートな / 個性

peribahasa [プリバハサ]([英] proverb)
ことわざ / 格言

peribumi [プリブゥミ]([英] native)先住民

perigi [プリギ]([英] water well)井戸

perihal [プリハル]([英] state / thing / concerning)事態 / 事柄 / ～に関して

perikanan [プリカナヌ]([英] fishery)
漁業 / 水産業

perikatan [プリカタヌ]([英] alliance)
同盟 / 連盟

periksa [プリクサ]
([英] to examine / examination)
検査する / 診(み)る / 検査 / 検診 / 試験

perincian [プリンチヤヌ]([英] details)
詳細(しょうさい) / 細部

perindustrian [プリヌドゥストリヤヌ]
([英] industry / industrial)産業(の)

peringatan [プリンアタヌ]([英] reminder / warning / commemoration)
注意 / 警告 / 記念

peringati [プリンアティ]
([英] to commemorate)記念する

peringatkan [プリンア(ト)カヌ]([英] to remind)
思い出させる / 注意喚起する

peringkat [プリンカ(ト)]([英] stage / level)
段階 / レベル

perintah [プリヌタ(ハ)]
([英] order / to order / to rule)命令 / 指示 / 命令する / 指示する / 統治する

perintah berkurung [プリヌタ(ハ) ブークゥロン]
([英] curfew)外出禁止令

perintahkan [プリヌタ(ハ)カヌ]
([英] to command)命令する / 指示する

perisa [プリサ]([英] flavour)
味 / フレーバー

perisai [プリサイ]([英] shield)盾(たて)

perisian [プリスイヤヌ]([英] software)
ソフトウェア

perisik [プリセッ]([英] spy)スパイ

perisikan [プリスイカヌ]([英] spying)
スパイ活動 / 諜報活動

peristiwa [プリスティワ]([英] incident)
出来事 / 事件

perisytiharan [プリシティハラヌ]
([英] announcement / declaration)
声明 / 発表 / 申告

periuk [プリヨッ]([英] pot)鍋(なべ) / 釜(かま)

periuk api [プリヨッ アピ]([英] land mine)
地雷

periuk nasi [プリヨッ ナスイ]([英] rice cooker)
炊飯(すいはん)器 / 炊飯釜

perjalanan [プージャラナヌ]([英] trip)
旅行 / 道のり

P

perjanjian [プージャンジヤヌ]
(英 agreement / treaty)協定 / 合意

perjuangan [プージュゥワンアヌ]
(英 fight / struggle)戦い / 闘争

perjuangkan [プージュゥワンカヌ]
(英 to fight for)〜のために戦う

perjudian [プージュゥディヤヌ]
(英 gambling)賭(か)け事 / ギャンブル

perjumpaan [プージュムパアヌ]
(英 meeting)会うこと / 会合

perkabungan [プーカブゥンアヌ]
(英 mourning)喪中(もちゅう)

perkadaran [プーカダラヌ]
(英 proportion)比例

perkahwinan [プーカウィナヌ]
(英 marriage)結婚

perkaitan [プーカイタヌ](英 connection)
関係 / つながり

perkakas [プーカカス](英 tool)道具 / 器具

perkakasan [プーカカサヌ](英 hardware / tools)ハードウェア / 道具類

perkampungan [プーカムポンアヌ]
(英 village)村 / 村落(そんらく)

perkampungan nelayan
[プーカムポンアヌ ヌラヤヌ](英 fishing village)
漁村

perkara [プーカラ](英 matter)事柄 / 事項

perkasa [プーカサ](英 brave)
勇(いさ)ましい

perkataan [プーカタアヌ](英 word)
語 / 単語

perkataan carian [プーカタアヌ チャリヤヌ]
(英 search word)検索ワード

perkatakan [プーカタカヌ](英 to say / to talk about)述べる / 議論する

perkauman [プーカオマヌ](英 racial)
民族主義的な

perkebunan [プークブゥナヌ]
(英 gardening)園芸

perkecilkan [プークチェルカヌ]
(英 to belittle / to reduce)
軽んじる / 縮小する

perkélahan [プーケラハヌ](英 picnic)
ピクニック

perkelahian [プークラヒヤヌ](英 fight)
喧嘩(けんか)

perkembang [プークムバン]
(英 to develop / to extend)
発展させる / (能力などを)引き伸ばす

perkembangan [プークムバンアヌ]
(英 development / growth)発展 / 成長

perkembangkan [プークムバンカヌ]
(英 to extend / to expand)
(能力などを)引き伸ばす / 拡充する

perkenalan [プークナラヌ]
(英 getting to know / acquaintance)
知り合うこと / 面識

perkenalan diri [プークナラヌ ディリ]
(英 self-introduction)自己紹介

perkenalkan [プークナルカヌ]
(英 to introduce)紹介する / 導入する

perkenalkan diri [プークナルカヌ ディリ]
(英 to introduce oneself)自己紹介する

P

perkhemahan [プーケマハㇴ]
(㊥ camping)キャンプ

perkhidmatan [プーヒ(ドゥ)マタㇴ]
(㊥ service)サービス

perkhidmatan bilik [プーヒ(ドゥ)マタㇴ ビレッ]
(㊥ room service)ルームサービス

perkhidmatan selepas jualan
[プーヒ(ドゥ)マタㇴ スルパㇲ ジュゥワラㇴ]
(㊥ after-sales service)アフターサービス

perkilangan [プーキランァㇴ]
(㊥ manufacturing)製造業

perkiraan [プーキラアㇴ]
(㊥ calculation)計算

perkongsian [プーコンスイヤㇴ]
(㊥ partnership / sharing)提携 / 共有

perkuat [プークゥワ(トゥ)](㊥ to strengthen)
強める / 強化する

perkuatkan [プークゥワ(トゥ)カㇴ]
(㊥ to strengthen)強める / 強化する

perkuburan [プークゥボラㇴ]
(㊥ cemetery)墓地

perkukuh [プークゥコ(ホ)](㊥ to strengthen)
強固にする / 強化する

perkukuhkan [プークゥコ(ホ)カㇴ]
(㊥ to strengthen)強固にする / 強化する

perkumpulan [プークゥㇺプゥラㇴ]
(㊥ union)連合 / 組合

perkumuhan [プークゥムゥハㇴ]
(㊥ excretion)排泄(はいせつ)

perladangan [プーラダンァㇴ]
(㊥ plantation (farming))
プランテーション(農業)

perlahan [プーラハㇴ](㊥ slow / soft)
ゆっくりの / (音が)小さい / 柔らかい

perlahan-lahan《㊦ perlahan》
[プーラハㇴ ラハㇴ](㊥ slowly / quietly)
ゆっくりと / そうっと

perlakuan [プーラクゥワㇴ]
(㊥ treatment / action)扱い / 行為

perlakukan [プーラクゥカㇴ](㊥ to treat)
扱う

perlawanan [プーラワナㇴ]
(㊥ game / match)試合 / 対決

perlawanan persahabatan
[プーラワナㇴ プーサハバタㇴ]
(㊥ friendly game [match])親善試合

perlembagaan [プールㇺバガアㇴ]
(㊥ constitution)憲法

perlengkapan [プールンカパㇴ](㊥ kit)
用具 / 道具一式

perlepasan [プールパサㇴ]
(㊥ departure / release / ejection)
出国 / 出発 / 開放 / 放出

perli [プーリ](㊥ tease / to tease)
からかい / 皮肉(ひにく) / からかう / 皮肉る

perlihatkan [プーリハ(トゥ)カㇴ]
(㊥ to show / to display)見せる / 示す

perlindungan [プーリㇴドンァㇴ]
(㊥ protection)保護

perlindungan alam sekitar
[プーリㇴドンァㇴ アラㇺ スキター]
(㊥ environmental protection)環境保護

Perlis [プーレㇲ](㊥ Perlis)
プルリス(半島マレーシアの州)

P

perlombongan [プーロムボンアヌ]
(英 mining)鉱業

perlu [プールゥ](英 necessary / to need)
必要な / 必要とする / ～する必要がある

perluas [プールゥワス](英 to widen)
広げる / 拡大する

perluaskan [プールゥワスカヌ]
(英 to widen)広げる / 拡大する

perlukan [プールゥカヌ](英 to need)
～を必要とする

perlumbaan [プールゥムバアヌ](英 race)
競争 / レース

permaidani [プーマイダニ](英 carpet)
絨毯(じゅうたん) / カーペット

permainan [プーマイナヌ]
(英 play / game)遊び / ゲーム

permainkan [プーマエヌカヌ](英 to make fun of / to take advantage of)
からかう / 弄(もてあそ)ぶ / 巧みに利用する

permaisuri [プーマイスゥリ](英 queen)
王妃 / 女王

permasalahan [プーマサラハヌ]
(英 problem)問題

permata [プーマタ](英 jewellery)宝石

permintaan [プーミヌタアヌ](英 request / demand)依頼 / お願い / 要求 / 需要

permit [プメ(ト)](英 permit)許可 / 免許

permit import [プメ(ト) イムポ(ト)]
(英 import permit)輸入許可

permohonan [プーモホナヌ](英 application)
申請(しんせい) / 申し込み / 応募(おうぼ)

permukaan [プームゥカアヌ](英 surface)
表面

permulaan [プームゥラアヌ]
(英 beginning)始め / 始まり / 最初

pernafasan [プーナファサヌ](英 breath)
呼吸

pernah [プーナ(ハ)](英 to have ~ed)
～したことがある

perniagaan [プーニヤガアヌ]
(英 business)商売 / ビジネス

perniagaan runcit
[プーニヤガアヌ ルゥンチェ(ト)]
(英 retail business)小売業(こうりぎょう)

perniagaan sampingan
[プーニヤガアヌ サムピンアヌ]
(英 side business)兼業

pernyataan [プーニャタアヌ]
(英 announcement)発表 / 声明

perobohan [プロボハヌ]
(英 demolition)解体 / 破壊

peroléh [プーオレ(ヘ)]
(英 to obtain / to achieve)
獲得(かくとく)する / 手に入れる / 成し遂げる

peroléhan [プーオレハヌ]
(英 earnings / acquisition)収益 / 獲得

peroléhi [プーオレヒ]
(英 to obtain / to achieve)
獲得(かくとく)する / 手に入れる / 成し遂げる

perolok-olokkan [プーオロッ オロッカヌ]
(英 to mock)ばかにする / 茶化(ちゃか)す

perompak [プロムパッ](英 robber)
強盗犯(ごうとうはん)

P

peronda [プロヌダ](㊥ patroller)
パトロールする人〈車、船〉

perosak [プロサッ](㊥ destroyer)
破壊者 / だめにするもの

perpaduan [プーパドゥウワヌ]
(㊥ solidarity)団結

perpecahan [プープチャハヌ](㊥ split)
分裂

perpindahan [プーピヌダハヌ](㊥ move)
移転 / 引っ越し / 移動

perpisahan [プーピサハヌ]
(㊥ parting / separation)別れ / 分離

perpuluhan [プープウルゥハヌ](㊥ decimal / point)小数 / (小数を読むときの)点

perpustakaan [プープウスタカアヌ]
(㊥ library)図書館

persahabatan [プーサハバタヌ]
(㊥ friendship)友情 / 友好

persaingan [プーサインァヌ]
(㊥ competition)競争

persalinan [プーサリナヌ]
(㊥ change of clothes)着替え

persamaan [プーサマアヌ](㊥ similarity / equation)共通点 / 類似点 / 方程式

persampelan [プーサムプラヌ]
(㊥ sampling)サンプリング

persaraan [プーサラアヌ]
(㊥ retirement)隠居(いんきょ) / 引退

persaraan wajib [プーサラアヌ ワジェ(ブ)]
(㊥ mandatory retirement)定年退職

persatuan [プーサトゥウワヌ]
(㊥ association / society)協会 / 学会

Persatuan Ibu Bapa dan Guru
[プーサトゥウワヌ イブゥ バパ ダヌ グゥルゥ]
(㊥ Parent-Teacher Association)PTA

Persatuan Negara-Negara Asia Tenggara
[プーサトゥウワヌ ヌガラ ヌガラ アスイヤ トゥンガラ]
(㊥ ASEAN (Association of Southeast Asian Nations))ASEAN

persaudaraan [プーサゥダラアヌ]
(㊥ relationship)親族関係

persediaan [プースディヤアヌ]
(㊥ preparation / stock)
準備 / 用意 / 在庫

persefahaman [プースファハマヌ]
(㊥ understanding)合意 / 共通の理解

persegi [プースギ](㊥ square)平方(へいほう)

persekitaran [プースキタラヌ]
(㊥ environment)環境

persekolahan [プースコラハヌ]
(㊥ schooling)学校教育

persekutuan [プースクゥトゥウワヌ]
(㊥ federation of states / alliance)
連邦(れんぽう) / 同盟

perselisihan [プースリスイハヌ]
(㊥ disagreement / conflict)
意見の食い違い / 対立

persembahan [プースムバハヌ]
(㊥ show / performance)
披露(ひろう) / ショー / 上演 / 演奏

persembahkan [プースムバ(ハ)カヌ]
(㊥ to present / to perform)
披露(ひろう)する / 上演する / 演奏する

P

persendakan [プースヌダカヌ]
(英 to tease)からかう

persendirian [プースヌディリヤヌ]
(英 private)私的な / 個人の

persengkétaan [プースンケタアヌ]
(英 strife / dispute)争い / 論争 / 敵対

persenjataan [プースンジャタアヌ]
(英 armament)軍備 / 武装

perseorangan [プースオランアヌ]
(英 individual / single)個人の / 一人の

persépsi [プーセァスイ](英 perception)
感覚 / 捉え方

perserahan [プースラハヌ]
(英 surrender)降伏(こうふく)

persetubuhan [プーストゥウブゥハヌ]
(英 lovemaking)性交

persetujuan [プーストゥウジュウワヌ]
(英 agreement / consent)同意 / 合意

persiapan [プースイヤパヌ]
(英 preparation)準備 / 支度(したく)

persiaran [プースイヤラヌ]
(英 sightseeing)観光

persidangan [プースイダンアヌ]
(英 conference / symposium)
会議 / シンポジウム

persilangan [プースイランアヌ]
(英 intersection)交差

persimpangan [プースイムパンアヌ]
(英 interchange)交差点 / インターチェンジ

persimpangan jalan
[プースイムパンアヌ ジャラヌ](英 crossroads)
交差点

persinggahan [プースインガハヌ]
(英 stopover)立ち寄り

persis [プーセス](英 precisely)
まさに / ぴったり

persisiran pantai [プースイスイラヌ パヌタイ]
(英 seashore / shore)海岸 / 海辺 / 沿岸

persoalan [プーソワラヌ](英 question)
問題 / 問い

persoalkan [プーソワルカヌ]
(英 to question)疑問視する / 問う

persolékan [プーソルカヌ](英 makeup)
化粧

personaliti [プーソナリティ](英 personality)
性格 / (ラジオなどの)パーソナリティ

perspéktif [プースペクテフ]
(英 perspective)視点 / 観点

pertahanan [プータハナヌ](英 defence)
防衛 / 守備

pertahanan diri [プータハナヌ ディリ]
(英 self-defence)自衛

pertahanan negara [プータハナヌ ヌガラ]
(英 national defence)国防

pertahankan [プータハヌカヌ]
(英 to defend / to keep)守る / 防衛する

pertahankan diri [プータハヌカヌ ディリ]
(英 to defend oneself)自衛する

pertalian [プータリヤヌ](英 relationship / connection)関係 / つながり / コネ

pertalian darah [プータリヤヌ ダラ(ハ)]
(英 blood relation)
血縁関係 / 血のつながり

P

pertama [プータマ]([英] first / first of all)
第一の / 最初の / はじめに / まず

pertama sekali [プータマ スカリ]
([英] first and foremost)
まず最初に / 真っ先に

pertambahan [プータムバハヌ]
([英] increase)増加

pertandingan [プータヌディンアヌ]
([英] competition / contest)
試合 / 大会 / コンテスト

pertanian [プータニヤヌ]([英] agriculture)
農業

pertanyaan [プータニャアヌ]([英] question / enquiry)質問 / 問い合わせ

pertaruhan [プータロハヌ]([英] bet)賭(か)け

pertarungan [プータロンアヌ]([英] clash)
対決 / 対戦

perteguh [プートゥゴ(ホ)]
([英] to strengthen)強くする / 強化する

perteguhkan [プートゥゴ(ホ)カヌ]
([英] to strengthen)強くする / 強化する

pertelingkahan [プートゥリンカハヌ]
([英] quarrel / fight)言い争い / 喧嘩(けんか)

pertembungan [プートゥムブゥンアヌ]
([英] encounter / crash)
遭遇(そうぐう) / 衝突(しょうとつ)

pertempuran [プートゥムプゥラヌ]
([英] battle)争い / 戦闘

pertemuan [プートゥムゥワヌ]
([英] meeting)会うこと / 会合

pertemuan semula
[プートゥムゥワヌ スムゥラ]([英] meeting again)
再会

pertengahan [プートゥンアハヌ]
([英] middle)中間 / 半ば / 途中

pertengahan jalan [プートゥンアハヌ ジャラヌ]
([英] halfway)途中 / 途上 / 中途

pertengahan umur [プートゥンアハヌ ウゥモー]
([英] middle-aged)中年の

pertengkaran [プートゥンカラヌ]
([英] quarrel / fight)言い争い / 喧嘩(けんか)

pertentangan [プートゥヌタンアヌ]
([英] conflict)対立

pertikaian [プーティカイヤヌ]
([英] dispute / battle)対立 / 争い / 紛争

pertimbangan [プーティムバンアヌ]
([英] consideration)
考慮 / 配慮 / 検討(けんとう)

pertimbangkan [プーティムバンカヌ]
([英] to take into consideration)
考慮する / 配慮する / 検討(けんとう)する

P

pertindanan [プーティヌダナヌ]
([英] overlap)重複(ちょうふく) / 重なり

pertindihan [プーティヌディハヌ]
([英] overlap)重複(ちょうふく) / 重なり

pertingkatkan [プーティンカ(ト)カヌ]
([英] to improve / to increase)
向上させる / 増加させる

pertolongan [プートロンアヌ]
([英] help)助け / 手伝い

pertolongan cemas [kecemasan]
[プートロンアヌ チュマス[クチュマサヌ]]
([英] first aid)救急処置

pertubuhan [プートゥウボハヌ]
(英 organization)組織 / 機関

pertukangan [プートゥウカンアヌ]
(英 craftwork)工芸

pertukaran [プートゥウカラヌ]
(英 exchange / transfer / change)
交換 / 交流 / 転勤 / 乗り換え / 変化 / 変更

pertukaran asing [プートゥウカラヌ アセン]
(英 foreign exchange)
外国為替(がいこくかわせ)

pertukaran kakitangan
[プートゥウカラヌ カキタンアヌ]
(英 personnel change)異動

pertukaran kerja [プートゥウカラヌ クージャ]
(英 change of job)転職

pertukaran pekerjaan
[プートゥウカラヌ プクージャアヌ]
(英 change of occupation)転職

pertukaran wang [プートゥウカラヌ ワン]
(英 money exchange)両替

P

pertumbuhan [プートゥウムブウハヌ]
(英 growth)成長

pertunangan [プートゥウナンアヌ]
(英 engagement)婚約

pertunjukan [プートゥウンジョカヌ]
(英 show / exhibition)ショー / 上演 / 展示

pertunjukkan [プートゥンジョッカヌ]
(英 to present / to exhibit)
披露(ひろう)する / 展示する

pertuturan [プートゥウトゥウラヌ](英 speech)
話し方 / 発話

perubahan [プルゥバハヌ](英 change)
変化 / 変更 / 変革

perubatan [プルゥバタヌ](英 medicine)
医学 / 医療

perubatan dalaman [プルゥバタヌ ダラマヌ]
(英 internal medicine)内科

perulangan [プーウウランアヌ]
(英 repetition / recursion)
繰り返し / 再帰

perumahan [プルゥマハヌ](英 housing)
住宅

perumpamaan [プルゥムパマアヌ]
(英 metaphor)たとえ / 比喩(ひゆ)

peruncitan [プルゥンチタヌ]
(英 retailing)小売業(こうりぎょう)

perundangan [プルゥヌダンアヌ]
(英 legislation / legal)
立法(りっぽう) / 法的な

perundang-undangan
[プーウウヌダン ウウヌダンアヌ](英 law / legal)
法 / 法的な

perunding [プルゥヌディン](英 consultant / negotiator)コンサルタント / 交渉人

perundingan [プルゥヌディンアヌ]
(英 negotiation)交渉 / 協議

peruntuhan [プルゥヌトハヌ]
(英 demolition)取り壊し / 解体

peruntukan [プルゥヌトカヌ]
(英 allocation / provision)分配(ぶんぱい) / 割り当て / 規定

peruntukkan [プルゥヌトッカヌ]
(英 to allocate / to allot)
配分(はいぶん)する / 割り当てる

perusahaan [プルゥサハアヌ]
(英 industry)産業 / 工業

perusahaan kecil dan sederhana [プルゥサハアヌ クチェル ダヌ スドゥーハナ] (英 small and medium-sized businesses) 中小企業

perut [プロ(ト)] (英 stomach / belly) 腹 / 胃

perut kenyang [プロ(ト) クニャン] (英 on a full stomach) 満腹の

perwakilan [プーワキラヌ] (英 representation / delegation) 代表団 / 使節団

pesaing [プサェン] (英 rival) ライバル / 競争相手

pesakit [プサケ(ト)] (英 patient) 病人 / 患者(かんじゃ)

pesakit kecemasan [プサケ(ト) クチュマサヌ] (英 emergency patient) 救急患者

pesakit luar [プサケ(ト) ルゥワー] (英 outpatient) 外来患者

pesalah [プサラ(ハ)] (英 offender) 犯罪者 / 違反者

pesan [プサヌ] (英 message / order / will / to order / to exhort) 言付け / 注文 / 遺言 / 注文する / 忠告する

pesanan [プサナヌ] (英 message / advice / order / will) メッセージ / 忠告 / 注文 / 遺言

pesara [プサラ] (英 pensioner) 年金生活者

pesat [プサ(ト)] (英 rapid) 急速な

pesawat [プサワ(ト)] (英 aeroplane / machine) 航空機 / 機械

pesawat jét [プサワ(ト) ジェ(ト)] (英 jet airplane) ジェット機

peserta [プスータ] (英 participant) 参加者

pésimisme [ペスイミスマ] (英 pessimism) 悲観

pésimistik [ペスイミステッ] (英 pessimistic) 悲観的な

pesisir [プスイセー] (英 shore) 沿岸

pésta [ペスタ] (英 festival) 祭り

pesuruh [プスゥロ(ホ)] (英 person who takes orders / messenger) 命令される人 / 使者

pesuruhjaya [プスゥロ(ホ)ジャヤ] (英 commissioner) 長官 / 監督官 / 弁務官

peta [プタ] (英 map) 地図

peta jalan [プタ ジャラヌ] (英 road map) 道路地図

peta laluan [プタ ラルゥワヌ] (英 route map) 路線図

pétak [ペタッ] (英 square / plot) 区切り / 区画

petanda [プタヌダ] (英 sign / omen) 前兆 / 前触れ

petang [プタン] (英 afternoon / evening / p.m.) 午後 (時刻の表現では2時から7時) / 夕方

petani [プタニ] (英 farmer) 農民

peti [プティ] (英 box / case) (大きな)箱 / ケース

P

peti besi [プティ ブスィ]([英] safety box)金庫

peti keselamatan [プティ クスラマタヌ]
([英] safety box)セーフティボックス / 金庫

peti pos [プティ ポス]([英] post box)
郵便ポスト

peti sejuk [プティ スジョッ]
([英] refrigerator)冷蔵庫

peti surat [プティ スゥラ(ト)]([英] mailbox)
郵便受け

petik [プテッ]([英] to pick / to snap / to quote)摘(つ)む / 弾(はじ)く / 引用する

petikan [プティカヌ]([英] quotation / excerpt)引用 / 抜粋(ばっすい)

petinju [プティンジュゥ]([英] boxer)ボクサー

petir [プテー]([英] thunderbolt)雷 / 落雷

pétrol [ペトロル]([英] petrol)ガソリン

pétrol prémium [ペトロル プレミオム]
([英] premium petrol)ハイオクガソリン

Pétronas [ペトロナス]([英] Petronas)
ペトロナス(国営石油会社)

petugas [プトゥゥガス]
([英] person in charge)担当者 / 係

petunjuk [プトゥゥンジョッ]([英] clue / guidance)
手掛(てがか)り / ヒント / 案内 / 導き

pewangi [プワンイ]([英] fragrance)
香水 / 香料 / 芳香剤

pewarisan [プワリサヌ]([英] inheritance)
相続(そうぞく)

pewarna [プワーナ]([英] colouring)
着色料 / 染料

pewarnaan [プワーナアヌ]
([英] colouring)着色 / 染色

pg (= pagi) [パギ]([英] a.m.)
(時刻に付けて)午前

PH (= Pakatan Harapan)
[ピヘシ (パカタヌ ハラパヌ)]([英] PH / Coalition of Hope)希望同盟(野党連合)

pi [ピ]([英] to go)【口語】行く

piala [ピヤラ]([英] trophy / cup)
トロフィー / カップ

Piala Dunia [ピヤラ ドゥゥニヤ]
([英] World Cup)ワールドカップ

piano [ピヤノ]([英] piano)ピアノ

piawai [ピヤワイ]([英] standard)標準 / 規格

piawaian [ピヤワイヤヌ]([英] standard)
標準 / 規格

PIBG (= Persatuan Ibu Bapa dan Guru)
[ピアイビジ (プーサトゥゥワヌ イブゥ バパ ダヌ グゥルゥ)]
([英] Parent-Teacher Association (PTA))
PTA

pic [ピチ]([英] peach)桃

picagari [ピチャガリ]([英] syringe)注射器

picit [ピチェ(ト)]([英] to press / to squeeze / to knead)(指で)押す / つねる / 揉(も)む

pidato [ピダト]
([英] speech)スピーチ / 弁論 / 演説

pihak [ペハッ]([英] party / side)〜側 / 〜方

pihak ketiga [ペハッ クティガ]
([英] third party)第三者

pijak [ピジャッ]([英] to step on)踏(ふ)む

P

pijama [ピジャマ](㊥ pyjamas)パジャマ

pikat [ピカ(ト)](㊥ to attract / to snare)
引きつける / わなにかける

pikir [ピケー](㊥ to think)
【口語】考える(正式にはfikir)

pikul [ピコル](㊥ to carry on the shoulder / to shoulder)
肩に担(かつ)ぐ / 担(にな)う / 負う

pil [ピル](㊥ pill)錠剤

pil vitamin [ピル ヴィタミヌ]
(㊥ vitamin pill)ビタミン剤

pili [ピリ](㊥ pipe / tap)(水道)管

pili air [ピリ アエー](㊥ water tap)
蛇口(じゃぐち)

pili bomba [ピリ ボムバ](㊥ fire hydrant)
消火栓(しょうかせん)

pilih [ピレ(ヘ)](㊥ to choose)選ぶ

pilihan [ピリハヌ](㊥ option / choice)
選択肢 / 選ばれた人〈物〉

pilihan raya [ピリハヌ ラヤ](㊥ election)
選挙

pilu [ピルゥ](㊥ sorrowful)切ない / 悲しい

pimpin [ピムペヌ](㊥ to lead / to guide)
導く / 率(ひき)いる / 指導する

pimpinan [ピムピナヌ](㊥ guidance)指導

pin [ピヌ](㊥ pin)ピン

pinang [ピナン](㊥ to propose marriage / betel)求婚する / 檳榔(びんろう)

Pinang [ピネン](㊥ Penang)
ペナン(ペナン島州の略称)

pinangan [ピナンアヌ]
(㊥ proposal of marriage)求婚

pincang [ピンチャン](㊥ lame / defective)
足が不自由な / 欠陥がある / 不完全な

pinda [ピヌダ](㊥ to amend)
改正する / 修正する

pindaan [ピヌダアヌ](㊥ amendment)
改正 / 修正

pindah [ピヌダ(ハ)](㊥ to move)
移動する / 引っ越す

pindahan [ピヌダハヌ](㊥ transfer)
振込 / 振替 / 移転

pindahan bank [ピヌダハヌ ベン]
(㊥ bank transfer)銀行振込

pindahan wang [ピヌダハヌ ワン]
(㊥ money transfer)振込 / 振替 / 送金

pindahkan [ピヌダ(ハ)カヌ](㊥ to move / to evacuate / to transfer)
移す / 移動させる / 避難させる / 振り込む

pindah-randah《㊦ pindah》
[ピヌダ(ハ) ラヌダ(ハ)]
(㊥ to move frequently)転々とする

pingat [ピンア(ト)](㊥ medal)メダル / 勲章

pinggan [ピンガヌ](㊥ plate)皿

pinggan mangkuk [ピンガヌ マンコッ]
(㊥ tableware)食器

pinggang [ピンガン](㊥ hips)腰

pinggir [ピンゲー](㊥ edge)端(はし) / 縁(ふち)

pinggir bandar [ピンゲー バヌダー]
(㊥ suburb / edge of town)郊外 / 街外れ

pinggul [ピンゴル](㊥ buttocks)尻

P

pingpong [ピンポン] (㊥ table tennis) 卓球

pinjam [ピンジャム] (㊥ to borrow) 借りる

pinjaman [ピンジャマヌ] (㊥ borrowing / debt / loan) 借りたもの / 借金 / ローン

pinjaman kewangan [ピンジャマヌ クワンアヌ] (㊥ financing) 融資(ゆうし)

pinjamkan [ピンジャムカヌ] (㊥ to lend) 貸す

pintal [ピヌタル] (㊥ to spin) (糸を)紡(つむ)ぐ

pintar [ピヌター] (㊥ clever) 賢い / 優秀な

pintasan [ピヌタサヌ] (㊥ short cut) 近道

pintu [ピヌトゥウ] (㊥ door / gate) 戸 / ドア / ゲート

pintu belakang [ピヌトゥウ ブラカン] (㊥ back door) 裏口 / 不正な方法

pintu gerbang [ピヌトゥウ グーバン] (㊥ archway) アーチ道

pintu kecemasan [ピヌトゥウ クチュマサヌ] (㊥ emergency exit [door]) 非常口

pintu keluar [ピヌトゥウ クルゥワー] (㊥ exit) 出口

pintu keluar masuk [ピヌトゥウ クルゥワー マソッ] (㊥ entrance and exit) 出入口

pintu masuk [ピヌトゥウ マソッ] (㊥ entrance / ticket gate) 入口 / 改札口

pintu pagar [ピヌトゥウ パガー] (㊥ gate) 門扉(もんぴ) / フェンスの門

pintu pelepasan [perlepasan] [ピヌトゥウ プルパサヌ [プールパサヌ]] (㊥ boarding gate) 搭乗(とうじょう)ゲート

pintu utama [ピヌトゥウ ウゥタマ] (㊥ main gate) 正門

pipa [ピパ] (㊥ pipe) パイプ / 管

pipi [ピピ] (㊥ cheek) 頬(ほお)

pipit [ピペ(ト)] (㊥ sparrow) 雀(すずめ)

piring [ピレン] (㊥ dish) 小皿

piring hitam [ピレン ヒタム] (㊥ record) レコード

pisah [ピサ(ハ)] (㊥ to separate / to be apart / to break up) 分ける / 引き離す / 分かれる

pisahkan [ピサ(ハ)カヌ] (㊥ to separate) 引き離す / 区別する

pisang [ピサン] (㊥ banana) バナナ

pisang kaki [ピサン カキ] (㊥ persimmon) 柿(かき)

pisau [ピサゥ] (㊥ knife) ナイフ / 包丁 / 刀

pisau cukur [ピサゥ チュウコー] (㊥ razor) 剃刀(かみそり)

pistol [ピストル] (㊥ pistol / gun) ピストル / 銃 / 鉄砲

pita [ピタ] (㊥ tape) テープ

pita kasét [ピタ ケセ(ト)] (㊥ cassette tape) カセットテープ

piuter [ピュゥトゥー] (㊥ pewter) ピューター(錫(すず)と鉛(なまり)の合金)

piza [ピザ] (㊥ pizza) ピザ

PKR (= Parti Keadilan Rakyat) [ピケアル (パーティ クアディラヌ ラッ(ク)ヤ(ト))] (㊥ PKR / People's Justice Party) 人民正義党

PKS (= perusahaan kecil dan sederhana) [ピケエス (プルゥサハアヌ クチェル ダヌ スドゥーハナ)] (英 small and medium-sized businesses) 中小企業

planét [プラネ(ト)] (英 planet) 惑星

plaster [プラストゥー] (英 plaster / plaster cast) 絆創膏(ばんそうこう) / ギプス

plastik [プラステッ] (英 plastic) プラスチック / ビニール

plastik pembalut [プラステッ プムバロ(ト)] (英 plastic wrap) ラップ

plat [プラ(ト)] (英 plate) 表札 / プレート

plat nombor [プラ(ト) ノムボー] (英 number plate) ナンバープレート

platform [プレ(ト)フォム] (英 platform) (プラット)ホーム / 乗り場

playar [プラヤー] (英 pliers) ペンチ

plumbum [プルウムボム] (英 lead) 鉛(なまり)

Pn. (= Puan) [プゥワヌ] (英 Mrs.) (既婚女性に対して)〜さん / 〜先生

PNB (= Permodalan Nasional Berhad) [ピエヌビ (プーモダラヌ ナスイヨナル ブーハ(ド))] (英 PNB / the National Investment Co. Ltd.) 国営投資会社

pnéumonia [ニユゥモニヤ] (英 pneumonia) 肺炎

pohon [ポホヌ] (英 tree / to ask / to apply for) 木 / 請う / 申請する

poin [ポエヌ] (英 point) ポイント

pokét [ポケ(ト)] (英 pocket) ポケット

pokok [ポコッ] (英 tree / fundamental) 木 / 根本 / 基本 / 中心

pokok rénék [ポコッ レネッ] (英 shrub) 低木

pokok tepi jalan [ポコッ トゥピ ジャラヌ] (英 roadside trees) 街路樹

pola [ポラ] (英 pattern) パターン / 模様

poligami [ポリガミ] (英 polygamy) 一夫多妻制

polis [ポレス] (英 police) 警察

polisi [ポリスイ] (英 policy) 政策 / 方針

politik [ポリテッ] (英 politics) 政治

pondan [ポヌダヌ] (英 transvestite) 女性らしさを志向する男性

pondok [ポヌドッ] (英 hut) 小屋

pondok polis [ポヌドッ ポレス] (英 police box) 交番

pondok téléfon [ポヌドッ テレフォヌ] (英 telephone booth) 電話ボックス

ponténg [ポヌテン] (英 to play truant) サボる

popular [ポプゥラー] (英 popular) 人気の / 普及した

populariti [ポプゥラリティ] (英 popularity) 人気

populasi [ポプゥラスイ] (英 population) 人口

porselin [ポースレヌ] (英 porcelain) 磁器

porter [ポトゥー] (英 porter) ポーター

Portugis [ポートゥウゲス] (英 Portugal) ポルトガル

P

pos [ポス] (㊧ post / to post)
郵便 / 郵送する / 投函する

pos laju [ポス ラジュウ]
(㊧ express delivery) 速達

posisi [ポズィスィ] (㊧ position)
位置 / ポジション

posisi badan [ポズィスィ バダヌ]
(㊧ posture) 姿勢 / 体勢

positif [ポズィティフ] (㊧ positive)
肯定的な / 積極的な

poskad [ポスカ(ド)] (㊧ post card) はがき

poskan [ポスカヌ] (㊧ to mail) 郵送する

poskod [ポスコ(ド)] (㊧ zip code) 郵便番号

posmén [ポスメヌ] (㊧ postman)
郵便屋 / 郵便配達人

poster [ポストゥー] (㊧ poster)
ポスター / 張り紙

postur [ポストゥウー] (㊧ posture) 姿勢 / 体勢

poténsi [ポテヌスィ] (㊧ potential)
可能性 / 潜在能力

potong [ポトン] (㊧ to cut / to break off / to slice / piece) 切る / 切断する / 削ぎ落とす / 減らす / 切れ

potong barisan [ポトン バリサヌ]
(㊧ to cut in) 横入りする

potong harga [ポトン ハルガ]
(㊧ to give a discount) 値引きする

potong markah [ポトン マーカ(ハ)]
(㊧ to deduct points) 減点する

potongan [ポトンアヌ] (㊧ slice / reduction / shape) 切れ / スライス / 軽減 / 形

potongan harga [ポトンアヌ ハルガ]
(㊧ discount) 値引き

power [パウウー] (㊧ great)【口語】すごい

prabayar [プラバヤー] (㊧ prepaid)
前払(まえばら)いの / プリペイド式の

praktik [プラクテッ] (㊧ practice / practical) 実践(じっせん) / 実践的な

praktikal [プラクティカル] (㊧ practical)
実用的な

praktis [プラクテス] (㊧ practical) 実用的な

pramugara [プラムゥガラ] (㊧ (male) cabin attendant) (男性) 客室乗務員 / CA

pramugari [プラムゥガリ] (㊧ (female) cabin attendant) (女性) 客室乗務員 / CA

prasangka [プラサンカ] (㊧ bias / prejudice) 先入観 / 偏見(へんけん)

prasarana [プラサラナ] (㊧ infrastructure)
インフラ設備 / 社会基盤

prédikat [プレディカ(ト)] (㊧ predicate) 述語

préféktur [プレフェクトー] (㊧ prefecture) 県

prémis [プレメス] (㊧ premise) 敷地 / 構内

prémium [プレミオム] (㊧ premium)
保険料 / 掛け金 / 上等な

présidén [プレスィデヌ] (㊧ president)
大統領 / 社長

préskripsi [プレスクリプスィ]
(㊧ prescription) 処方箋(しょほうせん)

préstasi [プレスタスィ] (㊧ performance)
実績 / 成績 / 性能

pribumi [プリブゥミ] ☞peribumi

prihatin [プリハテヌ] (㊧ to be concerned)
気づかう / 心配する

primitif [プリミテフ] (㊧ primitive)
原始的な / 初期の

prinsip [プリヌセ(プ)] (㊧ principle)
原則 / 原理

produk [プロドゥウッ] (㊧ product)
製品 / 産物

produk jualan [プロドゥウッ ジュウワラヌ]
(㊧ merchandise) 商品

produk kraf tangan
[プロドゥウッ クラフ タンアヌ] (㊧ handicrafts)
手芸品

produk kulit [プロドゥウッ クウレ(ト)] (㊧ skin care product / leather product)
スキンケア製品 / 皮革(ひかく)製品

produk makanan [プロドゥウッ マカナヌ]
(㊧ food products) 食品

produk perikanan [プロドゥウッ プリカナヌ]
(㊧ marine products) 水産物

produk rosak [プロドゥウッ ロサッ]
(㊧ defective product) 不良品

produk tani [プロドゥウッ タニ]
(㊧ farm products) 農産物

produk tenusu [プロドゥウッ トゥヌウスウ]
(㊧ dairy products) 乳製品

produk tiruan [プロドゥウッ ティルウワヌ]
(㊧ fake [counterfeit] product)
コピー商品 / 模造品

produksi [プロドゥウクスイ] (㊧ production)
製作 / 製造

produktiviti [プロドゥウクティヴィティ]
(㊧ productivity) 生産性

Prof. [プロフ] (㊧ Professor)
〜教授 / (教授に対し)〜先生

prof. [プロフ] (㊧ you / your)
(教授に対し)あなた

profésion [プロフェスイヨヌ] (㊧ profession)
職業

profésion perguruan
[プロフェスイヨヌ プーグゥルゥワヌ]
(㊧ teaching profession) 教職

profésional [プロフェスイヨナル]
(㊧ professional) プロの / 本職の

profésor [プロフェスー] (㊧ professor) 教授

profésor émeritus
[プロフェスー エメリトゥウス] (㊧ professor emeritus) 名誉教授(めいよきょうじゅ)

profésor madya [プロフェスー マドヤ]
(㊧ associate professor)
准(じゅん)教授 / 助教授

P

profil [プロフェル] (㊧ profile) プロフィール

program [プログラム] (㊧ programme)
計画 / プログラム

program latihan [プログラム ラテハヌ]
(㊧ training programme) 研修プログラム

Program Malaysia Rumah Keduaku
[プログラム ムレスイヤ ルゥマ(ハ) クドゥウワクゥ]
(㊧ Malaysia My Second Home Programme)
マレーシアマイセカンドホームプログラム

projék [プロジェッ] (㊧ project)
プロジェクト / 事業

projéktor [プロジェクトー] (英 projector)
プロジェクター

proksi [プロクスイ] (英 proxy) 代理

promosi [プロモスイ] (英 promotion)
プロモーション / 販売促進 / 昇進

promosi jualan [プロモスイ ジュウワラヌ]
(英 sales promotion) 販売促進

promosikan [プロモスイカヌ]
(英 to promote) 促進する / 奨励する

prosédur [プロセドゥウー] (英 procedure)
手順 / 手続き

prosés [プロセス] (英 process / to process)
プロセス / 過程 / 加工する / 処理する

prospék [プロスペッ] (英 prospect) 見通し

protein [プロトゥヌ] (英 protein)
蛋白質(たんぱくしつ)

protés [プロテス] (英 protest / to protest)
抗議 / 抗議する

Proton [プロトヌ] (英 Proton)
プロトン(国産自動車メーカー)

provokasi [プロヴォカスイ] (英 provocation / to provoke) 挑発(ちょうはつ) / 挑発する

psikologi [プスイコロギ] (英 psychology)
心理学

PT3 (= Pentaksiran Tingkatan 3)
[ピティティガ (プヌタクスイラヌ ティンカタヌ ティガ)]
(英 PT3 / Form 3 Assessment)
中高等学校3年次評価試験

ptg (= petang) [プタン] (英 p.m.)
(時刻に付けて)夕方 / 午後

PTPTN (= Perbadanan Tabung Pendidikan Tinggi Nasional)
[ピティピティエヌ (プーバダナヌ タボン プヌディディカヌ ティンギ ナスイヨナル)]
(英 PTPTN / National Fund for Higher Education) 国家高等教育基金機構

puak [プゥワッ] (英 tribe / group)
種族 / 部族 / 派閥

puak kanan [プゥワッ カナヌ]
(英 right wing) 右翼(うよく)

puak kiri [プゥワッ キリ] (英 left wing)
左翼(さよく)

puan [プゥワヌ] (英 you / your)
(既婚女性に対し)あなた

Puan [プゥワヌ] (英 Mrs.)
(既婚女性に対し)〜さん

puas [プゥワス] (英 satisfied / to the full / thoroughly) 満足した / 思う存分 / 十分

puas hati [プゥワス ハティ] (英 satisfaction / satisfied) 満足 / 満足した

puasa [プゥワサ] (英 fasting / to fast)
断食(だんじき) / 断食する

pucat [プゥチャ(ト)] (英 pale)
青ざめた / 顔色が悪い

pucat lesi [プゥチャ(ト) ルスイ] (英 very pale)
(顔が)真っ青な / 蒼白の

pucuk [プゥチョッ] (英 shoot)
若葉 / 新芽 / 〜通〈丁〉(助数詞)

pudar [プゥダー] (英 dim / to fade)
ぼんやりした / 色あせた

puding [プゥデン] (英 pudding) プリン

puing [プゥエン] (英 ruins)
残骸(ざんがい) / 廃墟(はいきょ)

P

puisi [プゥイスィ](㊧ poem)詩

puja [プゥジャ]
(㊧ worship / to worship / to idolize)
崇拝(すうはい) / 崇拝する / 心酔する

pujaan [プゥジャアヌ](㊧ idol / adoration)
アイドル / 憧(あこが)れの的

puji [プゥジ](㊧ to praise)ほめる

pujian [プゥジヤヌ](㊧ praise)称賛(しょうさん)

puji-puji [プゥジ プゥジ](㊧ to sing *sb's* praises)ほめそやす / ほめちぎる

puji-pujian [プゥジ プゥジヤヌ]
(㊧ compliment)賛辞 / ほめ言葉

pujuk [プゥジョッ](㊧ to persuade / to comfort)説得する / 慰(なぐさ)める

pujukan [プゥジュウカヌ](㊧ persuasion / comfort)説得 / 慰(なぐさ)め

pukul [プゥコル](㊧ to hit / to beat / o'clock)
打つ / 叩(たた)く / 殴(なぐ)る / ～時

pukulan [プゥクウラヌ](㊧ blow / beat)
打つこと / 叩(たた)くこと / 打撃 / 打つ音

pula [プゥラ](㊧ on the other hand / then / unexpected / on earth)
(一方)～は / 今度は / 意外にも / いったい

pulak [プゥラッ](㊧ unexpected / on earth / on the other hand / then)【口語】意外にも / いったい / ～は一方 / 今度は

pulang [プゥラン](㊧ to return)戻る / 帰る

pulang rumah [プゥラン ルゥマ(ハ)]
(㊧ to return home)帰宅する

pulangan [プゥランアヌ](㊧ return)
利益 / 見返り

pulangkan [プゥランカヌ](㊧ to return)
返す / 戻す

pulas [プゥラス](㊧ to twist / to turn / to wring out)ひねる / ねじる / しぼる

pulau [プゥラゥ](㊧ island)島

Pulau Bornéo [プゥラゥ ボーニオ]
(㊧ the Borneo Island)ボルネオ島

pulau buatan [プゥラゥ ブゥワタヌ]
(㊧ artificial island)人工島

Pulau Pinang [プゥラゥ ピネン]
(㊧ Penang Island)ペナン島(半島マレーシアの州、島)

pulaukan [プゥラゥカヌ](㊧ to boycott / to ostracize)ボイコットする / 孤立させる

pulih [プゥレ(ヘ)](㊧ to recover)
回復する / 治る

pulihkan [プゥレ(ヘ)カヌ](㊧ to cure / to restore)治す / 修復する

puluh [プゥロ(ホ)](㊧ ~-ty)～十

puluhan [プゥロハヌ](㊧ dozens [tens] of / ~-ties)数十の / 何十もの / ～十代 / ～十台

pulut [プゥロ(ト)](㊧ glutinous rice)もち米

pun [ポヌ](㊧ also / even / even if / at all / without doubt)
～も / ～すら / だとしても / 全然 / ちゃんと

punah [プゥナ(ハ)](㊧ annihilated)
全壊した / 全滅した

punahkan [プゥナ(ハ)カヌ]
(㊧ to annihilate)
全壊させる / 全滅させる

P

punah-ranah《㊥ punah》
[プゥナ(ハ) ラナ(ハ)](㊕ to be annihilated)
全壊する / 全滅する

punca [プゥンチャ](㊕ source / cause)
源(みなもと) / 原因

punca air [プゥンチャ アエー]
(㊕ water source)水源

punca pendapatan [プゥンチャ プヌダパタヌ]
(㊕ income source)収入源

puncak [プゥンチャッ](㊕ summit / peak)
頂上 / てっぺん / 最高潮

pundi [プゥヌディ](㊕ pouch)小袋

pundi kencing [プゥヌディ クンチェン]
(㊕ bladder)膀胱(ぼうこう)

punggung [プゥンゴン](㊕ buttocks)尻

pungut [プゥンオ(ト)]
(㊕ to collect / to pick up / to harvest)
(寄付などを)集める / 拾う / 収穫する

punya [プゥニャ](㊕ ~'s / definitely)
【口語】~の(もの) / 絶対

punyai [プゥニャイ](㊕ to have / to possess)持つ / 所有する

pupil [プゥピル](㊕ pupil)瞳 / 瞳孔(どうこう)

pupuk [プゥポッ](㊕ fertilizer / to encourage / to fertilize)
肥料 / 促(うなが)す / 育(はぐく)む / 肥(こ)やす

pupus [プゥポス](㊕ extinct)
絶滅した / 途絶えた

pura-pura [プゥラ プゥラ](㊕ to pretend)
~のふりをする

pura-pura tidak tahu
[プゥラ プゥラ ティダッ タフゥ]
(㊕ to pretend not to know)
知らないふりをする / とぼける

purata [プゥラタ](㊕ average)平均

puratakan [プゥラタカヌ](㊕ to average)
平均する

purba [プゥルバ](㊕ ancient)古代の

pusaka [プゥサカ](㊕ heirloom / legacy)
遺産 / 先祖代々伝わるもの

pusaran [プゥサラヌ](㊕ whirlpool)渦(うず)

pusat [プゥサ(ト)](㊕ centre / navel)
中心 / センター / へそ

pusat bandar [プゥサ(ト) バヌダー]
(㊕ downtown)中心街 / 都心 / 市街

pusat graviti [プゥサ(ト) グラヴィティ]
(㊕ centre of gravity)重心

pusat jagaan kanak-kanak
[プゥサ(ト) ジャガアヌ カナッ カナッ]
(㊕ childcare centre)託児所(たくじしょ)

pusat kecergasan [プゥサ(ト) クチューガサヌ]
(㊕ fitness centre)フィットネスセンター

pusat kesihatan [プゥサ(ト) クスィハタヌ]
(㊕ health centre)保健センター

pusat maklumat pelancong
[プゥサ(ト) マッ(ク)ルゥマ(ト) プランチョン]
(㊕ tourist information centre)
観光案内所

pusat membeli-belah
[プゥサ(ト) ムムブリ ブラ(ハ)]
(㊕ shopping centre / shopping mall)
ショッピングセンター / ショッピングモール

P

pusat paméran [プゥサ(ト) パメラヌ]
(英 exhibition centre)展示場

pusat pemindahan [perpindahan]
[プゥサ(ト) プミヌダハヌ[プーピヌダハヌ]]
(英 relief centre)避難所

pusat tuisyen [プゥサ(ト) トゥウイシュヌ]
(英 tuition centre)学習塾

pusing [プゥセン](英 to turn)回る / 回す

pusing jauh [プゥセン ジャォ(ホ)]
(英 to make a detour)遠回りする

pusing kepala [プゥセン クパラ]
(英 to be perplexed)
頭を悩ます / 困惑する

pusingan [プゥスインアヌ](英 turn / round)
回転 / (試合などの)ラウンド / ～回戦

pusingan kelayakan
[プゥスインアヌ クラヤカヌ]
(英 qualifying round)予選

pusingan U [プゥスインアヌ ユゥ]
(英 U-turn)Uターン

pusingkan [プゥセンカヌ](英 to turn / to rotate)回す / 回転させる

pustaka [プゥスタカ](英 books)図書

putar [プゥター](英 to rotate / to spin)
回転する

putar belit [プゥター ブレ(ト)](英 trick)
いかさま / 策略(さくりゃく)

putaran [プゥタラヌ](英 rotation)回転

putarbelitkan《幹 putar belit》
[プゥターブレ(ト)カヌ](英 to twist)
歪曲(わいきょく)する

putarkan [プゥターカヌ](英 to turn)
回す / 回転させる

putera [プゥトゥラ](英 prince)王子

puteri [プゥトゥリ](英 princess)王女 / 姫

putih [プゥテ(へ)](英 white)白 / 白い

putih bersih [プゥテ(へ) ブーセ(へ)]
(英 pure white)真っ白い

putihkan [プゥテ(へ)カヌ](英 to whiten)
白くする

putik [プゥテッ](英 young fruit)
果実になる前の膨らみ

putik kapas [プゥテッ カパス]
(英 cotton swab)綿棒

puting [プゥテン](英 dummy / teat)
おしゃぶり / 乳首

puting beliung [プゥテン ブリヨン]
(英 tornado)竜巻(たつまき)

Putrajaya [プゥトラジャヤ](英 Putrajaya)
プトラジャヤ(マレーシアの行政中心都市)

putus [プゥトゥス](英 to snap / to be cut off)
切れる / 途切れる

putus asa [プゥトゥス アサ](英 to give up / to despair)諦(あきら)める / 絶望する

putus cinta [プゥトゥス チヌタ]
(英 to be broken-hearted)失恋する

putus harapan [プゥトゥス ハラパヌ]
(英 to give up hope)望みを捨てる

putuskan [プゥトゥスカヌ]
(英 to cut / to terminate / to decide / to rule)
切る / 打ち切る / 決定する / 判決を下す

putus-putus [プゥトゥス プゥトゥス]
(㊥ interrupted / disconnected)
途切れ途切れの

puyuh [プゥヨ(ホ)] (㊥ quail) ウズラ

Q

Quran [クゥラヌ] (㊥ Quran) コーラン

R

raba [ラバ] (㊥ to touch / to rub / to grope) 触る / 擦(さす)る / 手探りで探す

rabak [ラバッ] (㊥ torn) 破れた / びりびりの

Rabu [ラブゥ] (㊥ Wednesday) 水曜(日)

rabun [ラボヌ] (㊥ having poor eyesight)
目が見えづらい

rabun dekat [ラボヌ ドゥカ(ト)]
(㊥ shortsightedness) 近視

rabun jauh [ラボヌ ジャオ(ホ)]
(㊥ longsightedness) 遠視

rabun tua [ラボヌ トゥウワ]
(㊥ presbyopia) 老眼(ろうがん)

racun [ラチョヌ] (㊥ poison) 毒

racun perosak [ラチョヌ プロサッ]
(㊥ pesticide) 農薬

racun serangga [ラチョヌ スランガ]
(㊥ insecticide) 殺虫剤

radang [ラダン] (㊥ inflammation) 炎症

radang apéndiks [ラダン アペヌデクス]
(㊥ appendicitis) 盲腸炎(もうちょうえん)

radang gusi [ラダン グゥスイ]
(㊥ gingivitis) 歯肉炎

radang mulut [ラダン ムゥロ(ト)]
(㊥ stomatitis) 口内炎(こうないえん)

radang paru-paru [ラダン パルゥ パルゥ]
(㊥ pneumonia) 肺炎

radiasi [ラディヤスィ] (㊥ radiation) 放射能

radikal [ラディカル] (㊥ radical)
急進的な / 過激な

radio [レディヨ] (㊥ radio) ラジオ

ragam [ラガム] (㊥ mode / sort / voice)
様式 / モード / 種類 / 態

ragbi [ラ(グ)ビ] (㊥ rugby) ラグビー

ragi [ラギ] (㊥ yeast)
酵母菌(こうぼきん) / イースト

ragu [ラグゥ] (㊥ to doubt) 疑う

ragui [ラグゥイ] (㊥ to doubt) 〜を疑う

ragukan [ラグゥカヌ] (㊥ to doubt) 〜を疑う

ragut [ラゴ(ト)] (㊥ to snatch) ひったくる

rahib [ラヘ(ブ)] (㊥ monk / nun)
修道士 / 修道女

rahim [ラヒム] (㊥ womb) 子宮

rahmat [ラ(ハ)マ(ト)] (㊥ blessing) 恵み

rahmati [ラ(ハ)マティ] (㊥ to bless) 恵む

rahsia [ラ(ハ)スイヤ] (㊥ secret) 秘密

rahsiakan [ラ(ハ)スイヤカヌ]
(㊥ to conceal) 隠す / 秘密にする

rai [ライ] (㊥ to celebrate / rye) 祝う / ライ麦

raih [ラエ(ヘ)] (㊥ to win)
獲得(かくとく)する / 手に入れる

raikan [ライカヌ](㊥ to celebrate / to entertain)祝う / もてなす

raja [ラジャ](㊥ king)王

rajah [ラジャ(ハ)](㊥ figure / diagram)図

rajin [ラジェヌ](㊥ hardworking / often) 真面目な / 勤勉な / 熱心な / よく〜する

rajuk [ラジョッ](㊥ to sulk)すねる

rak [ラッ](㊥ shelf)棚(たな)

rak barang [ラッ バラン] (㊥ baggage shelf)荷物棚(にもつだな)

rak buku [ラッ ブウクゥ](㊥ bookshelf) 本棚(ほんだな)

rakam [ラカム](㊥ to record) 録音する / 録画する

rakaman [ラカマヌ](㊥ recording) 録音 / 録画

rakamkan [ラカムカヌ](㊥ to record) 録音する / 録画する / 記録する

rakan [ラカヌ](㊥ friend)友人 / 仲間

rakan kongsi [ラカヌ コンスィ] (㊥ partner)パートナー

rakan sebilik [ラカヌ スビレッ] (㊥ roommate)ルームメイト

rakan sekelas [ラカヌ スクラス] (㊥ classmate)クラスメイト / 同級生

rakan sekerja [ラカヌ スクージャ] (㊥ colleague)同僚(どうりょう)

rakan seperjuangan [ラカヌ スプージュウワンアヌ](㊥ comrade)同志

rakét [ラケ(ト)](㊥ racket)ラケット

rakit [ラケ(ト)](㊥ raft)いかだ

raksasa [ラクササ](㊥ giant / monster) 巨人 / モンスター / 巨大な

rakus [ラコス](㊥ greedy)欲張りな

rakyat [ラッ(ク)ヤ(ト)](㊥ citizen / people) 国民 / 市民 / 民衆

ralat [ララ(ト)](㊥ error)誤り / 誤差

Ramadan [ラマダヌ](㊥ Ramadan) ラマダーン(イスラーム暦9月で断食月)

ramah [ラマ(ハ)](㊥ friendly) 気さくな / フレンドリーな

ramai [ラマイ](㊥ many / lively) (人が)多い / 大勢(おおぜい)の / にぎやかな

ramal [ラマル](㊥ to predict / to forecast) 予測する / 予言する

ramalan [ラマラヌ] (㊥ prediction / forecast)予測 / 予言

ramalan cuaca [ラマラヌ チュウワチャ] (㊥ weather forecast)天気予報

ramalkan [ラマルカヌ](㊥ to predict / to forecast)予測する / 予言する

rama-rama [ラマ ラマ](㊥ butterfly) 蝶々(ちょうちょう)

ramas [ラマス](㊥ to knead / to squash) 揉(も)む / こねる / 握りつぶす

rambut [ラムボ(ト)](㊥ hair)髪

rambut palsu [ラムボ(ト) パルスゥ](㊥ wig) かつら

rambutan [ラムブウタヌ](㊥ rambutan) ランブータン(赤い毛に覆(おお)われた果物)

R

rami(-rami) [ラミ (ラミ)]([英] hemp)麻(あさ)

rampas [ラムパス]
([英] to snatch / to confiscate / to hijack)
奪う / 没収する / ハイジャックする

rampasan [ラムパサヌ]
([英] confiscation / plunder / hijacking)
押収品(おうしゅうひん) / 略奪品 / ハイジャック

rampasan kuasa [ラムパサヌ クゥワサ]
([英] coup d'état)クーデター

ramping [ラムペン]([英] slim)
細身(ほそみ)の / スリムな

ramuan [ラムゥワヌ]([英] ingredient)
材料 / 原料

ranap [ラナ(プ)]([英] to collapse)
崩壊(ほうかい)する / 倒壊(とうかい)する

ranapkan [ラナ(プ)カヌ]([英] to flatten)
押し壊す / 打ちのめす

rancak [ランチャッ]([英] lively)
軽快な / 活気がある

rancang [ランチャン]([英] to plan)計画する

rancangan [ランチャンアヌ]
([英] plan / programme)計画 / 番組

rang [ラン]([英] draft)草案

rang undang-undang
[ラン ウゥヌダン ウゥヌダン]([英] bill)法案

rangka [ランカ]([英] frame / skeleton / outline)骨組み / 骨格 / アウトライン

rangkaian [ランカイヤヌ]
([英] chain / network)
連鎖 / つながり / ネットワーク

rangkaian sosial [ランカイヤヌ ソスイヤル]
([英] social networking)
ソーシャル·ネットワーキング

rangkak [ランカッ]([英] to crawl)這(は)う

rangkumi [ランクゥミ]([英] to comprise / to encompass)〜を含む / カバーする

rangsang [ランサン]([英] to stimulate)
刺激する

rangsangan [ランサンアヌ]([英] stimulus)
刺激

rantai [ラヌタイ]([英] chain)
鎖(くさり) / チェーン

rantai kunci [ラヌタイ クゥンチ]
([英] key chain)キーホルダー

rantai léhér [ラヌタイ レヘー]
([英] necklace)ネックレス / 首飾り

rantaian [ラヌタイヤヌ]([英] chain)
連鎖 / チェーン

rantau [ラヌタゥ]([英] region / foreign place)
地域 / 生まれ故郷から離れた場所

ranting [ラヌテン]([英] branch)枝

ranum [ラノム]([英] fully ripe)完熟した

rapat [ラパ(ト)]([英] intimate / close)
親密な / 近い / 密接な

rapatkan [ラパ(ト)カヌ]
([英] to make *sth* closer / to strengthen)
近づける / 密接にする

rapi [ラピ]([英] tidy / neat)
整然とした / きちんとした

rapikan [ラピカヌ]([英] to tidy)
整える / 整理する

R

rapuh [ラポ(ホ)] (㊧ brittle)
脆(もろ)い / 折れやすい

ras [ラス] (㊧ race) 人種

rasa [ラサ] (㊧ to feel / to taste / taste / feeling / sense)
思う / 感じる / 味わう / 味 / 気持ち / 感覚

rasa hati [ラサ ハティ] (㊧ feeling)
気持ち / 心の内

rasa hendak muntah
[ラサ フヌダッ ムゥヌタ(ハ)] (㊧ nausea) 吐き気

rasa ingin tahu [ラサ インエヌ タフゥ]
(㊧ curiosity) 好奇心

rasai [ラサイ] (㊧ to taste) 味わう

rasakan [ラサカヌ] (㊧ to feel)
感じ取る / 感じる

rasanya [ラサニャ] (㊧ I feel [suppose])
〜のように思う

rasa-rasanya [ラサ ラサニャ]
(㊧ I feel [suppose]) 〜のように思う

rasional [ラスィヨナル] (㊧ rational)
合理的な / 理性的な

rasionalisasi [ラスィヨナリサスィ]
(㊧ rationalization) 合理化

rasionalisme [ラスィヨナリスマ]
(㊧ rationalism) 合理主義

rasmi [ラスミ] (㊧ official)
公式の / 正式な / 公的な

rasmikan [ラスミカヌ] (㊧ to officiate)
(公式に)行う / 開会する

rasuah [ラスゥワ(ハ)] (㊧ bribe)
賄賂(わいろ) / 汚職

rasuk [ラソッ] (㊧ to possess)
(霊などが)取り付く

rasul [ラソル] (㊧ messenger of God)
神の使徒

rasulullah [ラスゥルッラ(ハ)]
(㊧ Allah's messenger) アッラーの使徒

rata [ラタ] (㊧ flat) 平らな

rata-rata [ラタ ラタ] (㊧ generally / on average) おしなべて / 平均して

ratu [ラトゥゥ] (㊧ queen) 女王

ratus [ラトス] (㊧ hundred) 百

ratusan [ラトゥゥサヌ] (㊧ hundreds of)
数百の / 何百もの

rawak [ラワッ] (㊧ random)
ランダムな / 無作為の

rawat [ラワ(ト)] (㊧ to treat / to nurse)
治療する / 看護する

rawatan [ラワタヌ]
(㊧ treatment / nursing) 治療 / 看護

rawatan kecemasan [ラワタヌ クチュマサヌ]
(㊧ first aid) 応急手当

rawatan perubatan [ラワタヌ プルゥバタヌ]
(㊧ medical treatment)
治療 / 診療(しんりょう)

rawati [ラワティ] (㊧ to treat / to nurse)
治療する / 看護する

raya [ラヤ] (㊧ great / public / celebration)
大きな / 公共の / 【口語】祝祭

rayap [ラヤ(プ)] (㊧ to crawl) 這(は)う

rayu [ラユゥ] (㊧ to appeal / to beg / to persuade) 訴(うった)えかける / 説き伏せる

R

rayuan [ラユゥワヌ](㊤ appeal / persuasion)
訴(うった)えかけ / 説得

réaksi [レヤクスィ](㊤ reaction)
反応 / リアクション

réal [レヤル](㊤ real)リアルな

réalisasi [レヤリサスィ](㊤ realization)実現

réalisasikan [レヤリサスィカヌ]
(㊤ to realize)実現させる

réalistik [レヤリスティッ](㊤ realistic)現実的な

réaliti [レヤリティ](㊤ reality)現実

rébak [レバッ](㊤ to spread)
広がる / 蔓延(まんえん)する

rébén [レベヌ](㊤ ribbon)リボン

rebung [ルボン](㊤ bamboo shoot)
タケノコ

rebus [ルボス](㊤ to boil / boiled)
茹(ゆ)でる / 煮る / 茹でた / 煮た

rebut [ルボ(ト)](㊤ to snatch)奪い取る

reda [ルダ](㊤ to subside)
(雨などが)おさまる / 弱くなる

redah [ルダ(ハ)](㊤ to wade)
分け入る / 突き進む

réformasi [レフォーマスィ](㊤ reformation / to reform)改革 / 改革する

réformasikan [レフォーマスィカヌ]
(㊤ to reform)改革する

regang [ルガン](㊤ taut)ぴんと張った

regangkan [ルガンカヌ](㊤ to tauten)
ぴんと張った状態にする

réhabilitasi [レハビリタスィ]
(㊤ rehabilitation)リハビリテーション

réhat [レハ(ト)](㊤ rest / to rest)
休憩(きゅうけい) / 休憩する

réhatkan [レハ(ト)カヌ](㊤ to rest)休ませる

réhatkan diri [レハ(ト)カヌ ディリ]
(㊤ to take a rest)
休憩(きゅうけい)する / 休息する

réjim [レジェム](㊤ regime)政権

réka [レカ]
(㊤ to create / to make up / to invent)
創作する / でっち上げる / 発明する

réka bentuk [レカ ブヌトッ]
(㊤ design / to design)
デザイン / 設計 / デザインする / 設計する

rékaan [レカアヌ](㊤ design / made-up)
デザイン / 設計 / 作り上げられた

rekahan [ルカハヌ](㊤ crack)ひび

réka-réka [レカ レカ](㊤ to make up)
作り上げる / でっち上げる

rékod [レコ(ド)](㊤ record)
記録 / 履歴(りれき) / レコード

rékod perubatan [レコ(ド) プルゥバタヌ]
(㊤ medical records)診療記録 / 病歴

rékoméndasi [レコメヌダスィ]
(㊤ recommendation)
推薦(すいせん) / おすすめ

rékréasi [レクレアスィ](㊤ recreation)
レクリエーション

rékrut [レクロ(ト)](㊤ to recruit)
(人材を)募集する

R

réktum [レクトム](英 rectum)直腸

réla [レラ](英 willing / to consent)
喜んで〜する / 同意する

rélaks [リルクス](英 to relax)リラックスする

rélaksasi [リルクサスイ](英 relaxation)
リラクゼーション

rélatif [レラテフ](英 relative)
相対的な / 比較的な

rélevan [レルヴァヌ](英 relevant)
関連がある

remaja [ルマジャ](英 youngster)若者

réméh [レメ(ヘ)](英 trivial)
些細(ささい)な / 取るに足りない

réméh-téméh《幹 réméh》
[レメ(ヘ) テメ(ヘ)](英 trivial)
細々(こまごま)した / 取るに足りない

rempah [ルムパ(ハ)](英 spices / spice)
香辛料 / スパイス

rempuh [ルムポ(ホ)](英 to rush into)
押し寄せる / 突入する

remuk(-redam) [ルモッ (ルダム)]
(英 smashed)粉々の / 大破した

renang [ルナン](英 swimming)泳ぎ

rencana [ルンチャナ](英 article / agenda / dictation)記事 / 議題 / ディクテーション

rencana pengarang [ルンチャナ プンアラン]
(英 editorial)社説 / 論説

rénda [レヌダ](英 lace)
(洋服などの)レース

rendah [ルヌダ(ハ)](英 low / short)
低い / 背が低い

rendah diri [ルヌダ(ハ) ディリ]
(英 to be modest)
へりくだる / 謙遜(けんそん)する

rendahkan [ルヌダ(ハ)カヌ](英 to lower / to reduce)低くする / 下げる

rendahkan diri [ルヌダ(ハ)カヌ ディリ]
(英 to be modest)
へりくだる / 謙遜(けんそん)する

rendam [ルヌダム](英 to soak)
浸(つ)ける / 浸(ひた)す

rendamkan [ルヌダムカヌ](英 to soak)
浸(つ)ける / 浸(ひた)す

rendang [ルヌダン](英 rendang)
ルンダン(肉のココナッツミルク煮込み)

réndang [レヌダン](英 leafy)
葉が生い茂った

rendidih [ルヌディデ(ヘ)](英 to stew)煮込む

renjatan [ルンジャタヌ](英 shock)
ショック / 感電

renjatan éléktrik [ルンジャタヌ エレクトレッ]
(英 electric shock)感電

rénovasi [レノヴァスイ](英 renovation)
リノベーション / 改装 / 改築

rentak [ルヌタッ](英 beat)拍子 / ビート

réntétan [レヌテタヌ](英 string / series)
列 / 連続

renung [ルノン](英 to stare)見つめる

renungan [ルヌウンアヌ](英 gaze)
見つめる視線 / 凝視

renyuk [ルニョッ](英 crumpled)
くしゃくしゃな

renyukkan [ルニョッカヌ]([英] to crumple)くしゃくしゃにする

réptila [レ(プ)ティラ]([英] reptile)爬虫類

républik [レプゥブレッ]([英] republic)共和国

reput [ルポ(ト)]([英] rotten)腐(くさ)った

réputasi [レプゥタスィ]([英] reputation)評判

resah [ルサ(ハ)]([英] restless)落ち着かない / 不安な

resam [ルサム]([英] custom)慣習

resap [ルサ(プ)]([英] to penetrate / to soak)入り込む / しみ込む

resapi [ルサピ]([英] to penetrate / to soak into)〜に入り込む / しみ込む

résénsi buku [レセヌスィ ブウクゥ]([英] book review)書評

resépi [ルセピ]☞resipi

resipi [ルスィピ]([英] recipe)レシピ

resit [ルスィ(ト)]([英] receipt)領収書 / レシート

résolusi [レソルゥスィ]([英] resolution)議決 / 決議 / 解像度

résponden [レスポヌドゥヌ]([英] respondent)回答者

réspons [レスポヌス]([英] response)反応 / 回答

réstoran [レストルヌ]([英] restaurant)レストラン / 料理店

restu [ルストゥウ]([英] blessing)祝福 / 加護

restui [ルストゥウイ]([英] to bless / to accept)祝福する / 容認する

retak [ルタッ]([英] cracked)ひびが入った

retakan [ルタカヌ]([英] crack)ひび

reti [ルティ]([英] to understand)【口語】分かる / 理解する

révolusi [レヴォルゥスィ]([英] revolution)革命

rezeki [ルズキ]([英] good fortune / livelihood)福 / 幸運 / 生活の糧(かて)

riadah [リヤダ(ハ)]([英] recreation / exercise)レクリエーション / 運動

riang [リヤン]([英] cheerful)朗(ほが)らかな / 元気な

riangkan [リヤンカヌ]([英] to cheer up)元気付ける

riang-riang [リヤン リヤン]([英] cicada)蝉(せみ)

riba [リバ]([英] lap)膝(腰から膝頭までの部分)

ribu [リブゥ]([英] thousand)千

ribuan [リブゥワヌ]([英] thousands of)数千の / 何千もの

ribut [リボ(ト)]([英] storm)嵐 / 暴風

ribut salji [リボ(ト) サルジ]([英] blizzard)吹雪(ふぶき)

rilék [リレッ]☞relaks

riléks [リレクス]☞relaks

rimba [リムバ]([英] jungle)ジャングル / 密林

rimbun [リムボヌ]([英] leafy)葉が生い茂った

rindu [リヌドゥウ]([英] to miss)恋しく思う

rindui [リヌドゥウイ] (㊥ to miss)
～を恋しく思う

rindukan [リヌドゥウカヌ] (㊥ to miss)
～を恋しく思う

ringan [リンアヌ] (㊥ light / minor)
軽い / 大したことない

ringankan [リンアヌカヌ] (㊥ to lighten / to mitigate) 軽くする / やわらげる

ringgit [リンゲ(ト)] (㊥ ringgit)
リンギット(マレーシアの通貨単位)

ringkas [リンカス] (㊥ brief / simple)
簡潔な / 簡素な

ringkasan [リンカサヌ] (㊥ summary)
まとめ / 概要(がいよう)

ringkaskan [リンカスカヌ]
(㊥ to summarize) まとめる / 要約する

rintangan [リヌタンアヌ] (㊥ obstacle)
障壁(しょうへき) / 障害(しょうがい)

risalah [リサラ(ハ)] (㊥ brochure / flyer)
パンフレット / ちらし

risau [リサウ] (㊥ anxious) 心配な / 不安な

risaukan [リサウカヌ] (㊥ to worry) 心配する

risik [リセッ] (㊥ to spy / to investigate)
密かに調べる / 探(さぐ)りを入れる

risiko [リスィコ] (㊥ risk) リスク

riuh(-rendah)《㊫ riuh》 [リオ(ホ) (ルヌダ(ハ))]
(㊥ noisy) 騒々(そうぞう)しい

riwayat [リワヤ(ト)] (㊥ legend / biography)
伝説 / 伝記

rizab [リザ(ブ)] (㊥ reserve)
保留地 / 保護区 / 準備金

RM (= Ringgit Malaysia)
[リンゲ(ト) (リンゲ(ト) ムレイスィヤ)]
(㊥ Malaysian Ringgit)
マレーシア・リンギットの略

roboh [ロボ(ホ)] (㊥ to collapse)
倒れる / 崩壊(ほうかい)する

robohkan [ロボ(ホ)カヌ] (㊥ to demolish)
破壊する / 解体する

robot [ロボ(ト)] (㊥ robot) ロボット

rod [ロ(ド)] (㊥ pole) 竿(さお)

roda [ロダ] (㊥ wheel) 車輪

rodok [ロドッ] (㊥ to thrust) 突き刺す

rogol [ロゴル] (㊥ rape / to rape)
レイプ / 強姦(ごうかん) / レイプする / 強姦する

roh [ロ(ホ)] (㊥ spirit / soul)
霊(れい) / 魂(たましい)

rohani [ロハニ] (㊥ soul / spiritual)
精神 / 精神的な

rojak [ロジャッ] (㊥ rojak)
ロジャック(野菜と果物のまぜこぜサラダ)

rokét [ロケ(ト)] (㊥ rocket) ロケット

rokok [ロコッ] (㊥ tobacco) タバコ

romantik [ロメヌテッ] (㊥ romantic)
ロマンティックな

rombak [ロムバッ] (㊥ to reshuffle)
再編成する / (内閣を)改造する

rombakan [ロムバカヌ] (㊥ reshuffle)
再編成 / (内閣の)改造

rombongan [ロムボンアヌ] (㊥ group)
一行 / 訪問団

R

rompak [ロムパッ] (㊥ to rob)
強盗(ごうとう)する

rompakan [ロムパカヌ] (㊥ robbery)
強盗(ごうとう)(すること)

ronda [ロヌダ] (㊥ to patrol) パトロールする

rongga [ロンガ] (㊥ hollow) 空洞(くうどう)

ronyok [ロニョッ] (㊥ crumpled)
くしゃくしゃな

ros [ロス] (㊥ rose) 薔薇(ばら)

rosak [ロサッ] (㊥ broken / defective / rotten) 故障した / だめになった

rosakkan [ロサッカヌ] (㊥ to break / to damage / to spoil) 壊す / だめにする

rotan [ロタヌ] (㊥ rattan / cane / to cane)
籐(とう) / 鞭(むち) / 鞭で打つ

roti [ロティ] (㊥ bread) パン

RTM (= Radio dan Télévisyen Malaysia)
[アルティエム (レディヨ ダヌ テレヴィシュヌ ムレイスイヤ)]
(㊥ RTM / Malaysia Radio and Television)
マレーシア放送協会(公共放送)

ruam [ルゥワム] (㊥ rash)
湿疹(しっしん) / 発疹(ほっしん)

ruang [ルゥワン] (㊥ space / room)
空間 / スペース / 部屋

ruang kosong [ルゥワン コソン]
(㊥ blank space) 余白

ruang lingkup [ルゥワン リンコ(プ)]
(㊥ scope) 範囲 / スコープ

ruang menunggu [ルゥワン ムヌゥングゥ]
(㊥ waiting space) 待ち合いスペース

ruang tamu [ルゥワン タムゥ]
(㊥ living room) 居間 / 応接間

ruang udara [ルゥワン ウゥダラ]
(㊥ up in the sky) 上空

ruangan [ルゥワンアヌ] (㊥ space / column)
空間 / スペース / (新聞などの)欄(らん)

rugi [ルゥギ] (㊥ loss / to lose)
損 / 損失 / 損をする

rugikan [ルゥギカヌ] (㊥ to damage / to make *sb* lose money)
損害を与える / 損失を与える

ruji [ルゥジ] (㊥ staple) 主食の

rujuk [ルゥジョッ] (㊥ to refer to)
参照する / 言及する

rujukan [ルゥジュゥカヌ] (㊥ reference)
参考(文献) / 参照

rukun [ルゥコヌ] (㊥ principle) 基本原則

Rukun Negara [ルゥコヌ ヌガラ]
(㊥ National Principles)
(マレーシアの)国家五原則

rumah [ルゥマ(ハ)] (㊥ house) 家

rumah agam [ルゥマ(ハ) アガム]
(㊥ mansion) 邸宅(ていたく) / 屋敷(やしき)

rumah api [ルゥマ(ハ) アピ]
(㊥ lighthouse) 灯台

rumah banglo [ルゥマ(ハ) バンロ]
(㊥ bungalow)
一軒家(いっけんや) / 一戸(いっこ)建て住宅

rumah hijau [ルゥマ(ハ) ヒジャゥ]
(㊥ greenhouse) 温室

rumah orang tua [ルゥマ(ハ) オラン トゥウワ]
(英 old folks home)老人ホーム

rumah panggung [bertiang]
[ルゥマ(ハ) パンゴン[ブーティヤン]]
(英 stilt house)高床式住居

rumah pangsa [ルゥマ(ハ) パンサ]
(英 apartment)アパート / マンション

rumah pekerja [ルゥマ(ハ) プクージャ]
(英 company housing)社宅

rumah penginapan [ルゥマ(ハ) プンイナパヌ]
(英 homestay)宿泊用住宅

rumah percutian
[ルゥマ(ハ) プーチュウティヤヌ]
(英 holiday home)別荘

rumah séwa [ルゥマ(ハ) セワ]
(英 rented house)借家(しゃくや)

rumah tangga [ルゥマ(ハ) タンガ]
(英 household)家庭 / 世帯

rumah térés [ルゥマ(ハ) テレス]
(英 terraced house / maisonette)
長屋(ながや) / メゾネット

rumah tumpang [ルゥマ(ハ) トゥウムパン]
(英 lodging)
下宿(げしゅく) / 居候先(いそうろうさき)

rumah tumpangan
[ルゥマ(ハ) トゥウムパンアヌ](英 guesthouse)民宿

rumah untuk diséwa
[ルゥマ(ハ) ウゥヌトッ ディセワ]
(英 house for rent)貸家(かしや)

Rumi [ルゥミ](英 Roman alphabet)
ローマ字

rumit [ルゥメ(ト)](英 complicated)
複雑な / ややこしい

rumpai [ルゥムパイ](英 weed)雑草

rumpai laut [ルゥムパイ ラォ(ト)]
(英 seaweed)海草

rumput [ルゥムポ(ト)](英 grass)草

rumput halaman [laman]
[ルゥムポ(ト) ハラマヌ[ラマヌ]](英 lawn)
芝生(しばふ)

rumput-rampai《幹 rumput》
[ルゥムポ(ト) ラムパイ](英 weed)雑草

rumus [ルゥモス](英 formula / rule)
公式 / 化学式 / 法則

rumusan [ルゥムウサヌ](英 summary)
まとめ / 要約

rumuskan [ルゥモスカヌ]
(英 to summarize)まとめる / 要約する

runcing [ルゥンチェン](英 sharp / critical)
尖(とが)った / 危機的な

runcit [ルゥンチェ(ト)](英 of all kinds)雑多な

runding [ルゥヌデン](英 to negotiate)
交渉する / 相談する

rundingan [ルゥヌディンアヌ](英 talk / negotiation)会談 / 交渉 / 相談

rundingan perniagaan
[ルゥヌディンアヌ プーニヤガアヌ]
(英 business talk)商談

rundingkan [ルゥヌデンカヌ]
(英 to negotiate)交渉する

rungkaikan [ルゥンカイカヌ](英 to untie)
ほどく

rungut [ルゥンォ(ト)](英 to grumble)
不平を言う / ぼやく

R

rungutan [ルウンウゥタヌ] (㊥ complaint)
文句(もんく) / 愚痴(ぐち)

runtuh [ルウヌト(ホ)] (㊥ to collapse / to fall down) 崩壊(ほうかい)する / 落下する

runtuhan [ルウヌトハヌ] (㊥ ruins / debris)
残骸(ざんがい) / 瓦礫(がれき)

runtuhan salji [ルウヌトハヌ サルジ]
(㊥ avalanche) 雪崩(なだれ)

runtuhkan [ルウヌト(ホ)カヌ]
(㊥ to destroy) 破壊する

rupa [ルウパ] (㊥ appearance) 外見 / 容姿

rupa bentuk [ルウパ ブヌトッ]
(㊥ shape and figure) 姿形(すがたかたち)

rupa bumi [ルウパ ブウミ] (㊥ terrain) 地形

rupa luaran [ルウパ ルウワラヌ] (㊥ outward / appearance) 外観 / 体裁(ていさい)

rupanya [ルウパニャ] (㊥ apparently)
どうやら

rupa-rupanya [ルウパ ルウパニャ]
(㊥ apparently) どうやら

rupiah [ルウピヤ(ハ)] (㊥ rupiah)
ルピア(インドネシアの通貨単位)

rusa [ルウサ] (㊥ deer) 鹿

Rusia [ルウスイヤ] (㊥ Russia) ロシア

rusuhan [ルウソハヌ] (㊥ riot) 暴動

rusuhan kaum [ルウソハヌ カオム]
(㊥ race riot) 民族暴動

rusuk [ルウソッ] (㊥ side) 脇 / 脇腹

rutin [ルウテヌ] (㊥ routine)
習慣的に行うこと / ルーチン

rutin harian [ルウテヌ ハリヤヌ]
(㊥ daily routine) 日課

S

s.a.w. (= sallallahualaihi wassalam)
[サッラッラーフウワライヒ ワッサラーム]
(㊥ peace be upon him)
神の祝福あれ(ムハンマドの後に付く表現)

s.w.t. (= subhanahu wa taala)
[スゥブハーナフゥ ワ タアラ]
(㊥ may He be praised and exalted)
神よ讃えよ(アッラーの後に付く表現)

saat [サア(ト)] (㊥ moment / second)
瞬間(しゅんかん) / 時(とき) / 秒

saat akhir hayat [サア(ト) アヘー ハヤ(ト)]
(㊥ one's final years) 晩年(ばんねん)

Sabah [サバ(ハ)] (㊥ Sabah)
サバ(ボルネオ島の州)

sabar [サバー] (㊥ to be patient / patient) 我慢する / 忍耐強い

sabda [サ(ブ)ダ] (㊥ words)
(神、使徒、王の)言葉

sabit [サベ(ト)] (㊥ to be convicted / sickle) 罪が確定する / 鎌(かま)

Sabtu [サ(ブ)トゥウ] (㊥ Saturday) 土曜(日)

sabun [サボヌ] (㊥ soap) 石鹸

saderi [サドゥリ] (㊥ celery) セロリ

saduran [サドゥウラヌ] (㊥ plating) メッキ

sagu [サグゥ] (㊥ sago (palm))
サゴヤシ / サゴ(サゴヤシのでんぷん粉)

sagu hati [サグゥ ハティ] (㊥ remuneration / compensation) 謝礼(しゃれい) / 補償金

sah [サ(ハ)] (㊥ valid / legal) 有効な / 合法な

sahabat [サハバ(ト)] (㊥ friend) 友 / 友人

sahabat karib [rapat] [サハバ(ト) カレ(プ) [ラパ(ト)]] (㊥ best friend) 親友

sahaja [サハジャ] (㊥ only / just) ～だけ / ～ばかり / 別に(～にすぎない)

saham [サハム] (㊥ stock / share) 株 / 株式 / 証券

sahih [サヘ(ヘ)] (㊥ valid) 確かな / 正当な

sahkan [サ(ハ)カヌ] (㊥ to confirm) 確認する / (正しいと)認める

sahut [サホ(ト)] (㊥ to reply) 返答する

sahutan [サフゥタヌ] (㊥ reply) 返答

saing [サエン] (㊥ to compete) 競争する

saingan [サインアヌ] (㊥ competitor) 競争相手 / 敵

sains [サインス] (㊥ science) 科学 / 理科

sains hayat [サインス ハヤ(ト)] (㊥ life sciences) 生命科学

sains semula jadi [サインス スムゥラ ジャディ] (㊥ natural science) 自然科学

sains sosial [kemasyarakatan] [サインス ソスイヤル [クマシャラカタヌ]] (㊥ social science) 社会科学

saintifik [サエヌティフェッ] (㊥ scientific) 科学の / 科学的な

saintis [サエヌテス] (㊥ scientist) 科学者

saiz [サエズ] (㊥ size) 大きさ / サイズ / 規模

saja [サジャ] (㊥ only / just / with no reason) だけ / ばかり / 別に / 何となく

sajak [サジャッ] (㊥ poetry) 詩

sakit [サケ(ト)] (㊥ to hurt / painful / disease) 痛む / 痛い / 病気

sakit belakang [サケ(ト) ブラカン] (㊥ backache) 腰痛(ようつう)

sakit gastrik [サケ(ト) ゲストレッ] (㊥ gastric pain) 胃痛(いつう)

sakit hati [サケ(ト) ハティ] (㊥ to be hurt) (心が)傷つく

sakit kepala [サケ(ト) クパラ] (㊥ headache) 頭痛

sakit perut [サケ(ト) プロ(ト)] (㊥ stomachache) 腹痛

sakit tua [サケ(ト) トゥウア] (㊥ decrepitude) 老衰(ろうすい)

sakiti [サキティ] (㊥ to cause *sb* pain) 苦しめる

sakitkan [サケ(ト)カヌ] (㊥ to hurt) 傷つける

saksama [サッサマ] (㊥ fair) 公平な

saksi [サッスイ] (㊥ witness) 証人 / 目撃者

saksikan [サッスイカヌ] (㊥ to watch / to witness) 自分の目で見る / 目撃する

sakti [サッティ] (㊥ magic / supernatural) 魔力がある / 超能力がある

saku [サクゥ] (㊥ pocket) ポケット

S

salad [サラ(ド)] (㊥ salad) サラダ

salah [サラ(ハ)] (㊥ wrong / false) 間違った / 悪い

salah faham [サラ(ハ) ファハム] (㊥ to misunderstand / misunderstanding) 誤解する / 誤解

salah guna [サラ(ハ) グゥナ] (㊥ to abuse / abuse) 濫用(らんよう)する / 濫用

salah satu [サラ(ハ) サトゥウ] (㊥ one of) ～の1つ

salah se- [サラ(ハ) ス] (㊥ one of) ～の1つ

salahfahami《㊍ salah faham》 [サラ(ハ)ファハミ] (㊥ to misunderstand) 誤解する

salahfahamkan《㊍ salah faham》 [サラ(ハ)ファハムカヌ] (㊥ to misunderstand) 誤解する

salahgunakan《㊍ salah guna》 [サラ(ハ)グゥナカヌ] (㊥ to abuse) 濫用(らんよう)する

salahi [サラヒ] (㊥ to breach) 違反する

salahkan [サラ(ハ)カヌ] (㊥ to blame) 責(せ)める / 咎(とが)める

salam [サラム] (㊥ greetings / regards) 挨拶(あいさつ) / よろしくとの挨拶

salam hormat [サラム ホーマ(ト)] (㊥ sincerely yours) 敬具(手紙の結び)

salam perkenalan [サラム プークナラヌ] (㊥ nice to meet you) 初めまして

salap [サラ(プ)] (㊥ ointment) 軟膏(なんこう)

salib [サレ(ブ)] (㊥ cross) 十字架

salin [サレヌ] (㊥ to copy / to change) 写す / 複写する / 着替える

salinan [サリナヌ] (㊥ copy) 写し / コピー

saling [サレン] (㊥ each other / mutually) 互いに / 相互に

salirkan [サレーカヌ] (㊥ to drain) 排水する

salji [サルジ] (㊥ snow) 雪

salon [サロヌ] (㊥ salon) サロン

salon kecantikan [サロヌ クチャヌティカヌ] (㊥ beauty salon) 美容院 / エステサロン

salon kuku [サロヌ クウクウ] (㊥ nail salon) ネイルサロン

salon rambut [サロヌ ラムボ(ト)] (㊥ hair salon) 美容院

salur [サロー] (㊥ pipe) 管

salur darah [サロー ダラ(ハ)] (㊥ blood vessel) 血管

salur kencing [サロー クンチェン] (㊥ urinary tract) 尿路

salur udara [サロー ウゥダラ] (㊥ windpipe) 気管

saluran [サルゥラヌ] (㊥ channel / pipe) チャンネル / 管

saluran berbayar [サルゥラヌ ブーバヤー] (㊥ pay channel) 有料チャンネル

saluran darah [サロラヌ ダラ(ハ)] (㊥ blood vessel) 血管

salurkan [サローカヌ] (㊥ to channel) 流す / (支援や情報を)提供する

sama [サマ]([英] same / equally / together)
同じ / 同じくらいに / 【口語】一緒に

sama rata [サマ ラタ]([英] equally)
平等に / 均一に

sama sekali [サマ スカリ]
([英] (not ~) at all)全然(～ない)

samakan [サマカヌ]([英] to equate / to equalize)同一視する / 等しくする

saman [サマヌ]([英] summons / to sue)
(裁判所への)召喚状(しょうかんじょう) / 出頭命令 / 告訴(こくそ)する

samar(-samar) [サマー(サマー)]
([英] dim / vague)
ぼんやりした / 漠然(ばくぜん)とした

sama-sama [サマ サマ]
([英] together / both / you're welcome)
一緒に / 共に / どういたしまして

sambal [サムバル]([英] sambal)
サンバル(唐辛子(とうがらし)などを混ぜたペースト)

sambar [サムバー]([英] to grab / to carry away)つかみ取る / 奪い取る

sambil [サムベル]([英] while)～しながら

sambil léwa [サムベル レワ]([英] sloppy)
いい加減な / 杜撰(ずさん)な

sambilan [サムビラヌ]([英] part-time)
パートタイムの / アルバイトの

sambil-sambil [サムベル サムベル]
([英] while)～するついでに

sambung [サムボン]([英] to connect / to continue)つなぐ / 続ける

sambung pelajaran [サムボン プラジャラヌ]
([英] to go on to a higher school)
進学する

sambungan [サムブウンアヌ]
([英] connection / continuation / extension)接続 / 続き / 内線

sambungkan [サムボンカヌ]
([英] to connect)繋(つな)ぐ / 接続する

sambut [サムボ(ト)]([英] to welcome / to celebrate)迎える / 歓迎する / 祝う

sambutan [サムブウタヌ]
([英] celebration / welcome / response)
祝い / 歓迎 / 反響 / 反応

sami [サミ]([英] monk)僧侶(そうりょ)

sampah [サムパ(ハ)]([英] trash)ごみ

sampai [サムパイ]([英] to reach / to arrive / to / until)到着する / 到来する / ～まで

sampai bila [サムパイ ビラ]
([英] until when)いつまで

sampai bila-bila [サムパイ ビラ ビラ]
([英] forever)いつまでも

sampai hati [サムパイ ハティ]
([英] to have the heart)
平気で～できる / ～する気になる

sampai mana [サムパイ マナ]
([英] where (to))どこまで

sampaikan [サムパイカヌ]([英] to convey)
伝える

sampan [サムパヌ]([英] boat)小舟

sampel [サムプル]([英] sample)
サンプル / 標本 / 見本

S

samping [サムペン]([英] side)傍(かたわ)ら

sampingan [サムピンアヌ]([英] side)
副次的な

sampul [サムポル]([英] cover)カバー

sampul surat [サムポル スウラ(ト)]
([英] envelope)封筒

samséng [サムセン]([英] gangster)
暴力団員

sana [サナ]([英] (over) there)
あそこ / 向こう / そこ

sana sini [サナ スィニ]([英] here and there)
あちこち / あちらこちら

sanak saudara [サナッ サウダラ]
([英] relative)親類(しんるい)

sandal [サヌダル]([英] sandals)サンダル

sandar [サヌダー]([英] to lean)
もたれる / 寄り掛かる

sandaran [サヌダラヌ]
([英] prop / help / security / backup)
支え / 助け / 担保(たんぽ) / バックアップ

sandarkan [サヌダーカヌ]([英] to lean)
もたせ掛ける

sandiwara [サヌディワラ]([英] play)
芝居(しばい)

sandung [サヌドン]([英] to stumble)
つまずく

sandwic [サヌドウエチ]([英] sandwich)
サンドイッチ

sang [サン]([英] —)(主に動物について)～さん

sangat [サンア(ト)]([英] very)
とても / 非常に / かなり

sangga [サンガ]([英] prop / to support)
支え / 支える

sanggul [サンゴル]([英] bun)
束ねた髪 / お団子

sanggup [サンゴ(プ)]([英] willing / to have the heart / able)進んで～する / ～する覚悟がある / ～できる

sangka [サンカ]([英] to suppose)
推測する / 予想する

sangkaan [サンカアヌ]([英] assumption / supposition)推測 / 予想

sangkal [サンカル]([英] to deny)否定する

sangkar [サンカー]([英] cage)
(鳥などを飼う)かご

sangkut [サンコ(ト)]([英] connection / to hang)関わり / 引っかける

sangkutan [サンクウタヌ]([英] attachment)
(一次的)配属 / 出向

sangsi [サンスィ]([英] to doubt)疑う

sanitasi [サニタスィ]([英] sanitation)衛生

Santa Klaus [サヌタ クロス]
([英] Santa Claus)サンタクロース

santai [サヌタイ]([英] to relax)
くつろぐ / のんびりする

santun [サヌトヌ]([英] polite)礼儀正しい

sapu [サプウ]([英] to spread / to sweep)
塗(ぬ)る / 掃(は)く

sapu tangan [サプウ タンアヌ]
([英] handkerchief)ハンカチ

saput [サポ(ト)]([英] film)薄い膜

S

sara [サラ] (英 to support)
扶養(ふよう)する / 養(やしな)う

sara hidup [サラ ヒド(プ)] (英 livelihood)
生活の糧(かて) / 生活費

saraf [サラフ] (英 nerve) 神経

saranan [サラナヌ] (英 proposal / call)
提案 / 呼びかけ

sarang [サラン] (英 nest) 巣

sarankan [サラヌカヌ] (英 to propose)
提案する

sarapan [サラパヌ] (英 breakfast) 朝食

Sarawak [サラワッ] (英 Sarawak)
サラワク(ボルネオ島の州)

sardin [サーデヌ] (英 sardine) イワシ

sari [サリ] (英 essence / sari)
要点 / サリー(インド系女性の伝統衣装)

sari kata [サリ カタ] (英 subtitles) 字幕

saring [サレン] (英 to filter / to screen)
ろ過する / 選抜する

saringan [サリンアヌ] (英 heat / screening)
選抜 / 予選 / スクリーニング

sarjana [サージャナ] (英 scholar / master's degree) 学者 / 修士

sarjana muda [サージャナ ムゥダ]
(英 bachelor) 学士

sarkas [サーカス] (英 circus) サーカス

sarung [サロン] (英 sarong / sheath)
サロン(腰巻き布) / (刃物の)さや / 覆(おお)い

sarung kaki [サロン カキ] (英 socks) 靴下

sarung tangan [サロン タンアヌ]
(英 gloves) 手袋

sasaran [ササラヌ] (英 target)
ターゲット / 対象 / 目標

sasarkan [ササーカヌ] (英 to aim)
ねらう / 目標にする

sastera [サストゥラ] (英 literature) 文学

sasterawan [サストゥラワヌ] (英 literate)
文学者

satah [サタ(ハ)] (英 plane) 平面

saté [サテ] (英 satay)
サテ(焼き鳥に似たマレー料理)

satelit [サトゥリ(ト)] (英 satellite) 衛星(えいせい)

satira [サティラ] (英 satire) 風刺(ふうし)

satu [サトゥゥ] (英 one / a(n) / same / whole)
1 / ある〜 / 同じ / 全〜 / 〜中(じゅう)

satu habuk [サトゥゥ ハボッ]
(英 one little bit) 微塵(みじん)(も〜ない)

satu masa dulu [dahulu]
[サトゥゥ マサ ドゥゥルゥ [ダフゥルゥ]]
(英 at one time) ある時 / かつて

satu per satu [サトゥゥ プー サトゥゥ]
(英 one by one) 一つずつ

satu pihak [サトゥゥ ペハッ] (英 one party / one-sided) 一方(片側) / 一方的

satu sama lain [サトゥゥ サマ ラエヌ]
(英 each other) お互い

satukan [サトゥゥカヌ] (英 to unify / to unite)
一つにする / 合わせる / 統合する

satu-satu [サトゥゥ サトゥゥ]
(英 one by one) 一つずつ

S

satu-satunya [サトゥゥ サトゥゥニャ]
([英] the only)唯一(ゆいいつ)の

saudagar [サゥダガー]([英] merchant)商人

saudara [サゥダラ]
([英] relative / Mr. / you / your)
親戚(しんせき) / ～君(くん) / 君(きみ)

saudara-mara《[幹] saudara》
[サゥダラ マラ]([英] relative)
親戚(しんせき) / 親類(しんるい)

saudari [サゥダリ]([英] Miss / you / your)
(女性に対して)～さん / 君(きみ)

sauna [サゥナ]([英] sauna)サウナ

sawah (padi) [サワ(ハ) (パディ)]
([英] paddy field)田んぼ / 水田(すいでん)

sawan [サワヌ]([英] fit / epilepsy)
ひきつけ / 癲癇(てんかん)

sawan babi [サワヌ バビ]([英] epilepsy)
癲癇(てんかん)

sawi [サウィ]([英] mustard)カラシナ

sawi putih [サウィ プゥテ(ヘ)]
([英] Chinese cabbage)白菜

sawit [サウェ(ト)]([英] palm)椰子(やし)

saya [サヤ]([英] I / my / me / yes / here)
私 / はい

sayang [サヤン]
([英] to love / honey / darling / pitiful)
いとしく思う / いとしい人 / 残念な

sayang nak buang [サヤン ナッ ブゥワン]
([英] too good to be thrown away)
【口語】(捨てるのが)もったいない

sayangi [サヤンィ]([英] to love / to cherish)愛する / かわいがる

sayangkan [サヤンカヌ]([英] to love)
愛する / 大切に思う

sayangnya [サヤンニャ]
([英] unfortunately)残念なことに

sayap [サヤ(プ)]([英] wing)
翼(つばさ) / 羽(はね)

sayap kanan [サヤ(プ) カナヌ]
([英] right wing)右翼(うよく)

sayap kiri [サヤ(プ) キリ]
([英] left wing)左翼(さよく)

sayu [サユゥ]([英] sorrowful)
せつない / 悲しい

sayur [サヨー]([英] vegetable)野菜

sayuran [サヨラヌ]([英] vegetable)野菜(類)

sayur-sayuran [サヨー サヨラヌ]
([英] vegetable)野菜(類)

sbg [スバガィ]☞sebagai

Sdn. Bhd. [スンディリヤヌ ブーハ(ド)]
☞sendirian berhad

se-~ mungkin [ス ムゥンケヌ]
([英] as ~ as possible)
できる限り～ / できるだけ～

seadanya [スアダニャ]([英] as it is)
ありのまま

seakan-akan [スアカヌ アカヌ]([英] as if)
あたかも～のようだ

seandainya [スアヌダィニャ]([英] if)
仮に～だとしたら

S

sebab [スバ(ブ)] (㊥ cause / reason / because) 原因 / 理由 / 【口語】〜だから

sebab apa [スバ(ブ) アパ] (㊥ how come) 何で

sebabkan [スバ(ブ)カヌ] (㊥ to cause) 引き起こす / 〜させる

sebagai [スバガイ] (㊥ as) 〜として

sebagaimana [スバガィマナ] (㊥ as) 〜であるように

sebagainya [スバガィニャ] (㊥ the like) 同様のもの

sebahagian [スバハギヤヌ] (㊥ part) 一部(分)

sebahagian besar [スバハギヤヌ ブサー] (㊥ large part) 大部分 / 大半

sebahagian besarnya [スバハギヤヌ ブサーニャ] (㊥ mostly) (その)大部分は / 大半は

sebaik [スバエッ] (㊥ as good as / as soon as) 〜と同じぐらい良い / 〜するやいなや

sebaik sahaja [saja] [スバエッ サハジャ [サジャ]] (㊥ as soon as) 〜するやいなや

sebaik-baiknya [スバエッ バエッ(ク)ニャ] (㊥ as much as one can / it is best if) できるだけよく / 〜するのが一番よい

sebalik [スバレッ] (㊥ behind) 裏 / 反対側

sebaliknya [スバレッ(ク)ニャ] (㊥ conversely) 逆に / そうでなく

sebanding [スバヌデン] (㊥ to be comparable) 匹敵する

sebanyak [スバニャッ] (㊥ as many [much] as) 〜もの / (数量が)〜の / 同じぐらい多い

sébar [セバー] (㊥ to spread) 広まる / 普及する

sebarang [スバラン] (㊥ any) いかなる / どんな〜でも

sébarkan [セバーカヌ] (㊥ to spread / to scatter) 広める / 普及させる / ばらまく

sebatang [スバタン] (㊥ one) 一本

sebati [スバティ] (㊥ well mixed / to become part of) よく混ざった / 〜の一部となった

sebatian [スバティヤヌ] (㊥ compound) 化合物

sebatikan [スバティカヌ] (㊥ to compound) 混ぜ合わせる

sebaya [スバヤ] (㊥ of the same age) 同(おな)い年の

sebegini [スブギニ] (㊥ like this) このような / こんな

sebegitu [スブギトゥゥ] (㊥ like that) そのような / そんな

sebelah [スブラ(ハ)] (㊥ side) 隣 / 横 / 側

sebelah lagi [スブラ(ハ) ラギ] (㊥ the other side) 別の側 / 他方(たほう)

sebelahi [スブラヒ] (㊥ to take sides with) 味方する

sebelas [スブラス] (㊥ eleven) 11

sebelum [スブロム] (㊥ before / by) 〜する前に / 〜の前に / 〜までに

S

sebelumnya [スプロムニャ]
(英 before that) それ以前の

sebenar [スブナー] (英 real)
実際の / 本当の

sebenarnya [スブナーニャ] (英 actually)
実は / 実際には

sebentar [スブヌター]
(英 for a short while) しばらく

sebentar lagi [スブヌター ラギ] (英 soon)
間もなく / もうすぐ

sebentar tadi [スブヌター タディ]
(英 a little while ago)
先程(さきほど) / さっき

seberang [スブラン] (英 opposite side / to cross) 向こう側 / 横切る / 渡る

seberangi [スブランイ] (英 to cross)
横切る / 渡る

seberapa [スブラパ]
(英 as much as possible / (not) so much)
できるだけ / それほど(〜ない)

sebesar [スブサー] (英 as large as)
(大きさが)〜(も)の / 同じぐらい大きい

sebiji [スビジ] (英 one) 一つ

sebilangan [スビランアヌ] (英 some)
一部の

sebilangan besar [スビランアヌ ブサー]
(英 a large number of) 多数の

sebilangan kecil [スビランアヌ クチェル]
(英 a small number of) 少数の

seboléh mungkin [スボレ(ヘ) ムゥンケヌ]
(英 as ~ as possible) できる限り

sebuah [スブゥワ(ハ)] (英 one)
一つ / 一個 / 一台 / 一件

sebulan [スブゥラヌ] (英 one month)
一か月 / 一月(ひとつき)

sebulat suara [スブゥラ(ト) スゥワラ]
(英 unanimous) 満場一致(まんじょういっち)の

sebut [スボ(ト)]
(英 to mention / to pronounce)
口に出す / 言及する / 発音する

sebut harga [スボ(ト) ハルガ] (英 tender)
入札(にゅうさつ)

sebutan [スブゥタヌ] (英 pronunciation)
発音

sebut-sebutan [スボ(ト) スブゥタヌ]
(英 very popular topic) 持ち切りの話題

secara [スチャラ] (英 in a ~ way / ~-ly)
〜な方法で / 〜的に

secara am [スチャラ アム] (英 generally)
一般(的)に

secara automatik [スチャラ オトメテッ]
(英 automatically) 自動的に

secara bandingan [スチャラ バヌディンアヌ]
(英 relatively) 相対的に

secara berasingan [スチャラ ブラスィンアヌ]
(英 separately) 別々に

secara berlarutan [スチャラ ブーラルゥタヌ]
(英 at length) 長々と

secara berterusan [スチャラ ブートゥルゥサヌ]
(英 continuously) 連続して / 次々

secara besar-besaran
[スチャラ ブサー ブサラヌ]
(英 on a large scale) 大々的に

S

secara diam-diam [senyap-senyap] [スチャラ ディヤム ディヤム [スニャ(プ) スニャ(プ)]] (英 secretly)こっそりと

secara éksklusif [スチャラ エクスクルゥセフ] (英 exclusively)排他的に / もっぱら

secara individu [individual] [スチャラ イヌディヴィドゥゥ [イヌディヴィドゥウワル]] (英 individually)個別に

secara kebetulan [スチャラ クブトゥウラヌ] (英 by chance)偶然(ぐうぜん)

secara keseluruhannya [スチャラ クスルゥルゥハヌニャ] (英 entirely) 全体的に / 全面的に

secara khas [スチャラ ハス] (英 specially)特別に

secara langsung [terus] [スチャラ ランソン [トゥロス]] (英 directly)直接

secara lengkap [スチャラ ルンカ(プ)] (英 completely)完全に / 完璧に

secara mengejut [スチャラ ムンゥジョ(ト)] (英 suddenly)いきなり / 突然

secara menyeluruh [スチャラ ムニュルゥロ(ホ)] (英 fully) 完全に / 全面的に

secara paksa [スチャラ パッサ] (英 forcibly)強制的に / 強引(ごういん)に

secara perbandingan [スチャラ プーバヌディンアヌ] (英 comparatively)比較すると

secara rawak [スチャラ ラワッ] (英 at random)ランダムに / 無作為に

secara rélatif [スチャラ レラテッ] (英 relatively)相対的に / 比較的

secara ringkas [スチャラ リンカス] (英 briefly)簡潔に

secara samar-samar [スチャラ サマー サマー] (英 vaguely) 漠然(ばくぜん)と

secara sepenuhnya [スチャラ スプノ(ホ)ニャ] (英 completely) 完全に

secara seragam [スチャラ スラガム] (英 uniformly / consistently) 一様(いちよう)に / 一貫(いっかん)して

secara spontan [スチャラ スポヌタヌ] (英 spontaneously)自発的に / 自然に

secara sukaréla [スチャラ スゥカレラ] (英 voluntarily)自主的に

secara teliti [スチャラ トゥリティ] (英 in detail)詳細(しょうさい)に

secara terbuka [スチャラ トゥーブゥカ] (英 openly)公然と / 公開で

secara tidak jelas [スチャラ ティダッ ジュラス] (英 unclearly) 不明瞭(ふめいりょう)に / ぼんやりと

secara tidak sengaja [スチャラ ティダッ スンアジャ] (英 accidentally) 偶然(ぐうぜん) / 意識せず

secara tradisi [スチャラ トラディスィ] (英 traditionally)伝統的に

secara umum [スチャラ ウゥモム] (英 generally)一般(的)に

secarik [スチャレッ] (英 a piece of / the slightest) 一枚の / 一縷(いちる)の / ごくわずかな

S

secawan [スチャワヌ]
([英] a cup [glass] of)一杯

secepat [スチュパ(ト)]([英] as fast [soon] as)
～と同じぐらい速い〈早い〉

secepat mungkin [スチュパ(ト) ムゥンケヌ]
([英] as soon as possible)
至急 / できるだけ早く

secukupnya [スチュウコ(プ)ニャ]
([英] sufficient(ly) / as much as one wants)
十分(な) / 欲するだけ

sedang [スダン]([英] in the middle of / when)～している最中の / ～していると

sedangkan [スダンカヌ]
([英] even though / if / when)
(一方で)～なのに / ～なのだから

sedap [スダ(プ)]([英] delicious / pleasant)
おいしい / 心地(ここち)よい

sedapat mungkin [スダパ(ト) ムゥンケヌ]
([英] as ~ as possible)できる限り

sedapnya [スダ(プ)ニャ]
([英] how delicious)おいしいなあ

sedar [スダー]([英] aware / conscious)
気付いている / 分かっている / 意識がある

sedar sendiri [スダー スヌディリ]
([英] to be [become] conscious)
自覚する / 意識を取り戻す

sedari [スダリ]([英] to realize / to recognize)気付く / 認識する

sedarkan [スダーカヌ]([英] to make *sb* aware)気付かせる / 意識させる

sedaya (upaya) [スダヤ (ウゥパヤ)]
([英] with all one's force)
力の限り / 全力で

sedekah [スドゥカ(ハ)]([英] alms)施(ほどこ)し

sedemikian [スドゥミキヤヌ]([英] like that)
そのような

sederhana [スドゥーハナ]([英] moderate / simple)適度な / 並の / 簡素な / 質素な

sedia [スディヤ]
([英] ready / prepared / already)
準備ができた / 用意がある / すでに

sediakan [スディヤカヌ]([英] to prepare / to arrange)準備する / 用意する

sedih [スデ(ヘ)]([英] sad)悲しい

sedihkan [スデ(ヘ)カヌ]([英] to sadden)
悲しませる

sedikit [スディケ(ト)]([英] a few / a little)
少ない / 少し / やや

sedikit demi sedikit
[スディケ(ト) ドゥミ スディケ(ト)]
([英] little by little)少しずつ

sedikit pun [スディケ(ト) ポヌ]
([英] (not ~) at all)少しも(～ない)

sedikit sebanyak [スディケ(ト) スバニャッ]
([英] more or less)
多かれ少なかれ / 多少なりとも

sédiméntasi [セディメヌタスイ]
([英] sedimentation)
堆積(たいせき) / 沈殿(ちんでん)

sedu [スドゥウ]([英] hiccup)しゃっくり

sedunia [スドゥウニヤ]([英] (whole) world)
全世界

sedut [スド(ト)]([英] to inhale)
吸う / 吸い込む

S

seékor [スエコー] ([英] one)
一匹 / 一頭 / 一羽

ségak [セガッ] ([英] smart)
かっこいい / 粋(いき)な

segala [スガラ] ([英] all) あらゆる / すべての

segala-galanya [スガラ ガラニャ]
([英] everything) すべて

segalanya [スガラニャ] ([英] everything)
すべて

segan [スガヌ] ([英] shy)
恥ずかしがる / 内気な

segar [スガー] ([英] fresh) 新鮮な

segarkan [スガーカヌ] ([英] to refresh)
元気を回復させる / リフレッシュさせる

segelas [スグラス] ([英] a cup [glass] of)
一杯

segelintir [スグリヌテー] ([英] just a few)
少数の / ごく一部の

segenap [スグナ(プ)] ([英] all) すべての

segera [スグラ] ([英] immediately /
prompt) すぐに / 早急(そうきゅう)の

segi [スギ] ([英] point of view / edge / side)
観点 / 側面 / 角(かど) / 辺

segi empat [スギ ウムパ(ト)] ([英] square)
四角形

segi empat sama [スギ ウムパ(ト) サマ]
([英] square) 正方形

segi empat tepat [スギ ウムパ(ト) トゥパ(ト)]
([英] rectangle) 長方形

segi tiga [スギ ティガ] ([英] triangle) 三角形

ségmen [セ(グ)ムヌ] ([英] segment)
部分 / 区分

sehabis baik [スハベス バエッ]
([英] as best one can) できるだけうまく

sehala [スハラ] ([英] one way) 片道の

sehari [スハリ] ([英] a day) 一日(いちにち)

sehari suntuk [スハリ スゥヌトッ]
([英] all day) 一日中 / 終日(しゅうじつ)

seharian [スハリヤヌ] ([英] daily) 日常の

sehari-hari [スハリ ハリ] ([英] daily) 日常の

seharusnya [スハロスニャ] ([英] should)
〜するべきだ / 〜するはずだ

sehelai [スフライ] ([英] a sheet) 一枚

sehingga [スヒンガ] ([英] until / to /
(so ~) that) 〜まで / 〜するほどまで

sehubungan [スフゥブゥンアヌ]
([英] related to) 〜に関連して

sehubungan itu [スフゥブゥンアヌ イトゥウ]
([英] by the way / related to that)
ところで / それに関連して

seimbang [スイムバン] ([英] balanced)
バランスの取れた / 釣り合った

seiring [スイレン] ([英] side by side)
並んで / ともに / 並行して

seisi [スイスィ] ([英] whole) すべて

seisi keluarga [スイスィ クルゥワーガ]
([英] whole family) 家族全員

sejagat [スジャガ(ト)] ([英] universal /
global) 普遍(ふへん)的な / 世界的な

S

sejajar [スジャジャー]
(英 parallel / in a row / in line with)
平行な / 並んで / (政策など)に沿って

sejak [スジャッ](英 since)～以降 / ～から

sejalur [スジャロー](英 a shaft [ray])
(光や希望について)一筋(ひとすじ)

sejam [スジャム](英 an hour)一時間

sejarah [スジャラ(ハ)](英 history)歴史

sejauh [スジャオ(ホ)](英 as far as)
(距離が)～(も)の / 同じぐらい離れた

sejauh mana [スジャオ(ホ) マナ]
(英 how far)どの程度まで / どれくらい

sejenak [スジュナッ](英 a moment)一瞬

sejenis [スジュネス](英 a kind of / of the same kind)～の一種 / 同種の

sejuk [スジョッ](英 cold / cool)
冷たい / 寒い / 涼しい

sejuk beku [スジョッ ブクゥ](英 frozen)
冷凍された

sejukbekukan《幹 sejuk beku》
[スジョッ(ク)ブクゥカヌ](英 to freeze)冷凍する

sejukkan [スジョッカヌ](英 to cool)
冷(ひ)やす / 冷(さ)ます

sejumlah [スジュウムラ(ハ)]
(英 a sum of / some)
全部で～の / (数量が)～の / いくらかの

sejumlah besar [スジュウムラ(ハ) ブサー]
(英 a large sum of)多数の / 大量の

sejumlah kecil [スジュウムラ(ハ) クチエル]
(英 a small sum of)少数の / 少量の

sejurus [スジュウロス](英 a moment)
ちょっと(の間)

sejurus sebelum [スジュウロス スブロム]
(英 right before)～の直前

sejurus selepas [スジュウロス スルパス]
(英 right after)～の直後

sekadar [スカダー]
(英 mere / merely / according to)
単なる / 単に / ～に合わせて

sekali [スカリ](英 once / very / together / at the same time)
一回 / 一度 / 非常に / 一緒に / 同時に

sekali gus [スカリ ゴス](英 at once)
一度に / 同時に

sekali imbas [スカリ イムバス]
(英 at a glance)ちらっと(見て)

sekali lagi [スカリ ラギ]
(英 once more)もう一度

sekali pandang [スカリ パヌダン]
(英 at first sight)一目(ひとめ)見て

sekalian [スカリヤヌ](英 all of (you))
(～の)皆さん

sekali-kali [スカリ カリ](英 (not ~) at all)
絶対に(～ない)

sekalipun [スカリポヌ](英 no matter / even)たとえ～だとしても

sekali-sekala《幹 kali》[スカリ スカラ]
(英 occasionally)たまに

sekam [スカム](英 (paddy) husk)
籾殻(もみがら)

sekarang [スカラン](英 now)
今 / 現在 / 今頃 / さて

sekarang ini [スカラン イニ]
(㊥ (at) this time)今現在 / 今度は

sekarang juga [スカラン ジュゥガ]
(㊥ right now)今すぐ

sekat [スカ(ト)](㊥ to block / to limit)
封鎖(ふうさ)する / ブロックする / 制限する

sekata [スカタ](㊥ of the same opinion / equal)同意見の / 均一(きんいつ)な

sekatan [スカタヌ]
(㊥ blockade / sanction / barrier)
封鎖(ふうさ) / 制裁(せいさい) / 障壁(しょうへき)

sekatan jalan [スカタヌ ジャラヌ]
(㊥ inspection)検問(けんもん)

sekejap [スクジャ(プ)](㊥ a moment)
ちょっと(の間)

sekejap lagi [スクジャ(プ) ラギ](㊥ soon)
もうすぐ

sekeliling [スクリルン](㊥ surrounding)
周(まわ)り / 周囲

sekelip mata [スクレ(プ) マタ]
(㊥ in the blink of an eye)一瞬のうちに

sekeluarga [スクルゥワーガ]
(㊥ whole family)一家(いっか)全員

sekeping [スクペン](㊥ a piece)
一枚 / 一切れ / 一片

sekerja [スクージャ](㊥ working together / of the same profession)
同じ職場の / 同業の

seketika [スクティカ](㊥ a moment)
一瞬 / 瞬間(しゅんかん)

sekian [スキヤヌ](㊥ that's all / quite)
以上で終わりです / ずいぶん

sekiranya [スキラニャ](㊥ if)
仮に～だとしたら

sekitar [スキター](㊥ around)周辺 / およそ

sekolah [スコラ(ハ)](㊥ school)学校

sekolah menengah [スコラ(ハ) ムヌンア(ハ)]
(㊥ secondary school)中高等学校

sekolah menengah atas
[スコラ(ハ) ムヌンア(ハ) アタス]
(㊥ upper secondary school)
高校 / 高等学校

sekolah menengah rendah
[スコラ(ハ) ムヌンア(ハ) ルヌダ(ハ)]
(㊥ lower secondary school)中学校

sekolah rendah [スコラ(ハ) ルヌダ(ハ)]
(㊥ primary school)小学校

sekolah tinggi [スコラ(ハ) ティンギ]
(㊥ high school)高等学校

séks [セクス](㊥ sex)性 / セックス

séksa [セクサ](㊥ to torture)
拷問(ごうもん)する / 苦しめる

séksaan [セクサアヌ](㊥ torture)
拷問(ごうもん) / 苦痛

séksi [セクスィ](㊥ sexy)セクシーな

séksual [セクスゥワル](㊥ sexual)性的な

séksyen [セクシュヌ](㊥ section)
区画(くかく) / セクション

séktor [セクトー](㊥ sector)
分野 / 部門 / セクター

séktor bukan kerajaan
[セクトー ブゥカヌ クラジャアヌ](㊥ non-government sector)民間 / 非政府部門

S

séktor swasta [セクトー スワスタ]
(㊥ private sector)民間

sekumpulan [スクウムプゥラヌ]
(㊥ a group of)～のグループ / ～の集団

sekurang-kurangnya
[スクゥラン クゥランニャ](㊥ at least)
少なくとも / せめて

sékuriti [セクゥリティ](㊥ securities / security)有価証券 / セキュリティ / 安全

sekutu [スクゥトゥウ](㊥ ally)
同盟者(どうめいしゃ) / 仲間

sél [セル](㊥ cell)細胞

sél darah mérah [セル ダラ(ハ) メラ(ハ)]
(㊥ red blood cell)赤血球

selagi [スラギ](㊥ as long as / while)
～の限り / ～のうちに

selain (daripada) [スラエヌ (ダリパダ)]
(㊥ other than)～の他に / ～以外に

selain itu [スラエヌ イトゥウ]
(㊥ other than that)その他

selain itu juga [スラエヌ イトゥウ ジュウガ]
(㊥ furthermore)さらに / 他にもまた

sélak [セラッ](㊥ to draw / to flip through)
めくる / まくり上げる

sélak-sélak [セラッ セラッ]
(㊥ to flip through / to flap)
パラパラめくる / ひらひらさせる

selaku [スラクゥ](㊥ as)～として

selalu [スラルゥ](㊥ always)
いつも / 常に / しょっちゅう

selalunya [スラルゥニャ](㊥ usually)
たいてい / いつもは

selam [スラム](㊥ to dive)
潜(もぐ)る / ダイビングする

selama [スラマ](㊥ for)～の間 / ～間(かん)

selama-lamanya [スラマ ラマニャ]
(㊥ forever)いつまでも / 永遠に

selamanya [スラマニャ](㊥ forever)
いつまでも / 永遠に

selamat [スラマ(ト)](㊥ safe)
安全な / 無事な

selamat berkenalan
[スラマ(ト) ブークナラヌ](㊥ nice to meet you)
初めまして / よろしく

selamat datang [スラマ(ト) ダタン]
(㊥ welcome)ようこそ / いらっしゃいませ

selamat jalan [スラマ(ト) ジャラヌ]
(㊥ goodbye / have a safe journey)
(去る人に対して)さよなら / 気を付けて

selamat malam [スラマ(ト) マラム]
(㊥ good evening [night])
こんばんは / おやすみなさい

selamat pagi [スラマ(ト) パギ]
(㊥ good morning)おはよう

selamat pergi [スラマ(ト) プーギ]
(㊥ have a safe journey)
気を付けて行ってらっしゃい

selamat petang [スラマ(ト) プタン]
(㊥ good afternoon)
こんにちは(午後2時から日没まで)

selamat sejahtera [スラマ(ト) スジャ(ハ)トゥラ]
(㊥ good day)
こんにちは(一日を通して)

selamat tengah hari
[スラマ(ト) トゥンア(ハ) ハリ](英 good afternoon)
こんにちは(正午から午後2時まで)

selamat tidur [スラマ(ト) ティドー]
(英 good night)おやすみなさい

selamat tinggal [スラマ(ト) ティンガル]
(英 goodbye / take care)
(とどまる人に対して)さよなら / お元気で

selamatkan [スラマ(ト)カヌ](英 to save)
救助する / 救う

selamatkan diri [スラマ(ト)カヌ ディリ]
(英 to escape)避難する / 逃げる

selamba [スラムバ](英 impassive)
平然とした / 何事もなかったかのような

selang [スラン](英 every / interval)
～おきに / ～ごとに / 間隔(かんかく)

selang masa [スラン マサ](英 interval)
(時間)間隔

Selangor [スランォー](英 Selangor)
スランゴール(半島マレーシアの州)

selanjutnya [スランジョ(ト)ニャ](英 next)
続いて / 次に

selaput [スラポ(ト)](英 membrane)
薄い膜 / 皮膜(ひまく)

selaras [スララス]
(英 in accordance / to match)
～に合わせて / ～に合った / 合致した

selaraskan [スララスカヌ]
(英 to coordinate / to standardize)
調整する / 統一する

selari [スラリ](英 parallel)平行な

Selasa [スラサ](英 Tuesday)火曜(日)

selasih [スラセ(へ)](英 basil)バジル

selat [スラ(ト)](英 channel)海峡(かいきょう)

selatan [スラタヌ](英 south)南

selebihnya [スルベ(へ)ニャ](英 rest)残り

selékéh [スレケ(へ)](英 untidy / shabby)
だらしない / 汚らしい

selékoh [スレコ(ホ)](英 corner)
曲がり角(かど)

seléndang [スレヌダン](英 shawl)ショール

selenggara [スルンガラ]
(英 to maintain)維持管理する

selenggarakan [スルンガラカヌ]
(英 to organize / to maintain)
開催する / 主催する / 維持管理する

selepas [スルパス](英 after)～の後

seléra [スレラ](英 taste / appetite)
好(この)み / 食欲

seléra makan [スレラ マカヌ]
(英 appetite)食欲

selérak [スレラッ](英 untidy)散らかった

selérakkan [スレラッカヌ](英 to scatter)
まき散らす

selésa [スレサ](英 comfortable)快適な

selesai [スルサイ]
(英 finished / completed / settled)
終わった / 完了した / 解決した

selesaikan [スルサイカヌ](英 to finish / to solve / to settle)終える / 解決する

selesema [スルスマ](英 cold)風邪(かぜ)

S

seléwat-léwatnya [スレワ(ト) レワ(ト)ニャ]
(英 at the latest)遅くとも

seléwéng [スレウェン](英 to embezzle)
横領(おうりょう)する

seléwéngkan [スレゥウェンカヌ]
(英 to embezzle / to get illegally / to distort)横領(おうりょう)する / 不正に入手する / 歪曲(わいきょく)する

selia [スリヤ](英 to supervise)監督する

selidik [スリデッ](英 to research / to investigate)研究する / 調査する

selimut [スリモ(ト)](英 blanket)毛布

selinap [スリナ(プ)](英 to infiltrate)
潜入(せんにゅう)する / 忍び込む

selipar [スリパー](英 slippers)スリッパ

selipar Jepun [スリパー ジュポヌ]
(英 (beach) sandals / Japanese slippers)
(ビーチ)サンダル / 草履(ぞうり)

selisih [スリセ(ヘ)](英 difference)
差 / 食い違い

selisih faham [スリセ(ヘ) ファハム]
(英 disagreement)意見の食い違い

selitkan [スレ(ト)カヌ](英 to insert)
差し込む / 挟(はさ)む

seliuh [スリオ(ホ)](英 to sprain)
捻挫(ねんざ)する

seluar [スルゥワー](英 trousers)ズボン

seluar dalam [スルゥワー ダラム]
(英 underpants)パンツ / 下着

seluar jéan [スルゥワー ジェヌ](英 jeans)
ジーパン

seluas [スルゥワス](英 as large as)
(広さが)〜(も)の / 同じぐらい広い

seludup [スルゥド(プ)](英 to smuggle / smuggled)密輸(みつゆ)する / 密輸の

seluruh [スルゥロ(ホ)](英 whole / all)
全〜 / 〜中(じゅう)

selut [スロ(ト)](英 mud)泥(どろ)

semacam [スマチャム]
(英 (something) like)〜のような(もの)

semadikan [スマディカヌ]
(英 to lay away / to bury)
葬(ほうむ)る / 埋葬(まいそう)する

semai [スマイ](英 to sow)
(種を)まく / 植えつける

semak [スマッ](英 bush / undergrowth)
茂(しげ)み / 藪(やぶ)

sémak [セマッ](英 to check / to mark)
チェックする / 調べる / 採点する

sémak semula [セマッ スムゥラ]
(英 to revise)改定(かいてい)する

sémakan [セマカヌ](英 check)
チェック / 確認

sémakan semula [セマカヌ スムゥラ]
(英 revision)改定(かいてい)

semakin [スマケヌ](英 increasingly / more and more)だんだん / ますます

semalam [スマラム](英 yesterday / last night [evening] / a night)
昨日 / 昨晩 / 一晩

semalam suntuk [スマラム スゥヌトッ]
(英 all night long)一晩中

semalaman [スマラマヌ]
(英 all night long)一晩中

semalam-malaman [スマラム マラマヌ]
(英 all night long)一晩中

semangat [スマンァ(ト)]
(英 eagerness / spirit)意欲 / 情熱 / 精神

semangat kental [スマンァ(ト) クヌタル]
(英 tenaciousness)粘り強さ

semasa [スマサ]
(英 when / while / during / current)
～の時 / ～の間 / 現在の

semata-mata [スマタ マタ](英 solely)
もっぱら / ただ単に

sembah [スムバ(ハ)]
(英 respect / to worship)
敬意 / 崇拝(すうはい) / 崇拝する

sembahyang [スムバ(ハ)ヤン]
(英 prayer / to pray)
礼拝(れいはい) / 祈り / 礼拝する / 祈る

sémbang [セムバン](英 to chat)
おしゃべりする

sembarangan [スムバランァヌ]
(英 arbitrary)
恣意的(しいてき)な / 気ままな

sembelih [スムブレ(ヘ)](英 to slaughter)
屠殺(とさつ)する / 屠畜(とちく)する

sembelit [スムブレ(ト)](英 constipation)
便秘(べんぴ)

semberono [スムブロノ]
(英 reckless / irresponsible)
軽薄(けいはく)な / いい加減な

sembilan [スムビラヌ](英 nine)9

sembilan belas [スムビラヌ ブラス]
(英 nineteen)19

semboyan [スムボヤヌ]
(英 siren / signal / slogan)サイレン /
合図 / 標語(ひょうご) / スローガン

sembuh [スムボ(ホ)](英 to recover)
(病気から)回復する

sembunyi [スムブゥニィ](英 to hide)
隠れる / 隠す

sembunyikan [スムブゥニィカヌ]
(英 to hide)隠す

sembur [スムボー](英 to spray)
スプレーする / 吹き付ける

semburan [スムブゥラヌ](英 spray)
スプレー

semburkan [スムボーカヌ](英 to spray)
スプレーする / 吹き付ける

semémangnya [スメマンニャ]
(英 indeed)確かに / 本当に

semenanjung [スムナンジョン]
(英 peninsula)半島

Semenanjung Indo-China
[スムナンジョン イヌド チナ]
(英 the Indochina Peninsula)
インドシナ半島

Semenanjung Malaysia
[スムナンジョン ムレイスイヤ]
(英 the Malay Peninsula)マレー半島

semenjak [スムンジャッ](英 since)～以来

sementara [スムヌタラ]
(英 temporary / while)
臨時の / 一時的な / しばらくの時間 /
～の間

sementara itu [スムヌタラ イトゥウ]
(英 in the meanwhile)
その一方 / その合間に

semesta [スムスタ] (英 entire / whole)
すべての / 全～

séméster [セメストゥー] (英 semester) 学期

semestinya [スムスティニャ]
(英 necessarily) 必ず / 必ずしも(～ない)

sémikonduktor [セミコヌドゥクトー]
(英 semiconductor) 半導体

séminar [セミナー] (英 conference / seminar) 学会 / 研究集会 / セミナー

seminggu [スミングゥ] (英 a week) 一週間

semoga [スモガ] (英 hopefully)
～でありますように / 願わくば

sempadan [スムパダヌ] (英 border)
境 / 境界

sempadan negara [スムパダヌ ヌガラ]
(英 national border) 国境

sempat [スムパ(ト)]
(英 in time / to manage to / to have time to) 間に合う / ～する時間がある

sempena [スムプナ] (英 in celebration of / after) ～を記念して / ～にちなんで

sempit [スムペ(ト)]
(英 narrow / narrow-minded)
狭い / (考えが)偏狭(へんきょう)な

sempoa [スムポワ] (英 abacus) そろばん

sempurna [スムプゥルナ]
(英 perfect / complete)
完璧な / 完全な / 完了した

sempurnakan [スムプゥルナカヌ]
(英 to complete / to fulfil)
仕上げる / 完璧にする / 全(まっと)うする

semua [スムゥワ] (英 all) すべて(の) / 皆

semuanya [スムゥワニャ]
(英 all (of them)) (その)すべて

semuka [スムゥカ]
(英 to meet face to face) 対面する

semula [スムゥラ] (英 again) 再び

semula jadi [スムゥラ ジャディ] (英 natural / innate) 自然の / 生まれつきの

sén [セヌ] (英 sen) セン(1/100リンギット)

senafas [スナファス] (英 in one breath)
一息(ひといき)(で)

senaman [スナマヌ] (英 exercise) 運動

senang [スナン] (英 easy / comfortable)
簡単な / 楽な / 快適な / ～しやすい

senang hati [スナン ハティ]
(英 happy / pleased) 楽しい / 嬉しい

senangkan [スナンカヌ]
(英 to please / to make *sb* easy)
喜ばせる / 楽にする

senangkan hati [スナンカヌ ハティ]
(英 to please) 喜ばせる

senangnya [スナンニャ]
(英 how easy / the easiness of)
簡単だなぁ / ～が簡単なこと

senantiasa [スナヌティヤサ] (英 always)
いつも / 常に

senapang [スナパン] (英 gun)
銃(じゅう) / 鉄砲

senarai [スナライ] (英 list) リスト / 一覧

senarai nama [スナライ ナマ]
(英 name list) 名簿(めいぼ)

senaraikan [スナライカヌ] (英 to list)
リストする / 列挙する

sénario [セネリヨ] (英 scenario) シナリオ

sendal [スヌダル] (英 stop)
(ドアやタイヤの) ストッパー

sendat [スヌダ(ト)] (英 tight / bulging)
きつきつの / ぴちぴちの

sendawa [スヌダワ] (英 belch / to belch)
げっぷ / げっぷする

séndéng [セヌデン] (英 tilted / to tilt)
傾(かたむ)いた / 傾く

séndéngkan [セヌデンカヌ] (英 to tilt)
傾(かたむ)ける

sendi [スヌディ] (英 joint / hinge)
関節 / 継(つ)ぎ目 / ちょうつがい

sendiri [スヌディリ] (英 own / by oneself)
自分の / 自分で / 自力で / ひとりでに

sendirian [スヌディリヤヌ] (英 alone)
一人だけで

sendirian berhad [スヌディリヤヌ ブーハ(ド)]
(英 private limited) 有限会社

sendirinya [スヌディリニャ]
(英 by oneself / automatically)
ひとりでに / 自然に / 自動的に

sengaja [スンァジャ] (英 deliberate(ly))
意図的(いとてき)な / わざと

séngét [センェ(ト)] (英 tilted / askew)
傾(かたむ)いた / 斜(なな)めの

séngétkan [センェ(ト)カヌ] (英 to tilt)
傾(かたむ)ける

senggatan [スンガタヌ] (英 graduation)
目盛り

sengit [スンェ(ト)] (英 fierce)
激しい / すさまじい

sengkenit [スンクネ(ト)] (英 tick) ダニ

sengkéta [スンケタ] (英 dispute)
言い争い / 対立

sengsara [スンサラ] (英 miserable)
惨(みじ)めな / 悲惨(ひさん)な

seni [スニ] (英 art / tiny) 芸術 / 微小な

seni bina [スニ ベナ] (英 architecture)
建築(術)

seni cétak [cétakan]
[スニ チェタッ [チェタカヌ]] (英 print art) 版画

seni halus [スニ ハロス] (英 fine arts) 美術

seni taman [スニ タマヌ] (英 gardening)
園芸

seniman [スニマヌ] (英 artist) 芸術家

sénior [セニヨー] (英 senior)
先輩 / 目上(めうえ)

senja [スンジャ] (英 dusk / twilight)
夕暮れ / たそがれ

senjakala [スンジャカラ]
(英 dusk / twilight) 夕暮れ / たそがれ

senjata [スンジャタ] (英 weapon / arms)
武器 / 兵器

senjata api [スンジャタ アピ] (英 firearms)
(銃、爆弾などの) 火器

S

senonoh [スノノ(ホ)] (㊥ decent)
(服装などが)適切な / 礼儀にかなった

sénsasi [セヌサスイ]
(㊥ sensational / sensation)
センセーショナルな / センセーション / 感覚

sénsitif [セヌスイテフ] (㊥ sensitive)
敏感(びんかん)な

sénsitiviti [セヌスイティヴィティ]
(㊥ sensitivity) 敏感(びんかん)さ / 感度

sentiasa [スヌティヤサ] (㊥ always)
いつも / 常に

séntimen [セヌティムヌ] (㊥ sentiment)
感情 / 気持ち

séntiméter [セヌティメトゥー]
(㊥ centimetre) センチメートル

sentosa [スヌトサ] (㊥ peaceful)
平和な / 穏(おだ)やかな

séntral [セヌトラル] (㊥ central)
中心の / 中央の

sentuh [スヌト(ホ)] (㊥ to touch)
触(ふ)れる / 接触する / 当たる

sentuhan [スヌトハヌ] (㊥ touch)
接触(せっしょく)

S

senyap [スニャ(プ)] (㊥ silent / quiet)
静かな / 沈黙した

senyap-senyap [スニャ(プ) スニャ(プ)]
(㊥ quietly) こっそり / ひそかに

senyum [スニョム] (㊥ to smile)
ほほえむ / にこにこする

senyuman [スニョマヌ] (㊥ smile)
ほほえみ

seolah-olah [スオラ(ハ) オラ(ハ)]
(㊥ as if) あたかも〜のように

seorang [スオラン]
(㊥ a person / a(n) / one) 一人(の)

seorang diri [スオラン ディリ] (㊥ alone / by oneself) 一人だけの / 一人で

seorang-seorang [スオラン スオラン]
(㊥ one by one / alone)
一人ずつ / 一人だけで

sepadan [スパダヌ]
(㊥ suitable / matching / compatible)
相応(そうおう)な / うまく合った

sépahkan [セパ(ハ)カヌ] (㊥ to scatter)
散らかす

sepak [スパッ] (㊥ to slap)
平手(ひらて)打ちする

sépak [セパッ] (㊥ to kick) 蹴(け)る

sépak takraw [セパッ タクロ]
(㊥ sepak takraw)
セパタクロー(マレーシアの蹴鞠(けまり))

sépakan [セパカヌ] (㊥ kick) キック / 蹴り

sepanduk [スパヌドッ] (㊥ banner)
垂(た)れ幕(まく)

sepanjang [スパンジャン]
(㊥ whole / along) 〜中(じゅう) / 〜沿い

sepanjang masa [スパンジャン マサ]
(㊥ all the time) ずっと

Sepanyol [スパニョル] (㊥ Spain) スペイン

separa [スパラ] (㊥ partial / semi-)
部分的な / 半〜

separuh [スパロ(ホ)] (㊥ half) 半分

separuh harga [スパロ(ホ) ハルガ]
(英 half price)半額

separuh jalan [スパロ(ホ) ジャラヌ]
(英 halfway)中途で / 道半ばで

separuh kedua [スパロ(ホ) クドゥウワ]
(英 second half)後半

separuh pertama [スパロ(ホ) プータマ]
(英 first half)前半

sepasang [スパサン]
(英 a pair)一対(の) / 一組(の)

sepasukan [スパソカヌ]
(英 a group)一グループ(の)

sepatah [スパタ(ハ)]
(英 a word)一言(ひとこと)

sepatah dua kata [スパタ(ハ) ドゥウワ カタ]
(英 a word or two)一言二言(ひとことふたこと)

sepatutnya [スパト(ト)ニャ]
(英 should / supposed to)本来ならば～すべきである

sepenuh [スプノ(ホ)]
(英 full / whole)最大限の / 全面的な

sepenuh hati [スプノ(ホ) ハティ]
(英 wholehearted)一心(いっしん)に / 誠意を込めて

sepenuh tenaga [スプノ(ホ) トゥナガ]
(英 with all one's force)全力で

sepenuhnya [スプノ(ホ)ニャ]
(英 fully)完全に / 全面的に

seperti [スプーティ]
(英 like / as / such as)～のような / ～のように

seperti dulu [dahulu] [スプーティ ドゥウルゥ [ダフゥルゥ]]
(英 as before)以前のように

seperti yang dijangka [スプーティ ヤン ディジャンカ]
(英 as expected)やはり / 予想通り

sépét [セペ(ト)]
(英 narrow)(目が)細い

sepi [スピ]
(英 quiet / lonely)静かな / 寂しい

sepintas lalu [スピヌタス ラルゥ]
(英 (to take) a glance / briefly)ちらっと(見る) / ざっと(説明する)

sepit [スペ(ト)]
(英 to pick / to nip / chopsticks / claw)つまむ / 挟(はさ)む / 箸(はし) / (カニなどの)ハサミ

sepit baju [スペ(ト) バジュウ]
(英 clothes peg)洗濯ばさみ

Séptémber [セプテムブー]
(英 September)九月

sepuluh [スプゥロ(ホ)]
(英 ten)10

sepupu [スプゥプゥ]
(英 cousin)いとこ

seragam [スラガム]
(英 uniform)統一された / 同じ

serah [スラ(ハ)]
(英 to submit / to entrust)引き渡す / 委(ゆだ)ねる / 任す

serah diri [スラ(ハ) ディリ]
(英 to surrender (oneself))降伏(こうふく)する / 自首(じしゅ)する

S

serah kalah [スラ(ハ) カラ(ハ)]
([英] to surrender)降参(こうさん)する

serahkan [スラ(ハ)カヌ]([英] to submit / to hand over / to leave)
提出する / 引き渡す / 任す

serahkan diri [スラ(ハ)カヌ ディリ]
([英] to surrender oneself)
身をゆだねる / 自首(じしゅ)する

serak [スラッ]([英] hoarse)
声がかれた / しわがれ声の

seram [スラム]
([英] one's hair stands on end / eerie)
身の毛がよだつ / 恐ろしい / 不気味な

seramai [スラマイ]([英] as many as)
〜もの / (人数が)〜の / 同じぐらい大勢の

serambi [スラムビ]([英] veranda)ベランダ

séramik [セラメッ]([英] ceramics)
セラミック / 陶磁器

serang [スラン]([英] to attack)
襲う / 攻撃する

serang balas [スラン バラス]
([英] to counterattack)
反撃する / 逆襲(ぎゃくしゅう)する

serangan [スランアヌ]([英] attack)
攻撃 / 発作(ほっさ)

serangan balas [スランアヌ バラス]
([英] counterattack)反撃 / 逆襲(ぎゃくしゅう)

serangan jantung [スランアヌ ジャヌトン]
([英] heart attack)心臓発作(しんぞうほっさ)

serangga [スランガ]([英] insect)虫

serangga perosak [スランガ プロサッ]
([英] insect pest)害虫

serantau [スラヌタウ]([英] regional)地域の

serap [スラ(プ)]([英] to absorb / to soak / to adopt)吸収する / 浸透する / 採用する

serasi [スラスィ]([英] compatible / suitable)
ぴったり合った

serat [スラ(ト)]([英] fibre)繊維(せんい)

serat sintétik [スラ(ト) スイヌテテッ]
([英] synthetic fibre)合成繊維(せんい)

seratus [スラトス]([英] one hundred) 100

seraya [スラヤ]([英] while)
〜しながら / 〜と同時に

serba [スルバ]([英] all / complete)
すべての / 全くの / 何もかも

serba guna [スルバ グゥナ]
([英] all-purpose)万能な

serbu [スーブゥ]([英] to raid / to rush)
押し入る / 襲撃する / 殺到する

serbuan [スーブゥワヌ]([英] raid)
強制捜査 / 襲撃(しゅうげき)

serbuk [スーボッ]([英] powder)粉 / 粉末

serbuk letupan [スーボッ ルトゥウパヌ]
([英] gunpowder)火薬

serbuk roti [スーボッ ロティ]
([英] bread crumbs)パン粉

serdadu [スーダドゥウ]([英] soldier)
兵士 / 兵隊

serenjang [スルンジャン]([英] vertical)
垂直(すいちょく)な

serentak [スルヌタッ]([英] simultaneously)
同時に / 一斉(いっせい)に

sérét [セレ(ト)]([英] to drag)引きずる

seri [スリ]([英] glow / to draw)
輝き / 光沢 / 引き分け

seribu [スリブゥ]([英] one thousand) 1,000

sering [スレン]([英] often)しばしば / 頻繁に

sering kali [スレン カリ]([英] often)
しばしば / 頻繁に

sérius [セリウゥス]([英] serious)
深刻な / 重大な / 真剣な

serlah [スーラ(ハ)]([英] to showcase)
(特技などを)披露する / 見せる

serlahkan [スーラ(ハ)カヌ]([英] to show (off))
見せつける / はっきり示す

sérong [セロン]([英] slanting / twisted)
斜(なな)めの / (考えが)ひねくれた

seronok [スロノッ]([英] to have fun / enjoyable)楽しい

serpihan [スーピハヌ]([英] fragment / chip)破片(はへん) / かけら

serta [スータ]([英] as well as)
および / 並びに

sertai [スータイ]([英] to join / to participate / to accompany)加わる / 参加する / 同行する

sertai syarikat [スータイ シャリカ(ト)]
([英] to join a company)入社する

sertakan [スータカヌ]([英] to enclose / to attach)同封する / 添付する

serta-merta [スータ ムータ]
([英] immediately)ただちに / 即座(そくざ)に

seru [スルゥ]([英] to call / to appeal)
呼びかける / 訴えかける

seruan [スルゥワヌ]([英] call)
呼びかけ / 訴えかけ

seruling [スルゥレン]([英] flute)横笛

serupa [スルゥパ]([英] like / similar)
似た / 同様の

serupai [スルゥパイ]([英] to resemble)
〜に似ている

servis [スヴェス]([英] service)サービス

servis bilik [スヴェス ビレッ]
([英] room service)ルームサービス

sesak [スサッ]([英] crowded / choked / pressed for cash)
混雑した / (息が)苦しい / (金に)困った

sesak nafas [スサッ ナファス]
([英] hard to breathe)息苦しい

sesal [スサル]([英] to regret)
悔(くや)む / 後悔する

sesalan [スサラヌ]([英] regret)後悔

sesama [スサマ]([英] amongst / between)
〜同士で / 〜の間で

sesama jenis [スサマ ジュネス]
([英] same sex / same kind)
同性の / 同種類の

sesat [スサ(ト)]([英] to get lost)(道に)迷う

sesebuah [ススブゥワ(ハ)]([英] a(n))
ある一つの

sesegera mungkin [ススグラ ムゥンケヌ]
([英] as soon as possible)至急

sesekali [ススカリ]([英] ever / sometimes)
一度たりとも(〜ない) / ときどき

seseorang [ススオラン] (㊎ somebody)
誰か

sesetengah [スストゥンァ(ハ)] (㊎ some)
一部の

sési [セスィ] (㊎ session)
セッション / (ある活動の)時間 / 年度

sési akadémik [セスィ アカデメッ]
(㊎ academic session)
(学校·大学の)年度

sesiapa [ススィヤパ] (㊎ anybody)
(疑問文などで)誰か / (否定文で)誰も

sesiapa pun [ススィヤパ ポヌ] (㊎ anybody)
(肯定文などで)誰でも / (否定文で)誰も

sesiapa sahaja [saja]
[ススィヤパ サハジャ [サジャ]] (㊎ anybody)
誰でも

sesiku [ススィクゥ] (㊎ set square)
三角定規 / T定規

sesuai [ススゥワイ]
(㊎ suitable / appropriate / convenient)
合った / 適した / ふさわしい / 都合がよい

sesuaikan [ススゥワイカヌ] (㊎ to adapt / to adjust) 合わせる / 調整する

sesuaikan diri [ススゥワイカヌ ディリ]
(㊎ to adapt oneself)
適応する / 順応(じゅんのう)する

sesuatu [ススゥワトゥゥ] (㊎ something / some) (肯定文で)何か / ある～

sesudah [ススゥダ(ハ)] (㊎ after) ～の後で

sesuka hati [ススゥカ ハティ]
(㊎ as one likes) 好き勝手に / 思うままに

sesungguhnya [ススゥンゴ(ホ)ニャ]
(㊎ indeed / certainly) 実に / まことに

sét [セ(ト)] (㊎ set) セット / 集合(数学用語)

sét tilam [セ(ト) ティラム] (㊎ bedding)
布団セット / 寝具一式

setahun [スタホヌ] (㊎ a year) 一年 / 年間

setahun jagung [スタホヌ ジャゴン]
(㊎ green) 青二才(あおにさい)の / 未熟な

setakat [スタカ(ト)] (㊎ at the best / as far as) せいぜい～程度 / ～の限りで

setakat ini [スタカ(ト) イニ] (㊎ up to now)
今のところ

setanding [スタヌデン] (㊎ on a par / comparable) 対等の / 匹敵(ひってき)する

setapak [スタパッ] (㊎ a step) 一歩

setara [スタラ] (㊎ equivalent / commensurate) 同等の / 釣り合った

setaraf [スタラフ] (㊎ equivalent / of the same level) 同等の / 同レベルの

setelah [ストゥラ(ハ)] (㊎ after) ～の後で

setelah sekian lama
[ストゥラ(ハ) スキヤヌ ラマ]
(㊎ after ~ for a long time / at long last)
長く～した後(のち) / ようやく

setém [ステム] (㊎ stamp) 切手 / 印紙(いんし)

setém pos [ステム ポス]
(㊎ postage stamp) 郵便切手

setempat [ストゥムパ(ト)] (㊎ local)
地元の / 個別地域の

setengah [ストゥンァ(ハ)] (㊎ half / thirty)
半分(の) / (～時)半

setengah akhir [ストゥンァ(ハ) アヘー]
(英 semifinal)準決勝

seterika [ストゥリカ](英 iron)アイロン

seterusnya [ストゥロスニャ](英 next)
それから / 次に / 次の

setia [スティヤ](英 faithful)忠実な

setiap [スティヤ(プ)](英 every / each)
毎〜 / 各〜

setiap satu [スティヤ(プ) サトゥウ](英 each)
各〜ごと / 毎〜ごと / それぞれ

setiausaha [スティヤウゥサハ]
(英 secretary)秘書(官) / 長官 / 次官

setidak-tidaknya [スティダッ ティダッ(ク)ニャ]
(英 at least)少なくとも

setimpal [スティムパル](英 appropriate / commensurate)ふさわしい / 釣り合った

setinggan [スティンガヌ](英 squatter)
不法居住者

setinggi [スティンギ](英 as high [tall] as)
(高さが)〜(も)の / 同じぐらい高い

setinggi-tinggi [スティンギ ティンギ]
(英 highest / hearty)最大限の / 心からの

setuju [ストゥウジュウ](英 to agree)
賛成する / 同意する

setujui [ストゥウジュウイ](英 to agree with)
〜に賛成する / 同意する

seumpama [スウゥムパマ](英 like / similar)
〜のような / 〜と同様の

seumpamanya [スウゥムパマニャ]
(英 like that / similar)
そのような / 同様の

seumur hidup [スウゥモー ヒド(プ)]
(英 for [in] one's entire life / lifetime)
一生(で) / 一生の

séwa [セワ](英 to rent / rent / rental)
(金を払って)借りる / 賃貸料 / レンタルの

séwa rumah [セワ ルゥマ(ハ)]
(英 house rent / to rent a house)
家賃(やちん) / 家を借りる

sewajar [スワジャー](英 appropriate)
妥当(だとう)な

sewajarnya [スワジャーニャ]
(英 proper / appropriate / naturally)
適切な / 妥当な / 当然

séwakan [セワカヌ](英 to rent)
(金を取って)貸す

sewaktu [スワッ(ク)トゥウ]
(英 when / at the time)〜の時

sféra [スフェラ](英 sphere)球(きゅう)

si [スィ](英 that ~ person [guy] / the ~)
(その〈あの〉)〜という人 / 〜である人

sial [スィヤル](英 unlucky / damn(ed))
不運な / 不幸な / いまいましい

Siam [スィヤム](英 Siam)
シャム(タイ国の旧名)

siang [スィヤン](英 daytime / to clean)
昼間 / 日中 / (魚を)さばく

siang hari [スィヤン ハリ](英 daytime)
昼間 / 日中

siang malam [スィヤン マラム]
(英 day and night)日夜 / 昼も夜も

siap [スィヤ(プ)](英 completed / ready)
仕上がった / 完成した / 準備ができた

siapa [スイヤパ]
([英] who / whose / whom)誰

siapa-siapa [スイヤパ スイヤパ]
([英] anybody)【口語】(疑問文などで)誰か / (否定文で)誰も

siapa-siapa pun [スイヤパ スイヤパ ポヌ]
([英] anybody)【口語】(肯定文などで)誰でも / (否定文で)誰も

siapa-siapa saja [スイヤパ スイヤパ サジャ]
([英] anybody)【口語】誰でも

siapkan [スイヤ(プ)カヌ]
([英] to complete / to prepare)
仕上げる / 完成させる / 準備する

siaran [スイヤラヌ]([英] broadcast / announcement)放送 / 発表

siaran langsung [スイヤラヌ ランソン]
([英] live broadcasting)生放送 / 生中継

siaran satelit [スイヤラヌ サトゥリ(ト)]
([英] satellite broadcasting)
衛星放送(えいせいほうそう)

siarkan [スイヤーカヌ]([英] to broadcast / to publish)放送する / 公表する

siasat [スイヤサ(ト)]([英] to investigate)
捜査(そうさ)する / 調査する

siasatan [スイヤサタヌ]([英] investigation)
捜査(そうさ) / 調査

sia-sia [スイヤ スイヤ]([英] useless / in vain)
無駄(むだ)な / 無意味な

sia-siakan [スイヤ スイヤカヌ]
([英] to waste / to neglect)
無駄(むだ)にする / ないがしろにする

siber [スイブー]([英] cyber)
サイバー / コンピューター関連の

sibuk [セボッ]([英] busy)
忙しい / 混雑した / にぎやかな

sidai [スイダイ]([英] to hang out)
(服などを)干す

sidang [スイダン]([英] meeting / conference)会議 / 会見

sidang akhbar [スイダン ア(ハ)バー]
([英] press conference)記者会見

sidang média [スイダン メディヤ]
([英] press conference)記者会見

sifar [スイファー]([英] zero / without)
ゼロの / ～なしの / 【シンガポール】0

sifat [スイファ(ト)]([英] characteristic / character)性質 / 特徴 / 性格

sifatkan [スイファ(ト)カヌ]([英] to characterize / to describe)特徴付ける / 描写する

sifu [スイフゥ]([英] master)師匠

sihat [セハ(ト)]([英] healthy)
健康な / 元気な / 健全な

sihir [スイヘー]([英] black magic)黒魔術

sijil [スイジェル]([英] certificate)証明書

sijil hadiah [スイジェル ハディヤ(ハ)]
([英] gift certificate)商品券

sijil halal [スイジェル ハラル]
([英] halal certificate)ハラール認証書

sijil perubatan [スイジェル プルゥバタヌ]
([英] medical certificate)診断書

sikap [スイカ(プ)]([英] attitude)態度 / 意見

sikat [スイカ(ト)]([英] comb / bunch)
櫛(くし) / (バナナなどの)房

S

sikit [スイケ(ト)] (㊥ a bit)【口語】ちょっと

siku [スイクゥ] (㊥ elbow) 肘(ひじ)

sila [スイラ] (㊥ please)
(どうぞ)〜して下さい

silakan [スイラカヌ] (㊥ please)
(どうぞ)〜して下さい

silam [スイラム] (㊥ past) 過ぎた / 過去の

silang [スイラン] (㊥ cross / cross-)
交差 / 〜横断的な

silang kata [スイラン カタ] (㊥ crossword)
クロスワード

silap [スイラ(プ)] (㊥ mistaken / wrong / mistake) 間違った / 間違い / ミス

silap hari bulan [スイラ(プ) ハリ ブゥラヌ]
(㊥ if things go bad) 下手(へた)をすると

silap mata [スイラ(プ) マタ] (㊥ magic)
手品(てじな)

silat [スイラ(ト)] (㊥ silat)
シラット(マレーの護身術)

silau [スイラゥ] (㊥ glaring / glare)
まぶしい / まぶしい光

silih berganti [スイレ(ヘ) ブーガヌティ]
(㊥ one after another)
かわるがわる / 次々と

silinder [スイリヌドゥー] (㊥ cylinder)
円柱 / 筒(つつ) / ボンベ

siling [スイレン] (㊥ ceiling) 天井(てんじょう)

simbah [スイムバ(ハ)] (㊥ to splash)
(液体を)かける / まき散らす

simbol [スイムボル] (㊥ symbol)
シンボル / 象徴(しょうちょう) / 記号

simén [スイメヌ] (㊥ cement / plaster cast)
セメント / ギプス

simpan [スイムパヌ] (㊥ to save / to store / to keep) 蓄(たくわ)える / 保存する / 保管する / 内に秘める

simpan kira [スイムパヌ キラ]
(㊥ bookkeeping) 簿記(ぼき)

simpan sejuk [スイムパヌ スジョッ]
(㊥ to refrigerate) 冷蔵保存する

simpanan [スイムパナヌ]
(㊥ stock / savings / reserve)
蓄(たくわ)え / 貯蓄(ちょちく) / 予備の

simpanan wang [スイムパナヌ ワン]
(㊥ savings / deposit)
貯金(ちょきん) / 預金(よきん)

simpang [スイムパン] (㊥ intersection)
交差点

simpang empat [スイムパン ウムパ(ト)]
(㊥ crossroads) 十字路 / 四つ角

simpati [スイムパティ] (㊥ sympathy)
同情 / 共感

simposium [スイムポスイオム]
(㊥ symposium) シンポジウム

simptom [スイムプトム] (㊥ symptom) 症状

simpulan [スイムプゥラヌ] (㊥ knot) 結び目

simpulan bahasa [スイムプゥラヌ バハサ]
(㊥ idiom) 慣用句 / 熟語

simpulkan [スイムポルカヌ] (㊥ to knot / to conclude) 結ぶ / 結論する

simulasi [スイムゥラスイ] (㊥ simulation)
シミュレーション

S

simulasikan [スイムゥラスイカヌ]
(㊥ to simulate)シミュレーションする

sinar [スイナー](㊥ ray)光線

sinar matahari [スイナー マタハリ]
(㊥ sunshine)日光 / 日差し

sinar ultraungu [スイナー オルトラウンウゥ]
(㊥ ultraviolet rays)紫外線

sinaran [スイナラヌ](㊥ ray)光線

sinaran matahari [スイナラヌ マタハリ]
(㊥ sunshine)日光 / 日差し

sinari [スイナリ](㊥ to illuminate)
〜を照(て)らす

sinar-x [スイナーエクス](㊥ x-ray)
レントゲン / エックス線

sindikét [スイヌディケ(ト)](㊥ syndicate)
シンジケート / 犯罪集団

sindir [スイヌデー](㊥ to insinuate)
皮肉(ひにく)を言う

sindiran [スイヌディラヌ](㊥ insinuation)
皮肉(ひにく)

singa [スインァ](㊥ lion)ライオン

Singapura [スインァプゥラ](㊥ Singapore)
シンガポール

singgah [スインガ(ハ)](㊥ to stop by / to call at)立ち寄る

singkat [スインカ(ト)](㊥ short)短い / 短期の

singkatan [スインカタヌ]
(㊥ abbreviation)略語 / 短縮

singkatkan [スインカ(ト)カヌ](㊥ to shorten / to abbreviate)短縮する / 略す

singki [スインキ](㊥ sink)
(台所の)流し / シンク

singkir [スインケー](㊥ to expel)
追放する / 除去する

singkirkan [スインケーカヌ](㊥ to expel)
追放する / 排除する

sini [スイニ](㊥ here)ここ

sinis [スイネス](㊥ cynical)皮肉(ひにく)な

sink [スイン](㊥ sink)(台所の)流し / シンク

sinonim [スイノネム](㊥ synonym)
同義語 / 類義語

sintésis [スイヌテスイス](㊥ synthesis)
合成 / 総合

sintésiskan [スイヌテセスカヌ]
(㊥ to synthesize)合成する / 総合する

siput [スイポ(ト)](㊥ snail)巻貝 / カタツムリ

siput babi [スイポ(ト) バビ]
(㊥ (garden) snail)カタツムリ

siram [スイラム](㊥ to water)水をやる

sirap [スイラ(プ)](㊥ syrup)シロップ

sirén [サイレヌ](㊥ siren)サイレン

siri [スイリ](㊥ series)シリーズ / 連続

sirih [スイレ(ヘ)](㊥ betel)
キンマ(葉が噛みタバコにされる)

sisa [スイサ](㊥ remains / waste)
残り / 廃棄物(はいきぶつ)

sisa buangan cecair
[スイサ ブゥワンァヌ チュチャェー]
(㊥ waste fluid)廃液(はいえき)

S

sisa pepejal [スイサ ププジャル]
(㊥ solid waste)
固形廃棄物(こけいはいきぶつ)

sisi [スイスイ](㊥ side / light)
傍(かたわ)ら / 側面 / 観点

sisik [スイセッ](㊥ scales)うろこ

sisipkan [スイセ(プ)カヌ](㊥ to insert)
挿入する / 差し込む

sisir [スイセー](㊥ comb / bunch)
櫛(くし) / (バナナの)房

sistem [スイストゥム]
(㊥ system)システム / 制度 / 体系

sistem kuku besi [スイストゥム クゥクゥ ブスイ]
(㊥ despotism)専制

sistem kumbahan [スイストゥム クゥムバハヌ]
(㊥ sewage system)下水道システム

siswazah [スイスワザ(ハ)](㊥ graduate)
大卒者 / 大学院の

sita [スイタ](㊥ to confiscate)
没収(ぼっしゅう)する / 押収(おうしゅう)する

situ [スイトゥウ](㊥ there)そこ

situasi [スイトゥウワスイ](㊥ situation)状況

siul [スイオル](㊥ whistle)口笛(くちぶえ)

siulan [スイオラヌ](㊥ whistle)口笛(くちぶえ)

siuman [スイオマヌ](㊥ sane)正気の

sivil [スイヴェル](㊥ civil)
(イスラーム法でなく)民法の / 民事の

SJK (= Sekolah Jenis Kebangsaan)
[エスジェケ (スコラ(ハ) ジュネス クバンサアヌ)]
(㊥ National-type School)
国民型学校(マレー語以外で教育する学校)

SK (= Sekolah Kebangsaan)
[エスケ (スコラ(ハ) クバンサアヌ)]
(㊥ National School)
国民学校(マレー語で教育する学校)

skala [スカラ](㊥ scale)尺度 / 規模

skandal [スケヌダル](㊥ scandal)
スキャンダル

skarf [スカフ](㊥ scarf)スカーフ / マフラー

skétsa [スケ(ト)サ](㊥ sketch)スケッチ

ski [スキ](㊥ skiing)スキー

skim [スケム](㊥ scheme)計画

skirt [スク(ト)](㊥ skirt)スカート

skop [スコ(プ)](㊥ scope)範囲

skor [スコー](㊥ score)得点 / 楽譜(がくふ)

skrin [スクレヌ](㊥ screen)スクリーン / 画面

skrip [スクレ(プ)](㊥ script)台本 / 原稿

skru [スクルゥ](㊥ screw)ねじ

skuad [スクゥワ(ド)](㊥ squad)隊 / 団 / 班

slaid [スラエ(ド)](㊥ slide)スライド

slander [スラヌドゥー](㊥ slander)
(口頭での)名誉毀損(めいよきそん)

slanga [スランァ](㊥ slang)
俗語(ぞくご) / スラング

slip [スレ(プ)](㊥ slip)伝票(でんぴょう)

slip bayaran [スレ(プ) バヤラヌ]
(㊥ payment slip)支払伝票(しはらいでんぴょう)

slip gaji [スレ(プ) ガジ](㊥ pay slip)
給与明細書

S

slogan [スロガㇴ]([英] slogan)スローガン

SM (= Sekolah Menengah)
[エㇲエㇺ (スコラ(ハ) ムヌンァ(ハ))]
([英] Secondary School)
中高等学校(日本の中学校と高校に相当)

SMK (= Sekolah Menengah Kebangsaan)
[エㇲエㇺケ (スコラ(ハ) ムヌンァ(ハ) クバンサアㇴ)]
([英] National Secondary School)
国民中高等学校

SMS [エㇲエㇺエㇲ]([英] SMS (= Short Message Service))SMS / ショートメール

snék [スネッ]([英] snack)スナック菓子

soal [ソワㇽ]([英] problem / to ask / to question)(困った)問題 / 質問する / 問う

soal jawab [ソワㇽ ジャワ(プ)]
([英] question and answer (Q & A))
質疑応答(しつぎおうとう)

soal selidik [ソワㇽ スリデッ]
([英] questionnaire)アンケート / 質問票

soalan [ソワラㇴ]([英] question)
質問 / (試験などの)問題

soda [ソダ]([英] soda)ソーダ / サイダー

sofa [ソファ]([英] sofa)ソファー

sofistikasi [ソフィㇲティカスィ]
([英] sophistication)洗練

sofistikatéd [ソフィㇲティケテ(ド)]
([英] sophisticated)洗練された

sokét [ソケ(ト)]([英] socket)コンセント

sokong [ソコン]([英] to support)
支える / 支援する / 支持する

sokongan [ソコンァㇴ]([英] support)
支え / 支援 / 支持

solat [ソラ(ト)]([英] prayer / to pray)
礼拝(れいはい) / 礼拝する

soldadu [ソㇽダドゥ]([英] soldier)
兵士 / 兵隊

solék [ソレッ]([英] makeup / to make up)
化粧 / 化粧する

solékan [ソレカㇴ]([英] makeup)化粧

solo [ソロ]([英] solo)ソロ

sombong [ソㇺボン]
([英] arrogant / proud)高慢(こうまん)な / つんとした

songkét [ソンケ(ト)]([英] songket)
ソンケット(金や銀の糸を入れて織った布)

songkok [ソンコッ]([英] songkok)
ソンコッ(縁(ふち)なしマレー帽)

songsang [ソンサン]([英] inverse / perverted)さかさまの / 倒錯(とうさく)した

sopan [ソパㇴ]([英] polite)
礼儀正しい / 丁寧な

sopan santun [ソパㇴ サㇴトㇴ]
([英] courtesy)礼儀

sorak [ソラッ]([英] cheering / to cheer)
歓声 / 声援 / 歓声を上げる / 声援する

sorakan [ソラカㇴ]([英] cheering)
歓声 / 声援

sorok [ソロッ]([英] to hide)隠れる

sos [ソㇲ]([英] sauce)ソース

sos tomato [ソㇲ トマト]([英] ketchup)
ケチャップ

S

soséj [ソセジ] (㊥ sausage) ソーセージ

sosial [ソスィヤル] (㊥ social)
社会の / 社会的な

sosiologi [ソスィオロギ] (㊥ sociology)
社会学

SOSMA [ソスマ] (㊥ Security Offences (Special Measures) Act (SOSMA))
治安犯罪特別措置法

sotong [ソトン] (㊥ squid) イカ

sound [サウン] (㊥ to tell)
【口語】(誰かに)言う / 言いつける

soya [ソヤ] (㊥ soy) 大豆

spagéti [スパゲティ] (㊥ spaghetti)
スパゲッティ

spam [スパム] (㊥ spam) スパム / 迷惑メール

span [スパヌ] (㊥ sponge) スポンジ

spék [スペッ] (㊥ glasses) 【口語】眼鏡

spékulasi [スペクゥラスィ] (㊥ speculation)
推測 / 憶測(おくそく)

spénder [スペヌドゥー] (㊥ briefs / panties)
ブリーフ / ショーツ

spésiés [スペスィエス] (㊥ species)
(生物の)種(しゅ)

spésifikasi [スペスィフィカスィ]
(㊥ specification)
仕様(しよう) / スペック / 仕様書(しようしょ)

spésimen [スペスィムヌ] (㊥ specimen)
標本

SPM (= Sijil Pelajaran Malaysia)
[エスピエム (スイジェル プラジャラヌ ムレイスイヤ)]
(㊥ SPM / Malaysian Certificate of Education) マレーシア学習修了資格試験

spontan [スポヌタヌ] (㊥ spontaneous)
自発的な / 無意識的な

spring [スプレン] (㊥ spring) ばね

Sri Lanka [スリ ランカ] (㊥ Sri Lanka)
スリランカ

stabil [スタベル] (㊥ stable) 安定した

stadium [スタディオム] (㊥ stadium)
スタジアム

staf [スタッ] (㊥ staff) スタッフ

stamina [スタミナ] (㊥ stamina)
スタミナ / 持久力

standard [スタヌダ(ド)] (㊥ standard) 標準(の)

stapler [ステプルー] (㊥ stapler) ホチキス

statik [スタテッ] (㊥ static) 静的(せいてき)な

statistik [スタティステッ] (㊥ statistics) 統計

status [スタトス] (㊥ status)
地位 / 身分 / 現状

stéréng [ステレン] (㊥ steering wheel)
(車などの)ハンドル

stéréo [ステレオ] (㊥ stereo) ステレオ

sterilkan [ストゥレルカヌ] (㊥ to sterilize)
殺菌する

stésén [ステセヌ] (㊥ station)
駅 / 発着場 / 放送局

stésén janakuasa [ステセヌ ジャナクゥワサ]
(㊥ power station) 発電所

S

stésén janakuasa hidroéléktrik [ステセヌ ジャナクウワサ ヒドロエレクトレッ] ([英] hydroelectric power station) 水力発電所

stésén janakuasa nukléar [ステセヌ ジャナクウワサ ニュウクレアー] ([英] nuclear power station) 原子力発電所

stésén minyak [ステセヌ ミニャッ] ([英] petrol station) ガソリンスタンド

stésén penyiaran [ステセヌ プニィヤラヌ] ([英] broadcasting station) 放送局

stésén téksi [ステセヌ テクスィ] ([英] taxi stand) タクシー乗り場

stétoskop [ステトスコ(プ)] ([英] stethoscope) 聴診器(ちょうしんき)

stew [ストゥウ] ([英] stew) シチュー

stik [ステッ] ([英] steak) ステーキ

stim [スティム] ([英] steam) 蒸気 / スチーム

stok [ストッ] ([英] stock) 在庫

stoking [ストケン] ([英] stockings / socks) ストッキング / 靴下

stomatitis [ストマティテス] ([英] stomatitis) 口内炎(こうないえん)

stor [ストー] ([英] store) 物置き / (家庭などの)倉庫

STPM (= Sijil Tinggi Persekolahan Malaysia) [エステイピエム (スイジェル ティンギ プースコラハヌ ムレイスイヤ)] ([英] STPM / Malaysia Higher School Certificate) マレーシア学校教育修了高等資格試験

stratégi [ストラテジ] ([英] strategy) 戦略 / 方策

stratégik [ストラテジッ] ([英] strategic) 戦略の / 戦略的な / 有利な

straw [ストロ] ([英] straw) ストロー

strawbéri [ストロベリ] ([英] strawberry) イチゴ

strés [ストレス] ([英] stress) ストレス

stroboskop [ストロボスコ(プ)] ([英] stroboscope) ストロボ

strok [ストロッ] ([英] stroke) 発作(ほっさ) / 脳卒中(のうそっちゅう) / (文字の)一画(かく)

strok haba [ストロッ ハバ] ([英] heatstroke) 熱射病(ねっしゃびょう) / 熱中症

strok matahari [ストロッ マタハリ] ([英] sunstroke) 日射病(にっしゃびょう)

struktur [ストルウクトー] ([英] structure) 構造

studio [ストゥウディヨ] ([英] studio) スタジオ / 工房

suam [スゥワム] ([英] lukewarm) ぬるい

suami [スゥワミ] ([英] husband) 夫

suami isteri [スゥワミ イストゥリ] ([英] husband and wife) 夫婦

suami isteri bekerja [スゥワミ イストゥリ ブクージャ] ([英] dual-income (household)) 共稼(ともかせ)ぎ(の世帯)

suam-suam kuku [スゥワム スゥワム クゥクゥ] ([英] lukewarm) なまぬるい

suap [スゥワ(プ)] ([英] to feed / bribe) (口まで運んで)食べさせる / 賄賂(わいろ)

suapkan [スゥワ(プ)カヌ] ([英] to feed) (口まで運んで)食べさせてあげる

S

suara [スゥワラ]([英] voice)声 / 意見

suara**kan** [スゥワラカヌ]([英] to voice)
口に出す / 表明する

suasana [スゥワサナ]([英] atmosphere)
雰囲気 / 情勢

suatu [スゥワトゥゥ]([英] one / a(n))ある〜

suatu masa [スゥワトゥゥ マサ]
([英] sometime)ある時 / いつか

suatu masa dulu [スゥワトゥゥ マサ ドゥゥルゥ]
([英] once)かつて

suatu tempat [スゥワトゥゥ トゥムパ(ト)]
([英] somewhere)(肯定文で)どこか

subahat [スゥバハ(ト)]([英] accomplice)
共謀者(きょうぼうしゃ) / 共犯(きょうはん)

subang [スゥバン]([英] earring)イヤリング

subjék [スゥ(ブ)ジェッ]([英] subject)
科目 / 主語 / 対象

subjéktif [スゥ(ブ)ジェクティフ]
([英] subjective)主観的な

subjéktiviti [スゥ(ブ)ジェクティヴィティ]
([英] subjectivity)主観

subkontraktor [スゥ(ブ)コヌトラクトー]
([英] subcontractor)下請業者(したうけぎょうしゃ)

subsidi [スゥ(ブ)スィディ]([英] subsidy)補助金

subuh [スゥボ(ホ)]([英] dawn)夜明け

subur [スゥボー]([英] fertile)
肥沃(ひよく)な / 繁殖力がある

suci [スゥチ]([英] sacred / pure)
神聖な / 清純(せいじゅん)な

sudah [スゥダ(ハ)]([英] already / finished)
もう / すでに / 済んだ

sudah pasti [スゥダ(ハ) パスティ]
([英] certainly)絶対に / 当然

sudah pun [スゥダ(ハ) ポヌ]([英] already)
もうすでに / とっくに

sudah tentu [スゥダ(ハ) トゥヌトゥゥ]
([英] of course)もちろん / 当然

sudah**pun** [スゥダ(ハ)ポヌ]☞sudah pun

sudi [スゥディ]([英] willing)
喜んで〜する / 〜する気がある

sudu [スゥドゥゥ]([英] spoon)スプーン

sudu besar [スゥドゥゥ ブサー]
([英] tablespoon)大匙(おおさじ)

sudu kecil [スゥドゥゥ クチェル]
([英] teaspoon)小匙(こさじ)

sudut [スゥド(ト)]([英] corner / angle / perspective)角(かど) / 角度 / 観点

sudut cakah [スゥド(ト) チャカ(ハ)]
([英] obtuse angle)鈍角(どんかく)

sudut pandangan [スゥド(ト) パヌダンアヌ]
([英] viewpoint)観点 / 視点

sudut tegak [スゥド(ト) トゥガッ]
([英] right angle)直角

sudut tirus [スゥド(ト) ティロス]
([英] acute angle)鋭角(えいかく)

suhu [スゥフゥ]([英] temperature)温度

suhu badan [スゥフゥ バダヌ]
([英] body temperature)体温

suhu badan normal
[スゥフゥ バダヌ ノーマル]
(英 normal temperature)平熱

suis [スゥウェス](英 switch)スイッチ

suka [スゥカ](英 fond / to like)
好きだ / 気に入った

suka duka [スゥカ ドゥウカ](英 joys and sorrows)喜びと悲しみ / 苦楽

suka hati [スゥカ ハティ]
(英 to do as one likes / happy)
好きにする / 勝手にする / 嬉しい

suka tak suka [スゥカ タッ スゥカ]
(英 like it or not)
好(この)むと好(この)まざるとに関わらず

sukai [スゥカイ](英 to like)
好(この)む / 好(す)く

sukan [スゥカヌ](英 sports)スポーツ

sukan musim sejuk
[スゥカヌ ムゥセム スジョッ](英 winter sports)
ウィンタースポーツ

sukan olahraga [スゥカヌ オラ(ハ)ラガ]
(英 competitive sports)競技スポーツ

Sukan Olimpik [スゥカヌ オリムペッ]
(英 the Olympic Games)オリンピック

sukar [スゥカー]
(英 difficult / hard)難しい / 困難な

sukaréla [スゥカレラ](英 voluntary)
自主的な / ボランティアの

sukarélawan [スゥカレラワヌ]
(英 volunteer)ボランティア

sukarélawati [スゥカレラワティ]
(英 volunteer)(女性)ボランティア

sukarkan [スゥカーカヌ]
(英 to complicate)困難にする

sukat [スゥカ(ト)](英 to measure)
測(はか)る / 測定する

suku [スゥクゥ](英 quarter / race)4分の1 / (〜時)15分 / 四半期(しはんき) / 民族

suku akhir [スゥクゥ アヘー]
(英 quarterfinal)準々決勝

sulam [スゥラム](英 embroidery / to embroider)刺繍(ししゅう) / 刺繍する

sulaman [スゥラマヌ](英 embroidery)
刺繍(ししゅう)

suling [スゥレン](英 distilled)
蒸留(じょうりゅう)した

sulingkan [スゥレンカヌ](英 to distil)
蒸留(じょうりゅう)する

sulit [スゥレ(ト)](英 confidential / unofficial / private)極秘の / 非公式の / 私的な

sultan [スゥルタヌ](英 sultan)スルタン

sulung [スゥロン](英 eldest / first)
最年長の / 最初の

Sumatera [スゥマトゥラ](英 Sumatra)
スマトラ(インドネシアの島)

sumbang [スゥムバン](英 to contribute / improper / off-key)寄付(きふ)する / 不道徳な / 見聞きに堪えない

sumbangan [スゥムバンアヌ]
(英 contribution)寄与(きよ) / 貢献(こうけん)

sumbangkan [スゥムバンカヌ]
(英 to contribute)
貢献する / 寄付(きふ)する

S

sumbat [スゥムバ(ト)]([英] to stuff / to plug / plug)つめる / 塞(ふさ)ぐ / 栓(せん)

sumbatkan [スゥムバ(ト)カヌ]([英] to stuff) つめる / 突っ込む

sumber [スゥムブー]([英] source / resource) 源(みなもと) / 情報源 / 資源

sumber air [スゥムブー アェー] ([英] water source)水源

sumber asli [alam] [スゥムブー アスリ[アラム]] ([英] natural resources)天然資源

sumber kewangan [スゥムブー クワンアヌ] ([英] revenue source)財源

sumber manusia [スゥムブー マヌゥスイヤ] ([英] human resource)人材

sumber pendapatan [スゥムブー プヌダパタヌ]([英] revenue source) 収入源

sumbing [スゥムベン]([英] chipped)欠けた

sumpah [スゥムパ(ハ)] ([英] oath / curse / to swear)誓(ちか)い / 呪いの言葉 / 誓う

sumpah seranah [スゥムパ(ハ) スラナ(ハ)] ([英] curses / to scorch)罵(ののし)り / 罵倒(ばとう)する

sunat [スゥナ(ト)] ([英] circumcision / commendable)割礼(かつれい) / 戒律ではないが推奨された

sundal [スゥヌダル]([英] whore)売春婦

sungai [スゥンアイ]([英] river)川

sungguh [スゥンゴ(ホ)]([英] very / truly) とても / 大変 / 本当に

sungguhpun [スゥンゴ(ホ)ポヌ] ([英] although)〜だけれども

sungguh-sungguh [スゥンゴ(ホ) スゥンゴ(ホ)] ([英] hard / earnestly)懸命に / 真面目に

sungutan [スゥンウゥタヌ]([英] complaint) 文句(もんく) / 愚痴(ぐち)

Sunnah [スゥヌナ(ハ)]([英] Sunnah) スンナ(預言者(よげんしゃ)の言行·範例(はんれい))

suntik [スゥヌテッ]([英] injection / to inject) 注射 / 注射する

suntikan [スゥヌテイカヌ]([英] injection)注射

suntikan intravéna [スゥヌテイカヌ イヌトラヴェナ] ([英] intravenous [IV] injection) 静脈注射(じょうみゃくちゅうしゃ)

suntikan vaksin [スゥヌテイカヌ ヴェクセヌ] ([英] vaccination)予防注射(よぼうちゅうしゃ)

suntikkan [スゥヌテッカヌ]([英] to inject) 注射する

sunting [スゥヌテン]([英] to edit)編集する

suntingan [スゥヌテインアヌ]([英] editing)編集

suntuk [スゥヌトッ]([英] late / all) 遅い時間の / 〜の間ずっと

sunyi [スゥニィ]([英] quiet / lonely) 静かな / 人気(ひとけ)のない / 寂しい

sunyi senyap [スゥニィ スニャ(プ)] ([英] all quiet)しんとした

sup [ソ(プ)]([英] soup)スープ

supaya [スゥパヤ]([英] so that)〜するように

supermarkét [スゥプマケ(ト)] ([英] supermarket)スーパーマーケット

S

supositori [スゥポスィトリ]
(英 suppository)座薬(ざやく)

surah [スゥラ(ハ)](英 chapter of the Quran)
コーランの章

surai [スゥライ](英 to disperse / mane)
解散する / (動物の)たてがみ

suram [スゥラム](英 gloomy)
薄暗い / (表情などが)暗い

surat [スゥラ(ト)](英 letter)手紙 / 書状 / 文書

surat akuan [スゥラ(ト) アクゥワヌ]
(英 certificate)証明書

surat berdaftar [スゥラ(ト) ブーダフター]
(英 registered mail)
書留郵便(かきとめゆうびん)

surat khabar [スゥラ(ト) カバー]
(英 newspaper)新聞

surat kontrak [スゥラ(ト) コヌトラッ]
(英 contract document)契約書

surat krédit [スゥラ(ト) クレディ(ト)]
(英 letter of credit)信用状(しんようじょう)

surat perakuan [スゥラ(ト) プラクゥワヌ]
(英 certificate / letter of recommendation)
証明書 / 推薦状

surat sokongan [スゥラ(ト) ソコンアヌ]
(英 letter of support)推薦状(すいせんじょう)

surat-menyurat《幹 surat》
[スゥラ(ト) ムニュゥラ(ト)](英 correspondence)
(文書の)やりとり / 文通

surau [スゥラゥ](英 prayer room)
礼拝室(れいはいしつ)

surcaj [スゥチャジ](英 surcharge)
追加料金 / サーチャージ

surcaj bahan api [スゥチャジ バハヌ アピ]
(英 fuel surcharge)燃油サーチャージ

surgeri [スゥージュリ](英 surgery)
外科 / 手術

suri rumah [スゥリ ルゥマ(ハ)]
(英 housewife)主婦

suria [スゥリヤ](英 sun)太陽

suruh [スゥロ(ホ)](英 to tell / to order)
～するように言う / 指示する

suruhan [スゥルゥハヌ](英 command)
指示 / 言いつけ

suruhanjaya [スゥルゥハンジャヤ]
(英 commission)委員会

surut [スゥロ(ト)](英 to subside / to recede)
(水が)引く / 後退(こうたい)する / 減る

susah [スゥサ(ハ)](英 hard / difficult)
難しい / 困難な / (生活が)苦しい

susah hati [スゥサ(ハ) ハティ]
(英 worried / upset)心配した / 困った

susah payah [スゥサ(ハ) パヤ(ハ)]
(英 to try hard)色々苦労する / 骨折る

susahkan [スゥサ(ハ)カヌ]
(英 to trouble)困らせる / わずらわす

susah-susah [スゥサ(ハ) スゥサ(ハ)]
(英 to take the trouble to)
わざわざ / 骨折って

suspék [スゥスペッ](英 suspect)容疑者

susu [スゥスゥ](英 milk)乳 / 牛乳 / ミルク

susu ibu [スゥスゥ イブゥ](英 breast milk)
母乳

S

susu pekat [スウスゥ プカ(ト)]
(㊥ condensed milk)コンデンスミルク

susu tepung [スウスゥ トゥポン]
(㊥ milk powder)粉ミルク

susui [スウスゥイ](㊥ to breast-feed)
授乳する

susuk tubuh [badan]
[スウソッ トゥウボ(ホ) [バダヌ]](㊥ figure)
体形 / 体格

susukan [スウスゥカヌ](㊥ to breast-feed)
授乳する

susul [スゥソル](㊥ to follow)後に続く

susulan [スウスゥラヌ](㊥ subsequent / sequel)後に続くもの / 続き

susuli [スウスゥリ]
(㊥ to follow / to respond to)
〜の後に続く / 〜に応(こた)える

susun [スゥソヌ](㊥ to arrange)
並べる / きちんとそろえる

susunan [スウスゥナヌ]
(㊥ order / arrangement)順序 / 配置

susut [スゥソ(ト)]
(㊥ to decrease / to shrink)減る / 縮む

susut badan [スゥソ(ト) バダヌ]
(㊥ to become thin)痩(や)せる

sut [スゥ(ト)](㊥ suit)スーツ / 背広(せびろ)

sutera [スゥトゥラ](㊥ silk)絹

swasta [スワスタ](㊥ private)
私立の / 民間の

swéater [スウェトゥー](㊥ sweater)
セーター

Switzerland [スウィ(ト)ズーレヌ]
(㊥ Switzerland)スイス

syabas [シャバス](㊥ good job)
よくやった / よくできました

syair [シャエー](㊥ poem)詩

syaitan [シャイタヌ](㊥ devil)悪魔

syak [シャッ](㊥ suspicion / to suspect)
疑い / 疑う

syampu [シャムプゥ](㊥ shampoo / to shampoo)シャンプー / シャンプーする

syarat [シャラ(ト)](㊥ condition / terms)
条件

syarat cukup [シャラ(ト) チュウコ(プ)]
(㊥ sufficient condition)十分条件

syarat kerja [pekerjaan]
[シャラ(ト) クージャ [プクージャアヌ]]
(㊥ terms of employment)労働条件

syarat perlu [シャラ(ト) プールゥ]
(㊥ necessary condition)必要条件

syariah [シャリア(ハ)](㊥ Islamic law)
イスラーム法

syariat [シャリア(ト)]☞syariah

syarikat [シャリカ(ト)](㊥ company)
会社 / 企業

syarikat berhad [シャリカ(ト) ブーハ(ド)]
(㊥ limited company)株式会社 / 有限会社

syarikat bersekutu
[シャリカ(ト) ブースクゥトゥウ]
(㊥ associated [affiliated] company)
関連会社

S

syarikat perdagangan
[シャリカ(ト) プーダガンアヌ]
(英 trading company)商社 / 貿易会社

syarikat saham [シャリカ(ト) サハム]
(英 brokerage firm)証券会社

syarikat subkontraktor
[シャリカ(ト) スウ(ブ)コヌトラクトー]
(英 subcontract company)
下請会社(したうけがいしゃ)

syarikat subsidiari
[シャリカ(ト) スウ(ブ)スイディヤリ]
(英 subsidiary)子会社

syif [シッ](英 shift)シフト / 勤務時間

syif malam [シッ マラム](英 night shift)
夜勤

syiling [シレン](英 coin)硬貨 / コイン

syiling emas [シレン ウマヌ]
(英 gold coin)金貨

syiling pérak [シレン ペラッ]
(英 silver coin)銀貨

syiling tembaga [シレン トゥムバガ]
(英 copper coin)銅貨

syok [ショッ](英 impressed / attracted)
【口語】感激した / 魅了された

syor [ショー](英 suggestion)提案

syorkan [ショーカヌ](英 to suggest)
提案する / 勧(すす)める

syukur [シュゥコー](英 thanks to God / thank God)神への感謝 / 幸いにも

syukurlah [シュゥコーラ(ハ)]
(英 thank God)幸いにも / おかげさまで

syurga [シュゥーガ]
(英 heaven / paradise)天国 / 楽園

T

taala [タアラ](英 exalted)高貴な / 至高の

taat [タア(ト)](英 faithful / loyal)
忠実な / 従順な

tab mandi [タ(ブ) マヌディ](英 bathtub)
浴槽(よくそう) / バスタブ

tabah [タバ(ハ)](英 persevering)
辛抱(しんぼう)強い / 根気強い

tabah hati [タバ(ハ) ハティ]
(英 persevering / resolute)
辛抱(しんぼう)強い / 確固とした

tabiat [タビヤ(ト)](英 habit)習慣 / 癖(くせ)

tabir [タベー](英 curtain / screen)
幕(まく) / スクリーン

tablét [タ(ブ)レ(ト)](英 pill / tablet)
錠剤 / タブレット端末

tabu [タブゥ](英 taboo)タブー

tabung [タボン](英 money box / fund)
貯金箱 / 基金

tabungan [タブゥンアヌ](英 savings)
貯金(ちょきん) / 貯蓄(ちょちく)

tabur [タボー](英 to scatter)
まき散らす / ばらまく

taburan [タブゥラヌ](英 distribution)
分布(ぶんぷ)

taburkan [タボーカヌ](英 to scatter)
まき散らす / ばらまく

tadbir [タ(ド)ベー](英 administration)
事務 / 行政

tadbiran [タ(ド)ビラヌ]([英] administration)事務 / 行政

tadi [タディ]([英] just now / this)さっき / 直前の

tadika [タディカ]([英] kindergarten)幼稚園

tafakur [タファコー]([英] meditation)瞑想(めいそう)

tafsiran [タフスィラヌ]([英] interpretation)解釈

tafsirkan [タフセーカヌ]([英] to interpret)解釈する

tag [テ(グ)]([英] tag)札(ふだ) / タグ

tagih [タゲ(ヘ)]([英] to demand / to crave)強く求める / 懇願する

tahan [タハヌ]([英] to last / to stand / to stop / to detain)耐える / 我慢する / 止める / 防ぐ / 拘束する

tahan diri [タハヌ ディリ]([英] to tolerate / to restrain oneself)我慢する / 差し控(ひか)える

tahan lasak [タハヌ ラサッ]([英] durable)耐久性がある

tahanan [タハナヌ]([英] detainee / hostage / detention / custody)拘留者(こうりゅうしゃ) / 人質(ひとじち) / 拘留(こうりゅう) / 拘束(こうそく)

tahap [タハ(プ)]([英] stage / level)段階 / レベル

tahap asas [タハ(プ) アサヌ]([英] basic level)初級

tahap keuntungan [タハ(プ) クウゥヌトンアヌ]([英] profitability)収益性

tahap tinggi [lanjutan] [タハ(プ) ティンギ [ランジュウタヌ]]([英] advanced level)上級

tahayul [タハヨル]([英] superstition)迷信

tahi [タヒ]([英] faeces / wastes)糞(ふん) / かす

tahi bintang [タヒ ビヌタン]([英] shooting star)流れ星

tahi lalat [タヒ ララ(ト)]([英] mole)ほくろ

tahniah [タ(ハ)ニヤ(ハ)]([英] congratulations)おめでとう / 祝賀(しゅくが)

tahu [タフウ]([英] to know / can)知っている / (上手に)～できる

tahun [タホヌ]([英] year / years old)年 / ～歳 / (大学、小学校の)学年 / ～年生

tahun akadémik [タホヌ アカデメッ]([英] academic year)(大学、学校の)年度

Tahun Baru [Baharu] [タホヌ バルゥ [バハルゥ]]([英] the New Year)新年 / 正月

tahun depan [hadapan] [タホヌ ドゥパヌ [ハダパヌ]]([英] next year)来年

tahun fiskal [タホヌ フィスカル]([英] fiscal year)会計年度

tahun ini [タホヌ イニ]([英] this year)今年

tahun kewangan [タホヌ クワンアヌ]([英] financial year)会計年度

tahun lalu [タホヌ ラルゥ]([英] last year)昨年(さくねん)

T

tahun lepas [タホヌ ルパス] (㊧ last year)
去年

tahun sebelumnya [タホヌ スブロムニャ]
(㊧ previous year) 前年(ぜんねん)

tahunan [タフゥナヌ] (㊧ annual)
年間の / 毎年の

tahyul [タ(ハ)ヨル] ☞tahayul

taip [タエ(プ)] (㊧ to type) タイプする

taja [タジャ] (㊧ to sponsor)
提供する / 後援する

tajaan [タジャアヌ] (㊧ sponsorship)
主催 / 提供 / 後援

tajam [タジャム] (㊧ sharp)
鋭(するど)い / 辛辣(しんらつ)な

tajuk [タジョッ] (㊧ title / heading)
題名 / タイトル / 表題 / 見出し

tak [タッ] (㊧ no / not)
【口語】いや / ううん / ～ない

tak apa [タッ アパ] (㊧ that's OK)
【口語】大丈夫

tak lama kemudian [タッ ラマ クムゥディヤヌ]
(㊧ before long) やがて

tak sabar hendak [タッ サバー フヌダッ]
(㊧ to look forward to / can't wait to)
～するのを楽しみにする / 待ちきれない

tak sabar nak [タッ サバー ナッ]
(㊧ to look forward to / can't wait to)
【口語】～するのが楽しみだ / 待ちきれない

tak sabar tunggu [タッ サバー トゥウングゥ]
(㊧ can't wait to / to wait eagerly)
待ちきれない / 待ち遠しい

tak tahu malu [タッ タフゥ マルゥ]
(㊧ shameless) 恥知らずな

tak terhingga [terbatas]
[タッ トゥーヒンガ [トゥーバタス]] (㊧ unlimited)
限りない

tak terkira [terbilang]
[タッ トゥーキラ [トゥービラン]] (㊧ countless)
数え切れないほどの

takaful [タカフォル] (㊧ takaful)
タカフル(イスラーム法に基(もと)づく保険)

takat [タカ(ト)] (㊧ level / point)
水準 / (沸騰などの起こる)時点

takbur [タッボー] (㊧ arrogant / proud)
横柄(おうへい)な / 高慢(こうまん)な

takde [タッ(ク)ドゥ] (㊧ to not have /
to be absent)【口語】ない / いない

takdir [タッ(ク)デー] (㊧ destiny / fate)
運命 / 宿命

takkan [タッカヌ] (㊧ should not / will never)
～するはずがない / 決して～しない

taklimat [タッ(ク)リマ(ト)] (㊧ briefing)
説明(会)

takluki [タッ(ク)ルゥキ] (㊧ to conquer)
征服する

takpe [タッ(ク)プ] ☞tak apa

takrif [タッ(ク)レフ] (㊧ definition) 定義

takrifkan [タッ(ク)レフカヌ] (㊧ to define)
定義する

taksa [タッ(ク)サ] (㊧ vague / ambiguous)
曖昧(あいまい)な

T

taksidermi [タクスイドゥルミ] (㊥ taxidermy) 剥製(はくせい)(技術)

taksir [タクセー] (㊥ to assess / to appraise) 評価する / 算定(さんてい)する

taksiran [タクスイラヌ] (㊥ assessment / appraisal) 評価 / 算定(さんてい) / 見積(みつ)もり

taktik [タクテッ] (㊥ tactic) 作戦 / 戦術

takut [タコ(ト)] (㊥ afraid) 怖い / 恐れる

takuti [タクゥティ] (㊥ to fear) ～を怖がる / 恐れる

takutkan [タコ(ト)カヌ] (㊥ to scare) 怖がらせる

takwim [タッ(ク)ウェム] (㊥ calendar) 暦(こよみ)

takziah [タッ(ク)ズイヤ(ハ)] (㊥ condolence / sympathy) お悔やみ / 哀悼(あいとう)

talam [タラム] (㊥ tray) 盆(ぼん) / トレー

tali [タリ] (㊥ string / strap / rope) 紐(ひも) / 弦(げん) / ロープ

tali kelédar [タリ クレダー] (㊥ seatbelt) シートベルト

tali léhér [タリ レヘー] (㊥ necktie) ネクタイ

tali pinggang [タリ ピンガン] (㊥ belt) ベルト

talian [タリヤヌ] (㊥ line) 回線

talian téléfon [タリヤヌ テレフォヌ] (㊥ telephone line) 電話回線

tamadun [タマドゥ] (㊥ civilization) 文明

tamak [タマッ] (㊥ greedy) 欲張りな

tamak haloba [タマッ ハロバ] (㊥ greedy) 欲深(よくぶか)い

taman [タマヌ] (㊥ park / garden / estate) 公園 / 庭園 / 団地

taman asuhan kanak-kanak [タマヌ アソハヌ カナッ カナッ] (㊥ nursery school) 保育園

taman botani [タマヌ ボタニ] (㊥ botanical garden) 植物園

taman hiburan [タマヌ ヒブゥラヌ] (㊥ amusement park) 遊園地

taman negara [タマヌ ヌガラ] (㊥ national park) 国立公園

taman perumahan [タマヌ プルゥマハヌ] (㊥ housing estate) 住宅団地

tamat [タマ(ト)] (㊥ to end / to complete) 終わる / 修了する

tamat pengajian [タマ(ト) プンアジヤヌ] (㊥ to graduate) (大学を)卒業する

tamat persekolahan [pelajaran] [タマ(ト) プースコラハヌ [プラジャラヌ]] (㊥ to graduate) (高校以下を)卒業する

tamatkan [タマ(ト)カヌ] (㊥ to end) 終える / 終わらせる

tambah [タムバ(ハ)] (㊥ to add / plus / to have another helping) 加える / 増やす / 足す / おかわりする

tambahan [タムバハヌ] (㊥ addition / increase) 追加 / 増加(分)

tambahan pula [タムバハヌ プゥラ] (㊥ furthermore) さらに / それに

T

tambahkan [タムバ(ハ)カヌ]
(英 to add / to increase)加える / 増やす

tambang [タムバン](英 fare)運賃

Tamil [タメル](英 Tamil)
タミル(インド南部·スリランカの種族)

tampal [タムパル]
(英 patch / to stick / to paste / to patch)
継(つ)ぎ(はぎ) / 貼る / 継ぎを当てる

tampan [タムパヌ](英 handsome)
かっこいい

tampar [タムパー](英 to slap)
平手(ひらて)打ちする

tamparan [タムパラヌ](英 clap / blow)
平手(ひらて)打ち / 打撃

tampil [タムペル](英 to step forward / to appear)出てくる / 現れる

tampilkan [タムペルカヌ](英 to show)
見せる

tampung [タムポン](英 to support / to collect / to accommodate)
受け止める / 下支(したざさ)えする / 対応する / 収容する

tamu [タムゥ](英 guest / market)
客 / 来客 / 【ボルネオ】市場

tan [タヌ](英 ton)トン

tanah [タナ(ハ)](英 land / soil / ground)
土地 / 土 / 地面

tanah air [タナ(ハ) アエー]
(英 motherland)祖国 / 母国

tanah jajahan [タナ(ハ) ジャジャハヌ]
(英 colony)植民地

tanah liat [タナ(ハ) リヤ(ト)](英 clay)粘土

tanah negara [タナ(ハ) ヌガラ]
(英 national land)国土

tanah pertanian [タナ(ハ) プータニヤヌ]
(英 farmland)農地

tanah rata [タナ(ハ) ラタ]
(英 flat land [ground])平地(へいち)

tanah tinggi [タナ(ハ) ティンギ]
(英 highland)高地

tanak [タナッ](英 to cook)炊(た)く

tanam [タナム]
(英 to plant / to bury / to cultivate)
植える / 埋める / 耕作(こうさく)する

tanaman [タナマヌ](英 crop)作物(さくもつ)

tanda [タヌダ](英 sign / mark / to mark)
印(しるし) / 兆候(ちょうこう) / 印を付ける / 採点する

tanda baca [タヌダ バチャ]
(英 punctuation mark)句読点(くとうてん)

tanda dagang [タヌダ ダガン]
(英 trademark)商標(しょうひょう)

tanda harga [タヌダ ハルガ]
(英 price tag)値札(ねふだ)

tanda kenangan [タヌダ クナンアヌ]
(英 memento / keepsake)記念品 / 形見

tanda kurung [タヌダ クゥロン]
(英 parentheses)括弧(かっこ)

tanda logo [タヌダ ロゴ](英 logo mark)
ロゴマーク

tanda nama [タヌダ ナマ](英 name tag)
名札(なふだ)

tanda seru [seruan]
[タヌダ スルゥ [スルゥワヌ]]
(英 exclamation mark)感嘆符(かんたんふ)

tanda terima kasih [タヌダ トゥリマ カセ(へ)]
(英 token of one's gratitude)
感謝のしるし

tandai [タヌダイ](英 to mark)
～に印(しるし)を付ける

tandakan [タヌダカヌ]
(英 to mark / to indicate)
(印を)付ける / ～のしるしとなる

tandas [タヌダス](英 toilet)トイレ / 便所

tandas awam [タヌダス アワム]
(英 public toilet)公衆トイレ

tandatangan [タヌダタンアヌ](英 signature / to sign)サイン / 署名(しょめい) / サインする / 署名する

tandatangani [タヌダタンアニ](英 to sign)
～にサインする / 署名(しょめい)する

tandu [タヌドゥウ](英 stretcher / palanquin)
担架(たんか) / 駕籠(かご)

tanduk [タヌドゥッ](英 horn)角(つの)

tandus [タヌドゥス](英 barren)
不毛な / (土地が)やせた

tangan [タンアヌ](英 hand)手

tangan palsu [タンアヌ パルスゥ]
(英 artificial arm)義手(ぎしゅ)

tangani [タンアニ](英 to handle)
扱う / 処理する / 対応する

tangga [タンガ](英 stairs / ladder)
階段 / はしご

tangga kecemasan [タンガ クチュマサヌ]
(英 emergency stairway)非常階段

tanggal [タンガル](英 to take off / to peel)
脱(ぬ)ぐ / 剥(は)がれる

tanggalkan [タンガルカヌ]
(英 to peel / to strip / to remove)
剥(は)がす / 剥ぐ / 外(はず)す(取り外す)

tanggapan [タンガパヌ](英 perception / impression)受け止め方 / 印象

tangguh [タンゴ(ホ)](英 postponement / to postpone)延期 / 延期する

tangguh pengajian [タンゴ(ホ) プンアジアヌ]
(英 deferment of study / to defer one's study)
(大学の)卒業延期 / 卒業延期する

tangguhkan [タンゴ(ホ)カヌ]
(英 to postpone)延期する / 遅らせる

tanggung [タンゴン](英 to incur / to support / to bear / to shoulder)
負担(ふたん)する / 扶養(ふよう)する / 耐える / 担(かつ)ぐ

tanggungan [タングゥンアヌ]
(英 pay / responsibility / dependant)
負担(ふたん) / 責任 / 扶養(ふよう)家族

tanggungjawab [タンゴンジャワ(ブ)]
(英 responsibility)責任

tangkai [タンカイ](英 stem / handle)
茎 / (カップなどの)持ち手 / ～本(助数詞)

tangkal [タンカル](英 amulet)お守り

tangkap [タンカ(プ)](英 to catch / to arrest / to get)捕(つか)まえる / 逮捕(たいほ)する / 把握(はあく)する

T

tangkapan [タンカパヌ] (英 catch)
獲物(えもの) / 収穫

tangkas [タンカス] (英 agile) 機敏(きびん)な

tangki [タンキ] (英 tank) タンク

tani [タニ] (英 farmer / farming)
農民 / 農業

tanjakan [タンジャカヌ] (英 ramp / slope)
スロープ / タラップ

tanjung [タンジョン] (英 cape) 岬(みさき)

tanpa [タムパ] (英 without)
～なしの / ～なしに

tanya [タニャ] (英 to ask)
質問する / 尋(たず)ねる

tanyakan [タニャカヌ] (英 to ask about)
～について尋ねる

tapai [タパイ] (英 fermented rice cake [wine] / to ferment) タパイ (米などを発酵させた菓子や酒) / 発酵させる

tapak [タパッ]
(英 site / foundation / palm / sole)
場所 / 土台 / 手のひら / 足の裏

tapak tangan [タパッ タンアヌ] (英 palm)
手のひら

tapi [タピ] (英 but) 【口語】でも / だけど

tapis [タペス] (英 to filter / to censor)
ろ過する / 検閲(けんえつ)する

tapisan [タピサヌ] (英 screening / vetting / censorship / filtered) 選別 / 審査 / 検閲(けんえつ) / ろ過された

taraf [タラフ] (英 standard / level / status)
水準 / レベル / 地位

tari [タリ] (英 dance) 踊り / ダンス

tarian [タリヤヌ] (英 dance) 踊り / ダンス

tarian rakyat [タリヤヌ ラッ(ク)ヤ(ト)]
(英 folk dance) 民俗舞踊

tarik [タレッ] (英 to pull) 引く / 引っ張る

tarik balik [タレッ バレッ] (英 to retract)
撤回する

tarik diri [タレッ ディリ] (英 to draw back)
身を引く / 辞退する

tarik keluar [タレッ クルゥワー]
(英 to pull out) 引き出す

tarik nafas [タレッ ナファス]
(英 to breathe in) 息を吸う

tarik nafas lega [タレッ ナファス ルガ]
(英 to feel relieved) ほっとする

tarikan [タリカヌ] (英 attraction)
人を引き付けるもの / 魅力

tarikh [タレッ] (英 date) 日付け / 日にち

tarikh lahir [タレッ ラへー]
(英 date of birth) 生年月日

tarikh matang [タレッ マタン]
(英 due date) 満期日

tarikh tutup [akhir]
[タレッ トゥウト(プ) [アヘー]] (英 deadline)
期日 / 締め切り

taring [タレン] (英 fang) 牙(きば)

tart [ター(ト)] (英 tart) タルト

taruh [タロ(ホ)]
(英 to put / to place / to bet / bet)
置く / (感情を)抱(いだ)く / 賭(か)ける / 賭け金

tasik [タセッ] (英 lake) 湖

taska [タスカ] (英 nursery) 保育園

tatabahasa [タタバハサ] (英 grammar) 文法

tatacara [タタチャラ] (英 procedure) 手順(てじゅん) / 手続き

tatap [タタ(プ)] (英 to gaze / to scrutinize) じっと見る / よく見る

tatapan [タタパヌ] (英 look / scrutiny) 見ること / 視線 / 監視

tatkala [タ(ト)カラ] (英 when) ～のときに

tatu [タトゥウ] (英 tattoo) 入れ墨(いれずみ) / タトゥー

tau [タウ] (英 to know) 【口語】知っている / ～なんだよ

taubat [タウバ(ト)] (英 repentance / to repent) 反省 / 後悔 / 反省する / 悔(く)いる

taucu [タウチュウ] (英 fermented bean curd) 豆醤(とうじゃん)

taufan [タウファヌ] (英 typhoon) 台風

taugé [タウゲ] (英 bean sprouts) モヤシ

tauhu [タウフウ] (英 tofu) 豆腐

tauké [タウケ] (英 (Chinese) businessman) (華人の)商売人

tauladan [タウラダヌ] (英 model) 模範(もはん)

tawan [タワヌ] (英 to capture) 攻略(こうりゃく)する / 攻め落とす / (心を)とらえる

tawar [タワー] (英 tasteless / to offer / to haggle) 味がない / 提供する / 値切る

tawaran [タワラヌ] (英 offer / asking price / bid) 申し出 / 提供 / 提示価格 / 入札(にゅうさつ)

tawaran kerja [pekerjaan] [タワラヌ クージャ [プクージャアヌ]] (英 job offer) 求人 / 仕事の依頼

tawarkan [タワーカヌ] (英 to offer / to dilute) 提供する / 支給する / 味を薄める

tawarkan kerja [タワーカヌ クージャ] (英 to offer a job) 求人する / 仕事を依頼する

tawar-menawar 《幹 tawar》 [タワー ムナワー] (英 to haggle) 値切る

tayang [タヤン] (英 to show) 公開する / 上映する

tayangkan [タヤンカヌ] (英 to show) 公開する / 上映する

tayang-tayang [タヤン タヤン] (英 to show off) 見せびらかす

tayar [タヤー] (英 tire) タイヤ

téater [テアトゥー] (英 theatre) 劇場

tebal [トゥバル] (英 thick) 厚い / (霧や髭が)濃い

tebalkan [トゥバルカヌ] (英 to make *sth* thicker) 厚くする

tebang [トゥバン] (英 to cut down) 切り倒す / 伐採(ばっさい)する

tebas [トゥバス] (英 to cut) 刈(か)る

tebat [トゥバ(ト)] (英 to insulate) (電流・熱伝導を)絶縁(ぜつえん)する

T

tebing [トゥベン]([英] bank)
岸(きし) / 堤防(ていぼう)

tebu [トゥブゥ]([英] sugar cane)サトウキビ

tebuan [トゥブウワヌ]([英] hornet / wasp)
スズメバチ

tebusan [トゥブゥサヌ]([英] hostage / ransom)
人質(ひとじち) / 身代金(みのしろきん)

teduh [トゥド(ホ)]([英] shady)日陰の

tegah [トゥガ(ハ)]([英] to prohibit)禁じる

tegahan [トゥガハヌ]([英] prohibition)禁止

tegak [トゥガッ]([英] upright / vertical)
まっすぐに立った / 垂直な

tegakkan [トゥガッカヌ]
([英] to erect / to uphold)
立てる / 守り抜く

tegang [トゥガン]([英] taut / stiff / tense)
ぴんと張った / 緊張した

tegap [トゥガ(プ)]([英] sturdy / solid)
がっちりした / 頑丈(がんじょう)な

tegas [トゥガス]
([英] firm / strict / to emphasize)
断固とした / 厳(きび)しい / 強調する

tegaskan [トゥガスカヌ]([英] to emphasize / to affirm)強調する / 断言(だんげん)する

teguh [トゥゴ(ホ)]([英] strong)
強い / しっかりした

tegur [トゥゴー]([英] to greet / to speak to / to reproach)挨拶(あいさつ)する / 話し掛ける / 注意する / 非難する

teguran [トゥグゥラヌ]([英] criticism / greeting)非難 / 挨拶(あいさつ)

téh [テ(ヘ)]([英] tea)茶 / 紅茶

téh ais [テ(ヘ) アエス]([英] iced tea)
アイスティー

téh herba [テ(ヘ) フルバ]([英] herb tea)
ハーブティー

téh limau [テ(ヘ) リマゥ]
([英] tea with lemon)レモンティー

téh O [テ(ヘ) オ]([英] tea with sugar but without milk)ミルクなし砂糖入り紅茶

téh susu [テ(ヘ) スゥスゥ]
([英] tea with milk)ミルクティー

teka [トゥカ]([英] to guess)
推測する / 言い当てる

tekaan [トゥカアヌ]([英] guess)
推測 / 見当(けんとう)

tékad [テカ(ド)]([英] determination)決意

tekak [トゥカッ]([英] throat)喉(のど)

tekan [トゥカヌ]([英] to press)
(上から)押す / 圧迫する

tekanan [トゥカナヌ]([英] pressure / stress)
圧力 / 圧迫 / ストレス

tekanan air [トゥカナヌ アエー]
([英] water pressure)水圧

tekanan atmosféra
[トゥカナヌ ア(ト)モスフェラ]
([英] atmospheric pressure)気圧 / 大気圧

tekanan darah [トゥカナヌ ダラ(ハ)]
([英] blood pressure)血圧

tekanan darah rendah
[トゥカナヌ ダラ(ハ) ルヌダ(ハ)]
([英] low blood pressure)低血圧

T

tekanan darah tinggi
[トゥカナヌ ダラ(ハ) ティンギ]
(英 high blood pressure)高血圧

tekanan udara [トゥカナヌ ウゥダラ]
(英 air pressure)気圧 / 空気圧

tekankan [トゥカヌカヌ](英 to stress)
強調する / 重視する

teka-teki [トゥカ トゥキ](英 riddle)なぞなぞ

téknik [テクネッ](英 technique)
テクニック / 技術

téknikal [テクニカル](英 technical)
技術的な / 専門的な

téknologi [テクノロジ](英 technology)
テクノロジー / 技術

téko [テコ](英 pot)ポット

téks [テクス](英 text)文章

téks utama [テクス ウゥタマ]
(英 main text)本文

téksi [テクスィ](英 taxi)タクシー

tékstil [テクステル](英 textile)織物(おりもの)

tékstur [テクストゥウー](英 texture)
食感(しょっかん) / 肌触(はだざわ)り

tekun [トゥコヌ](英 diligent)熱心な

telaah [トゥラア(ハ)](英 investigation / to investigate)研究 / 調査 / 調べる

teladan [トゥラダヌ](英 model)模範(もはん)

telaga [トゥラガ](英 well)井戸

telah [トゥラ(ハ)](英 already / to predict)
すでに / 予言する

telah pun [トゥラ(ハ) ポヌ](英 already)
もうすでに / とっくに

telahpun [トゥラ(ハ)ポヌ]☞telah pun

telan [トゥラヌ](英 to swallow)飲み込む

telangkup [トゥランコ(プ)](英 upside down / on one's stomach / to turn over)ひっくり返った / うつ伏(ぶ)せの / ひっくり返す

telanjang [トゥランジャン](英 naked)裸の

telanjang bulat [トゥランジャン ブウラ(ト)]
(英 stark-naked)丸裸の

telapak [トゥラパッ](英 palm / sole)
(手の)ひら / (足の)裏

telapak tangan [トゥラパッ タンアヌ]
(英 palm)手のひら

teléfon [テレフォヌ]
(英 telephone / to call)電話 / 電話する

teléfon awam [テレフォヌ アワム]
(英 public telephone)公衆電話

teléfon bimbit [テレフォヌ ビムベ(ト)]
(英 handphone)携帯電話

teléfon pintar [テレフォヌ ピヌター]
(英 smartphone)スマートフォン

teléfon sambungan
[テレフォヌ サムブウンアヌ]
(英 extension telephone)
内線(ないせん)電話

telégram [テレグラム](英 telegram)
電報(でんぽう)

telékomunikasi [テレコムゥニカスィ]
(英 telecommunications)電気通信

T

telekung [トゥルコン]
(英 long prayer veil)
トゥルコン(女性が礼拝時に着る白い服)

telentang [トゥルンタン]
(英 on one's back)仰向(あおむ)けの

téléskop [テレスコ(プ)](英 telescope)
望遠鏡(ぼうえんきょう)

télévisyen [テレヴィシュヌ](英 television)
テレビ

télévisyen kabel [テレヴィシュヌ ケブル]
(英 cable TV)ケーブルテレビ

telinga [トゥリンァ](英 ear)耳

teliti [トゥリティ]
(英 careful / thorough / to scrutinize)
入念(にゅうねん)な / 詳しく調べる

teluk [トゥロッ](英 bay)湾

telungkup [トゥルゥンコ(プ)]
(英 to lie prone)うつ伏(ぶ)せになる

telunjuk [トゥルゥンジョッ](英 order)指示

telur [トゥロー](英 egg)卵

telur dadar [トゥロー ダダー](英 omelette)
オムレツ

telur mata lembu [トゥロー マタ ルムブゥ]
(英 fried egg)目玉焼き

telur rebus [トゥロー ルボス]
(英 boiled egg)茹(ゆ)で卵

telus [トゥロス]
(英 to pass through / transparent)
貫通(かんつう)する / 透明な / 不正のない

téma [テマ](英 theme)テーマ

teman [トゥマヌ](英 friend / companion)
友 / 連(つ)れ

teman lelaki [トゥマヌ ルラキ]
(英 boyfriend)彼氏 / ボーイフレンド

teman sebilik [トゥマヌ スビレッ]
(英 roommate)ルームメイト

teman wanita [トゥマヌ ワニタ]
(英 girlfriend)彼女 / ガールフレンド

temani [トゥマニ](英 to go with /
to accompany)同行する / 付き添(そ)う

temasya [トゥマシャ](英 event)
催(もよお)し / イベント

tembaga [トゥムバガ](英 copper)銅

témbak [テムバッ](英 to shoot)
撃(う)つ / 射撃(しゃげき)する

témbakan [テムバカヌ](英 shot)
射撃(しゃげき) / 銃撃(じゅうげき)

tembakau [トゥムバカゥ](英 tabacco)タバコ

témbakkan [テムバッカヌ](英 to fire)
発射する / 発砲する

tembam [トゥムバム](英 chubby)
ふっくらした / 丸々した

tembikai [トゥムビカイ](英 watermelon)
スイカ / 瓜(うり)

tembikai susu [トゥムビカイ スゥスゥ]
(英 (honeydew) melon)メロン

tembikar [トゥムビカー](英 pottery)
陶磁器(とうじき)

témbok [テムボッ](英 wall)(石造りの)壁

T

tembus [トゥムボス]
(㊥ to penetrate / to break through)
浸透(しんとう)する / 入り込む / 突き抜ける

tembusi [トゥムブウスイ]
(㊥ to penetrate / to break through)
浸透(しんとう)する / 入り込む / 突き抜ける

tempa [トゥムパ] (㊥ to make *sth* a part of history / to forge) (歴史に名前や記録を)残す / 鋳造(ちゅうぞう)する

tempah [トゥムパ(ハ)] (㊥ to book / to order)
予約する / 注文する

tempahan [トゥムパハヌ]
(㊥ booking / order) 予約

tempat [トゥムパ(ト)] (㊥ place)
場所 / 位置 / 順位 / ～位

tempat asal [トゥムパ(ト) アサル]
(㊥ place of origin) 原産地 / 出身地

tempat duduk [トゥムパ(ト) ドゥウドッ]
(㊥ seat) 座席

tempat duduk kanak-kanak
[トゥムパ(ト) ドゥウドッ カナッ カナッ]
(㊥ child seat) チャイルドシート

tempat kerja [トゥムパ(ト) クージャ]
(㊥ workplace) 職場

tempat letak keréta
[トゥムパ(ト) ルタッ クレタ] (㊥ car park) 駐車場

tempat letak keréta bertingkat
[トゥムパ(ト) ルタッ クレタ ブーティンカ(ト)]
(㊥ multi-storey car park) 立体駐車場

tempat peranginan [トゥムパ(ト) プランイナヌ]
(㊥ resort) リゾート

tempat tinggal [トゥムパ(ト) ティンガル]
(㊥ residence) 住んでいる場所 / 住まい

tempatan [トゥムパタヌ] (㊥ local)
現地の / 地元の

tempatkan [トゥムパ(ト)カヌ]
(㊥ to place / to assign / to lodge)
配置する / 配属する / 収容する

tempayan [トゥムパヤヌ] (㊥ pot / jar) 甕(かめ)

témpélkan [テムペルカヌ] (㊥ to stick)
貼り付ける

témpo [テムポ] (㊥ tempo) テンポ

témpoh [テムポ(ホ)] (㊥ period) 期間

témpoh hari [テムポ(ホ) ハリ]
(㊥ the other day) この前 / 先日(せんじつ)

témpoh tangguh [テムポ(ホ) タンゴ(ホ)]
(㊥ grace period) 猶予期間(ゆうよきかん)

tempuh [トゥムポ(ホ)] (㊥ to face)
直面する / 立ち向かう

temu [トゥムゥ] (㊥ to meet / to find)
会う / 見つける

temu bual [ramah] [トゥムゥ ブウワル [ラマ(ハ)]]
(㊥ interview) インタビュー

temu duga [トゥムゥ ドゥウガ]
(㊥ interview) 面接

temu janji [トゥムゥ ジャンジ]
(㊥ appointment) アポイントメント

temui [トゥムゥイ] (㊥ to meet / to discover)
～と会う / 発見する

temukan [トゥムゥカヌ]
(㊥ to discover / to bring together)
発見する / 引き合わせる

tenaga [トゥナガ] (㊥ energy / power)
エネルギー / 力

tenaga éléktrik [トゥナガ エレクトレッ] (英 electric power) 電力

tenaga kerja [buruh] [トゥナガ クージャ [ブゥロ(ホ)]] (英 workforce) 労働力

tenaga nukléar [トゥナガ ニュクレヤー] (英 nuclear power) 原子力

tenang [トゥナン] (英 calm) 落ち着いた / 穏(おだ)やかな

tenangkan [トゥナンカヌ] (英 to calm) 落ち着かせる

tenat [トゥナ(ト)] (英 critical) (病状が)重い / 深刻な

tendang [トゥヌダン] (英 to kick) 蹴(け)る

ténder [テヌドゥー] (英 tender) 入札(にゅうさつ)

tengah [トゥンア(ハ)] (英 middle / centre / in the middle of) まん中 / 【口語】〜している最中の

tengah hari [トゥンア(ハ) ハリ] (英 noon / p.m.) 正午 / (時刻に付けて)午後(2時まで)

tengah jalan [トゥンア(ハ) ジャラヌ] (英 halfway) 途中の / 中途の

tengah malam [トゥンア(ハ) マラム] (英 midnight) 真夜中

tengah-tengah [トゥンア(ハ) トゥンア(ハ)] (英 middle / centre) まん中 / 中央

tenggara [トゥンガラ] (英 southeast) 東南

tenggelam [トゥングラム] (英 to sink) 沈む

tenggelamkan [トゥングラムカヌ] (英 to sink) 沈める

tengkorak [トゥンコラッ] (英 skull) 頭蓋骨(ずがいこつ)

téngok [テンォッ] (英 to look at / to watch / to see / to show) 【口語】見る / 見せる

ténis [テニス] (英 tennis) テニス

ténkiu [テンキゥ] (英 thank you) 【口語】サンキュー

ténsion [テヌシヨヌ] (英 stress) 【口語】ストレス

tentang [トゥヌタン] (英 about / to oppose / to resist / to compete) 〜について / 反対する / 反抗する / 対戦する

tentangan [トゥヌタンアヌ] (英 opposition / resistance) 反対 / 抵抗

tentera [トゥヌトゥラ] (英 army) 軍

tenteram [トゥヌトゥラム] (英 peaceful) 平和な / 穏(おだ)やかな

tentu [トゥヌトゥウ] (英 surely / certain) きっと / 確かな

tentu sekali [トゥヌトゥウ スカリ] (英 definitely) 絶対 / 必ず

tentukan [トゥヌトゥウカヌ] (英 to decide / to determine) 決める

tentukuran [トゥヌトゥウクゥラヌ] (英 calibrations) 目盛り

tenun [トゥノヌ] (英 to weave) 織(お)る

tenunan [トゥヌゥナヌ] (英 textile / weave) 織物(おりもの) / 織(お)り方

tenusu [トゥヌゥスゥ] (英 dairy) 酪農(らくのう)

téorem [テオルム] (英 theorem) 定理

téori [テオリ] (㊥ theory) 理論

tepat [トゥパ(ト)] (㊥ exact / accurate / correct / precisely)
正確な / 正しい / ちょうど / ぴったり

tepati [トゥパティ] (㊥ to keep / to fulfil / to hit accurately)
(約束を)守る / (条件を)満たす / 当たる

tepi [トゥピ] (㊥ side) 端(はし) / わき

tepi bawah [トゥピ バワ(ハ)]
(㊥ bottom / hem) 底辺 / 裾(すそ)

tepi laut [トゥピ ラォ(ト)] (㊥ seaside)
海辺(うみべ)

tepis [トゥペス] (㊥ to shake off / to deflect)
払い除(の)ける

tepu [トゥプゥ] (㊥ saturated) 飽和(ほうわ)した

tepuk [トゥポッ] (㊥ to pat / to clap)
(手のひらで)叩(たた)く / 拍手する

tepuk tangan [トゥポッ タンアヌ]
(㊥ to clap one's hands) 拍手(はくしゅ)する

tepung [トゥポン] (㊥ powder / flour)
粉 / 小麦粉

tepung gandum [トゥポン ガヌドム]
(㊥ flour) 小麦粉

tepung kanji [トゥポン カンジ]
(㊥ starch) 片栗粉(かたくりこ)

teragak-agak [トゥーアガッ アガッ]
(㊥ to hesitate)
ためらう / 躊躇(ちゅうちょ)する

terajui [トゥラジュウイ] (㊥ to lead) 主導する

terakhir [トゥラヘー] (㊥ last) 最後の

teramat [トゥラマ(ト)] (㊥ extremely)
極(きわ)めて / はなはだ

terang [トゥラン] (㊥ bright / clear)
明るい / はっきりした

terangi [トゥランイ] (㊥ to illuminate) 照らす

terangkan [トゥランカヌ] (㊥ to explain / to modify) 説明する / 修飾する

terangsang [トゥランサン]
(㊥ to get excited) 興奮(こうふん)する

teranjak [トゥランジャッ] (㊥ to move over)
ずれる / 動いてしまう

terapan [トゥラパヌ] (㊥ application) 応用

térapi [テラピ] (㊥ therapy)
セラピー / 療法(りょうほう)

terapkan [トゥラ(プ)カヌ] (㊥ to apply)
適用する / 応用する

terapung [トゥラポン] (㊥ to float)
浮ぶ / 浮く

terapung-apung [トゥラポン アポン]
(㊥ to float) プカプカ浮く / 漂(ただよ)う

teras [トゥラス] (㊥ core)
核 / 中心 / (果物の)芯

terasa [トゥラサ] (㊥ to feel)
感じられる / 思われる

terasing [トゥラセン] (㊥ isolated) 孤立した

teratai [トゥラタイ] (㊥ lotus) 蓮(はす)

teratak [トゥラタッ] (㊥ hut) 小屋

teratas [トゥーアタス] (㊥ top) 一番上の

teratur [トゥラトー] (㊥ orderly)
整理された / きちんとした

T

terbabit [トゥーバベ(ト)] (英 to be involved / the) 関与する / その

terbaharu [トゥーバハルゥ] (英 latest) 最新の

terbaik [トゥーバエッ] (英 best) 最もよい

terbakar [トゥーバカー] (英 to catch fire / to burn) 燃える / 焼ける

terbalik [トゥーバレッ] (英 opposite / reverse / upside down / to overturn) 逆の / 裏返しの / さかさまの / ひっくり返る

terbalikkan [トゥーバレッカヌ] (英 to reverse / to turn over) 逆にする / 裏返す / ひっくり返す

terbang [トゥーバン] (英 to fly) 飛ぶ / 飛行する

terbangkan [トゥーバンカヌ] (英 to fly) 飛ばす / 飛行機で送る

terbaru [トゥーバルゥ] (英 latest) 最新の

terbatas [トゥーバタㇲ] (英 limited) 限られた

terbayang [トゥーバヤン] (英 to picture / to be reflected) (目や頭に)浮かぶ / 投影される

terbelah [トゥーブラ(ハ)] (英 to slit / to be split) 裂(さ)ける / (裂けて)割れる

terbenam [トゥーブナム] (英 to sink) 沈む / 沈み込む

terbentang [トゥーブヌタン] (英 to spread / to stretch) (景色などが)広がる / 開(ひら)ける

terbentuk [トゥーブヌトッ] (英 to be formed) 形成される

terbersin [トゥーブーセヌ] (英 to sneeze) くしゃみする

terbesar [トゥーブサー] (英 biggest / largest) 最大の

terbiar [トゥービヤー] (英 abandoned / neglected) 放置された / 見捨てられた

terbilang [トゥービラン] (英 countable / famous) 数えられる / 有名な

terbit [トゥーベ(ト)] (英 to rise / to be issued) (太陽が)昇る / 発行される

terbitan [トゥービタヌ] (英 publication) 出版物 / 出版 / 発行

terbitkan [トゥーベ(ト)カヌ] (英 to publish / to cause) 出版する / 発行する / 引き起こす

terbuka [トゥーブゥカ] (英 open) 開いている / 公開の / 公然(こうぜん)の

terbukti [トゥーブゥクティ] (英 to be proven) 証明される

terbunuh [トゥーブゥノ(ホ)] (英 to be killed) 殺される

terburu-buru [トゥーブゥルゥ ブゥルゥ] (英 to hurry) 焦(あせ)る / 急ぐ

terburuk [トゥーブゥロッ] (英 worst) 最悪の

tercabut [トゥーチャボ(ト)] (英 to be plucked / to be uprooted) 引き抜かれる

tercampur [トゥーチャムポー] (英 to be mixed up) 混ざってしまう

tercapai [トゥーチャパイ] (英 to be achieved) 達成される

tercedera [トゥーチュドゥラ] (英 injured) 傷ついた / 怪我(けが)した

tercekik [トゥーチュケッ](㊥ to be choked)
(食べ物が)喉(のど)につかえる / むせる

tercicir [トゥーチチェー](㊥ to drop / to lose)
(意図(いと)せず)落とす / なくす

tercinta [トゥーチヌタ](㊥ dearest)最愛の

tercucuk [トゥーチュウチョッ]
(㊥ to be pierced with)～が突き刺さる

tercungap-cungap
[トゥーチュウンァ(プ) チュウンァ(プ)](㊥ to gasp)
息が切れる / 喘(あえ)ぐ

terdahulu [トゥーダフゥルゥ](㊥ previous)
以前の

terdapat [トゥーダパ(ト)]
(㊥ to be (available) / to be found)ある / いる / みつかる

terdedah [トゥードゥダ(ハ)]
(㊥ to be exposed / to be revealed)
さらされる / 暴露される

terdekat [トゥードゥカ(ト)](㊥ nearest)
最も近い / 最寄(もよ)りの

terdengar [トゥードゥンァー]
(㊥ to (happen to) hear / to overhear)
聞こえる / 聞いてしまう

terdesak [トゥードゥサッ]
(㊥ desperate / pressed)窮地の / 追いつめられた / ～せざるを得ない

terdiam [トゥーディヤム](㊥ to fall silent)
静かになる / 黙りこくる

terdiri [トゥーディリ](㊥ to consist)
(～から)なる / 構成される

terendah [トゥルヌダ(ハ)](㊥ lowest)
最も低い

Terengganu [トゥルンガヌゥ]
(㊥ Terengganu)
トレンガヌ(半島マレーシアの州)

térés [テレス](㊥ terrace)テラス

terfikir [トゥーフィケー](㊥ to think / to come to mind)ふと思う / 思いつく

tergamam [トゥーガマム](㊥ stunned)
呆然(ぼうぜん)とする / びっくりする

terganggu [トゥーガングゥ]
(㊥ to be disturbed / to be disrupted)
妨害される / (交通や水道が)一時止まる

tergantung [トゥーガヌトン](㊥ to hang / hanging)吊るされている / 首を吊った / 途中で切れた

tergeliat [トゥーグリヤ(ト)](㊥ to sprain)
捻挫(ねんざ)する / ねじれる

tergelincir [トゥーグリンチー]
(㊥ to slip / to skid / to derail)
滑(すべ)る / 滑って転ぶ / 脱線する

tergendala [トゥーグヌダラ]
(㊥ to be interrupted)
妨害される / 中断する

tergesa-gesa [トゥーグサ グサ]
(㊥ to hurry)急ぐ

tergésél [トゥーゲセル]
(㊥ to scrape against / to graze)
～にこすってしまう / すりむく

tergolong [トゥーゴロン]
(㊥ to be classified)分類される

tergopoh-gapah [トゥーゴポ(ホ) ガパ(ハ)]
(㊥ to hurry)急ぐ / あわてる

tergopoh-gopoh [トゥーゴポ(ホ) ゴポ(ホ)]
(㊥ to hurry)急ぐ / あわてる

T

terhad [トゥーハ(ド)] (㊥ limited) 限られた

terhadap [トゥーハダ(プ)]
(㊥ towards / against) ～に対して

terhakis [トゥーハケス] (㊥ to be eroded)
侵食(しんしょく)される

terhalang [トゥーハラン] (㊥ to be interrupted)
妨(さまた)げられる / 中断される

terhampar [トゥーハムパー]
(㊥ to be spread) 広がる / 散らばる

terhantuk [トゥーハヌトッ] (㊥ to bump)
ぶつかる / 激突する

terharu [トゥーハルゥ] (㊥ to be moved)
感激する / 感動する

terhempas [トゥーフムパス] (㊥ to crash)
墜落(ついらく)する

terhenti [トゥーフヌティ] (㊥ to stop)
止まる / 途切(とぎ)れる

terhingga [トゥーヒンガ] (㊥ limited)
限られた / 上限がある

terhoyong-hayang [トゥーホヨン ハヤン]
☞terhuyung-hayang

terhubung [トゥーフゥボン]
(㊥ to be connected) 繋(つな)がる

terhurai [トゥーフゥライ] (㊥ to be solved / to be explained / to be untied) 解き明かされる / 説明される / ほどかれる

terhutang [トゥーフゥタン]
(㊥ to be indebted) 借りがある

terhutang budi [トゥーフゥタン ブゥディ]
(㊥ to be indebted)
恩義がある / 世話になる

terhuyung-hayang [トゥーフゥヨン ハヤン]
(㊥ to stagger) ふらふらする

teriak [トゥリヤッ] (㊥ to shout) 叫ぶ

teriakan [トゥリヤカヌ] (㊥ shout) 叫び

terikat [トゥリカ(ト)] (㊥ to be bound / to draw) しばられる / 引き分ける

terima [トゥリマ] (㊥ to receive / to accept)
受け取る / 受け入れる

terima kasih [トゥリマ カセ(へ)]
(㊥ thank you) ありがとう

terima pakai [トゥリマ パカイ]
(㊥ to adopt) 採択する / 採用する

teringat [トゥリンァ(ト)] (㊥ to remember)
ふと思い出す

teringin [トゥリンエヌ] (㊥ to feel like)
～したいと思う

terisi [トゥリスイ] (㊥ to be filled)
満たされる / 詰まる

teristiméwa [トゥーイスティメワ]
(㊥ most special / especially)
最も特別な / 特に

terjadi [トゥージャディ] (㊥ to happen / to occur) 起こる / 発生する

terjaga [トゥージャガ] (㊥ to be awakened / to be protected / to be cared)
めざめる / 守られる / 気にかけられる

terjamin [トゥージャメヌ]
(㊥ to be guaranteed) 保証される

terjatuh [トゥージャト(ホ)] (㊥ to fall)
転落する / 転ぶ

terjebak [トゥージュバッ] (㊥ to be caught / to run into) (罠(わな)に)はまる / (悪い状態に)陥(おちい)る

terjejas [トゥージュジャㇲ] (㊥ to be affected / to be ruined) 悪影響を受ける / 損なわれる

terjemah [トゥージュマ(ハ)] (㊥ to translate) 翻訳(ほんやく)する

terjemahan [トゥージュマハㇴ] (㊥ translation) 翻訳(ほんやく)

terjemahkan [トゥージュマ(ハ)カㇴ] (㊥ to translate / to interpret) 翻訳(ほんやく)する / 通訳する

terjerat [トゥージュラ(ト)] (㊥ to be caught (in a trap) / to be tricked) (罠(わな)に)陥(おちい)る / 騙(だま)される

terjumpa [トゥージュウムパ] (㊥ to come across) 出くわす / 遭遇する

terjun [トゥージョㇴ] (㊥ to jump in / to plunge) 飛び込む

terjunam [トゥージュウナム] (㊥ to dive) 突(つ)っ込む / 転落する / 急降下する

terka [トゥーカ] (㊥ to guess) 推測する

terkabul [トゥーカボル] (㊥ to be fulfilled) 実現する

terkakis [トゥーカケㇲ] (㊥ to be corroded) 腐食(ふしょく)する

terkam [トゥーカム] (㊥ to pounce) 襲いかかる

terkandung [トゥーカㇴドン] (㊥ to be contained) 含まれる

terkawal [トゥーカワル] (㊥ to be under control / can be controlled) 管理されている / 制御できる

terkecil [トゥークチェル] (㊥ smallest) 最小の

terkecuali [トゥークチュウワリ] (㊥ to be exempted) 例外になる / 免除される

terkéhél [トゥーケヘル] (㊥ to sprain / to dislocate) (筋(すじ)や骨を)ちがえる

terkejut [トゥークジョ(ト)] (㊥ to be surprised) 驚く / びっくりする

terkeliru [トゥークリルゥ] (㊥ to be confused) 勘違いする / 困惑(こんわく)する

terkeluar [トゥークルゥワー] (㊥ to come out / to be removed) (言葉などが)出てくる / 取り除かれる

terkemuka [トゥークムゥカ] (㊥ famous) 名高(なだか)い

terkena [トゥークナ] (㊥ to suffer from / to get / to be hit) ～にかかる / ～を受ける / ～にあたられる

terkenal [トゥークナル] (㊥ famous) 有名な

terkenang [トゥークナン] (㊥ to remember) ふと思い出す

terkini [トゥーキニ] (㊥ latest) 最新の

terkopék [トゥーコペッ] (㊥ to peel off) 剥(は)がれる

terkorban [トゥーコーバㇴ] (㊥ to be sacrificed / to be killed) 犠牲(ぎせい)になる / 亡くなる

terkoyak [トゥーコヤッ] (㊥ to be torn) 破(やぶ)れる

T

terkuak [トゥークウワッ]
(英 to be made open / to open)
明らかにされる / 開く

terkumpul [トゥークゥムポル]
(英 to be collected) 集められる

terkutuk [トゥークゥトッ] (英 despicable)
憎(にく)むべき / 卑劣(ひれつ)な

terlajak [トゥーラジャッ] (英 to overshoot / too) 行き過ぎる / ～すぎる

terlajak tidur [トゥーラジャッ ティドー]
(英 to oversleep) 寝過ごす

terlalu [トゥーラルゥ] (英 extremely / too)
極(きわ)めて / ～すぎる

terlambat [トゥーラムバ(ト)] (英 to be late / too late) 遅れる / 遅すぎる

terlambat bangun [トゥーラムバ(ト) バンォヌ]
(英 to oversleep) 寝坊(ねぼう)する

terlampau [トゥーラムパゥ]
(英 extremely / to go too far)
極端(きょくたん)に / 度を越した

terlanggar [トゥーランガー] (英 to crash / to hit) 衝突(しょうとつ)する / ぶつかる

terlatih [トゥーラテ(ヘ)] (英 trained)
訓練された

terlebih [トゥールベ(ヘ)] (英 excessive / excessively) 過剰(かじょう)な / 過剰に

terlebih dahulu [トゥールベ(ヘ) ダフゥルゥ]
(英 first of all / in advance)
まず最初に / 事前に

terlelap [トゥールラ(プ)] (英 to fall asleep)
つい眠ってしまう

terlepas [トゥールパス]
(英 to escape / to miss) 逃(のが)れる / 免(まぬか)れる / 逃(のが)す

terlepas pandang [トゥールパス パヌダン]
(英 to overlook) 見落とす

terletak [トゥールタッ] (英 to be located)
位置する / ～にある

terléwat [トゥーレワ(ト)] (英 to be late)
遅れる / 遅刻する

terlibat [トゥーリバ(ト)] (英 to be involved)
関(かか)わる / 関与(かんよ)する

terlihat [トゥーリハ(ト)] (英 to be seen / visible) 見える / 目に入る

terlintas [トゥーリヌタス] (英 to cross)
(頭の中を)よぎる

terlintas di fikiran
[トゥーリヌタス ディ フィキラヌ] (英 to cross one's mind) 思いつく / ひらめく

terluang [トゥールゥワン] (英 free)
(時間が)空いた

terlupa [トゥールゥパ] (英 to forget)
忘れてしまう

terma dan syarat [トゥーマ ダヌ シャラ(ト)]
(英 terms and conditions) 規約(きやく)

termaju [トゥーマジュゥ] (英 cutting-edge)
最先端の

termasuk [トゥーマソッ] (英 to include / including / to be included)
含む / 含まれる

termasyhur [トゥーマシホー] (英 famous)
名高(なだか)い

terminal [トゥミナル] (英 terminal) ターミナル

T

terminal téksi [トゥミナル テクスイ]
(英 taxi stand)タクシー乗り場

termométer [トゥーモメトゥー]
(英 thermometer)温度計 / 体温計

termuntah [トゥームウヌタ(ハ)]
(英 to vomit)吐いてしまう / おう吐する

ternak [トゥーナッ](英 to breed)飼育する

ternakan [トゥーナカヌ](英 livestock)家畜

ternama [トゥーナマ](英 famous)有名な

ternampak [トゥーナムパッ]
(英 to happen to see / to notice)
(偶然)見える / 目に入る

ternanti-nanti [トゥーナヌティ ナヌティ]
(英 to look forward to)待ち望む

ternyata [トゥーニャタ]
(英 to turn out / to be stated)
結局～だと分かる / 述べられている

teroka [トゥロカ](英 to pioneer / to explore)開拓する / 探検する

teropong [トゥロポン](英 binoculars)
双眼鏡(そうがんきょう)

terowong [トゥロウォン](英 tunnel)トンネル

terpakai [トゥーパカイ](英 used)
使用済みの / 中古の

terpaksa [トゥーパクサ]
(英 to be forced to / to have to / unavoidable)
～せざるを得ない / 仕方がない

terpaku [トゥーパクゥ](英 to fix)
くぎ付けになる

terpandang [トゥーパヌダン]
(英 to happen to see / to notice)
(偶然)見える / 目に入る

terpasang [トゥーパサン](英 to be on / to be installed)点(つ)いている / 付いている

terpatah [トゥーパタ(ハ)](英 to break)
折れてしまう

terpecah [トゥープチャ(ハ)](英 to split)
分裂する

terpegun [トゥープゴヌ]
(英 to be stunned)呆然(ぼうぜん)とする

terpencil [トゥープンチェル](英 isolated)
孤立した

terpengaruh [トゥープンアロ(ホ)]
(英 to be influenced)影響される

terpenting [トゥープヌテン]
(英 most important)最も重要な

terperangkap [トゥープランカ(プ)]
(英 to be trapped)
わなにかかる / 閉じ込められる

terperanjat [トゥープランジャ(ト)]
(英 to be surprised)驚く / びっくりする

terpercik [トゥープーチェッ](英 to splash)
(水などが)跳(は)ねる / 飛び散る

terperinci [トゥープリンチ](英 detailed)
詳(くわ)しい / 詳細(しょうさい)な

terpesona [トゥープソナ]
(英 to be captivated)魅了される

terpilih [トゥーピレ(ヘ)](英 to be selected)
選ばれる

terpulang [トゥープゥラン](英 up to)
～しだいの / 委(ゆだ)ねられる

terputus [トゥープゥトゥス] ([英] to be cut off) 途切(とぎ)れる

térror [テルー] ([英] great) 【口語】すごい

tersalah [トゥーサラ(ハ)] ([英] by mistake / to make a mistake) 間違って / 間違える

tersandung [トゥーサヌドゥン] ([英] to stumble) つまずく

tersangat [トゥーサンァ(ト)] ([英] extremely) 極(きわ)めて

tersangkut [トゥーサンコ(ト)] ([英] to get caught / to get stuck) 引っかかる / 頓挫(とんざ)する

tersébar [トゥーセバー] ([英] to spread) 広まる / 拡散する

tersébar luas [トゥーセバー ルゥワス] ([英] to be widespread) 広く拡散する / 広まる

tersebut [トゥースボ(ト)] ([英] the / aforementioned) その / すでに述べた

tersedia [トゥースディヤ] ([英] to be ready) 用意ができている / 準備ができている

tersedu [トゥースドゥゥ] ([英] to hiccup / to sob) しゃっくりする / すすり泣く

terselamat [トゥースラマ(ト)] ([英] to be saved / to be rescued) 助かる / 救われる

terselit [トゥースレ(ト)] ([英] to be inserted) 挟(はさ)み込まれている

terseliuh [トゥースリオ(ホ)] ([英] to be sprained) 捻挫(ねんざ)する

tersemat [トゥースマ(ト)] ([英] to remain / to be pinned) (記憶に)残っている / ピンで留められた

tersendiri [トゥースヌディリ] ([英] own / peculiar) 独自の / 特有の

tersentak [トゥースヌタッ] ([英] to be startled) びっくりする / びくっとする

tersenyum [トゥースニョム] ([英] to smile) にこにこする / ほほ笑む

tersepit [トゥースペ(ト)] ([英] to get caught) 挟(はさ)まれる / 挟まる

terserah [トゥースラ(ハ)] ([英] up to) ～しだいの / 委(ゆだ)ねられる

terserlah [トゥースーラ(ハ)] ([英] to shine / to glow) 輝く / 光る

tersesat [トゥースサ(ト)] ([英] to get lost) (道に)迷う

tersilap [トゥースイラ(プ)] ([英] by mistake / to make a mistake) 間違って / 間違える

tersinggung [トゥースインゴン] ([英] to be hurt / to be offended) (心が)傷つく / 気を悪くする

tersingkir [トゥースインケー] ([英] to be eliminated / to be expelled) 排除される / 追放される

tersirat [トゥースイラ(ト)] ([英] implied) (言葉の裏に)隠された

tersumbat [トゥースゥムバ(ト)] ([英] to be blocked) 詰まっている / 塞がっている

tersungkur [トゥースゥンコー] ([英] to fall flat on one's face) 前に倒れる

T

tersusun [トゥースウソヌ]
(英 to be arranged)並べてある

tertabur [トゥータボー]
(英 to be distributed)分布(ぶんぷ)する

tertahan [トゥータハヌ](英 can stand / retained / to be detained)耐えられる / 保留中の / 引きとめられる

tertakluk [トゥータッ(ク)ロッ](英 subject to)(条件が)適用される / ～の可能性がある

tertanam [トゥータナム](英 to be buried / to be planted)埋まっている / 植わる

tertanggal [トゥータンガル](英 to peel off / to come off)剥(は)げる / 取れてしまう

tertangkap [トゥータンカ(プ)]
(英 to be caught)捕(つか)まる

tertarik [トゥータレッ]
(英 to be attracted / to be pulled)
(心を)惹(ひ)かれる / 引っ張られる

tertawa [トゥータワ](英 to laugh)笑う

tertekan [トゥートゥカヌ](英 to be under stress [pressure] / to press)
ストレス〈圧力〉を感じる / 押してしまう

tertentu [トゥートゥヌトゥウ]
(英 certain / specific)(ある)特定の

tertiarap [トゥーティヤラ(プ)](英 to lie on one's face)うつ伏(ぶ)せになる

tertib [トゥーテ(プ)](英 order / well-mannered)
順序 / 秩序 / 規律 / 礼儀正しい

tertib menaik [トゥーテ(プ) ムナエッ]
(英 ascending order)昇順(しょうじゅん)

tertib menurun [トゥーテ(プ) ムヌウロヌ]
(英 descending order)降順(こうじゅん)

tertikam [トゥーティカム]
(英 to be stabbed)刺される

tertinggal [トゥーティンガル](英 to be left behind / to leave behind)取り残される / 置き去りになる / 置き忘れる

tertinggi [トゥーティンギ](英 highest)
最高の / 最も高い

tertua [トゥートゥウワ](英 oldest)
最古の / 最年長の

tertuduh [トゥートゥウド(ホ)]
(英 the accused / defendant)被告

tertumpah [トゥートゥウムパ(ハ)](英 to spill)
こぼれる

tertumpu [トゥートゥウムプウ]
(英 to be concentrated)
(関心や行為が)集中する

tertunggak [トゥートゥウンガッ]
(英 in arrears / pending)
滞納(たいのう)している / 滞(とどこお)っている

tertusuk [トゥートゥウソッ]
(英 to be stabbed with)(～が)刺さる

tertutup [トゥートゥウト(プ)](英 to be closed)
閉まっている / 閉(と)じている

teruja [トゥルゥジャ](英 to be excited)
わくわくする

teruk [トゥロッ](英 terrible)
ひどい / 悪い / 深刻な

teruna [トゥルゥナ](英 young man)
青年(男子)

terung [トゥロン](英 brinjal / aubergine)
ナス

T

terungkai [トゥーウゥンカイ]
(㊕ to be cleared up / to come undone)
解き明かされる / ほどける

terup [トゥロ(プ)] (㊕ card game)トランプ

terurai [トゥーウゥライ]
(㊕ to be decomposed / to be untied)
分解される / ほどける

terus [トゥロス] (㊕ directly / straight / immediately / to keep on)そのまま / 直接 / まっすぐ / 即 / ～し続ける

terus terang [トゥロス トゥラン] (㊕ frank)
率直な

terusan [トゥルゥサヌ] (㊕ canal)運河

teruskan [トゥロスカヌ] (㊕ to continue)
続ける

terus-menerus《㊞ terus》
[トゥロス ムヌロス] (㊕ continuously)
続けて / 次々と

terutama [トゥルゥタマ] (㊕ especially)特に

terutamanya [トゥルゥタマニャ]
(㊕ especially)特に

tésis [テスィス] (㊕ thesis)学位論文

téstimoni [テスティモニ] (㊕ testimony)
証言

tetak [トゥタッ] (㊕ to slash / to chop)
切りつける / 切り叩(たた)く

tetamu [トゥタムゥ] (㊕ guest / customer)客

tetangga [トゥタンガ] (㊕ neighbour)
隣人(りんじん)

tetap [トゥタ(プ)] (㊕ fixed / regular / still)
定まった / 変わらず / 依然として

tetapan [トゥタパヌ] (㊕ setting)設定

tetapi [トゥタピ] (㊕ but)しかし

tetapkan [トゥタ(プ)カヌ] (㊕ to fix / to specify)確定する / 指定する

tetapkan hati [トゥタ(プ)カヌ ハティ]
(㊕ to make up one's mind)決心する

téték [テテッ] (㊕ boobs)おっぱい

tetikus [トゥティコス] (㊕ mouse)
(コンピューターの)マウス

tetingkap [トゥティンカ(プ)] (㊕ window)
(コンピューターの)ウィンドウ

téwas [テワス] (㊕ to be defeated)負ける

téwaskan [テワスカヌ] (㊕ to defeat)負かす

tgh (= tengah hari) [トゥンア ハリ]
(㊕ p.m.)(時刻について)正午 / 午後

Thai [タイ] (㊕ Thai)タイの

Thailand [タイレヌ] (㊕ Thailand)タイ

tiada [ティヤダ] (㊕ to be absent / to be missing / to not have)ない / いない

tiadakan [ティヤダカヌ] (㊕ to get rid of)
なくす

tiang [ティヤン] (㊕ pole / pillar)柱

tiang éléktrik [ティヤン エレクトレッ]
(㊕ electric pole)電柱

tiap-tiap [ティヤ(プ) ティヤ(プ)]
(㊕ each / every)各～ / 毎～

tiap-tiap satu [ティヤ(プ) ティヤ(プ) サトゥウ]
(㊕ each)個々(ここ)の

tiba [ティバ] ([英] to arrive / to reach)
到着する / 到来する / 到達する

tiba-tiba [ティバ ティバ] ([英] suddenly)
突然 / 急に

tidak [ティダッ] ([英] no / not) いいえ / 〜ない

tidak apa-apa [ティダッ アパ アパ]
([英] that's OK / it's all right)
大丈夫です / 平気です / 構いません

tidak begitu [berapa]
[ティダッ ブギトゥゥ [ブラパ]] ([英] not very)
あまり〜ない

tidak boléh tidak [ティダッ ボレ(ヘ) ティダッ]
([英] must) 必ず〜しなければならない

tidak éndah [ティダッ エヌダ(ハ)]
([英] to ignore) 無視する / 気に留めない

tidak lama kemudian
[ティダッ ラマ クムゥディヤヌ]
([英] not long after that) 間もなくすると

tidak lama lagi [ティダッ ラマ ラギ]
([英] soon / before long)
間もなく / もうすぐ

tidak langsung [ティダッ ランソン]
([英] indirect) 間接的な

tidak mengapa [ティダッ ムンァパ]
([英] that's OK / it's all right)
大丈夫です / 平気です / 構いません

tidak mungkin [ティダッ ムゥンケヌ]
([英] impossible) あり得ない / 無理な

tidak sabar hendak
[ティダッ サバー フヌダッ]
([英] to look forward to / can't wait to)
〜するのを楽しみにする / 待ちきれない

tidak sabar tunggu
[ティダッ サバー トゥゥングゥ]
([英] can't wait to / to wait eagerly)
待ちきれない / 待ち遠しい

tidak senonoh [ティダッ スノノ(ホ)]
([英] inappropriate / obscene / indecent)
(道徳上)不適切な / いかがわしい / 無礼な

tidak siuman [ティダッ スイウゥマヌ]
([英] insane) 正気でない / 気違いじみた

tidak syak lagi [ティダッ シャッ ラギ]
([英] no doubt) 疑いなく

tidak tahu malu [ティダッ タフゥ マルゥ]
([英] shameless) 恥知らずな

tidak terbilang [ティダッ トゥービラン]
([英] countless) 無数の

tidak terhingga [ティダッ トゥーヒンガ]
([英] unlimited / immense)
限りない / 尽きることがない

tidak terkira [ティダッ トゥーキラ]
([英] countless) 数え切れない / 無数の

tidak ternilai [ティダッ トゥーニライ]
([英] invaluable)
計り知れない / 非常に貴重な

tidur [ティドー] ([英] to sleep) 眠る / 寝る

tidur ayam [ティドー アヤム]
([英] to sleep lightly / to doze)
少しだけ寝る / まどろむ

tidur mati [ティドー マティ]
([英] to sleep like the dead)
(死人と間違われるほど)爆睡(ばくすい)する

tidur nyenyak [ティドー ニュニャッ]
([英] to sleep soundly) 熟睡(じゅくすい)する

T

tidur siang [ティドー スイヤン]
(英 to take a nap)昼寝する

tidurkan [ティドーカヌ]
(英 to put *sb* to bed)寝かしつける

tiga [ティガ](英 three)3

tiga belas [ティガ ブラス](英 thirteen)13

tiga-tiga [ティガ ティガ](英 all three)
【口語】3つとも

tikam [ティカム](英 to stab)突き刺す

tikar [ティカー](英 mat)ござ / マット

tikét [ティケ(ト)](英 ticket)チケット / 切符

tikét bermusim [ティケ(ト) ブームゥセム]
(英 season ticket)シーズンチケット

tikét masuk [ティケ(ト) マソッ]
(英 admission ticket)入場券

tikét pergi balik [ティケ(ト) プーギ バレッ]
(英 round-trip ticket)往復切符

tikét sehala [ティケ(ト) スハラ]
(英 one-way ticket)片道切符

tikus [ティコス](英 mouse)ネズミ

tilam [ティラム](英 mattress)マットレス

tilik [ティレッ](英 to predict / to observe)
占う / 予測する / よく見る

timah [ティマ(ハ)](英 tin)錫(すず)

timba [ティムバ](英 to gain / to draw / water dipper)(知識を)吸収する / 桶(おけ)で汲(く)む / 桶

timbalan [ティムバラヌ](英 deputy)
副～ / 代理

timbang [ティムバン](英 to weigh / scales)
(重さを)量(はか)る / 秤(はかり)

timbang tara [ティムバン タラ]
(英 arbitration)仲裁(ちゅうさい)

timbul [ティムボル]
(英 to occur / to come up / to float)
発生する / (考えや物が)浮かぶ

timbulkan [ティムボルカヌ](英 to cause)
引き起こす

timbulnya [ティムボルニャ]
(英 the occurrence [appearance] of)
～の発生 / ～の登場

timbun [ティムボヌ](英 to pile up / pile)
積み上がる / たまる / (積まれてできた)山

timbunan [ティムブゥナヌ](英 pile)
(積まれてできた)山

timbunkan [ティムボヌカヌ](英 to pile up)
積み上げる / ためる

timpa [ティムパ](英 to fall on / to hit)
～の上に落ちる / (災害などが)襲う

timun [ティモヌ](英 cucumber)キュウリ

Timur [ティモー](英 the East)東洋

timur [ティモー](英 east)東

timur laut [ティモー ラォ(ト)]
(英 northeast)北東

Timur Tengah [ティモー トゥンア(ハ)]
(英 Middle East)中東

tin [ティヌ](英 tin)缶

tin kosong [ティヌ コソン](英 empty can)
空き缶

tindak [ティヌダッ](英 action)行動

tindak balas [ティヌダッ バラス]
([英] reaction)反応 / 反響

tindak susul [ティヌダッ スゥソル]
([英] follow-up)フォローアップ

tindakan [ティヌダカヌ]
([英] measures / action)
措置(そち) / 取り締まり / 行(おこな)い

tindak-tanduk《[幹] tindak》
[ティヌダッ タヌドッ]([英] behaviour / action)
振る舞い / 行動

tindas [ティヌダス]([英] to oppress)
抑圧する / 弾圧する

tindih [ティヌデ(ヘ)]
([英] to overlay / to overlap)
上に伸しかかる / 重なる / 重複する

tindik [ティヌデッ]([英] pierced earring /
to have one's *sth* pierced)
ピアス / (ピアスの)穴を開ける

tinggal [ティンガル]([英] to live / to stay /
to remain / to neglect)住む / 滞在する /
留まる / 残る / 怠(おこた)る

tinggalan [ティンガラヌ]
([英] remains / relic)遺跡 / 遺物

tinggalkan [ティンガルカヌ]([英] to leave
(behind) / to neglect)(場所や人の元から)去る / 後に残す / 怠(おこた)る

tinggi [ティンギ]([英] high / tall / height)
高い / 高等の / 高さ / 身長

tinggikan [ティンギカヌ]([英] to raise)
高める

tingkah [ティンカ(ハ)]
([英] strange behaviour / to dispute)
おかしな振る舞い / 反論する

tingkah laku [ティンカ(ハ) ラクゥ]
([英] behaviour / action)振る舞い / 行動

tingkap [ティンカ(プ)]([英] window)窓

tingkat [ティンカ(ト)]([英] floor / storey)階

tingkatan [ティンカタヌ]([英] form)
(中高等学校の)学年 / ～年生

tingkatkan [ティンカ(ト)カヌ]
([英] to increase / to improve)
上げる / 向上させる

tingtong [ティントン]
([英] ding-dong / crazy)ピンポン(正解などを告げる音) / 【口語】いかれた

tinja [ティンジャ]([英] excrement)糞(ふん)

tinjau [ティンジャゥ]([英] to visit / to inspect)
視察(しさつ)する / 調査する

tinjauan [ティンジャゥワヌ]([英] survey)調査

tinju [ティンジュゥ]([英] boxing / fist / to punch)
ボクシング / こぶし / こぶしで殴る

tip [ティ(プ)]([英] tip)チップ

tipikal [ティピカル]([英] typical)
典型的(てんけいてき)な

tipis [ティペス]([英] thin)薄い

tipu [ティプゥ]([英] to cheat / to lie / lie /
cheat)だます / 嘘をつく / 嘘 / ごまかし

tipu daya [hélah] [ティプゥ ダヤ [ヘラ(ハ)]]
([英] trickery)いかさま / 詐欺(さぎ)

tirai [ティライ]([英] curtain)幕(まく)

tiram [ティラム]([英] oyster)牡蠣(かき)

tiri [ティリ]([英] step-)
義理の / 血縁関係のない

T

tiru [ティルゥ]([英] to imitate / to copy)
真似(まね)する / カンニングする

tiruan [ティルゥワヌ]([英] imitation / artificial / fake)模倣(もほう) / 人工 / 偽(にせ)

tirus [ティロヌ]([英] pointed)とがった

tisu [ティスゥ]([英] tissue)
ティッシュペーパー / 組織(細胞の集まり)

tisu tandas [ティスゥ タヌダヌ]
([英] toilet paper)トイレットペーパー

titah [ティタ(ハ)]([英] command / speech)
(王やスルタンの)言葉 / 命令

titik [ティテッ]([英] point / dot / full stop / drop)点 / ピリオド / しずく

titik buta [ティテッ ブゥタ]([英] blind spot)
盲点(もうてん)

titik hubungan [ティテッ フゥブゥンアヌ]
([英] contact point)接点(せってん)

titik mula [ティテッ ムゥラ]
([英] starting point)起点(きてん)

titik panas [ティテッ パナヌ]
([英] hot spot)ホットスポット

titik permulaan [ティテッ プームゥラアヌ]
([英] starting point)原点 / 始点

titik tolak [ティテッ トラッ]
([英] starting point)出発点

titik tumpuan [ティテッ トゥウムプゥワヌ]
([英] focal point)焦点 / (活動などの)中心

titikberatkan《[幹] titik berat》
[ティテップラ(ト)カヌ]([英] to emphasize)
重視する / 強調する

titik-titik [ティテッ ティテッ]([英] dots)点々

titipkan [ティテ(プ)カヌ]([英] to entrust)
託す / 授ける

titipkan pesanan [ティテ(プ)カヌ プサナヌ]
([英] to leave a message)伝言を残す

titisan [ティティサヌ]([英] drop)しずく

tiub [ティヨ(ブ)]([英] tube)チューブ / 管

tiun [ティウゥヌ]([英] tune)(音楽の)旋律

tiup [ティヨ(プ)]([英] to blow)吹く

tiupan [ティユゥパヌ]([英] blowing / blast)
(風や音など)吹いて生じるもの

TNB (= Tenaga Nasional Berhad)
[ティエヌビ (トゥナガ ナスイヨナル ブーハ(ド))]
([英] TNB / National Energy Limited)
国家エネルギー公社(マレーシアの電力会社)

tohmah [ト(ホ)マ(ハ)]([英] false accusation)
言いがかり / 誹謗中傷(ひぼうちゅうしょう)

tokoh [トコ(ホ)]([英] figure)著名人

tokok [トコッ]([英] to add / to increase)
足す / 増やす

tokok tambah [トコッ タムバ(ハ)]
([英] exaggeration / to exaggerate)
誇張(こちょう) / 誇張する

tokokan [トコカヌ]([英] addition / extra)
追加 / 割増(わりまし)

tokong [トコン]([英] temple)寺

toksik [トゥセッ]([英] toxic)有毒な

tol [トル]([英] toll / tollgate)通行料 / 料金所

tolak [トラッ]([英] to push / to decline / to reject / to subtract)
押す / 断る / 拒絶する / 差し引く

T

tolak ansur [トラッ アヌソー]
([英] compromise / to compromise)
妥協(だきょう) / 妥協する

tolak masuk [トラッ マソッ]([英] to push *sth* into)押し入れる / 押し込む

toléh [トレ(へ)]([英] to turn)
向く / 向きを変える

toléh ke belakang [トレ(へ) ク ブラカン]
([英] to look back)振り返る

toleran [トルラヌ]([英] tolerant)
寛容(かんよう)な

toleransi [トルラヌスィ]([英] tolerance)
寛容(かんよう)さ

tolok [トロッ]([英] gauge / equivalent)
計器(けいき) / 匹敵するもの

tolong [トロン]([英] to help / help / please)
手伝う / 助ける / 助け / どうか〜して下さい

tolonglah [トロンラ(ハ)]([英] please / please help)どうか〜して下さいよ / 助けて下さい

tolong-menolong《[幹] tolong》
[トロン ムノロン]([英] to help each other)
助け合う

tomato [トマト]([英] tomato)トマト

tombol [トムボル]([英] knob)
(ドアなどの)ノブ / こぶ

tompok panas [トムポッ パナス]
([英] hot spot)ホットスポット

ton [トヌ]([英] tone)トーン / 声調

toner [トヌー]([英] toner)トナー

tong [トン]([英] barrel / cylinder)
樽(たる) / 樽状の容器 / ボンベ

tong sampah [トン サムパ(ハ)]
([英] dustbin)ごみ箱

tongkat [トンカ(ト)]([英] cane)杖(つえ)

tonjol [トンジョル]([英] to show off / to stick out / swelling)
見せつける / 突き出す / こぶ

tonjolkan [トンジョルカヌ]([英] to show off / to stick out)見せつける / 突き出す

tonton [トヌトヌ]([英] to watch)
(テレビや映画を)見る / 鑑賞する

topéng [トペン]([英] mask)
仮面 / 覆面(ふくめん)

topéng muka [トプン ムゥカ]
([英] (face) mask)マスク / フェイスマスク

topi [トピ]([英] hat)帽子

topi kelédar [トピ クレダー]([英] helmet)
ヘルメット

topi keselamatan [トピ クスラマタヌ]
([英] safety helmet)(安全)ヘルメット

topik [トピッ]([英] topic)話題 / 主題

toping [トピン]([英] topping)トッピング

topografi [トポグラフィ]([英] topography)
地形 / 地形学

toréh [トレ(へ)]([英] to tap)
(ゴムを)切れ目を入れて採取する

torso [トルソ]([英] torso)胴(どう)

tradisi [トラディスィ]([英] tradition)伝統

tradisional [トラディスィヨナル]
([英] traditional)伝統的な

trafik [トラフェッ]([英] traffic)交通

T

tragédi [トラジェディ] (㊥ tragedy) 悲劇

trakéa [トラケア] (㊥ trachea) 気管

transformer [トラヌスフォムー] (㊥ transformer) 変圧器

transfusi darah [トラヌスフウスイ ダラ(ハ)] (㊥ blood transfusion) 輸血(ゆけつ)

transistor [トラヌズィスト一] (㊥ transistor) トランジスター

transit [トラヌズィ(ト)] (㊥ transit) 乗り継ぎ / トランジット

transkrip [トラヌスクレ(プ)] (㊥ transcript) 成績証明書

trék [トレッ] (㊥ track) (陸上競技の)トラック / 小道

trén [トレヌ] (㊥ train) 電車

trénd [トレヌ] (㊥ trend) 動向(どうこう) / 流行(りゅうこう)

trilion [トリリヨヌ] (㊥ trillion) 兆(ちょう)

troli [トロリ] (㊥ trolley) カート

troli membeli-belah [トロリ ムムブリ ブラ(ハ)] (㊥ shopping trolley) ショッピングカート

trombon [トロムボヌ] (㊥ trombone) トロンボーン

trompét [トロムペ(ト)] (㊥ trumpet) トランペット

tropika [トロピカ] (㊥ tropical) 熱帯の

tsunami [スゥナミ] (㊥ tsunami) 津波

tu [トゥウ] (㊥ that)【口語】あれ / あの / それ / その / ～ってのは〈を〉 / ～(だ)よ

tua [トゥウワ] (㊥ old / dark) 年をとった / (色が)濃い

tuah [トゥウワ(ハ)] (㊥ luck) 幸運

tuai [トゥウワイ] (㊥ to harvest) 収穫(しゅうかく)する

tuala [トゥウワラ] (㊥ towel) タオル

tuala mandi [トゥウワラ マヌディ] (㊥ bath towel) バスタオル

tuala wanita [トゥウワラ ワニタ] (㊥ sanitary napkin) 生理用ナプキン

tuam [トゥウワム] (㊥ hot compress / poultice) 温罨法用具(おんあんぽうようぐ)

tuan [トゥウワヌ] (㊥ you / your) (男性に対し)あなた

Tuan [トゥウワヌ] (㊥ Mr.) (男性に対し)～様 / ～さん

tuan punya [トゥウワヌ プウニャ] (㊥ owner) 持ち主 / オーナー

tuan punya diri [トゥウワヌ プウニャ ディリ] (㊥ person himself [herself]) 本人

tuan rumah [トゥウワヌ ルゥマ(ハ)] (㊥ landlord / landlady / host) 大家(おおや) / 主催者 / ホスト

tuan tanah [トゥウワヌ タナ(ハ)] (㊥ landowner) 地主(じぬし)

tuang [トゥウワン] (㊥ to pour) 注(そそ)ぐ

tuangkan [トゥウワンカヌ] (㊥ to pour) 注(そそ)ぐ

tuanku [トゥウワヌクゥ] (㊥ my lord) ご主人様

tuan-tuan dan puan-puan
[トゥウワヌ トゥウワヌ ダヌ プウワヌ プウワヌ]
(英 ladies and gentlemen)皆様

tuas [トゥウワス](英 lever)
てこ / (操作用の)レバー

tubuh [トゥウボ(ホ)](英 body)体

tubuh badan [トゥウボ(ホ) バダヌ]
(英 body)身体

tubuhkan [トゥウボ(ホ)カヌ](英 to establish / to form)設立(せつりつ)する / 組織する

tuding [トゥウデン](英 to point)指差(ゆびさ)す

TUDM (= Tentera Udara Diraja Malaysia)
[ティユウディエム (トゥヌトゥラ ウウダラ ディラジャ ムレイスイヤ)]
(英 Royal Malaysian Air Force (RMAF))
マレーシア空軍

tuduh [トゥウド(ホ)](英 to blame / to accuse)非難する / 告訴(こくそ)する

tuduhan [トゥウドゥウハヌ](英 blame / accusation)非難 / 告訴(こくそ)

tudung [トゥウドン](英 hijab / veil / cover)
(女性ムスリムがかぶる)ベール / 覆(おお)い

tugas [トゥウガス](英 duty / task / role)
任務 / 務め / 役目

tugasan [トゥウガサヌ](英 assignment)課題

tugu [トゥウグゥ](英 monument)
記念碑(ひ) / 記念塔

tuhan [トゥウハヌ](英 god)神

Tuhan [トゥウハヌ](英 Allah / God)
アッラー / (特定宗教の)神

tuil [トゥウエル](英 lever)(操作用の)レバー

tuisyen [トゥウイシュヌ](英 tuition)
(塾での)補習

tujah [トゥウジャ(ハ)](英 to thrust)突き刺す

tujuan [トゥウジュウワヌ](英 purpose / intention)目的 / 意図(いと)

tujuh [トゥウジョ(ホ)](英 seven)7

tujuh belas [トゥウジョ(ホ) ブラス]
(英 seventeen)17

tujukan [トゥウジュウカヌ]
(英 to address / to dedicate)
(言葉などを)～に向ける / 捧(ささ)げる

tuk [トッ](英 to / for)
【口語】～するために / ～のための

tukang [トゥウカン](英 artisan)職人

tukang besi [トゥウカン ブスイ]
(英 blacksmith)鍛冶屋(かじや)

tukang cat [トゥウカン チャ(ト)]
(英 painter)塗装工(とそうこう)

tukang cerita [トゥウカン チュリタ]
(英 narrator)語り手 / ナレーター

tukang gambar [トゥウカン ガムバー]
(英 photographer)カメラマン

tukang gunting [トゥウカン グゥヌテン]
(英 barber)床屋 / 理容師

tukang kayu [トゥウカン カユウ]
(英 carpenter)大工(だいく)

tukang masak [トゥウカン マサッ]
(英 cook)コック / 料理人

tukang télék [トゥウカン テレッ]☞tukang tilik

tukang tilik [トゥウカン ティレッ]
(英 fortune-teller)占い師

tukang urut [トゥウカン ウゥロ(ト)]
(㊥ masseur / masseuse)マッサージ師

tukar [トゥウカー](㊥ to change / to exchange / to transfer / to move)変わる / 替える / 交換する / 乗り換える / 移る

tukar beli [トゥウカー ブリ](㊥ trade-in / to take a trade-in)下取り / 下取りする

tukar ganti [トゥウカー ガヌティ]
(㊥ to replace)取り替える / 代替する

tukar wang [トゥウカー ワン]
(㊥ to exchange money)両替する

tukaran [トゥウカラヌ](㊥ exchange)両替

tukaran asing [トゥウカラヌ アセン]
(㊥ foreign exchange)
外国為替(がいこくかわせ)

tukaran wang [トゥウカラヌ ワン]
(㊥ money exchange)両替

tukarkan [トゥウカーカヌ](㊥ to exchange / to convert / to transfer)
交換する / 変える / 転勤させる

tukul [トゥウコル](㊥ hammer / to hammer)
ハンマー / 金づち / (金づちで)打つ

tukul besi [トゥウコル ブスイ](㊥ hammer)
金づち

tulang [トゥウラン](㊥ bone)骨

tulang belakang [トゥウラン ブラカン]
(㊥ backbone)背骨(せぼね)

tulang kering [トゥウラン クレン]
(㊥ shin)脛(すね)

tulang rusuk [トゥウラン ルゥソッ]
(㊥ rib)肋骨(ろっこつ) / あばら骨

tulang selangka [トゥウラン スランカ]
(㊥ clavicle)鎖骨(さこつ)

tular [トゥウラー](㊥ to spread)
(病気などが)広まる / はびこる

tulat [トゥウラ(ト)](㊥ two days after tomorrow)明々後日(しあさって)

tulén [トゥウレヌ](㊥ pure / genuine)
純粋(じゅんすい)な / 真正の

tulis [トゥウレス](㊥ to write)書く

tulisan [トゥウリサヌ]
(㊥ writing / handwriting / letter)
書いたもの / 文章 / 文字

tulus (hati) [トゥウロス (ハティ)]
(㊥ sincere / honest)誠実な / 正直な

tumbang [トゥウムバン](㊥ to fall)
(木が)倒れる / (政権が)崩壊する

tumbuh [トゥウムボ(ホ)](㊥ to grow)
育つ / 生(は)える / 生じる

tumbuh liar [トゥウムボ(ホ) リヤー]
(㊥ to grow wild)自生(じせい)する

tumbuhan [トゥウムブウハヌ](㊥ plant)植物

tumbuhkan [トゥウムボ(ホ)カヌ](㊥ to make *sth* grow)育てる / 生(は)やす

tumbuh-tumbuhan
[トゥウムボ(ホ) トゥウムボハヌ](㊥ plants)植物

tumbuk [トゥウムボッ](㊥ to punch / to pound)
(こぶしで)殴(なぐ)る / 打つ / 打ち砕(くだ)く

tumbukan [トゥウムブウカヌ](㊥ blow)
パンチ / 打撃(だげき)

tumis [トゥウメス](㊥ to fry / fried)
炒める / 炒めた

tumit [トゥウメ(ト)]([英] heel)かかと / ヒール

tumor [トゥウモー]([英] tumour)腫瘍(しゅよう)

tumpah [トゥウムパ(ハ)]([英] to spill)
こぼれる / あふれる

tumpahkan [トゥウムパ(ハ)カヌ]([英] to spill)
こぼす

tumpang [トゥウムパン]([英] to put up / to get a lift)一緒させてもらう / 泊めてもらう / 便乗する

tumpang rumah [トゥウムパン ルウマ(ハ)]
([英] to stay at *sb*'s house)
居候(いそうろう)する

tumpang tidur [トゥウムパン ティドー]
([英] to put up)泊めてもらう

tumpangkan [トゥウムパンカヌ]
([英] to put *sb* up / to give *sb* a lift)
泊めてやる / 乗せてやる

tumpu [トゥウムプゥ]([英] to concentrate / to focus)集中する / 専念する

tumpuan [トゥウムプゥワヌ]
([英] focus / concentration)
注目の的 / 興味の中心 / 集中力

tumpukan (perhatian)
[トゥウムプゥカヌ (プーハティヤヌ)]([英] to concentrate / to focus)集中する / 専念する

tumpul [トゥウムポル]([英] blunt)
(切れ味が)鈍(にぶ)い

Tun [トゥウヌ]([英] Tun)トゥン(称号)

tunai [トゥウナイ]([英] cash)現金

tunaikan [トゥウナイカヌ]
([英] to carry out / to fulfil / to cash)
(約束や義務を)遂行する / 現金化する

tunang [トゥウナン]([英] fiancé / fiancée)
婚約者 / フィアンセ

tunangan [トゥウナンアヌ]
([英] fiancé / fiancée)婚約者 / フィアンセ

tunas [トゥウナス]([英] shoot)芽

tunda [トゥウヌダ]([英] to put off / to tow)
延期する / レッカー移動する / 網で引く

tunduk [トゥウヌドッ]([英] to bow / to surrender)おじぎする / 屈する

tunduk hormat [トゥウヌドッ ホーマ(ト)]
([英] bow)おじぎ / 礼

tunduk kepala [トゥウヌドッ クパラ]
([英] to look down)
うつむく / 頭を下げる

tundukkan [トゥウヌドッカヌ]
([英] to bow / to defeat)
(頭を)下げる / 負かす

tundukkan kepala [トゥウヌドッカヌ クパラ]
([英] to look down)うつむく / 頭を下げる

tunggak [トゥウンガッ]([英] foundation)
基礎 / 基盤

tunggal [トゥウンガル]
([英] single / singular)単一の / 単数の

tunggang [トゥウンガン]([英] to ride)
(またがって)乗る / またがる

tunggu [トゥウングゥ]([英] to wait for)待つ

tunggul [トゥウンゴル]([英] stump)切り株

tunjuk [トゥンジョッ]([英] to point)指(さ)す

tunjuk ajar [トゥンジョッ アジャー]
([英] guidance)指導

tunjuk perasaan [トゥンジョッ プラサアヌ]
(英 demonstration)デモ

tunjukkan [トゥンジョッカヌ](英 to show / to point)見せる / 示す / 指(さ)す

tuntut [トゥウヌトゥ(ト)](英 to demand / to study)要求する / 学ぶ

tuntutan [トゥウヌトゥタヌ]
(英 demand / claim)要求 / 請求 / 需要

tuntutan mahkamah
[トゥウヌトゥタヌ マ(ハ)カマ(ハ)](英 lawsuit)
訴訟(そしょう)

tupai [トゥウパイ](英 squirrel)リス

turap [トゥウラ(プ)](英 plaster / to plaster / to pave)漆喰(しっくい) / 漆喰を塗る / 舗装(ほそう)する

Turki [トゥウルキ](英 Turkey)トルコ

turun [トゥウロヌ](英 to drop / to get off / to go down / to fall)
下がる / 落ちる / 降りる / 降(ふ)る

turunkan [トゥウロヌカヌ]
(英 to lower / to take down / to drop)
下げる / 下ろす / 降ろす

turun-temurun《幹 turun》
[トゥウロヌ トゥムウロヌ](英 from generation to generation)代々受け継がれた

turut [トゥウロ(ト)](英 also)
～もまた / 一緒に～する

turutan [トゥウルゥタヌ](英 order / model)
順序 / 模範(もはん)

turuti [トゥウルゥティ](英 to follow)
～に従う / 付いて行く

tusuk [トゥウソッ](英 to pierce / to stab)
突く / 突き刺す

tutor [テュウトー](英 tutor)チューター

tutup [トゥウトゥ(プ)](英 to close / to cover / to turn off)閉まる / 閉める / 閉じる / (電源を)切る / 覆(おお)う

tutup mulut [トゥウトゥ(プ) ムウロ(ト)]
(英 to shut one's mouth)口をつぐむ

TV [ティヴィ](英 TV)テレビ

U

ubah [ウゥバ(ハ)](英 to change)
変える / 変わる

ubahsuai [ウゥバ(ハ)スゥワイ]
(英 to modify)修正する / 調整する

uban [ウゥバヌ](英 grey hair)白髪(しらが)

ubat [ウゥバ(ト)](英 medicine / drug)薬

ubat cirit-birit [ウゥバ(ト) チレ(ト) ビレ(ト)]
(英 antidiarrheal medicine)
下痢止め薬(げりどめやく)

ubat demam [ウゥバ(ト) ドゥマム]
(英 antifebrile)解熱剤(げねつざい)

ubat gastrik [ウゥバ(ト) ゲストレッ]
(英 digestive medicine)胃腸薬

ubat gigi [ウゥバ(ト) ギギ]
(英 toothpaste)歯磨き粉

ubat kumur [ウゥバ(ト) クゥモー]
(英 mouthwash)うがい薬

ubat mata [ウゥバ(ト) マタ](英 eye drops)
目薬

ubat penenang [ウゥバ(ト) プヌナン]
([英] tranquilizer)
精神安定剤(せいしんあんていざい)

ubat sapu [ウゥバ(ト) サプゥ]
([英] ointment)塗(ぬ)り薬

ubat sédatif [ウゥバ(ト) セダテッ]
([英] sedative)鎮静剤(ちんせいざい)

ubat selesema [ウゥバ(ト) スルスマ]
([英] cold medicine)風邪薬

ubat tahan [penahan] sakit
[ウゥバ(ト) タハヌ[プナハヌ] サケ(ト)]
([英] painkiller)痛み止め

ubat tidur [ウゥバ(ト) ティドー]
([英] sleeping pill)睡眠薬

ubat tradisional Cina
[ウゥバ(ト) トラディスィヨナル チナ]([英] Chinese traditional medicine)漢方薬

ubati [ウゥバティ]([英] to cure / to treat)
治す / 治療する

ubat-ubatan [ウゥバ(ト) ウゥバタヌ]
([英] medicine)医薬品

ubi [ウゥビ]([英] tuber)芋

ucap [ウゥチャ(プ)]([英] to say / to wish)
(祝辞などの言葉を)言う / 述べる

ucapan [ウゥチャパヌ]([英] greeting / speech)
挨拶(あいさつ) / 演説 / スピーチ

ucapkan [ウゥチャ(プ)カヌ]([英] to say / to wish)(祝辞などの言葉を)言う / 述べる

udang [ウゥダン]([英] shrimp / prawn)エビ

udang krai [ウゥダン クライ]([英] crayfish)
ザリガニ

udara [ウゥダラ]([英] air / atmosphere)
空気 / 大気 / 空中(くうちゅう)

ufuk [ウゥフォッ]([英] horizon)
水平線 / 地平線

ugut [ウゥゴ(ト)]([英] to threaten)
脅迫(きょうはく)する

ugutan [ウゥグゥタヌ]([英] threat)
脅迫(きょうはく)

UiTM (= Universiti Téknologi Mara)
[ユゥアイティエム (ユゥニヴースィティ テクノロジ マラ)]
([英] MARA University of Technology)
マラ工科大学

ujar [ウゥジャー]([英] to say / utterance)
述べる / 話す / 話す言葉

uji [ウゥジ]([英] to test)テストする / 検査する

uji bakat [ウゥジ バカ(ト)]([英] audition)
オーディション

uji kaji [ウゥジ カジ]([英] experiment / to experiment)実験 / 実験する

ujian [ウゥジヤヌ]([英] test)テスト

ujian bertulis [ウゥジヤヌ ブートゥウレス]
([英] written test)筆記テスト

UK [ユゥケ]([英] UK / United Kingdom)
イギリス

ukir [ウゥケー]([英] to carve / to sculpt)
彫(ほ)る / 彫刻(ちょうこく)する

ukiran [ウゥキラヌ]([英] carving / sculpture)
彫刻(ちょうこく) / 彫(ほ)り物

UKM (= Universiti Kebangsaan Malaysia)
[ユゥケエム (ユゥニヴースィティ クバンサアヌ ムレイスイヤ)]
([英] National University of Malaysia)
マレーシア国民大学

U

ukur [ウゥコー] ([英] to measure) 測(はか)る

ukuran [ウゥクゥラヌ] ([英] measurement) 測定値

ulam [ウゥラム] ([英] raw vegetable condiments) ウラム(生で食べる付けあわせの野菜)

ulama [ウゥラマ] ([英] Muslim scholar) ウラマ(イスラーム神学者)

ulang [ウゥラン] ([英] to repeat) 繰り返す

ulang kaji [ウゥラン カジ] ([英] revision / to revise) 復習 / 復習する

ulang-alik [ウゥラン アレッ] ([英] to go to and fro) 行ったり来たりする

ulangan [ウゥランァヌ] ([英] repetition) 繰り返し / 重複(ちょうふく)

ulangi [ウゥランィ] ([英] to repeat) 繰り返す

ular [ウゥラー] ([英] snake) ヘビ

ulas [ウゥラス] ([英] to comment / segment / clove) コメントする / (ミカンなどの)袋 / 片

ulasan [ウゥラサヌ] ([英] comment / commentary / review) コメント / 論評 / 解説

ulat [ウゥラ(ト)] ([英] caterpillar) 芋虫

ulat beluncas [ウゥラ(ト) ブルゥンチャス] ([英] (hairy) caterpillar) 芋虫 / 毛虫

ulat bulu [ウゥラ(ト) ブゥルゥ] ([英] hairy caterpillar) 毛虫

uli [ウゥリ] ([英] to knead) こねる

ulser [ウゥルスー] ([英] ulcer) 潰瘍(かいよう)

ulung [ウゥロン] ([英] outstanding) 優秀な / 卓越した

UM (= Universiti Malaya) [ユゥエム (ユゥニヴースィティ マラヤ)] ([英] University of Malaya) マラヤ大学

umat [ウゥマ(ト)] ([英] follower / people) 信徒 / 民衆

umat manusia [ウゥマ(ト) マヌゥスイヤ] ([英] mankind) 人類

umbi [ウゥムビ] ([英] bulb / tuber) 球根 / 塊茎(かいけい)

umi [ウゥミ] ([英] mother) お母さん

umm [アーム] ([英] well) ええと

ummah [ウゥムマ(ハ)] ([英] Muslim community) イスラーム教徒集団

UMNO [アムノ] ([英] UMNO / United Malays National Organisation) 統一マレー国民組織

umpama [ウゥムパマ] ([英] like / example) ～のごとく / 例(たと)え

umpamanya [ウゥムパマニャ] ([英] for example) 例えば

umpat [ウゥムパ(ト)] ([英] to gossip) 陰口(かげぐち)を言う

umpatan [ウゥムパタヌ] ([英] gossip) 陰口(かげぐち)

umrah [ウゥムラ(ハ)] ([英] pilgrimage) (巡礼月以外の)巡礼 / 小巡礼

umum [ウゥモム] ([英] general / public / well-known) 一般の / 一般的な / 公共の / 周知の

U

umumkan [ウゥモムカヌ]
(英 to announce)発表する

umumnya [ウゥモムニャ](英 generally)
一般に

umur [ウゥモー](英 age)年齢

umur pertengahan
[ウゥモー プートゥンァハヌ](英 middle age)中年

uncang [ウゥンチャン](英 pouch)小袋

uncang téh [ウンチャン テ(ヘ)]
(英 tea bag)ティーバッグ

undang [ウゥヌダン](英 to invite)
招く / 招待する

undangan [ウゥヌダンァヌ]
(英 invitation / guest)招待客 / 招待

undang-undang [ウゥヌダン ウゥヌダン]
(英 law)法律

undang-undang kerja [pekerjaan]
[ウゥヌダン ウゥヌダン クージャ [プクージャアヌ]]
(英 labour law)労働法

undi [ウゥヌディ](英 to vote / vote)
投票する / 票

undian [ウゥヌディヤヌ](英 vote)得票数 / 票

undur [ウゥヌドー](英 to move back / to retreat)後退する / 撤退する

unggul [ウゥンゴル](英 excellent)
優(すぐ)れた / 卓越(たくえつ)した

ungguli [ウゥングゥリ](英 to surpass)上回る

unggun api [ウゥンゴヌ アピ](英 bonfire)
たき火

ungkai [ウゥンカイ](英 to untie / to undo)
ほどく / (袋を)開ける

ungkapan [ウゥンカパヌ](英 expression)
表現

ungkapkan [ウゥンカ(プ)カヌ]
(英 to express)表現する / 言い表す

ungu [ウゥンウゥ](英 purple)紫

unik [ユゥネッ](英 unique)独特の / 特有の

union [ユゥニヨヌ](英 union)連合 / 団体

unit [ユネ(ト)](英 unit)単位 / ユニット

unit rawatan rapi [ユネ(ト) ラワタヌ ラピ]
(英 intensive care unit)集中治療室

universiti [ユゥニヴースィティ]
(英 university)大学

unsur [ウゥヌソー](英 element)要素

unta [ウゥヌタ](英 camel)ラクダ

untuk [ウゥヌトッ](英 in order to / for)
～するために / ～のための

untung [ウゥヌトン](英 profit)利益 / 得

untung rugi [ウゥヌトン ルゥギ]
(英 loss and gain)損得(そんとく)

untungkan [ウゥヌトンカヌ](英 to benefit)
～に利益をもたらす

upacara [ウゥパチャラ](英 ceremony)
儀式 / 式典

upacara pengebumian
[ウゥパチャラ プンゥブゥミヤヌ](英 funeral)
葬式(そうしき) / 葬儀(そうぎ)

upah [ウゥパ(ハ)](英 wage / to hire)
賃金(ちんぎん) / 報酬 / 雇(やと)う

upaya [ウゥパヤ](英 way / capability)
術(すべ) / 能力

UPM (= Universiti Putra Malaysia) [ユゥピエム (ユゥニヴースィティ プゥトラ ムレィスィヤ)] (㊎ Putra University, Malaysia) マレーシア･プトラ大学

UPSR (= Ujian Pencapaian Sekolah Rendah) [ユゥピエスアル (ウゥジヤヌ プンチャパイヤヌ スコラ(ハ) ルヌダ(ハ))] (㊎ UPSR / Primary School Achievement Test) 小学校学力テスト

uraikan [ウゥライカヌ] (㊎ to decompose / to terminate / to untie) 分解する / 解消する / ほどく

urat [ウゥラ(ト)] (㊎ vein) 脈(みゃく) / 筋(すじ)

urétra [ユゥレトラ] (㊎ urethra) 尿道

urin [ユレヌ] (㊎ urine) 尿

urus [ウゥロス] (㊎ to manage) 管理する

urus niaga [ウゥロス ニヤガ] (㊎ transaction) 取り引き

urus setia [ウゥロス スティヤ] (㊎ secretariat) 事務局(員)

urusan [ウゥロサヌ] (㊎ business) 用事

urusan kecemasan [ウゥルゥサヌ クチュマサヌ] (㊎ urgent business) 急用

urusan peribadi [ウゥロサヌ プリバディ] (㊎ personal matter) 私用(しよう) / 私的用事

uruskan [ウゥロスカヌ] (㊎ to manage / to handle) 管理する / 対処する

urut [ウゥロ(ト)] (㊎ to massage) マッサージする

urutan [ウゥルゥタヌ] (㊎ order) 順番 / 順序

urutan kata [ウゥルゥタヌ カタ] (㊎ word order) 語順

US [ユゥエス] (㊎ US / United States) アメリカ

usah [ウゥサ(ハ)] (㊎ don't) ～しなくてよい / ～するな

usaha [ウゥサハ] (㊎ effort) 努力 / 活動

usaha menyelamat [ウゥサハ ムニュラマ(ト)] (㊎ rescue) 救助活動

usaha sama [ウゥサハ サマ] (㊎ joint venture / joint / collaboration) 合弁事業 / 合弁の / 共同

usahakan [ウゥサハカヌ] (㊎ to work (on) / to run) 取り組む / 営む

usahakan tanaman [ウゥサハカヌ タナマヌ] (㊎ to cultivate) 栽培する

usahawan [ウゥサハワヌ] (㊎ entrepreneur) 実業家 / 起業家

usang [ウゥサン] (㊎ shabby / obsolete) おんぼろの / 廃(すた)れた

usap [ウゥサ(プ)] (㊎ to wipe / to stroke) 拭く / 撫(な)でる

usapi [ウゥサピ] (㊎ to stroke) 撫(な)でる

USB [ユゥエスビ] (㊎ USB (Universal Serial Bus)) USB

usia [ウゥスィヤ] (㊎ age) 年齢

usia persaraan [ウゥスィヤ プーサラアヌ] (㊎ (mandatory) retirement age) 定年

usik [ウゥセッ] (㊎ to tease / to disturb) からかう / ちょっかいを出す / いじる

usir [ウゥセー]([英] to expel / to evict / to chase)追い出す / 追っかける

USM (= Universiti Sains Malaysia) [ユゥエスエム (ユゥニヴースイティ サインス ムレイスイヤ)] ([英] University of Science, Malaysia) マレーシア理科大学

ustaz [ウゥスタズ]([英] religious teacher) ウスタズ(男性のイスラーム教師)

usul [ウゥソル]([英] proposal)提案 / 議案

usulkan [ウゥソルカヌ]([英] to propose) 提案する

usung [ウゥソン] ([英] to carry on a stretcher)担(かつ)ぐ

usungan [ウゥスゥンアヌ]([英] stretcher / litter)担架(たんか) / 駕籠(かご)

usus [ウゥソス]([英] intestine)腸

usus besar [ウゥソス ブサー] ([英] large intestine)大腸

usus kecil [ウゥソス クチェル] ([英] small intestine)小腸

utama [ウゥタマ]([英] main)主(おも)な / 主要な

utamakan [ウゥタマカヌ]([英] to prioritize) 優先する

utara [ウゥタラ]([英] north)北

utara selatan [ウゥタラ スラタヌ] ([英] north and south)南北(なんぼく)

utk [ウゥヌトッ]☞untuk

UTM (= Universiti Téknologi Malaysia) [ユゥティエム (ユゥニヴースイティ テクノロジ ムレイスイヤ)] ([英] University of Technology, Malaysia)マレーシア理工大学

utusan [ウゥトゥウサヌ] ([英] delegate / envoy)代表団 / 使節

uzur [ウゥゾー]([英] infirm) 体が弱った / 衰えた

V

vaksin [ヴェクセヌ]([英] vaccine)ワクチン

vakum [ヴァクウム]([英] vacuum)真空(しんくう)

van [ヴェヌ]([英] van)ワゴン車 / バン

vanila [ヴェニラ]([英] vanilla)バニラ

VAT [ヴィエティ]([英] VAT / value-added tax) VAT / 付加価値税

VCD [ヴィスイディ]([英] VCD (video compact disc))VCD / ビデオCD

végétarian [ヴェジェタリヤヌ] ([英] vegetarian)ベジタリアン

véna [ヴェナ]([英] vein)静脈(じょうみゃく)

véntilasi [ヴェヌティラスイ]([英] ventilation) 換気(かんき)

versi [ヴースイ]([英] version)版 / バージョン

véteran [ヴェトゥラヌ]([英] veteran)ベテラン

véto [ヴェト]([英] veto)拒否権

vidéo [ヴィディヨ]([英] video)動画 / ビデオ

Viétnam [ヴィエ(ト)ナム]([英] Vietnam) ベトナム

vinil [ヴィネル]([英] plastic / vinyl)ビニール

virus [ヴィロス]([英] virus)ウイルス

visa [ヴィサ]([英] visa)ビザ / 査証

Vitae Kurikulum [ヴィタエ クゥリクゥロム]
([英] Curriculum Vitae)履歴書(りれきしょ)

vitamin [ヴィタミヌ]([英] vitamin)ビタミン

vokal [ヴォカル]([英] vowel)母音

vokasional [ヴォカスイヨナル]
([英] vocational)職業訓練の

volt [ヴォル(ト)]([英] volt)ボルト(電圧の単位)

voltan [ヴォルタヌ]([英] voltage)電圧

W

wabak [ワバッ]([英] epidemic)
伝染病 / 悪習

wacana [ワチャナ]([英] discourse)談話

wad [ワ(ド)]([英] ward)病棟

wah [ワ(ハ)]([英] wow)わあ

wahai [ワハイ]([英] oh ~ / listen ~)
(呼びかけで)ああ~よ

wain [ワエヌ]([英] wine)ワイン

wajah [ワジャ(ハ)]([英] face / appearance)
顔 / 顔つき / 姿

wajar [ワジャー]([英] appropriate)
そうあるべき / 妥当(だとう)な

wajib [ワジェ(ブ)]
([英] compulsory / obliged)
義務の / 必修の / 必ず~せねばならない

wajibkan [ワジェ(ブ)カヌ]([英] to oblige)
義務付ける

wakil [ワケル]([英] representative)代表

wakil penjual [ワケル プンジュゥワル]
([英] agency)代理店

wakili [ワキリ]([英] to represent)代表する

waktu [ワッ(ク)トゥウ]([英] time)
時刻 / 時間 / 時

waktu berlepas [bertolak]
[ワッ(ク)トゥウ ブールパス[ブートラッ]]
([英] departure time)出発時間

waktu ketibaan [ワッ(ク)トゥウ クティバアヌ]
([英] arrival time)到着時間

waktu sibuk [ワッ(ク)トゥウ セボッ]
([英] peak hours)混雑時間 / ラッシュアワー

walau [ワラゥ]([英] even if / no matter)
たとえ~だとしても

walau apa pun [ワラゥ アパ ポヌ]
([英] no matter what)何が~だとしても

walau bagaimana [ワラゥ バガイマナ]
([英] no matter how)どんなに~だとしても

walau bagaimanapun
[ワラゥ バガイマナポヌ]([英] however / anyhow)
しかしながら / どうであっても

walau macam mana [ワラゥ マチャム マナ]
([英] no matter how)
【口語】どんなに~だとしても

walaupun [ワラゥポヌ]([英] although)
~だけれども

walaupun begitu [ワラゥポヌ ブギトゥウ]
([英] despite that / nevertheless)
それでも / それなのに

walhal [ワルハル]
([英] but in fact / even though)
だが実は / ~にもかかわらず

wali [ワリ]([英] guardian)後見人(こうけんにん)

wang [ワン]([英] money)お金

wang asing [ワン アセン]
(英 foreign currency)外貨(がいか)

wang bayaran [ワン バヤラヌ]
(英 payout)支払金

wang besar [ワン ブサー]
(英 big money)大金(たいきん)

wang béza [ワン ベザ]
(英 difference / balance)差額

wang cengkeram [ワン チュンクラム]
(英 deposit)手付金 / デポジット

wang ihsan [ワン エ(ヘ)サヌ]
(英 donation)義援金(ぎえんきん)

wang jaminan [ワン ジャミナヌ]
(英 deposit)保証金

wang kecil [ワン クチェル]
(英 small change)小銭(こぜに)

wang kembali [ワン クムバリ]
(英 change)おつり

wang kertas [ワン クータス]
(英 paper money / banknote)
紙幣(しへい) / 札(さつ)

wang kiriman [ワン キリマヌ]
(英 remittance)仕送り

wang muka [ワン ムゥカ]
(英 down payment)頭金(あたまきん)

wang pendahuluan [ワン プヌダフウルゥワヌ]
(英 advance payment)前金(まえきん)

wang pokok [ワン ポコッ](英 capital)
元金(がんきん)

wang saku [ワン サクゥ]
(英 pocket money)こづかい

wang simpanan [ワン スイムパナヌ]
(英 savings)貯金 / 貯蓄

wang tebusan [ワン トゥブゥサヌ]
(英 ransom)身代金(みのしろきん)

wangi [ワンイ](英 fragrant)良い香りの

wangian [ワンイヤヌ](英 fragrance)
良い香り / 香水

wanita [ワニタ](英 woman)女性

wap [ワ(プ)](英 steam)蒸気

wap air [ワ(プ) アェー](英 steam)
水蒸気 / 湯気(ゆげ)

waran [ワラヌ](英 warrant)令状 / 証明書

warga [ワーガ](英 member)一員 / 構成員

warga emas [tua] [ワーガ ウマス [トゥウワ]]
(英 the elderly)お年寄(としよ)り / 高齢者

warganegara [ワーガヌガラ](英 citizen)
国民 / 市民

waris [ワレス](英 heir / guardian)
相続人(そうぞくにん) / 後見人(こうけんにん)

warisan [ワリサヌ](英 inheritance)遺産

warisan dunia [ワリサヌ ドゥウニヤ]
(英 world heritage)世界遺産

warisi [ワリスイ](英 to inherit)
受け継ぐ / 相続する

warna [ワーナ](英 colour)色

warna emas [ワーナ ウマス]
(英 gold (colour))金色

warna orén [ワーナ オレヌ]
(英 orange (colour))オレンジ色

W

warnai [ワーナイ] (㊧ to colour)
色を付ける / 着色する

warnakan [ワーナカヌ] (㊧ to colour)
色を付ける / 着色する

warta [ワータ] (㊧ news) ニュース / 報道

wartawan [ワータワヌ] (㊧ journalist)
記者 / ジャーナリスト

wasiat [ワスィヤ(ト)] (㊧ will) 遺言(ゆいごん)

waspada [ワスパダ] (㊧ cautious)
気をつけている / 用心(ようじん)した

waswas [ワスワス] (㊧ doubtful / worried / doubt / hesitation)
不安な / 心配な / 不安 / ためらい

watak [ワタッ] (㊧ character)
登場人物 / 性格

watak utama [ワタッ ウゥタマ] (㊧ leading role / main character) 主役 / 主人公

watt [ワ(ト)] (㊧ watt) ワット

wau [ワウ] (㊧ kite) 凧(たこ)

wawancara [ワワンチャラ]
(㊧ interview / to interview)
インタビュー / インタビューする

wawasan [ワワサヌ] (㊧ vision)
ビジョン / 洞察(どうさつ)

wax [ウェクス] (㊧ wax) ワックス

wayang [ワヤン] (㊧ film / movie)
映画 / 影絵芝居

wayar [ワヤー] (㊧ cord / wire)
コード / ワイヤー

wayarlés [ワヤレス] (㊧ wireless)
無線 / ワイヤレス

wéb [ウェ(ブ)] (㊧ web) ウェブ

wibawa [ウィバワ] (㊧ authority) 権威(けんい)

Wi-Fi [ワィ ファィ] (㊧ Wi-Fi) Wi-Fi

wilayah [ウィラヤ(ハ)] (㊧ district / territory)
地域 / 地区 / 領域

wilayah perairan [ウィラヤ(ハ) プライラヌ]
(㊧ territorial waters) 領海

wira [ウィラ] (㊧ hero) 英雄 / ヒーロー

wirawati [ウィラワティ] (㊧ heroine) ヒロイン

wiski [ウィスキ] (㊧ whisky) ウィスキー

wisma [ウィスマ] (㊧ building) 建物 / ビル

wujud [ウウウジョ(ド)] (㊧ to exist) 存在する

wujud bersama [ウウウジョ(ド) ブーサマ]
(㊧ to coexist) 共存する

wujudkan [ウウウジョ(ド)カヌ]
(㊧ to create / to realize)
作り出す / 生み出す / 実現させる

wul [ウウウル] (㊧ wool) ウール / 羊毛

X

x-ray [エクスレ] (㊧ x-ray) レントゲン

Y

ya [ヤ] (㊧ yes / right / OK)
はい / (確認や念押しで)〜ね

ya Allah [ヤ アッラ(ハ)] (㊧ oh my god)
何てこった

Yahudi [ヤフゥディ] (㊧ Jew) ユダヤの

yakin [ヤケヌ] (㊧ certain / confident)
確信した / 自信がある

X
Y

yakini [ヤキニ] (英 to be convinced of) ～を確信する

yakinkan [ヤケヌカヌ] (英 to convince) 確信させる / 納得させる

yakni [ヤッ(ク)ニ] (英 that is) すなわち

yang [ヤン] (英 the one which / those which / that) ～である人〈物〉/ ～のやつ / ～である所の

yang dipertua [ヤン ディプートゥウワ] (英 leader) 首長(しゅちょう)

Yang di-Pertuan [ヤン ディ プートゥウワヌ] (英 Great Lord) 君主様(王やスルタンなどの支配者の称号)

Yang di-Pertuan Agong [ヤン ディ プートゥウワヌ アゴン] (英 the King of Malaysia) (マレーシアの) 国王

yang mana [ヤン マナ] (英 which) どれ / どちら / どの

Yangon [ヤンゴヌ] (英 Yangon) ヤンゴン

yatim [ヤテム] (英 orphan) 孤児(こじ)

yayasan [ヤヤサヌ] (英 foundation) 基金(ききん) / 財団

YB (= Yang Berhormat) [ワイビ (ヤン ブーホルマ(ト))] (英 YB / Yang Berhormat) 尊敬すべき方(称号)

yén [イエヌ] (英 yen) 円(日本の通貨)

yg [ヤン] ☞yang

yis [イイス] (英 yeast) イースト

yogurt [ヨゴー(ト)] (英 yoghurt) ヨーグルト

yu [ユゥ] (英 shark) サメ

Yunani [ユゥナニ] (英 Greek) ギリシャの

yuran [ユゥラヌ] (英 fee) 料金 / 会費

yuran bulanan [ユゥラヌ ブゥラナヌ] (英 monthly fee) 月謝(げっしゃ)

you [ユゥ] (英 you / your) 【口語】あなた / ユー

yuran keahlian [ユゥラヌ クア(ハ)リヤヌ] (英 membership fee) 会費

yuran pendaftaran [ユゥラヌ プヌダッタラヌ] (英 registration fee) 登録料 / 参加費

yuran pengajian [ユゥラヌ プンアジヤヌ] (英 tuition fee) (大学の) 授業料

yuran sekolah [ユゥラヌ スコラ(ハ)] (英 tuition fee) (高校以下の) 授業料

Z

zahir [ザヘー] (英 outside) 外面 / 表面

zahir dan batin [ザヘー ダヌ バテヌ] (英 body and soul) 心身(しんしん) (共に)

zaitun [ザイトヌ] (英 olive) オリーブ

zakar [ザカー] (英 penis) 陰茎

zakat [ザカ(ト)] (英 tithe) 喜捨

zalim [ザレム] (英 cruel) 残酷(ざんこく)な

zaman [ザマヌ] (英 era / age / period) 時代 / 年代

zaman moden [ザマヌ モドゥヌ] (英 modern times) 近代 / 現代

zaman pertengahan [ザマヌ プートゥンアハヌ] (英 middle ages) 中世

zaman purba [ザマヌ プゥルバ]
([英] ancient times)古代

zamrud [ザムロ(ド)]([英] emerald)
エメラルド

zat [ザ(ト)]([英] nutrition)栄養

ziarah [ズィヤラ(ハ)]([英] visit)
訪問 / 見舞い / 墓参り

ziarahi [ズィヤラヒ]([英] to visit)
訪問する / 見舞う

zip [ズィ(プ)]([英] zipper)ファスナー

zirafah [ズィラファ(ハ)]([英] giraffe)キリン

zon [ゾヌ]([英] zone)
区間(くかん) / 地帯(ちたい) / ゾーン

zon sederhana [ゾヌ スドゥーハナ]
([英] temperate zone)温帯

zon tropika [ゾヌ トロピカ]
([英] tropical zone)熱帯

zoo [ズー]([英] zoo)動物園

zuhur [ズゥホー]([英] midday prayer)
昼過ぎの礼拝

zuriat [ズゥリヤ(ト)]([英] descendant)子孫

Z

日常のあいさつ

おはようございます。

Selamat pagi.

スラマ(ト) パギ

Good morning.

こんにちは。(正午から午後２時まで)

Selamat tengah hari.

スラマ(ト) トゥンァ(ハ) ハリ

Good afternoon.

こんにちは。(午後２時から日没まで)

Selamat petang.

スラマ(ト) プタン

Good afternoon.

こんばんは。

Selamat malam.

スラマ(ト) マラム

Good evening.

やあ。

Hai.

ハイ

Hi.

おやすみなさい。

Selamat malam.

スラマ(ト) マラム

Good night.

さようなら。(去る人に対して)

Selamat jalan.

スラマ(ト) ジャラヌ

Goodbye.

さようなら。(残る人に対して)

Selamat tinggal.

スラマ(ト) ティンガル

Goodbye.

またね。

Jumpa lagi.

ジュゥムパ ラギ

See you.

お気を付けて。

Baik-baik jalan.

バエッ バエッ ジャラヌ

Take care.

久しぶりですね。

Dah lama tak jumpa.

ダ(ハ) ラマ タッ ジュゥムパ

Long time no see.

元気ですか？

Apa khabar?

アパ カバー

How are you?

元気です。

Khabar baik.

カバー バエッ

I'm fine.

まあまあです。

Sihatlah juga.

セハ(ト) ラ(ハ) ジュゥガ

So-so.

相変わらずです。

Macam biasa.

マチャム ビヤサ

Same as usual.

調子が悪いです。

Saya tak sihat.

サヤ タッ セハ(ト)

I feel bad.

*encik は男性、puan は既婚女性、cik は未婚女性、awak は親しい間柄

ようこそ！　いらっしゃい！

Selamat datang!

スラマ(ト) ダタン

Welcome!

行ってらっしゃい！

Selamat jalan!

スラマ(ト) ジャラヌ

Hava a safe trip!

ただいま！

Saya dah balik!

サヤ ダ(ハ) バレッ

I'm home!

自己紹介する

お名前は何ですか？

Siapa nama *encik [puan / cik / awak]?

スィヤパ ナマ ウンチェッ［プゥワヌ / チェッ / アワッ］

May I have your name?

私はシティです。

Nama saya Siti.

ナマ サヤ スィティ

My name is Siti.

お名前はどう書きますか？

Macam mana nak éja nama *encik [puan / cik / awak]?

マチャム マナ ナッ エジャ ナマ ウンチェッ［プゥワヌ / チェッ / アワッ］

How do you spell your name?

お会いできてうれしいです。

Selamat berkenalan.

スラマ(ト) ブークナラヌ

Nice to meet you.

ご出身はどちらですか？

*Encik [Puan / Cik / Awak] berasal dari mana?

ウンチェッ［プゥワヌ / チェッ / アワッ］ブラサル ダリ マナ

Where are you from?

私は日本から来ました。

Saya dari Jepun.

サヤ ダリ ジュポヌ

I'm from Japan.

私はマラッカで生まれました。

Saya lahir di Melaka.

サヤ ラヘー ディ ムラカ

I was born in Malacca.

私はクアラルンプールに住んでいます。

Saya tinggal di KL [Kuala Lumpur].

サヤ ティンガル ディ ケエル [クゥワラ ルゥムポー]

I live in KL [Kuala Lumpur].

趣味は何ですか？

Apa hobi *encik [puan / cik / awak]?

アパ ホビ ウンチェッ [プゥワヌ / チェッ / アワッ]

What are your hobbies?

趣味は読書 です。

Hobi saya membaca buku.

ホビ サヤ ムムバチャ ブゥクゥ

My hobby is reading books.

好きなスポーツは何ですか？

*Encik [Puan / Cik / Awak] suka sukan apa?

ウンチェッ [プゥワヌ / チェッ / アワッ] スゥカ スゥカヌ アパ

What sports do you like?

テニスが好きです。

Saya suka ténis.

サヤ スゥカ テニス

I like tennis.

人を紹介する

ジェーンさんをご紹介します。

Saya nak kenalkan Jane kepada *encik [puan / cik / awak].

サヤ ナッ クナルカヌ ジェヌ クパダ ウンチェッ [プゥワヌ / チェッ / アワッ]

I would like to introduce Jane to you.

こちらは友達のジェーンさんです。

Ini kawan saya, Jane.

イニ カワヌ サヤ ジエヌ

This is my friend, Jane.

誘う

食事に行きましょう！

Jom kita pergi makan!

ジョム キタ プーギ マカヌ

Let's go for a meal!

映画を見に行きましょう！

Jom kita pergi téngok wayang!

ジョム キタ プーギ テンオッ ワヤン

Let's go to see a movie!

予定があります。

Saya ada hal.

サヤ アダ ハル

I already have something planned.

はい、行きましょう！

Ya, jom pergi!

ヤ ジョム プーギ

Yes, let's go!

忙しいです。

Saya sibuk.

サヤ セボッ

I'm busy.

何時がいいですか？

Pukul berapa sesuai bagi *encik [puan / cik / awak]?

プゥコル ブラパ ススゥワィ バギ ウンチェッ［プゥワヌ / チェッ / アワッ］

What time is good for you?

いつがいいですか？

Bila sesuai bagi *encik [puan / cik / awak]?

ビラ ススゥワィ バギ ウンチェッ［プゥワヌ / チェッ / アワッ］

When is convenient for you?

退出する

また会いたいです。

Saya nak jumpa *encik [puan / cik / awak] lagi.

サヤ ナッ ジュゥムパ ウンチェッ［プゥワヌ / チェッ / アワッ］ラギ

I hope to see you again sometime.

メールしてください。

Tolong hantar e-mél kepada saya.

トロン ハヌター イメル クパダ サヤ

Please e-mail me.

メールアドレスを教えてください。

Tolong beritahu alamat e-mél *encik [puan / cik / awak].

トロン ブリタフゥ アラマ(ト) イメル ウンチェッ［プゥワヌ / チェッ / アワッ］

Please let me know your e-mail address.

電話してください。

Tolong téléfon saya.

トロン テレフォヌ サヤ

Please give me a call.

連絡をとりあいましょう。

Mari kita terus berhubung.

マリ キタ トゥロス ブーフゥボン

Let's keep in touch.

お話できてよかったです。

Baguslah dapat berbual dengan *encik [puan / cik / awak].

バゴスラ(ハ) ダパ(ト) ブーブゥワル ドゥンアヌ ウンチェッ［プゥワヌ / チェッ / アワッ］

Nice talking to you.

お会いできてよかったです。

Saya gembira dapat berjumpa dengan *encik [puan / cik / awak].

サヤ グムビラ ダパ(ト) ブージュゥムパ ドゥンアヌ ウンチェッ［プゥワヌ / チェッ / アワッ］

Nice meeting you.

ジェーンさんによろしくね。

Sampaikan salam kepada Jane, ya.

サムパイカヌ サラム クパダ ジェヌ ヤ

Say hello to Jane.

感謝する

どうも。

Terima kasih.

トゥリマ カセ(へ)

Thank you.

ありがとうございます。

Terima kasih banyak-banyak.

トゥリマ カセ(へ) バニャッ バニャッ

Thank you very much.

いろいろお世話になりました。

Terima kasih atas segala-galanya.

トゥリマ カセ(へ) アタス スガラ ガラニャ

Thank you for everything.

来てくれてありがとう。

Terima kasih kerana sudi datang.

トゥリマ カセ(へ) クラナ スゥディ ダタン

Thank you for coming.

誘ってくれてありがとう。

Terima kasih kerana menjemput saya.

トゥリマ カセ(へ) クラナ ムンジュムポ(ト) サヤ

Thank you for asking me.

とても親切ですね。

*Encik [Puan/Cik/Awak] sangat baik hati, ya.

ウンチェッ［プゥワヌ / チェッ / アワッ］サンァ(ト) バエッ ハティ ヤ

It is kind of you.

あやまる

ごめんね。

Maaf, ya.

マアフ ヤ

Sorry.

ごめんなさい。

Minta maaf.

ミヌタ マアフ

I'm sorry.

遅れてすみません。

Minta maaf terlambat.

ミヌタ マアァフ トゥーラムバ(ト)

I'm sorry for being late.

お手数をかけてすみません。

Minta maaf menyusahkan *encik [puan/cik/awak].

ミヌタ マアァフ ムニュウサ(ハ) カヌ ウンチェッ［プゥワヌ / チェッ / アワッ］

I'm sorry for bothering you.

間違えました。

Saya tersilap.

サヤ トゥースィラ(プ)

I made a mistake.

どうか許してください。

Maafkan saya.

マアァフカヌ サヤ

Please forgive me.

ほめる・喜ぶ

かっこいい！

Bést!

ベス

Cool!

いい感じ！

Macam bést je!

マチャム ベス ジュ

Sounds great!

やったぞ！

Saya berjaya!

サヤ ブージャヤ

I did it!

（あなたが）やったね！

Syabas!

シャバス

You did it!

わくわくする！

Seronoknya!

スロノッ(ク)ニャ

How exciting!

すごい！　いいぞ！

Syoknya! Hébat!

ショッ(ク) ニャ ヘバ(ト)

Great!

よかったよ！

Tahniah!

タ(ハ)ニヤ(ハ)

Well done!

とてもいい気分です！

Saya rasa seronok betullah!

サヤ ラサ スロノッ ブトゥルラ(ハ)

I feel great!

たいしたもんだな！

Térrorlah!

テルーラ(ハ)

That is really something!

うれしい！

Gembiranya saya!

グムビラニャ サヤ

I'm glad!

怒る

ひどい！

Dahsyatnya!

ダ(ハ)シャ(ト)ニャ

That's terrible!

嫌な人ね！

Jahat betul *encik [puan/cik/awak] ni!

ジャハ(ト) ブトゥル ウンチェッ［プゥワヌ／チェッ／アワッ］ニ

You are annoying!

聞いてるの？

*Encik [Puan / Cik / Awak] dengar ke?

ウンチェッ［プゥワヌ / チェッ / アワッ］ドゥンアー ク

Are you listening to me?

からかわないでよ！

Jangan mempermainkan saya!

ジャンァヌ ムムプーマェヌカヌ サヤ

Don't make fun of me!

あなたのせいですよ！

*Encik [Puan / Cik / Awak] yang salah!

ウンチェッ［プゥワヌ / チェッ / アワッ］ヤン サラ（ハ）

It's your fault!

かまわないで！

Jangan kacau saya!

ジャンァヌ カチャゥ サヤ

Leave me alone!

いい加減にしてよ。

Sudahlah.

スゥダ（ハ）ラ（ハ）

That's enough.

腹がたつ！

Geramnya!

グラムニャ

I'm upset!

誰も気にしないよ。

Orang lain tak kisah pun.

オラン ラェヌ タッ ケサ（ハ） ポヌ

Who cares?

驚く

本当？

Betul ke?

ブトゥル ク

Really?

あなた、おかしいんじゃないの？

***Encik [Puan / Cik / Awak] ni gila ke?**

ウンチェッ［プゥワヌ / チェッ / アワッ］ニ ギラ ク

Are you crazy ？

信じられない！

Tak masuk akal!

タッ マソッ アカル

Unbelievable!

悲しむ・落胆する

悲しいです。

Saya sedih.

サヤ スデ(へ)

I'm sad.

傷つきました。

Saya kecil hati.

サヤ クチェル ハティ

I was really hurt.

がっかりしました。

Saya kecéwa.

サヤ クチェワ

I'm disappointed.

ずるいです。

Tak adillah tu.

タッ アデルラ(ハ) トゥウ

That's not fair.

食事中に

おいしい！

Sedapnya!

スダ(プ) ニャ

This is delicious!

おいしそう！

Nampak sedap!

ナムパッ スダ(プ)

It looks delicious!

これ、大好きです。

Saya sangat suka yang ini.

サヤ サンァ(ト) スゥカ ヤン イニ

I like this very much.

これ、嫌いです。

Saya tak suka yang ini.

サヤ タッ スゥカ ヤン イニ

I don’t like this.

どうぞ食べてください。

Jemput makan.

ジュムポ(ト) マカヌ

Please have some.

それ好きですか？

***Encik [Puan / Cik / Awak] suka, tak?**

ウンチェッ［プゥワヌ / チェッ / アワッ］スゥカ タッ

Do you like it?

乾杯！（乾杯の習慣はないため、「飲みましょう！」の意。）

Jom minum!

ジョム ミノム

Cheers!

もっと召し上がりませんか？

Tak nak tambah lagi?

タッ ナッ タムバ(ハ) ラギ

Would you like some more?

私はお酒が飲めません。

Saya tidak boleh minum arak.

サヤ ティダッ ボレ(ヘ) ミノム アラッ

I can’t drink alcohol.

何がおすすめですか？（店員への質問）

Abang [Kakak / Adik / Awak] rékomén makan apa?

アバン［カカッ / アデッ / アワッ］レコメヌ マカヌ アパ

What would you recommend?

abang は成年男性に、kakak は年上の女性に、
adik は年下の男女に、awak は対等な関係の男女に用いる

もう結構です。

Sudah cukup.

スウダ(ハ) チユウコ(プ)

That's enough.

レストランで

これを食べてみたいです。

Saya nak cuba makan ini.

サヤ ナッ チユゥバ マカヌ イニ

I would like to have this.

ちょっとすみません。

Bang / Kak / Dik.

バン / カッ / デッ

Excuse me.

bang は成年男性に、
kak は年上の女性に、
dik は年下の男女に用いる

メニューをください。

Minta ménu.

ミヌタ メヌウ

Please give me a menu.

会計をお願いします。

Tolong kira.

トロン キラ

The bill, please.

お手洗いはどこですか？

Tandas di mana?

タヌダス ディ マナ

Where is the restroom?

街頭で

〜はどこですか？

~ di mana?

ディ マナ

Where is 〜 ?

ここはどこですか？

Kat sini apa nama tempatnya?

カ(ト) スイニ アパ ナマ トゥムパ(ト) ニャ

Where am I now?

タクシー

〜に行きたいのです。

Saya nak ke ~.

サヤ ナック

I would like to go to 〜 .

空港まで行きたいです。

Saya nak ke lapangan terbang.

サヤ ナック ラパンアヌ トゥーバン

I would like to go to the airport.

空港までいくらですか？

Berapa tambangnya ke lapangan terbang?

ブラパ タムバンニャ ク ラパンアヌ トゥーバン

How much is it to the airport?

駅まで行きたいです。

Saya nak ke stésén.

サヤ ナック ク ステセヌ

I would like to go to the station.

駅までいくらですか？

Sampai stésén berapa?

サムパイ ステセヌ ブラパ

How much is it to the station?

この場所に行ってください。

Hantar saya ke tempat ini.

ハヌター サヤ ク トゥムパ(ト) イニ

Please take me to this place.

この場所までいくらですか？

Berapa tambangnya sampai ke tempat ini?

ブラパ タムバンニャ サムパイ ク トゥムパ(ト) イニ

How much is it to this place?

お店

〜はありますか？

Ada ~, tak?

アダ タッ

Do you have 〜 ?

色違いのものはありますか？

Ada warna lain, tak?

アダ ワーナ ラエヌ タッ

Do you have this in different colours?

サイズ違いのものはありますか？

Ada saiz lain, tak?

アダ サエズ ラエヌ タッ

Do you have this in different sizes?

ラッピングしてもらえますか？

Boléh bungkuskan, tak?

ボレ(ヘ) ブゥンコスカヌ タッ

Could you wrap it?

気に入りました。

Saya berkenan yang ini.

サヤ ブークナヌ ヤン イニ

I like it.

いくらですか？

Berapa (harganya)?

ブラパ（ハルガニャ）

How much is it?

もっと安くしてください。

Boléh kurang lagi?

ボレ(ヘ) クゥラン ラギ

Could you give me a discount?

トラブル

助けてください！

Tolong!

トロン

Help!

交通事故にあいました。

Saya terlibat dalam kemalangan lalu lintas.

サヤ トゥーリバ(ト) ダラム クマランアヌ ラルゥ リヌタス

I had a traffic accident.

盗難にあいました。

Barang-barang saya kena curi.

バラン バラン サヤ クナ チュゥリ

I got robbed.

警察を呼んでください。

Tolong panggil polis.

トロン パンゲル ポレス

Please call the police.

救急車を呼んでください。

Tolong panggil ambulans.

トロン パンゲル アムブゥラヌス

Please call an ambulance.

熱があります。

Saya demam.

サヤ ドゥマム

I got a fever.

体調が悪いです。

Saya kurang sihat.

サヤ クゥラン セハ(ト)

I feel sick.

けがをしました。

Saya cedera.

サヤ チュドゥラ

I got injured.

〜が壊れています。

~ rosak.

ロサッ

~ is broken.

数

0
kosong
コソン

1
satu
サトゥウ

2
dua
ドゥウワ

3
tiga
ティガ

4
empat
ウムパ(ト)

5
lima
リマ

6
enam
ウナム

7
tujuh
トゥウジョ(ホ)

8
lapan
ラパヌ

9
sembilan
スムビラヌ

10
sepuluh
スプゥロ(ホ)

11
sebelas
スブラス

12
dua belas
ドゥウワ ブラス

13
tiga belas
ティガ ブラス

14
empat belas
ウムパ(ト) ブラス

15
lima belas
リマ ブラス

16
enam belas
ウナム ブラス

17
tujuh belas
トゥウジョ(ホ) ブラス

18
lapan belas
ラパヌ ブラス

19
sembilan belas
スムビラヌ ブラス

20
dua puluh
ドゥウワ プゥロ(ホ)

21
dua puluh satu
ドゥウワ プゥロ(ホ) サトゥウ

22
dua puluh dua
ドゥウワ プゥロ(ホ) ドゥウワ

25
dua puluh lima
ドゥウワ プゥロ(ホ) リマ

30
tiga puluh
ティガ プゥロ(ホ)

40
empat puluh
ウムパ(ト) プゥロ(ホ)

50
lima puluh
リマ プゥロ(ホ)

60
enam puluh
ウナム プゥロ(ホ)

70
tujuh puluh
トゥウジョ(ホ) プゥロ(ホ)

80
lapan puluh
ラパヌ プゥロ(ホ)

90
sembilan puluh
スムビラヌ プゥロ(ホ)

100
seratus
スラトス

200
dua ratus
ドゥウワ ラトス

1,000
seribu
スリブゥ

3,000
tiga ribu
ティガ リブゥ

10,000
sepuluh ribu
スプゥロ(ホ) リブゥ

100,000
seratus ribu
スラトス リブゥ

第1の
pertama
プータマ

第2の
kedua
クドゥウワ

第3の
ketiga
クティガ

第4の
keempat
クウムパ(ト)

第5の
kelima
クリマ

第6の
keenam
クウナム

第7の
ketujuh
クトゥウジョ(ホ)

第8の
kelapan
クラパヌ

第9の
kesembilan
クスムビラヌ

第10の
kesepuluh
クスプゥロ(ホ)

第20の
kedua puluh
クドゥウワ プゥロ(ホ)

月

1月
bulan Januari
ブゥラヌ ジャヌゥワリ

2月
bulan Fébruari
ブゥラヌ フェブルゥワリ

3月
bulan Mac
ブゥラヌ マチ

4月
bulan April
ブゥラヌ エプレル

5月
bulan Méi
ブゥラヌ メイ

6月
bulan Jun
ブゥラヌ ジュウヌ

7月
bulan Julai
ブゥラヌ ジュゥライ

8月
bulan Ogos
ブゥラヌ オゴス

9月
bulan Séptémber
ブゥラヌ セプテムブー

10月
bulan Oktober
ブゥラヌ オクトブー

11月
bulan Novémber
ブゥラヌ ノヴェムブー

12月
bulan Disémber
ブゥラヌ ディゼムブー

曜日

月曜日
hari Isnin
ハリ イスネヌ

火曜日
hari Selasa
ハリ スラサ

水曜日
hari Rabu
ハリ ラブゥ

木曜日
hari Khamis
ハリ カメス

金曜日
hari Jumaat
ハリ ジュゥマア(ト)

土曜日
hari Sabtu
ハリ サ(プ)トゥウ

日曜日
hari Ahad [Minggu]
ハリ アハ(ド) [ミングゥ]

季節

春
musim bunga
ムゥセム ブゥンア

夏
musim panas
ムゥセム パナス

秋
musi luruh [gugur]
ムゥセム ルゥロ(ホ) [グゥゴー]

冬
musim sejuk
ムゥセム スジョッ

雨季
musim hujan
ムゥセム フゥジャヌ

乾季
musim kemarau
ムゥセム クマラゥ

特別協力　ファリダ・モハメッド
　　　　　チュウ太プロジェクトチーム
編集協力　竹田夏海・山崎加奈・都築佑樹
　　　　　株式会社ブレイン
デザイン　合原孝明
編集担当　斎藤俊樹（三修社）

ポータブル 日マレー英・マレー日英辞典

2016年12月10日　第1刷発行

総監修者――― 川村よし子（東京国際大学）
監修・著者――― 野元裕樹（東京外国語大学）
著　　者――― 北井佐枝子
　　　　　　　ワン・アハマド・ナザルディン
編 集 者――― 三修社編集部

発 行 者――― 前田俊秀
発 行 所――― 株式会社三修社
〒150-0001　東京都渋谷区神宮前 2-2-22
TEL 03-3405-4511　FAX 03-3405-4522
振替 00190-9-72758
http://www.sanshusha.co.jp/

印刷製本――― 大日本印刷株式会社

ISBN978-4-384-05850-5 C0580